CB130362

MANUAL DOS Delitos

PARA CONCURSOS POLICIAIS

CHRISTIAN NEDEL

MANUAL DOS Delitos

PARA CONCURSOS POLICIAIS

2020

EDITORA *Jus*PODIVM
www.editorajuspodivm.com.br

EDITORA *Jus*PODIVM
www.editorajuspodivm.com.br

Rua Território Rio Branco, 87 – Pituba – CEP: 41830-530 – Salvador – Bahia
Tel: (71) 3045.9051
• Contato: https://www.editorajuspodivm.com.br/sac

Capa: Ana Caquetti

N371m Nedel, Christian.
Manual dos delitos para concursos policiais / Christian Nedel – Salvador: Editora JusPodivm, 2020
784 p.

Inclui bibliografia.
ISBN 978-85-442-3171-5

1. Infrações ou atos puníveis em geral. 2. Concurso público. 3. Policial. I. Nedel, Christian. II. Título.

CDD 341.53

Dedico esta obra a todos aqueles que, direta e indiretamente, auxiliaram na concretização deste sonho. Em especial, ao meu filho Henrique Trein Nedel, bacharelando em Direito pela PUC-RS, meu fiel colaborador, que me auxiliou na escolha dos tópicos que foram abordados; à minha esposa Fernanda Parisotto Nedel; e à minha filha Rafaela Parisotto Nedel, pela dedicação, paciência e apoio incondicionais.

APRESENTAÇÃO

A ideia de desenvolver uma obra enfocando os tipos penais e contravencionais previstos no Código Penal, na Lei das Contravenções Penais e em Legislações Penais Especiais ou Extravagantes, com um viés interdisciplinar, multidisciplinar e transdisciplinar, em uma análise policial, jurídica e social, de forma sistematizada, surgiu a partir da intenção do autor de externar um pouco da sua experiência prática, pessoal e profissional de 20 anos na área do direito penal, processo penal e direito da criança e do adolescente, como Delegado de Polícia do Estado do Rio Grande do Sul e Professor em Cursos Preparatórios, na Graduação e Pós-Graduação, na Academia de Polícia Civil do Estado do RS (ACADEPOL), na Escola Retorno Jurídico, no Jus Enfoque Instituto Jurídico, na Escola Superior da Magistratura Federal (ESMAFE), no Instituto de Desenvolvimento Cultural (IDC) e nas Faculdades Integradas São Judas Tadeu, todas instituições em Porto Alegre – RS, no Centro Universitário Ritter dos Reis (UNIRITTER), em Canoas – RS, e na Faculdade de Direito Dom Alberto, em Santa Cruz do Sul – RS.

Na sua atividade profissional, o autor labutou por mais de 18 (dezoito) anos na área da infância e da juventude, em Porto Alegre – RS, junto ao Centro Integrado de Atendimento da Criança e do Adolescente (CIACA), atuando como Delegado de Polícia do Departamento Estadual da Criança e do Adolescente (DECA), da Polícia Civil do Estado do Rio Grande do Sul, no período de maio de 2000 a janeiro de 2019, oportunidade em que, na condição de Titular da Primeira Delegacia de Polícia para o Adolescente Infrator (1ª DPAI), no dia 29 de novembro de 2007, obteve o reconhecimento da Delegacia Especializada como a Segunda Melhor Delegacia de Polícia do Brasil e a Melhor Delegacia de Polícia do Estado do Rio Grande do Sul, em cerimônia realizada no Rio de Janeiro – RJ, patrocinada pela ONG Internacional Altus Aliança Global, após período de visitação nos dias 22 a 28 de outubro de 2007, em 160 (cento e sessenta) Delegacias de Polícia do país.

Recentemente, o autor foi designado para compor a Banca Examinadora da Prova Oral, fase final do Concurso Público de Ingresso na Carreira de Delegados de Polícia do Estado do RS, na disciplina de Processo Penal, realizada nos dias 04, 05, 06, 07, 11, 12, 13 e 14 de abril de 2019, em Porto Alegre – RS.

A característica interdisciplinar, multidisciplinar e transdisciplinar da presente obra constitui herança do Mestrado em Ciências Criminais da Pontifícia Universidade Católica do Rio Grande do Sul (PUCRS), junto ao Programa de Pós-Graduação da Faculdade de Direito, defendido em 2007, possibilitando um enfoque que transcende a análise jurídica e que explicita, de forma sintética, o passo-a-passo dos tipos penais e contravencionais contemplados no Código Penal Brasileiro, na Lei das Contravenções Penais e em Legislações Penais Especiais ou Extravagantes, a começar pela fase policial, pré-processual, ou inquisitorial, que tem no Inquérito Policial (IP) e no Termo Circunstanciado (TC) mecanismos e procedimentos imprescindíveis e fundamentais que deflagram a persecução penal, visando a subsidiar, inicialmente o Ministério Público, posteriormente o Poder Judiciário, na completa instrução e elucidação do fato típico, antijurídico e culpável, comprovando autoria e materialidade delitivas.

Na análise dos tipos contravencionais contemplados na Lei das Contravenções Penais (Decreto-Lei nº 3688/41), legislação aplicável para infrações penais de menor potencial ofensivo, com pena máxima cominada inferior a 2 (dois) anos, instrumentalizadas por meio de Termo Circunstanciado e da competência dos Juizados Especiais Criminais, identificam-se conflitos manifestos de vizinhança, que poderiam ser melhor resolvidos e equacionados por outros ramos do direito, e não pelo Direito Penal, que deveria ser o "soldado de reserva", a *ultima ratio*, o remédio derradeiro que só deveria "entrar em cena" quando todas as outras formas de resolução de conflitos de interesse se mostrassem inócuas e insatisfatórias.

Todavia, apesar de um certo preconceito que cerca as contravenções penais, como delitos menores, de pouca lesividade e gravidade, os chamados *delicti nanni* ("delito-anão") para os italianos, o certo é que um grande número de registros e ocorrências policiais em Delegacias de Polícia de todo o Brasil identifica contravenções penais e não crimes, da competência precípua dos JECs, citando como exemplos mais corriqueiros e emblemáticos, principalmente nas questões relacionadas com conflitos de vizinhança, as contravenções penais de Vias de Fato (art. 21, LCP), Perturbação do Trabalho ou do Sossego Alheios (art. 42, LCP) e Perturbação da Tranquilidade (art. 65, LCP).

O estudo sistemático do Direito Penal, de outra banda, vem se tornando uma demanda cada vez mais recorrente e atual, nos exames de ordem para a prova da Ordem dos Advogados do Brasil (OAB) e nos inúmeros concursos policiais e concursos públicos para ingresso nas carreiras jurídicas, razão pela qual espera-se, com a presente obra, subsidiar os estudantes, concursandos, policiais, advogados, operadores do direito e representantes das carreiras jurídicas acerca das principais diretrizes que norteiam os tipos penais contemplados nos 11 (onze) títulos da Parte Especial do Código Penal, desde o seu artigo 121 até o seu artigo 359-H, os tipos contravencionais contemplados no Decreto-Lei nº 3.688/41 (Lei das Contravenções Penais), bem como os tipos penais contemplados em outras 19 (dezenove) Legislações Penais Extravagantes, a saber: Abuso de Autoridade (Lei Federal nº 4.898/65, recentemente revogada pela Lei Federal nº 13.869/19, em *vacatio legis* de 120 dias, no período de 5 de setembro de 2019 a 2 de janeiro de 2020); Crimes de Preconceito (Lei Federal nº 7.716/89); Lei dos Deficientes (Lei Federal nº 7.853/89); Estatuto da Criança e do Adolescente (Lei Federal nº 8.069/90); Crimes Hediondos (Lei Federal nº 8.072/90); Crimes contra o Consumidor (Lei Federal nº 8.078/90); Crimes contra as Relações de Consumo (Lei Federal nº 8.137/90); Interceptação Telefônica (Lei Federal nº 9.296/96); Tortura (Lei Federal nº 9.455/97); Crimes do Código de Trânsito Brasileiro (Lei Federal nº 9.503/97); Crimes Ambientais (Lei Federal nº 9.605/98); "Lavagem" de Dinheiro (Lei Federal nº 9.613/98); Estatuto do Idoso (Lei Federal nº 10.741/03); Estatuto do Desarmamento (Lei Federal nº 10.826/03); Lei Maria da Penha (Lei Federal nº 11.340/06); Lei de Drogas (Lei Federal nº 11.343/06); Investigação Criminal Conduzida pelo Delegado de Polícia (Lei Federal nº 12.830/13); Lei da Organização Criminosa (Lei Federal nº 12.850/13); e Estatuto da Pessoa com Deficiência (Lei Federal nº 13.146/15).

SUMÁRIO

I) PARTE ESPECIAL, DO CÓDIGO PENAL (DL 2.848/1940)

TÍTULO I – CRIMES CONTRA A PESSOA

1) Crimes contra a Vida (Capítulo I):

É o primeiro dos 6 (seis) capítulos relativos aos crimes contra a pessoa.

O direito à vida está consagrado no art. 5º, *caput,* da Constituição Federal (CF) de 1988, e é considerado um direito fundamental em sentido material, indispensável ao desenvolvimento da pessoa humana.

O nosso Código Penal, nos crimes contra a vida, tutela a vida humana desde a concepção.

Se a violação afetar a vida intrauterina, teremos o crime de Aborto.

Qualquer violação da vida extrauterina ensejará os crimes de Homicídio; Induzimento, instigação ou auxílio a suicídio; e Infanticídio.

São os seguintes os crimes contra a vida previstos no Código Penal (CP):

a) Homicídio (art. 121, CP);

b) Induzimento, instigação ou auxílio a suicídio (art. 122, CP);

c) Infanticídio (art. 123, CP);

d) Aborto (arts. 124 a 128, CP).

Direito à vida [1]

A Constituição Federal de 1988 é clara ao estabelecer, em seu art. 5º, que todos têm direito à vida. Sobre o tema, Luiz Alberto David Araújo e Vidal Serrano Nunes Júnior afirmam:

Direito à vida [1]

A Constituição Federal de 1988 é clara ao estabelecer, em seu art. 5º, que todos têm direito à vida. Sobre o tema, Luiz Alberto David Araújo e Vidal Serrano Nunes Júnior afirmam: "A Constituição assegurou o direito à vida. Em outras palavras, o texto constitucional proibiu a adoção de qualquer mecanismo que, em última análise, resulte na solução não espontânea do processo vital. Assim, é possível afirmar que, no ordenamento jurídico brasileiro, não é possível a tratativa de temas que interfiram ou abreviem a vida, como a eutanásia, a pena de morte e o aborto. De tal sorte que podemos concluir que todos têm direito a usar e gozar de sua própria vida, contudo não podem dispor dela, isto é usar o mecanismo da vida em defesa de seus próprios interesses." Assunto como esse, caro leitor, de autoria do Dr. Antônio Baptista Gonçalves, você poderá encontrar na Revista SÍNTESE Direito Penal e Processual Penal.

Todos os crimes contra a vida são dolosos, sendo julgados, portanto, pelo Tribunal do Júri (art. 5º, XXXVIII, "d", da CF/88), com exceção do Homicídio Culposo, previsto no artigo 121, § 3º, do Código Penal, e do Homicídio Culposo de Trânsito, previsto no artigo 302 da Lei Federal nº 9.503/97, julgados na Justiça Comum Estadual.

A) Homicídio: artigo 121 do Código Penal

Homicídio simples

Art. 121. Matar alguém:

Pena – reclusão, de 6 (seis) a 20 (vinte) anos.

Caso de diminuição de pena

§ 1º Se o agente comete o crime impelido por motivo de relevante valor social ou moral, ou

1 REVISTA SÍNTESE nº 4.374, de 20 de março de 2018 – Direito Penal e Processual Penal. Disponível em: <http://www.sintese.com/direitoPenal.asp>. Acesso em: 6 out. 2019.

sob o domínio de violenta emoção, logo em seguida a injusta provocação da vítima, o juiz pode reduzir a pena de um sexto a um terço.

Homicídio qualificado

§ 2° Se o homicídio é cometido:

I – mediante paga ou promessa de recompensa, ou por outro motivo torpe;

II – por motivo fútil;

III – com emprego de veneno, fogo, explosivo, asfixia, tortura ou outro meio insidioso ou cruel, ou de que possa resultar perigo comum;

IV – à traição, de emboscada, ou mediante dissimulação ou outro recurso que dificulte ou torne impossível a defesa do ofendido;

V – para assegurar a execução, a ocultação, a impunidade ou vantagem de outro crime:

Feminicídio *(Incluído pela Lei nº 13.104, de 9-3-2015)*

VI – contra a mulher por razões da condição de sexo feminino: (Incluído pela Lei nº 13.104, de 9-3-2015)

VII – contra autoridade ou agente descrito nos arts. 142 e 144 da Constituição Federal, integrantes do sistema prisional e da Força Nacional de Segurança Pública, no exercício da função ou em decorrência dela, ou contra seu cônjuge, companheiro ou parente consanguíneo até terceiro grau, em razão dessa condição: (Incluído pela Lei nº 13.142, de 6-7-2015)

Pena – reclusão, de 12 (doze) a 30 (trinta) anos.

§ 2º-A Considera-se que há razões de condição de sexo feminino quando o crime envolve: (Incluído pela Lei nº 13.104, de 9-3-2015)

I – violência doméstica e familiar; (Incluído pela Lei nº 13.104, de 9-3-2015)

II – menosprezo ou discriminação à condição de mulher. (Incluído pela Lei nº 13.104, de 9-3-2015)

Homicídio culposo

§ 3º Se o homicídio é culposo:

Pena – detenção, de 1 (um) a 3 (três) anos.

Aumento de pena

§ 4º No homicídio culposo, a pena é aumentada de 1/3 (um terço), se o crime resulta de inobservância de regra técnica de profissão, arte ou ofício, ou se o agente deixa de prestar imediato socorro à vítima, não procura diminuir as consequências do seu ato, ou foge para evitar prisão em flagrante. Sendo doloso o homicídio, a pena é aumentada de 1/3 (um terço) se o crime é praticado contra pessoa menor de 14 (quatorze) ou maior de 60 (sessenta) anos. (Redação dada pela Lei nº 10.741, de 1-10-2003)

§ 5º – Na hipótese de homicídio culposo, o juiz poderá deixar de aplicar a pena, se as consequências da infração atingirem o próprio agente de forma tão grave que a sanção penal se torne desnecessária. (Incluído pela Lei nº 6.416, de 24.5.1977)

§ 6º A pena é aumentada de 1/3 (um terço) até a metade se o crime for praticado por milícia privada, sob o pretexto de prestação de serviço de segurança, ou por grupo de extermínio. (Incluído pela Lei nº 12.720, de 27-9-2012)

§ 7º A pena do feminicídio é aumentada de 1/3 (um terço) até a metade se o crime for praticado: (Incluído pela Lei nº 13.104, de 9-3-2015)

I – durante a gestação ou nos 3 (três) meses posteriores ao parto; (Incluído pela Lei nº 13.104, de 9-3-2015)

II – contra pessoa menor de 14 (catorze) anos, maior de 60 (sessenta) anos, com deficiência ou portadora de doenças degenerativas que acarretem condição limitante ou de vulnerabilidade física ou mental; (Incluído pela Lei nº 13.771, de 19-12-2018)

III – na presença física ou virtual de descendente ou de ascendente da vítima. (Incluído pela Lei nº 13.771, de 19-12-2018)

IV – em descumprimento das medidas protetivas de urgência previstas nos incisos I, II e III do caput do art. 22 da Lei n. 11.340, de 7 de agosto de 2006. (Incluído pela Lei nº 13.771, de 19-12-2018)

COMENTÁRIOS

I. Notas introdutórias acerca do tipo penal de Homicídio:

a) em qualquer de suas modalidades, o Homicídio é instrumentalizado, na fase pré-processual ou inquisitorial, por meio de Inquérito Policial (IP);

b) trata-se, via de regra, de crime de maior potencial ofensivo, com pena máxima cominada superior a quatro (4) anos, adequando-se, em princípio, ao rito do procedimento comum ordinário, contemplado no art. 394, § 1º, I, do Código de Processo Penal (CPP), com exceção do Homicídio Culposo, de médio potencial ofensivo, com pena máxima cominada igual a três (3) anos, que se afeiçoa ao rito do procedimento comum sumário (art. 394, § 1º, II, CPP) e que comporta suspensão condicional do processo, nos termos do artigo 89 da Lei nº 9.099/95, que trata dos Juizados Especiais Criminais (JECs), já que a pena mínima cominada é igual a um (1) ano;

c) todavia, por ser crime doloso contra a vida, com exceção do Homicídio Culposo, o delito de Homicídio, em qualquer de suas modalidades, após a competente sentença de pronúncia, preconizada no art. 413, do Código de Processo Penal (CPP), identificando materialidade delitiva e indícios suficientes de autoria e participação, será julgado pelo Tribunal do Júri, nos termos do art. 5º, XXXVIII, "d", da CF/88, devendo ser observado, outrossim, o procedimento especial contemplado no Livro II, Título I, Capítulo II, do Código de Processo Penal, insculpido nos artigos 406 a 497, todos do CPP;

d) Tipo ou preceito primário de norma penal: Matar alguém;

e) Pena ou preceito secundário de norma penal: reclusão de 6 (seis) a 20 (vinte) anos;

f) Conceito: é a supressão da vida humana extrauterina, causada por outro ser humano;

g) Espécies: simples (121, *caput*, CP); privilegiado (121, § 1º, CP); qualificado (121, § 2º, CP);

h) Sujeito passivo: é "alguém".

Necessita que seja pessoa nascida, com vida extrauterina.

De acordo com a Lei 9.434/97 (Lei da Doação de Órgãos), a morte ocorre com a cessação da atividade encefálica (morte cerebral), que prepondera sobre as funções respiratória e circulatória.

O início da atividade extrauterina, para uns, ocorre quando a criança tenha respirado por conta própria, ou seja, a partir do instante em que se instala o processo respiratório autônomo do organismo do ser que está nascendo, não mais dependente da mãe para viver (prova pericial por meio das chamadas docimásias respiratórias – *docimásia hidrostática pulmonar de Galeno*); para outros, ocorre com a ruptura da bolsa e o início do parto.

Atenção: se o sujeito passivo for o Presidente da República, Presidente do Senado Federal, Presidente da Câmara dos Deputados, ou Presidente do STF, haverá Crime contra a Segurança Nacional (art. 29, Lei 7.170/83).

Porém, para tanto, o crime deve ter motivação política.

Desta forma, por exemplo, se o Presidente da República é morto após uma desavença em um jogo de futebol, estaremos diante de hipótese de homicídio;

i) a prova da materialidade do homicídio se faz por meio do Auto de Necropsia (laudo de exame necroscópico, realizado por meio de autópsia no cadáver – art. 162 e § único, CPP), que deve atestar a ocorrência da morte e, se possível, as suas causas;

j) Objeto jurídico: a vida humana extrauterina é o bem jurídico tutelado;

k) Classificação básica: crime comum (praticado por qualquer pessoa); simples (apenas um bem jurídico tutelado – vida humana); material (exige resultado naturalístico – morte da vítima); de forma livre (pode ser cometido por qualquer meio); comissivo (matar implica ação – regra geral); ou comissivo por omissão (exceção) – situação de garantidor, nas hipóteses previstas no artigo 13, § 2º, "a", "b" e "c", do CP; instantâneo (o resultado morte se dá de maneira instantânea, não se prolongando no tempo); de dano (consuma-se apenas com a efetiva lesão ao bem jurídico tutelado); unissubjetivo (pode ser praticado por um só agente); progressivo (contém, implicitamente, a lesão corporal); plurissubsistente (via de regra, vários atos integram a conduta), e que admite tentativa (branca ou cruenta – art. 14, II e § único, CP), bem como coautoria e participação (art. 29, CP – necessário o liame subjetivo, a ciência por parte dos envolvidos de que estão colaborando para um fim comum);

l) Dolo de matar = *animus necandi.*

Pode ser identificado utilizando-se dos seguintes parâmetros: o instrumento utilizado deve ser letal ou capaz de matar; o local da lesão deve ser vital; a repetição de golpes contra a vítima.

O dolo pode ser direto ou indireto (eventual).

No caso de homicídio decorrente de racha de automóveis (art. 308 da Lei 9.503/97), há julgados entendendo que se trata de homicídio com dolo eventual, justificando, dessa forma, o julgamento perante o Tribunal do Júri (art. 5º, XXXVIII, "d", da CF/88).

Todavia, com o advento da Lei Federal nº 12.971/14, temos o crime de Racha Qualificada, quando houver a morte da vítima e as circunstâncias demonstrarem que o agente não quis o resultado, nem assumiu o risco de produzi-lo (novo artigo 308, § 2º, da Lei 9.503/97, com pena de 5 a 10 anos de reclusão);

m) é possível desistência voluntária e arrependimento eficaz (art. 15, CP);

n) é possível autoria colateral (quando duas ou mais pessoas querem cometer o mesmo crime e agem ao mesmo tempo, sem que uma saiba da intenção da outra, e o resultado morte decorre da conduta de um só agente, que é identificado no caso concreto.

O que for identificado responderá por homicídio consumado e o outro por tentativa);

o) é possível autoria incerta (quando, na autoria colateral, não se consegue identificar o causador da morte e, nesse caso, ambos responderão por tentativa de homicídio);

p) pode ocorrer crime impossível, por ineficácia absoluta do meio ou por absoluta impropriedade do objeto (art. 17, CP), circunstância que afeta diretamente a tipicidade do fato (causa excludente de tipicidade);

q) é possível a continuidade delitiva em crimes de homicídio, na medida em que a Súmula nº 605, do Supremo Tribunal Federal (STF), não vem mais sendo aplicada.

II. Homicídio simples:

Conceito analisado por exclusão.

Será simples o homicídio doloso que não for privilegiado ou qualificado.

O homicídio simples somente seria considerado hediondo, até o advento da Lei nº 12.720/12, se fosse praticado em atividade típica de grupo de extermínio (art. 1º, I, Lei 8.072/90).

Conflito: a atividade típica de grupo de extermínio seria executada por motivo torpe, ou até mesmo por motivo fútil ou com meio cruel.

Logo, haveria, em tese, a incidência do homicídio qualificado, que já é considerado hediondo, por força do art. 1º, I, *in fine*, da Lei 8.072/90.

III. Homicídio privilegiado:

a) causa especial de diminuição de pena: redução de 1/6 a 1/3.

O entendimento preponderante é o de que se trata não de uma faculdade, mas sim de uma obrigatoriedade, até para não ferir a soberania dos veredictos no Júri (art. 5º, XXXVIII, "c", da CF/88).

Trata-se, pois, de direito público subjetivo do réu. A discricionariedade do juiz diz respeito tão-somente ao *quantum* de diminuição;

b) as hipóteses são subjetivas, pois estão ligadas aos motivos do crime;

c) a primeira privilegiadora diz respeito ao motivo de relevante valor social (é uma causa que afeta a coletividade. Ex: matar o traidor da Pátria);

d) a segunda privilegiadora diz respeito ao motivo de relevante valor moral (motivo vinculado a sentimentos individuais do agente, ligados à compaixão ou a algum outro sentimento nobre. Ex: agente que mata o estuprador da filha, após descobrir a autoria; eutanásia (homicídio piedoso, médico, compassivo, caritativo ou consensual); ortotanásia (homicídio piedoso omissivo, eutanásia omissiva, eutanásia moral ou terapêutica).

OBS: tramita no Congresso Nacional projeto de reforma do Código Penal, que cria o tipo penal de Eutanásia, com pena de 3 a 6 anos de reclusão, com pena bem mais branda do que o Homicídio simples e do que o próprio Homicídio privilegiado.

Outrossim, o desligamento de aparelho em pacientes vegetativos (ortotanásia) deixaria de ser crime, quando houvesse pedido de parente mais próximo e atestado de dois médicos sobre a morte iminente;

e) a terceira privilegiadora diz respeito ao domínio de violenta emoção, logo em seguida à injusta provocação da vítima.

Domínio de violenta emoção é diferente de influência de violenta emoção, que é circunstância atenuante (art. 65, III, "c", CP).

Há incompatibilidade entre a premeditação e a violenta emoção.

Requisitos:

1) existência de injusta provocação (Ex: adultério, xingamento, traição). Não é injusta agressão, senão seria legítima defesa;

2) em razão da provocação, o agente fica tomado (*possuído*, descontrolado) por uma emoção extremamente forte;

3) reação imediata (*"logo em seguida"*);

f) é possível a existência concomitante entre o privilégio e o dolo eventual. Ex: mulher sujeita a maus-tratos constantes, que agride o marido em uma situação que está violentamente emocionada.

Nada obsta que, desta agressão, possa resultar a morte do marido, o que era previsível;

g) não é crime hediondo (art. 1º, I, Lei Federal nº 8.072/90);

h) Homicídio privilegiado-qualificado? É possível, desde que as qualificadoras sejam de natureza objetiva.

IV. Homicídio qualificado:

Necessariamente hediondo, tendo em vista o comando constante no art. 1º, I, parte final, da Lei dos Crimes Hediondos (Lei Federal nº 8.072/90).

Classificação:

- quanto aos motivos (incisos I e II);
- quanto ao meio empregado (inciso III) – aquilo que causou a morte;
- quanto ao modo de execução (inciso IV);
- por conexão (inciso V);
- recentemente, quanto à condição da vítima (incisos VI e VII, com a nova redação trazida pelas Leis Federais nº 13.104 e 13.142, ambas de 2015).

Com relação ao inciso VII, trata-se de hipótese de Homicídio Funcional, conforme referido por Fábio Roque, Nestor Távora e Rosmar Rodrigues Alencar[2].

2 ROQUE, Fábio; TÁVORA, Nestor; ALENCAR, Rosmar Rodrigues. **Legislação Criminal para Concursos:** doutrina, jurisprudência e questões de concursos. Salvador: Juspodivm, 2016.

Segundo a Exposição de Motivos da Parte Especial do Código Penal de 1940, as circunstâncias qualificadoras ou qualificativas dizem respeito à intensidade do dolo, ao modo de ação e à natureza dos meios empregados pelo agente, todas elas especialmente destacadas pelo seu valor sintomático: são circunstâncias reveladoras de maior periculosidade ou extraordinário grau de perversidade do agente.

a) **inciso I** - *mediante paga ou promessa de recompensa, ou por outro motivo torpe*: chamado de homicídio mercenário.

Na paga ou promessa de recompensa, há as figuras do mandante e do executor.

A paga é prévia em relação à execução.

Na promessa de recompensa, o pagamento é posterior à execução.

A qualificadora incide, mesmo que o mandante não cumpra a promessa de recompensa.

Motivo torpe é aquele motivo repugnante, nojento, vil, motivado por cupidez, luxúria, pelo prazer do mal etc.

O ciúme não é considerado motivo torpe.

Conforme a causa, a vingança pode ser considerada motivo torpe. Ex: matar o pai para ficar com a herança;

b) **inciso II** - *por motivo fútil*: é a insignificância ou a desproporcionalidade entre a motivação e o resultado. Exs: discussão no trânsito, limite de marco divisório de terreno.

Matar por ciúme, em princípio, não caracteriza motivo fútil (seria motivo injusto).

Conforme a causa, a vingança pode ser considerada motivo fútil.

Há entendimento de que a existência de uma discussão forte, precedente ao crime, afasta o motivo fútil, ainda que a discussão tenha se iniciado por motivo de pequena importância, pois entende-se que a causa do homicídio foi a discussão e não o motivo anterior que a havia originado;

c) **inciso III** - *com emprego de veneno, fogo, explosivo, asfixia, tortura ou outro meio insidioso ou cruel, ou de que possa resultar perigo comum*:

- emprego de veneno: o veneno é uma substância química introduzida no corpo da vítima, sem que ela saiba ou perceba que foi envenenada.

Por isso é um meio insidioso.

Se for introduzido com violência ou grave ameaça, será aplicada a qualificadora do meio cruel.

Discussão: açúcar ou glicose concentrada para o diabético? Para uns, aplica-se a qualificadora do veneno, em razão das condições de saúde peculiares da vítima; para outros, não se trata de veneno, mas de outro meio insidioso.

- emprego de fogo: meio cruel de matar. Ex: caso do índio pataxó Galdino Jesus dos Santos, incendiado por quatro rapazes no DF em 1997.

- emprego de explosivo: artefato fabricado para causar destruição (ex: granadas, dinamites, bombas caseiras jogadas em torcidas de futebol).

Eventual dano ao patrimônio alheio fica absorvido pelo homicídio qualificado pelo emprego de explosivo.

- emprego de asfixia: é a supressão da respiração, causando o impedimento da função respiratória.

Formas de asfixia:

1) mecânica:

   a) ***esganadura***: apertar o pescoço da vítima com as próprias mãos;

b) ***estrangulamento***: passar fio, arame etc., no pescoço da vítima, causando sua morte. Vem a ser a própria força do agente atuando sobre o corpo da vítima, mas sem a utilização das mãos;

c) ***enforcamento***: há emprego de fio também, mas é a força da gravidade que faz com que o peso da vítima cause sua morte;

d) ***sufocação:*** é a utilização de algum objeto que impeça a entrada de ar nos pulmões da vítima. Ex: introduzir algodão na garganta da vítima;

e) ***afogamento:*** imersão em água;

f) ***soterramento:*** enterrar alguém vivo;

g) ***imprensamento ou sufocação indireta***: impedir o movimento respiratório, colocando, por exemplo, um peso sobre o tórax da vítima.

2) <u>tóxica ou química:</u>

a) ***uso de gás asfixiante:*** monóxido de carbono e gás cianeto, por exemplo. Como fato emblemático recente, temos o Caso da Boate Kiss, ocorrido em Santa Maria - RS, em janeiro de 2013, onde morreram 242 (duzentos e quarenta e duas) pessoas e ficaram feridas outras 680 (seiscentos e oitenta) pessoas;

b) ***confinamento***: trancar alguém em lugar fechado, de forma a impedir a troca de ar. Ex: enterrar alguém vivo dentro de um caixão.

– <u>emprego de tortura</u>: não se confunde com o crime de tortura com resultado morte – art. 1º, § 3º, Lei Federal nº 9.455/97).

Isso porque, no homicídio qualificado a tortura deve ser a causa direta da morte, é o meio de execução do crime, vale dizer o agente tem o intuito e o dolo de matar a vítima, empregando um meio capaz de causar muito angústia, dor e sofrimento físico ou mental, ao passo de que na tortura com resultado morte o crime é preterdoloso (dolo no antecedente, culpa no consequente), vale dizer há dolo na tortura e culpa na morte, o agente quer infligir sofrimento para obter confissão, informação, declaração, ou impor castigo, e a morte sobrevém por culpa.

– <u>emprego de outro meio insidioso ou cruel</u>: <u>meio insidioso</u>: é o meio dissimulado na sua eficiência maléfica. Ex: uso de fraude, armadilha, parecendo não ter havido infração penal, mas sim um simples acidente, como no caso de sabotagem nos freios de um automóvel; <u>meio cruel</u>: morte dolorosa, com imposição de sofrimento gratuito à vítima. É o meio que revela uma brutalidade fora do comum ou em contraste com o mais elementar sentimento de piedade e de misericórdia.

– <u>emprego de qualquer meio que possa resultar perigo comum</u>: gera perigo a um número indeterminado de pessoas (não é necessário haver situação concreta de perigo, situação de risco específico).

Se, além de matar, houver exposição de perigo a um número indeterminado de pessoas?

<u>Duas correntes</u>:

1ª) homicídio qualificado em concurso formal com o crime de perigo comum (arts. 250 e seguintes do CP), já que o dolo é diferente: dolo de dano + dolo de perigo;

2ª) não há concurso, sob pena de incorrer em *bis in idem*;

d) **inciso IV** – <u>à traição, de emboscada, ou mediante dissimulação ou outro</u>

recurso que dificulte ou torne impossível a defesa do ofendido:

– traição: aproveitar-se da prévia confiança que a vítima deposita no agente (Ex: amizade, relação amorosa etc.).

Matar pelas costas não é, necessariamente, à traição.

Segundo Cléber Masson[3], trata-se de qualificadora de natureza subjetiva.

– emboscada: tocaia. Ex: Aguardar escondido a passagem da vítima por um determinado local para mata-la.

– dissimulação: uso de artifício para se aproximar da vítima.

Pode ser: material (uso de disfarces etc.) e moral (simulação de falsa amizade ou de apreço para se aproximar).

A diferença crucial para a qualificadora da "traição" é de que na "dissimulação" não há necessidade de vínculo prévio de confiança entre autor e vítima, o que é necessário na "traição".

– qualquer outro recurso que dificulte ou torne impossível a defesa da vítima: surpresa, matar pelas costas, vítima desacordada, dormindo, embriagada ou drogada.

Segundo a jurisprudência, a superioridade de armas não é considerada, por si só, surpresa ou motivo que dificulte ou impossibilite a defesa.

Não incide, pois, a qualificadora, apenas pelo fato de uma pessoa armada matar outra desarmada;

e) **inciso V** – *para assegurar a execução, a ocultação, a impunidade ou vantagem de outro crime*: são as qualificadoras por conexão teleológica (para assegurar a execução de outro crime) e consequencial (para assegurar a ocultação, impunidade ou vantagem de outro crime). Ex. de conexão teleológica (mata o segurança para sequestrar o empresário – concurso material). Ex. de conexão consequencial para garantir a ocultação de outro crime (mata para que não seja descoberto outro homicídio); para garantir a impunidade de outro crime (mata testemunha, para evitar que seja penalizado); para garantir a vantagem de outro crime (ladrões de banco – um mata o outro, para não repartir o dinheiro).

Na conexão teleológica, primeiro o agente mata a vítima e depois comete o outro crime.

Na conexão consequencial, primeiro o agente comete o outro crime e depois mata a vítima.

Se o intuito é assegurar a execução, a ocultação, a impunidade ou vantagem de uma contravenção, será aplicada a qualificadora do motivo torpe ou fútil, conforme o caso.

Premeditação não é qualificadora.

Homicídio de pessoa da mesma família não gera a qualificadora, apenas a agravante genérica prevista no art. 61, II, "e", CP (matar ascendente, descendente, irmão ou cônjuge).

Parricídio não é matar apenas o pai. É matar qualquer ascendente.

Duas ou mais qualificadoras: o juiz deve aplicar uma delas como qualificadora e as demais como agravantes genéricas, desde que previstas no artigo 61, CP.

Caso contrário, poderão ser sopesadas como circunstâncias judiciais negativas no art. 59 do CP (fixação da pena-base).

Por isso, é incorreto tecnicamente conceituar o homicídio como duplamente qualificado, triplamente qualificado etc.

As qualificadoras podem ser subjetivas (incisos I, II, V, VI e VII + traição, segundo Masson[4]), quando se referem aos mo-

3 MASSON, Cléber. **Código Penal Comentado**. 3. ed. São Paulo: MÉTODO, 2015.

4 Ibidem.

tivos do crime, bem como quando dizem respeito ao agente e à vítima.

Podem ser ainda objetivas (incisos III e IV – traição, segundo Masson[5]), quando se referem aos meios e modos de execução do crime, bem como quando dizem respeito ao fato propriamente dito.

Existe a possibilidade de o homicídio ser qualificado e privilegiado ao mesmo tempo, desde que as qualificadoras sejam de natureza objetiva.

Somente as qualificadoras objetivas se comunicam aos coautores e partícipes, desde que tenham ingressado na esfera de conhecimento deles, já que as de caráter subjetivo são incomunicáveis (art. 30, CP), salvo quando elementares do crime.

Homicídio privilegiado-qualificado é crime hediondo?

Duas correntes:

1) não é crime hediondo (Damásio[6], Nucci[7] e outros), já que, concorrendo privilégio e qualificadora, deve se dar preponderância à circunstância de caráter subjetivo, prevalecendo, pois, a privilegiadora e aplicando-se, por analogia, a regra do art. 67 do CP, no que concerne ao concurso de circunstâncias agravantes e atenuantes;
2) é crime hediondo (jurisprudência dominante), por ser inaplicável a analogia ao art. 67, já que privilégio e qualificadora não se equivalem, ao contrário do que ocorre com as agravantes e atenuantes genéricas.

A qualificadora prepondera, pois modifica a própria estrutura típica do delito, alterando a pena *in abstracto*.

5 Op. Cit.

6 JESUS, Damásio E. de. **Direito penal**: parte especial. v. 2. 17. ed. São Paulo: Saraiva, 2013.

7 NUCCI, Guilherme de Souza. **Código Penal Comentado.** 13. ed. São Paulo: RT, 2013.

V. Feminicídio:

Tendo em vista a redação da Lei Federal nº 13.104, de 09 de março de 2015, foi eleita nova qualificadora do crime de Homicídio no artigo 121, § 2º, VI, do Código Penal.

Trata-se do Feminicídio, que ocorrerá quando o homicídio for praticado contra a mulher, por razões da condição de sexo feminino.

Segundo o que dispõe o novo artigo 121, § 2º-A, CP, *"considera-se que há razões de condição de sexo feminino quando o crime envolve: I – violência doméstica e familiar; II – menosprezo ou discriminação à condição de mulher"*.

Outrossim, é possível ainda o acréscimo de majorante ou causa de aumento de pena de 1/3 até a metade na qualificadora acima descrita, quando o crime for praticado durante a gestação ou nos 3 (três) meses posteriores ao parto; contra pessoa menor de 14 (catorze) anos, maior de 60 (sessenta) anos ou com deficiência; ou ainda na presença de descendente ou de ascendente da vítima, conforme nova redação do artigo 121, § 7º, I, II e III, do Código Penal.

Importante observar que, recentemente, a Lei Federal nº 13.771, de 19 de dezembro de 2018, deu nova redação aos incisos II e III, do § 7º, do art. 121, do CP, bem como introduziu um quarto inciso na majorante do Feminicídio, conforme abaixo descrito: *"II – contra pessoa menor de 14 (catorze) anos, maior de 60 (sessenta) anos, com deficiência ou portadora de doenças degenerativas que acarretem condição limitante ou de vulnerabilidade física ou mental; III – na presença física ou virtual de descendente ou de ascendente da vítima"; IV – em descumprimento das medidas protetivas de urgência previstas nos incisos I, II e III do caput do art. 22 da Lei nº 11.340, de 7 de agosto de 2006"*.

Na primeira hipótese do inciso I, segundo Nucci[8], há impossibilidade de aplicação da majorante, pois seria considerado um verdadeiro concurso formal entre homicídio e aborto.

A segunda hipótese do inciso I, também segundo Nucci[9], é incompreensível, pois o período de amamentação dura, em média, 6 (seis) meses e não 3 (três) meses.

Importante referir, de outra banda, que a Lei Federal nº 13.257, de 08 de março de 2016, que estabelece princípios e diretrizes para a formulação e a implementação de políticas públicas para a primeira infância, em atenção à especificidade e à relevância dos primeiros anos de vida no desenvolvimento infantil e no desenvolvimento do ser humano, definiu, em seu art. 2º, o conceito de "primeira infância": *"para os efeitos desta Lei, considera-se primeira infância o período que abrange os primeiros 6 (seis) anos completos ou 72 (setenta e dois) meses de vida da criança"*.

Segundo o magistério de Souza[10]:

> *"A exigência da demonstração de que a violência contra a mulher decorre de 'questão de gênero', para a incidência das regras da Lei Maria da Penha, está prevista no art. 5º, da Lei nº 11.340/2006, e tem sido objeto de acesas controvérsias, ainda não solucionadas de forma satisfatória no âmbito jurisprudencial, a exemplo do que ocorre com a interpretação de legislação similar (LO 1/2004), em vigor na Espanha. Apresenta-se, portanto, racional a interpretação de que o legislador da Lei n 13.104/2015, embora não exclusivamente, atuou no sentido de evitar que tal controvérsia se estabelecesse também em relação à aplicação da qualificadora do feminicídio, o que o levou a estabelecer critérios mais específicos e, em alguns casos, até mesmo objetivos para a sua aplicação. Entretanto, a se verificar pelas divergências atualmente existentes, esse objetivo não foi integralmente alcançado".*

O novel inciso IV do art. 121, § 7º, CP, trata de majorante incidente na hipótese de descumprimento das medidas protetivas de urgência:

1) de suspensão da posse ou restrição do porte de armas, com comunicação ao órgão competente, nos termos do Estatuto do Desarmamento (Lei Federal nº 10.826/03);
2) de afastamento do lar, domicílio ou local de convivência com a ofendida;
3) de proibição de determinadas condutas, entre as quais:
   a) aproximação da ofendida, de seus familiares e das testemunhas, fixando o limite mínimo de distância entre estes e o agressor;
   b) contato com a ofendida, seus familiares e testemunhas, por qualquer meio de comunicação;
   c) frequentar determinados lugares, a fim de preservar a integridade física e psicológica da ofendida.

Importante observar que todas essas medidas são consideradas Medidas Protetivas de Urgência que Obrigam o Agressor, dispostas na Seção II, do Capítulo II, do Título IV, da Lei Maria da Penha (Lei Federal nº 11.340/06), em seu artigo 22, I, II e III (e alíneas "a", "b" e "c").

8 NUCCI, Guilherme de Souza. **Direito Penal Especial:** esquemas e sistemas, v. 2. 3. ed. Rio de Janeiro: Forense, 2015.

9 Ibidem.

10 SOUZA, Sérgio Ricardo de. In: Revista Síntese nº 4.332, de 16 de janeiro de 2018 – Direito Penal e Processual Penal. Disponível em: <http://www.sintese.com/direitoPenal.asp>. Acesso em: 6 out. 2019.

VI. Homicídio contra Agente das Forças Armadas ou da Segurança Pública:

De outra banda, tendo em vista a redação da Lei Federal nº 13.142, de 06 de julho de 2015, foi eleita nova qualificadora do crime de Homicídio no artigo 121, § 2º, VII, do Código Penal, quando praticado *"contra autoridade ou agente descrito nos arts. 142 e 144 da Constituição Federal, integrantes do sistema prisional e da Força Nacional de Segurança Pública no exercício da função ou em decorrência dela, ou contra seu cônjuge, companheiro ou parente consanguíneo até terceiro grau, em razão dessa condição"*.

Hipótese de Homicídio Funcional, conforme já referido, que têm como vítimas também, em princípio, as Guardas Municipais (*"azuizinhos"*), previstas no art. 144, § 8º, CF. Segundo Cristiano Rodrigues[11]

> *"Esta previsão visa dar maior proteção a estes agentes que se relacionam diretamente com criminosos e que constantemente são alvo de ataques e ameaças, inclusive no que tange às suas famílias, fazendo assim com que, nestes casos, a pena do homicídio seja também de 12 (doze) a 30 (trinta) anos de reclusão, e este possua natureza hedionda* ***(Lei 8.072/1990 – art. 1º, inc. I)****"*.

VII. Homicídio culposo: art. 121, § 3º, CP.

Importantes os seguintes apontamentos:

a) cabe suspensão condicional do processo, já que a pena mínima cominada é igual a 1 (um) ano – art. 89 da Lei 9.099/95;

b) praticado com imprudência (ação ou conduta perigosa), negligência (omissão ou falta de cautela) e imperícia (falta de aptidão técnica);

c) culpa concorrente: os dois respondem;

d) compensação de culpas em direito penal: não é possível. Logo, o fato de a vítima também ter agido com culpa não exclui a responsabilidade do agente, embora possa ter reflexos quando da fixação da pena-base (art. 59, CP – comportamento da vítima);

e) Homicídio culposo na condução de veículo automotor: aplica-se o artigo 302 da Lei 9.503/97, que foi reformulado com o advento das Leis Federais nº 11.705/08, 12.971/14, 13.281/16 e 13.546/17.

VIII. Homicídio culposo majorado: art. 121, § 4º, CP.

Aumento da pena em 1/3.

Também chamado por Nucci[12], como Homicídio Culposo Agravado ou Circunstanciado.

Importantes os seguintes apontamentos:

a) inobservância de regra técnica de profissão, arte ou ofício.

Esta causa não se confunde com a imperícia, já que aqui o agente conhece a técnica, mas por descaso, desleixo, não a observa, ao passo de que na imperícia, que é modalidade de culpa, o agente não possui aptidão técnica.

Há entendimento doutrinário (Nucci[13] e outros) e jurisprudencial entendendo pela inaplicabilidade deste dispositivo, por ser considerado verdadeiro *bis in idem* – confunde-se a própria conduta descuidada com a causa de aumento;

b) agente que deixa de prestar imediato socorro à vítima: somente se aplica a quem agiu com culpa e não socorreu.

11 RODRIGUES, Cristiano. **Direito Penal:** parte geral e especial. 1. ed. São Paulo: Forense, 2017, p. 176.

12 NUCCI, Guilherme de Souza. **Manual de Direito Penal**: parte geral; parte especial. 11. ed. Rio de Janeiro: Forense, 2015.

13 Idem.

Não se aplica o aumento: se a vítima estiver evidentemente morta (morte instantânea); se a vítima for socorrida de imediato por terceiros; quando o socorro não era possível por questões materiais, ameaça de linchamento etc.

Se for no trânsito, aplica-se o crime de Homicídio culposo agravado ou majorado (art. 302, § 1º, III, da Lei 9.503/97, com a nova redação trazida pela Lei 12.971/14), se for o próprio agente o causador do acidente, ou o crime de Omissão de socorro (art. 304, Lei 9.503/97), se o agente não for o causador do acidente, embora esteja envolvido no acidente;

c) se o agente não procura diminuir as consequências de seu ato: não confundir com a omissão de socorro.

Aqui, o agente se omite não de socorrer, mas com as providências que poderia ter tomado e não o fez, para evitar o resultado morte;

d) se o agente foge para evitar prisão em flagrante:

Problema: garantia constitucional do direito a não-autoincriminação (*nemo tenetur se detegere*).

IX. Perdão judicial: art. 121, § 5º, CP.

Concedido pelo Juiz na sentença.

Natureza jurídica: declaratória da extinção da punibilidade, não subsistindo seus efeitos, nos termos da Súmula nº 18, do STJ: *"a sentença concessiva do perdão judicial é declaratória da extinção da punibilidade, não subsistindo qualquer efeito condenatório"*.

Todavia, pondera Renato Brasileiro de Lima[14] que, em relação ao assunto, existem três posições diversas, relativamente à natureza jurídica do perdão judicial.

A primeira, identificando tratar-se de verdadeira sentença condenatória.

A segunda, identificando tratar-se de sentença absolutória anômala.

A terceira, endossada pela Súmula e acolhida pelo jurista, identificando tratar-se de sentença declaratória da extinção da punibilidade, o que está em consonância com a Exposição de Motivos da Reforma da Parte Geral do Código Penal de 1984.

É causa extintiva de punibilidade (art. 107, IX, CP).

Não é o vínculo de parentesco que justifica o perdão, mas a situação concreta de punição pelo próprio fato.

Havendo 2 (dois) réus, é possível o juiz conceder o perdão a apenas um deles, em virtude da condição pessoal do agente.

Embora o veto presidencial ao artigo 299 da Lei 9.503/97, é possível o perdão judicial nos crimes de homicídio culposo na condução de veículo automotor (art. 302 da Lei 9.503/97).

X. Homicídio doloso majorado: art. 121, § 4º, CP.

Aumento de 1/3 quando praticado contra pessoa menor de catorze (14) anos ou maior de sessenta (60) anos de idade na data do fato.

XI. Homicídio praticado por grupos de extermínio ou milícias privadas:

A Lei nº 12.720, de 27 de setembro de 2012, criou nova modalidade de Homicídio, ao introduzir o § 6º no art. 121 do CP.

Trata-se de nova majorante do homicídio doloso (alçado à categoria de "Homicídio Majorado"), vinculada a ações praticadas por grupos de extermínio ou milícias privadas.

Rogério Greco[15] subdivide as milícias em públicas ou privadas, militares ou

14 LIMA, Renato Brasileiro de. **Súmulas Criminais do STF e STJ Comentadas.** Salvador: Juspodivm, 2016.

15 GRECO, Rogério. **Código Penal Comentado.** 10. ed. Niterói: Impetus, 2016.

paramilitares. Para ele, o novel dispositivo, ao se referir à milícia privada, está dizendo respeito, em princípio, àquela de natureza paramilitar, ou seja, considerada uma organização ou associação não estatal, composta por um grupo de pessoas (civis ou não) armado, com estrutura e organização semelhante à militar, que atua ilegalmente, mediante o emprego da força (violência e grave ameaça), impondo seu regime de terror em uma determinada localidade.

O sociólogo Ignácio Cano, citado por Rogério Greco[16], aponta as seguintes características da milícia privada:

> *"1. Controle de um território e da população que nele habita por parte de um grupo armado irregular; 2. O caráter coativo desse controle; 3. O ânimo de lucro individual como motivação central; 4. Um discurso de legitimação referido à proteção dos moradores e à instauração de uma ordem; 5. A participação ativa e reconhecida dos agentes do Estado".*

O doutrinador Rogério Sanches Cunha[17] define o grupo de extermínio como sendo: *"a reunião de pessoas, matadores, 'justiceiros' (civis ou não), que atuam na ausência ou leniência do poder público, tendo como finalidade a matança generalizada, chacina de pessoas supostamente etiquetadas como marginais ou perigosas".*

Questão tormentosa vem sendo a definição do número mínimo de pessoas necessárias para identificar o grupo de extermínio:

a) Alberto Silva Franco[18] entende que seriam 2 (duas) ou mais pessoas.

No mesmo sentido, Fernando Capez[19];

b) o falecido Ministro do STJ Luiz Vicente Cernicchiaro entendia ser recomendável a determinação quantitativa do grupo de extermínio em 3 (três) pessoas; demais apontamentos doutrinários, a partir do conceito de organização criminosa, trazido pelo art. 2º da Lei 12.694, de 24 de julho de 2012, identificam que basta 3 (três) ou mais pessoas para a configuração do grupo de extermínio.

Nesse sentido, Renato Brasileiro de Lima[20] e Nestor Távora[21];

c) Rogério Sanches Cunha[22], ao contrário, acredita que o legislador teve a intenção, ao compor a expressão "grupo de extermínio", de vinculá-lo ao antigo crime de Quadrilha ou Bando, substituído atualmente pelo tipo penal de Associação Criminosa, com o advento da Lei 12.850, de 02 de agosto de 2013, e tal postura pode ser extraída da expressão "típica", acrescida ao vocábulo "atividade".

Para tal doutrinador, a única "atividade típica" que poderia servir de parâmetro ao "grupo de extermínio" seria a da quadrilha ou bando, cuja existência estava vinculada ao número mínimo de 4 (quatro) pessoas, direta ou indiretamente envolvidas.

Por outro lado, característica marcante no "grupo de extermínio" é a impessoalidade, não se exigindo quantidade mínima de vítimas para a caracterização do delito.

De outra banda, conforme referido anteriormente, consoante comando legal constante no art. 1º, I, da Lei 8.072/90, é considerado hediondo o homicídio simples doloso, consumado ou tentado, ainda que cometido por um só agente, quando

16 Ibidem.

17 CUNHA, Rogério Sanches. **Manual de Direito Penal**: parte especial. 7. ed. Salvador: Juspodivm, 2015.

18 FRANCO, Alberto Silva; LIRA, Rafael; FELIX, Yuri. **Crimes Hediondos**. 7. ed. São Paulo: RT, 2011.

19 CAPEZ, Fernando. **Curso de Direito Penal:** legislação penal especial. v. 4. São Paulo: Saraiva, 2010.

20 LIMA, Renato Brasileiro de. **Legislação Criminal Especial Comentada**: volume único. 4. ed. Salvador: Juspodivm, 2016.

21 ROQUE, Fábio; TÁVORA, Nestor; ALENCAR, Rosmar Rodrigues. **Legislação Criminal para Concursos:** doutrina, jurisprudência e questões de concursos. Salvador: Juspodivm, 2016.

22 Ibidem.

praticado em atividade típica de grupo de extermínio.

Em princípio, em uma leitura preliminar, poderia a nova modalidade de majorante do homicídio também ser considerada hedionda, desde que praticada por grupo de extermínio.

Todavia, tendo em vista o princípio da taxatividade da lei penal e da reserva legal, a fim de garantir segurança jurídica nas relações, em princípio a hediondez não poderia ser aplicada no que concerne a ações praticadas por milícias privadas, sob o pretexto de prestação de serviço de segurança, sob pena de incorrermos em analogia *in malam partem*, na medida em que a nova lei é incriminadora, sendo, portanto, irretroativa.

Entretanto, autores como Cleber Masson[23] entendem que o homicídio cometido por milícia privada é hediondo, não propriamente por essa característica, que não está expressamente discriminada na lei, mas pela existência de outras qualificadoras na espécie fática, tais como: motivo torpe e recurso que dificulta ou impossibilita a defesa do ofendido.

Para Nucci[24], há *bis in idem* no reconhecimento do aumento de 1/3 até a metade, pois já existe uma qualificadora, no mínimo, que é o motivo torpe.

Antigamente identificado pela Doutrina como Homicídio Condicionado, antes do advento da Lei Federal nº 12.720/12, no novel homicídio praticado por grupo de extermínio, ainda, segundo Renato Brasileiro de Lima[25]:

"a localização topográfica da causa de aumento de pena do art. 121, § 6º, do Código Penal, permite sua aplicação a qualquer hipótese de homicídio doloso (simples, privilegiado ou qualificado, consumado ou tentado). Logo, se o crime for praticado com o emprego de recurso que dificultou ou tornou impossível a defesa do ofendido, o agente deverá responder pelo crime do art. 121, § 2º, IV, com a incidência da majorante do § 6º; como o fato de o homicídio ser praticado por milícia privada, sob o pretexto de prestação de serviço de segurança, ou por grupo de extermínio, passa a funcionar como causa de aumento de pena, sua existência deve ser quesitada aos jurados, nos termos do art. 483, V, e § 3º, II, do CPP".

Novos crimes hediondos: Conforme já referido, além do homicídio simples, quando praticado em atividade típica de grupo de extermínio, ainda que cometido por um só agente, e das tradicionais qualificadoras do homicídio qualificado (art. 121, § 2º, I a V, CP), em virtude do advento das Leis Federais nº 13.104 e 13.142/2015, o Feminicídio e o Homicídio contra Agente das Forças Armadas ou da Segurança Pública, consumados ou tentados, passaram a ser consideradas novas modalidades de crimes hediondos, modificando, pois, a redação do artigo 1º, I, da Lei 8.072/90.

B) Induzimento, instigação ou auxílio a suicídio: art. 122 do Código Penal

Induzimento, instigação ou auxílio a suicídio

Art. 122 – Induzir ou instigar alguém a suicidar-se ou prestar-lhe auxílio para que o faça:

Pena – reclusão, de 2 (dois) a 6 (seis) anos, se o suicídio se consuma; ou reclusão, de 1 (um) a 3 (três) anos, se da tentativa de suicídio resulta lesão corporal de natureza grave.

Parágrafo único – A pena é duplicada:

Aumento de pena

I – se o crime é praticado por motivo egoístico;

23 MASSON, Cléber. **Código Penal Comentado**. 3. ed. São Paulo: MÉTODO, 2015.

24 NUCCI, Guilherme de Souza. **Manual de Direito Penal**: parte geral; parte especial. 11. ed. Rio de Janeiro: Forense, 2015.

25 LIMA, Renato Brasileiro de. **Legislação Criminal Especial Comentada**: volume único. 4. ed. Salvador: Juspodivm, 2016, p. 38.

II – se a vítima é menor ou tem diminuída, por qualquer causa, a capacidade de resistência.

COMENTÁRIOS

Em qualquer de suas modalidades, o Induzimento, Instigação ou Auxílio a Suicídio é instrumentalizado, na fase pré-processual ou inquisitorial, por meio de IP.

Trata-se, via de regra, de crime de maior potencial ofensivo, com pena máxima cominada superior a 4 (quatro) anos, adequando-se, em princípio, ao rito do procedimento comum ordinário, contemplado no art. 394, § 1º, I, do Código de Processo Penal (CPP), com exceção da forma delitiva com resultado lesão corporal grave, de médio potencial ofensivo, com pena máxima cominada igual a 3 (três) anos, que se afeiçoa, em princípio, ao rito do procedimento comum sumário (art. 394, § 1º, II, CPP) e que comporta suspensão condicional do processo, nos termos do artigo 89 da Lei dos JECs, já que a pena mínima cominada é igual a 1 (um) ano.

Todavia, por ser crime doloso contra a vida, o delito de Induzimento, Instigação ou Auxílio a Suicídio, em qualquer de suas modalidades, após a competente sentença de pronúncia, preconizada no art. 413, do Código de Processo Penal (CPP), identificando materialidade delitiva e indícios suficientes de autoria e participação, será julgado pelo Tribunal do Júri, nos termos do art. 5º, XXXVIII, "d", da CF/88, devendo ser observado, outrossim, o procedimento especial contemplado no Livro II, Título I, Capítulo II, do Código de Processo Penal, insculpido nos artigos 406 a 497, todos do CPP.

Este tipo penal também é chamado de crime de participação em suicídio.

O suicídio ("autocídio") é fato atípico, porém aquele que induz (planta a ideia), instiga (reforça a ideia já existente) ou auxilia (fornece os meios, mas sem praticar ato de execução), responde pelo crime.

O auxílio deve ser acessório, ou seja, não poderá ser a causa direta da morte, pois, se for, o crime será de Homicídio.

O induzimento e a instigação são formas de participação moral, enquanto que o auxílio é forma de participação material.

Trata-se de crime de ação múltipla, de conteúdo variado, perfazendo tipo misto alternativo. Logo, mesmo que o agente induza, instigue e preste auxílio à mesma vítima, o crime será único.

O crime se consuma com a morte da vítima, ou, se da tentativa de suicídio, resultar lesão corporal de natureza grave, em conformidade com o que dispõe os §§ 1º e 2º do art. 129 do CP, que são considerados pela doutrina majoritária como condições objetivas de punibilidade do tipo penal previsto no art. 122, CP. Desta forma, ocorrendo lesão leve, o fato é atípico.

– art. 31, CP: casos de impunibilidade.

– morte da vítima: pena de reclusão de 2 (dois) a 6 (seis) anos.

– lesão corporal de natureza grave: pena de reclusão de 1 (um) a 3 (três) anos.

– auxílio por omissão: alguns autores, como Nucci[26], Mirabete[27], Magalhães Noronha[28] e Nelson Hungria[29], admitem a possibilidade, tendo em vista o comando constante no artigo 13, § 2º, CP (crimes comissivos por omissão ou impróprios – situação de garante ou garantidor – dever jurídico de impedir o resultado).

---

26 NUCCI, Guilherme de Souza. **Manual de Direito Penal**: parte geral; parte especial. 11. ed. Rio de Janeiro: Forense, 2015.

27 MIRABETE, Júlio Fabbrini. **Manual de Direito Penal**: parte especial. v. 2. 34. ed. São Paulo: Atlas, 2018.

28 NORONHA, E. Magalhães. **Direito Penal**. v. 2. 32. ed. São Paulo: Saraiva, 1995.

29 HUNGRIA, Nelson; FRAGOSO, Heleno Cláudio. **Comentários ao Código Penal**. v. 5. 6. ed. Rio de Janeiro: Forense, 1981.

Outros autores, como Damásio de Jesus[30], Heleno Fragoso[31] e Frederico Marques[32], não admitem a possibilidade, pois a expressão contida no tipo penal menciona "prestar auxílio", o que implica ação e não omissão. Haveria, neste caso, o crime de Omissão de socorro qualificada pela morte (art. 135, § único, CP) e não o tipo penal previsto no art. 122, CP.

– Pactos de Morte: em princípio, se alguém sobreviver, responderá por participação em suicídio, tendo como vítima quem morreu.

– "Roleta Russa": havendo morte de alguém, os participantes sobreviventes respondem por instigação ou auxílio ao suicídio. Neste caso, o dolo seria eventual.

– Desafio da "Baleia Azul": havendo suicídio, ou, se da tentativa de suicídio ocorrer lesão corporal de natureza grave ou gravíssima, é possível a responsabilização criminal de eventuais agentes indutores ou instigantes, na forma do art. 122, CP.

Livros ou músicas que possam estimular o suicídio não geram a responsabilidade de seus autores, por ausência de dolo em relação a uma pessoa ou a pessoas determinadas.

Deve haver nexo causal (relação de causa e efeito) entre o auxílio prestado e o modo pelo qual a vítima se matou. Ex: no caso de o agente emprestar uma corda para a vítima se enforcar e ela se matar com disparo de arma de fogo, não há nexo, assim, aquele que emprestou a corda não responderá, em princípio, por auxílio ao suicídio, mas poderá responder como agente indutor ou instigante (instigador).

– Qualificadoras:

Previsão no art. 122, § único, CP – aplicação da pena em dobro (4 a 12 anos – morte; 2 a 6 anos – lesão corporal de natureza grave), nas seguintes hipóteses:

1) motivo egoístico (ex: com o objetivo de receber herança da vítima);

2) vítima menor ou com diminuição da capacidade de resistência: com relação à vítima menor, há dois entendimentos:

1ª corrente: a prova deve ser feita caso a caso (menor de 18 anos?, menor de 14 anos?, menor de 12 anos?);

2ª corrente: critério objetivo, ou seja, incide a qualificadora entre as pessoas menores de 18 e maiores de 14 anos de idade.

Para as pessoas abaixo de 14 anos de idade, seria considerado Homicídio por autoria mediata de quem levou a criança/adolescente a cometer o suicídio, já que este(s), em princípio, não têm capacidade de discernimento quanto ao ato de se matar.

Outrossim, incide também a qualificadora se a vítima tiver, por qualquer causa, sua capacidade de resistência diminuída.

Todavia, se a capacidade de resistência da vítima for nula, sem qualquer possibilidade de autodeterminação, em virtude de distúrbios mentais, o entendimento é o de que se trata de Homicídio (ex: quem entrega arma carregada para uma criança brincar, ou para um doente mental, vindo estas pessoas a matarem-se).

No que concerne ao tipo penal do art. 122, CP, segue, abaixo, breve reflexão acerca do tema[33]:

30 JESUS, Damásio E. de. **Código Penal Anotado**. 22. ed. São Paulo: Saraiva, 2014.

31 FRAGOSO, Heleno Cláudio. **Lições de Direito Penal:** parte especial. 17. ed. Rio de Janeiro: Forense, 2006.

32 MARQUES, José Frederico. **Tratado de Direito Penal**. v. 4. Campinas: Millenium, 2000.

33 Revista SÍNTESE nº 4.685, de 25 de junho de 2019 – Direito Penal e Processual Penal. Disponível em: <http://www.sintese.com/direitoPenal.asp>. Acesso em: 6 out. 2019.

Crime de participação em suicídio

"Suicídio é a deliberada destruição da própria vida. O ordenamento penal brasileiro não pune o suicídio, por impossibilidade de aplicação de sanção, e nem tampouco a tentativa dele, por razões de política criminal. Nesse sentido, merece ser lembrado o princípio da alteridade ('altero'), segundo o qual não deve ser considerada crime a conduta que não viole bem jurídico alheio (de outrem), de modo que pratica fato atípico aquele que ofende bem jurídico próprio. A participação em suicídio, entretanto, é punida nos termos do art. 122 do Código Penal, que diz: 'Art. 122 – Induzir ou instigar alguém a suicidar-se ou prestar-lhe auxílio para que o faça: Pena – reclusão, de dois a seis anos, se o suicídio se consuma; ou reclusão, de um a três anos, se da tentativa de suicídio resulta lesão corporal de natureza grave.' Assunto como esse, caro leitor, de autoria da Dr. Ricardo Antônio Andreucci, você poderá encontrar na Revista SÍNTESE Direito Penal e Processual Penal.

C) Infanticídio: art. 123 do Código Penal

Infanticídio

Art. 123 – Matar, sob a influência do estado puerperal, o próprio filho, durante o parto ou logo após:

Pena – detenção, de 2 (dois) a 6 (seis) anos.

COMENTÁRIOS

O Infanticídio é instrumentalizado, na fase pré-processual ou inquisitorial, por meio de IP.

Trata-se de crime de maior potencial ofensivo, com pena máxima cominada superior a 4 (quatro) anos, adequando-se, em princípio, ao rito do procedimento comum ordinário, contemplado no art. 394, § 1º, I, do Código de Processo Penal (CPP).

Todavia, por ser crime doloso contra a vida, o delito de Infanticídio, após a competente sentença de pronúncia, preconizada no art. 413, do Código de Processo Penal (CPP), identificando materialidade delitiva e indícios suficientes de autoria e participação, será julgado pelo Tribunal do Júri, nos termos do art. 5º, XXXVIII, "d", da CF/88, devendo ser observado, outrossim, o procedimento especial contemplado no Livro II, Título I, Capítulo II, do Código de Processo Penal, insculpido nos artigos 406 a 497, todos do CPP.

Todavia, por ser crime doloso contra a vida, o delito de Infanticídio, após a competente sentença de pronúncia, preconizada no art. 413, do Código de Processo Penal (CPP), identificando materialidade delitiva e indícios suficientes de autoria e participação, será julgado pelo Tribunal do Júri, nos termos do art. 5º, XXXVIII, "d", da CF/88, devendo ser observado, outrossim, o procedimento contemplado nos artigos 406 a 497, todos do CPP.

Trata-se de um homicídio especial, um *delictum exceptum*, praticado pela parturiente ou mae sob a influência do estado puerperal.

– crime próprio (somente pode ser praticado pela mãe).

– vítima: o filho recém-nascido ou ser nascente.

– estado puerperal: perturbação psíquica que leva a mãe ao impulso de matar o próprio filho, durante o parto ou logo após o parto.

O tempo de duração é variável e depende de perícia e da análise do caso concreto. Em princípio, o estado puerperal não se presume.

Ele deverá ser provado por perícia médica, mas, se os médicos ficarem em dúvida sobre sua existência e o laudo não for conclusivo, será ele presumido, aplicando-se o princípio do *in dubio pro reo*.

– durante ou logo após o parto: este é o elemento temporal, ou seja, o crime só poderá ser praticado em um determinado momento (considera-se início do parto a dilatação do colo do útero, e fim do parto o nascimento.

Não comprovada a diminuição da capacidade de entendimento ou autoinibição da parturiente, haverá Homicídio.

- mãe sob a influência de estado puerperal que mata filho de outra pessoa, supondo ser seu: haverá erro sobre a pessoa (art. 20, § 3º, CP) e continuará sendo infanticídio.

- concurso de agentes: doutrina majoritária admite a participação e coautoria no infanticídio, mesmo que o agente não esteja em estado puerperal, tendo em vista o comando do art. 30, CP (circunstâncias de caráter pessoal se comunicam quando elementares do crime), embora alguns doutrinadores sejam contrários a este entendimento em relação ao coautor (responderia por homicídio, pois pratica ato de execução).

Há uma corrente minoritária que afirma ser o estado puerperal uma condição personalíssima, incomunicável, mas a lei não fala em condição de caráter personalíssimo.

- aparente conflito com o tipo penal previsto no art. 134, § 2º, CP (no Infanticídio existe dolo de matar e a mulher age em razão do estado puerperal, enquanto no Abandono de recém-nascido qualificado pela morte o dolo é apenas o de abandonar o recém-nascido para ocultar desonra própria, e o evento decorre de culpa).

- modalidade culposa: o Infanticídio não possui forma culposa.

Assim, se a morte da criança resultar de culpa da mãe, mesmo que esta esteja sob a influência do estado puerperal, o crime será de Homicídio culposo (Nelson Hungria[34] e Mirabete[35]).

Para uma segunda corrente (Damásio de Jesus[36]), estando a mulher sob a influência do estado puerperal, não se pode exigir dela uma conduta de cuidado e prudência, sendo, portanto, atípico o fato (incompatibilidade entre a conduta culposa e o estado puerperal).

D) Aborto: art. 124 do Código Penal

Aborto provocado pela gestante ou com seu consentimento

Art. 124 - Provocar aborto em si mesma ou consentir que outrem lho provoque:

Pena - detenção, de 1 (um) a 3 (três) anos.

Aborto provocado por terceiro

Art. 125 - Provocar aborto, sem o consentimento da gestante:

Pena - reclusão, de 3 (três) a 10 (dez) anos.

Art. 126 - Provocar aborto com o consentimento da gestante:

Pena - reclusão, de 1 (um) a 4 (quatro) anos.

Parágrafo único. Aplica-se a pena do artigo anterior, se a gestante não é maior de 14 (catorze) anos, ou é alienada ou débil mental, ou se o consentimento é obtido mediante fraude, grave ameaça ou violência

Forma qualificada

Art. 127 - As penas cominadas nos dois artigos anteriores são aumentadas de um terço, se, em consequência do aborto ou dos meios empregados para provocá-lo, a gestante sofre lesão corporal de natureza grave; e são duplicadas, se, por qualquer dessas causas, lhe sobrevém a morte.

Art. 128 - Não se pune o aborto praticado por médico:

Aborto necessário

I - se não há outro meio de salvar a vida da gestante;

Aborto no caso de gravidez resultante de estupro

34 HUNGRIA, Nelson; FRAGOSO, Heleno Cláudio. **Comentários ao Código Penal**. v. 5. 6. ed. Rio de Janeiro: Forense, 1981.

35 MIRABETE, Júlio Fabbrini. **Manual de Direito Penal**: parte especial. v. 2. 34. ed. São Paulo: Atlas, 2018.

36 JESUS, Damásio E. de. **Código Penal Anotado**. 22. ed. São Paulo: Saraiva, 2014.

II – se a gravidez resulta de estupro e o aborto é precedido de consentimento da gestante ou, quando incapaz, de seu representante legal.

COMENTÁRIOS

Em qualquer de suas modalidades, o Aborto é instrumentalizado, na fase pré-processual ou inquisitorial, por meio de IP.

Trata-se, via de regra, de crime de maior potencial ofensivo, com pena máxima cominada superior a 4 (quatro) anos, adequando-se, em princípio, ao rito do procedimento comum ordinário, contemplado no art. 394, § 1º, I, do Código de Processo Penal (CPP), com exceção da modalidade prevista no artigo 124 do Código Penal, de médio potencial ofensivo, com pena máxima cominada igual a três (3) anos, que se afeiçoa ao rito do procedimento comum sumário (art. 394, § 1º, II, CPP) e que comporta suspensão condicional do processo, nos termos do artigo 89 da Lei dos JECs, já que a pena mínima cominada é igual a 1 (um) ano.

Outrossim, a modalidade prevista no artigo 126 do Código Penal também comporta suspensão condicional do processo, já que a pena mínima cominada, igualmente, é de 1 (um) ano.

Todavia, por ser crime doloso contra a vida, o delito de Aborto, em qualquer de suas modalidades, após a competente sentença de pronúncia, preconizada no art. 413, do Código de Processo Penal (CPP), identificando materialidade delitiva e indícios suficientes de autoria e participação, será julgado pelo Tribunal do Júri, nos termos do art. 5º, XXXVIII, "d", da CF/88, devendo ser observado, outrossim, o procedimento especial contemplado no Livro II, Título I, Capítulo II, do Código de Processo Penal, insculpido nos artigos 406 a 497, todos do CPP.

É a interrupção ou cessação da gravidez, com a morte do feto ou embrião.

– vida intrauterina: da fecundação até o rompimento da bolsa.

O sujeito passivo é o feto ou embrião e, secundariamente, a coletividade, que tem interesse em proteger a vida do ser em formação no útero materno.

– formas de aborto: natural, acidental e provocado (criminoso ou legal).

É crime material, que exige a prova técnica da gravidez, por meio de auto de exame de corpo de delito.

É possível concurso formal entre homicídio doloso e aborto, se o agente mata a vítima sabendo que ela estava grávida.

Não existe forma culposa de aborto. Se o agente agredir a vítima, causando aborto culposamente, responde por Lesão Corporal Gravíssima (art. 129, 2º, V, CP).

É possível a tentativa de aborto.

– crime impossível: Ex: manobras abortivas em quem não está grávida constituem crime impossível por absoluta im propriedade do objeto.

– concurso de crimes: se a gravidez era de gêmeos e a pessoa que praticou o aborto não sabia haverá crime único, a fim de evitar a responsabilidade penal objetiva.

Todavia, se sabia que eram gêmeos, responde pelos dois crimes de aborto em concurso formal impróprio ou imperfeito (art. 70, *caput,* parte final, CP): com uma só ação, o autor produz vários resultados, todos desejados (desígnios autônomos), ou aceita o risco de produzi-los.

Esse concurso só ocorre nos tipos dolosos, pois requer dolo direto ou eventual.

Nesse caso, as penas devem ser somadas, como no concurso material (sistema do cúmulo material).

I) Tipos penais de aborto:

a) Autoaborto ou com o consentimento válido da gestante: art. 124, CP.

A grávida pratica aborto em si mesma ou permite que alguém nela provoque. Pune-se apenas a grávida.

O terceiro que praticar o aborto responderá na forma do art. 126.

Trata-se de exceção à teoria monista ou unitária do Código Penal.

No que concerne àquele que instigou ou induziu a gestante a realizar o aborto, há entendimento minoritário no sentido de que responde como partícipe do art. 124, pois aderiu à conduta da gestante e não à conduta do agente provocador do aborto;

b) Aborto provocado por terceiro, sem o consentimento da gestante: art. 125, CP.

Pode consistir em agressões físicas contra a gestante ou pode ser praticado diretamente contra o feto;

c) Aborto provocado por terceiro com o consentimento da gestante: art. 126, CP.

No que concerne àquele que instigou ou induziu a gestante a realizar o aborto, o entendimento majoritário é o de que responde como partícipe do art. 126.

No caso de haver fraude no consentimento, ou se tratar de gestante menor de 14 (catorze) anos, alienada ou débil mental, ou ainda se obtido mediante violência ou grave ameaça, segundo o § único do art. 126, aplica-se a pena do artigo 125, qual seja, de 3 (três) a 10 (dez) anos de reclusão, ao invés de 1 (um) a 4 (quatro) anos de reclusão;

d) Aborto qualificado pelo resultado: art. 127, CP.

Se resultar à gestante lesão corporal de natureza grave ou morte.

Aplica-se ao provocador do aborto e não à gestante.

Aplica-se apenas às hipóteses dos arts. 125 e 126, CP;

II) Aborto legal: art. 128, CP.

Militam em favor da exceção legal razões de ordem social e individual, as quais o legislador penal não pôde deixar de atender.

Para uns, seria causa excludente da ilicitude (estado de necessidade e exercício regular de direito).

Para outros, seria causa excludente da culpabilidade ou escusa absolutória – "não se pune o aborto praticado por médico".

Tipos:

(I) Aborto terapêutico ou necessário: quando não há outro meio de salvar a vida da gestante (em princípio, causa excludente da ilicitude pelo estado de necessidade);

(II) Aborto sentimental, humanitário ou piedoso: no caso de gravidez resultante de estupro, sendo precedido de consentimento da gestante ou de seu representante legal (em princípio, causa excludente da culpabilidade pela inexigibilidade de conduta diversa). Em ambos os casos, não há necessidade de prévia autorização judicial. Na prática, basta o boletim de ocorrência policial.

Nas duas hipóteses, apenas se exige que seja praticado por médico.

Se for praticado por parteira, enfermeira etc, trata-se de estado de necessidade de terceiro, a ensejar excludente de ilicitude, ou ainda inexigibilidade de conduta diversa, a ensejar excludente de culpabilidade.

– Aborto eugênico e de fetos anencéfalos: no caso de fetos anencéfalos, embora não seja ainda permitido pela legislação penal, há decisão relativamente recente do STF, de abril de 2012, reconhecendo o aborto em tais situações (a este respeito, vide ADPF nº 54, de 12-4-2013, em que o STF, por maioria de votos, julgou procedente a ação para declarar a inconstitucionalidade da interpretação segundo a qual a interrupção da gravidez de feto anencéfalo configura conduta tipificada nos artigos 124 e/ou 126 do Código Penal).

Vide também Resolução nº 1.989, de 10 de maio de 2012, do Conselho Federal de Medicina, que dispõe sobre o diagnóstico de anencefalia para a antecipação terapêutica do parto.

No que concerne ao aborto eugênico (eugenésico ou embriopático), relativo a fetos com malformações ou anomalias graves, há divergências doutrinárias e jurisprudenciais acerca de sua admissibilidade.

Vale lembrar que tramita no Congresso Nacional projeto de reforma do Código Penal, que não considera mais crime a interrupção da gravidez de fetos que possuem uma doença física ou mental irreversível, como a anencefalia.

Em agosto de 2018, o STF realizou audiência pública, com vista à possível descriminalização do aborto até a décima segunda (12ª) semana de gestação, após provocação, por parte do PSOL, da Arguição de Descumprimento de Preceito Fundamental (ADPF) nº 442/17, na qual o partido político sustenta a inconstitucionalidade dos arts. 124 e 126, ambos do Código Penal, alegando que esses dispositivos, que criminalizam o aborto provocado pela gestante, ou realizado com seu consentimento, atingem princípios e direitos fundamentais garantidos na Constituição Federal de 1988, tendo sido citados pela sigla partidária, na defesa de sua tese, a ADIN 3.510, julgada em 2008, na qual a Corte liberou pesquisas com células tronco embrionárias, a ADPF 54, julgada em 2012 (antes referida), que garantiu às gestantes de fetos anencefálicos o direito à interrupção da gestação, e o HC 124.306, de 2016, em que a Primeira Turma do STF afastou a prisão preventiva de acusados da prática de aborto.

Vale lembrar que países como a Alemanha, Espanha, França e Uruguai autorizam a interrupção da gravidez até a décima segunda semana de gestação. Tramitou no Senado da Argentina proposta similar, que visava à interrupção da gravidez até a décima quarta (14ª) semana de gestação. Contudo, em agosto de 2018, tal proposta foi rechaçada por aquela Casa Legislativa.

2) Lesões Corporais (Capítulo II)

É o segundo dos 6 (seis) capítulos relativos aos crimes contra a pessoa.

Identifica-se nas seguintes figuras típicas:

a) Lesão corporal dolosa leve ou simples (art. 129, *caput,* CP);

b) Lesão corporal qualificada grave (art. 129, § 1º, CP);

c) Lesão corporal qualificada gravíssima (art. 129, § 2º, CP);

d) Lesão corporal seguida de morte (art. 129, § 3º, CP);

e) Lesão corporal privilegiada (art. 129, § 4º, CP);

f) Lesão corporal recíproca (art. 129, § 5º, II, CP);

g) Lesão corporal culposa (art. 129, § 6º, CP);

h) Lesão corporal dolosa majorada (art. 129, § 7º, CP);

i) Lesão corporal qualificada pela violência doméstica (art. 129, § 9º, CP);

j) Lesão corporal grave, gravíssima ou seguida de morte praticada nas relações domésticas, de coabitação ou de hospitalidade (art. 129, § 10º, CP);

k) Lesão corporal praticada nas relações domésticas, de coabitação ou de hospitalidade contra pessoa portadora de deficiência (art. 129, § 11, CP);

l) Lesão corporal praticada contra Autoridade ou Agente de Segurança Pública (art. 129, § 12, CP), também chamada de "Lesão Corporal Funcional".

A) Lesão Corporal: art. 129 do Código Penal

Lesão corporal

Art. 129. Ofender a integridade corporal ou a saúde de outrem:

Pena – detenção, de 3 (três) meses a 1 (um) ano.

Lesão corporal de natureza grave

§ 1º Se resulta:

I – Incapacidade para as ocupações habituais, por mais de 30 (trinta) dias;

II – perigo de vida;

III – debilidade permanente de membro, sentido ou função;

IV – aceleração de parto:

Pena – reclusão, de 1 (um) a 5 (cinco) anos.

§ 2° Se resulta:

I – Incapacidade permanente para o trabalho;

II – enfermidade incurável;

III perda ou inutilização do membro, sentido ou função;

IV – deformidade permanente;

V – aborto:

Pena – reclusão, de 2 (dois) a 8 (oito) anos.

Lesão corporal seguida de morte

§ 3° Se resulta morte e as circunstâncias evidenciam que o agente não quis o resultado, nem assumiu o risco de produzi-lo:

Pena – reclusão, de 4 (quatro) a 12 (doze) anos.

Diminuição de pena

§ 4° Se o agente comete o crime impelido por motivo de relevante valor social ou moral ou sob o domínio de violenta emoção, logo em seguida a injusta provocação da vítima, o juiz pode reduzir a pena de um sexto a um terço.

Substituição da pena

§ 5° O juiz, não sendo graves as lesões, pode ainda substituir a pena de detenção pela de multa:

I – se ocorre qualquer das hipóteses do parágrafo anterior;

II – se as lesões são recíprocas.

Lesão corporal culposa

§ 6° Se a lesão é culposa:

Pena – detenção, de 2 (dois) meses a 1 (um) ano.

Aumento de pena

§ 7º Aumenta-se a pena de 1/3 (um terço) se ocorrer qualquer das hipóteses dos §§ 4º e 6º do art. 121 deste Código. (Redação dada pela Lei nº 12.720, de 27-9-2012)

§ 8º – Aplica-se à lesão culposa o disposto no § 5º do art. 121.(Redação dada pela Lei nº 8.069, de 13-7-1990)

Violência Doméstica (Incluído pela Lei nº 10.886, de 17-6-2004)

§ 9º Se a lesão for praticada contra ascendente, descendente, irmão, cônjuge ou companheiro, ou com quem conviva ou tenha convivido, ou, ainda, prevalecendo-se o agente das relações domésticas, de coabitação ou de hospitalidade: (Redação dada pela Lei nº 11.340, de 7-8-2006)

Pena – detenção, de 3 (três) meses a 3 (três) anos. (Redação dada pela Lei nº 11.340, de 7-8-2006)

§ 10. Nos casos previstos nos §§ 1º a 3º deste artigo, se as circunstâncias são as indicadas no § 9º deste artigo, aumenta-se a pena em 1/3 (um terço). (Incluído pela Lei nº 10.886, de 17-6-2004)

§ 11. Na hipótese do § 9º deste artigo, a pena será aumentada de um terço se o crime for cometido contra pessoa portadora de deficiência. (Incluído pela Lei nº 11.340, de 7-8-2006)

§ 12. Se a lesão for praticada contra autoridade ou agente descrito nos arts. 142 e 144 da Constituição Federal, integrantes do sistema prisional e da Força Nacional de Segurança Pública, no exercício da função ou em decorrência dela, ou contra seu cônjuge, companheiro ou parente consanguíneo até terceiro grau, em razão dessa condição, a pena é aumentada de um a dois terços. (Incluído pela Lei nº 13.142, de 6-7-2015)

COMENTÁRIOS

Na sua forma básica, a Lesão Corporal é instrumentalizada, na fase pré-processual ou inquisitorial, por meio de Termo Circunstanciado (TCP), por se tratar de infração penal de menor potencial ofensivo, com pena máxima cominada não superior a 2 (dois) anos, adequando-se, pois, ao rito do procedimento comum sumaríssimo, contemplado no art. 394, § 1º, III, do Código de Processo Penal (CPP), circunstância que também ocorre na Lesão Corporal Culposa, disciplinada no artigo 129, § 6º, do Código Penal.

Todavia, no que concerne à Lesão Corporal Culposa, tendo em vista a complexidade do fato, nada obsta o evento ser instruído por meio de Inquérito Policial, já que, conforme identificação do elemento subjetivo (dolo), pode tratar-se, na espécie fática, de Tentativa de Homicídio.

A Lesão Corporal Grave, descrita no artigo 129, § 1º, CP, de maior potencial ofensivo, é instrumentalizada por meio de IP, adequando-se ao rito do procedimento comum ordinário, contemplado no art. 394, § 1º, I, do Código de Processo Penal (CPP).

Todavia, em tese, é cabível suspensão condicional do processo, nos termos do artigo 89 da Lei dos JECs, já que a pena mínima cominada é igual a 1 (um) ano.

A Lesão Corporal Gravíssima, descrita no artigo 129, § 2º, CP, de maior potencial ofensivo, também é instrumentalizada por meio de IP, assim como ocorre na Lesão Corporal Seguida de Morte, descrita no § 3º do mesmo diploma legal, as quais, da mesma forma, comportam o rito do procedimento comum ordinário, contemplado no art. 394, § 1º, I, do Código de Processo Penal (CPP).

A Lesão Corporal Qualificada pela Violência Doméstica, prevista no § 9º do mesmo diploma legal, de médio potencial ofensivo e submetida, em princípio, ao rito do procedimento comum sumário (art. 394, § 1º, II, CPP), embora seja instrumentalizada por meio de IP, aceitando, em princípio, a suspensão condicional do processo, já que a pena mínima cominada é inferior a 1 (um) ano.

Todavia, tendo em vista a competência especializada dos Juizados de Violência Doméstica e Familiar contra a Mulher, insculpida no artigo 14, da Lei Federal nº 11.340/06 (Lei Maria da Penha), atento ao comando constante no artigo 41 da referida legislação protetiva, fica inviabilizado o reconhecimento da suspensão condicional do processo, mecanismo despenalizador da Lei dos Juizados Especiais Criminais (JECs).

Lesão corporal é a ofensa à integridade corporal e à saúde, consistindo em dano anatômico prejudicial ao corpo humano, bem como em perturbações de caráter psicológico e/ou fisiológico. Ex: corte, queimadura, mutilação, escoriação, equimose, hematoma, pequenos ferimentos cortantes e contundentes, transmissão intencional de uma doença, paralisia momentânea etc.

Eritema e dor não são lesões.

Corte não autorizado de cabelo ou barba, em tese, caracteriza lesão corporal, salvo se a intenção do agente for a de humilhar a vítima, quando será caracterizada a Injúria real (art. 140, § 2º, CP).

A provocação de mais de uma lesão em um mesmo contexto fático caracteriza crime único, embora possa ter reflexos na dosimetria da pena.

A lei não pune a autolesão.

É considerado fato atípico.

Todavia, a autolesão pode constituir crime de outra natureza, como no caso da autolesão para receber seguro – Estelionato mediante fraude para recebimento de indenização ou valor de seguro (art. 171, § 2º, V, CP), bem como da criação de incapacidade para frustrar a incorporação militar (art. 184 do Código Penal Militar).

Não se confunde com a contravenção penal de Vias de fato (art. 21, DL 3688/41).

– dolo de lesionar ou de ferir a vítima = *animus laedendi*.

Em princípio, o consentimento do ofendido figura como causa supralegal de exclusão da ilicitude.

– cirurgias sem o consentimento do paciente: se for de emergência, o médico não responde criminalmente (estado de necessidade).

Nas demais situações, exige o consentimento do paciente (exercício regular de direito).

- lesão corporal decorrente de esporte: não há crime, desde que tenha havido respeito às regras do jogo (exercício regular de direito).

- princípio da bagatela: é possível a aplicação do princípio da bagatela, ou da insignificância, quando a lesão causada for ínfima.

I. Lesão corporal dolosa leve ou simples:

- por exclusão, é toda lesão que não for grave, nem gravíssima, nem culposa.

- a ação penal é pública condicionada à representação, por força do disposto no art. 88 da Lei 9.099/95.

II. Lesão corporal qualificada grave:

- se resulta incapacidade para as ocupações habituais por mais de 30 dias (I):

Atividade habitual é qualquer atividade rotineira da vida, exceto a ilícita.

Faz-se necessário o exame complementar, realizado no primeiro dia após o período de 30 (trinta) dias, para comprovar a materialidade da lesão grave (art. 168, § 2º, CPP).

Eventualmente, o exame complementar poderá ser suprido por prova testemunhal (art. 168, § 3º, CPP).

Na incapacidade, o conceito de ocupação é considerado sob o prisma funcional e não econômico (qualquer atividade lícita desempenhada pela vítima, inclusive o lazer, não apenas a sua capacidade laborativa).

- se resulta perigo de vida (II):

Exige diagnóstico concreto, por meio de laudo pericial.

Trata-se de diagnóstico (possibilidade concreta) e não de prognóstico (conjecturas ou hipóteses vagas e imprecisas).

- se resulta debilidade permanente de membro, sentido ou função (III): membros (braços e pernas); sentidos (tato, olfato, visão, paladar e audição); funções (funcionamento de órgãos ou aparelhos do corpo humano. Ex: circulação, respiração).

A debilidade permanente é o enfraquecimento, a redução, a diminuição da funcionalidade, de caráter duradouro (não perpétuo) e de recuperação incerta e improvável, cuja cessação eventual ocorrerá em data incalculável.

- aceleração do parto (IV):

Pressupõe o nascimento antecipado com vida.

É necessário que o agente saiba que a mulher está grávida, até para evitar possível responsabilização penal de natureza objetiva.

Segundo parcela considerável da doutrina, trata-se de hipótese preterdolosa, que não admite tentativa.

Aqui, necessariamente, a vítima (sujeito passivo) é a gestante.

III. Lesão corporal qualificada gravíssima:

- se resulta incapacidade permanente para o trabalho (I):

É mais específico do que o tipo do § 1º, I.

A incapacidade deve ser permanente e para todo e qualquer tipo de trabalho.

Diferentemente da incapacidade para as ocupações habituais, exige-se atividade remunerada, que implique sustento e, portanto, que acarrete prejuízo financeiro para o ofendido.

– se resulta moléstia incurável (II):

Transmissão intencional de uma doença para a qual não existe cura.

Com relação à transmissão intencional de AIDS, Nucci[37], outros doutrinadores e a jurisprudência dos Tribunais Superiores vêm entendendo tratar-se de lesão corporal gravíssima por resultar enfermidade incurável.

– se resulta perda ou inutilização de membro, sentido ou função (III):

Dá-se por **mutilação** (ocorre pela própria ação lesiva. É o corte de uma parte do corpo da vítima) ou por **amputação** (feita pelo médico, posteriormente à ação, para salvar a vida da vítima), que causa não a debilidade permanente, mas a perda e a inutilização do membro, sentido ou função.

Na inutilização, o membro permanece ligado ao corpo da vítima, ainda que parcialmente, mas totalmente inapto para a realização de sua atividade própria.

– se resulta deformidade permanente (IV):

Está ligado ao dano estético. Ex: queimaduras por fogo, ácido (vitriolagem), cicatriz.

Requisitos:

1) que o dano estético seja razoável, ou seja, de uma certa monta;
2) que seja permanente, isto é, não se reverte com o passar do tempo;
3) que a lesão seja visível;
4) que seja capaz de provocar impressão vexatória, ou seja, a deformidade estética deve ser algo que reduza a beleza física da vítima.

Nucci[38] discorda dos requisitos supra: sustenta pouco importar se a deformidade é visível ou não, se é ligada à estética ou não, se é passível de causar impressão vexatória ou não.

Para ele, o que se exige é apenas que a lesão seja duradoura, vale dizer, irreparável pelos recursos apresentados pela medicina à época do resultado.

– se resulta aborto (V):

Segundo parcela considerável da doutrina e da jurisprudência, é crime preterdoloso (dolo na agressão e culpa na interrupção da gravidez).

Se houver dolo no aborto, responde por Lesão corporal grave em concurso com o Aborto.

Aqui, também é necessário que o agente saiba que a mulher está grávida, para evitar possível responsabilidade penal objetiva.

Por ser figura preterdolosa, não admite tentativa.

Aqui, necessariamente, a vítima (sujeito passivo) é a gestante.

IV. Lesão corporal seguida de morte:

– crime preterdoloso (dolo no antecedente, culpa no consequente), razão pela qual não admite tentativa.

– se não houver dolo na agressão, será caso de Homicídio culposo.

– se o resultado for decorrente de caso fortuito, força maior ou era imprevisível para o autor, não haverá culpa e não se pode responsabilizar o agente pela morte, respondendo este apenas pelas lesões causadas dolosamente.

– progressão criminosa – responderá por Homicídio doloso, quando a intenção inicial era a de lesionar, mas, durante a execução, o agente resolveu matar a vítima.

V. Lesão corporal privilegiada: mesmas hipóteses do Homicídio privilegiado (art. 121, § 1º, CP), resultando na diminuição da pena de 1/6 a 1/3.

37 NUCCI, Guilherme de Souza. **Manual de Direito Penal**: parte geral; parte especial. 11. ed. Rio de Janeiro: Forense, 2015.

38 Ibidem.

Aplica-se somente à lesão corporal dolosa (grave, gravíssima ou seguida de morte).

VI. Substituição da pena na Lesão corporal dolosa: art. 129, § 5º, CP.

Poderá haver a substituição da pena de detenção pela de multa:

a) quando as lesões forem leves;

b) quando estiver presente uma das causas de privilégio do § 4º;

c) quando as lesões forem leves e recíprocas e nenhum dos envolvidos tenha agido em legítima defesa.

VII. Lesão corporal dolosa majorada:

A Lei nº 12.720, de 27 de setembro de 2012, modificou o § 7º do art. 129 do CP.

Desta forma, será majorada a Lesão corporal dolosa quando tiver por vítimas pessoas maiores de 60 (sessenta) anos de idade (idosos) e menores de 14 (catorze) anos de idade, justificando-se, em princípio, pela maior culpabilidade do agente, por ter agido com insensibilidade moral e de forma covarde, bem como quando praticada por milícias privadas, sob o pretexto de prestação de serviço de segurança, ou por grupos de extermínio.

Nas duas últimas situações, introduzidas pela novel legislação, justifica-se a aplicação da majorante, em virtude de que os grupos de extermínio (em especial, as milícias privadas) exploram o terror, impondo muitas vezes seu "poder" paralelo por meio de "surras", espancamentos e agressões generalizadas, sem objetivar, em um primeiro momento, a morte das vítimas.

Ao contrário do Homicídio Majorado (aumento de 1/3 à metade da pena – art. 121, § 4º, CP), houve previsão, na Lesão Corporal Majorada decorrente de ação de Milícias Privadas e Grupos de Extermínio, apenas do aumento de pena à razão de 1/3.

VIII. Lesão corporal culposa:

– é cabível o perdão judicial (§ 8º), nos mesmos moldes do que ocorre no Homicídio Culposo (art. 121, § 5º, CP).

IX. Lesão corporal culposa majorada (§ 7º):

– mesmas regras do Homicídio culposo majorado (art. 121, § 4º, CP).

– se for no trânsito, há crime próprio – Lesão corporal culposa na condução de veículo automotor (art. 303 da Lei 9.503/97).

– exige representação, por força do disposto no art. 88 da Lei 9.099/95.

– não é levado em consideração o grau da lesão: se leve, grave, gravíssima ou seguida de morte, já que a lesão resulta de imprudência, negligência ou imperícia, que são modalidades de culpa.

X. Lesão corporal qualificada pela violência doméstica:

Tipo penal criado com a Lei 10.886/2004 e modificado pela Lei 11.340/2006 (Lei Maria da Penha).

– Natureza da ação penal:

1ª corrente: ação penal pública incondicionada, seja em razão da impossibilidade de aplicação das medidas despenalizadoras dos JECs (art. 41 da Lei Maria da Penha), seja em razão da natureza do delito – lesão corporal qualificada pela violência doméstica (Nucci[39] e Renato Brasileiro de Lima[40]);

2ª corrente: ação penal pública condicionada à representação. Interpretação sistemática e teleológica do art. 41 com os

39 Op. Cit.

40 LIMA, Renato Brasileiro de. **Súmulas Criminais do STF e do STJ Comentadas.** Salvador: Juspodivm, 2016.

arts. 4º, 12, I, 16 e 17, todos da Lei Maria da Penha (Damásio[41]).

Todavia, há julgado do STF de fevereiro de 2012, na ADIN 4.424, reconhecendo que, em crime de lesão corporal contra mulher, em situação de violência doméstica, atua-se mediante ação penal pública incondicionada.

Ademais, recentemente o STJ consolidou entendimento acerca do tema, conforme Súmula nº 542, de setembro de 2015, a seguir descrita: "*A ação penal relativa ao crime de lesão corporal resultante de violência doméstica contra a mulher é pública incondicionada*".

A lesão é qualificada em razão de peculiaridades específicas (relações domésticas, de coabitação ou de hospitalidade), conforme a redação do § 9º do art. 129 do CP.

Nucci[42] critica a lesão qualificada em virtude de relações de coabitação (Ex: agressões entre moradores de uma pensão) e de hospitalidade (Ex: lesão praticada pelo anfitrião contra a visita), já que fogem do contexto da "violência doméstica", entendendo que seria mais do que suficiente, na espécie fática, a figura do *caput* com a aplicação da agravante do art. 61, II, "f", CP, até pelo fato de não se considerar que habitantes de uma mesma pensão ou anfitriões e visitas levem vida doméstica (familiar ou íntima).

Há crítica da doutrina em relação à expressão "com quem conviva ou tenha convivido".

Sob pena de ampliar, em demasia, a figura qualificada denominada "violência doméstica", Nucci[43] entende que haverá a forma qualificada da lesão quando o agente voltar-se contra ascendente, descendente, irmão, cônjuge ou companheiro com quem conviva ou tenha convivido.

Ainda assim, critica-se a expressão "ou tenha convivido" (às vezes, em um passado distante), a qual, segundo a melhor doutrina, deve ser interpretada restritivamente.

Segue jurisprudência acerca do tema:

> ***QUALIFICADORA. LESÃO CORPORAL CONTRA HOMEM. VIOLÊNCIA DOMÉSTICA.***
>
> *O aumento de pena do § 9º do art. 129 do CP, alterado pela Lei n. 11.340/2006, aplica-se às lesões corporais cometidas contra homem no âmbito das relações domésticas. Apesar da Lei Maria da Penha ser destinada à proteção da mulher, o referido acréscimo visa tutelar as demais desigualdades encontradas nas relações domésticas. In casu, o paciente empurrou seu genitor, que com a queda sofreu lesões corporais. Assim, não há irregularidade em aplicar a qualificadora de violência doméstica às lesões corporais contra homem. Contudo, os institutos peculiares da citada lei só se aplicam quando a vítima for mulher.* ***RHC 27.622-RJ, Rel. Min. Jorge Mussi, julgado em 7/8/2012.***
>
> ***DIREITO PENAL E PROCESSUAL PENAL. LESÃO CORPORAL LEVE OU CULPOSA NO ÂMBITO DOMÉSTICO. AÇÃO PENAL PÚBLICA INCONDICIONADA.***
>
> ***O crime de lesão corporal, mesmo que leve ou culposa, praticado contra a mulher, no âmbito das relações domésticas, deve ser processado mediante ação penal pública incondicionada.*** *No julgamento da ADI 4.424-DF, o STF declarou a constitucionalidade do art. 41 da Lei n. 11.340/2006, afastando a incidência da Lei n. 9.099/1995 aos crimes praticados com violência doméstica e familiar contra a mulher, independentemente da pena prevista. Precedente citado do STF: ADI*

41 JESUS, Damásio E. de. **Código Penal Anotado**. 22. ed. São Paulo: Saraiva, 2014.

42 NUCCI, Guilherme de Souza. **Manual de Direito Penal**: parte geral; parte especial. 11. ed. Rio de Janeiro: Forense, 2015.

43 Ibidem.

4..424-DF, Dje 17/2/2012; do STJ: AgRg no Resp 1.166.736-ES, Dje 8/10/2012, e HC 242.458-DF, Dje 19/9/2012. STJ – AREsp 40.934-DF, Rel. Min. Marilza Maynard (Desembargadora convocada do TJ-SE), Quinta Turma), julgado em 13/11/2012).

Relativamente à possibilidade de a lesão corporal culposa justificar a incidência do tipo penal previsto no art. 129, § 9º, CP, quando praticada em situação de violência doméstica e familiar contra a mulher, discorda Renato Brasileiro de Lima[44]:

"Considerando o menor desvalor inerente aos crimes culposos, que derivam da inobservância de um dever objetivo de cuidado, e não de uma vontade consciente de se aproveitar da situação vulnerável da mulher no âmbito da unidade doméstica, da família ou em qualquer relação íntima de afeto, não faria sentido privar o acusado de tais crimes do gozo dos benefícios despenalizadores previstos na Lei n. 9.099/95, como poderia ocorrer, por exemplo, em um eventual crime de lesão corporal culposa praticado por um pai em detrimento de sua filha".

XI. Majorante do § 10º:

Possibilidade de aumento da pena em 1/3 para as lesões corporais graves, gravíssimas ou seguidas de morte praticadas nas relações domésticas, de coabitação ou de hospitalidade.

XII. Majorante do § 11º:

Possibilidade de aumento de 1/3 para as lesões corporais praticadas nas relações domésticas, de coabitação ou de hospitalidade contra pessoa portadora de deficiência.

Segundo a Lei Federal nº 7.853/89 (Apoio às pessoas portadoras de deficiência), deficiência é "*toda perda ou anormalidade de uma estrutura ou função psicológica, fisiológica ou anatômica que gere incapacidade para o desempenho de atividade, dentro do padrão considerado normal para o ser humano*".

São tipos de deficiência: física, auditiva, visual, mental (afeta as áreas de habilidades adaptativas, tais como comunicação, cuidado pessoal, habilidades sociais, utilização dos recursos da comunidade, saúde e segurança, habilidades acadêmicas, lazer, trabalho) e múltipla (associação de duas ou mais deficiências).

A este respeito, importante a compreensão da Lei Federal nº 13.146, de 6 de julho de 2015, em vigor desde 6 de janeiro de 2016, a qual instituiu a Lei Brasileira de Inclusão da Pessoa com Deficiência (Estatuto da Pessoa com Deficiência), estabelecendo tipos de deficiência, crimes e infrações administrativas.

XIII. A cirurgia de mudança de sexo como lesão corporal:

Embora trata-se, em tese, de lesão corporal gravíssima (art. 129, § 2º, III, CP), que inutiliza, permanentemente, a função sexual e a reprodutora, o entendimento doutrinário e jurisprudencial prevalente vem sendo o de considerar o fato atípico em relação ao médico (atipicidade material, pela ausência de lesão ao bem jurídico protegido, tendo em vista que o delito do art. 129, nas suas variadas formas, tem por finalidade resguardar a lesão corporal desastrosa para a vítima e não a sua melhoria ou aprimoramento físico e mental).

Desta forma, o consentimento do ofendido, como causa supralegal de exclusão da ilicitude, torna a conduta atípica, pois o bem jurídico maior é garantir o bem-estar do paciente que irá se submeter ao procedimento cirúrgico.

44 LIMA, Renato Brasileiro de. **Legislação Criminal Especial Comentada:** volume único. 4. ed. Salvador: Juspodivm, 2016, p. 528.

XIV. Modificações introduzidas a partir da Lei nº 13.142/2015:

A Lei Federal nº 13.142, de 06 de julho de 2015, deu nova redação ao artigo 129 do Código Penal, com a inclusão do § 12º, nos seguintes termos: *"Se a lesão for praticada contra autoridade ou agente descrito nos arts. 142 e 144 da Constituição Federal, integrantes do sistema prisional e da Força Nacional de Segurança Pública, no exercício da função ou em decorrência dela, ou contra seu cônjuge, companheiro ou parente consanguíneo até terceiro grau, em razão dessa condição, a pena é aumentada de um a dois terços".*

Ao contrário do homicídio, onde funciona como qualificadora específica (art. 121, § 2º, VII, CP), trata-se de nova majorante ou causa de aumento de pena na lesão corporal, em razão da qualidade da vítima.

Ademais, a novel legislação modificou também a Lei dos Crimes Hediondos (Lei Federal nº 8.072/90), ao prever nova figura hedionda no seu art. 1º, I-A: *"lesão corporal dolosa de natureza gravíssima (art. 129, § 2º) e lesão corporal seguida de morte (art. 129, § 3º), quando praticadas contra autoridade ou agente descrito nos arts. 142 e 144 da Constituição Federal, integrantes do sistema prisional e da Força Nacional de Segurança Pública, no exercício da função ou em decorrência dela, ou contra seu cônjuge, companheiro ou parente consanguíneo até terceiro grau, em razão dessa condição".*

Segundo Renato Brasileiro de Lima[45], trata-se das chamadas Lesão Corporal Gravíssima Funcional e Lesão Corporal Seguida de Morte Funcional, as quais se aplicam, além das Autoridades e Agentes Públicos elencados no novel dispositivo, às Guardas Municipais, por força do disposto no artigo 144, § 8º, da CF/88.

45 Ibidem.

3) Periclitação da Vida e da Saúde (Capítulo III):

É o terceiro dos 6 (seis) capítulos relativos aos crimes contra a pessoa.

Via de regra, são crimes de perigo individual e não de dano.

Identifica-se nas seguintes figuras típicas:

a) Perigo de contágio venéreo (art. 130, CP);
b) Perigo de contágio de moléstia grave (art. 131, CP);
c) Perigo para a vida ou saúde de outrem (art. 132, CP);
d) Abandono de incapaz (art. 133, CP);
e) Exposição ou abandono de recém-nascido (art. 134, CP);
f) Omissão de socorro (art. 135, CP);
g) Condicionamento de atendimento médico-hospitalar emergencial (art. 135-A, CP, com a redação conferida pela Lei nº 12653, de 28 de maio de 2012);
h) Maus-tratos (art. 136, CP).

***A) Perigo de contágio venéreo:* art. 130 do Código Penal**

Perigo de contágio venéreo

Art. 130 – Expor alguém, por meio de relações sexuais ou qualquer ato libidinoso, a contágio de moléstia venérea, de que sabe ou deve saber que está contaminado:

Pena – detenção, de 3 (três) meses a 1 (um) ano, ou multa.

§ 1º – Se é intenção do agente transmitir a moléstia:

Pena – reclusão, de 1 (um) a 4 (quatro) anos, e multa.

§ 2º – Somente se procede mediante representação.

COMENTÁRIOS

Na modalidade clássica, o delito é instrumentalizado, na fase pré-processual ou inquisitorial, por meio de TC, por ser infração penal de menor potencial ofensivo, comportando o rito do procedimento comum sumaríssimo (art. 394, § 1º, III, CPP). No § 1º, por ser delito de maior potencial ofensivo, é instrumentalizado por meio de IP, comportando o rito do procedimento comum ordinário (art. 394, § 1º, I, CPP), embora com possibilidade de suspensão condicional do processo, já que a pena mínima cominada é de 1 (um) ano.

É crime de perigo abstrato.

É crime formal, que independe da ocorrência de resultado.

A simples exposição da vítima ao perigo de contágio venéreo já consuma o tipo penal.

O efetivo contágio, se ocorrer, será simples exaurimento do delito.

É crime próprio, com sujeito ativo qualificado, que é a pessoa contaminada por doença sexualmente transmissível.

Exemplos de moléstias venéreas ou doenças sexualmente transmissíveis: sífilis, candidíase, herpes genital, gonorreia, clamídia, HPV, hepatite B e até mesmo a AIDS.

– tipo de forma vinculada: só pode ser cometido por meio de relação sexual ou outro ato libidinoso.

Contém 3 (três) figuras típicas:

1) o agente sabe estar contaminado (*caput*, 1ª parte);

2) não sabe, mas deveria saber achar-se contaminado (*caput*, 2ª parte);

3) sabe e tem a intenção de transmitir a doença (§ 1º).

– dolo de perigo ("sabe"), dolo eventual ("deve saber") e dolo direto de dano ("se é intenção do agente transmitir a moléstia") – aqui, há exceção à regra dos crimes de periclitação da vida e da saúde.

Trata-se de dolo específico, constante na modalidade qualificada prevista no art. 130, § 1º, CP.

No que concerne à transmissão intencional do vírus HIV, conforme já referido anteriormente, se o agente agiu com a intenção de transmitir a doença e efetivamente conseguiu contaminar a vítima, ofendendo de forma gravíssima a sua saúde, em princípio, estaremos diante do delito de Lesão corporal de natureza gravíssima (art. 129, § 2º, II, CP), conforme vêm entendendo os Tribunais Superiores e doutrinadores como Mirabete[46] e Victor Eduardo Rios Gonçalves[47].

Há doutrinadores, como Fernando Galvão[48], que entendem que, no que diz respeito à transmissão voluntária e intencional do vírus HIV (AIDS), por meio de relação sexual ou outro ato libidinoso, em atenção ao princípio da especialidade, deve-se reconhecer o crime de perigo de contágio venéreo (art. 130, § 1º, CP).

Todavia, há doutrinadores, como Rogério Greco[49], Rogério Sanches Cunha[50] e Cléber Masson[51], que entendem que, na espécie fática, deve-se reconhecer o delito de homicídio, na forma tentada, se a vítima não falecer, ou até mesmo homicídio consumado, se a vítima falecer em decorrência da transmissão intencional da doença.

46 MIRABETE, Júlio Fabbrini. **Manual de Direito Penal**: parte especial. v. 2. 34. ed. São Paulo: Atlas, 2018.

47 GONÇALVES, Victor Eduardo Rios. **Direito Penal Esquematizado**: parte especial. 5. ed. São Paulo: Saraiva, 2015.

48 ROCHA, Fernando A. N. Galvão da. **Direito Penal**: crimes contra a pessoa. São Paulo: Saraiva, 2013.

49 GRECO, Rogério. **Código Penal Comentado.** 10. ed. Niterói: Impetus, 2016.

50 CUNHA, Rogério Sanches. **Manual de Direito Penal**: parte especial. 7. ed. Salvador: Juspodivm, 2015.

51 MASSON, Cléber. **Código Penal Comentado.** 3. ed. São Paulo: MÉTODO, 2015.

Conforme Cristiano Rodrigues[52]:

"Para o STF não configura tentativa de homicídio a prática de relação sexual, sem preservativo, por pessoa portadora do vírus HIV (há divergência no STJ), podendo ser aplicado o artigo 131 do CP. (...) No caso de efetivamente se transmitir dolosamente o vírus HIV há três entendimentos: 1) Homicídio tentado ou consumado (minoritário); 2) Contágio de moléstia grave (art. 131); 3) Lesão corporal gravíssima (art. 129, §2º, II, CP)";

– natureza da ação penal: pública condicionada à representação, por força do disposto no art. 130, § 2º, CP.

Haverá crime impossível, caso o ofendido já estiver contaminado.

B) Perigo de contágio de moléstia grave: art. 131 do Código Penal

Perigo de contágio de moléstia grave

Art. 131 – Praticar, com o fim de transmitir a outrem moléstia grave de que está contaminado, ato capaz de produzir o contágio:

Pena – reclusão, de 1 (um) a 4 (quatro) anos, e multa.

COMENTÁRIOS

Delito instrumentalizado, na fase pré-processual ou inquisitorial, por meio de IP, por ser de maior potencial ofensivo, comportando o rito do procedimento comum ordinário (art. 394, § 1º, I, CPP), embora com possibilidade de suspensão condicional do processo, já que a pena mínima cominada é igual a 1 (um) ano.

É crime de perigo concreto.

Na verdade, trata-se de tipo penal com dolo misto: perigo de contágio (dolo de perigo) + intenção de transmitir a moléstia grave (dolo direto de dano).

Nas palavras de Guilherme de Souza Nucci[53], na obra Direito Penal Especial: esquemas e sistemas, vol. 2:

"O crime envolve tanto dano como perigo. A prática de ato capaz de transmitir moléstia grave é uma possibilidade de dano, mas a finalidade do agente é justamente essa ('com o fim de transmitir a outrem'). Note-se, pois, que havendo perigo de contágio o delito se consuma; se houver efetivo contágio, também. Equivale a um crime de dano, cuja tentativa é sancionada autonomamente, com a mesma pena do consumado".

Trata-se de moléstia grave e não de doença venérea ou sexualmente transmissível.

A gravidade e a possibilidade de contágio devem ser constatadas pericialmente.

– delito formal e próprio, nos mesmos termos do tipo do art. 130, CP.

O sujeito ativo deve ser pessoa contaminada por doença grave contagiosa (Exs: tuberculose, febre amarela, lepra, difteria, poliomielite, sarampo, varíola, tifo, cólera, gripe "suína" – gripe A e até mesmo a AIDS, desde que a transmissão não se dê por meio de relações sexuais).

Ainda, segundo Nucci[54]:

"A AIDS sempre foi considerada enfermidade letal, até que a medicina conseguiu um coquetel de drogas passível de conter o seu desenvolvimento, até então marcado pelo abrupto enfraquecimento do sistema imunológico que, por sua vez, conduz rapidamente à morte. Por isso, pode-se enquadrar na figura deste artigo nos dias de hoje".

52 RODRIGUES, Cristiano. **Direito Penal**: parte geral e especial. 1. ed. São Paulo: Forense, 2017, pp. 169 e 193.

53 NUCCI, Gulherme de Souza. **Direito Penal Especial:** esquemas e sistemas. v. 2. 3. ed. Rio de Janeiro: Forense, 2015.

54 Ibidem.

O elemento subjetivo é o dolo de dano (direto e não eventual) e o dolo específico é o especial fim de agir "com o fim de transmitir";

Haverá crime impossível, caso o ofendido já sofrer de idêntica doença.

C) Perigo para a vida ou saúde de outrem: art. 132 do Código Penal

Perigo para a vida ou saúde de outrem

Art. 132 - Expor a vida ou a saúde de outrem a perigo direto e iminente:

Pena - detenção, de 3 (três) meses a 1 (um) ano, se o fato não constitui crime mais grave.

Parágrafo único. A pena é aumentada de um sexto a um terço se a exposição da vida ou da saúde de outrem a perigo decorre do transporte de pessoas para a prestação de serviços em estabelecimentos de qualquer natureza, em desacordo com as normas legais. (Incluído pela Lei nº 9.777, de 29-12-1998)

COMENTÁRIOS

Delito instrumentalizado, na fase pré-processual ou inquisitorial, por meio de TC, por ser infração penal de menor potencial ofensivo, comportando o rito do procedimento comum sumaríssimo (art. 394, § 1º, III, CPP).

- crime de perigo concreto.

- pode ser praticado por ação ou omissão.

Tem-se como exemplo do crime praticado, na modalidade omissiva, a conduta do patrão que não fornece aparelhos de proteção a seus funcionários, desde que disso resulte situação concreta de perigo.

- perigo direto (atinge pessoa certa e determinada) e iminente (imediato).

- subsidiariedade expressa: *"se o fato não constitui crime mais grave"* (art. 132, *in fine*, CP).

- Exemplos: "fechar" veículo, abalroar o veículo da vítima, desferir golpe com instrumento contundente próximo à vítima.

Disparo de arma de fogo em recinto fechado, causando perigo à pessoa determinada, pode também configurar o tipo em questão.

- Majorante (§ único): aumento de 1/6 a 1/3 da pena se a exposição a perigo da vida ou da saúde decorrer do transporte de pessoas para a prestação de serviços em estabelecimentos de qualquer natureza, em desacordo com as normas legais.

O aumento da pena também pressupõe a ocorrência de perigo concreto. Ex: transporte de trabalhadores rurais, boias-frias, sem as mínimas condições de segurança.

- em se tratando de vítima idosa, o entendimento é que se aplica o tipo penal previsto no art. 99 da Lei nº 10.741/2003 (Estatuto do Idoso).

Confronto com o Estatuto do Desarmamento:

Segundo Nucci[55]:

> *"É crime 'disparar arma de fogo ou acionar munição em lugar habitado ou em suas adjacências, em via pública ou em direção a ela, desde que essa conduta não tenha como finalidade a prática de outro crime', resultando na pena de reclusão, de 2 a 4 anos, e multa. O delito é de perigo abstrato e mais grave que a figura prevista no art. 132 do Código Penal. Portanto, se alguém disparar sua arma de fogo em lugar habitado ou nas cercanias, coloca em perigo, segundo as regras da experiência, colhidas pelo legislador e transformadas em lei penal, pessoas humanas. Por isso, prova-se o fato, dispensando-se a prova do perigo. Caso o disparo seja efetuado em lugar não habitado normalmente, mas que naquela ocasião possuía alguma pessoa, que correu perigo efetivo, o delito configurado é o do art. 132. Portanto, são*

55 Idem. **Curso de Direito Penal:** parte especial (arts. 121 a 212 do Código Penal). v. 2. 1. ed. Rio de Janeiro: Forense, 2017, pp. 162 e 163.

raras as hipóteses de, existindo disparo de arma de fogo, incidir a regra do Código Penal em lugar da regra especial do Estatuto do Desarmamento. Note-se, por fim, que também o delito do art. 15 da Lei 10.826/2003 é subsidiário, de modo que, havendo dano a alguém, desde que seja delito mais grave – o que se deve ponderar pela pena aplicada –, prepondera a figura típica principal (ex.: a tentativa de homicídio).

(...)

Jurisprudência selecionada: disparo de arma fogo e tipificação

TJRS: "O crime do art. 132, CP, é crime contra a pessoa, a exigir vítima determinada. A desclassificação depende, como refere claramente o art. 15 da Lei n.º 10.826/2003, da demonstração da finalidade. Mas, no caso, foram tiros disparados a esmo, bem caracterizada a regra especial" (Ap. Crim. 70062850003/RS, 4.ª C. Crim., rel. Ivan Leomar Bruxel, 19.03.2015, v.u.); "Conforme lição de Guilherme de Souza Nucci, o art. 132 do Código Penal traz um delito explicitamente subsidiário, ou seja, somente se utiliza a figura do art. 132 quando outra, mais grave, deixa de se concretizar. No caso, como o acusado efetuou disparos de arma de fogo em local habitado, colocando em risco a incolumidade pública, perfez-se o delito de disparo de arma de fogo previsto no Estatuto do Desarmamento, que por ser mais grave que o delito de perigo para a vida ou saúde de outrem (art. 132 do Código Penal) deve preponderar. Desse modo, pelo princípio da subsidiariedade o acusado deve ser condenado como incurso nas sanções do art. 15 da Lei 10.826/2003" (ApCrim 70031669658/RS, 1.ª C. Crim., rel. Marco Antônio Ribeiro de Oliveira, 28.10.2009).

***Comentário do autor:** o art. 15 da Lei 10.826/2003 é mais grave que o art. 132 do Código Penal. O primeiro refere-se a disparo de arma de fogo em zona habitada; o segundo, mais aberto, menciona causar perigo direto e iminente a outrem. Se alguém disparar arma de fogo, o correto é enquadrar no art. 15 da Lei de Armas, pois mais grave e proveniente de lei especial (lei especial afasta a aplicação de lei geral)".*

D) Abandono de incapaz: art. 133 do Código Penal

Abandono de incapaz

Art. 133 – Abandonar pessoa que está sob seu cuidado, guarda, vigilância ou autoridade, e, por qualquer motivo, incapaz de defender-se dos riscos resultantes do abandono:

Pena – detenção, de 6 (seis) meses a 3 (três) anos.

§ 1º – Se do abandono resulta lesão corporal de natureza grave:

Pena – reclusão, de 1 (um) a 5 (cinco) anos.

§ 2º – Se resulta a morte:

Pena – reclusão, de 4 (quatro) a 12 (doze) anos.

Aumento de pena

§ 3º – As penas cominadas neste artigo aumentam-se de um terço:

I – se o abandono ocorre em lugar ermo;

II – se o agente é ascendente ou descendente, cônjuge, irmão, tutor ou curador da vítima.

III – se a vítima é maior de 60 (sessenta) anos (Incluído pela Lei nº 10.741, de 1-10- 2003)

COMENTÁRIOS

Delito instrumentalizado, na fase pré-processual ou inquisitorial, por meio de IP, considerado de médio e maior potencial ofensivo, comportando os ritos dos procedimentos comuns ordinário e sumário (art. 394, § 1º, I e II, CPP).

Nas modalidades do *caput* e § 1º, aceita a suspensão condicional do processo, já que a pena mínima cominada não é superior a 1 (um) ano.

– crime de perigo concreto, comissivo ou omissivo.

– atinge doentes mentais, crianças, pessoas drogadas, embriagadas, idosos etc.

– sujeito ativo: crime próprio.

É a pessoa que tenha a guarda ou o dever de proteger.

O autor deve ter poder de guarda (proteção, amparo e vigilância. Ex: pai em relação ao filho) – vide, a este respeito, os arts. 1566, IV, e 1634, ambos do Código Civil; cuidado (pessoa enferma, momentaneamente incapacitada); vigilância (vítimas capazes, em regra, mas em situações excepcionais de perigo); ou autoridade (vínculo que se estabelece legalmente entre uma pessoa e outra) em relação à vítima.

– o sujeito passivo também é qualificado.

Trata-se de pessoa de qualquer idade, incapaz, mesmo que momentaneamente.

O critério é real e não jurídico.

– figuras preterdolosas nos § 1º e 2º, quando ocorrer lesão corporal de natureza grave ou morte.

São qualificadoras específicas.

– Majorantes (§ 3º): aumento de 1/3 da pena se o abandono ocorrer em lugar ermo, se o agente é ascendente, descendente, cônjuge, irmão, tutor ou curador da vítima, ou se a vítima é pessoa idosa (maior de 60 anos).

Com relação à vítima idosa, se o abandono ocorrer em hospitais, casas de saúde, entidades de longa permanência ou congêneres, o crime será o do art. 98 do Estatuto do Idoso.

Só será o tipo penal desse § 3º, quando o abandono do idoso ocorrer em outro local, que não aqueles arrolados no tipo penal do art. 98 da Lei 10.741/2003.

E) Exposição ou abandono de recém-nascido: art. 134 do Código Penal

Exposição ou abandono de recém-nascido

Art. 134 – Expor ou abandonar recém-nascido, para ocultar desonra própria:

Pena – detenção, de 6 (seis) meses a 2 (dois) anos.

§ 1º – Se do fato resulta lesão corporal de natureza grave:

Pena – detenção, de 1 (um) a 3 (três) anos.

§ 2º – Se resulta a morte:

Pena – detenção, de 2 (dois) a 6 (seis) anos.

COMENTÁRIOS

Na forma clássica, delito instrumentalizado, na fase pré-processual ou inquisitorial, por meio de TC, por ser infração penal de menor potencial ofensivo, comportando o rito do procedimento comum sumaríssimo (art. 394, § 1º, III, CPP).

Nas demais hipóteses, por meio de IP, de médio e maior potencial ofensivo, comportando os ritos dos procedimentos comuns ordinário e sumário (art. 394, § 1º, I e II, CPP), com possibilidade de suspensão condicional do processo, no § 1º do referido tipo penal, já que a pena mínima cominada não é superior a 1 (um) ano.

– crime de perigo concreto.

– crime próprio: mãe como sujeito ativo e filho ou filha recém-nascidos como sujeitos passivos.

Excepcionalmente, o pai pode figurar como sujeito ativo.

– motivação ou finalidade específica: "*para ocultar desonra própria*" (Ex: filhos adulterinos, incestuosos etc.).

– figuras preterdolosas nos § 1º e 2º, quando ocorrer lesão corporal de natureza grave ou morte.

São qualificadoras específicas.

No caso de morte do recém-nascido, existe aparente conflito com o tipo penal de Infanticídio, previsto no art. 123, CP.

– não confundir com os crimes de Abandono material (art. 244, CP), Abandono intelectual (art. 246, CP) e Abandono moral (art. 247, CP), que são Crimes contra a Assistência Familiar.

F) Omissão de socorro: art. 135 do Código Penal

Omissão de socorro

Art. 135 – Deixar de prestar assistência, quando possível fazê-lo sem risco pessoal, à criança abandonada ou extraviada, ou à pessoa inválida ou ferida, ao desamparo ou em grave e iminente perigo; ou não pedir, nesses casos, o socorro da autoridade pública:

Pena – detenção, de 1 (um) a 6 (seis) meses, ou multa.

Parágrafo único – A pena é aumentada de metade, se da omissão resulta lesão corporal de natureza grave, e triplicada, se resulta a morte.

COMENTÁRIOS

Na sua forma tradicional, delito instrumentalizado, na fase pré-processual ou inquisitorial, por meio de TC, já que é infração penal de menor potencial ofensivo, comportando o rito do procedimento comum sumaríssimo (art. 394, § 1º, III, CPP).

– é crime de perigo concreto (no caso de pessoa em grave e iminente perigo) e abstrato ou presumido (nas demais situações).

É necessário que o agente esteja consciente da situação de perigo, pois o erro exclui o dolo.

– duas figuras típicas: deixar de prestar assistência e não pedir o socorro da autoridade pública.

– crime omissivo puro.

– não admite tentativa.

– vítima: criança abandonada ou extraviada (por "criança", em princípio, deve-se adotar o critério de entender apenas aquela que não tem, ainda, autodefesa.

Extraviada é aquela que está perdida), pessoa inválida ou ferida (pessoa inválida é aquela que não tem defesa por velhice ou doença), pessoa ao desamparo ou em grave e iminente perigo.

– pune-se a falta de solidariedade humana.

– aplica-se à pessoa que não deu causa à situação de perigo, ou seja, o estado de perigo não pode ter sido provocado pelo agente, por dolo ou culpa.

– se a vítima não quiser ser socorrida, em princípio, não haverá crime.

– elemento normativo: *"quando possível fazê-lo sem risco pessoal"*.

Desta forma, o risco moral ou patrimonial não afastam a responsabilidade penal.

– costuma ocorrer em situações envolvendo médicos, enfermeiros e auxiliares de enfermagem, bem como em acidentes de trânsito.

Todavia, se a omissão ocorrer em acidente de trânsito e o omitente tiver envolvimento no acidente, aplica-se a Omissão de socorro do Código de Trânsito Brasileiro (art. 304 da Lei 9.503/97).

Outrossim, se a omissão de socorro tiver como vítima pessoa idosa, aplica-se o crime previsto no art. 97 do Estatuto do Idoso.

Segundo Rodrigues[56], *"a omissão de socorro, como **crime omissivo puro**, fundamenta-se no dever geral de assistência e solidariedade, com atuação sem risco pessoal, ou, subsidiariamente, no dever de chamar a autoridade competente para prestar o socorro."*

– figuras preterdolosas no § único: aumento de metade da pena se ocorrer lesão corporal de natureza grave e do triplo da pena se ocorrer morte.

São majorantes e qualificadoras específicas.

G) Condicionamento de atendimento médico-hospitalar emergencial: art. 135-A, do Código Penal

***Condicionamento de atendimento médico-hospitalar emergencial** (Incluído pela Lei nº 12.653, de 28-5-2012).*

56 RODRIGUES, Cristiano. **Direito Penal:** parte geral e especial. 1. ed. São Paulo: Forense, 2017, p. 188.

Art. 135-A. Exigir cheque-caução, nota promissória ou qualquer garantia, bem como o preenchimento prévio de formulários administrativos, como condição para o atendimento médico-hospitalar emergencial: (Incluído pela Lei nº 12.653, de 28-5-2012).

Pena – detenção, de 3 (três) meses a 1 (um) ano, e multa. (Incluído pela Lei nº 12.653, de 28-5-2012).

Parágrafo único. A pena é aumentada até o dobro se da negativa de atendimento resulta lesão corporal de natureza grave, e até o triplo se resulta a morte. (Incluído pela Lei nº 12.653, de 28-5-2012).

COMENTÁRIOS

Na sua forma tradicional, delito instrumentalizado, na fase pré-processual ou inquisitorial, por meio de TC, já que é infração penal de menor potencial ofensivo, comportando o rito do procedimento comum sumaríssimo (art. 394, § 1º, III, CPP).

É crime de perigo concreto.

Segundo Nucci[57], "*o crime deve ser considerado no âmbito do perigo concreto, evidenciando-se qual é a situação emergencial do paciente, demonstrativa da indispensabilidade do tratamento naquele hospital, sem qualquer postergação*".

– crime próprio (médicos, funcionários hospitalares, administradores hospitalares e enfermeiros).

Porém, alguns doutrinadores como Fernando Galvão[58] entendem que o crime é comum (pode ser praticado por qualquer pessoa).

– sujeito passivo: vítima em estado de emergência (não confundir com estado ou situação de urgência, onde é exigido o atendimento imediato, mas sem intensa gravidade, risco de morte ou lesão à saúde do paciente, o que ocorre no atendimento emergencial).

Segundo Rogério Sanches Cunha[59], em havendo indevida exigência, em estado de urgência, caberá a aplicação do tipo previsto no art. 135, CP.

Além do paciente, também poderão ser vítimas familiares seus.

– bens jurídicos tutelados: incolumidade física, saúde e vida.

– previsão da conduta em outras esferas: CDC (art. 39); CC (art. 171, II); Resolução Normativa nº 44/2003, da Agência Nacional de Saúde Suplementar, que dispõe sobre a proibição da exigência de caução por parte dos prestadores de serviços contratados, credenciados, cooperados, ou referenciados das operadoras de planos de assistência à saúde; art. 35-C, da Lei 9.656/98 (define a diferença entre atendimento médico de urgência e emergencial).

– ao contrário da Omissão de socorro, o tipo do art. 135-A, CP, é de forma vinculada, na medida em que o atendimento deixa de ser prestado devido às exigências financeiras ou burocráticas descritas na lei.

– tipo objetivo: negativa ou protelamento do atendimento emergencial, condicionado às seguintes exigências:

1) cheque-caução (cheque em garantia);
2) nota promissória (promessa de pagamento);
3) qualquer outra garantia (duplicata, letra de câmbio, depósito prévio em dinheiro, depósito de objetos de valor, fiança etc.);
4) preenchimento prévio de formulários administrativos (informações que se destinam ao controle administrativo da própria

57 NUCCI, Guilherme de Souza. **Curso de Direito Penal:** parte especial (arts. 121 a 212 do Código Penal). v. 2. 1. ed. Rio de Janeiro: Forense, 2017.

58 ROCHA, Fernando A. N. Galvão da. **Direito Penal**: crimes contra a pessoa. São Paulo: Saraiva, 2013.

59 CUNHA, Rogério Sanches. **Manual de Direito Penal**: parte especial. 7. ed. Salvador: Juspodivm, 2015.

instituição hospitalar), quase sempre na forma de contrato de adesão, favorecendo abusivamente uma das partes, no caso a instituição hospitalar.

É necessário o atendimento médico-hospitalar emergencial.

Eventual condicionamento de atendimento odontológico emergencial (ex: intensa hemorragia, após uma extração dentária) não é abrangido pelo tipo penal, sob pena de aplicação de analogia *in malam partem*.

– crime formal: o verbo nuclear é "exigir".

Desta forma, a prestação ou não-prestação do atendimento, após realizada a exigência indevida, é penalmente irrelevante, sendo mero exaurimento da referida figura típica.

Ademais, é possível a tentativa, embora de difícil configuração (aceita na modalidade escrita).

A mera solicitação, sem condicionar o atendimento, caracteriza fato atípico.

– previsão de qualificadoras no § único: caso resulte lesão corporal de natureza grave, a pena é dobrada, ou seja, elevada de 3 (três) meses a 1 (um) ano para 6 (seis) meses a 2 (dois) anos de detenção, além da multa; caso resulte morte, a pena é triplicada, ou seja, elevada de 3 (três) meses a 1 (um) ano para 9 (nove) meses a 3 (três) anos de detenção, deixando, dessa forma, de ser considerada infração penal de menor potencial ofensivo.

Trata-se de crimes preterdolosos.

Como o resultado agravador decorre de culpa, é inadmissível a tentativa.

– em virtude do silêncio da lei, a ação penal será pública incondicionada.

– existe aparente conflito com o tipo penal previsto no art. 103 do Estatuto do Idoso, quando houver negativa no acolhimento ou na permanência de pessoa idosa em entidade de atendimento, por recusa na outorga de procuração.

– tipo penal comissivo e, excepcionalmente, comissivo por omissão (art. 13, § 2º, CP). Ex: policial que se omite diante de um funcionário do hospital que exige do familiar de um acidentado a entrega de um cheque-caução, nota promissória, ou outra garantia, para poder encaminhá-lo a atendimento emergencial.

– seria uma espécie de omissão de socorro de forma vinculada.

– importante a análise do art. 2º, da Lei Federal nº 12.653/12, que criou o tipo penal do art. 135-A, CP: "*O estabelecimento de saúde que realize atendimento médico-hospitalar emergencial fica obrigado a afixar, em local visível, cartaz ou equivalente, com a seguinte informação: 'Constitui crime a exigência de cheque-caução, de nota promissória ou de qualquer garantia, bem como do preenchimento prévio de formulários administrativos, como condição para o atendimento médico-hospitalar emergencial, nos termos do art. 135-A do Decreto-lei n. 2.848, de 7 de dezembro de 1940 – Código Penal*'".

H) Maus-tratos: art. 136 do Código Penal

Maus-tratos

Art. 136 – Expor a perigo a vida ou a saúde de pessoa sob sua autoridade, guarda ou vigilância, para fim de educação, ensino, tratamento ou custódia, quer privando-a de alimentação ou cuidados indispensáveis, quer sujeitando-a a trabalho excessivo ou inadequado, quer abusando de meios de correção ou disciplina:

Pena – detenção, de 2 (dois) meses a 1 (um) ano, ou multa.

§ 1º – Se do fato resulta lesão corporal de natureza grave:

Pena – reclusão, de 1 (um) a 4 (quatro) anos.

§ 2º – Se resulta a morte:

Pena – reclusão, de 4 (quatro) a 12 (doze) anos.

§ 3º - Aumenta-se a pena de um terço, se o crime é praticado contra pessoa menor de 14 (catorze) anos. (Incluído pela Lei nº 8.069, de 13-7-1990)

COMENTÁRIOS

Na sua forma clássica, delito instrumentalizado, na fase pré-processual ou inquisitorial, em princípio, por meio de TC, já que se identifica como infração penal de menor potencial ofensivo, embora seja prudente, em algumas situações, pela complexidade da situação fática, adotar o procedimento policial mais abrangente, que é o IP.

Nas demais hipóteses, delito instruído por meio de IP, de maior potencial ofensivo, comportando o rito do procedimento comum ordinário (art. 394, § 1º, I, CPP), com possibilidade de suspensão condicional do processo no § 1º, já que a pena mínima cominada não é superior a 1 (um) ano.

- crime de perigo concreto.

- crime próprio: pessoa que tenha autoridade, guarda ou poder de vigilância sobre a vítima, que também é qualificada.

- dolo específico: para fins de educação, ensino, tratamento ou custódia.

- formas de exposição a perigo: privando a vítima de alimentação ou cuidados indispensáveis; sujeitando a vítima a trabalho excessivo ou inadequado; abusando dos meios de correção ou disciplina. Exs: abusos dos pais em relação aos filhos, dos professores em relação aos alunos etc.

- Problema: quais são os limites que os pais podem impor aos filhos (*jus corrigendi*)?

Em não havendo abuso, ocorrerá excludente da ilicitude, pelo exercício regular de direito (art. 23, III, CP).

- aparente conflito com o tipo penal do art. 232 do Estatuto da Criança e do Adolescente (ECA - Lei Federal nº 8.069/90), quando houver submissão de criança ou adolescente a vexame ou a constrangimento.

- aparente conflito com o crime de Tortura (art. 1º, II, Lei 9.455/97), se a conduta de maus-tratos causar intenso sofrimento físico e mental à vítima e for executada como forma de castigo pessoal ou medida de caráter preventivo, mediante violência ou grave ameaça.

- também há aparente conflito com o crime de Abandono material, previsto no art. 244, CP.

- se a vítima for pessoa idosa, aplica-se o tipo penal previsto no art. 99 do Estatuto do Idoso.

- as lesões corporais leves ficam absorvidas.

- resultado qualificador: a título de preterdolo, se resulta lesão corporal de natureza grave ou morte, há qualificadoras específicas previstas respectivamente nos §s 1º e 2º.

- Maus-tratos majorado (§ 3º): aumenta-se a pena de 1/3 se a vítima for menor de 14 anos de idade.

- Lei nº 13.010/14: importante a compreensão da Lei Federal nº 13010, de 26 de junho de 2014, conhecida como "Lei da Palmada", que estabelece o direito da criança e do adolescente de serem educados e cuidados sem o uso de castigos físicos ou de tratamento cruel ou degradante.

4) Rixa (Capítulo IV):

É o quarto dos 6 (seis) capítulos relativos aos crimes contra a pessoa.

Rixa

Art. 137 - Participar de rixa, salvo para separar os contendores:

Pena - detenção, de 15 (quinze) dias a 2 (dois) meses, ou multa.

Parágrafo único - Se ocorre morte ou lesão corporal de natureza grave, aplica-se, pelo fato da participação na rixa, a pena de detenção, de 6 (seis) meses a 2 (dois) anos.

COMENTÁRIOS

Informes gerais:

Delito instrumentalizado, na fase pré-processual ou inquisitorial, por meio de TC, já que é infração penal de menor potencial ofensivo, comportando o rito do procedimento comum sumaríssimo (art. 394, § 1º, III, CPP).

– é crime de perigo abstrato.

Rixa simples (art. 137, *caput*, CP): é uma briga, tumulto, confusão, luta, desordem, pancadaria, quebra-pau geral, envolvendo pelo menos 3 (três) pessoas, incluindo inimputáveis, de forma que não se consegue distinguir a conduta de cada participante.

Por esta razão, todos são autores e vítimas ao mesmo tempo.

É crime de concurso necessário, de condutas contrapostas e plurissubjetivo.

O sujeito ativo na rixa é, como regra, também sujeito passivo, pois o crime se caracteriza pelas agressões recíprocas.

Note-se que o sujeito ativo é também passivo, porque outra pessoa o agride e ele fere terceiro.

Contudo, isso não significa que se puna a autolesão.

Em outras palavras, o sujeito ativo não é sujeito passivo de sua própria conduta, mas no cenário geral de um crime.

Exige-se o elemento subjetivo específico, que é o *animus rixandi*, ou seja, a vontade livre e consciente de ingressar em uma contenda, desordem ou confusão generalizada.

O tipo penal é aberto em excesso, pois não descreve o que vem a ser "rixa", circunstância que fere, de certa forma, a taxatividade da lei penal.

– em princípio, são protagonistas da rixa apenas os partícipes materiais, que participam das agressões generalizadas.

Os partícipes morais (instigadores), em princípio, não entram no cômputo do número mínimo de rixadores ou rixentos.

– a tentativa é de difícil configuração, apenas na hipótese de rixa preordenada ou premeditada.

– segundo Damásio de Jesus[60], Magalhães Noronha[61] e Nelson Hungria[62], há dois tipos de rixa:

1) rixa *ex improviso* (quando surge de repente e para a qual não haveria possibilidade de tentativa);

2) rixa *ex propósito* (há uma combinação prévia de hora e local por parte dos envolvidos, hipótese em que seria possível a tentativa, no caso de a polícia impedir o início da briga).

– os lutadores podem alegar legítima defesa? Não, pois não há agressão injusta (a pessoa entrou intencionalmente na rixa, logo está praticando uma ação ilícita).

Todavia, aquele que ingressou na luta para separar os contendores pode, em princípio, agir em legítima defesa.

– as lesões corporais leves ficam absorvidas.

– se for o ataque de um grupo determinado contra outro, não haverá Rixa e sim Lesão corporal recíproca.

Rixa qualificada (art. 137, § único, CP):

1) havendo lesão corporal de natureza grave ou morte, a pena é aumentada. A pena é igual: 6 meses a 2 anos, tanto para a lesão grave como para a morte;

---

60 JESUS, Damásio E. de. **Código Penal Anotado**. 22. ed. São Paulo: Saraiva, 2014.

61 NORONHA, E. Magalhães. **Direito Penal**. v. 2. 32. ed. São Paulo: Saraiva, 1995.

62 HUNGRIA, Nelson; FRAGOSO, Heleno Cláudio. **Comentários ao Código Penal**. v. 5. 6. ed. Rio de Janeiro: Forense, 1981.

2) a rixa será qualificada para todos, mesmo para aqueles que não tenham dado causa ao resultado lesão grave ou morte.

É o risco de terem participado da briga (seria uma espécie de responsabilidade penal objetiva).

A própria vítima das lesões graves responde por Rixa qualificada;

3) se for identificado o causador direto da morte ou lesão grave, este responderá por Homicídio ou Lesão corporal qualificada (consumados ou tentados), em concurso material com o crime de Rixa qualificada, enquanto que os demais participantes da rixa respondem por Rixa qualificada.

A ocorrência de mais de uma lesão grave ou morte não alteram a característica do delito: trata-se de uma única Rixa qualificada, tendo reflexos, porém, na dosimetria da pena.

Contra: Fernando Galvão[63] entende, em homenagem ao princípio garantista do *ne bis in idem*, que haverá concurso formal entre o Homicídio ou a Lesão Corporal com o crime de Rixa simples, por entender que não se pode imputar a Rixa qualificada a quem já responde por Homicídio ou Lesão corporal;

4) responde por Rixa simples a pessoa que entrou na briga após a consumação da morte ou lesão corporal grave.

– existe aparente conflito com o crime de Tumulto ou violência desportiva. Invasão de local restrito a competidores, previsto no art. 41-B do Estatuto do Torcedor (Lei nº 10671/03), que pune aquele que promove tumulto, pratica ou incita a violência, ou invade local restrito aos competidores em eventos esportivos.

5) Crimes contra a honra (Capítulo V):

É o quinto dos 6 (seis) capítulos relativos aos crimes contra a pessoa.

Identifica-se nos seguintes tipos penais:

a) Calúnia (art. 138, CP);

b) Difamação (art. 139, CP);

c) Injúria (art. 140, CP).

A honra é o conjunto de atributos morais, físicos e intelectuais que tornam uma pessoa merecedora de apreço no convívio social e que promovam sua autoestima.

Os crimes contra a honra previstos nos arts. 20 a 23 da Lei de Imprensa (Lei 5250/67) são hoje punidos com base no CP, já que o STF declarou que a lei é incompatível e não foi recepcionada pela CF.

No caso de ofensa com objetivo eleitoral ou de propaganda eleitoral, devem ser aplicados os arts. 324 a 326 do Código Eleitoral (Lei 4737/65).

– Honra objetiva (calúnia e difamação): conceito que a sociedade possui a respeito do indivíduo;

– Honra subjetiva (injúria): conceito que o indivíduo tem de si próprio.

Sentimento ligado à dignidade (respeitabilidade, honestidade ou amor-próprio – aspectos morais) ou ao decoro (aspectos físicos, intelectuais ou sociais).

A) Calúnia: art. 138 do Código Penal

Art. 138 – Caluniar alguém, imputando-lhe falsamente fato definido como crime:

Pena – detenção, de 6 (seis) meses a 2 (dois) anos, e multa.

§ 1º – Na mesma pena incorre quem, sabendo falsa a imputação, a propala ou divulga.

§ 2º – É punível a calúnia contra os mortos.

Exceção da verdade

§ 3º – Admite-se a prova da verdade, salvo:

I – se, constituindo o fato imputado crime de ação privada, o ofendido não foi condenado por sentença irrecorrível;

63 ROCHA, Fernando A. N. Galvão da. **Direito Penal**: crimes contra a pessoa. São Paulo: Saraiva, 2013.

II – se o fato é imputado a qualquer das pessoas indicadas no nº I do art. 141;

III – se do crime imputado, embora de ação pública, o ofendido foi absolvido por sentença irrecorrível.

B) Difamação: art. 139 do Código Penal

Art. 139 – Difamar alguém, imputando-lhe fato ofensivo à sua reputação:

Pena – detenção, de 3 (três) meses a 1 (um) ano, e multa.

Exceção da verdade

Parágrafo único – A exceção da verdade somente se admite se o ofendido é funcionário público e a ofensa é relativa ao exercício de suas funções.

C) Injúria: art. 140 do Código Penal

Art. 140 – Injuriar alguém, ofendendo-lhe a dignidade ou o decoro:

Pena – detenção, de 1 (um) a 6 (seis) meses, ou multa.

§ 1º – O juiz pode deixar de aplicar a pena:

I – quando o ofendido, de forma reprovável, provocou diretamente a injúria;

II – no caso de retorsão imediata, que consista em outra injúria.

§ 2º – Se a injúria consiste em violência ou vias de fato, que, por sua natureza ou pelo meio empregado, se considerem aviltantes:

Pena – detenção, de 3 (três) meses a um 1 (ano), e multa, além da pena correspondente à violência.

§ 3º Se a injúria consiste na utilização de elementos referentes a raça, cor, etnia, religião, origem ou a condição de pessoa idosa ou portadora de deficiência: (Redação dada pela Lei nº 10.741, de 1-10-2003)

Pena – reclusão de 1 (um) a 3 (três) anos e multa. (Incluído pela Lei nº 9.459, de 13-5-1997)

D) Disposições comuns: art. 141 do Código Penal

Art. 141 – As penas cominadas neste Capítulo aumentam-se de um terço, se qualquer dos crimes é cometido:

I – contra o Presidente da República, ou contra chefe de governo estrangeiro;

II – contra funcionário público, em razão de suas funções;

III – na presença de várias pessoas, ou por meio que facilite a divulgação da calúnia, da difamação ou da injúria.

IV – contra pessoa maior de 60 (sessenta) anos ou portadora de deficiência, exceto no caso de injúria. (Incluído pela Lei nº 10.741, de 1-10-2003)

Parágrafo único – Se o crime é cometido mediante paga ou promessa de recompensa, aplica-se a pena em dobro.

E) Exclusão do crime: art. 142 do Código Penal

Art. 142 – Não constituem injúria ou difamação punível:

I – a ofensa irrogada em juízo, na discussão da causa, pela parte ou por seu procurador;

II – a opinião desfavorável da crítica literária, artística ou científica, salvo quando inequívoca a intenção de injuriar ou difamar;

III – o conceito desfavorável emitido por funcionário público, em apreciação ou informação que preste no cumprimento de dever do ofício.

Parágrafo único – Nos casos dos ns. I e III, responde pela injúria ou pela difamação quem lhe dá publicidade.

F) Retratação: arts. 143 a 145 do Código Penal

Art. 143 – O querelado que, antes da sentença, se retrata cabalmente da calúnia ou da difamação, fica isento de pena.

Art. 144 – Se, de referências, alusões ou frases, se infere calúnia, difamação ou injúria, quem se julga ofendido pode pedir explicações em juízo. Aquele que se recusa a dá-las ou, a critério do juiz, não as dá satisfatórias, responde pela ofensa.

Art. 145 – Nos crimes previstos neste Capítulo somente se procede mediante queixa, salvo quando, no caso do art. 140, § 2º, da violência resulta lesão corporal.

Parágrafo único. Procede-se mediante requisição do Ministro da Justiça, no caso do inciso I do caput do art. 141 deste Código, e mediante representação do ofendido, no caso do inciso II do mesmo artigo, bem como no caso do § 3º do art. 140 deste Código. (Redação dada pela Lei nº 12.033, de 29-9-2009)

COMENTÁRIOS

I. Calúnia:

Delito instrumentalizado, na fase pré-processual ou inquisitorial, por meio de TC, por ser infração penal de menor potencial ofensivo, comportando, em princípio, o rito do procedimento comum sumaríssimo (art. 394, § 1º, III, CPP) e exigindo condição de procedibilidade, por ser de ação penal privada.

Todavia, o delito de calúnia, nos termos do Livro II, Título II, Capítulo III, do Código de Processo Penal, consoante arts. 519 a 523, todos do CPP, submete-se ao procedimento especial ali descrito.

- imputação de fato definido como crime (art. 138).

- é possível a calúnia contra os mortos (art. 138, § 2º).

Neste caso, serão vítimas o cônjuge, companheiro, ascendentes, descendentes e irmãos do falecido.

- consuma-se quando terceiro toma conhecimento da imputação.

- o fato imputado deve ser falso.

A falsidade da imputação pode se referir à própria existência do crime imputado, bem como à sua autoria.

- cabe, em regra, a exceção da verdade (art. 138, § 3º), exceto:

I) quando não houver condenação com trânsito em julgado em ação penal privada;

II) em razão da pessoa envolvida (Presidente da República ou chefe de governo estrangeiro - hipótese prevista no inciso I do art. 141);

III) absolvição em crime de ação pública, com sentença transitado em julgado.

Alguns autores sustentam que estas vedações ferem o princípio constitucional da ampla defesa.

- segundo Nucci[64], a Pessoa Jurídica (PJ) pode ser vítima (sujeito passivo) de calúnia, em se tratando de crimes ambientais, nos seguintes termos:

> *"A partir da edição da Lei 9.605/98 (art. 3.º), prevê-se a possibilidade de responder por crime ambiental, no Brasil, a pessoa jurídica. Logo, é cabível, em nosso entendimento, o crime de calúnia contra pessoa jurídica. Há posição em contrário, sustentando que somente pessoas humanas podem ser sujeitos passivos nos delitos contra a honra, porque o Título I da Parte Especial cuida de crimes contra a pessoa, que deveria ser traduzida por alguém (ser humano). Não concordamos. Afinal, vemos viável a ocorrência de outros delitos contra a pessoa jurídica, igualmente previstos neste Título, como invasão de domicílio, violação de correspondência comercial e divulgação de segredo. Nada impede, então, a calúnia".*

Todavia, ao que parece, tal entendimento não é preponderante.

- sujeito ativo, em regra, pode ser qualquer pessoa, com exceção das pessoas que gozam de imunidades diplomáticas e parlamentares (Deputados Federais e Senadores - art. 53, CF; Deputados Estaduais - art. 27, § 1º, CF; Vereadores - art. 29, VIII, CF).

Vale o mesmo em relação à difamação e à injúria.

- sujeito passivo, em regra, pode ser qualquer pessoa, inclusive o desonrado.

Todavia, a calúnia contra o Presidente da República, contra os Presidentes da Câmara dos Deputados e do Senado Federal, bem como contra o Presidente do Supremo Tribunal Federal, constitui delito contra a Segurança Nacional, se

64 NUCCI, Guilherme de Souza. **Manual de Direito Penal**: parte geral; parte especial. 11. ed. Rio de Janeiro: Forense, 2015.

verificada motivação política (art. 26 da Lei 7.170/83).

Vale o mesmo em relação à difamação.

– dolo – vontade livre e consciente de ofender e de macular a imagem de alguém, imputando-lhe falsamente fato definido como crime.

É o *animus diffamandi* (dolo direto ou eventual).

Desta forma, o *animus jocandi* (intenção de brincar) e o *animus narrandi* (vontade de narrar) afastam o tipo penal.

– subtipo de calúnia (§ 1º): para aquele que ouve a calúnia e, sabendo que se trata de afirmação falsa, a propala, divulga ou difunde.

Essa figura exige o dolo direto, não admitindo o dolo eventual, em razão da exigência que o tipo faz de que o sujeito saiba da falsidade.

– a tentativa é possível, no caso de carta ou e-mail interceptados pelo próprio ofendido.

– não confundir com a Denunciação caluniosa (art. 339, CP).

II. Difamação:

Delito instrumentalizado, na fase pré-processual ou inquisitorial, por meio de TC, por ser infração penal de menor potencial ofensivo, comportando, em princípio, o rito do procedimento comum sumaríssimo (art. 394, § 1º, III, CPP) e exigindo condição de procedibilidade, por ser de ação penal privada.

Todavia, conforme entendimento doutrinário e jurisprudencial majoritários, o delito de difamação, nos termos do Livro II, Título II, Capítulo III, do Código de Processo Penal, consoante arts. 519 a 523, todos do CPP, submete-se ao procedimento especial ali descrito.

– imputação de fato ofensivo à reputação da vítima (art. 139).

– não é possível a difamação contra os mortos, por ausência de previsão legal.

– consuma-se quando terceiro toma conhecimento da imputação.

– o fato imputado pode ser verdadeiro ou falso.

– cabe a exceção da verdade somente se o ofendido for funcionário público e a ofensa for relativa ao exercício de suas funções (art. 139, § único), já que o Estado tem interesse em preservar a função pública.

Segundo a doutrina, também é possível a exceção da notoriedade do fato, quando ficar identificado que alguém apenas repetiu o que todo mundo sabe e o que todo mundo diz (fato de amplo domínio público).

– segundo entendimento jurisprudencial majoritário (STF e STJ), a PJ só pode ser vítima de difamação.

Conforme Súmula 227, do STJ: *"a pessoa jurídica pode sofrer dano moral"*.

– imputação de fato definido como contravenção penal configura difamação.

– admite-se a imunidade profissional dos advogados (art. 133, CF; art. 7º, § 2º, Lei 8906/94 – Estatuto da OAB; art. 142, I, CP), circunstância que não ocorre na calúnia.

– dolo – vontade livre e consciente de ofender e de macular a imagem de alguém.

É o *animus diffamandi*.

Desta forma, o *animus jocandi* e o *animus narrandi* afastam o tipo penal.

– a tentativa também é possível, no caso de carta ou e-mail interceptados pelo próprio ofendido (forma escrita), bem como, excepcionalmente, quando o meio utilizado para a ofensa for verbal.

– aquele que toma conhecimento de uma difamação e a "espalha" comete nova difamação, porque não há um subtipo semelhante ao da calúnia.

III. Injúria:

Via de regra, delito instrumentalizado, na fase pré-processual ou inquisitorial, por meio de TC, por ser infração penal de menor potencial ofensivo, comportando, em princípio, o rito do procedimento comum sumaríssimo (art. 394, § 1º, III, CPP) e exigindo condição de procedibilidade, por ser de ação penal privada.

Todavia, o delito de injúria, nos termos do Livro II, Título II, Capítulo III, do Código de Processo Penal, consoante arts. 519 a 523, todos do CPP, submete-se ao procedimento especial ali descrito.

Relativamente à injúria racial, ou injúria qualificada por preconceito, preconizada no artigo 140, § 3º, CP, a instrução pré-processual se dá por meio de IP, por se tratar de delito de médio potencial ofensivo, comportando o rito do procedimento comum sumário (art. 394, § 1º, II, CPP) e com possibilidade de suspensão condicional do processo, já que a pena mínima cominada não é superior a um (1) ano.

– ofensa à dignidade (atributos morais) ou ao decoro (atributos intelectuais, físicos e sociais) – art. 140.

– não há imputação de fato.

Atribui-se uma qualidade negativa à vítima.

O "palavrão" ou palavra de baixo calão identifica o tipo de injúria.

– não é possível a injúria contra os <u>mortos</u>, por ausência de previsão legal.

– consuma-se quando a própria <u>vítima</u> tomar conhecimento da imputação.

– trata-se de imputação de circunstância imprecisa ou indeterminada, ao contrário do que ocorre na calúnia e na difamação, em que há fatos precisos ou determinados.

– <u>dolo:</u> vontade livre e consciente de ofender, de magoar e de ferir a autoimagem de alguém.

É o *animus injuriandi.*

A tentativa é possível na modalidade escrita e, excepcionalmente, na modalidade verbal.

Neste caso, conforme Rogério Sanches Cunha[65], a injúria verbal que não chegou ao conhecimento da vítima, em virtude de sua morte superveniente, justifica a modalidade tentada (*conatus*).

Todavia, se a vítima já estivesse morta antes da ofensa proferida, fato este desconhecido do agente, estaríamos diante de hipótese de crime impossível, por absoluta impropriedade do objeto (art. 17, CP).

– não cabe a exceção da verdade, pois não há imputação de fato.

– Pessoa Jurídica (PJ) não pode ser vítima de injúria, pois PJ não tem honra subjetiva.

– também se admite a imunidade profissional dos advogados (art. 133, CF; art. 7º, § 2º, Lei 8.906/94 – Estatuto da OAB; art. 142, I, CP), circunstância que não ocorre na calúnia.

– é cabível o perdão judicial (causa extintiva da punibilidade – art. 107, IX, CP) na Injúria simples (art. 140, *caput,* CP), quando o ofendido, de forma reprovável, provocou diretamente a injúria (art. 140, § 1º, I), ou no caso de retorsão imediata, que consista em outra injúria (art. 140, § 1º, II).

– se houver ofensa à honra de funcionário público, em razão de suas funções, o crime é de Desacato (art. 331), desde que não se trate de ofensa pessoal e que seja praticada na presença do funcionário.

– <u>Injúria real</u>: art. 140, § 2º, CP.

65 CUNHA, Rogério Sanches. **Curso de Direito Penal:** parte especial – volume único (arts. 121 ao 361). 4. ed. Salvador: Juspodivm, 2012.

Quando a injúria é cometida com violência ou vias de fato, que por sua natureza ou meios empregados seja considerada aviltante, humilhante, apta a envergonhar (Ex: "tapa na cara", em sinal de deboche, "cuspe na cara" etc.).

Havendo violência, aplica-se a regra do concurso de crimes.

– Injúria racial, racista ou Injúria qualificada por preconceito (art. 140, § 3º).

Não confundir com o crime do artigo 20 da Lei 7.716/89 (Racismo).

Nos dizeres de Rodrigues[66]: *"Não confundir com crimes de preconceito de raça ou de cor (**racismo** – Lei 7.716/1989), que se caracterizam pela "**segregação**", "**exclusão**" do agente por motivo racial, enquanto a injúria preconceituosa continua sendo um "**xingamento**" fundado no preconceito".*

No que concerne à Injúria etária, também não confundir com o crime do artigo 96, § 1º, do Estatuto do Idoso (Lei 10.741/2003).

– existe aparente conflito com o tipo penal previsto no art. 105 do Estatuto do Idoso, que pune aquele que exibir ou veicular, por qualquer meio de comunicação, informações, imagens ou dados depreciativos ou injuriosos ao idoso, delito este que se consuma com a veiculação ou exibição de imagens depreciativas do idoso, independentemente do resultado alcançado.

Formas de ofensa (calúnia, difamação e injúria):

a) ofensa explícita ou inequívoca: é a direta, que não deixa margem de dúvida quanto ao seu significado e teor ofensivo;
b) ofensa implícita ou equívoca: aquela que não deixa claro o seu significado e teor ofensivo. Nesta, cabe o pedido de explicações ou interpelação judicial, que será vista no ponto 23;
c) ofensa reflexa: ocorre quando uma pessoa quer ofender alguém, mas, na narrativa, acaba atingindo outra pessoa.

Forma majorada (art. 141, *caput*): aumento em 1/3, quando o crime contra a honra for praticado:

a) contra o Presidente da República ou Chefe de Governo Estrangeiro (ofensa pessoal, sem motivação política);
b) contra funcionário público, em razão das suas funções;
c) contra várias pessoas (no mínimo 3. Neste cômputo, não se incluem os autores do crime, nem a vítima e nem aqueles que não podem entender o significado do que foi falado);
d) por agente que usa qualquer meio que facilite a divulgação. Exs: cartazes, panfletos, alto-falantes, divulgação de notícias via internet e pelas redes sociais (e-mail, facebook, twitter, whats app etc). Atentar hoje para as *fake News*...;
e) contra pessoa idosa ou portadora de deficiência, exceto na Injúria, em virtude do disposto no art. 140, § 3º, CP.

Delito mercenário ou com motivação torpe (art. 141, § único): aplicação do dobro da pena se a ofensa for praticada mediante paga ou promessa de recompensa.

Trata-se, pois, de qualificadora específica.

Exclusão do crime na injúria e na difamação:

Haverá exclusão da ilicitude nas seguintes hipóteses:

a) imunidade judiciária (art. 142, I).

66 RODRIGUES, Cristiano. **Direito Penal:** parte geral e especial. 1. ed. São Paulo: Forense, 2017, p. 197.

Aqui, a ofensa necessariamente tem de ser irrogada em Juízo (trabalhista, civil, penal etc.).

Exclui-se a ilicitude da conduta, independentemente da pessoa ofendida, podendo até mesmo ser o Juiz, conforme uma corrente de entendimento.

Todavia, a norma prevista no art. 7º, § 2º, da Lei 8.906/94, é mais abrangente: inclui as ofensas irrogadas em Juízo ou fora dele (Inquérito Policial, Inquérito Civil, CPI etc.);

b) imunidade literária, artística ou científica (art. 142, II);

c) imunidade funcional (art. 142, III).

Todavia, não haverá imunidade judiciária (I) ou funcional (III) quem dá publicidade à ofensa, conforme regra prevista no § único do art. 142, CP.

Retratação:

a) na calúnia e na difamação (art. 143);
b) é causa extintiva da punibilidade (art. 107, VI);
c) é ato unilateral. Não depende de aceitação da vítima;
d) a manifestação deve ser cabal (completa, incondicional e inequívoca);
e) a retratação do agente não se confunde com a retratação da representação;
e) para produzir efeito, deve ocorrer antes da sentença de primeiro grau;
f) consoante o novel § único, do art. 143, do CP, introduzido pela Lei Federal nº 13.188, de 11 de novembro de 2015, é possível, nas calúnias e difamações propaladas nos meios de comunicação e "redes sociais", o ofendido exigir que a retratação ocorra pelos mesmos meios em que praticada a ofensa.

Interpelação judicial: pedido de explicações pelo ofendido antes de ajuizar a ação penal (art. 144), com o propósito de esclarecer a questão do elemento subjetivo ou o contexto em que foi proferida.

Ação penal:

a) Regra geral: ação penal privada (art. 145, *caput*);
b) Exceções:
   b1) crimes contra a honra do Presidente da República ou de chefes de governo estrangeiro – pública condicionada à requisição do Ministro da Justiça (art. 145, § único);
   b2) crimes contra a honra de funcionário público, em razão de suas funções – Legitimidade Ativa Concorrente (STF, 714) – ofendido (ação penal privada) e MP (ação penal pública condicionada à representação), ou ação penal pública condicionada à representação do ofendido (art. 145, § único);
   b3) quando na injúria real ocorrer lesão corporal leve – pública condicionada à representação;
   b4) quando na injúria real ocorrer lesão corporal grave ou gravíssima – pública incondicionada;
   b5) Lei 12.033/2009 – Injúria racial passou a depender de condição de procedibilidade – ação penal pública condicionada à representação (art. 145, § único, *in fine*).

Procedimento especial: em conformidade com os artigos 519 a 523, todos do CPP, há procedimento específico para a apuração e julgamento dos crimes de calúnia e injúria, de competência do Juiz Singular (Capítulo III, do Título II, do

Livro II, do CPP, que trata dos "Processos Especiais").

O procedimento especial também se aplica à difamação, já que, na época da promulgação do CPP (1941), tal delito não existia no ordenamento jurídico-penal.

Audiência de conciliação: Prevista no art. 520 do CPP, ocorre antes do recebimento da queixa-crime.

Segundo corrente majoritária (STJ e Capez[67]), o não-comparecimento do querelante não implica perempção (causa extintiva de punibilidade – art. 107, IV, CP; art. 60, CPP).

Decadência e renúncia:

a) causas impeditivas da ação penal;
b) ocorrem antes de iniciada a ação penal;
c) justificam-se pelo princípio da oportunidade e conveniência da ação penal privada;
d) são atos unilaterais.

Perempção e perdão do ofendido:

a) causas extintivas da ação penal;
b) ocorrem depois de iniciada a ação penal;
c) justificam-se pelo princípio da disponibilidade da ação penal privada;
d) o perdão do ofendido é ato bilateral.

A perempção é ato unilateral.

Pessoa Jurídica como vítima nos crimes contra a honra:

Uma terceira posição, endossada por Mirabete[68] e por algumas decisões do STJ, entendem que a pessoa jurídica não pode ser sujeito passivo em nenhum dos crimes contra a honra, tendo em vista que somente a pessoa humana seria passível de vítima destes delitos, que estão inseridos no contexto dos Crimes contra a Pessoa, no Título I, da Parte Especial do Código Penal, traduzindo-se o termo "alguém" exclusivamente como pessoa humana.

Competência em crimes contra a honra praticados pela INTERNET:

> ***CC. INJÚRIA. CRIME PRATICADO POR MEIO DE INTERNET.*** *A Seção entendeu que compete à Justiça estadual processar e julgar os crimes de injúria praticados por meio da rede mundial de computadores, ainda que em páginas eletrônicas internacionais, tais como as redes sociais* Orkut *e* Twitter. *Asseverou-se que o simples fato de o suposto delito ter sido cometido pela internet não atrai, por si só, a competência da Justiça Federal. Destacou-se que a conduta delituosa – mensagens de caráter ofensivo publicadas pela ex-namorada da vítima nas mencionadas redes sociais – não se subsume em nenhuma das hipóteses elencadas no art. 109, IV e V, da CF. O delito de injúria não está previsto em tratado ou convenção internacional em que o Brasil se comprometeu a combater, por exemplo, os crimes de racismo, xenofobia, publicação de pornografia infantil, entre outros. Ademais, as mensagens veiculadas na* internet *não ofenderam bens, interesses ou serviços da União ou de suas entidades autárquicas ou empresas públicas. Dessa forma, declarou-se competente para conhecer e julgar o feito o juízo de Direito do Juizado Especial Civil e Criminal. (STJ –* ***CC 121.431-SE, Rel. Min. Marco Aurélio Bellizze, Terceira Seção, julgado em 11/4/2012).***

6) Crimes contra a Liberdade Individual (Capítulo VI):

É o último dos 6 (seis) capítulos relativos aos crimes contra a pessoa.

Aqui, tutela-se o direito constitucional de ir, vir, ficar e permanecer (liberdade de

67 CAPEZ, Fernando. **Curso de Processo Penal**. 26. ed. São Paulo: Saraiva, 2019.

68 MIRABETE, Júlio Fabbrini. **Manual de Direito Penal**: parte especial. v. 2. 34. ed. São Paulo: Atlas, 2018.

locomoção), bem como o de não ser obrigado a fazer aquilo que a lei não manda (art. 5º, *caput,* II e XV, da CF/88).

Dividem-se em:

Crimes contra a Liberdade Pessoal:

a) Constrangimento Ilegal (art. 146, CP);
b) Ameaça (art. 147, CP);
c) Sequestro e Cárcere Privado (art. 148, CP);
d) Redução a Condição Análoga à de Escravo (art. 149, CP);

Crimes contra a Inviolabilidade do Domicílio:

a) Violação de Domicílio (art. 150, CP);

Crimes contra a Inviolabilidade de Correspondência:

a) Violação de Correspondência (art. 151, CP);
b) Sonegação ou Destruição de Correspondência (art. 151, § 1º, I, CP);
c) Violação de Comunicação Telegráfica, Radioelétrica ou Telefônica (art. 151, § 1º, II, CP);
d) Correspondência Comercial (art. 152, CP); e

Crimes contra a Inviolabilidade dos Segredos:

a) Divulgação de Segredo (art. 153, CP);
b) Violação do Segredo Profissional (art. 154, CP);
c) Invasão de Dispositivo Informático (art. 154-A, CP).

A) Constrangimento ilegal: art. 146 do Código Penal

Constrangimento ilegal

Art. 146 - Constranger alguém, mediante violência ou grave ameaça, ou depois de lhe haver reduzido, por qualquer outro meio, a capacidade de resistência, a não fazer o que a lei permite, ou a fazer o que ela não manda:

Pena - detenção, de 3 (três) meses a 1 (um) ano, ou multa.

Aumento de pena

§ 1º - As penas aplicam-se cumulativamente e em dobro, quando, para a execução do crime, se reúnem mais de 3 (três) pessoas, ou há emprego de armas.

§ 2º - Além das penas cominadas, aplicam-se as correspondentes à violência.

§ 3º - Não se compreendem na disposição deste artigo:

I - a intervenção médica ou cirúrgica, sem o consentimento do paciente ou de seu representante legal, se justificada por iminente perigo de vida;

II - a coação exercida para impedir suicídio.

COMENTÁRIOS

Delito instrumentalizado, na fase pré-processual ou inquisitorial, por meio de TC, por ser infração penal de menor potencial ofensivo, comportando o rito do procedimento comum sumaríssimo (art. 394, § 1º, III, CPP).

– emprego de violência ou grave ameaça para constranger alguém a fazer ou deixar de fazer algo.

– trata-se de crime subsidiário.

Se o objetivo do agente for obter vantagem patrimonial, restará o crime de Extorsão (art. 158, CP).

Se o objetivo do agente for manter conjunção carnal ou ato libidinoso diverso da conjunção carnal, restará o crime de Estupro (art. 213, CP) etc.

– quando o tipo penal refere-se a "qualquer outro meio", inclui hipóteses tais como o uso de drogas, álcool ou outras substâncias psicoativas, de forma a impedir que a vítima aja da forma como pretendia.

– se o ato a ser executado é legal ou legítimo, o constrangimento poderá resultar no crime de Exercício arbitrário das próprias razões (art. 345, CP).

– Constrangimento ilegal qualificado (§ 1º): se o crime for executado por mais de 3 pessoas, ou houver emprego de arma (de fogo ou não), dobra a pena – de 3 meses a 1 ano para 6 meses a 2 anos de detenção, ou multa.

– ocorrendo também lesão corporal, haverá concurso material entre o Constrangimento ilegal e a Lesão corporal, conforme dispõe o art. 146, § 2º.

– art. 146, § 3º: posicionamento doutrinário endossado por Cléber Masson[69], ao que consta majoritário, entende tratar-se de causas especiais de exclusão da ilicitude.

Todavia, autores como Damásio[70] e Nucci[71] identificam o presente dispositivo legal como causas excludentes da tipicidade, ao informarem que: *"Não se compreendem na disposição deste artigo (...)"*.

Para eles, fica clara, pois, a finalidade de não considerar típicas as seguintes condutas:

1ª) intervenção médica ou cirúrgica em pessoa que corre iminente perigo de vida, caso não haja consentimento do paciente ou de seu representante legal. Mesmo que não houvesse esse dispositivo, o médico poderia agir, pois estaria respaldado pelo estado de necessidade, que iria excluir a antijuridicidade ou ilicitude da conduta (arts. 23, I, e 24, ambos do CP);

2ª) a coação exercida para impedir suicídio. Mesmo que não houvesse esse dispositivo, qualquer pessoa poderia impedir o suicídio de alguém, abrigado pela legítima defesa de terceiro, também considerada causa excludente de antijuridicidade ou ilicitude (arts. 23, II, e 25, ambos do CP).

B) Ameaça: art. 147 do Código Penal

> ***Ameaça***
>
> *Art. 147 – Ameaçar alguém, por palavra, escrito ou gesto, ou qualquer outro meio simbólico, de causar-lhe mal injusto e grave:*
>
> *Pena – detenção, de 1 (um) a 6 (seis) meses, ou multa.*
>
> *Parágrafo único – Somente se procede mediante representação.*

COMENTÁRIOS

Delito instrumentalizado, na fase pré-processual ou inquisitorial, por meio de TC, por ser infração penal de menor potencial ofensivo, comportando o rito do procedimento comum sumaríssimo (art. 394, § 1º, III, CPP).

– prenunciar mal injusto e grave a alguém, mediante palavras, escritos, desenhos, gestos e atos simbólicos.

– natureza da ação penal: pública condicionada à representação, consoante disposto no art. 147, § único, CP.

– é crime formal, que não exige resultado naturalístico.

Para se concretizar, basta que a ameaça seja proferida, chegando ao conhecimento da vítima.

– em tese, admite tentativa, como na ameaça feita por carta ou por escrito, embora seja de difícil configuração.

– há quem sustente que a ameaça pode ser atual ou futura.

Nucci[72] sustenta que a ameaça deve ser de mal a ser praticado no futuro, mesmo que em um futuro próximo.

---

69 MASSON, Cléber. **Direito Penal Esquematizado**: parte especial. v. 2. 8. ed. Rio de Janeiro: Forense; São Paulo: MÉTODO, 2015.

70 JESUS, Damásio E. de. **Código Penal Anotado**. 22. ed. São Paulo: Saraiva, 2014.

71 NUCCI, Guilherme de Souza. **Manual de Direito Penal**: parte geral; parte especial. 11. ed. Rio de Janeiro: Forense, 2015.

72 Ibidem.

– exige-se do sujeito passivo, que deve ser determinado, a capacidade de compreensão da ameaça. É indispensável que ele se sinta efetivamente ameaçado ou intimidado.

O anteprojeto de reforma do Código Penal prevê, no § 1º do art. 147, CP, a figura ou tipo penal da Perseguição Obsessiva ou Insidiosa, conhecida como *Stalking, in verbis:* "§1º: Perseguir alguém, de forma reiterada ou continuada, ameaçando-lhe a integridade física ou *psicológica, restringindo-lhe a capacidade de locomoção ou, de qualquer forma, invadindo ou perturbando sua esfera de liberdade ou privacidade. Pena – Prisão, <u>de dois a seis anos</u>, e multa.*

A palavra *stalking* deriva da tradução do verbo *to stalk*, que pode ser entendido como ficar à espreita, vigiar, espiar.

Trata-se de uma situação bastante comum após o desfecho de um relacionamento amoroso, no qual uma das partes não se conforma com a decisão tomada pela outra pessoa.

Até então a prática do *stalking* era identificada como a contravenção penal de Perturbação da Tranquilidade, prevista no artigo 65 do Decreto-Lei nº 3.688/41, ressaltando-se a possibilidade de aplicação das medidas protetivas de urgência previstas na Lei Maria da Penha, caso a perseguição estivesse relacionada com a questão de gênero.

O novo crime, assim como já ocorre com a ameaça, será processado mediante representação do ofendido, tratando-se de ação penal pública condicionada à representação. Tal previsão é salutar, haja vista caber ao destinatário da violência a ponderação sobre os custos pessoais a serem enfrentados pelo processamento da demanda, uma vez que, em regra, o agente provocador é pessoa de convívio próximo da vítima.

Em regra, a vítima da referida conduta é a mulher.

Em algumas situações, o homem não aceita a separação da ex-companheira, pois no auge da patologia do apego, enxerga a mulher como sua propriedade, na equivocada coisificação do sentimento.

Entretanto, nada impede que a mulher pratique tais condutas em detrimento de um homem.

As condutas perpetradas pelo agente acometido pela síndrome de *stalking* perfazem um contexto de perseguição, como, por exemplo: inúmeras chamadas no celular; espera na saída do trabalho; envio de presentes indesejados, como flores ou caixa de bombons no trabalho da mulher; encontros provocados para constranger a vítima; envio de mensagens no celular, por "torpedo" ou *Whats App*; e outras tantas formas inconvenientes de impor a presença refutada e agredir psicologicamente a vítima.

O *stalking* pode ocorrer por intermédio da internet, caracterizando-se o que se chama de *cyberstalking*.

A forma virtual se manifesta por meio do envio de mensagens eletrônicas, recados, convites insistentes ou ofensas e perseguição nas redes sociais, na busca incessante de manter-se próximo à vítima.

C) Sequestro e cárcere privado: art. 148 do Código Penal

Sequestro e cárcere privado

Art. 148 – Privar alguém de sua liberdade, mediante sequestro ou cárcere privado:

Pena – reclusão, de 1 (um) a 3 (três) anos.

§ 1º – A pena é de reclusão, de 2 (dois) a 5 (cinco) anos:

I – se a vítima é ascendente, descendente, cônjuge ou companheiro do agente ou maior de 60 (sessenta) anos; (Redação dada pela Lei nº 11.106, de 28-3-2005)

II – se o crime é praticado mediante internação da vítima em casa de saúde ou hospital;

III – se a privação da liberdade dura mais de 15 (quinze) dias.

IV – se o crime é praticado contra menor de 18 (dezoito) anos; (Incluído pela Lei nº 11.106, de 28-3-2005)

V – se o crime é praticado com fins libidinosos. (Incluído pela Lei nº 11.106, de 28-3-2005)

§ 2º – Se resulta à vítima, em razão de maus-tratos ou da natureza da detenção, grave sofrimento físico ou moral:

Pena – reclusão, de 2 (dois) a 8 (oito) anos.

COMENTÁRIOS

Delito instrumentalizado, na fase pré-processual ou inquisitorial, por meio de IP, de médio e maior potencial ofensivo, comportando os ritos dos procedimentos comuns ordinário e sumário (art. 394, § 1º, I e II, CPP).

Na forma clássica, aceita suspensão condicional do processo, em virtude de a pena mínima cominada não ser superior a um (1) ano.

Tutela o direito de ir, vir, ficar ou permanecer e consiste na conduta de privação da liberdade de locomoção.

Não se relaciona à privação de ideias ou liberdade de expressão de pensamentos e opiniões.

Sequestrar significa tirar a vítima da esfera de vigilância de seus familiares e pessoas próximas, tolhendo sua liberdade e seu direito de ir e vir.

Sequestro é gênero do qual o cárcere privado é espécie.

Do ponto de vista legal, a distinção é desnecessária.

Cárcere privado denota encarceramento, confinamento, enclausuramento da vítima.

Trata-se de crime permanente, ou seja, a consumação se prolonga no tempo, enquanto a vítima estiver privada de sua liberdade.

Caso se tratar de conduta instantânea de impedir que determinada pessoa faça alguma coisa que a lei lhe autoriza a concretizar, segurando-a por alguns minutos, estaremos diante do tipo de Constrangimento ilegal.

É também crime subsidiário. Ex: se o objetivo for obter o pagamento de resgate, estaremos diante do crime de Extorsão mediante sequestro (art. 159, CP).

– **Sequestro e Cárcere privado qualificado** (§ 1º):

A pena será de 2 a 5 anos de reclusão:

I – se a vítima é ascendente, descendente, cônjuge ou companheiro do agente, ou maior de 60 anos;

II – se o crime é praticado mediante internação da vítima em casa de saúde ou hospital.

Ocorre normalmente nas internações fraudulentas, ou na simulação de doença para manter a pessoa no hospital.

No que concerne a idosos, tal dispositivo se aproxima do tipo penal de Abandono de pessoa idosa, previsto no art. 98 do Estatuto do Idoso (Lei 10.741/2003);

III – se a privação de liberdade dura mais de 15 dias (considerada privação de liberdade de longa duração);

IV – se o crime é praticado contra menor de 18 anos: incidirá o presente dispositivo penal caso a privação de liberdade não ocorra de forma momentânea, seja duradoura e por tempo juridicamente relevante.

Caso contrário, incidirá, na espécie, o crime previsto no artigo 230 do Estatuto da Criança e do Adolescente (Lei 8.069/90), onde a privação de liberdade é precária e momentânea;

V – se o crime é praticado com fins libidinosos: implementado no Código Penal pela Lei 11.106/2005, que descriminalizou o rapto consensual e o rapto violento.

É crime formal, que se materializa quando a liberdade for cerceada, independentemente de atingir o autor o fim almejado.

Há um entendimento de que, na verdade, não ocorreu *abolitio criminis* do art. 219, CP (rapto violento), pois a figura típica foi inserida como inciso V do art. 148, § 1º (princípio da continuidade normativo-típica).

Haverá concurso entre o Cárcere privado qualificado e o Estupro se a vítima ficar privada de sua liberdade por tempo superior ao necessário para o ato sexual.

– nova modalidade qualificada (§ 2º): se resulta à vítima, em razão de maus-tratos (espancamento, ameaças constantes etc.) ou da natureza da detenção (lugar imundo, insalubre etc.) grave sofrimento físico ou moral.

A pena será fixada de 2 (dois) a 8 (oito) anos de reclusão.

Não confundir essa forma qualificada com o crime de Tortura, já que o objetivo do agente, em princípio, não é o de obter confissão, declaração ou informação, nem o de impor o sofrimento como forma de castigo pessoal ou medida de caráter preventivo.

Na modalidade qualificada, caso houver lesão corporal à vítima, incidirá a regra do concurso material: Cárcere privado qualificado + Lesão Corporal.

D) Redução a condição análoga à de escravo: art. 149 do Código Penal

Redução a condição análoga à de escravo

Art. 149. Reduzir alguém a condição análoga à de escravo, quer submetendo-o a trabalhos forçados ou a jornada exaustiva, quer sujeitando-o a condições degradantes de trabalho, quer restringindo, por qualquer meio, sua locomoção em razão de dívida contraída com o empregador ou preposto: (Redação dada pela Lei nº 10.803, de 11-12-2003)

Pena – reclusão, de 2 (dois) a 8 (oito) anos, e multa, além da pena correspondente à violência. (Redação dada pela Lei nº 10.803, de 11-12-2003)

§ 1º Nas mesmas penas incorre quem: (Incluído pela Lei nº 10.803, de 11-12-2003)

I – cerceia o uso de qualquer meio de transporte por parte do trabalhador, com o fim de retê-lo no local de trabalho; (Incluído pela Lei nº 10.803, de 11-12-2003)

II – mantém vigilância ostensiva no local de trabalho ou se apodera de documentos ou objetos pessoais do trabalhador, com o fim de retê-lo no local de trabalho. (Incluído pela Lei nº 10.803, de 11-12-2003)

§ 2º A pena é aumentada de metade, se o crime é cometido: (Incluído pela Lei nº 10.803, de 11-12-2003)

I – contra criança ou adolescente; (Incluído pela Lei nº 10.803, de 11-12-2003)

II – por motivo de preconceito de raça, cor, etnia, religião ou origem. (Incluído pela Lei nº 10.803, de 11-12-2003)

Delito instrumentalizado, na fase pré-processual ou inquisitorial, por meio de IP, de maior potencial ofensivo, comportando o rito do procedimento comum ordinário (art. 394, § 1º, I, CPP).

– é o crime de exploração do trabalho escravo.

– pode ser praticado de 3 (três) formas:

1ª) submetendo a vítima a trabalhos forçados ou à jornada exaustiva;

2ª) sujeitando a vítima a condições degradantes de trabalho;

3ª) restringindo, por qualquer meio, a plena liberdade de locomoção da vítima, em razão de dívida contraída com o empregador ou preposto.

– caso haja emprego de violência (Ex: Lesão corporal), responderá também o agente por este delito, em concurso material.

– competência: discute-se hoje se a competência é da Justiça Comum Estadual, ou da Justiça Comum Federal.

De regra, a competência é da Justiça Estadual, porém se tiver conotação de crime contra a Organização do Trabalho (artigo 109, VI, da CF/88), será competente a Justiça Federal.

Todavia, prevalece o entendimento de que a competência é da Justiça Estadual, já que os crimes cometidos contra um trabalhador ou grupo de trabalhadores não ofendem o sistema de órgãos ou instituições que preservam, de modo coletivo, os direitos e deveres dos trabalhadores.

Ademais, a norma se destina a proteger a dignidade do homem e não nenhuma organização administrativa, organização do trabalho ou organização de outra coisa qualquer.

O que está em jogo é a liberdade individual, a liberdade pessoal como um elemento marcante e imanente da dignidade da pessoa humana.

O foco do dispositivo penal é o ser humano considerado em si mesmo, na sua liberdade imanente de sujeito de direito, cuja dignidade não tolera que seja reduzido a objeto.

Segundo Cristiano Rodrigues[73]:

> *"Embora haja divergência, pode-se considerar esse crime um* ***tipo misto cumulativo****, já que algumas condutas narradas no tipo, se praticadas sucessivamente contra determinada pessoa, poderão gerar vários crimes, que serão punidos em concurso, na forma do crime continuado ou do concurso material, dependendo das circunstâncias em que ocorram".*

Figuras equiparadas (§ 1º).

Trata das seguintes figuras equiparadas:

1ª) cerceia o uso de qualquer meio de transporte por parte do trabalhador, com o fim de retê-lo no local de trabalho;

2ª) mantém vigilância ostensiva no local de trabalho, ou se apodera de documentos ou objetos pessoais do trabalhador, com o fim de retê-lo no local de trabalho.

Do Trabalho em Condições Análogas à de Escravo [74]
Os números revelam a gravidade do problema, haja vista a presença repugnante dessa exploração em todas as regiões do País. No Brasil, de forma particular, pode-se apontar que a essência da construção do regramento jurídico proibitivo da prática do trabalho análogo ao de escravo encontra-se prescrita no art. 149 do Código Penal. "Art. 149. Reduzir alguém a condição análoga à de escravo, quer submetendo-o a trabalhos forçados ou a jornada exaustiva, quer sujeitando-o a condições degradantes de trabalho, quer restringindo, por qualquer meio, sua locomoção em razão de dívida contraída com o empregador ou preposto: Pena – reclusão, de dois a oito anos, e multa, além da pena correspondente à violência. § 1º Nas mesmas penas incorre quem: I – cerceia o uso de qualquer meio de transporte por parte do trabalhador, com o fim de retê-lo no local de trabalho; II – mantém vigilância ostensiva no local de trabalho ou se apodera de documentos ou objetos pessoais do trabalhador, com o fim de retê-lo no local de trabalho. § 2º A pena é aumentada de metade, se o crime é cometido: I – contra criança ou adolescente; II – por motivo de preconceito de raça, cor, etnia, religião ou origem." O legislador pátrio fixou, de maneira indiscutível, a intenção de coibir ações que desrespeitassem a dignidade da pessoa humana, criminalizando condutas que redundariam na exploração do trabalhador.

Majorantes:

A pena será aumentada de metade, se o crime for cometido contra criança ou adolescente, ou por motivo de preconceito de raça, cor, etnia, religião ou origem.

No que concerne ao primeiro grupo de causas de aumento, relativamente a crianças e adolescentes, segundo Luiz Régis Prado[75]:

73 RODRIGUES, Cristiano. **Direito Penal:** parte geral e especial. 1. ed. São Paulo: Forense, 2017, p. 206.

74 REVISTA SÍNTESE nº 4.388, de 10 de abril de 2018 – Direito Penal e Processual Penal. Disponível em: <http://www.sintese.com/direitoPenal.asp>. Acesso em: 6 out. 2019.

75 PRADO, Luiz Régis. **Curso de Direito Penal Brasileiro:** parte geral e parte especial. 17. ed. Rio de

"Trata-se de agravante que atua na medida do injusto, implicando maior desvalor da ação, já que a qualidade da vítima afasta a possibilidade de uma efetiva reação à ação delituosa e, consequentemente, aumenta a probabilidade de produção do resultado.

O aumento do desvalor da ação, in casu, está lastreado não apenas na suposta vulnerabilidade da vítima, mas também na acentuada periculosidade da conduta".

Ademais, no que concerne ao segundo grupo de causas de aumento, relativamente a vítimas de preconceito, o mesmo autor[76] pontifica que:

"Incide, também, a agravante, no caso de o agente praticar a conduta impelido por motivo de preconceito de raça, cor, etnia, religião ou origem. Justifica-se o aumento em razão de maior reprovabilidade pessoal da conduta típica e ilícita, atuando sobre a medida da culpabilidade, desde que haja efetiva conexão entre a conduta e a motivação preconceituosa".

E) Tráfico de pessoas: art. 149-A, do Código Penal

Tráfico de Pessoas *(Incluído pela Lei nº 13.344, de 6-10-2016)*

Art. 149-A. Agenciar, aliciar, recrutar, transportar, transferir, comprar, alojar ou acolher pessoa, mediante grave ameaça, violência, coação, fraude ou abuso, com a finalidade de: (Incluído pela Lei nº 13.344, de 6-10-2016)

I – remover-lhe órgãos, tecidos ou partes do corpo; (Incluído pela Lei nº 13.344, de 6-10-2016)

II – submetê-la a trabalho em condições análogas à de escravo; (Incluído pela Lei nº 13.344, de 6-10-2016)

III – submetê-la a qualquer tipo de servidão; (Incluído pela Lei nº 13.344, de 6-10- 2016)

IV – adoção ilegal; ou (Incluído pela Lei nº 13.344, de 6-10-2016)

V – exploração sexual. (Incluído pela Lei nº 13.344, de 6-10-2016)

Pena – reclusão, de 4 (quatro) a 8 (oito) anos, e multa. (Incluído pela Lei nº 13.344, de 6-10-2016)

§ 1º A pena é aumentada de um terço até a metade se: (Incluído pela Lei nº 13.344, de 6-10-2016)

I – o crime for cometido por funcionário público no exercício de suas funções ou a pretexto de exercê-las; (Incluído pela Lei nº 13.344, de 6-10-2016)

II – o crime for cometido contra criança, adolescente ou pessoa idosa ou com deficiência; (Incluído pela Lei nº 13.344, de 6-10-2016)

III – o agente se prevalecer de relações de parentesco, domésticas, de coabitação, de hospitalidade, de dependência econômica, de autoridade ou de superioridade hierárquica inerente ao exercício de emprego, cargo ou função; ou (Incluído pela Lei nº 13.344, de 6-10-2016)

IV – a vítima do tráfico de pessoas for retirada do território nacional. (Incluído pela Lei nº 13.344, de 6-10-2016)

§ 2º A pena é reduzida de um a dois terços se o agente for primário e não integrar organização criminosa. (Incluído pela Lei nº 13.344, de 6-10-2016)

☞ COMENTÁRIOS

Delito instrumentalizado, na fase pré-processual ou inquisitorial, por meio de IP, de maior potencial ofensivo, comportando o rito do procedimento comum ordinário (art. 394, § 1º, I, CPP).

Tipo penal insculpido pela Lei nº 13.344, de 6 de outubro de 2016, que revogou os crimes até então previstos nos artigos 231 e 231-A, ambos do CP.

A novel legislação dispõe sobre a prevenção e repressão ao tráfico interno e internacional de pessoas e sobre medidas de atenção às vítimas de tal delito.

O artigo 3º, alínea "a", do Protocolo de Palermo (Decreto nº 5.017, de 12 de

Janeiro: Forense, 2019, p. 584.

76 Ibidem, p. 584.

março de 2004 – Protocolo Adicional à Convenção das Nações Unidas contra o Crime Organizado Transnacional Relativo à Prevenção, Repressão e Punição do Tráfico de Pessoas, em Especial Mulheres e Crianças), identifica o "Tráfico de Pessoas" como *"o recrutamento, o transporte, a transferência, o alojamento ou o acolhimento de pessoas, recorrendo à ameaça ou ao uso da força ou a outras formas de coação, ao rapto, à fraude, ao engano, ao abuso de autoridade ou de situação de vulnerabilidade ou à entrega ou aceitação de pagamentos ou benefícios para obter o consentimento de uma pessoa que tem autoridade sobre outra, para fins de exploração. A exploração deverá incluir, pelo menos, a exploração da prostituição de outrem ou outras formas de exploração sexual, o trabalho ou serviços forçados, a escravatura ou práticas similares à escravatura, a servidão ou a extração de órgãos"*.

O artigo 149-A, CP, reproduziu fielmente tais premissas no *caput* e incisos I a V, cominando pena de reclusão de 4 (quatro) a 8 (oito) anos, e multa.

Identifica o artigo 1º, da Lei 13.344/16, a abrangência do delito: tráfico de pessoas cometido no território nacional contra vítima brasileira ou estrangeira, e no exterior contra vítima brasileira.

No que concerne ao Tráfico Internacional de Pessoas para Fins de Exploração Sexual, segue jurisprudência recente do Tribunal Regional Federal da 1ª Região (TRF1) acerca do tema, estampada em edição da Revista Jurídica Síntese[77]:

> ***"TRF1 – Consentimento válido afasta o crime de tráfico internacional de pessoas para fins de exploração sexual***
>
> *Não há que se falar na configuração do delito de tráfico internacional de pessoas se o profissional do sexo voluntariamente ou sair do país de forma livre de opressão ou de abuso.*
>
> *Com esse entendimento, a 3ª Turma do TRF1 deu provimento à apelação dos réus, contra a sentença da 5ª Vara da Seção Judiciária da Seção Judiciária da Seção Judiciária de Mato Grosso, que condenou um homem e duas mulheres pelo crime de tráfico internacional de pessoas para o exercício da prostituição.*
>
> *A desembargadora federal Mônica Sifuentes, relatora do processo, observou que a Lei nº 13.344/2016, na linha do que dispõe o Protocolo de Palermo, o crime de tráfico de pessoas se caracteriza pelo consentimento da vítima e será irrelevante apenas quando este é obtido por meio de ameaça, violência física ou moral, sequestro, fraude, engano, abuso, bem como é, absolutamente, desconsiderado o consentimento em relação aos menores de dezoito anos, que nos documentos internacionais é o marco etário normativo para a caracterização de 'criança'.*
>
> *Segundo a magistrada, à luz do Protocolo e da Lei nº 13.344/2016, somente há tráfico de pessoas se presentes as ações, meios e finalidades nele descritas.*
>
> *Por conseguinte, a vontade da vítima maior de 18 anos apenas será desconsiderada se ocorrer ameaça, uso da força, coação, rapto, fraude, engano ou abuso de vulnerabilidade, num contexto de exploração do trabalho sexual.*
>
> *Concluindo o voto, a relatora salientou que, em relação ao crime de tráfico de pessoas para fins de exploração sexual, que uma vez verificada a existência de consentimento válido, sem qualquer vício, resta afastada a tipicidade da conduta.*
>
> *Processo nº: 0005165-44.2011.5012.3600*
>
> *Fonte: Tribunal Regional Federal da 1ª Região"*

77 REVISTA SÍNTESE nº 4.722, de 16 de agosto de 2019 – Direito Penal e Processual Penal. Disponível em: <http://www.sintese.com/direitoPenal.asp>. Acesso em: 6 out. 2019.

F) Violação de domicílio: art. 150 do Código Penal

Violação de domicílio

Art. 150 – Entrar ou permanecer, clandestina ou astuciosamente, ou contra a vontade expressa ou tácita de quem de direito, em casa alheia ou em suas dependências:

Pena – detenção, de 1 (um) a 3 (três) meses, ou multa.

§ 1º – Se o crime é cometido durante a noite, ou em lugar ermo, ou com o emprego de violência ou de arma, ou por 2 (duas) ou mais pessoas:

Pena – detenção, de 6 (seis) meses a 2 (dois) anos, além da pena correspondente à violência.

§ 2º – Aumenta-se a pena de um terço, se o fato é cometido por funcionário público, fora dos casos legais, ou com inobservância das formalidades estabelecidas em lei, ou com abuso do poder.

§ 3º – Não constitui crime a entrada ou permanência em casa alheia ou em suas dependências:

I – durante o dia, com observância das formalidades legais, para efetuar prisão ou outra diligência;

II – a qualquer hora do dia ou da noite, quando algum crime está sendo ali praticado ou na iminência de o ser.

§ 4º – A expressão "casa" compreende:

I – qualquer compartimento habitado;

II – aposento ocupado de habitação coletiva;

III – compartimento não aberto ao público, onde alguém exerce profissão ou atividade.

§ 5º – Não se compreendem na expressão "casa":

I – hospedaria, estalagem ou qualquer outra habitação coletiva, enquanto aberta, salvo a restrição do n.º II do parágrafo anterior;

II – taverna, casa de jogo e outras do mesmo gênero.

COMENTÁRIOS

– Infração penal de menor potencial ofensivo, comportando o rito do procedimento comum sumaríssimo (art. 394, § 1º, III, CPP).

– O procedimento policial cabível é o Termo Circunstanciado.

– Tutela a privacidade das pessoas e a tranquilidade doméstica.

– Tem assento constitucional (art. 5º, XI, CF/88).

– <u>conceito de casa no § 4º:</u> trata-se de norma penal explicativa.

Dentro do conceito, também deverão ser consideradas as dependências da casa: quintal, jardim, garagem, adega, pátio etc, desde que fechadas, cercadas, gradeadas, muradas, ou com obstáculos de fácil percepção, impedindo a passagem (correntes, telas etc.), bem como considera-se habitação, mesmo que seja de caráter eventual ou precário, uma barraca de camping, ou um barraco de favela, por exemplo.

No aspecto constitucional, o conceito normativo de "casa" ou "domicílio" tem amplitude maior do que no direito privado.

Assim, considera-se "casa" a *projeção espacial da pessoa* (STF), ou seja, todo local, delimitado e separado, que alguém ocupa com exclusividade, a qualquer título, inclusive profissionalmente, pois nessa relação entre pessoa e espaço, preserva-se, medianamente, a vida privada do sujeito.

Dessa forma, o conceito de "casa" é abrangente, contemplando:

I) <u>qualquer compartimento habitado:</u> qualquer lugar destinado à ocupação pelo ser humano.

Pode ser fracionado em blocos menores (compartimentos).

Deve ser habitado por alguém, para morar, viver ou usar.

Até mesmo um automóvel pode ser classificado como compartimento habitado (exemplo: boleia de um caminhão ou trailers);

II) <u>aposento ocupado de habitação coletiva em pensões, hotéis, casas de pousada,</u>

mesmo que provisoriamente: quartos de pensões, repúblicas, hotéis e motéis, que estejam ocupados por alguém;

III) compartimento não aberto ao público, onde alguém exerce profissão ou atividade: escritório do advogado, consultório do médico ou dentista, balcão do padeiro etc.

A proteção da inviolabilidade domiciliar estende-se também para as autoridades fiscais e fazendárias.

O compartimento aberto ao público não é tutelado pela lei penal.

É livre a entrada ou permanência em locais e repartições públicas, pois pertencem a todos indistintamente, não podem funcionar como domicílio de uma pessoa determinada;

IV) dependências da casa, sendo cercadas, gradeadas, muradas, inclusive o jardim, a garagem e as partes externas: dependências protegidas.

O dispositivo legal protege também as dependências da casa (jardins, garagens, quintais, terraços e pátios), desde que fechados, cercados ou se existentes obstáculos de fácil visualização vedando a passagem ao público.

As pastagens e campos de propriedades rurais não são abrangidas pela proteção legal.

– exclusão do conceito "casa": não se compreendem no conceito de "casa" (art. 150, § 5º, CP):

1) hospedaria, estalagem ou qualquer outra habitação coletiva, enquanto aberta ao público, salvo a restrição do nº II do parágrafo anterior:

Hospedaria é o recinto destinado a receber pessoas que ali permanecem por um período predeterminado, mediante contraprestação pecuniária (hotéis, motéis e flats).

Estalagem também é o local adequado para receber hóspedes, mediante remuneração, mas em proporção menor do que a hospedaria (pousadas, abrigos e pensões).

Qualquer outra habitação coletiva, por sua vez, é fórmula genérica indicativa de lugar coletivo e aberto ao público (parques, áreas de lazer e campings).

Enquanto a hospedaria, estalagem ou qualquer outra habitação coletiva estiver aberta, o local será considerado como de livre acesso ao público, não podendo ser objeto material do crime de violação de domicílio.

Se fechado, com acesso restrito, à pessoa que ali ingressar ou permanecer contra a vontade expressa ou tácita de quem de direito será imputado o crime em análise;

2) taverna, casa de jogo e outras do mesmo gênero:

Taverna é o local em que são vendidas e servidas refeições e bebidas.

Casas de jogo são, em regra, proibidas no Brasil (exemplo: cassinos) mas, mesmo quando permitidas (exemplo: fliperamas), não se encaixam no conceito de domicílio, pois se assegura livre acesso ao público.

A expressão "outras do mesmo gênero" engloba os demais lugares de diversão pública (cinemas, teatros, *shopping centers*, casas de espetáculos etc).

– ação nuclear:

Trata-se de crime de ação múltipla, de conteúdo variado, ou tipo misto alternativo, que tem os seguintes verbos nucleares:

1) entrar: ingressar efetivamente no domicílio (crime comissivo);

2) permanecer: pressupõe que o agente já se encontre no interior do domicílio com permissão legal do dono da habitação e, no momento em que a sua permanência passa a ser indesejada, o agente se recuse a sair (crime omissivo próprio ou puro).

Assim sendo, se, por exemplo, o agente entrar clandestinamente na residência e, ao ser descoberto, insistir em permanecer na habitação, haverá crime único.

– normalmente, é crime subsidiário, ficando absorvido pelo crime-fim. Ex: ameaça, furto, roubo, estupro etc.

– elementos normativos do tipo: entrada ou permanência clandestina (quando realizada sem conhecimento do morador), astuciosa (quando o agente emprega artifício, fraude ou ardil para obter o consentimento do morador – disfarce, por exemplo) ou ostensiva (quando realizada contra a vontade expressa ou tácita de quem de direito – por meio de violência, por exemplo).

– sujeito ativo e passivo: tratando-se de crime comum, sujeito ativo será qualquer pessoa, inclusive o proprietário, quando a posse estiver legitimamente com terceiro (ex: inquilino).

Sujeito passivo será o morador.

Na sua ausência, poderão figurar como sujeitos passivos os cônjuges, companheiros, ascendentes, descendentes, primos, tios, sobrinhos, empregados, ou alguém que os represente.

– consumação e tentativa: tratando-se de crime de mera conduta, na conduta *entrar* é crime instantâneo e na conduta *permanecer* é crime permanente.

A tentativa é admissível na modalidade "entrar", embora de difícil configuração.

É imprescindível a entrada concreta em casa alheia.

Não há crime na conduta de olhar ou observar, ainda que com o uso de binóculos, a movimentação na residência de terceira pessoa.

Ademais, violações de domicílio anteriores toleradas ou perdoadas pelo sujeito passivo não afastam o crime posterior.

– delimitação do período diurno para ingresso na residência, sem o consentimento do morador:

1) critério físico-astronômico (iluminação solar): normalmente adotado por penalistas como Guilherme de Souza Nucci[78], Fernando Capez[79], Cléber Masson[80], Fernando Galvão[81], Victor Eduardo Rios Gonçalves[82] e outros.

Trata-se do período compreendido entre a aurora (nascer do sol) e o crepúsculo (pôr do sol).

2) critério horário – prevalente: das 06hs às 18hs: normalmente adotado por constitucionalistas e processualistas, tais como José Afonso da Silva[83] (06hs-18hs), Fernando da Costa Tourinho Filho[84] (06hs-18hs), Júlio Fabbrini Mirabete[85] (06hs-18hs), Renato Brasileiro de Lima[86], Aury Lopes Jr.[87] (06hs-20hs), Norberto Avena[88] (06hs-20hs) e outros.

Todavia, com o advento do Decreto Federal nº 9.772, de 25 de abril de 2019, que encerrou o horário de verão no território nacional, praticamente ficou prejudicada, a partir de então, a extensão do critério horário até às 20hs, tendo em vista que, certamente, neste horário, já seria noite, com ausência de iluminação solar.

78 NUCCI, Guilherme de Souza. **Curso de Direito Penal:** parte especial (arts. 121 a 212 do Código Penal). v. 2. 1. ed. Rio de Janeiro: Forense, 2017.

79 CAPEZ, Fernando. **Direito Penal Simplificado**: parte especial. 17. ed. São Paulo: Saraiva, 2013.

80 MASSON, Cléber. **Código Penal Comentado**. 3. ed. São Paulo: MÉTODO, 2015.

81 ROCHA, Fernando A. N. Galvão da. **Direito Penal**: crimes contra a pessoa. São Paulo: Saraiva, 2013.

82 GONÇALVES, Victor Eduardo Rios. **Direito Penal Esquematizado**: parte especial. 5. ed. São Paulo: Saraiva, 2015.

83 SILVA, José Afonso da. **Curso de Direito Constitucional Positivo.** 39. ed. São Paulo: Saraiva, 2016.

84 TOURINHO FILHO, Fernando da Costa. **Manual de Processo Penal**. 16. ed. São Paulo: Saraiva, 2013.

85 MIRABETE, Júlio Fabbrini. **Manual de Direito Penal**: parte especial. v. 2. 34. ed. São Paulo: Atlas, 2018.

86 LIMA, Renato Brasileiro de. **Manual de Processo Penal**: volume único. 4. ed. Salvador: Juspodivm, 2016.

87 LOPES JR, Aury. **Direito Processual Penal.** 13. ed. São Paulo: Saraiva, 2016.

88 AVENA, Norberto. **Processo Penal**: Esquematizado. 8. ed. São Paulo: MÉTODO, 2016.

3) critério misto (cumprimento de mandados após as 18hs, desde que não seja noite, ou seja, ainda com presença de iluminação solar): adotado por constitucionalistas como Alexandre de Moraes[89] e Pedro Lenza[90].

Importante registrar, por oportuno, que, consoante o novel tipo penal de abuso de autoridade previsto no art. 22, § 1º, III, da Lei Federal nº 13.869, em *vacatio legis* de 120 (cento e vinte) dias, no período de 5 de setembro de 2019 a 5 de janeiro de 2020, pratica crime de maior potencial ofensivo quem cumpre mandado de busca e apreensão domiciliar após às 21h (vinte uma horas) ou antes das 5h (cinco horas), com possibilidade, todavia, de suspensão condicional do processo, em virtude de a pena mínima cominada não ser superior a 1 (um) ano.

Excepcionalmente, admite-se o cumprimento de mandados judiciais no período da noite.

É o caso, por exemplo, das organizações criminosas, com a participação de advogados como autores de delitos, em que, no momento da invasão ou violação, o escritório encontrava-se vazio, identificando que o sentido da proteção legal de privacidade do advogado seria a proteção do cliente e não de profissional que estaria a praticar delitos, bem como de que não haveria como instalar escutas ou interceptações telefônicas durante o dia, sem esvaziar a utilidade do meio.

Neste caso, a autorização judicial excepcional se justifica, para que a medida alcance algum **resultado prático** (princípio da concordância prática).

Particularmente, adotamos como critério mais coerente o físico-astronômico, ou da iluminação solar.

– invasão em situações de flagrante delito: decorrente de mandamento legal e constitucional (art. 150, § 3º, II, CP, c/c art. 5º, XI, CF), autoriza-se também nos chamados **crimes permanentes**, não havendo divergência, segundo a jurisprudência dos tribunais superiores, de que há possibilidade de invasão domiciliar, sem autorização do morador, com ou sem mandado judicial, mesmo no período da noite (*STJ, HC 31.514/MG e STF, HC 84.772, Relatora Ministra Ellen Gracie. DJ 12-11-04*).

– a necessidade de autorização do "morador":

I) o termo "morador" tem abrangência maior do que a expressão "proprietário" (dono);

II) havendo mais de um titular do direito de inviolabilidade (vários moradores), cabe ao chefe da casa ou do estabelecimento a autorização, devendo prevalecer a vontade daquele que administra os interesses da família, normalmente os pais ou patrões;

III) se entre os moradores houver divergência e, entre eles, houver igualdade de condições, como no caso de marido e mulher ou de uma república de estudantes, isso deverá ser entendido como proibição de ingresso ou de permanência na casa;

IV) os dependentes ou subordinados exercem o direito à inviolabilidade somente relativamente àqueles locais que lhes foram destinados (quarto do chefe ou do empregado), não podendo esse direito ser oposto ao chefe ou patrão;

V) o eventual consentimento de ingresso ou permanência no interior do domicílio pode ser revogado a qualquer instante pelo titular do direito;

89 MORAES, Alexandre de. **Direito Constitucional.** 32. ed. São Paulo: Atlas, 2016.

90 LENZA, Pedro. **Direito Constitucional Esquematizado.** 18. ed. São Paulo: Saraiva, 2014.

VI) o consentimento de ingresso deve ser válido, ou seja, nunca poderá ser presumido e deverá ser dado por pessoa capaz que compreenda perfeitamente o desdobramento da situação fática;

VII) há opinião doutrinária no sentido de que não se consideraria válido o consentimento dado por pessoa submetida à prisão cautelar (prisão temporária ou preventiva), pois seria insuficiente a autorização *"por força da intimidação ambiental ou situacional a que está submetido o agente"*, conforme explicita Aury Lopes Jr.[91].

Vale lembrar que o consentimento do morador, explícito ou implícito, torna o fato atípico.

– destinatários da garantia de inviolabilidade domiciliar:

I) Pessoas físicas (brasileiros e estrangeiros residentes no país – art. 5º, *caput,* CF);

II) Pessoas jurídicas.

A garantia fundamental à inviolabilidade domiciliar destina-se precipuamente ao Estado e seus agentes.

Nada obstante, também é oponível frente a terceiros, particulares.

Nesse sentido, por exemplo, há doutrinadores como Damásio de Jesus[92], considerando ser crime, praticado em concurso de agentes, o caso da empregada doméstica, a qual, sem autorização do *dominus,* permite o ingresso de namorado no interior da residência.

– Violação de domicílio qualificada (§ 1º): crime cometido durante a noite (vide análise anteriormente descrita, no que concerne ao conceito de noite), em lugar ermo (local habitualmente abandonado e afastado dos centros urbanos, no qual o socorro é mais difícil, tornando mais remota a chance de defesa por parte da vítima), com emprego de violência ou de arma (força física, tanto em relação à pessoa como no tocante à coisa, uma vez que a lei não faz distinção.

Se a violência for empregada contra uma pessoa e ela sofrer lesões corporais, serão aplicadas cumulativamente as penas atinentes à violação de domicílio e à lesão corporal, ainda que leve.

A lei impõe o concurso material obrigatório entre a violação de domicílio e a violência.

A violência moral (grave ameaça) não qualifica o crime, por ausência de previsão legal.

No que concerne à arma, ela identifica-se como todo instrumento com potencialidade para matar ou ferir.

Pode ser própria (criada com tal finalidade), ou imprópria (concebida para outra finalidade).

Fala-se ainda em armas brancas, que são as revestidas de ponta ou gume, e podem ser próprias (exemplo: punhal) ou impróprias (exemplo: faca de cozinha).

É necessário que o sujeito se utilize da arma para intimidar a vítima.

Basta, porém, a intimidação tácita, que se verifica com o seu porte ostensivo.

Logo, a "arma" pode ser de fogo ou não. Pode ser praticado ainda por duas ou mais pessoas (concurso de agentes – todos devem praticar atos de execução – coautoria).

A maior punição é justificada pela circunstância de a atuação simultânea dos agentes dificultar a defesa da vítima para impedir a violação de domicílio.

Aqui, aplica-se, além da pena de 6 (seis) meses a 2 (dois) anos, a pena correspondente à violência (concurso material de infrações).

---

91 LOPES JR, Aury. **Direito Processual Penal.** 13. ed. São Paulo: Saraiva, 2016.

92 JESUS, Damásio E. de. **Código Penal Anotado**. 22. ed. São Paulo: Saraiva, 2014.

– **Violação de Domicílio Majorada (§ 2º):**

Aumento da pena em 1/3 se o fato for cometido por funcionário público, fora dos casos legais, com inobservância das formalidades legais ou com abuso de poder.

Todavia, em homenagem ao princípio da especialidade, há entendimento (Nucci[93], Thums[94] e outros) de que esse dispositivo foi tacitamente revogado pelo art. 3º, "b", da Lei de Abuso de Autoridade (Lei 4.898/65).

Todavia, em conformidade com a redação constante no art. 44, da Lei Federal nº 13.869/19, em *vacatio legis* de 120 (cento e vinte) dias, no período de 5 de setembro de 2019 a 5 de janeiro de 2020 (art. 45), revoga-se expressamente o § 2º do artigo 150 do Código Penal, assim como o tipo penal previsto no artigo 350, do Código Penal (Exercício Arbitrário ou Abuso de Poder).

– **Exclusão de Ilicitude (§ 3º):**

Não constitui crime a entrada ou permanência em casa alheia ou em suas dependências:

I – durante o dia, com observância das formalidades legais, para efetuar prisão ou outra diligência (mandados de prisão regularmente expedidos etc.);

II – a qualquer hora do dia ou da noite, quando algum crime está sendo ali praticado ou na iminência de o ser (prisão em flagrante etc.).

Duas outras causas podem ser acrescidas a esse inciso II, verificadas em nível constitucional (art. 5, XI, CF/88): para prestar socorro ou em caso de desastre.

A esse respeito, em conformidade com a redação constante no art. 22, § 2º, da Lei Federal nº 13.869/19, em *vacatio legis* de 120 (cento e vinte) dias, no período de 5 de setembro de 2019 a 5 de janeiro de 2020 (art. 45): *"não haverá crime se o ingresso for para prestar socorro, ou quando houver fundados indícios que indiquem a necessidade do ingresso em razão de situação de flagrante delito ou de desastre"*.

G) Violação de correspondência: art. 151 do Código Penal

Violação de correspondência

Art. 151 – Devassar indevidamente o conteúdo de correspondência fechada, dirigida a outrem:

Pena – detenção, de 1 (um) a 6 (seis) meses, ou multa.

Sonegação ou destruição de correspondência

§ 1º – Na mesma pena incorre:

I – quem se apossa indevidamente de correspondência alheia, embora não fechada e, no todo ou em parte, a sonega ou destrói;

Violação de comunicação telegráfica, radioelétrica ou telefônica

II – quem indevidamente divulga, transmite a outrem ou utiliza abusivamente comunicação telegráfica ou radioelétrica dirigida a terceiro, ou conversação telefônica entre outras pessoas;

III – quem impede a comunicação ou a conversação referidas no número anterior;

IV – quem instala ou utiliza estação ou aparelho radioelétrico, sem observância de disposição legal.

§ 2º – As penas aumentam-se de metade, se há dano para outrem.

§ 3º – Se o agente comete o crime, com abuso de função em serviço postal, telegráfico, radioelétrico ou telefônico:

Pena – detenção, de 1 (um) a 3 (três) anos.

§ 4º – Somente se procede mediante representação, salvo nos casos do § 1º, IV, e do § 3º.

COMENTÁRIOS

Na forma clássica, infração penal de menor potencial ofensivo, comportando

93 NUCCI, Guilherme de Souza. **Curso de Direito Penal:** parte especial (arts. 121 a 212 do Código Penal). v. 2. 1. ed. Rio de Janeiro: Forense, 2017.

94 THUMS, Gilberto. **Código Penal Anotado**: abordagem objetiva. Porto Alegre: Sapiens, 2010.

o rito do procedimento comum sumaríssimo (art. 394, § 1º, III, CPP) e instruído, na sua fase persecutória ou pré-processual, por meio de Termo Circunstanciado.

Também conhecido como Apossamento de correspondência, tutela a intimidade das pessoas.

Tem assento constitucional (art. 5º, XII, CF/88).

A Lei nº 6.538/78, que regulamenta os serviços postais, em seu art. 47 define a correspondência como *"toda comunicação de pessoa a pessoa, por meio de carta, através da via postal, ou por telegrama"*.

Por correspondência, assim, entende-se a carta, o bilhete, o telegrama etc, que foi violada, podendo ser particular ou oficial, pouco importando esteja ou não redigida em português, porém havendo necessidade de que seja idioma conhecido, sob pena de incidir hipótese de crime impossível (art. 17, CP), causa excludente de tipicidade, na hipótese de ser veiculada por códigos incompreensíveis e indecifráveis.

Consoante entendimento preconizado por Válter Kenji Ishida[95], a violação de correspondência eletrônica não é crime. Segundo o autor, em relação ao objeto material "correspondência", *"não se pode fazer analogia in malam partem para incluir a violação do e-mail"*.

Segundo Fernando Célio de Brito Nogueira[96]:

> *"A mensagem de correio eletrônico poderá ser equiparada à correspondência fechada prevista no tipo penal? A resposta é negativa, pois o conceito de correspondência nos é dado pela Lei nº 6538/78, em seu art. 47. Além disso, o Código Penal referiu-se à correspondência fechada, envelopada ou embrulhada, lacrada, e não a uma mensagem transmitida por meio de computadores ou, como se diria hoje, pela telemática (uso de telefonia + informática), meio da veiculação da internet entre nós. (...) Não existe crime por analogia e nem por integração analógica, sabendo-se que o Direito Penal só admite a analogia para beneficiar o agente, não para puni-lo ou agravar-lhe a punição. Assim, enquanto não houver norma legal específica, a violação pura e simples de correspondência eletrônica, resvalará para a atipicidade penal. Evidente que a forma de utilização ou de divulgação do conteúdo obtido por meio da violação poderá constituir outros crimes, inclusive contra a honra, sem prejuízo da responsabilidade civil".*

Todavia, há entendimento de que, em homenagem ao princípio da especialidade, o art. 151, *caput*, e § 1º, I, CP, foram tacitamente revogados pelo artigo 40 e §s 1º e 2º da Lei 6.538/78.

Ainda, autores como Fernando Galvão[97] chegam a afirmar que todas as figuras típicas relacionadas no art. 151, CP, foram revogadas pela Lei de Serviços Postais.

Sujeito passivo é tanto o remetente quanto o destinatário.

A correspondência dos presos está disciplinada no art. 41, XV, § único, da LEP (Lei 7210/84), podendo ser aberta por questões de segurança.

– <u>Sonegação ou destruição de correspondência</u> (§ 1º, I).

– <u>Violação de comunicação telegráfica, radioelétrica ou telefônica</u> (§ 1º, II, III e IV): em virtude do princípio da especialidade, foi tacitamente revogado pelo art. 10, da Lei Federal nº 9.296/96 (Interceptações

95 ISHIDA, Válter Kenji. **Curso de Direito Penal.** 4. ed. São Paulo: Atlas, 2015, p. 359.

96 NOGUEIRA, Fernando Célio de Brito. **Violação de E-mail é Crime?**. Revista Jus Navigandi, ISSN 1518-4862, Teresina, ano 5, n. 47, 1 nov. 2000. Disponível em: <https://jus.com.br/artigos/1789>. Acesso em: 6 out. 2019.

97 ROCHA, Fernando A. N. Galvão da. **Direito Penal**: crimes contra a pessoa. São Paulo: Saraiva, 2013.

Telefônicas), que trata do grampo telefônico ilegal.

Cabe registrar, por oportuno, que a Lei Federal nº 13.869/19, em *vacatio legis* de 120 (cento e vinte dias), a contar de 5 de setembro de 2019, alterou a redação do artigo 10, da Lei das Interceptações Telefônicas, *in verbis:*

> *"Art. 10. Constitui crime realizar interceptação de comunicações telefônicas, de informática ou telemática, promover escuta ambiental ou quebrar segredo da Justiça, sem autorização judicial ou com objetivos não autorizados em lei:*
>
> *Pena – reclusão, de 2 (dois) a 4 (quatro) anos, e multa.*
>
> *Parágrafo único. Incorre na mesma pena a autoridade judicial que determina a execução de conduta prevista no caput deste artigo com objetivo não autorizado em lei."*

O inciso IV foi substituído pelo art. 70, da Lei Federal nº 4.117/62 (Código Brasileiro de Telecomunicações.

Natureza da ação penal: pública condicionada à representação, com exceção do § 1º, IV e do § 3º, conforme prevê o art. 151, § 4º, CP.

Pode haver aparente conflito de normas penais com os crimes de Extorsão (art. 158, CP), Divulgação de segredo (art. 153, CP) e Furto (art. 155, CP), o que é resolvido normalmente por meio do princípio da absorção ou da consunção.

Ainda sobre o conceito de "correspondência", recente decisão do Tribunal Superior do Trabalho (TST) deu novos contornos acerca do entendimento sobre a temática em questão[98]:

> ***"TST – Acesso a e-mails internos da empresa caracteriza violação de sigilo de correspondência***
>
> *Obtida sem autorização judicial, a prova foi considerada ilícita.*
>
> *A Segunda Turma do Tribunal Superior do Trabalho considerou inválido como meio de prova o conteúdo de e-mails da diretoria da Prosegur Brasil S/A Transporte de Valores e Segurança obtidos sem autorização judicial por dois empregados que tiveram a dispensa por justa causa reconhecida em juízo.*
>
> *De acordo com o colegiado, o acesso às mensagens, obtido de forma anônima, configura quebra do sigilo de correspondência.*
>
> *(...)*
>
> *A empresa, ao se manifestar, sustentou que as provas teriam sido obtidas de forma ilegal, pois os empregados não eram interlocutores das correspondências eletrônicas, trocadas entre dois de seus advogados.*
>
> *Com fundamento no sigilo profissional previsto no Estatuto da OAB (Lei 8.906/1994), defendeu que o material fosse desconsiderado e retirado imediatamente do processo.*
>
> *Inviolabilidade de dados*
>
> *A relatora do recurso, ministra Delaíde Miranda Arantes, explicou que a Constituição da República assegura o sigilo de correspondência, de dados e das comunicações telefônicas (artigo 5º, inciso XII), salvo se houver autorização judicial prévia.*
>
> *No mesmo sentido, a Lei das Telecomunicações (Lei 9.472/1997, artigo 3º, inciso V) garante ao usuário 'o direito à inviolabilidade e ao segredo de sua comunicação, salvo nas hipóteses e condições constitucional e legalmente previstas'.*
>
> *Finalmente, o Marco Civil da Internet (Lei 12.965/2014, artigo 7º), que trata*

98 REVISTA SÍNTESE nº 4.735, de 04 de setembro de 2019 – Direito Penal e Processual Penal. Disponível em: <http://www.sintese.com/direitoPenal.asp>. Acesso em: 6 out. 2019.

dos princípios, garantias, direitos e deveres para o uso da internet no Brasil, assegura a inviolabilidade dos dados armazenados em dispositivo privado ou transmitidos pela rede mundial de computadores.

'No caso, resta claramente evidenciado que houve acesso aos e-mails mesmo sem prévia autorização judicial, em violação ao sigilo de correspondência', afirmou a relatora.

'Os próprios empregados admitem que os e-mails são de propriedade da empresa e que foram obtidos de forma anônima. Trata-se, a toda evidência, de prova contaminada, ilegítima e ilegal, impossível de ser usada para a formação do convencimento do julgador'.

Por unanimidade, a Turma rejeitou o pedido de juntada dos e-mails e não examinou o recurso dos empregados.

O recurso de revista da Prosegur foi provido para afastar a determinação de pagamento dos salários no decurso do inquérito.

Processo: RR-44900-19.2012.5.17.0012".

H) Correspondência comercial: art. 152 do Código Penal

Correspondência comercial

Art. 152 - Abusar da condição de sócio ou empregado de estabelecimento comercial ou industrial para, no todo ou em parte, desviar, sonegar, subtrair ou suprimir correspondência, ou revelar a estranho seu conteúdo:

Pena - detenção, de 3 (três) meses a 2 (dois) anos.

Parágrafo único - Somente se procede mediante representação.

COMENTÁRIOS

Infração penal de menor potencial ofensivo, comportando o rito do procedimento comum sumaríssimo (art. 394, § 1º, III, CPP).

O procedimento policial cabível é o Termo Circunstanciado.

Tutela a liberdade de correspondência comercial, constituindo uma modalidade especial de Violação de correspondência.

- crime próprio: o sujeito ativo só pode ser empregado ou sócio.

- sujeito passivo: é a empresa (pessoa jurídica que mantém o estabelecimento comercial ou industrial).

- natureza da ação penal: pública condicionada à representação, conforme dispõe o art. 152, § único, CP.

I) Divulgação de segredo: art. 153 do Código Penal

Divulgação de segredo

Art. 153 - Divulgar alguém, sem justa causa, conteúdo de documento particular ou de correspondência confidencial, de que é destinatário ou detentor, e cuja divulgação possa produzir dano a outrem:

Pena - detenção, de 1 (um) a 6 (seis) meses, ou multa.

§ 1º Somente se procede mediante representação. (Parágrafo único renumerado pela Lei nº 9.983, de 14-7-2000)

§ 1º-A. Divulgar, sem justa causa, informações sigilosas ou reservadas, assim definidas em lei, contidas ou não nos sistemas de informações ou banco de dados da Administração Pública: (Incluído pela Lei nº 9.983, de 14-7-2000)

Pena - detenção, de 1 (um) a 4 (quatro) anos, e multa. (Incluído pela Lei nº 9.983, de 14-7-2000)

§ 2º Quando resultar prejuízo para a Administração Pública, a ação penal será incondicionada. (Incluído pela Lei nº 9.983, de 14-7-2000)

COMENTÁRIOS

Na forma clássica, infração penal de menor potencial ofensivo, instruído por meio de TC, comportando o rito do procedimento comum sumaríssimo (art. 394, § 1º, III, CPP).

Na modalidade do § 1º-A, delito de maior potencial ofensivo, instruído por meio de IP, comportando o procedimento comum ordinário (art. 394, § 1º, I, CPP), embora com possibilidade de suspensão condicional do processo.

Tutela a intimidade das pessoas.

A consumação ocorre quando o segredo é quebrado, chegando ao conhecimento de terceiros, sem justa causa.

– natureza da ação penal: pública condicionada à representação, conforme dispõe o art. 153, § 1º, CP.

– Divulgação de informações sigilosas ou reservadas da Administração Pública (§ 1º-A): não confundir com o tipo do art. 325, § 1º, CP (Violação de sigilo funcional), que exige como sujeito ativo o funcionário público.

No tipo do art. 153, § 1º-A, CP, o sujeito ativo é qualquer pessoa que deveria manter o segredo sobre as informações obtidas legalmente e não o fez.

– ao contrário da regra geral prevista no art. 153, § 1º, CP, o § 2º do referido dispositivo legal informa que a ação penal será pública incondicionada, quando resultar prejuízo para a Administração Pública.

J) Violação do segredo profissional: art. 154 do Código Penal

Violação do segredo profissional

Art. 154 – Revelar alguém, sem justa causa, segredo, de que tem ciência em razão de função, ministério, ofício ou profissão, e cuja revelação possa produzir dano a outrem:

Pena – detenção, de 3 (três) meses a 1 (um) ano, ou multa.

Parágrafo único – Somente se procede mediante representação.

COMENTÁRIOS

Infração penal de menor potencial ofensivo, comportando o rito do procedimento comum sumaríssimo (art. 394, § 1º, III, CPP).

O procedimento policial cabível é o Termo Circunstanciado.

É crime próprio: somente pode ser praticado por determinada categoria de pessoas, que exercem função, ministério, ofício ou profissão específica ou própria: médicos, psicólogos, advogados, padres etc.

O sigilo não abrange os Estabelecimentos de Ensino.

Desta forma, a recusa, negativa ou omissão destes na prestação de informações requisitadas por Autoridades policiais, ministeriais e judiciais poderá resultar em responsabilização criminal pela prática do delito de Desobediência, previsto no art. 330 do Código Penal.

No que concerne às informações requisitadas pela Autoridade Policial, vide art. 2º, § 2º, da Lei Federal nº 12.830/13, que dispõe sobre a investigação criminal conduzida pelo Delegado de Polícia.

O sujeito ativo não pode ser funcionário público, pois, neste caso, restaria o tipo penal de Violação de sigilo funcional (art. 325, CP).

São proibidas de depor como testemunhas as pessoas que conhecem segredos profissionais, salvo se, desobrigadas pela parte interessada, quiserem dar seu testemunho (art. 207, CPP).

– natureza da ação penal: pública condicionada à representação, conforme regra prevista no artigo 154, § único, CP.

– objeto material do crime é o "assunto sigiloso".

– importante também a compreensão da regra prevista no art. 448, II, do novo Código de Processo Civil (CPC – Lei Federal nº 13.105/15), que dispõe sobre a não obrigatoriedade de depoimento da testemunha sobre fatos a cujo respeito deva guardar sigilo, em razão do estado ou profissão.

K) Invasão de dispositivo informático: art. 154-A do Código Penal

Invasão de dispositivo informático

Art. 154-A. Invadir dispositivo informático alheio, conectado ou não à rede de computadores, mediante violação indevida de mecanismo de segurança e com o fim de obter, adulterar ou destruir dados ou informações sem autorização expressa ou tácita do titular do dispositivo ou instalar vulnerabilidades para obter vantagem ilícita: (Incluído pela Lei nº 12.737, de 30-11-2012)

Pena – detenção, de 3 (três) meses a 1 (um) ano, e multa. (Incluído pela Lei nº 12.737, de 30-11-2012)

§ 1º Na mesma pena incorre quem produz, oferece, distribui, vende ou difunde dispositivo ou programa de computador com o intuito de permitir a prática da conduta definida no caput. (Incluído pela Lei nº 12.737, de 30-11-2012)

§ 2º Aumenta-se a pena de um sexto a um terço se da invasão resulta prejuízo econômico. (Incluído pela Lei nº 12.737, de 30-11-2012)

§ 3º Se da invasão resultar a obtenção de conteúdo de comunicações eletrônicas privadas, segredos comerciais ou industriais, informações sigilosas, assim definidas em lei, ou o controle remoto não autorizado do dispositivo invadido: (Incluído pela Lei nº 12.737, de 30-11-2012)

Pena – reclusão, de 6 (seis) meses a 2 (dois) anos, e multa, se a conduta não constitui crime mais grave. (Incluído pela Lei nº 12.737, de 30-11-2012)

§ 4º Na hipótese do § 3º, aumenta-se a pena de um a dois terços se houver divulgação, comercialização ou transmissão a terceiro, a qualquer título, dos dados ou informações obtidos. (Incluído pela Lei nº 12.737, de 30-11-2012)

§ 5º Aumenta-se a pena de um terço à metade se o crime for praticado contra: (Incluído pela Lei nº 12.737, de 30-11-2012)

I – Presidente da República, governadores e prefeitos; (Incluído pela Lei nº 12.737, de 30-11-2012)

II – Presidente do Supremo Tribunal Federal; (Incluído pela Lei nº 12.737, de 30-11-2012)

III – Presidente da Câmara dos Deputados, do Senado Federal, de Assembleia Legislativa de Estado, da Câmara Legislativa do Distrito Federal ou de Câmara Municipal; ou (Incluído pela Lei nº 12.737, de 30-11-2012)

IV – dirigente máximo da administração direta e indireta federal, estadual, municipal ou do Distrito Federal. (Incluído pela Lei nº 12.737, de 30-11-2012)

***Ação penal** (Incluído pela Lei nº 12.737, de 30-11-2012)*

Art. 154-B. Nos crimes definidos no art. 154-A, somente se procede mediante representação, salvo se o crime é cometido contra a administração pública direta ou indireta de qualquer dos Poderes da União, Estados, Distrito Federal ou Municípios ou contra empresas concessionárias de serviços públicos. (Incluído pela Lei nº 12.737, de 30-11-2012)

☞ COMENTÁRIOS

Infração penal de menor potencial ofensivo, comportando o rito do procedimento comum sumaríssimo (art. 394, § 1º, III, CPP).

O procedimento policial cabível, em princípio, é o Termo Circunstanciado.

Referido tipo penal também é conhecido como Intrusão informática.

Novo delito introduzido pela Lei nº 12.737, de 30 de novembro de 2012, publicada no DOU de 03/12/12, em vigor a partir de 02/04/13.

Em princípio, a ação penal será pública condicionada à representação, exceto se o crime for cometido contra a Administração Pública Direta ou Indireta, ou contra concessionárias de serviço público (art. 154-B), ocasião em que a ação será pública incondicionada.

Referida lei penal ficou vulgarmente conhecida como "Lei Carolina Dieckmann", diante da grande repercussão do vazamento nas redes sociais, em 2012, de fotos íntimas da atriz, obtidas após o acesso ao conteúdo de arquivos armazenados em seu computador.

Todavia, mesmo que o fato acima descrito possa ter estimulado a aprovação do Projeto de Lei nº 2.793-C/2011, o certo é que o tema já vinha sendo discutido há mais de uma década no Congresso Nacional.

Relativamente ao caso que impulsionou a edição, promulgação e publicação da lei, importantes as considerações de Sarak[99]:

> *"Em meados de maio de 2012, a atriz global Carolina Dieckmann foi vítima de sexting (exposição íntima)* ***(1)****. A princípio, a atriz teria levado seu computador para assistência técnica, onde fotos de seu corpo e sua intimidade teriam sido furtadas e divulgadas pela internet, hipótese que foi descartada. Posteriormente, a respeito do ocorrido, verificou-se que a atriz foi vítima de outros delitos na seguinte ordem: pishing scam (pescaria) (2), pois o infrator (cracker)* ***(3)*** *enviou um e-mail (já conhecendo algo sobre a atriz), induzindo-a a abrir o anexo, para que, através dessa mensagem portadora de código malicioso ocorresse a busca de vulnerabilidades no computador dela. Houve primeiramente* ***(i)*** *uma invasão de dispositivo informático; depois* ***(ii)*** *furto das fotos da atriz nua e, por fim;* ***(iii)*** *a ligação do cracker/infrator para o agente da atriz informando que as fotos seriam publicadas na internet caso ela se recusasse a pagar a quantia solicitada. Posteriormente, o cracker foi indiciado por crime de extorsão, conforme o artigo 158 do Código Penal.*
>
> *A atriz não cedeu às exigências do cracker e divulgou sua indignação ao público. Buscou seus direitos (que foram atendidos de modo muito mais rápido tendo-se em vista a fama da atriz versus a dignidade humana de um anônimo qualquer, também vítima) e o criminoso foi pego.*
>
> *A partir desse famoso fato, o projeto de lei 2.793/2011 do Deputado Paulo Teixeira (PT-SP) foi ressuscitado com caráter de urgência e sancionado em 2 de dezembro de 2012 pela ex-presidente Dilma Rousseff com o fito de dar uma previsão legal para os crimes informáticos tipificando condutas delituosas praticadas através de sistemas eletrônicos. Vale também salientar o PL 85/99, denominada "Lei Azevedo", e transformada na lei ordinária 12.735 no mesmo ano. Tal projeto inseriu novos tipos penais no Código Penal (1940)".*

Com relação às características do delito de Invasão de Dispositivo Informático, utiliza-se como fonte primária, imediata e principal, a obra "Código Penal Comentado", de autoria de Cléber Masson[100]:

– <u>Classificação</u>: crime simples, comum, formal, de consumação antecipada ou de resultado cortado, de forma livre, comissivo, instantâneo ou delito permanente, unissubjetivo, unilateral ou de concurso eventual e plurissubsistente.

– somente há crime quando a conduta recai em dispositivo informático alheio.

– <u>Elemento normativo do tipo</u>: violação indevida (sem justa causa ou ilegítima) de mecanismo de segurança.

<u>Elemento subjetivo</u>: dolo, acrescido de uma finalidade específica (elemento subjetivo específico).

Não se admite a modalidade culposa. Admite tentativa.

– <u>Ação penal</u>: em regra, pública condicionada à representação.

99 SARAK, Mayra Matuck. **Aspectos Gerais da Lei 12.732/12 – Lei dos Crimes Informáticos, também conhecida como "Lei Carolina Dieckmann".** In: Empório do Direito. 26 jul. 2018. Disponível em: <https://emporiododireito.com.br/leitura/aspectos-gerais-da-lei-12-737-12-lei-dos-crimes-informaticos-tambem-conhecida-como-lei-carolina-dieckmann>. Acesso em 6 out. 2019.

100 MASSON, Cléber. **Código Penal Comentado**. 3. ed. São Paulo: MÉTODO, 2015.

Nos casos do art. 154-B, pública incondicionada.

- Objeto jurídico: é a liberdade individual, especificamente no tocante à inviolabilidade dos segredos.

- Objeto material: é o dispositivo informático alheio, conectado ou não à rede de computadores.

Os dispositivos informáticos dividem-se basicamente em 4 (quatro) grupos:

1) dispositivos de processamento: são responsáveis pela análise de dados, com o fornecimento de informações, visando à compreensão de uma informação do dispositivo de entrada para envio aos dispositivos de saída ou de armazenamento. Exemplos: placas de vídeo e processadores de computadores e *smartphones*;
2) dispositivos de entrada: relacionam-se à captação de dados escritos, orais ou visuais (exemplos: teclados, microfones e *webcam*);
3) dispositivos de saída: fornecem uma interface destinada ao conhecimento ou captação, para outros dispositivos, da informação escrita, oral ou visual produzida no processamento (exemplos: impressoras e monitores);
4) dispositivos de armazenamento: dizem respeito à guarda de dados ou informações para posterior análise (exemplos: pendrives, HDs - *hard disks* e CDs - discos compactos).

Só há crime quando a conduta recai em dispositivo informático alheio.

Outrossim, o fato será atípico quando o sujeito devassa um dispositivo próprio, ainda que não esteja sob sua posse.

É irrelevante se o dispositivo informático alheio encontra-se ou não conectado à rede de computadores.

Pode estar conectado, por exemplo, por meio de *bluetooth*.

Consequentemente, não se exige sua interligação com outro dispositivo informático, possibilitando o compartilhamento de dados ou informações.

- Núcleo do tipo: o núcleo do tipo é "invadir", no sentido de devassar dispositivo informático alheio, conectado ou não à rede de computadores.

A devassa se concretiza mediante a violação indevida (sem justa causa ou ilegítima) de mecanismo de segurança.

Cuida-se de elemento normativo do tipo, a ser analisado no plano concreto.

Obviamente, o fato será atípico quando a violação for devida.

- Mecanismo de segurança: no campo da informática, a segurança da informação é baseada em 3 princípios fundamentais: confiabilidade, disponibilidade e integralidade.

Mecanismo de segurança vem a ser qualquer ferramenta utilizada para proteger o dispositivo informático de ameaças (subtração ou alteração de informações, danos físicos, modificação das configurações etc.). Exemplos: programas antivírus, *firewall* e senhas.

Como a violação indevida de mecanismo de segurança foi elevada à categoria de elementar típica, não se caracteriza esse delito na invasão de dispositivo informático alheio totalmente desprotegido.

- Sujeito ativo: trata-se de crime comum, podendo ser cometido por qualquer pessoa.

Embora esta condição não seja exigida pelo tipo penal, normalmente o crime é praticado por sujeitos dotados de especiais conhecimentos de informática, conhecidos como *hackers*.

- Sujeito passivo: pode ser qualquer pessoa, física ou jurídica.

- Qualidade do sujeito passivo e aumento da pena: o § 5º do art. 154-A do

Código Penal contempla causas de aumento da pena, a serem utilizadas na terceira e derradeira etapa da dosimetria da pena privativa de liberdade.

A pena será aumentada de um terço à metade se o crime for praticado contra as pessoas elencadas no dispositivo.

A exasperação é justificada pela relevância dos dados e informações contidos nos dispositivos informáticos de tais pessoas, indispensáveis para a gestão da coisa pública.

Consequentemente, a conduta que recai nestes objetos causa danos mais extensos, comportando a resposta penal dotada de maior rigor.

– Elemento subjetivo: é o dolo, acrescido de um especial fim de agir (elemento subjetivo específico), representado pela expressão *"e com o fim de obter, adulterar ou destruir dados ou informações sem autorização expressa ou tácita do titular do dispositivo ou instalar vulnerabilidades para obter vantagem ilícita"*.

Dados são elementos extraídos do mundo real e alocados no dispositivo informático, representados por números, símbolos, palavras ou imagens, insuscetíveis de compreensão por quem os examina.

Por sua vez, informações são os dados processados e organizados de modo a apresentarem determinado significado.

Vulnerabilidades, também conhecidas como *"bugs"*, são falhas no projeto ou na implementação de um *software* ou sistema operacional e, por esta razão, aptas a sujeitar o dispositivo informático a uma ameaça, a exemplo dos incontáveis vírus e das deficiências de funcionamento em geral.

Nota-se, portanto, a ausência de crime no ato de simplesmente invadir o computador alheio, sem nenhuma finalidade específica, conforme se dá nas condutas de *hackers* que entram no sistema de segurança de grandes empresas, avisando-as das falhas operacionais.

Nessas situações, é frequente a contratação desses *experts*, mediante elevada remuneração, justamente para aperfeiçoar a proteção virtual das corporações.

Não se admite a modalidade culposa.

– Consumação: perfaz-se com o simples ato de invadir dispositivo informático alheio, conectado ou não à rede de computadores, mediante violação indevida de mecanismo de segurança, com a finalidade de obter, adulterar ou destruir dados ou informações sem autorização expressa ou tácita do titular do dispositivo ou instalar vulnerabilidades para obter vantagem ilícita, pouco importando se este objetivo vem a ser efetivamente alcançado.

No caso concreto, a invasão de dispositivo informático pode apresentar-se como crime instantâneo ou então como delito permanente, tal como na situação em que o sujeito permanece, durante relevante período, destruindo dados contidos em computador alheio.

– Tentativa: é possível, em face do caráter plurissubsistente do delito, permitindo o fracionamento do *iter criminis*.

– Lei 9.099/1995: trata-se de infração penal de menor potencial ofensivo, de competência do Juizado Especial Criminal e compatível com os benefícios contidos na Lei 9.099/1995.

– Competência: em regra, é da Justiça Estadual.

É irrelevante se o crime foi cometido pela rede mundial de computadores.

Com efeito, o simples fato de o delito ser praticado pela Internet não atrai, por si só, a competência da Justiça Federal, a qual incidirá somente se presente alguma das hipóteses elencadas no art. 109, incisos IV e V, da Constituição Federal.

Além disso, a invasão de dispositivo informático não é crime previsto em Tratado ou Convenção Internacional em que o Brasil se comprometeu a combater, por exemplo, os crimes de racismo, xenofobia, publicação de pornografia infantil, entre outros.

– Crime formal: o crime de Invasão de dispositivo informático é formal.

Desta forma, para a consumação do delito, basta que ocorra a invasão do dispositivo informático, com violação indevida de mecanismo de segurança, sendo irrelevante, pois, que ocorra a obtenção, adulteração ou destruição de dados ou informações, bem como a instalação de vulnerabilidades para a obtenção de vantagem ilícita (ex: vírus etc.), o que será considerado mero exaurimento do delito, tendo reflexos, apenas, na dosimetria da pena, no que concerne ao grau de culpabilidade do agente (reprovação da conduta).

– Concurso de crimes: poderá ocorrer aparente conflito de normas penais com os crimes de Violação de correspondência eletrônica (art. 10, da Lei Federal nº 9.296/96, com as alterações introduzidas por meio da Lei Federal nº 13.869/19, em *vacatio legis* de 120 dias, a contar de 5 de setembro de 2019) e Quebra de sigilo bancário (art. 10, da Lei Complementar nº 105/01), o que se resolve por meio dos princípios da consunção/absorção e da especialidade.

É também perfeitamente possível o concurso entre a Invasão de dispositivo informático e o Furto (subtração de dados ou informações), o Dano (destruição de dados ou informações, ou inutilização do computador ou de outro dispositivo) e a Extorsão (exigência de vantagem econômica indevida para devolução dos dados ou informações).

– Figuras equiparadas (art. 154-A, § 1º): pune-se a conduta daquele que contribui, mediante produção, oferecimento, distribuição ou difusão de programa de computador para que um terceiro venha a devassar dispositivo informático alheio, na forma descrita pelo art. 154-A, *caput*, do Código Penal.

É o que dá, exemplificativamente, em relação aos especialistas que vendem *softwares* em *sites*, possibilitando a outras pessoas a invasão de computadores alheios.

O tipo penal reclama um especial fim de agir (elemento subjetivo específico): não basta produzir, oferecer, distribuir, vender ou difundir programa de computador.

É imprescindível fazê-lo "com o intuito de permitir a prática da conduta definida no *caput*".

O legislador criou mais uma exceção à teoria unitária ou monista (art. 29, *caput*, do CP).

Em verdade, mesmo se presente o vínculo subjetivo, quem devassa o computador alheio responde pelo crime tipificado no art. 154-A, *caput*, ao passo que o sujeito envolvido com o programa de computador e que lhe oferece condições para tanto será responsabilizado pelo delito contido no art. 154-A, § 1 º, ambos do Código Penal.

– Prejuízo econômico e aumento da pena (art. 154-A, § 2º): cuida-se de causa de aumento da pena, a ser utilizada na terceira fase da aplicação da pena privativa de liberdade.

Diversos fatores podem proporcionar o prejuízo econômico: divulgação de informações capazes de macular a honra da vítima, tempo de trabalho necessário para a reprodução dos dados ou informações destruídos ou adulterados, valores gastos para livrar o dispositivo informático de vírus etc.

Em qualquer dos casos, a elevação da pena será obrigatória.

– Figura qualificada (art. 154-A, § 3º): a pena é de detenção, de 6 (seis) meses a 2 (dois) anos, e multa, se a conduta não constitui crime mais grave.

Nada obstante o tratamento mais rigoroso, a qualificadora também representa uma infração penal de menor potencial ofensivo, de competência do Juizado Especial Criminal e compatível com os benefícios previstos na Lei 9.099/1995.

O tipo derivado vincula-se ao comportamento daquele que, além de devassar dispositivo informático alheio, vai além.

De fato, o sujeito obtém conteúdo de comunicações eletrônicas privadas, segredos comerciais ou industriais, informações sigilosas assim definidas em lei (norma penal em branco homogênea), ou o controle remoto não autorizado do dispositivo invadido.

Controle remoto é qualquer mecanismo idôneo a permitir o acesso sem fio ao dispositivo informático, mediante sinal infravermelho, *bluetooth* ou mesmo pela Internet.

Um grande exemplo é o VNC – *Virtual Network Computing*, consistente em programa utilizado para acessar remotamente o dispositivo.

Para evitar qualquer polêmica, o tipo penal foi expresso: somente é punível o controle remoto não autorizado do dispositivo invadido.

Evidentemente, não há crime se existia permissão para tanto, como ocorre nos computadores instalados em escolas infantis, pelos quais os pais acompanham à distância as atividades desenvolvidas pelos seus filhos.

– Subsidiariedade expressa: a qualificadora reveste-se da nota da subsidiariedade expressa, uma vez que somente será aplicada *"se a conduta não constitui crime mais grave"*. Exemplificativamente, se o sujeito vende dados alheios, alegando ser o legítimo proprietário, o reconhecimento do crime de disposição de coisa alheia como própria (CP, art. 171, § 2º, inc. I) afasta a incidência da figura qualificada.

– Causa de aumento da pena (art. 154-A, § 4º): aplica-se unicamente à modalidade qualificada prevista no § 3º do art. 154-A.

Nesse caso, o exaurimento justifica a maior severidade no tratamento penal.

A divulgação, comercialização ou transmissão a terceiro, embora normalmente envolva alguma contraprestação, pode ser gratuita, pois o legislador empregou a expressão "a qualquer título".

– Ação penal pública condicionada: via de regra, a ação é pública condicionada à representação do ofendido ou de quem tiver qualidade para representá-lo.

Esta opção legislativa é justificada pela disponibilidade do interesse atacado pelo delito, vinculado precipuamente à esfera de intimidade da vítima.

Além disso, o escândalo do processo (*strepitus iudicii*), com o ajuizamento da ação penal, muitas vezes pode ser mais prejudicial à vítima do que suportar sigilosamente os efeitos do delito.

Outrossim, reserva-se ao ofendido ou ao seu representante a oportunidade (ou conveniência) para autorizar ou não o início da persecução penal.

– Ação penal pública incondicionada: excepcionalmente, a ação penal será pública incondicionada, nas hipóteses em que o delito envolver a Administração Pública, pois nesses casos há ofensa a valores de natureza indisponível.

Esse dispositivo, como não poderia ser diferente, repetiu a sistemática acolhida pelo CPP, especialmente em seu art. 24, § 2º.

- Infiltração de Agentes de Polícia para a Investigação de Crimes contra a Dignidade Sexual de Criança e de Adolescente: consoante o art. 190-A, do Estatuto da Criança e do Adolescente (ECA - Lei Federal nº 8.069/90), introduzido pela Lei Federal nº 13.441, de 8 de maio de 2017, é possível a infiltração de Agentes de Polícia na INTERNET, com o fim de investigar o crime de Invasão de Dispositivo Informático (art. 154-A, CP).

Outrossim, segundo o novel art. 190-C, do ECA, não comete crime o policial que oculta a sua identidade para, por meio da INTERNET, colher indícios de autoria e materialidade do referido delito.

☑ QUESTÕES DE CONCURSOS ACERCA DOS CRIMES CONTRA A PESSOA, COM GABARITO E COMENTÁRIOS:

1. ***(DELEGADO DA POLÍCIA CIVIL/PB - 2008 - CESPE/UNB)*** *- No homicídio qualificado pela paga ou promessa de recompensa, o STJ entende atualmente que a qualificadora não se comunica ao mandante do crime.*

Resposta: *Errado. No chamado homicídio mercenário, de acordo com recentes decisões do Superior Tribunal de Justiça (STJ) acerca do tema, a qualificadora da paga ou promessa de recompensa é elementar do tipo qualificado e se estende ao mandante e ao executor.*

2. ***(DELEGADO DA POLÍCIA CIVIL/PB - 2008 - CESPE/UNB)*** *- Com relação ao motivo torpe, a vingança pode ou não configurar a qualificadora, a depender da causa que a originou.*

Resposta: *Certo. Motivo torpe é aquele que suscita a aversão ou repugnância de toda a coletividade, como, por exemplo, a cupidez, a perversidade, a luxúria, o prazer intenso de causar o mal a outrem. Vingança e ciúme, segundo a jurisprudência, não obrigatoriamente caracterizam o motivo torpe, o que irá depender das circunstâncias do caso concreto.*

3. ***(DELEGADO DA POLÍCIA CIVIL/RN - 2009 - CESPE/UNB)*** *- Na legislação brasileira, não se mostra possível a existência de um homicídio qualificado-privilegiado, uma vez que as causas qualificadoras, por serem de caráter subjetivo, tornam-se incompatíveis com o privilégio. Além disso, a própria posição topográfica da circunstância privilegiadora parece indicar que ela não se aplicaria aos homicídios qualificados.*

Resposta: *Errado. Existe homicídio privilegiado-qualificado. É a posição da doutrina e da jurisprudência dos Tribunais Superiores (STJ). Porém, é necessário que a qualificadora sempre seja uma circunstância objetiva (ex.: meio ou modo de execução do crime), pois, caso contrário, haveria contradição inequívoca com a circunstância de privilégio.*

4. ***(DELEGADO DA POLÍCIA FEDERAL - CESPE/UNB - 2002)*** *- Considere a seguinte situação hipotética. Um Deputado Federal foi surpreendido e detido por Agentes de Polícia, em um restaurante, no momento em que efetuou seis disparos de revólver contra um desafeto, ceifando-lhe a vida. A Autoridade Policial autuou o parlamentar em flagrante delito, remetendo os autos, em dezesseis horas, à Câmara dos Deputados. Nessa situação, a Câmara dos Deputados, pelo voto secreto da maioria de seus membros, resolverá sobre a prisão e autorizará, ou não, a formação de culpa.*

Resposta: *Certo. No caso dos membros do Congresso Nacional (Deputados Federais e Senadores), de acordo com o art. 53, § 2º, da CF/88, somente haverá a possibilidade* *de prisão em flagrante no caso de crime inafiançável, devendo logo após a lavratura do auto, ser apresentado dentro de 24 (vinte e quatro) horas à Casa respectiva, para que, pelo voto da maioria de seus membros, resolva sobre a prisão. Tal imunidade processual estende-se, também, aos Deputados Estaduais, por força do dispositivo constante no art. 27, § 1º, da CF/88.*

5. *(DELEGADO DA POLÍCIA CIVIL/PB – 2008 – CESPE/UNB)* – *Para a configuração da qualificadora relativa ao emprego de veneno, é indiferente o fato de a vítima ingerir a substância à força ou sem saber o que está ingerindo.*

Resposta: Errado. *A utilização de veneno, que é meio insidioso, só qualifica o crime se for feita de forma dissimulada. Desta forma, para o envenenamento constituir meio insidioso é indispensável que a vítima desconheça a circunstância de estar sendo efetivamente envenenada.*

6. *(DELEGADO DA POLÍCIA CIVIL/RN – 2009 – CESPE/UNB)* – *Considere a seguinte situação hipotética. Diego e Márcio, adultos, resolveram testar suas respectivas sortes, instigando, um ao outro, a participar de roleta russa. Em hora e local combinados, diante de um revólver municiado com apenas um projétil, cada qual começou a puxar o gatilho contra sua própria cabeça, até que Márcio findou por se suicidar. Nessa situação, Diego não responderá por nada, pois não se pune a autoeliminação da vida.*

Resposta: Errado. *Diego deverá responder pelo crime de Induzimento, Instigação ou Auxílio a Suicídio (art. 122, do CP). A roleta russa e o chamado duelo americano constituem exemplos típicos deste delito. Na roleta russa temos uma arma com projétil, assim os participantes ficam à mercê da própria sorte, puxando o gatilho contra si mesmo. No duelo americano temos duas armas, sendo certo que somente uma delas está carregada. Assim, os participantes atiram contra a própria cabeça. Nos dois casos, os sobreviventes responderão na forma do artigo 122, do Código Penal.*

7. *(DELEGADO DA POLÍCIA CIVIL/PB – 2008 – CESPE/UNB)* – *A qualificadora relativa ao emprego de tortura foi tacitamente revogada pela lei específica que previu o crime de tortura com resultado morte.*

Resposta: Errado. *A tortura é o meio que causa prolongado e intenso sofrimento. O crime de tortura qualificada pelo resultado morte, que é preterdoloso, encontra-se previsto na Lei Federal nº 9.455/97. Apesar de ocorrer o resultado morte, se a intenção era apenas torturar a vítima, haverá crime de tortura qualificada com resultado morte, e não homicídio.*

8. *(DELEGADO DA POLÍCIA CIVIL/RN – 2009 – CESPE/UNB)* – *No crime de autoaborto, a gestante é, ao mesmo tempo e em razão da mesma conduta, autora do crime e sujeito passivo.*

Resposta: Errado. *O sujeito passivo é o feto.*

9. *(DELEGADO – POLÍCIA CIVIL – TO – 2008 – CESPE/UNB)* – *O Código Penal brasileiro permite três formas de abortamento legal: o denominado aborto terapêutico, empregado para salvar a vida da gestante; o aborto eugênico, permitido para impedir a continuação da gravidez de fetos ou embriões com graves anomalias; e o aborto humanitário, empregado no caso de estupro.*

Resposta: Errado. *O Código Penal não prevê o aborto eugênico. Todavia, afora as duas hipóteses legais do Código Penal, também não configura crime o aborto de feto anencéfalo. O STF, por maioria de votos, declarou a inconstitucionalidade da interpretação segundo a qual a interrupção da gravidez de feto anencéfalo é conduta tipificada nos arts. 124, 126 e 128, I e II, todos do Código Penal. Em outras palavras, o STF entendeu que a interrupção da gravidez de* *feto anencéfalo não constitui crime de aborto, encerrando uma longa e histórica discussão nesta Corte. Por derradeiro, cumpre esclarecer que a hipótese lícita de aborto de feto anencéfalo não se confunde com a hipótese ilícita do aborto eugênico. Este último é completamente proibido e configura crime, porque as anomalias do feto não autorizam abortamento.*

10. (ESCRIVÃO – POLÍCIA CIVIL – PA – 2006 – CESPE/UNB) – *Há homicídio qualificado se o agente tiver praticado crime impelido por motivo de relevante valor social ou moral.*

Resposta: *Errado. São hipóteses de homicídio privilegiado, descritas no art. 121, § 1º, do Código Penal, de natureza subjetiva, pois dizem respeito aos motivos do crime.*

11. (DELEGADO DA POLÍCIA FEDERAL – 2004 – NACIONAL – CESPE/UNB) – *O médico Caio, por negligência que consistiu em não perguntar ou pesquisar sobre eventual gravidez de paciente nessa condição, receita-lhe um medicamento que provocou o aborto. Nessa situação, Caio agiu em erro de tipo vencível, em que se exclui o dolo, ficando isento de pena, por não existir aborto culposo.*

Resposta: *Certo. Somente existe o crime de Aborto em sua forma dolosa, não havendo hipótese de Aborto culposo, por ausência de expressa disposição legal neste sentido.*

12. (DELEGADO – PCAL – 2012 – CESPE) – *Considere que José, penalmente imputável, horas após ter sido injustamente provocado por João, agindo sob influência de violenta emoção, tenha desferido uma facada em João, o que resultou em sua morte. Nessa situação, impõe-se, em benefício de José, o reconhecimento do homicídio privilegiado.*

Resposta: *Errado. O enunciado apresenta uma "armadilha" ou "pega-ratão". Somente haverá Homicídio privilegiado se o agente agir sob o domínio de violenta emoção, não bastando a influência de violenta emoção, que poderá figurar apenas como circunstância atenuante genérica (art. 65, III, "c", do Código Penal). Afora isso, o agente deve agir "logo após" a injusta provocação da vítima, requisito cronológico não verificado no caso narrado no enunciado.*

13. (AGENTE DA POLÍCIA CIVIL – RR – CESPE/UNB – 2003) – *João, ao ver sua ex-namorada sair do cinema acompanhada de Francisco, empunhou uma faca peixeira e golpeou as costas de Francisco, ocasionando-lhe lesões corporais. Nessa situação, o instrumento empregado para o crime deverá ser submetido a exame pericial para verificar sua natureza e eficiência.*

Resposta: *Certo. Quando o crime deixa vestígio, o exame de corpo de delito é obrigatório. A esse respeito, o comando constante no art. 158, do Código de Processo Penal (CPP).*

14. (DELEGADO – POLÍCIA CIVIL – RR – 2003 – CESPE/UNB) – *Considere a seguinte situação hipotética. Durante um entrevero, Carlos desferiu um golpe de facão contra a mão de seu contentor, que veio a perder dois dedos. Nessa situação, Carlos praticou o crime de lesão corporal de natureza grave, por resultar debilidade permanente de membro.*

Resposta: *Certo. No caso, a lesão corporal não ocasionou a perda da mão (membro). Trata-se, portanto, de crime de lesão corporal de natureza grave, nos termos do art. 129, § 1º, III, do CP, por ter Carlos deixado a mão de seu contendor com debilidade permanente.*

15. (ESCRIVÃO DA POLÍCIA FEDERAL – 2009 – CESPE/UNB) – *O crime de lesão corporal seguida de morte é preterdoloso, havendo dolo na conduta antecedente e culpa na conduta consequente.*

Resposta: *Certo. O crime de lesão corporal seguida de morte é um delito preterdoloso por excelência. Crime preterdoloso (ou preterintencional) é uma espécie de crime qualificado pelo resultado. O agente* *quer praticar um crime, mas acaba se excedendo e produzindo culposamente um resultado mais gravoso do que o desejado. É o caso da lesão corporal seguida de morte, na qual o agente deseja apenas lesionar a vítima, mas acaba matando-a (art. 129, § 3º, CP). Ex.: sujeito desfere um soco contra o rosto da vítima, com intenção de lesioná-la; no entanto, ela se desequilibra, bate a cabeça e morre. Haverá lesão corporal seguida do resultado morte. A intenção do agente era causar apenas a lesão corporal, mas, por culpa, terminou gerando o resultado mais grave (morte). O crime preterdoloso é um crime misto, em que há uma conduta, dolosa, dirigida a um fim típico, e outra, culposa, pela causação de resultado não querido pelo agente, que não era objeto do crime fundamental, justamente pela inobservância do dever de cuidado objetivo.*

16. (AGENTE DA POLÍCIA FEDERAL – 2004 – PROVA AZUL – CESPE/UNB) – *Vítor desferiu duas facadas na mão de Joaquim, que, em consequência, passou a ter debilidade permanente do membro. Nessa situação, Vítor praticou crime de lesão corporal de natureza grave, classificado como crime instantâneo.*

Resposta: Certo. *O crime de lesão corporal é crime instantâneo, de modo que pouco importa para a sua consumação o tempo e a duração da lesão. A análise acerca da permanência da lesão ou sua duração prolongada importa apenas para a incidência das qualificadoras. No caso do presente questionamento, a debilidade permanente de um membro qualifica o crime para lesão corporal de natureza grave, nos termos do art. 129, § 1º, III, CP. Crime instantâneo vem a ser aquele que se consuma no momento em que a conduta é cometida (ex.: furto); enquanto permanentes são os crimes cuja consumação se prolonga no tempo (ex.: sequestro). Já os denominados "instantâneos de efeitos permanentes" são aqueles crimes que se consumam em um determinado momento, mas geram efeitos imodificáveis (ex.: homicídio consumado). O crime de lesão corporal grave por debilidade permanente de membro, sentido ou função é crime instantâneo de efeitos permanentes, isto é, a ação é instantânea, sendo os efeitos permanentes. Realmente, a situação descrita identifica a existência de crime instantâneo, não estando errada, propriamente, a afirmativa final. Todavia, seria mais completo falar-se em crime "instantâneo de efeitos permanentes".*

17. (DELEGADO – PCAL – 2012 – CESPE) – *O crime de omissão de socorro não admite tentativa, porquanto estando a omissão tipificada na lei como tal e tratando-se de crime unissubsistente, se o agente, sem justa causa, se omite, o crime já se consuma.*

Resposta: Certo. *O crime de Omissão de socorro (art. 135 do CP) não admite a forma tentada, porque é crime omissivo puro (ou próprio), consumado no exato momento da omissão.*

18. (ESCRIVÃO – POLÍCIA CIVIL – ES – 2006 – CESPE/UNB) – *O crime de rixa, com tipificação expressa no Código Penal, exige, no mínimo, a participação de seis pessoas, sendo irrelevante que, dentro do número mínimo, um deles seja inimputável.*

Resposta: Errado. *O crime de rixa exige a participação de, no mínimo, 3 (três) pessoas, sendo irrelevante que uma delas seja inimputável.*

19. (ESCRIVÃO – POLÍCIA CIVIL – ES – 2006 – CESPE/UNB) – *Considere-se que Joaquim, penalmente responsável, sem o ânimo de morte na conduta, atirou contra João, ferindo-o gravemente, de modo que a vítima permaneceu internada sob cuidados médicos por um período de 40 dias. Nessa situação, Joaquim responderá por crime de lesão corporal de natureza grave, ficando absorvido o crime de periclitação da vida ou da saúde humana, visto que a situação de perigo foi ultrapassada e passou a constituir elemento do crime mais grave.*

Resposta: Certo. *O crime de Perigo para a Vida ou Saúde de Outrem (art. 132, do*

Código Penal) é delito subsidiário. No próprio preceito secundário da norma penal, o legislador estabelece que a pena será de detenção, de 3 (três) meses a 1 (um) ano, se o fato não constituir crime mais grave.

20. (AGENTE – POLÍCIA CIVIL– RR– 2003 – CESPE/UNB) – *Considere a seguinte situação hipotética. Maria, proprietária de um supermercado, sabendo que seu próprio filho praticara furto em seu estabelecimento, atribuiu ao empregado José tal responsabilidade, dizendo ser ele o autor do delito. Nessa situação, Maria cometeu o crime de calúnia.*

***Resposta**: Certo. O crime de Calúnia (art. 138, CP) consiste na afirmação em relação a alguém de um fato criminoso sabidamente falso.*

21. (ESCRIVÃO DA POLÍCIA FEDERAL – CESPE/UNB 2002) – *Se, no curso de um inquérito policial, o advogado do indiciado protocolizar petição com virulentas ofensas contra o juiz da causa, em virtude da atuação deste, deverá o delegado responsável pela investigação, de ofício e imediatamente, instaurar novo inquérito para apurar o crime contra a honra do magistrado em razão da função.*

***Resposta**: Errado. Os Crimes contra a Honra de Funcionário Público, em razão de suas funções, são de ação penal pública condicionada à representação, nos termos do que dispõe o artigo 145, § único, CP. Portanto, o Delegado de Polícia não poderia ter instaurado o Inquérito Policial de ofício, conforme inteligência do artigo 5º, § 4º, do CPP.*

22. (AGENTE DA POLÍCIA CIVIL DO DISTRITO FEDERAL 2009 – CESPE/UNB) – *Na calúnia, não se admite a exceção da verdade se, do crime imputado, embora de ação pública, o ofendido foi absolvido por sentença irrecorrível.*

***Resposta**: Certo. Efetivamente, nos termos do art. 138, § 3º, III, do Código Penal, não haverá possibilidade de prova (exceção) da verdade, se o ofendido foi absolvido por sentença irrecorrível. Dessa forma, já que o Estado o declarou inocente, não cabe mais a produção de provas acerca dos fatos.*

23. (AGENTE DA POLÍCIA CIVIL DO DISTRITO FEDERAL 2009 – CESPE/UNB) – *A exceção da verdade, na injúria, somente se admite se o ofendido é funcionário público e a ofensa é relativa ao exercício de suas funções.*

***Resposta**: Errado. Não se admite, em hipótese alguma, exceção da verdade no crime de injúria, já que na Injúria está protegida a honra subjetiva (conceito que o indivíduo tem de si próprio, concernente a elementos relacionados à dignidade e ao decoro).*

24. (AGENTE DA POLÍCIA CIVIL DO DISTRITO FEDERAL 2009 – CESPE/UNB) – *No crime de difamação, exige-se que o agente tenha consciência da falsidade da imputação.*

***Resposta**: Errado. No crime de difamação, não se exige que o agente tenha consciência da falsidade da imputação. Na difamação, diferentemente da calúnia, pouco importa se o fato é falso ou verdadeiro. Ainda que verídicos os fatos, o crime se configura. Não se pode admitir que fatos ofensivos à reputação de alguém passem a ser utilizados para destruir sua honra. Por isso mesmo, em regra, não admite a exceção da verdade, a não ser em situações em que o ofendido seja funcionário público e a ofensa seja relativa ao exercício de suas funções (art. 139, § único, CP).*

25. (AGENTE DA POLÍCIA CIVIL DO DISTRITO FEDERAL 2009 – CESPE/UNB) – *A calúnia protege a honra subjetiva, enquanto a difamação e a injúria protegem a honra objetiva.*

***Resposta**: Errado. Os delitos de calúnia e de difamação tutelam a honra objetiva. O delito de injúria tutela a honra subjetiva.*

26. (AGENTE DA POLÍCIA CIVIL DO DISTRITO FEDERAL 2009 – CESPE/UNB) – *Não constituem calúnia, difamação ou injúria a ofensa irrogada em juízo, na discussão da causa, pela parte ou por seu procurador.*

Resposta: Errado. *Não constituem difamação ou injúria a ofensa irrogada em juízo, na discussão da causa, pela parte ou por seu procurador. Se for afirmado determinado fato criminoso falso contra uma parte ou seu procurador, haverá normalmente crime de calúnia, conforme inteligência do art. 142, caput, do Código Penal.*

27. (AGENTE – POLÍCIA CIVIL – RR – 2003 – CESPE/UNB) – *Considere a seguinte situação hipotética. Antônia, ao presenciar a prisão de seu filho, proferiu xingamentos aos policiais que a efetuavam, ofendendo-os. Nessa situação, é correto afirmar que Antônia praticou o crime denominado injúria.*

Resposta: Errado. *Haverá crime de Desacato, previsto no art. 331, CP. O objeto jurídico protegido no crime de desacato é a proteção da Administração Pública, especificamente contra atos exercidos por particulares. Tutela-se particularmente o prestígio da função pública. No caso narrado na questão, a conduta de Antônia foi desenvolvida para ofender a autoridade pública no exercício de sua função.*

28. (AGENTE – POLÍCIA CIVIL – RR – 2003 – CESPE/UNB) – *Nos crimes contra a honra, a retratação do ofensor somente é possível nos crimes de calúnia e difamação.*

Resposta: Certo. *Não se admite retratação no crime de injúria, porque neste delito não existe a afirmação de um fato. Trata-se apenas de mera ofensa, xingamento. A esse respeito, a regra constante no art. 143, caput, do CP.*

29. (AGENTE – POLÍCIA CIVIL – TO – 2008 – CESPE/UNB) – *Considere a seguinte situação hipotética. Antônia foi vítima de injúria praticada por Margarida no dia 10.10.2007, tendo, por intermédio de advogado, requerido a instauração do competente inquérito policial no dia 15.10.2007 e oferecido queixa-crime no dia 31.10.2007. Nessa situação, agiu corretamente o advogado de Antônia, pois o crime de injúria é de ação privada, e só será admitida a queixa se oferecida no prazo de seis meses a contar do dia em que o ofendido veio a saber quem é o autor do delito.*

Resposta: Certo. *Efetivamente, o crime de injúria (art. 140, do Código Penal) é, em regra, de ação penal privada. E possui prazo decadencial de 6 (seis) meses, contados a partir do dia em que o ofendido veio a saber quem é o autor do delito, consoante regra prevista nos arts. 103, do CP, e 38, do CPP.*

30. (DELEGADO – POLÍCIA CIVIL – SE 2006 – CESPE/UNB) – *Um indivíduo cometeu crime de redução à condição análoga à de escravo. Nessa situação, o crime praticado prevê a pena de 2 a 8 anos de reclusão e é definido como crime contra a organização do trabalho.*

Resposta: Errado. *O crime de Redução à condição análoga à de escravo, previsto no art. 149, do Código Penal, é crime contra a liberdade individual, inserido no rol dos delitos contra a pessoa. Consiste na conduta de submeter alguém às condições semelhantes à de escravidão, levando-a a trabalhos forçados, ou degradantes; ou submetendo-a a jornada exaustiva de trabalho; ou restringindo sua locomoção em razão de dívida contraída com o empregador; ou cerceando-lhe qualquer meio de transporte; ou mantendo vigilância ostensiva no local de trabalho; ou, por fim, apoderando-se de documentos ou objetos pessoais do trabalhador.*

31. (DELEGADO – POLÍCIA CIVIL – RR – 2003 – CESPE/UNB) – *Considere a seguinte situação hipotética. Jorge constrangeu um cego deficiente físico de se deslocar até uma agência bancária para receber um benefício, privando-o de seu guia e destruindo as suas muletas. Nessa situação, Jorge praticou o crime de constrangimento ilegal.*

Resposta: Certo. *Jorge, de forma perversa, impediu uma pessoa (cego deficiente físico) de fazer algo (comparecer até uma agência bancária para receber um benefício),* *mediante violência (privando-o de seu guia e destruindo as suas muletas). Portanto, resta aperfeiçoado o crime de Constrangimento ilegal, descrito no art. 146, do Código Penal, como a conduta de "constranger alguém, mediante violência ou grave ameaça, ou depois de lhe haver reduzido, por qualquer outro meio, a capacidade de resistência, a não fazer o que a lei permite, ou a fazer o que ela não manda.". Não se trata de crime contra o patrimônio. No caso, o objetivo (dolo) de Jorge era atentar contra a liberdade de liberdade de locomoção da pessoa.*

32. *(ESCRIVÃO DA POLÍCIA FEDERAL – CESPE/UNB 2002)* – *Se um indivíduo praticar crime de sequestro e este se prolongar por mais de uma semana, a polícia pode validamente realizar a prisão em flagrante do sequestrador mesmo se somente o conseguir capturar ao final desse período, pois, nesse caso, o estado de flagrância perdurará.*

***Resposta**: Certo. Nos crimes permanentes, cujo momento de consumação se prolonga no tempo, a prisão em flagrante poderá ser realizada a qualquer momento, enquanto durar a permanência.*

33. *(ESCRIVÃO DA POLÍCIA CIVIL DA PARAÍBA CESPE/UNB 2009)* – *O crime de constrangimento ilegal é caracterizado pela ausência de violência ou grave ameaça por parte de quem o comete.*

***Resposta**: Errado. Nos termos do art. 146, CP, referido delito consiste em constranger alguém, mediante violência ou grave ameaça, ou depois de lhe haver reduzido, por qualquer outro meio, a capacidade de resistência, a não fazer o que a lei permite, ou a fazer o que ela não manda.*

34. *(ESCRIVÃO DA POLÍCIA CIVIL DA PARAÍBA CESPE/UNB 2009)* – *O delito de ameaça pode ser praticado de forma verbal, escrita ou gestual.*

***Resposta**: Certo. Nos termos do art. 147, do CP, constitui crime ameaçar alguém, por palavra, escrito ou gesto, ou qualquer outro meio simbólico, de causar-lhe mal injusto e grave.*

35. *(XI DELEGADO DE POLÍCIA/RJ – CEPERJ/2009)* – *Considerando os delitos contra a pessoa, julgue os itens abaixo.*

I. No homicídio preterintencional, o agente responderá por culpa com relação ao resultado morte.

II. Mário e Bruno, pretendendo matar Nilo, mediante o uso de arma de fogo, postaram-se de emboscada, ignorando cada um o comportamento do outro. Ambos atiraram na vítima, que veio a falecer em virtude dos ferimentos ocasionados pelos projéteis disparados pela arma de Bruno. Nessa situação, é correto afirmar que Mário e Bruno são coautores do homicídio perpetrado.

III. O agente que, para livrar um doente, sem possibilidade de cura, de graves sofrimentos físicos e morais, pratica a eutanásia com o consentimento da vítima, deve, em tese, responder por homicídio privilegiado, já que agiu por relevante valor moral, que compreende também os interesses individuais do agente, entre eles a piedade e a compaixão.

IV. Caio e Tício, sob juramento, decidiram morrer na mesma ocasião. Para isso, ambos trancaram-se em um quarto hermeticamente fechado e Caio abriu a torneira de um botijão de gás; todavia, apenas Tício morreu. Nessa situação, Caio deverá responder por participação em suicídio.

V. Um indivíduo, a título de correção, amarrou sua esposa ao pé da cama, deixando-a em um quarto escuro e fétido. Nesse caso, o indivíduo responderá pelo crime de maus-tratos.

Estão certos apenas os itens

(A) I e III

(B) I, III e V

(C) I, II e V

(D) II e IV

(E IV e V

Resposta: *alternativa "A", já que somente os enunciados I e II estão corretos.*

36. (DELEGADO DE POLÍCIA/PC-ES – FUNCAB/2013) – *Gertrudes, para ir brincar o carnaval, deixou dormindo em seu apartamento seus filhos Lúcio, de cinco anos de idade, e Lígia, de sete anos de idade. As crianças acordaram e, por se sentirem sós, começaram a chorar. Os vizinhos, ouvindo os choros e chamamentos das crianças pela janela do apartamento, que ficava no terceiro andar do prédio, arrombaram a porta, recolheram as crianças e entregaram-nas ao Conselho Tutelar. Logo, pode-se afirmar que Gertrudes deve responder pelo crime de:*

(A) perigo a vida ou saúde de outrem e os vizinhos não praticaram crime, pois estavam agindo em legítima defesa de terceiros.

(B) abandono de incapaz e os vizinhos não praticaram crime, pois estavam agindo em legítima defesa de terceiros.

(C) perigo a vida ou saúde de outrem e os vizinhos não praticaram crime, pois estavam agindo em estado de necessidade de terceiros.

(D) abandono de incapaz e os vizinhos não praticaram crime, pois estavam agindo em estado de necessidade de terceiros.

(E pelo crime de abandono material e os vizinhos não praticaram crime, pois estavam agindo em estado de necessidade exculpante de terceiros.

Resposta: *a alternativa "D" é a única correta.*

37. (DELEGADO DE POLÍCIA – POLÍCIA FEDERAL – CESPE – 2013) – *Julgue o item seguinte:*

O delito de sequestro e cárcere privado, inserido entre os crimes contra a pessoa, constitui infração penal de ação múltipla, e a circunstância de ter sido praticado contra menor de dezoito anos de idade qualifica o crime.

Resposta: *Errado. Embora a presença de qualificadora específica na hipótese de ter sido cometido contra vítima menor de 18 (dezoito) anos de idade (art. 148, § 1º, IV, do CP), não se trata o Sequestro ou Cárcere Privado de crime de ação múltipla, de conteúdo variado, ou plurinuclear, em que há a descrição de vários verbos nucleares dentro do mesmo tipo penal incriminador (ex: art. 122, CP – Induzimento, Instigação ou Auxílio a Suicídio).*

38. (DELEGADO DE POLÍCIA – PC-AL – CESPE – 2012) – *Acerca dos crimes em espécie, julgue o item seguinte.*

O crime de omissão de socorro não admite tentativa, porquanto estando a omissão tipificada na lei como tal e tratando-se de crime unissubsistente, se o agente, sem justa causa, se omite, o crime já se consuma.

Resposta: *o enunciado está certo.*

39. (DELEGADO DE POLÍCIA/SP – 2008) – *No crime de rixa em que os agentes cometem condutas contra pessoa, que, por sua vez, comporta-se da mesma maneira e é também sujeito ativo do delito, fala-se doutrinariamente em:*

(A) crimes de condutas paralelas.

(B) crimes de condutas convergentes.

(C) crimes de condutas contrapostas.

(D) crimes de condutas dependentes.

(E) crimes de condutas monossubjetivas.

Resposta: *a única alternativa certa é a da letra "C". As condutas são contrapostas, porque os agentes atuam uns contra os outros.*

40. (DELEGADO DE POLÍCIA/SP – 2008) – *Agente que, perante uma autoridade policial, declara, mentirosamente, que sua colega de trabalho, casada, honesta, cometeu adultério consigo durante recente viagem conjunta a serviço, pratica o crime de:*

(A) calúnia.

(B) difamação.

(C) autoacusação falsa.

(D) falsa comunicação de crime.

(E) denunciação caluniosa.

Resposta: *a alternativa certa é a da letra "B". A imputação de adultério, desde o advento da Lei Federal nº 11.106/05, não constitui mais imputação de crime, já que referida lei revogou tal ilícito penal, operando verdadeira abolitio criminis (art. 107, III, CP). Dessa forma, inviável a tipificação de tal conduta como calúnia ou denunciação caluniosa. O fato narrado, contudo, é ofensivo à reputação da vítima, configurando crime de difamação, tipificado no art. 139, CP.*

***41. (ACADEPOL/SP – 2008)** – Sobre os crimes contra a vida previstos no Código Penal brasileiro, está incorreto afirmar que:*

(A) não pratica conduta típica a gestante que, por imprudência, dá causa à interrupção da gravidez.

(B) não se admite a figura tentada no crime de participação em suicídio.

(C) respondem por infanticídio, não por homicídio, tanto a mãe que, em estado puerperal, presta auxílio, quanto o terceiro que, auxiliado por aquela, pratica atos executórios de homicídio sobre o recém-nascido.

(D) no crime de homicídio doloso, existe perfeita compatibilidade entre as circunstâncias legais do privilégio e as qualificadoras de ordem subjetiva.

(E) inexiste crime de evento do qual resultem apenas lesões corporais de natureza leve ao suicida instigado por outrem.

Resposta: *a única alternativa incorreta é a da letra "D", justamente porque o privilégio, no homicídio, só é compatível com as qualificadoras de natureza objetiva, que dizem respeito aos meios e modos de execução do crime.*

***42. (DELEGADO DE POLÍCIA/SP – 2000)** – Estudando o crime de lesão corporal previsto em nosso Código Penal, em suas diversas espécies, verifica-se que a classificação em "gravíssima":*

(A) não se encontra nele expressa, sendo uma criação doutrinária.

(B) está, juntamente com a de natureza leve e grave, expressa nesse delito.

(C) está normalmente expressa nesse delito, mas limitada ao resultado aborto e ao da deformidade permanente.

(D) está normalmente expressa nesse delito, prevendo outros resultados, além do aborto e da deformidade permanente.

Resposta: *a única alternativa certa é a da letra "A". Com efeito, a expressão lesão "gravíssima" não existe no Código Penal, tendo sido adotada pela doutrina, nas hipóteses do art. 129, § 2º, CP, para diferenciá-la das hipóteses de lesão grave do art. 129, § 1º, CP, na medida em que as penas são diferentes, embora as 2 (duas) modalidades dolosas sejam identificadas como qualificadoras específicas da lesão corporal.*

***43. PROMOTOR DE JUSTIÇA – CEARÁ – MP/CE – 2009)** – O reconhecimento do homicídio privilegiado é incompatível com a admissão da qualificadora:*

(A) do motivo fútil.

(B) do emprego de explosivo.

(C) do meio cruel.

(D) do emprego de veneno.

(E) da utilização de meio que possa resultar em perigo comum.

Resposta: *a única alternativa certa é a da letra "A". Trata-se de qualificadora do homicídio, de natureza subjetiva, prevista no art. 121, 2º, II, CP, sendo, pois, incompatível com as privilegiadoras previstas no art. 121, § 1º, CP, as quais também são de natureza subjetiva. As qualificadoras elencadas nas alternativas "B", "C", "D" e "E"* *são objetivas, previstas no inciso III do § 2º do art. 121 do CP, e dizem respeito aos meios de execução do homicídio.*

44. (EXAME UNIFICADO OAB 2009.3 - 17.01.10 - QUESTÃO 86) - *Amaro, durante uma calorosa discussão no trânsito, desferiu, com intenção homicida, dois tiros de revólver em Bernardo. Mesmo dispondo de mais munição e podendo prosseguir, Amaro arrependeu-se, desistiu de continuar a ação criminosa e prestou imediato socorro a Bernardo, levando-o ao hospital mais próximo. A atitude de Amaro foi fundamental para a preservação da vida de Bernardo, que, contudo, teve sua integridade física comprometida, ficando incapacitado para suas ocupações habituais, por sessenta dias, em decorrência das lesões provocadas pelos disparos.*

Considerando essa situação hipotética, assinale a opção correta:

(A) Amaro deve responder pelo delito de tentativa de homicídio.

(B) A atitude de Amaro caracteriza desistência voluntária, ficando excluída a ilicitude de sua conduta.

(C) A atitude de Amaro caracteriza arrependimento posterior, tornando-o isento de pena.

(D) Amaro deve responder apenas pelo delito de lesão corporal de natureza grave.

Resposta: *a alternativa a ser assinalada é a da letra "D". Trata-se de hipótese de desistência voluntária, prevista no art. 15, CP, justificando apenas o crime de Lesão Corporal Qualificada Grave, previsto no art. 129, § 1º, I, CP.*

45. (EXAME UNIFICADO OAB 2010.2 - 26.09.10 - QUESTÃO 60) - *Arlete, em estado puerperal, manifesta a intenção de matar o próprio filho recém nascido. Após receber a criança no seu quarto para amamentá-la, a criança é levada para o berçário. Durante a noite, Arlete vai até o berçário, e, após conferir a identificação da criança, a asfixia, causando a sua morte. Na manhã seguinte, é constatada a morte por asfixia de um recém nascido, que não era o filho de Arlete.*

Diante do caso concreto, assinale a alternativa que indica a responsabilidade penal da mãe:

(A) Crime de homicídio, pois, o erro acidental não a isenta de responsabilidade.

(B) Crime de homicídio, pois, uma vez que o art. 123 do CP trata de matar o próprio filho sob a influência do estado puerperal, não houve preenchimento dos elementos do tipo.

(C) Crime de infanticídio, pois houve erro quanto à pessoa.

(D) Crime de infanticídio, pois houve erro essencial.

Resposta: *a alternativa a ser assinalada é a da letra "C". Trata-se de erro sobre a pessoa, previsto no art. 20, § 3º, CP, a justificar o crime de Infanticídio (art. 123, CP).*

46. (JUIZ DO TRABALHO - TRT - 15ª REGIÃO - 2009) - *Nos crimes contra a honra, assinale a alternativa correta:*

(A) a calúnia somente pode ser dirigida a pessoas vivas;

(B) a difamação consiste em imputar a qualquer pessoa fato ofensivo à sua dignidade ou decoro;

(C) consuma-se a injúria quando a ofensa chega ao conhecimento do ofendido;

(D) configura-se a calúnia quando a imputação se referir à contravenção penal;

(E) onfigura-se a calúnia no momento em que o fato ofensivo chega ao conhecimento do ofendido.

Resposta: *a alternativa a ser assinalada é a da letra "C", com fundamento no art. 140, CP - Injúria, crime que ofende a honra subjetiva. Não é a "A", tendo em vista o comando constante no art. 138, § 2º, CP. Não é a "B", pois a hipótese arrolada trata do* *delito de injúria, e não de difamação. Não é a "D", pois a hipótese arrolada trata do delito de difamação. Por fim, não é a "E", pois o delito de calúnia se consuma no momento em que o fato chega ao conhecimento de terceiro, já que se trata de ofensa à honra objetiva.*

47. ***(JUIZ DO TRABALHO – TRT – 15ª REGIÃO – 2008)*** *– No crime de ameaça é incorreto asseverar:*

(A) *a ameaça para constituir o crime tem de ser idônea, séria e concreta, capaz de efetivamente impingir medo à vítima;*

(B) *o crime de ameaça consiste na promessa feita pelo sujeito ativo de mal justo ou injusto e grave a qualquer pessoa, violando a liberdade psíquica;*

(C) *o crime de ameaça consiste na promessa feita pelo sujeito ativo de mal injusto e grave a qualquer pessoa, violando a liberdade psíquica;*

(D) *a falta de consciência ou de capacidade mental para entender a gravidade do mal ameaçado afasta a possibilidade do crime;*

(E) *a ação penal é pública condicionada à representação do ofendido.*

Resposta*: a alternativa a ser assinalada é a da letra "B", tendo em vista inteligência do art. 147, CP, que exige o "mal injusto e grave". Não é a "E", tendo em vista disposição expressa no art. 147, § único, CP, sendo a representação criminal condição de procedibilidade para o exercício da ação penal.*

48. ***(DEFENSORIA PÚBLICA DO ESPÍRITO SANTO – 2006 – CESPE/UNB)*** *– Ângela, sob a influência do estado puerperal, matou o próprio filho, logo após o parto, por estrangulamento. Cessada a influência do estado puerperal, Ângela desesperou-se e, arrependida do ato praticado, foi acometida por intenso sofrimento. Nessa situação, tendo em vista que as consequências da conduta de Ângela atingiram-na profundamente, poderá o juiz aplicar o perdão judicial.*

Resposta*: Errado. Não se pode falar em perdão judicial no crime de Infanticídio, previsto no art. 123, CP, por falta de previsão legal. O perdão judicial é causa extintiva de punibilidade prevista no art. 107, IX, CP. Porém, é possível reconhecer à mãe a atenuante inominada preconizada no art. 66, CP.*

49. ***(FUNDATEC – DELEGADO DE POLÍCIA – PC – RS/2018)*** *– Em relação ao crime de invasão de dispositivo informático, analise as seguintes assertivas, com base na Lei, doutrina e jurisprudência majoritárias:*

I. *A conduta incriminada pelo artigo 154-A do Código Penal somente permite seu processamento, através de ação penal pública condicionada à representação, em toda e qualquer hipótese, por expressa disposição legal.*

II. *Aquele que aproveita a ausência momentânea de um colega de trabalho em sua mesa para acessar o computador dele, que ficou ligado e sem nenhum tipo de dispositivo de segurança, tendo acesso a fotos íntimas de tal colega, pratica o crime de invasão de dispositivo informático.*

III. *O crime é considerado pela doutrina como um crime formal, portanto a simples invasão de computador alheio, desde que o objetivo seja obter, adulterar ou destruir dados ou informações ou instalar vulnerabilidades, para obter vantagem ilícita, já configura o tipo penal, sem a necessidade de que algum prejuízo econômico efetivamente ocorra.*

IV. *Isolda, namorada de Juca, desconfiada de uma suposta traição, instalou um código malicioso no computador dele, para ter controle remoto da máquina. Com isso, passou a monitorar a navegação de Juca na internet. Ela praticou o crime de invasão de dispositivo informático qualificado.*

Quais estão corretas?

(A) Apenas II e IV.

(B) Apenas III e IV.

(C) Apenas I, II e III.

(D) Apenas I, III e IV.

(E) I, II, III e IV.

***Resposta:** Estão corretos apenas os enunciados III e IV, à luz do art. 154-A, caput, e §§ 1º ao 5º, do CP, e doutrina abalizada acerca do tipo penal de Invasão de Dispositivo Informático, introduzido na Seção IV (Dos Crimes contra a Inviolabilidade dos Segredos) do Capítulo VI (Dos Crimes contra a Liberdade Sexual) do Título I (Dos Crimes contra a Pessoa) da Parte Especial do Código Penal, por meio da Lei Federal nº 12.737, de 30 de novembro de 2012. Dessa forma, a única alternativa a ser assinalada é a da letra "B".*

50. *(FUNDATEC - DELEGADO DE POLÍCIA - PC - RS/2018)* *– Vitalina quer matar o marido Aderbal, envenenado. Coloca veneno no café com leite que acabou de preparar para ele. Enquanto aguardava o marido chegar na cozinha, para tomar a bebida, distraiu-se e não percebeu que a filha Ritinha entrou no local e tomou a bebida, preparada para o pai. Ritinha, socorrida pela mãe, morre a caminho do hospital. Nessa hipótese, considerando o Código Penal e a doutrina, assinale a alternativa correta.*

(A) Vitalina deverá responder por homicídio culposo, já que não teve a intenção de matar a filha.

(B) Na hipótese de Vitalina vir a ser condenada, o juiz sentenciante poderá aplicar a ela o perdão judicial.

(C) Vitalina deverá responder por homicídio doloso, restando configurada situação denominada de aberratio ictus por acidente.

(D) Vitalina não responderá por homicídio, em razão de ter havido aberratio ictus.

(E) Vitalina responderá por homicídio doloso, restando configurada situação de aberratio ictus por erro no uso dos meios de execução.

***Resposta:** A única alternativa correta é a da letra "C". Vitalina deverá responder por Homicídio Qualificado (art. 121, § 2º, III, CP), restando configurada situação denominada de aberratio ictus por acidente, à luz dos arts. 20, § 3º, e 73, ambos do Código Penal.*

51. *(FUNDATEC - DELEGADO DE POLÍCIA - PC - RS/2018)* *– Amâncio planejava matar a companheira Inocência, porque não aceitava a separação do casal proposta por ela, e acreditava estar sendo traído. No dia do crime, esperou Inocência na saída do trabalho e, quando essa apareceu na via pública, fazendo-se acompanhar por Bravus, seu colega, efetuou um disparo de arma de fogo contra ela, com intenção de matá-la, atingindo-a fatalmente. Bravus também acabou sendo atingido, de raspão, pelo disparo, e restou lesionado levemente, em um dos braços. Nessa situação hipotética, analise as seguintes assertivas:*

I. Será pertinente o reconhecimento da qualificadora do feminicídio.

II. Em relação à pluralidade de crimes, será reconhecido um concurso formal próprio heterogêneo.

III. Supondo que Amâncio seja condenado por homicídio qualificado e lesão corporal leve, à pena de 12 anos de reclusão para o homicídio e 3 meses de detenção para a lesão corporal, o juiz somará as penas, aplicando a regra do cúmulo material benéfico.

IV. Caso, na mesma situação fática, ao invés de Bravus, Inocência estivesse acompanhada da filha do casal, a pena seria aumentada de 1/3 até a 1/2, por ter sido o crime praticado na presença de descendente.

Quais estão corretas?

(A) Apenas I.

(B) Apenas IV.

(C) Apenas III e IV.

(D) Apenas I, II e III.

(E) I, II, III e IV.

Resposta: *Estão corretos os 4 (quatro) enunciados. Importante registrar, por oportuno, que o quarto enunciado está fundamentado no art. 121, § 7º, III, CP, com a redação introduzida por meio da Lei Federal nº 13.771/18. Dessa forma, a única alternativa a ser assinalada é a da letra "E".*

52. *(NUCEPE – DELEGADO DE POLÍCIA – PC – PI/2018)* *– Caio tem um desafeto a quem sempre faz ameaças de morte. O último encontro foi num bar. Caio observou que havia um revólver com seis munições sobre uma mesa e aproveitou para concretizar o desejo de matar seu oponente. Anunciou que iria matar seu desafeto PEDRO, efetuando um disparo na sua perna. Neste momento PEDRO suplica por sua vida. Caio, sensível ao apelo da vítima, desiste de continuar disparando, afirma que não iria mais matar o rival e deixa a arma em cima da mesa. Em seguida, se retira do local. Com relação aos fatos descritos indique a alternativa CORRETA.*

(A) Caio deve ser condenado por tentativa de homicídio.

(B) Caio não deve responder por qualquer crime.

(C) Há apenas o crime de ameaça a ser apurado.

(D) Caio responde por tentativa de homicídio e ameaça.

(E) Caio deve responder por lesão corporal.

Resposta: *A única alternativa correta é a da letra "E". Trata-se de hipótese de desistência voluntária e arrependimento eficaz, previstos no art. 15, CP, só respondendo Caio pelos atos já praticados, qual seja, pelas lesões corporais produzidas (simples ou qualificadas, na forma do art. 129, caput, ou §§ 1º e 2º, CP).*

53. *(NUCEPE – DELEGADO DE POLÍCIA – PC – PI/2018)* *– JOSÉ e PEDRO têm o mesmo desafeto, no caso, MEVIO. Mas desconhecem tal fato. Contratam pistoleiros para matar MEVIO. O pistoleiro, contratado por PEDRO se armou com um revólver, e o contratado por JOSÉ com uma pistola. Ocorre que fizeram uma tocaia no mesmo local e momento. Os dois atiram simultaneamente em MEVIO. O pistoleiro de JOSÉ atinge o coração de MEVIO e o de PEDRO atinge a perna de forma leve. Há prova de que o projétil usado pelo contratado por JOSÉ foi o causador da morte da vítima. PEDRO confessou ter mandado atirar em MEVIO. Com relação ao caso,*

(A) JOSÉ e PEDRO devem responder por homicídio.

(B) JOSÉ responde por homicídio.

(C) JOSÉ e PEDRO devem responder por tentativa de homicídio.

(D) JOSÉ e PEDRO respondem por homicídio em coautoria.

(E) JOSÉ responde por tentativa de homicídio.

Resposta: *A única alternativa correta é a da letra "B". Trata-se, no mínimo, de hipótese de Homicídio Duplamente Qualificado (art. 121, § 2º, I e IV, CP). José, na condição de mandante do homicídio executado pelo pistoleiro que contratou, responde pelo delito e vai ao Tribunal do Júri (art. 5º, XXXVIII, alínea "d", da Constituição Federal de 1988).*

54. *(NUCEPE – DELEGADO DE POLÍCIA – PC – PI/2018)* *– JOÃO e JOSÉ estão na praia e resolveram entrar no mar. Em determinado momento eles começam a se afogar. Havia naquele local um salva-vidas que, ao avistar apenas JOÃO, notou que ele era seu desafeto e se recusou a salvá-lo; próximo a eles havia também um surfista, este avistou apenas JOSÉ pedindo socorro, mas, por ser seu inimigo, não atendeu aos pedidos dele, resolvendo sair do local. As duas pessoas acabam se afogando e morrendo. Em relação ao caso, qual das alternativas abaixo está CORRETA?*

(A) O salva-vidas responde por homicídio doloso por omissão.

(B) *O salva-vidas responde por omissão de socorro.*

(C) *O surfista responde por homicídio doloso por omissão.*

(D) *A conduta do surfista é atípica.*

(E) *O surfista responde por homicídio culposo.*

Resposta: *A única alternativa correta é a da letra "A". Na situação fática, o salva-vidas estava na condição de garantidor. Trata-se de crime omissivo impróprio ou comissivo por omissão, classificado no art. 13, § 2º, alínea "a", do Código Penal. Como o salva-vidas tinha o dever jurídico de agir, para evitar o resultado, responde por Homicídio doloso por omissão.*

55. (NUCEPE – DELEGADO DE POLÍCIA – PC – PI/2018) – *No que diz respeito aos crimes contra a honra, marque a alternativa INCORRETA.*

(A) *Caluniar alguém, imputando-lhe falsamente fato definido como crime, sendo também punível a calúnia contra os mortos.*

(B) *É crime difamar alguém, imputando-lhe fato ofensivo à sua reputação. Em relação ao crime de difamação não cabe exceção da verdade.*

(C) *O autor da calúnia pode interpor a exceção da verdade, mas esta não será aceita, caso em algumas situações, entre elas se, constituindo o fato imputado crime de ação privada, o ofendido não foi condenado por sentença irrecorrível.*

(D) *É crime injuriar alguém, ofendendo-lhe a dignidade ou o decoro, mas o legislador pátrio entendeu que o juiz pode deixar de aplicar a pena, quando o ofendido, de forma reprovável, provocou diretamente a injúria ou no caso de retorsão imediata, que consista em outra injúria.*

(E) *Caso o crime contra a honra tenha como vítima um funcionário público, em razão de suas funções, a pena será aumentada.*

Resposta: *A única alternativa incorreta é a da letra "B". Isso porque, na Difamação, cabe exceção da verdade, quando a vítima for funcionário público e a ofensa for relativa ao exercício de suas funções (hipótese prevista no art. 139, § único, CP).*

56. (UEG – DELEGADO DE POLÍCIA – PC – GO/2018) – *Sobre o crimes contra a honra, previstos no Código Penal, tem-se o seguinte:*

(A) *Não constitui calúnia, difamação ou injúria punível a ofensa irrogada em juízo, na discussão da causa, pela parte ou por seu procurador.*

(B) *O querelado que, antes da sentença, se retrata cabalmente da calúnia, difamação ou injúria, fica isento de pena.*

(C) *As penas aos crimes de calúnia, difamação ou injúria aumentam-se de um terço, se qualquer dos crimes é cometido contra pessoa maior de 60 (sessenta) anos ou portadora de deficiência.*

(D) *Se, de referências, alusões ou frases, se infere calúnia, difamação ou injúria, quem se julga ofendido pode pedir explicações em juízo.*

(E) *Nos crimes de calúnia, difamação ou injúria, admite-se a exceção da verdade.*

Resposta: *A única alternativa correta é a da letra "D". O pedido de explicações ou a interpelação judicial nos crimes contra a honra estão expressamente previstos no art. 144, CP.*

57. (UEG – DELEGADO DE POLÍCIA – PC – GO/2018) – *De acordo com o Código Penal, há homicídio qualificado quando for cometido*

(A) *por grupo de extermínio.*

(B) *para assegurar a impunidade de outro crime.*

(C) *estando o ofendido sob a imediata proteção da autoridade.*

(D) contra pessoa menor de quatorze ou maior de sessenta anos.

(E) por milícia privada, sob o pretexto de prestação de serviço de segurança.

Resposta: *A única alternativa correta é a da letra "B". Trata-se do Homicídio Qualificado pela Conexão, na forma do art. 121, § 2º, V, CP.*

58. (UEG – DELEGADO DE POLÍCIA – PC – GO/2018) – *Preenchidos os requisitos legais para concessão da benesse, é possível aplicar ao crime de lesão corporal de natureza leve praticado em situação de violência doméstica e familiar contra a mulher a*

(A) transação penal.

(B) suspensão condicional da pena.

(C) suspensão condicional do processo.

(D) absolvição, com base no princípio da insignificância.

(E) substituição da pena privativa de liberdade por restritiva de direitos.

Resposta: *A única alternativa correta é a da letra "B". A Lesão Corporal Qualificada pela Violência Doméstica, prevista no art. 129, § 9º, do Código Penal, tem pena cominada de 3 (três) meses a 3 (três) anos de detenção. Assim sendo, embora seja considerada infração penal de médio potencial ofensivo, que afasta a competência dos Juizados Especiais Criminais, em virtude de a pena mínima cominada ser inferior a 1 (um) ano, é cabível a suspensão condicional do processo, na forma do art. 89, da Lei Federal nº 9.099/95 (Lei dos JECs – Juizados Especiais Criminais).*

59. (UEG – DELEGADO DE POLÍCIA – PC – GO/2018) – *A natureza da ação penal no crime de ameaça praticado em situação de violência doméstica e familiar contra a mulher é*

(A) pública incondicionada.

(B) de iniciativa privada exclusiva.

(C) pública condicionada a requisição.

(D) de iniciativa privada personalíssima.

(E) pública condicionada à representação.

Resposta: *A única alternativa correta é a da letra "E". Em relação à ameaça, seja qual forem o âmbito do local em que praticado o crime e as partes envolvidas, prevalece a condição de procedibilidade insculpida no art. 147, § único, do Código Penal.*

60. (VUNESP – DELEGADO DE POLÍCIA – PC – SP/2018) – *Maria e Mariana, ambas nascidas com genitais femininos, autoidentificadas e socialmente reconhecidas como mulheres, convivem em união estável e monogâmica. Ocorre que Maria, às escondidas, passa a manter relações sexuais com José. Mariana flagra Maria em ato sexual com José e, nesse contexto, Maria provoca injustamente Mariana, dizendo a José, em tom de escárnio, que Mariana é "xucra, burra e ruim de cama", e que, além disso, Mariana "gosta de ser traída e não tomará qualquer atitude, por ser covarde e medrosa". Embora nunca tenha praticado ato de violência doméstica, Mariana é tomada por violenta emoção e dispara projétil de arma de fogo contra a cabeça de Maria, que morre imediatamente.*

É correto afirmar que Mariana praticou

(A) ato típico, mas amparado por causa excludente de ilicitude.

(B) homicídio qualificado, por meio insidioso.

(C) feminicídio.

(D) homicídio privilegiado.

(E) homicídio qualificado, por motivo torpe.

Resposta: *A única alternativa correta é a da letra "D". Trata-se de hipótese de Homicídio Privilegiado, insculpido no art. 121, § 1º, CP, minorante específica do homicídio, que justificará redução de pena à razão de um sexto (1/6) a um terço (1/3). O domínio de violenta emoção, logo em seguida a injusta provocação da vítima, é uma das hipóteses caracterizadoras da referida causa especial de diminuição de pena.*

61. ***(VUNESP – DELEGADO DE POLÍCIA – PC – SP/2018)*** *– No que concerne ao crime de constrangimento ilegal (CP, art. 146), é correto afirmar que*

(A) se tipifica o crime, apenas, pela ação violenta, não havendo previsão legal para punição por mera grave ameaça.

(B) qualifica o tipo a concorrência de 3 (três) ou mais agentes.

(C) tipifica o crime a coação exercida para impedir suicídio, o que se explica pelo fato de o suicídio não ser penalmente relevante.

(D) tipifica o crime a intervenção médica ou cirúrgica, sem o consentimento do paciente ou de seu representante legal, mesmo se justificada por iminente perigo de vida.

(E) se consuma quando a vítima, sem norma legal que a obrigue a tanto, faz ou deixa de fazer, cedendo à determinação do agente.

Resposta: *A única alternativa correta é a da letra "E". A fundamentação legal para tal assertiva decorre da inteligência do próprio tipo penal previsto no art. 146, CP.*

62. ***(INST. ACESSO – DELEGADO DE POLÍCIA – PC – ES/2019)*** *– Ana, após realizar exame médico, descobriu estar grávida. Estando convicta de que a gravidez se deu em decorrência da prática de relação sexual extraconjugal que manteve com Pedro, seu colega de faculdade, e temendo por seu matrimônio decidiu por si só que iria praticar um aborto. A jovem comunicou a Pedro que estava grávida e pretendia realizar um aborto em uma clínica clandestina. Pedro, por sua vez, procurou Robson, colega que cursava medicina, e o convenceu a praticar o aborto em Ana. Assim, alguns dias depois de combinar com Pedro, Robson encontrou Ana e realizou o procedimento de aborto.*

Sobre a questão apresentada, é correto afirmar que a conduta de Ana se amolda ao crime previsto no

(A) art. 124, segunda parte, do Código Penal (consentimento para o aborto). Robson, por sua vez, tem sua conduta subsumida ao crime previsto no art. 126, do Código Penal (aborto provocado por terceiro com consentimento). Já Pedro responderá como partícipe no crime de Robson.

(B) art. 124, segunda parte, do Código Penal (consentimento para o aborto). Robson, por sua vez, tem sua conduta subsumida ao crime previsto no art. 124, segunda parte, do Código Penal. Já Pedro responderá como partícipe no crime de Ana.

(C) art. 125, segunda parte, do Código Penal (consentimento para o aborto). Robson, por sua vez, tem sua conduta subsumida ao crime previsto no art. 124 do Código Penal (aborto provocado por terceiro sem consentimento). Já Pedro responderá como partícipe no crime de Robson.

(D) art. 124, primeira parte, do Código Penal (autoaborto). Robson, por sua vez, tem sua conduta subsumida ao crime previsto no art. 126 do Código Penal (aborto provocado por terceiro com consentimento). Já Pedro responderá como partícipe no crime de Ana.

(E) art. 126, primeira parte, do Código Penal (autoaborto). Robson, por sua vez, tem sua conduta subsumida ao crime previsto no art. 124 do Código Penal (aborto provocado por terceiro com consentimento). Já Pedro responderá como participe no crime de Ana.

Resposta: *A única alternativa correta é a da letra "A". Trata-se, na espécie fática, de Aborto com o Consentimento da Gestante Ana, tipificado no art. 124, CP, bem como de Aborto Provocado por Terceiro, com o Consentimento da Gestante, tipificado no art. 126, CP. A segunda hipótese identifica o estudante de Medicina Robson como autor da conduta, e Pedro como partícipe, na forma do art. 29, do Código Penal. Por se* *tratar de crime doloso contra a vida, a competência para processar o Aborto será do Tribunal do Júri (art. 5º, XXXVIII, alínea "d", da Constituição Federal de 1988.*

63. ***(CESPE – DELEGADO DE POLÍCIA FEDERAL – DPF/2018)*** *– Com referência à interceptação de comunicação telefônica, ao crime de tráfico ilícito de entorpecentes, ao crime de lavagem de capitais e a crimes cibernéticos, julgue os seguintes itens.*

Situação hipotética: Um hacker invadiu os computadores do SERPRO e transferiu valores do Ministério do Planejamento para o seu próprio nome. Assertiva: Nessa situação, o IP para apurar a autoria e a materialidade do crime de invasão de dispositivo informático só poderá ser instaurado após representação formalizada pelo Ministério do Planejamento ou pelo SERPRO.

Resposta: *Errado. Embora a regra no crime de Invasão de Dispositivo Informático, previsto no art. 154-A, do Código Penal, seja a instrumentalização da ação penal por meio de representação criminal da vítima, consoante comando constante no art. 154-B, primeira parte, CP, o próprio dispositivo legal, em sua parte final, excepciona a regra geral, em se tratando de crime cometido contra a Administração Pública Direta ou Indireta de qualquer dos Poderes da União, Estados, Distrito Federal ou Municípios ou contra Empresas Concessionárias de Serviços públicos, o que é o caso retratado na presente espécie fática, justificando, pois, a natureza incondicionada da ação penal pública.*

TÍTULO II – CRIMES CONTRA O PATRIMÔNIO

Possui 8 (oito) capítulos.

Tutela-se aqui a posse, a propriedade e a detenção de bens lícitos ou legítimos.

1) Furto (Capítulo I):

É o primeiro dos 8 (oito) capítulos relativos aos crimes patrimoniais.

Identifica-se nas seguintes figuras típicas:

a) Furto simples (art. 155, *caput*, CP);

b) Furto noturno (art. 155, § 1º, CP);

c) Furto privilegiado (art. 155, § 2º, CP);

d) Furto qualificado (art. 155, § 4º, CP);

e) Furto qualificado de veículo automotor (art. 155, § 5º, CP);

f) Abigeato (art. 155, § 6º, CP, com a redação introduzida pela Lei Federal nº 13.330, de 02 de agosto de 2016);

g) novas modalidades de Furto qualificado (art. 155, § 4º-A, e § 7º, do CP, com a redação introduzida pela Lei Federal nº 13.654, de 23 de abril de 2018);

h) Furto de coisa comum (art. 156, CP).

Furto

Art. 155 – Subtrair, para si ou para outrem, coisa alheia móvel:

Pena – reclusão, de 1 (um) a 4 (quatro) anos, e multa.

§ 1º – A pena aumenta-se de um terço, se o crime é praticado durante o repouso noturno.

§ 2º – Se o criminoso é primário, e é de pequeno valor a coisa furtada, o juiz pode substituir a pena de reclusão pela de detenção, diminuí-la de um a dois terços, ou aplicar somente a pena de multa.

§ 3º – Equipara-se à coisa móvel a energia elétrica ou qualquer outra que tenha valor econômico.

Furto qualificado

§ 4º – A pena é de reclusão de 2 (dois) a 8 (oito) anos, e multa, se o crime é cometido:

I – com destruição ou rompimento de obstáculo à subtração da coisa;

II – com abuso de confiança, ou mediante fraude, escalada ou destreza;

III – com emprego de chave falsa;

IV – mediante concurso de 2 (duas) ou mais pessoas.

§ 4º-A – A pena é de reclusão de 4 (quatro) a 10 (dez) anos e multa, se houver emprego de explosivo ou de artefato análogo que cause perigo comum. (Incluído pela Lei nº 13.654, de 23-4-2018)

§ 5º – A pena é de reclusão de 3 (três) a 8 (oito) anos, se a subtração for de veículo automotor que venha a ser transportado para outro Estado ou para o exterior._(Incluído pela Lei nº 9.426, de 24-12-1996)

§ 6º – A pena é de reclusão de 2 (dois) a 5 (cinco) anos, se a subtração for de semovente domesticável de produção, ainda que abatido ou dividido em partes no local da subtração._ (Incluído pela Lei nº 13.330, de 2-8-2016)

§ 7ºA – A pena é de reclusão de 4 (quatro) a 10 (dez) anos e multa, se a subtração for de substâncias explosivas ou de acessórios que, conjunta ou isoladamente, possibilitem sua fabricação, montagem ou emprego. (Incluído pela Lei nº 13.654, de 23-4-2018)

Furto de coisa comum

Art. 156 – Subtrair o condômino, co-herdeiro ou sócio, para si ou para outrem, a quem legitimamente a detém, a coisa comum:

Pena – detenção, de 6 (seis) meses a 2 (dois) anos, ou multa.

§ 1º – Somente se procede mediante representação.

§ 2º – Não é punível a subtração de coisa comum fungível, cujo valor não excede a quota a que tem direito o agente.

COMENTÁRIOS

I. Furto simples:

Crime de maior potencial ofensivo, cabendo, todavia, suspensão condicional do processo, já que a pena mínima cominada não é superior a 1 (um) ano.

O procedimento policial cabível é o Inquérito Policial, adequando-se ao rito do procedimento comum ordinário (art. 394, § 1º, I, CP).

– a subtração é de coisa alheia móvel (considera-se que "alheia" é toda a coisa que pertence a outrem, seja a posse ou a propriedade, e "móvel" a coisa que se desloca de um lugar para o outro).

Não se admite a subtração de direitos abstratamente considerados.

O bem deve ser corporificado. Ex: cheque assinado, título ao portador, bilhete premiado, ações de sociedade comercial etc.

O ser humano não é coisa, mas é possível o furto de partes do corpo humano, como cabelos ou dentes, com intuito de lucro.

Entende-se que a coisa deve ter algum valor econômico para seu dono ou possuidor.

Talão de cheques e folha avulsa de cheque podem ser objeto do crime de furto, pois têm valor econômico, caso emitidos.

– não são objeto de furto as coisas puramente de estimação (possível indenização por danos morais na esfera cível), a *res nullius* (coisa sem dono), a *res derelicta* (coisa abandonada) e as coisas de uso comum.

A *res desperdicta* será objeto do crime de Apropriação de coisa achada (art. 169, § único, II, CP).

Todavia, se o agente souber quem é o dono, responde pelo delito de furto.

– consiste no **assenhoramento** de coisa que não pertence ao agente.

– com relação ao furto famélico, o entendimento preponderante é o de que está excluída a ilicitude pelo estado de necessidade.

Todavia, para a ocorrência da excludente é necessário que o sacrifício seja

indispensável e **inevitável** (furtar para saciar a fome - OK; furtar sabonete para tomar banho - NÃO). Vide arts. 23, I, e 24, *caput*, e § 2º, ambos do CP.

– o furto de uso é considerado fato atípico. Limita-se à esfera do Direito Civil.

Não constitui crime, pois **ausente o ânimo de assenhoramento** (apoderamento temporário).

São requisitos do furto de uso:

1º) devolução da coisa no estado original (*status quo ante*);

2º) devolução da coisa sem perda ou destruição, no todo ou em parte (coisa alheia móvel infungível);

3º) imediata restituição do bem;

4º) indispensável que a vítima não descubra a subtração antes da devolução do bem.

Todavia, o furto de uso é crime perante o Código Penal Militar (art. 241, DL 1.001/69).

- consumação do furto: atualmente, são 4 (quatro) as teorias a respeito do momento consumativo do delito de furto:

I) Teoria da *Contrectatio*: a consumação se dá pelo simples contato entre o agente e a *res* furtiva, ou seja, se tocou a coisa alheia móvel, já consumou o delito.

Para esta corrente minoritária, a consumação do delito exige apenas que o agente coloque a mão sobre a *res,* com o ânimo de subtraí-la;

II) Teoria da *Apprehensio* ou *Amotio*: para a consumação do delito basta a retirada da *res furtiva* da esfera de vigilância da vítima.

É atualmente a corrente preponderante nos Tribunais Superiores (STF e STJ);

III) Teoria da *Ablatio:* a consumação ocorre com a posse tranquila (mansa, pacífica e segura) da *res furtiva*, ou seja, a coisa alheia móvel, além de apreendida, deverá ser transportada de um local para outro.

É o que está previsto no artigo 24, § único, do Anteprojeto de Reforma do Código Penal, que tramita no Congresso Nacional, contrariando a corrente majoritária da jurisprudência dos Tribunais Superiores (*Amotio*);

IV) Teoria da *Ilatio:* a consumação só ocorre quando a *res furtiva* é levada ao local desejado pelo agente para tê-la a salvo.

Todavia, seja qual for a corrente adotada, vale lembrar que, quando houver a perda ou destruição do bem, o crime estará consumado.

– o dolo no furto é conhecido como *animus furandi.*

– crime impossível: necessário identificar se o meio eleito pelo agente é absolutamente ineficaz ou volta-se contra um objeto absolutamente impróprio para o cometimento do delito.

Desta forma, por exemplo, se o agente é pego dentro do supermercado, todos os atos praticados antes de passar pelo caixa são atos preparatórios, não puníveis.

Segundo a jurisprudência atual dos Tribunais Superiores:

1) se um indivíduo é vigiado em um supermercado o tempo todo por câmeras de vídeo e seguranças, de modo a tornar, naquela situação específica, impossível a consumação do delito de furto, trata-se, em princípio, de crime impossível, hipótese do art. 17, CP;

2) se, no caso concreto, a vigilância for falha ou incompleta, possibilitando, por exemplo, que o indivíduo seja preso após passar pelo caixa (no estacionamento do supermercado etc.), entende-se ser possível a tentativa;

3) dispositivo antifurto instalado em veículo não torna impossível o crime;

4) Súmula nº 567, do STJ: "*Sistema de vigilância realizado por*

monitoramento eletrônico ou por existência de segurança no interior de estabelecimento comercial, por si só, não torna impossível a configuração do crime de furto".

– "trombada" ou arrebatamento: a jurisprudência vem entendendo tratar-se de roubo e não furto, pois presente a violência.

– possíveis novidades legislativas: o atual anteprojeto de reforma do Código Penal, que tramita no Senado, prevê a redução da pena do Furto simples de 1 (um) a 4 (quatro) anos de reclusão para 6 (seis) meses a 3 (três) anos de reclusão.

Outrossim, a proposta prevê a exigência de representação criminal para o desencadeamento da relação processual (ação penal pública condicionada à representação).

II. Furto noturno:

– segundo entendimento predominante no STJ, referida majorante pode ser aplicada ao furto simples, ao furto privilegiado e ao furto qualificado.

Também conhecido como Furto circunstanciado.

Diz respeito ao crime praticado durante o repouso noturno e não necessariamente ao crime praticado durante a noite, embora o STJ e o STF vêm tratando das expressões de forma equivalente.

De qualquer forma, período noturno é aquele compreendido entre o pôr do sol (crepúsculo) e o amanhecer (alvorecer), ou, segundo o critério horário, das 06hs às 18hs ou das 06hs às 20hs.

Outrossim, entende-se desnecessária a existência de pessoa repousando na residência para a incidência da referida causa de aumento.

III. Furto privilegiado:

– também chamado de Furto de pequeno valor ou Furto mínimo.

– requisitos: **primariedade do agente** e **pequeno valor da *res furtiva*.**

O valor não pode ser superior a 1 (um) salário mínimo nacional.

Hoje, desde janeiro de 2019, R$ 998,00 (novecentos e noventa e oito reais).

Não confundir com o furto de bagatela (princípio da insignificância – excludente de tipicidade – para o STF, em torno de 10% do salário mínimo, ou seja, nos dias atuais, R$ 99,80 – noventa e nove reais e oitenta centavos).

Segundo Cléber Masson[101], o princípio da insignificância no furto, como causa excludente da tipicidade, exige os seguintes requisitos:

I) objetivos: ausência de **p**ericulosidade social; reduzido grau de **r**eprovabilidade do comportamento; mínima **o**fensividade da conduta; inexpressividade da **l**esão jurídica (P.R.O.L);

II) subjetivos: importância do objeto material para a vítima (situação econômica + valor sentimental do bem); circunstâncias e resultados do crime.

– entende-se possível o reconhecimento do Furto privilegiado-qualificado.

Segundo Nucci[102]:

> *"Ao cuidar do privilégio não se está tratando de duas causas de aumento, mas de uma diminuição incidindo sobre um tipo qualificado (...). Assim, não vemos razão para punir o réu primário, que subtraiu coisa de pequeno valor, valendo-se de escalada, com a mesma pena daquele que subtraiu coisas de elevado valor, utilizando o mesmo expediente".*

Em junho de 2014, a 3ª Seção do STJ, especializada no julgamento de processos criminais, aprovou a Súmula nº 511,

101 MASSON, Cléber. **Código Penal Comentado**. 3. ed. São Paulo: MÉTODO, 2015.

102 NUCCI, Guilherme de Souza. **Manual de Direito Penal**: parte geral; parte especial. 11. ed. Rio de Janeiro: Forense, 2015.

segundo a qual "é possível o reconhecimento do privilégio previsto no § 2º do art. 155 do Código Penal nos casos de crime de furto qualificado, se estiverem presentes a primariedade do agente, o pequeno valor da coisa e a qualificadora for de ordem objetiva".

– é possível a aplicação concomitante do furto noturno-privilegiado.

Assim, o juiz pode:

1) aumentar de 1/3 a pena, por conta do furto praticado durante o repouso noturno e, em seguida, compensar a elevação com a diminuição de 1/3 (§ 2º);
2) aumentar de 1/3 a pena (§ 1º) e diminuí-la de 2/3 (§ 2º);
3) se aplicar a substituição da pena privativa de liberdade pela de multa, o aumento do § 1º perde importância.

– presentes os requisitos legais, o reconhecimento do furto privilegiado é obrigatório.

Trata-se de direito subjetivo público do réu e não de discricionariedade judicial.

A discricionariedade do juiz diz respeito somente à substituição da pena de reclusão pela de detenção, à diminuição da pena de reclusão de 1/3 a 2/3, ou à aplicação apenas de pena pecuniária.

IV. Furto de energia:

– qualquer forma de energia é considerada bem móvel (art. 155, § 3º, CP).

Vale para as energias elétrica, nuclear, radioativa, cinética, atômica, mecânica, genética, térmica, eólica, bem como o sinal de TV a cabo ou equivalente, embora, no último caso, a Primeira Turma do STF, em abril de 2011, tenha decidido pela inexistência de furto na ligação clandestina de TV a cabo, com o argumento de que este objeto não seria considerado "energia", ressaltando-se a "*inadmissibilidade da analogia in malam partem em Direito Penal, razão pela qual a conduta não poderia ser considerada penalmente típica*".

Porém, o atual anteprojeto de reforma do Código Penal, que tramita no Senado, considera para fins de furto a energia elétrica, água, gás, sinal de TV a cabo e internet, ou qualquer outro bem que tenha expressão econômica.

V. Furto qualificado:

Crime de maior potencial ofensivo, adequando-se ao rito do procedimento comum ordinário (art. 394, § 1º, I, CPP).

O procedimento policial cabível é o Inquérito Policial.

Aqui temos qualificadoras ligadas aos meios de execução.

São elas:

I) arrombamento:

Problema: *obstáculo à subtração da coisa:* furto em veículo e furto de veículo.

A respeito do assunto, temos 2 (duas) correntes:

a) Nelson Hungria[103] e 5ª Turma do STJ: aplica-se a qualificadora somente ao furto em veículo, ou seja, não se aplica a qualificadora quando o agente atua contra a própria coisa (neste caso, aquele que quebra o vidro do veículo para ter acesso ao seu interior e leva-o após fazer "ligação direta" comete furto simples);
b) Nucci[104], Masson[105], STF e 6ª Turma do STJ: aplica-se a qualificadora em ambos os casos. Assim

103 HUNGRIA, Nelson; FRAGOSO, Heleno Cláudio. **COMENTÁRIOS ao Código Penal**. v. 5. 6. ed. Rio de Janeiro: Forense, 1981.

104 NUCCI, Guilherme de Souza. **Manual de Direito Penal**: parte geral; parte especial. 11. ed. Rio de Janeiro: Forense, 2015.

105 MASSON, Cléber. **Código Penal Comentado**. 3. ed. São Paulo: MÉTODO, 2015.

sendo, aplica-se a qualificadora quando o agente atua rompendo obstáculo da própria coisa.

Segundo Nucci[106], *"o agente que destrói o vidro para ter acesso ao carro certamente está sendo mais audaz e causando mais danos do que aquele que encontra o veículo aberto, levando-o"*.

II) a) abuso de confiança: decorre de relações de emprego, amizade, hospitalidade, parentesco etc. + condição subjetiva, que é a confiança no agente.

Masson[107] entende que a qualificadora em questão pressupõe dois requisitos:

1º) a vítima tem que depositar, por qualquer motivo (amizade, parentesco, relações profissionais etc.), uma especial confiança no agente – existência prévia de credibilidade;

2º) o agente deve se aproveitar de alguma facilidade decorrente da confiança nele depositada para cometer o crime.

Logo, a simples relação entre funcionário e empregador não faz nascer a confiança plena entre as partes, que é um sentimento cultivado com o passar do tempo (pode-se, porém, aplicar a agravante de crime cometido valendo-se da relação doméstica, de coabitação, ou de hospitalidade, prevista no art. 61, II, "f", CP);

b) mediante fraude: não se confunde com o estelionato, pois no furto o agente subtrai a coisa, mediante artifício, ardil, engano da vítima, enquanto no estelionato o agente engana a vítima, fazendo com que o bem chegue ao seu poder.

Na qualificadora, a fraude deve ser empregada antes ou durante a subtração e é utilizada para diminuir a vigilância da vítima ou de terceiro sobre o bem, permitindo ou facilitando a subtração.

106 Ibidem.

107 Ibidem.

Há subtração do bem sem que a vítima perceba.

No furto, a fraude é qualificadora; no estelionato, a fraude é elementar do tipo.

No furto, há subtração.

No estelionato, há tradição;

c) escalada: é a utilização de uma via anormal para entrar ou sair de um recinto em que o furto foi ou será praticado.

Faz-se necessária a colocação de obstáculos pela vítima. Ex: muro alto, grades, cercas, entrada pelo telhado, pela tubulação do ar-condicionado, pela janela, escavação de túnel, etc.;

d) destreza: exige habilidade especial do agente, física ou manual.

É o caso típico do "punguista", representado modernamente pelos "batedores" de carteiras e telefones celulares.

Se a vítima percebe a conduta do agente, não se aplica a qualificadora.

Porém, se a vítima não perceber, mas terceiro perceber a conduta do agente, subsiste a qualificadora.

III) emprego de chave falsa: não é a própria chave ou cópia de chave verdadeira. Ex: gazuas, mixas, clips, arames, grampos, chaves de fenda e outros instrumentos.

Porém, entende-se que a cópia de chave verdadeira, sem autorização do seu titular, identifica a qualificadora em questão.

IV) concurso de agentes: 2 (dois) ou + agentes.

Quando tiver 3 (três) agentes ou +, é possível concurso material entre Furto qualificado e Associação criminosa (art. 288, CP, com a nova redação trazida pela Lei nº 12.850/13), porque se trata de bens jurídicos distintos.

Ademais, por força da Súmula nº 442, do STJ, *"é inadmissível aplicar, no furto qualificado, pelo concurso de agentes, a majorante do roubo"*.

O atual anteprojeto de reforma do Código Penal, que tramita no Senado, considera como qualificado o furto de bens públicos e aqueles cometidos em ocasião de incêndio, naufrágio e calamidade, os chamados saques.

VI. Furto com emprego de explosivo ou de artefato análogo que cause perigo comum:

Consoante o novel art. 155, § 4º-A, do Código Penal, incide a qualificadora, com pena de reclusão de 4 (quatro) a 10 (dez) anos, e multa, se houver emprego de explosivo ou de artefato análogo que cause perigo comum.

Trata-se de crime de maior potencial ofensivo.

O procedimento policial cabível é o Inquérito Policial, adequando-se ao rito do procedimento comum ordinário (art. 394, § 1º, I, CPP).

Explosivo é aquela substância inflamável, capaz de produzir explosão (abalo seguido de forte ruído, proveniente do surgimento repentino de uma energia física ou expansão de gás).

VII. Furto qualificado de veículo automotor:

Crime de maior potencial ofensivo.

O procedimento policial cabível é o Inquérito Policial, adequando-se ao rito do procedimento comum ordinário (art. 394, § 1º, I, CPP).

Cléber Masson[108] identifica dois requisitos necessários na qualificadora:

1º) o objeto material da subtração deve ser veículo automotor;

2º) o veículo automotor deve ser transportado para outro Estado ou para o exterior.

STJ: não há distinção entre transportar e conduzir.

É necessária a transposição dos limites territoriais da fronteira (com outro Estado ou país) para qualificar o delito.

Não basta a intenção do agente de transportar o veículo para outro Estado ou para o exterior; deve ocorrer o efetivo transpasse da fronteira ou divisa para incidência da qualificadora.

Se o agente for detido antes de cruzar a divisa, haverá o crime de Furto simples consumado e a qualificadora não será aplicada.

A tentativa dessa modalidade de Furto qualificado será possível quando o agente tentar transpor a barreira de divisa e for detido.

Em princípio, é possível a concomitância entre as qualificadoras dos §s 4º e 5º do art. 155 do CP.

Todavia, há entendimento de que o § 5º absorve as qualificadoras do § 4º, que poderão ser utilizadas como circunstâncias judiciais negativas, já que as penas previstas em abstrato são diversas.

VIII. Abigeato (Furto de Semovente Domesticável de Produção):

Tipo penal introduzido pela Lei Federal nº 13330, de 2 de agosto de 2016, que acrescentou o § 6º ao artigo 155 do Código Penal, potencializando a pena de reclusão para 2 (dois) a 5 (cinco) anos.

Trata-se de crime de maior potencial ofensivo.

O procedimento policial cabível é o Inquérito Policial, adequando-se ao rito do procedimento comum ordinário (art. 394, § 1º, I, CPP).

No que concerne ao novel dispositivo penal, importante a lição de Cléber Masson e Márcio Cavalcante[109], no artigo: "Breves Considerações sobre o Furto e a

108 Op. Cit.

109 MASSON, Cléber; CAVALCANTE, Márcio. **Breves Considerações sobre o Furto e a Receptação de Semovente Domesticável de Produção.**

Receptação de Semovente Domesticável de Produção":

> *"Foi recentemente publicada a Lei nº 13.330/2016, alterando o Código Penal para tipificar, de forma mais gravosa, os crimes de FURTO e de RECEPTAÇÃO de semovente domesticável de produção.*
>
> *Em outras palavras, a Lei nº 13.330/2016 aumentou a pena para quem furtar ou praticar receptação de "semovente domesticável de produção".*
>
> *Veremos abaixo algumas impressões iniciais sobre as principais mudanças operadas pela nova Lei.*
>
> ***NOÇÕES GERAIS***
>
> ***Antes de tudo, a primeira pergunta a ser respondida é a seguinte: o que é um "semovente"?***
>
> *No direito, as coisas podem ser divididas em:*
>
> *a) BENS IMÓVEIS: são aqueles que não podem ser transportados de um lugar para outro sem que percam a sua substância ou a sua destinação econômico-social. Ex: uma casa.*
>
> *b) BENS MÓVEIS: são aqueles que podem ser movimentados de um lugar para outro sem que se altere a natureza ou a sua destinação econômico-social. Ex: um carro, um celular etc.*
>
> *c) BENS SEMOVENTES: são aqueles que possuem movimento próprio, ou seja, podem movimentar-se sozinhos.*
>
> *Obs: o art. 82 do Código Civil traz um conceito genérico de bens móveis que acaba abrangendo também os semoventes. No entanto, é importante saber que existe esta diferença: bens móveis = podem ser transportados / bens semoventes = podem se locomover sozinhos (por movimento próprio).*
>
> *Existem duas "coisas" que podem se movimentar sozinhas: os homens e os animais. Ocorre que o homem não é coisa, e sim pessoa. Logo, para o Direito a palavra semovente é utilizada, atualmente, como sinônimo de animal. Como curiosidade, em um triste passado, na época da escravatura, os escravos eram considerados "bens semoventes", em virtude de serem classificados como "coisas" (e não pessoas).*
>
> *Obs: os insetos e micro-organismos também podem se movimentar sozinhos, mas não se enquadram no conceito de semoventes por não serem suscetíveis de apreciação econômica.*
>
> *Em suma, guarde o que prevalece: semovente = animal.*
>
> ***Espécies de semoventes:***
>
> *Existem três espécies de semoventes:*
>
> - *Animais selvagens.*
> - *Animais domesticados (ou domesticáveis).*
> - *Animais domésticos.*
>
> ***Semovente domesticável de produção***
>
> *A Lei nº 13.330/2016 altera as penas do furto e da receptação envolvendo "semovente domesticável de produção".*
>
> *Semovente domesticável de produção é o animal que foi domesticado ou que pode ser domesticado para ser utilizado como rebanho e/ou produção. Em regra, incluem-se neste conceito os bovinos, ovinos, suínos, caprinos etc.*
>
> *O legislador, contudo, não fez restrições. Desta forma, ingressam no conceito de semovente domesticável de produção animais diversos, a exemplo de cães, gatos e aves, desde que contenham a finalidade de produção, é dizer, sejam idôneos a gerar algum retorno econômico ao seu titular, como se dá na criação de filhotes destinados à venda.*
>
> ***Não ingressam na nova proteção do Direito Penal:***

Disponível em: <http://www.dizerodireito.com.br>. Acesso em: 6 out. 2019.

- *os animais selvagens. Exs: leão, tigre, girafa, elefante etc.*
- *os animais domésticos que não sejam voltados à produção.*

(...)

Nova qualificadora: furto de semoventes domesticáveis de produção

A Lei nº 13.330/2016 acrescentou o § 6º ao art. 155 do Código Penal prevendo uma nova QUALIFICADORA para o crime de furto. Veja a redação do parágrafo inserido:

§ 6º A pena é de reclusão de 2 (dois) a 5 (cinco) anos se a subtração for de semovente domesticável de produção, ainda que abatido ou dividido em partes no local da subtração.

Desse modo, se o agente subtrai semovente domesticável de produção (ex: um boi, uma galinha, um porco, uma cabra etc.), ele não mais responderá pela pena do caput do art. 155 do CP e sim por este § 6º.

Abigeato

O § 6º do art. 155 pune mais gravosamente o abigeato, que é o nome dado pela doutrina para o furto de gado.

Importante destacar que o abigeato abrange não apenas o furto de bovinos, mas também de outros animais domesticáveis, como caprinos, suínos etc.

O agente que pratica abigeato é chamado de abigeator.

Não se pode confundir o abigeato com o abacto, que consiste no roubo de bovinos, ou seja, na subtração mediante violência.

Animal abatido ou dividido em partes no local da subtração

Vale ressaltar que haverá a incidência da referida qualificadora ainda que o larápio mate o semovente ou venha a dividi-lo em partes no local da subtração. Destarte, pouco importa seja subtraído o animal vivo ou morto, integralmente ou somente uma das suas partes. Em qualquer situação terá incidência a figura qualificada prevista no art. 155, § 6º, do CP.

Se o agente subtrai uma peça de picanha de uma residência, de um supermercado ou mesmo de um açougue, ele responderá pela nova qualificadora do § 6º do art. 155?

Não. O § 6º aplica-se para o caso de furto de semovente "dividido em partes no local da subtração". Essa divisão deve ser efetuada pelo agente no local em que o furto é praticado.

Caso o animal tenha sido legitimamente dividido pelo seu proprietário e suas diversas partes tenham seguido destinos diferentes, não se pode dizer que ainda exista aí um semovente. Uma peça de picanha, de costela, de maminha etc., isoladamente considerada, não pode ser equiparada a um semovente.

Suspensão condicional do processo

Uma das consequências mais gravosas decorrentes da Lei nº 13.330/2016 é que agora o agente que subtrair um boi, uma cabra, um bode ou mesmo uma galinha, desde que o animal seja dotado de relevante valor econômico, não terá mais direito ao benefício da suspensão condicional do processo, previsto no art. 89 da Lei nº 9.099/95, pois a pena mínima cominada é de 2 anos. Cuida-se de crime de elevado potencial ofensivo.

O § 1º do art. 155 do CP prevê que a pena do furto deve ser aumentada em um terço, se o crime é praticado durante o repouso noturno. Essa causa de aumento de pena do § 1º, além de se aplicar para os casos de furto simples (caput), pode também incidir no caso de furto qualificado de semoventes (§ 6º)? Se o agente, durante o repouso noturno, furta um semovente domesticável de produção, deverá ter sua pena aumentada em um terço?

Para o STJ, a resposta é positiva, pois a causa de aumento de pena prevista no § 1º pode ser aplicada tanto para os casos de furto simples (caput) como para as hipóteses de furto qualificado.

Não existe nenhuma incompatibilidade entre a majorante prevista no § 1º e as qualificadoras. São circunstâncias diversas, que incidem em momentos diferentes da aplicação da pena.

Assim, é possível que o agente seja condenado por furto qualificado (§§ 4º ou 6º do art. 155) e, na terceira fase da dosimetria, o juiz aumente a pena em um terço se a subtração ocorreu durante o repouso noturno.

Nesse sentido: STJ – 5ª Turma. AgRg no AREsp 741.482/MG, Rel. Min. Reynaldo Soares da Fonseca, julgado em 08/09/2015; STJ. 6ª Turma. HC 306.450-SP, Rel. Min. Maria Thereza de Assis Moura, julgado em 4/12/2014 (Info 554).

O § 2º do art. 155 do CP prevê a diminuição da pena de um a dois terços para os casos de furto de pequeno valor. É o chamado "furto privilegiado". É possível aplicar a redução do § 2º do art. 155 para o condenado pelo furto qualificado de semoventes (§ 6º)?

SIM. É possível, desde que estejam preenchidos os requisitos do § 2º (primariedade e pequeno valor da coisa). Isso porque a qualificadora do § 6º é de natureza objetiva. Logo, não há incompatibilidade em se reconhecer, neste caso, o chamado "furto privilegiado-qualificado", também conhecido como "furto híbrido".

Aplica-se à presente situação o seguinte enunciado do STJ:

Súmula 511-STJ: É possível o reconhecimento do privilégio previsto no § 2º do art. 155 do CP nos casos de crime de furto qualificado, se estiverem presentes a primariedade do agente, o pequeno valor da coisa e a qualificadora for de ordem objetiva.

O que acontece se o agente subtrai semovente domesticável de produção praticando, ainda, alguma das condutas previstas no § 4º do art. 155 do CP? É possível a cumulação dos §§ 4º e 6º do art. 155?

SIM. É o que acontece, por exemplo, no caso do agente que, mediante o rompimento de cerca do curral, furta uma vaca (art. 155, § 4º, I c/c § 6º).

Nesta hipótese teremos um furto duplamente qualificado.

A pena em abstrato será a prevista no § 4º do art. 155 (de dois a oito anos) e a qualificadora descrita no § 6º será utilizada pelo magistrado como circunstância judicial desfavorável na primeira fase da dosimetria da pena (art. 59 do CP).

É possível aplicar o princípio da insignificância para o furto de semovente domesticável de produção, mesmo agora esta conduta sendo considerada como furto qualificado (§ 6º do art. 155)?

SIM. Em regra, o STJ não aplica o princípio da insignificância para o furto qualificado. É o caso, por exemplo, do art. 155, § 4º, I do CP (furto com rompimento de obstáculo). Afirma-se que o rompimento de obstáculo para a prática do crime de furto denota a maior reprovabilidade da conduta do agente e afasta, por conseguinte, a incidência do princípio da insignificância (STJ. 6ª Turma. AgRg no AREsp 746.011/MT, Rel. Min. Rogerio Schietti Cruz, julgado em 05/11/2015).

Esta justificativa do STJ, contudo, não se aplica para a nova qualificadora do § 6º do art. 155.

A qualificadora do § 6º não existe porque o modo de execução do crime seja mais grave nestes casos. A nova previsão foi inserida unicamente com o objetivo de conferir "maior proteção" penal para um determinado bem jurídico (animais destinados à produção), não havendo, porém, maior reprovabilidade nesta conduta.

Assim, o simples fato de se furtar um semovente domesticável de produção não traz nenhuma circunstância especial ou mais gravosa que determine, por si só, a proibição de se aplicar o princípio da insignificância.

Para que incida o princípio da insignificância, é necessário que estejam presentes os seguintes requisitos construídos pela jurisprudência do STF/STJ:

a) mínima ofensividade da conduta;

b) nenhuma periculosidade social da ação;

c) reduzido grau de reprovabilidade do comportamento; e

d) inexpressividade da lesão jurídica provocada.

A conduta descrita no § 6º do art. 155, a depender do caso concreto, pode ser compatível com os requisitos acima listados, não havendo proibição, em abstrato, para a aplicação do referido princípio.

Desse modo, se um agente, primário, com bons antecedentes, furta, com o objetivo de alimentar-se, uma galinha de uma enorme granja, por exemplo, não vemos dúvidas em se aplicar o princípio da insignificância. Inúmeros outros exemplos podem ser imaginados".

IX. Fabricação, montagem ou emprego de substâncias explosivas no furto:

Consoante o novel art. 155, § 7º, do Código Penal, a pena também será de reclusão de 4 (quatro) a 10 (dez) anos, e multa, se a subtração for de substâncias explosivas ou de acessórios que, conjunta ou isoladamente, possibilitem sua fabricação, montagem ou emprego.

Igualmente, trata-se de crime de maior potencial ofensivo, em que o procedimento policial cabível é o Inquérito Policial, adequando-se ao rito do procedimento comum ordinário (art. 394, § 1º, I, CPP).

X. Furto de coisa comum:

Infração penal de menor potencial ofensivo.

O procedimento policial cabível é o Termo Circunstanciado, adequando-se ao rito do procedimento comum sumaríssimo (art. 394, § 1º, III, CPP).

É crime próprio (somente os sócios, coerdeiros e condôminos podem ser sujeitos ativos e passivos do delito).

Natureza da ação penal: pública condicionada à representação, conforme artigo 156, § 1º, CP.

Existe causa especial de exclusão de ilicitude no artigo 156, § 2º, CP.

Trata-se de coisa comum fungível, cujo valor não exceder a cota do agente.

2) Roubo e Extorsão (Capítulo II):

É o segundo dos 8 (oito) capítulos relativos aos crimes patrimoniais.

Identifica-se nas seguintes figuras típicas:

a) Roubo próprio (art. 157, *caput*, CP);
b) Roubo impróprio (art. 157, § 1º, CP);
c) Roubo majorado (art. 157, § 2º e § 2º-A, CP, com a redação trazida pela Lei Federal nº 13654, de 23 de abril de 2018);
d) Roubo qualificado pelo resultado lesão corporal grave ou morte – Latrocínio (art. 157, § 3º, I e II, CP, com a redação trazida pela Lei Federal nº 13654, de 23 de abril de 2018);

e) Extorsão (art. 158, *caput*, CP);

f) Extorsão majorada (art. 158, § 1º, CP);

g) Extorsão qualificada pelo resultado lesão corporal grave ou morte (art. 158, § 2º, CP);

h) Extorsão com sequestro relâmpago (art. 158, § 3º, CP);

i) Extorsão com sequestro relâmpago qualificada pelo resultado lesão corporal grave ou morte (art. 158, § 3º, *in fine*, CP);

j) Extorsão mediante sequestro (art. 159, CP);

k) Extorsão mediante sequestro qualificada (art. 159, § 1º, CP);

l) Extorsão mediante sequestro qualificada pelo resultado lesão corporal grave ou morte (art. 159, §s 2º e 3º, CP);

m) Extorsão mediante sequestro com delação premiada (art. 159, § 4º, CP);

n) Extorsão indireta (art. 160, CP).

Roubo

Art. 157 – Subtrair coisa móvel alheia, para si ou para outrem, mediante grave ameaça ou violência a pessoa, ou depois de havê-la, por qualquer meio, reduzido à impossibilidade de resistência:

Pena – reclusão, de 4 (quatro) a 10 (dez) anos, e multa.

§ 1º – Na mesma pena incorre quem, logo depois de subtraída a coisa, emprega violência contra pessoa ou grave ameaça, a fim de assegurar a impunidade do crime ou a detenção da coisa para si ou para terceiro.

§ 2º – A pena aumenta-se de um terço até metade:

I – (Revogado pela Lei nº 13.654, de 23-4-2018);

II – se há o concurso de duas ou mais pessoas;

III – se a vítima está em serviço de transporte de valores e o agente conhece tal circunstância.

IV – se a subtração for de veículo automotor que venha a ser transportado para outro Estado ou para o exterior; (Incluído pela Lei nº 9.426, de 24-12-1996)

V – se o agente mantém a vítima em seu poder, restringindo sua liberdade. (Incluído pela Lei nº 9.426, de 24-12-1996)

VI – se a subtração for de substâncias explosivas ou de acessórios que, conjunta ou isoladamente, possibilitem sua fabricação, montagem ou emprego. (Acrescentado pela Lei nº 13.654, de 23-4-2018)

§ 2º-A – A pena aumenta-se de 2/3 (dois terços): (§ 2º-A, caput, acrescentado pela Lei nº 13.654, de 23-4-2018)

I – se a violência ou ameaça é exercida com emprego de arma de fogo; (inciso I acrescentado pela Lei nº 13.654, de 23-4-2018)

II – se há destruição ou rompimento de obstáculo mediante o emprego de explosivo ou de artefato análogo que cause perigo comum. (inciso II acrescentado pela Lei nº 13.654, de 23-4-2018)

§ 3º. Se da violência resulta: (§ 3º, caput, com redação determinada pela Lei nº 13.654, de 23-4-2018)

I – lesão corporal grave, a pena é de reclusão, de 7 (sete) a 18 (dezoito) anos, e multa; (inciso I acrescentado pela Lei nº 13.654, de 23-4-2018)

II – morte, a reclusão é de 20 (vinte) a 30 (trinta) anos, e multa. (inciso II acrescentado pela Lei nº 13.654, de 23-4-2018)

Extorsão

Art. 158 – Constranger alguém, mediante violência ou grave ameaça, e com o intuito de obter para si ou para outrem indevida vantagem econômica, a fazer, tolerar que se faça ou deixar de fazer alguma coisa:

Pena – reclusão, de 4 (quatro) a 10 (dez) anos, e multa.

§ 1º – Se o crime é cometido por 2 (duas) ou mais pessoas, ou com emprego de arma, aumenta-se a pena de um terço até metade.

§ 2º – Aplica-se à extorsão praticada mediante violência o disposto no § 3º do artigo anterior.

§ 3º Se o crime é cometido mediante a restrição da liberdade da vítima, e essa condição é necessária para a obtenção da vantagem econômica, a pena é de reclusão, de 6 (seis) a 12 (doze) anos, além da multa; se resulta lesão corporal grave ou morte, aplicam-se as penas previstas no art. 159, §§ 2º e 3º, respectivamente. (Incluído pela Lei nº 11.923, de 17-4-2009)

Extorsão mediante sequestro

Art. 159 – Sequestrar pessoa com o fim de obter, para si ou para outrem, qualquer vantagem, como condição ou preço do resgate:

Pena – reclusão, de 8 (oito) a 15 (quinze) anos. (Redação dada pela Lei nº 8.072, de 25-7-1990)

§ 1º Se o sequestro dura mais de 24 (vinte e quatro) horas, se o sequestrado é menor de 18 (dezoito) ou maior de 60 (sessenta) anos, ou se o crime é cometido por bando ou quadrilha. (Redação dada pela Lei nº 10.741, de 1-10-2003)

Pena – reclusão, de 12 (doze) a 20 (vinte) anos. (Redação dada pela Lei nº 8.072, de 25-7-1990)

§ 2º – Se do fato resulta lesão corporal de natureza grave:

Pena – reclusão, de 16 (dezesseis) a 24 (vinte e quatro anos). (Redação dada pela Lei nº 8.072, de 25-7-1990)

§ 3º – Se resulta a morte:

Pena – reclusão, de 24 (vinte e quatro) a 30 (trinta) anos. (Redação dada pela Lei nº 8.072, de 25-7-1990)

§ 4º – Se o crime é cometido em concurso, o concorrente que o denunciar à autoridade, facilitando a libertação do sequestrado, terá sua pena reduzida de um a dois terços. (Redação dada pela Lei nº 9.269, de 2-4-1996)

Extorsão indireta

Art. 160 – Exigir ou receber, como garantia de dívida, abusando da situação de alguém, documento que pode dar causa a procedimento criminal contra a vítima ou contra terceiro:

Pena – reclusão, de 1 (um) a 3 (três) anos, e multa.

COMENTÁRIOS

I. Roubo próprio:

Crime de maior potencial ofensivo.

O procedimento policial cabível é o Inquérito Policial, adequando-se ao rito do procedimento comum ordinário (art. 394, § 1º, I, CPP).

– modalidade de roubo simples.

– a violência pessoal ou grave ameaça (violência moral – *vis compulsiva*) são exercidas antes ou durante a subtração.

Aqui, a finalidade do meio de execução é permitir a subtração do bem.

– momento consumativo: assim como acontece no furto, em princípio, faz-se necessária a análise das quatro correntes preconizadas: *contrectatio, amotio, ablatio e ilatio.*

Ademais, segundo entendimento preconizado pela Súmula nº 582, do STJ, editada em 19/06/16, reforçando a teoria da *apprehensio* ou *amotio*, "*consuma-se o crime de roubo com a inversão da posse do bem, mediante emprego de violência ou grave ameaça, ainda que por breve tempo e em seguida à perseguição imediata ao agente e recuperação da coisa roubada, sendo prescindível a posse mansa e pacífica ou desvigiada*".

– é cabível a modalidade tentada quando o agente, iniciada a execução do tipo mediante emprego de grave ameaça, violência própria ou imprópria, não consegue efetivar a subtração.

Todavia, há diversos julgados, reconhecendo a modalidade tentada, não exigindo o início de execução do ato de subtrair, bastando a simples prática de violência.

– não é cabível o roubo de uso.

– não pode alegar estado de necessidade quem comete roubo, principalmente quando haja o emprego de arma de fogo.

II. Roubo impróprio:

– também modalidade de roubo simples.

– a violência ou grave ameaça são exercidas depois da subtração (é um furto que não deu certo).

– aqui, a finalidade do meio de execução é assegurar a impunidade do crime ou a detenção da coisa, uma vez que o bem já foi subtraído.

Segundo corrente majoritária (Damásio[110], Magalhães Noronha[111], STJ), não é cabível o roubo impróprio, na forma tentada.

III. Roubo majorado ou circunstanciado ou agravado (impropriamente denominado de qualificado):

I) *análise antes da Lei nº 13.654/18* – armas (conceito abrangente – armas próprias e impróprias).

Estão fora as armas de brinquedo (simulacro, arma de fantasia ou arma finta).

Vale lembrar o cancelamento da Súmula nº 174, STJ, em setembro de 2001, a qual dispunha que: "*no crime de roubo, a intimidação feita com arma de brinquedo autoriza o aumento de pena*".

Há discussão acerca da incidência da causa de aumento em se tratando de armas defeituosas ou armas desmuniciadas, caso apreendidas.

II) *análise após a entrada em vigor da Lei nº 13.654/18*: foi revogado o inciso I.

O agora § 2º-A impõe majorante com aumento de pena de 2/3 se a violência ou ameaça é exercida com emprego de arma de fogo (inciso I), ou se há destruição ou rompimento de obstáculo mediante o emprego de explosivo ou de artefato análogo que cause perigo comum (inciso II).

Com a novidade legislativa, vê-se que o emprego de outras armas, que não armas de fogo, não majoram mais o crime de roubo, o que parece um absurdo (Ex: indivíduo que comete roubo com emprego de um punhal, ou de outra arma "branca", será responsabilizado por Roubo Próprio, na forma do *caput* do art. 157 do CP).

Segundo Nucci[112]:

> "*Está abolida a causa de aumento quanto às armas diversas das que sejam de fogo. Houve uma novatio legis in mellius (lei nova favorável ao réu) e deve ser aplicada, de imediato, retroativamente a todos os réus (processos em andamento) e aos condenados (o juiz da execução precisa recalcular a pena daqueles que foram condenados com o referido aumento por exercer a ameaça ou a violência com arma que não seja de fogo)*".

III) concurso de agentes: mantida na forma do inciso II do § 2º do art. 157 do CP – 2 (dois) ou + agentes.

Quando tiver 3 (três) agentes ou +, é possível concurso material entre Roubo majorado e Associação criminosa (art. 288, CP, com a nova redação trazida pela Lei nº 12.850/13), porque se trata de bens jurídicos distintos).

Quando houver emprego de arma de fogo, segundo Masson[113] e os Tribunais Superiores, estará configurado o delito de Associação Criminosa Majorada (§ único do art. 288, CP).

Importante aqui a análise da Súmula nº 442, do STJ: "*É inadmissível aplicar, no furto qualificado, pelo concurso de agentes, a majorante do roubo*".

IV) vítima transportando valores de terceiros e não próprios: mantida na forma do inciso III do § 2º do art. 157 do CP (Ex: serviço de carro-forte etc.).

110 JESUS, Damásio E. de. **Código Penal Anotado**. 22. ed. São Paulo: Saraiva, 2014.

111 NORONHA, E. Magalhães. **Direito Penal**. v. 2. 32. ed. São Paulo: Saraiva, 1995.

112 NUCCI, Guilherme de Souza. **Breves Anotações acerca da Lei 13654/2018 – Furto e Roubo.** Disponível em: <https://guilhermedesouzanucci.jusbrasil.com.br/artigos/570694588/breves-anotacoes-acerca-da-lei-13654-2018-furto-e-roubo>. Acesso em: 6 out. 2019.

113 MASSON, Cléber. **Código Penal Comentado**. 3. ed. São Paulo: MÉTODO, 2015.

Não importa a natureza do valor, podendo ser dinheiro, joias preciosas etc.

A circunstância exige elemento subjetivo do tipo, uma vez que só ocorre quando o agente tem consciência de que a vítima está em serviço de transporte de valores.

V) subtração de veículo automotor que venha a ser transportado para outro Estado ou para o exterior: mantida na forma do inciso IV do § 2º do art. 157 do CP.

STJ: não há distinção entre transportar e conduzir.

É necessária a transposição dos limites territoriais da fronteira (com outro Estado ou país) para majorar o delito.

Demais considerações já foram pormenorizadas anteriormente, quando da análise do crime de Furto qualificado de veículo automotor.

VI) restrição da liberdade da vítima: mantida na forma do inciso V do § 2º do art. 157 do CP.

Não confundir restrição de liberdade com privação de liberdade (sequestro).

Aqui, o cerceamento de liberdade é praticado como meio de execução do roubo ou como garantia contra a ação policial.

Importante, em relação ao Roubo Majorado, o alcance da Súmula nº 443, do STJ, segundo a qual: "*o aumento na terceira fase de aplicação da pena no crime de roubo circunstanciado exige fundamentação concreta, não sendo suficiente para a sua exasperação a mera indicação do número de majorantes*".

VII) fabricação, montagem ou emprego de substâncias explosivas no roubo: novo inciso VI, com a redação trazida pela Lei Federal nº 13.654/18, possibilitando a aplicação de majorante com pena aumentada de 1/3 até a metade.

IV. Roubo qualificado pelo resultado lesão corporal grave ou morte (Latrocínio):

Crimes de maior potencial ofensivo.

O procedimento policial cabível é o Inquérito Policial, adequando-se ao rito do procedimento comum ordinário (art. 394, § 1º, I, CPP).

– no que concerne ao Roubo qualificado pelo resultado lesão corporal grave, a expressão *lesão corporal de natureza grave* indica as lesões graves em sentido amplo, descritas no art. 129, §§s 1º e 2º, CP.

A lesão pode ser praticada no titular do direito de propriedade ou em um terceiro que venha a sofrer a violência física.

– no que concerne ao Roubo qualificado pelo resultado morte, conhecido como Latrocínio, há 4 (quatro) possibilidades:

1ª) roubo consumado (subtração consumada) + homicídio consumado (morte consumada) = Latrocínio consumado;

2ª) roubo consumado (subtração consumada) + homicídio tentado (morte tentada) = Latrocínio tentado;

3ª) roubo tentado (subtração tentada) + homicídio tentado (morte tentada) = Latrocínio tentado;

4ª) roubo tentado (subtração tentada) + homicídio consumado (morte consumada) = o STF vem entendendo que é Latrocínio consumado, conforme Súmula 610, embora tecnicamente dever-se-ia falar em Latrocínio tentado, pois o crime patrimonial não se concretizou, embora da violência tenha resultado a morte.

Tanto o Latrocínio consumado, quanto o Latrocínio tentado, são crimes hediondos (art. 1º, II, da Lei 8.072/90), julgados pelo juiz singular e não pelo Tribunal do Júri, conforme Súmula nº 603, do STF.

Importante referir que o sujeito passivo do Latrocínio é o detentor do objeto material subtraído, seja ou não o proprietário.

É reconhecido também quando a morte de terceiro ocorre durante a "troca de tiros" entre policiais e assaltantes, desde que o disparo fatal tenha sido realizado por parte dos assaltantes.

Também responde por Latrocínio o agente que usa a vítima como "escudo" durante o tiroteio com a Polícia.

O momento consumativo do crime ocorre com a morte da vítima.

Não confundir o Latrocínio com o *Furto por ocasião do homicídio* (neste caso, haverá dois crimes em concurso material: homicídio + furto).

Recentemente, com o advento da Lei Federal nº 13.654, de 23 de abril de 2018, foi modificado o § 3º do art. 157, dividido agora em dois incisos:

I) com resultado lesão corporal grave, passando a pena de 7 a 15 anos, para 7 a 18 anos de reclusão, além de multa;

II) com resultado morte, mantida a pena de 20 a 30 anos de reclusão, e multa.

V. Extorsão:

Crime de maior potencial ofensivo.

O procedimento policial cabível é o Inquérito Policial, adequando-se ao rito do procedimento comum ordinário (art. 394, § 1º, I, CPP).

– é crime formal, conforme Súmula nº 96, do STJ.

– ao contrário do roubo, onde ocorre subtração, na extorsão há tradição da coisa.

– aqui, a colaboração da vítima é imprescindível e a vantagem a ser obtida é futura.

– a obtenção da "indevida vantagem econômica", que é o elemento normativo do tipo penal, configura mero exaurimento do delito.

– ao contrário do roubo, na extorsão há impossibilidade do agente em alcançar o bem por "mão própria".

Ele depende necessariamente da colaboração da vítima.

– é crime pluriofensivo, pois ofende mais de um bem jurídico (patrimônio, integridade física e liberdade individual).

– não se confunde com o crime de exercício arbitrário das próprias razões (art. 345, CP), pois na extorsão o agente visa a uma vantagem patrimonial indevida, enquanto que no tipo penal do art. 345, CP, a vantagem é devida.

<u>– há 3 estágios para a consumação da extorsão</u>:

1º) o agente constrange a vítima, valendo-se de violência ou grave ameaça;

2º) a vítima age, por conta disso, fazendo, tolerando que se faça, ou deixando de fazer alguma coisa;

3º) o agente obtém a vantagem econômica almejada.

Entende-se que o simples constrangimento, sem que a vítima atue, não passa de tentativa.

Para a consumação, entende-se necessária a ocorrência do segundo estágio, consistindo o terceiro em exaurimento do delito.

VI. Extorsão majorada (ou circunstanciada ou agravada):

– concurso de agentes e emprego de arma.

Neste caso, a pena será aumentada de um terço (1/3) até a metade (1/2).

O conceito de arma abrange as armas de fogo ou não, próprias ou impróprias.

Nesse ponto, no que concerne à utilização de outras armas na extorsão, que não as de fogo, que justificam o apenamento diferenciado, há concreta discrepância com a nova redação do art. 157, § 2º, CP, modificado com o advento da Lei Federal nº 13.654, de 23 de abril de 2018, antes referida, quando do estudo do delito de roubo.

VII. Extorsão qualificada pela lesão corporal grave ou pela morte:

Crimes de maior potencial ofensivo.

O procedimento policial cabível é o Inquérito Policial, adequando-se ao rito do procedimento comum ordinário (art. 394, § 1º, I, CPP).

A Extorsão qualificada pela morte é considerada crime hediondo (art. 158, § 2º, CP, c/c art. 1º, III, Lei 8.072/90).

Aplicam-se as mesmas regras verificadas quando da análise do Roubo qualificado pela lesão corporal grave ou pela morte (art. 157, § 3º, CP - atual art. 157, § 3º, I e II, CP, com a redação introduzida pela Lei nº 13.654/18).

VIII. Extorsão com sequestro relâmpago:

Crime de maior potencial ofensivo.

O procedimento policial cabível é o Inquérito Policial, adequando-se ao rito do procedimento comum ordinário (art. 394, § 1º, I, CPP).

Tipo penal relativamente novo, introduzido no Código Penal pela Lei 11.923/2009.

A restrição de liberdade é momentânea.

O crime de sequestro relâmpago não foi acrescentado ao rol dos crimes hediondos.

Pressupõe restrição da liberdade da vítima e não propriamente privação, que caracteriza o crime de Extorsão mediante sequestro.

É possível que a Extorsão com sequestro relâmpago seja qualificada pela lesão corporal grave ou morte.

Neste caso, as penas a serem aplicadas poderão chegar a 16 (dezesseis) - 24 (vinte e quatro) anos de reclusão (lesão grave) e a 24 (vinte e quatro) - 30 (trinta) anos de reclusão (morte).

Crime incluído no rol do novel art. 13-A, CPP, introduzido pela Lei Federal nº 13.344/16, que autoriza ao Delegado de Polícia o poder de requisitar de quaisquer órgãos públicos e empresas privadas, sem necessidade de ordem judicial, dados e informações cadastrais da vítima ou de suspeitos de tal conduta delitiva.

IX. Extorsão mediante sequestro:

Crime de maior potencial ofensivo.

O procedimento policial cabível é o Inquérito Policial, adequando-se ao rito do procedimento comum ordinário (art. 394, § 1º, I, CPP).

É crime permanente, já que a consumação subsiste durante todo o período em que a vítima estiver privada de sua liberdade.

É considerada crime hediondo (art. 1º, IV, Lei 8.072/90).

É crime complexo: tutela a inviolabilidade do patrimônio (objetividade jurídica principal) e a liberdade de locomoção (objetividade jurídica secundária).

Admite-se a pluralidade de sujeitos passivos, por exemplo, um que é sequestrado e o outro a quem se dirige a finalidade do agente de obter a vantagem.

O crime se consuma no momento do sequestro, com a privação de liberdade de locomoção da vítima.

Trata-se, portanto, de crime formal, já que não exige o pagamento do resgate, considerado simples exaurimento.

Vantagem: o entendimento é o de que a vantagem deve ser econômica e indevida, apesar de isto não constar expressamente no tipo penal.

Também está incluído no rol de crimes do art. 13-A, CPP, que autoriza o poder de requisição de dados e informações cadastrais da vítima ou de suspeitos.

X. Extorsão mediante sequestro qualificada:

Crime de maior potencial ofensivo.

O procedimento policial cabível é o Inquérito Policial, adequando-se ao rito do procedimento comum ordinário (art. 394, § 1º, I, CPP).

- tempo do sequestro (+ de 24hs).

Qualificadora de natureza objetiva.

Trata-se de hipótese de crime a prazo.

- idade da vítima: menor de 18 (dezoito) e maior de 60 (sessenta) anos.

- crime praticado por quadrilha (hoje, segundo um entendimento doutrinário, Associação Criminosa, nos termos da Lei nº 12.850/13, que modificou o art. 288, CP.

Todavia, há entendimento em sentido contrário, identificando que, nesse caso, haveria analogia *in malam partem*, já que a lei não fala em Associação Criminosa, nem faz associação ao artigo 288 do CP).

Nas 3 (três hipóteses, a pena será de 12 (doze) a 20 (vinte) anos de reclusão.

É considerada crime hediondo (art. 1º, IV, Lei 8.072/90).

XI. Extorsão mediante sequestro qualificada pelo resultado lesão corporal grave ou morte:

Crimes de maior potencial ofensivo.

O procedimento policial cabível é o Inquérito Policial, adequando-se ao rito do procedimento comum ordinário (art. 394, § 1º, I, CPP).

- no caso de morte, assim como ocorre com a Extorsão com sequestro relâmpago qualificada pela morte, vem a ser a figura típica mais grave de todo o sistema penal brasileiro - pena mínima de 24 (vinte e quatro) anos e máxima de 30 (trinta) anos de reclusão.

- é considerada crime hediondo (art. 1º, IV, Lei 8.072/90).

- essas 2 (duas) qualificadoras só se aplicam quando o resultado recair sobre a pessoa da vítima (sequestrado).

A morte de outras pessoas constitui crime de homicídio autônomo em concurso com o crime do art. 159, CP.

- as qualificadoras se aplicam tanto ao resultado doloso, quanto ao resultado culposo.

Só não será aplicada se o resultado for consequência de caso fortuito.

XII. Extorsão mediante sequestro com delação premiada:

Trata-se de causa especial de diminuição da pena (direito subjetivo público do réu) e circunstância pessoal ou subjetiva (não se comunica aos demais agentes).

A doutrina identifica a necessidade da presença de 4 (quatro) requisitos cumulativos, a saber:

a) cometimento de um crime de extorsão mediante sequestro;
b) crime praticado em concurso de pessoas;
c) denúncia por parte de um dos criminosos à autoridade;
d) facilitação na libertação do sequestrado (entende-se que é requisito fundamental que a vítima seja libertada.

Se a libertação for obtida por outros meios, sem o uso da informação prestada pelo denunciante, não se aplica a causa de redução de pena).

3) Usurpação (Capítulo III):

É o terceiro dos 8 (oito) capítulos relativos aos crimes patrimoniais.

Identifica-se nas seguintes figuras típicas:

a) Alteração de limites (art. 161, *caput*, CP);

b) Usurpação de águas (art. 161, § 1º, I, CP);

c) Esbulho possessório (art. 161, § 1º, II, CP);

d) Supressão ou alteração de marca em animais (art. 162, CP).

Alteração de limites

Art. 161 - Suprimir ou deslocar tapume, marco, ou qualquer outro sinal indicativo de linha divisória, para apropriar-se, no todo ou em parte, de coisa imóvel alheia:

Pena - detenção, de 1 (um) a 6 (seis) meses, e multa.

§ 1º - Na mesma pena incorre quem:

Usurpação de águas

I - desvia ou represa, em proveito próprio ou de outrem, águas alheias;

Esbulho possessório

II - invade, com violência a pessoa ou grave ameaça, ou mediante concurso de mais de 2 (duas) pessoas, terreno ou edifício alheio, para o fim de esbulho possessório.

§ 2º - Se o agente usa de violência, incorre também na pena a esta cominada.

§ 3º - Se a propriedade é particular, e não há emprego de violência, somente se procede mediante queixa.

Supressão ou alteração de marca em animais

Art. 162 - Suprimir ou alterar, indevidamente, em gado ou rebanho alheio, marca ou sinal indicativo de propriedade:

Pena - detenção, de 6 (seis) meses a 3 (três) anos, e multa.

COMENTÁRIOS

Todos os crimes de usurpação são de menor potencial ofensivo, sendo julgados, pois, pelos Juizados Especiais Criminais, com observância do rito do procedimento comum sumaríssimo (art. 394, § 1º, III, CP), com exceção do crime de Supressão ou alteração de marca em animais, que tem pena máxima cominada de 3 (três) anos, sendo, pois, infração penal de médio potencial ofensivo, julgada pela Justiça Comum e submetido ao rito do procedimento comum sumário (art. 394, § 1º, II, CP).

No crime de Alteração de limites, tutela-se a posse e a propriedade imóvel.

No crime de Usurpação de águas, protege-se o direito sobre o uso de águas por seu titular.

No crime de Esbulho possessório, se a propriedade é particular e não há emprego de violência, a ação penal será privada.

O esbulho possessório, outrossim, tem previsão nos artigos 1.210 a 1.213, todos do Código Civil de 2002 (CC), a justificar ação de reintegração de posse ao legítimo possuidor.

O legítimo possuidor, inclusive, pode restituir-se por sua própria força, contanto que o faça logo (art. 1.210, § 1º, do CC - Legítima Defesa da Posse).

No crime de Supressão ou alteração de marca em animais, protege-se a posse e a propriedade do gado ou rebanho.

4) Dano (Capítulo IV):

É o quarto dos 8 (oito) capítulos relativos aos crimes patrimoniais.

Identifica-se nas seguintes figuras típicas:

a) Dano (art. 163, *caput,* CP);

b) Dano qualificado (art. 163, § único, CP);

c) Introdução ou abandono de animais em propriedade alheia (art. 164, CP);

d) Dano em coisa de valor artístico, arqueológico ou histórico (art. 165, CP);

e) Alteração de local especialmente protegido (art. 166, CP).

Dano

Art. 163 - Destruir, inutilizar ou deteriorar coisa alheia:

Pena – detenção, de 1 (um) a 6 (seis) meses, ou multa.

Dano qualificado

Parágrafo único – Se o crime é cometido:

I – com violência à pessoa ou grave ameaça;

II – com emprego de substância inflamável ou explosiva, se o fato não constitui crime mais grave;

III – contra o patrimônio da União, de Estado, do Distrito Federal, de Município ou de autarquia, fundação pública, empresa pública, sociedade de economia mista ou empresa concessionária de serviços públicos; (Redação dada pela Lei nº 13.531, de 7-12-2017)

IV – por motivo egoístico ou com prejuízo considerável para a vítima:

Pena – detenção, de 6 (seis) meses a 3 (três) anos, e multa, além da pena correspondente à violência.

Introdução ou abandono de animais em propriedade alheia

Art. 164 – Introduzir ou deixar animais em propriedade alheia, sem consentimento de quem de direito, desde que o fato resulte prejuízo:

Pena – detenção, de 15 (quinze) dias a 6 (seis) meses, ou multa.

Dano em coisa de valor artístico, arqueológico ou histórico

Art. 165 – Destruir, inutilizar ou deteriorar coisa tombada pela autoridade competente em virtude de valor artístico, arqueológico ou histórico:

Pena – detenção, de 6 (seis) meses a 2 (dois) anos, e multa.

Alteração de local especialmente protegido

Art. 166 – Alterar, sem licença da autoridade competente, o aspecto de local especialmente protegido por lei:

Pena – detenção, de 1 (um) mês a 1 (um) ano, ou multa.

Ação penal

Art. 167 – Nos casos do art. 163, do inciso IV do seu parágrafo e do art. 164, somente se procede mediante queixa.

COMENTÁRIOS

I. Dano:

Infração penal de menor potencial ofensivo, julgada no Juizado Especial Criminal e submetida ao rito do procedimento comum sumaríssimo (art. 394, § 1º, III, CPP).

O procedimento policial cabível é o Termo Circunstanciado.

Conhecido como Dano simples.

Necessita de constatação, por meio direto ou indireto.

É necessário que se trate de coisa alheia móvel ou imóvel.

– verbos nucleares (elementos objetivos do tipo): *destruir* (a coisa deixa de existir em sua individualidade; demolir; desfazer o objeto), *inutilizar* (fazer com que o bem se torne inútil para as funções originárias) e *deteriorar* (qualquer outra forma de dano que não seja destruir ou inutilizar; estragar; causar modificação para pior).

– problema: na conduta de fazer desaparecer coisa alheia, o fato é atípico.

Trata-se de uma lacuna das normas penais incriminadoras, pois não há adequação ao tipo previsto no art. 163, CP.

– a destruição do objeto material furtado é considerada um *post factum* impunível.

– quanto ao crime de pichação, parte da doutrina entende que se trata de dano (Nucci[114]).

Porém, o entendimento ao que parece preponderante sustenta tratar-se de crime ambiental, previsto no artigo 65 da Lei 9605/98.

– todavia, Cleber Masson[115] faz uma ressalva: como a Lei dos Crimes

114 NUCCI, Guilherme de Souza. **Manual de Direito Penal**: parte geral; parte especial. 11. ed. Rio de Janeiro: Forense, 2015.

115 MASSON, Cléber. **Código Penal Comentado.** 3. ed. São Paulo: MÉTODO, 2015.

Ambientais refere-se exclusivamente às edificações e monumentos urbanos, se a conduta for praticada em imóveis rurais (ex: na parede de uma casa de fazenda), ou em bens móveis (ex: na porta de um automóvel), estará caracterizado o delito de dano, de natureza genérica e residual, na forma definida no art. 163, CP, na modalidade "deteriorar".

- a ação penal é privada (art. 167, CP).

II. Dano qualificado:

Delito de médio potencial ofensivo, com possibilidade de suspensão condicional do processo e submetido ao rito do procedimento comum sumário (art. 394, § 1º, II, CPP).

O procedimento policial cabível é o Inquérito Policial.

I - com violência à pessoa ou grave ameaça.

Vias de fato e ameaça ficam absorvidos.

Havendo lesão corporal leve ou grave, haverá aplicação cumulativa de penas (crime de concurso material obrigatório: pena do art. 163, § único, + pena correspondente ao crime provocado pela violência).

II - com emprego de substância inflamável ou explosiva, se o fato não constitui crime mais grave (caráter subsidiário).

Desta forma, o crime de dano ficará absorvido se o fato constituir delito mais grave, como, por exemplo, crime de incêndio (art. 250, CP) ou de explosão (art. 251, CP).

III - contra o patrimônio dos entes federados, bem como concessionárias e sociedades de economia mista.

A Lei Federal nº 13.531, de 7 de dezembro de 2017, deu nova redação ao inciso III do § único do art. 163 do CP. Ex: depredação em escolas, depredação e atos de vandalismo em transporte coletivo de passageiros (ônibus etc.).

Se o bem é particular e estiver locado ao Poder Público, o dano é simples, pois o patrimônio, no caso, é particular.

IV - por motivo egoístico ou com prejuízo considerável para a vítima.

É hipótese de natureza subjetiva, porque está ligada à inveja, vingança ou egocentrismo (excessivo amor-próprio).

A intensidade do prejuízo será analisada de acordo com o patrimônio da vítima.

Aqui, ao contrário dos outros 3 (três) incisos, a ação penal será privada, por força do disposto no art. 167, CP.

Nos demais, a ação será pública incondicionada.

III. Introdução ou abandono de animais em propriedade alheia:

Infração penal de menor potencial ofensivo, submetida ao rito do procedimento comum sumaríssimo (art. 394, § 1º, III, CPP).

O procedimento policial cabível é o Termo Circunstanciado.

Também conhecido como crime de Pastoreio ilegítimo ou Pastoreio abusivo.

É necessário que haja prejuízo ao proprietário ou possuidor de propriedade alheia.

A ação penal será privada, conforme artigo 167, *in fine,* do Código Penal.

IV. Dano em coisa de valor artístico, arqueológico ou histórico:

Tacitamente revogado pelo artigo 62, I e II, da Lei dos Crimes Ambientais (Lei 9.605/98).

O artigo 216 da CF/88 trata dos bens que constituem o patrimônio cultural brasileiro.

Por sua vez, a Lei nº 3.924/61 considera crime contra o patrimônio nacional ato que importe na destruição ou mutilação dos monumentos arqueológicos ou pré-históricos (art. 2º).

V. Alteração de local especialmente protegido:

Tacitamente revogado pelo artigo 63 da Lei dos Crimes Ambientais (Lei 9605/98).

5) Apropriação indébita (Capítulo V):

É o quinto dos 8 (oito) capítulos relativos aos crimes patrimoniais.

Identifica-se nas seguintes figuras típicas:

a) Apropriação indébita (art. 168, *caput*, CP);
b) Apropriação indébita majorada (art. 168, § 1º, CP);
c) Apropriação indébita previdenciária (art. 168-A, CP);
d) Apropriação de coisa havida por erro, caso fortuito ou força da natureza (art. 169, CP);
e) Apropriação de tesouro (art. 169, § único, I, CP);
f) Apropriação de coisa achada (art. 169, § único, II, CP);
g) Apropriação indébita privilegiada (art. 170, CP).

Apropriação indébita

Art. 168 - Apropriar-se de coisa alheia móvel, de que tem a posse ou a detenção:

Pena - reclusão, de um a quatro anos, e multa.

Aumento de pena

§ 1º - A pena é aumentada de um terço, quando o agente recebeu a coisa:

I - em depósito necessário;

II - na qualidade de tutor, curador, síndico, liquidatário, inventariante, testamenteiro ou depositário judicial;

III - em razão de ofício, emprego ou profissão.

***Apropriação indébita previdenciária** (Incluído pela Lei nº 9.983, de 14-7-2000)*

Art. 168-A. Deixar de repassar à previdência social as contribuições recolhidas dos contribuintes, no prazo e forma legal ou convencional: (Incluído pela Lei nº 9.983, de 14-7-2000)

Pena - reclusão, de 2 (dois) a 5 (cinco) anos, e multa. (Incluído pela Lei nº 9.983, de 14-7-2000)

§ 1º-Nas mesmas penas incorre quem deixar de: (Incluído pela Lei nº 9.983, de 14-7-2000)

I - recolher, no prazo legal, contribuição ou outra importância destinada à previdência social que tenha sido descontada de pagamento efetuado a segurados, a terceiros ou arrecadada do público; (Incluído pela Lei nº 9.983, de 14-7-2000)

II - recolher contribuições devidas à previdência social que tenham integrado despesas contábeis ou custos relativos à venda de produtos ou à prestação de serviços; (Incluído pela Lei nº 9.983, de 14-7-2000)

III - pagar benefício devido a segurado, quando as respectivas cotas ou valores já tiverem sido reembolsados à empresa pela previdência social. (Incluído pela Lei nº 9.983, de 14-7-2000)

§ 2º-É extinta a punibilidade se o agente, espontaneamente, declara, confessa e efetua o pagamento das contribuições, importâncias ou valores e presta as informações devidas à previdência social, na forma definida em lei ou regulamento, antes do início da ação fiscal. (Incluído pela Lei nº 9.983, de 14-7-2000)

§ 3º-É facultado ao juiz deixar de aplicar a pena ou aplicar somente a de multa se o agente for primário e de bons antecedentes, desde que: (Incluído pela Lei nº 9.983, de 14-7-2000)

I - tenha promovido, após o início da ação fiscal e antes de oferecida a denúncia, o pagamento da contribuição social previdenciária, inclusive acessórios; ou (Incluído pela Lei nº 9.983, de 14-7-2000)

II - o valor das contribuições devidas, inclusive acessórios, seja igual ou inferior àquele estabelecido pela previdência social, administrativamente, como sendo o mínimo para o ajuizamento de suas execuções fiscais. (Incluído pela Lei nº 9.983, de 14-7-2000)

§ 4º A faculdade prevista no § 3º deste artigo não se aplica aos casos de parcelamento de contribuições cujo valor, inclusive dos acessórios seja superior aquele estabelecido, administrativamente, como sendo o mínimo para o ajuizamento de suas execuções fiscais. (Incluído pela Lei nº 13.606, de 9-1-2018)

Apropriação de coisa havida por erro, caso fortuito ou força da natureza

Art. 169 – Apropriar-se alguém de coisa alheia vinda ao seu poder por erro, caso fortuito ou força da natureza:

Pena – detenção, de um mês a um ano, ou multa.

Parágrafo único – Na mesma pena incorre:

Apropriação de tesouro

I – quem acha tesouro em prédio alheio e se apropria, no todo ou em parte, da quota a que tem direito o proprietário do prédio;

Apropriação de coisa achada

II – quem acha coisa alheia perdida e dela se apropria, total ou parcialmente, deixando de restituí-la ao dono ou legítimo possuidor ou de 184rofess-la à autoridade competente, dentro no prazo de quinze dias.

Art. 170 – Nos crimes previstos neste Capítulo, aplica-se o disposto no art. 155, § 2º.

COMENTÁRIOS

I. Apropriação indébita:

Delito de maior potencial ofensivo, cabendo, todavia, suspensão condicional do processo, submetendo-se, outrossim, ao rito do procedimento comum ordinário (art. 394, § 1º, I, CPP).

O procedimento policial cabível é o Inquérito Policial.

A posse ou a detenção devem existir previamente ao crime e precisam ser legítimas.

O sujeito ativo é quem tinha a posse ou a detenção.

Pode ser o sócio, co-herdeiro, ou co-proprietário.

Caso o agente seja funcionário público, haverá o crime de Peculato (art. 312, CP).

O sujeito passivo é quem sofre o prejuízo.

Em regra, é o proprietário, podendo excepcionalmente ser o possuidor (usufrutuário, credor pignoratício etc.).

A consumação ocorre quando o agente inverte o título da posse ou da detenção, passando a possuir a coisa como se fosse sua, com a deliberada intenção de não restituir (*animus rem sibi habendi*).

Desta forma, pressupõe quebra de confiança (inversão do *animus* da posse).

Tem como requisitos:

1) entrega voluntária do bem pela vítima (tradição);
2) posse ou detenção desvigiada;
3) boa-fé do agente ao tempo do recebimento do bem;
4) modificação posterior no comportamento do agente, que pode se dar das seguintes formas:
   4.1) prática de algum ato de disposição;
   4.2) recusa ou negativa de restituição.

Elemento normativo do tipo: é necessário que a coisa móvel seja alheia.

Elemento subjetivo do tipo: o dolo deve ser contemporâneo com a conduta de apropriação.

Assim como acontece no furto, também não é punida a apropriação indébita "de uso".

Em princípio, aceita a tentativa, com exceção da modalidade "negativa de restituição", onde, ou o sujeito se nega a devolver o objeto material, e o delito estará consumado, ou então o devolve a quem de direito, tornando o fato, pois, atípico.

Mera retenção de dinheiro não tipifica, por si só, o crime de Apropriação Indébita.

Pode configurar ilícito civil, mas não penal.

Havendo apropriação indébita praticada em detrimento de pessoa idosa, aplica-se o tipo penal previsto no art. 102 da Lei 10.741/2003.

Sendo identificada a conduta como Crime contra o Sistema Financeiro Nacional, aplica-se o tipo penal previsto no art. 5º, *caput,* da Lei 7.492/1986.

II. Apropriação indébita majorada:

– impropriedade do legislador: arrolou as majorantes no parágrafo primeiro, quando deveria ter sido no parágrafo único.

São 3 (três) as formas majoradas:

a) depósito necessário: segundo entendimento majoritário, trata-se de hipótese prevista no art. 647, II, CC, que identifica o depósito miserável (situações de calamidade, como incêndios, inundações, naufrágios, saques etc).

Todavia, o art. 647, I, CC, ainda identifica o depósito necessário como sendo aquele que se faz em desempenho de obrigação legal;

b) qualidade pessoal do autor: no caso do inciso II, em relação ao depositário infiel (tutor, curador, síndico, liquidatário, inventariante, testamenteiro ou depositário judicial), é necessário que seja particular para incidir a majorante.

Se for funcionário público, incidirá o crime de Peculato-Apropriação, previsto no art. 312 do CP.

Sendo a enumeração legal taxativa, não abrange outros cargos, múnus ou funções, como por exemplo a de concordatário, que não foi incluído por evidente lapso do legislador.

Ademais, em virtude da atual legislação que trata sobre a falência e a recuperação judicial ou extrajudicial (Lei 11.101/2005), tecnicamente é mais adequado substituir a expressão "síndico" (denominação prevista na antiga "Lei de Falências" – DL 7.661/45, revogada expressamente conforme art. 200 da Lei Federal nº 11.101, de 09 de fevereiro de 2005) por "administrador judicial";

c) ofício, emprego ou profissão: não é suficiente a simples relação empregatícia.

É necessário que o sujeito esteja na posse ou na detenção do objeto material por causa do ofício (Ex: sapateiros, mecânicos de automóveis, alfaiates etc.), emprego (vínculo de subordinação e hierarquia entre patrões e empregados) e profissão (Ex: médicos, advogados, dentistas, arquitetos etc.).

III. Apropriação indébita previdenciária:

Delito de maior potencial ofensivo, submetido ao rito do procedimento comum ordinário (art. 394, § 1º, I, CPP).

O procedimento policial cabível é o Inquérito Policial.

Trata-se não de crime patrimonial, mas contra a Previdência Social.

A competência é da Justiça Federal, nos termos do art. 109, IV, CF de 1988.

Trata-se de crime comum, que tem como sujeito passivo a União Federal.

Pessoa jurídica não pode figurar como sujeito ativo.

Segundo a melhor doutrina, o objeto jurídico protegido é a seguridade social, ou seja, *"o conjunto integrado de ações de iniciativa dos Poderes Públicos e da sociedade, destinadas a assegurar os direitos relativos à saúde, à previdência e à assistência social".*

Secundariamente, tutela-se, também, a ordem tributária, pois às contribuições sociais – que têm sua natureza tributária discutida – aplicam-se as normas gerais da legislação tributária.

Trata-se de **lei penal em branco homogênea,** a qual deverá ser complementada pela legislação previdenciária em relação aos prazos de recolhimento.

Se a conduta for praticada mediante fraude, o crime será de Sonegação de Contribuição Previdenciária, delito contra a Administração Pública previsto no art. 337-A, do Código Penal.

Segundo o STF, trata-se de **tipo penal constitucional,** contrariando tese de que haveria possibilidade de nova modalidade de prisão civil por dívida (art. 5º, LXVII, CF), resultante de dívida junto à União, relativa ao não-pagamento de contribuição previdenciária.

As condutas estão descritas no *caput* e no § 1º do art. 168-A, com a redação determinada pela Lei 9.983/2000.

É possível a extinção da punibilidade, bem como o perdão judicial (§§s 2º e 3º do art. 168-A, CP).

Tendo em vista as normas federais existentes acerca do tema (Portaria MPAS 4.943/99, Portaria MPS 296/07, Lei nº 10.522/02 e Lei nº 11.033/04), o STF e o STJ vêm aplicando o princípio da insignificância a quantias que não ultrapassem R$ 10.000,00 (DEZ MIL REAIS), o que parece, em princípio, um despropósito.

A este respeito, vide também o art. 9º, da Lei Federal nº 10.684/03, e arts. 68 e 69, ambos da Lei Federal nº 11.941/09, que dispõem sobre a suspensão da pretensão punitiva do Estado e a extinção da punibilidade dos crimes previstos no art. 168-A, CP.

Segundo Luiz Regis Prado[116], citando Paulo Ricardo Arena Filho, "*trata-se, aqui, de medida de política criminal, centrada na pequena ou ínfima relação custo-benefício de demanda penal, quando o débito é mínimo e inexiste para a autarquia previdenciária interesse em executá-lo civilmente perante o Judiciário*".

A Lei Federal nº 13.606, de 9 de janeiro de 2018, acrescentou o § 4º ao art. 168-A, CP.

IV. Apropriação de coisa havida por erro, caso fortuito ou força da natureza:

Infração penal de menor potencial ofensivo, submetida ao rito do procedimento comum sumaríssimo (art. 394, § 1º, III, CPP).

O procedimento policial cabível é o Termo Circunstanciado.

É uma forma de apropriação indébita mitigada.

Ao contrário da modalidade tradicional de apropriação indébita, identificada no *caput* do art. 168, aqui o bem vem ao poder do agente por erro, caso fortuito ou força da natureza.

Se a conduta for praticada mediante fraude, o crime será de Estelionato.

Não admite modalidade culposa.

Exige dolo e conhecimento acerca da origem do bem, em decorrência de erro, caso fortuito ou força da natureza.

O erro, que é a falsa percepção da realidade, pode dizer respeito:

a) à pessoa a quem o bem deve ser entregue;

b) à coisa objeto da entrega;

c) à existência da obrigação ou de parte dela;

d) à qualidade ou quantidade da coisa.

Caso fortuito e força da natureza (ou força maior) são eventos ou acontecimentos acidentais e imprevisíveis.

O caso fortuito tem origem humana, enquanto que a força maior tem origem em fenômenos naturais.

V. Apropriação de tesouro:

– trata-se de lei penal em branco, que necessita ser complementada pelos artigos 1264 a 1266, todos do Código Civil.

116 PRADO, Luiz Regis; CARVALHO, Gisele Mendes de. **Curso de Direito Penal Brasileiro**: parte especial. v. 2. 15. ed. São Paulo: RT, 2017, p. 319.

VI. Apropriação de coisa achada:

O objeto do crime é a coisa alheia perdida *(res desperdicta)*.

Não confundir com a coisa abandonada (*res derelicta*), com a coisa de ninguém (*res nullius*), ou com a coisa escondida.

A coisa esquecida identifica o crime de furto.

Ademais, a coisa alheia perdida poderá ser objeto do crime de furto, caso o agente saiba, antecipadamente, que a *res furtiva* pertence à vítima.

É necessário que a coisa tenha sido extraviada de seu proprietário ou possuidor em local público ou de uso público.

Logo, pratica furto o agente que se apodera de bem que estava em um local privado ou particular e que era procurado por seu dono.

Trata-se de crime de conduta mista: comissiva e omissiva.

Na modalidade omissiva, trata-se de crime a prazo: somente se consuma decorrido o prazo de 15 (quinze) dias, sem a entrega do bem à autoridade pública competente (policial ou judicial).

Importante, outrossim, a análise dos arts. 1.233 a 1.237, todos do Código Civil, que tratam sobre a descoberta e restituição de coisas alheias.

VII. Apropriação indébita privilegiada:

Segundo regra constante no art. 170, do Código Penal, reproduzindo o que havia sido dito em relação ao Furto privilegiado (art. 155, § 2º, CP), se o agente for primário e o bem apropriado for de pequeno valor, estaremos diante da figura da Apropriação indébita privilegiada.

6) Estelionato e outras fraudes (Capítulo VI):

É o sexto dos 8 (oito) capítulos relativos aos crimes patrimoniais.

Identifica-se nas seguintes figuras típicas:

a) Estelionato (art. 171, *caput*, CP);
b) Estelionato privilegiado (art. 171, § 1º, CP);
c) Disposição de coisa alheia como própria (art. 171, § 2º, I, CP);
d) Alienação ou oneração fraudulenta de coisa própria (art. 171, § 2º, II, CP);
e) Defraudação de penhor (art. 171, § 2º, III, CP);
f) Fraude na entrega de coisa (art. 171, § 2º, IV, CP);
g) Fraude para recebimento de indenização ou valor de seguro (art. 171, § 2º, V, CP);
h) Fraude no pagamento por meio de cheque (art. 171, § 2º, VI, CP);
i) Estelionato majorado (art. 171, § 3º, CP);
j) Estelionato contra idoso (art. 171, § 4º, CP);
k) Duplicata simulada (art. 172, CP);
l) Abuso de incapazes (art. 173, CP);
m) Induzimento à especulação (art. 174, CP);
n) Fraude no comércio (art. 175, CP);
o) Outras fraudes (art. 176, CP);
p) Fraudes e abusos na fundação ou administração de sociedade por ações (art. 177, CP);
q) Emissão irregular de conhecimento de depósito ou *warrant* (art. 178, CP);
r) Fraude à execução (art. 179, CP).

Estelionato

Art. 171 – Obter, para si ou para outrem, vantagem ilícita, em prejuízo alheio, induzindo ou mantendo alguém em erro, mediante artifício, ardil, ou qualquer outro meio fraudulento:

Pena – reclusão, de 1 (um) a 5 (cinco) anos, e multa.

§ 1º – Se o criminoso é primário, e é de pequeno valor o prejuízo, o juiz pode aplicar a pena conforme o disposto no art. 155, § 2º.

§ 2º – Nas mesmas penas incorre quem:

Disposição de coisa alheia como própria

I – vende, permuta, dá em pagamento, em locação ou em garantia coisa alheia como própria;

Alienação ou oneração fraudulenta de coisa própria

II – vende, permuta, dá em pagamento ou em garantia coisa própria inalienável, gravada de ônus ou litigiosa, ou imóvel que prometeu vender a terceiro, mediante pagamento em prestações, silenciando sobre qualquer dessas circunstâncias;

Defraudação de penhor

III – defrauda, mediante alienação não consentida pelo credor ou por outro modo, a garantia pignoratícia, quando tem a posse do objeto empenhado;

Fraude na entrega de coisa

IV – defrauda substância, qualidade ou quantidade de coisa que deve entregar a alguém;

Fraude para recebimento de indenização ou valor de seguro

V – destrói, total ou parcialmente, ou oculta coisa própria, ou lesa o próprio corpo ou a saúde, ou agrava as consequências da lesão ou doença, com o intuito de haver indenização ou valor de seguro;

Fraude no pagamento por meio de cheque

VI – emite cheque, sem suficiente provisão de fundos em poder do sacado, ou lhe frustra o pagamento.

§ 3º – A pena aumenta-se de um terço, se o crime é cometido em detrimento de entidade de direito público ou de instituto de economia popular, assistência social ou beneficência.

Estelionato contra idoso *(Rubrica acrescentada pela Lei nº 13.228, de 28-12-2015)*

§ 4º – Aplica-se a pena em dobro se o crime for cometido contra idoso (§ 4º acrescentado pela Lei nº 13.228, de 28-12-2015)

Duplicata simulada

Art. 172 – Emitir fatura, duplicata ou nota de venda que não corresponda à mercadoria vendida, em quantidade ou qualidade, ou ao serviço prestado. (Redação dada pela Lei nº 8.137, de 27-12-1990)

Pena – detenção, de 2 (dois) a 4 (quatro) anos, e multa. (Redação dada pela Lei nº 8.137, de 27-12-1990)

Parágrafo único. Nas mesmas penas incorrerá aquele que falsificar ou adulterar a escrituração do Livro de Registro de Duplicatas. (Incluído pela Lei nº 5.474. de 18-7-1968)

Abuso de incapazes

Art. 173 – Abusar, em proveito próprio ou alheio, de necessidade, paixão ou inexperiência de menor, ou da alienação ou debilidade mental de outrem, induzindo qualquer deles à prática de ato suscetível de produzir efeito jurídico, em prejuízo próprio ou de terceiro:

Pena – reclusão, de 2 (dois) a 6 (seis) anos, e multa.

Induzimento à especulação

Art. 174 – Abusar, em proveito próprio ou alheio, da inexperiência ou da simplicidade ou inferioridade mental de outrem, induzindo-o à prática de jogo ou aposta, ou à especulação com títulos ou mercadorias, sabendo ou devendo saber que a operação é ruinosa:

Pena – reclusão, de 1 (um) a 3 (três) anos, e multa.

Fraude no comércio

Art. 175 – Enganar, no exercício de atividade comercial, o adquirente ou consumidor:

I – vendendo, como verdadeira ou perfeita, mercadoria falsificada ou deteriorada;

II – entregando uma mercadoria por outra:

Pena – detenção, de 6 (seis) meses a 2 (dois) anos, ou multa.

§ 1º – Alterar em obra que lhe é encomendada a qualidade ou o peso de metal ou substituir, no mesmo caso, pedra verdadeira por falsa ou por outra de menor valor; vender pedra falsa por verdadeira; vender, como precioso, metal de ou outra qualidade:

Pena – reclusão, de 1 (um) a 5 (cinco) anos, e multa.

§ 2º – É aplicável o disposto no art. 155, § 2º.

Outras fraudes

Art. 176 – Tomar refeição em restaurante, alojar-se em hotel ou utilizar-se de meio de transporte sem dispor de recursos para efetuar o pagamento:

Pena – detenção, de 15 (quinze) dias a 2 (dois) meses, ou multa.

Parágrafo único – Somente se procede mediante representação, e o juiz pode, conforme as circunstâncias, deixar de aplicar a pena.

Fraudes e abusos na fundação ou administração de sociedade por ações

Art. 177 – Promover a fundação de sociedade por ações, fazendo, em prospecto ou em comunicação ao público ou à assembleia, afirmação falsa sobre a constituição da sociedade, ou ocultando fraudulentamente fato a ela relativo:

Pena – reclusão, de 1 (um) a 4 (quatro) anos, e multa, se o fato não constitui crime contra a economia popular.

§ 1º – Incorrem na mesma pena, se o fato não constitui crime contra a economia popular:

I – o diretor, o gerente ou o fiscal de sociedade por ações, que, em prospecto, relatório, parecer, balanço ou comunicação ao público ou à assembleia, faz afirmação falsa sobre as condições econômicas da sociedade, ou oculta fraudulentamente, no todo ou em parte, fato a elas relativo;

II – o diretor, o gerente ou o fiscal que promove, por qualquer artifício, falsa cotação das ações ou de outros títulos da sociedade;

III – o diretor ou o gerente que toma empréstimo à sociedade ou usa, em proveito próprio ou de terceiro, dos bens ou haveres sociais, sem prévia autorização da assembleia geral;

IV – o diretor ou o gerente que compra ou vende, por conta da sociedade, ações por ela emitidas, salvo quando a lei o permite;

V – o diretor ou o gerente que, como garantia de crédito social, aceita em penhor ou em caução ações da própria sociedade;

VI – o diretor ou o gerente que, na falta de balanço, em desacordo com este, ou mediante balanço falso, distribui lucros ou dividendos fictícios;

VII – o diretor, o gerente ou o fiscal que, por interposta pessoa, ou conluiado com acionista, consegue a aprovação de conta ou parecer;

VIII – o liquidante, nos casos dos ns. I, II, III, IV, V e VII;

IX – o representante da sociedade anônima estrangeira, autorizada a funcionar no País, que pratica os atos mencionados nos ns. I e II, ou dá falsa informação ao Governo.

§ 2º – Incorre na pena de detenção, de seis meses a dois anos, e multa, o acionista que, a fim de obter vantagem para si ou para outrem, negocia o voto nas deliberações de assembleia geral.

Emissão irregular de conhecimento de depósito ou "warrant"

Art. 178 – Emitir conhecimento de depósito ou warrant, em desacordo com disposição legal:

Pena – reclusão, de 1 (um) a 4 (quatro) anos, e multa.

Fraude à execução

Art. 179 – Fraudar execução, alienando, desviando, destruindo ou danificando bens, ou simulando dívidas:

Pena – detenção, de 6 (seis) meses a 2 (dois) anos, ou multa.

Parágrafo único – Somente se procede mediante queixa.

COMENTÁRIOS

I. Estelionato:

Delito de maior potencial ofensivo, que comporta suspensão condicional do processo e que se submete ao rito do procedimento comum ordinário (art. 394, § 1º, I, CPP).

O procedimento policial cabível é o Inquérito Policial.

Exige 4 (quatro) elementos fundamentais:

1º) a fraude, o engodo, o artifício (astúcia, esperteza) e o ardil (espécie de cilada, armadilha);

2º) o erro da vítima (engano provocado na vítima). O erro identifica a falsa percepção da realidade;

3º) a vantagem ilícita (para Nucci[117], Thums[118] e Masson[119], a vantagem ilícita tem de ser de natureza econômica);

4º) o prejuízo alheio, que significa dano patrimonial.

No que concerne ao "qualquer outro meio fraudulento", deve-se buscar o recurso da interpretação analógica.

Induzir quer dizer incutir ou persuadir.

Manter significa permanecer ou conservar.

Sujeito ativo é qualquer pessoa.

A vítima, que é a pessoa enganada ou a que sofre o prejuízo patrimonial, deve ser certa e determinada.

O elemento subjetivo é o dolo.

Não admite a forma culposa.

Por ser crime material, a consumação se dá com a diminuição do patrimônio da vítima, com a efetiva lesão ao bem jurídico, ou no momento e local em que o agente obtém a vantagem ilícita, em detrimento alheio.

A reparação do dano não afasta a configuração do estelionato.

O ressarcimento pode servir tão-somente como circunstância atenuante (art. 65, III, "b", CP).

<u>Trabalho espiritual</u>: atividade gratuita: não se pune; atividade paga: dependendo do caso concreto, pode configurar estelionato.

<u>Mecanismos grosseiros de falsificação</u>: não há crime.

117 NUCCI, Guilherme de Souza. **Curso de Direito Penal:** parte especial (arts. 121 a 212 do Código Penal). v. 2. 1. ed. Rio de Janeiro: Forense, 2017.

118 THUMS, Gilberto. **Código Penal Anotado**: abordagem objetiva. Porto Alegre: Sapiens, 2010.

119 MASSON, Cléber. **Código Penal Comentado.** 3. ed. São Paulo: MÉTODO, 2015.

<u>Inidoneidade absoluta da fraude</u>: crime impossível (art. 17, CP).

<u>Inidoneidade relativa da fraude</u>: tentativa.

<u>Estelionato x Crime de Falso</u>: aplica-se o estelionato (Súmula nº 17, do STJ).

<u>Estelionato x Jogos de Azar</u>: se houver fraude, é estelionato.

Será jogo de azar, se o ganho ou a perda dependerem exclusiva ou principalmente da sorte (art. 50, § 3º, "a", DL 3.688/41).

Se o ganho ou a perda dependerem da habilidade do jogador, o fato será atípico.

<u>Estelionato x Moeda Falsa</u>: aplica-se o estelionato, quando houver falsificação grosseira (Súmula nº 73, do STJ).

<u>Torpeza bilateral</u>: por fim, no que concerne à fraude ou torpeza bilateral (<u>Ex</u>: golpe do bilhete premiado), embora a conduta da vítima seja reprovável, pois também está agindo de má-fé, o entendimento doutrinário e jurisprudencial predominante é o de que não está afastada a incidência do delito de estelionato.

II. Estelionato privilegiado:

Consoante disposto no art. 171, § 1º, CP, nos mesmos termos do que foi explicitado em relação ao Furto e à Apropriação Indébita, é possível o Estelionato privilegiado.

Todavia, é necessário que, além de o agente ser primário (não-reincidente – art. 63, CP), tenha ocorrido <u>prejuízo de pequeno valor</u>.

Não se confunde o pequeno prejuízo com o pequeno valor da coisa, embora a doutrina e a jurisprudência vêm identificando que o pequeno prejuízo é aquele que não ultrapasse um (1) salário mínimo nacional.

Todavia, segundo Nucci[120]:

120 NUCCI, Guilherme de Souza. **Curso de Direito Penal:** parte especial (arts. 121 a 212 do Código Penal). v. 2. 1. ed. Rio de Janeiro: Forense, 2017.

"o privilégio ou causa de diminuição da pena advém da primariedade do agente (não reincidência) e do pequeno prejuízo da vítima. Diversamente da figura do furto, analisa-se, neste caso, a perda sofrida pelo ofendido e não o valor em si da coisa. Assim sendo, conforme as condições econômicas da vítima, o prejuízo pode ser considerado pequeno ou elevado. No furto, a coisa obedece a padrão fixo (salário mínimo)".

Outrossim, trata-se de direito subjetivo público do réu.

A discricionariedade do magistrado estará no *quantum* da substituição da pena ou diminuição.

III. Disposição de coisa alheia como própria:

Vale tanto para bens móveis, quanto para bens imóveis.

Não é necessária a tradição da coisa.

Se o agente subtrai o bem da vítima e depois o aliena como se fosse dele, pratica dois crimes (Furto simples e Estelionato, na figura típica especial ou equiparada de disposição de coisa alheia como própria).

É possível, pois, aplicar a regra do concurso material, não se falando, desta forma, de *post factum* impunível, já que são bens jurídicos de pessoas diversas.

Em se tratando de promessa de compra e venda, pode subsistir o tipo de estelionato do *caput* do art. 171, CP.

IV. Alienação ou oneração fraudulenta de coisa própria:

– aqui, fala-se em coisa pertencente ao próprio agente, o qual, no entanto, está impedido por lei, por contrato, ou por testamento, de aliená-la.

V. Defraudação de penhor:

– defraudar significa lesar, espoliar com fraude, privar ou tomar bem de terceiro.

Ocorre quando o agente aliena bem penhorado de que tem a posse.

Sujeito ativo é o devedor do contrato de penhor.

Sujeito passivo é o credor pignoratício.

VI. Fraude na entrega da coisa:

Sujeito ativo é quem tem a obrigação de entregar a coisa a alguém.

Sujeito passivo é a pessoa que tem o direito de receber a coisa.

A defraudação pode dar-se na substância, na qualidade ou na quantidade.

O momento consumativo desta espécie de estelionato ocorre com a tradição (entrega) da coisa.

VII. Fraude para recebimento de indenização ou valor de seguro:

Conforme mencionado anteriormente, na análise do tipo de Lesão corporal, verificamos que a lei não pune a autolesão.

Tal circunstância torna atípico o fato.

Todavia, a autolesão pode constituir crime de outra natureza, como no caso da autolesão para receber seguro – Estelionato mediante fraude para recebimento de indenização ou valor de seguro (art. 171, § 2º, V, CP).

Aqui, o agente volta-se contra coisa própria ou o próprio corpo.

Sujeito passivo é a seguradora, que deveria pagar o prêmio do seguro.

Trata-se de crime formal.

Eventual recebimento de indenização ou valor de seguro configura exaurimento do delito.

VIII. Fraude no pagamento por meio de cheque:

É crime material, que exige o dolo.

Segundo o artigo 65 da Lei do Cheque (Lei nº 7.357/85), *"os efeitos penais da emissão do cheque sem suficiente provisão de fundos, da frustração do pagamento do cheque, da falsidade, da falsificação e da alteração do cheque continuam regidos pela legislação criminal".*

Se for o próprio agente o correntista, aplica-se este dispositivo penal, bem como as Súmulas 246, 521 e 554, STF, e 244, STJ, que identificam a competência pelo local onde se deu a recusa do pagamento pelo sacado (art. 171, § 2º, VI, CP).

Se o agente utiliza cheque falso ou com conta encerrada, aplica-se o *caput* do art. 171, bem como a Súmula 48, STJ, que identificam a competência pelo local da obtenção da vantagem ilícita, ou pelo local do prejuízo (jurisprudência atual acerca do tema).

Todavia, quando alguém aceita um cheque pré-datado (ou pós-datado), para ser apresentado futuramente, em data posterior à emissão, está recebendo o título como mera promessa de pagamento.

Caso o cheque não seja compensado, por falta de fundos, trata-se apenas de ilícito civil (calote), não havendo que se falar em crime.

A própria súmula nº 370, do STJ, identifica que: *"caracteriza dano moral a apresentação antecipada de cheque pré-datado".*

IX. Estelionato majorado:

– aplica-se a Súmula 24 do STJ.

Segundo o STF, *"é crime instantâneo de efeitos permanentes o chamado estelionato contra a Previdência Social (art. 171, § 3.º, do Código Penal) e, como tal, consuma-se com o recebimento da primeira prestação do benefício indevido, contando-se daí o prazo de prescrição da pretensão punitiva".*

X. Estelionato desportivo:

Encontra-se previsto no art. 41-E do Estatuto do Torcedor (Lei nº 10.671/2003), que tipifica a conduta de quem *"fraudar, por qualquer meio, ou contribuir para que se fraude, de qualquer forma, o resultado de competição esportiva". Pena: reclusão de 2 a 6 anos e multa.*

XI. Estelionato contra idoso:

Tendo em vista a redação constante no art. 171, § 4º, CP, com a nova redação trazida por meio da Lei Federal nº 13.228, de 28 de dezembro de 2015, aplica-se a pena em dobro – 2 (dois) a 10 (dez) anos de reclusão, se o crime for praticado contra pessoa idosa, ou seja, com idade igual ou superior a sessenta (60) anos.

Trata-se de qualificadora específica.

XII. Fraude no comércio:

Infração penal de menor potencial ofensivo, submetendo-se ao rito do procedimento comum sumaríssimo (art. 394, § 1º, III, CPP).

O procedimento policial cabível é o Termo Circunstanciado.

É cabível a modalidade privilegiada, nos mesmos moldes do artigo 155, § 2º, CP, se o agente for primário e for de pequeno valor a mercadoria (art. 175, § 2º, CP).

XIII. Outras fraudes:

Infração penal de menor potencial ofensivo, submetendo-se ao rito do procedimento comum sumaríssimo (art. 394, § 1º, III, CPP).

O procedimento policial cabível é o Termo Circunstanciado.

Segundo Masson[121], trata-se de figuras privilegiadas de Estelionato.

A diferença para o Estelionato propriamente dito está no grau de reprovabilidade ou censura da fraude empregada pelo agente.

Crítica: há certa desproporcionalidade penal, pois visa à punição de pobres, ou de pessoas que não dispõe de recursos mínimos.

121 MASSON, Cléber. **Código Penal Comentado.** 3. ed. São Paulo: MÉTODO, 2015.

Possibilidade de interpretação extensiva ou ampliativa ao conceito de restaurante (engloba bares, lancherias, lanchonetes, cantinas etc.).

Contra: Nucci[122] (seria o caso de estelionato, na modalidade do art. 171, *caput*, CP), com o que não concorda Thums[123].

"Dia do Pendura" (11 de agosto) – para uns, configura o crime de Outras fraudes.

Para outros, configura simples "calote" (ilícito civil), já que, em tese, os agentes tinham condições e recursos para efetuar o pagamento.

A ação penal é pública condicionada à representação.

É possível causa de isenção de pena (hipótese de perdão judicial), normalmente quando for baixo o valor do prejuízo, houver a primariedade do agente, bem como vislumbrar-se o estado de penúria do agente (dotado de poucos recursos financeiros).

XIV. Fraude à execução:

Infração penal de menor potencial ofensivo, submetendo-se ao rito do procedimento comum sumaríssimo (art. 394, § 1º, III, CPP).

O procedimento policial cabível, em princípio, é o Termo Circunstanciado.

A ação penal é privada (art. 179, § único, CP), pois se processa mediante queixa-crime.

7) Receptação (Capítulo VII):

É o sétimo dos 8 (oito) capítulos relativos aos crimes patrimoniais.

Identifica-se nas seguintes figuras típicas:

a) Receptação simples (art. 180, *caput*, CP);
b) Receptação qualificada (art. 180, § 1º, CP);
c) Receptação culposa (art. 180, § 3º, CP);
d) Receptação privilegiada (art. 180, § 5º, *in fine*, CP);
e) Receptação novamente qualificada (art. 180, § 6º, CP);
f) Receptação de animal (art. 180-A, CP) – também é considerada uma qualificadora;

Receptação

Art. 180 – Adquirir, receber, transportar, conduzir ou ocultar, em proveito próprio ou alheio, coisa que sabe ser produto de crime, ou influir para que terceiro, de boa-fé, a adquira, receba ou oculte: (Redação dada pela Lei nº 9.426, de 24-12-1996)

Pena – reclusão, de 1 (um) a 4 (quatro) anos, e multa. (Redação dada pela Lei nº 9.426, de 24-12-1996)

Receptação qualificada *(Redação dada pela Lei nº 9.426, de 24-12-1996)*

§ 1º – Adquirir, receber, transportar, conduzir, ocultar, ter em depósito, desmontar, montar, remontar, vender, expor à venda, ou de qualquer forma utilizar, em proveito próprio ou alheio, no exercício de atividade comercial ou industrial, coisa que deve saber ser produto de crime:(Redação dada pela Lei nº 9.426, de 24-12-1996)

Pena – reclusão, de três a oito anos, e multa. (Redação dada pela Lei nº 9.426, de 24-12-1996)

§ 2º – Equipara-se à atividade comercial, para efeito do parágrafo anterior, qualquer forma de comércio irregular ou clandestino, inclusive o exercício em residência. (Redação dada pela Lei nº 9.426, de 24-12-1996)

§ 3º – Adquirir ou receber coisa que, por sua natureza ou pela desproporção entre o valor e o

122 NUCCI, Guilherme de Souza. **Curso de Direito Penal:** parte especial (arts. 121 a 212 do Código Penal). v. 2. 1. ed. Rio de Janeiro: Forense, 2017.

123 THUMS, Gilberto. **Código Penal Anotado**: abordagem objetiva. Porto Alegre: Sapiens, 2010.

preço, ou pela condição de quem a oferece, deve presumir-se obtida por meio criminoso: (Redação dada pela Lei nº 9.426, de 24-12-1996)

Pena – detenção, de um mês a um ano, ou multa, ou ambas as penas. (Redação dada pela Lei nº 9.426, de 24-12-1996)

§ 4º – A receptação é punível, ainda que desconhecido ou isento de pena o autor do crime de que proveio a coisa. (Redação dada pela Lei nº 9.426, de 24-12-1996)

§ 5º – Na hipótese do § 3º, se o criminoso é primário, pode o juiz, tendo em consideração as circunstâncias, deixar de aplicar a pena. Na receptação dolosa aplica-se o disposto no § 2º do art. 155. (Incluído pela Lei nº 9.426, de 24-12-1996)

§ 6º – Tratando-se de bens do patrimônio da União, de Estado, do Distrito Federal, de Município ou de autarquia, fundação pública, empresa pública, sociedade de economia mista ou empresa concessionária de serviços públicos, aplica-se em dobro a pena prevista no caput deste artigo .(Incluído pela Lei nº 13.531, de 7-12-2017)

Receptação de animal *(Rubrica acrescentada pela Lei nº 13.330, de 2-8-2016)*

Art. 180-A – Adquirir, receber, transportar, conduzir, ocultar, ter em depósito ou vender, com a finalidade de produção ou de comercialização, semovente domesticável de produção, ainda que abatido ou dividido em partes, que deve saber ser produto de crime: (Artigo acrescentado pela Lei nº 13.330, de 2-8-2016)

Pena – reclusão de 2 (dois) a 5 (cinco) anos, e multa (Pena acrescentada pela Lei nº 13.330, de 2-8-2016)

COMENTÁRIOS

I. Receptação dolosa simples:

Delito de maior potencial ofensivo, cabendo, todavia, suspensão condicional do processo, submetendo-se, outrossim, ao rito do procedimento comum ordinário (art. 394, § 1º, I, CPP).

O procedimento policial cabível é o Inquérito Policial.

Os verbos nucleares "adquirir", "receber", "transportar", "conduzir" e "ocultar" traduzem formas de receptação própria, crime material, que depende de ocorrência de resultado naturalístico, consistente na diminuição do patrimônio da vítima.

O verbo nuclear "influir" caracteriza uma forma de receptação imprópria (o agente deve agir com má-fé, sabendo que se trata de origem ilícita).

Aqui, o crime é formal, não exigindo a ocorrência de resultado naturalístico para sua consumação.

É possível, desta forma, que o agente pratique dois crimes em concurso no *caput* (ex: agente adquire coisa produto de crime e depois influencia para que terceiro de boa-fé também o faça).

É possível a receptação da receptação, já que o objeto material é a coisa "produto de crime".

As condutas "transportar", "conduzir" e "ocultar" denotam hipóteses de crime permanente.

Conforme art. 180, § 4º, CP, existe autonomia relativa da receptação, pois dependente da existência de crime anterior (furto, roubo, apropriação indébita, estelionato etc.).

Trata-se, pois, de crime acessório, de fusão ou parasitário, que reclama a prática de um crime anterior, independente do conhecimento da autoria ou de punição.

Contravenção penal anterior não caracteriza o crime do art. 180 do CP.

Desta forma, o coautor do delito antecedente não responde por receptação.

Ademais, o reconhecimento da receptação independe de anterior condenação pelo crime anterior.

Sujeito ativo da receptação é qualquer pessoa.

Sujeito passivo é o proprietário ou possuidor da coisa produto de crime.

Exige o dolo, pois a forma culposa aplica-se no § 3º.

A receptação, para fins de competência, traduz hipótese de conexão probatória (art. 76, III, CPP).

II. Receptação dolosa qualificada:

Delito de maior potencial ofensivo, instrumentalizado por meio de Inquérito Policial, submetendo-se ao rito do procedimento comum ordinário (art. 394, § 1º, I, CPP).

Exige que o sujeito ativo seja comerciante ou quem exerce atividade industrial (regular, irregular ou clandestina, inclusive a exercida em residência – § 2º).

No tipo penal em comento, não há exigência do dolo direto, basta o eventual ("coisa que deve saber ser produto de crime").

O presente dispositivo penal foi criado com a Lei 9.426/96, visando a combater as atividades ilegais dos desmanches de carros e ferros-velhos.

Há críticas em relação à disparidade entre a pena do *caput* (1 a 4 anos - dolo direto) e a do § 1º (3 a 8 anos - dolo eventual).

Haveria, em tese, ofensa ao princípio constitucional da proporcionalidade das penas.

Cezar Bitencourt[124], ao contrário, defende que as modalidades "sabe" e "deve saber" indicam graus de culpabilidade (maior ou menor grau de reprovabilidade da conduta), vinculados à potencial consciência da ilicitude.

III. Receptação culposa:

Infração penal de menor potencial ofensivo, da competência dos JECs e submetida ao rito do procedimento comum sumaríssimo (art. 394, § 1º, III, CPP).

É instrumentalizada por meio de Termo Circunstanciado.

Afere-se:

a) pela natureza da coisa correspondente ao cuidado que se deve ter na aquisição de bens;
b) pela desproporção entre o valor da coisa e o preço oferecido;
c) pela condição de quem oferece a coisa.

Na receptação culposa, é possível o perdão judicial, caso o agente seja primário (§ 5º).

A expressão "deve presumir-se" é indicativa de culpa na modalidade imprudência.

IV. Receptação privilegiada:

Aplica-se à receptação dolosa (*caput* e § 1º), se o agente for primário e a coisa objeto do crime for de pequeno valor (não superior a um salário mínimo nacional - hoje, R$ 998,00 - novecentos e noventa e oito reais).

V. Receptação novamente qualificada:

Possibilidade de aplicação da pena em dobro – 2 (dois) a 8 (oito) anos de reclusão e multa, quando o bem receptado constitui patrimônio público, ou das concessionárias de serviços públicos ou sociedades de economia mista (art. 180, § 6º, CP). **A Lei Federal nº 13.531, de 7 de dezembro de 2017**, deu nova redação ao § 6º do art. 180 do CP.

VI. Receptação de Semovente Domesticável de Produção:

Nova qualificadora da receptação, introduzida no novel art. 180-A, do Código Penal, com o advento da Lei Federal nº 13.330, de 2 de agosto de 2016.

Delito de maior potencial ofensivo, instrumentalizado por meio de Inquérito

124 BITENCOURT, Cezar Roberto. **Código Penal Comentado**. 9. ed. São Paulo: Saraiva, 2015.

Policial, submetendo-se ao rito do procedimento comum ordinário (art. 394, § 1º, I, CPP), cabendo, todavia, a suspensão condicional do processo, já que a pena mínima cominada não é superior a 1 (um) ano.

Segundo Luiz Régis Prado[125], na Receptação Qualificada pelo Abigeato, *"tutela-se a inviolabilidade patrimonial e econômica, especialmente o tráfego e comercialização lícita de animais domesticáveis de produção, cujo produto se destina à exportação ou ao consumo interno"*.

No que concerne ao referido tipo penal, importante a lição de Cléber Masson e Márcio Cavalcante[126], no artigo: "Breves Considerações sobre o Furto e a Receptação de Semovente Domesticável de Produção", datado de 08 de agosto de 2016:

> ***"RECEPTAÇÃO DE ANIMAL***
>
> *O Código Penal prevê o delito de receptação no art. 180:*
>
> *Art. 180. Adquirir, receber, transportar, conduzir ou ocultar, em proveito próprio ou alheio, coisa que sabe ser produto de crime, ou influir para que terceiro, de boa-fé, a adquira, receba ou oculte:*
>
> *Pena – reclusão, de um a quatro anos, e multa.*
>
> *A receptação qualificada, por sua vez, encontra-se tipificada no § 1º do art. 180:*
>
> *Receptação qualificada*
>
> *§ 1º – Adquirir, receber, transportar, conduzir, ocultar, ter em depósito, desmontar, montar, remontar, vender, expor à venda, ou de qualquer forma utilizar, em proveito próprio ou alheio, no exercício de atividade comercial ou industrial, coisa que deve saber ser produto de crime:*
>
> *Pena – reclusão, de três a oito anos, e multa.*
>
> *A Lei º 13.330/2016 acrescenta o art. 180-A ao Código Penal, criando uma nova espécie de receptação envolvendo animais. Confira:*
>
> ***Receptação de animal***
>
> *Art. 180-A. Adquirir, receber, transportar, conduzir, ocultar, ter em depósito ou vender, com a finalidade de produção ou de comercialização, semovente domesticável de produção, ainda que abatido ou dividido em partes, que deve saber ser produto de crime:*
>
> *Pena – reclusão, de 2 (dois) a 5 (cinco) anos, e multa.*
>
> ***Detalhando o art. 180-A do CP***
>
> | NÚCLEOS DO TIPO | ELEMENTO SUBJETIVO ESPECIAL | OBJETO MATERIAL | ELEMENTO SUBJETIVO GERAL |
> |---|---|---|---|
> | *- Adquirir
– receber
– transportar
– conduzir
– ocultar
– ter em depósito
– vender* | *... com a finalidade de produção ou de comercialização* | *semovente domesticável de produção
(ainda que abatido ou dividido em partes)* | *... que deve saber ser produto de crime.
(segundo o STF/STJ, "deve saber" abrange tanto o dolo eventual como o direto.)* |
>
> ***Antes da Lei nº 13.330/2016, quem praticava esta conduta respondia por qual crime?***
>
> *Nos deparamos aqui com uma inusitada situação decorrente da falta de cuidado e técnica do legislador ao elaborar as leis.*
>
> *O objetivo declarado da Lei nº 13.330/2016 foi o de aumentar a punição para quem pratica receptação de "animais" (semoventes domesticáveis de produção). Contudo, ao inserir o art. 180-A*

125 PRADO, Luis Régis. **Curso de Direito Penal Brasileiro:** parte geral e parte especial. 17. ed. Rio de Janeiro: Forense, 2019, p. 783.

126 MASSON, Cléber; CAVALCANTE, Márcio. **Breves Considerações sobre o Furto e a Receptação de Semovente Domesticável de Produção.** Disponível em: <http://www.dizerodireito.com.br>. Acesso em: 6 out. 2019.

do CP o que o legislador fez foi diminuir a pena para esta conduta.

Acompanhe o raciocínio.

Antes da Lei nº 13.330/2016, se o indivíduo praticasse a conduta descrita atualmente no art. 180-A do CP, ele não iria responder pela receptação simples do art. 180, caput, do CP, e sim pela receptação qualificada prevista no § 1º do art. 180. Isso porque o art. 180-A do CP afirma que a conduta do agente deve ter sido praticada "com a finalidade de produção ou de comercialização", exigência esta que não está descrita no caput do art. 180, mas que está prevista no § 1º do art. 180 ("no exercício de atividade comercial ou industrial").

Conduta: adquirir, receber, transportar, conduzir, ocultar, ter em depósito ou vender, com a finalidade de produção ou de comercialização, semovente domesticável de produção, ainda que abatido ou dividido em partes, que deve saber ser produto de crime.	
Antes da Lei 13.330/ 2016	*Depois da Lei 13.330/ 2016*
Era punida no § 1º do art. 180, CP, *cuja pena é de 3 a 8 anos.*	*Passou a ser punida no art. 180-A, CP,* *cuja pena é de 2 a 5 anos.*

O legislador tentou tipificar, de forma mais gravosa, o crime de RECEPTAÇÃO de semovente domesticável de produção, mas o que conseguiu foi gerar uma novatio legis in melius que irá, inclusive, retroagir para beneficiar pessoas que tenham sido condenadas pelo art. 180, § 1º do CP nos casos de receptação de animais destinados à produção.

8) Disposições gerais (Capítulo VIII):

É o último dos 8 (oito) capítulos relativos aos crimes patrimoniais.

Art. 181 - É isento de pena quem comete qualquer dos crimes previstos neste título, em prejuízo:

I - do cônjuge, na constância da sociedade conjugal;

II - de ascendente ou descendente, seja o parentesco legítimo ou ilegítimo, seja civil ou natural.

Art. 182 - Somente se procede mediante representação, se o crime previsto neste título é cometido em prejuízo:

I - do cônjuge desquitado ou judicialmente separado;

II - de irmão, legítimo ou ilegítimo;

III - de tio ou sobrinho, com quem o agente coabita.

Art. 183 - Não se aplica o disposto nos dois artigos anteriores:

I - se o crime é de roubo ou de extorsão, ou, em geral, quando haja emprego de grave ameaça ou violência à pessoa;

II - ao estranho que participa do crime.

III - se o crime é praticado contra pessoa com idade igual ou superior a 60 (sessenta) anos. (Incluído pela Lei nº 10.741, de 1-10-2003)

COMENTÁRIOS

I. Apontamentos necessários:

a) Imunidade penal absoluta (escusas absolutórias): prevista no art. 181, I, II, CP, isenta de pena, em todos os crimes patrimoniais cometidos sem violência ou grave ameaça à pessoa, os cônjuges e companheiros (Mirabete[127], Damásio[128], Thums[129],

127 MIRABETE, Júlio Fabbrini. **Manual de Direito Penal**: parte especial. v. 2. 34. ed. São Paulo: Atlas, 2018.

128 JESUS, Damásio E. de. **Código Penal Anotado.** 22. ed. São Paulo: Saraiva, 2014.

129 THUMS, Gilberto. **Código Penal Anotado**: abordagem objetiva. Porto Alegre: Sapiens, 2010.

Franco de Campos[130], Luiz Regis Prado[131] e outros), na constância da sociedade conjugal e da união estável formalmente constituída, bem como os ascendentes e descendentes.

Nucci[132] e Masson[133] não aceitam a incidência da escusa absolutória na união estável.

Separação de fato não afasta a incidência da escusa absolutória.

Separação de corpos, segundo Masson[134], por ser medida cautelar, afasta a incidência.

Não se aplica aos parentes por afinidade, ou colaterais.

Com relação aos padrastos, madrastas e enteados, uns entendem aplicar-se a imunidade (Thums[135]).

Para Luiz Regis Prado[136], trata-se de causas pessoais de exclusão de pena, ou condições negativas de punibilidade;

b) Imunidade penal relativa: prevista no art. 182, I, II e III, CP, exige condição de procedibilidade para o exercício da ação penal, por meio de representação criminal da vítima ou de seu representante legal.

Aplica-se aos cônjuges separados judicialmente (aos divorciados não, pois estará extinta a sociedade conjugal – art. 226, § 6º, CF, com a nova redação trazida por meio da Emenda Constitucional 66/10 – dissolubilidade do casamento civil pelo divórcio, sem necessidade de prévia separação judicial).

Contra: Luiz Regis Prado[137] entende que se aplica aos cônjuges divorciados.

Identifica, outrossim, que tal imunidade penal relativa tem natureza jurídica de *favor legis* de natureza processual.

O presente dispositivo legal aplica-se também aos irmãos, bem como aos tios e sobrinhos, exigindo, neste último caso, que haja coabitação entre os envolvidos.

No que concerne ao inciso I, a Lei nº 6.515/77, em seu art. 39, substituiu as expressões "desquite" e "desquite litigioso" por "separação consensual" e "separação judicial";

c) Exclusão das imunidades: São 3 (três) as hipóteses de exclusão:

1) crimes de roubo e extorsão, ou outros crimes patrimoniais em que haja emprego de violência ou grave ameaça à pessoa (arts. 157, 158, 159, CP);
2) ao terceiro (estranho) que participa do crime, já que as imunidades são de caráter pessoal;
3) em crimes patrimoniais praticados contra pessoas idosas, com idade igual ou superior a 60 (sessenta) anos, por força do que dispõe o Estatuto do Idoso – art. 1º, da Lei Federal nº 10.741/2003.

☑ QUESTÕES DE CONCURSOS ACERCA DOS CRIMES CONTRA O PATRIMÔNIO, COM GABARITO E COMENTÁRIOS:

1. ***(ACADEPOL/SP 2003)*** *De acordo com a legislação pátria:*

130 CAMPOS, Pedro Franco de; THEODORO, Luís Marcelo Mileo; BECHARA, Fábio Ramazzini et al. **Direito Penal Aplicado**: parte especial do código penal (arts. 121 a 361). 5. ed. São Paulo: Saraiva, 2013.

131 PRADO, Luiz Régis. **Curso de Direito Penal Brasileiro:** parte geral e parte especial. 17. ed. Rio de Janeiro: Forense, 2019.

132 NUCCI, Guilherme de Souza. **Curso de Direito Penal:** parte especial (arts. 213 a 361 do Código Penal). v. 3. 3. ed. Rio de Janeiro: Forense, 2019.

133 MASSON, Cléber. **Código Penal Comentado**. 3. ed. São Paulo: MÉTODO, 2015.

134 Ibidem.

135 THUMS, Gilberto. **Código Penal Anotado**: abordagem objetiva. Porto Alegre: Sapiens, 2010.

136 PRADO, Luiz Regis; CARVALHO, Gisele Mendes de. **Curso de Direito Penal Brasileiro:** parte especial. v. 2. 15. ed. São Paulo: RT, 2017, p. 392.

137 Ibidem, p. 392.

(A) *sempre que o autor de furto for primário, deverá sua conduta ser analisada como "furto privilegiado";*

(B) *nos casos de furto de veículo automotor, o transporte deste para outro Estado é circunstância impositiva de pena mais grave;*

(C) *a extração de mineral em propriedade alheia, sem a competente autorização, não caracteriza o crime de furto;*

(D) *responderá por furto quem subtrair coisa alheia para pagar-se ou ressarcir-se de prejuízos.*

Resposta: *A única alternativa correta é a da letra "B", que identifica a qualificadora prevista no art. 155, § 5º, CP. A alternativa "A" está incorreta, porque o privilégio pressupõe também o pequeno valor da coisa furtada. A alternativa "C" está incorreta, porque a subtração de mineral constitui furto. Por derradeiro, a alternativa "D" está incorreta, porque a intenção de autoressarcimento gera o crime de Exercício Arbitrário das Próprias Razões, delito contra a Administração da Justiça preconizado no art. 345, CP.*

2. ***(ACADEPOL/SP 2006)*** *Não constitui causa de aumento de pena no crime de roubo:*

(A) *o motivo torpe;*

(B) *o concurso de duas ou mais pessoas;*

(C) *o emprego de arma;*

(D) *a restrição de liberdade da vítima;*

(E) *a subtração de veículo automotor que venha a ser transportado para outro Estado ou para o exterior.*

Resposta: *Na época em que realizada a prova (2006), a única alternativa dada como correta foi a da letra "A", o que efetivamente corresponde à realidade, já que o motivo torpe é qualificadora do homicídio e não causa de aumento de pena ou majorante do roubo. Todavia, com o advento da Lei Federal nº 13.654/18, a única arma que hoje majora a pena no crime de roubo é a de fogo (novel art. 157, § 2º-A, I, CP). As demais armas, como as armas brancas e outras utilizadas para ataque e defesa, não majoram mais o roubo, tendo em vista a revogação do art. 157, § 2º, I, CP, identificando-se, pois, como hipóteses de roubo simples ou próprio, na forma do art. 157, caput, CP. Ademais, as circunstâncias indicadas nas alternativas "B", "D" e "E", também majoram o crime de roubo, estando insculpidas, respectivamente, no art. 157, § 2º, II, V e IV, do CP.*

3. ***(DELEGADO DE POLÍCIA/SP – 2003)*** *Quem exige, como garantia de dívida, abusando da situação de alguém, documento que possa dar causa a procedimento criminal contra a vítima ou terceiro, pratica:*

(A) *constrangimento ilegal;*

(B) *extorsão;*

(C) *abuso de incapaz;*

(D) *extorsão indireta;*

Resposta: *A única alternativa correta é a da letra "D", já que o enunciado se enquadra na descrição típica do crime de Extorsão Indireta, insculpido no art. 160, CP.*

4. ***(DELEGADO DE POLÍCIA/SP – 2001)*** *O dolo é subsequente à posse de coisa móvel nos crimes de:*

(A) *apropriação indébita.*

(B) *furto.*

(C) *roubo.*

(D) *estelionato.*

Resposta: *A única alternativa correta é a da letra "A", já que nos crimes de Furto, Roubo e Estelionato, o dolo é antecedente.*

5. ***(DELEGADO DE POLÍCIA/SP – 2008)*** *Filho de um idoso que completou oitenta anos, e, sem qualquer formalidade, apropria-se mensalmente dos proventos da sua aposentadoria, aplicando o dinheiro em uma caderneta de poupança pessoal:*

(A) *comete crime de furto de coisa comum.*

(B) *comete crime de apropriação indébita, tipificado no Código Penal.*

(C) *comete crime de apropriação indébita, continuada, tipificado no Estatuto do Idoso (Lei n. 10.741/2003).*

(D) *comete crime de furto continuado, tipificado no Estatuto do Idoso (Lei n. 10.741/2003).*

(E) *não comete crime nenhum, pois investiu os valores.*

Resposta: *A única alternativa correta é a da letra "C". A conduta enquadra-se em crime especial previsto no art. 102 do Estatuto do Idoso. O filho, ademais, não goza de qualquer imunidade, porque a vítima tem mais de 60 anos de idade (art. 183, III, do CP).*

6. *(DELEGADO DE POLÍCIA/SP – 2008)* *O estelionato é qualificado, com aumento da pena de um terço, se cometido em detrimento de:*

(A) *entidade de direito público.*

(B) *pessoa maior de 60 anos.*

(C) *pessoa incapaz.*

(D) *ascendente e descendente.*

(E) *companhia de seguros.*

Resposta: *Na época em que realizada a prova (2008), a única alternativa dada como correta foi a da letra "A". Mesmo assim, particularmente entendo que a circunstância de o crime ter sido cometido em detrimento de entidade de direito público traduz hipótese de causa de aumento de pena ou majorante, à razão de um terço (1/3), e não de qualificadora. Todavia, a Súmula nº 24, do STJ, ao tratar do tema, faz menção à existência de qualificadora, nos seguintes termos: "Aplica-se ao crime de estelionato, em que figure como vítima entidade autárquica da Previdência Social, a qualificadora do § 3º do art. 171 do Código Penal". Porém, nos dias atuais, com o advento da Lei Federal nº 13.228/15, foi introduzido ao art. 171, do CP, o § 4º, prevendo qualificadora específica quando o crime for praticado contra pessoa idosa, com idade igual ou superior a 60 (sessenta) anos, sopesando a pena de 1 (um) a 5 (cinco) anos de reclusão, na sua forma tradicional, para o dobro, qual seja, 2 (dois) a 10 (dez) anos de reclusão. Dessa forma, hoje, a alternativa da letra "B" também estaria correta.*

7. *(DELEGADO – PC-PB – 2009 – CESPE)* *Considera-se famulato o furto:*

(A) *praticado em estado de extrema miserabilidade, para evitar perigo maior decorrente da ausência de alimentação, situação em que há estado de necessidade, não se incluindo no conceito, entretanto, o furto de bens supérfluos.*

(B) *os gados pertencentes à terceira pessoa, espalhados por currais, com ânimo de assenhoramento definitivo pelo autor do crime.*

(C) *praticado pelo empregado, aproveitando-se de tal situação, de bens pertencentes ao empregador.*

(D) *de energia elétrica.*

(E) *de bens de uso comum do povo, que possam ter algum valor econômico.*

Resposta: *A única alternativa correta é a da letra "C". "Famulato" vem a ser o furto praticado por empregado doméstico.*

8. *(DELEGADO – PF – 2004 – CESPE)* *Rômulo sequestrou Lúcio, exigindo de sua família o pagamento de R$ 100.000,00 como resgate. Nessa situação, o crime de extorsão mediante sequestro praticado por Rômulo é considerado crime habitual.*

Resposta: *Errado. Trata-se de crime permanente, persistindo a consumação enquanto houver a privação da liberdade da vítima, que depende da ação do agente. É crime formal. Já o crime habitual é aquele em que estamos diante de um crime profissional, que é a reiteração ou habitualidade da mesma conduta reprovável, ilícita, de forma a constituir um estilo ou hábito de* *vida. É o caso do crime de Curandeirismo, quando o agente pratica as ações com intenção de lucro. A habitualidade aqui é em face do próprio autor da conduta, e não do crime, pois, se fosse deste, seria crime continuado.*

9. *(DELEGADO – PC-TO – 2008 – CESPE)* *No que tange à parte especial do Código Penal, julgue os itens a seguir (Certo ou Errado).*

Considere a seguinte situação hipotética.

João entregou a Manoel certa quantia em dinheiro, para que, em prazo determinado, a entregasse a uma terceira pessoa. Ao fim do prazo, Manoel se apossou do montante, tendo se utilizado do dinheiro para gastos pessoais. Nessa situação, a conduta de Manoel caracteriza o crime de apropriação indébita.

Resposta: Certo. *A Apropriação Indébita está identificada na posse legítima de coisa alheia móvel, porém vindo o agente a se comportar como se dono fosse da coisa. Esta inversão do título da posse pode ser: pela retenção (o agente demonstra o ânimo de não devolver a coisa); pela disposição da coisa (por meio do consumo próprio indevido).*

10. *(DELEGADO – PC-GO – 2008 – UEG)* *Sobre os crimes contra o patrimônio, é CORRETO afirmar:*

(A) as escusas absolutórias previstas nos delitos contra o patrimônio constituem causas de isenção de pena e se comunicam no concurso de agentes.

(B) não se admite a figura da delação premiada nos crimes contra o patrimônio.

(C) o furto de uso, que se caracteriza pela subtração da coisa fungível apenas para usufruí-la momentaneamente, é fato atípico, havendo a necessidade que o agente efetue a devolução da coisa.

(D) o possuidor da coisa não pode ser sujeito ativo do crime de furto, uma vez que se encontra na posse da coisa ou exerce algum direito inerente à propriedade.

Resposta: *A única alternativa correta é a da letra "D", já que não existe furto de coisa própria, pois o legislador fala em subtração de coisa alheia móvel. Caso não seja o proprietário da coisa, responde por Apropriação Indébita. A alternativa "A" está incorreta, tendo em vista o comando constante no art. 183, II, CP, identificando que as escusas absolutórias não se comunicam no concurso de agentes. A alternativa "B" também está incorreta, já que o instituto da delação premiada ou da colaboração premiada é aceito no delito de Extorsão Mediante Sequestro, conforme regra insculpida no art. 159, § 4º, CP. Por derradeiro, a alternativa "C" igualmente está incorreta. Os objetos consumíveis não são passíveis de furto de uso, uma vez que, havendo o assenhoramento daquela coisa, não é mais possível a sua substituição.*

11. *(V EXAME UNIFICADO OAB – 30.10.11 – QUESTÃO 64)* *Jefferson, segurança da mais famosa rede de supermercados do Brasil, percebeu que João escondera em suas vestes três sabonetes, de valor aproximado de R$ 12,00 (doze reais). Ao tentar sair do estabelecimento, entretanto, João é preso em flagrante delito pelo segurança, que chama a polícia.*

A esse respeito, assinale a alternativa correta:

(A) A conduta de João não constitui crime, uma vez que este agiu em estado de necessidade.

(B) A conduta de João não constitui crime, uma vez que o fato é materialmente atípico.

(C) A conduta de João constitui crime, uma vez que se enquadra no artigo 155 do Código Penal, não estando presente nenhuma das causas de exclusão de ilicitude ou culpabilidade, razão pela qual este deverá ser condenado.

(D) Embora sua conduta constitua crime, João deverá ser absolvido, uma vez

que a prisão em flagrante é nula, por ter sido realizada por um segurança particular.

Resposta: *A alternativa a ser assinalada é a da letra "B", com fundamento no Princípio da Insignificância ou da Bagatela, que tem a propriedade de excluir a tipicidade material. Em 2011 (data da prova), o salário mínimo nacional era de R$ 545,00 (quinhentos e quarenta e cinco reais), justificando, por isso, o princípio da insignificância. De outra banda, não há que se questionar eventual hipótese de crime impossível (art. 17, CP), já que João foi preso ao tentar sair do estabelecimento, o que demonstra que ele teve a possibilidade, mesmo que remota, de consumar o delito. A este respeito, o alcance da Súmula nº 567, do STJ.*

12. ***(VIII EXAME UNIFICADO OAB – 09.09.12 – QUESTÃO 64)*** *Jaime, conhecido pelos colegas como "Jaiminho mão de seda", utilizando-se de sua destreza, consegue retirar a carteira do bolso traseiro da calça de Ricardo que, ao perceber a subtração, sai ao encalço do delinquente. Ocorre que, durante a perseguição, Ricardo acaba sendo atropelado, vindo a falecer em decorrência dos ferimentos.*

Nesse sentido, com base nas informações apresentadas na hipótese, e a jurisprudência predominante dos tribunais superiores, assinale a afirmativa correta:

(A) Jaime praticou delito de furto em sua modalidade tentada.

(B) Jaime consumou a prática do delito de furto simples.

(C) Jaime consumou a prática do delito de furto qualificado.

(D) Jaime consumou a prática de latrocínio.

Resposta: *A alternativa a ser assinalada é a da letra "B", com fundamento no art. 155, caput, c/c art. 13, § 1º, ambos do CP – a morte se deu pela superveniência de causa independente. Pela teoria da apprehensio ou amotio (STF/STJ), não precisa o agente ter a posse tranquila da res furtiva. Não cabe a qualificadora da destreza (art. 155, § 4º, II, CP), já que a vítima Ricardo percebeu a subtração.*

13. ***(IX EXAME UNIFICADO OAB – 16.12.12: QUESTÃO 62)*** *José subtrai o carro de um jovem que lhe era totalmente desconhecido, chamado João. Tal subtração deu-se mediante o emprego de grave ameaça exercida pela utilização de arma de fogo. João, entretanto, rapaz jovem e de boa saúde, sem qualquer histórico de doença cardiovascular, assusta-se de tal forma com a arma, que vem a óbito em virtude de ataque cardíaco.*

Com base no cenário acima, assinale a afirmativa correta:

(A) José responde por latrocínio.

(B) José não responde pela morte de João.

(C) José responde em concurso material pelos crimes de roubo e de homicídio culposo.

(D) José praticou crime preterdoloso.

Resposta: *A alternativa a ser assinalada é a da letra "B", com fundamento no art. 157, § 2º-A, I (redação conferida pela Lei Federal nº 13.654/18), c/c art. 13, § 1º, ambos do CP – a morte se deu pela superveniência de causa independente. Trata-se de hipótese de Roubo Majorado pelo emprego de arma de fogo, com possibilidade de aumento da pena à razão de 2/3.*

14. ***(IX EXAME UNIFICADO OAB – REAPLICAÇÃO IPATINGA – 06.01.13 – QUESTÃO 64)*** *Ana e Júlia, irmãs gêmeas de 15 anos, estavam caminhando no calçadão da praia por volta das 18h, ocasião em que foram abordadas por Malu, jovem franzina de 18 anos. Malu, simulando portar arma de fogo, amedrontou as vítimas, que lhe entregaram os telefones celulares que portavam. Ato contínuo, a delinquente saiu correndo, rindo para as vítimas, enquanto mostrava que não portava nenhuma arma de fogo.*

Levando em conta os dados fornecidos, assinale a afirmativa correta.

(A) *Malu deve responder por furto qualificado, praticado em concurso formal.*

(B) *Malu deve responder por roubo qualificado, praticado em concurso formal.*

(C) *Malu deve responder por roubo simples, praticado em concurso formal.*

(D) *Malu não faz jus a nenhuma circunstância atenuante.*

Resposta: *A alternativa a ser assinalada é a da letra "C", com fundamento no art. 157, caput, c/c art. 70, ambos do CP – Roubo simples ou próprio, em concurso formal, já que foram 2 (duas) vítimas. Não é a "D", por conta da atenuante genérica prevista no art. 65, I, CP (Malu era menor de 21 anos de idade na data do fato).*

15. (PROMOTOR DE JUSTIÇA SÃO PAULO – 87º/MP/SP – 2010) *Assinale a alternativa correta:*

(A) *no crime de estelionato, na modalidade fundamental, a obtenção da vantagem, a decorrer da fraude, deve sucedê-la ou, ao menos, ser com ela concomitante.*

(B) *no crime de apropriação indébita, constitui causa de aumento de pena (art. 168, § 1º, do Código Penal) o fato de o agente ter recebido a coisa na qualidade de ascendente ou descendente.*

(C) *no crime de estelionato, na modalidade de fraude no pagamento por meio de cheque, o pagamento do título após o recebimento da denúncia impossibilita o prosseguimento da ação penal.*

(D) *para a caracterização do crime de apropriação indébita, constitui expressa disposição legal a exigência de prévia prestação de contas, na hipótese de relação contratual entre acusado e vítima.*

(E) *o crime de estelionato diferencia-se do crime de furto qualificado pela fraude porque neste a vítima entrega o bem após ser ludibriada pelo agente.*

Resposta: *A alternativa a ser assinalada é a da letra "A", com fundamento no art. 171, caput, CP. Não é a "C" (hipótese prevista no art. 171, § 2º, VI, CP), tendo em vista o enunciado constante na Súmula nº 554, do STF. Não é a "E", porque no furto há subtração, enquanto que no estelionato há tradição.*

16. (JUIZ DE DIREITO – SÃO PAULO – 181º/TJ/SP – 2007) *O agente que mata a dona do bar, porque esta lhe recusou servir fiado um copo de pinga e, percebendo a existência de dinheiro na caixa registradora, o subtrai, responde:*

(A) *por homicídio qualificado pelo motivo torpe em concurso material com furto.*

(B) *por latrocínio.*

(C) *por homicídio qualificado pelo motivo fútil em concurso material com furto.*

(D) *por homicídio simples em concurso com furto.*

Resposta: *A alternativa a ser assinalada é a da letra "C", com fundamento no art. 121, § 2º, II, c/c art. 155, caput, ambos do CP. Nos 2 (dois) crimes se aplica o concurso material (soma das penas), nos termos do art. 69, CP.*

17. (PROMOTOR DE JUSTIÇA SÃO PAULO – 87º/MP/SP – 2010) *Assinale a alternativa correta:*

(A) *o ato de ter em depósito, no interior da própria residência, no exercício de atividade comercial, coisa que deve saber ser produto de crime de estelionato constitui crime de receptação na modalidade dolosa do art. 180, "caput", do Código Penal.*

(B) *o crime de receptação, nas modalidades dolosa ou culposa, pressupõe, por expressa disposição legal, a anterior prática de crime contra o patrimônio.*

(C) *no crime de receptação, a modalidade privilegiada (art. 180, § 5º, c/c art. 155, § 2º, do CP) só pode ser reconhecida quando se tratar da figura culposa do delito.*

(D) *o crime de receptação imprópria implica necessariamente que o terceiro que adquire ou recebe a coisa esteja de boa-fé.*

(E) *o perdão judicial aplica-se à receptação culposa, mesmo na hipótese de o réu ser reincidente.*

Resposta: *A alternativa a ser assinalada é a da letra "D", com fundamento no art. 180, caput, in fine, CP. Não é a "A", já que a hipótese arrolada trata do delito de Receptação qualificada, previsto no art. 180, §§ 1º e 2º, CP. Não é a "B", já que o art. 180, caput e § 4º, CP, não exige a anterior prática de crime contra o patrimônio. Exige que seja "produto de crime". Não é a "C", já que a privilegiadora da receptação, prevista na parte final do art. 180, § 5º, CP, aplica-se à figura dolosa do delito, assim como acontece no furto. Não é a "E", já que o perdão judicial aplica-se na receptação culposa apenas quando o réu for primário (art. 180, § 5º, primeira parte, do CP).*

18. *(DEFENSOR PÚBLICO RIO GRANDE DO SUL – DPE/RS – 2011)* *Carlos, com dezoito anos à época do fato, na companhia do amigo Paulo, com vinte e dois anos por ocasião do fato, furtaram R$ 300,00 (trezentos reais) da carteira do avô de Carlos, seu Romeu, o qual contava, no dia do furto, em 07.08.2007, com 61 anos de idade. Sobre a responsabilização penal dos autores do fato, é correto afirmar:*

(A) *Carlos responderá pelo delito de furto qualificado, assim como seu amigo Paulo, sendo que não haverá isenção de pena para qualquer um dos agentes.*

(B) *Haverá isenção de pena quanto a Carlos, por se tratar de descendente da vítima, circunstância que alcançará o amigo Paulo.*

(C) *Carlos ficará isento de pena, mas tal circunstância não alcançará o amigo Paulo.*

(D) *A responsabilização penal de ambos os agentes dependerá de representação da vítima.*

(E) *A responsabilização penal de Carlos dependerá de queixa-crime e a de Paulo de representação da vítima.*

Resposta: *A alternativa a ser assinalada é a da letra "A", com fundamento no art. 155, § 4º, IV, c/c art. 183, III, ambos do CP. Em virtude de a vítima ser pessoa idosa, cai por terra a escusa absolutória ou causa de imunidade penal absoluta prevista no art. 181, II, CP, em relação ao neto Carlos. Embora a questão não trate dessa circunstância, ainda seria possível, na espécie fática, aplicar outra qualificadora ao neto Carlos (abuso de confiança – art. 155, § 4º, II, CP). Não é a "B", tendo em vista o comando descrito no art. 183, II, CP. Não é a "C", tendo em vista o comando descrito no art. 183, III, CP. Não é a "D" ou a "E", tendo em vista o comando descrito no art. 182, CP.*

19. *(FUNDATEC – DELEGADO DE POLÍCIA – PC – RS/2018)* *Analise a situação hipotética a seguir:*

Crakeison, imputável, sem mais dinheiro para custear o vício em drogas, planejou assaltar transeuntes, em via pública. Pondo em prática seu plano criminoso, abordou as vítimas Suzineide, 21 anos, grávida de 08 meses, e Romualdo, marido dela, assim que saíram de um estabelecimento comercial. Apontando para as vítimas um revólver calibre 38, Crakeison ordenou que Romualdo lhe entregasse um aparelho celular, que levava em uma das mãos. Suzineide, assustada, gritou. Diante disso, Crakeison efetuou um disparo contra Suzineide, atingindo o abdômen da grávida. Em um ato contínuo, Romualdo conseguiu imobilizar o criminoso, retirando a arma de fogo das mãos dele. Imobilizado, Crakeison foi preso em seguida, não logrando êxito, portanto, na subtração do aparelho celular pretendido. Suzineide foi socorrida, porém, em decorrência das lesões sofridas, ela e o bebê morreram antes de chegarem ao hospital da cidade.

Assinale a alternativa que melhor ilustra o enquadramento legal a ser conferido a Crakeison pelo Delegado de Polícia com atribuição para a apreciação do caso, com base no entendimento consolidado pelo Supremo Tribunal Federal.

(A) Latrocínio consumado, agravado pelo fato de ter sido praticado contra mulher grávida.

(B) Latrocínio tentado, agravado pelo fato de ter sido praticado contra mulher grávida.

(C) Latrocínio consumado, majorado pelo emprego de arma e agravado pelo fato de ter sido praticado contra mulher grávida.

(D) Homicídio doloso contra Suzineide, qualificado por motivo torpe, bem como homicídio culposo contra o feto e roubo tentado contra Romualdo, majorado pelo emprego de arma.

(E) Homicídio doloso contra Suzineide, qualificado por motivo torpe, agravado pelo fato de ter sido praticado contra mulher grávida, homicídio doloso contra o feto e roubo majorado por emprego de arma contra Romualdo.

Resposta: *Na espécie fática, a alternativa que melhor ilustra o enquadramento legal conferido a Crakeison é a da letra "A". Trata-se da prática do delito de Latrocínio consumado, crime hediondo tipificado no artigo 157, § 3º, II, do Código Penal, e no art. 1º, II, da Lei dos Crimes Hediondos (Lei Federal nº 8.072/90). Mesmo não tendo ocorrido a subtração de bens das vítimas, o latrocínio se consumou, consoante entendimento preconizado na Súmula nº 610, do STF. Ademais, em virtude de uma das vítimas ser mulher grávida, incide a agravante genérica preconizada no art. 61, II, alínea "h", do Código Penal.*

20. *(FUNDATEC – DELEGADO DE POLÍCIA – PC – RS/2018)* *Analise a seguinte situação hipoteticamente descrita:*

Ratão e Cara Riscada, foragidos do sistema prisional gaúcho, dirigiram-se a uma pacata cidade no interior do Estado. Lá chegando, por volta das 11 horas, invadiram uma residência, aleatoriamente, e anunciaram o assalto à Mindinha, faxineira, que estava sozinha na casa. Amarraram a vítima, trancando-a em um dos quartos do imóvel. Os dois permaneceram por aproximadamente 45 minutos no local, buscando objetos e valores. Quando já estavam saindo, carregando um cofre, ouviram um barulho, que identificaram como sendo uma sirene de viatura policial. Temendo serem presos, empreenderam fuga, sem nada levar. Assim que percebeu o silêncio na casa, Mindinha tentou se desamarrar, porém, acabou se lesionando gravemente, ao tentar fazer uso de uma faca, para soltar a corda que a prendia. Socorrida a vítima e acionada a Polícia Civil, restou esclarecido que a sirene supostamente ouvida pelos assaltantes era a sineta de encerramento de aula de uma escola situada ao lado da residência. Os autores do crime foram descobertos em seguida, já que não conheciam a cidade e acabaram chamando a atenção dos moradores.

Assinale a alternativa que corresponde à melhor tipificação a ser atribuída a Ratão e Cara Riscada.

(A) Roubo tentado qualificado pela lesão corporal grave sofrida pela vítima.

(B) Roubo tentado qualificado pela lesão corporal grave e majorado pelo concurso de agentes e restrição da liberdade da vítima.

(C) Roubo tentado majorado por concurso de agentes e restrição da liberdade da vítima.

(D) Ambos não responderão pelo crime de roubo, pois ocorreu aquilo que a doutrina compreende como sendo uma desistência voluntária pelos agentes.

(E) De acordo com a doutrina, pode-se dizer que, diante da ocorrência de um obstáculo erroneamente suposto, ambos respondem por tentativa abandonada ou qualificada.

***Resposta**: Na espécie fática, a alternativa que corresponde à melhor tipificação a ser atribuída a Ratão e Cara Riscada é a da letra "C". Trata-se da prática do delito de Roubo Duplamente Majorado, na forma tentada (art. 157, § 2º, II e V, c/c art. 14, II, ambos do CP).*

21. ***(FUNDATEC - DELEGADO DE POLÍCIA - PC - RS/2018)** Em relação aos crimes contra o patrimônio, assinale a alternativa correta, de acordo com entendimento majoritário na doutrina e jurisprudência dos tribunais superiores.*

(A) Tadeuzinho, menor, subtraiu uma bicicleta de alto valor comercial. Após pintá-la, vendeu-a para Espertinhus, contando a respeito da origem ilícita do objeto. Nessa hipótese, não está configurada a receptação, porque o tipo penal exige que a coisa adquirida seja produto de crime anterior e não de ato infracional, como é o caso.

(B) Astolfo, proprietário de um açougue clandestino, adquiriu, para vender em seu estabelecimento comercial, diversos bois abatidos, que deveria saber serem produto de subtração. Carneiro Ticiani, agropecuarista, nesta condição, adquiriu uma carga de gado nelore, que deveria saber ser produto de furto. Este responderá pelo crime de receptação de animal semovente de produção, com pena de reclusão de 02 a 05 anos e multa. Aquele responderá pelo crime de receptação qualificada, com pena de reclusão de 03 a 08 anos e multa.

(C) Ligeirinhus subtraiu a bolsa de Maria Sussa, enquanto ela dormia, em um ônibus interurbano. Assim agindo, praticou o crime de roubo mediante violência imprópria, porque se aproveitou de situação na qual a vítima não possuía qualquer capacidade de resistência.

(D) Folgadus, imputável, subtraiu o talão de cheques de seu pai, 59 anos, preencheu uma cártula, assinou-a e efetuou vultosas compras em estabelecimento comercial. Folgadus não responde, em tese, por nenhum crime, em função da regra de imunidade absoluta, prevista no artigo 181 do Código Penal.

(E) Santina, 60 anos, conheceu Larapius pela internet, passando a manter com ele relacionamento amoroso. Alegando dificuldades financeiras, Larapius pediu que Santina depositasse para ele elevada quantia em dinheiro, para que pudesse ir até ela. Após o depósito, o perfil da rede social foi desativado e Santina descobriu que tinha sido vítima de um scam amoroso. A conduta de Larapius se amolda ao crime de estelionato majorado, por ter sido praticado contra idosa.

***Resposta**: A única alternativa correta é a da letra "E". Trata-se da prática do delito de Estelionato contra Idoso, tipificado no art. 171, § 4º, do Código Penal.*

22. ***(FUNDATEC - DELEGADO DE POLÍCIA - PC - RS/2018)** A respeito dos crimes contra o patrimônio, previstos no Código Penal, analise as assertivas a seguir:*

I. O silêncio pode ser meio de execução do crime de estelionato, que pode se configurar, portanto, através de uma conduta omissiva.

II. Asdrubal, possuindo fotografias íntimas da ex-namorada Miguelina, chantageia a moça, exigindo dela indevida vantagem econômica, sob pena de divulgar tais fotos em redes sociais. Assim agindo, pratica o crime de extorsão.

III. Não incide aumento de pena previsto para o crime de dano quando o objeto material do crime envolver bens do patrimônio da Caixa Econômica Federal, por ausência de expressa previsão legal, sob pena de analogia in malam partem.

IV. O posicionamento dominante no Supremo Tribunal Federal é pelo não cabimento da continuidade delitiva entre roubo e latrocínio.

Quais estão corretas?

(A) Apenas I.

(B) Apenas II e IV.

(C) Apenas III e IV.

(D) Apenas I, II e IV.

(E) I, II, III e IV.

Resposta: *Estão corretos apenas os enunciados I, II e IV. O terceiro enunciado está incorreto, já que o dano praticado contra o patrimônio de autarquias federais, que é o caso da Caixa Econômica Federal, justifica a qualificadora prevista no artigo 163, § único, III, do Código Penal, com a redação trazida pela Lei Federal nº 13.531/17. Dessa forma, a única alternativa a ser assinalada é a da letra "D".*

23. (UEG – DELEGADO DE POLÍCIA – PC – GO/2018) *Sobre o crime de furto, previsto no artigo 155 do Código Penal, tem-se o seguinte:*

(A) A lei penal admite, em certas hipóteses, ação penal pública condicionada à representação para o crime de furto.

(B) O Superior Tribunal de Justiça admite a aplicação, no furto qualificado pelo concurso de agentes, da majorante do roubo.

(C) O Superior Tribunal de Justiça entende que a existência de sistema de vigilância realizado por monitoramento eletrônico torna impossível a configuração do crime de furto.

(D) A expressão "pequeno valor", requisito para o reconhecimento do furto privilegiado, equivale, na jurisprudência, a "valor insignificante".

(E) A jurisprudência do Superior Tribunal de Justiça não admite o reconhecimento do privilégio nas hipóteses de furto qualificado.

Resposta: *A única alternativa correta é a da letra "A". Excepcionalmente, a lei penal admitirá ação penal pública condicionada para o crime de furto, quando ocorrer qualquer das hipóteses previstas nos incisos I, II e III, do art. 182, CP, consideradas pela doutrina como causas de imunidade penal relativa (subtração entre separados de fato ou judicialmente; subtração entre irmãos; subtração de tio ou sobrinho, quando houver coabitação).*

24. (VUNESP – DELEGADO DE POLÍCIA – PC – SP/2018) *O crime de extorsão mediante sequestro (CP, art. 159)*

(A) é qualificado se do fato resulta lesão corporal grave ou morte.

(B) é qualificado se cometido contra vítima menor de 18 (dezoito) anos ou maior de 50 (cinquenta) anos.

(C) não admite a modalidade tentada.

(D) consuma-se quando o agente solicita vantagem como preço do resgate, por se tratar de crime contra o patrimônio.

(E) consuma-se quando o agente obtém vantagem como preço do resgate, por se tratar de crime contra o patrimônio.

Resposta: *A única alternativa correta é a da letra "A". A fundamentação legal para tal assertiva encontra-se insculpida no art. 159, §§ 2º e 3º, CP. Temos outras qualificadoras contempladas no art. 159, § 1º, CP, mas elas não foram identificadas corretamente, por exemplo, na alternativa B. São elas: sequestro com mais de 24 (vinte e quatro) horas; vítima menor de 18 (dezoito) anos ou maior de 60 (sessenta) anos; crime cometido por bando ou quadrilha, atualmente associação criminosa, com a mudança do nomen juris do tipo penal previsto no art. 288, CP.*

25. (VUNESP – DELEGADO DE POLÍCIA – PC – SP/2018) *O crime de apropriação indébita (CP, art. 168)*

(A) torna-se qualificado quando a vítima é entidade de direito público ou instituto de economia popular, assistência social ou beneficência.

(B) é de ação pública condicionada à representação.

(C) apenas tem como objeto material a coisa alheia móvel, sendo impossível falar-se em apropriação indébita de imóvel.

(D) não admite a figura privilegiada, ao contrário do furto.

(E) tem a punibilidade extinta em caso de devolução da coisa antes do oferecimento da denúncia.

Resposta*: A única alternativa correta é a da letra "C". A fundamentação legal para tal assertiva encontra-se insculpida na própria redação do art. 168, caput, CP, que exige a tradição de coisa alheia móvel.*

26. *(CESPE – DELEGADO DE POLÍCIA FEDERAL – DPF/2018)* *Em cada um dos itens seguintes, é apresentada uma situação hipotética seguida de uma assertiva a ser julgada com base na legislação de regência e na jurisprudência dos tribunais superiores a respeito de exclusão da culpabilidade, concurso de agentes, prescrição e crime contra o patrimônio.*

Severino, maior e capaz, subtraiu, mediante o emprego de arma de fogo, elevada quantia de dinheiro de uma senhora, quando ela saía de uma agência bancária. Um policial que presenciou o ocorrido deu voz de prisão a Severino, que, embora tenha tentado fugir, foi preso pelo policial após breve perseguição. Nessa situação, Severino responderá por tentativa de roubo, pois não teve a posse mansa e pacífica do valor roubado.

Resposta*: Errado. Trata-se de hipótese de Roubo Majorado consumado, previsto no artigo 157, § 2º-A, I, do Código Penal, com a nova redação introduzida por meio da Lei Federal nº 13.654, de 23 de abril de 2018. Ademais, segundo entendimento preconizado pela Súmula nº 582, do STJ, editada em 19 de junho de 2016, adota-se, na espécie fática, assim como acontece no delito de furto, a teoria da apprehensio ou amotio: "consuma-se o crime de roubo com a inversão da posse do bem, mediante emprego de violência ou grave ameaça, ainda que por breve tempo e em seguida à perseguição imediata ao agente e recuperação da coisa roubada, sendo prescindível a posse mansa e pacífica ou desvigiada".*

TÍTULO III – CRIMES CONTRA A PROPRIEDADE IMATERIAL

Os bens imateriais são incorpóreos, porém possuem valor econômico.

Integram a propriedade industrial e são protegidos e tutelados pelo direito a partir do momento em que se concretizam em obras científicas, literárias, artísticas e invenções em geral.

Os crimes contra a propriedade imaterial, previstos no Título III do Código Penal, têm proteção constitucional, conforme pode se perceber da redação do art. 5º, IX, XXVII e XXIX, e do art. 216, ambos da Carta de 1988.

No Código Penal, possui 4 (quatro) capítulos, a saber:

a) Crimes contra a Propriedade Intelectual;

b) Crimes contra o Privilégio de Invenção;

c) Crimes contra as Marcas de Indústria e Comércio;

d) Crimes de Concorrência Desleal.

Conforme dispõe a regra constante nos arts. 529, 530 e 530-A, todos do CPP, no que concerne ao processo e julgamento dos crimes contra a propriedade imaterial, de ação penal privada, há prazo decadencial diferenciado para o oferecimento de queixa-crime: 30 (trinta) dias após a homologação de laudo pericial, ou 8 (oito) dias, se ocorrer prisão em flagrante e o réu não for posto em liberdade.

1) Crimes contra a propriedade intelectual (Capítulo I):

É o primeiro dos 4 (quatro) capítulos relativos aos crimes contra a propriedade imaterial.

Identifica-se nas seguintes figuras típicas:

a) Violação de direito autoral (art. 184, *caput*, CP);

b) Violação de direito autoral qualificada (art. 184, § 1º, CP);

c) "Pirataria" (art. 184, § 2º, CP);

d) Violação do direito de autor por outros meios (art. 184, § 3º, CP).

Direito autoral: é um complexo de direitos, morais e patrimoniais, vinculados a uma obra literária, artística ou científica e nascidos com a criação da obra original, independentemente de qualquer formalidade ou registro.

A Lei 9.610/98 define o que são os direitos autorais e o seu alcance.

Para todos os efeitos legais, os direitos autorais são considerados bens móveis.

Os direitos morais são imprescritíveis, irrenunciáveis e insuscetíveis de alienação.

Os direitos patrimoniais dizem respeito à exploração econômica da obra produzida e podem ser alienados a qualquer tempo, de acordo com a vontade do autor da obra.

Violação de direito autoral

Art. 184. Violar direitos de autor e os que lhe são conexos: (Redação dada pela Lei nº 10.695, de 1-7-2003)

Pena – detenção, de 3 (três) meses a 1 (um) ano, ou multa. (Redação dada pela Lei nº 10.695, de 1-7-2003)

§ 1º Se a violação consistir em reprodução total ou parcial, com intuito de lucro direto ou indireto, por qualquer meio ou processo, de obra intelectual, interpretação, execução ou fonograma, sem autorização expressa do autor, do artista intérprete ou executante, do produtor, conforme o caso, ou de quem os represente: (Redação dada pela Lei nº 10.695, de 1-7-2003)

Pena – reclusão, de 2 (dois) a 4 (quatro) anos, e multa. (Redação dada pela Lei nº 10.695, de 1-7-2003)

§ 2º Na mesma pena do § 1º incorre quem, com o intuito de lucro direto ou indireto, distribui, vende, expõe à venda, aluga, introduz no País, adquire, oculta, tem em depósito, original ou cópia de obra intelectual ou fonograma reproduzido com violação do direito de autor, do direito de artista intérprete ou executante ou do direito do produtor de fonograma, ou, ainda, aluga original ou cópia de obra intelectual ou fonograma, sem a expressa autorização dos titulares dos direitos ou de quem os represente. (Redação dada pela Lei nº 10.695, de 1-7-2003)

§ 3º Se a violação consistir no oferecimento ao público, mediante cabo, fibra ótica, satélite, ondas ou qualquer outro sistema que permita ao usuário realizar a seleção da obra ou produção para recebê-la em um tempo e lugar previamente determinados por quem formula a demanda, com intuito de lucro, direto ou indireto, sem autorização expressa, conforme o caso, do autor, do artista intérprete ou executante, do produtor de fonograma, ou de quem os represente: (Redação dada pela Lei nº 10.695, de 1-7-2003)

Pena – reclusão, de 2 (dois) a 4 (quatro) anos, e multa. (Incluído pela Lei nº 10.695, de 1-7-2003)

§ 4º O disposto nos §§ 1º, 2º e 3º não se aplica quando se tratar de exceção ou limitação ao direito de autor ou os que lhe são conexos, em conformidade com o previsto na Lei nº 9.610, de 19 de fevereiro de 1998, nem a cópia de obra intelectual ou fonograma, em um só exemplar, para uso privado do copista, sem intuito de lucro direto ou indireto. (Incluído pela Lei nº 10.695, de 1-7-2003)

Usurpação de nome ou pseudônimo alheio

Art. 185 – (Revogado pela Lei nº 10.695, de 1-7-2003)

Art. 186. Procede-se mediante: (Redação dada pela Lei nº 10.695, de 1-7-2003)

*I – queixa, nos crimes previstos no **caput** do art. 184; (Incluído pela Lei nº 10.695, de 1-7-2003)*

II – ação penal pública incondicionada, nos crimes previstos nos §§ 1º e 2º do art. 184; (Incluído pela Lei nº 10.695, de 1-7-2003)

III – ação penal pública incondicionada, nos crimes cometidos em desfavor de entidades de direito público, autarquia, empresa pública, sociedade de economia mista ou fundação instituída pelo Poder Público; (Incluído pela Lei nº 10.695, de 1-7-2003)

IV – ação penal pública condicionada à representação, nos crimes previstos no § 3º do art. 184. (Incluído pela Lei nº 10.695, de 1-7-2003)

COMENTÁRIOS

I. Violação de direito autoral:

Delito de menor potencial ofensivo, da competência dos JECs, instrumentalizado por meio de Termo Circunstanciado e que se submete, em princípio, ao rito do procedimento comum sumaríssimo (art. 394, § 1º, III, CPP).

Todavia, o delito de Violação de Direito Autoral, nos termos do Livro II, Título II, Capítulo IV, do Código de Processo Penal, consoante arts. 524 a 530-I, todos do CPP, submete-se ao procedimento especial ali descrito.

Consuma-se independentemente de qualquer resultado, já que não é necessária a obtenção de vantagem econômica.

É crime comum, podendo ser praticado por qualquer pessoa.

Sujeito passivo é o autor da obra.

Se ela foi transmitida aos herdeiros, estes figurarão como vítimas, o mesmo valendo em relação às pessoas jurídicas de direito público e de direito privado, que figurarem como prejudicadas.

Na hipótese em que a violação recair sobre direitos conexos aos do autor, serão vítimas seus respectivos titulares, tais como o artista intérprete, produtores, empresas de radiodifusão etc.

Trata-se de norma penal em branco homogênea, necessitando ser complementada pela Lei 9.610/98.

Uma das mais conhecidas formas de violação do direito de autor é o plágio, total ou parcial, que significa tanto copiar ou assinar como sua obra alheia, quanto copiar ou imitar o que outra pessoa já produziu.

II. Violação de direito autoral qualificada:

Delito de maior potencial ofensivo, da competência da Justiça Comum, Estadual ou Federal, e instrumentalizado por meio de Inquérito Policial, submetendo-se, em princípio, ao rito do procedimento comum ordinário (art. 394, § 1º, I, CPP).

Todavia, o delito de Violação de Direito Autoral Qualificada, nos termos do Livro II, Título II, Capítulo IV, do Código de Processo Penal, consoante arts. 524 a 530-I, todos do CPP, submete-se ao procedimento especial ali descrito.

Consiste na reprodução não autorizada (reprodução ilícita), com o fim de lucro, direto ou indireto, da obra intelectual.

A pena aumenta consideravelmente (2 a 4 anos de reclusão e multa) em relação à figura do *caput* (3 meses a 1 ano de detenção, ou multa).

A jurisprudência vem entendendo que a reprodução musical em clubes ou festas se equipara ao recesso familiar, quando não há intenção direta de lucro.

Não são objeto material do delito os programas de computação ou *softwares*, que são objeto de legislação específica (Lei Federal nº 9.609/98), que dispõe sobre a proteção da propriedade intelectual de programa de computador, sua comercialização no País, e dá outras providências, tipificando a violação de direito autoral no seu art. 12 e parágrafos.

III. "Pirataria":

Igualmente, delito de maior potencial ofensivo, da competência da Justiça Comum, Estadual ou Federal, e instrumentalizado por meio de Inquérito Policial, submetendo-se, em princípio, ao rito do procedimento comum ordinário (art. 394, § 1º, I, CPP).

Todavia, o delito de "Pirataria", nos termos do Livro II, Título II, Capítulo IV, do Código de Processo Penal, consoante arts. 524 a 530-I, todos do CPP, submete-se ao procedimento especial ali descrito.

Para configurar a figura típica, importante a finalidade lucrativa, vinculada à atividade comercial (utilização não autorizada).

Todavia, em alguns casos, a jurisprudência tem reconhecido a possibilidade de erro de proibição (excludente de culpabilidade - art. 21 e parágrafo único, CP) e até de erro de tipo (excludente de tipicidade - art. 20, CP).

Recentemente, a **Súmula 502 do STJ consolidou o entendimento sobre a criminalização da pirataria.**

Segundo os Ministros, ainda que a pirataria seja amplamente praticada na sociedade, não se admite a aplicação do princípio da adequação social aos casos envolvendo esse tipo de comércio.

O entendimento, já pacificado no Superior Tribunal de Justiça (STJ), de que é crime a conduta de expor à venda CDs e DVDs falsificados foi sumulado pela Terceira Seção.

O princípio da adequação social vinha afastando a tipicidade penal de determinadas condutas socialmente aceitas e muitas sentenças, confirmadas em acórdãos de apelação, absolveram réus em crimes de violação de direitos autorais, por venda de produtos piratas, com base nesse argumento.

A Quinta e a Sexta Turma do STJ, que compõem a Terceira Seção, no entanto, há tempos vinham reformando acórdãos para afastar a aplicação do princípio da adequação social, para enquadrar o delito como Violação de Direito Autoral, previsto no artigo 184, § 2º do Código Penal.

De acordo com o voto da ministra Maria Thereza de Assis Moura, relatora, *"o fato de, muitas vezes, haver tolerância das autoridades públicas em relação a tal prática, não pode e não deve significar que a conduta não seja mais tida como típica, ou que haja exclusão de culpabilidade, razão pela qual, pelo menos até que advenha modificação legislativa, incide o tipo penal, mesmo porque o próprio Estado tutela o direito autoral"*.

O projeto de edição de súmula veio da própria ministra Maria Thereza e a redação oficial do dispositivo ficou assim definida: *"Presentes a materialidade e a autoria, afigura-se típica, em relação ao crime previsto no art. 184, § 2º, do CP, a conduta de expor à venda CDs e DVDs piratas"*.

Outrossim, importante a compreensão da Súmula nº 574, STJ, segundo a qual: *"Para a configuração do delito de violação de direito autoral e a comprovação de sua materialidade, é suficiente a perícia realizada por amostragem do produto apreendido, nos aspectos externos do material, e é desnecessária a identificação dos titulares dos direitos autorais violados ou daqueles que os representem"*.

IV. Violação do direito de autor por outros meios:

Delito de maior potencial ofensivo, da competência da Justiça Comum, Estadual ou Federal, e instrumentalizado por meio de Inquérito Policial, submetendo-se, em princípio, ao rito do procedimento comum ordinário (art. 394, § 1º, I, CPP).

Todavia, o delito de Violação do Direito de Autor por Outros Meios, nos termos do Livro II, Título II, Capítulo IV, do Código de Processo Penal, consoante arts. 524 a 530-I, todos do CPP, submete-se ao procedimento especial ali descrito.

Violação por meio de cabo, fibra ótica, satélite, ondas ou sistema similar.

A conduta consiste em oferecer ao público a obra intelectual, sem autorização e com intuito de lucro.

V. Excludentes de tipicidade:

O § 4º prevê as exceções ou limitações aos direitos autorais, que estão previstas nos artigos 46, 47 e 48, todos da Lei 9.610/98.

Não vale em relação ao *caput*, só em relação aos parágrafos do art. 184, CP.

No que concerne à parte final do § 4º, o próprio art. 46, II, da Lei 9.610/98, dispõe que: *"não constitui ofensa aos direitos autorais: II - a reprodução, em um só exemplar, de pequenos trechos, para uso privado do copista, desde que feita por este, sem intuito de lucro"*.

Desta forma, haverá atipicidade de conduta quando o agente efetua cópia de obra intelectual em um só exemplar e para uso privado do copista, sem fim de lucro.

A este respeito, o Anteprojeto de Reforma do Código Penal, que tramita no Senado, identifica o afastamento do fato delituoso na reprodução de um único exemplar de obra intelectual ou fonograma, para uso privado e exclusivo de quem copiar, sem intuito de lucro direto ou indireto.

Houve debate sobre de que modo o texto deveria passar, se isentando a reprodução total ou apenas parcial da obra.

Nessa discussão, foi especialmente mencionada a situação de estudantes universitários que tiram cópias de livros para estudo.

Atualmente, só é autorizada a cópia de algumas páginas e capítulos.

Ao fim, a comissão aprovou uma redação que não menciona nem restrição parcial, nem liberação total da reprodução.

De qualquer forma, a solução autoriza a reprodução total na hipótese de cópia única e sem finalidade de lucro, como já acontece hoje de maneira informal.

No que concerne à alegação de incidência do princípio da adequação social nos crimes contra a propriedade intelectual, o STF, o STJ e a doutrina abalizada (Masson[138] e outros) vêm rechaçando este entendimento.

VI. Usurpação de nome ou pseudônimo alheio:

Delito previsto no art. 185, CP, foi expressamente revogado pela Lei 10.695/2003.

VII. Natureza da ação penal:

Será privada no art. 184, *caput*, CP, por meio de queixa-crime; será pública incondicionada nos crimes previstos no art. 184, §s 1º e 2º, CP, bem como no caso de a vítima ser entidade de direito público, autarquia, empresa pública, sociedade de economia mista, ou fundação instituída pelo Poder Público; por fim, será pública condicionada à representação no crime previsto no art. 184, § 3º, CP.

Importante analisar, aqui, a redação do art. 186, I a IV, CP.

Nos termos do que dispõe o art. 530-H do CPP, admite-se a figura do assistente de acusação em qualquer espécie de ação penal sobre direitos autorais.

VIII. Competência:

Em princípio, é da Justiça Estadual, salvo se houver conexão com crimes de contrabando ou descaminho.

Possuem rito especial previsto no artigo 530-A e seguintes do CPP.

Se houver internacionalidade da conduta e ofensa a interesse da União, suas autarquias ou empresas públicas, a competência será da Justiça Federal, nos termos do art. 109, IV, da Constituição Federal de 1988.

138 MASSON, Cléber. **Código Penal Comentado**. 3. ed. São Paulo: MÉTODO, 2015.

IX. Delito Similar:

A Lei Federal nº 9.472/97, que dispõe sobre a organização dos serviços de telecomunicações, a criação e funcionamento de um órgão regulador e outros aspectos institucionais, nos termos da Emenda Constitucional nº 8, de 15 de agosto de 1995, prevê, em seu art. 183, o seguinte tipo penal:

> *"Desenvolver clandestinamente atividades de telecomunicação:*
>
> *Pena – detenção de 2 (dois) a 4 (quatro) anos, aumentada da metade se houver dano a terceiro, e multa de R$ 10.000,00 (dez mil reais).*
>
> *Parágrafo único. Incorre na mesma pena quem, direta ou indiretamente, concorrer para o crime".*

Nas 2 (duas) modalidades (art. 183, *caput* e § único), trata-se de infração penal de maior potencial ofensivo, instrumentalizada por meio de Inquérito Policial, submetendo-se ao rito do procedimento comum ordinário (art. 394, § 1º, I, CPP).

Segundo regra constante no art. 185 da referida legislação especial, o tipo penal é de ação penal pública incondicionada.

De outra banda, consoante Súmula nº 606, do STJ: *"não se aplica o princípio da insignificância a casos de transmissão clandestina de sinal de internet via rádio-frequência, que caracteriza o fato típico previsto no art. 183 da Lei n. 9.472/1997".*

2) Crimes contra o privilégio de invenção (Capítulo II):

Violação de privilégio de invenção

Art 187. (Revogado pela Lei nº 9.279, de 14-5-1996)

Falsa atribuição de privilégio

Art 188. (Revogado pela Lei nº 9.279, de 14-5-1996)

Usurpação ou indevida exploração de modelo ou desenho privilegiado

Art. 189. (Revogado pela Lei nº 9.279, de 14-5-1996)

Falsa declaração de depósito em modelo ou desenho

Art. 190. (Revogado pela Lei nº 9.279, de 14-5-1996)

Art. 191. (Revogado pela Lei nº 9.279, de 14-5-1996)

COMENTÁRIOS

É o segundo dos 4 (quatro) capítulos relativos aos crimes contra a propriedade imaterial.

Tratava dos crimes de Violação de privilégio de invenção, Falsa atribuição de privilégio, Usurpação ou indevida exploração de modelo ou desenho privilegiado e Falsa declaração de depósito em modelo ou desenho.

Todavia, os artigos 187 a 191 do CP foram expressamente revogados pela Lei da Propriedade Industrial (Lei 9.279/96), que em seus artigos 183 a 195 previu os Crimes contra a Propriedade Industrial (Titulo V da Lei).

3) Crimes contra as marcas de indústria e comércio (Capítulo III):

Violação do direito de marca

Art. 192. (Revogado pela Lei nº 9.279, de 14-5-1996)

Uso indevido de armas, brasões e distintivos públicos

Art. 193. (Revogado pela Lei nº 9.279, de 14-5-1996)

Marca com falsa indicação de procedência

Art. 194. (Revogado pela Lei nº 9.279, de 14-5-1996)

Art. 195. (Revogado pela Lei nº 9.279, de 14-5-1996)

COMENTÁRIOS

É o terceiro dos 4 (quatro) capítulos relativos aos crimes contra a propriedade imaterial.

Tratava dos crimes de Violação do direito de marca, Uso indevido de armas, brasões e distintivos públicos e Marca com falsa indicação de procedência.

Todavia, os artigos 192 a 195 do CP foram expressamente revogados pela Lei da Propriedade Industrial (Lei 9279/96), que em seus artigos 183 a 195 previu os Crimes contra a Propriedade Industrial (Titulo V da Lei).

O Capitulo I do Titulo V da Lei trata dos Crimes contra as Patentes (arts. 183 a 186).

O capitulo II trata dos Crimes contra os Desenhos Industriais (arts. 187 e 188).

O capitulo III trata dos Crimes contra as Marcas (arts. 189 e 190).

O capitulo IV trata dos Crimes cometidos por meio de Marca, Título de Estabelecimento, e Sinal de Propaganda (art. 191). O capítulo V trata dos Crimes contra Indicações Geográficas e demais Indicações (arts. 192 a 194).

4) Crimes de concorrência desleal (Capítulo IV):

Concorrência desleal

Art. 196. (Revogado pela Lei nº 9.279, de 14-5-1996)

COMENTÁRIOS

É o último dos 4 (quatro) capítulos relativos aos crimes contra a propriedade imaterial.

O artigo 196 do CP, que tratava do delito de Concorrência desleal propriamente dita, foi expressamente revogado pela Lei da Propriedade Industrial (Lei 9279/96), que em seus artigos 183 a 195 previu os Crimes contra a Propriedade Industrial (Titulo V da Lei).

O Capitulo VI do Título V da Lei trata exatamente dos Crimes de Concorrência Desleal (art. 195).

☑ QUESTÕES DE CONCURSOS ACERCA DOS CRIMES CONTRA A PROPRIEDADE IMATERIAL, COM GABARITO E COMENTÁRIOS:

1. *(DELEGADO – PC-AP – 2010 – FGV) Relativamente aos crimes contra a propriedade imaterial, analise as afirmativas a seguir:*

I. Nos crimes contra a propriedade imaterial, se o crime tiver deixado vestígio, a queixa poderá ser instruída com o exame pericial dos objetos que constituam o corpo de delito ou, na falta do exame, por declaração de duas pessoas idôneas, portadoras de diploma de curso superior, preferencialmente na área específica de que se tratar a propriedade imaterial.

II. Nos crimes contra a propriedade imaterial previstos no Código Penal, procede-se mediante ação penal pública incondicionada quando os crimes tiverem sido cometidos em desfavor de entidades de direito público, autarquia, empresa pública, sociedade de economia mista ou fundação instituída pelo Poder Público.

III. Nos crimes contra a propriedade imaterial em que se proceda mediante queixa, a diligência de busca ou de apreensão será realizada por dois peritos nomeados pelo juiz, que verificarão a existência de fundamento para a apreensão, e quer esta se realize, quer não, o laudo pericial será apresentado dentro de 3 (três) dias após o encerramento da diligência.

Assinale:

(A) se somente a afirmativa I estiver correta.

(B) se somente a afirmativa II estiver correta.

(C) se somente a afirmativa III estiver correta.

(D) se somente as afirmativas II e III estiverem corretas.

(E) se todas as afirmativas estiverem corretas.

Resposta: *O enunciado I está incorreto, já que, consoante disposição constante no art. 525, CPP: "No caso de haver o crime deixado vestígio, a queixa ou a denúncia não será recebida se não for instruída com o exame pericial dos objetos que constituam o corpo de delito". O enunciado II está correto, tendo em vista o comando constante no art. 186, II, CP. O enunciado III também está correto, tendo em vista a regra constante no art. 527, CPP. Desta forma, analisando a grade de resposta, estando os segundo e terceiro enunciados corretos, a alternativa a ser marcada é a da letra "D".*

2. *(DELEGADO – PC-BA – CESPE – 2013)* *O dolo direto ou eventual é elemento subjetivo do delito de violação de direito autoral, não havendo previsão para a modalidade culposa desse crime.*

Resposta: *Certo. O crime de Violação de Direito Autoral (art. 184 do CP) não admite a forma culposa.*

3. *(DELEGADO – PC-TO – 2008 – CESPE)* *No que tange à parte especial do Código Penal, julgue os itens a seguir (Certo ou Errado).*

A venda de cópias não autorizadas de CDs e DVDs – cópias piratas – por vendedores ambulantes que não possuam outra renda além da advinda dessa atividade, apesar de ser conduta tipificada, não possui, segundo a jurisprudência do STJ, tipicidade material, aplicando-se ao caso o princípio da adequação da adequação social.

Resposta: *Errado. A jurisprudência do Superior Tribunal de Justiça, há tempos, vem rechaçando a alegação da atipicidade da conduta, em virtude da eventual aplicação do princípio da adequação social. Inclusive, tal entendimento se encontra hoje insculpido na Súmula nº 502, do STJ: "Presentes a materialidade e a autoria, afigura-se típica, em relação ao crime previsto no art. 184, § 2º, do CP, a conduta de expor à venda CDs e DVDs 'piratas'".*

4. *(PROMOTOR DE JUSTIÇA – MPE – SC – 2019)* *No processo e julgamento dos crimes contra a propriedade imaterial, quando os crimes forem de ação privativa do ofendido, não será admitida queixa com fundamento em apreensão e em perícia, se decorrido o prazo de 15 (quinze) dias, após a homologação do laudo.*

Resposta: *Errado. Consoante regra prevista no art. 520, CPP, o prazo é de 30 (trinta) dias.*

5. *(PROMOTOR DE JUSTIÇA – MPE – SC – 2017)* *A simples exposição à venda de cópias não autorizadas de filmes sob a forma de DVD constitui:*

(A) apenas um ilícito civil.

(B) mero ato preparatório.

(C) fato atípico.

(D) crime contra a propriedade imaterial.

(E) contravenção relativa à violação de objeto.

Resposta: *A alternativa correta é a da letra "D", consoante comando constante no art. 184, § 2º, CP, e entendimento insculpido na Súmula nº 502, do STJ: "Presentes a materialidade e a autoria, afigura-se típica, em relação ao crime previsto no art. 184, § 2º, do CP, a conduta de expor à venda CDs e DVDs 'piratas'".*

TÍTULO IV – CRIMES CONTRA A ORGANIZAÇÃO DO TRABALHO

Com previsão no Título IV do Código Penal, possui 11 (onze) figuras típicas, a saber:

a) Atentado contra a liberdade de trabalho (art. 197, CP);
b) Atentado contra a liberdade de contrato de trabalho e boicotagem violenta (art. 198, CP);
c) Atentado contra a liberdade de associação (art. 199, CP);
d) Paralisação de trabalho, seguida de violência ou perturbação da ordem (art. 200, CP);
e) Paralisação de trabalho de interesse coletivo (art. 201, CP);
f) Invasão de estabelecimento industrial, comercial ou agrícola. Sabotagem (art. 202, CP);
g) Frustração de direito assegurado por lei trabalhista (art. 203, CP);
h) Frustração de lei sobre a nacionalização do trabalho (art. 204, CP);
i) Exercício de atividade com infração de decisão administrativa (art. 205, CP);
j) Aliciamento para o fim de emigração (art. 206, CP);
k) Aliciamento de trabalhadores de um local para outro do território nacional (art. 207, CP);

Aspectos Gerais em relação aos tipos penais descritos na lei:

a) Proteção constitucional da organização do trabalho: arts. 6º, 7º, 8º e 9º, CF/88;
b) Competência: são da competência da Justiça Federal os crimes que ofendem o sistema de instituições ou órgãos que preservam coletivamente os direitos e deveres dos trabalhadores, isto é, os interesses coletivos dos trabalhadores, nos termos do que dispõe o artigo 109, VI, da CF/88.

A este respeito, a Súmula nº 115, do antigo Tribunal Federal de Recursos (TFR): *"Compete à Justiça Federal processar e julgar os crimes contra a organização do trabalho, quando tenham por objeto a organização geral do trabalho ou direitos dos trabalhadores considerados coletivamente".*

São da competência da Justiça Estadual os crimes que atingem direitos individuais dos trabalhadores, de natureza patrimonial.

A competência da Justiça do Trabalho, prevista no artigo 114 da CF/88, não tem natureza penal ou criminal.

Atentado contra a liberdade de trabalho

Art. 197 – Constranger alguém, mediante violência ou grave ameaça:

I – a exercer ou não exercer arte, ofício, profissão ou indústria, ou a trabalhar ou não trabalhar durante certo período ou em determinados dias:

Pena – detenção, de 1 (um) mês a 1 (um) ano, e multa, além da pena correspondente à violência;

II – a abrir ou fechar o seu estabelecimento de trabalho, ou a participar de parede ou paralisação de atividade econômica:

Pena – detenção, de 3 (três) meses a 1 (um) ano, e multa, além da pena correspondente à violência.

Atentado contra a liberdade de contrato de trabalho e boicotagem violenta

Art. 198 – Constranger alguém, mediante violência ou grave ameaça, a celebrar contrato de trabalho, ou a não fornecer a outrem ou não adquirir de outrem matéria-prima ou produto industrial ou agrícola:

Pena – detenção, de 1 (um) mês a 1 (um) ano, e multa, além da pena correspondente à violência.

Atentado contra a liberdade de associação

Art. 199 - Constranger alguém, mediante violência ou grave ameaça, a participar ou deixar de participar de determinado sindicato ou associação profissional:

Pena - detenção, de 1 (um) mês a 1 (um) ano, e multa, além da pena correspondente à violência.

Paralisação de trabalho, seguida de violência ou perturbação da ordem

Art. 200 - Participar de suspensão ou abandono coletivo de trabalho, praticando violência contra pessoa ou contra coisa:

Pena - detenção, de 1 (um) mês a 1 (um) ano, e multa, além da pena correspondente à violência.

Parágrafo único - Para que se considere coletivo o abandono de trabalho é indispensável o concurso de, pelo menos, 3 (três) empregados.

Paralisação de trabalho de interesse coletivo

Art. 201 - Participar de suspensão ou abandono coletivo de trabalho, provocando a interrupção de obra pública ou serviço de interesse coletivo:

Pena - detenção, de 6 (seis) meses a 2 (dois) anos, e multa.

Invasão de estabelecimento industrial, comercial ou agrícola. Sabotagem

Art. 202 - Invadir ou ocupar estabelecimento industrial, comercial ou agrícola, com o intuito de impedir ou embaraçar o curso normal do trabalho, ou com o mesmo fim danificar o estabelecimento ou as coisas nele existentes ou delas dispor:

Pena - reclusão, de 1 (um) a 3 (três) anos, e multa.

Frustração de direito assegurado por lei trabalhista

Art. 203 - Frustrar, mediante fraude ou violência, direito assegurado pela legislação do trabalho:

Pena - detenção de 1 (um) ano a 2 (dois) anos, e multa, além da pena correspondente à violência. (Redação dada pela Lei nº 9.777, de 29-12-1998)

§ 1º Na mesma pena incorre quem: (Incluído pela Lei nº 9.777, de 29-12-1998)

I - obriga ou coage alguém a usar mercadorias de determinado estabelecimento, para impossibilitar o desligamento do serviço em virtude de dívida; (Incluído pela Lei nº 9.777, de 29-12-1998)

II - impede alguém de se desligar de serviços de qualquer natureza, mediante coação ou por meio da retenção de seus documentos pessoais ou contratuais. (Incluído pela Lei nº 9.777, de 29-12-1998)

§ 2º A pena é aumentada de um sexto a um terço se a vítima é menor de 18 (dezoito) anos, idosa, gestante, indígena ou portadora de deficiência física ou mental. (Incluído pela Lei nº 9.777, de 29-12-1998)

Frustração de lei sobre a nacionalização do trabalho

Art. 204 - Frustrar, mediante fraude ou violência, obrigação legal relativa à nacionalização do trabalho:

Pena - detenção, de 1 (um) mês a 1 (um) ano, e multa, além da pena correspondente à violência.

Exercício de atividade com infração de decisão administrativa

Art. 205 - Exercer atividade, de que está impedido por decisão administrativa:

Pena - detenção, de 3 (três) meses a 2 (dois) anos, ou multa.

Aliciamento para o fim de emigração

Art. 206 - Recrutar trabalhadores, mediante fraude, com o fim de levá-los para território estrangeiro. (Redação dada pela Lei nº 8.683, de 15-7-1993)

Pena - detenção, de 1 (um) a 3 (três) anos e multa. (Redação dada pela Lei nº 8.683, de 15-7-1993)

Aliciamento de trabalhadores de um local para outro do território nacional

Art. 207 - Aliciar trabalhadores, com o fim de levá-los de uma para outra localidade do território nacional:

Pena - detenção de 1 (um) a 3 (três) anos, e multa. (Redação dada pela Lei nº 9.777, de 29-12-1998)

§ 1º Incorre na mesma pena quem recrutar trabalhadores fora da localidade de execução do trabalho, dentro do território nacional,

mediante fraude ou cobrança de qualquer quantia do trabalhador, ou, ainda, não assegurar condições do seu retorno ao local de origem. (Incluído pela Lei nº 9.777, de 29-12-1998)

§ 2º A pena é aumentada de um sexto a um terço se a vítima é menor de 18 (dezoito) anos, idosa, gestante, indígena ou portadora de deficiência física ou mental. (Incluído pela Lei nº 9.777, de 29-12-1998)

COMENTÁRIOS

I. Atentado contra a liberdade de trabalho:

Delito de menor potencial ofensivo, da competência dos JECs e instrumentalizado por meio de Termo Circunstanciado, submetendo-se ao rito do procedimento comum sumaríssimo (art. 394, § 1º, III, CP).

Via de regra, a competência é da Justiça Estadual, salvo se atingir categoria de trabalhadores. Daí, a competência será da Justiça Federal.

A liberdade de trabalho é direito fundamental (art. 5º, XIII, CF).

Segundo entendimento doutrinário majoritário, somente a pessoa física pode ser vítima do delito.

Havendo emprego de violência, teremos concurso material obrigatório.

"Parede" – abandono coletivo do trabalho por parte de algum estabelecimento ou empresa industrial, comercial ou agrícola.

Importante, nesse contexto, a "Greve dos Caminhoneiros", ocorrida no Brasil a partir do dia 21 de maio de 2018, que provocou um colapso no abastecimento de combustíveis, alimentos, medicamentos e produtos de higiene básica.

II. Atentado contra a liberdade de associação:

Delito de menor potencial ofensivo, da competência dos JECs e instrumentalizado por meio de Termo Circunstanciado, submetendo-se ao rito do procedimento comum sumaríssimo (art. 394, § 1º, III, CP).

O tipo penal pressupõe a existência legal de um sindicato ou associação profissional e a vítima é compelida a participar ou deixar de participar deles.

A liberdade de associação é direito fundamental (art. 5º, XVII e XX, CF; art. 8º, V, CF).

Trata-se de norma penal em branco homogênea (os conceitos de associação profissional e de sindicato estão no DL 1.402/39, que regula a associação em sindicato; e na CLT – DL 5.452/43, com as modificações introduzidas por meio da Lei Federal nº 13.467/17).

Havendo emprego de violência, teremos concurso material obrigatório.

III. Paralisação de trabalho, seguida de violência ou perturbação da ordem:

Delito de menor potencial ofensivo, da competência dos JECs e instrumentalizado por meio de Termo Circunstanciado, submetendo-se ao rito do procedimento comum sumaríssimo (art. 394, § 1º, III, CP).

É punida somente a paralisação violenta da atividade laborativa.

São sujeitos ativos o empregado, o empregador ou qualquer pessoa.

Não é punida a participação em greve, já que o direito de greve dos trabalhadores ou empregados, por estar disciplinado na Lei Federal nº 7.783/89, é considerado exercício regular de direito, caso não haja abusos ou excessos, excluindo, desta forma, a ilicitude da conduta (art. 23, III, CP).

Segundo o § único do presente dispositivo penal, para que se considere coletivo o abandono de trabalho é indispensável o concurso de pelo menos 3 (três) empregados ou trabalhadores.

O abandono coletivo de trabalho de empregadores é denominado de *lock out.*

A CLT dispõe em seu art. 722 acerca da greve e do *lock out.*

A competência é da Justiça Federal.

É possível a aplicação do concurso material obrigatório: art. 200, CP + pena corresponde à violência (violência contra pessoa ou coisa. Ex: Lesão Corporal, Dano).

Importante, nesse contexto, a "Greve dos Caminhoneiros", ocorrida no Brasil a partir do dia 21 de maio de 2018, que provocou um colapso no abastecimento de combustíveis, alimentos, medicamentos e produtos de higiene básica.

IV. Paralisação de trabalho de interesse coletivo:

Delito de menor potencial ofensivo, da competência dos JECs e instrumentalizado por meio de Termo Circunstanciado, submetendo-se ao rito do procedimento comum sumaríssimo (art. 394, § 1º, III, CP).

A competência é da Justiça Federal, já que atinge trabalho de interesse coletivo.

O art. 10 da Lei 7.783/89 especifica os serviços ou atividades essenciais, que devem ser respeitados pelos grevistas, consoante regra prevista no art. 9º, § 1º, CF.

Sujeito passivo é a Coletividade (crime vago).

"Obra pública" – quando a Administração Pública determina a execução por particulares.

"Serviço de interesse coletivo" – atinge as necessidades da coletividade, como iluminação, segurança pública, água, esgoto etc.

V. Frustração de direito assegurado por lei trabalhista:

Delito de menor potencial ofensivo, da competência dos JECs e instrumentalizado por meio de Termo Circunstanciado, submetendo-se ao rito do procedimento comum sumaríssimo (art. 394, § 1º, III, CP).

Se a vítima for menor de 18 (dezoito) anos, idosa, gestante, indígena (silvícola), ou portadora de deficiência física ou mental, nos termos do § 2º do art. 203, o delito será majorado, com aumento de pena de 1/6 a 1/3.

Possibilidade do concurso material obrigatório: art. 203, CP + pena correspondente à violência.

VI. Exercício de atividade com infração de decisão administrativa:

Delito de menor potencial ofensivo, da competência dos JECs e instrumentalizado por meio de Termo Circunstanciado, submetendo-se ao rito do procedimento comum sumaríssimo (art. 394, § 1º, III, CP).

Trata-se crime habitual (crime composto por uma reiteração de atos, os quais representam um indiferente penal se isoladamente considerados), em que o agente desrespeita decisão administrativa (Conselhos Federais, Regionais, OAB etc.)

Havendo conflito, por exemplo, com o crime de Exercício ilegal da medicina, arte dentária ou farmacêutica (art. 282, CP), aplica-se o art. 205, pois é mais especial e específico.

Havendo conflito com o crime de Desobediência a decisão judicial sobre perda ou suspensão de direito (art. 359, CP), aplica-se este, por se tratar de decisão judicial e por se tratar de Crime contra a Administração da Justiça.

Outrossim, há aparente conflito com os tipos contravencionais previstos nos arts. 47 e 48, ambos da Lei das Contravenções Penais – DL 3.688/41 (Exercício ilegal de profissão ou atividade e Exercício ilegal do comércio de coisas antigas e obras de arte), devendo prevalecer o tipo penal (art. 205, CP).

VII. Aliciamento para o fim de emigração:

Delito de médio potencial ofensivo, da competência da Justiça Comum, instrumentalizado por meio de Inquérito Policial, submetendo-se ao rito do procedimento comum sumário (art. 394, § 1º, II, CP).

Em tese, cabe suspensão condicional do processo, já que a pena mínima cominada é igual a 1 (um) ano.

Crime comum, podendo ser praticado por qualquer pessoa, sem concurso necessário.

Desta forma, **1 (um)** só agente pode praticar a conduta típica de "recrutar".

Todavia, em relação ao sujeito passivo, a lei fala em "trabalhadores", ou seja, no mínimo dois (2).

Autores como Celso Delmanto[139] e Guilherme de Souza Nucci[140] entendem que é suficiente **2 (dois) trabalhadores** recrutados.

A maioria (Cleber Masson[141], Mirabete[142], Cezar Roberto Bitencourt[143], Rogério Sanches Cunha[144] e outros), porém, entende pela necessidade do recrutamento de no mínimo **3 (três) trabalhadores**, já que o Código Penal, quando se contenta com o mínimo de 2 (duas) pessoas, o faz expressamente, tendo como exemplos o art. 155, § 4º, IV, e o art. 157, § 2º, II.

Assim, quando reclama várias pessoas, sem apontar quantas, há necessidade de no mínimo 3 (três) indivíduos.

Segundo a lei, o recrutamento deve ser realizado mediante fraude.

A competência é da Justiça Federal.

VIII. Aliciamento de trabalhadores de um local para outro do território nacional:

Igualmente, delito de médio potencial ofensivo, da competência da Justiça Comum, instrumentalizado por meio de Inquérito Policial, submetendo-se ao rito do procedimento comum sumário (art. 394, § 1º, II, CP).

Em tese, cabe suspensão condicional do processo, já que a pena mínima cominada é igual a 1 (um) ano.

Exige também pluralidade de trabalhadores explorados, aplicando-se aqui as mesmas observações feitas no tipo penal do art. 206, CP, com exceção da conduta típica que é de "aliciar" e não de "recrutar", como no tipo penal anterior.

"Aliciar", do ponto de vista conceitual, vem a ser o recrutamento de trabalhadores, atraindo-os para serem levados a outra localidade do território nacional.

Via de regra, é crime formal (o simples aliciamento já configura o tipo), com exceção do § 1º, que exige a fraude. A competência também é da Justiça Federal.

Assim como no art. 203, há modalidade majorada, com aumento da pena de 1/6 a 1/3, se a vítima for menor de 18 (dezoito) anos, idosa, gestante, indígena (silvícola), ou portadora de deficiência física ou mental.

No que concerne propriamente à exploração de trabalhadores, esta pode ser sexual, relacionada ao trabalho, serviços forçados, escravidão, servidão e remoção de órgãos.

A este respeito, conforme já referido anteriormente, importante a análise do Decreto nº 5.017/2004, que trata do Protocolo ou Convenção de Palermo, onde é conceituado o Tráfico de Pessoas, no seu art. 3º, alínea "a", como sendo: *"o recrutamento, o transporte, a transferência, o alojamento ou o acolhimento de pessoas, recorrendo à ameaça ou ao uso da força ou a outras formas de coação, ao rapto, à fraude, ao engano, ao abuso de autoridade ou de situação de vulnerabilidade ou à entrega ou aceitação de pagamentos ou benefícios para obter o consentimento de uma pessoa que tem autoridade sobre outra, para fins*

139 DELMANTO, Celso; DELMANTO, Roberto; DELMANTO JR., Roberto. **Código Penal Comentado.** 9. ed. São Paulo: Saraiva, 2016.

140 NUCCI, Guilherme de Souza. **Manual de Direito Penal**: parte geral; parte especial. 11. ed. Rio de Janeiro: Forense, 2015.

141 MASSON, Cléber. **Código Penal Comentado**. 3. ed. São Paulo: MÉTODO, 2015.

142 MIRABETE, Júlio Fabbrini. **Manual de Direito Penal**: parte especial. v. 2. 34. ed. São Paulo: Atlas, 2018.

143 BITENCOURT, Cezar Roberto. **Código Penal Comentado**. 9. ed. São Paulo: Saraiva, 2015.

144 CUNHA, Rogério Sanches. **Manual de Direito Penal**: parte especial. 7. ed. Salvador: Juspodivm, 2015.

de exploração. A exploração deverá incluir, pelo menos, a exploração da prostituição de outrem ou outras formas de exploração sexual, o trabalho ou serviços forçados, a escravatura ou práticas similares à escravatura, a servidão ou a extração de órgãos".

Outrossim, importante a tipificação do delito de Tráfico de Pessoas no novel art. 149-A, CP, com a redação determinada pela Lei Federal nº 13.344, de 6 de outubro de 2016.

☑ QUESTÕES DE CONCURSOS ACERCA DOS CRIMES CONTRA A ORGANIZAÇÃO DO TRABALHO, COM GABARITO E COMENTÁRIOS:

1. ***(JUIZ DO TRABALHO – TRT/15ª REGIÃO – 2008)*** *Nos crimes contra a organização do trabalho é certo afirmar:*

   (A) o sujeito ativo do crime de paralisação do trabalho, seguida de violência ou perturbação da ordem, pode ser qualquer pessoa sem nenhuma condição especial;

   (B) para que se considere coletivo o abandono de trabalho, é indispensável o concurso de, pelo menos, 02 (dois) empregados;

   (C) o crime de invasão de estabelecimento industrial, comercial ou agrícola consuma-se com a invasão ou ocupação, com a danificação ou disposição, sem dependência da obtenção da finalidade proposta;

   (D) o delito de paralisação de trabalho de interesse coletivo não admite tentativa;

   (E) todas as alternativas estão incorretas.

Resposta: *A única alternativa correta é a da letra "C". Trata-se do momento consumativo do tipo penal de Invasão de Estabelecimento Industrial, Comercial ou Agrícola, previsto no artigo 202, CP. Por se tratar de crime formal, de resultado cortado ou de consumação antecipada, efetivamente, a consumação se perfectibiliza com a efetiva invasão ou ocupação do estabelecimento de trabalho, ainda que o sujeito não consiga impedir ou embaraçar o trabalho ali desenvolvido.*

2. ***(AUDITOR FISCAL DA RECEITA FEDERAL – ESAF – 2009)*** *Paulo, dirigente do sindicato dos metalúrgicos de São Bernardo, constrange Márcia, metalúrgica não aliada, a participar do sindicato dos metalúrgicos, ameaçando-a de ser demitida caso não se associe imediatamente. Tal ameaça foi presenciada por policial que se encontrava casualmente ao lado de Márcia. À luz do Código Penal, julgue os itens abaixo assinalando o correto.*

   (A) Márcia não tem direito de se opor à filiação, desse modo a conduta de Paulo é lícita.

   (B) Paulo cometeu o crime de atentado contra a liberdade de trabalho.

   (C) Paulo cometeu o crime de atentado contra a liberdade de associação.

   (D) Caso Paulo seja preso em flagrante, este deverá ser preso junto com os outros detentos até que seja paga fiança ou decretada a sua liberdade provisória.

   (E) Paulo estará sujeito a advertência administrativa, não tendo cometido nenhum delito.

Resposta: *A única alternativa correta é a da letra "C". A espécie fática identifica a prática do delito de Atentado contra a Liberdade de Associação, previsto no art. 199, CP.*

3. ***(JUIZ DO TRABALHO – TRT/15ª REGIÃO – 2007)*** *Aquele que, mediante violência ou grave ameaça constrange alguém a trabalhar ou não trabalhar durante certo período:*

   (A) não comete crime, por falta de capitulação legal;

   (B) comete crime de constrangimento legal;

(C) *comete crime de atentado contra liberdade de trabalho;*

(D) *comete crime por frustração de direito assegurado por lei trabalhista;*

(E) *comete crime de atentado contra a liberdade do contrato de trabalho.*

***Resposta:** A única alternativa correta é a da letra "C". A espécie fática identifica a prática do delito de Atentado contra a Liberdade de Trabalho, previsto no art. 197, CP.*

4. *(PROCURADOR FEDERAL/AGU – CESPE – 2010)* *Acerca dos crimes contra a organização do trabalho, julgue o seguinte item.*

Os crimes contra a organização do trabalho podem ofender o sistema de órgãos e instituições destinados a preservar coletivamente o trabalho — caso em que são de competência da justiça federal —, ou apenas violar os direitos de determinados trabalhadores, configurando interesses individualizados — caso em que competem à justiça estadual.

***Resposta:** Certo. No que concerne à competência da Justiça Comum Federal, deve ser observado o comando constante no art. 109, VI, da Constituição Federal de 1988. Em havendo violação dos direitos individuais dos trabalhadores, prevalece a competência residual, da Justiça Comum Estadual.*

5. *(JUIZ DO TRABALHO – TRT – 23ª REGIÃO (MT) – 2012)* *João e mais dois de seus empregados, Pedro e Mario, descontentes com o movimento de sua empresa e contrariados com o movimento de empresa vizinha e concorrente, invadem, fora do expediente, o estabelecimento comercial concorrente praticando depredações e quebrando máquinas e equipamentos, com o único objetivo de prejudicar o curso normal do trabalho ali desempenhado". João, Pedro e Mario praticaram qual crime:*

(A) *Paralisação de trabalho de interesse coletivo.*

(B) *Paralisação de trabalho, seguida de violência ou perturbação da ordem.*

(C) *Atentado com a liberdade de trabalho.*

(D) *Invasão de estabelecimento industrial, comercial ou agrícola. Sabotagem.*

(E) *Atentado contra a liberdade de contrato de trabalho e boicotagem violenta.*

***Resposta:** A única alternativa correta é a da letra "D". A espécie fática identifica a prática do delito de Invasão de Estabelecimento Industrial, Comercial ou Agrícola. Sabotagem (art. 202, CP), com pena cominada de 1 (um) a 3 (três) anos de reclusão, e multa.*

6. *(JUIZ DO TRABALHO – TRT – 23ª REGIÃO (MT) – 2011)* *Analise as assertivas e marque a alternativa correta:*

I. *Constranger alguém, mediante violência ou grave ameaça, a exercer ou não exercer arte, ofício, profissão ou indústria, ou a trabalhar ou não trabalhar durante certo período ou em determinados dias, é crime punível com detenção, de um mês a um ano, e multa, além da pena correspondente à violência.*

II. *Constranger alguém, mediante violência ou grave ameaça, a celebrar contrato de trabalho é crime contra a liberdade de trabalho.*

III. *Constranger alguém, mediante violência ou grave ameaça, a participar de parede é crime punível com detenção, de três meses a um ano, e multa, além da pena correspondente à violência.*

IV. *Quando pelo menos três empregados participarem de suspensão ou abandono coletivo de trabalho, praticando violência contra pessoa ou contra coisa, cometem crime punível com detenção, de um mês a um ano, e multa, além da pena correspondente à violência.*

(A) *Todos os itens estão corretos.*

(B) *Apenas I está incorreto e os itens II, III e IV estão corretos.*

(C) *Apenas II está incorreto e os itens I, III e IV estão corretos.*

(D) *Apenas III está incorreto e os itens I, II e IV estão corretos.*

(E) *Todos os itens estão incorretos.*

Resposta: *A alternativa correta é a da letra "A", pois todos os enunciados arrolados estão corretos. O primeiro enunciado está insculpido no art. 197, I, CP. O segundo enunciado está insculpido no art. 198, CP. O terceiro enunciado está insculpido no art. 197, II, CP. O quarto enunciado está insculpido no art. 200 e § único, CP.*

7. (JUIZ DO TRABALHO – TRT – 20ª REGIÃO – FCC – 2012) *A violência NÃO constitui elemento do crime de*

(A) *aliciamento para o fim de emigração.*

(B) *atentado contra a liberdade de trabalho.*

(C) *frustração de direito assegurado por lei trabalhista.*

(D) *atentado contra a liberdade de associação.*

(E) *frustração de lei sobre a nacionalização do trabalho.*

Resposta: *A alternativa correta é a da letra "A", que identifica o tipo penal descrito no art. 206, CP. Os tipos penais de Atentado contra a Liberdade de Trabalho (art. 197, CP), Frustração de Direito Assegurado por Lei Trabalhista (art. 203, CP), Atentado Contra a Liberdade de Associação (art. 199, CP) e Frustração de Lei Sobre a Nacionalização do Trabalho (art. 204, CP) exigem a prática de violência como meio de execução. A violência (vis absoluta) é o emprego de força física para superar uma resistência, aplicado sobre a pessoa para cercear-lhe a faculdade de comportar-se de acordo com sua própria vontade. Não é necessário que seja irresistível. Basta que funcione como eficiente meio de coação.*

8. (JUIZ DO TRABALHO – TRT – 1ª REGIÃO – FCC – 2012) *Configura o crime de sabotagem*

(A) *danificar estabelecimento industrial, comercial ou agrícola com o intuito de impedir ou embaraçar o curso normal do trabalho.*

(B) *participar de suspensão ou abandono coletivo de trabalho, provocando a interrupção de obra pública ou serviço de interesse coletivo.*

(C) *constranger alguém, mediante violência ou grave ameaça, a não fornecer a outrem ou não adquirir de outrem matéria-prima ou produto industrial ou agrícola.*

(D) *participar de suspensão ou abandono coletivo de trabalho, praticando violência contra pessoa ou contra coisa.*

(E) *constranger alguém, mediante violência ou grave ameaça, a abrir ou fechar o seu estabelecimento, ou a participar de parede ou paralisação de atividade econômica.*

Resposta: *A alternativa correta é a da letra "A", correspondendo à conduta típica descrita na parte final do art. 202, CP, com pena cominada de 1 (um) a 3 (três) de reclusão, e multa.*

9. (JUIZ DO TRABALHO – TRT – 15ª REGIÃO – 2010) *Aponte a alternativa correta:*

(A) *o atentado contra a liberdade de trabalho se dá pelo ato de constranger alguém, mediante violência ou grave ameaça, a celebrar contrato de trabalho;*

(B) *a boicotagem violenta se dá pelo ato de constranger alguém, mediante violência ou grave ameaça, a não fornecer a outrem determinado produto industrial;*

(C) *o atentado contra a liberdade de trabalho se dá pelo ato de constranger alguém, mediante violência, a deixar de participar de determinado sindicato;*

(D) *não é crime, participar de suspensão coletiva de trabalho provocando a interrupção de obra pública;*

(E) *nenhuma das anteriores.*

Resposta: *A alternativa correta é a da letra "B", correspondendo à conduta típica descrita no art. 198, CP, com pena cominada de 1 (um) mês a 1 (um) ano de detenção, e multa, além da pena correspondente à violência, em hipótese de concurso material obrigatório ou necessário.*

10. ***(AUDITOR FISCAL DO TRABALHO – MTE – ESAF – 2010)*** *Carlos e Mário, isoladamente, abandonam o seu trabalho (greve) destruindo a porta do escritório e batendo no chefe Beltrão. À luz do previsto dos Crimes contra a Organização do Trabalho na parte especial do Código Penal, julgue os itens abaixo, assinalando o correto.*

(A) Carlos e Mário devem responder pelo delito tentado de paralisação de trabalho, seguida de violência ou perturbação da ordem.

(B) Carlos e Mário não devem responder pelo delito de paralisação de trabalho, seguida de violência ou perturbação da ordem.

(C) Carlos e Mário devem responder pelo delito de paralisação de trabalho, seguida de violência ou perturbação da ordem na sua forma culposa.

(D) Carlos e Mário devem responder pelo delito de paralisação de trabalho, seguida de violência ou perturbação da ordem.

(E) Só Carlos deve responder pelo delito de paralisação de trabalho, seguida de violência ou perturbação da ordem.

Resposta: *A alternativa correta é a da letra "B". O fato descrito, na espécie fática, não corresponde à conduta típica insculpida no art. 200, CP, já que, consoante § único do referido dispositivo legal: "Para que se considere coletivo o abandono de trabalho é indispensável o concurso de, pelo menos, três empregados".*

11. ***(VUNESP – DELEGADO DE POLÍCIA – PC – BA/2018)*** *A respeito dos crimes contra a organização do trabalho, é correto afirmar que*

(A) são meios de execução do crime de frustração de direito assegurado por lei trabalhista a fraude, a violência e a grave ameaça.

(B) o crime de atentado contra a liberdade de associação configura-se pela conduta de constranger alguém, mediante violência ou grave ameaça, a participar de sindicato. Já a conduta de impedir a saída de sindicato é atípica.

(C) o crime de paralisação do trabalho de interesse coletivo configura-se independentemente do emprego de violência contra pessoas ou coisas.

(D) no crime de aliciamento para fins de emigração, haverá aumento de pena nos casos em que a vítima for menor de 18 anos, gestante, idosa, indígena ou portadora de deficiência física ou mental.

(E) o crime de sabotagem, para se configurar, exige a danificação do estabelecimento ou coisas nele existentes.

Resposta: *A única alternativa correta é a da letra "C". Efetivamente, o crime de Paralisação de Trabalho de Interesse Coletivo, insculpido no art. 201, do Código Penal, configura-se independentemente do emprego de violência contra pessoas ou coisas.*

TÍTULO V – CRIMES CONTRA O SENTIMENTO RELIGIOSO E CONTRA O RESPEITO AOS MORTOS

Com previsão no Título V do Código Penal, possui 2 (dois) capítulos, a saber:

a) Crimes contra o sentimento religioso;
b) Crimes contra o respeito aos mortos.

1) Crimes contra o sentimento religioso (Capítulo I):

A Constituição Federal de 1988, nos seus arts. 5º, VI, e 19, I, garante a liberdade de culto e de crença (Estado laico ou não confessional).

O presente capítulo busca tutelar o sentimento religioso e a liberdade de crença, ou seja, nos dizeres do mestre Nelson Hungria[145]: *"a convicção, acentuada pelo sentimento, da existência de uma ordem universal que se eleva acima do homem"*.

Ultraje a culto e impedimento ou perturbação de ato a ele relativo

Art. 208 - Escarnecer de alguém publicamente, por motivo de crença ou função religiosa; impedir ou perturbar cerimônia ou prática de culto religioso; vilipendiar publicamente ato ou objeto de culto religioso:

Pena - detenção, de 1 (um) mês a 1 (um) ano, ou multa.

Parágrafo único - Se há emprego de violência, a pena é aumentada de um terço, sem prejuízo da correspondente à violência.

☞ COMENTÁRIOS

I. Ultraje a culto e impedimento ou perturbação de ato a ele relativo:

Delito de menor potencial ofensivo, da competência dos JECs e instrumentalizado por meio de Termo Circunstanciado, submetendo-se ao rito do procedimento comum sumaríssimo (art. 394, § 1º, III, CPP).

O crime previsto no referido dispositivo penal identifica-se de 3 (três) formas:

a) Escarnecer (ridicularizar, zombar, debochar) de alguém publicamente, por motivo de crença (fé em determinada religião) ou função religiosa (padres, freiras, pastores, bispos, reverendos, rabinos etc).

Aqui, faz-se necessária a publicidade do ato e que se refira à pessoa determinada;

b) Impedir ou perturbar cerimônia, ou prática de culto religioso. Ex: entrar embriagado no recinto; falar palavrões durante a missa; altos brados durante a cerimônia religiosa etc;

c) Vilipendiar (menosprezar, aviltar) publicamente ato ou objeto de culto religioso (livros, paramentos, cálices, imagens, relíquias, estátuas etc.).

Trata-se de tipo misto cumulativo - 3 (três) tipos penais diferenciados no crime do art. 208.

Há possibilidade da incidência de majorante, caso houver emprego de violência contra pessoas, ou contra coisas.

Neste caso, a pena será aumentada de 1/3, além da correspondente à violência, em concurso material obrigatório.

<u>Conflito</u>: não confundir com a Injúria qualificada por preconceito (art. 140, § 3º, CP), pois aqui a ofensa é contra a honra subjetiva de pessoa individualmente considerada, enquanto que no tipo do art. 208 a ofensa diz respeito ao sentimento religioso em geral.

Também não confundir com o crime de preconceito religioso previsto na Lei 7716/89, já que aqui se nega o acesso a direitos e serviços em função de discriminação religiosa.

2) Crimes contra o respeito aos mortos (Capítulo II):

Identifica-se nas seguintes figuras típicas:

a) Impedimento ou perturbação de cerimônia funerária (art. 209, CP);

b) Violação de sepultura (art. 210, CP);

c) Destruição, subtração ou ocultação de cadáver (art. 211, CP);

d) Vilipêndio a cadáver (art. 212, CP).

145 HUNGRIA, Nelson; FRAGOSO, Heleno Cláudio. **COMENTÁRIOS ao Código Penal**. v. 5. 6. ed. Rio de Janeiro: Forense, 1981.

Tutela legal: a lei tutela o sentimento de reverência e respeito dos vivos para com os mortos e não o morto em si mesmo, que é cadáver, objeto material dos delitos a serem analisados.

Protege-se a cerimônia funerária, a sepultura e o próprio cadáver.

A vítima dos delitos será a Coletividade.

Impedimento ou perturbação de cerimônia funerária

Art. 209 – Impedir ou perturbar enterro ou cerimônia funerária:

Pena – detenção, de 1 (um) mês a 1 (um) ano, ou multa.

Parágrafo único – Se há emprego de violência, a pena é aumentada de um terço, sem prejuízo da correspondente à violência.

Violação de sepultura

Art. 210 – Violar ou profanar sepultura ou urna funerária:

Pena – reclusão, de 1 (um) a 3 (três) anos, e multa.

Destruição, subtração ou ocultação de cadáver

Art. 211 – Destruir, subtrair ou ocultar cadáver ou parte dele:

Pena – reclusão, de 1 (um) a 3 (três) anos, e multa.

Vilipêndio a cadáver

Art. 212 – Vilipendiar cadáver ou suas cinzas:

Pena – detenção, de 1 (um) a 3 (três) anos, e multa.

COMENTÁRIOS

I. Impedimento ou perturbação de cerimônia funerária:

Delito de menor potencial ofensivo, da competência dos JECs e instrumentalizado por meio de Termo Circunstanciado, submetendo-se ao rito do procedimento comum sumaríssimo (art. 394, § 1º, III, CPP).

A cerimônia funerária é o conjunto de atos desde o velório até o sepultamento (enterro) ou cremação.

Se houver emprego de violência contra pessoas ou coisas, há previsão de majorante (aumento da pena de 1/3), além da pena correspondente à violência, em concurso material.

II. Violação de sepultura:

Delito de médio potencial ofensivo, da competência da Justiça Comum e instrumentalizado por meio de Inquérito Policial, cabendo, em tese, suspensão condicional do processo. Outrossim, submete-se ao rito do procedimento comum sumário (art. 394, § 1º, II, CPP).

O crime compreende não só a cova (local onde se acham enterrados os restos mortais), mas também tudo o que lhe for incorporado definitivamente (túmulo, lápide, ornamentos estáveis, inscrições etc.).

Peculiaridades: Furto de algo colocado no túmulo: dependendo do caso concreto, poderá ser crime de furto ou de violação de sepultura.

E o furto do próprio cadáver ou de parte dele? Dependendo do caso concreto, poderá ser furto, violação de sepultura ou subtração de cadáver (art. 211, CP).

O cadáver pode ser objeto material do crime de furto, caso tenha valor econômico e esteja na posse legítima de alguém (ex: subtração de corpo pertencente a um museu, que o exibe por motivos científicos ou didáticos).

Havendo sepultura ou urna funerária vazia, estaremos, em princípio, diante de crime impossível, por absoluta impropriedade do objeto material (art. 17, CP).

III. Destruição, subtração ou ocultação de cadáver:

Igualmente, delito de médio potencial ofensivo, da competência da Justiça Comum e instrumentalizado por meio de

Inquérito Policial, cabendo, em tese, suspensão condicional do processo.

Outrossim, submete-se ao rito do procedimento comum sumário (art. 394, § 1º, II, CPP).

A forma mais comum é a da ocultação de cadáver no homicídio, gerando concurso material entre os tipos dos arts. 121 e 211, ambos do CP.

Há possível conflito com o art. 14 da Lei 9.434/97, que trata dos Crimes relacionados à remoção de órgãos, tecidos e partes do corpo humano.

Se o dolo do agente era o de destruir o cadáver, como forma de chocar ou desrespeitar os familiares do morto, aplica-se o artigo 211.

Todavia, se a intenção era a de comercializar os órgãos, ou dar qualquer outra destinação, como, por exemplo, transplante para favorecer um parente próximo, aplica-se o tipo do art. 14 da Lei 9.434/97.

No que concerne à subtração de cadáver, vide comentário no item anterior, relativamente à Violação de sepultura.

Assim, quem subtrai um cadáver de uma faculdade ou de um museu, comete, em princípio, o crime de furto.

Todavia, quando se vai ao cemitério e há subtração de um cadáver qualquer, trata-se de crime contra o respeito aos mortos, previsto nesse artigo 211 do CP.

Múmia não é cadáver (são cadáveres o natimorto e o feto, este dependendo da maturidade).

Outrossim, é possível a incidência, na espécie fática, do tipo penal previsto no art. 19, da Lei 9.434/97, no que concerne à recomposição do cadáver para sepultamento ou cremação, na forma do art. 8º da referida lei.

IV. Vilipêndio a cadáver:

Da mesma forma, delito de médio potencial ofensivo, da competência da Justiça Comum e instrumentalizado por meio de Inquérito Policial, cabendo, em tese, suspensão condicional do processo.

Outrossim, submete-se ao rito do procedimento comum sumário (art. 394, § 1º, II, CPP).

Esqueletos e cadáveres destinados a pesquisas e estudos científicos também são tutelados pela lei penal.

Consiste em ultrajar, depreciar o cadáver ou suas cinzas. Ex: praticar atos libidinosos com o cadáver (necrofilia), retirar partes ou pedaços do cadáver.

Se, por acaso, o agente matou a vítima e depois manteve relações sexuais com o cadáver, com o fim de desprezo ou ultraje, haverá concurso material entre os crimes do art. 121 e 212.

Caso contrário, não havendo finalidade de desprezo ou ultraje, o ato posterior ficará absorvido pelo homicídio.

Se, além do vilipêndio por atos, ocorrer calúnia contra os mortos, aplica-se a regra do concurso formal impróprio ou imperfeito (art. 212 e art. 138, § 2º, CP).

Vale aqui a mesma observação feita no tipo anterior, relativamente à incidência dos arts. 14 e 19, ambos da Lei 9.434/97.

Eventual consentimento do ofendido (Ex: testamento) não é considerado válido, já que é tutelado um interesse de ordem pública, representado pelo sentimento ético-social de respeito aos mortos.

☑ QUESTÕES DE CONCURSOS ACERCA DOS CRIMES CONTRA O SENTIMENTO RELIGIOSO E CONTRA O RESPEITO AOS MORTOS, COM GABARITO E COMENTÁRIOS:

1. ***(DELEGADO DE POLÍCIA – PC-ES – FUNCAB – 2013)*** *Quanto ao crime de ocultação de cadáver, é INCORRETO afirmar:*

I. O sujeito passivo é a coletividade.

II. É crime vago.

III. Possui sujeito passivo determinado.

IV. Não importa se o cadáver era de uma criança, de um jovem, de uma grávida, pois morto é o objeto material do delito.

Indique a opção que contempla a(s) assertiva(s) correta(s).

(A) I, II, III e IV.

(B) I, II e III, apenas.

(C) I, II e IV, apenas.

(D) II, III e IV, apenas.

(E) III, apenas.

Resposta: *São corretos os enunciados I, II e IV. O terceiro enunciado está incorreto, já que se trata de crime vago, em que o sujeito passivo principal ou imediato é a Coletividade. Todavia, tal circunstância não impede a possibilidade de despontarem os familiares do morto como sujeitos passivos secundários ou mediatos. Dessa forma, analisando a grade de resposta, a alternativa a ser marcada é a da letra "C".*

2. *(PROCURADOR DA REPÚBLICA – 2003 – 20º)* *"J", tendo acesso às cinzas, no que se constituiu o cadáver de alguém, remove-as para outro local, assim impedindo a identificação da vítima.*

(A) o fato é penalmente irrelevante.

(B) a remoção não se compreende nas condutas postas à identificação do núcleo típico atinente à incidência do artigo 211 do Código Penal.

(C) as cinzas não, podem constituir o conceito de cadáver na dicção do artigo 211 do Código Penal.

(D) incide o artigo 211 ao fato exposto.

Resposta: *a única alternativa correta é a da letra "D". A espécie fática identifica o crime de Destruição, Subtração ou Ocultação de Cadáver, previsto no art. 211, CP.*

3. *(89º MP/SP – 2012)* *Agente que, mediante paga, fazendo uso de revólver mata a vítima e, após, para assegurar a ocultação e impunidade do crime, com uma faca esquarteja o cadáver e espalha as diversas partes do corpo por locais ermos variados pratica homicídio*

(A) triplamente qualificado: art. 121, § 2.º, inc. I (mediante paga), inc. III (com emprego de meio cruel) e inc. V (para assegurar a ocultação e impunidade de outro crime), do Código Penal.

(B) duplamente qualificado: art. 121, § 2.º, inc. I (mediante paga) e inc. V (para assegurar a ocultação e impunidade de outro crime), do Código Penal.

(C) qualificado: art. 121, § 2.º, inc. I (mediante paga) em concurso material com o delito de destruição, subtração ou ocultação de cadáver (art. 211), do Código Penal.

(D) duplamente qualificado: art. 121, § 2.º, Inc. I (mediante paga) e inc. III (com emprego de meio cruel) em concurso material com o delito de vilipêndio a cadáver (art. 212), do Código Penal.

(E) duplamente qualificado: art. 121, § 2.º, inc. III (com emprego de meio cruel) e inc. V (para assegurar a ocultação e impunidade de outro crime) em concurso material com o crime de destruição, subtração ou ocultação de cadáver (art. 211), do Código Penal.

Resposta: *a espécie fática identifica a prática de Homicídio Qualificado em concurso material com Destruição, Subtração ou Ocultação de Cadáver. Logo, a única alternativa correta é a da letra "C".*

4. *(MP – GO – 2012)* *No tocante ao delito de destruição, subtração ou ocultação de cadáver (art. 211 do Código Penal), assinale o enunciado incorreto:*

(A) Trata-se de crime compatível com o benefício da suspensão condicional do processo (Lei 9.099/1995, art. 89), vez que a pena prevista é de reclusão, de um a três anos, e multa.

(B) *Segundo consolidada jurisprudência do STF, na modalidade "ocultar", o crime é permanente.*

(C) *Sua consumação dá-se somente com a destruição total do cadáver.*

(D) *A "múmia" não ingressa no conceito de cadáver, vez que o interesse é meramente histórico ou arqueológico, não havendo ofensa ao sentimento de respeito aos mortos.*

Resposta: *a única alternativa incorreta é a da letra "C". Efetivamente, a consumação do crime de Destruição, Subtração ou Ocultação de Cadáver, previsto no art. 211, CP, opera-se com a destruição parcial ou total do cadáver.*

5. *(DEFENSOR PÚBLICO – DPE – AL – 2017 – CESPE)* *No que tange aos crimes contra o sentimento religioso, assinale a opção correta.*

(A) *Para que configure crime, a prática do escárnio deve expressar o fim específico de ofender o sentimento religioso de um indivíduo, como elemento subjetivo do injusto.*

(B) *A caracterização desse tipo de crime exige que a prática de escárnio seja efetuada na presença do sujeito passivo.*

(C) *Em caso de escárnio por motivo religioso acompanhado de ofensa a honra individual, o agente responderá em concurso formal de crimes.*

(D) *Em se tratando de escárnio por motivo religioso, a pena será acrescida de um terço caso se verifique o exercício de violência, desde que voltada contra objetos e esculturas sagradas.*

(E) *Constitui infração penal o ato de escarnecer, em público, um grupo religioso.*

Resposta: *a única alternativa correta é a da letra "A", correspondendo ao comando constante no art. 208, caput, primeira parte, do CP. O tipo subjetivo é composto pelo dolo, direto ou eventual. Na primeira hipótese, existe ainda o elemento subjetivo especial, consistente em "escarnecer por motivo de crença ou função religiosa", o que diferencia tal conduta típica dos crimes contra a honra.*

TÍTULO VI – CRIMES CONTRA A DIGNIDADE SEXUAL

Com a Lei 12.015/2009, foi alterado o Título VI da Parte Especial do CP.

Passou a tratar dos "Crimes contra a Dignidade Sexual" e não mais dos "Crimes contra os Costumes".

A mudança foi salutar, pois diz respeito à proteção do ser humano em matéria sexual, garantindo-lhe a liberdade de escolha e opção neste cenário, sem qualquer forma de exploração ou privação (autodeterminação sexual), com exceção do menor de 14 anos, do alienado ou deficiente mental, ou daquela pessoa impossibilitada de oferecer resistência, frente à prática de atos libidinosos (considerados vulneráveis, por força do que dispõe o artigo 217-A e § 1º, CP).

No que concerne à transição entre os "costumes" para a "dignidade sexual", importante a lição de Mirabete[146]:

> *"A Lei nº 11.106, de 10-3-2005, e, principalmente, a Lei nº 12.015, de 7-8-2009, promoveram uma reforma profunda no Título VI da Parte Especial do Código Penal, visando adaptar as normas penais às transformações nos modos de pensar e de agir da sociedade em matéria sexual, ocorridas desde a elaboração do Código Penal, e atualizar o Estatuto em face de inovações trazidas pela*

146 MIRABETE, Júlio Fabbrini. **Manual de Direito Penal**: parte especial. v. 2. 34. ed. São Paulo: Atlas, 2018, pp. 411 e 412.

Constituição Federal e por construções doutrinárias mais recentes que lançaram novas luzes sob a forma de se conceber e de se valorizar aspectos relevantes da personalidade humana como merecedores de especial tutela pelo Ordenamento Jurídico, por constituírem em si mesmos direitos fundamentais ou desdobramentos desses mesmos direitos".

Segundo Marcão e Gentil[147], *"o termo costumes dizia respeito aos hábitos correntes de uma sociedade; dignidade sexual expressaria mais adequadamente a objetividade jurídica dos bens tutelados".*

Acerca da dignidade da pessoa humana na Carta Magna de 1988, os mesmos autores[148] pontificam que:

> *"Na Constituição brasileira, como já se disse, a dignidade do ser humano ocupa o terceiro lugar no enunciado de fundamentos do Estado Democrático de Direito (art. 1º, III), que se proclama 'destinado a assegurar o exercício dos direitos sociais e individuais, a liberdade, a segurança, o bem-estar, o desenvolvimento, a igualdade e a justiça como valores supremos'. Quer dizer que o constituinte nacional a considera verdadeiro valor dos valores, em torno do qual todos estes deverão operar".*

Segundo a lição de Mirabete[149]:

> *"O vocábulo 'dignidade' possui diferentes acepções. Segundo o vernáculo, dignidade é qualidade moral que infunde respeito, mas também pode significar consciência do próprio valor, respeito aos próprios sentimentos e valores, e, ainda, qualidade do que é grande, nobre, elevado. No contexto normativo em que foi utilizado, o termo 'dignidade' deve ser compreendido em conformidade com o sentido que lhe empresta a Constituição Federal, que prevê a 'dignidade da pessoa humana' como conceito unificador de todos os direitos fundamentais do homem que se encontram na base de estruturação da ordem jurídica (art. 1°, inciso III). Nesse sentido, dignidade não pode ser entendida como sinônimo de respeitabilidade ou aprovação social ou associada a um julgamento moral coletivo, mas sim como atributo intrínseco de todo indivíduo que decorre da própria natureza humana e não da forma de agir em sociedade. Assim, ao tutelar a dignidade sexual, protege-se um dos vários aspectos essenciais da dignidade da pessoa humana, aquele que se relaciona com o sadio desenvolvimento da sexualidade e a liberdade de cada indivíduo de vivencia-la a salvo de todas as formas de corrupção, violência e exploração".*

Ainda, acerca da dignidade da pessoa humana, importante o magistério de Sarlet[150]:

> *"A qualidade intrínseca e distintiva de cada ser humano que o faz merecedor do mesmo respeito e consideração por parte do Estado e da comunidade, implicando, neste sentido, um complexo de direitos e deveres fundamentais que assegurem a pessoa tanto contra todo e qualquer ato de cunho degradante e desumano, como venham a lhe garantir as condições existenciais mínimas para uma vida saudável, além de propiciar e promover sua participação ativa e corresponsável nos destinos da própria existência e da vida em comunhão com os demais seres humanos".*

147 MARCÃO, Renato; GENTIL, Plínio. **Crimes contra a Dignidade Sexual:** COMENTÁRIOS ao título VI do código penal. 2. ed. São Paulo: Saraiva, 2015, p. 35.

148 Ibidem, p. 33.

149 MIRABETE, Júlio Fabbrini. **Manual de Direito Penal**: parte especial. v. 2. 34. ed. São Paulo: Atlas, 2018, p. 412.

150 SARLET, Ingo Wolfgang. **Dignidade (da Pessoa) Humana e Direitos Fundamentais na Constituição Federal de 1988.** 10 ed. Porto Alegre: Livraria do Advogado, 2015.

Por fim, está o presente Título disposto a tutelar a dignidade sexual, incluída, por óbvio, dentro do contexto da dignidade da pessoa humana, que é princípio fundamental em um Estado Democrático de Direito (art. 1º, III, CF/88).

Possui 8 (oito) capítulos, a saber:

a) Crimes contra a Liberdade Sexual;
b) Exposição da Intimidade Sexual;
c) Crimes Sexuais contra Vulnerável;
d) Rapto;
e) Disposições Gerais (Parte I);
f) Lenocínio e Tráfico de Pessoa para fim de Prostituição ou outra Forma de Exploração Sexual;
g) Ultraje Público ao Pudor;
h) Disposições Gerais (Parte II).

– "Abuso Sexual": Estupro – antigo art. 213, CP – conjunção carnal; Atentado Violento ao Pudor – antigo art. 214, CP – ato libidinoso diverso da conjunção carnal.

Hoje, tanto a conjunção carnal, quanto o ato libidinoso diverso da conjunção carnal, traduzem situações de estupro, com o advento da Lei nº 12.015/09, que revogou o delito de Atentado Violento ao Pudor. O atual art. 213, CP, trata do Estupro.

– Reflexos: homem e mulher como sujeitos ativos e vítimas de estupro (crime bi-comum); estupro de vulnerável (consenso) com pena maior do que o estupro simples (dissenso).

– Problemas:

a) estupro considerado crime único (crime de ação múltipla, de conteúdo variável – tipo misto alternativo – Nucci[151]; tipo misto cumulativo – Vicente Greco Filho[152]), impossibilitando, segundo a corrente majoritária, a aplicação do concurso material de infrações – Ex: sexo vaginal + anal;
b) ação penal pública incondicionada, quando a vítima for pessoa vulnerável ou menor de 18 anos (art. 225, § único, CP).

Atualmente, com a redação trazida pela Lei Federal nº 13.718, de 24 de setembro de 2018, todos os crimes contra a dignidade sexual previstos nos arts. 213 a 218-C, todos do Código Penal (Capítulos I e II do Título VI), são de ação penal pública incondicionada (nova redação do art. 225, CP, restando revogado seu parágrafo único).

– Outras questões:

a) Estupro bilateral (jovens menores de 14 anos, mantendo relações sexuais);
b) Mediação de vulnerável para servir à lascívia de outrem (art. 218, CP): exceção dualística à teoria monística, em que o autor da prática de ato libidinoso com o vulnerável deve responder por estupro de vulnerável, enquanto que aqueles que induzirem, instigarem ou auxiliarem a sua prática, que seriam partícipes do estupro de vulnerável, devem responder como autores da figura típica prevista no art. 218, CP;
c) Exceção de Romeu e Julieta (*Romeo and Juliet Law*): originário do direito norte-americano e aplicável no Estupro de Vulnerável (art. 217-A, CP).

Consiste em não reconhecer a presunção de violência quando a diferença de idade entre o jovem casal seja igual ou menor do que 5 anos, considerando que

151 NUCCI, Guilherme de Souza. **Manual de Direito Penal**: parte geral; parte especial. 11. ed. Rio de Janeiro: Forense, 2015.

152 GRECO FILHO, Vicente; JALIL, Maurício Schaun. **Código Penal Comentado**: doutrina e jurisprudência. 1. ed. São Paulo: Manole, 2016.

ambos estariam no mesmo momento de descoberta da sexualidade.

- Inovações trazidas pelas Leis Federais nº 13.715 e 13.718, de 24 de setembro de 2018, e 13.772, de 19 de dezembro de 2018:

a) Lei Federal nº 13.715, de 24 de setembro de 2018: dispõe sobre hipóteses de perda do poder familiar pelo autor de determinados crimes contra outrem (terceiro), igualmente titular do mesmo poder familiar, ou contra filho, filha ou outro descendente.

Referida legislação modificou o artigo 92, do Código Penal, o artigo 23, do ECA (Lei Federal nº 8.069/90), bem como o artigo 1.638, do Código Civil;

b) Lei Federal nº 13.718, de 24 de setembro de 2018: tipifica os crimes de Importunação Sexual (art. 215-A, CP) e de Divulgação de Cena de Estupro ou de Cena de Estupro de Vulnerável, de Cena de Sexo ou de Pornografia (art. 218-C, CP), torna pública incondicionada a natureza dos crimes sexuais previstos nos Capítulos I e II dos Crimes contra a Dignidade Sexual, define causas de aumento de pena no Estupro Coletivo e no Estupro Corretivo e revoga a contravenção penal de Importunação Ofensiva ao Pudor.

Referida legislação acrescentou os artigos 215-A e 218-C, ambos no Código Penal, e modificou os artigos 217-A, 225, 226 e 234-A, todos do Código Penal, restando revogada a contravenção penal de Importunação Ofensiva ao Pudor, prevista no então art. 61, da Lei das Contravenções Penais (DL 3.688/41), consoante art. 3º, II, da novel legislação;

c) Por fim, temos o novel tipo penal de Registro Não Autorizado da Intimidade Sexual (*Revenge Porn* - parte II), introduzido por meio da Lei Federal nº 13.772, de 19 de dezembro de 2018, o qual está previsto no artigo 216-B e § único, do CP, que inaugurou o Capítulo I - A: "Da Exposição da Intimidade Sexual".

1) Crimes contra a Liberdade Sexual (Capítulo I):

É o primeiro dos 8 (oito) capítulos relativos aos crimes contra a dignidade sexual.

Visa à proteção da liberdade sexual do homem e da mulher e identifica-se nas seguintes figuras típicas:

a) Estupro Simples (art. 213, *caput*, CP), também conhecido como Estupro Real de maior de 14 anos (Thums[153]);

b) Estupro Qualificado (art. 213, §s 1º e 2º, CP);

c) Violação Sexual mediante Fraude (art. 215, CP);

d) Importunação Sexual (art. 215-A, CP, com a redação trazida pela Lei Federal nº 13.718/18);

e) Assédio Sexual (art. 216-A, CP);

f) Assédio Sexual Majorado (art. 216-A, § 2º, CP).

> ***Estupro***
>
> *Art. 213. Constranger alguém, mediante violência ou grave ameaça, a ter conjunção carnal ou a praticar ou permitir que com ele se pratique outro ato libidinoso: (Redação dada pela Lei nº 12.015, de 7-8-2009)*
>
> *Pena - reclusão, de 6 (seis) a 10 (dez) anos. (Redação dada pela Lei nº 12.015, de 7-8-2009)*

153 THUMS, Gilberto. **Código Penal Anotado**: abordagem objetiva. Porto Alegre: Sapiens, 2010.

§ 1º Se da conduta resulta lesão corporal de natureza grave ou se a vítima é menor de 18 (dezoito) ou maior de 14 (catorze) anos: *(Incluído pela Lei nº 12.015, de 7-8-2009)*

Pena – reclusão, de 8 (oito) a 12 (doze) anos. (Incluído pela Lei nº 12.015, de 7-8-2009)

§ 2º Se da conduta resulta morte: *(Incluído pela Lei nº 12.015, de 7-8-2009)*

Pena – reclusão, de 12 (doze) a 30 (trinta) anos (Incluído pela Lei nº 12.015, de 7-8-2009)

Atentado violento ao pudor

Art. 214 – (Revogado pela Lei nº 12.015, de 7-8-2009)

***Violação sexual mediante fraude** (Redação dada pela Lei nº 12.015, de 7-8-2009)*

Art. 215. Ter conjunção carnal ou praticar outro ato libidinoso com alguém, mediante fraude ou outro meio que impeça ou dificulte a livre manifestação de vontade da vítima: (Redação dada pela Lei nº 12.015, de 7-8-2009)

Pena – reclusão, de 2 (dois) a 6 (seis) anos. (Redação dada pela Lei nº 12.015, de 7-8-2009)

Parágrafo único. Se o crime é cometido com o fim de obter vantagem econômica, aplica-se também multa. (Redação dada pela Lei nº 12.015, de 7-8-2009)

***Importunação sexual** (Rubrica acrescentada pela Lei nº 13.718, de 24-9-2018)*

Art. 215-A. Praticar contra alguém e sem a sua anuência ato libidinoso com o objetivo de satisfazer a própria lascívia ou a de terceiro.

Pena – reclusão, de 1 (um) a 5 (anos) anos, se o ato não constitui crime mais grave. (Artigo acrescentado pela Lei nº 13.718, de 24-9-2018)

Atentado ao pudor mediante fraude

Art. 216. (Revogado pela Lei nº 12.015, de 7-8-2009)

***Assédio sexual** (Incluído pela Lei nº 10.224, de 15-5-2001)*

Art. 216-A. Constranger alguém com o intuito de obter vantagem ou favorecimento sexual, prevalecendo-se o agente da sua condição de superior hierárquico ou ascendência inerentes ao exercício de emprego, cargo ou função." (Incluído pela Lei nº 10.224, de 15-5- 2001)

Pena – detenção, de 1 (um) a 2 (dois) anos. (Incluído pela Lei nº 10.224, de 15-5-2001)

Parágrafo único. (VETADO)_(Incluído pela Lei nº 10.224, de 15-5-2001)

§ 2º A pena é aumentada em até um terço se a vítima é menor de 18 (dezoito) anos. *(Incluído pela Lei nº 12.015, de 7-8-2009)*

COMENTÁRIOS

I. Estupro Simples:

– delito de maior potencial ofensivo, da competência da Justiça Comum Estadual, instrumentalizado por meio de Inquérito Policial;

– submete-se ao rito do procedimento comum ordinário (art. 394, § 1º, I, CPP);

– é crime hediondo (art. 1º, V, Lei 8.072/90);

– não é possível a aplicação do art. 9º da Lei dos Crimes Hediondos (aumento de metade da pena), tendo em vista que a Lei 12.015/2009 revogou expressamente o art. 224 do Código Penal, que tratava das hipóteses de presunção de violência;

– conjunção carnal ou ato libidinoso diverso da conjunção carnal;

– absorção do tipo do art. 214 do CP, que tratava do crime de atentado violento ao pudor, pelo tipo de estupro.

O art. 214, CP, foi expressamente revogado pela Lei 12.015/2009;

– crime bi-comum (homens e mulheres podem ser sujeitos ativos e vítimas de estupro);

– estupro considerado crime único (crime de ação múltipla, de conteúdo variável) – tipo misto alternativo: corrente encampada por Guilherme de Souza Nucci[154] e Luiz

154 NUCCI, Guilherme de Souza. **Manual de Direito Penal**: parte geral; parte especial. 11. ed. Rio de Janeiro: Forense, 2015.

Regis Prado[155]. Esta é também a posição da 6ª Turma do STJ.

– estupro considerado tipo misto cumulativo: corrente encampada por Vicente Greco Filho[156], Mirabete[157] e Ishida[158]. Esta é também a posição da 5ª Turma do STJ.

O STF também vem adotando a corrente do tipo misto alternativo, ou crime de ação múltipla.

A corrente, ao que parece ainda majoritária, que defende a existência de tipo misto alternativo, traz a impossibilidade da aplicação do concurso material de infrações – Ex: sexo vaginal + anal.

– estupro considerado crime continuado: há uma terceira corrente, encampada no STF e no STJ, reconhecendo a continuidade delitiva na espécie fática, por se tratarem de condutas da mesma espécie.

– aparente conflito com as contravenções penais de importunação ofensiva ao pudor (art. 61, DL 3.688/41), atualmente revogada (art. 3º, II, da Lei nº 13.718/18), e perturbação da tranquilidade (art. 65, DL 3.688/41), bem como com o novel tipo penal de importunação sexual (art. 215-A, CP);

– admite tentativa;

– o casamento do agente com a vítima ou da vítima com terceiro não extingue mais a punibilidade, situação que ocorria antes do advento da Lei 11.106/2005 (então art. 107, VII e VIII, CP); a10) hoje, com o advento da Lei Federal nº 13.718/18, a ação penal é pública incondicionada (novel art. 225, CP).

II. Estupro Qualificado pela Lesão Corporal de Natureza Grave, pela Condição de Idade da Vítima ou pela Morte:

Delito de maior potencial ofensivo, da competência da Justiça Comum Estadual, instrumentalizado por meio de Inquérito Policial.

Submete-se ao rito do procedimento comum ordinário (art. 394, § 1º, I, CPP).

As formas qualificadas de estupro são consideradas crimes hediondos (art. 1º, V, Lei 8072/90).

A primeira forma qualificada diz respeito ao emprego de violência contra a vítima do ato sexual, gerando lesão corporal de natureza grave.

A segunda forma qualificada diz respeito à condição de idade da vítima: menor de 18 (dezoito) **e** maior de 14 (catorze) anos de idade (impropriedade do legislador em inserir a partícula alternativa "ou"), independentemente de lesão grave.

Se a vítima for menor de 14 (catorze) anos, aplica-se o crime de estupro de vulnerável.

A terceira forma qualificada diz respeito ao resultado morte, desde que este não tenha sido provocado por dolo, sob pena de incidir concurso material de crimes: Estupro + Homicídio.

Até o advento da Lei Federal nº 13.718/18, com exceção da forma qualificada relativa à condição de idade da vítima, em que a ação penal era pública incondicionada (art. 225, § único, CP), a ação penal era pública condicionada à representação (art. 225, CP), mesmo havendo resultado morte, o que vinha gerando críticas por parte da doutrina e da jurisprudência.

Porém, havia entendimentos de que, neste caso, tratando-se de crime complexo (estupro + morte), aplicava-se a regra do art. 101, CP, ou seja, ação penal pública incondicionada, já que o homicídio é crime de ação penal pública incondicionada,

---

155 PRADO, Luiz Régis. CARVALHO, Gisele Mendes de. **Curso de Direito Penal Brasileiro**: parte especial. v. 2. 15. ed. São Paulo: RT, 2017, p. 451.

156 GRECO FILHO, Vicente; JALIL, Maurício Schaun. **Código Penal Comentado**: doutrina e jurisprudência. 1. ed. São Paulo: Manole, 2016.

157 MIRABETE, Júlio Fabbrini; FABBRINI, Renato N. **Manual de Direito Penal:** parte especial. v. 2. 34. ed. São Paulo: Atlas, 2018.

158 ISHIDA, Valter Kenji. **Curso de Direito Penal:** parte geral e parte especial. 4. ed. São Paulo: Atlas, 2015, p. 478.

devendo preponderar, pois, o comando do art. 101, em relação ao art. 225, *caput*, CP.

O mesmo raciocínio valia em relação ao estupro qualificado pela lesão corporal de natureza grave (ou gravíssima).

Todavia, com o advento da novel legislação, tal discussão resta prejudicada, na medida em que foi expressamente revogado o § único do art. 225 do CP, conforme art. 3º, I, da Lei nº 13.718/18.

Pela nova legislação, todos os crimes contra a dignidade sexual previstos nos arts. 213 a 218-C, todos do CP (Capítulos I e II, do Título VI) são de ação penal pública incondicionada (nova redação do artigo 225, CP).

III. Violação Sexual mediante Fraude:

Delito de maior potencial ofensivo, da competência da Justiça Comum Estadual, instrumentalizado por meio de Inquérito Policial.

Submete-se ao rito do procedimento comum ordinário (art. 394, § 1º, I, CPP).

É o chamado "Estelionato sexual". Ex: curandeiros, médicos, irmãos gêmeos.

Trata-se da fusão do antigo art. 215, CP (Posse Sexual mediante Fraude) e do revogado art. 216, CP (Atentado ao Pudor mediante Fraude).

O entendimento que se tem é o de que a fraude grosseira e o consentimento válido da vítima não caracterizam o crime.

É crime bi-comum (homens e mulheres como sujeitos ativos e vítimas).

Não confundir com o estupro com presunção de vulnerabilidade (vítima sob o efeito de anestesia, ou em situação de embriaguez ou drogadição).

Não confundir com o antigo crime de sedução (art. 217, CP), já revogado pela Lei nº 11.106/2005.

Se o crime for cometido com o objetivo de obter vantagem econômica, aplica-se, além da pena de 2 (dois) a 6 (seis) anos de reclusão, a pena de multa.

IV. Importunação Sexual:

Delito de maior potencial ofensivo, da competência da Justiça Comum Estadual, instrumentalizado por meio de Inquérito Policial.

Submete-se ao rito do procedimento comum ordinário (art. 394, § 1º, I, CPP).

Como a pena mínima cominada não é superior a 1 (um) ano, aceita a suspensão condicional do processo.

Revogação da antiga contravenção penal de Importunação Ofensiva ao Pudor (art. 61, DL 3.688/41) e incorporação da conduta ali descrita no novel crime do art. 215-A, CP.

Segundo entendimento doutrinário, ocorreu não *abolitio contraventionis*, mas sim adequação típica da conduta ali descrita (princípio da continuidade normativo-típica).

No que concerne ao novel tipo penal do art. 215-A, CP, segue jurisprudência recente do STJ acerca do tema:

> *"STJ*
>
> *Não é possível desclassificar crime de estupro de menor de 14 anos para importunação sexual.*
>
> *A Quinta Turma do Superior Tribunal de Justiça (STJ) negou o recurso de um condenado por estupro de vulnerável que pretendia a desclassificação do crime para importunação sexual. Segundo o colegiado, a jurisprudência do tribunal não admite essa desclassificação quando a vítima é menor de 14 anos.*
>
> *No recurso, o condenado citou as mudanças promovidas no Código Penal com a Lei 13.718/2018, incluindo a tipificação do crime de importunação sexual, com pena mais branda que o de estupro. Ele defendeu a aplicação da regra do artigo 215-A no seu caso, já que*

a conduta criminosa descrita foi tocar parte íntima de seu neto sobre a roupa.

Para o recorrente, a rapidez no toque e o fato de ter sido um contato único não permitiriam o enquadramento da conduta como estupro de vulnerável, nos moldes do artigo 217-A do Código Penal. Na época dos fatos, a vítima tinha seis anos de idade.

O relator do caso, ministro Reynaldo Soares da Fonseca, disse que o assunto merece reflexão, já que, em princípio, não há impedimento à desclassificação do crime, e a gradação da punição parece razoável.

Não é recomendável que as condutas de conjunção carnal, sexo oral e sexo anal possuam o mesmo tratamento jurídico-penal que se dá ao beijo lascivo, sob pena de verdadeira afronta à proporcionalidade, comentou o relator.

Todavia, o ministro destacou que a jurisprudência de ambas as turmas de direito penal do STJ entende que a desclassificação não é possível nos casos de vítima menor de 14 anos, em razão da presunção de violência.

Tipificação extrema

Reynaldo Soares da Fonseca disse que o Supremo Tribunal Federal (STF) iniciou, em 2018, julgamento que definirá se é possível desclassificar a conduta do artigo 217-A para a do artigo 215-A.

O relator citou trechos do voto-vista do ministro Luís Roberto Barroso pela possibilidade de desclassificação, tendo em vista que, antes das alterações promovidas pela Lei 13.718/2018, a tipificação do crime sexual se situava entre dois extremos: a pena exacerbada do crime de estupro ou a sanção muito branda da contravenção penal.

O ministro do STF destacou que a doutrina sempre criticou a ausência de uma diferenciação precisa na lei das diversas modalidades de ato libidinoso, o que reforça a necessidade de o julgador procurar distinguir condutas mais graves e invasivas das menos reprováveis, preservando a razoabilidade da punição.

Nesse encadeamento de ideias, ressalvo meu ponto de vista quanto à possibilidade de desclassificação do tipo penal do artigo 217-A para o do artigo 215-A, ambos do Código Penal, porém mantenho o entendimento de ambas as turmas penais do Superior Tribunal de Justiça, no sentido da impossibilidade de desclassificação, quando se tratar de vítima menor de 14 anos, concluiu Reynaldo Soares da Fonseca ao negar provimento ao recurso.

O número deste processo não é divulgado em razão de segredo judicial.

Fonte: Superior Tribunal de Justiça"

Acerca do novel tipo penal, importante a lição de Nucci[159]:

"A conduta incriminada é a satisfação da lascívia mediante a prática de ato libidinoso. Esta última leva àquela; subordina-se à principal. Enfim, apesar de defeituoso, em nosso entendimento, o tipo penal permite a compreensão da conduta a ser punida. Qualquer um que realize ato libidinoso com relação a outra pessoa (com ou sem contato físico, mas visível e identificável), satisfazendo seu prazer sexual, sem que haja concordância válida das partes envolvidas (supondo-se a anuência de adultos).

Em cenário sexual, pessoas acima de 14 anos podem dar consentimento válido para o contato sexual. Por outro lado, sem o consentimento, inúmeras condutas podem ser inseridas no contexto do novo crime: masturbar-se na frente de alguém de maneira persecutória; ejacular em alguém ou próximo à pessoa,

159 NUCCI, Guilherme de Souza. **Curso de Direito Penal:** parte especial (arts. 213 a 361 do Código Penal). v. 3. 3. ed. Rio de Janeiro: Forense, 2019, pp. 144 e 145.

> *de modo que está se constranja; exibir o pênis a alguém de maneira persecutória; tirar a roupa diante de alguém, igualmente, de maneira persecutória, entre outros atos envolvendo libidinagem, desde que se comprove a finalidade específica de satisfação da lascívia, ao mesmo tempo que constranja a liberdade sexual da vítima. Afinal, quem faz xixi na rua pode até exibir o pênis, mas a sua finalidade não tem nenhum liame com prazer sexual. O mesmo se diga do ato de tirar a roupa: pode ter conotação artística, naturista, necessária para algo, mas sempre desprovida de libidinagem".*

No que concerne à Importunação Sexual, segue reflexão de Luiz Régis Prado[160]:

> *"Assim, pode caracterizar o tipo penal em exame quando o agente pratica o ato libidinoso prevalecendo-se de uma impossibilidade física da vítima se livrar da sua intervenção, sem, contudo, ser necessário empregar força física (ex: transporte público lotado)".*

V. Assédio Sexual:

Infração penal de menor potencial ofensivo, da competência dos Juizados Especiais Criminais, instrumentalizada por meio de Termo Circunstanciado.

Submete-se ao rito do procedimento comum sumaríssimo (art. 394, § 1º, III, CPP).

Não confundir com a simples "cantada".

No assédio sexual, o agente abusa da condição de superior. Ex: convidar a secretária para sair após o expediente, sob ameaça de demissão, de rebaixamento de função ou de redução salarial.

É crime formal – o simples constrangimento (perturbação, ato de molestar etc.) já consuma o delito.

Caso o agente consiga o favor sexual almejado, será simples exaurimento.

É crime próprio, que exige sujeito ativo (superior hierárquico ou chefe da vítima) e passivo (subordinado ou empregado de menor escalão) qualificados.

A ascendência é em relação ao exercício de emprego, cargo ou função (atividades laborais públicas ou privadas).

Conforme já referido, é crime da competência dos JECs, cabendo composição civil e transação penal, o que, de certa forma, atenta contra a natureza do delito.

VI. Assédio Sexual Majorado:

Aumento da pena em 1/3 se a vítima é menor de 18 (dezoito) anos de idade (criança ou adolescente).

No que concerne ao assédio sexual praticado no ambiente escolar, recentemente decidiu o STJ[161]:

> ***"STJ – Sexta Turma decide que assédio sexual pode ser caracterizado entre professor e aluno***
>
> *A Sexta Turma do Superior Tribunal de Justiça (STJ), por maioria, entendeu que o crime de assédio sexual – definido no artigo 216-A do Código Penal (CP) e geralmente associado à superioridade hierárquica em relações de emprego – pode ser caracterizado no caso de constrangimento cometido por professores contra alunos.*
>
> *No voto seguido pela maioria, o ministro Rogerio Schietti Cruz destacou que, embora não haja pacificação doutrinária e jurisprudencial acerca do tema, é preciso considerar a relação de superioridade hierárquica entre professor e aluno, nas hipóteses em que o docente se*

160 PRADO, Luiz Régis. **Curso de Direito Penal Brasileiro**: parte geral e parte especial. 17. ed. Rio de Janeiro: Forense, 2019, p. 858.

161 REVISTA SÍNTESE nº 4.739, de 10 de setembro de 2019 – Direito Penal e Processual Penal. Disponível em: <http://www.sintese.com/direitoPenal.asp>. Acesso em: 6 out. 2019.

vale da sua profissão para obter vantagem sexual.

Ignorar a notória ascendência que o mestre exerce sobre os pupilos é, equivocadamente, desconsiderar a influência e, mormente, o poder exercido sobre os que admiram, obedecem e, não raro, temem aquele que detém e repassa o conhecimento, afirmou Schietti.

Segundo o processo, o réu, em 2012, ao conversar com uma aluna adolescente em sala de aula sobre suas notas, teria afirmado que ela precisava de dois pontos para alcançar a média necessária e, nesse momento, teria se aproximado dela e tocado sua barriga e seus seios.

Em primeira instância, o acusado foi condenado a um ano e quatro meses de detenção mais multa, pela prática do delito descrito no artigo 216A, parágrafo 2º, do CP. A sanção foi substituída por pena restritiva de direitos.

A defesa apelou, e o Tribunal de Justiça de São Paulo (TJSP) deu parcial provimento ao recurso para reduzir, de um terço para um sexto, a fração de aumento pela majorante aplicada em virtude de ser a vítima menor de 18 anos. Com isso, a pena final foi estabelecida em um ano e dois meses de detenção.

No recuso ao STJ, o professor alegou que não foi comprovada a intenção de constrangimento com fins de obter vantagem ou favorecimento sexual e que a aluna nem precisava dos pontos para aprovação na matéria.

Ele afirmou ainda que o crime de assédio sexual não poderia ser considerado no caso, pois não havia relação hierárquica com a suposta vítima.

Em seu voto, o ministro Schietti sustentou que o vínculo de confiança e admiração entre professor e aluno pressupõe inegável superioridade, capaz de alterar o ânimo da pessoa perseguida.

Revela-se patente a aludida ascendência, em virtude da função – outro elemento normativo do tipo -, dada a atribuição que tem a cátedra de interferir diretamente no desempenho acadêmico do discente, situação que gera no estudante o receio da reprovação.

Para fundamentar a tese que prevaleceu no julgamento, o magistrado citou o texto original da Lei 10.224/2001, que incluiu no CP o artigo 216A, cujo parágrafo único estendia o conceito de assédio sexual para os atos cometidos com abuso ou violação de dever inerente a ofício ou ministério.

Schietti ressaltou que, embora o texto tenha sido posteriormente vetado para evitar bis in idem (duplicação de punição por situações já previstas no artigo 226 do CP), é notório o propósito do legislador de punir aquele que se prevalece da condição como a narrada nos autos para obter vantagem de natureza sexual.

Faço lembrar que o professor está presente na vida de crianças, jovens e também adultos durante considerável quantidade de tempo, torna-se exemplo de conduta e os guia para a formação cidadã e profissional, motivo pelo qual a ascendência constante do tipo penal objeto deste recurso não pode se limitar à ideia de relação empregatícia entre as partes, disse o ministro.

O número deste processo não é divulgado em razão de segredo judicial.

Fonte: Superior Tribunal de Justiça"

2) Exposição da Intimidade Sexual (Capítulo I-A):

Capítulo introduzido por meio da Lei nº 13.772, de 19 de dezembro de 2018.

Identifica-se na seguinte figura típica: Registro não autorizado da intimidade sexual.

Trata-se de infração penal de menor potencial ofensivo, da competência dos Juizados Especiais Criminais, instrumentalizada por meio de Termo Circunstanciado.

Registro não autorizado da intimidade sexual *(Rubrica acrescentada pela Lei nº 13.772, de 19-12-2018)*

Art. 216-B. Produzir, fotografar, filmar ou registrar, por qualquer meio, conteúdo com cena de nudez ou ato sexual ou libidinoso de caráter íntimo e privado, sem autorização dos participantes:

Pena – detenção, de 6 (seis) meses a 1 (um) ano, e multa. (Caput acrescentado pela Lei nº 13.772, de 19-12-2018).

Parágrafo único. Na mesma pena incorre quem realiza montagem em fotografia, vídeo, áudio ou qualquer outro registro, com o fim de incluir pessoa em cena de nudez ou ato sexual ou libidinoso de caráter íntimo. (Parágrafo único acrescentado pela Lei nº 13.772, de 19-12-2018).

COMENTÁRIOS

Submete-se ao rito do procedimento comum sumaríssimo (art. 394, § 1º, III, CPP).

Segundo Luiz Régis Prado[162], o bem jurídico a ser tutelado é a "*intimidade corporal e sexual, especificamente o direito individual de não ter a sua imagem captada, seja envolvendo nudez, seja a prática de ato sexual ou libidinoso, em âmbito privado, sem o seu consentimento*".

No que concerne à forma equiparada prevista no § único do artigo 216-B, o mesmo autor[163] esclarece que:

> *"A montagem constitui um procedimento de justaposição de imagens para formar uma fotografia ou uma película, substituindo a identidade de uma pessoa efetivamente participante da cena por outra não participante ou, ainda, incluindo imagem de nova pessoa não participante em cena já existente, sem que seja necessário substituir uma por outra".*

3) Crimes sexuais contra Vulnerável (Capítulo II):

É o terceiro dos 8 (oito) capítulos relativos aos crimes contra a dignidade sexual.

Identifica-se nas seguintes figuras típicas:

a) Estupro de Vulnerável (art. 217-A, CP);

b) Estupro com Presunção de Vulnerabilidade (art. 217-A, § 1º, CP);

c) Estupro de Vulnerável Qualificado (art. 217-A, §s 3º e 4º, CP);

d) Corrupção Sexual de Menores de 14 anos (art. 218, CP), também conhecido como Mediação de Vulnerável para Servir à Lascívia de Outrem;

e) Satisfação de lascívia mediante presença de criança ou adolescente (art. 218-A, CP);

f) Favorecimento da prostituição ou outra forma de exploração sexual de criança ou adolescente ou de vulnerável (art. 218-B, CP) – novo *nomen juris,* com o advento da Lei nº 12978, de 21 de maio de 2014;

g) Favorecimento da prostituição ou outra forma de exploração sexual de criança ou adolescente ou de vulnerável – Condutas Equiparadas (art. 218-B, § 2º, CP);

h) Divulgação de cena de estupro ou de cena de estupro de vulnerável, de cena de sexo ou de pornografia (novel art. 218-C, CP, com a nova redação trazida pela Lei Federal nº 13.718/18).

162 Ibidem, p. 866.

163 Op. Cit., p. 866.

O tipo penal de Sedução (art. 217, CP) foi revogado pela Lei 11.106/05, ocorrendo verdadeira *abolitio criminis* (art. 107, III, CP).

Tal tipo penal tinha a seguinte redação: *"Seduzir mulher virgem, menor de dezoito e maior de catorze anos, e ter com ela conjunção carnal, aproveitando-se de sua inexperiência ou justificável confiança". Pena: reclusão de 2 (dois) a 4 (quatro) anos.*

Sedução

Art. 217 - (Revogado pela Lei nº 11.106, de 28-3-2005)

Estupro de vulnerável *(Incluído pela Lei nº 12.015, de 7-8-2009)*

Art. 217-A. Ter conjunção carnal ou praticar outro ato libidinoso com menor de 14 (catorze) anos: (Incluído pela Lei nº 12.015, de 7-8-2009)

Pena – reclusão, de 8 (oito) a 15 (quinze) anos. (Incluído pela Lei nº 12.015, de 7-8-2009)

§ 1º Incorre na mesma pena quem pratica as ações descritas no ***caput*** *com alguém que, por enfermidade ou deficiência mental, não tem o necessário discernimento para a prática do ato, ou que, por qualquer outra causa, não pode oferecer resistência. (Incluído pela Lei nº 12.015, de 7-8-2009)*

§ 2º *(VETADO) (Incluído pela Lei nº 12.015, de 7-8-2009)*

§ 3º Se da conduta resulta lesão corporal de natureza grave: *(Incluído pela Lei nº 12.015, de 7-8-2009)*

Pena – reclusão, de 10 (dez) a 20 (vinte) anos. (Incluído pela Lei nº 12.015, de 7-8-2009)

§ 4º Se da conduta resulta morte: *(Incluído pela Lei nº 12.015, de 7-8-2009)*

Pena - reclusão, de 12 (doze) a 30 (trinta) anos.(Incluído pela Lei nº 12.015, de 7-8-2009)

§ 5º As penas previstas no caput e nos §§ 1º, 3º e 4º deste artigo aplicam-se independentemente do consentimento da vítima ou do fato de ela ter mantido relações sexuais anteriormente ao crime. *(§ 5º acrescentado pela Lei nº 13718, de 24-9-2018)*

Corrupção de menores

Art. 218. Induzir alguém menor de 14 (catorze) anos a satisfazer a lascívia de outrem: (Redação dada pela Lei nº 12.015, de 7-8-2009)

Pena - reclusão, de 2 (dois) a 5 (cinco) anos. (Redação dada pela Lei nº 12.015, de 7-8-2009)

Parágrafo único. (VETADO). (Incluído pela Lei nº 12.015, de 7-8-2009)

Satisfação de lascívia mediante presença de criança ou adolescente *(Incluído pela Lei nº 12.015, de 7-8-2009)*

Art. 218-A. Praticar, na presença de alguém menor de 14 (catorze) anos, ou induzi-lo a presenciar, conjunção carnal ou outro ato libidinoso, a fim de satisfazer lascívia própria ou de outrem: (Incluído pela Lei nº 12.015, de 7-8-2009)

Pena - reclusão, de 2 (dois) a 4 (quatro) anos." (Incluído pela Lei nº 12.015, de 7-8-2009)

Favorecimento da prostituição ou de outra forma de exploração sexual de criança ou adolescente ou de vulnerável. *(Rubrica com redação dada pela Lei nº 12.978, de 21-5-2014)*

Art. 218-B. Submeter, induzir ou atrair à prostituição ou outra forma de exploração sexual alguém menor de 18 (dezoito) anos ou que, por enfermidade ou deficiência mental, não tem o necessário discernimento para a prática do ato, facilitá-la, impedir ou dificultar que a abandone: (Incluído pela Lei nº 12.015, de 7-8-2009)

Pena - reclusão, de 4 (quatro) a 10 (dez) anos. (Incluído pela Lei nº 12.015, de 7-8-2009)

§ 1º Se o crime é praticado com o fim de obter vantagem econômica, aplica-se também multa. *(Incluído pela Lei nº 12.015, de 7-8-2009)*

§ 2º Incorre nas mesmas penas: *(Incluído pela Lei nº 12.015, de 7-8-2009)*

I - quem pratica conjunção carnal ou outro ato libidinoso com alguém menor de 18 (dezoito) e maior de 14 (catorze) anos na situação descrita no ***caput*** *deste artigo; (Incluído pela Lei nº 12.015, de 7-8-2009)*

*II – o proprietário, o gerente ou o responsável pelo local em que se verifiquem as práticas referidas no **caput** deste artigo. (Incluído pela Lei nº 12.015, de 7-8-2009)*

§ 3º Na hipótese do inciso II do § 2º, *constitui efeito obrigatório da condenação a cassação da licença de localização e de funcionamento do estabelecimento. (Incluído pela Lei nº 12.015, de 7-8-2009).*

***Divulgação de cena de estupro ou de cena de estupro de vulnerável, de cena de sexo explícito ou de pornografia** (Rubrica acrescentada pela Lei nº 13.718, de 24-9-2018)*

Art. 218-C. Oferecer, trocar, disponibilizar, transmitir, vender ou expor à venda, distribuir, publicar ou divulgar, por qualquer meio – inclusive por meio de comunicação de massa ou sistema de informática ou telemática -, fotografia, vídeo ou outro registro audiovisual ou contenha cena de estupro ou de estupro de vulnerável ou que faça apologia ou induza a sua prática, ou, sem o consentimento da vítima, cena de sexo, nudez ou pornografia:

Pena – reclusão, de 1 (um) a 5 (cinco) anos, se o fato não constitui crime mais grave. (Caput acrescentado pela Lei nº 13.718, de 24-9-2018)

Aumento de pena

§ 1º A pena é aumentada de 1/3 (um terço) a 2/3 (dois terços) se o crime é praticado por agente que mantém ou tenha mantido relação íntima de afeto com a vítima ou com o fim de vingança ou humilhação. *(§ 1º acrescentado pela Lei nº 13.718, de 24-9-2018)*

Exclusão de ilicitude

§ 2º Não há crime quando o agente pratica as condutas descritas no caput deste artigo em publicação de natureza jornalística, científica, cultural ou acadêmica, com a adoção de recurso que impossibilite a identificação da vítima, ressalvada sua prévia autorização, caso seja maior de 18 (dezoito) anos. *(§ 2º acrescentado pela Lei nº 13.718, de 24-9-2018)*

COMENTÁRIOS

I. Estupro de Vulnerável:

Delito de maior potencial ofensivo, da competência da Justiça Comum Estadual, instrumentalizado por meio de Inquérito Policial.

Submete-se ao rito do procedimento comum ordinário (art. 394, § 1º, I, CPP).

É crime hediondo (art. 1º, VI, Lei 8.072/90).

Aplica-se a vítimas menores de 14 (catorze) anos de idade (13 anos, 11 meses e 29/30 dias).

Tipificação da antiga presunção de violência do art. 224, "a", CP (revogado pela Lei 12.015/2009).

Consentimento inválido para o ato sexual – o legislador penal proíbe a relação sexual para menores de 14 (catorze) anos de idade.

Problemas: pena maior do que o estupro simples; estupro bilateral (jovens menores de 14 (catorze) anos, mantendo relações sexuais) etc;

– Exceção de Romeu e Julieta (*Romeo and Juliet Law*): originário do direito norte-americano e aplicável no Estupro de Vulnerável (art. 217-A, CP).

Consiste em não reconhecer a presunção de violência quando a diferença de idade entre o jovem casal seja igual ou menor do que 5 (cinco) anos, considerando que ambos estariam no mesmo momento de descoberta da sexualidade.

A jurisprudência antiga do STF reconhecia a presunção de violência do artigo 224, "a", do Código Penal como relativa, *juris tantum*, admitindo prova em contrário.

A doutrina vinha no mesmo sentido.

Atualmente, Guilherme de Souza Nucci[164] sustenta ser possível o reconhecimento da vulnerabilidade relativa entre os 12 (doze) anos de idade completos e os 14 (catorze) anos de idade incompletos, analisando as circunstâncias do caso concreto.

164 NUCCI, Guilherme de Souza. **Direito Penal Especial:** esquemas e sistemas. vol. 2. 3. ed. Rio de Janeiro: Forense, 2015.

O mesmo jurista[165], na obra "Manual de Direito Penal", complementa com riqueza de detalhes a questão.

Embora a tendência jurisprudencial atual dos Tribunais Superiores seja no sentido do não reconhecimento da vulnerabilidade do art. 217-A, CP, como relativa, julgados do TJRS têm apontado em sentido contrário, chancelando a vulnerabilidade como relativa, quando as relações sexuais mantidas entre os jovens forem consentidas, sem que tenha existido ameaça ou violência contra a suposta ofendida.

Neste diapasão, a decisão constante na Apelação-Crime nº 70028249225, Sexta Câmara Criminal, Tribunal de Justiça do RS, Relator: Aymoré Roque Pottes de Mello, julgado em 30/04/2009 (anterior à Lei nº 12.015/2009): *"Estupro com violência presumida. Conjunto probatório que indica a possibilidade da vítima consentir com o ato sexual. Particularidades do caso concreto e da prova que determinam o afastamento da presunção de violência. Absolvição que se impunha. Sentença mantida por seus próprios fundamentos. Apelo improvido".*

Trago à colação, ainda, outra decisão do TJRS acerca do tema, após o advento da Lei Federal nº 12.015/2009: *"Apelação-Crime. Crimes contra a liberdade sexual. Estupro de vulnerável. Relação de namoro entre vítima e réu. Relativização do conceito de vulnerabilidade. Absolvição mantida, por fundamento diverso. Apelação desprovida" (Apelação-Crime nº 70044569705 – Sétima Câmara Criminal – Comarca de Quaraí – Decisão unânime – julgado em 20 de outubro de 2011).*

Adotando idêntica solução, colaciono precedentes dos Tribunais de Justiça do Rio Grande do Norte e de São Paulo:

> *"Penal e Processo Penal. [...]. Crime de estupro de vulnerável. Art. 217-A do Código Penal. Adolescente com 13 (treze) anos à época do fato. Vedação da responsabilização objetiva. Vulnerabilidade relativizada com amparo nas declarações da vítima e das testemunhas. Observância dos princípios da adequação social, do contraditório e da ampla defesa. Apelo conhecido e provido. Absolvição. Inteligência do artigo 386, inciso III, do Código de Processo Penal. [...]. 2. Será possível considerar a relativização da vulnerabilidade do art. 217-A do Código Penal, não sendo absoluto em alguns casos especiais, avaliando-se o grau de conscientização do adolescente e o cotejo probatório, sob pena de se ferir os princípios do contraditório e ampla defesa. 3. Impossibilidade de se reputar como delituosa uma conduta aceita ou tolerada pela sociedade, em respeito ao princípio da adequação social. 4. Recurso conhecido e provido (Apelação Criminal 2010.005386-8, Tribunal de Justiça do Rio Grande do Norte, Câmara Criminal, Relator: Des. Virgílio Macêdo Jr., julgamento: 26/05/2011). "Apelação. Estupro. Apelo exclusivo do Ministério Público. Vítima maior de 12 e menor de 14 anos. Vulnerabilidade relativa. Inexistência de violência presumida. Vítima que namorava o réu. Ausência de violência real. Conduta atípica. Matéria de ordem pública. Ordem concedida de ofício para trancar a ação penal (Apelação-Crime nº 3000083-78.2009.8.26.0024, Relator: Guilherme de Souza Nucci, Comarca: Andradina, Órgão Julgador: 16ª Câmara de Direito Criminal, Tribunal de Justiça de São Paulo, data do julgamento: 30/08/2011)".*

Dessa forma, apesar de a Terceira Seção do Superior Tribunal de Justiça (STJ) ter recentemente, em julgamento realizado no dia 26 de agosto de 2015, mantido a vulnerabilidade do artigo 217-A, do Código Penal, como absoluta, identificando que o eventual consentimento da vítima, sua eventual experiência sexual anterior,

165 Idem. **Manual de Direito Penal**: parte geral; parte especial. 11. ed. Rio de Janeiro: Forense, 2015.

ou a existência de relacionamento amoroso entre o agente e a vítima, não têm a propriedade de afastar a ocorrência do crime, bem como que a modernidade, a evolução dos costumes e o maior acesso à informação, igualmente, não justificam a relativização da vulnerabilidade, o que foi, inclusive, chancelado e consolidado pela Súmula nº 593, do STJ (*"O crime de estupro de vulnerável se configura com a conjunção carnal ou prática de ato libidinoso com menor de 14 anos, sendo irrelevante eventual consentimento da vítima para a prática do ato, sua experiência sexual anterior ou existência de relacionamento amoroso com o agente")*, particularmente entendo pelo não-reconhecimento do crime em comento, diante dos argumentos antes externados e explicitados.

No mesmo sentido, chancelando o entendimento sumulado pelo STJ, a Lei Federal nº 13.718/18 acrescentou o § 5º ao art. 217-A, do CP, nos seguintes termos: *"As penas previstas no caput e nos §§ 1º, 3º e 4º deste artigo aplicam-se independentemente do consentimento da vítima ou do fato de ela ter mantido relações sexuais anteriormente ao crime".*

Todavia, tenho que, com o reconhecimento da vulnerabilidade relativa, a meu ver o posicionamento mais coerente com a realidade nacional, evidentemente de acordo com as circunstâncias do caso concreto, busca-se a vedação da responsabilização objetiva, justificando a relativização da vulnerabilidade com amparo nas declarações da vítima e das testemunhas, com observância ao princípio da adequação social.

Em artigo publicado no Jornal Estado de Direito, pontifica o autor[166]:

"O legislador penal, pois, proibiu a relação sexual para menores de 14 anos de idade, o que nos parece um contrassenso. Sem entrar no mérito do ato sexual praticado contra criança (até 12 anos de idade incompletos), que justifica, ao nosso ver, o amparo e a tutela da lei penal, questão que vem sendo debatida na doutrina e na jurisprudência, em respeito aos princípios da realidade e da adequação social, é o reconhecimento da vulnerabilidade relativa em relação ao ato sexual praticado contra 'vítima' maior de 12 e menor de 14 anos de idade, quando haja seu consentimento".

Em tese, o beijo lascivo (chupão, beijo de língua) ou o "amasso" poderiam dar ensejo ao crime de Estupro de Vulnerável, com pena de 8 (oito) a 15 (quinze) anos, o que, convenhamos, seria um absurdo.

Hoje, é possível identificar tal conduta, em princípio, como Importunação Sexual (art. 215-A, CP).

Há doutrinadores, como Thums[167] e Nucci[168] (já referido), que pregam a relativização da norma nas relações sexuais consentidas, a partir dos 12 (doze) anos de idade completos, pois já seria a "vítima", neste caso, adolescente.

II. Estupro com Presunção de Vulnerabilidade:

Da mesma forma, delito de maior potencial ofensivo, da competência da Justiça Comum Estadual, instrumentalizado por meio de Inquérito Policial.

Submete-se ao rito do procedimento comum ordinário (art. 394, § 1º, I, CPP).

---

166 NEDEL, Christian. **Estupro de Vulnerável:** vulnerabilidade absoluta ou relativa?. Jornal Estado de Direito, ano VI, nº 34. Porto Alegre: março de 2012. Disponível em: < https://issuu.com/estadodedireito/docs/34_ed>. Acesso em: 6 out. 2019.

167 THUMS, Gilberto. **Código Penal Anotado**: abordagem objetiva. Porto Alegre: Sapiens, 2010.

168 NUCCI, Guilherme de Souza. **Manual de Direito Penal**: parte geral; parte especial. 11. ed. Rio de Janeiro: Forense, 2015.

É crime hediondo (art. 1º, VI, Lei 8.072/90).

Tipificação da antiga presunção de violência prevista no revogado art. 224, alíneas "b" e "c", CP, revogação essa, conforme já referido, efetivada pela Lei nº 12.015/2009.

Aplica-se em 2 (duas) hipóteses:

1) vítima doente mental, enfermos em geral;
2) vítima anestesiada, ou drogada, ou bêbada, ou que, por qualquer outra causa, não puder oferecer resistência.

III. Estupro de Vulnerável Qualificado:

Delito de maior potencial ofensivo, da competência da Justiça Comum Estadual, instrumentalizado por meio de Inquérito Policial.

Submete-se ao rito do procedimento comum ordinário (art. 394, § 1º, I, CPP).

É crime hediondo (art. 1º, VI, Lei 8.072/90).

É qualificado o estupro de vulnerável, se resultar lesão corporal de natureza grave, ou se resultar morte.

No caso de morte, a pena pode chegar a 30 (trinta) anos de reclusão.

IV. Corrupção Sexual de Menores de 14 (Catorze) Anos:

Delito de maior potencial ofensivo, da competência da Justiça Comum Estadual, instrumentalizado por meio de Inquérito Policial.

Submete-se ao rito do procedimento comum ordinário (art. 394, § 1º, I, CPP).

Também conhecido como crime de Mediação de vulnerável para servir à lascívia de outrem.

Segundo Nucci[169], trata-se de exceção dualística ou pluralística à teoria monística, em que o autor da prática de ato libidinoso com o vulnerável deve responder por Estupro de Vulnerável, enquanto que aqueles que induzirem, instigarem ou a sua prática, que seriam partícipes do Estupro de Vulnerável, devem responder como autores da figura típica prevista no art. 218, CP.

O antigo delito de Corrupção de Menores, para fins sexuais (anterior art. 218, CP), foi transformado em nova figura penal no art. 218-B, § 2º, I, CP.

Não confundir com o crime de corrupção de menores previsto no art. 244-B, ECA, que não tem natureza sexual.

V. Satisfação de lascívia mediante presença de criança ou adolescente:

Delito de maior potencial ofensivo, da competência da Justiça Comum Estadual, instrumentalizado por meio de Inquérito Policial.

Submete-se ao rito do procedimento comum ordinário (art. 394, § 1º, I, CPP).

Possui finalidade específica: satisfação de lascívia própria ou alheia.

O crime é formal.

Consuma-se mesmo que a vítima menor de 14 (catorze) anos não tenha sido corrompida com o ato sexual presenciado.

VI. Favorecimento da prostituição ou outra forma de exploração sexual de criança ou adolescente ou de vulnerável:

Delito de maior potencial ofensivo, da competência da Justiça Comum Estadual, instrumentalizado por meio de Inquérito Policial.

Submete-se ao rito do procedimento comum ordinário (art. 394, § 1º, I, CPP).

O entendimento preponderante é que tal dispositivo penal revogou tacitamente o crime do art. 244-A, ECA, que trata da *"Exploração sexual comercial Infantojuvenil"*, ou *"Submissão de criança ou*

169 Ibidem.

adolescente à prostituição e à exploração sexual", pois o novel dispositivo do CP é bem mais abrangente, incluindo como vítimas, além de crianças e adolescentes, pessoas doentes, sem discernimento.

Exploração sexual: gênero.

Identifica-se na presença de atos sexuais ISOLADOS, em princípio com finalidade de lucro.

Porém, não exige necessariamente finalidade lucrativa.

Pode ocorrer por conta da prostituição alheia, da troca de favores sexuais, do turismo sexual, do proxenetismo, do rufianismo e do tráfico de pessoas para fins sexuais.

Prostituição: espécie de exploração sexual.

Identifica-se na presença de atos sexuais HABITUAIS, com finalidade de lucro.

É o comércio do sexo por dinheiro ou outro valor, podendo ter por objetivo a obtenção de outros bens.

VII. Favorecimento da prostituição ou outra forma de exploração sexual de vulnerável – Condutas Equiparadas:

Na primeira modalidade, relativamente ao cliente (aquele que realiza o programa), reconhecido como um facilitador à prostituição ou exploração sexual, existe previsão textual da conduta delituosa no § 2º, I, do artigo 218-B do Código Penal, o que não ocorria na redação do artigo 244-A do ECA.

Segundo Cléber Masson[170], trata-se de crime acessório, de fusão ou parasitário.

A vítima deve ter entre 14 (catorze) e 18 (dezoito) anos de idade.

Se a vítima for menor de 14 (catorze) anos de idade, estaremos diante do tipo de Estupro de Vulnerável.

Há entendimentos no sentido de que, neste caso, haveria concurso material de infrações: Exploração Sexual + Estupro de Vulnerável.

Na primeira modalidade, é necessária a prática de ato sexual.

Desta forma, "acertar o programa" pode ficar, no máximo, no campo da tentativa.

Ainda na primeira modalidade, é preciso atenção no tocante ao erro de tipo, pois o engano quanto à idade da vítima (aparência física, falsificação de documentos etc.) pode ocorrer, eliminando o dolo e afastando o tipo.

Trata-se de crime comum e formal.

Relativamente ao proprietário, gerente ou responsável pelo lugar onde se verifique a prostituição ou exploração sexual (motel, hotel, boate, danceteria, bar etc.), cria-se efeito obrigatório da condenação: a cassação da licença de localização e de funcionamento do estabelecimento.

Trata-se de efeito automático da condenação, mesmo havendo omissão na sentença.

Importante referir o advento da Lei Federal nº 12.978, de 21 de maio de 2014, que definiu o *nomen juris* do crime previsto no art. 218-B, do Código Penal, como "Favorecimento da Prostituição ou de outra Forma de Exploração Sexual de Criança ou Adolescente ou de Vulnerável", bem como classificou referido delito como hediondo, acrescentando o inciso VIII no art. 1º da Lei 8.072/90, *in verbis: "favorecimento da prostituição ou de outra forma de exploração sexual de criança ou de adolescente ou de vulnerável (art. 218-B, caput, e §§ 1º e 2º).*

VIII. Divulgação de cena de estupro ou de cena de estupro de vulnerável, de cena de sexo ou de pornografia:

Delito de maior potencial ofensivo, da competência da Justiça Comum Estadual,

170 MASSON, Cléber. **Código Penal Comentado**. 3. ed. São Paulo: MÉTODO, 2015.

instrumentalizado por meio de Inquérito Policial.

Submete-se ao rito do procedimento comum ordinário (art. 394, § 1º, I, CPP).

Todavia, como a pena mínima cominada não é superior a 1 (um) ano, aceita a suspensão condicional do processo.

O novel art. 218-C, CP, com a nova redação trazida pela Lei Federal nº 13718/18, prevê pena de 1 (um) a 5 (cinco) anos de reclusão.

É tipicamente subsidiário (*"se o fato não constitui crime mais grave"*).

No que concerne aos bens jurídicos a serem tutelados, Luiz Régis Prado[171] pontifica que, *"quanto à divulgação de cenas de estupro, estupro de vulnerável, sexo, pornografia ou nudez, tutela-se a intimidade sexual e a imagem da pessoa. Na divulgação de cenas de apologia ou induzimento ao estupro, tutela-se a paz pública"*.

Prevê causa de aumento de 1/3 a 2/3 (§ 1º), se o crime for praticado por agente que mantém ou tenha mantido relação íntima de afeto com a vítima, ou com o fim de vingança ou humilhação (*Revenge Porn* - Parte I).

Aqui, não exige prévia relação íntima de afeto.

O aumento de pena pode incidir ainda que o autor e a vítima tenham tido apenas um encontro casual.

Por derradeiro, prevê causa excludente de ilicitude especial (§ 2º), quando o agente praticar as condutas em publicação de natureza jornalística, científica, cultural ou acadêmica.

A novel legislação federal, que positivou a "pornografia da vingança" (*Revenge Porn)* no artigo 218-C, do Código Penal, traz à baila a chamada "Maria da Penha Virtual".

Conforme leciona Nucci[172]:

> *"A justificativa para o surgimento deste tipo incriminador lastreia-se, objetivamente, na divulgação de dados referentes a nudez e sexo, expondo as vítimas a um grande público. Há de destacar que a prática do estupro e sua divulgação por rede social, por exemplo, deveriam gerar dois delitos, pois lesam-se a liberdade sexual e a honra da vítima. O tipo, porém, proclama-se expressamente subsidiário, cedendo espaço a delitos mais graves que o envolvam. Diante disso, quem comete o estupro e divulga, segundo nos parece, pratica somente estupro; a seguinte divulgação é fato posterior não punido"*.

Importante referir, nesta seara da divulgação de cenas de estupro, estupro de vulnerável, de sexo, ou de pornografia, a importância do chamado "direito ao esquecimento", que se traduz no "direito de não ser lembrado(a) contra a sua vontade por fatos desabonadores.

A este respeito, importante a lição de Belli[173]:

> *"No âmbito digital, o direito ao esquecimento não é verdadeiramente um direito de não ser lembrado, mas o direito de ter suas informações pessoais desindexadas pelos buscadores da Internet, em especial, quando tais informações não forem corretas, relevantes ou atualizadas, como destaca a decisão do STJ desta terça-feira. Então, o esquecimento no âmbito analógico*

171 PRADO, Luiz Régis. **Curso de Direito Penal Brasileiro**: parte geral e parte especial. 17. ed. Rio de Janeiro: Forense, 2019, p. 884.

172 NUCCI, Guilherme de Souza. **Curso de Direito Penal:** parte especial (arts. 213 a 361 do Código Penal). v. 3. 3. ed. Rio de Janeiro: Forense, 2019, p. 212.

173 BELLI, Luca. **STJ Consagra Direito ao Esquecimento na Internet:** o que isso significa? In: JOTA, 20 mai. 2018. Disponível em: <https://www.jota.info/paywall?redirect_to=//www.jota.info/coberturas-especiais/liberdade-de-expressao/stj-consagra-direito-ao-esquecimento-na-internet-o-que-isso-significa-20052018>. Acesso em: 6 out. 2019.

e digital se aplicam a duas relações diferentes. O esquecimento analógico regula a relação indivíduo-imprensa, enquanto o esquecimento digital regula a relação indivíduo-buscador.

O debate sobre direito ao esquecimento no âmbito digital seria mais claro se fosse definido como direito à desindexação para os buscadores, porque a informação pessoal, objeto do pedido de "esquecimento", não será de facto esquecida para alguém ou 'apagada' da Internet. Ao contrário, o esquecimento no âmbito digital significa simplesmente que, no momento da inserção do nome de um indivíduo em um buscador, tal buscador não incluirá as informações desindexadas entre os resultados.

Logo, a consequência da desindexação é que a informação pessoal desindexada deixaria de ser oferecida como resultado da busca sobre o nome da pessoa à qual se refere, mas continuaria sendo livremente accessível na Internet.".

No que concerne à causa de aumento de pena prevista no § 1º do artigo 218-C, assim pontifica Nucci[174]:

> *"Entende-se mais grave a conduta diante da relação de confiança normalmente existente entre pessoas que se relacionam intimamente, com afeto; o agente que, quebrando essa confiança, divulga, por exemplo, um vídeo da relação sexual na internet, sem o consentimento da outra parte envolvida, por certo, merece uma pena maior. O aumento deve ser graduado de 1/3 a 2/3 conforme o grau de estabilidade da relação íntima de afeto. Ilustrando, quem assim age após a primeira noite de sexo com alguém que conheceu há pouco tempo merece uma elevação de 1/3; quem já é noivo ou casado com a vítima merece um aumento de 2/3. No tocante à segunda causa de aumento, está-se no cenário da finalidade específica de agir, pretendendo vingança ou a humilhação da vítima. A quantidade de elevação da pena deve obedecer ao caso concreto, avaliando-se, igualmente, o grau de relação existente entre agente e vítima; afinal, quanto mais próximos, mais grave a conduta; quanto mais distantes, menos grave. Pode-se, ainda, indicar o aumento de 2/3 para o agente que, mantendo relação íntima de afeto com a vítima, divulga sua nudez para humilhá-la".*

Outrossim, ainda com relação à causa de aumento acima descrita, Caramigo[175] faz a seguinte reflexão: *"Afeto significa sentimento de afeição ou inclinação por alguém, amizade, paixão; é uma ligação carinhosa em relação a alguém ou a algo. Dessa forma, inúmeras as possibilidades de relação íntima de afeto entre autor e vítima, não necessariamente somente relações íntimas sexuais".*

4) Rapto (Capítulo III):

É o quarto dos 8 (oito) capítulos relativos aos crimes contra a dignidade sexual.

Todavia, foi revogado pela Lei 11.106/2005 (arts. 219 a 222), que reconheceu a *abolitio criminis* (art. 107, III, CP) em relação aos crimes de rapto violento ou mediante fraude e rapto consensual.

Conforme já referido anteriormente, quando da análise do delito de Sequestro ou Cárcere privado, há um entendimento de que, na verdade, não ocorreu *abolitio criminis* do art. 219, CP, pois a figura típica foi inserida como inciso V do art. 148,

174 NUCCI, Guilherme de Souza. **Curso de Direito Penal:** parte especial (arts. 213 a 361 do Código Penal). v. 3. 3. ed. Rio de Janeiro: Forense, 2019, p. 214.

175 CARAMIGO, Denis. **Entenda o Crime de Divulgação de Cena de Sexo, Nudez ou Pornografia.** In: Justificando, 6 jun. 2019. Disponível em: <http://www.justificando.com/2019/06/06/entenda-o-crime-de-divulgacao-de-cena-de-sexo-nudez-ou-pornografia/>. Acesso em: 6 out. 2019.

§ 1º (princípio da continuidade normativo-típica).

Isto, porém, apenas em relação ao Rapto violento, ou mediante fraude.

Em relação ao Rapto consensual, houve autêntica *abolitio criminis.*

Rapto violento ou mediante fraude

Art. 219 - (Revogado pela Lei nº 11.106, de 28-3-2005)

Rapto consensual

Art. 220 - (Revogado pela Lei nº 11.106, de 28-3-2005)

Diminuição de pena

Art. 221 - (Revogado pela Lei nº 11.106, de 28-3-2005)

Concurso de rapto e outro crime

Art. 222 - (Revogado pela Lei nº 11.106, de 28-3-2005)

5) Disposições Gerais (Parte I) (Capítulo IV):

É o quinto dos 8 (oito) capítulos relativos aos crimes contra a dignidade sexual.

Formas qualificadas

Art. 223 - (Revogado pela Lei nº 12.015, de 7-8-2009)

Presunção de violência

Art. 224 - (Revogado pela Lei nº 12.015, de 7-8-2009)

Ação penal

Art. 225. Nos crimes definidos nos Capítulos I e II deste Título, procede-se mediante ação penal pública incondicionada. (Caput com redação dada pela Lei nº 13.718, de 24-9-2018)

Parágrafo único. (Revogado pela Lei n 13.718, de 24-9-2018)

Aumento de pena

Art. 226. A pena é aumentada:(Caput com redação dada pela Lei nº 11.106, de 28-3-2005)

I - de quarta parte, se o crime é cometido com o concurso de 2 (duas) ou mais pessoas; (Inciso I com redação dada pela Lei nº 11.106, de 28-3-2005)

II - de metade, se o agente é ascendente, padrasto ou madrasta, tio, irmão, cônjuge, companheiro, tutor, curador, preceptor ou empregador da vítima ou por qualquer outro título tiver autoridade sobre ela; (Inciso II com redação dada pela Lei nº 13.718, de 24-9-2018)

III - (Revogado pela Lei nº 11.106, de 28-3-2005)

IV - de 1/3 (um terço) a 2/3 (dois terços), se o crime é praticado: (Inciso IV com redação dada pela Lei nº 13.718, de 24-9-2018)

Estupro coletivo *(Rubrica acrescentada pela Lei nº 13.718, de 24-9-2018)*

a) mediante concurso de 2 (dois) ou mais agentes; (Alínea "a" acrescentada pela Lei nº 13.718, de 24-9-2018)

Estupro corretivo *(Rubrica acrescentada pela Lei nº 13.718, de 24-9-2018)*

b) para controlar o comportamento social ou sexual da vítima. (Alínea "b" acrescentada pela Lei nº 13.718, de 24-9-2018)

☞ COMENTÁRIOS

Com a revogação do art. 223, CP, que tratava das formas qualificadas de abuso sexual, bem como do art. 224, CP, que tratava das hipóteses de presunção de violência (ambos revogados pela Lei 12.015/2009), o interesse do presente capítulo está circunscrito à natureza da ação penal (art. 225, CP), bem como a possíveis causas de aumento de pena ou majorantes nos crimes sexuais descritos no Capítulo I e II dos Crimes contra a Dignidade Sexual (art. 226, CP).

No que concerne à ação penal, relativamente aos crimes previstos nos dois primeiros capítulos, via de regra, era ela pública condicionada à representação (então art. 225, CP), a não ser quando a vítima fosse menor de 18 (dezoito) anos de idade ou pessoa vulnerável, oportunidade em que seria pública incondicionada (então art. 225, parágrafo único, CP).

Desta forma, revogada estava a Súmula 608, do STF, segundo a qual: *"no crime de estupro, praticado mediante violência real, a ação penal é pública incondicionada"*.

Todavia, conforme já referido anteriormente, a Lei Federal nº 13.718/18 deu nova roupagem ao art. 225, do CP, revogando expressamente o seu § único.

Hoje, nos crimes contra a dignidade sexual previstos nos Capítulo I e II, a ação penal será sempre pública incondicionada.

Com relação à previsão de majorantes, estão elas justificadas se o crime sexual é cometido com o concurso de 2 (duas) ou mais pessoas (aumento de um quarto – ¼).

Aumenta-se a pena ainda de metade (½) em virtude da qualidade do sujeito ativo, caso o agente praticar o ato sexual, abusando das relações de parentesco, bem como de sua condição de protetor ou de pessoa que tiver autoridade, guarda ou vigilância sobre a vítima (pais, padrastos etc), conforme nova redação do art. 226, II, CP, com o advento da Lei Federal nº 13.718/18.

Outras duas novas causas de aumento foram introduzidas pela Lei Federal nº 13.718/18:

I) art. 226, IV, "a", CP: trata do ESTUPRO COLETIVO, quando praticado mediante concurso de 2 (dois) ou mais agentes. Nesse caso, a pena será aumentada de 1/3 a 2/3;

II) art. 226, IV, "b", CP: trata do ESTUPRO CORRETIVO, para controlar o comportamento social ou sexual da vítima. Nesse caso, a pena também será aumentada de 1/3 a 2/3;

Com relação à previsão de majorantes, estão elas justificadas se o crime sexual é cometido com o concurso de duas ou mais pessoas (aumento de ¼).

Aumenta-se a pena ainda de ½ em virtude da qualidade do sujeito ativo, caso o agente praticar o ato sexual, abusando das relações de parentesco, bem como de sua condição de protetor ou de pessoa que tenha autoridade, guarda ou vigilância sobre a vítima (pais, padrastos etc).

6) Lenocínio e Tráfico de Pessoa para fim de Prostituição ou outra Forma de Exploração Sexual (Capítulo V):

É o sexto dos 8 (oito) capítulos relativos aos crimes contra a dignidade sexual.

Lenocínio significa dar qualquer tipo de assistência ou suporte para a libidinagem alheia ou tirar proveito dela.

Identifica-se nas seguintes figuras típicas:

a) Mediação para servir a lascívia de outrem (art. 227, CP);

b) Mediação para servir a lascívia de outrem, na forma qualificada (art. 227, §s 1º e 2º, CP);

c) Favorecimento da prostituição ou outra forma de exploração sexual (art. 228, CP);

d) Favorecimento da prostituição ou outra forma de exploração sexual, na forma qualificada (art. 228, §s 1º e 2º, CP);

e) Casa de prostituição (art. 229, CP);

f) Rufianismo (art. 230, CP);

g) Rufianismo, na forma qualificada (art. 230, §s 1º e 2º, CP);

h) os então delitos de Tráfico internacional de pessoa para fim de exploração sexual (art. 231, CP) e de Tráfico interno de pessoa para fim de exploração sexual (art. 231-A, CP) foram expressamente revogados pela Lei Federal nº 13.344, de 6 de outubro de 2016 (art. 16), que tipificou o delito de Tráfico de Pessoas no novel artigo 149-A, do Código Penal.

Mediação para servir a lascívia de outrem

Art. 227 – Induzir alguém a satisfazer a lascívia de outrem:

Pena – reclusão, de 1 (um) a 3 (três) anos.

§ 1º *Se a vítima é maior de 14 (catorze) e menor de 18 (dezoito) anos, ou se o agente é seu ascendente, descendente, cônjuge ou companheiro, irmão, tutor ou curador ou pessoa a quem esteja confiada para fins de educação, de tratamento ou de guarda: (Redação dada pela Lei nº 11.106, de 28-3-2005)*

Pena – reclusão, de 2 (dois) a 5 (cinco) anos.

§ 2º – Se o crime é cometido com emprego de violência, grave ameaça ou fraude:

Pena – reclusão, de 2 (dois) a 8 (oito) anos, além da pena correspondente à violência.

§ 3º – Se o crime é cometido com o fim de lucro, aplica-se também multa.

Favorecimento da prostituição ou outra forma de exploração sexual *(Redação dada pela Lei nº 12.015, de 7-8-2009)*

Art. 228. Induzir ou atrair alguém à prostituição ou outra forma de exploração sexual, facilitá-la, impedir ou dificultar que alguém a abandone: (Redação dada pela Lei nº 12.015, de 7-8-2009)

Pena – reclusão, de 2 (dois) a 5 (cinco) anos, e multa. (Redação dada pela Lei nº 12.015, de 7-8-2009)

§ 1º Se o agente é ascendente, padrasto, madrasta, irmão, enteado, cônjuge, companheiro, tutor ou curador, preceptor ou empregador da vítima, ou se assumiu, por lei ou outra forma, obrigação de cuidado, proteção ou vigilância: *(Redação dada pela Lei nº 12.015, de 7-8-2009)*

Pena – reclusão, de 3 (três) a 8 (oito) anos. (Redação dada pela Lei nº 12.015, de 7-8-2009)

§ 2º – Se o crime, é cometido com emprego de violência, grave ameaça ou fraude:

Pena – reclusão, de 4 (quatro) a 10 (dez) anos, além da pena correspondente à violência.

§ 3º – Se o crime é cometido com o fim de lucro, aplica-se também multa.

Art. 229. Manter, por conta própria ou de terceiro, estabelecimento em que ocorra exploração sexual, haja, ou não, intuito de lucro ou mediação direta do proprietário ou gerente: (Redação dada pela Lei nº 12.015, de 7-8-2009)

Pena – reclusão, de 2 (dois) a 5 (cinco) anos, e multa.

Rufianismo

Art. 230 – Tirar proveito da prostituição alheia, participando diretamente de seus lucros ou fazendo-se sustentar, no todo ou em parte, por quem a exerça:

Pena – reclusão, de 1 (um) a 4 (quatro) anos, e multa.

§ 1º Se a vítima é menor de 18 (dezoito) e maior de 14 (catorze) anos ou se o crime é cometido por ascendente, padrasto, madrasta, irmão, enteado, cônjuge, companheiro, tutor ou curador, preceptor ou empregador da vítima, ou por quem *assumiu, por lei ou outra forma, obrigação de cuidado, proteção ou vigilância: (Redação dada pela Lei nº 12.015, de 7-8-2009)*

Pena – reclusão, de 3 (três) a 6 (seis) anos, e multa. (Redação dada pela Lei nº 12.015, de 7-8-2009)

§ 2º Se o crime é cometido mediante violência, grave ameaça, fraude ou outro meio que impeça ou dificulte a livre manifestação da vontade da vítima: *(Redação dada pela Lei nº 12.015, de 7-8-2009)*

Pena – reclusão, de 2 (dois) a 8 (oito) anos, sem prejuízo da pena correspondente à violência.(Redação dada pela Lei nº 12.015, de 7-8-2009)

Tráfico internacional de pessoa para fim de exploração sexual *(Rubrica com redação dada pela Lei nº 12.015, de 7-8-2009)*

Art. 231. (Revogado pela Lei nº 13.344, de 6-10-2016)

Tráfico interno de pessoa para fim de exploração sexual *(Rubrica com redação dada pela Lei nº 12.015, de 7-8-2009)*

Art. 231-A. (Revogado pela Lei nº 13.344, de 6-10-2016)

Art. 232 – (Revogado pela Lei nº 12.015, de 7-8-2009)

Produção de migração ilegal *(Rubrica com redação dada pela Lei nº 13.445, de 24-5-2017)*

Art. 232-A. Promover, por qualquer meio, com o fim de obter vantagem econômica, a entrada ilegal de estrangeiro em território nacional ou de brasileiro em país estrangeiro:

Pena – reclusão, de 2 (dois) a 5 (cinco) anos, e multa. (Caput acrescentado pela Lei nº 13.445, de 24-5-2017

1º Na mesma pena incorre quem promover, por qualquer meio, com o fim de obter vantagem econômica, a saída de estrangeiro do território nacional para ingressar ilegalmente em país estrangeiro. (§ 1º acrescentado pela Lei nº 13.445, de 24-5-2017)

§ 2º A pena é aumentada de 1/6 (um sexto) a 1/3 (um terço) se: (§ 2º acrescentado pela Lei nº 13.445, de 24-5-2017)

I – o crime é cometido com violência; ou (Inciso I acrescentado pela Lei nº 13.445, de 24-5-2017)

II – a vítima é submetida a condição desumana ou degradante. (Inciso II acrescentado pela Lei nº 13.445, de 24-5-2017)

§ 3º A pena prevista para o crime será aplicada sem prejuízo das correspondentes às infrações conexas. (§ 3º acrescentado pela Lei nº 13.445, de 24-5-2017)

COMENTÁRIOS

I. Mediação para servir a lascívia de outrem:

Na forma clássica, infração de médio potencial ofensivo, de competência da Justiça Comum Estadual e instrumentalizada por meio de Inquérito Policial, cabendo, todavia, suspensão condicional do processo.

Submete-se ao rito do procedimento comum sumário (art. 394, § 1º, II, CPP).

Nas formas qualificadas, infração de maior potencial ofensivo, de competência da Justiça Comum Estadual e instrumentalizada por meio de Inquérito Policial, submetendo-se ao rito do procedimento comum ordinário (art. 394, § 1º, I, CPP).

O tipo penal do art. 227, CP, não exige habitualidade.

Pune o proxeneta: aquele que faz a "ponte" ou intermediação entre a vítima e o usuário sexual, induzindo a prática do ato sexual.

II. Favorecimento da prostituição ou outra forma de exploração sexual:

Delito de maior potencial ofensivo, de competência da Justiça Comum Estadual ou Federal e instrumentalizado por meio de Inquérito Policial.

Submete-se ao rito do procedimento comum ordinário (art. 394, § 1º, I, CPP).

O tipo penal do art. 228, CP, também não exige habitualidade, nem finalidade lucrativa, mas a conduta deve visar à exploração sexual ou prostituição.

III. Casa de prostituição:

Delito de maior potencial ofensivo, instrumentalizado por meio de Inquérito Policial.

Submete-se ao rito do procedimento comum ordinário (art. 394, § 1º, I, CPP).

Exige habitualidade ("manter").

Trata-se de crime habitual, em que a consumação só ocorre com a reiteração de condutas.

Estranhamente, com o advento da Lei Federal nº 12.015/2009, foi suprimido o *nomen juris* do referido tipo penal.

IV. Rufianismo:

Na forma clássica, infração de maior potencial ofensivo, de competência da

Justiça Comum Estadual e instrumentalizada por meio de Inquérito Policial, cabendo, todavia, suspensão condicional do processo.

Nas formas qualificadas, infração de maior potencial ofensivo, de competência da Justiça Comum Estadual e instrumentalizada por meio de Inquérito Policial.

Em todas as modalidades, submete-se ao rito do procedimento comum ordinário (art. 394, § 1º, I, CPP).

O Rufianismo também exige habitualidade.

Aqui, o rufião ou cafetão (cáften) é o explorador de quem se prostitui (participa dos lucros ou é sustentado pela vítima prostituída), que não se confunde com o gigolô (homem que vive à custa de mulher).

V. Tráfico internacional de pessoa para fim de exploração sexual:

Conforme já referido, delito revogado pela Lei Federal nº 13.344/16.

Era considerado delito de maior potencial ofensivo, instrumentalizado por meio de Inquérito Policial.

O crime de Tráfico internacional de pessoa para fim de exploração sexual era da competência da Justiça Federal (art. 109, V, CF).

Não era necessária a finalidade lucrativa. Todavia, consoante disposto no então artigo 231, § 3º, CP, o lucro só era relevante para a aplicação de pena pecuniária.

Não se confundia com o Tráfico internacional de criança ou adolescente, previsto no art. 239, ECA, que também é da competência da Justiça Federal.

VI. Tráfico interno de pessoa para fim de exploração sexual:

Conforme já referido, delito revogado pela Lei Federal nº 13.344/16.

Era considerado delito de maior potencial ofensivo, instrumentalizado por meio de Inquérito Policial.

O crime de Tráfico interno de pessoa para fim de exploração sexual era da competência da Justiça Estadual.

O consentimento da vítima e a finalidade de lucro, assim como ocorria no tipo do art. 231, CP, eram irrelevantes para a configuração do tipo penal, conforme previsto no *caput* e no § 1º do então tipo penal do art. 231-A. Todavia, o lucro só era relevante para a aplicação de pena pecuniária, conforme redação do então art. 231-A, § 3º, do CP.

VII. Promoção de migração ilegal:

Delito de maior potencial ofensivo, instrumentalizado por meio de Inquérito Policial.

Submete-se ao rito do procedimento comum ordinário (art. 394, § 1º, I, CPP).

Conforme Luiz Régis Prado[176], o bem jurídico a ser tutelado em tal delito é a "*regularidade dos cursos migratórios no Brasil, estabelecida pela própria política de migração, bem como a liberdade e dignidade individual do estrangeiro ou do brasileiro levados, respectivamente, à entrada e à saída do território nacional (delito pluriofensivo)*".

Prossegue o mesmo autor[177]:

> *"A Lei 13.445/2017 (Lei da Migração) surge em um contexto de especial preocupação com os fluxos migratórios no mundo, em razão de uma série de fatores (políticos, guerras, sociais, econômicos etc.).*
>
> *Por meio da suprarreferida Lei, revoga-se o Estatuto do Estrangeiro (lei 6.815/1980) e se regulamenta entrada, estada de migrantes, visitantes, bem como seus direitos e deveres.*

176 PRADO, Luiz Régis. **Curso de Direito Penal Brasileiro**: parte geral e parte especial. 17. ed. Rio de Janeiro: Forense, 2019, p. 901.

177 Ibidem, p. 901.

Equivocadamente alocado entre os crimes contra a liberdade sexual, o bem jurídico aqui protegido difere sobremaneira dos demais tipificados no mesmo Capítulo do Código Penal".

7) Ultraje Público ao Pudor (Capítulo VI):

É o sétimo dos 8 (oito) capítulos relativos aos crimes contra a dignidade sexual.

Identifica-se nas seguintes figuras típicas:

a) Ato obsceno (art. 233, CP);

b) Escrito ou objeto obsceno (art. 234, CP);

c) Escrito ou objeto obsceno – conduta equiparada (art. 234, § único, CP).

Ato obsceno

Art. 233 – Praticar ato obsceno em lugar público, ou aberto ou exposto ao público:

Pena – detenção, de 3 (três) meses a 1 (um) ano, ou multa.

Escrito ou objeto obsceno

Art. 234 – Fazer, importar, exportar, adquirir ou ter sob sua guarda, para fim de comércio, de distribuição ou de exposição pública, escrito, desenho, pintura, estampa ou qualquer objeto obsceno:

Pena – detenção, de 6 (seis) meses a 2 (dois) anos, ou multa.

Parágrafo único – Incorre na mesma pena quem:

I – vende, distribui ou expõe à venda ou ao público qualquer dos objetos referidos neste artigo;

II – realiza, em lugar público ou acessível ao público, representação teatral, ou exibição cinematográfica de caráter obsceno, ou qualquer outro espetáculo, que tenha o mesmo caráter;

III – realiza, em lugar público ou acessível ao público, ou pelo rádio, audição ou recitação de caráter obsceno.

COMENTÁRIOS

I. Ato obsceno:

Infração penal de menor potencial ofensivo, de competência dos JECs e instrumentalizada por meio de Termo Circunstanciado.

Submete-se ao rito do procedimento comum sumaríssimo (art. 394, § 1º, III, CPP).

Exs: andar nu pela rua; fazer sexo em via pública; urinar deliberadamente em via pública, com exibição dos órgãos genitais, ou masturbar-se em via pública, com intuito de importunar ou vexar as pessoas; sexo no carro (discutível, já que não é lugar exposto ao público, por exemplo, o interior de veículo estacionado em lugar ermo e deserto); *topless* na praia (discutível).

O chamado *streaking* (correr nu em via pública) configura o delito.

Trata-se de crime formal e de perigo, que se consuma com a prática do ato, independentemente de ser visto ou presenciado por terceiros, embora Nucci[178] entenda pela ocorrência de crime impossível, quando, por exemplo, em uma via pública, à noite, em local afastado, sem ninguém por perto, o agente se masturba.

Para ele, não seria "palco" para o ato obsceno, em virtude de o objeto ser absolutamente impróprio.

II. Escrito ou objeto obsceno:

Infração penal de menor potencial ofensivo, de competência dos JECs e instrumentalizada por meio de Termo Circunstanciado.

Submete-se ao rito do procedimento comum sumaríssimo (art. 394, § 1º, III, CPP).

Trata-se de crime de perigo abstrato.

178 NUCCI, Guilherme de Souza. **Código Penal Comentado.** 13. ed. São Paulo: RT, 2013.

Crime que está em descompasso com a vida atual.

Veja-se o caso das *sexs shops,* das revistas pornográficas, peças teatrais e filmes pornográficos e de sexo explícito para adultos.

Para Nucci[179], trata-se de tipo inconstitucional, pois exacerba a censura e restringe a liberdade de expressão ou arte, que são direitos fundamentais em um Estado Democrático de Direito (art. 5º, IX, CF).

Já que a vítima é a Coletividade, não é punível a conduta de utilizar escrito ou objeto obsceno para uso próprio.

8) Disposições Gerais (Parte II) (Capítulo VII):

É o último dos 8 (oito) capítulos relativos aos crimes contra a dignidade sexual.

Aumento de pena *(Incluído pela Lei nº 12.015, de 7-8-2009)*

Art. 234-A. Nos crimes previstos neste Título a pena é aumentada: (Incluído pela Lei nº 12.015, de 7-8-2009)

I - (VETADO); (Incluído pela Lei nº 12.015, de 7-8-2009)

II - (VETADO); (Incluído pela Lei nº 12.015, de 7-8-2009)

III - de metade a 2/3 (dois terços), se do crime resultar gravidez; (Inciso III com redação determinada pela Lei nº 13.718, de 24-9-2018)

IV - de 1/3 (um terço) a 2/3 (dois terços), se o agente transmite à vitima doença sexualmente transmissível de que sabe ou deveria saber ser portador, ou se a vítima é idosa ou pessoa com deficiência. (Inciso IV com redação determinada pela Lei nº 13.718, de 24-9-2018)

Art. 234-B. Os processos em que se apuram crimes definidos neste Título correrão em segredo de justiça.(Incluído pela Lei nº 12.015, de 7-8-2009)

Art. 234-C. (VETADO). (Incluído pela Lei nº 12.015, de 7-8-2009)

COMENTÁRIOS

Trata de causas majorantes para todos os crimes contra a dignidade sexual (art. 234-A, III e IV, CP), bem como informa que, nos processos em que se apuram crimes contra a dignidade sexual, haverá segredo de justiça (art. 234-B, CP).

Com relação às majorantes, aumenta-se a pena de ½ a 2/3, quando a vítima resultar grávida (nova redação do art. 234-A, III, CP, com o advento da Lei Federal nº 13.718/18), bem como aumenta-se a pena de 1/3 a 2/3, se o agente transmite à vítima doença sexualmente transmissível, de que sabe (dolo direto) ou deveria saber (dolo eventual) ser portador, ou se a vítima for pessoa idosa ou pessoa com deficiência (nova redação do art. 234-A, IV, CP, com o advento da Lei Federal nº 13.718/18).

No caso de transmissão de doença venérea, o entendimento preponderante é o de que está tipificado apenas o crime sexual, com a causa de aumento do inciso IV do art. 234-A, e não o tipo penal de Perigo de contagio venéreo, previsto no art. 130, CP.

No caso de transmissão de AIDS, conforme já informado anteriormente, o entendimento preponderante (Nucci[180], Mirabete[181] e Tribunais Superiores) é o de que se trata de lesão corporal gravíssima, por resultar enfermidade incurável (art. 129, § 2º, II, CP).

Desta forma, neste caso, em princípio não seria aplicada a causa de aumento antes referida, mas sim identificada a situação como crime autônomo.

179 Ibidem.

180 Op. Cit.

181 MIRABETE, Júlio Fabbrini; FABBRINI, Renato N. **Manual de Direito Penal:** parte especial. v. 2. 34. ed. São Paulo: Atlas, 2018.

☑ QUESTÕES DE CONCURSOS ACERCA DOS CRIMES CONTRA A DIGNIDADE SEXUAL, COM GABARITO E COMENTÁRIOS:

1. ***(ESCRIVÃO – PC-AL – CESPE – 2012)*** *Conforme o disposto no CP, manter relações sexuais com menores de 18 (dezoito) anos de idade, ainda que com o consentimento da vítima, caracteriza, em qualquer caso, estupro de vulnerável.*

Resposta: *Errado. Nos termos do art. 217-A do Código Penal, o crime de estupro de vulnerável consiste na conduta de ter conjunção carnal ou praticar outro ato libidinoso com menor de 14 (catorze) anos. E ainda ter conjunção carnal ou praticar qualquer ato libidinoso com alguém que, por enfermidade ou deficiência mental, não tem o necessário discernimento para a prática do ato ou que, por qualquer outra causa, não pode oferecer resistência, nos termos do art. 217-A, § 1°, do Código Penal.*

2. ***(DELEGADO – PC-AL – CESPE – 2012)*** *Nos crimes contra a dignidade sexual, a vulnerabilidade da menor de 14 anos de idade é considerada relativa, diante de seu consentimento para a prática sexual, devendo, no caso concreto, ser considerado o comportamento sexual da vítima, sua vida social e o grau de conscientização da menor.*

Resposta: *Analisando a questão, à luz da legislação e da jurisprudência majoritária dos Tribunais Superiores, está errada a assertiva, já que a presunção legal de vulnerabilidade é absoluta, conforme previsto no art. 217-A, do Código Penal. Recentemente, o novel § 5º do art. 217-A, CP, introduzido por meio da Lei Federal nº 13.718/18 (posterior à data da questão), respaldou expressamente tal entendimento, bem como a Súmula nº 593, do STJ, igualmente posterior à data da questão, segundo a qual: "O crime de estupro de vulnerável se configura com a conjunção carnal ou prática de ato libidinoso com menor de 14 anos, sendo irrelevante eventual consentimento da vítima para a prática do ato, sua experiência sexual anterior ou existência de relacionamento amoroso com o agente".*

3. ***(MAGISTRATURA – PE – FCC – 2011)*** *Nos crimes contra a liberdade sexual, NÃO constitui causa de aumento da pena a circunstância de*

(A) *resultar gravidez.*

(B) *o agente ser casado.*

(C) *o agente ser empregador da vítima.*

(D) *o crime ser cometido com concurso de duas ou mais pessoas.*

(E) *o agente transmitir doença sexualmente transmissível de que sabe ser portador.*

Resposta: *As causas de aumento de pena dos crimes contra a liberdade sexual encontram-se insculpidas nos arts. 226, I, II, IVa e IVb (os dois últimos introduzidos pela Lei Federal nº 13.718/18), e 234-A, III e IV (os dois com redação definida pela Lei Federal nº 13.718/18), ambos do CP. Das alternativas relacionadas, a única que está incorreta é a constante na letra "B". As demais estão relacionadas, respectivamente, nos arts. 234-A, III (A); 226, II (C); 226, I (D); 234-A, IV (E).*

4. ***(MAGISTRATURA – DF – 2011)*** *Dos crimes contra a liberdade sexual.*

Estupro: Constranger alguém mediante violência ou grave ameaça, a ter conjunção carnal ou a praticar ou permitir que com ele se pratique outro ato libidinoso.

Por isso:

A. *Quando o agente mantém conjunção carnal com a vítima e pratica beijo lascivo, não consentidos, comete um único estupro;*

B. *Não comete crime de estupro, agente que por ausência de ereção que o incapacita manter cópula vaginal, para obter orgasmo pelo estímulo cerebral, sem o consentimento da vítima introduz pênis artificial em seu ânus;*

C. Quando o agente, com violência, obriga a vítima a praticar dois atos libidinosos de uma só vez, comete dois estupros, pois a liberdade sexual foi lesada duas vezes;

D. Não comete crime de estupro, mas posse sexual mediante fraude, agente que por vingança ou para humilhar e constranger moralmente a vítima, com ela mantém relação sexual não consentida.

Resposta: *para a corrente que preconiza que o estupro é crime de ação múltipla, de conteúdo variável (tipo misto alternativo), a primeira alternativa estaria correta, pois haveria um único estupro. Para a corrente que preconiza que o estupro é um tipo misto cumulativo, a terceira alternativa estaria correta, pois teríamos dois estupros. Todavia, ao que parece, a posição ainda dominante na doutrina e na jurisprudência dos Tribunais Superiores é a que sustenta haver a existência de tipo misto alternativo, com a impossibilidade da aplicação do concurso material de infrações. Logo, a alternativa dada como correta pelo gabarito oficial foi a da letra "A", o que, em tese, poderia ser atacado por meio de recurso/pedido de reconsideração, já que, conforme referido, não se trata de entendimento pacífico.*

5. ***(DEFENSOR PÚBLICO - DPE-AM - FCC - 2013)*** *Constitui crime contra a dignidade sexual praticar conjunção carnal ou outro ato libidinoso, sem violência ou grave ameaça, com alguém não deficiente mental ou enfermo*

(A) menor de dezoito anos e maior de dezesseis anos.

(B) menor de dezoito anos e maior de quatorze anos em situação de prostituição.

(C) menor de vinte e um anos e maior de quatorze anos em situação de prostituição.

(D) em situação de prostituição, independentemente da idade.

(E) menor de dezesseis anos e maior de quatorze anos.

Resposta: *a única alternativa correta é a da letra "B", sendo identificado, na espécie fática, o crime de Favorecimento da Prostituição ou de Outra Forma de Exploração Sexual de Adolescente, insculpido na figura equiparada do art. 218-B, § 2º, I, CP.*

6. ***(DELEGADO - PC-TO - 2008 - CESPE)*** *Considere a seguinte situação hipotética.*

Francisco, imputável, acercou-se de uma mulher e a constrangeu, mediante violência, à prática de conjunção carnal, deflorando-a. Em razão do emprego da violência, a mulher experimentou, ainda, lesões leves, devidamente constatadas em laudo pericial. Nessa situação, Francisco irá responder pelo crime de estupro em concurso formal com o delito de lesões corporais.

Resposta: *Errado. No crime de Estupro, a lesão corporal leve fica absorvida, já que é integrante da violência real, não se constituindo em crime autônomo, quando decorrente da violência empregada para a consumação do estupro.*

7. ***(DELEGADO - PC-RJ - 2012 - FUNCAB)*** *Uma jovem, ao sair da faculdade à noite, é rendida por um homem que a estupra brutalmente, proferindo-lhe várias ameaças. Aproveitando-se de uma distração do bandido e temendo por sua vida, a vítima empreende fuga correndo desesperadamente e, ao atravessar a rua, é atropelada por um veículo que passava pelo local, morrendo imediatamente. Na qualidade de Delegado de Polícia, assinale a alternativa que contempla a correta tipificação da conduta daquele que atacou a jovem.*

(A) Estupro.

(B) Estupro qualificado pelo resultado morte.

(C) Homicídio e estupro em concurso formal.

(D) Homicídio e estupro em concurso material.

(E) Homicídio.

Resposta: *A única alternativa correta é a da letra "A". Responderá o agente apenas por Estupro, na forma do art. 213, caput, CP. No que concerne ao desdobramento da situação fática apresentada, trata-se de causa absolutamente independente, na forma do art. 13, caput, e § 1º, CP, a qual, por si só, produziu o resultado, respondendo o autor somente pelos atos já praticados.*

8. ***(JUIZ – TJ-SC – 2013)*** *Sobre os crimes contra a dignidade sexual, assinale a alternativa correta:*

I. A revogação do crime de atentado violento ao pudor previsto no art. 214 do Código Penal pela Lei 12.015/2009 implica na ocorrência da chamada abolitio criminis.

II. O agente que mantém conjunção carnal com menor de 14 anos comete o crime de exploração sexual previsto no art. 244-A do Estatuto da Criança e do Adolescente.

III. A ação penal para os crimes contra a dignidade sexual, regra geral, é privada, procedendo-se, todavia, mediante ação penal pública condicionada à representação se a vítima é menor de 18 anos.

IV. O agente que, no interior de sua residência, e com a finalidade de satisfação de sua própria lascívia, pratica automasturbação na presença de menor de 18 anos comete o crime de ato obsceno previsto no art. 233 do Código Penal.

(A) Somente as proposições III e IV estão corretas.

(B) Somente as proposições II e IV estão corretas.

(C) Somente as proposições II e III estão corretas.

(D) Somente as proposições I e III estão corretas.

(E) Todas as proposições estão incorretas.

Resposta: *Os 4 (quatro) enunciados estão incorretos. Logo, a alternativa a ser marcada é a da letra "E".*

9. ***(EXAME DE ORDEM UNIFICADO X – FGV – 2013)*** *José, rapaz de 23 anos, acredita ter poderes espirituais excepcionais, sendo certo que todos conhecem esse seu "dom", já que ele o anuncia amplamente. Ocorre que José está apaixonado por Maria, jovem de 14 anos, mas não é correspondido. Objetivando manter relações sexuais com Maria e conhecendo o misticismo de sua vítima, José a faz acreditar que ela sofre de um mal espiritual, o qual só pode ser sanado por meio de um ritual mágico de cura e purificação, que consiste em manter relações sexuais com alguém espiritualmente capacitado a retirar o malefício. José diz para Maria que, se fosse para livrá-la daquilo, aceitaria de bom grado colaborar no ritual de cura e purificação. Maria, muito assustada com a notícia, aceita e mantém, de forma consentida, relação sexual com José, o qual fica muito satisfeito por ter conseguido enganá-la e, ainda, satisfazer seu intento, embora tenha ficado um pouco frustrado por ter descoberto que Maria não era mais virgem.*

Com base na situação descrita, assinale a alternativa que indica o crime que José praticou.

(A) Corrupção de menores (art. 218 do CP).

(B) Violência sexual mediante fraude (art. 215 do CP).

(C) Estupro qualificado (art. 213, § 1.º, parte final, do CP).

(D) Estupro de vulnerável (art. 217-A do CP).

Resposta: *A única alternativa correta é a da letra "B".*

10. ***(MAGISTRATURA – PI – CESPE – 2011)*** *Com referência às infrações penais contra a dignidade sexual, assinale a opção correta.*

(A) O crime de satisfação de lascívia mediante presença de criança ou adoles-

cente consuma-se com dolo genérico, não se exigindo o chamado especial fim de agir.

(B) *Caso o delito de violação sexual mediante fraude seja cometido com o fim de obtenção de vantagem econômica, o infrator sujeitar-se-á também à pena de multa.*

(C) *Segundo entendimento do STJ, após a Lei n.º 12.015/2009, o crime de corrupção de menores passou a ser material, ou seja, é exigida prova do efetivo corrompimento do menor.*

(D) *No estupro, se da conduta resultar lesão corporal de natureza grave ou se a vítima tiver menos de dezoito anos de idade, aplicar-se-á causa especial de aumento de pena.*

(E) *No assédio sexual, o fato de a vítima ter menos de dezoito anos de idade qualifica o crime, razão pela qual as penas desse delito estarão majoradas em seus limites abstratamente cominados.*

Resposta: *A única alternativa correta é a da letra "B", a qual se encontra insculpida no art. 215, § único, CP.*

11. ***(32º CONCURSO MP-RJ – 2011)*** *Na lista negra do crime organizado do Rio de Janeiro, esperava-se que Caio fosse assassinado a qualquer momento. Por essa razão, recolhia-se cedo diariamente. Felisbela, sua esposa, sofria intensamente com a possibilidade de Caio ser morto pelos criminosos. Tanto que ficou apavorada ao distinguir, naquela noite de 02 de agosto de 2011, um vulto que crescia, passo firme, em direção à sua casa. Nem refletiu a temerosa mulher, desesperadamente convencida de que aquele homem, chapéu sobre os olhos, uma capa preta, enorme, a cobrir-lhe o corpo e a carabina 44 nas mãos, seria o algoz de seu consorte. Correu ao seu encontro, e disse-lhe: "Meu marido, não! Deixe-o em paz! Prometa que não o matará! Faça de mim o que quiser!" – Dizia isto agarrando-se ao homem, num abraço convulso, abandonando-se a ele, que ali mesmo com ele praticou o coito anal, sem ritos, sem cerimônia. Após referido ato libidinoso, o estranho arranjou-se, fitou Felisbela bem nos olhos e, com acanhados agradecimentos, deixou-lhe a carabina, então desmuniciada, que Caio lhe havia emprestado para caçar. O crime (se houve) praticado pelo homem da capa preta em face de Felisbela foi:*

(A) *estupro de vulnerável por impossibilidade de resistência da vítima;*

(B) *violação sexual mediante fraude;*

(C) *estupro;*

(D) *atentado violento ao pudor mediante fraude;*

(E) *nenhum, diante da atipicidade do fato.*

Resposta: *A única alternativa correta é a da letra "B", a qual se encontra insculpida no art. 215, CP.*

12. ***(PROMOTOR DE JUSTIÇA – MPE-MG – 2012)*** *Dr. José, médico "aposentado" do Hospital Naval, mudou-se para Leopoldina/MG: vendeu sua cobertura em Ipanema (Rio de Janeiro/RJ) e adquiriu uma fazenda com gado leiteiro, na "bucólica" região da zona da mata mineira. Indo à cidade para a missa que mandou rezar em memória de um ano da morte de sua esposa, Dr. José conheceu Mariazinha, que, apesar de contar apenas 16 (dezesseis) anos de idade, celebrava, no mesmo culto religioso, sua prodigiosa aprovação em primeiro lugar no vestibular de Medicina da UFJF. Dr. José se apaixonou por Mariazinha e, naquela noite, após uma festa no clube da cidade, manteve com ela conjunção carnal consentida. Hoje, às vésperas da esperada mudança da adolescente para Juiz de Fora/MG, o pai de Mariazinha recebeu a notícia de que a adolescente está no quinto mês de gravidez. Mariazinha manteve relação sexual exclusivamente com Dr. José – e apenas uma vez! Quanto ao enquadramento jurídico-penal da conduta de Dr. José, que nega ser o pai do nascituro, é CORRETO afirmar que se trata de:*

(A) *assédio sexual.*

(B) *violação sexual de vulnerável.*

(C) *corrupção de menor.*

(D) *indiferente penal.*

Resposta: *Não há crime na espécie fática descrita. Dessa forma, por se tratar de indiferente penal, a alternativa correta é a da letra "D".*

13. *(DEFENSOR PÚBLICO - DPE-PA - 2009 - FCC)* *O constrangimento com intuito de obter favorecimento sexual, que caracteriza o crime de assédio sexual (art. 216-A, do Código Penal):*

(A) *não pode ter como vítima o homem.*

(B) *é qualificado se praticado pelo pai contra vítima menor de 14 anos.*

(C) *absorve a eventual violência de natureza leve utilizada em seu cometimento.*

(D) *pressupõe a condição de superioridade hierárquica ou ascendência inerente ao exercício de emprego, cargo ou função.*

(E) *é indiferente ao consentimento da vítima para caracterização do crime.*

Resposta: *A alternativa a ser assinalada é a da letra "D".*

14. *(FUNDATEC - DELEGADO DE POLÍCIA - PC - RS/2018)* *Analise as seguintes situações hipotéticas, e assinale a alternativa correta.*

(A) *Viriato amordaça Gezilda, para que ela não grite por socorro. Em seguida, pratica conjunção carnal com ela, sem perceber que a vítima está se engasgando devido à mordaça utilizada por ele. Gezilda, que é maior de idade e capaz, morre sufocada. Viriato deverá responder por estupro e homicídio culposo, em concurso material.*

(B) *Zezão aborda a vítima Vitinha, maior de idade e capaz, em via pública, arrasta-a para um terreno abandonado. Ao perceber que será estuprada, Vitinha entra em luta corporal com Zezão e acaba sendo morta, porque Zezão efetuou um disparo, empregando uma arma de fogo que levava consigo. Em seguida, Zezão realiza atos sexuais com Vitinha. Nessa hipótese, Zezão responderá tão somente pelos crimes de estupro e homicídio qualificado, em concurso material.*

(C) *Beraldo aborda a vítima Zequinha, 11 anos de idade, em via pública, levando-o para um edifício em construção, oferecendo a ele dinheiro e doces, para que fizesse sexo oral em Beraldo. Após o ato, com medo de ser identificado, Beraldo mata Zequinha com uma pedrada na cabeça. Beraldo deverá responder pelo crime de estupro de vulnerável, qualificado pela morte de Zequinha.*

(D) *Tiburcio, imputável, tio de Adalgisa, 09 anos de idade, em uma ocasião em que foi visitar a irmã, mãe da menor, aproveitou-se de um momento em que esteve sozinho com Adalgisa, tirou a roupa da menina, pedindo que fizesse poses sensuais, fotografando-a em tal condição. No mesmo dia, porém, mais tarde, oferecendo a ela doces, fez com que praticasse sexo oral nele. Tibúrcio responderá pela prática de estupro de vulnerável, em concurso material com o crime previsto no artigo 240 do Estatuto da Criança e do Adolescente, ambos os delitos em suas formas majoradas pela condição de ser tio da menor.*

(E) *Tyrapele, cirurgião plástico, anestesiou a paciente Suzi, 25 anos e, em seguida, praticou ato libidinoso diverso da conjunção carnal com ela, aproveitando-se de que Suzi estava inconsciente e sem condições de oferecer resistência. Nesse caso, praticou o crime denominado violação sexual mediante fraude.*

Resposta: *A única alternativa correta é a da letra "D". Trata-se da prática dos delitos de Estupro de Vulnerável (art. 217-A,*

CP) e de Produção de Cena Pornográfica Envolvendo Criança (art. 240, ECA – Lei Federal nº 8.069/90), em concurso material (art. 69, CP). Na espécie fática, ainda, incide a majorante prevista no art. 226, II, CP (aumento da pena à razão de metade), em virtude de o agente ser tio da vítima.

15. (UEG – DELEGADO DE POLÍCIA – PC – GO/2018) *Sobre os crimes contra a liberdade sexual e os crimes sexuais contra vulnerável, previstos no Código Penal, verifica-se que*

(A) a corrupção de menores (artigo 218 do Código Penal) é crime hediondo.

(B) em regra, o estupro (artigo 213) se processa mediante ação penal privada.

(C) no estupro (art. 213), a qualificadora do § 2° só incide se o resultado morte for doloso.

(D) a ação penal é pública incondicionada para os crimes sexuais contra vulnerável (Capítulo II do Título VI).

(E) segundo entendimento do Superior Tribunal de Justiça, a existência de relacionamento amoroso entre agente e vítima pode descaracterizar o crime de estupro de vulnerável (artigo 217-A).

***Resposta:** A única alternativa correta é a da letra "D". A ação penal já era pública incondicionada para os crimes sexuais contra vulnerável (então § único do art. 225, CP). Hoje, com o advento da Lei Federal nº 13.718, de 24 de setembro de 2018, que revogou o § único do art. 225, CP, consoante comando constante no atual art. 225, caput, CP, todos os crimes contra a liberdade sexual e contra vulnerável instrumentalizam-se por meio de ação penal pública incondicionada.*

16. (VUNESP – DELEGADO DE POLÍCIA – PC – BA/2018) *A respeito dos crimes sexuais, previstos no Título VI, do Código Penal, assinale a alternativa correta.*

(A) Não se tipifica crime de estupro se o agente é cônjuge da vítima, já que o casamento impõe aos cônjuges o dever de prestação sexual.

(B) A prática de conjunção carnal ou outro ato libidinoso com menor de 18 (dezoito) anos é estupro de vulnerável, previsto no artigo 217-A do Código Penal.

(C) A prática de conjunção carnal ou qualquer outro ato libidinoso com adolescente de idade entre 14 (catorze) e 18 (dezoito) anos, em situação de prostituição, é atípica.

(D) Os crimes sexuais, com exceção do estupro de vulnerável, são processáveis mediante ação penal pública condicionada à representação.

(E) Haverá aumento de pena se o agente transmite à vítima doença sexualmente transmissível de que sabe ou deveria saber ser portador.

***Resposta:** A única alternativa correta é a da letra "E". A fundamentação legal para tal assertiva encontra-se insculpida no art. 234-A, IV, do Código Penal, o qual foi recentemente modificado por meio da Lei Federal nº 13.718, de 24 de setembro de 2018.*

17. (VUNESP – DELEGADO DE POLÍCIA – PC – SP/2018) *No que concerne aos crimes contra a dignidade sexual, é correto afirmar que*

(A) dadas as condições de evolução social, não se pune atualmente a violação sexual mediante fraude e nem a sedução.

(B) o crime de favorecimento da prostituição ou outra forma de exploração sexual de maiores de 18 anos não-vulneráveis só é punido se o agente tem intuito de lucro.

(C) o crime de assédio sexual, por expressa disposição legal fruto de ativismo jurídico, é punido mais gravemente se cometido por homem contra mulher do que vice-versa.

(D) é fato típico induzir menor de 14 (quatorze) anos a presenciar ato libidinoso diverso da conjunção carnal, a fim de satisfazer lascívia própria.

(E) apenas pessoas dignas são objeto de proteção penal, excluídas as pessoas

que voluntariamente se entregam à má vida ou a práticas sexuais promíscuas.

Resposta: *A única alternativa correta é a da letra "D". Trata-se do crime de Satisfação de lascívia mediante presença de criança ou adolescente, insculpido no art. 218-A, CP, com pena máxima cominada de 2 (dois) a 4 (quatro) anos de reclusão.*

18. (INST. ACESSO – DELEGADO DE POLÍCIA – PC – ES/2019) *A profissional do sexo Gumercinda atende a seus clientes no local onde reside juntamente com seu filho Joaquim de dez anos. O local é bastante exíguo, tendo pouco mais de quinze metros quadrados, onde existem apenas um quarto e um banheiro, ficando a cama onde Joaquim dorme ao lado da cama da mãe. Em uma determinada madrugada, Gumercinda acerta um "programa sexual" com Caio e o leva até sua casa. Durante o ato sexual, Joaquim acorda e presencia tudo, sem que Gumercinda ou Caio percebam que ele está assistindo à cena. No dia seguinte, Joaquim vai para a escola e conta o fato a um amigo, o qual, por sua vez, relata a história para Joana, sua mãe. Esta, abismada com a história, procura a delegacia do bairro e narra os fatos acima descritos.*

Diante desta situação hipotética, assinale a alternativa correta do ponto de vista legal.

(A) Gumercinda e Caio responderão pelo delito de satisfação de lascívia mediante a presença de criança ou adolescente.

(B) Gumercinda e Caio não cometeram nenhum crime.

(C) Gumercinda e Caio praticaram exploração sexual de criança ou adolescente.

(D) Gumercinda e Caio praticaram crime previsto no Estatuto da Criança e do Adolescente.

(E) Apenas Gumercinda responderá pelo delito de satisfação de lascívia mediante a presença de criança ou adolescente.

Resposta: *A única alternativa correta é a da letra "B". Na espécie fática, Gumercinda e Caio não cometeram nenhum crime. Não incide o tipo penal de Satisfação de lascívia mediante presença de criança ou adolescente, insculpido no art. 218-A, do Código Penal, o qual exige dolo específico, consistente na intenção de satisfazer a lascívia própria ou alheia. Referido delito é de maior potencial ofensivo, da competência da Justiça Comum Estadual, instrumentalizado por meio de Inquérito Policial, submetendo-se ao rito do procedimento comum ordinário (art. 394, § 1º, I, CPP). Trata-se de crime formal, que se consuma mesmo que a vítima menor de 14 (catorze) anos de idade* não tenha sido corrompida com o ato sexual presenciado.

TÍTULO VII – CRIMES CONTRA A FAMÍLIA:

Previsto no Título VII do Código Penal, possui 4 (quatro) capítulos, a saber:

a) Crimes contra o Casamento (arts. 235 a 240);
b) Crimes contra o Estado de Filiação (arts. 241 a 243);
c) Crimes contra a Assistência Familiar (arts. 244 a 247);
d) Crimes contra o Pátrio Poder, Tutela ou Curatela (arts. 248 e 249).

1) Crimes contra o Casamento (Capítulo I):

Bigamia

Art. 235 – Contrair alguém, sendo casado, novo casamento:

Pena – reclusão, de 2 (dois) a 6 (seis) anos.

§ 1º – Aquele que, não sendo casado, contrai casamento com pessoa casada, conhecendo essa circunstância, é punido com reclusão ou detenção, de 1 (um) a 3 (três) anos.

§ 2º – Anulado por qualquer motivo o primeiro casamento, ou o outro por motivo que não a bigamia, considera-se inexistente o crime.

Induzimento a erro essencial e ocultação de impedimento

Art. 236 – Contrair casamento, induzindo em erro essencial o outro contraente, ou ocultando-lhe impedimento que não seja casamento anterior:

Pena – detenção, de 6 (seis) meses a 2 (dois) anos.

Parágrafo único – A ação penal depende de queixa do contraente enganado e não pode ser intentada senão depois de transitar em julgado a sentença que, por motivo de erro ou impedimento, anule o casamento.

Conhecimento prévio de impedimento

Art. 237 – Contrair casamento, conhecendo a existência de impedimento que lhe cause a nulidade absoluta:

Pena – detenção, de 3 (três) meses a 1 (um) ano.

Simulação de autoridade para celebração de casamento

Art. 238 – Atribuir-se falsamente autoridade para celebração de casamento:

Pena – detenção, de 1 (um) a 3 (três) anos, se o fato não constitui crime mais grave.

Simulação de casamento

Art. 239 – Simular casamento mediante engano de outra pessoa:

Pena – detenção, de 1 (um) a 3 (três) anos, se o fato não constitui elemento de crime mais grave.

Adultério

Art. 240 – (Revogado pela Lei nº 11.106, de 28-3-2005)

COMENTÁRIOS

É o primeiro dos 4 (quatro) capítulos relativos aos crimes contra a família.

O Código Penal tutela o casamento monogâmico.

Aqui, trata-se do casamento civil, que se extingue pelo divórcio.

A separação judicial põe fim à sociedade conjugal, mas não ao casamento.

A tutela penal tem fundamento constitucional no art. 226, §§ 1º, 2º e 6º da CF de 1988.

Sob pena de incidir analogia *in malam partem*, a união estável (art. 226, § 3º, CF) não é alcançada pela proteção assegurada pelo Código Penal ao casamento.

Identifica-se nas seguintes figuras típicas:

I. Bigamia:

Na forma clássica, infração penal de maior potencial ofensivo, instrumentalizada por meio de Inquérito Policial, submetendo-se ao rito do procedimento comum ordinário (art. 394, § 1º, I, CPP).

Na forma mitigada, infração penal de médio potencial ofensivo, instrumentalizada por meio de Inquérito Policial, mas que comporta a suspensão condicional do processo, submetendo-se, de outra banda, ao rito do procedimento comum sumário (art. 394, § 1º, II, CPP).

O *caput* do art. 235, CP, trata da Bigamia propriamente dita.

O § 1º trata da Bigamia mitigada ou privilegiada.

Na Bigamia, que é crime plurissubjetivo, plurilateral ou de concurso necessário, o sujeito ativo é qualificado: trata-se de homem ou mulher, sendo casados, que contraem novo matrimônio.

Haverá crime inexistente, caso anulado por qualquer motivo o primeiro casamento, ou anulado o segundo casamento por outro motivo que não seja a bigamia (art. 235, § 2º, CP).

O tipo penal também abrange a poligamia.

Pressupõe matrimônio válido anterior (pessoa solteira, viúva ou divorciada que sabe do impedimento do outro contraente) – aqui, consoante regra prevista no art. 235, § 1º, CP, o terceiro responderá por Bigamia privilegiada e não por Bigamia propriamente dita, o que configura exceção pluralística à teoria monista no concurso de pessoas.

Há regra especial de prescrição, prevista no art. 111, IV, do Código Penal.

Conforme previsto no art. 1521, VI, do Código Civil (CC), as pessoas casadas não podem casar.

Trata-se de causa de nulidade, nos termos do art. 1548, II, CC.

II. Induzimento a erro essencial e ocultação de impedimento:

Trata-se de infração penal de menor potencial ofensivo, da competência dos JECs, instrumentalizada por meio de Termo Circunstanciado e submetida ao rito do procedimento comum sumaríssimo (art. 394, § 1º, III, CPP).

O tipo penal do art. 236, CP, trata, hoje, da única hipótese de ação penal privada personalíssima, com a revogação do delito de adultério.

Somente pode ser intentada pelo cônjuge enganado até 6 (seis) meses após o trânsito em julgado da sentença que, por motivo de erro ou impedimento, anule o casamento (prazo decadencial).

O trânsito em julgado da sentença anulatória de casamento constitui, nos termos do § único do art. 236, CP, condição especial ou específica da ação penal privada personalíssima.

Trata-se de lei penal em branco homogênea, que necessita buscar complementação no Código Civil (arts. 1521 e 1557 – hipóteses de erro essencial sobre a pessoa do outro cônjuge e impedimentos matrimoniais, considerados impedimentos dirimentes absolutos ou públicos, que funcionam como causas de nulidade – art. 1548, II, CC).

Também é possível a anulação do casamento por vício de vontade, nos termos do art. 1550, III, CC.

III. Conhecimento prévio de impedimento:

Trata-se de infração penal de menor potencial ofensivo, da competência dos JECs, instrumentalizada por meio de Termo Circunstanciado e submetida ao rito do procedimento comum sumaríssimo (art. 394, § 1º, III, CPP).

Também trata-se de lei penal em branco homogênea, que necessita buscar complementação no Código Civil (art. 1521 – impedimentos matrimoniais, que funcionam como causas de nulidade – art. 1548, II, CC).

É crime tacitamente subsidiário em relação ao art. 236, CP.

São as hipóteses previstas no art. 1521, I, II, III, IV, V e VII, CC.

O Decreto-Lei nº 3.200/41, que trata do casamento de colaterais, legítimos ou ilegítimos, do terceiro grau, dispõe em seu art. 3º: *"Se algum dos nubentes, para frustrar os efeitos do exame médico desfavorável, pretender habilitar-se, ou habilitar-se para casamento, perante outro juiz, incorrerá na pena do art. 237 do CP"*.

IV. Simulação de autoridade para celebração de casamento:

Infração penal de médio potencial ofensivo, instrumentalizada por meio de Inquérito Policial, mas que comporta a suspensão condicional do processo, submetendo-se, de outra banda, ao rito do procedimento comum sumário (art. 394, § 1º, II, CPP).

A legítima autoridade para celebrar casamentos civis é o juiz de paz (art. 98, II, CF/88).

O tipo penal do art. 238, CP, é subsidiário.

Se o objetivo não for apenas a simulação do casamento, poderá haver, por exemplo, os crimes de Falsa identidade ou Estelionato.

V. Simulação de casamento:

Infração penal de médio potencial ofensivo, instrumentalizada por meio de Inquérito Policial, mas que comporta a suspensão condicional do processo, submetendo-se, de outra banda, ao rito do procedimento comum sumário (art. 394, § 1º, II, CPP).

O tipo penal do art. 239, CP, também é subsidiário.

É o que se dá, exemplificativamente, no delito de Violação sexual mediante fraude, tipificado no art. 215 do CP.

VI. Adultério:

Tipo penal revogado pela Lei 11106/2005.

Operou-se verdadeira *abolitio criminis* (art. 107, III, CP).

Hoje configura, tão-somente, ilícito civil, que poderá motivar separações judiciais e divórcios.

2) Crimes contra o Estado de Filiação (Capítulo II):

É o segundo dos 4 (quatro) capítulos relativos aos crimes contra a família.

O Código Penal tutela a estrutura jurídica da família e a segurança do estado de filiação.

Identifica-se nas seguintes figuras típicas:

Registro de nascimento inexistente

Art. 241 – Promover no registro civil a inscrição de nascimento inexistente:

Pena – reclusão, de 2 (dois) a 6 (seis) anos.

Parto suposto. Supressão ou alteração de direito inerente ao estado civil de recém-nascido

Art. 242 – Dar parto alheio como próprio; registrar como seu o filho de outrem; ocultar recém-nascido ou substituí-lo, suprimindo ou alterando direito inerente ao estado civil: (Redação dada pela Lei nº 6.898, de 30-3-1981)

Pena – reclusão, de 2 (dois) a 6 (seis) anos. (Redação dada pela Lei nº 6.898, de 30-3-1981)

Parágrafo único – Se o crime é praticado por motivo de reconhecida nobreza: (Redação dada pela Lei nº 6.898, de 30-3-1981)

Pena – detenção, de 1 (um) a 2 (dois) anos, podendo o juiz deixar de aplicar a pena. (Redação dada pela Lei nº 6.898, de 30-3-1981)

Sonegação de estado de filiação

Art. 243 – Deixar em asilo de expostos ou outra instituição de assistência filho próprio ou alheio, ocultando-lhe a filiação ou atribuindo-lhe outra, com o fim de prejudicar direito inerente ao estado civil:

Pena – reclusão, de 1 (um) a 5 (cinco) anos, e multa.

COMENTÁRIOS

I. Registro de nascimento inexistente:

Delito de maior potencial ofensivo, instrumentalizado por meio de Inquérito Policial, submetendo-se ao rito do procedimento comum ordinário (art. 394, § 1º, I, CPP).

Trata-se de modalidade específica de Falsidade ideológica (art. 299, CP).

Objeto material do delito é o registro civil no qual foi inscrito o nascimento inexistente.

II. Parto suposto. Supressão ou alteração de direito inerente ao estado civil de recém-nascido:

Na forma tradicional, delito de maior potencial ofensivo, instrumentalizado por meio de Inquérito Policial, submetendo-se ao rito do procedimento comum ordinário (art. 394, § 1º, I, CPP).

No § único, infração penal de menor potencial ofensivo, da competência dos JECs, instrumentalizada por meio de Termo Circunstanciado, submetendo-se ao rito do procedimento comum sumaríssimo (art. 394, § 1º, III, CPP).

No crime do art. 242, CP, é possível a aplicação do perdão judicial (causa extintiva de punibilidade – art. 107, IX, CP), se o crime é praticado por motivo de reconhecida nobreza (ex: casos de adoção sem a observância das formalidades legais).

Existe aparente conflito com o art. 237, da Lei Federal nº 8.069/90 (Estatuto da Criança e do Adolescente – ECA), se o menor foi subtraído com o fim de ser colocado em lar substituto, e com o art. 148, § 1º, IV, CP (Sequestro ou cárcere privado – privação de liberdade de criança e adolescente por tempo juridicamente relevante, mas sem uma finalidade específica).

O *caput* do art. 242, CP, trata, ao mesmo tempo, de tipo penal misto cumulativo e alternativo.

Na modalidade *"registrar como seu o filho de outrem"*, trata-se da chamada "adoção à brasileira", atividade relativamente comum no território nacional, principalmente nas regiões Norte e Nordeste.

III. Sonegação de estado de filiação:

Delito de maior potencial ofensivo, instrumentalizado por meio de Inquérito Policial, cabendo, todavia, a suspensão condicional do processo. Submete-se, de outra banda, ao rito do procedimento comum ordinário (art. 394, § 1º, I, CPP).

O tipo do art. 243, CP, não se confunde com o abandono de recém-nascido, que está tipificado no art. 134, CP (Exposição ou Abandono de Recém-Nascido), nem com o Abandono de Incapaz (art. 133, CP).

Objeto material do delito é a criança ou adolescente (filho próprio ou alheio).

Há dolo específico: com o fim de prejudicar direito inerente ao estado civil.

Existe aparente conflito com o art. 242, CP.

Todavia, no art. 243, CP, a conduta pode recair sobre qualquer criança ou adolescente, o local do abandono deve ser em asilo de expostos (orfanato etc.) ou instituições de assistência (creche, abrigo etc.) e a finalidade da lei é punir o abandono da criança ou adolescente, com o objetivo de prejudicar direito inerente ao estado civil.

3) Crimes contra a Assistência Familiar (Capítulo III):

É o terceiro dos 4 (quatro) capítulos relativos aos crimes contra a família.

O Código Penal tutela o direito à assistência familiar recíproca.

A tutela penal tem fundamento constitucional no art. 229 da CF de 1988.

Identifica-se nas seguintes figuras típicas:

Abandono material

Art. 244. Deixar, sem justa causa, de prover a subsistência do cônjuge, ou de filho menor de 18 (dezoito) anos ou inapto para o trabalho, ou de ascendente inválido ou maior de 60 (sessenta) anos, não lhes proporcionando os recursos necessários ou faltando ao pagamento de pensão alimentícia judicialmente acordada, fixada ou majorada; deixar, sem justa causa, de socorrer descendente ou ascendente, gravemente enfermo: (Redação dada pela Lei nº 10.741, de 1-10-2003)

Pena – detenção, de 1 (um) a 4 (quatro) anos e multa, de uma a dez vezes o maior salário mínimo vigente no País. (Redação dada pela Lei nº 5.478, de 25-7-1968)

Parágrafo único – Nas mesmas penas incide quem, sendo solvente, frustra ou ilide, de qualquer modo, inclusive por abandono injustificado de emprego ou função, o pagamento de pensão alimentícia judicialmente acordada, fixada ou majorada. (Incluído pela Lei nº 5.478, de 25-7-1968)

Entrega de filho menor a pessoa inidônea

Art. 245 - Entregar filho menor de 18 (dezoito) anos a pessoa em cuja companhia saiba ou deva saber que o menor fica moral ou materialmente em perigo: (Redação dada pela Lei nº 7.251, de 19-11-1984)

Pena - detenção, de 1 (um) a 2 (dois) anos. (Redação dada pela Lei nº 7.251, de 19-11-1984)

§ 1º - A pena é de 1 (um) a 4 (quatro) anos de reclusão, se o agente pratica delito para obter lucro, ou se o menor é enviado para o exterior. *(Incluído pela Lei nº 7.251, de 19-11-1984)*

§ 2º - Incorre, também, na pena do parágrafo anterior quem, embora excluído o perigo moral ou material, auxilia a efetivação de ato destinado ao envio de menor para o exterior, com o fito de obter lucro. *(Incluído pela Lei nº 7.251, de 19-11-1984)*

Abandono intelectual

Art. 246 - Deixar, sem justa causa, de prover à instrução primária de filho em idade escolar:

Pena - detenção, de 15 (quinze) dias a 1 (um) mês, ou multa.

Art. 247 - Permitir alguém que menor de 18 (dezoito) anos, sujeito a seu poder ou confiado à sua guarda ou vigilância:

I - frequente casa de jogo ou mal-afamada, ou conviva com pessoa viciosa ou de má vida;

II - frequente espetáculo capaz de pervertê-lo ou de ofender-lhe o pudor, ou participe de representação de igual natureza;

III - resida ou trabalhe em casa de prostituição;

IV - mendigue ou sirva a mendigo para excitar a comiseração pública:

Pena - detenção, de 1 (um) a 3 (três) meses, ou multa.

COMENTÁRIOS

I. Abandono material:

Infração penal de maior potencial ofensivo, instrumentalizada por meio de Inquérito Policial, mas que comporta a suspensão condicional do processo. Submete-se, de outra banda, ao rito do procedimento comum ordinário (art. 394, § 1º, I, CPP).

Trata-se, ao mesmo tempo, de tipo penal misto cumulativo e alternativo.

No caso do § único do art. 244, CP, nada obsta a decretação da prisão civil do devedor de pensão alimentícia (art. 5º, LXVII, CF/88; art. 19 da Lei 5.478/68; art. 7º, VII, Pacto de San Jose da Costa Rica - Dec. 678/92; arts. 528, §§ 3º, 4º e 5º, e 911, § único, ambos do novo CPC - Lei Federal nº 13.105/15, que estabeleceu prisão de 1 a 3 meses, em regime fechado, com separação dos presos comuns).

Não confundir com os tipos do art. 135, CP (Omissão de socorro), e do art. 97 do Estatuto do Idoso (Lei 10.741/2003).

II. Entrega de filho menor à pessoa inidônea:

Na forma clássica, infração penal de menor potencial ofensivo, da competência dos JECs e instrumentalizada por meio de TC. Submete-se, de outra banda, ao rito do procedimento comum sumaríssimo (art. 394, § 1º, III, CPP).

Nas formas dos §§ 1º e 2º, infração penal de maior potencial ofensivo, instrumentalizada por meio de IP, comportando a suspensão condicional do processo. Submete-se, de outra banda, ao rito do procedimento comum ordinário (art. 394, § 1º, I, CPP).

Segundo a doutrina, trata-se de crime material, de perigo concreto, que se consuma com a efetiva entrega do filho menor de dezoito (18) anos de idade à pessoa cuja companhia lhe acarrete perigo.

Elemento subjetivo é o dolo direto (*"saiba"*) ou eventual (*"deva saber"*).

O entendimento preponderante é o de que os arts. 238 e 239 do ECA revogaram tacitamente o artigo 245, §§ 1º e 2º, do Código Penal.

III. Abandono intelectual:

Infração penal de menor potencial ofensivo, da competência dos JECs e instrumentalizada por meio de TC. Submete-se, de outra banda, ao rito do procedimento comum sumaríssimo (art. 394, § 1º, III, CPP).

No que concerne ao abandono intelectual, trata-se da omissão dos pais, sem justa causa, de prover a instrução primária de filho em idade escolar, ou seja, de matriculá-lo na rede de ensino fundamental, até a oitava série (hoje até a nona série), obrigação imposta por força do disposto no art. 55 do ECA.

Objeto material do delito é a instrução primária do filho em idade escolar.

Segundo o STJ, caracteriza abandono intelectual o ensino domiciliar ou *homeschooling*, prática conhecida na Europa e nos Estados Unidos.

Trata se de crime bi-próprio, que somente pode ser praticado pelos pais contra o filho dependente de instrução primária e em idade escolar.

Trata-se de lei penal em branco de fundo constitucional (art. 208, I, CF de 88).

IV. Abandono moral:

Infração penal de menor potencial ofensivo, da competência dos JECs e instrumentalizada por meio de TC. Submete-se, de outra banda, ao rito do procedimento comum sumaríssimo (art. 394, § 1º, III, CPP).

Não foi definido um *nomen juris* pelo legislador penal, talvez pela proliferação de situações na vida em sociedade.

Objeto material do delito é o menor de dezoito (18) anos de idade, sujeito ao poder familiar, guarda, ou vigilância de seu responsável.

É crime de perigo concreto, de condutas conjugadas (tipo penal misto cumulativo).

As modalidades "frequentar casa de jogo ou mal-afamada" e "frequentar espetáculo capaz de 313rofessi-lo ou de ofender-lhe o pudor" exigem habitualidade.

As modalidades "conviver com pessoa viciosa ou de má vida" e "residir ou trabalhar em casa de prostituição" exigem a presença do menor por tempo juridicamente relevante, identificando hipótese de crime permanente.

As demais hipóteses ensejam crime instantâneo.

Muito comum o tipo constante no art. 247, IV, CP, que trata, por exemplo, da mendicância em sinaleiras.

Vale lembrar que a contravenção penal de Mendicância (art. 60, DL 3.688/41) foi expressamente revogada pela Lei 11.983/2009.

4) Crimes contra o Pátrio Poder, Tutela ou Curatela (Capítulo IV):

É o último dos 4 (quatro) capítulos relativos aos crimes contra a família.

O Código Penal tutela a proteção do poder familiar, previsto nos arts. 1.630 e seguintes (poder familiar, antigamente identificado como pátrio poder, o que foi modificado com o advento do Código Civil de 2.002), 1.728 e seguintes (tutela) e 1.767 (curatela), todos do Código Civil.

Identifica-se nas seguintes figuras típicas:

Induzimento a fuga, entrega arbitrária ou sonegação de incapazes

Art. 248 – Induzir menor de 18 (dezoito) anos, ou interdito, a fugir do lugar em que se acha por determinação de quem sobre ele exerce autoridade, em virtude de lei ou de ordem judicial; confiar a outrem sem ordem do pai, do tutor ou do curador algum menor de 18 (dezoito) anos ou interdito, ou deixar, sem justa causa, de 314rofess-lo a quem legitimamente o reclame:

Pena – detenção, de 1 (um) mês a 1 (um) ano, ou multa.

Subtração de incapazes

Art. 249 - Subtrair menor de 18 (dezoito) anos ou interdito ao poder de quem o tem sob sua guarda em virtude de lei ou de ordem judicial:

Pena - detenção, de 2 (dois) meses a 2 (dois) anos, se o fato não constitui elemento de outro crime.

§ 1º - O fato de ser o agente pai ou tutor do menor ou curador do interdito não o exime de pena, se destituído ou temporariamente privado do pátrio poder, tutela, curatela ou guarda.

§ 2º - No caso de restituição do menor ou do interdito, se este não sofreu maus-tratos ou privações, o juiz pode deixar de aplicar pena.

COMENTÁRIOS

I. Induzimento a fuga, entrega arbitrária ou sonegação de incapazes:

Infração penal de menor potencial ofensivo, da competência dos JECs e instrumentalizada por meio de TC. Submete-se, de outra banda, ao rito do procedimento comum sumaríssimo (art. 394, § 1º, III, CPP).

Trata-se de tipo penal misto cumulativo e alternativo.

O tipo de sonegação de incapazes, muito comum, configura crime omissivo próprio ou puro, que não admite tentativa e que reclama a presença de dois elementos normativos: "sem justa causa" e "legitimamente".

II. Subtração de incapazes:

Infração penal de menor potencial ofensivo, da competência dos JECs e instrumentalizada por meio de TC. Submete-se, de outra banda, ao rito do procedimento comum sumaríssimo (art. 394, § 1º, III, CPP).

Com relação ao crime de subtração de incapazes, temos as seguintes peculiaridades:

a) trata-se de crime subsidiário – havendo finalidade específica, consistente na colocação de criança ou adolescente em lar substituto, passando a viver em outra família, incide o tipo do art. 237, ECA, tendo em vista o princípio da especialidade; se o objetivo não for a violação do poder familiar, mas a privação de liberdade, aplica-se o tipo do art. 148, § 1º, IV, CP; se o objetivo não for a violação do poder familiar, mas a obtenção de vantagem, aplica-se o tipo do art. 159, CP; não devolver o filho após o horário de visitação constitui, em tese, o tipo do art. 330, CP (Desobediência a ordem judicial);

b) o próprio pai ou a mãe podem ser sujeitos ativos do delito, em casos de perda da guarda e destituição do poder familiar;

c) não havendo maus-tratos ou privações ao menor, poderá o juiz aplicar o perdão judicial (causa extintiva de punibilidade - art. 107, IX, CP), conforme disposto no art. 249, § 2º, CP;

d) a guarda de fato não caracteriza o delito.

☑ QUESTÕES DE CONCURSOS ACERCA DOS CRIMES CONTRA A FAMÍLIA, COM GABARITO E COMENTÁRIOS:

1. ***(DELEGADO DE POLÍCIA - PC - ES - FUNCAB - 2013)*** *Túlio, em razão de seu casamento com Maria, declarou no cartório de registro de pessoas naturais que era divorciado, sendo o matrimônio com Maria consumado. Entretanto, Túlio era casado com Claudia, mas estavam separados de fato há muitos anos. Serviram como testemunhas Joana e Paulo, primos de Túlio, que tinham conhecimento do casamento* *e da separação de fato deste com Claudia. Assim pode-se afirmar:*

I. Houve o crime de falsidade ideológica praticado por Túlio, mas que restará absorvido pelo princípio da especialidade.

II. Trata-se de crime próprio, sendo coautores Joana e Paulo, primos de Túlio.

III. A anulação do casamento de Túlio com Claudia pelo motivo da bigamia, tornaria inexistente o crime de bigamia.

IV. O objeto material desse crime é Claudia.

Indique a opção que contempla a(s) assertiva(s) correta(s).

(A) I, II, III e IV.

(B) I, II e III, apenas.

(C) II, apenas.

(D) III, apenas.

(E) IV, apenas.

Resposta: *Dos 4 (quatro) enunciados apresentados, o único que está correto é o II. Dessa forma, diante da situação fática apresentada, a única alternativa correta é a da letra "C".*

2. *(TITULAR DE SERVIÇOS DE NOTAS E DE REGISTROS – TJ – RO – IESES – 2012)*

I. Contrair casamento, induzindo em erro essencial o outro contraente, ou ocultando-lhe impedimento que não seja casamento anterior se constitui em crime de induzimento a erro essencial e ocultação de impedimento.

II. O crime de adultério tem por objeto jurídico a organização jurídica da família e do casamento.

III. Somente o Estado pode ser sujeito passivo no crime de falsificação de documento público.

IV. O dolo no crime de moeda falsa consiste na vontade de falsificar, com consciência do curso legal e da possibilidade de vir a moeda a entrar em circulação. Na escola tradicional aponta-se o dolo genérico. Não há modalidade culposa.

Analisando as proposições, pode-se afirmar:

(A) Somente as proposições II e III estão corretas.

(B) Somente as proposições II e IV estão corretas.

(C) Somente as proposições I e IV estão corretas.

(D) Somente as proposições I e III estão corretas.

Resposta: *Dos 4 (quatro) enunciados apresentados, os únicos que estão corretos são o I e o IV. Dessa forma, a alternativa a ser assinalada é a da letra "C".*

3. *(DEFENSOR PÚBLICO – DPE – SC – FEPESE – 2012)* *Reconhecida constitucionalmente como a base da sociedade, a família é uma instituição que, apesar das transformações sociais, continua sendo objeto da tutela penal. Sobre essa tutela, é correto afirmar:*

(A) É penalmente típica a conduta de quem, sem justa causa, deixa de prover a subsistência do cônjuge, ou de filho menor de 18 anos ou inapto para o trabalho, ou de ascendente inválido ou de maior de 60 anos, não lhes proporcionando os recursos necessários.

(B) Com a regulamentação civil da união estável, o casamento deixou de ser um bem jurídico penalmente tutelado, em face da revogação dos tipos penais que dispunham sobre a bigamia e o adultério.

(C) A concessão do perdão judicial a quem registrasse filho alheio como próprio, se o crime fosse praticado por motivo de reconhecida nobreza, era possível, somente, antes da vigência do Estatuto da Criança e do Adolescente, que revogou essa causa de extinção de punibilidade.

(D) Foram abolidas a contravenção penal da mendicância e a conduta de quem permitia que menor de 18 anos, mas sujeito a seu poder ou confiado à sua guarda ou vigilância, mendigasse ou servisse a mendigo para excitar a comiseração pública, pois ambas eram exemplos de controle penal da pobreza.

(E) É penalmente típica a conduta de quem subtrai menor de 18 anos ou interdito ao poder de quem o tem sob sua guarda em virtude de lei ou de ordem judicial, mas não a de quem os induz a fugir do lugar em que se acham por determinação de quem, por essas mesmas razões, sobre eles exerce autoridade.

***Resposta**: A única alternativa correta é a da letra "A", que corresponde ao delito de Abandono Material, insculpido no art. 244, caput, CP.*

4. ***(TITULAR DE SERVIÇOS DE NOTAS E DE REGISTROS – TJ – SP – VUNESP – 2012)*** *Em relação ao crime de bigamia, pode-se afirmar que se caracteriza quando:*

I. contrai alguém, sendo casado, novo casamento;

II. contrai alguém, sendo divorciado, por sentença ainda não transitada em julgado, novo casamento;

III. contrai alguém, sendo divorciado, por sentença transitada em julgado, mas não averbada à margem do assento de casamento, novo enlace.

São corretas as afirmativas

(A) I e II, apenas.

(B) I e III, apenas.

(C) II e III, apenas.

(D) I, II e III.

***Resposta**: Dos 3 (três) enunciados apresentados, estão corretos o I e o II, os quais têm correspondência no art. 235, CP. Dessa forma, a alternativa a ser assinalada é a da letra "A".*

5. ***(TITULAR DE SERVIÇOS DE NOTAS E DE REGISTROS – TJ – SP – VUNESP – 2012)*** *No tocante aos crimes quanto ao estado de filiação:*

I. são considerados atos criminosos a promoção no registro civil da inscrição de nascimento inexistente, o fato de dar parto alheio como próprio e, ainda, registrar como seu filho de outrem;

II o ato de dar parto alheio como próprio pode ser considerado apenas infração administrativa, se reconhecido por sentença judicial que praticado por motivo de reconhecida nobreza;

III. o ato de promover no registro civil a inscrição de nascimento inexistente pode deixar de ser apenado, desde que reconhecido por sentença judicial que praticado por motivo de reconhecida nobreza.

É correto o que se afirma apenas em

(A) I.

(B) I e II.

(C) I e III.

(D) II e III.

***Resposta**: Dos 3 (três) enunciados apresentados, está correto apenas o I, que corresponde aos tipos penais de Registro de Nascimento Inexistente (art. 241, CP) e de Parto Suposto. Supressão ou Alteração de Direito Inerente ao Estado Civil de Recém-Nascido (art. 242, CP). Dessa forma, a alternativa a ser assinalada é a da letra "A".*

6. ***(DEFENSOR PÚBLICO – DPE – GO – Instituto Cidades – 2010)*** *Romeu e Julieta se apaixonaram quando se conheceram. Mas a vida de casados desgastou a relação e o casal separou-se de fato quando seu único filho, Romeuzinho, completou sete anos. Julieta, então, com dedicação e trabalho, passou a sustentar sozinha o filho, cuidando para que nada lhe faltasse. Completados dois anos dessa situação, uma vizinha noticiou o fato na Delegacia de Polícia e*

Romeu foi preso em flagrante pelo crime de abandono material (CP, art. 244: deixar, sem justa causa, de prover a subsistência de filho menor de 18 anos, não lhe proporcionando os recursos necessários). Penalmente, está correto a defesa técnica alegar que o crime de abandono material

(A) é de ação penal privada, logo a persecução penal não poderia ter sido iniciada pela vizinha.

(B) não foi recepcionado pela Constituição Federal, pois cria obstáculo intransponível para a reconciliação do casal e preservação da família.

(C) não se configurou, porque a vítima efetivamente não ficou ao desamparo, uma vez que a assistência foi prestada por sua mãe.

(D) não se configurou, porque não houve pensão alimentícia judicialmente acordada.

(E) não é permanente, mas unissubsistente, logo não admite prisão em flagrante.

***Resposta**: Analisando a situação fática apresentada, verifica-se que a única alternativa correta é a da letra "C". Efetivamente, o crime de Abandono Material, previsto no art. 244, CP, não se configurou, já que a vítima não ficou desamparada, tendo em vista que a assistência foi prestada por sua mãe. A subsistência equivale ao não fornecimento dos meios indispensáveis à sobrevivência das pessoas necessitadas, apontadas expressamente no tipo penal. É importante observar que o conceito de subsistência é mais restrito do que o de alimentos, na forma prevista no art. 1.694, do Código Civil, in verbis: "Podem os parentes, os cônjuges ou companheiros pedir uns aos outros os alimentos de que necessitem para viver de modo compatível com a sua condição social, inclusive para atender às necessidades de sua educação". Por sua vez, a subsistência engloba tão somente as necessidades básicas, como alimentação, remédios, vestuário e habitação, não incluindo gastos secundários, tais como lazer, viagens etc.*

TÍTULO VIII – CRIMES CONTRA A INCOLUMIDADE PÚBLICA

Visam a tutelar a vida, o patrimônio e a segurança de pessoas indeterminadas ou não individualizadas.

Possui 3 (três) capítulos, a saber:

a) Crimes de Perigo Comum (arts. 250 a 259);

b) Crimes contra a Segurança dos Meios de Comunicação e Transporte e outros Serviços Públicos (arts. 260 a 266);

c) Crimes contra a Saúde Pública (arts. 267 a 285).

1) Crimes de Perigo Comum (Capítulo I):

É o primeiro dos 3 (três) capítulos relativos aos crimes contra a incolumidade pública.

Nota característica do perigo comum é a "indeterminação do alvo", nas palavras de Cleber Masson[182].

Identifica-se nas seguintes figuras típicas:

a) Incêndio (art. 250 e §s, CP);

b) Explosão (art. 251 e §s, CP);

c) Uso de gás tóxico ou asfixiante (art. 252 e § único, CP);

d) Fabrico, fornecimento, aquisição, posse ou transporte de explosivos ou gás tóxico, ou asfixiante (art. 253, CP);

e) Inundação (art. 254, CP);

182 MASSON, Cléber. **Código Penal Comentado**. 3. ed. São Paulo: MÉTODO, 2015.

f) Perigo de inundação (art. 255, CP);
g) Desabamento ou desmoronamento (art. 256 e § único, CP);
h) Subtração, ocultação ou inutilização de material de salvamento (art. 257, CP);
i) Difusão de doença ou praga (art. 259 e § único, CP).

O art. 258, CP, prevê formas qualificadas de crimes de perigo comum (na verdade, são qualificadoras e majorantes).

Incêndio

Art. 250 – Causar incêndio, expondo a perigo a vida, a integridade física ou o patrimônio de outrem:

Pena – reclusão, de 3 (três) a 6 (seis) anos, e multa.

Aumento de pena

§ 1º – As penas aumentam-se de um terço:

I – se o crime é cometido com intuito de obter vantagem pecuniária em proveito próprio ou alheio;

II – se o incêndio é:

a) em casa habitada ou destinada a habitação;

b) em edifício público ou destinado a uso público ou a obra de assistência social ou de cultura;

c) em embarcação, aeronave, comboio ou veículo de transporte coletivo;

d) em estação ferroviária ou aeródromo;

e) em estaleiro, fábrica ou oficina;

f) em depósito de explosivo, combustível ou inflamável;

g) em poço petrolífero ou galeria de mineração;

h) em lavoura, pastagem, mata ou floresta.

Incêndio culposo

§ 2º – Se culposo o incêndio, é pena de detenção, de 6 (seis) meses a 2 (dois) anos.

Explosão

Art. 251 – Expor a perigo a vida, a integridade física ou o patrimônio de outrem, mediante explosão, arremesso ou simples colocação de engenho de dinamite ou de substância de efeitos análogos:

Pena – reclusão, de 3 (três) a 6 (seis) anos, e multa.

§ 1º – Se a substância utilizada não é dinamite ou explosivo de efeitos análogos:

Pena – reclusão, de 1 (um) a 4 (quatro) anos, e multa.

Aumento de pena

§ 2º – As penas aumentam-se de um terço, se ocorre qualquer das hipóteses previstas no § 1º, I, do artigo anterior, ou é visada ou atingida qualquer das coisas enumeradas no nº II do mesmo parágrafo.

Modalidade culposa

§ 3º – No caso de culpa, se a explosão é de dinamite ou substância de efeitos análogos, a pena é de detenção, de 6 (seis) meses a 2 (dois) anos; nos demais casos, é de detenção, de 3 (três) meses a 1 (um) ano.

Uso de gás tóxico ou asfixiante

Art. 252 – Expor a perigo a vida, a integridade física ou o patrimônio de outrem, usando de gás tóxico ou asfixiante:

Pena – reclusão, de 1 (um) a 4 (quatro) anos, e multa.

Modalidade Culposa

Parágrafo único – Se o crime é culposo:

Pena – detenção, de 3 (três) meses a 1 (um) ano.

Fabrico, fornecimento, aquisição posse ou transporte de explosivos ou gás tóxico, ou asfixiante

Art. 253 – Fabricar, fornecer, adquirir, possuir ou transportar, sem licença da autoridade, substância ou engenho explosivo, gás tóxico ou asfixiante, ou material destinado à sua fabricação:

Pena – detenção, de 6 (seis) meses a 2 (dois) anos, e multa.

Inundação

Art. 254 – Causar inundação, expondo a perigo a vida, a integridade física ou o patrimônio de outrem:

Pena – reclusão, de 3 (três) a 6 (seis) anos, e multa, no caso de dolo, ou detenção, de 6 (seis) meses a 2 (dois) anos, no caso de culpa.

Perigo de inundação

Art. 255 – Remover, destruir ou inutilizar, em prédio próprio ou alheio, expondo a perigo a vida, a integridade física ou o patrimônio de outrem, obstáculo natural ou obra destinada a impedir inundação:

Pena – reclusão, de 1 (um) a 3 (três) anos, e multa.

Desabamento ou desmoronamento

Art. 256 – Causar desabamento ou desmoronamento, expondo a perigo a vida, a integridade física ou o patrimônio de outrem:

Pena – reclusão, de 1 (um) a 4 (quatro) anos, e multa.

Modalidade culposa

Parágrafo único – Se o crime é culposo:

Pena – detenção, de 6 (seis) meses a 1 (um) ano.

Subtração, ocultação ou inutilização de material de salvamento

Art. 257 – Subtrair, ocultar ou inutilizar, por ocasião de incêndio, inundação, naufrágio, ou outro desastre ou calamidade, aparelho, material ou qualquer meio destinado a serviço de combate ao perigo, de socorro ou salvamento; ou impedir ou dificultar serviço de tal natureza:

Pena – reclusão, de 2 (dois) a 5 (cinco) anos, e multa.

Formas qualificadas de crime de perigo comum

Art. 258 – Se do crime doloso de perigo comum resulta lesão corporal de natureza grave, a pena privativa de liberdade é aumentada de metade; se resulta morte, é aplicada em dobro. No caso de culpa, se do fato resulta lesão corporal, a pena aumenta-se de metade; se resulta morte, aplica-se a pena cominada ao homicídio culposo, aumentada de um terço.

Difusão de doença ou praga

Art. 259 – Difundir doença ou praga que possa causar dano a floresta, plantação ou animais de utilidade econômica:

Pena – reclusão, de 2 (dois) a 5 (cinco) anos, e multa.

Modalidade culposa

Parágrafo único – No caso de culpa, a pena é de detenção, de 1 (um) a 6 (seis) meses, ou multa.

COMENTÁRIOS

I. Incêndio:

Se for doloso, é infração penal de maior potencial ofensivo, instruída por meio de IP e comportando o rito do procedimento comum ordinário (art. 394, § 1º, I, CPP). Se for culposo, é infração penal de menor potencial ofensivo, da competência dos JECs, instruída por meio de TC e comportando o rito do procedimento comum sumaríssimo (art. 394, § 1º, III, CPP).

O crime de incêndio é de perigo concreto.

É considerado crime não transeunte, que deixa vestígios materiais e que necessita de perícia (art. 173, CPP).

No caso de incêndio em mata ou floresta, houve derrogação tácita do art. 250, § 1º, II, "h", *in fine*, CP, pelo art. 41 da Lei 9.605/98, desde que não provoque perigo concreto a diversas pessoas (perigo comum).

Em havendo a situação de perigo comum, aplica-se a majorante acima referida.

Não se confunde o crime de incêndio com o crime de dano qualificado pelo emprego de substância inflamável (art. 163, § único, II, CP – é crime subsidiário).

O crime de incêndio majorado do inciso I não se confunde com o crime de estelionato contra seguradora (art. 171, § 2º, V, CP), pois neste não ocorre perigo comum.

Havendo intenção de matar pessoa determinada, nada obsta a aplicação do concurso formal impróprio ou imperfeito em relação ao incêndio + homicídio qualificado pelo emprego de fogo.

II. Explosão:

Na forma clássica, é infração penal de maior potencial ofensivo, instruída por meio de IP e comportando o rito do procedimento comum ordinário (art. 394, § 1º, I, CPP). Na forma privilegiada do § 1º, é infração penal de maior potencial ofensivo, instruída por meio de IP, mas que comporta a suspensão condicional do processo, submetendo-se, da mesma forma, ao rito do procedimento comum ordinário (art. 394, § 1º, I, CPP). Se for culposa, é infração penal de menor potencial ofensivo, da competência dos JECs, instruída por meio de TC e comportando o rito do procedimento comum sumaríssimo (art. 394, § 1º, III, CPP).

Também é crime de perigo concreto.

Igualmente, é crime não transeunte.

Havendo aparente conflito com o Estatuto do Desarmamento (Lei 10.826/2003), no seu art. 16, § único, III, em homenagem ao princípio da especialidade, aplica-se o Estatuto do Desarmamento, que define crime de perigo abstrato e presumido, onde não está prevista a modalidade culposa.

Vale lembrar que a simples posse ou detenção de explosivo já configura o crime do art. 16, § único, III, da Lei 10.826/2003.

Se o emprego de explosivos tem como finalidade a pesca, e não a provocação de perigo comum, aplica-se o art. 35, I, da Lei 9.605/98, que trata da Pesca predatória.

Havendo intenção de matar pessoa determinada, nada obsta a aplicação do concurso formal impróprio ou imperfeito em relação à explosão + homicídio qualificado pelo emprego de explosivo.

III. Uso de gás tóxico ou asfixiante:

Se for doloso, é infração penal de maior potencial ofensivo, instruída por meio de IP, mas que comporta a suspensão condicional do processo, submetendo-se ao rito do procedimento comum ordinário (art. 394, § 1º, I, CPP). Se for culposo, é infração penal de menor potencial ofensivo, da competência dos JECs, instruída por meio de TC, que comporta o rito do procedimento comum sumaríssimo (art. 394, § 1º, III, CPP).

Crime de perigo concreto.

O uso de gás lacrimogêneo e de *sprays* de pimenta pela polícia, em princípio, configura ou a excludente da legítima defesa, ou a do estrito cumprimento de dever legal, desde que não tenham ocorrido abusos ou excessos, sob pena de incidir o delito de Abuso de autoridade.

Há aparente conflito com a contravenção penal prevista no art. 38 do Decreto-Lei nº 3.688/41, que trata da Emissão de fumaça, vapor ou gás.

Tal conflito será resolvido de acordo com a gravidade da conduta no caso concreto.

IV. Fabrico, fornecimento, aquisição, posse ou transporte de explosivos ou gás tóxico, ou asfixiante:

É infração penal de menor potencial ofensivo, da competência dos JECs, instruída por meio de TC, que comporta o rito do procedimento comum sumaríssimo (art. 394, § 1º, III, CPP).

O tipo penal do art. 253, CP, é de perigo abstrato.

V. Desabamento ou desmoronamento:

Na forma dolosa, é infração penal de maior potencial ofensivo, instruída por meio de IP, mas que comporta a suspensão condicional do processo, submetendo-se, de outra banda, ao rito do procedimento comum ordinário (art. 394, § 1º, I, CPP). Na forma culposa, é infração penal de menor potencial ofensivo, da competência dos JECs, instruída por meio de TC e que comporta o rito do procedimento comum sumaríssimo (art. 394, § 1º, III, CPP).

Se no crime de desabamento ou desmoronamento, que é de perigo concreto, não ocorrer o efetivo perigo à vida, à integridade física ou ao patrimônio alheio, desclassifica-se o fato para a contravenção penal de Desabamento de construção, prevista no art. 29 do DL 3.688/41.

VI. Subtração, ocultação ou inutilização de material de salvamento:

É infração penal de maior potencial ofensivo, instruída por meio de IP, submetendo-se ao rito do procedimento comum ordinário (art. 394, § 1º, I, CPP).

O tipo penal do art. 257, CP, é de perigo abstrato, que se consuma independentemente de ocorrer real situação de perigo à incolumidade pública.

VII. Difusão de doença ou praga:

O tipo penal do art. 259, CP, foi revogado tacitamente pelo tipo penal previsto no art. 61, da Lei Federal nº 9.605/98.

Persistiria, tão-somente, a modalidade culposa (art. 259, § único, CP), tendo em vista ausência de previsão expressa neste sentido na Lei dos Crimes Ambientais.

Na modalidade culposa, trata-se de infração penal de menor potencial ofensivo, da competência dos JECs, instruída por meio de TC e que comporta o rito do procedimento comum sumaríssimo (art. 394, § 1º, III, CPP).

2) Crimes contra a Segurança dos Meios de Comunicação e Transporte e outros Serviços Públicos (Capítulo II):

É o segundo dos 3 (três) capítulos relativos aos crimes contra a incolumidade pública.

Identifica-se nas seguintes figuras típicas:

a) Perigo de desastre ferroviário e Desastre ferroviário (art. 260 e §s, CP);

b) Atentado contra a segurança de transporte marítimo, fluvial ou aéreo (art. 261 e §s, CP);

c) Atentado contra a segurança de outro meio de transporte (art. 262 e §s, CP);

d) Arremesso de projétil (art. 264 e § único, CP);

e) Atentado contra a segurança de serviço de utilidade pública (art. 265 e § único, CP);

f) Interrupção ou perturbação de serviço telegráfico, telefônico, informático, telemático ou de informação de utilidade pública (art. 266 e §§s 1º e 2º, CP).

Nos crimes previstos nos arts. 260 a 262, CP, se ocorrer desastre ou sinistro que resultar lesão corporal de natureza grave ou morte, nos termos do que dispõe o art. 263, CP, aplica-se a regra do art. 258, CP, relativa aos crimes de perigo comum.

Perigo de desastre ferroviário

Art. 260 – Impedir ou perturbar serviço de estrada de ferro:

I – destruindo, danificando ou desarranjando, total ou parcialmente, linha férrea, material rodante ou de tração, obra de arte ou instalação;

II – colocando obstáculo na linha;

III – transmitindo falso aviso acerca do movimento dos veículos ou interrompendo ou embaraçando o funcionamento de telégrafo, telefone ou radiotelegrafia;

IV – praticando outro ato de que possa resultar desastre:

Pena – reclusão, de 2 (dois) a 5 (cinco) anos, e multa.

Desastre ferroviário

§ 1º – Se do fato resulta desastre:

Pena – reclusão, de 4 (quatro) a 12 (doze) anos e multa.

§ 2º – No caso de culpa, ocorrendo desastre:

Pena – detenção, de 6 (seis) meses a 2 (dois) anos.

§ 3º – Para os efeitos deste artigo, entende-se por estrada de ferro qualquer via de comunicação em que circulem veículos de tração mecânica, em trilhos ou por meio de cabo aéreo.

Atentado contra a segurança de transporte marítimo, fluvial ou aéreo

Art. 261 – Expor a perigo embarcação ou aeronave, própria ou alheia, ou praticar qualquer ato tendente a impedir ou dificultar navegação marítima, fluvial ou aérea:

Pena – reclusão, de 2 (dois) a 5 (cinco) anos.

Sinistro em transporte marítimo, fluvial ou aéreo

§ 1º – Se do fato resulta naufrágio, submersão ou encalhe de embarcação ou a queda ou destruição de aeronave:

Pena – reclusão, de 4 (quatro) a 12 (doze) anos.

Prática do crime com o fim de lucro

§ 2º – Aplica-se, também, a pena de multa, se o agente pratica o crime com intuito de obter vantagem econômica, para si ou para outrem.

Modalidade culposa

§ 3º – No caso de culpa, se ocorre o sinistro:

Pena – detenção, de 6 (seis) meses a 2 (dois) anos.

Atentado contra a segurança de outro meio de transporte

Art. 262 – Expor a perigo outro meio de transporte público, impedir-lhe ou dificultar-lhe o funcionamento:

Pena – detenção, de 1 (um) a 2 (dois) anos.

§ 1º – Se do fato resulta desastre, a pena é de reclusão, de 2 (dois) a 5 (cinco) anos.

§ 2º – No caso de culpa, se ocorre desastre:

Pena – detenção, de 3 (três) meses a 1 (um) ano.

Forma qualificada

Art. 263 – Se de qualquer dos crimes previstos nos arts. 260 a 262, no caso de desastre ou sinistro, resulta lesão corporal ou morte, aplica-se o disposto no art. 258.

Arremesso de projétil

Art. 264 – Arremessar projétil contra veículo, em movimento, destinado ao transporte público por terra, por água ou pelo ar:

Pena – detenção, de 1 (um) a 6 (seis) meses.

Parágrafo único – Se do fato resulta lesão corporal, a pena é de detenção, de 6 (seis) meses a 2 (dois) anos; se resulta morte, a pena é a do art. 121, § 3º, aumentada de um terço.

Atentado contra a segurança de serviço de utilidade pública

Art. 265 – Atentar contra a segurança ou o funcionamento de serviço de água, luz, força ou calor, ou qualquer outro de utilidade pública:

Pena – reclusão, de 1 (um) a 5 (cinco) anos, e multa.

Parágrafo único – Aumentar-se-á a pena de 1/3 (um terço) até a metade, se o dano ocorrer em virtude de subtração de material essencial ao funcionamento dos serviços. (Incluído pela Lei nº 5.346, de 3-11-1967)

Interrupção ou perturbação de serviço telegráfico, telefônico, informático, telemático ou de informação de utilidade pública *(Redação dada pela Lei nº 12.737, de 30-11-2012)*

Art. 266 – Interromper ou perturbar serviço telegráfico, radiotelegráfico ou telefônico, impedir ou dificultar-lhe o restabelecimento:

Pena – detenção, de 1 (um) a 3 (três) anos, e multa.

§ 1º Incorre na mesma pena quem interrompe serviço telemático ou de informação de utilidade pública, ou impede ou dificulta-lhe o restabelecimento. *(Incluído pela Lei nº 12.737, de 30-11-2012)*

§ 2º Aplicam-se as penas em dobro se o crime é cometido por ocasião de calamidade pública. *(Incluído pela Lei nº 12.737, de 30-11-2012)*

COMENTÁRIOS

I. Arremesso de Projétil:

Trata-se de infração penal de menor potencial ofensivo, da competência dos JECs, instruída por meio de TC, comportando o rito do procedimento comum sumaríssimo (art. 394, § 1º, III, CPP).

É crime de perigo abstrato ou presumido, que tem por objeto material veículo em movimento, destinado ao transporte público por terra, por água ou pelo ar, de sorte que, se o veículo estiver parado, ou se tratar de veículo particular, não haverá a incidência do crime do art. 264, CP, podendo subsistir o crime de dano (art. 163, CP).

II. Greve dos Caminhoneiros:

O conhecido movimento deflagrado no dia 21 de maio de 2018, também chamada "Crise do Diesel", que praticamente levou a colapso no Brasil o abastecimento de alimentos, medicamentos e combustíveis, em se constatando eventuais abusos, poderia justificar a incidência dos tipos penais previstos nos artigos 261 (Atentado contra Segurança de Transporte Marítimo, Fluvial ou Aéreo – pena de 2 a 5 anos de reclusão) e 262 (Atentado contra a Segurança de Outro Meio de Transporte – pena de 1 a 2 anos de detenção), ambos do Código Penal.

Outros delitos poderão ser também identificados no caso concreto, tais como:

I) Desobediência (art. 330, CP) – Crime contra a Administração Pública;

II) Associação Criminosa (art. 288, CP) – Crime contra a Paz Pública;

III) Participação em Organização Criminosa (art. 2º, *caput*, da Lei Federal nº 12.850/13 – Lei do Crime Organizado);

IV) Atentado contra a Liberdade de Trabalho (art. 197, CP) – Crime contra a Organização do Trabalho;

V) Paralisação de Trabalho, seguida de Violência ou Perturbação da Ordem (art. 200, CP) – Crime contra a Organização do Trabalho;

VI) Sabotagem contra Meios e Vias de Transporte (art. 15, da Lei Federal nº 7.170/83 – Lei de Segurança Nacional).

3) Crimes contra a Saúde Pública (Capítulo III):

É o último dos 3 (três) capítulos relativos aos crimes contra a incolumidade pública.

A saúde pública é um bem jurídico transindividual, que afeta a coletividade como um todo.

Nota marcante dessas infrações penais é o dano ou perigo de dano à saúde de um número indeterminado de pessoas.

Consoante regra prevista no art. 285, CP, todos os crimes contra a saúde pública, com exceção do crime de epidemia, serão qualificados na forma do art. 258, CP.

Identifica-se nas seguintes figuras típicas:

a) Epidemia (art. 267 e §s, CP);

b) Infração de medida sanitária preventiva (art. 268 e § único, CP);

c) Omissão de notificação de doença (art. 269, CP);

d) Envenenamento de água potável ou de substância alimentícia ou medicinal (art. 270 e §s, CP);

e) Corrupção ou poluição de água potável. Modalidade dolosa e culposa (art. 271 e § 1º, CP);

f) Falsificação, corrupção, adulteração ou alteração de substância ou produtos alimentícios. Modalidade dolosa e culposa (art. 272 e §s 1º, 1º-A e 2º, CP);

g) Falsificação, corrupção, adulteração ou alteração de produto destinado a fins terapêuticos ou medicinais. Modalidade dolosa e culposa (art. 273 e §s 1°, 1°-A, 1°-B e 2°, CP);

h) Emprego de processo proibido ou de substância não permitida (art. 274, CP);

i) Invólucro ou recipiente com falsa indicação (art. 275, CP);

j) Produtos ou substância nas condições dos dois artigos anteriores (art. 276, CP);

k) Substância destinada à falsificação (art. 277, CP);

l) Outras substâncias nocivas à saúde pública. Modalidade dolosa e culposa (art. 278 e § único, CP);

m) Substância avariada (art. 279, CP – revogado pela Lei 8.137/90);

n) Medicamento em desacordo com receita médica. Modalidade dolosa e culposa (art. 280 e § único, CP);

o) art. 281, CP – revogado pela Lei 6.368/76 (Lei Antidrogas, posteriormente revogada pela Lei 11.343/2006);

p) Exercício ilegal da medicina, arte dentária ou farmacêutica (art. 282, CP);

q) Charlatanismo (art. 283, CP);

r) Curandeirismo (art. 284, CP).

Epidemia

Art. 267 – Causar epidemia, mediante a propagação de germes patogênicos:

Pena – reclusão, de 10 (dez) a 15 (quinze) anos. (Redação dada pela Lei nº 8.072, de 25-7-1990)

§ 1° – Se do fato resulta morte, a pena é aplicada em dobro.

§ 2° – No caso de culpa, a pena é de detenção, de 1 (um) a 2 (dois) anos, ou, se resulta morte, de 2 (dois) a 4 (quatro) anos.

Infração de medida sanitária preventiva

Art. 268 – Infringir determinação do poder público, destinada a impedir introdução ou propagação de doença contagiosa:

Pena – detenção, de 1 (um) mês a 1 (um) ano, e multa.

Parágrafo único – A pena é aumentada de um terço, se o agente é funcionário da saúde pública ou exerce a profissão de médico, farmacêutico, dentista ou enfermeiro.

Omissão de notificação de doença

Art. 269 – Deixar o médico de denunciar à autoridade pública doença cuja notificação é compulsória:

Pena – detenção, de 6 (seis) meses a 2 (dois) anos, e multa.

Envenenamento de água potável ou de substância alimentícia ou medicinal

Art. 270 – Envenenar água potável, de uso comum ou particular, ou substância alimentícia ou medicinal destinada a consumo:

Pena – reclusão, de 10 (dez) a 15 (quinze) anos. (Redação dada pela Lei nº 8.072, de 25-7-1990)

§ 1° – Está sujeito à mesma pena quem entrega a consumo ou tem em depósito, para o fim de ser distribuída, a água ou a substância envenenada.

Modalidade culposa

§ 2° – Se o crime é culposo:

Pena – detenção, de 6 (seis) meses a 2 (dois) anos.

Corrupção ou poluição de água potável

Art. 271 – Corromper ou poluir água potável, de uso comum ou particular, tornando-a imprópria para consumo ou nociva à saúde:

Pena – reclusão, de 2 (dois) a 5 (cinco) anos.

Modalidade culposa

Parágrafo único – Se o crime é culposo:

Pena – detenção, de 2 (dois) meses a 1 (um) ano.

Falsificação, corrupção, adulteração ou alteração de substância ou produtos alimentícios *(Redação dada pela Lei nº 9.677, de 2-7-1998)*

Art. 272 – Corromper, adulterar, falsificar ou alterar substância ou produto alimentício destinado a consumo, tornando-o nociva à saúde ou reduzindo-lhe o valor nutritivo: (Redação dada pela Lei nº 9.677, de 2-7-1998)

Pena – reclusão, de 4 (quatro) a 8 (oito) anos, e multa. (Redação dada pela Lei nº 9.677, de 2-7-1998)

§ 1º-A – Incorre nas penas deste artigo quem fabrica, vende, expõe à venda, importa, tem em depósito para vender ou, de qualquer forma, distribui ou entrega a consumo a substância alimentícia ou o produto falsificado, corrompido ou adulterado. *(Incluído pela Lei nº 9.677, de 2-7-1998)*

§ 1º – Está sujeito às mesmas penas quem pratica as ações previstas neste artigo em relação a bebidas, com ou sem teor alcoólico. *(Redação dada pela Lei nº 9.677, de 2-7-1998)*

Modalidade culposa

§ 2º – Se o crime é culposo: *(Redação dada pela Lei nº 9.677, de 2-7-1998)*

Pena – detenção, de 1 (um) a 2 (dois) anos, e multa. (Redação dada pela Lei nº 9.677, de 2-7-1998)

Falsificação, corrupção, adulteração ou alteração de produto destinado a fins terapêuticos ou medicinais *(Redação dada pela Lei nº 9.677, de 2-7-1998)*

Art. 273 – Falsificar, corromper, adulterar ou alterar produto destinado a fins terapêuticos ou medicinais: (Redação dada pela Lei nº 9.677, de 2-7-1998)

Pena – reclusão, de 10 (dez) a 15 (quinze) anos, e multa. (Redação dada pela Lei nº 9.677, de 2-7-1998)

§ 1º – Nas mesmas penas incorre quem importa, vende, expõe à venda, tem em depósito para vender ou, de qualquer forma, distribui ou entrega a consumo o produto falsificado, corrompido, adulterado ou alterado. *(Redação dada pela Lei nº 9.677, de 2-7-1998)*

§ 1º-A – Incluem-se entre os produtos a que se refere este artigo os medicamentos, as matérias-primas, os insumos farmacêuticos, os cosméticos, os saneantes e os de uso em diagnóstico. *(Incluído pela Lei nº 9.677, de 2-7-1998)*

§ 1º-B – Está sujeito às penas deste artigo quem pratica as ações previstas no § 1º em relação a produtos em qualquer das seguintes condições: *(Incluído pela Lei nº 9.677, de 2-7-1998)*

I – sem registro, quando exigível, no órgão de vigilância sanitária competente; (Incluído pela Lei nº 9.677, de 2-7-1998)

II – em desacordo com a fórmula constante do registro previsto no inciso anterior; (Incluído pela Lei nº 9.677, de 2-7-1998)

III – sem as características de identidade e qualidade admitidas para a sua comercialização; (Incluído pela Lei nº 9.677, de 2-7-1998)

IV – com redução de seu valor terapêutico ou de sua atividade; ((Incluído pela Lei nº 9.677, de 2-7-1998)

V – de procedência ignorada; (Incluído pela Lei nº 9.677, de 2-7-1998)

VI – adquiridos de estabelecimento sem licença da autoridade sanitária competente. (Incluído pela Lei nº 9.677, de 2-7-1998)

Modalidade culposa

§ 2º – Se o crime é culposo:

Pena – detenção, de 1 (um) a 3 (três) anos, e multa. (Redação dada pela Lei nº 9.677, de 2-7-1998)

Emprego de processo proibido ou de substância não permitida

Art. 274 – Empregar, no fabrico de produto destinado a consumo, revestimento, gaseificação artificial, matéria corante, substância aromática, anti-séptica, conservadora ou qualquer outra não expressamente permitida pela legislação sanitária:

Pena – reclusão, de 1 (um) a 5 (cinco) anos, e multa. (Redação dada pela Lei nº 9.677, de 2-7-1998)

Invólucro ou recipiente com falsa indicação

Art. 275 – Inculcar, em invólucro ou recipiente de produtos alimentícios, terapêuticos ou medicinais, a existência de substância que não se encontra em seu conteúdo ou que nele existe em quantidade menor que a mencionada: (Redação dada pela Lei nº 9.677, de 2-7-1998)

Pena – reclusão, de 1 (um) a 5 (cinco) anos, e multa. (Redação dada pela Lei nº 9.677, de 2-7-1998)

Produto ou substância nas condições dos dois artigos anteriores

Art. 276 – Vender, expor à venda, ter em depósito para vender ou, de qualquer forma, entregar a consumo produto nas condições dos arts. 274 e 275.

Pena – reclusão, de 1 (um) a 5 (cinco) anos, e multa.(Redação dada pela Lei nº 9.677, de 2-7-1998)

Substância destinada à falsificação

Art. 277 – Vender, expor à venda, ter em depósito ou ceder substância destinada à falsificação de produtos alimentícios, terapêuticos ou medicinais:(Redação dada pela Lei nº 9.677, de 2-7-1998)

Pena – reclusão, de 1 (um) a 5 (cinco) anos, e multa. (Redação dada pela Lei nº 9.677, de 2-7-1998)

Outras substâncias nocivas à saúde pública

Art. 278 – Fabricar, vender, expor à venda, ter em depósito para vender ou, de qualquer forma, entregar a consumo coisa ou substância nociva à saúde, ainda que não destinada à alimentação ou a fim medicinal:

Pena – detenção, de 1 (um) a 3 (três) anos, e multa.

Modalidade culposa

Parágrafo único – Se o crime é culposo:

Pena – detenção, de 2 (dois) meses a 1 (um) ano.

Substância avariada

Art. 279 – (Revogado pela Lei nº 8.137, de 27-12-1990)

Medicamento em desacordo com receita médica

Art. 280 – Fornecer substância medicinal em desacordo com receita médica:

Pena – detenção, de 1 (um) a 3 (três) anos, ou multa.

Modalidade culposa

Parágrafo único – Se o crime é culposo:

Pena – detenção, de 2 (dois) meses a 1 (um) ano.

Comércio clandestino ou facilitação de uso de entorpecentes

***Comércio, posse ou uso de entorpecente ou substância que determine dependência física ou psíquica.** (Redação dada pela Lei nº 5.726, de 1971) (Revogado pela Lei nº 6.368, 21-10-1976)*

Art. 281. (Revogado pela Lei nº 6.368, 21-10-1976)

Exercício ilegal da medicina, arte dentária ou farmacêutica

Art. 282 – Exercer, ainda que a título gratuito, a profissão de médico, dentista ou farmacêutico, sem autorização legal ou excedendo-lhe os limites:

Pena – detenção, de 6 (seis) meses a 2 (dois) anos.

Parágrafo único – Se o crime é praticado com o fim de lucro, aplica-se também multa.

Charlatanismo

Art. 283 – Inculcar ou anunciar cura por meio secreto ou infalível:

Pena – detenção, de 3 (três) meses a 1 (um) ano, e multa.

Curandeirismo

Art. 284 – Exercer o curandeirismo:

I – prescrevendo, ministrando ou aplicando, habitualmente, qualquer substância;

II – usando gestos, palavras ou qualquer outro meio;

III – fazendo diagnósticos:

Pena – detenção, de 6 (seis) meses a 2 (dois) anos.

Parágrafo único – Se o crime é praticado mediante remuneração, o agente fica também sujeito à multa.

Forma qualificada

Art. 285 – Aplica-se o disposto no art. 258 aos crimes previstos neste Capítulo, salvo quanto ao definido no art. 267.

COMENTÁRIOS

I. Epidemia:

Crime de maior potencial ofensivo, instruído por meio de IP e comportando o rito do procedimento comum ordinário (art. 394, § 1º, I, CPP).

Todavia, na modalidade culposa, em não havendo resultado morte, trata-se de infração penal de menor potencial ofensivo, da competência dos JECs, instruída por meio de TC e submetida ao rito do procedimento comum sumaríssimo (art. 394, § 1º, III, CPP).

É crime de perigo concreto.

O crime de epidemia qualificada pela morte é hediondo (art. 267, § 1º, CP, c/c art. 1º, VII, Lei 8.072/90).

Objeto material é o germe patogênico.

A moléstia deve ser grave e de fácil propagação (perigo real à coletividade).

II. Infração de medida sanitária preventiva:

Infração penal de menor potencial ofensivo, da competência dos JECs, instruída por meio de TC e submetida ao rito do procedimento comum sumaríssimo (art. 394, § 1º, III, CPP).

É crime de perigo abstrato.

O tipo do art. 268, CP, é majorado (aumento da pena de 1/3) se o agente é funcionário da saúde pública, ou se exerce a profissão de médico, farmacêutico, dentista ou enfermeiro.

III. Omissão de notificação de doença:

Infração penal de menor potencial ofensivo, da competência dos JECs, instruída por meio de TC e submetida ao rito do procedimento comum sumaríssimo (art. 394, § 1º, III, CPP).

É crime de perigo abstrato.

O tipo penal do art. 269, CP, possui sujeito ativo qualificado: somente pode ser praticado por médico.

São exemplos de doenças de notificação compulsória: cólera, dengue, difteria, hanseníase, rubéola, tuberculose, hepatite, esquistossomose, filariose, malária etc.

Trata-se de crime omissivo puro ou próprio.

Não responderá o médico por violação do segredo profissional (art. 154, CP), pois há justa causa para a revelação.

Neste caso, o interesse particular do paciente cede espaço para o interesse coletivo da saúde pública.

IV. Envenenamento de água potável ou de substância alimentícia ou medicinal:

Na modalidade dolosa, delito de maior potencial ofensivo, instruído por meio de IP e submetido ao rito do procedimento comum ordinário (art. 394, § 1º, I, CPP). Na modalidade culposa, infração penal de menor potencial ofensivo, instruída por meio de TC e submetida ao rito do procedimento comum sumaríssimo (art. 394, § 1º, III, CPP).

O crime do art. 270, CP, é de perigo abstrato ou presumido.

Existe aparente conflito com crime ambiental previsto no art. 56 da Lei 9.605/98 (no tipo do art. 270, CP, é necessário que se trate de veneno, enquanto no crime ambiental são produtos tóxicos, perigosos ou nocivos à saúde, como pesticidas, inclusive material radioativo).

V. Corrupção ou poluição de água potável:

Na modalidade dolosa, delito de maior potencial ofensivo, instruído por meio de IP e submetido ao rito do procedimento comum ordinário (art. 394, § 1º, I, CPP). Na modalidade culposa, infração penal de menor potencial ofensivo, instruída por meio de TC e submetida ao rito do procedimento comum sumaríssimo (art. 394, § 1º, III, CPP).

É crime de perigo abstrato.

Há aparente conflito com crime ambiental previsto no art. 54 da Lei 9.605/98 (se for atingida a saúde pública com relação à água potável, aplica-se o art. 271,

CP; se for questão ambiental, aplica-se o art. 54, § 2º, III, da Lei 9.605/98, que trata da Poluição qualificada, com pena de 1 a 5 anos de reclusão).

VI. Falsificação, corrupção, adulteração ou alteração de substância ou produtos alimentícios:

Nas modalidades dolosas, delito de maior potencial ofensivo, instruído por meio de IP e submetido ao rito do procedimento comum ordinário (art. 394, § 1º, I, CPP). Na modalidade culposa, infração penal de menor potencial ofensivo, instruída por meio de TC e submetida ao rito do procedimento comum sumaríssimo (art. 394, § 1º, III, CPP).

O tipo penal do art. 272, CP, é de perigo concreto.

Existe aparente conflito com crime contra as relações de consumo, previsto no art. 7º, IX, da Lei 8.137/90 (o bem jurídico no art. 272, CP, é a saúde pública, enquanto que no art. 7º, IX, da Lei 8.137/90, é a proteção do consumidor na relação com os fornecedores).

Dentro deste contexto, entra a chamada "Fraude do Leite", que ganhou repercussão a partir de 2013.

Não é crime hediondo.

VII. Falsificação, corrupção, adulteração ou alteração de produto destinado a fins terapêuticos ou medicinais:

Nas modalidades dolosas, delito de maior potencial ofensivo, instruído por meio de IP e submetido ao rito do procedimento comum ordinário (art. 394, § 1º, I, CPP). Na modalidade culposa, infração penal de médio potencial ofensivo, instruída por meio de IP, mas que comporta a suspensão condicional do processo e que se submete ao rito do procedimento comum sumário (art. 394, § 1º, II, CPP).

O crime previsto no art. 273, *caput*, e §s, CP, é hediondo (art. 1º, VII-B, Lei 8.072/90), com exceção da modalidade culposa (art. 273, § 2º, CP).

É crime de perigo abstrato.

Tem-se criticado a opção adotada pela Lei 9.677/98, de equiparação dos cosméticos (Ex: batom) e saneantes (Ex: produtos de limpeza) aos medicamentos, com violação ao princípio da proporcionalidade, pois colocou em igual patamar produtos incapazes de ofender a saúde pública com a mesma intensidade.

VIII. Emprego de processo proibido ou de substância não permitida:

Crime de maior potencial ofensivo, instruído por meio de IP, cabendo, todavia, a suspensão condicional do processo. De outra banda, submete-se ao rito do procedimento comum ordinário (art. 394, § 1º, I, CPP).

É crime de perigo abstrato.

No crime do art. 274, CP, há aparente conflito com o tipo do art. 7º, IX, da Lei 8.137/90, bem como com crime contra a economia popular (art. 2º, III, da Lei 1.521/51).

IX. Invólucro ou recipiente com falsa indicação:

Delito de maior potencial ofensivo, instruído por meio de IP, cabendo, todavia, a suspensão condicional do processo. De outra banda, submete-se ao rito do procedimento comum ordinário (art. 394, § 1º, I, CPP).

É crime de perigo abstrato.

No crime do art. 275, CP, há aparente conflito com o tipo do art. 7º, II, III e IV, Lei 8.137/90.

Outrossim, existe aparente conflito com o tipo do art. 63 da Lei 8.078/90 (CDC).

Todavia, aqui há omissão de dizeres ou sinais ostensivos sobre a nocividade ou periculosidade de produtos, nas embalagens, invólucros, recipientes, ou nos serviços de publicidade.

X. Substância destinada à falsificação:

Delito de maior potencial ofensivo, instruído por meio de IP, cabendo, todavia, a suspensão condicional do processo. De outra banda, submete-se ao rito do procedimento comum ordinário (art. 394, § 1º, I, CPP).

É crime de perigo abstrato.

O tipo previsto no art. 277, CP, é subsidiário.

Se apenas praticar atos relacionados com substâncias que se destinam à falsificação, responde pelo 277; caso contrário, responderá pelos crimes previstos nos arts. 272 a 276, CP.

XI. Exercício ilegal da medicina, arte dentária ou farmacêutica:

Infração penal de menor potencial ofensivo, da competência dos JECs e instruída por meio de Termo Circunstanciado. Submete-se, outrossim, ao rito do procedimento comum sumaríssimo (art. 394, § 1º, III, CPP).

É crime de perigo abstrato.

O sujeito ativo é qualquer pessoa, inclusive a pessoa dotada de conhecimentos médicos, desde que não esteja devidamente habilitada para o exercício da profissão.

O tipo penal do art. 282, CP, exige habitualidade.

Objeto material é a profissão de médico, dentista ou farmacêutico (rol taxativo, sob pena de analogia *in malam partem*).

Existe aparente conflito com o tipo contravencional previsto no art. 47 do DL 3.688/41, no que concerne a outras profissões regulamentadas, que não a medicina, a odontologia e a farmácia (advocacia, psicologia, engenharia, enfermagem etc.), o qual trata do Exercício ilegal de profissão ou atividade.

O exercício, ainda que a título gratuito, caracteriza o crime.

XII. Charlatanismo:

Infração penal de menor potencial ofensivo, da competência dos JECs e instruída por meio de Termo Circunstanciado. Submete-se, outrossim, ao rito do procedimento comum sumaríssimo (art. 394, § 1º, III, CPP).

É crime de perigo abstrato.

O sujeito ativo é qualquer pessoa, inclusive o médico, o dentista e o farmacêutico.

Consiste em anunciar a cura de determinada enfermidade por meio secreto ou infalível, ciente o sujeito ativo de que seu procedimento não é idôneo para tanto.

Não exige habitualidade.

É crime instantâneo.

Existe aparente conflito com o crime de estelionato, em havendo obtenção de vantagem patrimonial.

XIII. Curandeirismo:

Infração penal de menor potencial ofensivo, da competência dos JECs e instruída por meio de Termo Circunstanciado. Submete-se, outrossim, ao rito do procedimento comum sumaríssimo (art. 394, § 1º, III, CPP).

É crime de perigo abstrato.

O sujeito ativo é qualquer pessoa, inclusive o médico, o dentista e o farmacêutico.

Consiste em promover habitualmente a cura, por meio de métodos vulgares, sem qualquer base técnico-científica, acreditando o sujeito ativo, porém, ser capaz de curar seu paciente.

Exige habitualidade.

Não é necessária, todavia, a finalidade lucrativa, embora seja possível a aplicação da pena de multa, além da pena de detenção de seis (6) meses a 2 (dois) anos, se o crime é praticado mediante remuneração (art. 284, § único, CP).

Exs: rezas, magias, rituais.

Pode haver conflito aparente de normas penais com os crimes de estelionato, de violação sexual mediante fraude e de estupro de vulnerável, os quais absorverão o crime de curandeirismo (crime-fim absorve crime-meio).

Dentro deste contexto, entra a chamada "vacina do sapo", proveniente da rã da Amazônia ("kambô" ou "kampun"), sendo pregado que o veneno raspado das costas do anfíbio gera "limpeza astral e corporal".

Tal situação, para alguns, tipifica a conduta no delito previsto no art. 283, CP (Charlatanismo) e, para outros, no art. 284, I, CP (Curandeirismo).

☑ QUESTÕES DE CONCURSOS ACERCA DOS CRIMES CONTRA A INCOLUMIDADE PÚBLICA, COM GABARITO E COMENTÁRIOS:

1. ***(OAB 2009.2 – CESPE/UNB)*** *Antônio, réu primário, sofreu condenação já transitada em julgado pela prática do crime previsto no art. 273 do CP, consistente na falsificação de produto destinado a fins terapêuticos, praticado em janeiro de 2009. Em face dessa situação hipotética e com base na legislação e na jurisprudência aplicáveis ao caso, assinale a opção correta.*

a) Antônio cometeu crime hediondo e, portanto, não poderá progredir de regime.

b) Antônio não cometeu crime hediondo e poderá progredir de regime de pena privativa de liberdade após o cumprimento de um sexto da pena, caso ostente bom comportamento carcerário comprovado pelo diretor do estabelecimento prisional, mediante decisão fundamentada precedida de manifestação do MP e do defensor.

c) Antônio cometeu crime hediondo, mas poderá progredir de regime de pena privativa de liberdade após o cumprimento de um sexto da pena, caso ostente bom comportamento carcerário comprovado pelo diretor do estabelecimento prisional.

d) Antônio cometeu crime hediondo, de forma que só poderá progredir de regime de pena privativa de liberdade após o cumprimento de dois quintos da pena, caso atendidos os demais requisitos legais.

Resposta: *A única alternativa correta é a da letra "D". A Falsificação, corrupção, adulteração ou alteração de produto destinado a fins terapêuticos ou medicinais (art. 273, do Código Penal) é delito descrito no rol dos crimes hediondos, fixado no art. 1º, da Lei 8.072, de 1990, especificamente no inciso VII–B. Na espécie fática, como Antônio é réu primário, poderá progredir após o cumprimento de 2/5 (dois quintos) da pena, nos termos do § 2º do art. 2.º da referida Lei, hoje com as alterações promovidas por meio da Lei Federal nº 13.769, de 19 de dezembro de 2018. A alternativa "A" está errada, porque a progressão de regime não é vedada para crimes hediondos. A alternativa "B" está errada, porque o delito é hediondo. A alternativa "C" está errada, porque a parcela de 1/6 da pena é exigida para crimes não hediondos.*

2. ***(MINISTÉRIO PÚBLICO/SE – CESPE/UNB – 2010)*** *No que concerne a crime de incêndio, a intenção de obter vantagem pecuniária com a conduta constitui fato não punível, pois pertence à fase de cogitação do crime e não pode, assim, ser punida.*

Resposta: *Errado. Se o crime for praticado com o intuito de obter vantagem pecuniária, em proveito próprio ou alheio, a pena será aumentada de um terço, nos termos do § 2.º, do art. 251, do Código Penal.*

3. ***(MINISTÉRIO PÚBLICO/SE – CESPE/UNB – 2010)*** *Não se pune o incêndio culposo, a menos que o sujeito ativo possua o dever legal de evitar o perigo.*

Resposta: *Errado. O crime de Incêndio culposo encontra-se previsto no § 2.º, do art. 250, do Código Penal.*

4. ***(MINISTÉRIO PÚBLICO/SE – CESPE/UNB – 2010)*** *Para que o crime de incêndio se consume, é necessário que haja ao menos lesão corporal leve em uma das vítimas.*

Resposta: *Errado. O crime de Incêndio (art. 250, CP) é classificado doutrinariamente como crime de perigo concreto, consumando-se independentemente da ocorrência de dano. Dessa forma, a ação criminosa consiste em causar incêndio, expondo a perigo a vida, a integridade física ou o patrimônio de outrem. O legislador exigiu apenas a existência de um perigo concreto.*

5. ***(MINISTÉRIO PÚBLICO/SE – CESPE/UNB – 2010)*** *O crime de inundação é punido mesmo que a vida, a integridade física ou o patrimônio de outrem não sejam expostos a perigo.*

Resposta: *Errado. O crime de Inundação (art. 254, do Código Penal) somente se configura se o agente ao menos expuser a perigo a vida, a integridade física ou o patrimônio de outrem.*

6. ***(ANALISTA JUDICIÁRIO – TRT – 8ª REGIÃO – CESPE – 2013)*** *Em relação aos crimes contra a incolumidade pública e o instituto da ação penal, assinale a opção correta.*

(A) A pessoa que exerce a profissão de farmacêutico, sem autorização legal, incide em charlatanismo.

(B) É isenta de pena a conduta de quem pratica, gratuitamente, a medicina, ainda que exceda os limites de autorização legal.

(C) Não caracteriza renúncia ao direito de queixa, durante o curso da ação penal privada, o recebimento pelo ofendido de indenização pelo dano causado pelo crime.

(D) A perempção extingue a punibilidade do agente na ação penal pública e na privada.

(E) Exerce o curandeirismo a pessoa que anuncia cura por meio secreto ou infalível.

Resposta: *A única alternativa correta é a da letra "C". Com efeito, nos termos do art. 104, § único, in fine, do CP, o fato de receber o ofendido a indenização do dano causado pelo crime, não implica renúncia expressa ou tácita ao direito de queixa-crime. Outrossim, consoante previsão constante no art. 107, V, do CP, estará extinta a punibilidade do fato pela renúncia do direito de queixa, nos crimes de ação privada.*

7. ***(MP/SE – CESPE/2010)*** *Assinale a opção correta acerca dos crimes de perigo comum.*

(A) Tratando-se de crime de explosão, se a substância utilizada não for dinamite ou explosivo de efeitos análogos, o agente será menos severamente punido.

(B) No que concerne a crime de incêndio, a intenção de obter vantagem pecuniária com a conduta constitui fato não punível, pois pertence à fase de cogitação do crime e não pode, assim, ser punida.

(C) Não se pune o incêndio culposo, a menos que o sujeito ativo possua o dever legal de evitar o perigo.

(D) Para que o crime de incêndio se consume, é necessário que haja ao menos lesão corporal leve em uma das vítimas.

(E) O crime de inundação é punido mesmo que a vida, a integridade física ou o patrimônio de outrem não sejam expostos a perigo.

Resposta: *A única alternativa correta é a da letra "A". O crime de Explosão encontra-se disposto no art. 251, do Código Penal, consistindo na conduta de expor a perigo a vida, a integridade física ou o patrimônio de outrem, mediante explosão, arremesso ou simples colocação de engenho de dinamite ou de substância de efeitos análogos, cuja pena é de reclusão, de três a seis anos, e multa. Entretanto, nos termos do § 1º, do referido disposto legal se a substância utilizada não é dinamite ou explosivo de efeitos* *análogos, a pena será de reclusão, de 1 (um) a 4 (quatro) anos, e multa. Dessa forma, se a substância utilizada não for dinamite ou explosivo de efeitos análogos, haverá a forma privilegiada do crime de explosão.*

8. ***(JUIZ – TJ-RJ – VUNESP – 2012)*** *O crime de infração de medida sanitária preventiva tem pena aumentada de um terço se o agente:*

I. é funcionário da saúde pública;

II. praticou o ato com intenção de lucro;

III. exerce profissão de médico, farmacêutico, dentista ou enfermeiro.

Completa adequadamente a proposição o que se afirma apenas em:

(A) I.

(B) II.

(C) III.

(D) I e III.

Resposta: *Estão corretos os enunciados I e III, nos termos do que dispõe o art. 268, § único, CP. Dessa forma, a alternativa correta é a da letra "D".*

9. ***(PROMOTOR DE JUSTIÇA – MPE-SC – FEPESE – 2014)*** *Analise os enunciados das questões abaixo e assinale se ele é Certo ou Errado.*

Constitui causa de aumento da pena do crime de incêndio, previsto no Código Penal Brasileiro, ação de colocar fogo em balsa que transporta veículos na travessia de um rio que liga dois municípios do mesmo Estado.

Resposta: *Certo. Consoante inteligência do art. 250, § 1º, "c", CP, o incêndio praticado em embarcação justifica aumento de pena à razão de um terço. Embarcação vem a ser Embarcação vem a ser a construção reservada para navegar sobre a água. Exs: navios, barcos, balsas etc.*

10. ***(FUNDATEC – DELEGADO DE POLÍCIA – PC – RS/2018)*** *De acordo com a lei, a doutrina e a jurisprudência dos Tribunais Superiores, analise as situações hipotéticas a seguir:*

I. Larapius foi preso em flagrante pela prática de um crime de roubo. Ao ser apresentado na Delegacia de Polícia para ser autuado, atribui-se identidade falsa. Nessa hipótese, de acordo com o entendimento do Superior Tribunal de justiça, estará cometendo o crime de falsa identidade.

II. Isolda, ao chegar no edifício aonde reside, chamou de "Matusalém" o porteiro Agostinho, 72 anos de idade, porque ele demorou para abrir o portão. Isolda praticou o crime de injúria qualificada, art. 140, parágrafo 3° do Código Penal e agravada pelo fato de ter sido praticada contra idoso.

III. Padarício, visando obter vantagem econômica para si, adulterou a balança de pesagem de produtos de sua padaria. Alguns meses depois, fiscais estiveram no estabelecimento comercial e constataram a fraude. Nesse caso, o Delegado de Polícia deverá indiciar Padarício pelo crime de estelionato.

IV. Na farmácia de Malaquias, durante fiscalização, foi constatado que havia medicamentos em depósito, para venda, de procedência ignorada. Nesse caso, Malaquias poderia ser enquadrado em crime contra a saúde pública, porém de acordo com o Superior Tribunal de Justiça, a pena prevista para esse crime, reclusão de dez a quinze anos e multa, seria desproporcional e, portanto, não poderia ser aplicada.

Quais estão corretas?

(A) Apenas I.

(B) Apenas II.

(C) Apenas I e IV.

(D) Apenas I, II e III.

(E) I, II, III e IV.

Resposta: *Estão corretos apenas os enunciados I e IV. Dessa forma, a única alternativa a ser assinalada é a da letra "C".*

TÍTULO IX – CRIMES CONTRA A PAZ PÚBLICA

Aqui, o Código Penal tutela a tranquilidade social, coletiva.

Atingem a coletividade como um todo e são crimes de perigo comum, presumido ou abstrato.

São eles:

a) Incitação ao crime (art. 286, CP);

b) Apologia de crime ou criminoso (art. 287, CP);

c) Associação criminosa (art. 288, CP, com a nova redação introduzida pela Lei nº 12.850, de 02 de agosto de 2013, em vigor a partir do dia 17 de setembro de 2013, conhecida como "Lei da Organização Criminosa");

d) Associação criminosa majorada (art. 288, § único, CP, com a nova redação introduzida pela Lei nº 12.850, de 02 de agosto de 2013, em vigor a partir do dia 17 de setembro de 2013, conhecida como "Lei da Organização Criminosa");

e) Constituição de milícia privada (art. 288-A, CP, com a nova redação introduzida pela Lei 12.720, de 27 de setembro de 2012).

Incitação ao crime

Art. 286 – Incitar, publicamente, a prática de crime:

Pena – detenção, de 3 (três) a 6 (seis) meses, ou multa.

Apologia de crime ou criminoso

Art. 287 – Fazer, publicamente, apologia de fato criminoso ou de autor de crime:

Pena – detenção, de 3 (três) a 6 (seis) meses, ou multa.

Associação Criminosa

Art. 288. Associarem-se 3 (três) ou mais pessoas, para o fim específico de cometer crimes: (Redação dada pela Lei nº 12.850, de 2-8-2013)

Pena – reclusão, de 1 (um) a 3 (três) anos. (Redação dada pela Lei nº 12.850, de 2-8-2013)

Parágrafo único. A pena aumenta-se até a metade se a associação é armada ou se houver a participação de criança ou adolescente. (Redação dada pela Lei nº 12.850, de 2-8-2013)

***Constituição de milícia privada** (Incluído dada pela Lei nº 12.720, de 27-9-2012)*

Art. 288-A. Constituir, organizar, integrar, manter ou custear organização paramilitar, milícia particular, grupo ou esquadrão com a finalidade de praticar qualquer dos crimes previstos neste Código: (Incluído dada pela Lei nº 12.720, de 27-9-2012)

Pena – reclusão, de 4 (quatro) a 8 (oito) anos. (Incluído dada pela Lei nº 12.720, de 27-9-2012)

COMENTÁRIOS

I. Incitação ao crime:

Infração penal de menor potencial ofensivo.

O procedimento policial cabível é o TC.

Comporta o rito do procedimento comum sumaríssimo (art. 394, § 1º, III, CPP).

É crime de perigo comum e abstrato.

Trata-se de instigar, impelir, estimular a prática de crime, perante um número indeterminado de pessoas. Ex: descumprimento de decisões judiciais, depredações, invasões, saques.

Não abrange contravenções penais ou atos meramente imorais.

Se o destinatário da incitação for único e efetivamente cometer o crime, pode o autor da incitação ser considerado partícipe (art. 29, CP). Nesta hipótese, o crime de perigo (art. 286, CP) é absorvido pelo crime de dano cometido.

Ainda, se forem vários os destinatários da incitação e apenas um deles cometer o crime, haverá concurso formal, ou seja, o agente da incitação responderá pelo delito do art. 286, CP, e também pelo crime cometido pela pessoa que praticou a infração estimulada.

É necessário que o agente instigue pessoas determinadas ou indeterminadas da coletividade a praticar crimes específicos, pois a menção genérica não torna a conduta típica.

A consumação se dá quando ocorrer o estímulo à prática criminosa.

Há várias formas de execução: oral, escrita, por representação teatral, em projeção cinematográfica etc.

Existe aparente conflito de normas penais com o art. 33, § 2º, da Lei 11.343/2006, que trata do induzimento, instigação ou auxílio ao uso indevido de drogas.

Por exemplo, a "marcha da maconha" poderia estar inserida dentro deste dispositivo penal. Todavia, o STF, na ADI nº 4.274/2011, por unanimidade, julgou procedente a ação direta de inconstitucionalidade, "para dar ao § 2º do art. 33, da Lei 11.343/2006, interpretação conforme a Constituição, para dele excluir qualquer significado que enseje a proibição de manifestação e debates públicos acerca da descriminalização ou legalização do uso de drogas ou de qualquer substância que leve o ser humano ao entorpecimento episódico, ou então viciado, das suas faculdades psicofísicas".

Desta forma, segundo este entendimento, em virtude da consagração dos direitos à liberdade de expressão, de pensamento e de locomoção (art. 5º, IV, IX, XV e XVI, CF), não haveria responsabilização criminal para aquele que tenha participado ou organizado a "marcha da maconha", nem pelo art. 286, CP, nem pelo art. 33, § 2º, da Lei 11.343/2006.

Vale lembrar que o art. 286, CP, tem pena de detenção de 3 (três) a 6 (seis) meses ou multa, ou seja, de menor potencial ofensivo (JEC), enquanto que o art. Da Lei Antidrogas tem pena de detenção de 1 (um) a 3 (três) anos e multa, ou seja, de médio potencial ofensivo (Justiça Comum).

Com relação a crianças e adolescentes, no Estado do RS, a Lei Estadual nº 13.907, de 10 de janeiro de 2012, que entrou em vigor em 10 de março de 2012, estabelece mensagens educativas sobre o uso indevido de drogas em shows culturais e esportivos voltados para o público infantojuvenil e nos respectivos ingressos.

II. Apologia de crime ou criminoso:

Infração penal de menor potencial ofensivo.

O procedimento policial cabível é o TC.

Comporta o rito do procedimento comum sumaríssimo (art. 394, § 1º, III, CPP).

Significa enaltecer, elogiar, louvar publicamente quem cometeu crimes.

A diferença crucial entre os arts. 286 e 287, CP, é o momento em que o delito é praticado: a incitação precede a prática do crime e a apologia lhe é posterior.

Para alguns doutrinadores, seria uma instigação indireta ao crime, em que o agente enaltece fato criminoso (crime e não contravenção penal ou atos meramente imorais) ou autor de crime (pessoa condenada, com trânsito em julgado, pela prática de crime.

Abrange a autoria, a coautoria e a participação).

Não é suficiente a mera acusação, pois o tipo penal não prevê apologia de pessoa acusada ou que está sendo processada pela prática de crime.

O crime se consuma quando ocorrer o elogio ao crime ou ao criminoso, em público.

III. Quadrilha ou bando:

Hoje, com o advento da Lei nº 12.850/13, o tipo penal com o *nomen juris* "Quadrilha ou bando" foi modificado para o delito de **Associação criminosa**.

Até o advento da Lei nº 12.850/13, a Quadrilha ou bando era:

a) a associação de mais de três pessoas para o fim de cometer crimes. Assim sendo, tratava-se de crime plurissubjetivo, plurilateral, ou de concurso necessário, e de condutas paralelas, em que as condutas se uniam em torno de um fim comum;

b) a associação estável e permanente com o objetivo de praticar crimes diferenciavam a quadrilha ou bando do concurso eventual de pessoas (art. 29, CP);

c) sendo crime formal, que tinha como bem jurídico protegido a paz pública, a consumação se dava com a associação de pelo menos 4 (quatro) pessoas, que se reuniam com o fim específico e a intenção de cometer um número indeterminado de crimes, ainda que nenhum deles viesse a ser de fato cometido;

d) o delito estava caracterizado ainda que um de seus associados fosse inimputável, que algum deles não tivesse sido identificado, ou quando houvesse alguma causa de exclusão de pena;

e) a maioria da doutrina só admitia a associação da quadrilha ou bando para a prática de crimes dolosos, excluídos os crimes culposos, as contravenções penais e os atos imorais;

f) o crime de quadrilha ou bando era autônomo em relação aos crimes que os agentes viessem a cometer;

g) além da associação de pelo menos 4 (quatro) pessoas, a consumação se dava no momento efetivo da associação e não da prática de crimes. Desta forma, como eram bens jurídicos diferenciados, nada obstava o reconhecimento do concurso material entre a quadrilha e os crimes que realizassem seus agentes. Ex: Quadrilha ou bando em concurso material com Furto qualificado pelo concurso de agentes;

h) segundo entendimento doutrinário majoritário (Masson[183], Pierangeli[184]), existia uma distinção acadêmica para diferenciar quadrilha de bando:

   h1) quanto ao local de atuação, a quadrilha atuava na área urbana, enquanto o bando atuava em zona rural;

   h2) quanto à estrutura e hierarquia, a quadrilha tinha organização estrutural e funções hierarquicamente divididas entre seus membros, enquanto que o bando tinha desorganização interna e precariedade na repartição das atribuições de seus integrantes;

   h3) quanto aos integrantes, não havia diferença: tanto um, quanto o outro exigiam união estável e permanente de mais de 3 (três) pessoas;

183 MASSON, Cléber. **Direito Penal Esquematizado**: parte especial. v. 3. 5. ed. São Paulo: MÉTODO, 2015.

184 PIERANGELI, José Henrique. **Manual de Direito Penal Brasileiro**. v. 2. 2. ed. São Paulo: RT, 2007.

i) não se confundia o conceito de "quadrilha ou bando" com o de "associação criminosa".

Com relação à associação criminosa, 2 (duas) figuras eram encontradas no nosso ordenamento penal:

1ª) Associação para genocídio (art. 2º da Lei nº 2.889/56);

2ª) Associação para o tráfico (art. 35 da Lei nº 11.343/06).

Da mesma forma que ocorria com a quadrilha ou bando, a associação para o genocídio é delito plurissubjetivo, exigindo a presença de pelo menos 4 (quatro) pessoas.

Na lei de drogas, ao contrário, exige apenas a presença de 2 (duas) pessoas para o aperfeiçoamento do crime.

Embora a lei se refira à prática reiterada ou não de crimes de tráfico, em princípio exige estabilidade e permanência dos agentes.

O "reiteradamente ou não" quer apenas significar que não há necessidade de haver habitualidade, ou seja, cometimento reiterado das figuras típicas descritas nos arts. 33 e 34, bastando a associação com o fim de cometê-las;

j) outrossim, não se confundia o conceito de "quadrilha ou bando" com o de "organização criminosa".

Existia, em princípio, uma carência de conceito legal em relação à denominada organização criminosa, ou ao crime organizado propriamente dito.

Alguns sustentavam que o conceito estava na Convenção das Nações Unidas contra o Crime Organizado Transnacional (Convenção de Palermo – Itália, 2000), que conceituou no seu art. 2º a organização criminosa, ou o grupo criminoso organizado, como *"todo grupo estruturado de três ou mais pessoas, existente há algum tempo e atuando concertadamente com o propósito de cometer uma ou mais infrações graves, com a intenção de obter, direta ou indiretamente, um benefício econômico ou outro benefício material"*.

Tal Convenção foi ratificada pelo Brasil, por meio do Decreto Legislativo nº 231/2003, passando a integrar nosso ordenamento jurídico a partir de então.

A doutrina traz alguns requisitos para a configuração da organização criminosa, tais como estabilidade da organização, quantidade numérica e a permanência de seus integrantes, a divisão de tarefas e a estrutura hierárquica, a especialidade criminosa e a corrupção de agentes públicos.

Já decidiu o STF que a reunião ocasional de agentes não caracteriza organização criminosa como delito autônomo.

Vale lembrar que a Lei 9.034/95 dispunha sobre a utilização de meios operacionais para a prevenção e repressão de ações praticadas por quadrilha ou bando ou organizações ou associações criminosas de qualquer tipo.

Fernando Capez[185] entende que a lei em questão só poderia ser aplicada aos crimes de quadrilha ou bando e de associação criminosa, já que, em relação à organização criminosa, inobstante as conclusões da Convenção de Palermo, há ofensa ao princípio da reserva legal, na medida em que não há definição legal no ordenamento jurídico pátrio do que seja "organização criminosa".

De outra banda, a Lei nº 12.694, de 24 de julho de 2012 (entrou em vigor no dia 24/10/12), em seu artigo 2º, acabou por conceituar a organização criminosa como sendo *"a associação, de 3 (três) ou mais pessoas, estruturalmente ordenada e caracterizada pela divisão de tarefas, ainda que informalmente, com o objetivo de obter, direta ou indiretamente, vantagem*

185 CAPEZ, Fernando. **Curso de Direito Penal:** parte especial. v. 3. 15. ed. São Paulo: Saraiva, 2015.

de qualquer natureza, mediante a prática de crimes cuja pena máxima seja igual ou superior a 4 (quatro) anos ou que sejam de caráter transnacional".

Por derradeiro, a Lei nº 12.850/13 definiu a organização criminosa no seu artigo 1º, § 1º: *"considera-se organização criminosa a associação de 4 (quatro) ou mais pessoas estruturalmente ordenada e caracterizada pela divisão de tarefas, ainda que informalmente, com objetivo de obter, direta ou indiretamente, vantagem de qualquer natureza, mediante a prática de infrações penais cujas penas máximas sejam superiores a 4 (quatro) anos, ou que sejam de caráter transnacional".*

Referida legislação, ainda, no seu art. 1º, § 2º, previu os âmbitos de abrangência e de aplicação da organização criminosa, bem como previu, no seu art. 2º, crimes específicos relacionados à organização criminosa.

Outrossim, no seu art. 26, acabou por revogar expressamente a Lei nº 9.034/95, bem como por modificar, no seu art. 24, o delito de Quadrilha ou bando, estabelecendo agora, no novel crime de Associação criminosa, a seguinte disposição típica:

> *"**Associação Criminosa**:*
>
> *Art. 288. Associarem-se 3 (três) ou mais pessoas, para o fim específico de cometer crimes: pena – reclusão de 1 (um) a 3 (três) anos.*
>
> *Parágrafo único. A pena aumenta-se até a metade se a associação é armada ou se houver a participação de criança ou adolescente".*

Vê-se que, além do *nomen juris*, tivemos modificações substanciais no que concerne ao número mínimo de agentes necessários para participação na empreitada criminosa: de 4 (quatro) para 3 (três), bem como no que concerne à substituição da forma qualificada pela forma majorada do delito, quando o grupo for armado, acrescentando-se outra causa especial de aumento de pena, antes não prevista: caso houver a participação de criança ou adolescente na associação criminosa – possibilidade de aumento de até metade da pena, ao invés da aplicação da pena de 2 (dois) a 6 (seis) anos de reclusão, antes prevista.

Todavia, no mais, ao que parece não tivemos outras alterações importantes em relação ao entendimento legal, doutrinário e jurisprudencial que se tinha em relação ao delito de Quadrilha ou bando.

Seguindo, outras características marcantes do delito de Quadrilha ou bando:

k) era possível, segundo a doutrina majoritária, a tipificação do delito de quadrilha ou bando na hipótese de crime continuado. Contra: Nelson Hungria[186], Celso Delmanto[187];

l) era controversa a aceitação do concurso de pessoas, na modalidade participação, no contexto do crime de quadrilha ou bando. Nucci[188] admitia a possibilidade em casos excepcionais, como por exemplo na hipótese de o sujeito, conhecedor da existência de determinada quadrilha, resolver, por uma vez só, auxiliar a sua organização, cedendo aos integrantes do grupo um local para o encontro. Teria se tornado partícipe, sem integrar o bando;

m) quadrilha de crimes hediondos: será de 3 (três) a 6 (seis) anos de reclusão a pena da quadrilha que praticar crimes hediondos e assemelhados (prática de tortura,

---

186 HUNGRIA, Nelson; FRAGOSO, Heleno Cláudio. **Comentários ao Código Penal**. v. 5. 6. ed. Rio de Janeiro: Forense, 1981.

187 DELMANTO, Celso; DELMANTO, Roberto; DELMANTO JR., Roberto. **Código Penal Comentado.** 9. ed. São Paulo: Saraiva, 2016.

188 NUCCI, Guilherme de Souza. **Código Penal Comentado.** 13. ed. São Paulo: RT, 2013.

tráfico ilícito de drogas e terrorismo) – art. 8º, Lei 8.072/90.

Com relação ao tráfico ilícito de drogas, está prejudicado, tendo em vista a existência do delito de Associação para o Tráfico, criado pelo art. 35 da Lei 11.343/2006.

Haverá, outrossim, o reconhecimento da delação premiada ao participante ou associado que denunciar a quadrilha à autoridade, possibilitando seu desmantelamento (art. 8º, § único, Lei 8.072/90).

Haverá, neste caso, redução de 1/3 a 2/3 na pena;

IV. Quadrilha ou bando, na modalidade qualificada:

Se a quadrilha ou bando fosse armada, aplicava-se em dobro a pena do *caput*, ou seja, passava de 1 (um) a 3 (três) anos para 2 (dois) a 6 (seis) anos de reclusão.

Abrangia armas próprias e impróprias, inclusive armas brancas.

Nada obstava o reconhecimento do concurso material entre a Quadrilha ou bando, na modalidade qualificada, por exemplo, com o Roubo duplamente majorado, pelo emprego de arma de fogo e pelo concurso de agentes (art. 157, § 2º, I e II, CP).

Inexistia *bis in idem*, já que os objetos jurídicos eram diversos.

A quadrilha era um crime contra a paz pública, de perigo abstrato e comum, que ofendia a sociedade e a coletividade, ao passo que o roubo majorado é um crime patrimonial, de dano, praticado contra vítima determinada.

Fossem ambos de perigo ou ambos de dano, poder-se-ia falar em dupla punição pelo mesmo fato.

Se a quadrilha fosse armada e de crimes hediondos, era possível ainda dobrar a pena do art. 8º da Lei 8.072/90, chegando a 6 (seis) a 12 (doze) anos de reclusão?

O STF vinha admitindo esta possibilidade, embora a matéria fosse objeto de controvérsias;

n) a quadrilha ou bando estava inclusa no rol em que era cabível a decretação de prisão temporária, segundo os termos do artigo 1º, inciso III, alínea "l", da Lei nº 7.960/89.

Vale lembrar que não houve qualquer modificação introduzida pela Lei nº 12.850/13 no que concerne ao disposto no art. 8º da Lei dos Crimes Hediondos.

Todavia, hoje, conforme já referido, com o advento da Lei nº 12.850/13, houve modificação da referida figura típica, passando a tratar-se da **Associação criminosa majorada**, com possibilidade de aumento da pena de 1 (um) a 3 (três) anos até a metade, caso a associação for armada ou se houver a participação de criança ou adolescente na empreitada criminosa.

Na sua forma clássica, a Associação Criminosa é infração penal de médio potencial ofensivo, instruída por meio de IP, mas que admite a suspensão condicional do processo, submetendo-se ao rito do procedimento comum sumário (art. 394, § 1º, II, CPP).

V. Constituição de milícia privada:

Infração penal de maior potencial ofensivo, instruída por meio de IP.

Comporta o rito do procedimento comum ordinário (art. 394, § 1º, I, CPP).

Novo tipo penal introduzido no art. 288-A, CP, pela Lei Federal nº 12.720, de 28 de setembro de 2012.

Milícia Privada: segundo Cléber Masson[189], é a associação permanente e estável, de, ao menos, três (3) pessoas. A extinção

189 MASSON, Cléber. **Direito Penal Esquematizado**: parte especial. v. 3. 5. ed. São Paulo: MÉTODO, 2015, p. 1072.

da punibilidade de um (1) agente não descaracteriza o crime.

Organização Paramilitar: segundo Luiz Régis Prado[190], é a associação não oficial de pessoas, organizadas segundo uma estrutura paralela à militar. São vedadas constitucionalmente, conforme art. 5º, XVII, CF/88.

Milícia Particular: segundo Luiz Régis Prado[191], é o conjunto de tropas voluntárias, organizadas na forma militar.

Grupo: segundo Luiz Régis Prado[192], é a união ou conjunto de pessoas com características comuns. Segundo Cléber Masson[193], está ligado à ideia de grupo de extermínio (interpretação sistemática da Lei 12.720/12, que acrescentou os parágrafos 6º e 7º nos arts. 121 e 129, ambos do CP).

Esquadrão: Segundo Luiz Régis Prado[194], é termo militar que diz respeito à seção de um Regimento, unidade das Forças Armadas, ou da Polícia. Seria o "grupo de elite".

Ao contrário do que ocorre com a Associação Criminosa, que substituiu a "Quadrilha ou Bando" para efeitos de reconhecimento de prisão temporária (art. 1º, III, alínea "l", da Lei Federal nº 7.960/89), conforme já referido, o mesmo não ocorre com este crime de Constituição de Milícia Privada (art. 288-A, CP), delito muito mais grave, sob pena de ofensa ao princípio da taxatividade da lei penal (reserva legal).

Tal delito, também, não é considerado hediondo, por ausência de previsão expressa na Lei dos Crimes Hediondos (Lei Federal nº 8.072/90).

190 PRADO, Luiz Régis. **Curso de Direito Penal Brasileiro.** v. 2. 15 ed. São Paulo: RT, 2017, p. 644.
191 Ibidem, p. 644.
192 Op. Cit, p. 644.
193 Ibidem, p. 1073.
194 Op. Cit, p. 644.

☑ QUESTÕES DE CONCURSOS ACERCA DOS CRIMES CONTRA A PAZ PÚBLICA, COM GABARITO E COMENTÁRIOS:

1. ***(DELEGADO DA POLÍCIA CIVIL/RN 2009 – CESPE/UNB)*** *O crime de quadrilha ou bando é formal e autônomo, mas sua consumação depende da realização dos crimes ulteriores visados.*

Resposta: Errado. *Apesar de o nomen juris Quadrilha ou bando ter sido suprimido, com o advento da Lei Federal nº 12.850/13, posterior à data do concurso em questão, no novel crime de Associação criminosa (art. 288, Código Penal), assim como acontecia anteriormente, a consumação não depende da realização dos crimes ulteriores visados. Possui existência própria, independentemente do cometimento dos demais crimes. Para a consumação, basta a associação estável e permanente, planejada e organizada, de pelo menos 3 (três) pessoas, com a finalidade de praticar crimes.*

2. ***(DELEGADO DA POLÍCIA CIVIL/PB 2008 – CESPE/UNB)*** *Com relação ao delito de Apologia de crime ou criminoso, previsto no CP, há crime único se o agente, em um mesmo contexto fático, faz apologia de vários crimes ou de vários autores de crimes.*

Resposta: Errado. *O assunto é polêmico. Parte da doutrina (corrente minoritária) considera que o crime é único, caso o agente, no mesmo contexto fático, realize apologia a vários fatos criminosos ou a vários criminosos; ou mesmo, quando faz apologia tanto do criminoso como também do fato criminoso, porque o bem jurídico (paz pública) termina sendo violado uma única vez. Contudo, outra parcela dos autores (corrente majoritária) defende a possibilidade de concurso formal.*

3. ***(DELEGADO DA POLÍCIA CIVIL/PB 2008 – CESPE/UNB)*** *No crime de quadrilha, é necessário que ocorra estabilidade da associação*

e que haja organização estruturada, com hierarquia entre os membros ou com papéis previamente definidos para cada um.

Resposta: *Errado. De acordo com a orientação firmada pelo Superior Tribunal de Justiça (STJ), apesar de o nomen juris Quadrilha ou bando ter sido suprimido, com o advento da Lei Federal nº 12.850/13, posterior à data do concurso em questão, o novel crime de Associação criminosa pressupõe os seguintes requisitos: (a) concurso necessário de pelo menos 3 (três) pessoas, (b) finalidade específica dos agentes, voltada ao cometimento de delitos, e (c) exigência de estabilidade e de permanência da associação criminosa. Portanto, pode existir de forma mais rudimentar, não havendo necessidade de uma organização sofisticada, com hierarquia entre seus membros. Porém, a estrutura central do delito de Associação criminosa reside na consciência e vontade de os agentes organizarem-se com a finalidade de cometer crimes. Trata-se de crime autônomo, de perigo abstrato, permanente e de concurso necessário, inconfundível com o simples concurso eventual de pessoas. Não basta, como na coparticipação criminosa, um ocasional e transitório concerto de vontades para determinado crime: é preciso que o acordo verse sobre uma duradoura atuação em comum, no sentido da prática de crimes não precisamente individuados. Pouco importa que os seus componentes não se conheçam reciprocamente, que haja um chefe ou líder, que todos participem de cada ação delituosa. O que importa, verdadeiramente, é a vontade livre e consciente de estar participando ou contribuindo, de forma estável e permanente, para as ações do grupo. A associação delitiva não precisa estar formalizada, é suficiente a associação fática ou rudimentar.*

4. ***(DELEGADO DA POLÍCIA CIVIL/PB 2008 – CESPE/UNB)*** *No crime de quadrilha, se somente um quadrilheiro for identificado, mas houver prova robusta da existência dos demais associados, o crime se perfaz.*

Resposta: *Certo. Apesar de o nomen juris Quadrilha ou bando ter sido suprimido, com o advento da Lei Federal nº 12.850/13, posterior à data do concurso em questão, a conduta típica descrita no novel art. 288, CP, consiste em associarem-se, unirem-se, agruparem-se, pelo menos 3 (três) pessoas para o fim de cometer crimes, mesmo que na associação existam inimputáveis, mesmo que nem todos os seus componentes sejam identificados, ou, ainda, que algum deles não seja punível em razão de alguma causa pessoal de isenção de pena. O Superior Tribunal de Justiça (STJ) firmou entendimento segundo o qual, na fixação do número mínimo de integrantes para configurar o crime de Associação criminosa (art. 288 do Código Penal), pode ser levado em consideração o inimputável. Em outras palavras, se 2 (dois) dos agentes são imputáveis e 1 (um) é inimputável, haverá número mínimo suficiente para configurar referido delito (3 – três).*

5. ***(OAB 2006.1 – CESPE/UNB)*** *A apologia de contravenção penal satisfaz o elemento constitutivo do delito de apologia de crime ou criminoso.*

Resposta: *Errado. Não haverá crime na hipótese de apologia de contravenção penal. O Crime contra a Paz Pública de Apologia de crime ou de criminoso, previsto no art. 287, CP, consiste na ação de fazer, publicamente, apologia de fato criminoso ou de autor de crime. Apologia significa enaltecer o fato criminoso ou o autor do crime. Não abrange fato contravencional ou imoral. A apologia de crime ou de criminoso somente se aperfeiçoa se for praticado publicamente. E sua consumação ocorre independentemente de as pessoas repetirem o fato criminoso enaltecido (crime formal).*

6. ***(26.º PROCURADOR DA REPÚBLICA – MPF 2012)*** *É correta a afirmação:*

(A) *a associação de duas pessoas para o tráfico de drogas bem como para a prática de outros crimes configura crime previsto na Lei n. 11.340/06;*

(B) *a finalidade da prática de crimes hediondos constitui causa de aumento de pena do crime de quadrilha ou bando;*

(C) *a associação de mais de três pessoas para a prática dos crimes de genocídio constitui tipo penal especial;*

(D) *é inadmissível o crime de quadrilha ou bando para o fim de cometer crimes contra a ordem tributária.*

Resposta: *A única alternativa correta é a da letra "C". No que concerne à alternativa da letra "D", importante registrar que a Lei Federal nº 12.850/13 alterou o art. 288 do CP, trazendo a definição de "Associação criminosa" no lugar de "Quadrilha ou bando". Como a lei é recente, a maioria das bancas ainda não dispõem de questões com a nova nomenclatura. De outra banda, a alternativa correta identifica, efetivamente, tipo penal específico contemplado na chamada "Lei do Genocídio" (Lei Federal nº 2.889/56), em seu art. 2º.*

7. (DELEGADO DE POLÍCIA – PC-PI – UESPI – 2014) *No que se refere aos crimes contra a paz pública, assinale a alternativa INCORRETA*

(A) *O art. 288-A do Código Penal brasileiro constitui um tipo penal aberto, posto que o legislador deixará de definir o que se pode entender por "organização paramilitar", "milícia particular", "grupo" e "esquadrão".*

(B) *Para configuração do crime de associação criminosa não se exige a realização do fim visado, mas tão somente o simples fato de figurar como integrante da associação.*

(C) *Como a nova redação do tipo penal previsto no art. 288 do Código Penal brasileiro exige a associação de apenas três pessoas, esta se caracteriza como norma mais severa e, assim, irretroativa neste aspecto.*

(D) *O crime de constituição de milícia privada caracteriza-se como delito plurissubjetivo ou de concurso necessário.*

(E) *O crime de constituição de milícia privada não exige, para sua configuração, um elemento subjetivo especial, podendo a prática recair sobre qualquer crime previsto no ordenamento jurídico brasileiro.*

Resposta: *A única alternativa incorreta é a da letra "E". O tipo penal de Constituição de Milícia Privada, introduzido no art. 288-A, CP, por intermédio da Lei Federal nº 12.720/12, tem a finalidade da prática de qualquer dos crimes previstos apenas no Código Penal e não em leis penais especiais ou extravagantes.*

8. (JUIZ – TJ-SP – VUNESP – 2014) *Assinale a opção verdadeira.*

No Direito brasileiro posto, é elemento do tipo penal da Associação Criminosa:

(A) *Voltar-se à prática de delitos cuja pena máxima supera cinco anos.*

(B) *Possuir ao menos três pessoas.*

(C) *Estruturação hierarquizada, com divisão de tarefas entre os seus membros.*

(D) *Possuir ao menos quatro pessoas.*

Resposta: *A única alternativa correta é a da letra "B", consoante comando constante no art. 288, CP, com a redação introduzida por intermédio da Lei Federal nº 12.850/13.*

TÍTULO X – CRIMES CONTRA A FÉ PÚBLICA

Os crimes a seguir envolvem moeda, títulos e papéis públicos, documentos públicos e particulares e outras falsidades.

Possuem 5 (cinco) capítulos:

a) Da Moeda Falsa (arts. 289 a 292 do CP);

b) Da Falsidade de Títulos e outros Papéis Públicos (arts. 293 a 295 do CP);

c) Da Falsidade Documental (arts. 296 a 305 do CP);

d) De outras Falsidades (arts. 306 a 311 do CP);

e) Das Fraudes em Certames de Interesse Público (art. 311-A, CP).

1) Da Moeda Falsa (Capítulo I):

Moeda Falsa

Art. 289 – Falsificar, fabricando-a ou alterando-a, moeda metálica ou papel-moeda de curso legal no país ou no estrangeiro:

Pena – reclusão, de 3 (três) a 12 (doze) anos, e multa.

§ 1º – Nas mesmas penas incorre quem, por conta própria ou alheia, importa ou exporta, adquire, vende, troca, cede, empresta, guarda ou introduz na circulação moeda falsa.

§ 2º – Quem, tendo recebido de boa-fé, como verdadeira, moeda falsa ou alterada, a restitui à circulação, depois de conhecer a falsidade, é punido com detenção, de 6 (seis) meses a 2 (dois) anos, e multa.

§ 3º – É punido com reclusão, de 3 (três) a 15 (quinze) anos, e multa, o funcionário público ou diretor, gerente, ou fiscal de banco de emissão que fabrica, emite ou autoriza a fabricação ou emissão:

I – de moeda com título ou peso inferior ao determinado em lei;

II – de papel-moeda em quantidade superior à autorizada.

§ 4º – Nas mesmas penas incorre quem desvia e faz circular moeda, cuja circulação não estava ainda autorizada.

Crimes assimilados ao de moeda falsa

Art. 290 – Formar cédula, nota ou bilhete representativo de moeda com fragmentos de cédulas, notas ou bilhetes verdadeiros; suprimir, em nota, cédula ou bilhete recolhidos, para o fim de restituí-los à circulação, sinal indicativo de sua inutilização; restituir à circulação cédula, nota ou bilhete em tais condições, ou já recolhidos para o fim de inutilização:

Pena – reclusão, de 2 (dois) a 8 (oito) anos, e multa.

Parágrafo único – O máximo da reclusão é elevado a 12 (doze) anos e multa, se o crime é cometido por funcionário que trabalha na repartição onde o dinheiro se achava recolhido, ou nela tem fácil ingresso, em razão do cargo.

Petrechos para falsificação de moeda

Art. 291 – Fabricar, adquirir, fornecer, a título oneroso ou gratuito, possuir ou guardar maquinismo, aparelho, instrumento ou qualquer objeto especialmente destinado à falsificação de moeda:

Pena – reclusão, de 2 (dois) a 6 (seis) anos, e multa.

Emissão de título ao portador sem permissão legal

Art. 292 – Emitir, sem permissão legal, nota, bilhete, ficha, vale ou título que contenha promessa de pagamento em dinheiro ao portador ou a que falte indicação do nome da pessoa a quem deva ser pago:

Pena – detenção, de 1 (um) a 6 (seis) meses, ou multa.

Parágrafo único – Quem recebe ou utiliza como dinheiro qualquer dos documentos referidos neste artigo incorre na pena de detenção, de 15 (quinze) dias a 3 (três) meses, ou multa.

COMENTÁRIOS

I. Características marcantes:

a) delitos de maior potencial ofensivo nos tipos penais previstos nos arts. 289, *caput e* §§ 1º, 3º e 4º; 290, *caput* e § 1º; e 291, todos do Código Penal, instrumentalizados por meio de Inquérito Policial, comportando o rito do procedimento comum ordinário (art. 394, § 1º, I, CPP);

b) delitos de menor potencial ofensivo nos tipos penais previstos nos art. 289, § 2º, 292, *caput* e § único, ambos do Código Penal, instrumentalizados por meio de Termo Circunstanciado, comportando o rito do procedimento comum sumaríssimo (art. 394, § 1º, III, CPP);

c) a falsificação deve ser convincente, deve ter potencialidade de enganar as pessoas em geral, em virtude da imitação perfeita da moeda ou cédula verdadeira. É o que se chama de *366rofessio veri*, em que é difícil distinguir o falso do verdadeiro;

d) o crime de moeda falsa é da competência da Justiça Federal, pois somente a União controla a emissão de moeda (art. 21, VII, CF);

e) se a imitação for grosseira e for capaz de induzir alguém em erro, estaremos diante da figura do estelionato (art. 171, *caput*, CP), de competência da Justiça Estadual. A este respeito, a Súmula nº 73 do STJ;

d) se a imitação for grosseira e não for capaz de induzir ninguém em erro, será hipótese de crime impossível (objeto absolutamente impróprio), gerando excludente de tipicidade – art. 17, CP;

f) muito comum o crime previsto no art. 289, § 1º, CP, na modalidade de introduzir em circulação moeda falsa;

g) o art. 289, § 2º, CP, trata de modalidade privilegiada ou mitigada de moeda falsa, punindo com pena menor quem receber moeda falsa de boa-fé e, após descobrir que é falsa, restituí-la à circulação;

h) no crime de petrechos para falsificação de moeda (art. 291, CP), pune-se o agente que realiza conduta referente aos maquinários para a falsificação de dinheiro. Ex: fotolitos para impressão de cédulas de real.

Existe subsidiariedade implícita em relação ao crime do art. 289, pois pode configurar fase preparatória do delito de moeda falsa, razão pela qual, se o agente fabricar ou possuir aparelho ou maquinário para falsificar moeda e também falsificar, guardar ou introduzir em circulação moeda falsa, responde apenas pelo crime do art. 289, CP (*caput* ou § 1º).

2) Da Falsidade de Títulos e outros Papéis Públicos (Capítulo II):

Falsificação de papéis públicos

Art. 293 – Falsificar, fabricando-os ou alterando-os:

I – selo destinado a controle tributário, papel selado ou qualquer papel de emissão legal destinado à arrecadação de tributo; (Redação dada pela Lei nº 11.035, de 22-12-2004)

II – papel de crédito público que não seja moeda de curso legal;

III – vale postal;

IV – cautela de penhor, caderneta de depósito de caixa econômica ou de outro estabelecimento mantido por entidade de direito público;

V – talão, recibo, guia, alvará ou qualquer outro documento relativo a arrecadação de rendas públicas ou a depósito ou caução por que o poder público seja responsável;

VI – bilhete, passe ou conhecimento de empresa de transporte administrada pela União, por Estado ou por Município:

Pena – reclusão, de 2 (dois) a 8 (oito) anos, e multa.

§ 1º-Incorre na mesma pena quem: (Redação dada pela Lei nº 11.035, de 22-12-2004)

I – usa, guarda, possui ou detém qualquer dos papéis falsificados a que se refere este artigo; (Incluído pela Lei nº 11.035, de 22-12-2004)

II – importa, exporta, adquire, vende, troca, cede, empresta, guarda, fornece ou restitui à circulação selo falsificado destinado a controle tributário; (Incluído pela Lei nº 11.035, de 22-12-2004)

III – importa, exporta, adquire, vende, expõe à venda, mantém em depósito, guarda, troca, cede, empresta, fornece, porta ou, de qualquer forma, utiliza em proveito próprio ou alheio, no exercício de atividade comercial ou industrial, produto ou mercadoria: (Incluído pela Lei nº 11.035, de 22-12-2004)

a) em que tenha sido aplicado selo que se destine a controle tributário, falsificado; (Incluído pela Lei nº 11.035, de 22-12-2004)

b) sem selo oficial, nos casos em que a legislação tributária determina a obrigatoriedade de sua aplicação. (Incluído pela Lei nº 11.035, de 22-12-2004)

§ 2º – Suprimir, em qualquer desses papéis, quando legítimos, com o fim de *368rofe-los novamente utilizáveis, carimbo ou sinal indicativo de sua inutilização:*

Pena – reclusão, de 1 (um) a 4 (quatro) anos, e multa.

§ 3º – Incorre na mesma pena quem usa, depois de alterado, qualquer dos papéis a que se refere o parágrafo anterior.

§ 4º – Quem usa ou restitui à circulação, embora recibo de boa-fé, qualquer dos papéis falsificados ou alterados, a que se referem este artigo e o seu § 2º, depois de conhecer a falsidade ou alteração, incorre na pena de detenção, de 6 (seis) meses a 2 (dois) anos, ou multa.

§ 5º-*Equipara-se a atividade comercial, para os fins do inciso III do § 1º, qualquer forma de comércio irregular ou clandestino, inclusive o exercido em vias, praças ou outros logradouros públicos e em residências. (Incluído pela Lei nº 11.035, de 22-12-2004)*

Petrechos de falsificação

Art. 294 – Fabricar, adquirir, fornecer, possuir ou guardar objeto especialmente destinado à falsificação de qualquer dos papéis referidos no artigo anterior:

Pena – reclusão, de 1 (um) a 3 (três) anos, e multa.

Art. 295 – Se o agente é funcionário público, e comete o crime prevalecendo-se do cargo, aumenta-se a pena de sexta parte.

COMENTÁRIOS

I. Características marcantes:

a) delitos de maior potencial ofensivo nos tipos penais previstos no art. 293, *caput* e §§ 1º, 2º e 3º, do Código Penal, instrumentalizados por meio de Inquérito Policial, comportando o rito do procedimento comum ordinário (art. 394, § 1º, I, CPP). Nos tipos penais do artigo 293, §§ 2º e 3º, tendo em vista que a pena mínima cominada não é superior a 1 (um) ano, existe a possibilidade de aplicação da suspensão condicional do processo;

b) delito de médio potencial ofensivo no tipo penal previsto no art. 294, do Código Penal, instrumentalizado por meio de IP, comportando o rito do procedimento comum sumário (art. 394, § 1º, II, CPP);

c) delitos de menor potencial ofensivo no tipo penal previsto no art. 293, § 4º, do Código Penal, instrumentalizado por meio de Termo Circunstanciado, comportando o rito do procedimento comum sumaríssimo (art. 394, § 1º, III, CPP);

d) objeto material do crime do art. 293, CP, são os selos tributários, as estampilhas, os papéis selados ou de crédito público, os títulos da dívida pública (títulos da dívida agrária, títulos do tesouro nacional etc.), os vales postais, as cautelas de penhor, as cadernetas de depósito, os talões, os recibos, as guias, os alvarás, os bilhetes, os passes, os conhecimentos de empresa de transporte, bem como outros documentos ou papéis semelhantes;

e) em princípio, o vale-transporte e o cartão do tri não constituem objeto material do delito do art. 293, CP, visto que são administrados por empresas privadas.

Desta forma, havendo falsificação ou comércio ilegal destes títulos ou papéis, restará a aplicação do crime de estelionato (art. 171, CP);

f) o art. 294, CP, trata do crime de petrechos de falsificação, o qual segue a mesma regra do crime de petrechos para falsificação de moeda, antes referido: em regra, absorção do delito do art. 294 pelo delito do art. 293, CP;

g) caso o agente seja funcionário público e cometa o crime valendo-se das facilidades permitidas pelo seu cargo ou função, segundo regra prevista no art. 295, CP, a pena será aumentada ou majorada de 1/6.

3) Da Falsidade Documental (Capítulo III):

Falsificação do selo ou sinal público

Art. 296 - Falsificar, fabricando-os ou alterando-os:

I - selo público destinado a autenticar atos oficiais da União, de Estado ou de Município;

II - selo ou sinal atribuído por lei a entidade de direito público, ou a autoridade, ou sinal público de tabelião:

Pena - reclusão, de 2 (dois) a 6 (seis) anos, e multa.

§ 1º - Incorre nas mesmas penas:

I - quem faz uso do selo ou sinal falsificado;

II - quem utiliza indevidamente o selo ou sinal verdadeiro em prejuízo de outrem ou em proveito próprio ou alheio.

III - quem altera, falsifica ou faz uso indevido de marcas, logotipos, siglas ou quaisquer outros símbolos utilizados ou identificadores de órgãos ou entidades da Administração Pública. (Incluído pela Lei nº 9.983, de 14-7-2000)

§ 2º - Se o agente é funcionário público, e comete o crime prevalecendo-se do cargo, aumenta-se a pena de sexta parte.

Falsificação de documento público

Art. 297 - Falsificar, no todo ou em parte, documento público, ou alterar documento público verdadeiro:

Pena - reclusão, de 2 (dois) a 6 (seis) anos, e multa.

§ 1º - Se o agente é funcionário público, e comete o crime prevalecendo-se do cargo, aumenta-se a pena de sexta parte.

§ 2º - Para os efeitos penais, equiparam-se a documento público o emanado de entidade paraestatal, o título ao portador ou transmissível por endosso, as ações de sociedade comercial, os livros mercantis e o testamento particular.

§ 3º-*Nas mesmas penas incorre quem insere ou faz inserir: (Incluído pela Lei nº 9.983, de 14-7-2000)*

I - na folha de pagamento ou em documento de informações que seja destinado a fazer prova perante a previdência social, pessoa que não possua a qualidade de segurado obrigatório;(Incluído pela Lei nº 9.983, de 14-7-2000)

II - na Carteira de Trabalho e Previdência Social do empregado ou em documento que deva produzir efeito perante a previdência social, declaração falsa ou diversa da que deveria ter sido escrita; (Incluído pela Lei nº 9.983, de 14-7-2000)

III - em documento contábil ou em qualquer outro documento relacionado com as obrigações da empresa perante a previdência social, declaração falsa ou diversa da que deveria ter constado. (Incluído pela Lei nº 9.983, de 14-7-2000)

§ 4º-*Nas mesmas penas incorre quem omite, nos documentos mencionados no § 3º, nome do segurado e seus dados pessoais, a remuneração, a vigência do contrato de trabalho ou de prestação de serviços.(Incluído pela Lei nº 9.983, de 14-7-2000)*

Falsificação de documento particular *(Redação dada pela Lei nº 12.737, de 30-11-2012)*

Art. 298 – Falsificar, no todo ou em parte, documento particular ou alterar documento particular verdadeiro:

Pena – reclusão, de 1 (um) a 5 (cinco) anos, e multa.

Falsificação de cartão *(Incluído pela Lei nº 12.737, de 30-11-2012)*

Parágrafo único. Para fins do disposto no ***caput****, equipara-se a documento particular o cartão de crédito ou débito. (Incluído pela Lei nº 12.737, de 30-11-2012)*

Falsidade ideológica

Art. 299 – Omitir, em documento público ou particular, declaração que dele devia constar, ou nele inserir ou fazer inserir declaração falsa ou diversa da que devia ser escrita, com o fim de prejudicar direito, criar obrigação ou alterar a verdade sobre fato juridicamente relevante:

Pena – reclusão, de 1 (um) a 5 (cinco) anos, e multa, se o documento é público, e reclusão de 1 (um) a 3 (três) anos, e multa, se o documento é particular.

Parágrafo único – Se o agente é funcionário público, e comete o crime prevalecendo-se do cargo, ou se a falsificação ou alteração é de assentamento de registro civil, aumenta-se a pena de sexta parte.

Falso reconhecimento de firma ou letra

Art. 300 – Reconhecer, como verdadeira, no exercício de função pública, firma ou letra que o não seja:

Pena – reclusão, de 1 (um) a 5 (cinco) anos, e multa, se o documento é público; e de 1 (um) a 3 (três) anos, e multa, se o documento é particular.

Certidão ou atestado ideologicamente falso

Art. 301 – Atestar ou certificar falsamente, em razão de função pública, fato ou circunstância que habilite alguém a obter cargo público, isenção de ônus ou de serviço de caráter público, ou qualquer outra vantagem:

Pena – detenção, de 2 (dois) meses a 1 (um) ano.

Falsidade material de atestado ou certidão

§ 1º – Falsificar, no todo ou em parte, atestado ou certidão, ou alterar o teor de certidão ou de atestado verdadeiro, para prova de fato ou circunstância que habilite alguém a obter cargo público, isenção de ônus ou de serviço de caráter público, ou qualquer outra vantagem:

Pena – detenção, de 3 (três) meses a 2 (dois) anos.

§ 2º – Se o crime é praticado com o fim de lucro, aplica-se, além da pena privativa de liberdade, a de multa.

Falsidade de atestado médico

Art. 302 – Dar o médico, no exercício da sua profissão, atestado falso:

Pena – detenção, de 1 (um) mês a 1 (um) ano.

Parágrafo único – Se o crime é cometido com o fim de lucro, aplica-se também multa.

Reprodução ou adulteração de selo ou peça filatélica

Art. 303 – Reproduzir ou alterar selo ou peça filatélica que tenha valor para coleção, salvo quando a reprodução ou a alteração está visivelmente anotada na face ou no verso do selo ou peça:

Pena – detenção, de 1 (um) a 3 (três) anos, e multa.

Parágrafo único – Na mesma pena incorre quem, para fins de comércio, faz uso do selo ou peça filatélica.

Uso de documento falso

Art. 304 – Fazer uso de qualquer dos papéis falsificados ou alterados, a que se referem os arts. 297 a 302:

Pena – a cominada à falsificação ou à alteração.

Supressão de documento

Art. 305 – Destruir, suprimir ou ocultar, em benefício próprio ou de outrem, ou em prejuízo alheio, documento público ou particular verdadeiro, de que não podia dispor:

Pena – reclusão, de 2 (dois) a 6 (seis) anos, e multa, se o documento é público, e reclusão, de 1 (um) a 5 (cinco) anos, e multa, se o documento é particular.

COMENTÁRIOS

I. Características marcantes:

a) delitos de maior potencial ofensivo nos tipos penais previstos nos arts. 296, *caput* e § 1º; 297, *caput* e § 4º; 298; 299 (em se tratando de documento público); 300 (em se tratando de documento público); 304; e 305, todos do Código Penal, instrumentalizados por meio de Inquérito Policial, comportando o rito do procedimento comum ordinário (art. 394, § 1º, I, CPP). Nos tipos penais dos artigos 298, 300 e 305 (em se tratando de documento particular), tendo em vista que a pena mínima cominada não é superior a 1 (um) ano, existe a possibilidade de aplicação da suspensão condicional do processo;

b) delitos de médio potencial ofensivo nos tipos penais previstos nos arts. 299 (em se tratando de documento particular) e 300 (em se tratando de documento particular), ambos do Código Penal, instrumentalizados por meio de IP, comportando o rito do procedimento comum sumário (art. 394, § 1º, II, CPP);

c) delitos de menor potencial ofensivo nos tipos penais previstos nos arts. 301, *caput* e § 1º; 302; 303, *caput* e § único, todos do Código Penal, instrumentalizado por meio de Termo Circunstanciado, comportando o rito do procedimento comum sumaríssimo (art. 394, § 1º, III, CPP);

d) <u>Falsificação de documento público</u> (art. 297, CP): documento público é um escrito com conteúdo de relevância jurídica e que foi assinado (chancela ou assinatura digital) por funcionário público competente, em razão de suas funções.

Trata-se falsificação material, que demanda a prévia existência de um documento verdadeiro, o qual, mediante certos procedimentos, é alterado ou falsificado, tornando-se falso.

Há alteração na **<u>forma do documento</u>**, construindo um novo ou alterando o que era verdadeiro.

Supõe uma intervenção material no objeto alterado, por meio de uma ação específica.

Exige-se potencialidade lesiva do documento falsificado ou alterado.

A modificação grosseira, sem ludibriar a atenção de terceiros, pode resultar na atipicidade da conduta.

Todavia, quando o falso (crime-meio) se exaure no estelionato (crime-fim), sem mais potencialidade lesiva, é por este absorvido.

A este respeito, a Súmula nº 17 do STJ.

Por outro lado, faz-se necessário o exame de corpo de delito para a prova da existência do crime, pois é infração que deixa vestígio (art. 158, CPP).

O § 2º do art. 297, trata do documento público por equiparação;

e) <u>Falsificação de documento particular</u> (art. 298, CP): assim como no crime do art. 297, CP, trata-se de falsidade material e não de falsidade intelectual ou ideológica, razão pela qual são aproveitados os mesmos COMENTÁRIOS feitos com relação à falsificação de documento público.

A diferença é que aqui o documento é particular, vale dizer, um escrito com conteúdo de relevância jurídica e que contém assinatura de autenticidade de quem firma o documento.

Atentar para a Lei nº 12.737, de 30/11/12, em vigor a partir de

03/04/13, que acrescentou o § único ao art. 298, CP, equiparando o cartão de crédito ou de débito ao documento particular;

f) Falsidade ideológica (art. 299, CP): liga-se a um valor neutro, aplicável às pessoas.

Trata-se da afirmação de um fato ou a execução de um ato, nos quais não se expressa a verdade.

Constitui-se em uma atitude intelectual, declarando o falso no lugar do verdadeiro, razão pela qual provoca uma **alteração de conteúdo**, que pode ser total ou parcial.

Na falsidade ideológica, o documento, que pode ser público ou particular, não possui uma falsidade sensivelmente perceptível, pois é, na sua forma, autêntico.

O crime de falsidade ideológica é formal, mas exige um fim especial de agir, isto é, prejudicar direito, criar obrigação ou alterar a verdade sobre fato juridicamente relevante;

g) o crime do art. 300 do CP é próprio, exigindo sujeito ativo qualificado – funcionário público que possui, legalmente, atribuição para reconhecer a firma (assinatura) ou a letra (manuscrito) – tabelião, funcionário por ele designado etc.

Existe pena diferenciada se o documento é público ou particular;

h) o crime do art. 301 do CP também é próprio – funcionário público com atribuição para expedir o atestado ou a certidão.

Certidão e atestado não são tecnicamente documentos, pois têm prazo de validade e podem ser confrontados quanto ao seu conteúdo.

A certidão significa a afirmação de funcionário público sobre a existência de registro, documento, consulta a banco de dados, ou informações de que tem conhecimento em razão da função.

Por sua vez, o atestado consiste na afirmação relativa a um testemunho ou depoimento escrito por funcionário público, a respeito de um fato ou de uma circunstância;

i) o crime do art. 302 do CP também é próprio, só podendo ser praticado por médico;

j) com relação ao crime de Uso de documento falso, previsto no art. 304 do CP, em princípio, cabe a aplicação do concurso material entre este delito e o delito de falsificação ou falsidade originários (arts. 297 a 302, CP), embora o entendimento predominante na doutrina e na jurisprudência seja o da absorção do crime-meio pelo crime-fim (falsificação ou falsidade do documento como fato antecedente não punível, ou o uso considerado um *post factum* não punível, por se tratar do exaurimento da falsificação ou da falsidade – tudo dependerá da análise do caso concreto).

Neste caso, a pena do crime de Uso de documento falso será a mesma do crime de falsificação ou falsidade originários, conforme disposto na pena cominada no art. 304, CP.

k) o crime de Supressão de documento (art. 305, CP) visa à destruição, supressão ou ocultação de documento público ou particular.

Conforme a natureza do documento, público ou particular, a pena será diferenciada.

4) De outras Falsidades (Capítulo IV):

Falsificação do sinal empregado no contraste de metal precioso ou na fiscalização alfandegária, ou para outros fins

Art. 306 – Falsificar, fabricando-o ou alterando-o, marca ou sinal empregado pelo poder público no contraste de metal precioso ou na fiscalização alfandegária, ou usar marca ou sinal dessa natureza, falsificado por outrem:

Pena – reclusão, de 2 (dois) a 6 (seis) anos, e multa.

Parágrafo único – Se a marca ou sinal falsificado é o que usa a autoridade pública para o fim de fiscalização sanitária, ou para autenticar ou encerrar determinados objetos, ou comprovar o cumprimento de formalidade legal:

Pena – reclusão ou detenção, de 1 (um) a 3 (três) anos, e multa.

Falsa identidade

Art. 307 – Atribuir-se ou atribuir a terceiro falsa identidade para obter vantagem, em proveito próprio ou alheio, ou para causar dano a outrem:

Pena – detenção, de 3 (três) meses a 1 (um) ano, ou multa, se o fato não constitui elemento de crime mais grave.

Art. 308 – Usar, como próprio, passaporte, título de eleitor, caderneta de reservista ou qualquer documento de identidade alheia ou ceder a outrem, para que dele se utilize, documento dessa natureza, próprio ou de terceiro:

Pena – detenção, de 4 (quatro) meses a 2 (dois) anos, e multa, se o fato não constitui elemento de crime mais grave.

Fraude de lei sobre estrangeiro

Art. 309 – Usar o estrangeiro, para entrar ou permanecer no território nacional, nome que não é o seu:

Pena – detenção, de 1 (um) a 3 (três) anos, e multa.

Parágrafo único – Atribuir a estrangeiro falsa qualidade para promover-lhe a entrada em território nacional: (Incluído pela Lei nº 9.426, de 24-12-1996)

Pena – reclusão, de 1 (um) a 4 (quatro) anos, e multa. (Incluído pela Lei nº 9.426, de 24-12-1996)

Art. 310 – Prestar-se a figurar como proprietário ou possuidor de ação, título ou valor pertencente a estrangeiro, nos casos em que a este é vedada por lei a propriedade ou a posse de tais bens: (Redação dada pela Lei nº 9.426, de 24-12-1996)

Pena – detenção, de 6 (seis) meses a 3 (três) anos, e multa. (Redação dada pela Lei nº 9.426, de 24-12-1996)

Adulteração de sinal identificador de veículo automotor *(Redação dada pela Lei nº 9.426, de 24-12-1996)*

Art. 311 – Adulterar ou remarcar número de chassi ou qualquer sinal identificador de veículo automotor, de seu componente ou equipamento:(Redação dada pela Lei nº 9.426, de 24-12-1996))

Pena – reclusão, de 3 (três) a 6 (seis) anos, e multa. (Redação dada pela Lei nº 9.426, de 24-12-1996)

§ 1º – Se o agente comete o crime no exercício da função pública ou em razão dela, a pena é aumentada de um terço. *(Incluído pela Lei nº 9.426, de 24-12-1996)*

§ 2º – Incorre nas mesmas penas o funcionário público que contribui para o licenciamento ou registro do veículo remarcado ou adulterado, fornecendo indevidamente material ou informação oficial. *(Incluído pela Lei nº 9.426, de 24-12-1996)*

COMENTÁRIOS

I. Características marcantes:

a) delitos de maior potencial ofensivo nos tipos penais previstos nos arts. 306, *caput*; 309, § único; 311, *caput* e § 2º, todos do Código Penal, instrumentalizados por meio de Inquérito Policial, comportando o rito do procedimento comum ordinário (art. 394, § 1º, I, CPP). No tipo penal do artigo 309, § único, tendo em vista que a pena mínima cominada não é superior a 1 (um) ano, existe a possibilidade de aplicação da suspensão condicional do processo;

b) delitos de médio potencial ofensivo nos tipos penais previstos nos arts. 306, § único; 309, *caput;* e 310, todos do Código Penal, instrumentalizados por meio de IP, comportando o rito do procedimento comum sumário (art. 394, § 1º, II, CPP);

c) delitos de menor potencial ofensivo nos tipos penais previstos nos arts. 307 e 308, ambos do Código Penal, instrumentalizados por meio de Termo Circunstanciado, comportando o rito do procedimento comum sumaríssimo (art. 394, § 1º, III, CPP);

d) <u>Falsa identidade</u>: trata-se de crime subsidiário, em que não se utiliza documento para a identificação.

Só se aplica se não houver crime mais grave.

Predominava o entendimento de que a falsa identidade, como autodefesa na ocasião de prisão, não configurava o crime do art. 307, CP, porque o Estado tem o dever de identificar as pessoas, consoante as regras do art. 6º, VIII, do CPP, e da Lei 12037/2009, que trata da identificação criminal.

No que concerne à identificação criminal (identificação fotográfica, identificação datiloscópica e coleta de material biológico para a obtenção do perfil genético – DNA, nos termos do art. 5º e § único, da Lei 12.037/2009, com a redação trazida pela Lei 12.654/2012), em princípio, o agente não possui o direito de se omitir ou de se recusar a colaborar com a sua identificação, sob pena de responder pelo delito de Desobediência (art. 330, CP).

Desse modo, não se aplica à identificação criminal o princípio do *nemo tenetur se detegere* (princípio da não-auto-incriminação), segundo o qual o agente não é obrigado a produzir prova contra si mesmo.

Há, todavia, entendimento em sentido contrário, informando que é possível a recusa na identificação criminal, em virtude do exercício de uma autodefesa negativa.

Por outro lado, constitui contravenção penal recusar à autoridade, quando por esta justificadamente solicitados ou exigidos, dados ou indicações concernentes à própria identidade, estado, profissão, domicílio e residência, conforme previsto no art. 68 da Lei das Contravenções Penais (DL 3.688/41), que trata da Recusa de dados sobre a própria identidade ou qualificação.

No que concerne ao Uso de Documento Falso e à Falsa Identidade, segue, abaixo, o seguinte aresto do STJ:

> ***"USO DE DOCUMENTO FALSO: TIPICIDADE DA CONDUTA E PRINCÍPIO DA AUTODEFESA.*** *A Turma denegou habeas corpus no qual se postulava o reconhecimento da atipicidade da conduta praticada pelo paciente – uso de documento falso (art. 304 do CP) – em razão do princípio constitucional da autodefesa. Alegava-se, na espécie, que o paciente apresentara à autoridade policial carteira de habilitação e documento de identidade falsos, com objetivo de evitar sua prisão, visto que foragido do estabelecimento prisional, conduta plenamente exigível para a garantia de sua liberdade. O Min. Relator destacou não desconhecer o entendimento desta Corte de que não caracteriza o crime disposto no art. 304, tampouco no art. 307, ambos do CP, a conduta do acusado que apresenta falso documento de identidade à autoridade policial para ocultar antecedentes criminais e manter o seu status libertatis, tendo em vista se tratar de hipótese de autodefesa, já que atuou amparado pela garantia consagrada no art. 5º, inciso LXII, da CF.* <u>*Considerou, contudo, ser necessária a*</u>

revisão do posicionamento desta Corte para acolher entendimento recente do Supremo Tribunal Federal em sentido contrário, proferido no julgamento do RE 640.139-DF, quando reconhecida a repercussão geral da matéria. Ponderou-se que, embora a aludida decisão seja desprovida de caráter vinculante, deve-se atentar para a finalidade do instituto da repercussão geral, qual seja, uniformizar a interpretação constitucional. Conclui-se, assim, inexistir qualquer constrangimento ilegal suportado pelo paciente uma vez que é típica a conduta daquele que à autoridade policial apresenta documentos falsos no intuito de ocultar antecedentes criminais negativos e preservar sua liberdade. (STJ - ***HC 151.866-RJ****, Rel. Min. Jorge Mussi, Quinta Turma, julgado em 1º/12/2011)";*

e) o art. 308, CP, trata da utilização de documento de identidade verdadeiro de terceiro, como se fosse próprio. Seria uma subespécie de falsa identidade;

f) no crime de Adulteração de sinal identificador de veículo automotor (art. 311, CP), duas são as condutas típicas:

  1ª) adulterar (falsificar, modificar, mudar, alterar, contrafazer);

  2ª) remarcar (tornar a marcar ou marcar de novo).

Objeto material é o número do chassi ou outro sinal identificador (placas, número do motor, numeração nos vidros), componente ou equipamento de veículo.

A cor não é sinal identificador, mas apenas uma característica do veículo.

Existe aparente conflito com o crime de Receptação simples (art. 180, *caput*, CP) ou qualificada (art. 180, § 1º e § 2º, CP), na conduta do agente que adquire, recebe, transporta, conduz, oculta, tem em depósito, desmonta, monta, remonta, vende, expõe à venda, ou de qualquer forma utiliza veículo com sinal identificador adulterado.

Se não foi o responsável pela adulteração, responderá por Receptação, já que o art. 311 alcança exclusivamente o fraudador e o falsificador.

Eleva-se a pena de 1/3, se o agente comete o crime no exercício de função pública ou em razão dela (art. 311, § 1º, CP).

Incorre nas mesmas penas o funcionário público que contribui para o licenciamento ou registro do veículo remarcado ou adulterado, fornecendo indevidamente material ou informação oficial (art. 311, § 2º, CP).

Seria o funcionário público que "esquenta" a documentação do veículo, podendo ser, inclusive, funcionários dos CRVAs.

Segundo Masson[195]:

> *"Cuida-se de crime formal, de consumação antecipada, ou de resultado cortado: consuma-se com a adulteração ou remarcação do chassi ou qualquer sinal identificador de veículo automotor, de seu componente ou equipamento, pouco importando se o sujeito consegue ludibriar alguém, obter lucro indevido ou causar prejuízo a outrem".*

5) Das Fraudes em Certames de Interesse Público (Capítulo V):

> ***Fraudes em certames de interesse público***
> *(Incluído pela Lei 12.550. de 15-12-2011)*
>
> *Art. 311-A. Utilizar ou divulgar, indevidamente, com o fim de beneficiar a si ou a outrem, ou de comprometer a credibilidade do certame, conteúdo sigiloso de: (Incluído pela Lei 12.550. de 15-12-2011)*

195 MASSON, Cléber. **Código Penal Comentado**. 3. ed. São Paulo: MÉTODO, 2015.

I – concurso público; (Incluído pela Lei 12.550. de 15-12-2011)

II – avaliação ou exame públicos; (Incluído pela Lei 12.550. de 15-12-2011)

III – processo seletivo para ingresso no ensino superior; ou (Incluído pela Lei 12.550. de 15-12-2011)

IV – exame ou processo seletivo previstos em lei: (Incluído pela Lei 12.550. de 15-12-2011)

Pena – reclusão, de 1 (um) a 4 (quatro) anos, e multa. (Incluído pela Lei 12.550. de 15-12-2011)

§ 1º Nas mesmas penas incorre quem permite ou facilita, por qualquer meio, o acesso de pessoas não autorizadas às informações mencionadas no *caput. (Incluído pela Lei 12.550. de 15-12-2011)*

§ 2º Se da ação ou omissão resulta dano à administração pública: *(Incluído pela Lei 12.550. de 15-12-2011)*

Pena – reclusão, de 2 (dois) a 6 (seis) anos, e multa. (Incluído pela Lei 12.550. de 15-12-2011)

§ 3º Aumenta-se a pena de 1/3 (um terço) se o fato é cometido por funcionário público. *(Incluído pela Lei 12.550. de 15-12-2011)*

COMENTÁRIOS

I. Características marcantes:

a) são delitos de maior potencial ofensivo os tipos penais previstos no art. 311, *caput* e §§ 1º e 2º, do Código Penal, instrumentalizados por meio de Inquérito Policial, comportando o rito do procedimento comum ordinário (art. 394, § 1º, I, CPP). Todavia, nos tipos penais do artigo 311, *caput* e § 1º, tendo em vista que a pena mínima cominada não é superior a 1 (um) ano, existe a possibilidade de aplicação da suspensão condicional do processo;

b) capítulo novo introduzido no Título X do Código Penal (Crimes contra a Fé Pública) pela Lei nº 12.550/2011;

c) o tipo penal previsto no novel art. 311-A, CP, trata da utilização ou divulgação indevida de conteúdo sigiloso de concurso público, de avaliação ou exames públicos, de processo seletivo para ingresso no ensino superior, ou de exame ou processo seletivo previstos em lei.

Existe a possibilidade de o crime ser qualificado, quando da ação ou omissão resultar dano à Administração Pública (art. 311-A, § 2º, CP).

Por fim, a pena será aumentada de 1/3, se o fato for cometido por funcionário público (art. 311-A, § 3º, CP).

☑ QUESTÕES DE CONCURSOS ACERCA DOS CRIMES CONTRA A FÉ PÚBLICA, COM GABARITO E COMENTÁRIOS:

1. ***(OAB 2006.3 – CESPE/UNB)*** *A conduta do réu que, diante da autoridade policial, atribui a si mesmo falsa identidade, em atitude de autodefesa, consiste em*

(A) falsa identidade.

(B) falsidade ideológica.

(C) falsificação de documento público.

(D) fato atípico.

Resposta: *A alternativa correta é a da letra "A". A orientação antiga, de que o fato era atípico (alternativa "D"), já se encontra superada nos Tribunais Superiores, principalmente no STJ. O entendimento anterior era no sentido de que a conduta do acusado que, em interrogatório policial, atribuia-se falsa identidade, visava a impedir o cerceamento da liberdade e não o de ofender a fé pública, consistindo, assim, em exercício da autodefesa, ante o princípio da não autoincriminação (nemo tenetur se detegere), o qual consagra o direito do acusado de permanecer silente, não sendo compelido a produzir prova contra si mesmo. Todavia, atualmente, o entendimento pacífico do*

STJ, acompanhando a orientação firmada pelo STF, é no sentido de considerar típica a conduta do indivíduo que se atribui falsa identidade perante a Autoridade Policial, com a intenção deliberada de esconder seus maus antecedentes, sendo inaplicável a tese da autodefesa e identificando-se, na espécie fática, o delito de Falsa Identidade (art. 307, CP).

2. ***(OAB 2007.1 – CESPE/UNB)*** *O sujeito que empresta seu nome para terceiro abrir empresa de fachada, sabendo que não será a empresa estabelecida para realizar o objeto social declarado, pratica o crime de*

(A) falso reconhecimento de firma.

(B) falsificação de documento particular.

(C) falsidade documental.

(D) falsidade ideológica.

Resposta: *A alternativa correta é a da letra "D". Trata-se do crime de Falsidade ideológica, preconizado no art. 299, do CP, porque o agente inseriu num documento declaração falsa. Enquanto a falsidade material diz respeito à forma do documento (aspectos extrínsecos), a Falsidade ideológica refere-se ao conteúdo falso do documento. No caso enunciado, o agente não poderia incorrer no crime de falsidade material, porque o documento não foi falsificado ou adulterado. O documento é verdadeiro. A ação criminosa recai apenas sobre o conteúdo deste, declarando o agente que a empresa tinha um objeto social específico, quando na verdade essa declaração não corresponde à verdade, porque a empresa é puramente de "fachada". A inserção de declaração falsa em documento verdadeiro configura Falsidade ideológica (ex.: falsa declaração de emprego em carteira de trabalho, atestar falsamente a transferência de empregado, com o fim de assegurar vaga numa faculdade pública etc.). Por fim, não se trata do crime de Falso reconhecimento de firma ou letra (art. 300, do CP), porque o enunciado não se refere de forma alguma a reconhecimento indevido de firma ou letra.*

3. ***(OAB 2006.2 – CESPE/UNB)*** *O bem jurídico protegido na falsidade ideológica é o patrimônio público.*

Resposta: *Errado. O crime de Falsidade ideológica (art. 299, do Código Penal) consiste na ação de omitir, em documento público ou particular, declaração que dele devia constar, ou nele inserir ou fazer inserir declaração falsa ou diversa da que devia ser escrita, com o fim de prejudicar direito, criar obrigação ou alterar a verdade sobre fato juridicamente relevante. O bem jurídico tutelado é a fé pública, e não o patrimônio público.*

4. ***(DELEGADO DA POLÍCIA CIVIL/PB – 2008 – CESPE/UNB)*** *Com relação ao crime de moeda falsa, se o falsificador exportar, vender ou introduzir na circulação a moeda, responderá pelos diversos crimes em concurso formal homogêneo.*

Resposta: *Errado. O crime de Moeda falsa, preconizado no art. 289, CP, caracteriza-se pela ação de "falsificar, fabricando-a ou alterando-a, moeda metálica ou papel-moeda de curso legal no país ou no estrangeiro". As ações subsequentes, contempladas no § 1º do referido dispositivo legal (exportar, vender, introduzir na circulação a moeda) e cometidas pelo mesmo agente, serão consideradas exaurimento da primeira conduta típica, configurando crime único e aplicando-se o princípio da consunção, para evitar dupla apenação pelo mesmo fato (bis in idem).*

5. (DELEGADO DA POLÍCIA CIVIL/PB – 2008 – CESPE/UNB) *É atípica a conduta do agente que restitui à circulação, mesmo tendo recebido de boa-fé, papel falsificado pela supressão de sinal indicativo de sua inutilização, da qual tomou posterior conhecimento.*

Resposta: *Errado. O agente incorre na figura penal privilegiada prevista no § 2º, do art. 289, do Código Penal: "Quem, tendo recebido de boa-fé, como verdadeira, moeda* *falsa ou alterada, a restitui à circulação, depois de conhecer a falsidade, é punido com detenção, de seis meses a dois anos, e multa".*

6. **(OAB 2008.3 – CESPE/UNB)** *Constitui crime omissivo próprio a falsidade de atestado médico.*

Resposta: *Errado. O crime de Falsidade de atestado médico (art. 302, do Código Penal) é praticado mediante uma ação positiva: "Dar o médico, no exercício da sua profissão, atestado falso".*

7. **(AGENTE DA POLÍCIA CIVIL DO DISTRITO FEDERAL 2009 – CESPE/UNB)** *Se Fernando adulterou sua carteira de habilitação, prolongando o prazo de validade, e isso foi imediatamente constatado pela autoridade de trânsito, já que o prazo de validade ultrapassou a data de sua expedição, então fica caracterizado o crime de utilização de documento falso.*

Resposta: *Errado. No crime de Uso de documento falso, previsto no art. 304, CP, o Superior Tribunal de Justiça (STJ) possui entendimento firmado no sentido de não constituir crime o "falso grosseiro", de percepção imediata por parte da autoridade pública. Considera-se crime impossível, por absoluta ineficácia do meio, nos termos do art. 17, CP, operando verdadeira causa excludente da tipicidade material. É a falsificação perceptível à primeira vista (ictu oculi).*

8. **(AGENTE DA POLÍCIA CIVIL DO DISTRITO FEDERAL 2009 – CESPE/UNB)** *A falsidade ideológica refere-se ao conteúdo do documento, e a material é a própria forma do documento, que é alterada ou forjada, criando um documento novo.*

Resposta: *Certo. Na falsidade material, o vício incide na parte exterior do documento, no elemento físico do papel (ex.: rasuras). Na falsidade ideológica, o vício é sobre o conteúdo, a ideia, isto é, não há rasuras, emendas. A falsidade material é visível, enquanto na ideológica o falso refere-se apenas ao conteúdo. Considerando-se que os delitos relativos à falsificação de documento público constituem apenas o meio utilizado pelo agente para a consumação do estelionato (crime-fim), deve ser aplicada a teoria da consunção.*

9. **(AGENTE DA POLÍCIA CIVIL DO DISTRITO FEDERAL 2009 – CESPE/UNB)** *Se Fernando apresentou cópia de sua carteira de identidade com alteração da data de nascimento com o objetivo de inscrição em concurso público, então ele cometeu o crime de falsificação de documento público.*

Resposta: *Errado. De acordo com o entendimento do Supremo Tribunal Federal (STF) e do Superior Tribunal de Justiça (STJ), a "cópia" da carteira de identidade sem autenticação não caracteriza materialmente documento público, para efeitos penais. Portanto, o mero ato de adulterar uma "cópia" da carteira de identidade é fato absolutamente atípico. A circunstância de tratar-se de reprodução não autenticada, não contemplada no ordenamento jurídico, como documento, denota a impossibilidade de ser objeto de crime de falsidade documental.*

10. **(AGENTE DA POLÍCIA CIVIL DO DISTRITO FEDERAL 2009 – CESPE/UNB)** *A ocultação ou supressão de documento particular caracteriza crime que, quando causar prejuízo a outrem, pode ser punido a título de culpa.*

Resposta: *Errado. O crime de Supressão de documento, previsto no art. 305 do Código Penal, não admite a modalidade culposa, por ausência de expressa disposição legal neste sentido. A conduta é eminentemente dolosa.*

11. **(AGENTE DA POLÍCIA CIVIL DO DISTRITO FEDERAL 2009 – CESPE/UNB)** *Sempre será agravada a pena no crime de falsificação de documento público quando o agente for funcionário público.*

***Resposta:** Errado. Nos exatos termos do § 1º, do art. 297, CP: "se o agente é funcionário público, e comete o crime prevalecendo-se do cargo, aumenta-se a pena de sexta parte". Portanto, não basta ser autoridade pública. Deve o agente se prevalecer obrigatoriamente da função.*

12. (PROCURADOR DO BANCO CENTRAL – CESPE/UNB – 2010) *No crime de falsificação de documento público, o fato de ser o agente funcionário público é um indiferente penal, ainda que esse agente cometa o crime prevalecendo-se do cargo, tendo em vista que tal delito é contra a fé e não contra a administração pública.*

***Resposta:** Errado. Constitui causa de aumento de pena. Nos termos do § 1º, do art. 297, do Código Penal: "Se o agente é funcionário público, e comete o crime prevalecendo-se do cargo, aumenta-se a pena de sexta parte".*

13. (PROCURADOR DO BANCO CENTRAL – CESPE/UNB – 2010) *No crime de falsidade ideológica, o documento é materialmente verdadeiro, mas seu conteúdo não reflete a realidade, seja porque o agente omitiu declaração que dele deveria constar, seja porque nele inseriu ou fez inserir declaração falsa ou diversa da que devia ser escrita.*

***Resposta:** Certo. Na Falsidade ideológica (ou pessoal), o vício incide sobre as declarações que o objeto material deveria possuir, sobre o conteúdo das ideias, inexistindo rasuras, emendas, omissões ou acréscimos. O documento, sob o aspecto material, é verdadeiro; falsa é a ideia que ele contém. Daí também chamar-se de "falso ideal".*

14. (AGU – PROCURADOR FEDERAL – CESPE/UNB – 2010) *É atípica a conduta do agente que desvia e faz circular moeda cuja circulação ainda não estava autorizada, pois constitui elementar do crime de moeda falsa a colocação em circulação de moeda com curso legal no país ou no exterior.*

***Resposta:** Errado. O crime de Moeda falsa (art. 289, do CP) consiste na conduta de falsificar, fabricando-a ou alterando-a, moeda metálica ou papel-moeda de curso legal no país ou no estrangeiro. E, nos termos do § 4º, do referido dispositivo legal, incorre quem desvia e faz circular moeda, cuja circulação não estava ainda autorizada.*

15. (JUIZ FEDERAL 3.ª REGIÃO CESPE/UNB 2011) *O crime de moeda falsa é formal e, por isso, não admite tentativa.*

***Resposta:** Errado. O crime de Moeda falsa (art. 289 do CP) se consuma quando o agente efetivamente realiza a falsificação. Em outras palavras, consuma-se no momento da fabricação ou da alteração da moeda. É perfeitamente admissível a modalidade tentada, em razão da possibilidade de fracionamento dos atos executórios.*

16. (AGENTE DA POLÍCIA FEDERAL – 2012 – CESPE/UNB) *Luiz, proprietário da mercearia Pague Menos, foi preso em flagrante por policiais militares logo após passar troco para cliente com cédulas falsas de moeda nacional de R$ 20,00 e R$ 10,00. Os policiais ainda apreenderam, no caixa da mercearia, 22 cédulas de R$ 20,00 e seis cédulas de R$ 10,00 falsas. Nessa situação, as ações praticadas por Luiz – guardar e introduzir em circulação moeda falsa – configuram crime único.*

***Resposta:** Certo. A forma equiparada do crime de Moeda falsa, prevista no art. 289, § 1º, do CP, constitui um tipo penal misto alternativo, com várias ações nucleares: "adquirir", "vender", "guardar", "introduz em circulação", consumando-se em uma conduta ou em outra. Quando se consuma em uma dessas condutas, as subsequentes, que, porventura venham a ser praticadas como decorrência da primeira, são tidas como exaurimento, havendo crime único, em razão do mesmo contexto fático.*

17. (MPU – CESPE – 2013) *A inserção, em assentamento de registro civil, de declaração falsa com vistas à alteração da verdade* *sobre fato juridicamente relevante configura crime de falsidade ideológica, com aumento de pena em razão da natureza do documento.*

Resposta: Certo. *A Falsidade ideológica, prevista no art. 299 do CP, consiste na conduta de omitir, em documento público ou particular, declaração que dele devia constar ou nele inserir ou fazer inserir declaração falsa ou diversa da que devia ser escrita, com o fim de prejudicar direito, criar obrigação ou alterar a verdade sobre um fato juridicamente relevante. De acordo com o parágrafo único, se o agente é funcionário público e comete o crime prevalecendo-se do cargo, ou se a falsificação ou alteração é de assentamento de registro civil, aumenta-se a pena de sexta parte.*

18. (INST. ACESSO – DELEGADO DE POLÍCIA – PC – ES/2019) *No dia 09/07/2017, Henrique foi parado em uma fiscalização da Operação Lei Seca. Após solicitar a Carteira Nacional de Habilitação (CNH) de Henrique, o policial militar que participava da operação suspeitou do documento apresentado. Procedeu então à verificação na base de dados do DETRAN e confirmou a suspeita, não encontrando o número de registro que constava na CNH, embora as demais informações (nome e CPF), a respeito de Henrique, estivessem corretas. Questionado pelo policial, Henrique confessou que havia adquirido o documento com Marcos, seu vizinho, que atuava como despachante, tendo pago R$ 2.000,00 pelo documento. Afirmou ainda que sequer havia feito prova no DETRAN. Acrescente-se que, durante a instrução criminal, ficou comprovado que, de fato, Henrique obteve o documento de Marcos, sendo este o autor da contrafação. Além disso, foi verificado por meio de perícia judicial que, no estado em que se encontra o documento, e em face de sua aparência, pode iludir terceiros como se documento idôneo fosse. Logo, pode-se afirmar que a conduta de Henrique se amolda ao crime de*

(A) falsificação de documento público, previsto no caput do art. 297 do Código Penal.

(B) uso de documento falso, previsto no art. 304 do Código Penal.

(C) falsa identidade, previsto no art. 307 do Código Penal.

(D) falsidade ideológica, previsto no caput art. 299 do Código Penal.

(E) falsificação de documento particular, previsto no caput do art. 298 do Código Penal.

Resposta: *A única alternativa correta é a da letra "B". Na espécie fática, o delito praticado por Henrique, que não foi o falsificador, é o de Uso de Documento Falso, previsto no art. 304, do Código Penal. Em virtude de o documento falsificado ser público, a pena cominada para Henrique será de 2 (dois) a 6 (seis) anos de reclusão, e multa.*

19. (INST. ACESSO – DELEGADO DE POLÍCIA – PC – ES/2019) *Marque a alternativa correta do ponto de vista legal.*

(A) No crime de estupro, aumenta-se a pena de metade se resultar a gravidez da vítima.

(B) Luiz, delegado de polícia civil, lotado em uma determinada delegacia de polícia, deixou, por indulgência, de responsabilizar o inspetor Amâncio após tomar conhecimento de que este teria praticado uma determinada infração. Nesse contexto, pode-se afirmar que o delegado praticou, em tese, o crime de condescendência criminosa.

(C) No crime de incêndio, aumenta-se a pena em dois terços se o delito for praticado em galeria de mineração.

(D) Aquele que dolosamente retém documento de identidade de terceira pessoa responde pelo delito de supressão de documento.

(E) No crime de Falsa Identidade, o agente não apresenta nenhum documento de identidade para se identificar.

***Resposta**: A única alternativa correta é a da letra "E". Efetivamente, no tipo penal de Falsa Identidade, previsto no art. 307, do Código Penal, o agente faz-se passar por outra pessoa, sem a apresentação de documento de identidade para se identificar.*

20. ***(INST. ACESSO – DELEGADO DE POLÍCIA – PC – ES/2019)*** *João Carlos, 30 anos, brasileiro, com residência transitória na Argentina, aproveitando-se da aquisição de material descartado por uma indústria gráfica falida, passou a fabricar moeda brasileira em território argentino. Para garantir a diversidade da moeda falsificada, João imprimia notas de 50 e de 100 reais. Ao entrar em território brasileiro João foi revistado por policiais que encontraram as notas falsificadas em meio a sua bagagem. João foi acusado da prática do crime previsto no artigo 289 do Código Penal.*

De acordo com as teorias que informam a aplicação da lei penal brasileira no espaço, é correto dizer que, nesse caso, cabe a aplicação

(A) da lei argentina, em atenção à regra da territorialidade, uma vez que o crime fora praticado na Argentina.

(B) incondicionada da lei brasileira, uma vez que o crime cometido atenta contra a fé pública.

(C) condicionada da lei brasileira, pelo fato de a conduta ter sido cometida em território argentino.

(D) condicionada da lei brasileira, já que a conduta integra dois ordenamentos jurídicos.

(E) da lógica da extraterritorialidade, já que o fato ocorreu em território argentino.

***Resposta**: A única alternativa correta é a da letra "B". Trata-se da prática do delito de Moeda Falsa, crime contra a Fé Pública previsto no art. 289, do Código Penal. Verifica-se, na espécie fática, a incidência da Extraterritorialidade incondicionada da lei penal brasileira, consoante comando constante no art. 7º, I, alínea "b", do Código Penal. A competência para processo e julgamento será da Justiça Federal, nos termos do art. 109, IV, da Constituição Federal de 1988, lembrando ainda que, consoante comando constante no art. 21, VII, da CF/88, é da competência privativa da União a emissão de moeda.*

TÍTULO XI – CRIMES CONTRA A ADMINISTRAÇÃO PÚBLICA

Previstos no Título XI do Código Penal (arts. 312 a 359-H).

Conceito de Administração Pública:

Segundo Guilherme de Souza Nucci[196]:

"Apesar de bastante amplo, o conceito de administração pública abrange, atualmente, toda a 'atividade funcional do Estado e dos demais entes públicos', trazendo este Título do Código Penal uma gama de delitos voltados à proteção da atividade funcional do Estado e seus entes, variando única e tão-somente o objeto específico da tutela penal".

Crimes praticados por funcionário público:

a) os crimes praticados por funcionário público são chamados pela doutrina de *crimes funcionais*.

São crimes que estão relacionados com a função pública.

Na classificação geral dos delitos, tais crimes estão inseridos na categoria dos crimes próprios, pois a lei exige uma característica específica do sujeito ativo: ser funcionário público.

196 NUCCI, Guilherme de Souza. **Código Penal Comentado.** 13. ed. São Paulo: RT, 2013.

Os crimes funcionais podem ser *próprios* e *impróprios*.

Crimes funcionais próprios são aqueles cuja exclusão da qualidade de funcionário público torna o fato atípico. Ex: prevaricação.

Crimes funcionais impróprios são aqueles em que, excluindo-se a qualidade de funcionário público, haverá desclassificação para crime de outra natureza. Ex: peculato, que passa a ser furto.

A doutrina chama essa modificação de "atipicidade relativa";

b) conceito de funcionário público: de acordo com o art. 327 do Código Penal: "*considera-se funcionário público, para os efeitos penais, quem, embora transitoriamente ou sem remuneração, exerce cargo, emprego ou função pública*".

O conceito de cargo público decorre de lei e encontra amparo no art. 3º e § único, da Lei 8.112/90, que trata do Regime Jurídico dos Servidores Públicos Civis da União, das Autarquias e das Fundações Públicas Federais.

O conceito de emprego público está previsto na Consolidação das Leis do Trabalho (CLT - DL 5.452/43) e decorre do regime de contratação nas relações trabalhistas.

Jurados e mesários também são considerados funcionários públicos, pois exercem função pública.

O § 1º dispõe quem são os funcionários públicos, por equiparação.

São eles: quem exerce cargo, emprego ou função em entidade paraestatal e quem trabalha para empresa prestadora de serviço, contratada ou conveniada para a execução de atividade típica da Administração Pública.

A entidade paraestatal é entendida, majoritariamente, como a Administração Indireta – autarquia, empresa pública, sociedade de economia mista e fundação pública.

Uma posição minoritária, restritiva, entende que entidade paraestatal é somente a autarquia.

Assim, por exemplo, administrador judicial da massa falida, inventariante, curador, defensor dativo, tutor, perito, contador, tradutor, intérprete, conselheiro de direitos e conselheiro tutelar não são funcionários públicos, pois exercem encargo ou múnus público.

Funcionário de cartório é funcionário público.

Funcionário do Banco do Brasil é funcionário público, pois o Banco do Brasil é uma sociedade de economia mista.

Funcionário dos Correios é funcionário público, pois a empresa Correios é uma empresa pública.

Se o interesse em questão for o da União, a competência será da Justiça Federal.

O conceito por equiparação, para a doutrina majoritária, só abrange os casos em que o funcionário for autor do crime.

A comparação não pode ser aplicada quando o funcionário for vítima.

Assim sendo, AGENTE PÚBLICO (múnus público/encargo público) é # de FUNCIONÁRIO PÚBLICO ou SERVIDOR PÚBLICO EM SENTIDO ESTRITO (cargo público/emprego público/função pública);

c) causas de aumento de pena: art. 327, § 2º, do Código Penal.

As causas de aumento da pena ocorrem quando o autor do crime exerce: cargo em comissão (cargo de confiança); cargo de direção ou assessoramento de órgãos da Administração Direta, Sociedade de Economia Mista, Empresa Pública e Fundação instituída pelo Poder Público;

d) concurso de agentes: um particular pode responder por peculato em concurso de agentes com um funcionário público.

Para tanto, o particular deve ter consciência e vontade (dolo) em relação ao agente do tipo, ou seja, deve saber que esse possui a condição de funcionário público.

Caso contrário, estaríamos falando em responsabilidade objetiva, o que é vedado.

Fundamento: segundo o art. 30, CP, são comunicáveis as circunstâncias de caráter pessoal, quando elementares do crime.

Ser funcionário público é circunstância pessoal e elementar do crime.

Se o particular não souber que o agente é funcionário público, responderá por outro crime. Exemplo: furto;

e) Crimes Comuns x Crimes de Responsabilidade:

No que concerne aos Crimes de Responsabilidade, trata-se da chamada ***jurisdição política***, impondo que o julgamento ocorra por parte do **Poder Legislativo,** e não pelo Poder Judiciário.

As competências relacionadas aos Crimes de Responsabilidade vêm disciplinadas no **art. 52, I e II, da CF**, atribuídas ao **Senado Federal**.

Vide, também, arts. 50, § 2º; 52, § único; 85, *caput*, incisos e § único; 86, § 1º, II; e 102, I, "c", todos da CF/88.

É o que se chama de infrações ***político-administrativas,*** as quais vêm disciplinadas na **Lei Federal nº 1.079/50.**

Não são crimes em sentido comum, pois **não são cominadas penas privativas de liberdade ou multa,** mas, sim, **perda do cargo e inabilitação temporária para o exercício de cargo ou função pública** (art. 2º, da Lei Federal nº 1.079/50).

Os Crimes contra a Administração Pública estão desmembrados em 5 (cinco) capítulos, a saber:

I) Dos crimes praticados por funcionário público contra a Administração em geral (arts. 312 a 327, CP);

II) Dos crimes praticados por particular contra a Administração em geral (arts. 328 a 337-A, CP);

II-A) Dos crimes praticados por particular contra a Administração Pública estrangeira (arts. 337-B a 337-D, CP);

III) Dos crimes contra a Administração da Justiça (arts. 338 a 359, CP);

IV) Dos crimes contra as finanças públicas (arts. 359-A a 359-H, CP).

Procedimento Especial:

Conforme previsão insculpida no Livro II, Título II, Capítulo II, do Código de Processo Penal, nos seus artigos 513 a 518, todos do CPP, existe procedimento especial próprio para o processo e julgamento dos crimes de responsabilidade dos funcionários públicos.

1) Dos crimes praticados por funcionário público contra a Administração em geral (Capítulo I):

Peculato

Art. 312 – Apropriar-se o funcionário público de dinheiro, valor ou qualquer outro bem móvel, público ou particular, de que tem a posse em razão do cargo, ou desviá-lo, em proveito próprio ou alheio:

Pena – reclusão, de 2 (dois) a 12 (doze) anos, e multa.

§ 1º – Aplica-se a mesma pena, se o funcionário público, embora não tendo a posse do dinheiro, valor ou bem, o subtrai, ou concorre para que seja subtraído, em proveito próprio ou alheio, valendo-se de facilidade que lhe proporciona a qualidade de funcionário.

Peculato culposo

§ 2º – Se o funcionário concorre culposamente para o crime de outrem:

Pena – detenção, de 3 (três) meses a 1 (um) ano.

§ 3º – No caso do parágrafo anterior, a reparação do dano, se precede à sentença irrecorrível, extingue a punibilidade; se lhe é posterior, reduz de metade a pena imposta.

Peculato mediante erro de outrem

Art. 313 – Apropriar-se de dinheiro ou qualquer utilidade que, no exercício do cargo, recebeu por erro de outrem:

Pena – reclusão, de 1 (um) a 4 (quatro) anos, e multa.

Inserção de dados falsos em sistema de informações *(Incluído pela Lei nº 9.983, de 14-7-2000)*

Art. 313-A. Inserir ou facilitar, o funcionário autorizado, a inserção de dados falsos, alterar ou excluir indevidamente dados corretos nos sistemas informatizados ou bancos de dados da Administração Pública com o fim de obter vantagem indevida para si ou para outrem ou para causar dano: (Incluído pela Lei nº 9.983, de 14-7-2000))

Pena – reclusão, de 2 (dois) a 12 (doze) anos, e multa. (Incluído pela Lei nº 9.983, de 14-7-2000)

Modificação ou alteração não autorizada de sistema de informações *(Incluído pela Lei nº 9.983, de 14-7-2000)*

Art. 313-B. Modificar ou alterar, o funcionário, sistema de informações ou programa de informática sem autorização ou solicitação de autoridade competente: (Incluído pela Lei nº 9.983, de 14-7-2000)

Pena – detenção, de 3 (três) meses a 2 (dois) anos, e multa. (Incluído pela Lei nº 9.983, de 14-7-2000)

Parágrafo único. As penas são aumentadas de um terço até a metade se da modificação ou alteração resulta dano para a Administração Pública ou para o administrado.(Incluído pela Lei nº 9.983, de 14-7-2000)

Extravio, sonegação ou inutilização de livro ou documento

Art. 314 – Extraviar livro oficial ou qualquer documento, de que tem a guarda em razão do cargo; 393rofes-lo ou 393rofessio-lo, total ou parcialmente:

Pena – reclusão, de 1 (um) a 4 (quatro) anos, se o fato não constitui crime mais grave.

Emprego irregular de verbas ou rendas públicas

Art. 315 – Dar às verbas ou rendas públicas aplicação diversa da estabelecida em lei:

Pena – detenção, de 1 (um) a 3 (três) meses, ou multa.

Concussão

Art. 316 – Exigir, para si ou para outrem, direta ou indiretamente, ainda que fora da função ou antes de assumi-la, mas em razão dela, vantagem indevida:

Pena – reclusão, de 2 (dois) a 8 (oito) anos, e multa.

Excesso de exação

§ 1º – Se o funcionário exige tributo ou contribuição social que sabe ou deveria saber indevido, ou, quando devido, emprega na cobrança meio vexatório ou gravoso, que a lei não autoriza: *(Redação dada pela Lei nº 8.137, de 27-12-1990)*

Pena – reclusão, de 3 (três) a 8 (oito) anos, e multa. (Redação dada pela Lei nº 8.137, de 27-12-1990)

§ 2º – Se o funcionário desvia, em proveito próprio ou de outrem, o que recebeu indevidamente para recolher aos cofres públicos:

Pena – reclusão, de 2 (dois) a 12 (doze) anos, e multa.

Corrupção passiva

Art. 317 – Solicitar ou receber, para si ou para outrem, direta ou indiretamente, ainda que fora da função ou antes de assumi-la, mas em razão dela, vantagem indevida, ou aceitar promessa de tal vantagem:

Pena – reclusão, de 2 (dois) a 12 (doze) anos, e multa. (Redação dada pela Lei nº 10.763, de 12-11-2003)

§ 1º – A pena é aumentada de um terço, se, *em 394rofessional da vantagem ou promessa, o funcionário retarda ou deixa de praticar qualquer ato de ofício ou o pratica infringindo dever funcional.*

§ 2º – Se o funcionário pratica, deixa de praticar ou retarda ato de ofício, com infração de dever funcional, cedendo a pedido ou influência de outrem:

Pena – detenção, de 3 (três) meses a 1 (um) ano, ou multa.

Facilitação de contrabando ou descaminho

Art. 318 – Facilitar, com infração de dever funcional, a prática de contrabando ou descaminho (art. 334):

Pena – reclusão, de 3 (três) a 8 (oito) anos, e multa. (Redação dada pela Lei nº 8.137, de 27-12-1990)

Prevaricação

Art. 319 – Retardar ou deixar de praticar, indevidamente, ato de ofício, ou praticá-lo contra disposição expressa de lei, para satisfazer interesse ou sentimento pessoal:

Pena – detenção, de 3 (três) meses a 1 (um) ano, e multa.

Art. 319-A. Deixar o Diretor de Penitenciária e/ou agente público, de cumprir seu dever de vedar ao preso o acesso a aparelho telefônico, de rádio ou similar, que permita a comunicação com outros presos ou com o ambiente externo: (Incluído pela Lei nº 11.466, de 28-3-2007).

Pena: detenção, de 3 (três) meses a 1 (um) ano.

Condescendência criminosa

Art. 320 – Deixar o funcionário, por indulgência, de responsabilizar subordinado que cometeu infração no exercício do cargo ou, quando lhe falte competência, não levar o fato ao conhecimento da autoridade competente:

Pena – detenção, de 15 (quinze) dias a 1 (um) mês, ou multa.

Advocacia administrativa

Art. 321 – Patrocinar, direta ou indiretamente, interesse privado perante a administração pública, valendo-se da qualidade de funcionário:

Pena – detenção, de 1 (um) a 3 (três) meses, ou multa.

Parágrafo único – Se o interesse é ilegítimo:

Pena – detenção, de 3 (três) meses a 1(um) ano, além da multa.

Violência arbitrária

Art. 322 – Praticar violência, no exercício de função ou a pretexto de exercê-la:

Pena – detenção, de 6 (seis) meses a 3 (três) anos, além da pena correspondente à violência.

Abandono de função

Art. 323 – Abandonar cargo público, fora dos casos permitidos em lei:

Pena – detenção, de 15 (quinze) dias a 1 (um) mês, ou multa.

§ 1º – Se do fato resulta prejuízo público:

Pena – detenção, de 3 (três) meses a 1 (um) ano, e multa.

§ 2º – Se o fato ocorre em lugar compreendido na faixa de fronteira:

Pena – detenção, de 1 (um) a 3 (três) anos, e multa.

Exercício funcional ilegalmente antecipado ou prolongado

Art. 324 – Entrar no exercício de função pública antes de satisfeitas as exigências legais, ou continuar a exercê-la, sem autorização, depois de saber oficialmente que foi exonerado, removido, substituído ou suspenso:

Pena – detenção, de 15 (quinze) dias a 1 (um) mês, ou multa.

Violação de sigilo funcional

Art. 325 – Revelar fato de que tem ciência em razão do cargo e que deva permanecer em segredo, ou facilitar-lhe a revelação:

Pena – detenção, de 6 (seis) meses a 2 (dois) anos, ou multa, se o fato não constitui crime mais grave.

§ 1º-*Nas mesmas penas deste artigo incorre quem: (Incluído pela Lei nº 9.983, de 14-7-2000)*

I – permite ou facilita, mediante atribuição, fornecimento e empréstimo de senha ou qualquer outra forma, o acesso de pessoas não autorizadas a sistemas de informações ou banco de dados da Administração Pública; (Incluído pela Lei nº 9.983, de 14-7-2000)

II – se utiliza, indevidamente, do acesso restrito. (Incluído pela Lei nº 9.983, de 14-7-2000)

§ 2º Se da ação ou omissão resulta dano à Administração Pública ou a outrem: (Incluído pela Lei nº 9.983, de 14-7-2000)

Pena - reclusão, de 2 (dois) a 6 (seis) anos, e multa. (Incluído pela Lei nº 9.983, de 14-7-2000)

Violação do sigilo de proposta de concorrência

Art. 326 - Devassar o sigilo de proposta de concorrência pública, ou proporcionar a terceiro o ensejo de 398rofess-lo:

Pena - Detenção, de 3 (três) meses a 1 (um) ano, e multa.

Funcionário público

Art. 327 - Considera-se funcionário público, para os efeitos penais, quem, embora transitoriamente ou sem remuneração, exerce cargo, emprego ou função pública.

§ 1º - Equipara-se a funcionário público quem exerce cargo, emprego ou função em entidade paraestatal, e quem trabalha para empresa prestadora de serviço contratada ou conveniada para a execução de atividade típica da Administração Pública. *(Incluído pela Lei nº 9.983, de 14-7-2000)*

§ 2º - A pena será aumentada da terça parte quando os autores dos crimes previstos neste Capítulo forem ocupantes de cargos em comissão ou de função de direção ou assessoramento de órgão da administração direta, sociedade de economia mista, empresa pública ou fundação instituída pelo poder público. *(Incluído pela Lei nº 6.799, de 23-6-1980)*

COMENTÁRIOS

Características marcantes:

I. Peculato:

1) Peculato Doloso (*Peculato-apropriação*: art. 312, *caput*, primeira parte; *Peculato-desvio*: art. 312, *caput*, segunda parte; *Peculato-furto*: art. 312, § 1º; *Peculato mediante erro de outrem*: art. 313);
2) Peculato Culposo (art. 312, § 2º, CP);
3) Considerações gerais sobre todos os tipos de peculato:
   I) objetividade jurídica: visa à proteção da probidade administrativa (patrimônio público).

      Esses crimes são chamados crimes de improbidade administrativa;
   II) sujeito ativo: é o funcionário público.

      Admite-se o concurso de pessoas, lembrando-se que, por força do art. 30, CP, a condição pessoal do agente comunica-se ao coautor, quando elementar do crime;
   III) sujeito passivo: é o Estado, visto como Administração Pública.

      Pode existir um sujeito passivo secundário (particular);
4) Peculato-Apropriação (art. 312, 1ª parte): apropriar-se; funcionário público; dinheiro, valor, bem móvel, público ou privado; posse em razão do cargo; proveito próprio ou alheio;
5) Peculato-Desvio (art. 312, 2ª parte): o que muda é apenas a conduta, que passa a ser *desviar*.

   Desviar é alterar a finalidade, o destino;
6) Elementos objetivos do tipo: no peculato-apropriação, o núcleo é apropriar-se, ou seja, fazer sua a coisa alheia.

   No peculato-desvio, o núcleo é desviar para proveito próprio ou alheio.

   O bem (dinheiro, valor ou bem móvel) pode ser de natureza pública ou particular, em poder do funcionário público, em razão de seu cargo.

É fundamental que o funcionário faça uso de seu cargo para obter a posse de dinheiro, valor ou outro bem móvel;

7) Elemento subjetivo: exige-se o dolo, já que a forma culposa vem prevista no § 2º;

8) Consumação e tentativa: a consumação do peculato-apropriação se dá no momento em que ocorreu a apropriação (quando o agente inverteu o *animus*, quando passou a agir como se fosse dono).

No peculato-desvio, a consumação ocorre quando o agente desvia a finalidade de aplicação do bem.

Em ambos os casos, a tentativa é teoricamente possível, mas, na prática, é de difícil comprovação.

Nas duas formas, trata-se de crime material.

Exige, para sua consumação, resultado naturalístico, consistente no efetivo benefício auferido;

9) Peculato de uso: não configura crime a conduta do funcionário que utiliza o bem e o restitui, sem a vontade de apossar-se.

Configura, porém, ilícito administrativo;

10) Aplicação dos valores na repartição: comete peculato-desvio o agente que recebe dinheiro ou outro valor de particular e aplica na própria repartição, pois o valor foi destinado ao Estado, não sendo da esfera de atribuição do funcionário, sem autorização legal, 400rofes-lo na repartição pública;

11) Peculato-Furto: art. 312, § 1º, CP. Funcionário público que, *embora não tendo a posse* do dinheiro, valor ou bem, o subtrai ou concorre para que seja subtraído, em proveito próprio ou alheio, valendo-se de facilidade que lhe proporciona a qualidade de funcionário.

Nesse caso, é aplicada a mesma pena.

Aqui não se exige que o funcionário tenha o bem sob sua guarda.

A conduta é subtrair, ou seja, tirar da esfera de proteção da vítima, de sua disponibilidade, ou ainda concorrer dolosamente para que outro cometa o furto.

Não basta ser funcionário público, o agente precisa se valer da facilidade que essa qualidade lhe proporciona (a execução do crime é mais fácil para ele).

Por facilidade, entende-se crachá, segredo de cofre etc.

Assim, um funcionário público pode praticar furto ou peculato-furto, dependendo se houve, ou não, a facilidade;

12) Peculato Culposo: art. 312, § 2º, CP.

Deve estar presente imprudência, negligência ou imperícia.

O funcionário público tem o dever de agir, no sentido de impedir o resultado de ação delituosa de outrem.

Não o fazendo, responde por peculato culposo.

Esta modalidade de peculato será sempre plurissubjetiva, necessitando da figura do funcionário público que se coloca na posição de garante e do terceiro que comete o crime para o qual o funcionário público concorreu culposamente. Ex: *se um vigia de prédio público desvia-se de sua função de guarda, por negligência, permitindo, pois, que terceiros invadam o lugar e de lá subtraiam bens, responde por peculato culposo;*

13) Reparação de danos no peculato culposo: art. 312, § 3º, CP.

Trata-se de causa de extinção da punibilidade ou de redução de pena.

É preciso ficar atento para as seguintes regras:

1ª) se a reparação do dano for anterior ao trânsito em julgado da sentença condenatória, extingue a punibilidade;

2ª) se a reparação do dano for posterior ao trânsito em julgado da sentença condenatória, ocorrerá a diminuição da pena, pela metade.

Neste caso, o juiz da execução será o responsável pela aplicação da redução.

Atenção: no peculato doloso não se aplicam essas regras.

Se a reparação do dano ocorrer no peculato doloso, os efeitos serão os seguintes:

1º) arrependimento posterior (art. 16 do CP) – se for anterior ao recebimento da denúncia, redução da pena de 1/3 a 2/3;

2º) se ocorrer depois do recebimento da denúncia e antes da sentença, é atenuante genérica do art. 65, inc. III, "b", do Código Penal;

3º) se ocorrer depois da sentença, é atenuante inominada do art. 66.

O acórdão pode reconhecer atenuante que a sentença não reconheceu;

14) Peculato mediante erro de outrem: art. 313, CP.

É também chamado de peculato-estelionato ou peculato impróprio.

Erro de outrem é a falsa percepção da realidade.

É necessário que a vítima, por equivocar-se quanto à pessoa do funcionário público encarregado de receber os valores, entrega-os a quem não está autorizado a 401rofes-los.

O funcionário, por sua vez, interessado em apropriar-se do bem, nada comunica à Administração ou à pessoa prejudicada.

Trata-se, pois, de um estelionato cometido pelo funcionário público, em detrimento do Estado e do particular prejudicado.

Trata-se de crime material, que exige a ocorrência de resultado naturalístico.

O sujeito ativo é somente o funcionário público; o sujeito passivo é o Estado e, secundariamente, a entidade de direito público ou a pessoa prejudicada.

O elemento subjetivo é o dolo, a vontade específica de pretender apossar-se de coisa pertencente à outra pessoa.

Não há a forma culposa.

15) Vale registrar que, em qualquer de suas modalidades dolosas (arts. 312, *caput* e § 1º; e 313, ambos do Código Penal), o delito de Peculato é de maior potencial ofensivo, instruído por meio de IP e comportando o rito do procedimento comum ordinário (art. 394, § 1º, I, CPP). No que concerne ao Peculato mediante erro de outrem (art. 313, CP),

todavia, em virtude de a pena mínima cominada não ser superior a 1 (um) ano, aceita a suspensão condicional do processo;

16) O Peculato culposo (art. 312, § 2º, CP) é infração penal de menor potencial ofensivo, da competência dos JECs, instruída por meio de TC e comportando o rito do procedimento comum sumaríssimo (art. 394, § 1º, III, CPP).

II. Concussão:

Delito previsto no art. 316, CP.

Concussão típica: prevista no *caput*, em que se exige a vantagem indevida, sem ligação com qualquer tributo.

Concussão própria: prevista na primeira parte do § 1º, consiste na exigência de tributo ou contribuição indevidos (*Excesso de exação*).

Concussão imprópria: prevista na segunda parte do § 1º, em que o agente emprega meio vexatório na exigência de tributo ou contribuição devidos (*Excesso de exação*).

O agente deve utilizar-se de sua função para demandar a vantagem indevida.

O agente pode, porém, encontrar-se fora da função (suspenso ou de licença), não ter ainda assumido as atividades (nomeado, mas não empossado), ou já estar em pleno desenvolvimento de sua função. Mesmo assim será concussão.

O verbo nuclear é "exigir", que difere de solicitar (verbo da corrupção passiva).

Há uma imposição do funcionário, que constrange o particular.

Característica fundamental deste crime é o abuso de autoridade.

A vantagem indevida pode ser qualquer lucro, ganho, privilégio ou benefício ilícito.

Trata-se de crime formal, que não exige, para a sua consumação, a ocorrência de resultado naturalístico (o recebimento da vantagem é mero exaurimento do delito).

A concussão é uma extorsão praticada por funcionário público em razão da função, pois exigir significa coagir, obrigar.

A ameaça pode ser implícita ou explícita e, ainda assim, será concussão.

O agente pode exigir direta ou indiretamente – por meio de terceiro, ou por outro meio qualquer, como, por exemplo, ameaça velada.

Sujeito ativo é somente o funcionário público e sujeito passivo é o Estado (secundariamente, a entidade de direito público ou a pessoa diretamente prejudicada).

Elemento subjetivo é o dolo (elemento subjetivo específico, consistente em destinar a vantagem para si ou para outrem).

Não há forma culposa.

No art. 316, § 2º, CP, temos o *Excesso de exação qualificado*, que se dá quando o funcionário desviar para si ou para outrem o que recebeu indevidamente.

Isto porque, o recolhimento, apesar de indevido, destina-se sempre aos cofres públicos, uma vez que se trata de exação (cobrança de impostos).

Esta hipótese também constitui crime formal e não exige o prejuízo da Administração para a sua consumação.

Vale registrar que, em qualquer de suas modalidades (art. 316, *caput* e §§ 1º e 2º, do Código Penal), o delito de Concussão é de maior potencial ofensivo, instruído por meio de IP e comportando o rito do procedimento comum ordinário (art. 394, § 1º, I, CPP).

III. Corrupção passiva:

Delito previsto no art. 317, CP.

Solicitar: quem solicita não constrange, não ameaça, simplesmente pede.

A atitude de solicitar é iniciativa do funcionário público.

Receber: entrar na posse; aceitar em pagamento.

Aceitar promessa: concordar com a proposta.

Pode ser por silêncio, gesto, palavra.

Aqui, a iniciativa é de um terceiro que faz a proposta.

Alguém propõe e o funcionário aceita.

Corrupção própria – é a solicitação, recebimento ou aceitação de promessa de vantagem indevida para a prática de ato ilícito, contrário aos deveres funcionais.

Corrupção imprópria – quando a prática se refere a ato lícito, inerente aos deveres impostos pelo cargo ou função.

Para que ocorra a corrupção passiva é dispensável a existência de corrupção ativa (crime cometido por particular, consistente no oferecimento ou promessa de vantagem indevida para que o funcionário faça ou deixe de fazer algo).

A pessoa que fornece a vantagem indevida pode estar preparando o funcionário para que, um dia, dele necessitando, solicite algo, mas nada pretenda no momento da entrega do presente ou agrado. Pode ainda presentear funcionário após este ter realizado ato de ofício. Qualquer das hipóteses retratadas configura corrupção passiva, sem que tenha ocorrido corrupção ativa.

Entende-se aplicável o princípio da bagatela, por exemplo, em relação a pequenos mimos ou lembranças (de pequeno valor) em épocas esporádicas, como no Natal e na Páscoa.

Nesses casos, em doações de pequena monta ou em datas festivas, há autores que entendem pela aplicação do princípio da insignificância ou da bagatela (Nucci[197] e Rogério Greco[198]).

Para outros, porém, que entendem pela inaplicabilidade do princípio da insignificância ou da bagatela em Crimes contra a Administração Pública, poderia haver isenção de responsabilidade pela aplicação do princípio da adequação social (Capez[199]), ou em virtude da ausência de dolo (Masson[200]).

Entende-se, também, que a vantagem há de ser idônea, isto é, verossímil e factível de acordo com suas condições e capaz de gerar cobiça no funcionário público.

Trata-se de crime formal (não exige a ocorrência de resultado naturalístico).

Elemento subjetivo é o dolo.

Não admite a forma culposa.

Existe causa de aumento de pena no art. 317, § 1º, CP.

É o que a doutrina chama de corrupção exaurida.

Eleva-se em 1/3 a pena do agente que, em razão da vantagem recebida ou prometida, efetivamente retarda (atrasa ou procrastina) ou deixa de praticar ato de ofício que lhe competia desempenhar, ou pratica o ato infringindo dever funcional.

Como é crime formal, se ocorrer o resultado naturalístico previsto no § 1º, trata-se de exaurimento do delito.

Por fim, o art. 317, § 2º, prevê forma privilegiada do delito.

A pena será de 3 (três) meses a 1 (um) ano ou multa, quando o funcionário pratica ou retarda o ato, ou deixa de praticá-lo, levando em conta solicitação ou influência de outrem, mas sem qualquer vantagem indevida.

Não se confunde a Corrupção Passiva Privilegiada (art. 317, § 2º, CP – *cedendo a pedido ou influência de outrem*) com a

197 NUCCI, Guilherme de Souza. **Manual de Direito Penal:** parte geral; parte especial. 11. ed. Rio de Janeiro: Forense, 2015.

198 GRECO, Rogério. **Código Penal Comentado.** 10. ed. Niterói: Impetus, 2016.

199 CAPEZ, Fernando. **Curso de Direito Penal:** parte especial. v. 3. 15. ed. São Paulo: Saraiva, 2015.

200 MASSON, Cléber. **Código Penal Comentado.** 4. ed. São Paulo: MÉTODO, 2016.

Prevaricação (art. 319, CP – *para satisfazer interesse ou sentimento pessoal*), pois neste delito há ausência de intervenção de terceiro ou de qualquer pessoa.

Vale registrar que, em sua forma clássica (art. 317, *caput,* do Código Penal), o delito de Corrupção Passiva é de maior potencial ofensivo, instruído por meio de IP e comportando o rito do procedimento comum ordinário (art. 394, § 1º, I, CPP).

No que concerne à forma privilegiada constante no art. 317, § 2º, todavia, trata-se de infração penal de menor potencial ofensivo, da competência dos JECs, instruída por meio de TC e comportando o rito do procedimento comum sumaríssimo (art. 394, § 1º, III, CPP).

IV. Facilitação de contrabando ou descaminho:

Delito previsto no art. 318, CP.

O funcionário deve facilitar o contrabando ou descaminho (art. 334), infringindo dever funcional.

Isto é, exige-se que o agente tenha o dever de controlar, fiscalizar e impedir a entrada de mercadoria proibida no território nacional, ou garantir o pagamento de imposto pela referida entrada.

A competência é da Justiça Federal.

O particular envolvido na conduta pratica o delito do art. 334 ou 334-A, CP, com a nova redação trazida por meio da Lei nº 13008, de 26 de junho de 2014, ambos com pena menos severa.

Trata-se, pois, de crime remetido.

Se o funcionário público não infringe dever funcional, poderá ser coautor ou partícipe do delito de contrabando ou descaminho.

Trata-se de crime formal, que não exige para sua consumação a ocorrência de resultado naturalístico, consistente na efetivação do contrabando ou descaminho.

Vale registrar que o delito de Facilitação de Contrabando ou Descaminho é de maior potencial ofensivo, instruído por meio de IP e comportando o rito do procedimento comum ordinário (art. 394, § 1º, I, CPP).

V. Prevaricação:

Delito previsto no art. 319, CP.

Há 3 (três) condutas puníveis: retardar (comissivo ou omissivo), deixar de praticar (omissivo) e praticar (comissivo).

Ato de ofício é o ato que o funcionário deve praticar, segundo seus deveres funcionais (no exercício da função).

Pode ser um interesse pessoal próprio ou de ajudar terceiro, de forma que o benefício, na prevaricação, pode ser de terceira pessoa.

O agente infringe um dever funcional. Exs: por não se dar bem com o requerente de uma certidão, deixa o funcionário público de expedi-la no prazo regular; ou o Delegado de Polícia que deixa de remeter o Inquérito Policial ao Juiz de Direito, com o intuito de beneficiar o indiciado.

Interesse pessoal – qualquer proveito, ganho ou vantagem auferido pelo agente, não necessitando ser de natureza econômica (ex. retarda ato com o intuito de fazer um favor a alguém).

Sentimento pessoal – disposição afetiva do agente em relação a algum bem ou valor (ex. retarda ou não pratica ato com o intuito de se vingar de alguém).

Trata-se de crime formal, que não exige, para a sua consumação, a ocorrência de resultado naturalístico, consistente na efetiva satisfação do interesse ou do sentimento, prejudicando a Administração.

Elemento subjetivo é o dolo.

Não admite a forma culposa.

A Lei Federal nº 11.466/2007 previu nova modalidade de Prevaricação no art. 319-A, CP, que atinge o Diretor de Penitenciária ou outro agente público (Prevaricação imprópria).

A correspondência deste delito para o particular estará no art. 349-A, CP, que será visto mais adiante.

O art. 319-A, CP, trata de tipo omissivo (deixar de cumprir seu dever).

Tal espécie delitiva é identificada por Luiz Régis Prado[201] como Prevaricação de Agente Penitenciário.

Vale registrar que o delito de Prevaricação, em qualquer de suas modalidades (arts. 319 e 319-A, ambos do CP), é considerado infração penal de menor potencial ofensivo, instruído por meio de TC e comportando o rito do procedimento comum sumaríssimo (art. 394, § 1º, III, CPP).

2) Dos crimes praticados por particular contra a Administração em geral (Capítulo II):

Usurpação de função pública

Art. 328 – Usurpar o exercício de função pública:

Pena – detenção, de 3 (três) meses a 2 (dois) anos, e multa.

Parágrafo único – Se do fato o agente aufere vantagem:

Pena – reclusão, de 2 (dois) a 5 (cinco) anos, e multa.

Resistência

Art. 329 – Opor-se à execução de ato legal, mediante violência ou ameaça a funcionário competente para executá-lo ou a quem lhe esteja prestando auxílio:

Pena – detenção, de 2 (dois) meses a 2 (dois) anos.

§ 1º – Se o ato, em razão da resistência, não se executa:

Pena – reclusão, de 1 (um) a 3 (três) anos.

§ 2º – As penas deste artigo são aplicáveis sem prejuízo das correspondentes à violência.

Desobediência

Art. 330 – Desobedecer a ordem legal de funcionário público:

Pena – detenção, de 15 (quinze) dias a 6 (seis) meses, e multa.

Desacato

Art. 331 – Desacatar funcionário público no exercício da função ou em razão dela:

Pena – detenção, de 6 (seis) meses a 2 (dois) anos, ou multa.

Tráfico de Influência *(Redação dada pela Lei nº 9.127, de 16-11-1995)*

Art. 332 – Solicitar, exigir, cobrar ou obter, para si ou para outrem, vantagem ou promessa de vantagem, a pretexto de influir em ato praticado por funcionário público no exercício da função:_(Redação dada pela Lei nº 9.127, de 16-11-1995)

Pena – reclusão, de 2 (dois) a 5 (cinco) anos, e multa. (Redação dada pela Lei nº 9.127, de 16-11-1995)

Parágrafo único – A pena é aumentada da metade, se o agente alega ou insinua que a vantagem é também destinada ao funcionário. (Redação dada pela Lei nº 9.127, de 16-11-1995)

Corrupção ativa

Art. 333 – Oferecer ou prometer vantagem indevida a funcionário público, para 409rofessio-lo a praticar, omitir ou retardar ato de ofício:

Pena – reclusão, de 2 (dois) a 12 (doze) anos, e multa. (Redação dada pela Lei nº 10.763, de 12-11-2003)

Parágrafo único – A pena é aumentada de um terço, se, em razão da vantagem ou promessa, o funcionário retarda ou omite ato de ofício, ou o pratica infringindo dever funcional.

Descaminho

Art. 334. Iludir, no todo ou em parte, o pagamento de direito ou imposto devido pela entrada, pela saída ou pelo consumo de mercadoria (Redação dada pela Lei nº 13.008, de 26-6-2014)

201 PRADO, Luiz Régis. **Curso de Direito Penal Brasileiro.** v. 2. 15. ed. São Paulo: RT, 2017, p. 797.

Pena – reclusão, de 1 (um) a 4 (quatro) anos. (Redação dada pela Lei nº 13.008, de 26-6-2014)

§ 1º Incorre na mesma pena quem: *(Redação dada pela Lei nº 13.008, de 26-6-2014)*

I – pratica navegação de cabotagem, fora dos casos permitidos em lei; (Redação dada pela Lei nº 13.008, de 26-6-2014)

II – pratica fato assimilado, em lei especial, a descaminho; (Redação dada pela Lei nº 13.008, de 26-6-2014)

III – vende, expõe à venda, mantém em depósito ou, de qualquer forma, utiliza em proveito próprio ou alheio, no exercício de atividade comercial ou industrial, mercadoria de procedência estrangeira que introduziu clandestinamente no País ou importou fraudulentamente ou que sabe ser produto de introdução clandestina no território nacional ou de importação fraudulenta por parte de outrem; (Redação dada pela Lei nº 13.008, de 26-6-2014)

IV – adquire, recebe ou oculta, em proveito próprio ou alheio, no exercício de atividade comercial ou industrial, mercadoria de procedência estrangeira, desacompanhada de documentação legal ou acompanhada de documentos que sabe serem falsos. (Redação dada pela Lei nº 13.008, de 26-6-2014)

§ 2º Equipara-se às atividades comerciais, para os efeitos deste artigo, qualquer forma de comércio irregular ou clandestino de mercadorias estrangeiras, inclusive o exercido em residências. (Redação dada pela Lei nº 13.008, de 26-6-2014)

§ 3º A pena aplica-se em dobro se o crime de descaminho é praticado em transporte aéreo, marítimo ou fluvial. (Redação dada pela Lei nº 13.008, de 26-6-2014)

Contrabando

Art. 334-A. Importar ou exportar mercadoria proibida: (Incluído pela Lei nº 13.008, de 26-6-2014)

Pena – reclusão, de 2 (dois) a 5 (cinco) anos. (Incluído pela Lei nº 13.008, de 26-6-2014)

§ 1º Incorre na mesma pena quem: (Incluído pela Lei nº 13.008, de 26-6-2014)

I – pratica fato assimilado, em lei especial, a contrabando; (Incluído pela Lei nº 13.008, de 26-6-2014)

II – importa ou exporta clandestinamente mercadoria que dependa de registro, análise ou autorização de órgão público competente; (Incluído pela Lei nº 13.008, de 26-6-2014)

III – reinsere no território nacional mercadoria brasileira destinada à exportação; (Incluído pela Lei nº 13.008, de 26-6-2014)

IV – vende, expõe à venda, mantém em depósito ou, de qualquer forma, utiliza em proveito próprio ou alheio, no exercício de atividade comercial ou industrial, mercadoria proibida pela lei brasileira; (Incluído pela Lei nº 13.008, de 26-6-2014)

V – adquire, recebe ou oculta, em proveito próprio ou alheio, no exercício de atividade comercial ou industrial, mercadoria proibida pela lei brasileira. (Incluído pela Lei nº 13.008, de 26-6-2014)§ 2º – Equipara-se às atividades comerciais, para os efeitos deste artigo, qualquer forma de comércio irregular ou clandestino de mercadorias estrangeiras, inclusive o exercido em residências. *(Incluído pela Lei nº 4.729, de 14-7-1965)*

§ 3º A pena aplica-se em dobro se o crime de contrabando é praticado em transporte aéreo, marítimo ou fluvial. (Incluído pela Lei nº 13.008, de 26-6-2014)

Impedimento, perturbação ou fraude de concorrência

Art. 335 – Impedir, perturbar ou fraudar concorrência pública ou venda em hasta pública, promovida pela administração federal, estadual ou municipal, ou por entidade paraestatal; afastar ou procurar afastar concorrente ou licitante, por meio de violência, grave ameaça, fraude ou oferecimento de vantagem:

Pena – detenção, de 6 (seis) meses a 2 (dois) anos, ou multa, além da pena correspondente à violência.

Parágrafo único – Incorre na mesma pena quem se abstém de concorrer ou licitar, em razão da vantagem oferecida.

Inutilização de edital ou de sinal

Art. 336 – Rasgar ou, de qualquer forma, inutilizar ou conspurcar edital afixado por ordem de funcionário público; violar ou inutilizar selo ou sinal empregado, por determinação legal ou por ordem de funcionário público, para identificar ou cerrar qualquer objeto:

Pena – detenção, de 1 (um) mês a 1 (um) ano, ou multa.

Subtração ou inutilização de livro ou documento

Art. 337 – Subtrair, ou inutilizar, total ou parcialmente, livro oficial, processo ou documento confiado à custódia de funcionário, em razão de ofício, ou de particular em serviço público:

Pena – reclusão, de 2 (dois) a 5 (cinco) anos, se o fato não constitui crime mais grave.

Sonegação de contribuição previdenciária *(Incluído pela Lei nº 9.983, de 14-7-2000)*

Art. 337-A. Suprimir ou reduzir contribuição social previdenciária e qualquer acessório, mediante as seguintes condutas: (Incluído pela Lei nº 9.983, de 14-7-2000)

I – omitir de folha de pagamento da empresa ou de documento de informações previsto pela legislação previdenciária segurados empregado, empresário, trabalhador avulso ou trabalhador autônomo ou a este equiparado que lhe prestem serviços; (Incluído pela Lei nº 9.983, de 14-7-2000)

II – deixar de lançar mensalmente nos títulos próprios da contabilidade da empresa as quantias descontadas dos segurados ou as devidas pelo empregador ou pelo tomador de serviços; (Incluído pela Lei nº 9.983, de 14-7-2000)

III – omitir, total ou parcialmente, receitas ou lucros auferidos, remunerações pagas ou creditadas e demais fatos geradores de contribuições sociais previdenciárias: (Incluído pela Lei nº 9.983, de 14-7-2000)

Pena – reclusão, de 2 (dois) a 5 (cinco) anos, e multa. (Incluído pela Lei nº 9.983, de 14-7-2000)

§ 1º É extinta a punibilidade se o agente, espontaneamente, declara e confessa as contribuições, importâncias ou valores e presta as informações devidas à previdência social, na forma definida em lei ou regulamento, antes do início da ação fiscal. *(Incluído pela Lei nº 9.983, de 14-7-2000)*

§ 2º É facultado ao juiz deixar de aplicar a pena ou aplicar somente a de multa se o agente for primário e de bons antecedentes, desde que: *(Incluído pela Lei nº 9.983, de 14-7-2000)*

I – (VETADO) (Incluído pela Lei nº 9.983, de 14-7-2000)

II – o valor das contribuições devidas, inclusive acessórios, seja igual ou inferior àquele estabelecido pela previdência social, administrativamente, como sendo o mínimo para o ajuizamento de suas execuções fiscais.(Incluído pela Lei nº 9.983, de 14-7-2000)

§ 3º *Se o empregador não é pessoa jurídica e sua folha de pagamento mensal não ultrapassa R$ 1.510,00 (um mil, quinhentos e dez reais), o juiz poderá reduzir a pena de um terço até a metade ou aplicar apenas a de multa. (Incluído pela Lei nº 9.983, de 14-7-2000)*

§ 4º *O valor a que se refere o parágrafo anterior será reajustado nas mesmas datas e nos mesmos índices do reajuste dos benefícios da previdência social. (Incluído pela Lei nº 9.983, de 14-7-2000)*

COMENTÁRIOS

Características marcantes:

I. Usurpação de função pública:

Delito previsto no art. 328, CP.

Aqui, usurpar é alcançar sem direito ou com fraude a função pública, tomando conta do que não é seu de direito.

A inofensividade do fato exclui o crime.

Trata-se de crime formal, que não exige resultado naturalístico, consistente no prejuízo para a Administração.

Função pública – abrange o conjunto de atribuições inerentes ao serviço público (não necessariamente cargo ou emprego, de modo gratuito ou remunerado).

Sujeito ativo pode ser qualquer pessoa (inclusive o funcionário público, quando fora de suas funções).

O sujeito passivo é o Estado.

Elemento subjetivo do tipo é o dolo.

Não admite a forma culposa.

Há previsão no § único de qualificadora, caso o agente, usurpando função pública, consiga obter alguma vantagem.

Vale registrar que, em sua modalidade simples (art. 328, *caput*, CP), o delito de Usurpação de Função Pública é considerado infração penal de menor potencial ofensivo, da competência dos JECs, instruído por meio de TC e comportando o rito do procedimento comum sumaríssimo (art. 394, § 1º, III, CPP).

No que concerne à forma qualificada (art. 328, § 1º, CP), o delito de Usurpação de Função Pública é de maior potencial ofensivo, instruído por meio de IP e comportando o rito do procedimento comum ordinário (art. 394, § 1º, I, CPP).

II. Resistência:

Delito previsto no art. 329, CP.

O agente coloca obstáculo à execução do ato legal.

A violência ou ameaça devem ser dirigidas contra a pessoa do funcionário público.

A ameaça não precisa ser grave.

Se dirigida contra bem público (por exemplo, dano em viatura policial), configura o crime de Dano qualificado (art. 163, § único, III, CP).

Se proferidas ofensas, é possível configurar o crime de Desacato.

Se o agente mata ou tenta matar o agente público, responde por Homicídio (consumado ou tentado) e pelo tipo do art. 329, em concurso material; o mesmo se houver lesão corporal (§ 2º).

Trata-se de crime formal, que não exige o resultado naturalístico, consistente na efetiva falta de execução do ato legal.

Todavia, no § 1º, há modalidade qualificada, que exige a não-realização do ato legal pelo funcionário competente (trata-se de exaurimento que eleva a pena do crime).

O sujeito ativo pode ser qualquer pessoa (inclusive o funcionário público, quando não age na condição de funcionário executor do ato).

O sujeito passivo é o Estado e, secundariamente, o funcionário ou outra pessoa que sofreu a violência ou ameaça.

É necessário que o funcionário seja o competente para realizar o ato.

Se o funcionário público valer-se de terceiros para executar o ato legal e a ele for oposta resistência, também estará configurado o delito do art. 329.

Não se configura o delito de resistência contra o particular que resolva prender alguém em flagrante (flagrante facultativo - art. 301, CPP).

Elemento subjetivo do tipo é o dolo, consistente na vontade de não permitir a realização do ato legal.

Não admite a forma culposa.

Assim, havendo dúvida razoável e consistente quanto à legalidade do ato ou competência do agente, em princípio, poderá o particular resistir, sem que haja a configuração do delito.

Vale registrar que, em sua modalidade simples (art. 329, *caput*, CP), o delito de Resistência é considerado infração penal de menor potencial ofensivo, da competência dos JECs, instruído por meio de TC e comportando o rito do procedimento comum sumaríssimo (art. 394, § 1º, III, CPP).

No que concerne à forma qualificada (art. 329, § 1º, CP), o delito de Resistência é de médio potencial ofensivo, instruído por meio de IP e comportando o rito do procedimento comum sumário (art. 394, § 1º, II, CPP).

III. Desobediência:

Delito previsto no art. 330, CP.

O verbo nuclear é "desobedecer", que é não ceder à autoridade ou força de alguém, sendo requisito que a ordem dada seja do conhecimento direto de quem necessita cumpri-la.

É indispensável que a ordem esteja prevista em lei (emitido por autoridade competente e de acordo com a lei).

Vale ressaltar que, se pela desobediência da ordem, alguma lei comina determinada penalidade administrativa ou civil, não há que se falar no crime do art. 330, exceto se a lei ressalvar expressamente a aplicação cumulada do art. 330.

Descumprimento das medidas protetivas de urgência previstas na Lei Maria da Penha (Lei Federal nº 11.340/06), que trata da violência doméstica e familiar contra a mulher, geravam, em princípio, o crime de desobediência, até o advento da Lei Federal nº 13.641, de 3 de abril de 2018, que tipificou o delito de Descumprimento de Medidas Protetivas de Urgência no novel art. 24-A e §§, da Lei Maria da Penha, introduzindo a Seção IV no Título IV, Capítulo II, da referida legislação protetiva, que trata dos procedimentos.

Trata-se de crime formal, que não exige resultado naturalístico, consistente na ocorrência de algum prejuízo para a Administração, por conta do não-cumprimento da ordem.

O sujeito ativo pode ser qualquer pessoa, inclusive o funcionário público (na hipótese de a ordem não disser respeito à função exercida pelo funcionário público).

O sujeito passivo é o Estado.

O elemento subjetivo do tipo é o dolo.

Não se pune a forma culposa.

Desobediência e auto-incriminação – é necessário verificar se a ordem guarda relação com o direito de não produzir prova contra si mesmo.

É o caso da exigência do bafômetro ou obrigação do suspeito de dirigir embriagado de ceder material para o exame de sangue (dosagem alcoólica, alcoolemia).

Doutrina majoritária entende inviável a configuração de desobediência nestes casos.

Outrossim, entende-se inviável processar o indiciado ou réu por desobediência, por não querer colaborar na colheita de provas contra si mesmo, cabendo ao Estado obter outras formas de prova.

Sigilo profissional e desobediência – é garantido o sigilo profissional, porém nenhum direito é absoluto.

Assim, na tarefa de apurar lesões ou ameaças a direito, sigilo bancário poderá ser quebrado, o mesmo se dizendo do sigilo médico, quando for indispensável para apurar um crime (apurar a materialidade em crimes que deixam vestígios).

Sigilo do advogado – entende-se não passível de punição por desobediência o sigilo do advogado em relação ao seu cliente, pois inerente à defesa deste último.

Assim, se ninguém é obrigado a se autoacusar, ao procurar o advogado é esse direito que o réu estará exercitando.

Vale registrar que o delito de Desobediência é considerado infração penal de menor potencial ofensivo, da competência dos JECs, instruído por meio de TC e comportando o rito do procedimento comum sumaríssimo (art. 394, § 1º, III, CPP).

IV. Desacato:

Delito previsto no art. 331, CP.

Desacatar é desprezar, faltar com respeito, humilhar.

Exige-se que a palavra ofensiva ou o ato injurioso seja proferido ao funcionário que esteja exercendo suas funções, ou, ainda que não exercendo, que o autor tenha levado em conta a função pública.

Outrossim, exige-se que a palavra seja proferida na presença do funcionário (o funcionário deve captar a ofensa por seus próprios sentidos).

Se o funcionário não estiver presente, trata-se de crime contra a honra majorado (calúnia, difamação e injúria), praticado contra funcionário público, em razão de suas funções (art. 141, II, CP).

Trata-se de crime formal, que não exige resultado naturalístico, consistente no efetivo desprestígio da função pública.

Não há crime se o funcionário público demonstrar completo desinteresse pelo ato ofensivo proferido.

Sujeito ativo pode ser qualquer pessoa (inclusive o funcionário público).

O sujeito passivo é o Estado e o funcionário público desacatado.

Se houver desacato de mais de um funcionário, em um mesmo contexto fático, trata-se de crime único.

Elemento subjetivo é o dolo.

Não há forma culposa.

Conforme jurisprudência da 3ª Seção do STJ, emblematizada no julgamento do HC 379.269/MS, realizado em 29/05/17, por maioria, os Ministros entenderam que a tipificação do Desacato não viola o Pacto de San José da Costa Rica, por não ferir a liberdade de expressão.

Vale registrar que o delito de Desacato é considerado infração penal de menor potencial ofensivo, da competência dos JECs, instruído por meio de TC e comportando o rito do procedimento comum sumaríssimo (art. 394, § 1º, III, CPP).

V. Corrupção ativa:

Delito previsto no art. 333, CP.

É o tipo destinado ao particular que oferece ou promete ao funcionário público vantagem indevida, para que este pratique, não pratique ou retarde ato de ofício (o ato visado deve estar dentro da esfera de atribuição do funcionário).

A vantagem indevida é qualquer lucro, ganho, privilégio ou benefício ilícito.

A vantagem ou promessa deve ser anterior ao ato.

Trata-se de crime formal, que não exige resultado naturalístico, consistente no efetivo recebimento do suborno.

Não se exige que, para a configuração da corrupção ativa, esteja devidamente demonstrada a corrupção passiva.

O sujeito ativo é qualquer pessoa que oferece ou promete a vantagem.

O sujeito passivo é o Estado.

O elemento subjetivo é o dolo.

Não admite a forma culposa.

Há causa de aumento de pena no § único: eleva-se a pena em 1/3 quando, em razão da promessa ou da vantagem, efetivamente o agente atrasa ou não faz o que deveria, ou pratica o ato, infringindo dever funcional.

Nesta hipótese, o crime é material, exigindo resultado naturalístico, ou seja, está sendo punido de forma autônoma o "exaurimento" do crime.

Vale registrar que o delito de Corrupção Ativa é de maior potencial ofensivo, da competência da Justiça Comum, instruído por meio de IP e comportando o rito do procedimento comum ordinário (art. 394, § 1º, I, CPP).

VI. Contrabando ou Descaminho:

Com o advento da Lei Federal nº 13.008, de 26 de junho de 2014, houve modificação substancial no tipo penal do art. 334, CP.

Tal dispositivo previa tanto o *Contrabando próprio* – importar ou exportar mercadoria proibida, quanto o *Contrabando impróprio ou Descaminho* – frustrar o pagamento de direito ou imposto (frustra total ou parcialmente o pagamento do imposto).

Todavia, com a nova redação, o Contrabando passou a integrar o art. 334-A, CP, com pena cominada de 2 a 5 anos de reclusão, enquanto que o Descaminho passou a integrar o art. 334, *caput*, CP, com pena cominada de 1 a 4 anos de reclusão.

Pela redação anterior, a pena de ambos era de 1 a 4 anos de reclusão.

O ato de não recolher os tributos incidentes na exportação e importação de mercadorias já era conduta típica insculpida no art. 177, do Código Criminal Imperial do Brasil de 1830, reproduzida no art. 285, do Código Penal dos Estados Unidos do Brasil, de 1890, no qual se encontrava especificamente tipificado o delito de Contrabando.

Todavia, foi no Código Penal de 1940 que a conduta típica descrita como Descaminho ganhou a nomenclatura atual, encontrando-se atualmente descrita no novel art. 334, CP, e inserida no Título que trata dos Crimes contra a Administração Pública.

Quando se fala em "mercadoria proibida", trata-se de norma penal em branco, sendo necessário recorrer a outro diploma para se averiguar que mercadorias seriam estas.

Trata-se de crime formal, que não exige, para a sua consumação, a ocorrência de resultado naturalístico, consistente na produção de efetivo dano à Administração Pública.

É possível a aplicação do princípio da bagatela ou da insignificância (passível de punição fiscal e administrativa, mas não penal), normalmente no Descaminho, quando não houver risco de lesão ao bem jurídico.

Todavia, segundo a **Súmula nº 599, do STJ**: *"O princípio da insignificância é inaplicável aos crimes contra a administração pública"*.

Se houver lei especial regulando a importação ou exportação de mercadoria, aplica-se esta legislação (Ex: Lei de Tóxicos).

O sujeito ativo pode ser qualquer pessoa e o sujeito passivo é o Estado.

Via de regra, a competência é da Justiça Federal.

Excepcionalmente, a competência será da Justiça Estadual (Ex: quando deixar de ser recolhido o ICMS incidente sobre exportações).

Se houver participação de funcionário público, conforme já referido, configura também o delito do art. 318, CP (Facilitação de contrabando ou descaminho).

O elemento subjetivo é o dolo.

Não admite a forma culposa.

O § 1º dos arts. 334 e 334-A trata de formas equiparadas de contrabando e descaminho.

Com relação à "navegação de cabotagem" (art. 334, § 1º, I, CP), possível apenas no Descaminho, é aquela realizada entre portos ou pontos do território brasileiro, utilizando a via marítima ou esta e as vias interiores, nos termos do que dispõe a Lei 9.432/97, que trata do transporte aquático e aquaviário.

O § 2º dos arts. 334 e 334-A equipara às atividades comerciais qualquer forma de comércio irregular ou clandestino de mercadorias estrangeiras, inclusive o exercido em residência.

O 3º dos arts. 334 e 334-A prevê causa de aumento: eleva-se a pena para o dobro se o contrabando ou descaminho for praticado por meio de transporte aéreo, marítimo ou fluvial.

Na verdade, trata-se de qualificadora e não de majorante, pois a pena é duplicada.

Outrossim, os arts. 334 e 334-A, CP, constituem exceção pluralística à teoria monística do Código Penal, na medida em que o funcionário público responderá por Facilitação de contrabando ou descaminho (art. 318, CP), enquanto que o particular ou outro funcionário público responderá pelo tipo dos arts. 334 e 334-A, CP.

Tanto o Descaminho quanto o Contrabando, em qualquer de suas modalidades (arts. 334, *caput* e §§ 1º e 3º; 334-A, *caput* e §§ 1º e 3º, ambos do CP), são delitos de maior potencial ofensivo, instruídos por meio de Inquérito Policial e comportando o rito do procedimento comum ordinário (art. 394, § 1º, I, CPP).

Todavia, em se tratando de Descaminho, com exceção da forma qualificada do delito (art. 334, § 2º, CP), é possível a suspensão condicional do processo, já que a pena mínima cominada não é superior a 1 (um) ano.

3) Dos crimes praticados por particular contra a Administração Pública Estrangeira (Capítulo II-A):

Corrupção ativa em transação comercial internacional

Art. 337-B. Prometer, oferecer ou dar, direta ou indiretamente, vantagem indevida a funcionário público estrangeiro, ou a terceira pessoa, para 421rofessio-lo a praticar, omitir ou retardar ato de ofício relacionado à transação comercial internacional: (Incluído pela Lei nº 10467, de 11-6-2002)

Pena – reclusão, de 1 (um) a 8 (oito) anos, e multa. (Incluído pela Lei nº 10467, de 11-6-2002)

Parágrafo único. A pena é aumentada de 1/3 (um terço), se, em razão da vantagem ou promessa, o funcionário público estrangeiro retarda ou omite o ato de ofício, ou o pratica infringindo dever funcional. (Incluído pela Lei nº 10467, de 11-6-2002)

Tráfico de influência em transação comercial internacional *(Incluído pela Lei nº 10467, de 11-6-2002)*

Art. 337-C. Solicitar, exigir, cobrar ou obter, para si ou para outrem, direta ou indiretamente, vantagem ou promessa de vantagem a pretexto de influir em ato praticado por funcionário público estrangeiro no exercício de suas funções, relacionado a transação comercial internacional: (Incluído pela Lei nº 10467, de 11-6-2002)

Pena – reclusão, de 2 (dois) a 5 (cinco) anos, e multa. (Incluído pela Lei nº 10467, de 11-6-2002)

Parágrafo único. A pena é aumentada da metade, se o agente alega ou insinua que a vantagem é também destinada a funcionário estrangeiro. (Incluído pela Lei nº 10467, de 11-6-2002)

Funcionário público estrangeiro *(Incluído pela Lei nº 10467, de 11-6-2002)*

Art. 337-D. Considera-se funcionário público estrangeiro, para os efeitos penais, quem, ainda que transitoriamente ou sem remuneração, exerce cargo, emprego ou função pública em entidades estatais ou em representações diplomáticas de país estrangeiro. *(Incluído pela Lei nº 10467, de 11-6-2002)*

Parágrafo único. Equipara-se a funcionário público estrangeiro quem exerce cargo, emprego ou função em empresas controladas, diretamente ou indiretamente, pelo Poder Público de país estrangeiro ou em organizações públicas internacionais. (Incluído pela Lei nº 10467, de 11-6-2002)

☞ COMENTÁRIOS

I. Funcionário público estrangeiro:

A Lei nº 10.467/2002 introduziu no Código Penal, além dos artigos 337-B e 337-C, o artigo 337-D, que cuida do conceito penal de funcionário público estrangeiro.

O § único amplia o conceito estabelecido no *caput*.

O legislador, ao definir funcionário público estrangeiro equiparado, adotou solução diversa à adotada para a definição de funcionário público nacional.

Com efeito, a lei nova é menos abrangente, pois não incluiu, como o fez a regra do artigo 327, § 1º, *in fine*, os particulares que trabalham em empresas contratadas ou conveniadas ao Poder Público, que exercem atividades da Administração Pública.

Assim, o conceito de funcionário público estrangeiro por equiparação não alcança profissionais ou empregados de empresas privadas estrangeiras, ainda que atuem em representação, por contrato ou convênio, de Estado estrangeiro.

4) Dos crimes contra a Administração da Justiça (Capítulo III):

Reingresso de estrangeiro expulso

Art. 338 - Reingressar no território nacional o estrangeiro que dele foi expulso:

Pena - reclusão, de 1 (um) a 4 (quatro) anos, sem prejuízo de nova expulsão após o cumprimento da pena.

Denunciação caluniosa

Art. 339. Dar causa à instauração de investigação policial, de processo judicial, instauração de investigação administrativa, inquérito civil ou ação de improbidade administrativa contra alguém, imputando-lhe crime de que o sabe inocente: (Redação dada pela Lei nº 10.028, de 19-10-2000)

Pena - reclusão, de 2 (dois) a 8 (oito) anos, e multa.

§ 1º - A pena é aumentada de sexta parte, se o agente se serve de anonimato ou de nome suposto.

§ 2º - A pena é diminuída de metade, se a imputação é de prática de contravenção.

Comunicação falsa de crime ou de contravenção

Art. 340 - Provocar a ação de autoridade, comunicando-lhe a ocorrência de crime ou de contravenção que sabe não se ter verificado:

Pena - detenção, de 1 (um) a 6 (seis) meses, ou multa.

Auto-acusação falsa

Art. 341 - Acusar-se, perante a autoridade, de crime inexistente ou praticado por outrem:

Pena - detenção, de 3 (três) meses a 2 (dois) anos, ou multa.

Falso testemunho ou falsa perícia

Art. 342. Fazer afirmação falsa, ou negar ou calar a verdade como testemunha, perito, contador, tradutor ou intérprete em processo judicial, ou administrativo, inquérito policial, ou em juízo arbitral: (Redação dada pela Lei nº 10.268, de 28-8-2001)

Pena - reclusão, de 2 (dois) a 4 (quatro) anos, e multa. (Redação dada pela Lei nº 12.850, de 2-8-2013)

§ 1º-*As penas aumentam-se de um sexto a um terço, se o crime é praticado mediante suborno ou se cometido com o fim de obter prova destinada a produzir efeito em processo penal, ou em processo civil em que for parte entidade da administração pública direta ou indireta.(Redação dada pela Lei nº 10.268, de 28-8-2001)*

§ 2º-*O fato deixa de ser punível se, antes da sentença no processo em que ocorreu o ilícito, o agente se retrata ou declara a verdade.(Redação dada pela Lei nº 10.268, de 28-8-2001)*

Art. 343. Dar, oferecer ou prometer dinheiro ou qualquer outra vantagem a testemunha, perito, contador, tradutor ou intérprete, para fazer afirmação falsa, negar ou calar a verdade em depoimento, perícia, cálculos, tradução ou interpretação: (Redação dada pela Lei nº 10.268, de 28-8-2001)

Pena - reclusão, de 3 (três) a 4 (quatro) anos, e multa.(Redação dada pela Lei nº 10.268, de 28-8-2001)

Parágrafo único. As penas aumentam-se de um sexto a um terço, se o crime é cometido com o fim de obter prova destinada a produzir efeito em processo penal ou em processo civil em que for parte entidade da administração pública direta ou indireta. (Redação dada pela Lei nº 10.268, de 28-8-2001)

Coação no curso do processo

Art. 344 - Usar de violência ou grave ameaça, com o fim de favorecer interesse próprio ou alheio, contra autoridade, parte, ou qualquer outra pessoa que funciona ou é chamada a intervir em processo judicial, policial ou administrativo, ou em juízo arbitral:

Pena - reclusão, de 1 (um) a 4 (quatro) anos, e multa, além da pena correspondente à violência.

Exercício arbitrário das próprias razões

Art. 345 - Fazer justiça pelas próprias mãos, para satisfazer pretensão, embora legítima, salvo quando a lei o permite:

Pena - detenção, de 15 (quinze) dias a 1 (um) mês, ou multa, além da pena correspondente à violência.

Parágrafo único - Se não há emprego de violência, somente se procede mediante queixa.

Art. 346 – Tirar, suprimir, destruir ou danificar coisa própria, que se acha em poder de terceiro por determinação judicial ou convenção:

Pena – detenção, de 6 (seis) meses a 2 (dois) anos, e multa.

Fraude processual

Art. 347 – Inovar artificiosamente, na pendência de processo civil ou administrativo, o estado de lugar, de coisa ou de pessoa, com o fim de induzir a erro o juiz ou o perito:

Pena – detenção, de 3 (três) meses a 2 (dois) anos, e multa.

Parágrafo único – Se a inovação se destina a produzir efeito em processo penal, ainda que não iniciado, as penas aplicam-se em dobro.

Favorecimento pessoal

Art. 348 – Auxiliar a subtrair-se à ação de autoridade pública autor de crime a que é cominada pena de reclusão:

Pena – detenção, de 1 (um) a 6 (seis) meses, e multa.

§ 1º – Se ao crime não é cominada pena de reclusão:

Pena – detenção, de 15 (quinze) dias a 3 (três) meses, e multa.

§ 2º – Se quem presta o auxílio é ascendente, descendente, cônjuge ou irmão do criminoso, fica isento de pena.

Favorecimento real

Art. 349 – Prestar a criminoso, fora dos casos de coautoria ou de receptação, auxílio destinado a tornar seguro o proveito do crime:

Pena – detenção, de 1 (um) a 6 (seis) meses, e multa.

Art. 349-A. Ingressar, promover, intermediar, auxiliar ou facilitar a entrada de aparelho telefônico de comunicação móvel, de rádio ou similar, sem autorização legal, em estabelecimento prisional. (Incluído pela Lei nº 12.012, de 6-8-2009).

Pena: detenção, de 3 (três) meses a 1 (um) ano. (Incluído pela Lei nº 12.012, de 6-8-2009).

Exercício arbitrário ou abuso de poder

Art. 350 – Ordenar ou executar medida privativa de liberdade individual, sem as formalidades legais ou com abuso de poder:

Pena – detenção, de 1 (um) mês a 1 (um) ano.

Parágrafo único – Na mesma pena incorre o funcionário que:

I – ilegalmente recebe e recolhe alguém a prisão, ou a estabelecimento destinado a execução de pena privativa de liberdade ou de medida de segurança;

II – prolonga a execução de pena ou de medida de segurança, deixando de expedir em tempo oportuno ou de executar imediatamente a ordem de liberdade;

III – submete pessoa que está sob sua guarda ou custódia a vexame ou a constrangimento não autorizado em lei;

IV – efetua, com abuso de poder, qualquer diligência.

Fuga de pessoa presa ou submetida a medida de segurança

Art. 351 – Promover ou facilitar a fuga de pessoa legalmente presa ou submetida a medida de segurança detentiva:

Pena – detenção, de 6 (seis) meses a 2 (dois) anos.

§ 1º – Se o crime é praticado a mão armada, ou por mais de uma pessoa, ou mediante arrombamento, a pena é de reclusão, de 2 (dois) a 6 (seis) anos.

§ 2º – Se há emprego de violência contra pessoa, aplica-se também a pena correspondente à violência.

§ 3º – A pena é de reclusão, de 1 (um) a 4 (quatro) anos, se o crime é praticado por pessoa sob cuja custódia ou guarda está o preso ou o internado.

§ 4º – No caso de culpa do funcionário incumbido da custódia ou guarda, aplica-se a pena de detenção, de 3 (três) meses a 1 (um) ano, ou multa.

Evasão mediante violência contra a pessoa

Art. 352 – Evadir-se ou tentar evadir-se o preso ou o indivíduo submetido a medida de segurança detentiva, usando de violência contra a pessoa:

Pena – detenção, de 3 (três) meses a 1 (um) ano, além da pena correspondente à violência.

Arrebatamento de preso

Art. 353 – Arrebatar preso, a fim de maltratá-lo, do poder de quem o tenha sob custódia ou guarda:

Pena – reclusão, de 1 (um) a 4 (quatro) anos, além da pena correspondente à violência.

Motim de presos

Art. 354 – Amotinarem-se presos, perturbando a ordem ou disciplina da prisão:

Pena – detenção, de 6 (seis) meses a 2 (dois) anos, além da pena correspondente à violência.

Patrocínio infiel

Art. 355 – Trair, na qualidade de advogado ou procurador, o dever profissional, prejudicando interesse, cujo patrocínio, em juízo, lhe é confiado:

Pena – detenção, de 6 (seis) meses a 3 (três) anos, e multa.

Patrocínio simultâneo ou tergiversação

Parágrafo único – Incorre na pena deste artigo o advogado ou procurador judicial que defende na mesma causa, simultânea ou sucessivamente, partes contrárias.

Sonegação de papel ou objeto de valor probatório

Art. 356 – Inutilizar, total ou parcialmente, ou deixar de restituir autos, documento ou objeto de valor probatório, que recebeu na qualidade de advogado ou procurador:

Pena – detenção, de 6 (seis) meses a 3 (três) anos, e multa.

Exploração de prestígio

Art. 357 – Solicitar ou receber dinheiro ou qualquer outra utilidade, a pretexto de influir em juiz, jurado, órgão do Ministério Público, funcionário de justiça, perito, tradutor, intérprete ou testemunha:

Pena – reclusão, de 1 (um) a 5 (cinco) anos, e multa.

Parágrafo único – As penas aumentam-se de um terço, se o agente alega ou insinua que o dinheiro ou utilidade também se destina a qualquer das pessoas referidas neste artigo.

Violência ou fraude em arrematação judicial

Art. 358 – Impedir, perturbar ou fraudar arrematação judicial; afastar ou procurar afastar concorrente ou licitante, por meio de violência, grave ameaça, fraude ou oferecimento de vantagem:

Pena – detenção, de 2 (dois) meses a 1 (um) ano, ou multa, além da pena correspondente à violência.

Desobediência a decisão judicial sobre perda ou suspensão de direito

Art. 359 – Exercer função, atividade, direito, autoridade ou múnus, de que foi suspenso ou privado por decisão judicial:

Pena – detenção, de 3 (três) meses a 2 (dois) anos, ou multa.

COMENTÁRIOS

Características marcantes:

I. Denunciação caluniosa:

Previsto no art. 339, CP.

Consiste em dar causa à instauração de investigação policial (inquérito policial, termo circunstanciado, procedimento de apuração de ato infracional), processo judicial (após recebimento de denúncia do MP ou queixa-crime do ofendido), investigação administrativa (sindicância, processo administrativo-disciplinar), inquérito civil do MP (ação civil pública – art. 129, III, CF), ou ação de improbidade administrativa (Lei 8.429/92).

Imputação de crime a alguém, sabendo o agente que a pessoa imputada é inocente.

Imputação de contravenção penal a alguém, sabendo o agente que a pessoa imputada é inocente – redução da pena de 2 (dois) a 8 (oito) anos pela metade (1 a 4 anos) – art. 339, § 2º, CP.

Aumento da pena de 1/6, se o agente se serve de anonimato ou de nome suposto.

Vale lembrar que a própria CF veda o anonimato (art. 5º, IV, CF).

Não confundir com o crime de calúnia (art. 138, CP).

Havendo conflito aparente de normas penais, o art. 339, CP absorve o art. 138, CP.

Não confundir com o crime do art. 19 da Lei Federal nº 8.429/92, que exige representação contra o agente público ou terceiro beneficiário por ato de improbidade.

Recentemente, a Lei Federal nº 13.834, de 4 de junho de 2019, alterou a Lei Federal nº 4.737/65 (Código Eleitoral), para tipificar o crime de Denunciação Caluniosa com finalidade eleitoral.

A Denunciação Caluniosa é instrumentalizado, na fase pré-processual ou inquisitorial, por meio de Inquérito Policial (IP).

Trata-se de crime de maior potencial ofensivo, com pena máxima cominada superior a quatro (4) anos, adequando-se ao rito do procedimento comum ordinário, contemplado no art. 394, § 1º, I, do Código de Processo Penal (CPP).

II. Comunicação falsa de crime ou de contravenção:

Delito previsto no art. 340, CP.

O trote policial estaria aqui tipificado.

É crime da competência dos JECs, já que a pena máxima cominada é de 6 (seis) meses de detenção.

Dessa forma, a Comunicação falsa de crime ou de contravenção é instrumentalizada, na fase pré-processual ou inquisitorial, por meio de Termo Circunstanciado, justamente por se enquadrar no conceito de infração penal de menor potencial ofensivo, adequando-se ao rito do procedimento comum sumaríssimo, contemplado no art. 394, § 1º, III, do Código de Processo Penal (CPP).

III. Autoacusação falsa:

Delito previsto no art. 341, CP.

Significa imputar a si, atribuir a si a prática de um crime que não houve ou que foi praticado por terceiro.

A conduta deve ocorrer perante qualquer autoridade pública competente para tomar providências (autoridade policial, ministerial ou judicial).

É crime formal, que independe de qualquer procedimento ou providência por parte da autoridade.

Não importa se o agente está movido por gesto de nobreza ou lealdade. Ex: pai que assume crime praticado pelo filho, para isentá-lo de responsabilidade.

É crime da competência dos JECs, já que a pena máxima cominada é de 2 (dois) anos de detenção.

Dessa forma, a Autoacusação falsa é instrumentalizada, na fase pré-processual ou inquisitorial, por meio de Termo Circunstanciado, justamente por se enquadrar no conceito de infração penal de menor potencial ofensivo, adequando-se ao rito do procedimento comum sumaríssimo, contemplado no art. 394, § 1º, III, do Código de Processo Penal (CPP).

IV. Falso testemunho ou Falsa perícia:

Delito previsto no art. 342, CP.

Houve modificação da pena com o advento da Lei nº 12.850/13 - reclusão de 2 (dois) a 4 (quatro) anos, e multa.

Crime de mão própria, ou de atuação pessoal, ou de conduta infungível: só pode ser praticado por testemunha, perito, contador, tradutor ou intérprete.

STF e STJ: admite-se participação de outras pessoas no crime de Falso testemunho (não coautoria).

O advogado pode responder como partícipe do crime.

1ª corrente: qualquer testemunha pode praticar o crime de falso testemunho, pois o art. 342 do CP não traz o compromisso como uma elementar deste crime e, mesmo não prestando o compromisso, informante pode induzir o juiz em erro – Magalhães Noronha[202], Nelson Hungria[203],

202 NORONHA, E. Magalhães. **Direito Penal**. v. 2. 32. ed. São Paulo: Saraiva, 1995.

203 HUNGRIA, Nelson; FRAGOSO, Heleno Cláudio. **COMENTÁRIOS ao Código Penal**. v. 5. 6. ed. Rio de Janeiro: Forense, 1981.

Tourinho Filho[204], Gilberto Thums[205], Cleber Masson[206], Norberto Avena[207], STF e STJ. **Posição majoritária;**

2ª corrente: sem o compromisso, a testemunha é mero informante. Só responde pelo crime de falso testemunho a testemunha compromissada; nos casos de relações familiares, haveria nítido caso de inexigibilidade de conduta diversa; mas pode responder por denunciação caluniosa - Heleno Fragoso[208], Espínola Filho[209] e Guilherme de Souza Nucci[210]. **Posição minoritária.**

O autor, o coautor e o partícipe não cometem o delito de Falso testemunho, ao prestarem declarações. É a consagração do princípio universal de direito do *"nemo tenetur se detegere"* - Princípio da Não-auto-incriminação.

Condutas típicas:

1ª) fazer afirmação falsa (falsidade positiva) - em princípio, a falsidade deve recair sobre fato juridicamente relevante;

2ª) negar a verdade (falsidade negativa);

3ª) calar a verdade (omissão).

Âmbito de abrangência: inquérito policial, processo judicial, processo administrativo e juízo arbitral. Em sindicância ou inquérito civil não.

Consumação: com a falsidade (mentira), no caso de Falso testemunho, e com a entrega do laudo pericial, no caso de Falsa perícia.

Majorantes: aumenta-se a pena de 1/6 a 1/3, havendo suborno, ou se o objetivo é produzir prova em processo penal, ou em processo civil, em que for parte órgão público.

Retratação: é possível até a data da sentença no processo em que se deu o falso testemunho (art. 342, § 2º, CP).

Trata-se de causa extintiva da punibilidade (art. 107, VI, CP).

O Falso testemunho ou Falsa perícia é instrumentalizado, na fase pré-processual ou inquisitorial, por meio de Inquérito Policial (IP).

Trata-se de crime de maior potencial ofensivo, com pena máxima cominada superior a quatro (4) anos, adequando-se ao rito do procedimento comum ordinário, contemplado no art. 394, § 1º, I, do Código de Processo Penal (CPP).

V. Corrupção ativa ou Suborno de testemunha, perito e outros:

Delito previsto no art. 343, CP.

Quem suborna testemunha e perito responderá por este delito.

É crime formal e a consumação se dá no momento em que a vantagem é oferecida, dada ou prometida a testemunha, ao perito e aos demais sujeitos elencados no art. 343, CP.

Os peritos e demais sujeitos não são funcionários públicos.

Não exercem função pública, mas sim encargo ou múnus público.

O perito ou a testemunha subornados respondem na forma do art. 342, § 1º, CP.

Majorantes: aumenta-se a pena de 1/6 a 1/3 se o crime é cometido com o fim de obter prova destinada a produzir efeito em

---

204 TOURINHO FILHO, Fernando da Costa. **Manual de Processo Penal**. 16. ed. São Paulo: Saraiva, 2013.

205 THUMS, Gilberto. **Código Penal Anotado**: abordagem objetiva. Porto Alegre: Sapiens, 2010.

206 MASSON, Cléber. **Direito Penal Esquematizado**: parte especial. v. 3. 5. ed. São Paulo: MÉTODO, 2015.

207 AVENA, Norberto. **Processo Penal:** teoria e prática. 2. ed. São Paulo: MÉTODO, 2013.

208 FRAGOSO, Heleno Cláudio. **Lições de Direito Penal:** parte especial. 17. ed. Rio de Janeiro: Forense, 2006.

209 ESPÍNOLA FILHO, Eduardo. **Código de Processo Penal Anotado**. v. 3. Rio de Janeiro: Editor Borsoi, 1965.

210 NUCCI, Guilherme de Souza. **Direito Penal Especial:** esquemas e sistemas, v. 2. 3. ed. Rio de Janeiro: Forense, 2015.

processo penal, ou em processo civil, em que for parte órgão público.

O tipo penal do art. 343, CP, é instrumentalizado, na fase pré-processual ou inquisitorial, por meio de Inquérito Policial (IP).

Trata-se de crime de maior potencial ofensivo, com pena máxima cominada superior a quatro (4) anos, adequando-se ao rito do procedimento comum ordinário, contemplado no art. 394, § 1º, I, do Código de Processo Penal (CPP).

VI. Coação no curso do processo:

Delito previsto no art. 344, CP.

Consiste em empregar violência física ou grave ameaça contra autoridade, parte ou qualquer outra pessoa que venha a intervir em processo judicial ou administrativo, procedimento policial ou juízo arbitral.

Absorve o crime de ameaça (art. 147, CP).

Todavia, se a ameaça à testemunha for posterior ao seu depoimento, o crime será o do art. 147, CP.

É crime formal, que não exige o efetivo favorecimento.

Havendo violência, aplica-se a regra do concurso material (art. 344 + crime correspondente à violência).

O tipo penal do art. 344, CP, é instrumentalizado, na fase pré-processual ou inquisitorial, por meio de Inquérito Policial (IP).

Trata-se de crime de maior potencial ofensivo, com pena máxima cominada superior a quatro (4) anos, adequando-se ao rito do procedimento comum ordinário, contemplado no art. 394, § 1º, I, do Código de Processo Penal (CPP).

Todavia, em virtude de a pena mínima cominada não ser superior a 2 (dois) anos, aceita a suspensão condicional do processo.

VII. Exercício arbitrário das próprias razões:

Delito previsto no art. 345, CP.

Fazer "justiça pelas próprias mãos" – resquícios da Lei de Talião ("olho por olho, dente por dente").

Tutela o prestígio da justiça, já que toda a lesão a direito poderá ser objeto de apreciação pelo Poder Judiciário (art. 5º, XXXV, CF).

Havendo autotutela, trata-se de exercício regular de direito (Ex: uso da força no caso de esbulho possessório – "desforço imediato para proteção da posse"; retenção de bagagem de hóspede inadimplente etc.).

Comete Exercício arbitrário das próprias razões, por exemplo, quem subtrai bem de terceiro com o objetivo de ressarcir-se de prejuízo causado por este em negócio mal sucedido.

É crime de ação penal privada, salvo se houver emprego de violência (art. 345, § único, CP).

Havendo violência, aplica-se a regra do concurso material (art. 345 + crime correspondente à violência).

É crime da competência dos JECs, já que a pena máxima cominada é de 1 (um) mês de detenção.

Dessa forma, o tipo penal do art. 345, CP, é instrumentalizado, na fase pré-processual ou inquisitorial, por meio de Termo Circunstanciado, justamente por se enquadrar no conceito de infração penal de menor potencial ofensivo, adequando-se ao rito do procedimento comum sumaríssimo, contemplado no art. 394, § 1º, III, do Código de Processo Penal (CPP).

VIII. Favorecimento pessoal:

Delito previsto no art. 348, CP.

O sujeito ativo não pode ser nem coautor nem partícipe do crime ocorrido. Tem de ser terceiro, podendo ser inclusive o advogado.

A conduta consiste no auxílio, na ajuda ao agente para escapar, subtrair-se ou ocultar-se de qualquer autoridade pública, desde que o indivíduo tenha praticado um crime.

Se for crime de reclusão, a pena será de 1 (um) a 6 (seis) meses de detenção (art. 348, *caput,* CP).

Se for crime de detenção, a pena será de 15 (quinze) dias a 3 (três) meses de detenção (art. 348, § 1º, CP).

Trata-se de crime acessório, de fusão, ou parasitário, que depende da prática anterior de um crime.

Não há favorecimento pessoal quando o fato praticado encontra-se acobertado por alguma causa excludente da ilicitude, da culpabilidade, da punibilidade, ou de uma escusa absolutória.

Escusa absolutória: se quem presta o auxílio é ascendente, descendente, cônjuge ou irmão do criminoso, fica isento de pena (art. 348, § 2º, CP).

É uma causa pessoal de isenção de pena, baseada em questão humanitária, podendo também ser aplicada ao companheiro (interpretação *in bonam partem*).

Em qualquer de suas modalidades (art. 348, *caput* e § 1º, CP), é crime da competência dos JECs, instrumentalizado, na fase pré-processual ou inquisitorial, por meio de Termo Circunstanciado, justamente por se enquadrar no conceito de infração penal de menor potencial ofensivo, adequando-se ao rito do procedimento comum sumaríssimo, contemplado no art. 394, § 1º, III, do Código de Processo Penal (CPP).

IX. Favorecimento real:

Previsto nos arts. 349 e 349-A, ambos do CP.

No *caput,* trata-se de crime em que o agente não pode ser partícipe ou coautor do crime originário, nem o receptador da *res furtiva.*

Também é crime acessório, de fusão, ou parasitário, que depende da prática anterior de um crime.

Não se confunde com a Receptação.

Na Receptação, modalidade "ocultar", o agente visa a obter vantagem econômica, enquanto que no Favorecimento real o agente só quer ajudar, beneficiar o criminoso. Ex: filho subtrai objetos de um supermercado e mãe o ajuda a ocultá-los em sua casa.

Não há escusa absolutória, pois envolve coisas, objeto de crime.

No novo tipo penal do art. 349-A, CP (Lei 12.012/2009), objeto material é o aparelho telefônico de comunicação móvel (celular), de rádio ou similar.

A consumação se dá com a entrada ou ingresso do aparelho de comunicação no estabelecimento prisional, sem autorização.

Para a configuração do delito, não é necessária a apreensão do aparelho em mãos do preso.

Basta que se descubra o referido aparelho dentro do presídio, contra as determinações vigentes, identificando-se quem promoveu seu ingresso.

É o chamado Favorecimento real impróprio.

Nos 2 (dois) tipos penais, impera a competência dos JECs, sendo instrumentalizados, na fase pré-processual ou inquisitorial, por meio de Termo Circunstanciado, justamente por se enquadrarem no conceito de infrações penais de menor potencial ofensivo, adequando-se ao rito do procedimento comum sumaríssimo, contemplado no art. 394, § 1º, III, do Código de Processo Penal (CPP).

X. Evasão mediante violência contra pessoa:

Delito previsto no art. 352, CP.

Trata-se de fuga com violência.

A fuga sem violência é fato atípico, mas constitui falta grave na execução da pena, conforme art. 50, II, da Lei das Execuções Penais (LEP) – Lei Federal nº 7.210/84.

Não se trata de direito do preso a fuga (STF).

A consumação ocorre no momento em que o agente emprega violência, mesmo que não consiga fugir (*evadir-se ou tentar evadir-se*).

Havendo violência, aplica-se a regra do concurso material (art. 352 + crime resultante da violência).

Trata-se de infração penal de menor potencial ofensivo, da competência dos JECs, sendo instrumentalizada, na fase pré-processual ou inquisitorial, por meio de Termo Circunstanciado, adequando-se ao rito do procedimento comum sumaríssimo, contemplado no art. 394, § 1º, III, do Código de Processo Penal (CPP).

XI. Motim de presos:

Delito previsto no art. 354, CP.

É crime plurissubjetivo, de concurso necessário: mínimo de 3 (três) pessoas.

Havendo violência, aplica-se a regra do concurso material obrigatório (motim de presos + crime resultante da violência).

A violência, segundo a doutrina majoritária, deve ser física, incluindo as Vias de fato.

A grave ameaça, violência moral e a violência contra a coisa não autorizam, em princípio, a soma das penas.

Na última hipótese, havendo, por exemplo, Dano qualificado (art. 163, § único, III, CP), este, em princípio, será absorvido pelo tipo penal previsto no art. 354, CP.

Normalmente é comissivo (implica ação).

Todavia, será omissivo na chamada desobediência "ghândica", quando, por exemplo, os presos se recusam a voltar às suas celas, permanecendo horas a fio no pátio interno do presídio, causando, com isto, desordem e confusão generalizada.

Trata-se de crime material, que aceita a tentativa, bem como de crime permanente, pois a consumação se prolonga no tempo, perdurando durante todo o prazo de amotinamento dos presos.

Trata-se de infração penal de menor potencial ofensivo, da competência dos JECs, sendo instrumentalizada, na fase pré-processual ou inquisitorial, por meio de Termo Circunstanciado, adequando-se ao rito do procedimento comum sumaríssimo, contemplado no art. 394, § 1º, III, do Código de Processo Penal (CPP).

XII. Desobediência à decisão judicial sobre perda ou suspensão de direito:

Delito previsto no art. 359, CP.

Não se confunde com o crime do art. 330, CP (Desobediência).

O agente tem de exercer função, atividade, direito, autoridade ou múnus de que foi suspenso ou privado por decisão judicial.

Não se trata de descumprimento de penas impostas em sentença condenatória ou em transação penal.

As hipóteses mais comuns são aquelas em que o juiz impõe efeitos secundários na sentença condenatória, com fundamento no art. 92, I, II e III, CP, os quais deverão ser motivadamente declarados na sentença (art. 92, § único, CP).

Importante registrar que o art. 92, II, CP, foi recentemente modificado, com o advento da Lei Federal nº 13.715, de 24 de setembro de 2018.

Se o agente tiver suspenso o direito de dirigir veículo ou de obter permissão ou habilitação para dirigir, violando esta proibição imposta na sentença, haverá o crime autônomo do art. 307 da Lei 9.503/97, com pena de detenção de 6 (seis) meses a 1 (um) ano, podendo haver nova imposição adicional de idêntico prazo de suspensão ou de proibição.

Trata-se de crime habitual (*exercer*), logo não cabe tentativa.

Trata-se de infração penal de menor potencial ofensivo, da competência dos JECs, sendo instrumentalizada, na fase pré-processual ou inquisitorial, por meio de Termo Circunstanciado, adequando-se ao rito do procedimento comum sumaríssimo, contemplado no art. 394, § 1º, III, do Código de Processo Penal (CPP).

5) Dos crimes contra as finanças públicas (Capítulo IV):

Contratação de operação de crédito

Art. 359-A. Ordenar, autorizar ou realizar operação de crédito, interno ou externo, sem prévia autorização legislativa: (Incluído pela Lei nº 10.028, de 19-10-2000)

Pena – reclusão, de 1 (um) a 2 (dois) anos. (Incluído pela Lei nº 10.028, de 19-10-2000)

Parágrafo único. Incide na mesma pena quem ordena, autoriza ou realiza operação de crédito, interno ou externo: (Incluído pela Lei nº 10.028, de 19-10-2000)

I – com inobservância de limite, condição ou montante estabelecido em lei ou em resolução do Senado Federal; (Incluído pela Lei nº 10.028, de 19-10-2000)

II – quando o montante da dívida consolidada ultrapassa o limite máximo autorizado por lei. (Incluído pela Lei nº 10.028, de 19-10-2000)

Inscrição de despesas não empenhadas em restos a pagar *(Incluído pela Lei nº 10.028, de 19-10-2000)*

Art. 359-B. Ordenar ou autorizar a inscrição em restos a pagar, de despesa que não tenha sido previamente empenhada ou que exceda limite estabelecido em lei: (Incluído pela Lei nº 10.028, de 19-10-2000)

Pena – detenção, de 6 (seis) meses a 2 (dois) anos. (Incluído pela Lei nº 10.028, de 19-10-2000)

Assunção de obrigação no último ano do mandato ou legislatura *(Incluído pela Lei nº 10.028, de 19-10-2000)*

Art. 359-C. Ordenar ou autorizar a assunção de obrigação, nos dois últimos quadrimestres do último ano do mandato ou legislatura, cuja despesa não possa ser *paga no mesmo exercício financeiro ou, caso reste parcela a ser paga no exercício seguinte, que não tenha contrapartida suficiente de disponibilidade de caixa: (Incluído pela Lei nº 10.028, de 19-10-2000)*

Pena – reclusão, de 1 (um) a 4 (quatro) anos. (Incluído pela Lei nº 10.028, de 19-10-2000)

Ordenação de despesa não autorizada *(Incluído pela Lei nº 10.028, de 19-10-2000)*

Art. 359-D. Ordenar despesa não autorizada por lei: (Incluído pela Lei nº 10.028, de 19-10-2000)

Pena – reclusão, de 1 (um) a 4 (quatro) anos. (Incluído pela Lei nº 10.028, de 19-10-2000)

Prestação de garantia graciosa *(Incluído pela Lei nº 10.028, de 19-10-2000)*

Art. 359-E. Prestar garantia em operação de crédito sem que tenha sido constituída contragarantia em valor igual ou superior ao valor da garantia prestada, na forma da lei: (Incluído pela Lei nº 10.028, de 19-10-2000)

Pena – detenção, de 3 (três) meses a 1 (um) ano. (Incluído pela Lei nº 10.028, de 19-10-2000)

Não cancelamento de restos a pagar *(Incluído pela Lei nº 10.028, de 19-10-2000)*

Art. 359-F. Deixar de ordenar, de autorizar ou de promover o cancelamento do montante de restos a pagar inscrito em valor superior ao permitido em lei: (Incluído pela Lei nº 10.028, de 19-10-2000)

Pena – detenção, de 6 (seis) meses a 2 (dois) anos. (Incluído pela Lei nº 10.028, de 19-10-2000)

Aumento de despesa total com pessoal no último ano do mandato ou legislatura *(Incluído pela Lei nº 10.028, de 19-10-2000)*

Art. 359-G. Ordenar, autorizar ou executar ato que acarrete aumento de despesa total com pessoal, nos cento e oitenta dias anteriores ao final do mandato ou da legislatura: (Incluído pela Lei nº 10.028, de 19-10-2000))

Pena – reclusão, de 1 (um) a 4 (quatro) anos. (Incluído pela Lei nº 10.028, de 19-10-2000)

Oferta pública ou colocação de títulos no mercado *(Incluído pela Lei nº 10.028, de 19-10-2000)*

Art. 359-H. Ordenar, autorizar ou promover a oferta pública ou a colocação no mercado financeiro de títulos da dívida pública sem que tenham sido criados por lei ou sem que estejam registrados em sistema centralizado de liquidação e de custódia: (Incluído pela Lei nº 10.028, de 19-10-2000)

Pena – reclusão, de 1 (um) a 4 (quatro) anos. (Incluído pela Lei nº 10.028, de 19-10-2000)

COMENTÁRIOS

Cléber Masson[211], na obra Código Penal Comentado, estabelece o fundamento constitucional dos Crimes contra as Finanças Públicas, nos seguintes termos:

> *"A Constituição Federal, preocupada com a gestão do patrimônio público, estabeleceu diversas diretrizes e objetivos em seus arts. 163 a 169. Tais balizas foram posteriormente traçadas pela Lei Complementar 101/2000 – Lei de Responsabilidade Fiscal –, que estabelece normas de finanças públicas voltadas para a responsabilidade na gestão fiscal. Nesse sentido, estabelece o art. 1º, § 1º, da Lei Complementar 101/2000 que a responsabilidade na gestão fiscal pressupõe a ação planejada e transparente, em que se previnem riscos e se corrigem desvios capazes de afetar o equilíbrio das contas públicas. Seu art. 73, por sua vez, prevê que as infrações dos dispositivos desta lei complementar serão punidas de acordo com o Código Penal, a Lei 1.079/1950 – Crimes de Responsabilidade –, o Decreto-lei 201/1967 – Responsabilidade dos Prefeitos e Vereadores –, Lei 8.429/1992 – Lei de Improbidade Administrativa –, entre outras disposições. Para garantir o cumprimento das determinações legais, o Capítulo IV do Título XI deste Código, intitulado "Dos Crimes contra as Finanças Públicas", foi incluído pela Lei 10.028/2000 (Lei dos Crimes de Responsabilidade Fiscal)".*

São tipos penais que têm como objeto jurídico a proteção à regularidade das finanças públicas e à probidade administrativa.

Não admitem modalidade culposa.

Serão sujeitos passivos, inevitavelmente, o Estado e a Coletividade.

Por derradeiro, os objetos materiais dos oito tipos penais descritos nos artigos 359-A a 359-H serão:

1) Operação de crédito efetivada (art. 359-A);
2) Despesa empenhada (art. 359-B);
3) Obrigação assumida (art. 359-C);
4) Despesa ordenada (art. 359-D);
5) Operação de crédito desguarnecida de contragarantia (art. 359-E);
6) Inscrição de restos a pagar (art. 359-F);
7) Ato autorizador do aumento de despesa com pessoal (art. 359-G); e
8) Títulos da dívida pública (art. 359-H).

QUESTÕES DE CONCURSOS ACERCA DOS CRIMES CONTRA A ADMINISTRAÇÃO PÚBLICA, COM GABARITO E COMENTÁRIOS:

1. ***(DELEGADO – POLÍCIA CIVIL – SE 2006 – CESPE/UNB)*** *Considere que, para suprimir documentos de inquérito policial, de modo a favorecer um indiciado no decorrer de investigação criminal, um funcionário de determinada repartição policial solicite ao indiciado indevida vantagem econômica. Nessa situação, independentemente de o funcionário receber ou não a vantagem econômica indevida, reputa-se consumado o crime de concussão, visto que a consumação ocorre com a simples solicitação.*

211 MASSON, Cléber. **Código Penal Comentado.** 3. ed. São Paulo: MÉTODO, 2015.

Resposta: *Errado. Qual a exata diferença entre os crimes de Concussão (art. 316, CP) e de Corrupção Passiva (art. 317, CP)? Na Concussão, existe ameaça, coação; enquanto que na Corrupção passiva, existe um mero pedido. Portanto, no caso, haverá crime de Corrupção passiva.*

2. ***(DELEGADO DA POLÍCIA CIVIL/RN 2009 – CESPE/UNB)*** *Apenas bens públicos são objeto material do crime de peculato, não sendo possível, jamais, que esse crime atinja bens particulares.*

Resposta: *Errado. Bens particulares também podem ser objeto material do crime de Peculato. É o denominado "peculato malversação".*

3. ***(DELEGADO – POLÍCIA CIVIL – RR – 2003 – CESPE/UNB)*** *Considere a seguinte situação hipotética. Benedito, antes de assumir a função de delegado de polícia, mas em razão dela, exigiu de um traficante a importância de R$ 10 mil para não indiciá-lo em um inquérito policial instaurado para apurar crime de tráfico ilícito de entorpecentes no interior de uma escola pública. Nessa situação, Benedito cometeu o crime de concussão.*

Resposta: *Certo. A consumação ocorre no momento da exigência, ainda que o agente não obtenha o fim desejado (crime formal).*

4. ***(DELEGADO DA POLÍCIA FEDERAL 2004 – REGIONAL BRANCA – CESPE/UNB)*** *Tendo ocorrido crime de homicídio nos limites da circunscrição de um delegado de polícia, este se recusou a instaurar o respectivo inquérito policial sem apresentar justificativas para sua atitude. Nessa situação, o delegado praticou crime de prevaricação.*

Resposta: *Certo. O gabarito oficial pode ser questionado, em face da ausência de dados. Em momento algum, aparece o elemento subjetivo do injusto (fim especial) "interesse pessoal" ou "sentimento pessoal". Conforme entendimento doutrinário e jurisprudencial consolidado, para a configuração do crime de Prevaricação, previsto no art. 319, CP, não basta o agente deixar de praticar o ato. Obrigatoriamente, deve agir motivado por um interesse ou por um sentimento pessoal. O dolo específico consiste na finalidade de o funcionário satisfazer interesse ou sentimento pessoal.*

5. ***(DELEGADO DA POLÍCIA FEDERAL 2002 – CESPE/UNB)*** *Por ser a concussão crime próprio, inadmissível é a participação de pessoa estranha ao quadro do funcionalismo público (particular).*

Resposta: *Errado. Realmente, a Concussão (art. 316, CP) é crime próprio, praticado pela autoridade pública contra a Administração Pública. Porém, isso não impede o concurso de agentes com o particular. Havendo vinculo associativo, a circunstância de caráter pessoal do crime (ser autoridade pública) transmite-se para o outro agente, respondendo este também pelo crime de concussão.*

6. ***(DELEGADO DA POLÍCIA FEDERAL 2002 – CESPE/UNB)*** *Considere a seguinte situação hipotética. Nardel, assistente de transporte do Ministério da Saúde, previamente ajustado com Leandro, seu primo, que estava desempregado, parou em um estacionamento público um veículo oficial que transportava R$ 20.000,00 em medicamentos, deixando-o aberto e com a chave na ignição. Leandro, valendo-se da facilidade, estacionou uma caminhonete ao lado do veículo oficial e subtraiu todo o medicamento. Nessa situação, Leandro responderá pelo crime de furto.*

Resposta: *Errado. Leandro incorreu no crime de Peculato. Ambos (Nardel e Leandro) responderão pelo mesmo crime de Peculato, em concurso de agentes. O quesito demanda aplicação da regra constante no art. 30, do Código Penal, estabelecendo a comunicabilidade das circunstâncias de caráter pessoal, quando elementares do tipo. No caso, a circunstância de caráter pessoal de Leandro (ser autoridade pública) comunica-se ao outro agente, fazendo com que este responda pelo mesmo crime.*

7. **(DELEGADO DA POLÍCIA CIVIL/PB 2008 CESPE/UNB)** *Pratica concussão o funcionário que exige, mediante violência, direta ou indiretamente, para si ou para outrem, em razão da função pública, vantagem indevida.*

Resposta: *Certo. Trata-se da exata descrição do crime de Concussão, prevista no art. 316, do Código Penal. A concussão pode ser direta ou indireta. Quando a exigência for realizada pelo próprio funcionário, será direta; quando realizada por intermediário, será indireta. Pode ainda ser explícita ou implícita. Será explicita na hipótese da ameaça ser clara; e implícita, quando o funcionário faz a ameaça por meio de alusões, histórias, linguagem figurada etc.*

8. **(DELEGADO DA POLÍCIA CIVIL/PB 2008 – CESPE/UNB)** *A corrupção é crime de concurso necessário, sendo necessária, para a consumação, a presença do corruptor ativo e do corruptor passivo.*

Resposta: *Errado. O crime de Corrupção passiva (art. 317, CP) não depende do aperfeiçoamento do crime de Corrupção ativa (art. 333, CP). A existência de um não pressupõe o outro. Dessa forma, por exemplo, o particular pode oferecer vantagem indevida ao funcionário público e este recusar, havendo, no caso, apenas crime de Corrupção ativa do particular.*

9. **(DELEGADO DA POLÍCIA CIVIL/PB 2008 – CESPE/UNB)** *Como a qualidade de funcionário público é circunstância pessoal, não se comunica ao particular que eventualmente participe da prática de crime contra a administração pública. Em tais situações, responde o particular por crime diverso.*

Resposta: *Errado. O art. 30, do Código Penal, estabelece que haja a comunicabilidade das circunstâncias de caráter pessoal, quando elementares do crime. Portanto, nos crimes praticados por funcionário público contra a Administração Pública, o particular que concorreu para a ação criminosa deverá responder em concurso de agentes pelo mesmo crime.*

10. **(DELEGADO DA POLÍCIA FEDERAL 2002 – CESPE/UNB)** *Marilúcia ingressou com uma ação de perdas e danos em face de Letícia, que foi distribuída para tramitar perante a 2.ª Vara Cível. A juíza titular do juízo era inimiga capital de Marilúcia e, por animosidade e desejo de vingança contra a desafeta, retardou o andamento regular do processo, não despachando e retendo indevidamente os autos em uma gaveta de seu gabinete. Nessa situação, a magistrada praticou o crime de prevaricação.*

Resposta: *Certo. A Magistrada praticou o crime de Prevaricação, disposto no art. 319, do Código Penal, porque deixou de cumprir e retardou ato de ofício para satisfazer sentimento pessoal de vingança contra sua desafeta.*

11. **(DELEGADO – POLÍCIA CIVIL – TO 2008 – CESPE/UNB)** *Considere a seguinte situação hipotética. Márcio, funcionário público, concorreu culposamente para o crime de peculato praticado por outrem. Processado criminalmente, foi condenado a cumprir pena de seis meses de detenção. Todavia, após a sentença condenatória de primeiro grau, no curso da apelação, reparou o dano causado. Nessa situação, não se opera a extinção da punibilidade, pois a reparação do dano por Márcio ocorreu após a sentença condenatória.*

Resposta: *Errado. No Peculato culposo, previsto no art. 312, §§ 2º e 3º, a reparação do dano como causa de extinção da punibilidade pode ocorrer até antes da sentença penal condenatória irrecorrível, isto é, até antes da sentença penal condenatória transitada em julgado.*

12. (DELEGADO DA POLÍCIA CIVIL/PB 2008 – CESPE/UNB) *Em denúncia de crime de prevaricação, é suficiente que o Ministério Público (MP) afirme que o acusado agiu para a satisfação de interesse pessoal, pois, durante a instrução, pode-se perquirir no que consistiu o mencionado interesse.*

Resposta: *Errado. O Ministério Público, sob pena de falta de justa causa, somente pode oferecer a denúncia caso possua elementos mínimos que comprovem a existência do interesse pessoal.*

13. (AGENTE DA POLÍCIA CIVIL DO DISTRITO FEDERAL 2009 – CESPE/UNB) *Quando um funcionário público deixa de praticar ou retarda ato de ofício, com infração de dever funcional, cedendo à influência de outrem, ele pratica o crime de*

a) condescendência criminosa.

b) corrupção passiva.

c) advocacia administrativa.

d) concussão.

e) prevaricação.

Resposta: *A única alternativa correta é a da letra "B". A situação descrita no enunciado caracteriza crime de Corrupção passiva privilegiada. Se o funcionário atender ao pedido de outrem para retardar ou deixar de praticar ato de ofício, praticará referida conduta típica, disciplinada no § 2º, do art. 317, do Código Penal.*

14. (DELEGADO – CESPE – 2013) *Constitui pressuposto material dos crimes de peculato-apropriação e peculato-desvio, em suas formas dolosas, a anterior posse do dinheiro, do valor ou de qualquer outro bem móvel, público ou particular, em razão do cargo ou da função.*

Resposta: *Certo. A posse do dinheiro, do valor ou de qualquer outro bem móvel constitui ponto de semelhança dos crimes de Peculato-apropriação (art. 312, caput, 1ª parte, CP) e Peculato-desvio (art. 312, caput, in fine, CP).*

15. (DELEGADO – PCBA – CESPE – 2013) *Servidor público alfandegário que, em serviço de fiscalização fronteiriça, permitir a determinado indivíduo penalmente imputável adentrar o território nacional trazendo consigo, sem autorização do órgão competente e sem o devido desembaraço, pistola de calibre 380 de fabricação estrangeira deverá responder pela prática do crime de facilitação de contrabando, com infração do dever funcional excluída a hipótese de aplicação do Estatuto do Desarmamento.*

Resposta: *Errado. No caso, haverá Tráfico internacional de arma de fogo, previsto no art. 18, do Estatuto do Desarmamento (Lei 10.826/2006), porque o agente favoreceu a entrada de arma de fogo no território nacional, devendo ainda incidir a causa de aumento de pena do art. 20, do mesmo diploma legal, por se tratar de servidor público alfandegário.*

16. (DELEGADO – PCBA – CESPE – 2013) *Servidor público que, na qualidade de agente fiscal, exigir vantagem indevida para deixar de emitir auto de infração por débito tributário e de cobrar a consequente multa responderá, independentemente do recebimento da vantagem, pela prática do crime de concussão, previsto na parte especial do Código Penal.*

Resposta: *Errado. Em razão do princípio da especialidade, incorre em crime funcional contra a ordem tributária, previsto no inc. II, do art. 3º, da Lei Federal nº 8.137/1990.*

17. (DELEGADO – PCBA – CESPE – 2013) *Considere a seguinte situação hipotética. Alfredo, alegando, de forma fraudulenta, a terceiros interessados que, por ter influência sobre determinado funcionário público, poderia acelerar a conclusão de processo administrativo de interesse do grupo, cobrou desse grupo vultosa quantia em dinheiro, da* *qual metade lhe foi paga adiantadamente. Antes da conclusão do processo, entretanto, descobriu-se que Alfredo não tinha qualquer acesso ou influência sobre o referido funcionário. Nessa situação hipotética, a conduta de Alfredo constitui crime de estelionato, já que ele alegou ter prestígio que, na realidade, não possuía.*

Resposta: *Errado. Na verdade, Alfredo incorreu no crime de Tráfico de influência (art. 332, do CP), consistente na conduta de solicitar, exigir, cobrar ou obter, para si ou para outrem, vantagem ou promessa de vantagem, a pretexto de influir em ato praticado por funcionário público no exercício da função.*

18. (DELEGADO DA POLÍCIA FEDERAL – CESPE/UNB 2002) *Instaurado inquérito policial para apurar crime de homicídio e a sua autoria, o órgão do MP requereu ao juiz a reprodução simulada da infração penal, diligência que foi deferida com a devolução dos autos à delegacia. Nessa situação, caberá à autoridade policial notificar o suposto autor do ilícito penal a participar da reconstituição simulada dos fatos, sob pena de ser autuado em flagrante pela prática do crime de desobediência.*

Resposta: *Errado. O suposto autor do delito pode ser obrigado a comparecer. Entretanto, jamais poderia ser obrigado a participar do procedimento, por causa da garantia constitucional da não autoincriminação, segundo a qual ninguém pode ser obrigado a produzir prova contra si mesmo.*

19. (DELEGADO – POLÍCIA CIVIL – RR – 2003 – CESPE/UNB) *Considere a seguinte situação hipotética. Vários internados por medida de segurança em um hospital de custódia e tratamento psiquiátrico, revoltados com a falta de assistência médica e hospitalar, passaram a rasgar e queimar os colchões da instituição, praticando atos de violência contra os agentes e danificando as instalações. Nessa situação, os internados praticaram o crime de motim de presos.*

Resposta: *Errado. Somente se configura o crime de Motim de presos, previsto no art. 354, do Código Penal, quando a conduta dos encarcerados que colocam fogo nos colchões for realizada com o intuito destes se amotinarem, uma vez que é necessário comprovar o elemento subjetivo, isto é, a vontade deliberada de praticar a conduta de se amotinar.*

20. (DELEGADO – POLÍCIA CIVIL – RR – CESPE/UNB) *O crime de falso testemunho é formal, consumando-se com a simples prestação do depoimento falso.*

Resposta: *Certo. O crime de Falso testemunho (art. 342, CP) é formal, bastando, para sua configuração, a simples potencialidade de dano à Administração da Justiça, não se exigindo que tenha ou não influído na decisão da causa.*

21. (DELEGADO DA POLÍCIA FEDERAL 2002 – CESPE/UNB) *Libânio constituiu um advogado para propor uma ação negatória de paternidade, alegando sua impotência generandi ou concipiendi. Antes de ingressar com a petição inicial, a fim de induzir em erro o juiz e o perito, Libânio submeteu-se a uma operação destinada à esterilização. Nessa situação, Libânio responderá pelo crime de fraude processual.*

Resposta: *Errado. Libânio não responderá pelo crime de Fraude processual (art. 347, CP), porque este delito pressupõe a existência de um processo. No caso, seu advogado não havia ingressado ainda com a ação negatória de paternidade. Libânio estava ainda na fase dos atos preparatórios, submetendo-se a uma operação destinada à esterilização. É pressuposto do crime de fraude processual a pendência de processo civil, administrativo, ou seja, é conditio sine qua non que esteja em curso um processo dessa natureza, não importando a fase em que se encontre, em nível de conhecimento, execução ou recursal. Para que se possa inovar na pendência de processo, seja civil* *ou administrativo, é indispensável que haja processo em curso, ou seja, processo já instaurado e ainda não encerrado".*

22. *(DELEGADO DA POLÍCIA FEDERAL 2002 – CESPE/UNB)* *O advogado da parte ré em uma ação de indenização em tramitação em Brasília – DF retirou os autos do cartório mediante termo de vista, pelo prazo de cinco dias. Ultrapassados trinta dias da retirada, o diretor da secretaria do juízo entrou em contato telefônico com o procurador e solicitou a devolução dos autos, no prazo de 24 horas. Com a expiração do prazo, a retenção dos autos foi comunicada ao juiz. Nessa situação, para a configuração do crime de sonegação de papel ou objeto de valor probatório, será necessário que o advogado seja intimado no Diário de Justiça para devolver os autos no prazo fixado e deixe de fazê-lo.*

Resposta: *Certo. O art. 356, do Código Penal, estabelece o crime de Sonegação de papel ou objeto de valor probatório: "Inutilizar, total ou parcialmente, ou deixar de restituir autos, documento ou objeto de valor probatório, que recebeu na qualidade de advogado ou procurador". Conforme entendimento doutrinário e jurisprudencial firmado, na modalidade de não devolução (sonegação) dos autos pelo advogado, o crime somente se configura depois da notificação do profissional, para que este os devolva. Em outras palavras, é indispensável a intimação prévia para a restituição dos autos, na forma como dispõe a legislação processual civil.*

23. *(DELEGADO DA POLÍCIA CIVIL/RN 2009 – CESPE/UNB)* *Nos crimes contra a administração pública, o CP não prevê nenhum requisito para a progressão de regime vinculado à reparação do dano ou à devolução do produto do ilícito praticado.*

Resposta: *Errado. A Lei 10.763/2003 acrescentou o § 4.º ao art. 33, do Código Penal, dispondo da seguinte forma: "O condenado por crime contra a administração pública terá a progressão de regime do cumprimento da pena condicionada à reparação do dano que causou, ou à devolução do produto do ilícito praticado, com os acréscimos legais."*

24. *(DELEGADO DA POLÍCIA FEDERAL – CESPE/UNB 2002)* *Considere a seguinte situação hipotética. Intimado para prestar declarações em um inquérito policial, um cidadão desacatou a autoridade policial que o presidia, rasgando peças dos autos e atirando-as ao chão, além de proferir palavras de baixo calão à sua pessoa. Nessa situação, a autoridade policial poderá presidir a lavratura do auto de prisão em flagrante.*

Resposta: *Certo. Quando o fato for praticado em presença da autoridade, ou contra esta, no exercício de suas funções, constarão do auto a narração deste fato, a voz de prisão, as declarações que fizer o preso e os depoimentos das testemunhas, sendo tudo assinado pela Autoridade Policial, pelo preso e pelas testemunhas, e remetido imediatamente ao Juiz a quem couber tomar conhecimento do fato delituoso, se não o for a autoridade que houver presidido o auto.*

25. *(PROMOTOR DE JUSTIÇA – MP-AP – 2012 – FCC)* *No tocante aos crimes contra a administração pública, é correto afirmar que:*

(A) a reparação do dano no peculato culposo sempre conduz à extinção da punibilidade.

(B) pratica o delito de corrupção passiva o funcionário público que exige, para si ou para outrem, direta ou indiretamente, ainda que fora da função, mas em razão dela, vantagem indevida.

(C) inadmissível o concurso de pessoas no crime de falso testemunho, segundo entendimento do Supremo Tribunal Federal.

(D) o funcionário público, fora do exercício de suas funções, pode ser sujeito ativo do delito de desobediência.

(E) *a pena deve ser reduzida no delito de favorecimento pessoal se quem presta o auxílio é ascendente do criminoso.*

Resposta: A alternativa a ser assinalada é a da letra "D", correspondendo ao tipo penal descrito no art. 330, CP. O entendimento preponderante na doutrina e na jurisprudência é o de que funcionário público, fora do seu exercício, pode desobedecer ordem legal. Não é a "A", por conta do disposto no art. 312, § 3º, CP. Não é a "B", por conta do disposto no art. 316, CP, que trata do delito de Concussão. Não é a "C", já que é possível a participação no Falso Testemunho (coautoria não). Por fim, não é a "E", tendo em vista a possibilidade de perdão judicial no art. 348 e § 2º, CP, considerada causa extintiva de punibilidade (art. 107, IX, CP).

26. (DELEGADO DE POLÍCIA – PC-DF – 2009 – UNIVERSA) *Se Marcos exigiu de Maria o pagamento de um tributo que ele sabia ser indevido, ele cometeu o crime de:*

(A) *concussão.*

(B) *peculato mediante erro de outrem.*

(C) *excesso de exação.*

(D) *violência arbitrária.*

(E) *prevaricação.*

Resposta: A alternativa a ser assinalada é a da letra "C", correspondendo ao tipo penal descrito no art. 316, § 1º, CP.

27. (ADVOGADO – PETRÓPOLIS-RJ – 2010 – FDC) *"A", não funcionário público, pode praticar, em coautoria com "B", funcionário público, o crime de peculato-furto (art. 312, § 1º do Estatuto Penal)? A resposta a essa pergunta será:*

(A) *não, porque tal crime só pode ser praticado por funcionário público.*

(B) *sim, desde que "A" saiba que "B" é funcionário público;*

(C) *sim, conquanto "A" não saiba que "B" é funcionário público.*

(D) *não, porque tal crime é personalíssimo.*

(E) *sim, desde que "A" simule ser também funcionário público.*

Resposta: A alternativa a ser assinalada é a da letra "B", com fundamento no art. 30, c/c art. 327, ambos do CP. Vale lembrar que o art. 327, CP, traz o conceito de funcionário público para fins penais.

28. (FUNDATEC – DELEGADO DE POLÍCIA – PC – RS/2018) *Em atenção aos crimes praticados contra a Administração Pública, assinale a alternativa correta.*

(A) *Prefeito Municipal que é flagrado usando, indevidamente, o veículo oficial da prefeitura para passear com familiares, não responde, na esfera criminal, por faltar a sua conduta, o ânimo de assenhoramento definitivo, indispensável para a configuração do crime de peculato.*

(B) *Recente entendimento do Superior Tribunal de Justiça fixou o entendimento de que é aplicável o princípio da insignificância aos crimes contra a Administração Pública, o que muda o entendimento da jurisprudência em relação ao crime de descaminho. ^*

(C) *Médico de hospital privado, conveniado ao Sistema Único de Saúde, que constrange filho do paciente a entregar-lhe determinada quantia em dinheiro, sob pena de não realizar cirurgia, não pratica o crime de concussão.*

(D) *No crime de peculato culposo, previsto no artigo 312, parágrafo 3° do Código Penal, o arrependimento posterior não pode dar causa à extinção da punibilidade do agente.*

(E) *Não pratica o crime de prevaricação o Delegado de Polícia que, por ocasião da elaboração do relatório final do Inquérito Policial, deixa de indiciar alguém, com base no entendimento de que a conduta praticada e posta sob sua análise é atípica materialmente.*

***Resposta**: A única alternativa correta é a da letra "E". Somente ocorreria Prevaricação, delito insculpido no artigo 319, caput, do Código Penal, se o Delegado de Polícia deixasse de indiciar alguém para satisfazer interesse ou sentimento pessoal, o que não ocorreu na espécie fática.*

29. (NUCEPE – DELEGADO DE POLÍCIA – PC – PI/2018) *Em relação aos crimes contra a administração pública, marque a alternativa CORRETA.*

(A) *Há crime de Inserção de dados falsos em sistema de informações na conduta de inserir ou facilitar, o funcionário público, a inserção de dados falsos, alterar ou excluir indevidamente dados corretos nos sistemas informatizados ou bancos de dados da Administração Pública, com o fim de obter vantagem indevida para si ou para outrem ou para causar dano.*

(B) *Há crime de peculato, quando um funcionário público exige, para si ou para outrem, direta ou indiretamente, ainda que fora da função, mas em razão dela, vantagem indevida.*

(C) *Há crime de Prevaricação quando um funcionário público retardar ou deixar de praticar, indevidamente, ato de ofício, ou praticar tal ato contra disposição expressa de lei, por determinação do chefe imediato.*

(D) *Há crime de concussão, quando um funcionário público apropria-se de dinheiro, valor ou qualquer outro bem móvel, público ou particular, de que tem a posse em razão do cargo.*

(E) *Um funcionário público comete o crime de peculato culposo quando concorre, mesmo que culposamente, para o crime de outrem.*

***Resposta**: A única alternativa correta é a da letra "E". Consoante inteligência do art. 312, § 2º, do Código Penal, comete crime de Peculato Culposo o funcionário público que concorre culposamente, por imprudência, negligência ou imperícia, para a prática do crime por terceiro. Importante registrar que o conceito de funcionário público para fins penais está insculpido no art. 327, caput e § 1º, do Código Penal.*

30 (UEG – DELEGADO DE POLÍCIA – PC – GO/2018) *Sobre o crime de peculato, previsto no Código Penal, verifica-se que,*

(A) *na modalidade apropriação, pode se dar em favor de terceira pessoa.*

(B) *como regra, admite a aplicação do princípio da insignificância, segundo a jurisprudência do Superior Tribunal de Justiça.*

(C) *na modalidade desvio, não admite coautoria.*

(D) *na modalidade culposa, a reparação do dano antes de sentença irrecorrível reduz à metade a pena imposta.*

(E) *na modalidade furto, é prescindível que o agente se valha da facilidade que lhe proporciona a qualidade de funcionário.*

***Resposta**: A única alternativa correta é a da letra "A". O Peculato-Apropriação vem previsto no art. 312, caput, primeira parte, do CP. Nada obsta que o dinheiro, valor ou qualquer outro bem móvel, público ou particular, do qual se apropriou o funcionário público de que tem a sua posse, em razão do cargo, seja para proveito próprio ou alheio (em favor de terceira pessoa).*

31. (VUNESP – DELEGADO DE POLÍCIA – PC – SP/2018) *Policial Militar que forja situação de flagrância, a fim de increpar indivíduo que sabe inocente e, com isso, dá causa à instauração de inquérito policial, comete crime de*

(A) *falso testemunho (CP, art. 342).*

(B) *calúnia qualificada (CP, art. 138, § 3º).*

(C) *exercício arbitrário (CP, art. 350).*

(D) *denunciação caluniosa (CP, art. 339).*

(E) *comunicação falsa de crime (CP, art. 340).*

Resposta: *A única alternativa correta é a da letra "D". Trata-se de Crime contra a Administração da Justiça, com pena cominada de 2 (dois) a 8 (oito) anos de reclusão, e multa.*

32. (INST. ACESSO – DELEGADO DE POLÍCIA – PC – ES/2019) *A respeito do peculato, assinale a opção correta.*

(A) *Celecanto é o responsável por organizar um determinado concurso para o provimento de um cargo efetivo na administração pública federal. Omena, seu amigo de longa data, toma conhecimento de que ele está participando da banca examinadora e, em nome de sua antiga amizade, decide pedir a ele que lhe passe as questões que serão objeto da prova na semana seguinte. Celecanto fica bastante ofendido com o pedido e informa que nunca faria isso, mas que, como Omena era seu amigo de longa data, forneceria a ele um relação de cinco livros que foram utilizados pelos integrantes da banca do concurso para realizarem a prova e que não constavam expressamente do edital que foi divulgado. Essa atitude de Celecanto configura a prática do delito de fraude em certames de interesse público.*

(B) *Segundo o STJ, nenhum dos crimes contra a administração pública admite a incidência do princípio da insignificância.*

(C) *O crime de peculato-apropriação consuma-se a partir do momento em que o funcionário público passa a obter vantagem em relação ao objeto material do delito, ainda que esta não seja necessariamente de caráter econômico, uma vez que o bem jurídico tutelado é a administração pública.*

(D) *Segundo a jurisprudência do STJ, a conduta de agente público pertencente à administração pública fazendária que procede à prévia correção quanto aos aspectos gramaticais e técnicos das impugnações administrativas feitas pelos administrados perante a administração pública fazendária, comete o delito previsto no art. 3°, III da Lei 8.137/90.*

(E) *Na hipótese de peculato culposo, caso o agente repare o dano após a sentença irrecorrível, haverá a redução de metade da pena cominada abstratamente ao referido delito.*

Resposta: *A única alternativa correta é a da letra "A". Na espécie fática, Celecanto praticou o delito de Fraudes em Certames de Interesse Público, previsto no art. 311-A, I, e § 1º, do Código Penal, com pena cominada de 1 (um) a 4 (quatro) anos de reclusão, e multa.*

33. (VUNESP – DELEGADO DE POLÍCIA – PC – SP/2018) *Historicamente, a expressão vendetio fumi é identificada com o crime de*

(A) *tráfico de influência (CP, art. 332).*

(B) *contrabando (CP, art. 334).*

(C) *usurpação de função pública (CP, art. 328).*

(D) *estelionato (CP, art. 171).*

(E) *falsificação de moeda (CP, art. 289).*

Resposta: *A única alternativa correta é a da letra "A". No tipo penal de Tráfico de Influência, insculpido no art. 332, do CP, visa o legislador a coibir a "comercialização" da suposta influência em atividade de funcionário público, identificada pela doutrina como a chamada vendetio fumi. Assim, por meio da incriminação de tal conduta delituosa, busca-se coibir que qualquer indivíduo obtenha vantagem pessoal a pretexto de intervir em atividade funcional de servidor público.*

II) LEI DAS CONTRAVENÇÕES PENAIS (DECRETO-LEI Nº 3.688/1941)

PARTE GERAL:

Art. 1º Aplicam-se às contravenções as regras gerais do Código Penal, sempre que a presente lei não disponha de modo diverso.

Art. 2º A lei brasileira só é aplicável à contravenção praticada no território nacional.

Art. 3º Para a existência da contravenção, basta a ação ou omissão voluntária. Deve-se, todavia, ter em conta o dolo ou a culpa, se a lei faz depender, de um ou de outra, qualquer efeito jurídico.

Art. 4º Não é punível a tentativa de contravenção.

Art. 5º As penas principais são:

I – prisão simples.

II – multa.

Art. 6º A pena de prisão simples deve ser cumprida, sem rigor penitenciário, em estabelecimento especial ou seção especial de prisão comum, em regime semi-aberto ou aberto. (Redação dada pela Lei nº 6.416, de 24-5-1977)

§ 1º O condenado a pena de prisão simples fica sempre separado dos condenados a pena de reclusão ou de detenção.

§ 2º O trabalho é facultativo, se a pena aplicada, não excede a 15 (quinze) dias.

Art. 7º Verifica-se a reincidência quando o agente pratica uma contravenção depois de passar em julgado a sentença que o tenha condenado, no Brasil ou no estrangeiro, por qualquer crime, ou, no Brasil, por motivo de contravenção.

Art. 8º No caso de ignorância ou de errada compreensão da lei, quando escusáveis, a pena pode deixar de ser aplicada.

Art. 9º A multa converte-se em prisão simples, de acordo com o que dispõe o Código Penal sobre a conversão de multa em detenção.

Parágrafo único. Se a multa é a única pena cominada, a conversão em prisão simples se faz entre os limites de 15 (quinze) dias e 3 (três) meses.

Art. 10. A duração da pena de prisão simples não pode, em caso algum, ser superior a 5 (cinco) anos.

Art. 11. Desde que reunidas as condições legais, o juiz pode suspender por tempo não inferior a 1 (um) ano nem superior a 3 (três), a execução da pena de prisão simples, bem como conceder livramento condicional. Redação dada pela Lei nº 6.416, de 24-5-1977)

Art. 12. As penas acessórias são a publicação da sentença e as seguintes interdições de direitos:

I – a incapacidade temporária para profissão ou atividade, cujo exercício dependa de habilitação especial, licença ou autorização do poder público;

II – a suspensão dos direitos políticos.

Parágrafo único. Incorrem:

a) na interdição sob nº I, por 1 (um) mês a 2 (dois) anos, o condenado por motivo de contravenção cometida com abuso de profissão ou atividade ou com infração de dever a ela inerente;

b) na interdição sob nº II, o condenado a pena privativa de liberdade, enquanto dure a execução do pena ou a aplicação da medida de segurança detentiva.

Art. 13. Aplicam-se, por motivo de contravenção, os medidas de segurança estabelecidas no Código Penal, à exceção do exílio local.

Art. 14. Presumem-se perigosos, além dos indivíduos a que se referem os ns. I e II do art. 78 do Código Penal: (Refere-se ao CP em seu texto original. Sem correspondência no texto vigente)

I – o condenado por motivo de contravenção cometido, em estado de embriaguez pelo álcool ou substância de efeitos análogos, quando habitual a embriaguez;

II – o condenado por vadiagem ou mendicância;

III – (Revogado pela Lei nº 6.416, de 24-5-1977)

IV – (Revogado pela Lei nº 6.416, de 24-5-1977)

Art. 15. São internados em colônia agrícola ou em instituto de trabalho, de reeducação ou de ensino profissional, pelo prazo mínimo de 1 (um) ano:

I – o condenado por vadiagem (art. 59);

II – o condenado por mendicância (art. 60 e seu parágrafo);

III – (Revogado pela Lei nº 6.416, de 24-5-1977)

Art. 16. O prazo mínimo de duração da internação em manicômio judiciário ou em casa de custódia e tratamento é de 6 (seis) meses.

Parágrafo único. O juiz, entretanto, pode, ao invés de decretar a internação, submeter o indivíduo a liberdade vigiada.

Art. 17. A ação penal é pública, devendo a autoridade proceder de ofício.

COMENTÁRIOS

I. Classificação das Infrações Penais:

O legislador penal brasileiro adotou o critério bipartido, binário, dualista ou dicotômico, indicando que as infrações penais classificam-se em crimes e contravenções penais.

A opção mostra-se evidente no artigo 1º da Lei de Introdução ao Código Penal (Decreto-Lei nº 3.914, de 09 de dezembro de 1941), *in verbis*: *"Considera-se crime a infração penal a que a lei comina pena de reclusão ou detenção, quer isoladamente, quer alternativa ou cumulativamente com a pena de multa; contravenção, a infração penal que a lei comina, isoladamente, pena de prisão simples ou de multa, ou ambas, alternativa ou cumulativamente".*

Desta forma, verifica-se que o legislador estabeleceu o critério de cominação da pena como diferenciador do crime e da contravenção penal.

Não existe diferença ontológica, de essência, entre os crimes (ou delitos) e as contravenções penais.

Inclusive, os italianos costumavam se referir à contravenção penal como *delicti nanni* (delito-anão).

Segundo Cleber Masson[1], a contravenção penal faz parte da categoria do chamado crime liliputiano, também conhecido como "crime-anão" ou "crime-vagabundo".

Verifica-se, pois, que a distinção entre crimes e contravenções penais está circunscrita à maior ou menor gravidade dos comportamentos descritos nos tipos penais, reservando-se sanções menos severas para as contravenções penais, punidas com penas privativas de liberdade (prisão simples – arts. 5º, I, e 6º, ambos da Lei das Contravenções Penais – LCP) e/ou penas pecuniárias (art. 5º, II, da LCP).

Têm por fim as contravenções penais proteger bens jurídicos não tão relevantes quanto aqueles protegidos pelos crimes.

Via de regra, a contravenção penal é afiançável.

Todavia, atualmente, apenas a contravenção de vadiagem, prevista no artigo 59 do DL 3688/41, é inafiançável, tendo em vista a regra constante no artigo 323, II, do Código de Processo Penal.

No que concerne à mendicância, prevista no artigo 60 do DL 3.688/41, houve

1 MASSON, Cléber. **Direito Penal Esquematizado**: parte geral. v. 1. São Paulo: MÉTODO, 2014.

abolitio contraventionis, com a edição da Lei Federal nº 11.983, de 16 de julho de 2009, o que será objeto de estudo mais adiante.

Ademais, a contravenção penal é considerada infração penal de menor potencial ofensivo, aplicando-se, a ela, as regras insculpidas na Lei 9.099/95, que trata dos Juizados Especiais Criminais (JECs).

Em consonância com o dispositivo previsto no artigo 69, § único, da Lei dos JECs, não será imposta prisão em flagrante ao autor da contravenção penal, caso o mesmo seja imediatamente encaminhado ao Juizado ou assuma o compromisso de a ele comparecer.

A fase policial de apuração da contravenção penal será processada e instruída por meio do Termo Circunstanciado, previsto no artigo 69, *caput,* da Lei dos JECs, que é o procedimento policial, em situação de flagrância ou não, para infrações penais (crimes e contravenções penais) de menor potencial ofensivo.

Em tal procedimento policial, destaca-se a celeridade, em consonância com os princípios e critérios da oralidade, simplicidade, informalidade, economia processual e celeridade propriamente dita, insculpidos nos artigos 2º e 62, ambos da Lei 9.099/95.

Importante observar que o art. 62, da Lei nº 9.099/95, foi recentemente atualizado com o advento da Lei Federal nº 13.603, de 9 de janeiro de 2018.

Com a aplicação dos JECs, objetiva-se, sempre que possível, a reparação dos danos sofridos pela vítima e a aplicação de pena não-privativa de liberdade.

II. Princípio da Especialidade e Inadmissibilidade da Tentativa:

– Art. 1º da Lei das Contravenções Penais: *"Aplicam-se às contravenções as regras gerais do Código Penal, sempre que a presente Lei não disponha de modo diverso".*

– Art. 12 do Código Penal: *"As regras gerais deste Código aplicam-se aos fatos incriminados por lei especial, se esta não dispuser de modo diverso".*

Percebe-se, pela análise dos dispositivos acima transcritos, que o Código Penal será utilizado para complementar a Lei das Contravenções Penais, nas suas lacunas e omissões.

Entretanto, não aplicamos o Código Penal à Lei das Contravenções Penais, quando essa dispuser de modo diverso.

É o que ocorre na hipótese de tentativa, por exemplo, uma vez que o artigo 4º da Lei das Contravenções Penais veda-a expressamente.

A impossibilidade legal da tentativa existe, tão-somente, por razões de política criminal.

Trata-se de causa excludente de antijuridicidade ou ilicitude.

As razões da impunidade da tentativa decorrem da mínima ofensividade e gravidade da infração penal, bem como pelo fato de as contravenções penais constituírem, basicamente, infrações de mera conduta, sem resultado naturalístico, perfazendo-se com um só ato e, portanto, não comportando fracionamento no *iter criminis.*

A tentativa seria viável sob o enfoque técnico, desde que não se tratasse de contravenção penal culposa ou de comportamento puramente omissivo.

O limite de cumprimento da pena de prisão simples é de 5 (cinco) anos (artigo 10 da LCP), diversamente do que ocorre com as penas de reclusão e de detenção, previstas no Código Penal, onde o limite máximo de cumprimento foi fixado em 30 (trinta) anos (artigo 75, *caput,* do estatuto repressivo).

Outro exemplo diz respeito ao período de prova da suspensão condicional da pena (*sursis*), fixado por tempo não inferior a 1 (um) ano, nem superior a 3 (três) anos, nos termos do artigo 11 da Lei das Contravenções Penais.

III. Princípio da Territorialidade:

A Lei das Contravenções Penais adotou, expressamente, o princípio da territorialidade.

Consoante o artigo 2º da LCP, *"a lei brasileira só é aplicável à contravenção praticada no território nacional"*, circunscrevendo-se à regra segundo a qual a lei penal só tem aplicação no Estado que a criou.

Como destaca Damásio de Jesus[2], o território, sob o prisma *material*, recebe o nome *território natural* ou *geográfico*, compreendendo o espaço delimitado por fronteiras.

O artigo 2º da Lei das Contravenções Penais e o artigo 5º do Código Penal adotam, também, o conceito de *território jurídico*, ou seja, o espaço em que o Estado exerce a sua soberania.

IV. Tempo da Contravenção:

Como não há regra expressa na Lei das Contravenções Penais, aplica-se o disposto no artigo 4º do Código Penal.

Desta forma, considera-se praticada a contravenção penal no momento da ação ou da omissão, ainda que outro seja o momento do resultado.

Consagra-se, também aqui, a Teoria da Atividade.

A ação (agir comissivo) e a omissão (não-agir) vêm a ser as formas da conduta contravencional.

V. Princípio Penal da Intervenção Mínima e Competência:

Conforme já referido, toda contravenção é considerada infração penal de menor potencial ofensivo – pena máxima cominada não superior a 2 (dois) anos, independentemente da existência, ou não, de procedimento especial.

O conceito de infração penal de menor potencial ofensivo está estampado no artigo 61 da Lei 9.099/95 (JECs), com a nova redação determinada pela Lei 11.313/06, *in verbis: "Consideram-se infrações penais de menor potencial ofensivo, para os efeitos desta Lei, as contravenções penais e os crimes a que a lei comine pena máxima não superior a 2 (dois) anos, cumulada ou não com multa".*

No que concerne às contravenções penais, normalmente é invocado o princípio penal da intervenção mínima, ou da subsidiariedade, o qual preconiza que o Direito Penal, no âmbito de um Estado Democrático de Direito, deve intervir minimamente na vida privada do cidadão.

Tendo em vista que há uma tendência do Direito Penal Moderno em buscar um Direito Penal Mínimo, onde a aplicação de penas privativas de liberdade seja recomendável e necessária apenas em fatos de maior repercussão, clamor social e gravidade (*ultima ratio* ou *extrema ratio*), priorizando-se a aplicação de penas alternativas ou restritivas de direitos, observa-se uma aproximação necessária, no estudo das contravenções penais, entre os Princípios Penais da Intervenção Mínima, da Subsidiariedade, da Lesividade, da Insignificância, da Bagatela e da Adequação Social.

Em matéria de competência, o inciso IV do artigo 109 da Constituição Federal de 1988 excluiu, expressamente, da competência da Justiça Federal, o processo e julgamento das contravenções penais.

A este respeito, a Súmula nº 38, STJ, *in verbis: "Compete à Justiça Estadual Comum, na vigência da Constituição de 1988, o processo por contravenção penal, ainda que praticada em detrimento de bens, serviços ou interesse da União ou de suas entidades".*

A competência para apuração e julgamento das infrações penais de menor

2 JESUS, Damásio E. de. **Lei das Contravenções Penais Anotada.** 13 ed. São Paulo: Saraiva, 2015.

potencial ofensivo é dos Juizados Especiais Criminais (JECs), nos termos do que dispõe o artigo 60 da Lei nº 9.099/95.

Considerando que a competência da Justiça Federal deve ser analisada restritivamente, segundo o rol taxativo previsto na Constituição Federal, rechaça-se o entendimento segundo o qual as contravenções penais seriam julgadas pela Justiça Federal, nos casos de conexão com crimes de sua competência.

A própria Súmula nº 122 do STJ, ao tratar do tema, faz referência exclusivamente a "crimes" conexos: *"Compete à Justiça Federal o processo e julgamento unificado dos crimes conexos de competência federal e estadual, não se aplicando a regra do artigo 78, inciso II, 'a', do Código de Processo Penal".*

VI. Ação Penal e Procedimento:

A ação penal para a apuração das contravenções penais é pública incondicionada, conforme prevê o artigo 17 da Lei das Contravenções Penais, *in verbis: "A ação penal é pública, devendo a autoridade proceder de ofício".*

Registramos, todavia, a controvérsia existente em relação à natureza da ação penal em se tratando de Vias de Fato, prevista como contravenção penal no artigo 21 do Decreto-Lei nº 3.688/41.

Essa discussão surgiu com o artigo 88 da Lei dos Juizados Especiais Criminais (Lei Federal nº 9.099/95), que passou a exigir representação no caso de lesões corporais leves e culposas.

Se a infração mais grave (lesões corporais dolosas leves) é de ação penal pública condicionada à representação, não se compreende como possa a contravenção de vias de fato, de menor gravidade, continuar sendo de ação penal pública incondicionada.

Inclusive, a este respeito, existe entendimento consolidado pelo Enunciado 76 do FONAJE (Fórum Nacional dos Juizados Especiais Criminais – 2009), *in verbis: "A ação penal relativa à contravenção de vias de fato dependerá de representação".*

Todavia, relativamente à natureza da ação penal na contravenção de vias de fato, será objeto de estudo detalhado mais adiante.

Já que as contravenções penais são infrações de ação penal pública incondicionada, deve a autoridade policial e a autoridade ministerial, de ofício, procederem ao desencadeamento da investigação e da instrução preliminar.

Desta forma, a instauração do inquérito policial (ou do termo circunstanciado) e da ação penal não dependem de qualquer condição de procedibilidade (consentimento do ofendido ou de terceiro).

Importante consignar, por oportuno, que a antiga ação judicialiforme, prevista no artigo 26 do Código de Processo Penal, não foi recepcionada pela Constituição Federal de 1988.

Dispunha o artigo 26 do CPP o seguinte: *"A ação penal, nas contravenções, será iniciada com o auto de prisão em flagrante ou por meio de portaria expedida pela autoridade judiciária ou policial".*

Ora, tendo em vista que o Ministério Público passou a ter atribuição privativa para promover a ação penal pública, condicionada ou incondicionada, nos termos do artigo 129, I, da Constituição Federal de 1988, não há como a autoridade judiciária desencadear de ofício, nas contravenções penais, a relação processual.

Conforme já referido, após a entrada em vigor da Lei dos Juizados Especiais Criminais, todas as contravenções penais passaram a ser consideradas infrações de menor potencial ofensivo.

Logo, será aplicado o instituto despenalizador da composição dos danos civis (artigos 73 a 75 da Lei 9.099/95).

A este respeito, segundo Enunciado 99 do FONAJE, *"nas contravenções penais em que haja vítima determinada, em caso de desinteresse desta ou de composição civil, deixa de existir justa causa para a ação penal".*

Porém, as demais medidas despenalizadoras da Lei 9.099/95 (transação penal – art. 76; e suspensão condicional do processo – art. 89), em princípio, não serão aplicadas, pois a Lei faz referência a "crimes" e não a "contravenções penais".

O procedimento a ser observado nas contravenções penais é o procedimento sumaríssimo da Lei 9.099/95, contemplado a partir do seu artigo 77.

A este respeito, também, dispõe a regra constante no artigo 394, III, do Código de Processo Penal.

Conforme previsão constante no próprio *caput* e parágrafo único do artigo 394, CPP, trata-se de procedimento comum e não de procedimento especial.

Excepcionalmente, na hipótese de a contravenção não se submeter ao Juizado Especial Criminal, segue-se o rito sumário previsto para os crimes punidos com detenção (artigos 531 a 540 do CPP).

Importante, a este respeito, a regra constante no artigo 538 do CPP, segundo a qual: *"nas infrações penais de menor potencial ofensivo, quando o juizado especial criminal encaminhar ao juízo comum as peças existentes para a adoção de outro procedimento, observar-se-á o procedimento sumário previsto neste Capítulo".*

Porém, há orientação diversa, entendendo que o procedimento sumário só é aplicável a "crimes" e não a "contravenções penais", tendo em vista interpretação literal do artigo 394, II, CPP, com a nova redação trazida pela Lei 11.719, de 20 de junho de 2008.

No que concerne à competência dos JECs, segundo o Enunciado 108 do FONAJE, *"o artigo 396 do CPP não se aplica no Juizado Especial Criminal, regido por lei especial (Lei nº 9099/95), que estabelece regra própria".*

VII. Ausência de Preterdolo e Não-Identificação da Modalidade Culposa:

Consoante disposição constante no artigo 3º da Lei das Contravenções Penais, *"para a existência da contravenção, basta a ação ou omissão voluntária. Deve-se, todavia, ter em conta o dolo ou a culpa, se a lei faz depender, de um ou de outra, qualquer efeito jurídico".*

O dispositivo pode levar à conclusão que basta, à configuração da contravenção, a simples vontade.

Ao contrário, a contravenção, como qualquer outra infração penal, exige dolo ou culpa.

Na Lei das Contravenções Penais, a modalidade culposa não é expressamente destacada, ao contrário do que ocorre com os crimes (artigo 18, § único, CP).

Assim, incumbe ao operador identificar a exigência de dolo ou culpa, a partir da redação do tipo contravencional.

Outrossim, não há, na Lei das Contravenções Penais, figura preterdolosa.

<u>Exemplos</u>:

– Artigo 29 (Desabamento de construção): *"Provocar o desabamento de construção* ***ou, por erro no projeto ou na execução, dar-lhe causa*** (o grifo é nosso):

Pena – multa, se o fato não constitui crime contra a incolumidade pública".

– Artigo 31 (Omissão de cautela na guarda ou condução de animais): *"Deixar em liberdade, confiar à guarda de pessoa inexperiente,* ***ou não guardar com a devida cautela animal perigoso*** (o grifo é nosso):

Pena – prisão simples, de 10 (dez) dias a 2 (dois) meses, ou multa".

Se não há cautela, há desatenção, logo, imprudência ou negligência. Note-se que os trechos grifados exigem a culpa. Os outros trechos satisfazem-se com o dolo.

Atualmente, critica-se a efetiva aplicabilidade do artigo 3º da Lei das

Contravenções Penais, que trata da voluntariedade, do dolo e da culpa, pois a disposição foi elaborada em 1941, época em que nossa legislação penal adotava a Teoria Psicológico-Normativa da Ação, em que o dolo e a culpa consistiam em formas de culpabilidade. Havia distinção entre vontade ou voluntariedade, dolo e culpa.

A este respeito, a Exposição de Motivos da Lei das Contravenções Penais, n. 1, segundo a qual: "*o elemento moral da contravenção é a simples voluntariedade da ação ou omissão, isto é, para o reconhecimento do fato contravencional prescinde-se de dolo ou culpa*".

Todavia, hoje, adotada a Teoria Finalista da Ação em 1984, com a reforma da Parte Geral do Código Penal, o dolo e a culpa não são mais elementos da culpabilidade. Passaram a integrar os elementos do fato típico.

Logo, a contravenção penal, assim como o crime, exige o dolo e a culpa, conforme a descrição típica. Há a necessidade de se provar a configuração do dolo ou da culpa.

Conforme referido nos exemplos supracitados, no cenário das contravenções penais, quando o tipo penal for omisso, busca-se o dolo.

VIII. Infrações de mera conduta e formais, bem como de perigo concreto e abstrato:

Basicamente, as contravenções penais são infrações penais de mera conduta e formais, bem como de perigo concreto e abstrato, não dependendo a consumação, via de regra, da existência de um resultado naturalístico.

Há, entretanto, contravenções materiais, isto é, de conduta e resultado. Podemos citar, como exemplo, o artigo 29 da Lei das Contravenções Penais, que trata do "Desabamento de construção".

No que concerne à tentativa, ainda que a figura contravencional a permita, há impedimento legal ao seu reconhecimento. É o que dispõe o artigo 4º da Lei das Contravenções Penais: "*Não é punível a tentativa de contravenção*".

Conforme já referido, não é de ordem técnica o fundamento da impunidade da tentativa, mas, por razões de política criminal, entendeu por bem o legislador em não punir a forma tentada da infração, em razão do menor poderio ofensivo do fato contravencional, que torna a tentativa uma conduta de pequena importância jurídica.

Desta forma, no *iter contraventionis*, que envolve, assim como no *iter criminis*, cogitação, preparação, execução e consumação, a realização de ato executório, em regra, já constitui a contravenção consumada.

O momento consumativo ocorrerá quando no fato concreto se reunirem todos os elementos do tipo contravencional, a teor do artigo 14, I, do Código Penal, aplicado subsidiariamente.

A expressão "não é punível a tentativa de contravenção" indica uma causa excludente de antijuridicidade ou de ilicitude.

O fato contravencional, desta forma, é típico, porém não antijurídico.

A este respeito, José Frederico Marques[3] declara que "*fato não punível é, por definição, fato que não constitui crime. Quando o que se declara não punível é o fato, então o que existe é a ilicitude penal deste fato*".

IX. Penas Acessórias:

Previstas no art. 12 da Lei das Contravenções Penais, o entendimento majoritário é o de que foram extintas com a reforma da Parte Geral do Código Penal, ocorrida em 1984.

Porém, Nucci[4] é partidário de entendimento contrário, sustentando que as penas

3 MARQUES, José Frederico. **Tratado de Direito Penal**. v. 4. Campinas: Millenium, 2000.

4 NUCCI, Guilherme de Souza. **Leis Penais e Processuais Penais Comentadas**. v. 1. 10. ed. Rio de

acessórias transformaram-se, majoritariamente, nos efeitos da condenação, previstos nos artigos 91 e 92, ambos do Código Penal.

São elas as seguintes:

– publicação da sentença (art. 12, *caput*);

– interdição de direitos consistente na incapacidade temporária para profissão ou atividade, cujo exercício dependa de habilitação especial, licença ou autorização do poder público (art. 12, I);

– interdição de direitos consistente na suspensão dos direitos políticos (art. 12, II).

Consoante disposto no parágrafo único do referido dispositivo legal:

> *"Incorrem:*
>
> *a) na interdição sob n. I, por 1 (um) mês a 2 (dois) anos, o condenado por motivo de contravenção cometida com abuso de profissão ou atividade, ou com infração de dever a ela inerente;*
>
> *b) na interdição sob n. II, o condenado à pena privativa de liberdade, enquanto dure a execução da pena ou a aplicação de medida de segurança detentiva".*

X. Impossibilidade de conversão da multa em prisão simples:

Conforme previsão constante no artigo 9º da LCP, abria-se possibilidade da conversão da multa em prisão simples, porém o entendimento majoritário é o de que ocorreu revogação de referido dispositivo legal pela Lei nº 9.268/96, que também revogou o artigo 51 do CP, que tratava do tema.

XI. Abolição da Presunção de Periculosidade:

Havia a presunção de periculosidade no art. 14 da LCP, a qual é considerada inconstitucional, por ser própria das Medidas de Segurança e do Direito Penal do Inimigo, que fere a dignidade da pessoa humana (art. 1º, III, CF/88).

Ademais, o entendimento corrente é o de que a presunção de periculosidade foi revogada pela reforma do Código Penal em 1984, que não mais admite tal presunção, exceto em relação aos inimputáveis (arts. 26, *caput,* e 97, ambos do Código Penal).

XII. Abolição do Duplo Binário:

O artigo 15 da LCP prevê Internação em Colônia Agrícola ou em Instituto de Trabalho, de Reeducação ou de Ensino Profissional, porém há manifesta incompatibilidade na aplicação de referido dispositivo legal, ante a abolição do sistema do duplo binário (pena + medida de segurança), com a reforma da parte geral do Código Penal em 1984.

XIII. Penas:

Atualmente, as penas previstas para as contravenções penais são as de prisão simples e de multa, nos termos do artigo 5º da Lei das Contravenções Penais.

A pena de prisão simples deve ser cumprida sem rigor penitenciário, em estabelecimento especial ou em seção especial de prisão comum, em regime aberto ou semi-aberto.

O artigo 6º da Lei das Contravenções Penais ainda determina que o condenado à pena de prisão simples fique sempre separado dos condenados às penas de reclusão ou de detenção.

Consoante regra prevista no parágrafo segundo do artigo 6º, *"o trabalho é facultativo, se a pena aplicada não excede a 15 (quinze) dias".*

Em relação às contravenções penais, ainda que sejam inúmeras as penas, o agente não cumprirá mais do que 5 (cinco) anos de prisão simples.

À multa, aplica-se o sistema do Código Penal (artigo 12 do CP), inclusive no que diz respeito aos limites.

Janeiro: Forense, 2017.

Frise-se que o artigo 9º da Lei das Contravenções Penais, que permitia a conversão da pena de multa em prisão simples, conforme já referido, foi tacitamente revogado pela Lei n. 9.268/96, que deu nova redação ao artigo 51 do Código Penal.

XIV. Reincidência:

Artigo 7º, LCP: *"Verifica-se a reincidência quando o agente pratica uma contravenção depois de passar em julgado a sentença que o tenha condenado, no Brasil ou no estrangeiro, por qualquer crime, ou, no Brasil, por motivo de contravenção".*

Quanto à reincidência, vem a ser a prática de infração penal depois de o agente já ter sido condenado, no Brasil ou no exterior, por crime, ou, ainda, no Brasil, por contravenção.

Só é reincidente o agente que comete contravenção dentro do Brasil. Se cometer a infração fora do território nacional, não haverá reincidência. No entanto, se for condenado por prática de crime, poderá o fato ter sido cometido tanto no Brasil quanto no exterior.

A reincidência pode ser de duas espécies:

a) real: quando o agente comete nova infração depois de já ter efetivamente cumprido pena por crime ou contravenção anterior, conforme o caso;

b) ficta: quando o agente comete nova contravenção depois de já ter sido condenado, com trânsito em julgado, por crime ou contravenção, conforme o caso, mas sem efetivamente ter cumprido pena.

A prática de uma infração menor (contravenção penal) não produz efeitos, quanto à reincidência, em relação a uma infração maior (crime).

Assim, a contravenção anterior não ensejará a reincidência se for objeto de condenação no exterior.

Por derradeiro, às contravenções penais aplica-se a regra prevista no artigo 64 do Código Penal, que dispõe sobre a eficácia da condenação anterior e sobre o desprezo dos crimes militares próprios e políticos para fins de reincidência.

XV. Suspensão Condicional da Pena:

Artigo 11, LCP: *"Desde que reunidas as condições legais, o juiz pode suspender, por tempo não inferior a 1 (um) ano nem superior a 3 (três), a execução da pena de prisão simples, bem como conceder livramento condicional".*

O *sursis* não deverá ser aplicado quando for possível a substituição da pena de prisão simples por multa ou pena restritiva de direitos. Devem ser observados os requisitos legais dispostos no artigo 77 do Código Penal.

Prevalece, segundo a posição majoritária, o disposto no artigo 11 da Lei das Contravenções Penais sobre as regras gerais previstas no Código Penal.

Nesses termos, o período de suspensão (um a três anos) é menor em relação ao fixado no Código Penal (dois a quatro anos).

Ademais, não incidem as condições previstas no § 1º do artigo 78 do Código Penal (prestação de serviço à comunidade ou limitação de fim de semana no primeiro ano do período de prova).

Como consequência, não se aplica, também, o § 2º (substituição das condições do § 1º do artigo 78, na hipótese de reparação do dano) do referido dispositivo legal.

XVI. Concurso de Pessoas e Concurso de Contravenções:

Como a Lei das Contravenções Penais não faz referência ao concurso de pessoas, devem ser observadas as regras previstas nos artigos 29 a 31 do Código Penal, respeitadas, por evidente, as peculiaridades próprias dos fatos contravencionais.

A jurisprudência vem admitindo a coautoria nas contravenções penais, exigindo-se a demonstração da participação voluntária do agente na realização da conduta.

Da mesma forma, embora os artigos 69, 70 e 71 do Código Penal façam referência aos "crimes", no que concerne ao concurso de contravenções, o entendimento preponderante é o de sua admissibilidade em havendo concurso material, concurso formal ou continuidade delitiva.

XVII. Informações Complementares:

Prisão simples – limite	5 anos (art. 10, LCP)
Trabalho	Facultativo (art. 6º, § 2, LCP)
Penas alternativas	Possibilidade (art. 44 do CP)
Prisão preventiva	Incabível (art. 313 do CPP)

PARTE ESPECIAL:

1) Das Contravenções Referentes à Pessoa (Capítulo I):

Art. 18. Fabricar, importar, exportar, ter em depósito ou vender, sem permissão da autoridade, arma ou munição:

Pena – prisão simples, de 3 (três) meses a 1 (um) ano, ou multa, ou ambas cumulativamente, se o fato não constitui crime contra a ordem política ou social.

Art. 19. Trazer consigo arma fora de casa ou de dependência desta, sem licença da autoridade:

Pena – prisão simples, de 15 (quinze) dias a 6 (seis) meses, ou multa, ou ambas cumulativamente.

§ 1º A pena é aumentada de um terço até metade, se o agente já foi condenado, em sentença irrecorrível, por violência contra pessoa.

§ 2º Incorre na pena de prisão simples, de 15 (quinze) dias a 3 (três) meses, ou multa, quem, possuindo arma ou munição:

a) deixa de fazer comunicação ou entrega à autoridade, quando a lei o determina;

b) permite que alienado menor de 18 (dezoito) anos ou pessoa inexperiente no manejo de arma a tenha consigo;

c) omite as cautelas necessárias para impedir que dela se apodere facilmente alienado, menor de 18 (dezoito) anos ou pessoa inexperiente em manejá-la.

Art. 20. Anunciar processo, substância ou objeto destinado a provocar aborto: (Redação dada pela Lei nº 6.734, de 4-12-1979)

Pena – multa (Redação dada pela Lei nº 6.734, de 4-12-1979)

Art. 21. Praticar vias de fato contra alguém:

Pena – prisão simples, de 15 (quinze) dias a 3 (três) meses, ou multa, se o fato não constitui crime.

Parágrafo único. Aumenta-se a pena de 1/3 (um terço) até a metade se a vítima é maior de 60 (sessenta) anos. (Incluído pela Lei nº 10.741, de 1-10-2003)

Art. 22. Receber em estabelecimento psiquiátrico, e nele internar, sem as formalidades legais, pessoa apresentada como doente mental:

Pena – multa.

§ 1º Aplica-se a mesma pena a quem deixa de comunicar a autoridade competente, no prazo legal, internação que tenha admitido, por motivo de urgência, sem as formalidades legais.

§ 2º Incorre na pena de prisão simples, de 15 (quinze) dias a 3 (três) meses, ou multa, aquele que, sem observar as prescrições legais, deixa retirar-se ou despede de estabelecimento psiquiátrico pessoa nele, internada.

Art. 23. Receber e ter sob custódia doente mental, fora do caso previsto no artigo anterior, sem autorização de quem de direito:

Pena – prisão simples, de 15 (quinze) dias a 3 (três) meses, ou multa.

COMENTÁRIOS

I. Art. 18 (Fabrico, comércio, ou detenção de armas ou munição):

Somente se aplica a armas brancas.

Para Damásio[5], aplica-se somente às armas próprias, destinadas ao ataque e à defesa, como punhais e espadas.

Para outros, também se aplica às armas impróprias, destinadas a outras funções, mas que podem servir para ataque e defesa, como facas de cozinha e machados.

O conceito de arma branca está insculpido no artigo 3º, XI, do Decreto Federal nº 3.665, de 20 de novembro de 2000, que trata da Fiscalização de Produtos Controlados (R-105): *"artefato cortante ou perfurante, normalmente constituído por peça em lâmina ou oblonga"*.

Nucci[6] entende ser inaplicável o dispositivo, pois não há lei disciplinando a concessão de autorização da autoridade para a fabricação, importação, exportação, depósito ou venda de uma faca de cozinha, por exemplo.

No que concerne a armas de fogo, houve revogação pelos artigos 14, 16 e § único, III e V, 17 e 18, todos da Lei Federal nº 10.826/2003 (Estatuto do Desarmamento).

Outrossim, existe confronto com os artigos 242 do Estatuto da Criança e do Adolescente (ECA – Lei 8.069/90) e 12 da Lei nº 7.170/83 (subsidiariedade expressa), este último versando sobre os Crimes contra a Segurança Nacional.

II. Art. 19 (Porte de arma):

Aplica-se somente a armas brancas.

Para Damásio[7], aplica-se somente às armas próprias, destinadas ao ataque e à defesa, como punhais e espadas.

Para outros, também se aplica às armas impróprias, destinadas a outras funções, mas que podem servir para ataque e defesa, como facas de cozinha e machados.

No que concerne ao porte de armas de fogo e munições, tal dispositivo foi revogado pelos artigos 12, 13 e § único, 14 e 16, todos da Lei Federal nº 10.826/2003.

São exemplos de armas brancas o estilete, o canivete, a faca, o punhal, a adaga, o machado, a espada, a peixeira, o soco-inglês etc.

Há entendimento de que referido dispositivo contravencional também se aplica às carabinas de ar comprimido, ou armas de pressão, já que não são consideradas, tecnicamente, armas de fogo.

MORAES e SMANIO[8] lecionam:

> *"Continua parcialmente em vigor a norma do art. 19, § 2º, letra 'c', da LCP. Ela prevê a contravenção de omitir as cautelas necessárias para impedir que alienado, menor de 18 anos ou pessoa inexperiente no seu manejo se apodere facilmente de arma de munição que possui (...) Será contravenção quando se tratar de arma branca, ou quando se tratar de arma de fogo apoderada por pessoa inexperiente em manejá-la, ou ainda quando se tratar de munição, não mencionada no artigo 13".*

O artigo 13 a que se referem é o do Estatuto do Desarmamento (Lei 10.826/2003) – Omissão de Cautela.

De outra banda, JUNQUEIRA e FULLER[9] entendem que a norma do artigo 19, § 2º, letra "c", da Lei das Contravenções Penais foi revogada, porque o Estatuto do Desarmamento legislou de forma exauriente

5 Ibidem.

6 Op. Cit.

7 JESUS, Damásio E. de. **Lei das Contravenções Penais Anotada.** 13. ed. São Paulo: Saraiva, 2015.

8 MORAES, Alexandre de; SMANIO, Gianpaolo Poggio. **Legislação Penal Especial**. 10 ed. São Paulo: Atlas, 2008.

9 JUNQUEIRA, Gustavo Otaviano Diniz; FULLER, Paulo Henrique Aranda. **Legislação Penal Especial**. v. 1. 6 ed. São Paulo: Saraiva, 2010.

e integral sobre a matéria referente a armas de fogo, munições e acessórios.

Para os doutos doutrinadores, *"se o legislador praticamente copiou a previsão da lei das contravenções, excluindo a referência à 'pessoa inexperiente', significa que intencionalmente quis deixar de emprestar relevância penal ao fato"*.

Os conceitos de arma de fogo, de munição, de acessório de arma, de arma de fogo de uso permitido, de arma de fogo de uso restrito, de arma de fogo de uso proibido e de arma branca estão insculpidos, respectivamente, no artigo 3º, incisos XIII, LXIV, II, XVII, LXXIX, XVIII, LXXXI e LXXX, do Decreto Federal nº 3.665/2000.

Segundo Nucci[10], arma de fogo é aquela que funciona por intermédio da deflagração de carga explosiva, lançando ao ar um projetil.

III. Art. 20 (Anúncio de meio abortivo):

Existe um aparente confronto com o art. 286 do Código Penal (Incitação ao crime) e com o art. 68 do Código de Defesa do Consumidor (Lei Federal nº 8.078/90).

O sujeito passivo é o feto e, secundariamente, a Coletividade.

O anúncio deve servir como meio capaz de provocar o aborto.

Ademais, deve ter caráter de publicidade, atingindo um número indeterminado de pessoas.

Se for sigiloso ou com critérios científicos, em comunidade reservada, não configura a contravenção.

O bem jurídico protegido é, prioritariamente, a vida do feto e, secundariamente, o interesse da coletividade em garantir a paz pública.

Trata-se de infração comum, de mera conduta, de perigo abstrato e que exige o dolo.

IV. Art. 21 (Vias de fato):

Trata-se do emprego de violência real contra terceiro, sem que da ação advenha lesão corporal.

A violência moral não configura a infração penal em destaque, podendo caracterizar o delito de ameaça ou um crime contra a honra, por exemplo.

Como se nota, a qualificação das vias de fato como contravenção visa a proteger a incolumidade física da pessoa humana, sendo essa a objetividade jurídica do tipo penal ora examinado.

Trata-se de uma contravenção comum, ou seja, pode ser praticada por qualquer pessoa.

Exige-se o dolo como elemento subjetivo do tipo, consistente no simples desejo de molestar alguém, sem a intenção de causar-lhe lesão corporal.

Se o sujeito ativo, ao empregar violência real, tencionar ultrajar, ou seja, ofender a dignidade da vítima, haverá Injúria real (art. 140, § 2º, do CP).

Caso a intenção seja a de causar um dano anatômico, um ferimento na vítima, teremos uma tentativa de lesão corporal, desde que a produção do resultado não sobrevenha por circunstâncias alheias à vontade do agente.

A consumação da contravenção penal de vias de fato ocorre com o mero comportamento típico do agente, ao desferir pontapés, tapas, socos etc, sem a produção de lesão corporal na vítima.

A prova pericial é desnecessária para a configuração da contravenção.

A tentativa, nos termos do artigo 4º da Lei das Contravenções Penais, é impunível.

Vias de fato é uma contravenção expressamente subsidiária.

10 NUCCI, Guilherme de Souza. **Leis Penais e Processuais Penais Comentadas**. v. 1. 10. ed. Rio de Janeiro: Forense, 2017.

Não se configura se o fato constituir crime.

É o que está disposto no preceito secundário da norma.

Também será absorvida quando for meio para a prática de crimes (estupro, roubo, extorsão etc.).

A ação penal para o processo e julgamento da contravenção ora examinada tornou-se matéria controvertida com a vigência do artigo 88 da Lei nº 9.099/95 (Lei dos Juizados Especiais Cíveis e Criminais).

Conforme já referido, referido dispositivo passou a exigir a representação da vítima no caso de lesões corporais dolosas leves e culposas.

Ora, se a condição de procedibilidade é exigida para a infração penal mais grave, como dispensá-la no caso de uma mera contravenção penal.

Esse é o fundamento da posição sustentada por Damásio de Jesus[11], cujo resultado consiste na exigência de representação do ofendido também no caso da contravenção, aplicando-se analogia *in bonam partem.*

Da mesma forma, Guilherme de Souza Nucci[12] é partidário deste entendimento, declarando que a natureza da ação penal na contravenção de vias de fato é pública condicionada à representação do ofendido ou de terceiro.

Para a outra corrente de pensamento, a ação penal é pública incondicionada, nos termos do artigo 17 da Lei das Contravenções Penais.

Nesse sentido, posicionou-se o Supremo Tribunal Federal no julgamento do *Habeas Corpus* n. 80.617/MG, realizado em 20 de março de 2001, cujo relator foi o Ministro Sepúlveda Pertence.

Eis a ementa do acórdão:

> *"A regra do art. 17 da Lei das Contravenções Penais - segundo a qual a persecução das contravenções penais se faz mediante ação penal pública incondicionada - não foi alterada, sequer em relação à de vias de fato, pelo art. 88 da Lei n. 9.099/95, que condicionou à representação a ação penal por lesões corporais leves".*

Importante salientar, ratificando informação antes transcrita, que existe posicionamento recente do FONAJE, consolidado no Enunciado 76, que indica que a ação penal relativa à contravenção penal de vias de fato é pública condicionada à representação, necessitando desta condição de procedibilidade para o regular curso nas esferas policial, ministerial e judicial.

Concluindo, no que concerne à <u>ação penal</u>:

a) <u>pública condicionada à representação</u>: art. 88, Lei 9.099/95; Damásio de Jesus[13]; Guilherme de Souza Nucci[14]; Enunciado Criminal nº 76, do FONAJE;

b) <u>pública incondicionada:</u> art. 17 da Lei das Contravenções Penais; STF.

Em 2003, com o Estatuto do Idoso (Lei Federal nº 10.741/03), foi introduzida majorante no § único do artigo 21 da LCP, quando a contravenção penal for praticada contra pessoa com idade igual ou superior a 60 (sessenta) anos.

A este respeito, importante referir, outrossim, que existe previsão de agravante genérica no Código Penal (artigo 61, II, "h"), quando o crime for cometido contra pessoa maior de 60 (sessenta) anos.

11 JESUS, Damásio E. de. **Lei das Contravenções Penais Anotada.** 13. ed. São Paulo: Saraiva, 2015.

12 NUCCI, Guilherme de Souza. **Leis Penais e Processuais Penais Comentadas.** v. 1. 10. ed. Rio de Janeiro: Forense, 2017.

13 Ibidem.

14 Ibidem.

Todavia, como o legislador transformou o fator idade da vítima como causa de aumento de pena na contravenção penal de vias de fato, não pode o magistrado valorar a mesma circunstância como agravante, sob pena de incorrer em indevido *bis in idem*.

V. Art. 22 (Internação irregular em estabelecimento psiquiátrico):

Na contravenção em questão, o bem jurídico protegido é a liberdade de ir e vir do enfermo.

O sujeito ativo pode ser qualquer pessoa, embora, na maior parte das vezes, seja o administrador do estabelecimento psiquiátrico ou o médico do hospital psiquiátrico.

É infração comum, de mera conduta, comissiva e que exige o dolo.

Existe aparente confronto com o art. 148, § 1º, II, CP, que trata do delito de Cárcere privado qualificado, que ocorre se o crime é praticado mediante internação da vítima em casa de saúde ou hospital.

Sujeito passivo da figura contravencional, segundo Nucci[15], é a pessoa internada, que só pode ser a pessoa enferma ou doente mental.

Se for internada pessoa sadia, para ele, cuida-se de crime contra a liberdade individual.

Porém, Damásio de Jesus[16] entende que pode ser sujeito passivo qualquer pessoa, sã ou doente mental.

Referido dispositivo traduz norma penal em branco, que necessita complementação por meio da Lei 10.216/2001, que prevê as formalidades na internação.

Admite modalidade omissiva no § 1º e qualificada no § 2º.

No que concerne ao § 1°, o entendimento jurisprudencial preponderante é o de que há um prazo de 72 (setenta e duas) horas para comunicação ao Ministério Público Federal.

VI. Art. 23 (Indevida custódia de doente mental):

O bem jurídico protegido é a liberdade de ir e vir.

O sujeito ativo pode ser qualquer pessoa.

O sujeito passivo é o doente mental.

O tipo exige receber ou ter sob custódia doente mental, de acordo com as determinações legais, mas sem autorização de quem de direito.

É infração comum, de mera conduta, comissiva e que exige o dolo.

Segundo Damásio de Jesus[17], é contravenção subsidiária em relação à figura contravencional prevista no art. 22.

Nucci[18] discorda de tal entendimento, informando que as contravenções em comento são distintas e autônomas.

Tem como elemento normativo do tipo: "sem autorização".

Desta forma, presente a autorização, o fato será atípico.

2) Das Contravenções Referentes ao Patrimônio (Capítulo II):

Art. 24. Fabricar, ceder ou vender gazua ou instrumento empregado usualmente na prática de crime de furto:

Pena – prisão simples, de 6 (seis) meses a 2 (dois) anos, e multa.

15 Op. Cit.

16 JESUS, Damásio E. de. **Lei das Contravenções Penais Anotada.** 13. ed. São Paulo: Saraiva, 2015.

17 Ibidem.

18 NUCCI, Guilherme de Souza. **Leis Penais e Processuais Penais Comentadas**. v. 1. 10. ed. Rio de Janeiro: Forense, 2017.

Art. 25. Ter alguém em seu poder, depois de condenado, por crime de furto ou roubo, ou enquanto sujeito à liberdade vigiada ou quando conhecido como vadio ou mendigo, gazuas, chaves falsas ou alteradas ou instrumentos empregados usualmente na prática de crime de furto, desde que não prove destinação legítima:

Pena – prisão simples, de 2 (dois) meses a 1 (um) ano, e multa.

Art. 26. Abrir alguém, no exercício de profissão de serralheiro ou ofício análogo, a pedido ou por incumbência de pessoa de cuja legitimidade não se tenha certificado previamente, fechadura ou qualquer outro aparelho destinado à defesa de lugar ou objeto:

Pena – prisão simples, de 15 (quinze) dias a 3 (três) meses, ou multa.

*Art. 27. **Exploração da credulidade pública** (Revogado pela Lei nº 9.521, de 27-11-1997)*

COMENTÁRIOS

I. Art. 24 (Instrumento de emprego usual na prática de furto):

O bem jurídico protegido é a segurança pública.

O sujeito ativo pode ser qualquer pessoa.

Sujeito passivo é a Coletividade.

Trata-se de infração comum, formal, comissiva e que exige o dolo.

Há entendimento informando que há, no referido tipo contravencional, elemento subjetivo específico, consistente na meta de prestar auxílio, embora de forma indeterminada, a quem pretenda utilizar a gazua ou outro instrumento para a prática do furto.

Damásio de Jesus[19], todavia, é contrário a este entendimento, sustentando que basta a existência do dolo.

Problemas:

a) conduta extremamente vaga: está punindo quem fabrica, cede ou vende chave falsa ou qualquer instrumento frequentemente empregado na prática de furto;

b) punição de atos preparatórios de furto.

Para Damásio[20], o emprego usual é na prática de delitos patrimoniais (furto ou roubo).

Contra: Nucci[21] (interpretação restritiva – somente furto).

Conflito: Furto qualificado pelo emprego de chave falsa (art. 155, § 4º, III, CP).

II. Art. 25 (Posse não justificada de instrumento usual na prática de furto):

O bem jurídico protegido é a segurança pública.

É contravenção própria.

Só pode ser praticada por pessoa que já foi condenada irrecorrivelmente por furto ou roubo, ou conhecida como indivíduo vadio (pessoa que não trabalha porque não quer) ou mendigo (pessoa que pede esmola para sobreviver).

Aqui há inconstitucionalidade declarada, em função da quebra dos princípios da culpabilidade, da presunção de inocência e da igualdade (verdadeiro Direito Penal do Autor).

Ademais, importante referir que a contravenção penal de mendicância, prevista no artigo 60 do DL 3.688/41, foi expressamente revogada pela Lei Federal nº 11.983, de 16 de julho de 2009.

Outrossim, foi revogada, também, a liberdade vigiada (espécie de medida de segurança), com a Reforma da Parte Geral do Código Penal em 1984.

---

19 JESUS, Damásio E. de. **Lei das Contravenções Penais Anotada.** 13. ed. São Paulo: Saraiva, 2015.

20 Ibidem.

21 NUCCI, Guilherme de Souza. **Leis Penais e Processuais Penais Comentadas**. v. 1. 10. ed. Rio de Janeiro: Forense, 2017.

Sujeito passivo é a Coletividade.

O tipo objetivo é ter o indivíduo em seu poder objetos que podem ser empregados na prática de furto (que usualmente o são).

É infração própria, formal, comissiva e que exige o dolo, com finalidade específica consistente na vontade de praticar furto.

Segundo entendimento dos Tribunais Superiores, a contravenção penal prevista no art. 25, LCP, não é compatível com a Constituição Federal de 1988, por violar os princípios da dignidade da pessoa humana (art. 1º, III, CF) e da isonomia (art. 5º, *caput* e inciso I, CF), conforme abaixo descrito:

> ***"Art. 25 da LCP e não recepção pela CF/88 - 1***
>
> *O art. 25 da Lei de Contravenções Penais - LCP (Decreto-lei 3.688/41) não é compatível com a Constituição de 1988, por violar os princípios da dignidade da pessoa humana (CF, art. 1º, III) e da isonomia (CF, art. 5º,* caput *e I). Essa a conclusão do Plenário, que deu provimento a recursos extraordinários, julgados em conjunto, e absolveu os recorrentes, nos termos do art. 386, III, do CPP. Discutia-se a temática relativa à recepção do mencionado art. 25 da LCP pelo novo ordenamento constitucional. No caso, os recorrentes foram condenados pela posse injustificada de instrumento de emprego usual na prática de furto, tendo em conta condenação anterior pelo aludido crime (CP, art. 155, §4º). Inicialmente, o Tribunal acolheu questão de ordem suscitada pelo Ministro Gilmar Mendes, relator, no sentido de superar o reconhecimento da prescrição da pretensão punitiva no RE 583523/RS, processo no qual reconhecida a repercussão geral da matéria. Aduziu-se que eventual declaração de incompatibilidade do preceito legal implicaria atipicidade da conduta, cujas consequências seriam mais benéficas ao recorrente do que a extinção da punibilidade pela perda da pretensão punitiva do Estado. RE 583523/RS, rel. Min. Gilmar Mendes, 3.10.2013. (RE-583523)RE 755565/RS, rel. Min. Gilmar Mendes, 3.10.2013. (RE-755565)* (Informativo 722 - Repercussão Geral).
>
> ***Art. 25 da LCP e não recepção pela CF/88 - 2***
>
> *No mérito, destacou-se que o princípio da ofensividade deveria orientar a aplicação da lei penal, de modo a permitir a aferição do grau de potencial ou efetiva lesão ao bem jurídico protegido pela norma. Observou-se que, não obstante a contravenção impugnada ser de mera conduta, exigiria, para a sua configuração, que o agente tivesse sido condenado anteriormente por furto ou roubo; ou que estivesse em liberdade vigiada; ou que fosse conhecido como vadio ou mendigo. Assim, salientou-se que o legislador teria se antecipado a possíveis e prováveis resultados lesivos, o que caracterizaria a presente contravenção como uma infração de perigo abstrato. Frisou-se que a LCP fora concebida durante o regime ditatorial e, por isso, o anacronismo do tipo contravencional. Asseverou-se que a condição especial 'ser conhecido como vadio ou mendigo', atribuível ao sujeito ativo, criminalizaria, em verdade, qualidade pessoal e econômica do agente, e não fatos objetivos que causassem relevante lesão a bens jurídicos importantes ao meio social. Consignou-se, no ponto, a inadmissão, pelo sistema penal brasileiro, do direito penal do autor em detrimento do direito penal do fato. No que diz respeito à consideração da vida pregressa do agente como elementar do tipo, afirmou-se o não cabimento da presunção de que determinados sujeitos teriam maior potencialidade de cometer novas infrações penais. Por fim, registrou-se que, sob o enfoque do princípio da proporcionalidade, a norma em*

questão não se mostraria adequada e necessária, bem como afrontaria o subprincípio da proporcionalidade em sentido estrito. Os Ministros Teori Zavascki, Luiz Fux, Ricardo Lewandowski, Marco Aurélio e Celso de Mello ressaltaram, em acréscimo, que a tipificação em comento contrariaria, também, o princípio da presunção de inocência, da não culpabilidade. RE 583523/RS, rel. Min. Gilmar Mendes, 3.10.2013. (RE-583523) RE 755565/RS, rel. Min. Gilmar Mendes, 3.10.2013.(RE-755565)" (Informativo 722 – Repercussão Geral)"

É de se observar que termos pejorativos e estigmatizados como "vadio" e "mendigo" são atentatórios em um Estado Democrático de Direito e causam arrepios ao atual ordenamento constitucional brasileiro, por ofenderem a dignidade da pessoa humana e por serem de extrema complexidade em sua real conceituação, dando margem a interpretações ambíguas, genéricas e casuísticas, causando insegurança jurídica em virtude da instabilidade gerada, razão pela qual a declaração de não-recepção da contravenção em apreço pela nova ordem constitucional vigente foi mais do que oportuna.

III. Art. 26 (Violação de lugar ou objeto):

O bem jurídico protegido é a segurança pública.

É Contravenção própria: somente o ferreiro, mecânico, serralheiro, armeiro ou pessoa que exerça ofício análogo (ex: chaveiro) podem praticar a figura contravencional em questão.

Sujeito passivo é a Coletividade.

É infração própria, formal, comissiva, de perigo concreto e que exige o dolo.

No que concerne ao elemento subjetivo, Nucci[22] entende tratar-se de negligência, modalidade de culpa, tendo em vista a expressão "*de cuja legitimidade não se tenha certificado previamente*".

No entanto, tal entendimento não é unânime.

IV. Art. 27 (Exploração da credulidade pública):

"Explorar a credulidade pública mediante sortilégios, predição do futuro, explicação de sonho, ou práticas congêneres:

Pena – prisão simples, de 1 (um) a 6 (seis) meses, e multa".

Contravenção penal revogada pela Lei Federal nº 9.521, de 27 de novembro de 1997.

3) Das Contravenções Referentes à Incolumidade Pública (Capítulo III):

Art. 28. Disparar arma de fogo em lugar habitado ou em suas adjacências, em via pública ou em direção a ela:

Pena – prisão simples, de 1 (um) a 6 (seis) meses, ou multa.

Parágrafo único. Incorre na pena de prisão simples, de 15 (quinze) dias a 2 (dois) meses, ou multa, quem, em lugar habitado ou em suas adjacências, em via pública ou em direção a ela, sem licença da autoridade, causa deflagração perigosa, queima fogo de artifício ou solta balão aceso.

Art. 29. Provocar o desabamento de construção ou, por erro no projeto ou na execução, dar-lhe causa:

Pena – multa, se o fato não constitui crime contra a incolumidade pública.

Art. 30. Omitir alguém a providência reclamada pelo Estado ruinoso de construção que lhe pertence ou cuja conservação lhe incumbe:

Pena – multa.

Art. 31. Deixar em liberdade, confiar à guarda de pessoa inexperiente, ou não guardar com a devida cautela animal perigoso:

22 Ibidem.

Pena – prisão simples, de 10 (dez) dias a 2 (dois) meses, ou multa.

Parágrafo único. Incorre na mesma pena quem:

a) na via pública, abandona animal de tiro, carga ou corrida, ou o confia à pessoa inexperiente;

b) excita ou irrita animal, expondo a perigo a segurança alheia;

c) conduz animal, na via pública, pondo em perigo a segurança alheia.

Art. 32. Dirigir, sem a devida habilitação, veículo na via pública, ou embarcação a motor em águas públicas:

Pena – multa.

Art. 33. Dirigir aeronave sem estar devidamente licenciado:

Pena – prisão simples, de 15 (quinze) dias a 3 (três) meses, e multa.

Art. 34. Dirigir veículos na via pública, ou embarcações em águas públicas, pondo em perigo a segurança alheia:

Pena – prisão simples, de 15 (quinze) a 3 (três) meses, ou multa.

Art. 35. Entregar-se na prática da aviação, a acrobacias ou a voos baixos, fora da zona em que a lei o permite, ou fazer descer a aeronave fora dos lugares destinados a esse fim:

Pena – prisão simples, de 15 (quinze) dias a 3 (três) meses, ou multa.

Art. 36. Deixar do colocar na via pública, sinal ou obstáculo, determinado em lei ou pela autoridade e destinado a evitar perigo a transeuntes:

Pena – prisão simples, de 10 (dez) dias a 2 (dois) meses, ou multa.

Parágrafo único. Incorre na mesma pena quem:

a) apaga sinal luminoso, destrói ou remove sinal de outra natureza ou obstáculo destinado a evitar perigo a transeuntes;

b) remove qualquer outro sinal de serviço público.

Art. 37. Arremessar ou derramar em via pública, ou em lugar de uso comum, ou do uso alheio, coisa que possa ofender, sujar ou molestar alguém:

Pena – multa.

Parágrafo único. Na mesma pena incorre aquele que, sem as devidas cautelas, coloca ou deixa suspensa coisa que, caindo em via pública ou em lugar de uso comum ou de uso alheio, possa ofender, sujar ou molestar alguém.

Art. 38. Provocar, abusivamente, emissão de fumaça, vapor ou gás, que possa ofender ou molestar alguém:

Pena – multa.

COMENTÁRIOS

I. Art. 28 (Disparo de arma de fogo):

A figura prevista no *caput* foi revogada pelo artigo 15 da Lei 10826/2003 (Estatuto do Desarmamento), que trata especificamente do crime de Disparo de arma de fogo.

No que concerne ao parágrafo único, o entendimento é o de que subsiste a contravenção apenas em relação à queima de fogos de artifício, já que, em relação à soltura de balões, incide o tipo do art. 42 da Lei 9.605/98 (Crime contra a flora), e, em relação à deflagração perigosa, por explosão ou combustão, incide o tipo do art. 251, § 1º, CP (Explosão qualificada).

Outrossim, no último caso, existe a possibilidade de absorção pelo crime de Incêndio (art. 250, CP).

Tal espécie contravencional, no que concerne à queima de fogos de artifício, traduz norma penal em branco, que necessita de complementação por meio do Decreto-Lei nº 4.238, de 08 de abril de 1942, que dispõe sobre a fabricação, o comércio e o uso de artigos pirotécnicos.

A Doutrina, do ponto de vista majoritário, vem entendendo que a contravenção continua a viger no que se refere a fogos de artifício.

Existe, também, confronto com o artigo 244 do ECA, que trata da venda, do fornecimento e da entrega a crianças e adolescentes de fogos de estampido ou de artifício.

Existe, ainda, aparente confronto com o artigo 16, § único, III, da Lei 10.826/2003 (Estatuto do Desarmamento), que trata de crime assemelhado ao de posse ou porte ilegal de arma de fogo de uso restrito, *in verbis:*

> *"Parágrafo único. Nas mesmas penas incorre quem:*
>
> *III – possuir, detiver, fabricar ou empregar artefato explosivo ou incendiário, sem autorização ou em desacordo com determinação legal ou regulamentar".*

Por sua vez, o Decreto Federal nº 3.665, de 20 de novembro de 2000, que dá nova redação ao Regulamento para a Fiscalização de Produtos Controlados (R-105), define o que sejam fogos de artifício no seu artigo 3º, LII, *in verbis:*

> *"fogos de artifício: designação comum de peças pirotécnicas preparadas para transmitir a inflamação a fim de produzir luz, ruído, incêndios ou explosões, e normalmente empregada em festividades".*

No que concerne à queima de fogos, ainda, dependendo do caso concreto, poderá haver desclassificação para a figura contravencional prevista no artigo 65 do DL 3.688/41 (Perturbação da tranquilidade), que será estudada mais adiante.

II. Art. 29 (Desabamento de construção):

O bem jurídico protegido é a incolumidade pública.

Sujeito ativo pode ser qualquer pessoa.

Sujeito passivo é a Coletividade.

No que concerne ao elemento normativo do tipo, há duas possibilidades:

a) gerar diretamente o desabamento (dolo);
b) dar causa ao desabamento por erro no projeto ou na execução (culpa).

É infração comum, material ou de mera conduta (dependendo da análise das circunstâncias fáticas), comissiva e que exige o dolo.

O presente tipo contravencional traduz subsidiariedade expressa, contemplada no artigo 256, CP, que trata do delito de Desabamento ou desmoronamento (Crime contra a incolumidade pública, de perigo comum).

Conforme já referido, admite a modalidade culposa na segunda parte do *caput* do artigo 29 (dar causa ao desabamento por erro no projeto ou na execução).

III. Art. 30 (Perigo de desabamento):

É contravenção própria.

Somente pode ser sujeito ativo o proprietário da construção ou a pessoa que tenha a incumbência de cuidar da edificação.

Traduz infração omissiva e de mera conduta, que não exige a ocorrência de efetivo prejuízo para a sociedade ou para qualquer pessoa.

A expectativa é evitar o desabamento, desde que o estado deteriorado de uma construção seja reparado a tempo.

Esta infração não possui correspondência no Código Penal. Para que haja a produção do evento, é necessária a ocorrência de uma situação de perigo concreto.

O bem jurídico protegido é a incolumidade pública.

O Sujeito passivo é a Coletividade.

Conforme já referido, trata-se de infração própria, de mera conduta (não exige a ocorrência de nenhum prejuízo), omissiva e que reclama o dolo.

IV. Art. 31 (Omissão de cautela na guarda ou condução de animais):

O objetivo é punir o proprietário ou a pessoa que tem sob seu cuidado um animal que, em virtude de sua tendência característica, coloca em risco a integridade física de terceiros.

Exige-se prova da potencialidade lesiva do animal.

A expressão "animal perigoso" é elemento normativo do tipo.

Animal de tiro vem a ser aquele que puxa veículos; *animal de carga* vem a ser aquele que transporta algo no lombo; *animal de corrida* vem a ser aquele que pode ser selado, ainda que não seja destinado à competição.

Assim, neste contexto da alínea "*a*", o animal não precisa ser perigoso, pois é a situação onde foi inserido que produz o risco de dano à sociedade.

Dessa forma, largar um cavalo, sem vigilância, na via pública, ou confiar um touro a uma criança, para que seja conduzido em local público, configura a infração penal.

Segundo a alínea "*b*", ainda que alguém perturbe um cão feroz, que está preso, não há a contravenção, pois ninguém corre o risco de se ferir.

Na alínea "*c*", é possível tratar-se de qualquer tipo de animal, até mesmo um cão feroz, que, embora preso à guia, está sendo levado pelo dono de maneira leviana, aproximando-o de pessoas e fazendo com que rosne ou tente morder quem passa ao seu lado.

O animal não está solto, mas está sendo conduzido de forma a gerar perigo de dano.

No referido tipo contravencional, o bem jurídico protegido é a incolumidade pública.

O sujeito ativo pode ser qualquer pessoa, embora, via de regra, seja o proprietário do animal.

Sujeito passivo é a Coletividade.

Trata-se de infração comum, de mera conduta, comissiva ou omissiva (depende da forma) e que exige, em princípio, o dolo, admitindo, porém, a modalidade culposa (não guardar com a devida cautela animal perigoso).

Existe aparente confronto com o crime de Lesão corporal culposa, previsto no artigo 129, § 6º, do Código Penal.

Para Nucci[23], Ricardo Antônio Andreucci[24], Paulo Lúcio Nogueira[25] e Damásio de Jesus[26], a lesão corporal culposa absorve a contravenção.

Para outros, existe concurso formal entre a lesão corporal culposa e a contravenção.

O entendimento majoritário é o de que se trata de contravenção de perigo concreto, exigindo prova da potencialidade lesiva do animal ou da probabilidade de dano e do risco de lesão a terceiro.

V. Art. 32 (Falta de habilitação para dirigir veículo):

Tal dispositivo foi derrogado pelo crime do art. 309 do CTB (Lei nº 9.503/97) e pela Súmula 720 do STF.

> *Art. 309, CTB: "*Dirigir veículo automotor, em via pública, sem a devida Permissão para Dirigir ou Habilitação ou, ainda, se cessado o direito de dirigir, gerando perigo de dano: Pena – detenção, de 6 (seis) meses a 1 (um) ano, ou multa*".
>
> *Súmula 720, STF: "*O art. 309 do Código de Trânsito, que reclama decorra do fato perigo de dano, derrogou o art. 32 da Lei das Contravenções Penais no tocante à direção sem habilitação em vias terrestres*".

Porém, tal figura contravencional subsiste em relação à direção de embarcação a motor em águas públicas.

É contravenção de perigo concreto ou abstrato? Para a maioria da doutrina, trata-se de contravenção de perigo abstrato,

---

23 Op. Cit.

24 ANDREUCCI, Ricardo Antônio. **Legislação Penal Especial.** 10. ed. São Paulo: Saraiva, 2015.

25 NOGUEIRA, Paulo Lúcio. **Contravenções Penais Controvertidas**. 5. ed. São Paulo: Leud, 1996.

26 JESUS, Damásio E. de. **Lei das Contravenções Penais Anotada.** 13. ed. São Paulo: Saraiva, 2015.

onde inexiste qualquer referência à ocorrência de perigo para a segurança alheia.

Traduz, outrossim, norma penal em branco, exigindo o complemento para a sua exata compreensão, sendo necessário consultar a legislação própria para tomar conhecimento sobre qual o procedimento adequado e pertinente para se obter a habilitação necessária.

A este respeito, importante a compreensão da Lei 9.537/97, que trata da segurança do tráfego aquaviário em águas sob jurisdição nacional, a qual indica que a forma para se adquirir a habilitação deve respeitar regulamentação por meio de portaria própria a ser expedida pela Diretoria de Portos e Costas.

VI. Art. 33 (Direção não licenciada de aeronave):

O conceito de aeronave está insculpido no art. 106, *caput,* da Lei 7.565/86 – Código Brasileiro de Aeronáutica: *"aparelho manobrável em voo, que possa sustentar-se e circular no espaço aéreo, mediante reações aerodinâmicas, apto a transportar pessoas ou coisas".*

Traduz norma penal em branco.

Regem o assunto o Código Brasileiro de Aeronáutica e regulamentos específicos.

A habilitação legal para dirigir aeronaves, o chamado "brevê", é concedida por meio de licença (autorização) do órgão competente.

Assim como a figura contravencional prevista no artigo anterior, no que concerne à direção de embarcação a motor em águas públicas, trata-se de infração de perigo abstrato.

VII. Art. 34 (Direção perigosa de veículo na via pública):

Existe confronto com os crimes previstos nos artigos 306 (Embriaguez ao volante), 308 ("Racha"), 309 (Condução de veículo automotor sem habilitação, gerando perigo de dano) e 311 (Direção perigosa), todos da Lei Federal nº 9.503/97 (Código de Trânsito Brasileiro).

Havendo concurso entre as infrações, fica, obviamente, absorvida a contravenção do art. 34.

Considerando que foi alçada à categoria de crime a conduta de conduzir veículo automotor, na via pública, alcoolizado ou sob a influência de qualquer outra substância psicoativa que determine dependência, conforme preceitua o artigo 306 da Lei 9.503/97, houve derrogação do artigo 34 da LCP, relativamente a veículos automotores, somente subsistindo a figura contravencional no que concerne à direção perigosa de embarcação a motor em águas públicas, bem como no que concerne a outros comportamentos perigosos no volante, como o zigue-zague e o cavalo-de-pau, desde que tais condutas não configurem o delito de racha ou o de direção perigosa, tipificados, respectivamente, nos artigos 308 e 311, ambos do Código de Trânsito Brasileiro.

Outrossim, existe aparente confronto com os crimes previstos no artigo 132 do CP (Perigo para a vida ou saúde de outrem) e no artigo 39 da Lei 11.343/2006 (Lei de Tóxicos), *in verbis: "Conduzir embarcação ou aeronave após o consumo de drogas, expondo a dano potencial a incolumidade de outrem: Pena – detenção, de 6 (seis) meses a 3 (três) anos, além da apreensão do veículo".*

VIII. Art. 35 (Abuso na prática da aviação):

Havendo concurso com o art. 33, deve ser punido apenas pela contravenção do 33, que é mais grave.

Se houver dano, a contravenção do artigo 35 resta absorvida.

Trata-se de infração de mera conduta, sem a necessidade de ocorrência de resultado naturalístico, e comissiva, já que o verbo nuclear "entregar-se" (dedicar-se a algo) indica ação.

IX. Art. 36 (Sinais de perigo):

O bem jurídico protegido é a incolumidade pública.

Segundo Nucci[27], trata-se de contravenção própria no *caput*.

Somente figura como sujeito ativo a pessoa que tem a obrigação legal (dever) de inserir ou colocar o sinal ou obstáculo.

Com relação ao parágrafo único, a contravenção é comum.

Sujeito passivo é a Coletividade.

Trata-se de infração comum (podendo ser própria no *caput*), de mera conduta, omissiva no *caput* e comissiva no parágrafo único, que exige dolo como elemento subjetivo.

Enquanto no *caput* a pessoa obrigada por lei omite-se, deixando de colocar o sinal ou obstáculo, no caso do parágrafo único, qualquer um pode remover ou fazer desaparecer o referido sinal ou obstáculo.

Caso houvesse qualquer atitude mais grave, no sentido de, efetivamente, colocar em risco a coletividade, existe previsão, por exemplo, dos crimes de Subtração, ocultação ou inutilização de material de salvamento (art. 257, CP), Perigo de desastre ferroviário (art. 260, CP), Atentado contra a segurança de transporte marítimo, fluvial ou aéreo (art. 261, CP), Atentado contra a segurança de outro meio de transporte (art. 262, CP), Atentado contra a segurança de serviço de utilidade pública (art. 265, CP) e de Interrupção ou perturbação de serviço telegráfico ou telefônico (art. 266, CP).

X. Art. 37 (Arremesso ou colocação perigosa):

O bem jurídico protegido é a incolumidade pública.

Sujeito ativo pode ser qualquer pessoa.

27 NUCCI, Guilherme de Souza. **Leis Penais e Processuais Penais Comentadas**. v. 1. 10. ed. Rio de Janeiro: Forense, 2017.

Sujeito passivo é a Coletividade e, secundariamente, a pessoa que sofre a probabilidade de lesão.

Exige-se, para a configuração da contravenção penal, a ocorrência de perigo concreto, sob pena de se tornar abusiva a figura típica, lesando o princípio da intervenção mínima.

Assim, se a conduta do agente provocar efetivamente dano a alguém, fica absorvida a figura contravencional.

A avaliação deve ser feita no caso concreto, abstendo-se de inserir no tipo da contravenção condutas desagradáveis, porém, evidentemente ínfimas no contexto penal.

Trata-se de infração comum, comissiva, de mera conduta e que exige o dolo.

Porém, admite a modalidade culposa (imprudência ou negligência) no parágrafo único.

Outrossim, trata-se de contravenção subsidiária. Havendo confronto com o crime de Arremesso de projétil (art. 264, CP), em se tratando de veículo em movimento, destinado ao transporte público, prevalece o crime, em detrimento da figura contravencional.

Por outro lado, se a conduta do agente provocar dano efetivo a alguém, cuida-se de delito de dano (ex.: lesão corporal, homicídio, etc.), e a contravenção, igualmente, resta absorvida.

XI. Art. 38 (Emissão de fumaça, vapor ou gás):

Evidentemente, a emissão de fumaça, vapor ou gás deve ser abusiva, anormal.

A emissão normal de fumaça, vapor ou gás não é punida, sob pena da ocorrência de abusos, por exemplo, nas relações de vizinhança (Ex: vizinho que não é convidado para um churrasco e reclama da fumaça).

O bem jurídico protegido é a incolumidade pública.

Sujeito ativo pode ser qualquer pessoa.

Sujeito passivo é a Coletividade e, secundariamente, a pessoa que sofre a probabilidade de intoxicação.

Trata-se de infração comum, de mera conduta, comissiva e que exige o dolo.

Outrossim, configura-se como infração de perigo concreto, exigindo a probabilidade de dano à integridade física ou à saúde de alguém.

Existe aparente conflito com o tipo previsto no artigo 252 do Código Penal (Uso de gás tóxico ou asfixiante) e com o crime de poluição, tipificado no artigo 54 da Lei dos Crimes Ambientais (Lei 9.605/98).

Segundo Nucci[28], se não for o caso de gás tóxico ou asfixiante, passível de gerar envenenamento, será inadmissível aplicar a contravenção em apreço.

4) Das Contravenções Referentes à Paz Pública (Capítulo IV):

Art. 39. Participar de associação de mais de 5 (cinco) pessoas, que se reúnam periodicamente, sob compromisso de ocultar à autoridade a existência, objetivo, organização ou administração da associação:

Pena – prisão simples, de 1 (um) a 6 (seis) meses, ou multa.

§ 1º Na mesma pena incorre o proprietário ou ocupante de prédio que o cede, no todo ou em parte, para reunião de associação que saiba ser de caráter secreto.

§ 2º O juiz pode, tendo em vista as circunstâncias, deixar de aplicar a pena, quando lícito o objeto da associação.

Art. 40. Provocar tumulto ou portar-se de modo inconveniente ou desrespeitoso, em solenidade ou ato oficial, em assembleia ou espetáculo público, se o fato não constitui infração penal mais grave;

Pena – prisão simples, de 15 (quinze) dias a 6 (seis) meses, ou multa.

Art. 41. Provocar alarma, anunciando desastre ou perigo inexistente, ou praticar qualquer ato capaz de produzir pânico ou tumulto:

Pena – prisão simples, de 15 (quinze) dias a 6 (seis) meses, ou multa.

Art. 42. Perturbar alguém o trabalho ou o sossego alheios:

I – com gritaria ou algazarra;

II – exercendo profissão incômoda ou ruidosa, em desacordo com as prescrições legais;

III – abusando de instrumentos sonoros ou sinais acústicos;

IV – provocando ou não procurando impedir barulho produzido por animal de que tem a guarda:

Pena – prisão simples, de 15 (quinze) dias a 3 (três) meses, ou multa.

COMENTÁRIOS

I. Art. 39 (Associação secreta):

Existe flagrante inconstitucionalidade de referido tipo contravencional, em função da liberdade de associação (art. 5º, XVII, XVIII, XIX e XX, CF).

Em um Estado Democrático de Direito, a liberdade de associação é plena, desde que para fins lícitos, sendo vedada apenas a de caráter paramilitar.

Trata-se de infração habitual, que se consuma com a realização do início da última reunião que demonstre a periodicidade.

Existe possibilidade de perdão judicial no § 2º.

Exige, no mínimo, 6 (seis) pessoas como sujeitos ativos (contravenção plurissubjetiva).

Existe, outrossim, aparente confronto com o crime de Associação Criminosa (art. 288, CP), a exigir do Estado, neste caso, a intervenção necessária, quando descoberta uma movimentação proibida em lei ou criminosa.

28 Ibidem.

II. Art. 40 (Provocação de tumulto. Conduta inconveniente):

Trata-se de contravenção subsidiária.

O tipo contravencional somente subsistirá se do tumulto ou do comportamento inadequado não resultar crime, por exemplo, contra a honra ou a integridade física de outrem.

Enumera o tipo penal os locais onde as manifestações ou atitudes sejam inadmissíveis: solenidade (festividade pomposa, com requintes) ou ato oficial (cerimônia organizada pelo Estado); assembleia (reunião de pessoas com determinada finalidade, podendo ser de qualquer ordem ou natureza, como, por exemplo, uma assembleia condominial, ordinária ou extraordinária); espetáculo público (exibição teatral, cinematográfica ou similar, em local aberto à população).

III. Art. 41 (Falsa alarma):

Existe confronto com o artigo 16, I, da Lei de Imprensa (Lei nº 5.250/67), no que concerne à publicação ou divulgação de notícias falsas ou fatos verdadeiros truncados ou deturpados, pelos meios de comunicação, que provoquem perturbação da ordem pública, alarma social ou tumulto generalizado.

Todavia, a Lei de Imprensa, segundo o STF, não foi recepcionada pela nova ordem constitucional vigente (Constituição Federal de 1988).

A esse respeito, o Supremo Tribunal Federal derrubou, em julgamento encerrado em 30 de abril de 2009, a Lei de Imprensa, uma das últimas legislações do tempo da ditadura que continuavam em vigor.

Em um julgamento histórico, 7 (sete) dos 11 (onze) ministros do STF decidiram tornar sem efeitos a totalidade da lei ao concluírem que ela, que foi editada em 1967, era incompatível com o Estado Democrático de Direito preconizado pela atual Constituição Federal, sendo considerada, pois, inconstitucional.

Registre-se, por oportuno, que em fevereiro de 2008 já haviam sido suspensos pelo STF diversos dispositivos da Lei de Imprensa, a seguir descritos:

a) a parte inicial do parágrafo 2º do artigo 1º: a expressão "... *a espetáculos e diversões públicas, que ficarão sujeitos à censura, na forma da lei, nem ...*";

b) o parágrafo 2º do artigo 2º: "*É livre a exploração de empresas que tenham por objeto o agenciamento de notícias, desde que registradas nos termos do art. 8º*";

c) a íntegra dos artigos: 3º – vedava a propriedade de empresas jornalísticas a estrangeiros e a sociedades por ações ao portador; 4º – determinava que apenas brasileiros natos exerçam a responsabilidade e a orientação intelectual e administrativa dos serviços de notícias, reportagens, COMENTÁRIOS, debates e entrevistas, transmitidos pelas empresas de radiodifusão; 5º – definia que as proibições para que estrangeiros exerçam atividade noticiosa no País não se aplicam aos casos de contrato de assistência técnica, com empresa ou organização estrangeira, não superior a seis meses e exclusivamente referente à fase de instalação e início de funcionamento de equipamento, máquinas e aparelhamento técnicos; 6º – Dependia de prévia aprovação do Conselho Nacional de Telecomunicações – CONTEL, qualquer contrato que uma empresa de radiodifusão pretenda fazer com empresa ou organização estrangeira; 20 – Caluniar alguém, imputando-lhe falsamente fato definido como crime; 21 – Difamar alguém, imputando-lhe fato ofensivo à sua reputação;

22 – Injuriar alguém, ofendendo-lhe a dignidade ou decoro; 23 – Tratava do aumento das penas quando a vítima de calúnia, injúria e difamação é o Presidente da República, presidente do Senado, presidente da Câmara, ministros do Supremo Tribunal Federal, Chefe de Estado ou Governo estrangeiro, ou seus representantes diplomáticos etc; 51 – Definia os valores a serem pagos nos casos de responsabilidade civil do jornalista. Montante podia chegar a 20 salários mínimos; 52 – Tratava dos valores a serem pagos pela empresa jornalística;

d) a parte final do artigo 56, que estabelecia prazo para as ações de indenização. Ficava suspensa a seguinte frase: "*...e sob pena de decadência deverá ser proposta dentro de três meses da data da publicação ou transmissão que lhe der causa...*";

e) os parágrafos 3º e 6º do artigo 57, que tratavam da obrigatoriedade do réu de apresentar contraprovas e de realizar depósito da quantia a que fora condenado para poder recorrer de sentença desfavorável;

f) os parágrafos 1º e 2º do artigo 60, que proibiam a entrada de publicações estrangeiras que violassem a Lei de Imprensa;

g) a íntegra dos artigos 61, 62, 63, 64 e 65, que determinavam a apreensão de publicações estrangeiras que violassem a Lei de Imprensa.

IV. Art. 42 (Perturbação do trabalho ou do sossego alheios):

A objetividade jurídica da contravenção estudada consiste na manutenção da paz pública.

A ação pode ser praticada por qualquer pessoa.

Não se exige, pois, nenhuma qualidade especial do sujeito ativo.

O sujeito ativo, por sua vez, é a Coletividade, pois atinge um número indeterminado de pessoas.

Assim, considerando que a classificação do comportamento como contravenção visa a assegurar a paz coletiva, não se configurará o artigo 42 se o incômodo atingir uma única pessoa, ou um grupo reduzido delas.

Se a conduta incomodar uma pessoa, poderá haver a configuração da contravenção prevista no artigo 65 (Perturbação da tranquilidade), desde que o comportamento seja animado pelos elementos subjetivos do tipo: acinte ou motivo reprovável.

Só o dolo caracteriza a contravenção.

Há jurisprudência no sentido de que a manifestação de alegria que se verifica nas festas populares não configura a figura contravencional, porquanto inexiste a intenção de atingir a paz coletiva.

A consumação ocorre com o ato de perturbar o trabalho ou o sossego alheios.

Trata-se, pois, de contravenção material de conduta e resultado.

É contravenção material, que exige para a sua configuração a ocorrência de efetivo incômodo para o trabalho ou o sossego de terceiros.

A contravenção é de forma vinculada, uma vez que o legislador restringiu o comportamento típico às formas previstas nos quatro incisos da figura penal:

Inciso I – Gritaria ou algazarra: o que se pune é o distúrbio prejudicial ao trabalho ou ao repouso.

Como já se mencionou, a perturbação poderá provir de um baile ou de uma festa familiar.

Nesses casos, não há por que se cogitar de contravenção, pois o divertimento lícito afasta a ideia de infração penal.

As festas fazem parte da saúde e felicidade do cidadão, das famílias e do povo.

A gritaria é o som oriundo da voz humana. É uma sucessão de gritos.

A algazarra tem o mesmo sentido, representando a existência de um grande barulho.

Porém, para diferenciar a gritaria da algazarra, reservamos a última para representar o ruído provocado de outra maneira. Podemos citar como exemplos as cantorias, o chute de objetos, a quebra de garrafas etc.

A algazarra requer, também, o concurso de várias pessoas.

Poderíamos dizer, então, que a contravenção, na hipótese de algazarra, é de concurso necessário ou plurissubjetiva. Não se concebe algazarra com uma só pessoa;

Inciso II - Exercício de profissão incômoda ou ruidosa: é norma penal em branco.

Necessita, pois, de complemento que se traduz nas normas municipais que regulam a ocupação da cidade, que visam a coibir abusos.

Normalmente, é o regulamento local que limita a hora de funcionamento de certos estabelecimentos, cautelas para a utilização de determinadas máquinas.

Em suma, precauções que possam influir na redução do barulho ao mínimo possível e tolerável.

Essa regulamentação pelo Poder Público incidirá no exercício de certas atividades ruidosas, como indústrias, padarias, tipografias, serralherias ou marcenarias.

A legislação local poderá restringir, em determinadas áreas da cidade, a atividade comercial ou industrial.

Poderá, também, estabelecer horário de funcionamento, ou o limite de ruído permitido.

É necessária a existência de *prescrição legal*, ou seja, de normas, de atos administrativos que disciplinem o exercício de profissão (elemento normativo do tipo).

Na inexistência delas, não há que se cogitar da figura contravencional.

O dolo é abrangente, pois deve alcançar a consciência de que se está violando as prescrições legais;

Inciso III - Abusando de instrumentos sonoros ou sinais acústicos: trata-se do uso imoderado.

A contravenção configurar-se-á, por exemplo, no abuso de aparelhagem de som; no acionamento abusivo, imoderado, de buzinas de veículos automotores; na reprodução de música executada em alto volume, por casa de diversão, perturbando a tranquilidade coletiva.

Exige-se a consciência de que o comportamento é abusivo;

Inciso IV - Provocando ou não procurando impedir barulho de animal de que tenha a guarda: há dois comportamentos típicos, um comissivo e outro omissivo.

Pune-se quem tem a guarda do animal, podendo ser o proprietário, um simples possuidor, ou um mero detentor.

5) Das Contravenções Referentes à Fé Pública (Capítulo V)

Art. 43. Recusar-se a receber, pelo seu valor, moeda de curso legal no país:

Pena - multa.

Art. 44. Usar, como propaganda, de impresso ou objeto que pessoa inexperiente ou rústica possa confundir com moeda:

Pena - multa.

Art. 45. Fingir-se funcionário público:

Pena - prisão simples, de 1 (um) a 3 (três) meses, ou multa.

Art 46. Usar, publicamente, de uniforme, ou distintivo de função pública que não exerce;

usar, indevidamente, de sinal, distintivo ou denominação cujo emprego seja regulado por lei. (Redação dada pelo Decreto-Lei nº 6.916, de 2-10-1944)

Pena – multa, se o fato não constitui infração penal mais grave. (Redação dada pelo Decreto-Lei nº 6.916, de 2-10-1944)

COMENTÁRIOS

I. Art. 43 (Recusa de moeda de curso legal):

Trata-se de infração de mera conduta, que não exige a ocorrência de qualquer resultado naturalístico (efetivo prejuízo para o Estado ou para qualquer pessoa).

II. Art. 44 (Imitação de moeda para propaganda):

Trata-se de infração de perigo abstrato, que tem por fim evitar que a pessoa inexperiente (ingênua, despreparada, incipiente) ou rústica (de pouca cultura ou conhecimento) não consiga identificar ou distinguir entre a autêntica moeda oficial e o papel impresso como propaganda de algo.

Desta forma, não apenas a credibilidade da moeda corre risco, como também a pessoa que possa ser lesada do ponto de vista patrimonial e que figura como sujeito passivo secundário, após o Estado.

III. Art. 45 (Simulação da qualidade de funcionário):

A simulação, em princípio, deve ser capaz de induzir em erro a Autoridade ou um número indeterminado de pessoas.

Há orientação no sentido de que a simples afirmação de ser o sujeito funcionário público não configura a contravenção em apreço.

Existe aparente confronto com o delito previsto no artigo 324 do Código Penal (Exercício funcional ilegalmente antecipado ou prolongado), se alguém ingressa no exercício de função pública ou continua a exercê-la, desrespeitando as formalidades legais, bem como com o delito previsto no artigo 328 do mesmo diploma legal (Usurpação de função pública), onde alguém atua como funcionário público sem apresentar, legalmente, tal condição.

Obviamente, os crimes absorvem a figura contravencional.

IV. Art. 46 (Uso ilegítimo de uniforme ou distintivo):

A conduta deve ser praticada em local público ou acessível ao público.

No que concerne ao elemento subjetivo, o entendimento é o de que o *animus jocandi* (vontade de efetuar uma brincadeira) exclui o dolo.

Como exemplo, temos as festas à fantasia e de carnaval, onde os festeiros e os foliões estejam fantasiados de policiais, militares etc.

Trata-se de infração subsidiária, podendo subsistir o crime de usurpação de função pública, previsto no artigo 328, CP, antes referido.

6) Das Contravenções Relativas à Organização do Trabalho (Capítulo VI)

Art. 47. Exercer profissão ou atividade econômica ou anunciar que a exerce, sem preencher as condições a que por lei está subordinado o seu exercício:

Pena – prisão simples, de 15 (quinze) dias a 3 (três) meses, ou multa.

Art. 48. Exercer, sem observância das prescrições legais, comércio de antiguidades, de obras de arte, ou de manuscritos e livros antigos ou raros:

Pena – prisão simples de 1 (um) a 6 (seis) meses, ou multa.

Art. 49. Infringir determinação legal relativa à matrícula ou à escrituração de indústria, de comércio, ou de outra atividade:

Pena – multa.

I. Art. 47 (Exercício ilegal de profissão ou atividade):

Trata-se de norma penal em branco, devendo ser observados os requisitos estabelecidos em lei para o exercício de determinada profissão ou atividade remunerada.

Para uns, a primeira conduta (exercer profissão ou atividade econômica) é infração habitual, onde somente se pune o conjunto dos atos praticados pelo agente, demonstrativos de um estilo de vida inadequado e comprometedor.

No que concerne à segunda conduta (anunciar que a exerce), configura crime instantâneo (a consumação se dá em momento determinado – quando do anúncio do exercício de atividade).

Existe aparente confronto com o artigo 282 do CP (Exercício ilegal da medicina, arte dentária ou farmacêutica), devendo prevalecer a espécie delitiva, por ser infração penal mais grave e por estar em jogo interesse maior, que é a saúde pública.

II. Art. 48 (Exercício ilegal do comércio de coisas antigas e obras de arte):

Trata-se de norma penal em branco, necessitando de complementação por meio do Decreto-Lei 25/37, que trata do registro especial no Serviço do Patrimônio Histórico e Artístico Nacional.

Sujeito ativo da figura contravencional, normalmente, é o antiquário.

A habitualidade é exigida para a existência da contravenção (somente se pune os reiterados atos de comércio, constitutivos de um estilo de vida inadequado e comprometedor).

III. Art. 49 (Matrícula ou escrituração de indústria e profissão):

Trata-se de norma penal em branco.

É preciso tomar conhecimento de quais indústrias e comerciantes necessitam de matrícula e escrituração para atuar.

É infração própria, que só pode ser praticada pela pessoa responsável e encarregada, por determinação legal, de proceder à matrícula ou à escrituração.

7) Das Contravenções Relativas à Polícia de Costumes (Capítulo VII):

Art. 50. Estabelecer ou explorar jogo de azar em lugar público ou acessível ao público, mediante o pagamento de entrada ou sem ele:

Pena – prisão simples, de 3 (três) meses a 1 (um) ano, e multa, estendendo-se os efeitos da condenação à perda dos moveis e objetos de decoração do local.

§ 1º A pena é aumentada de um terço, se existe entre os empregados ou participa do jogo pessoa menor de 18 (dezoito) anos.

§ 2º Incorre na pena de multa, de R$ 2.000,00 (dois mil reais) a R$ 200.000,00 (duzentos mil reais), quem é encontrado a participar do jogo, ainda que pela internet ou por qualquer outro meio de comunicação, como ponteiro ou apostador. (Redação dada pela Lei nº 13.155, de 4-8-2015)

§ 3º Consideram-se, jogos de azar:

a) o jogo em que o ganho e a perda dependem exclusiva ou principalmente da sorte;

b) as apostas sobre corrida de cavalos fora de hipódromo ou de local onde sejam autorizadas;

c) as apostas sobre qualquer outra competição esportiva.

§ 4º Equiparam-se, para os efeitos penais, a lugar acessível ao público:

a) a casa particular em que se realizam jogos de azar, quando deles habitualmente participam pessoas que não sejam da família de quem a ocupa;

b) o hotel ou casa de habitação coletiva, a cujos hóspedes e moradores se proporciona jogo de azar;

c) a sede ou dependência de sociedade ou associação, em que se realiza jogo de azar;

d) o estabelecimento destinado à exploração de jogo de azar, ainda que se dissimule esse destino.

Art. 51. Promover ou fazer extrair loteria, sem autorização legal:

Pena – prisão simples, de 6 (seis) meses a 2 (dois) anos, e multa, estendendo-se os efeitos da condenação à perda dos moveis existentes no local.

§ 1º Incorre na mesma pena quem guarda, vende ou expõe à venda, tem sob sua guarda para o fim de venda, introduz ou tenta introduzir na circulação bilhete de loteria não autorizada.

§ 2º Considera-se loteria toda operação que, mediante a distribuição de bilhete, listas, cupões, vales, sinais, símbolos ou meios análogos, faz depender de sorteio a obtenção de prêmio em dinheiro ou bens de outra natureza.

§ 3º Não se compreendem na definição do parágrafo anterior os sorteios autorizados na legislação especial.

Art. 52. Introduzir, no país, para o fim de comércio, bilhete de loteria, rifa ou tômbola estrangeiras:

Pena – prisão simples, de 4 (quatro) meses a 1 (um) ano, e multa.

Parágrafo único. Incorre na mesma pena quem vende, expõe à venda, tem sob sua guarda. Para o fim de venda, introduz ou tenta introduzir na circulação, bilhete de loteria estrangeira.

Art. 53. Introduzir, para o fim de comércio, bilhete de loteria estadual em território onde não possa legalmente circular:

Pena – prisão simples, de 2 (dois) a 6 (seis) meses, e multa.

Parágrafo único. Incorre na mesma pena quem vende, expõe à venda, tem sob sua guarda, para o fim de venda, introduz ou tonta introduzir na circulação, bilhete de loteria estadual, em território onde não possa legalmente circular.

Art. 54. Exibir ou ter sob sua guarda lista de sorteio de loteria estrangeira:

Pena – prisão simples, de 1 (um) a 3 (três) meses, e multa.

Parágrafo único. Incorre na mesma pena quem exibe ou tem sob sua guarda lista de sorteio de loteria estadual, em território onde esta não possa legalmente circular.

Art. 55. Imprimir ou executar qualquer serviço de feitura de bilhetes, lista de sorteio, avisos ou cartazes relativos a loteria, em lugar onde ela não possa legalmente circular:

Pena – prisão simples, de 1 (um) a 6 (seis) meses, e multa.

Art. 56. Distribuir ou transportar cartazes, listas de sorteio ou avisos de loteria, onde ela não possa legalmente circular:

Pena – prisão simples, de 1 (um) a 3 (três) meses, e multa.

Art. 57. Divulgar, por meio de jornal ou outro impresso, de rádio, cinema, ou qualquer outra forma, ainda que disfarçadamente, anúncio, aviso ou resultado de extração de loteria, onde a circulação dos seus bilhetes não seria legal:

Pena – multa.

Art. 58. Explorar ou realizar a loteria denominada jogo do bicho, ou praticar qualquer ato relativo à sua realização ou exploração:

Pena – prisão simples, de 4 (quatro) meses a 1 (um) ano, e multa.

Parágrafo único. Incorre na pena de multa aquele que participa da loteria, visando à obtenção de prêmio, para si ou para terceiro.

Art. 59. Entregar-se alguém habitualmente à ociosidade, sendo válido para o trabalho, sem ter renda que lhe assegure meios bastantes de subsistência, ou prover à própria subsistência mediante ocupação ilícita:

Pena – prisão simples, de 15 (quinze) dias a 3 (três) meses.

Parágrafo único. A aquisição superveniente de renda, que assegure ao condenado meios bastantes de subsistência, extingue a pena.

*Art. 60. **Mendicância** (Revogado pela Lei nº 11.983, de 16-7-2009)*

*Art. 61. **Importunação Ofensiva ao Pudor** (Revogado pela Lei nº 13.718, de 24-9-2018)*

Art. 62. Apresentar-se publicamente em estado de embriaguez, de modo que cause escândalo ou ponha em perigo a segurança própria ou alheia:

Pena – prisão simples, de 15 (quinze) dias a 3 (três) meses, ou multa.

Parágrafo único. Se habitual a embriaguez, o contraventor é internado em casa de custódia e tratamento.

Art. 63. Servir bebidas alcoólicas:

I – (Revogado pela Lei nº 13.106, de 17-3-2015)

II – a quem se acha em estado de embriaguez;

III – a pessoa que o agente sabe sofrer das faculdades mentais;

IV – a pessoa que o agente sabe estar judicialmente proibida de frequentar lugares onde se consome bebida de tal natureza:

Pena – prisão simples, de 2 (dois) meses a 1 (um) ano, ou multa.

Art. 64. Tratar animal com crueldade ou submetê-lo a trabalho excessivo:

Pena – prisão simples, de 10 (dez) dias a 1 (um) mês, ou multa.

§ 1º Na mesma pena incorre aquele que, embora para fins didáticos ou científicos, realiza em lugar público ou exposto ao público, experiência dolorosa ou cruel em animal vivo.

§ 2º Aplica-se a pena com aumento de metade, se o animal é submetido a trabalho excessivo ou tratado com crueldade, em exibição ou espetáculo público.

Art. 65. Molestar alguém ou perturbar-lhe a tranquilidade, por acinte ou por motivo reprovável:

Pena – prisão simples, de 15 (quinze) dias a 2 (dois) meses, ou multa.

COMENTÁRIOS

I. Art. 50 (Jogo de azar):

O § 3º, alínea "a", do referido tipo contravencional, disciplina que é considerado jogo de azar aquele em que o ganho e a perda dependam exclusiva ou principalmente da sorte.

Trata-se de norma contravencional explicativa manifesta.

Assim sendo, o fator aleatório da sorte é preponderante na definição da contravenção penal.

Caso ficar comprovado que determinado jogo não dependa fundamentalmente da sorte, deverá ser reconhecida causa excludente de tipicidade ou de ilicitude, na medida em que estaremos diante de um jogo legal, lícito.

O bingo sem autorização judicial (comum e eletrônico) é considerado jogo de azar, já que a anterior licença e autorização para o estabelecimento e exploração de bingos para o sustento de atividades esportivas, como o futebol, escudada pela denominada "Lei Pelé" – Lei 9.615/98, não mais subsiste, na medida em que os artigos 59 a 81 de referida legislação foram revogados pelo artigo 2º da Lei 9.981/2000.

Desta forma, expiradas as autorizações para as casas de bingo, não mais serão revogadas.

O jogo de gamão, onde há dados jogados aleatoriamente, não é considerado jogo de azar, porque os esportistas aproveitam-se da habilidade para maximizar as oportunidades oferecidas, contando com erros dos adversários e uma gama de estratégias implícitas.

O pif-paf e o bridge são outros exemplos em que os competidores recebem cartas aleatoriamente, mas fazem delas oportunidades para envolver adversários em estratégias que variam de acordo com as habilidades de cada um.

Diversamente, a roleta é um caso clássico de jogo de azar, porque o jogador não tem qualquer controle sobre os números.

Os dados são também considerados jogos de azar, porque, embora haja um combinado de percentuais e probabilidades, não há resultados previsíveis a longo prazo, porque cada rodada é completamente independente da anterior.

Com relação ao pôquer (modalidade conhecida como *poker texas hold´em*), há certas controvérsias doutrinárias e jurisprudenciais a respeito.

Porém, o entendimento predominante é no sentido de reconhecer a legalidade do jogo de pôquer, o qual vem sendo tratado como um jogo que depende, de forma decisiva, da habilidade do jogador, seja em relação à memorização de cartas, seja em relação às características das figuras apresentadas no decorrer do jogo e do conhecimento das regras e estratégias de atuação em função desses fatores.

Desta forma, não seria reconhecido o pôquer como jogo de azar e sim como jogo de habilidade.

A jurisprudência dos Tribunais, inclusive do STF, vem acolhendo a tese de legalidade do jogo.

No que concerne ao estabelecimento da pena da contravenção de jogos de azar, inovou o legislador, pontificando que é efeito da condenação a perda de móveis e objetos de decoração que, pela sua própria natureza, sejam de uso lícito.

Recentemente, acórdãos da Turma Recursal Criminal dos Juizados Especiais Criminais do RS vinham absolvendo acusados por exploração de jogos de azar, sob o argumento de que o jogo não caracterizaria conduta ilícita, e a punição a quem o explora acabaria por ferir a CF.

Todavia, no mês de outubro de 2017, a Primeira Câmara Criminal do Tribunal de Justiça do RS endossou posição reiterada do MP Estadual, identificando que o art. 50 da LCP não foi derrogado ou revogado pela legislação superveniente, encontrando-se em plena vigência.

Outrossim, embora a norma explicativa constante no § 3º do art. 50, LCP, há incidência de norma penal em branco, necessitando de complementação por meio da Lei 7.291/84, que disciplina a ocorrência de corridas de cavalo.

Ademais, no que concerne ao § 4º, "a", "b" e "c" da figura contravencional, o entendimento preponderante é no sentido de aplicação dos Princípios da Insignificância e da Adequação Social, a excluir a tipicidade das condutas descritas (excludentes de tipicidade), por se tratarem de "contravenções de bagatela".

II. Art. 51 (Loteria não autorizada):

O dispositivo está revogado pelo Decreto-Lei nº 6.259, de 10 de fevereiro de 1944, que dispõe sobre o serviço de loterias, e dá outras providências.

A contravenção penal revogada foi substituída pela contravenção prevista no artigo 45 do DL 6.259/44, *in verbis*: "*Extrair loteria sem concessão regular do poder competente ou sem a ratificação de que cogita o art. 3º. Penas: de 1 (um) a 4 (quatro) anos de prisão simples, multa de Cr$ 5000,00 (cinco mil cruzeiros) a Cr$ 10000,00 (dez mil cruzeiros), além de perda para a Fazenda Nacional de todos os aparelhos de extração, mobiliário, utensílios e valores pertencentes à loteria*".

Segundo o artigo 3º, *caput*, do mesmo Decreto-Lei, "*a concessão ou exploração lotérica, como derrogação das normas do Direito Penal, que proíbe o jogo de azar, emanará sempre da União, por autorização direta quanto à loteria federal ou mediante decreto de ratificação quanto às loterias estaduais*".

Finalizando, reza o parágrafo único do artigo 3º que "*o Governo Federal decretará a nulidade de loteria ratificada, no caso de transgressão de qualquer de suas cláusulas*".

Consoante regra prevista no artigo 59 do DL 6.259/44, a presente contravenção penal é inafiançável.

Após o advento da Lei 7.209/84, todas as penas de multa que continham valores definidos em moeda da época estão defasadas e devem ser substituídas, simplesmente, por pena de multa.

O cálculo dar-se-á com base no artigo 49 e seguintes do Código Penal. Portanto, no que concerne à pena pecuniária contemplada no artigo 45 do DL 6.259/44, onde se lê "*multa de Cr$ 5000,00 (cinco mil cruzeiros) a Cr$ 10000,00 (dez mil cruzeiros)*", leia-se somente "*multa*".

O montante será de dez (10) a 360 (trezentos e sessenta) dias-multa, calculado cada dia de um trigésimo (1/30) a cinco (5) vezes o salário mínimo, sempre levando em consideração a situação econômica do réu.

III. Art. 52 (Loteria estrangeira):

O dispositivo está revogado pelo Decreto-Lei nº 6.259, de 10 de fevereiro de 1944, que dispõe sobre o serviço de loterias, e dá outras providências.

A contravenção penal revogada foi substituída pelas contravenções previstas nos artigos 46 e 50 do DL 6.259/44, abaixo descritas:

> *"Art. 46. Introduzir no País bilhetes de loterias, rifas ou tômbolas estrangeiras, ou em qualquer Estado, bilhetes de outra loteria estadual. Penas: de 6 (seis) meses a 1 (um) ano de prisão simples, multa de Cr$ 1000,00 (mil cruzeiros) a Cr$ 5000,00 (cinco mil cruzeiros), além da perda para a Fazenda Nacional de todos os bilhetes apreendidos".*

> *"Art. 50. Efetuar o pagamento de prêmio relativo a bilhete de loteria estrangeira ou estadual que não possa circular legalmente no lugar do pagamento. Penas: de 2 (dois) a 6 (seis) meses de prisão simples e multa de Cr$ 500,00 (quinhentos cruzeiros) a Cr$ 1000,00 (mil cruzeiros)".*

Consoante regra prevista no artigo 59 do DL 6.259/44, a contravenção penal do artigo 46 é inafiançável.

No que concerne às penas pecuniárias, vale aqui o mesmo comentário constante no final do artigo 51.

IV. Art. 53 (Loteria estadual):

O dispositivo está revogado pelo Decreto-Lei nº 6.259, de 10 de fevereiro de 1944, que dispõe sobre o serviço de loterias, e dá outras providências.

A contravenção penal revogada foi substituída pelas contravenções previstas nos artigos 46, 48 e 50 do DL 6.259/44.

Os artigos 46 e 50 já foram antes transcritos.

Segue, abaixo, a redação do artigo 48:

> *"Art. 48. Possuir, ter sob sua guarda, procurar colocar, distribuir ou lançar em circulação bilhetes de loteria estadual fora do território do Estado respectivo. Penas: de 2 (dois) a 6 (seis) meses de prisão simples, multa de Cr$ 500,00 (quinhentos cruzeiros) a Cr$ 1000,00 (mil cruzeiros), além da perda para a Fazenda Nacional de todos os bilhetes apreendidos".*

Consoante regra prevista no artigo 59 do DL 6.259/44, as contravenções penais dos artigos 46 e 48 são inafiançáveis.

No que concerne às penas pecuniárias, vale aqui o mesmo comentário constante no final do artigo 51.

V. Art. 54 (Exibição ou guarda de lista de sorteio):

O dispositivo está revogado pelo Decreto-Lei nº 6.259, de 10 de fevereiro de 1944, que dispõe sobre o serviço de loterias, e dá outras providências.

A contravenção penal revogada foi substituída pela contravenção prevista no artigo 49 do DL 6.259/44, abaixo descrita:

> *"Art. 49. Exibir, ou ter sob sua guarda, listas de sorteios de loteria estrangeira ou de estadual fora do território do Estado respectivo. Penas: de 1 (um) a 4 (quatro) meses de prisão simples e multa de Cr$ 200,00 (duzentos cruzeiros) a Cr$ 500,00 (quinhentos cruzeiros)".*

Consoante regra prevista no artigo 59 do DL 6.259/44, a presente contravenção penal é inafiançável.

No que concerne à pena pecuniária, vale aqui o mesmo comentário constante no final do artigo 51.

VI. Art. 55 (Impressão de bilhetes, listas ou anúncios):

O dispositivo está revogado pelo Decreto-Lei nº 6.259, de 10 de fevereiro de 1944, que dispõe sobre o serviço de loterias, e dá outras providências.

A contravenção penal revogada foi substituída pela contravenção prevista no artigo 51 do DL 6259/44, abaixo descrita:

> *"Art. 51. Executar serviços de impressão ou acabamento de bilhetes, listas, avisos ou cartazes, relativos à loteria que não possa legalmente circular no lugar onde se executem tais serviços. Penas: de 2 (dois) a 6 (seis) meses de prisão simples, multa de Cr$ 500,00 (quinhentos cruzeiros) a Cr$ 1000,00 (mil cruzeiros), e inutilização dos bilhetes, listas, avisos e cartazes, além da pena de prisão aos proprietários e gerentes dos respectivos estabelecimentos".*

No que concerne à pena pecuniária, vale aqui o mesmo comentário constante no final do artigo 51.

VII. Art. 56 (Distribuição ou transporte de listas ou avisos):

O dispositivo está revogado pelo Decreto-Lei nº 6.259, de 10 de fevereiro de 1944, que dispõe sobre o serviço de loterias, e dá outras providências.

A contravenção penal revogada foi substituída pela contravenção prevista no artigo 52 do DL 6.259/44, abaixo descrita:

> *"Art. 52. Distribuir ou transportar cartazes, listas ou avisos de loteria onde os mesmos não possam legalmente circular. Penas: de 1 (um) a 4 (quatro) meses de prisão simples e multa de Cr$ 200,00 (duzentos cruzeiros) a Cr$ 500,00 (quinhentos cruzeiros)".*

No que concerne à pena pecuniária, vale aqui o mesmo comentário constante no final do artigo 51.

VIII. Art. 57 (Publicidade de sorteio):

O dispositivo está revogado pelo Decreto-Lei nº 6.259, de 10 de fevereiro de 1944, que dispõe sobre o serviço de loterias, e dá outras providências.

A contravenção penal revogada foi substituída pelas contravenções previstas nos artigos 55 e 56 do DL 6.259/44, abaixo descritas:

> *"Art. 55. Divulgar por meio de jornal, revista, rádio, cinema ou por qualquer outra forma, clara ou disfarçadamente, anúncio, aviso ou resultado de extração de loteria que não possa legalmente circular no lugar em que funciona a empresa divulgadora. Penas: multa de Cr$ 1000,00 (mil cruzeiros) a Cr$ 5000,00 (cinco mil cruzeiros) aplicável aos proprietários e gerentes das respectivas empresas, e o dobro na reincidência.*
>
> *Parágrafo único. A Fiscalização Geral de Loterias deverá apreender os jornais, revistas ou impressos que inserirem reiteradamente anúncio ou aviso proibidos, e requisitar a cassação da licença, para o funcionamento das empresas de rádio e cinema que, da mesma forma, infringirem a disposição deste artigo".*
>
> *"Art. 56. Transmitir pelo telégrafo ou por qualquer outro meio o resultado da extração da loteria que não possa circular no lugar para onde se fizer a transmissão. Penas: multa de Cr$ 500,00 (quinhentos cruzeiros) a Cr$ 1000,00 (mil cruzeiros).*
>
> *Parágrafo único. Nas mesmas penas incorrerá a empresa telegráfica particular que efetuar a transmissão".*

No que concerne às penas pecuniárias, vale aqui o mesmo comentário constante no final do artigo 51.

IX. Art. 58 (Jogo do bicho):

O dispositivo está revogado pelo Decreto-Lei nº 6.259, de 10 de fevereiro de

1944, que dispõe sobre o serviço de loterias, e dá outras providências.

A contravenção penal revogada foi substituída pela contravenção prevista no artigo 58 do DL 6.259/44, abaixo descrita:

> *"Art. 58. Realizar o denominado "jogo do bicho", em que um dos participantes, considerado comprador ou ponto, entrega certa quantia com a indicação de combinações de algarismos ou nome de animais, a que correspondem números, ao outro participante, considerado o vendedor ou banqueiro, que se obriga mediante qualquer sorteio ao pagamento de prêmios em dinheiro. Penas: de 6 (seis) meses a 1 (um) ano de prisão simples e multa de Cr$ 10000,00 (dez mil cruzeiros) a Cr$ 50000,00 (cinquenta mil cruzeiros), ao vendedor ou banqueiro, e de 40 (quarenta) a 30 (trinta) dias de prisão celular ou multa de Cr$ 200,00 (duzentos cruzeiros) a Cr$ 500,00 (quinhentos cruzeiros) ao comprador ou ponto.*
>
> *§ 1º. Incorrerão nas penas estabelecidas para vendedores ou banqueiros:*
>
> *a) os que servirem de intermediários na efetuação do jogo;*
>
> *b) os que transportarem, conduzirem, possuírem, tiverem sob sua guarda ou poder, fabricarem, derem, cederem, trocarem, guardarem em qualquer parte, listas, com indicações do jogo ou material próprio para a contravenção, bem como de qualquer forma contribuírem para a sua confecção, utilização, curso ou emprego, seja qual for a sua espécie ou quantidade;*
>
> *c) os que procederem à apuração de listas ou à organização de mapas relativos ao movimento do jogo;*
>
> *d) os que por qualquer modo promoverem ou facilitarem a realização do jogo.*
>
> *§ 2º. Consideram-se idôneos para a prova do ato contravencional quaisquer listas com indicações claras ou disfarçadas, uma vez que a perícia revele se destinarem à perpetração do jogo do bicho.*
>
> *§ 3º. (Revogado pela Lei 1508/51)".*

A Lei 1.508/51 regula o processo da contravenção penal prevista no artigo 58 do DL 6.259/44.

Consoante regra prevista no artigo 59 do DL 6.259/44, a presente contravenção penal é inafiançável.

No que concerne às penas pecuniárias, vale aqui o mesmo comentário constante no final do artigo 51.

O jogo do bicho consiste, segundo a redação do artigo 58, *caput*, do Decreto-Lei nº 6.259/44, na realização de apostas mediante combinação de algarismos ou nome de animais e no pagamento de prêmios em dinheiro.

A denominação provém de sua organização, em série de 25 (vinte e cinco) bichos, começando com a avestruz – grupo 1 (um), e terminando com a vaca – grupo 25 (vinte e cinco).

Cada grupo abrange 4 (quatro) dezenas.

Vejamos o quadro demonstrativo inserido na sequência:

GRUPO	DEZENA	BICHO
1.º	01 a 04	Avestruz
2.º	05 a 08	Águia
3.º	09 a 12	Burro
4.º	13 a 16	Borboleta
5.º	17 a 20	Cachorro
6.º	21 a 24	Cabra
7.º	25 a 28	Carneiro
8.º	29 a 32	Camelo
9.º	33 a 36	Cobra
10º	37 a 40	Coelho
11º	41 a 44	Cavalo
12º	45 a 48	Elefante
13º	49 a 52	Galo
14º	53 a 56	Gato

GRUPO	DEZENA	BICHO
15º	57 a 60	Jacaré
16º	61 a 64	Leão
17º	65 a 68	Macaco
18º	69 a 72	Porco
19º	73 a 76	Pavão
20º	77 a 80	Peru
21º	81 a 84	Touro
22º	85 a 88	Tigre
23º	89 a 92	Urso
24º	93 a 96	Veado
25º	97 a 00	Vaca

Os prêmios são regulados pelos banqueiros, variando conforme a aposta feita: no grupo, na dezena, na centena ou no milhar.

Confere-se o resultado pela extração da loteria federal.

Participam do jogo o apostador, denominado na figura contravencional como comprador ou ponto, o cambista (intermediário, arrecadador de apostas), o vendedor (banqueiro), além de outros indivíduos que colaboram na elaboração do jogo, realizando um dos comportamentos típicos previstos nas alíneas "b", "c", e "d" do § 1º do artigo 58 do Decreto-Lei nº 6.259/44.

O sujeito passivo da contravenção do jogo do bicho é o Estado.

Consequentemente, os sujeitos ativos da contravenção são as pessoas mencionadas no *caput* e nas alíneas do § 1º do artigo 58.

O fato de o Estado explorar jogos de azar (Ex: loterias, etc.) não enseja a atipicidade do comportamento dos contraventores, pois os recursos arrecadados pelo Estado, diversamente do que ocorre com os banqueiros, estão comprometidos (<u>ou deveriam estar</u>) exclusivamente com o interesse público. Exige-se o dolo como elemento subjetivo do tipo.

Não se exige a habitualidade para a configuração da contravenção do jogo do bicho.

Importante registrar que, para se punir o cambista, não é necessário identificar o apostador ou o banqueiro. Nesses termos a Súmula nº 51, do Superior Tribunal de Justiça (STJ/92): *"A punição do intermediador, no jogo do bicho, independe da identificação do apostador ou do banqueiro"*.

Também não é imprescindível que ele seja surpreendido colhendo apostas, bastando a apreensão de material do jogo em seu poder.

Discute-se acerca da viabilidade do reconhecimento do estado de necessidade em relação aos cambistas.

Entendemos que a alegação da excludente de ilicitude, fundada na exigência de o cambista dar sustento à família, não torna lícita a prática do jogo do bicho.

Há corrente minoritária sustentando o oposto.

No que diz respeito ao apostador, sendo ele surpreendido pelos agentes policiais antes de concluir a aposta, seu comportamento é atípico, uma vez que não se pune a tentativa de contravenção.

Exige-se o dolo como elemento subjetivo do tipo.

Não se exige a habitualidade para a configuração da contravenção do jogo do bicho.

As penas de prisão simples previstas são diferenciadas, dependendo do comportamento típico concretizado pelo sujeito ativo.

Aplica-se à contravenção do jogo do bicho a Lei nº 9.099/95, não obstante haja a previsão de rito específico para a sua apuração.

Consoante quadro abaixo, podemos resumir os comportamentos típicos da contravenção penal do jogo do bicho da seguinte forma:

Realizar o jogo do bicho (apostador e banqueiro)	Art. 58, *caput*
Servir de intermediário (cambista)	Art. 58, § 1.º, "a"
Transportar, conduzir, possuir, ter sob sua guarda ou poder, fabricar, dar, ceder, trocar e guardar listas com indicações do jogo, material próprio da contravenção e qualquer outra forma de contribuição para sua confecção, utilização ou emprego	Art. 58, § 1.º, "b"
Apuração de listas ou organizações de mapas relativos ao movimento do jogo	Art. 58, § 1.º, "c"
Qualquer outro comportamento que vise promover ou facilitar a realização do jogo	Art. 58, § 1.º, "d"

Quanto à prova exigida pela contravenção, preceitua o § 2º do artigo 58 que são considerados idôneos para a prova do ato contravencional quaisquer listas com indicações claras ou disfarçadas, uma vez que a perícia revele se destinarem à perpetração do jogo do bicho.

Acerca da exigibilidade da perícia, há duas orientações:

I) para a primeira, a perícia é indispensável, na medida em que o jogo é normalmente feito por meio de símbolos e abreviaturas só decifráveis por quem entende do esquema;

II) para a outra posição, a perícia só é indispensável quando existir dúvida sobre o material apreendido.

Realizada a perícia, não é necessário que todo o material apreendido a acompanhe.

Por derradeiro, no que concerne às contravenções do DL 6.259/44, dispõe o artigo 60 da seguinte forma:

"Constituem contravenções, puníveis com as penas do art. 45, o jogo sobre corridas de cavalos, feito fora dos hipódromos, ou da sede e dependência das entidades autorizadas, e as apostas sobre quaisquer outras competições esportivas.

Parágrafo único. Consideram-se competições esportivas aquelas em que se classifiquem vencedores:

a) pelo esforço físico, destreza ou habilidade do homem;

b) pela seleção ou adestramento de animais, postos em disputa, carreira ou luta de qualquer natureza".

X) Art. 59 (Vadiagem):

Existe flagrante inconstitucionalidade do dispositivo, em função do caráter discriminatório.

Ser vadio ou ocioso pode ser parte da liberdade de expressão do ser humano.

Além do mais, o tipo penal consagra a desigualdade social, havendo afronta aos Princípios da Intervenção Mínima, da Liberdade de Expressão e da Igualdade.

É inafiançável, conforme artigo 323, II e IV, do Código de Processo Penal.

Exige habitualidade.

Mencionando o tipo contravencional o termo "ilícito", não se pode transportar o cenário para o campo moral ou religioso.

A este respeito, note-se que a prostituição pode ser considerada atividade imoral (fere a moral e os bons costumes), mas não há legislação alguma proibindo-a e considerando-a ocupação ilícita ou criminosa, a não ser quando se tratar do Favorecimento da prostituição ou outra forma de exploração sexual, da Casa de prostituição, do Rufianismo, do Tráfico internacional de pessoa para fim de exploração sexual e do Tráfico interno de pessoa para fim de exploração sexual, condutas tipificadas respectivamente nos artigos 228, 229, 230, 231 e 231-A, do Capítulo V (Do Lenocínio e do Tráfico de Pessoa para Fim de Prostituição ou Outra Forma de Exploração Sexual), do Título VI (Dos Crimes contra a Dignidade Sexual), do Código Penal, com a nova redação introduzida por meio da Lei Federal 12.015, de 07 de agosto de 2009.

Outrossim, no parágrafo único, encontramos verdadeira causa de extinção da punibilidade, que se aplica tanto na fase inquisitorial ou pré-processual, quanto na fase processual ou em execução penal.

XI. Art. 60 (Mendicância):

> *"Mendigar, por ociosidade ou cupidez:*
>
> *Pena – prisão simples, de 15 (quinze) dias a 3 (três) meses.*
>
> *Parágrafo único. Aumenta-se a pena de 1/6 (um sexto) a 1/3 (um terço), se a contravenção é praticada:*
>
> *a) de modo vexatório, ameaçador ou fraudulento;*
>
> *b) mediante simulação de moléstia ou deformidade;*
>
> *c) em companhia de alienado ou de menor de 18 (dezoito) anos".*

Conforme já referido, o tipo contravencional em questão foi expressamente revogado pelo artigo 1º da Lei Federal nº 11.983, de 16 de julho de 2009.

Embora a revogação, a título de conhecimento, valem as mesmas considerações pontuadas nos comentários à contravenção penal de vadiagem.

Não exige, porém, habitualidade.

No que concerne ao acompanhamento na mendicância (§ único, "c"), existe confronto com o delito de Abandono Moral, previsto no artigo 247, IV, do Código Penal.

XII. Art. 61 (Importunação Ofensiva ao Pudor):

> *"Importunar alguém, em lugar público ou acessível ao público, de modo ofensivo ao pudor:*
>
> *Pena – multa".*

Conforme análise feita por ocasião dos Crimes Contra a Dignidade Sexual, tendo em vista o advento da Lei Federal nº 13.718, de 24 de setembro de 2018, em seu art. 3º, II, restou revogada a referida figura contravencional, a qual, em nome do princípio da continuidade normativo-típica, foi alçada à categoria de crime, com o novel tipo penal de Importunação Sexual, previsto no art. 215-A, CP.

A título histórico, para a configuração da figura típica, o fato deveria ter sido praticado em lugar público (livre acesso à população) ou acessível ao público (embora particular, estivesse ao alcance da população em geral).

Distinguia-se do crime de Ato Obsceno (art. 233, CP), do antigo crime de Atentado Violento ao Pudor (art. 214, CP), atual Estupro (art. 213, CP, com a nova redação introduzida por meio da Lei 12.015, de agosto de 2009), bem como da contravenção penal de Perturbação da Tranquilidade (art. 65, LCP).

Com o tipo contravencional em questão, tutelavam-se os bons costumes e o pudor individual.

Caso o sujeito ativo ofendesse o pudor público, responderia como incurso nas sanções do artigo 233 do Código Penal (Ato obsceno), antes referido, ou como incurso nas sanções do artigo 234 do Código Penal (Escrito ou objeto obsceno).

Tanto o sujeito ativo, quanto o passivo, poderiam ser qualquer pessoa.

Registre-se que o homem também poderia ser vítima da contravenção.

A conduta consistia em *importunar*, quer dizer, molestar, incomodar, atingindo o pudor da vítima.

Eram exemplos da contravenção o beijo na boca, sem o consentimento da vítima; a "trombada" na vítima; o beliscar as nádegas da vítima; o assédio a menor por meio de convite libidinoso; as "cantadas" grosseiras; o toque lascivo; a "passada de mão" nas nádegas da vítima, em transportes coletivos, entre outros comportamentos que não configurassem o antigo delito de Atentado Violento ao Pudor, atual Estupro, que exige um contato corporal mais intenso e veemente, a justificar a existência de ato libidinoso diverso da conjunção carnal.

Lembremos que o assédio sexual, desde que o agente o pratique prevalecendo-se da sua condição de superior hierárquico ou ascendência inerentes ao exercício de emprego, cargo ou função, passou a constituir crime, nos termos do artigo 216-A do Código Penal.

O comportamento típico foi incluído no Código Penal pela Lei Federal nº 10.224/01.

Para o crime, a pena prevista no preceito secundário do artigo 216-A é de 1 (um) a 2 (dois) anos de detenção, sendo objeto de abrangência, pois, dos Juizados Especiais Criminais, por se tratar de infração penal de menor potencial ofensivo.

Conforme já referido, a contravenção ora estudada deveria ser cometida em local público (aquele que se presta ao acesso livre do povo, sem distinção ou formalidade), ou acessível ao público.

Em local privado, poderia caracterizar-se a contravenção penal prevista no artigo 65 do DL 3.688/41 (Perturbação da tranquilidade).

O *pudor*, elemento normativo do tipo, deveria ser apreciado em relação à moral média.

Era sinônimo de decência.

Deveria, pois, corresponder a um sentimento médio de suscetibilidade ou moralidade, que são variáveis no tempo e no espaço.

Pudor, segundo Nélson Hungria[29], é o sentimento de timidez ou de vergonha de que se sente possuída a pessoa normal diante de certos fatos ou atos que ferem a decência.

Ensina Damásio de Jesus[30] que a existência da ofensa ao pudor não está afeta à exclusiva apreciação subjetiva da vítima, uma vez que a conduta atenta contra os bons costumes.

A consumação ocorria com a importunação.

A tentativa era impunível (art. 4º da LCP).

Conforme já referido, a importunação ofensiva ao pudor distinguia-se do Ato obsceno (art. 233 do CP), pois neste o agente quer ou assume o risco de ser visto na prática de ato de caráter sexual (andar nu ou masturbar-se na via pública, por exemplo), enquanto que, na contravenção que ora se examina, o agente não queria e também não assumia o risco de ser visto por um número indeterminado de pessoas.

Ratificando o que havia sido antes mencionado, a contravenção também se distinguia do antigo delito de Atentado violento ao pudor, atual Estupro.

O crime exige a prática de ato libidinoso diverso da conjunção carnal, mediante violência ou grave ameaça.

Na contravenção, a conduta que visava a satisfazer a libido não era cometida com violência ou grave ameaça.

XIII. Art. 62 (Embriaguez):

A presente figura contravencional apresenta certos requisitos concomitantes:

a) estado de embriaguez;
b) escândalo ou exposição própria ou alheia a perigo de dano;
c) publicidade do fato.

O objeto material é somente o álcool.

---

29 HUNGRIA, Nelson; FRAGOSO, Heleno Cláudio. **Comentários ao Código Penal**. v. 5. 6. ed. Rio de Janeiro: Forense, 1981.

30 JESUS, Damásio E. de. **Lei das Contravenções Penais Anotada.** 13. ed. São Paulo: Saraiva, 2015.

O sujeito ativo pode ser também o sujeito passivo (exceção no Direito Penal, determinando a punição daquele que coloca em risco a sua própria pessoa).

Registre-se, por oportuno, a impropriedade do termo "habitual", constante no parágrafo único do artigo 62, pois quem se embriaga com frequência, habitualmente, não é doente mental, nem deve ser internado em casa de custódia e tratamento.

Neste sentido, pontificando acerca da inaplicabilidade do referido dispositivo legal, o magistério de Nucci[31]:

> *"Portanto, se o foco do dispositivo era referir-se ao viciado, seria preciso deixar claro que se trata do alcoólatra. Nesse caso, pode ou não ser problema penal. Será da alçada criminal, valendo a aplicação de medida de segurança (art. 26, CP), se, no estado de ebriedade, cometer algum fato delituoso. Não concerne ao campo penal, no entanto, se, considerado alcoólatra, nada faz de prejudicial a terceiro, mas somente consome a si mesmo. Deve ser internado por familiares ou amigos - ou mesmos por atuação do Ministério Público - mas por intervenção judicial extrapenal. Enfim, o parágrafo único do art. 62 não tem aplicação prática atualmente".*

XIII. Art. 63 (Bebidas alcoólicas):

> *"Servir bebidas alcoólicas:*
>
> *I - a menor de 18 (dezoito) anos;*
>
> (...)

Havia conflito jurisprudencial manifesto entre o artigo 243 do ECA e o inciso I do artigo 63, LCP.

Todavia, com o advento da Lei Federal nº 13.106, de 17 de março de 2015, foi expressamente criminalizada a conduta de Vender, Fornecer, Servir ou Entregar Bebidas Alcoólicas a Crianças e Adolescentes, no artigo 243 do ECA, restando revogada expressamente a contravenção penal prevista no art. 63, I, LCP, conforme artigo 3º, da Lei 13.106/15.

O objeto material era o menor de 18 (dezoito) anos e ainda é o embriagado, o alienado mental e a pessoa proibida de frequentar lugares onde sejam servidas e consumidas bebidas alcoólicas.

Os sujeitos ativos, em princípio, pela própria natureza do tipo contravencional, são o proprietário e funcionários (garçons, balconistas, atendentes etc.) de estabelecimentos comerciais, bares, botequins, restaurantes etc, na medida em que a contravenção em questão é relativa à polícia de costumes e o verbo nuclear da infração é o "servir" (pôr à disposição, oferecer).

No que concerne ao menor de 18 (dezoito) anos, existia conflito jurisprudencial manifesto entre o artigo 243 do Estatuto da Criança e do Adolescente (ECA – Lei 8.069/90) e o inciso I do artigo 63 da Lei das Contravenções Penais.

A este respeito, reportamo-nos a comentário pessoal do autor[32] ao antigo artigo 243 do ECA:

> *"(...) Art. 243: exemplos: cigarro, álcool, loló, cola de sapateiro (Drogas lícitas). Drogas ilícitas, como maconha, cocaína, crack - Lei de Tóxicos (Lei 11343/2006). Não é punido o uso ou o porte de drogas lícitas. Nova redação conferida pela Lei 10764, de 12 de novembro de 2003. É delito subsidiário, que ocorre 'se o fato não constitui crime mais grave'.*
>
> *No que concerne às bebidas alcoólicas, há controvérsias.*

31 NUCCI, Guilherme de Souza. **Leis Penais e Processuais Penais Comentadas**. v. 1. 10. ed. Rio de Janeiro: Forense, 2017, p. 182.

32 NEDEL, Christian. **O Direito da Criança e do Adolescente:** ECA para concursos públicos: com as alterações trazidas por meio das leis federais 12010 e 12015, de agosto de 2009, e 12038, de outubro de 2009. Porto Alegre: Editora Sapiens, 2010, pp. 53 e 54.

***Um entendimento**: não seriam produtos cujos componentes possam causar dependência física ou psíquica, tendo em vista a redação do artigo 81, II e III, do ECA, ao trazer em dispositivos tópicos diferenciados as bebidas alcoólicas e os produtos cujos componentes possam causar dependência física ou psíquica, com o que haveria a desclassificação para a contravenção penal prevista no artigo 63, I, do DL 3688/41 - Recentes decisões dos Tribunais de Justiça do Estado do Rio Grande do Sul, Santa Catarina, Minas Gerais, entre outros, e até mesmo do Superior Tribunal de Justiça, os quais têm acolhido o entendimento de que a conduta de fornecer bebidas alcoólicas a crianças ou adolescentes caracteriza apenas a contravenção penal prevista no art. 63, I, do DL nº 3.688/41.*

***Outro entendimento**: tendo em vista os notórios malefícios que o álcool causa à saúde e na medida em que a intenção do legislador, ao elencar em dispositivos tópicos diferenciados as bebidas alcoólicas e os produtos cujos componentes possam causar dependência física ou psíquica, era reforçar ou destacar a proibição do fornecimento de bebidas alcoólicas a crianças e adolescentes e não simplesmente exclui-la do âmbito dos produtos cujos componentes causam dependência física ou psíquica, é de ser reconhecido o crime do artigo 243.*

Em parecer pessoal, o segundo posicionamento é o mais coerente.

Ademais, não obstante todas as explicitações antes elencadas, há outra questão que, sob prisma particular, fulmina a pretensão de desclassificação do crime do artigo 243 do ECA para a contravenção penal prevista no artigo 63, I, da Lei das Contravenções Penais.

Reza o dispositivo contravencional o seguinte:

*'**Servir** bebidas alcoólicas:*

I – a menor de 18 (dezoito) anos (...)' (o grifo é nosso).

Ora, servir é muito menos do que fornecer ou vender.

Logo, para aqueles que pretendem a desclassificação, esta só seria possível na modalidade 'SERVIR', ou seja, para aquele que 'FORNECER', 'VENDER' ou 'ENTREGAR' bebidas alcoólicas a crianças e adolescentes, a conduta seria atípica.

Notem a incongruência: vender bebidas alcoólicas a crianças e adolescentes - FATO ATÍPICO; servir bebidas alcoólicas a crianças e adolescentes - CONTRAVENÇÃO PENAL; vender cigarro a crianças e adolescentes - CRIME.

Acreditamos que não era esta a intenção do legislador...

Hoje, tendo em vista a redação da Lei 10764/2003, a pena para os crimes previstos no presente dispositivo legal é de dois (02) a quatro (04) anos de detenção, logo, sendo passível de Inquérito Policial e de prisão em flagrante, cabendo, todavia, em tese, o arbitramento de fiança, tendo em vista a qualidade e natureza do delito (punido com detenção)".

Seria uma incongruência, pois, admitir a incidência do artigo 243 do ECA em relação ao tabaco e não admiti-la em relação ao álcool.

Ainda mais, na medida em que o álcool tem efeitos potenciais muito mais lesivos e maléficos do que o tabaco.

Veja, como exemplo, a combinação bombástica ÁLCOOL X VOLANTE:

Segundo dados estatísticos relativamente recentes, 78% das mortes em acidentes de trânsito no Brasil têm presença do uso de álcool, 40% dos mortos em acidentes apresentam dosagem alcoólica acima do permitido em lei, 47% dos mortos em colisões ou atropelamentos tinham álcool no sangue no momento do acidente.

Nas 4 (quatro) maiores Capitais do Brasil, ainda segundo dados relativamente recentes, 61% das vítimas de acidentes de trânsito apontavam alcoolemia, 75% dos motoristas haviam ingerido alguma quantidade de álcool, dos quais 30% indicavam alcoolemia acima do permitido por lei.

Imaginem tudo isto com um adolescente no volante, indivíduo que, sabidamente, está em fase de amadurecimento, com os hormônios "explodindo"...

Vou mais além:

Segundo estatísticas, o álcool é a principal causa de violência externa em jovens de 15 (quinze) a 29 (vinte e nove) anos.

Está presente na maioria dos casos de violência contra crianças e adolescentes.

É a droga <u>mais usada no país</u>, embora seja considerada lícita.

É "porta de entrada" no mundo de outras drogas ilícitas, como a maconha, cocaína e *crack*.

Causa dependência e mais de 60 (sessenta) doenças que matam.

É responsável por 40% das internações psiquiátricas no país.

Destrói famílias: causa separações, violência doméstica e distancia pais e filhos.

Imaginem tudo isto, se tivermos como consumidora uma criança ou adolescente, que estão em fase de amadurecimento, com os hormônios "explodindo"...

Segundo estatísticas recentes, crianças e adolescentes começam a beber entre 10 (dez) e 12 (doze) anos...

Estudo relativamente recente realizado pela Secretaria Nacional Antidrogas (SENAD), relativamente aos anos de 2005 e 2006, mostra que 16% dos adolescentes entre 14 (catorze) e 17 (dezessete) anos consomem bebidas alcoólicas em excesso, ou seja, 5 (cinco) doses ou mais ao longo de 1 (um) dia, apontando 21% para o sexo masculino e 11% para o sexo feminino, dentro desta faixa etária.

A meu ver, estes argumentos, por si sós, são imperativos.

Porém, conforme antes referido, não vinham tendo o devido respaldo da Jurisprudência pátria.

Em que pese as decisões do STJ e de alguns Tribunais Estaduais, entendemos que o artigo 243 do ECA, pelos Princípios da Especialidade, Subsidiariedade e Consunção, consagrados na Teoria do Direito Penal que trata do Conflito Aparente de Normas Penais, tem aplicação principal sobre o comando constante no artigo 63, I, da Lei das Contravenções Penais (DL 3.688/41), sendo que referido dispositivo legal foi expressamente revogado pelo artigo 243 do ECA, no que concerne ao fornecimento de bebidas alcoólicas a crianças e adolescentes.

Concluindo, o artigo 243 do ECA é *novatio legis in pejus*, que incriminou, dentre outras, as condutas que apresentam a finalidade de possibilitar o contato ou a ingestão de bebida alcoólica à criança ou adolescente, sem justa causa, porque pode causar dependência física ou psíquica, ainda que por utilização indevida.

A fim de corroborar o que é aqui afirmado, segue, abaixo, algumas ementas jurisprudenciais sobre decisões que tratam sobre o tema, em nosso Estado e em outros Estados da Federação:

> *"IMPUTAÇÃO DO DELITO PREVISTO NO ART. 243 ECA. DISCUSSÃO SOBRE A EXISTÊNCIA DO FATO E IDONEIDADE DA BEBIDA OFERECIDA A MENOR (CERVEJA) PARA PROVOCAR DEPENDÊNCIA. HAVENDO CRIME EM TESE E INDÍCIOS SUFICIENTES DE AUTORIA, AS QUESTÕES SE RESOLVEM ATRAVÉS DA INSTRUÇÃO PROCESSUAL" (HC nº 70002644466, 8ª Câmara Criminal, TJRS, Relator: Des. Tubinambá Pinto de Azevedo, julgado em 13/06/2001).*

"ESTATUTO DA CRIANÇA E DO ADOLESCENTE. ART. 243. AGENTE QUE VENDE GARRAFAS DE CERVEJA A ADOLESCENTES. CARACTERIZAÇÃO - Caracteriza o crime do art. 243 da Lei nº 8069/90 a conduta do agente que vende garrafas de cerveja a adolescentes, pois as bebidas alcoólicas, entre elas a cerveja, estão incluídas entre aquelas que podem causar dependência física ou psíquica, sendo certo que é irrelevante para a tipificação do mencionado delito que o produto tenha sido vendido ou fornecido gratuitamente, ou que ele tenha tido ou não indevida utilização" (Apelação nº 1090659/9, 5ª Câmara Criminal, TACrimSP, Relator: Juiz Lagrasta Neto, julgado em 20/05/98).

"ESTATUTO DA CRIANÇA E DO ADOLESCENTE. ART. 243 DA LEI Nº 8069/90. ACUSADO QUE, INFRINGINDO AS DISPOSIÇÕES DE PORTARIAS EDITADAS POR PARTE DO JUÍZO DA INFÂNCIA E DA JUVENTUDE, PROMOVE, SEM O NECESSÁRIO ALVARÁ JUDICIAL, BAILE COM A PRESENÇA DE ADOLESCENTES, ENTREGANDO-LHES BEBIDA DE TEOR ALCOÓLICO. CONFIGURAÇÃO. IMPOSIÇÃO DE PENALIDADE ADMINISTRATIVA. IRRELEVÂNCIA - Configura o crime do art. 243 da Lei nº 8069/90 a conduta do acusado que, infringindo as disposições de portarias editadas por parte do Juízo da Infância e da Juventude, promove, sem o necessário alvará judicial, baile com a presença de adolescentes, entregando-lhes bebida de teor alcoólico, sendo irrelevante o fato de ter o agente sofrido penalidade administrativa por infringência às normas de proteção à criança e ao adolescente, uma vez que as infrações administrativa e penal situam-se em âmbitos distintos, uma não anulando a outra" (HC 409848/1, 14ª Câmara Criminal, TACrimSP, Relator: Juiz René Ricupero, julgado em 11/06/2002).

"INFRAÇÃO ADMINISTRATIVA. VENDA DE BEBIDA ALCOÓLICA A MENOR. REINCIDÊNCIA. PARCELAMENTO DA MULTA NÃO CONFERIDO. 1 - A VENDA DE BEBIDAS ALCOÓLICAS A CRIANÇA OU ADOLESCENTE É CRIME, POR TRATAR-SE DE PRODUTO QUE CAUSA DEPENDÊNCIA, CONFORME NORMA PREVISTA NO ART. 243 DO ESTATUTO DA CRIANÇA E DO ADOLESCENTE. TAL INFRAÇÃO É SANCIONADA COM PENA DE MULTA OU ATÉ FECHAMENTO DO ESTABELECIMENTO. 2 - NÃO MERECE PARCELAMENTO O VALOR SANCIONADO, POSTO QUE VERIFICADA A REINCIDÊNCIA, BEM COMO POR RESTAR INCOMPROVADO QUE O INFRATOR NÃO POSSUI CONDIÇÕES DE ARCAR COM O PAGAMENTO DA FORMA ARBITRADA PELO JULGADOR" (Apelação Cível - 53691-5/188, 3ª Câmara Cível, TJGO, Relator: Des. Geraldo Deusimar Alencar, julgado em 19/10/2000).

"INFRAÇÃO ADMINISTRATIVA. VENDA DE BEBIDA ALCOÓLICA A MENOR. A VENDA DE BEBIDAS ALCOÓLICAS A CRIANÇA OU ADOLESCENTE É CRIME, POR TRATAR-SE DE PRODUTO QUE CAUSA DEPENDÊNCIA, CONFORME NORMA PREVISTA NO ART. 243 DO ESTATUTO DA CRIANÇA E DO ADOLESCENTE. TAL INFRAÇÃO É SANCIONADA COM PENA DE MULTA OU ATÉ FECHAMENTO DO ESTABELECIMENTO" (Apelação Cível - 50240-9/188, 3ª Câmara Cível, TJGO, Relator: Des. Geraldo Deusimar Alencar, julgado em 04/11/1999).

Outro não é o posicionamento do Conselho Nacional dos Promotores e Procuradores de Justiça da Infância e Juventude (CONPPIJ), o qual, em sessão do referido Conselho, juntamente com o Conselho de

Promotores e Procuradores de Justiça com atuação na área Criminal (CONCRIM), em 14/12/2001, firmaram o seguinte entendimento:

> *"CONPPIJ Nº 26 - ART. 243 DO ECA - Bebidas Alcoólicas e Tabaco - O artigo 243 do ECA não é norma penal em branco, encontrando adequação típica para o álcool e o tabaco no elemento normativo do tipo 'substâncias que possam causar dependência', sendo nestes casos dispensável a prova da possibilidade de causar dependência. Posicionamento conjunto CONPPIJ e CONCRIM. Aprovada, também, moção ao Ministério da Saúde, para que faça constar nos rótulos de cigarros e bebidas alcoólicas que a venda destes produtos para crianças e adolescentes constitui crime previsto no artigo 243 do ECA".*

De outra banda, acatando a tese de desclassificação do delito do artigo 243 do ECA para a contravenção penal do artigo 63, I, do DL 3688/41, temos a seguinte jurisprudência do STJ, no Recurso Especial 942288/RS:

> *"ESTATUTO DA CRIANÇA E DO ADOLESCENTE. NEGATIVA DE VIGÊNCIA AO ART. 243 DA LEI 8.069/90. FORNECIMENTO DE BEBIDA ALCOÓLICA A MENOR. DENÚNCIA REJEITADA. NÃO INCIDÊNCIA DA SÚMULA 7/STJ.*
>
> *1. Não encontra óbice na Súmula 7/STJ recurso especial que pretende ver reconhecida como típica conduta narrada na exordial acusatória, que restou rejeitada.*
>
> *2. A distinção estabelecida no art. 81 do ECA das categorias 'bebida alcoólica' e 'produtos cujos componentes possam causar dependência física ou psíquica' exclui aquela do objeto material previsto no delito disposto no art. 243 da Lei 8.069/90; caso contrário, estar-se-ia incorrendo em analogia in malam partem (Precedentes do STJ).*
>
> *3. Recurso conhecido, porém, improvido" (Ministro JORGE MUSSI, 5ª Turma. Julgamento em 28.02.2008).*

Outro não é o entendimento da 5ª Câmara Criminal do Tribunal de Justiça do Rio Grande do Sul, conforme se verifica no julgamento da Apelação Criminal nº 7.003.287.540-3:

> *"PENAL. ART. 243, DO ECA, E ART. 63, I, DO DL 3688/41. DESCLASSIFICAÇÃO.*
>
> *A venda de bebidas alcoólicas a crianças e adolescentes não configura o tipo penal do art. 243, do ECA, mas sim a contravenção penal do art. 63, I, do DL 3688/41. Negaram provimento ao recurso acusatório (unânime)" (TJRS - 5ª C. - AP 7.003.287.540-3 - rel. Amilton Bueno de Carvalho - j. 18.11.2009 - DOE 1.12.2009).*

De qualquer forma, conforme antes referido, felizmente o álcool passou a ser objeto material explícito do artigo 243 do ECA, restando revogado expressamente o artigo 63, I, LCP.

Relativamente ao inciso II do artigo 63 da LCP, é de difícil aplicação prática.

Como punir, por exemplo, o garçom que serve a "saideira" para um número (in)determinado de pessoas que se encontrem com sinais aparentes ou visíveis de embriaguez?

De qualquer forma, para a configuração desta espécie contravencional, resta evidente ser indispensável a prova de que o sujeito já se encontrava embriagado, não se exigindo, entretanto, exame de dosagem alcoólica (alcoolemia), seja por meio de bafômetro, seja por meio de exame de sangue.

De outra banda, no que concerne ao inciso IV da contravenção em apreço, trata-se de verdadeira pena alternativa, restritiva de direitos, obtendo eco nos artigos 43, V, e 47, IV, ambos do Código Penal.

A redação do artigo 47 e inciso IV do estatuto repressivo é a seguinte:

> *" Art. 47. As penas de interdição temporária de direitos são:*
>
> *(...)*
>
> *IV - proibição de frequentar determinados lugares".*

Registre-se que o inciso IV foi introduzido no artigo 47 do Código Penal quase sessenta anos após a publicação da Lei das Contravenções Penais, com o advento da Lei 9.714/1998.

XIV. Art. 64 (Crueldade contra animais):

Existe confronto manifesto com o artigo 32 da Lei dos Crimes Ambientais (Lei 9.605/98), *in verbis:*

> *"Praticar ato de abuso, maus-tratos, ferir ou mutilar animais silvestres, domésticos ou domesticados, nativos ou exóticos:*
>
> *Pena - detenção, de 3 (três) meses a 1 (um) ano, e multa.*
>
> § 1º. Incorre nas mesmas penas quem realiza experiência dolorosa ou cruel em animal vivo, ainda que para fins didáticos ou científicos, quando existirem recursos alternativos.
>
> § 2º. A pena é aumentada de 1/6 (um sexto) a 1/3 (um terço), se ocorre morte do animal".

O entendimento preponderante é o de que o artigo 32 da Lei 9.605/98 revogou a figura contravencional prevista no artigo 64 da LCP.

Porém, Nucci[33] entende de forma diversa, afirmando que ambas as infrações penais coexistem harmoniosamente, cada qual aplicável ao seu contexto:

> *"Esse tipo penal diz respeito, exclusivamente, aos animais silvestres (selvagens, agrestes), como onça, capivara, leão, tigre etc. Não envolve, naturalmente, os animais domésticos (cães, gatos etc.). Quando encontramos os termos 'domésticos' ou 'domesticados', devemos ler como mera decorrência da anterior menção a animais silvestres, exatamente como, em seguida, deparamo-nos com os termos 'nativos' ou 'exóticos'. Em suma, os animais selvagens, próprios da vida em liberdade na natureza, totalmente diferentes do cão ou do gato, criaturas domésticas na essência, podem ser capturados e criados em casa, tornando-se domésticos (ex: retira-se um papagaio da natureza e, criando-o em casa, torna-se animal doméstico). Por outro lado, pode-se retirar da vida silvestre uma jaguatirica e, domando-a, torná-la animal domesticado. O tipo penal do art. 32 da Lei 9605/98 cuida, exclusivamente, dos animais selvagens, que podem ser, eventualmente, criados em casa (domésticos) ou amansados, mantidos em jaula ou gaiola (domesticados). Um cavalo, nascido e criado num sítio, não pode ser denominado animal silvestre. Por isso, para essa espécie de animal continua aplicável a contravenção do art. 64".*

XV. Art. 65 (Perturbação da tranquilidade):

Referida figura contravencional atinge pessoas determinadas, o que a distingue da contravenção do art. 42.

Trata-se de infração de mera conduta, que não exige a ocorrência de efetivo prejuízo para qualquer pessoa.

Almeja-se a preservação da tranquilidade individual. Essa é a objetividade jurídica da contravenção em estudo.

Não há restrição quanto aos sujeitos ativo e passivo da contravenção de perturbação da tranquilidade.

O comportamento típico consiste em molestar, isto é, incomodar, aborrecer, afetar alguém.

33 Op. Cit, p. 186.

Perturbar significa abalar, desassossegar, interromper o sossego, a paz, a serenidade, a tranquilidade de outrem.

Trata-se de contravenção de forma livre, uma vez que pode ser praticada por meio de palavras, gestos, por correspondência, e-mails, "torpedos" via celular, mensagens via WhatsApp etc.

Exige-se o dolo, acrescido de especial finalidade do agente:

a) *acinte*: de caso pensado, de forma premeditada, com o firme propósito de perturbar;

b) *motivo reprovável*: censurável, condenável, sem justificação, ilegítimo.

Exemplos: passar trotes; atirar sujeira na casa de alguém; fazer barulho para incomodar determinada pessoa; o molestar alguém por lhe ter negado esmola; a perseguição automobilística seguida de demonstração de agressividade; soltar rojões na direção da residência da vítima; atirar pedras no telhado da residência da vítima; balançar o portão da residência da vítima etc.

Analisadas as contravenções penais de Perturbação do Trabalho ou do Sossego Alheios, Importunação Ofensiva ao Pudor (revogada) e, agora, Perturbação da Tranquilidade, previstas, respectivamente, nos artigos 42, 61 e 65, todas do DL 3.688/41, vejamos a seguir as principais diferenças e semelhanças entre tais espécies contravencionais:

A) Temática/Alcance das Infrações:

No art. 42, ocorre perturbação do trabalho ou do sossego alheios; no art. 61, ocorre importunação ofensiva ao pudor; no art. 65, ocorre perturbação da tranquilidade;

B) Objetividade Jurídica:

No art. 42, é a paz pública; no art. 61, são os bons costumes; no art. 65, é a tranquilidade pessoal;

C) Sujeito Ativo:

No art. 42, é qualquer pessoa; no art. 61, também; no art. 65, idem;

D) Sujeito Passivo:

No art. 42, é a Coletividade, não bastando que seja praticada contra uma pessoa ou contra um número reduzido delas; no art. 61, pode ser praticada contra qualquer pessoa, homem ou mulher; no art. 65, também pode ser praticada contra qualquer pessoa;

E) Elemento Subjetivo:

No art. 42, é o dolo, acrescido do conhecimento das prescrições legais (II) e do caráter abusivo do comportamento (I e III); no art. 61, também é o dolo – o agente visa à satisfação de sua libido, não assumindo o risco de ser visto por várias pessoas; no art. 65, também é o dolo, acrescido do acinte (comportamento grosseiro, maldoso) ou do motivo reprovável (contrário aos sentimentos morais ou sociais);

F) Elemento Espacial:

No art. 42, pode ser praticado em qualquer local; no art. 61, deve ser praticado em local público ou acessível ao público; no art. 65, também pode ser praticado em qualquer local;

G) Consumação:

No art. 42, efetiva-se com o ato de perturbar o trabalho ou o sossego alheios; no art. 61, efetiva-se com a importunação ao pudor; no art. 65, efetiva-se com o molestar;

H) Elementos Objetivos do Tipo:

No art. 42, são: 1) Gritaria ou algazarra (I); 2) Exercício de profissão incômoda ou ruidosa, em desacordo com as prescrições legais (II); 3) Abuso no emprego de instrumentos sonoros ou de sinais acústicos (III); 4) Provocar ou não impedir barulho de animal (IV); no art. 61, é o importunar, atingindo o pudor da vítima (sentimento de timidez ou vergonha); no art. 65, é o molestar: irritar, incomodar, perturbar a tranquilidade, o sossego, a paz, por acinte ou motivo reprovável;

I) Exemplos:

Do art. 42, o falar alto; a prática de culto religioso com gritaria, algazarra, abuso de instrumentos sonoros e volume excessivo de alto-falante; a emissão de som resultante de música ao vivo, ou gritaria em bares, lanchonetes, restaurantes; a "batucada" em estabelecimento comercial; o barulho provocado por veículo automotor; a buzina de veículo automotor; a soltura de fogos de artifício; o ruído de orquestra de baile, conserto ou show etc.; do art. 61, o beijo na boca sem o consentimento da vítima; o convite reiterado para prática homossexual; a "trombada" na vítima; o "toque" em partes pudendas de moça recatada; o "passar a mão" nas nádegas da vítima; o beliscar as nádegas da vítima; o assédio a menor por meio de convite libidinoso etc; do art. 65, conforme já referido, o molestar alguém por lhe ter negado esmola; a perseguição automobilística seguida de demonstração de agressividade; soltar rojões na direção da residência da vítima; atirar pedras no telhado da residência da vítima; balançar o portão da residência da vítima etc.

8) Das Contravenções Referentes à Administração Pública (Capítulo VIII)

Art. 66. Deixar de comunicar à autoridade competente:

I - crime de ação pública, de que teve conhecimento no exercício de função pública, desde que a ação penal não dependa de representação;

II - crime de ação pública, de que teve conhecimento no exercício da medicina ou de outra profissão sanitária, desde que a ação penal não dependa de representação e a comunicação não exponha o cliente a procedimento criminal:

Pena - multa.

Art. 67. Inumar ou exumar cadáver, com infração das disposições legais:

Pena - prisão simples, de 1 (um) mês a 1 (um) ano, ou multa.

Art. 68. Recusar à autoridade, quando por esta, justificadamente solicitados ou exigidos, dados ou indicações concernentes à própria identidade, estado, profissão, domicílio e residência:

Pena - multa.

Parágrafo único. Incorre na pena de prisão simples, de 1 (um) a 6 (seis) meses, e multa, se o fato não constitui infração penal mais grave, quem, nas mesmas circunstâncias, faz declarações inverídicas a respeito de sua identidade pessoal, estado, profissão, domicílio e residência.

Art. 69. ***Proibição de atividade remuneratória a estrangeiro*** *(Revogado pela Lei nº 6.815, de 19-8-1980)*

Art. 70. Praticar qualquer ato que importe violação do monopólio postal da União:

Pena - prisão simples, de 3 (três) meses a 1 (um) ano, ou multa, ou ambas cumulativamente.

☞ COMENTÁRIOS

I. Art. 66 (Omissão de comunicação de crime):

Sujeito ativo de tal espécie contravencional é o funcionário público ou profissional da medicina ou da área sanitária.

O conceito de funcionário público, para efeitos penais, encontra-se insculpido no artigo 327 e parágrafos do Código Penal, *in verbis:*

> *"Considera-se funcionário público, para os efeitos penais, quem, embora transitoriamente ou sem remuneração, exerce cargo, emprego ou função pública.*
>
> *§ 1º. Equipara-se a funcionário público quem exerce cargo, emprego ou função em entidade paraestatal, e quem trabalha para empresa prestadora de serviço contratada ou conveniada para*

a execução de atividade típica da Administração Pública. (Parágrafo único renumerado pela Lei nº 6799/80 e alterado pela Lei nº 9983/2000)

§ 2º. A pena será aumentada da terça parte quando os autores dos crimes previstos neste Capítulo forem ocupantes de cargos em comissão ou de função de direção ou assessoramento de órgão da administração direta, sociedade de economia mista, empresa pública ou fundação instituída pelo poder público". (Parágrafo acrescentado pela Lei nº 6799/80).

A omissão na comunicação de ocorrência de contravenção é conduta atípica, já que o tipo faz referência à omissão de comunicação de **crime.**

A lei não estipula prazo para se fazer a comunicação.

Consuma-se a contravenção com a omissão de comunicação por tempo juridicamente relevante.

II. Art. 67 (Inumação ou exumação de cadáver):

Inumar significa enterrar.

Exumar significa desenterrar.

Se a intenção do agente é de ocultar o corpo, incide o tipo previsto no artigo 211 do Código Penal (Destruição, subtração ou ocultação de cadáver).

Por outro lado, se a intenção é de violar ou profanar sepultura, incide o tipo previsto no artigo 210 do Código Penal (Violação de sepultura).

De outra banda, se a intenção é de vilipendiar, desprezar ou aviltar cadáver ou suas cinzas, incide o tipo previsto no artigo 212 do Código Penal (Vilipêndio a cadáver).

Importante observar que o tipo contravencional incide caso não tenham sido respeitadas as formalidades legais na inumação ou exumação.

Basicamente, o sujeito ativo é o administrador do cemitério ou seus empregados ou funcionários, embora possa ser praticado por qualquer pessoa.

Sujeito ativo é o Estado.

O objeto material é o cadáver.

Feto não é considerado cadáver.

É infração de mera conduta que reclama norma penal em branco, prevista no artigo 77 da Lei dos Registros Públicos (Lei 6.015/73), *in verbis:*

> *"Nenhum sepultamento será feito sem certidão do oficial de registro do lugar do falecimento, extraída após a lavratura do assento de óbito, em vista do atestado de médico, se houver no lugar, ou, em caso contrário, de duas pessoas qualificadas que tiverem presenciado ou verificado a morte".*

Porém, existem outras normas estaduais, municipais e até mesmo provimentos de Tribunais Estaduais, disciplinando as formalidades necessárias aos sepultamentos e exumações, que também deverão ser observadas.

Por derradeiro, importante observar, nas formalidades legais na inumação ou exumação, a Lei Federal nº 9.434/97, que trata dos crimes relacionados à remoção de órgãos, tecidos e partes do corpo humano, com exceção do sangue, do esperma e do óvulo.

O objetivo da lei em apreço é a disposição gratuita de tecidos, órgãos e partes do corpo humano, em vida ou *post mortem,* por meio de transplantes ou enxertos.

A Lei Federal nº 9.434/97, que disciplinou o artigo 199, § 4º, da Constituição Federal de 1988, foi regulamentada por meio do Decreto nº 2.268/97.

III. Art. 68 (Recusa de dados sobre a própria identidade ou qualificação):

Existe aparente confronto com o crime de desobediência, previsto no artigo 330 do Código Penal.

Afinal, desobedecer a ordem legal de funcionário público para que apresente identificação constitui crime e não mera contravenção penal.

É possível que, não obstante a recusa, a autoridade não encontre maiores dificuldades para identificar e qualificar o indivíduo recalcitrante, divergindo a jurisprudência a respeito da existência da contravenção na *fattispècie*.

A primeira corrente entende só haver a contravenção quando a recusa criar obstáculos à identificação ou qualificação do sujeito.

Desta forma, para os adeptos desta vertente, não havendo dificuldade ou óbice, não existe a contravenção.

Já a segunda corrente, ao que parece predominante, entende que a contravenção ocorre com a simples recusa ou óbice, independentemente de eventual dificuldade encontrada pela autoridade para identificar ou qualificar o sujeito.

A vingar o segundo entendimento, verifica-se que se trata de infração de mera conduta, que não exige a ocorrência de efetivo prejuízo para o Estado.

A autoridade afrontada pode ser tanto judiciária, policial ou administrativa.

A contravenção em apreço difere do crime de falsa identidade, previsto no artigo 307 do Código Penal, pela finalidade do agente: no delito ele visa a obter vantagem em proveito próprio ou alheio, ou causar dano a terceiro, elementos típicos inexistentes na contravenção penal, que exige a simples recusa no fornecimento de elementos de identificação pessoal.

IV. Art. 69 (Proibição de atividade remunerada a estrangeiro):

> *"Exercer, no território nacional, atividade remunerada o estrangeiro que nele se encontre como turista, visitante ou viajante em trânsito:*
>
> *Pena – prisão simples, de 3 (três) meses a 1 (um) ano".*

Revogado pelo então Estatuto do Estrangeiro (Lei 6.815, de 19 de agosto de 1980), que, em seus artigos 125, VIII, c/c 98, definia a conduta como criminosa, punida com deportação.

Todavia, o Estatuto do Estrangeiro foi expressamente revogado pela Lei da Migração (Lei Federal nº 13.445, de 24 de maio de 2017), conforme previsto no art. 124, II, da novel legislação.

IV. Art. 70 (Violação do privilégio postal da União):

Revogado tacitamente pela Lei nº 6.538, de 22 de junho de 1978, que trata do Serviço Postal, a qual, em seu artigo 42, prevê como criminosa a seguinte conduta:

> *"Coletar, transportar, transmitir ou distribuir, sem observância das condições legais, objetos de qualquer natureza sujeitos ao monopólio da União, ainda que pagas as tarifas postais ou de telegramas:*
>
> *Pena – detenção, até 2 (dois) meses, ou pagamento não excedente a 10 (dez) dias-multa.*
>
> *Forma Assimilada*
>
> *Parágrafo único. Incorre nas mesmas penas quem promova ou facilite o contrabando postal ou pratique qualquer ato que importe em violação do monopólio exercido pela União sobre os serviços postais e de telegramas".*

9) DISPOSIÇÕES FINAIS

> **Art. 71:** *"Ressalvada a legislação especial sobre florestas, caça e pesca, revogam-se as disposições em contrário".*

☞ COMENTÁRIOS

Importante observar as previsões insculpidas na Lei Federal nº 5.197, de 03 de janeiro de 1967, que dispõe sobre a proteção à fauna, conhecida como Código de

Caça, bem como o que dispõe a Lei 4.771, de 15 de setembro de 1965, conhecida como Código Florestal, e principalmente o que dispõe a Lei 9.605, de 12 de fevereiro de 1998, que dispõe sobre as sanções penais e administrativas derivadas de condutas e atividades lesivas ao meio ambiente e que contempla, em capítulo próprio relativo aos crimes contra o meio ambiente (Capítulo V), os crimes contra a fauna (Seção I - artigos 29 a 37) e os crimes contra a flora (Seção II - artigos 38 a 53).

Todavia, a Lei 4.771/65 foi expressamente revogada pelo artigo 83 da Lei Federal nº 12.651, de 25 de maio de 2012, que trata do Novo Código Florestal, dispondo sobre a proteção da vegetação nativa.

☑ QUESTÕES DE CONCURSOS ACERCA DA LEI DAS CONTRAVENÇÕES PENAIS, COM GABARITO E COMENTÁRIOS:

1. ***(CESPE - 2009 - DPE - PI - DEFENSOR PÚBLICO)*** *Acerca do crime contra a dignidade sexual e da Lei das Contravenções Penais, assinale a opção correta.*

   (A) Considere a seguinte situação hipotética: Antônio convidou Bruna, 25 anos de idade, para ir a uma festa. De forma dissimulada, Antônio colocou determinada substância na bebida de Bruna, que, após alguns minutos, ficou totalmente alucinada. Aproveitando-se do estado momentâneo de Bruna, que não poderia oferecer resistência, Antônio levou-a para o estacionamento da festa, onde com ela manteve conjunção carnal. Passado o efeito da substância, Bruna de nada se lembrava. Nessa situação, Antônio praticou o delito de estupro comum, e não o de estupro de vulnerável.

   (B) Aquele que mendiga, por ociosidade ou cupidez, pratica contravenção penal, ficando sujeito à pena de prisão simples.

   (C) Aquele que pratica tentativa de contravenção penal deve ser punido, no entanto fará jus à causa de redução de pena prevista no CP em seu limite máximo.

   (D) A mulher pode ser coautora do delito de estupro.

   (E) A lei brasileira é aplicável à contravenção penal praticada fora do território nacional.

Resposta: *A única alternativa correta é a da letra "D". Com o advento da Lei Federal nº 12.015/09, que revogou o delito de Atentado Violento ao Pudor, tanto a conjunção carnal quanto o ato libidinoso diverso da conjunção carnal, sem o consentimento da vítima, traduzem hipóteses de Estupro, previsto no artigo 213, CP. Desta forma, tanto homens quanto mulheres podem ser sujeitos ativos e passivos de tal delito, razão pela qual é considerado crime bi-comum. Em virtude disso, perfeitamente possível a mulher ser coautora do delito de estupro. No que concerne às alternativas "b", "c" e "e", que versam sobre a Lei das Contravenções Penais, estão incorretas pelos seguintes argumentos:*

- "B": a contravenção penal de Mendicância, prevista no então artigo 60, LCP, foi expressamente revogada pelo artigo 1º, da Lei nº 11.983, de 16 de julho de 2009, operando autêntica abolitio contraventionis;

- "C": por expressa disposição legal (art. 4º, LCP), não é punível a tentativa de contravenção;

- "E": conforme art. 2º, LCP, a lei brasileira só é aplicável à contravenção praticada no território nacional.

2. ***(TJ-SC - 2010 - JUIZ)*** Assinale a alternativa correta:

   I. Trata-se de contravenção penal o uso, publicamente, de uniforme ou de distintivo de função pública que não exerce.

   II. Não pode alegar estado de necessidade quem tinha o dever legal de enfrentar o perigo.

III. *Quem, por erro plenamente justificado pelas circunstâncias, supõe situação de fato que, se existisse, tornaria a ação legítima, não responderá pelo crime por ausência de potencial consciência da ilicitude.*

IV. *Em todos os crimes contra a propriedade intelectual previstos no Código Penal, o intuito de lucro direto ou indireto é exigido para a caracterização do tipo penal.*

(A) *Somente a proposição I e II estão corretas.*

(B) *Somente as proposições I, III e IV estão corretas.*

(C) *Somente as proposições II e IV estão corretas.*

(D) *Somente as proposições I, II e III estão corretas.*

(E) *Todas as proposições estão corretas.*

Resposta: *A única alternativa correta é a da letra "D". No que concerne ao Enunciado I, que versa sobre a Lei das Contravenções Penais, ele é verdadeiro, encontrando guarida o tipo contravencional no art. 46, LCP (Uso Ilegítimo de Uniforme ou Distintivo).*

3. ***(PUC-PR – 2007 – TRT – 9ª REGIÃO (PR) – JUIZ – 1ª PROVA – 2ª ETAPA)*** *Analise as seguintes assertivas:*

I. *A tentativa na contravenção penal não é passível de punição.*

II. *Segundo a lei penal, quando o agente, voluntariamente, desiste de prosseguir na execução ou impede que o resultado se produza, somente responde pelos atos já praticados. Há desistência voluntária quando o agente, embora tenha iniciado a execução do crime, não a leva adiante, desistindo da consumação. Basta que a desistência seja voluntária, não se exigindo que seja espontânea.*

III. *Não há punição a ser aplicada se, nos crimes cometidos sem violência ou grave ameaça à pessoa, houver arrependimento posterior, sendo reparado o dano ou restituída a coisa, até o recebimento da denúncia ou da queixa, por ato voluntário do agente.*

Assinale a alternativa correta:

(A) *Apenas as assertivas I e II são verdadeiras;*

(B) *Apenas as assertivas II e III são verdadeiras;*

(C) *Apenas as assertivas I e III são verdadeiras;*

(D) *Todas as assertivas são verdadeiras;*

(E) *Apenas uma assertiva é verdadeira.*

Resposta: *a única alternativa correta é a da letra "A". No que concerne ao Enunciado I, que versa sobre a Lei das Contravenções Penais, ele é verdadeiro, encontrando guarida no art. 4º, LCP.*

4. ***(TJ-SC – 2009 – JUIZ)*** *Assinale a alternativa correta:*

(A) *Para o Código Penal, é efeito da condenação a perda de cargo, função pública ou mandato eletivo somente quando aplicada pena privativa de liberdade por tempo superior a dois anos, nos crimes praticados com abuso de poder ou violação de dever para com a Administração Pública.*

(B) *Tomar refeição em restaurante sem dispor de recursos para efetuar o pagamento é contravenção penal em que o juiz pode, conforme as circunstâncias, deixar de aplicar a pena.*

(C) *A reabilitação, prevista nos arts. 93 a 95 do Código Penal, será revogada, de ofício ou a requerimento do Ministério Público, se o reabilitado for condenado, por decisão definitiva, a pena de multa.*

(D) *Os crimes definidos na Lei n.º 8.666/93 – que institui normas para licitações e contratos da Administração Pública –, ainda que simplesmente tentados, sujeitam os seus autores, quando servidores públicos, além das penas de reclusão, à perda do cargo, emprego, função ou mandato eletivo.*

(E) Segundo dispõe o Estatuto da Criança e do Adolescente (Lei n.º 8.069/90), constitui efeito obrigatório da condenação a cassação da licença de localização e de funcionamento do estabelecimento em que se verifique a submissão de criança ou adolescente à prostituição ou à exploração sexual.

Resposta: *A única alternativa correta é a da letra "E". No que concerne à alternativa "B", que versa sobre a Lei das Contravenções Penais, ela é incorreta, pois a conduta descrita identifica o crime de Outras Fraudes, previsto no art. 176, CP.*

5. *(VUNESP – 2009 – TJ-MT – JUIZ)* *Assinale a alternativa que aponta contravenção penal recentemente revogada.*

(A) Mendicância.

(B) Vadiagem.

(C) Jogo do bicho.

(D) Importunação ofensiva ao pudor.

(E) Perturbação da tranquilidade.

Resposta: *A única alternativa correta é a da letra "A". A contravenção penal de Mendicância, prevista no então artigo 60, LCP, foi expressamente revogada pelo artigo 1º, da Lei nº 11.983, de 16 de julho de 2009, operando autêntica abolitio contraventiones. Na data da realização da prova (2009), as demais contravenções penais encontravam-se em vigor, previstas, respectivamente, nos arts. 59, LCP (B); 58, DL 6259/44 (C); 61, LCP (D); 65, LCP (E). Todavia, conforme análise feita por ocasião dos Crimes Contra a Dignidade Sexual e da própria Lei das Contravenções Penais, tendo em vista o advento da Lei Federal nº 13.718, de 24 de setembro de 2018, em seu art. 3º, II, restou revogada a contravenção penal de Importunação Ofensiva ao Pudor (art. 61, DL 3.688/41), a qual, em nome do princípio da continuidade normativo-típica, foi alçada à categoria de crime, com o novel tipo penal de Importunação Sexual, previsto no art. 215-A, CP.*

6. *(FCC – 2007 – TJ-PE – TÉCNICO JUDICIÁRIO – ÁREA ADMINISTRATIVA)* *Em tema de crimes e contravenções, é correto afirmar que:*

(A) às contravenções é cominada, pela lei, a pena de reclusão ou de detenção e multa, esta última sempre alternativa ou cumulativa com aquela.

(B) fato típico é o comportamento humano positivo ou negativo que provoca, em regra, um resultado, e é previsto como infração penal.

(C) são elementos do crime, apenas a antijuridicidade e a punibilidade.

(D) a existência de causas concorrentes para o resultado de um fato, preexistentes ou concomitantes com a do agente, sempre excluem a sua responsabilidade.

(E) para haver crime é necessário que exista relação de causalidade entre a conduta e o seu autor.

Resposta: *A única alternativa correta é a da letra "B". No que concerne à alternativa "A", que versa sobre a Lei das Contravenções Penais, ela é incorreta, pois não existe pena de reclusão e detenção nas contravenções penais. Além da pena pecuniária, a única pena privativa de liberdade possível é a de prisão simples, prevista nos arts. 5º, I, e 6º, LCP. Inclusive, conforme inteligência do art. 6º, § 1º, LCP, o condenado à pena de prisão simples deverá ficar sempre separado dos condenados às penas de reclusão e detenção.*

7. *(CONCURSO PÚBLICO TCE/AL – PROCURADOR – MARÇO/2008)* *Quanto às contravenções penais, é possível afirmar que:*

(A) admitem a tentativa.

(B) geram reincidência, se praticadas após condenação definitiva por crime.

(C) a pena de multa, se não paga, deve ser convertida em prisão simples.

(D) a ignorância da lei nunca isenta de pena.

(E) a pena pode ser cumprida, inicialmente, em regime fechado.

Resposta: *A única alternativa correta é a da letra "B". A única alternativa correta encontra amparo no art. 7º, LCP. As demais estão incorretas pelos seguintes argumentos:*

- "A": não é punível a tentativa de contravenção (art. 4º, LCP);

- "C": o artigo 9º, LCP, que permitia a conversão da pena de multa em prisão simples, foi tacitamente revogado pela Lei n. 9.268/96, que deu nova redação ao artigo 51 do Código Penal;

- "D": conforme art. 8º, LCP, no caso de ignorância da lei, quando escusável, a pena poderá deixar de ser aplicada;

- "E": não existe possibilidade de cumprimento de pena de prisão simples em regime fechado, somente em regime semiaberto ou aberto, nos termos do art. 6º, LCP.

8. *(CESPE-UNB – EXAME OAB 2009.2)* *De acordo com o art. 14, inciso II, do CP, diz-se tentado o crime quando, iniciada a execução, este não se consuma por circunstâncias alheias à vontade do agente. Em relação ao instituto da tentativa (conatus) no ordenamento jurídico brasileiro, assinale a opção correta:*

(A) A tentativa determina a redução de pena, obrigatoriamente, em dois terços.

(B) As contravenções penais não admitem punição por tentativa.

(C) O crime de homicídio não admite tentativa branca.

(D) Considera-se perfeita ou acabada a tentativa quando o agente atinge a vítima, vindo a lesioná-la.

Resposta: *A única alternativa correta é a da letra "B". A única alternativa correta encontra amparo no art. 4º, LCP. Quanto à assertiva "A", verifica-se que o art. 14, parágrafo único, do CP, prevê que, em regra, o reconhecimento da tentativa leva a uma redução de pena de um a dois terços. A proporção de redução, portanto, não é fixa como afirma a assertiva. No tocante à assertiva "C", é necessário lembrar que tentativa branca ou incruenta é aquela em que a vítima não chega a ser atingida pela ação do agente. Ex: sujeito, com intenção de matar, atira em alguém, porém erra a pontaria e não acerta em ninguém. Como se vê, nesse caso (de tentativa branca), o agente responde normalmente por tentativa de homicídio. Quanto à assertiva "D", também é necessário lembrar que a tentativa perfeita ou acabada, também conhecida como crime falho ou frustro, ocorre quando o agente esgota, segundo o seu entendimento, todos os meios que tinha ao seu alcance, a fim de alcançar a consumação da infração penal, a qual somente não se consumou por circunstâncias alheias à sua vontade. Portanto, o conceito que aparece na assertiva não possui exata relação com a noção de tentativa perfeita, sendo, na realidade, o conceito de tentativa cruenta. Na tentativa cruenta, a vítima é atingida, vindo a lesionar-se. Do mesmo modo, pode ocorrer tentativa cruenta na tentativa imperfeita, em que a vítima, por exemplo, é ferida e, logo em seguida, o agente vem a ser desarmado, ou na perfeita, em que o autor, por exemplo, descarrega a arma na vítima, lesionando-a.*

9. *(JUIZ DE DIREITO DO ESTADO DO PIAUÍ – 2007 – CESPE/UNB)* *Compete à Justiça Federal o julgamento de contravenção penal praticada em detrimento de bens, serviços ou interesses da União ou de suas entidades.*

Resposta: *Errado. As contravenções penais são julgadas pela Justiça Comum Estadual, nos termos do que dispõe o art. 109, IV, da Constituição Federal de 1988, bem como a Súmula nº 38 do STJ. Todavia, existe uma única possibilidade (exceção) de o agente ser julgado por contravenção penal no âmbito da Justiça Comum Federal. Trata-se da* *hipótese de foro especial por prerrogativa de função. Dessa forma, por exemplo, se um juiz federal cometer uma contravenção penal, por causa da prerrogativa de sua função, deverá ser julgado no âmbito da Justiça Federal, no Tribunal Regional Federal.*

10. ***(DELEGADO - PC-BA - CESPE - 2013)*** *A tentativa de contravenção, mesmo que factível, não é punida.*

Resposta: *Certo. Não é punível a tentativa de contravenção, nos termos do que dispõe o art. 4º, LCP.*

11. ***(DELEGADO - PC-AL - CESPE - 2012)*** *Apesar de, no campo fático, ser possível ocorrer a tentativa de contravenção penal, esta, quando se desenvolve na forma tentada, não é penalmente alcançável.*

Resposta: *Certo. No campo fático, seria possível. Todavia, o art. 4º, LCP veda expressamente a tentativa de contravenção penal.*

12. ***(PRF - 2013 - CESPE):*** *Considere que determinado cidadão esteja usando publicamente uniforme de PRF, função pública que ele não exerce. Nessa situação, para que esse cidadão responda por contravenção penal, é necessário que sua conduta cause efetivo prejuízo para o Estado ou para outra pessoa.*

Resposta: *Errado. Constitui contravenção penal, prevista no art. 46, LCP, a conduta de usar, publicamente, de uniforme, ou distintivo de função pública que não exerce; ou de usar indevidamente, de sinal, distintivo ou denominação cujo emprego seja regulado por lei. Referida contravenção, identificada como Uso Ilegítimo de Uniforme ou Distintivo, que não exige a ocorrência de efetivo prejuízo para o Estado ou para qualquer outra pessoa, já que configura infração penal de mera conduta.*

13. ***(DEFENSORIA PÚBLICA DA UNIÃO - CURITIBA/PR - PROVA DO 12º PROCESSO SELETIVO DE ESTAGIÁRIOS - 25/06/2010)*** *Não admitem tentativa:*

(A) As contravenções penais e os crimes materiais.

(B) Os crimes culposos e as contravenções penais

(C) Os crimes materiais e os crimes comissivos.

(D) Os crimes materiais e os crimes culposos.

(E) As contravenções penais e os crimes comissivos.

Resposta: *A única alternativa correta é a da letra "B". No que concerne às contravenções penais, reiterando o comando constante no art. 4º, LCP, não são punidas a título de tentativa.*

14. ***(OAB/CESPE - 2007.3 - SP)*** *A respeito das contravenções penais, assinale a opção correta.*

(A) As penas privativas de liberdade tratadas na lei das contravenções penais são de prisão simples.

(B) A lei das contravenções penais foi revogada, tendo algumas das condutas sido transformadas em infrações administrativas e outras, em infrações criminais.

(C) A contravenção penal de porte de arma não foi revogada pela lei de armas de fogo – Lei n.º 10.826/2003.

(D) As contravenções penais de vadiagem e mendicância foram revogadas após a ratificação do Brasil à Convenção Americana de Direitos Humanos.

Resposta: *A única alternativa correta é a da letra "A". A alternativa correta ("A") reproduz comando constante nos arts. 1º, DL nº 3.914/41 (Lei de Introdução ao Código Penal), 5º, I, e 6º, ambos da LCP. A alternativa "B" está incorreta, na medida em que a LCP (DL nº 3.688/1941) está em vigor, tendo sido recepcionado pela Constituição Federal de 1988 como lei ordinária. A alternativa "C" está incorreta, já que a contravenção de porte de arma de fogo foi revogada pela Lei nº 9.437/1997 e posteriormente* *pela Lei nº 10.826/2003. A alternativa "D" está incorreta, já que a contravenção penal de vadiagem encontra-se em vigor, prevista no art. 59, LCP. No que concerne à contravenção penal de mendicância, prevista no art. 60, LCP, na época da realização do concurso, ainda encontrava-se em vigor. Todavia, com o advento da Lei nº 11.983/09, tal espécie contravencional foi revogada, deixando de ser infração penal, operando-se autêntica abolitio contraventionis.*

15. *(UEG – DELEGADO DE POLÍCIA – PC – GO/2018)* *Sobre as contravenções penais previstas no Decreto-Lei n. 3.688, de 3 de outubro de 1941, verifica-se que:*

(A) Admitem ação penal privada.

(B) Não há reincidência quando o agente pratica uma contravenção depois de passar em julgado a sentença que o tenha condenado, no Brasil, por motivo de contravenção.

(C) A tentativa de contravenção é punida na forma prevista pelo Código Penal.

(D) Segundo a Constituição, as contravenções praticadas em detrimento de bens, serviços ou interesse da União ou de suas entidades autárquicas ou empresas públicas são de competência da Justiça comum Federal.

(E) A pena de prisão simples não pode ser cumprida em regime fechado, mesmo em caso de regressão de regime.

Resposta: *A única alternativa correta é a da letra "E". Consoante regra prevista no art. 6º, caput e § 1º, do Decreto-Lei nº 3.688/41 (Lei das Contravenções Penais), a pena de prisão simples deverá ser cumprida sem rigor penitenciário, ou seja, apenas em regime semiaberto ou aberto, mesmo em caso de regressão de regime, exigindo que o condenado à pena de prisão simples fique sempre separado dos condenados à pena de reclusão ou de detenção.*

16. *(UEG – DELEGADO DE POLÍCIA – PC – GO/2018)* *Nos termos do Decreto-Lei n. 3.688/1941, tipifica-se como contravenção relativa à organização do trabalho a seguinte conduta:*

(A) recusar-se a receber, pelo seu valor, moeda de curso legal no país.

(B) exercer profissão ou atividade econômica, ou anunciar que a exerce, sem preencher as condições a que por lei está subordinado o seu exercício.

(C) provocar, abusivamente, emissão de fumaça, vapor ou gás, que possa ofender ou molestar alguém.

(D) perturbar alguém o trabalho ou o sossego alheios, exercendo profissão incômoda ou ruidosa, em desacordo com as prescrições legais.

(E) entregar-se alguém habitualmente à ociosidade, sendo válido para o trabalho, sem ter renda que lhe assegure meios bastantes de subsistência, ou prover à própria subsistência mediante ocupação ilícita.

Resposta: *A única alternativa correta é a da letra "B". A situação descrita identifica a contravenção penal de Exercício Ilegal de Profissão ou Atividade, insculpida no art. 47, do DL 3688/41.*

III) ABUSO DE AUTORIDADE (LEI FEDERAL Nº 13.869/2019), QUE REVOGA EXPRESSAMENTE A ANTIGA "LEI DE ABUSO DE AUTORIDADE" (LEI FEDERAL Nº 4.898/1965)

Nova legislação que revoga a antiga "Lei de Abuso de Autoridade":

No dia 14 de agosto de 2019, o Congresso Nacional aprovou o Projeto de Lei nº 7.596/2017 (PLS 85/17), que dispõe sobre os crimes de abuso de autoridade e altera a Lei nº 7.960, de 21 de dezembro de 1989, a Lei nº 9.296, de 24 de julho de 1996, a Lei nº 8.069, de 13 de julho de 1990, e a Lei nº 8.906, de 4 de julho de 1994.

Na forma do artigo 66, §§ 1º e 2º, da Constituição Federal de 1988, referida proposta legislativa foi sancionada pelo Presidente da República, com apresentação de veto parcial em alguns dispositivos, tudo em conformidade com a Lei Federal nº 13.869, de 5 de setembro de 2019, *in verbis*:

"LEI Nº 13.869, DE 5 DE SETEMBRO DE 2019

Dispõe sobre os crimes de abuso de autoridade; altera a Lei nº 7.960, de 21 de dezembro de 1989, a Lei nº 9.296, de 24 de julho de 1996, a Lei nº 8.069, de 13 de julho de 1990, e a Lei nº 8.906, de 4 de julho de 1994; e revoga a Lei nº 4.898, de 9 de dezembro de 1965, e dispositivos do Decreto-Lei nº 2.848, de 7 de dezembro de 1940 (Código Penal).

O PRESIDENTE DA REPÚBLICA

Faço saber que o Congresso Nacional decreta e eu sanciono a seguinte Lei:

CAPÍTULO I

DISPOSIÇÕES GERAIS

Art. 1º Esta Lei define os crimes de abuso de autoridade, cometidos por agente público, servidor ou não, que, no exercício de suas funções ou a pretexto de exercê-las, abuse do poder que lhe tenha sido atribuído.

§ 1º As condutas descritas nesta Lei constituem crime de abuso de autoridade quando praticadas pelo agente com a finalidade específica de prejudicar outrem ou beneficiar a si mesmo ou a terceiro, ou, ainda, por mero capricho ou satisfação pessoal.

§ 2º A divergência na interpretação de lei ou na avaliação de fatos e provas não configura abuso de autoridade.

CAPÍTULO II

DOS SUJEITOS DO CRIME

Art. 2º É sujeito ativo do crime de abuso de autoridade qualquer agente público, servidor ou não, da administração direta, indireta ou fundacional de qualquer dos Poderes da União, dos Estados, do Distrito Federal, dos Municípios e de Território, compreendendo, mas não se limitando a:

I – servidores públicos e militares ou pessoas a eles equiparadas;

II – membros do Poder Legislativo;

III – membros do Poder Executivo;

IV – membros do Poder Judiciário;

V – membros do Ministério Público;

VI – membros dos tribunais ou conselhos de contas.

Parágrafo único. Reputa-se agente público, para os efeitos desta Lei, todo aquele que exerce, ainda que transitoriamente ou sem remuneração, por eleição, nomeação, designação, contratação ou qualquer outra forma de investidura ou vínculo, mandato, cargo, emprego ou função em órgão ou entidade abrangidos pelo caput deste artigo.

CAPÍTULO III

DA AÇÃO PENAL

Art. 3º (VETADO).

CAPÍTULO IV

DOS EFEITOS DA CONDENAÇÃO E DAS PENAS RESTRITIVAS DE DIREITOS

Seção I

Dos Efeitos da Condenação

Art. 4º São efeitos da condenação:

I – tornar certa a obrigação de indenizar o dano causado pelo crime, devendo o juiz, a requerimento do ofendido, fixar na sentença o valor mínimo para reparação dos danos causados pela infração, considerando os prejuízos por ele sofridos;

II – a inabilitação para o exercício de cargo, mandato ou função pública, pelo período de 1 (um) a 5 (cinco) anos;

III – a perda do cargo, do mandato ou da função pública.

Parágrafo único. Os efeitos previstos nos incisos II e III do caput deste artigo são condicionados à ocorrência de reincidência em crime de abuso de autoridade e não são automáticos, devendo ser declarados motivadamente na sentença.

Seção II

Das Penas Restritivas de Direitos

Art. 5º As penas restritivas de direitos substitutivas das privativas de liberdade previstas nesta Lei são:

I – prestação de serviços à comunidade ou a entidades públicas;

II – suspensão do exercício do cargo, da função ou do mandato, pelo prazo de 1 (um) a 6 (seis) meses, com a perda dos vencimentos e das vantagens;

III – (VETADO).

Parágrafo único. As penas restritivas de direitos podem ser aplicadas autônoma ou cumulativamente.

CAPÍTULO V

DAS SANÇÕES DE NATUREZA CIVIL E ADMINISTRATIVA

Art. 6º As penas previstas nesta Lei serão aplicadas independentemente das sanções de natureza civil ou administrativa cabíveis.

Parágrafo único. As notícias de crimes previstos nesta Lei que descreverem falta funcional serão informadas à autoridade competente com vistas à apuração.

Art. 7º As responsabilidades civil e administrativa são independentes da criminal, não se podendo mais questionar sobre a existência ou a autoria do fato quando essas questões tenham sido decididas no juízo criminal.

Art. 8º Faz coisa julgada em âmbito cível, assim como no administrativo-disciplinar, a sentença penal que reconhecer ter sido o ato praticado em estado de necessidade, em legítima defesa, em estrito cumprimento de dever legal ou no exercício regular de direito.

CAPÍTULO VI

DOS CRIMES E DAS PENAS

Art. 9º (VETADO).

Art. 10. Decretar a condução coercitiva de testemunha ou investigado manifestamente descabida ou sem prévia intimação de comparecimento ao juízo:

Pena – detenção, de 1 (um) a 4 (quatro) anos, e multa.

Art. 11. (VETADO).

Art. 12. Deixar injustificadamente de comunicar prisão em flagrante à autoridade judiciária no prazo legal:

Pena – detenção, de 6 (seis) meses a 2 (dois) anos, e multa.

Parágrafo único. Incorre na mesma pena quem:

I – deixa de comunicar, imediatamente, a execução de prisão temporária ou preventiva à autoridade judiciária que a decretou;

II – deixa de comunicar, imediatamente, a prisão de qualquer pessoa e o local onde se encontra à sua família ou à pessoa por ela indicada;

III – deixa de entregar ao preso, no prazo de 24 (vinte e quatro) horas, a nota de culpa, assinada pela autoridade, com o motivo da prisão e os nomes do condutor e das testemunhas;

IV – prolonga a execução de pena privativa de liberdade, de prisão temporária, de prisão preventiva, de medida de segurança ou de internação, deixando, sem motivo justo e excepcionalíssimo, de executar o alvará de soltura imediatamente após recebido ou de promover a soltura do preso quando esgotado o prazo judicial ou legal.

Art. 13. Constranger o preso ou o detento, mediante violência, grave ameaça ou redução de sua capacidade de resistência, a:

I – exibir-se ou ter seu corpo ou parte dele exibido à curiosidade pública;

II – submeter-se à situação vexatória ou a constrangimento não autorizado em lei;

III – (VETADO).

Art. 14. (VETADO).

Art. 15. Constranger a depor, sob ameaça de prisão, pessoa que, em razão de função, ministério, ofício ou profissão, deva guardar segredo ou resguardar sigilo:

Pena – detenção, de 1 (um) a 4 (quatro) anos, e multa.

Parágrafo único. (VETADO).

Art. 16. (VETADO).

Art. 17. (VETADO).

Art. 18. Submeter o preso a interrogatório policial durante o período de repouso noturno, salvo se capturado em flagrante delito ou se ele, devidamente assistido, consentir em prestar declarações:

Pena – detenção, de 6 (seis) meses a 2 (dois) anos, e multa.

Art. 19. Impedir ou retardar, injustificadamente, o envio de pleito de preso à autoridade judiciária competente para a apreciação da legalidade de sua prisão ou das circunstâncias de sua custódia:

Pena – detenção, de 1 (um) a 4 (quatro) anos, e multa.

Parágrafo único. Incorre na mesma pena o magistrado que, ciente do impedimento ou da demora, deixa de tomar as providências tendentes a saná-lo ou, não sendo competente para decidir sobre a prisão, deixa de enviar o pedido à autoridade judiciária que o seja.

Art. 20. (VETADO).

Art. 21. Manter presos de ambos os sexos na mesma cela ou espaço de confinamento: Pena – detenção, de 1 (um) a 4 (quatro) anos, e multa.

Parágrafo único. Incorre na mesma pena quem mantém, na mesma cela, criança ou adolescente na companhia de maior de idade ou em ambiente inadequado, observado o disposto na Lei nº 8.069, de 13 de julho de 1990 (Estatuto da Criança e do Adolescente).

Art. 22. Invadir ou adentrar, clandestina ou astuciosamente, ou à revelia da vontade do ocupante, imóvel alheio ou suas dependências, ou nele permanecer nas mesmas condições, sem determinação judicial ou fora das condições estabelecidas em lei:

Pena – detenção, de 1 (um) a 4 (quatro) anos, e multa.

§ 1º Incorre na mesma pena, na forma prevista no caput deste artigo, quem:

I – coage alguém, mediante violência ou grave ameaça, a franquear-lhe o acesso a imóvel ou suas dependências;

II – (VETADO);

III – cumpre mandado de busca e apreensão domiciliar após as 21h (vinte e uma horas) ou antes das 5h (cinco horas).

§ 2º Não haverá crime se o ingresso for para prestar socorro, ou quando houver fundados indícios que indiquem a necessidade do ingresso em razão de situação de flagrante delito ou de desastre.

Art. 23. Inovar artificiosamente, no curso de diligência, de investigação ou de processo, o estado de lugar, de coisa ou de pessoa, com o fim de eximir-se de responsabilidade ou de responsabilizar criminalmente alguém ou agravar-lhe a responsabilidade:

Pena – detenção, de 1 (um) a 4 (quatro) anos, e multa.

Parágrafo único. Incorre na mesma pena quem pratica a conduta com o intuito de:

I – eximir-se de responsabilidade civil ou administrativa por excesso praticado no curso de diligência;

II – omitir dados ou informações ou divulgar dados ou informações incompletos para desviar o curso da investigação, da diligência ou do processo.

Art. 24. Constranger, sob violência ou grave ameaça, funcionário ou empregado de instituição hospitalar pública ou privada a admitir para tratamento pessoa cujo óbito já tenha ocorrido, com o fim de alterar local ou momento de crime, prejudicando sua apuração:

Pena – detenção, de 1 (um) a 4 (quatro) anos, e multa, além da pena correspondente à violência.

Art. 25. Proceder à obtenção de prova, em procedimento de investigação ou fiscalização, por meio manifestamente ilícito:

Pena – detenção, de 1 (um) a 4 (quatro) anos, e multa.

Parágrafo único. Incorre na mesma pena quem faz uso de prova, em desfavor do investigado ou fiscalizado, com prévio conhecimento de sua ilicitude.

Art. 26. (VETADO).

Art. 27. Requisitar instauração ou instaurar procedimento investigatório de infração penal ou administrativa, em desfavor de alguém, à falta de qualquer indício da prática de crime, de ilícito funcional ou de infração administrativa:

Pena – detenção, de 6 (seis) meses a 2 (dois) anos, e multa.

Parágrafo único. Não há crime quando se tratar de sindicância ou investigação preliminar sumária, devidamente justificada.

Art. 28. Divulgar gravação ou trecho de gravação sem relação com a prova que se pretenda produzir, expondo a intimidade ou a vida privada ou ferindo a honra ou a imagem do investigado ou acusado:

Pena – detenção, de 1 (um) a 4 (quatro) anos, e multa.

Art. 29. Prestar informação falsa sobre procedimento judicial, policial, fiscal ou administrativo com o fim de prejudicar interesse de investigado:

Pena – detenção, de 6 (seis) meses a 2 (dois) anos, e multa.

Parágrafo único. (VETADO).

Art. 30. (VETADO).

Art. 31. Estender injustificadamente a investigação, procrastinando-a em prejuízo do investigado ou fiscalizado:

Pena – detenção, de 6 (seis) meses a 2 (dois) anos, e multa.

Parágrafo único. Incorre na mesma pena quem, inexistindo prazo para execução ou conclusão de procedimento, o estende de forma imotivada, procrastinando-o em prejuízo do investigado ou do fiscalizado.

Art. 32. (VETADO).

Art. 33. Exigir informação ou cumprimento de obrigação, inclusive o dever de fazer ou de não fazer, sem expresso amparo legal:

Pena – detenção, de 6 (seis) meses a 2 (dois) anos, e multa.

Parágrafo único. Incorre na mesma pena quem se utiliza de cargo ou função pública ou invoca a condição de agente público para se eximir de obrigação legal ou para obter vantagem ou privilégio indevido.

Art. 34. (VETADO).

Art. 35. (VETADO).

Art. 36. Decretar, em processo judicial, a indisponibilidade de ativos financeiros em quantia que extrapole exacerbadamente o valor estimado para a satisfação da dívida da parte e, ante a demonstração, pela parte, da excessividade da medida, deixar de corrigi-la:

Pena – detenção, de 1 (um) a 4 (quatro) anos, e multa.

Art. 37. Demorar demasiada e injustificadamente no exame de processo de que tenha requerido vista em órgão colegiado, com o intuito de procrastinar seu andamento ou retardar o julgamento:

Pena – detenção, de 6 (seis) meses a 2 (dois) anos, e multa.

Art. 38. (VETADO).

CAPÍTULO VII

DO PROCEDIMENTO

Art. 39. Aplicam-se ao processo e ao julgamento dos delitos previstos nesta Lei, no que couber, as disposições do Decreto-Lei nº 3.689, de 3 de outubro de 1941 (Código de

Processo Penal), e da Lei nº 9.099, de 26 de setembro de 1995.

CAPÍTULO VIII

DISPOSIÇÕES FINAIS

Art. 40. O art. 2º da Lei nº 7.960, de 21 de dezembro de 1989, passa a vigorar com a seguinte redação:

"Art.2º...

§ 4º-A O mandado de prisão conterá necessariamente o período de duração da prisão temporária estabelecido no caput deste artigo, bem como o dia em que o preso deverá ser libertado.

§ 7º Decorrido o prazo contido no mandado de prisão, a autoridade responsável pela custódia deverá, independentemente de nova ordem da autoridade judicial, pôr imediatamente o preso em liberdade, salvo se já tiver sido comunicada da prorrogação da prisão temporária ou da decretação da prisão preventiva.

§ 8º Inclui-se o dia do cumprimento do mandado de prisão no cômputo do prazo de prisão temporária.» (NR)

Art. 41. O art. 10 da Lei nº 9.296, de 24 de julho de 1996, passa a vigorar com a seguinte redação:

"Art. 10. Constitui crime realizar interceptação de comunicações telefônicas, de informática ou telemática, promover escuta ambiental ou quebrar segredo da Justiça, sem autorização judicial ou com objetivos não autorizados em lei:

Pena - reclusão, de 2 (dois) a 4 (quatro) anos, e multa.

Parágrafo único. Incorre na mesma pena a autoridade judicial que determina a execução de conduta prevista no caput deste artigo com objetivo não autorizado em lei." (NR)

Art. 42. A Lei nº 8.069, de 13 de julho de 1990 (Estatuto da Criança e do Adolescente), passa a vigorar acrescida do seguinte art. 227-A:

"Art. 227-A Os efeitos da condenação prevista no inciso I do caput do art. 92 do Decreto-Lei nº 2.848, de 7 de dezembro de 1940 (Código Penal), para os crimes previstos nesta Lei, praticados por servidores públicos com abuso de autoridade, são condicionados à ocorrência de reincidência.

Parágrafo único. A perda do cargo, do mandato ou da função, nesse caso, independerá da pena aplicada na reincidência."

Art. 43. (VETADO).

Art. 44. Revogam-se a Lei nº 4.898, de 9 de dezembro de 1965, e o § 2º do art. 150 e o art. 350, ambos do Decreto-Lei nº 2.848, de 7 de dezembro de 1940 (Código Penal). Art. 45. Esta Lei entra em vigor após decorridos 120 (cento e vinte) dias de sua publicação oficial.

Brasília, 5 de setembro de 2019;

198 da Independência e 131 da República.

JAIR MESSIAS BOLSONARO"

COMENTÁRIOS

Associações de classe de Juízes de Direito, Promotores de Justiça e Delegados de Polícia de todo o Brasil, criticaram, com veemência, a proposição original, oriunda do Congresso Nacional.

Em manifestação recente da Associação dos Delegados de Polícia do Estado do Rio Grande do Sul (ASDEP), na pessoa de seu Vice-Presidente, o Delegado de Polícia Cleiton Silvestre Munhoz de Freitas, no artigo intitulado "Em Nome da Lei" [1], houve crítica manifesta à novel legislação:

> *"(...) agora assistimos mais uma tentativa de enfraquecimento das ações que buscam a defesa da sociedade, seus direitos e garantias constitucionais.*
>
> *A proposta titulada Lei de Abuso de Autoridade, com o pretexto de punição a eventuais descomedimentos, restringe a autoridade e prejudica a atuação independente da Polícia Civil e Militar, do Ministério Público e do Poder Judiciário. Com isso, rumando em franca oposição ao científico e minucioso trabalho de combate à corrupção e as organizações criminosas, enfrentamento ao tráfico e outros crimes que envolvem violência,*

---

1 Disponível em: <http://www.consumidor-rs.com.br/2013/inicial.php?case=2&idnot=56433>. Acesso em: 6 out. 2019.

pois torna as forças vulneráveis a processos e outras penalizações pelo exercício legítimo de suas atribuições.

Para que a atividade investigativa e repressiva possa ser exercida em sua plenitude, em atenção aos anseios e interesses da sociedade, os responsáveis precisam ter serenidade, equilíbrio e, sobretudo, segurança de que o resultado de seus trabalhos, sujeitos a controles internos e externos, não implicará em represálias ou vinganças indevidas, que, com a aprovação do Projeto de Lei, passam a ganhar maior espaço e possibilidade. Ações policiais, saliento para quem só vê de longe, é um momento de alta tensão, que exige rápido raciocínio, preparo, sensatez e confiança na retaguarda institucional. Não tem espaço para receio ou insegurança funcional. É agir e agir.

Será que vivenciaremos o momento que impedirão o exercício da Polícia colocando, ainda mais, as forças de segurança na boca das armas, nas mãos dos foras da lei e a sociedade exposta a toda sorte?

Será que viveremos para assistir o colarinho branco criando medidas que beneficiarão criminosos e o aumento dos riscos de quem vive para servir e proteger?"

I. Dispositivos vetados na *novatio legis*, que revoga a antiga "Lei de Abuso de Autoridade":

Foram identificados vetos em 19 (dezenove) pontos do projeto original.

No que concerne aos dispositivos vetados, segue, na íntegra, despacho do Presidente da República:

*"**MENSAGEM Nº 406, de 5 de setembro de 2019.***

Senhor Presidente do Senado Federal,

Comunico a Vossa Excelência que, nos termos do § 1 o do art. 66 da Constituição, decidi vetar parcialmente, por contrariedade ao interesse público e inconstitucionalidade, o Projeto de Lei n o 7.596, de 2017 (nº 85/17 no Senado Federal), que "Dispõe sobre os crimes de abuso de autoridade; altera a Lei nº 7.960, de 21 de dezembro de 1989, a Lei nº 9.296, de 24 de julho de 1996, a Lei nº 8.069, de 13 de julho de 1990, e a Lei nº 8.906, de 4 de julho de 1994; e revoga a Lei nº 4.898, de 9 de dezembro de 1965, e dispositivos do Decreto-Lei nº 2.848, de 7 de dezembro de 1940 (Código Penal)".

Ouvidas, a Controladoria-Geral da União, a Advocacia-Geral da União, a Secretaria-Geral da Presidência da República e o Justiça e Segurança Pública manifestaram-se pelo veto aos seguintes dispositivos:

Art. 3º

Art. 3º Os crimes previstos nesta Lei são de ação penal pública incondicionada.

§ 1º Será admitida ação privada se a ação penal pública não for intentada no prazo legal, cabendo ao Ministério Público aditar a queixa, repudiá-la e oferecer denúncia substitutiva, intervir em todos os termos do processo, fornecer elementos de prova, interpor recurso e, a todo tempo, no caso de negligência do querelante, retomar a ação como parte principal.

§ 2º A ação privada subsidiária será exercida no prazo de 6 (seis) meses, contado da data em que se esgotar o prazo para oferecimento da denúncia.»

Razões dos vetos

A ação penal será sempre pública incondicionada, salvo quando a lei expressamente declarar o contrário, nos termos do art. 100 do Código Penal, logo, é desnecessária a previsão do caput do dispositivo proposto.

Ademais, a matéria, quanto à admissão de ação penal privada, já é suficientemente tratada na codificação penal vigente, devendo ser observado o princípio segundo o qual o mesmo assunto não poderá ser disciplinado em mais de uma lei, nos termos do inciso IV do art. 7º da Lei Complementar 95, de 1998.

Ressalta-se, ainda, que nos crimes que se procedam mediante ação pública incondicionada não há risco de extinção da punibilidade pela decadência prevista no art. 103 cumulada com o inciso IV do art. 107 do CP, conforme precedentes do STF (v.g. STF. RHC 108.382/SC. Rel. Min. Ricardo Lewandowski. T1, j.21/06/2011).

Inciso III do art. 5º

III – proibição de exercer funções de natureza policial ou militar no Município em que tiver sido praticado o crime e naquele em que residir ou trabalhar a vítima, pelo prazo de 1 (um) a 3 (três) anos.

Razões do veto

A propositura legislativa, ao prever a proibição apenas àqueles que exercem atividades de natureza policial ou militar no município da pratica do crime e na residência ou trabalho da vítima, fere o princípio constitucional da isonomia. Podendo, inclusive, prejudicar as forças de segurança de determinada localidade, a exemplo do Distrito Federal, pela proibição do exercício de natureza policial ou militar.

Art. 9º

Art. 9º Decretar medida de privação da liberdade em manifesta desconformidade com as hipóteses legais:

Pena – detenção, de 1 (um) a 4 (quatro) anos, e multa.

Parágrafo único. Incorre na mesma pena a autoridade judiciária que, dentro de prazo razoável, deixar de:

I – relaxar a prisão manifestamente ilegal;

II – substituir a prisão preventiva por medida cautelar diversa ou de conceder liberdade provisória, quando manifestamente cabível;

III – deferir liminar ou ordem de habeas corpus, quando manifestamente cabível.

Razões do veto

A propositura legislativa, ao dispor que se constitui crime 'decretar medida de privação da liberdade em manifesta desconformidade com as hipóteses legais', gera insegurança jurídica por se tratar de tipo penal aberto e que comportam interpretação, o que poderia comprometer a independência do magistrado ao proferir a decisão pelo receio de criminalização da sua conduta.

Art. 11

Art. 11. Executar a captura, prisão ou busca e apreensão de pessoa que não esteja em situação de flagrante delito ou sem ordem escrita de autoridade judiciária, salvo nos casos de transgressão militar ou crime propriamente militar, definidos em lei, ou de condenado ou internado fugitivo:

Pena – detenção, de 1 (um) a 4 (quatro) anos, e multa.

Razões do veto

A propositura legislativa, ao dispor sobre a criminalização de execução de captura, prisão ou busca e apreensão de pessoa que não esteja em situação de flagrante delito gera insegurança jurídica, notadamente aos agentes da segurança pública, tendo em vista que há situações que a flagrância pode se alongar no tempo e depende de análise do caso concreto.

Ademais, a propositura viola o princípio da proporcionalidade entre o tipo penal descrito e a pena cominada.

Inciso III do art. 13

III – produzir prova contra si mesmo ou contra terceiro:

Pena – detenção, de 1 (um) a 4 (quatro) anos, e multa, sem prejuízo da pena cominada à violência.

Razões do veto

A propositura legislativa gera insegurança jurídica, pois o princípio da não produção de prova contra si mesmo não é absoluto como nos casos em que se demanda apenas uma cooperação meramente passiva do investigado.

Neste sentido, o dispositivo proposto contraria o sistema jurídico nacional ao criminalizar condutas legítimas, como a identificação criminal por datiloscopia, biometria e submissão obrigatória de perfil genético (DNA) de condenados, nos termos da Lei nº 12.037, de 2009.

Art. 14

Art. 14. Fotografar ou filmar, permitir que fotografem ou filmem, divulgar ou publicar fotografia ou filmagem de preso, internado, investigado, indiciado ou vítima, sem seu consentimento ou com autorização obtida mediante constrangimento ilegal, com o intuito de expor a pessoa a vexame ou execração pública:

Pena - detenção, de 6 (seis) meses a 2 (dois) anos, e multa.

Parágrafo único. Não haverá crime se o intuito da fotografia ou filmagem for o de produzir prova em investigação criminal ou processo penal ou o de documentar as condições de estabelecimento penal.

Razões do veto

A propositura legislativa, ao prever como elemento do tipo 'com o intuito de expor a pessoa a vexame ou execração pública', gera insegurança jurídica por se tratar de tipo penal aberto e que comporta interpretação, notadamente aos agentes da segurança pública, tendo em vista que não se mostra possível o controle absoluto sobre a captação de imagens de indiciados, presos e detentos e sua divulgação ao público por parte de particulares ou mesma da imprensa, cuja responsabilidade criminal recairia sobre os agentes públicos.

Por fim, o registro e a captação da imagem do preso, internado, investigado ou indiciado poderá servir no caso concreto ao interesse da própria persecução criminal, o que restaria prejudicado se subsistisse o dispositivo.

Parágrafo único do art. 15

Parágrafo único. Incorre na mesma pena quem prossegue com o interrogatório:

I - de pessoa que tenha decidido exercer o direito ao silêncio;

ou II - de pessoa que tenha optado por ser assistida por advogado ou defensor público, sem a presença de seu patrono.

Razões do veto

O dispositivo proposto gera insegurança jurídica e contraria o interesse público ao penalizar o agente pelo mero prosseguimento do interrogatório de pessoa que tenha decidido exercer o direito ao silêncio, embora o interrogatório seja oportunidade de defesa, pode ser conveniente à pessoa o conhecimento das perguntas formuladas, bem como exercer o silêncio apenas em algumas questões, respondendo voluntariamente às demais, cuja resposta, a seu exclusivo juízo, lhe favoreçam.

Além disso, a falta de assistência por advogado ou defensor público durante o interrogatório não deve ser criminalizada, uma vez que se trata de procedimento administrativo de natureza inquisitiva e não configura falta de defesa ao indivíduo.

Art. 16

Art. 16. Deixar de identificar-se ou identificar-se falsamente ao preso por ocasião de sua captura ou quando deva fazê-lo durante sua detenção ou prisão:

Pena - detenção, de 6 (seis) meses a 2 (dois) anos, e multa.

Parágrafo único. Incorre na mesma pena quem, como responsável por interrogatório em sede de procedimento investigatório de infração penal, deixa de identificar-se ao preso ou atribui a si mesmo falsa identidade, cargo ou função.

Razões do veto

A propositura legislativa contraria o interesse público pois, embora seja exigível como regra a identificação da autoridade pela prisão, também se mostra de extrema relevância, ainda que em situações excepcionais, a admissão do sigilo da identificação do condutor do flagrante, medida que se faz necessária com vistas à garantia da vida e integridade física dos agentes de segurança e de sua família, que, não raras vezes, têm que investigar crimes de elevada periculosidade, tal como aqueles praticados por organizações criminosas.

Art. 17

Art. 17. Submeter o preso, internado ou apreendido ao uso de algemas ou de qualquer outro objeto que lhe restrinja o movimento dos membros, quando manifestamente não houver resistência à prisão, internação ou apreensão, ameaça de fuga ou risco à integridade física do próprio preso, internado ou apreendido, da autoridade ou de terceiro:

Pena – detenção, de 6 (seis) meses a 2 (dois) anos, e multa.

Parágrafo único. A pena é aplicada em dobro se:

I – o internado tem menos de 18 (dezoito) anos de idade;

II – a presa, internada ou apreendida estiver grávida no momento da prisão, internação ou apreensão, com gravidez demonstrada por evidência ou informação;

III – o fato ocorrer em penitenciária.

Razões do veto

A propositura legislativa, ao tratar de forma genérica sobre a matéria, gera insegurança jurídica por encerrar tipo penal aberto e que comporta interpretação.

Ademais, há ofensa ao princípio da intervenção mínima, para o qual o Direito Penal só deve ser aplicado quando estritamente necessário, além do fato de que o uso de algemas já se encontra devidamente tratado pelo Supremo Tribunal Federal, nos termos da Súmula Vinculante nº 11, que estabelece parâmetros e a eventual responsabilização do agente público que o descumprir.

Art. 20

Art. 20. Impedir, sem justa causa, a entrevista pessoal e reservada do preso com seu advogado:

Pena – detenção, de 6 (seis) meses a 2 (dois) anos, e multa.

Parágrafo único. Incorre na mesma pena quem impede o preso, o réu solto ou o investigado de entrevistar-se pessoal e reservadamente com seu advogado ou defensor, por prazo razoável, antes de audiência judicial, e de sentar-se ao seu lado e com ele comunicar-se durante a audiência, salvo no curso de interrogatório ou no caso de audiência realizada por videoconferência.

Razões do veto

O dispositivo proposto, ao criminalizar o impedimento da entrevista pessoal e reservada do preso ou réu com seu advogado, mas de outro lado autorizar que o impedimento se dê mediante justa causa, gera insegurança jurídica por encerrar tipo penal aberto e que comporta interpretação.

Ademais, trata-se de direito já assegurado nas Leis nºs 7.210, de 1984 e 8.906, de 1994, sendo desnecessária a criminalização da conduta do agente público, como no âmbito do Sistema Penitenciário Federal, destinado a isolar presos de elevada periculosidade.

Inciso II do § 1º do art. 22

II – executa mandado de busca e apreensão em imóvel alheio ou suas dependências, mobilizando veículos, pessoal ou armamento de forma ostensiva e desproporcional, ou de qualquer modo extrapolando os limites da autorização judicial, para expor o investigado a situação de vexame;

Razões do veto

A propositura legislativa, ao prever como elemento do tipo a 'forma ostensiva e desproporcional', gera insegurança jurídica por encerrar tipo penal aberto e que comporta interpretação.

Além disso, em operações policiais, o planejamento da logística de bens e pessoas competem às autoridades da segurança pública.

Art. 26

Art. 26. Induzir ou instigar pessoa a praticar infração penal com o fim de capturá-la em flagrante delito, fora das hipóteses previstas em lei:

Pena – detenção, de 6 (seis) meses a 2 (anos) anos, e multa.

§ 1º Se a vítima é capturada em flagrante delito, a pena é de detenção, de 1 (um) a 4 (quatro) anos, e multa.

§ 2º Não configuram crime as situações de flagrante esperado, retardado, prorrogado ou diferido.

Razões do veto

A propositura legislativa gera insegurança jurídica por indeterminação do tipo penal, e por ofensa ao princípio da intervenção mínima, para o qual o Direito Penal só deve ser aplicado quando estritamente necessário, tendo em vista que a criminalização da conduta pode afetar negatividade a atividade investigativa, ante a potencial incerteza de caracterização da conduta prevista no art. 26, pois não raras são as vezes que a constatação da espécie de flagrante, dada a natureza e circunstâncias do ilícito praticado, só é possível quando da análise do caso propriamente dito, conforme se pode inferir da jurisprudência do Supremo Tribunal Federal (v.g. HC 105.929, Rel. Min. Gilmar Mendes, 2ª T. j. 24/05/2011).

Parágrafo único do art. 29

Parágrafo único. Incorre na mesma pena quem, com igual finalidade, omite dado ou informação sobre fato juridicamente relevante e não sigiloso.

Razões do veto

A propositura legislativa, ao prever como elemento do tipo 'informação sobre fato juridicamente relevante e não sigiloso', gera insegurança jurídica por encerrar tipo penal aberto e que comporta interpretação.

Além disso, pode vir a conflitar com a Lei nº 12.527, de 2011, (Lei de Acesso à Informação), tendo em vista que pode conduzir ao entendimento pela possibilidade de divulgação de informações de caráter pessoal, as quais nem sempre são sigilosas, mas são protegidas por aquele normativo.

Art. 30

Art. 30. Dar início ou proceder à persecução penal, civil ou administrativa sem justa causa fundamentada ou contra quem sabe inocente:

Pena – detenção, de 1 (um) a 4 (quatro) anos, e multa.

Razões do veto

A propositura legislativa viola o interesse público, além de gera insegurança jurídica, tendo em vista que põe em risco o instituto da delação anônima (a exemplo do disque-denúncia), em contraposição ao entendimento consolidado no âmbito da Administração Pública e do Poder Judiciário, na esteira do entendimento do Supremo Tribunal Federal (v.g. INQ. 1.957-7/PR, Dj. 11/11/2005), de que é possível a apuração de denúncia anônima, por intermédio de apuração preliminar, inquérito policial e demais medidas sumárias de verificação do ilícito, e se esta revelar indícios da ocorrência do noticiado na denúncia, promover a formal instauração da ação penal.

Art. 32

Art. 32. Negar ao interessado, seu defensor ou advogado acesso aos autos de investigação preliminar, ao termo circunstanciado, ao inquérito ou a qualquer outro procedimento investigatório de infração penal, civil ou administrativa, assim como impedir a obtenção de cópias, ressalvado o acesso a peças relativas a diligências em curso, ou que indiquem a realização de diligências futuras, cujo sigilo seja imprescindível:

Pena – detenção, de 6 (seis) meses a 2 (dois) anos, e multa.

Razões do veto

A propositura legislativa gera insegurança jurídica, pois o direito de acesso aos autos possui várias nuances e pode ser mitigado, notadamente, em face de atos que, por sua natureza, impõem o sigilo para garantir a eficácia da instrução criminal.

Ademais, a matéria já se encontrar parametrizada pelo Supremo Tribunal Federal, nos termos da Súmula Vinculante nº 14.

Art. 34

Art. 34. Deixar de corrigir, de ofício ou mediante provocação, com competência para fazê-lo, erro relevante que sabe existir em processo ou procedimento:

Pena – detenção, de 3 (três) a 6 (seis) meses, e multa.

Razões do veto

A propositura legislativa, ao dispor que 'erro relevante' constitui requisito como condição da própria tipicidade, gera insegurança jurídica por encerrar tipo penal aberto e que comporta interpretação.

Ademais, o dispositivo proposto contraria o interesse público ao disciplinar hipótese análoga ao crime de prevaricação, já previsto no art. 34 do Código Penal, ao qual é cominado pena de três meses a um ano, e multa, em ofensa ao inciso III do art. 7º da Lei Complementar nº 95 de 1998, que dispõe sobre a elaboração, a redação, a alteração e a consolidação das leis, em razão do inadequado tratamento do mesmo assunto em mais de um diploma legislativo.

Art. 35

Art. 35. Coibir, dificultar ou impedir, por qualquer meio, sem justa causa, a reunião, a associação ou o agrupamento pacífico de pessoas para fim legítimo:

Pena – detenção, de 3 (três) meses a 1 (um) ano, e multa.

Razões do veto

A propositura legislativa gera insegurança jurídica, tendo em vista a generalidade do dispositivo, que já encontra proteção no art. 5º, XVI, da Constituição da República, e que não se traduz em uma salvaguarda ilimitada do seu exercício, nos termos da jurisprudência do Supremo Tribunal Federal, cujo entendimento é no sentido de que o direito à liberdade de se reunir não se confunde com incitação à prática de delito nem se identifica com apologia de fato criminoso.

Art. 38

Art. 38. Antecipar o responsável pelas investigações, por meio de comunicação, inclusive rede social, atribuição de culpa, antes de concluídas as apurações e formalizada a acusação:

Pena – detenção, de 6 (seis) meses a 2 (dois) anos, e multa.

Razões do veto

A propositura legislativa viola o princípio constitucional da publicidade previsto no art. 37, que norteia a atuação da Administração Pública, garante a prestação de contas da atuação pública à sociedade, cujos valores da coletividade prevalecem em regra sobre o individual, nos termos da jurisprudência do Supremo Tribunal Federal.

Por fim, a comunicação a respeito de determinados ocorrências, especialmente sexuais ou que violam direitos de crianças e adolescentes, podem facilitar ou importar em resolução de crimes.

Art. 43

Art. 43. A Lei nº 8.906, de 4 de julho de 1994, passa a vigorar acrescida do seguinte art. 7ºB:

'Art. 7º-B Constitui crime violar direito ou prerrogativa de advogado previstos nos incisos II, III, IV e V do caput do art. 7º desta Lei:

Pena – detenção, de 3 (três) meses a 1 (um) ano, e multa.

Razões do veto

A propositura legislativa gera insegurança jurídica, pois criminaliza condutas reputadas legítimas pelo ordenamento jurídico.

Ressalta-se que as prerrogativas de advogados não geram imunidade absoluta, a exemplo do direito à inviolabilidade do escritório de advocacia e a própria Lei nº 8.906, de 1996, com redação dada pela Lei nº 11.767, de 2008, que permite a limitação desse direito quando o próprio advogado seja suspeito da prática de crime, notadamente concebido e consumado no âmbito desse local de trabalho, sob pretexto de exercício da profissão, conforme entendimento do Supremo Tribunal Federal (v.g. INQ. 2424, Rel. Min. Cezar Peluso, p., j. 26/11/2008.

Essas, Senhor Presidente, as razões que me levaram a vetar os dispositivos acima mencionados do projeto em causa, as quais ora submeto à elevada apreciação dos Senhores Membros do Congresso Nacional".

II. Promulgação das partes vetadas pelo Presidente da República:

Em 24 de setembro de 2019, o plenário do Congresso Nacional, na forma do art. 66, §§ 4º e 5º, da Constituição Federal de 1988, "derrubou" 18 (dezoito) dos 33 (trinta e três) vetos no Projeto de Lei nº 7.596/17, sobre abuso de autoridade.

As partes vetadas foram promulgadas pelo Presidente da República, em 27 de setembro de 2019, conforme abaixo descrito:

" LEI Nº 13.869, DE 5 DE SETEMBRO DE 2019

Dispõe sobre os crimes de abuso de autoridade; altera a Lei nº 7.960, de 21 de dezembro de 1989, a Lei nº 9.296, de 24 de julho de 1996, a Lei nº 8.069, de 13 de julho de 1990, e a Lei nº 8.906, de 4 de julho de 1994; e revoga a Lei nº 4.898, de 9 de dezembro de 1965, e dispositivos do Decreto-Lei nº 2.848, de 7 de dezembro de 1940 (Código Penal).

O PRESIDENTE DA REPÚBLICA

Faço saber que o Congresso Nacional decreta e eu promulgo, nos termos do parágrafo 5º do art. 66 da Constituição Federal, as seguintes partes vetadas da Lei nº 13.869, de 5 de setembro de 2019:

"CAPÍTULO III

DA AÇÃO PENAL

Art. 3º Os crimes previstos nesta Lei são de ação penal pública incondicionada.

§ 1º Será admitida ação privada se a ação penal pública não for intentada no prazo legal, cabendo ao Ministério Público aditar a queixa, repudiá-la e oferecer denúncia substitutiva, intervir em todos os termos do processo, fornecer elementos de prova, interpor recurso e, a todo tempo, no caso de negligência do querelante, retomar a ação como parte principal.

§ 2º A ação privada subsidiária será exercida no prazo de 6 (seis) meses, contado da data em que se esgotar o prazo para oferecimento da denúncia."

"CAPÍTULO VI

DOS CRIMES E DAS PENAS

'Art. 9º Decretar medida de privação da liberdade em manifesta desconformidade com as hipóteses legais:

Pena – detenção, de 1 (um) a 4 (quatro) anos, e multa.

Parágrafo único. Incorre na mesma pena a autoridade judiciária que, dentro de prazo razoável, deixar de:

I – relaxar a prisão manifestamente ilegal;

II – substituir a prisão preventiva por medida cautelar diversa ou de conceder liberdade provisória, quando manifestamente cabível;

*III – deferir liminar ou ordem de **habeas corpus**, quando manifestamente cabível.'*

'Art. 13. Constranger o preso ou o detento, mediante violência, grave ameaça ou redução de sua capacidade de resistência, a:

....

....

III – produzir prova contra si mesmo ou contra terceiro:

....

....;

'Art. 15. Constranger a depor, sob ameaça de prisão, pessoa que, em razão de função, ministério, ofício ou profissão, deva guardar segredo ou resguardar sigilo:

....

....

Parágrafo único. Incorre na mesma pena quem prossegue com o interrogatório:

I – de pessoa que tenha decidido exercer o direito ao silêncio; ou

II – de pessoa que tenha optado por ser assistida por advogado ou defensor público, sem a presença de seu patrono.'

'Art. 16. Deixar de identificar-se ou identificar-se falsamente ao preso por ocasião de sua captura ou quando deva fazê-lo durante sua detenção ou prisão:

Pena – detenção, de 6 (seis) meses a 2 (dois) anos, e multa.

Parágrafo único. Incorre na mesma pena quem, como responsável por interrogatório em sede de procedimento investigatório de infração penal, deixa de identificar-se ao preso ou atribui a si mesmo falsa identidade, cargo ou função.'

'Art. 20. Impedir, sem justa causa, a entrevista pessoal e reservada do preso com seu advogado:

Pena – detenção, de 6 (seis) meses a 2 (dois) anos, e multa.

Parágrafo único. Incorre na mesma pena quem impede o preso, o réu solto ou o investigado de entrevistar-se pessoal e reservadamente com seu advogado ou defensor, por prazo razoável, antes de audiência judicial, e de sentar-se ao seu lado e com ele comunicar-se durante a audiência, salvo no curso de interrogatório ou no caso de audiência realizada por videoconferência.'

'Art. 30. Dar início ou proceder à persecução penal, civil ou administrativa sem justa causa fundamentada ou contra quem sabe inocente:

Pena – detenção, de 1 (um) a 4 (quatro) anos, e multa.'

'Art. 32. Negar ao interessado, seu defensor ou advogado acesso aos autos de investigação preliminar, ao termo circunstanciado, ao inquérito ou a qualquer outro procedimento investigatório de infração penal, civil ou administrativa, assim como impedir a obtenção de cópias, ressalvado o acesso a peças relativas a diligências em curso, ou que indiquem a realização de diligências futuras, cujo sigilo seja imprescindível:

Pena – detenção, de 6 (seis) meses a 2 (dois) anos, e multa.'

'Art. 38. Antecipar o responsável pelas investigações, por meio de comunicação, inclusive rede social, atribuição de culpa, antes de concluídas as apurações e formalizada a acusação:

Pena – detenção, de 6 (seis) meses a 2 (dois) anos, e multa.'"'

"CAPÍTULO VIII
DISPOSIÇÕES FINAIS

....

....

Art. 43. A Lei nº 8.906, de 4 de julho de 1994, passa a vigorar acrescida do seguinte art. 7º-B:

*'Art. 7º-B Constitui crime violar direito ou prerrogativa de advogado previstos nos incisos II, III, IV e V do **caput** do art. 7º desta Lei:*

Pena – detenção, de 3 (três) meses a 1 (um) ano, e multa.'"'

Brasília, 27 de setembro de 2019;

198º da Independência e 131º da República.

JAIR MESSIAS BOLSONARO".

COMENTÁRIOS

Verifica-se, dessa forma, que 30 (trinta) novos crimes foram aprovados pelo Congresso Nacional: 7 (sete) vetados com vetos mantidos; 9 (nove) crimes vetados com vetos derrubados; e 23 (vinte e três) crimes que entrarão em vigor.

No que concerne à relação dos vetos e rejeição ou manutenção dos vetos, vislumbra-se o seguinte:

a) Art. 3º – (Rejeita Veto);
b) Art. 5º, III – (Mantém Veto);
c) Art. 9º – (Rejeita Veto);
d) Art. 11 – (Mantém Veto);
e) Art. 13, III – (Rejeita Veto);
f) Art. 14 – (Mantém Veto);
g) Art. 15, § único – (Rejeita Veto);
h) Art. 16 – (Rejeita Veto);
i) Art. 17 – (Mantém Veto);
j) Art. 20 – (Rejeita Veto);
k) Art. 22, § 1º, II – (Mantém Veto);
l) Art. 26 – (Mantém Veto);
m) Art. 29, § único – (Mantém Veto);
n) Art. 30 – (Rejeita Veto);
o) Art. 32 – (Rejeita Veto);
p) Art. 34 – (Mantém Veto);
q) Art. 35 – (Mantém Veto);
r) Art. 38 – (Rejeita Veto);
s) Art. 43 – (Rejeita Veto).

III. Desdobramentos e consequências da novel legislação:

Conforme redação constante no art. 44, da Lei Federal nº 13.869/19, revoga-se expressamente a então Lei de Abuso de Autoridade (Lei Federal nº 4.898/65), bem como o § 2º do artigo 150, e o artigo 350, ambos do Código Penal.

Outrossim, em conformidade com o disposto no art. 45, a novel legislação está em *vacatio legis* de 120 (cento e vinte) dias, no período de 5 de setembro de 2019 a 2 de janeiro de 2020.

Entrará em vigor no dia 3 de janeiro de 2020.

Independentemente da sanção e do veto presidenciais, o entendimento preliminar no "mundo jurídico" é o de que a proposta legislativa carece de legitimidade e é atentatória ao sistema de persecução penal vigente em um Estado Democrático de Direito, anterior ao sistema acusatório, que preconiza, em homenagem ao princípio do *In Dubio Pro Societatae,* que, em havendo indícios suficientes de autoria e prova da materialidade da infração penal, o Estado, por meio das instâncias de persecução penal – Polícia Judiciária (Polícia Federal e Polícia Civil) e Ministério Público, deverá responsabilizar o autor do delito, indiciando-o nos autos de um Inquérito Policial (IP) ou Termo Circunstanciado, na fase policial ou pré-processual, ou denunciando-o na fase ministerial, havendo possibilidade ainda, nas infrações penais de menor potencial ofensivo, disciplinadas no art. 61, da Lei nº 9.099/95, com pena máxima cominada não superior a 2 (dois) anos, que o Promotor de Justiça ofereça ao autor do fato proposta de transação penal, nos termos do art. 76, da Lei nº 9.099/95, a qual, se aceita e se cumpridas as condições estipuladas, justificará a extinção da punibilidade e o arquivamento do feito.

A proposta legislativa, em sua redação original, prevê figuras típicas em 30 (trinta) dispositivos legais, relacionadas diretamente ao "abuso de autoridade", bem como prevê a modificação da figura típica descrita no art. 10, da Lei das Interceptações Telefônicas (Lei Federal nº 9.296/96), idealizando, ainda, a inserção de tipo penal no Estatuto da OAB (Lei Federal nº 8.906/94), no que concerne à Violação de Direito ou Prerrogativa de Advogado (então art. 7º-B, do Estatuto da OAB).

Relativamente à polêmica proposição legislativa original, segue, abaixo, nota de repúdio do Conselho Nacional dos Chefes de Polícia Civil (CONPC):

"CONSELHO NACIONAL DOS CHEFES DE POLÍCIA CIVIL - CONCPC

N O T A

O Conselho Nacional dos Chefes de Polícia Civil - CONCPC, entidade que congrega dirigentes da Polícia Civil dos Estados e do Distrito Federal, diante da aprovação pela Câmara dos Deputados, na data de 14 de agosto de 2019, do Projeto de Lei nº 7.596/17, oriundo do Senado Federal, que dispõe sobre os crimes de abuso de autoridade, assim se manifesta.

- O abuso de autoridade é tema sobre o qual inexiste vácuo normativo, razão pela qual, dado o grave e histórico momento de transformação que vive o Brasil, em que as vísceras da corrupção e dos mecanismos de ofensa ao regime democrático estão sendo expostas, revela-se absolutamente inoportuna a aprovação do PL nº 7.596/17 pelo Congresso Nacional;

- Enquanto a sociedade espera, ansiosamente, que o Estado reaja firmemente à criminalidade que a assola e faz refém, seja criando mecanismos mais eficientes de combate à corrupção e ao crime organizado ou, ainda, qualificando a repressão a criminosos violentos, o Congresso Nacional cuidou de voltar seus esforços justamente contra aqueles que, a despeito de todas as dificuldades, se dedicam a lutar pela ordem, segurança pública e defesa da justiça;

- O CONCPC confia que o Presidente da República, em sintonia com os elevados anseios sociais e sensível ao momento histórico vivenciado pelo país, terá o cuidado de vetar o texto aprovado, de sorte a evitar a inibição e intimidação de agentes públicos que integram o sistema de persecução criminal, preservando-se desta feita o interesse público e o Estado Democrático de Direito.

CONCPC"

IV. Definição de novos tipos penais:

Os tipos penais dos artigos 10º; 13; 15, *caput*; 19 (e § único); 21 (e § único); 22, *caput*, e § 1º, I e III; 23 (e § único); 24; 25 (e § único); 28; e 36, da novel legislação, são infrações penais de maior potencial ofensivo, instrumentalizadas por meio de Inquérito Policial, submetendo-se ao rito do procedimento comum ordinário (art. 394, § 1º, I, CPP) e aceitando a suspensão condicional do processo, já que a pena mínima cominada para tais delitos é de 1 (um) ano de detenção.

Os tipos penais dos arts. 9º (e § único); 11; 15 (e § único); 17, § único; 26, § 1º, e 30, que previam a mesma sistemática, foram expressamente vetados pelo Presidente da República, tudo em conformidade com a Mensagem nº 406, de 5 de setembro de 2019.

Em contrapartida, os tipos penais dos arts. 12; 18; 27 (e § único); 29 (e § único); 31 (e § único); 33 (e § único); e 37, da novel legislação, são infrações penais de menor potencial ofensivo, instrumentalizadas por meio de Termo Circunstanciado e da competência dos Juizados Especiais Criminais, submetendo-se, em princípio, ao rito do procedimento comum sumaríssimo (art. 394, § 1º, III, CPP).

Os tipos penais dos arts. 14; 16 (e § único); 17, *caput*; 20 (e § único); 26, *caput*; 32; 34; 35; e 38, que previam a mesma sistemática, foram expressamente vetados pelo Presidente da República, tudo em conformidade com a Mensagem nº 406, de 5 de setembro de 2019.

Na forma do art. 41, da novel legislação, o crime do artigo 10, da Lei Federal nº 9.296/96, mantém a mesma pena de sua redação original - 2 (dois) a 4 (quatro) anos de reclusão, identificando-se, pois, como infração penal de maior potencial ofensivo, submetendo-se ao rito do procedimento comum ordinário (art. 394, § 1º, I, CPP).

Por derradeiro, na sua redação original, havia previsão de crime próprio no artigo 7º-B, da Lei Federal nº 8.906/94, para aquele que violasse direito ou prerrogativa de advogado, previstos nos incisos III, IV e V do *caput* do art. 7º do Estatuto da OAB, identificando-se como infração penal de menor potencial ofensivo, instrumentalizada por meio de Termo Circunstanciado e da competência dos Juizados Especiais Criminais, submetendo-se, em princípio, ao rito do procedimento comum sumaríssimo (art. 394, § 1º, III, CPP).

Todavia, conforme já referido, houve veto presidencial ao dispositivo em questão, em conformidade com a Mensagem nº 406, de 5 de setembro de 2019.

Ademais, no que concerne aos crimes previstos no Estatuto da Criança e do Adolescente (ECA – Lei Federal nº 8.069/90), a novel legislação prevê, em seu art. 42, o acréscimo no ECA do art. 227-A, e § único, no sentido de que, os efeitos da condenação previstos no art. 92, I, do CP, para os crimes de abuso de autoridade, praticados por servidores públicos, são necessariamente condicionados à ocorrência de reincidência, que é circunstância agravante genérica, preconizada nos artigos 61, I, e 63, ambos do Código Penal, embora a perda do cargo, do mandato ou da função, na espécie fática, independerá da pena aplicada na reincidência.

Na consolidação dos tipos penais insculpidos na novel legislação, é fundamental a observância da finalidade específica do agente, contemplada no art. 1º, § 1º, da Lei Federal nº 13.869/19, sem a qual estará excluído o dolo e, consequentemente, a tipicidade da conduta descrita.

O especial *fim de agir* vem assim delimitado:

> *"§ 1º. As condutas descritas nesta Lei constituem crime de abuso de autoridade quando praticadas pelo agente com a finalidade específica de prejudicar outrem ou beneficiar a si mesmo ou a terceiro, ou, ainda, por mero capricho ou satisfação pessoal".*

Consoante o magistério de Rogério Sanches Cunha e Rogério Greco[2245]

> *"Por capricho, podemos entender a vontade desprovida de qualquer razão anterior, ou mesmo teimosia, uma alteração repentina no comportamento etc.; satisfação pessoal seria a prática de um comportamento que viesse a agradar os interesses pessoais do agente, podendo ser de qualquer natureza, a exemplo daquele que atua com crueldade, síndrome de autoridade, se regozija em humilhar as pessoas etc."*

V. A antiga "Lei de Abuso de Autoridade", em vigor até 2 de janeiro de 2020:

LEI Nº 4.898, DE 9 DE DEZEMBRO DE 1965.

Regula o Direito de Representação e o processo de Responsabilidade Administrativa Civil e Penal, nos casos de abuso de autoridade.

Art. 1º O direito de representação e o processo de responsabilidade administrativa civil e penal, contra as autoridades que, no exercício de suas funções, cometerem abusos, são regulados pela presente lei.

Art. 2º O direito de representação será exercido por meio de petição:

a) dirigida à autoridade superior que tiver competência legal para aplicar, à autoridade civil ou militar culpada, a respectiva sanção;

b) dirigida ao órgão do Ministério Público que tiver competência para iniciar processo-crime contra a autoridade culpada.

Parágrafo único. A representação será feita em duas vias e conterá a exposição do fato constitutivo do abuso de autoridade, com todas as suas circunstâncias, a qualificação do acusado e o rol de testemunhas, no máximo de três, se as houver.

Art. 3º. Constitui abuso de autoridade qualquer atentado:

2 CUNHA, Rogério Sanches; GRECO, Rogério. **Abuso de Autoridade:** lei 13.869/2019: comentada artigo por artigo. Salvador: Juspodivm, 2020, p. 15.

a) à liberdade de locomoção;

b) à inviolabilidade do domicílio;

c) ao sigilo da correspondência;

d) à liberdade de consciência e de crença;

e) ao livre exercício do culto religioso;

f) à liberdade de associação;

g) aos direitos e garantias legais assegurados ao exercício do voto;

h) ao direito de reunião;

i) à incolumidade física do indivíduo;

j) aos direitos e garantias legais assegurados ao exercício profissional. (Incluído pela Lei nº 6.657, de 5-6-79)

Art. 4º Constitui também abuso de autoridade:

a) ordenar ou executar medida privativa da liberdade individual, sem as formalidades legais ou com abuso de poder;

b) submeter pessoa sob sua guarda ou custódia a vexame ou a constrangimento não autorizado em lei;

c) deixar de comunicar, imediatamente, ao juiz competente a prisão ou detenção de qualquer pessoa;

d) deixar o Juiz de ordenar o relaxamento de prisão ou detenção ilegal que lhe seja comunicada;

e) levar à prisão e nela deter quem quer que se proponha a prestar fiança, permitida em lei;

f) cobrar o carcereiro ou agente de autoridade policial carceragem, custas, emolumentos ou qualquer outra despesa, desde que a cobrança não tenha apoio em lei, quer quanto à espécie quer quanto ao seu valor;

g) recusar o carcereiro ou agente de autoridade policial recibo de importância recebida a título de carceragem, custas, emolumentos ou de qualquer outra despesa;

h) o ato lesivo da honra ou do patrimônio de pessoa natural ou jurídica, quando praticado com abuso ou desvio de poder ou sem competência legal;

i) prolongar a execução de prisão temporária, de pena ou de medida de segurança, deixando de expedir em tempo oportuno ou de cumprir imediatamente ordem de liberdade. (Incluído pela Lei nº 7.960, de 21-12089)

Art. 5º Considera-se autoridade, para os efeitos desta lei, quem exerce cargo, emprego ou função pública, de natureza civil, ou militar, ainda que transitoriamente e sem remuneração.

Art. 6º O abuso de autoridade sujeitará o seu autor à sanção administrativa civil e penal.

§ 1º A sanção administrativa será aplicada de acordo com a gravidade do abuso cometido e consistirá em:

a) advertência;

b) repreensão;

c) suspensão do cargo, função ou posto por prazo de 5 (cinco) a cento e oitenta (180) dias, com perda de vencimentos e vantagens;

d) destituição de função;

e) demissão;

f) demissão, a bem do serviço público.

§ 2º A sanção civil, caso não seja possível fixar o valor do dano, consistirá no pagamento de uma indenização.

§ 3º A sanção penal será aplicada de acordo com as regras dos artigos 42 a 56 do Código Penal e consistirá em: (Referência a dispositivos originais do Código Penal. Vide arts.59 a 76 da Nova Parte Geral do Estatuto Repressivo, reformado em 1984)

a) multa;

b) detenção por 10 (dez) dias a 6 (seis) meses;

c) perda do cargo e a inabilitação para o exercício de qualquer outra função pública por prazo até 3 (três) anos.

§ 4º As penas previstas no parágrafo anterior poderão ser aplicadas autônoma ou cumulativamente.

§ 5º Quando o abuso for cometido por agente de autoridade policial, civil ou militar, de qualquer categoria, poderá ser cominada a pena autônoma ou acessória, de não poder o acusado exercer funções de natureza policial ou militar no município da culpa, por prazo de 1 (um) a 5 (cinco) anos.

Art. 7º recebida a representação em que for solicitada a aplicação de sanção administrativa, a autoridade civil ou militar competente determinará a instauração de inquérito para apurar o fato.

§ 1º O inquérito administrativo obedecerá às normas estabelecidas nas leis municipais, estaduais ou federais, civis ou militares, que estabeleçam o respectivo processo.

§ 2º não existindo no município no Estado ou na legislação militar normas reguladoras do inquérito administrativo serão aplicadas supletivamente, as disposições dos arts. 219 a 225 da Lei nº 1.711, de 28 de outubro de 1952 (Estatuto dos Funcionários Públicos Civis da União) – referida legislação foi revogada pela Lei º 8.112, de 11-12-1990.

§ 3º O processo administrativo não poderá ser sobrestado para o fim de aguardar a decisão da ação penal ou civil.

Art. 8º A sanção aplicada será anotada na ficha funcional da autoridade civil ou militar.

Art. 9º Simultaneamente com a representação dirigida à autoridade administrativa ou independentemente dela, poderá ser promovida pela vítima do abuso, a responsabilidade civil ou penal ou ambas, da autoridade culpada.

Art. 10. Vetado

Art. 11. À ação civil serão aplicáveis as normas do Código de Processo Civil.

Art. 12. A ação penal será iniciada, independentemente de inquérito policial ou justificação por denúncia do Ministério Público, instruída com a representação da vítima do abuso.

Art. 13. Apresentada ao Ministério Público a representação da vítima, aquele, no prazo de 48 (quarenta e oito) horas, denunciará o réu, desde que o fato narrado constitua abuso de autoridade, e requererá ao Juiz a sua citação, e, bem assim, a designação de audiência de instrução e julgamento.

§ 1º A denúncia do Ministério Público será apresentada em 2 (duas) vias.

Art. 14. Se a ato ou fato constitutivo do abuso de autoridade houver deixado vestígios o ofendido ou o acusado poderá:

a) promover a comprovação da existência de tais vestígios, por meio de 2 (duas) testemunhas qualificadas;

b) requerer ao Juiz, até 72 (setenta e duas) horas antes da audiência de instrução e julgamento, a designação de um perito para fazer as verificações necessárias.

§ 1º O perito ou as testemunhas farão o seu relatório e prestarão seus depoimentos verbalmente, ou o apresentarão por escrito, querendo, na audiência de instrução e julgamento.

§ 2º No caso previsto na letra a deste artigo a representação poderá conter a indicação de mais 2 (duas) testemunhas.

Art. 15. Se o órgão do Ministério Público, ao invés de apresentar a denúncia requerer o arquivamento da representação, o Juiz, no caso de considerar improcedentes as razões invocadas, fará remessa da representação ao Procurador-Geral e este oferecerá a denúncia, ou designará outro órgão do Ministério Público para 543rofess-la ou insistirá no arquivamento, ao qual só então deverá o Juiz atender.

Art. 16. Se o órgão do Ministério Público não oferecer a denúncia no prazo fixado nesta lei, será admitida ação privada. O órgão do Ministério Público poderá, porém, aditar a queixa, repudiá-la e oferecer denúncia substitutiva e intervir em todos os termos do processo, interpor recursos e, a todo tempo, no caso de negligência do querelante, retomar a ação como parte principal.

Art. 17. Recebidos os autos, o Juiz, dentro do prazo de 48 (quarenta e oito) horas, proferirá despacho, recebendo ou rejeitando a denúncia.

§ 1º No despacho em que receber a denúncia, o Juiz designará, desde logo, dia e hora para a audiência de instrução e julgamento, que deverá ser realizada, improrrogavelmente, dentro de 5 (cinco) dias.

§ 2º A citação do réu para se ver processar, até julgamento final e para comparecer à audiência de instrução e julgamento, será feita por mandado sucinto que, será acompanhado da segunda via da representação e da denúncia.

Art. 18. As testemunhas de acusação e defesa poderão ser apresentada em juízo, independentemente de intimação.

Parágrafo único. Não serão deferidos pedidos de precatória para a audiência ou a intimação de testemunhas ou, salvo o caso previsto no artigo 14, letra "b", requerimentos para a realização de diligências, perícias ou exames, a não ser que o Juiz, em despacho motivado, considere indispensáveis tais providências.

Art. 19. A hora marcada, o Juiz mandará que o porteiro dos auditórios ou o oficial de justiça declare aberta a audiência, apregoando em seguida o réu, as testemunhas, o perito, o representante do Ministério Público ou o advogado que tenha subscrito a queixa e o advogado ou defensor do réu.

Parágrafo único. A audiência somente deixará de realizar-se se ausente o Juiz.

Art. 20. Se até meia hora depois da hora marcada o Juiz não houver comparecido, os presentes poderão retirar-se, devendo o ocorrido constar do livro de termos de audiência.

Art. 21. A audiência de instrução e julgamento será pública, se contrariamente não dispuser o Juiz, e realizar-se-á em dia útil, entre 10 (dez) e 18 (dezoito) horas, na sede do Juízo ou, excepcionalmente, no local que o Juiz designar.

Art. 22. Aberta a audiência o Juiz fará a qualificação e o interrogatório do réu, se estiver presente.

Parágrafo único. Não comparecendo o réu nem seu advogado, o Juiz nomeará imediatamente defensor para funcionar na audiência e nos ulteriores termos do processo.

Art. 23. Depois de ouvidas as testemunhas e o perito, o Juiz dará a palavra sucessivamente, ao Ministério Público ou ao advogado que houver subscrito a queixa e ao advogado ou defensor do réu, pelo prazo de 15 (quinze) minutos para cada um, prorrogável por mais 10 (dez), a critério do Juiz.

Art. 24. Encerrado o debate, o Juiz proferirá imediatamente a sentença.

Art. 25. Do ocorrido na audiência o escrivão lavrará no livro próprio, ditado pelo Juiz, termo que conterá, em resumo, os depoimentos e as alegações da acusação e da defesa, os requerimentos e, por extenso, os despachos e a sentença.

Art. 26. Subscreverão o termo o Juiz, o representante do Ministério Público ou o advogado que houver subscrito a queixa, o advogado ou defensor do réu e o escrivão.

Art. 27. Nas comarcas onde os meios de transporte forem difíceis e não permitirem a observância dos prazos fixados nesta lei, o juiz poderá 544rofess-las, sempre motivadamente, até o dobro.

Art. 28. Nos casos omissos, serão aplicáveis as normas do Código de Processo Penal, sempre que compatíveis com o sistema de instrução e julgamento regulado por esta lei.

Parágrafo único. Das decisões, despachos e sentenças, caberão os recursos e apelações previstas no Código de Processo Penal.

Art. 29. Revogam-se as disposições em contrário.

☞ COMENTÁRIOS derradeiros em relação à lei a ser revogada:

a. <u>Representação</u>:

Notitia criminis ou condição de procedibilidade para o exercício da ação penal?

Embora constasse na redação dos arts. 1º e 2º da Lei 4.898/65 (Lei de Abuso de Autoridade – LAA) referência à "representação", o entendimento majoritário é o de que a referida expressão traduzia a ideia de *notitia criminis* (direito de petição contra abuso de poder – art. 5º, XXXIV, "a", CF).

Logo, a ação penal seria pública incondicionada.

b. <u>Art. 1º, Lei 5.249/67</u>:

"A falta de representação do ofendido, nos casos de abusos previstos na Lei 4.898, de 9 de dezembro de 1965, não obsta a iniciativa ou o curso de ação pública".

Referida legislação dispunha sobre a ação penal pública de crimes de responsabilidade.

c. <u>Súmula 172, STJ</u>:

Competência da Justiça Comum para o processo e julgamento de militar por crime de abuso de autoridade.

Exceção: quando o abuso de autoridade disser respeito, exclusivamente, a militares (sujeito ativo e passivo), será competente a Justiça Militar – Ex: art. 176, *caput*, do Código Penal Militar (Ofensa a inferior).

Todavia, com o advento da Lei Federal nº 13.491/17, que ampliou a competência da Justiça Militar, entende-se, em princípio, que ficou esvaziado o conteúdo da Súmula e a competência, por força do art. 9º, II, alíneas "b" e "c", do Código Penal Militar (Decreto-Lei nº 1.001/69), será da Justiça Especial Militar e não mais da Justiça Comum Estadual.

d. Sujeito Ativo:

Autoridade (art. 5º, LAA – mesma redação do art. 327, *caput,* CP) – era crime funcional, dependendo do exercício de cargo, emprego ou função pública e não de múnus público ou encargo público (ex: curador, tutor, inventariante, administrador da massa falida, conselheiro tutelar, conselheiro de direitos, defensor dativo, perito, contador, tradutor, intérprete etc.).

Mesários e jurados enquadravam-se no conceito de "autoridade", já que exerciam função pública.

e. Figura Equiparada do § 1º do art. 327, CP:

Não se aplicava à LAA, sob pena de analogia *in malam partem* (em prejuízo do réu).

f. Dupla Subjetividade Passiva:

Havia 2 (dois) sujeitos passivos:

a) imediato ou principal: é a PF ou PJ que sofria a conduta abusiva;

b) mediato ou secundário: o Estado.

Incapazes e estrangeiros também figuravam como vítimas.

No caso de crianças e adolescentes, aplicava-se o ECA, por ser lei especial mais protetiva e recente.

A própria autoridade pública poderia ser vítima de abuso de autoridade.

PJ de Direito Público e de Direito Privado também poderiam ser vítimas de abuso de autoridade.

g. Dupla Objetividade Jurídica:

Havia 2 (dois) objetos jurídicos tutelados:

a) imediato ou principal: proteção dos direitos e garantias individuais e coletivas das PF e PJ;

b) mediato ou secundário: normal e regular prestação dos serviços públicos.

h. Delitos Eminentemente Subsidiários, da Competência dos JECrim:

Na medida em que a pena máxima cominada era de 6 (seis) meses (art. 6º, § 3º, "b", Lei 4898/65 – detenção de 10 dias a 6 meses), todos os crimes de Abuso de Autoridade, contemplados nos arts. 3º, alíneas "a" a "j", e 4º, alíneas "a" a "i", eram considerados infrações penais de menor potencial ofensivo.

Dessa forma, o procedimento policial cabível, em tese, era o Termo Circunstanciado.

Submetia-se, em princípio, ao rito do procedimento comum sumaríssimo (art. 394, § 1º, III, CP), embora a Lei nº 4.898/65 possuísse procedimento especial próprio.

Os delitos poderiam ser da competência da Justiça Comum Estadual ou Federal.

A este respeito, vide Súmula nº 147, do STJ.

i. Procedimento Especial:

Possibilidade de que fossem arroladas no máximo 3 (três) testemunhas pela acusação e defesa.

A este respeito, a regra constante no art. 2º, § único, LAA.

j. 6ª Turma do STJ:

A denúncia por Abuso de Autoridade poderia ser embasada apenas no depoimento da vítima, sem a realização de Inquérito Policial, tendo em vista os termos do art. 12 da LAA.

O mesmo valia em relação ao embasamento sem a realização de Termo Circunstanciado, após o advento da Lei nº 9.099/95, já que todos os delitos de abuso de autoridade, conforme já referido, eram de menor potencial ofensivo.

k. Crimes em espécie:

Arts. 3º e 4º, LAA.

l. Art. 3º:

Crimes de Atentado.

Não era admitida a tentativa, pois a lei já punia o simples atentado como crime consumado.

A pessoa jurídica poderia figurar como vítima, como no atentado à liberdade de associação (alínea "f").

m. Sanções Administrativas, Civis e Penais:

Art. 1º, c/c art. 6º, LAA.

A sanção penal estava contemplada nas alíneas "a", "b" e "c" do art. 6º, § 3º.

n. Responsabilidade Civil:

Art. 9º, LAA.

Facultatividade conferida à vítima de mover ação contra o Estado, com direito de regresso contra o servidor faltoso, no caso de dolo ou culpa (responsabilidade civil do Estado - art. 37, § 6º, CF).

o. Exercício Arbitrário ou Abuso de Poder (art. 350, CP):

Segundo o STJ, havia sido derrogado pela LAA (revogação tácita - art. 4º, alíneas "a", "b", "d", "e", "i"), ficando remanescente, tão-somente, o inciso IV do § único do referido dispositivo do CP.

Todavia, conforme já referido, o art. 350, do Código Penal, foi expressamente revogado pela Lei Federal nº 13.869/19 (art. 44), em vigor a partir de 3 de janeiro de 2020.

p. Liberdade de Locomoção (art. 3º, "a", LAA).

Ex: prisão para averiguação; expulsar prostitutas da rua etc.

q. Inviolabilidade do domicílio (art. 3º, "b", LAA).

STF e STJ: entendiam os Tribunais Superiores que havia concurso material entre os crimes de Abuso de Autoridade e Violação de Domicílio Majorada (art. 150, § 2º, CP), que previa aumento da pena em 1/3 (um terço) se o fato fosse cometido por funcionário público, fora dos casos legais, com inobservância das formalidades legais ou com abuso de poder.

Todavia, existia entendimento doutrinário diverso (Nucci[3] Thums[4]e outros), informando que o tipo penal do art. 150, § 2º, CP, fora tacitamente revogado pelo art. 3º, "b", LAA.

A este respeito, o ensinamento de Nucci[5]

> *"Se a autoridade invadir domicílio, sem as formalidades legais, pensamos configurar o delito previsto no art. 3º, b, desta Lei, e não o disposto no art. 150 do Código Penal, em face do princípio da especialidade. Assim ocorre, justamente porque o objeto jurídico principal é a dignidade da função pública estatal. A autoridade que invade o domicílio comete a figura típica especial: qualquer do povo que faça o mesmo incide no tipo penal do referido art. 150 do CP"* .

Porém, conforme já referido, o art. 150, § 2º, do Código Penal, foi expressamente revogado pela Lei Federal nº 13.869/19 (art. 44), em vigor a partir de 3 de janeiro de 2020.

---

3. NUCCI, Guilherme de Souza. **Leis Penais e Processuais Penais Comentadas**. v. 1. 10. ed. Rio de Janeiro: Forense, 2017.
4 THUMS, Gilberto. **Código Penal Anotado**: abordagem objetiva. Porto Alegre: Sapiens, 2010.
5. Ibidem, p. 10.

r. <u>Incolumidade Física do Indivíduo (art. 3º, "i", LAA).</u>

<u>STJ</u>: concurso material entre os crimes de Abuso de Autoridade e Lesão Corporal (art. 129, CP).

Não havia necessidade de ocorrer Lesão corporal, para configurar o tipo do art. 3º, "i", LAA.

s. <u>Art. 4º</u>:

Não admitiam tentativa os crimes do art. 4º, "c", "d", "g" e "i", já que eram crimes omissivos puros ou próprios.

As demais alíneas admitiam a tentativa.

t. <u>Art. 6º, § 5º, LAA</u>:

A doutrina majoritária entendia que estava revogado, por prever a aplicação de pena acessória, abolida com a reforma da Parte Geral do CP de 1984.

u. <u>Concurso de Pessoas</u>:

O terceiro que, sem ser Autoridade, concorresse para o crime, respondia pela Lei 4.898/65, já que a elementar "autoridade" se comunicava ao particular, por força do artigo 30 do CP (ex: soldado da BM agride torcedor em jogo de futebol e torcedor adversário ajuda a agredir).

Todavia, era necessário que o terceiro soubesse que o agente exercia autoridade, sob pena de chancelar a responsabilidade penal objetiva, que o Direito Penal tanto tenta combater.

☑ QUESTÕES DE CONCURSOS ACERCA DA ANTIGA LEI DE ABUSO DE AUTORIDADE, COM GABARITO E COMENTÁRIOS:

1. ***(ESCRIVÃO DA POLÍCIA FEDERAL 2002–CESPE/UNB)*** *Um cidadão foi vítima de abuso de autoridade e pretende indenização do Estado pela lesão que sofreu. Nessa situação, na forma da lei que reprime o abuso de autoridade, ele somente poderá ajuizar a ação adequada depois de apurar-se, na via administrativa, a ocorrência do fato.*

Resposta: <u>Errado</u>. *A ação penal, nos crimes de Abuso de Autoridade, poderia ser iniciada independentemente de processo administrativo, nos termos da Lei Federal nº 4.898/1965, vigente até 2 de janeiro de 2020, com o advento da Lei Federal nº 13.869/19.*

2. ***(ESCRIVÃO DA POLÍCIA FEDERAL 2002 – CESPE/UNB)*** *Júlia foi vítima de abuso de autoridade por parte de agentes públicos federais e representou ao MPF para que este promovesse a responsabilização penal daqueles. À representação, anexou as provas de que dispunha e indicou o modo de obter outras. O procurador da República a quem a representação foi enviada considerou haver indícios suficientes dos fatos e ofereceu denúncia. O juiz federal que recebeu os autos rejeitou a denúncia, sob o fundamento de ser indispensável a apuração do fato, seja pela administração pública, seja por meio de inquérito policial. Nessa situação, o juiz federal equivocou-se, pois deveria ter recebido a denúncia.*

Resposta: <u>Certo</u>. *Segundo a Lei Federal nº 4.898/1965, vigente até 2 de janeiro de 2020, com o advento da Lei Federal nº 13.869/19, a ação penal dos crimes de Abuso de Autoridade não estava vinculada à instauração de procedimentos de apuração dos fatos, seja pela Autoridade Policial, seja por outras autoridades. Assim, o Juiz Federal não deveria ter rejeitado o recebimento da denúncia.*

3. ***(POLÍCIA RODOVIÁRIA FEDERAL 2004 – CURSO DE FORMAÇÃO 4.ª TURMA – 1.ª PROVA – CESPE/UNB)*** *Constitui abuso de autoridade levar à prisão e nela deter indivíduo que se propõe a prestar fiança permitida em lei.*

Resposta: <u>Certo</u>. *É o exato teor da alínea "e", do art. 4º, da Lei 4.898/1965, vigente até 2 de janeiro de 2020, com o advento da Lei Federal nº 13.869/19: "constitui também abuso de autoridade levar à prisão e nela* *deter quem quer que se proponha a prestar fiança, permitida em lei".*

4. **(AGENTE PENITENCIÁRIO FEDERAL 2005 – CESPE/UNB)** *O agente penitenciário que submeter o preso sob sua custódia a constrangimento não autorizado em lei deverá ficar penalmente sujeito às penas de multa, detenção, perda do cargo e inabilitação para o exercício de qualquer outra função pública por prazo de até 3 anos.*

Resposta: *Certo. Ao agente penitenciário era defeso submeter pessoa sob sua guarda ou custódia a vexame ou constrangimento não autorizado em lei, constituindo tal conduta crime previsto na alínea "b", do art. 4.º, da Lei 4.898/1965 (Lei de abuso de autoridade), vigente até 2 de janeiro de 2020, com o advento da Lei Federal nº 13.869/19. Estavam estes agentes, nos termos do art. 6.º, da referida Lei, suscetíveis a sanções civis e penais, perda do cargo e inabilitação para o exercício de qualquer outra função pública, por prazo de até 3 (três) anos.*

5. **(AGENTE PENITENCIÁRIO FEDERAL 2005 – CESPE/UNB)** *O processo por crime de abuso de autoridade inicia-se com o oferecimento de representação pela vítima do abuso.*

Resposta: *Errado. A ação penal é pública incondicionada. Em conformidade com o disposto no art. 13, da Lei 4.898/1965 (Lei de Abuso de Autoridade), vigente até 2 de janeiro de 2020, com o advento da Lei Federal nº 13.869/19, o processo por crime de Abuso de Autoridade era iniciado por meio de denúncia do Ministério Público, no prazo de 48 (quarenta e oito) horas após apresentação da representação da vítima, desde que o fato narrado constituísse abuso de autoridade, e era requerido ao Juiz a sua citação, e, bem assim, a designação de audiência de instrução e julgamento. Importante notar que a representação do ofendido, nesta Lei, não tinha o significado de condição de procedibilidade para o exercício da ação penal, mas apenas de notitia criminis, isto é, comunicação do fato criminoso.*

6. **(ANALISTA PROCESSUAL DO MPU – CESPE/UNB 2010)** *O crime de tortura praticado, em qualquer de suas modalidades, por agente público no exercício de suas funções absorve, necessariamente, o delito de abuso de autoridade.*

Resposta: *Errado. O crime de Tortura não absorve obrigatoriamente o crime de Abuso de Autoridade. O termo "necessariamente" é, desta forma, inadequado. Em outras palavras, a depender da situação em análise, é perfeitamente possível o concurso entre os crimes de Abuso de Autoridade e de Tortura. Basta se imaginar a hipótese, por exemplo, da Autoridade policial que priva a liberdade de uma pessoa, forjando uma situação de flagrante delito (crime de Abuso de Autoridade). E, depois de recolhê-la à prisão, causa-lhe intenso sofrimento físico e mental, mediante violência, para obter determinada informação (crime de Tortura). Na espécie fática, haverá concurso entre os crimes de Tortura e de Abuso de Autoridade.*

7. **(ANALISTA PROCESSUAL DO MPU – CESPE/UNB 2010)** *Hélio, maior e capaz, solicitou a seu amigo Fernando, policial militar, que abordasse seus dois desafetos, Beto e Flávio, para constrangê-los. O referido policial encontrou os desafetos de Hélio na praça principal da pequena cidade em que moravam e, identificando-se como policial militar, embora não vestisse, na ocasião, farda da corporação, abordou-os, determinando que se encostassem na parede com as mãos para o alto e, com o auxílio de Hélio, algemou-os enquanto procedia à busca pessoal. Nada tendo sido encontrado em poder de Beto e Flávio, ambos foram liberados. Nessa situação, Hélio praticou, em concurso de agente, com o policial militar Fernando, crime de abuso de autoridade, caracterizado por execução de medida privativa de liberdade individual.*

Resposta: *Certo. No caso, Fernando e Hélio tinham incorrido em crime de Abuso de Autoridade, previsto na alínea "a" do art. 3.º da Lei 4.898/1965, vigente até 2 de* *janeiro de 2020, com o advento da Lei Federal nº 13.869/19, por terem atentado contra a liberdade de locomoção das vítimas Beto e Flávio. Apesar de o crime de Abuso de Autoridade era considerado próprio, tendo como sujeito ativo a autoridade pública, a circunstância de caráter pessoal de Fernando se transmitia ao amigo Hélio, pois era elementar do crime, nos termos do art. 30 do Código Penal. Cabe ressaltar ainda que, embora o policial Hélio não vestisse a farda da corporação ou não estivesse no exercício da função, se a invocou, isso era o suficiente para configurar o Abuso de Autoridade. Por fim, restava aperfeiçoado o crime de Abuso de Autoridade na forma consumada, ainda que as vítimas tivessem sido liberadas, porque os delitos descritos no art. 3º, da referida legislação, classificavam-se doutrinariamente como "crimes de atentado", consumando-se com a tentativa de causar a lesão. No caso específico da questão, como atentaram contra a liberdade de locomoção das vítimas, haveria crime de Abuso de Autoridade, na forma consumada.*

8. *(ADVOGADO DA UNIÃO 2002 – CESPE/UNB)* *Considere a seguinte situação hipotética: O Ministério Público ofereceu denúncia contra um delegado de polícia pela prática do crime de abuso de autoridade, por ter prolongado a execução da prisão temporária de um indiciado, deixando de cumprir ordem de liberdade. Nessa situação, a autoridade judiciária deverá, antes de receber a denúncia, notificar o acusado, para responder por escrito, dentro do prazo de quinze dias.*

Resposta: *Errado. O rito dos crimes de Abuso de Autoridade era fixado na Lei Federal nº 4.898/1965, vigente até 2 de janeiro de 2020, com o advento da Lei Federal nº 13.869/19. De acordo com o art. 17, da referida Lei, recebidos os autos, o Juiz, dentro do prazo de 48 (quarenta e oito) horas, deveria proferir despacho, recebendo ou rejeitando a denúncia. No despacho em que recebesse a denúncia, o Juiz designaria, desde logo, dia e hora para a audiência de instrução e julgamento, que deveria ser realizada, improrrogavelmente, dentro do prazo de 5 (cinco) dias.*

9. *(UEG – DELEGADO DE POLÍCIA – PC – GO/2018)* *Segundo a Lei n. 4.898/1965, as penas cominadas aos crimes de abuso de autoridade poderão ser aplicadas autônoma ou cumulativamente, e consistirão, além da multa, em*

a) detenção por cinco a trinta dias, bem como perda do cargo e a inabilitação para o exercício de qualquer outra função pública por prazo até um ano.

b) detenção por um a nove meses, bem como perda do cargo e a inabilitação para o exercício de qualquer outra função pública por prazo até dois anos.

c) detenção por três meses a um ano, bem como perda do cargo e a inabilitação para o exercício de qualquer outra função pública por prazo até quatro anos.

d) detenção por um a três anos, bem como perda do cargo e a inabilitação para o exercício de qualquer outra função pública por prazo até cinco anos.

e) detenção por dez dias a seis meses, bem como perda do cargo e a inabilitação para o exercício de qualquer outra função pública por prazo até três anos.

Resposta: *A única alternativa correta é a da letra "E". A fundamentação legal para tal assertiva encontrava-se insculpida no art. 6º, § 3º, alíneas "b" e "c", da então Lei Federal nº 4.898/65. Importante registrar, por oportuno, conforme redação constante no art. 44, da Lei Federal nº 13.869/19, em vacatio legis de 120 (cento e vinte) dias, no período de 5 de setembro de 2019 a 2 de janeiro de 2020 (art. 45), que restará expressamente revogada a atual Lei de Abuso de Autoridade (Lei Federal nº 4.898/65).*

10. (INST. ACESSO – DELEGADO DE POLÍCIA – PC – ES/2019) *Assinale a alternativa correta em relação aos delitos previstos na Lei 4898/65.*

a) A pessoa jurídica poderá ser vítima do crime de abuso de autoridade.

b) De acordo com essa Lei, constitui abuso de autoridade o ato de o delegado de polícia deixar de comunicar, imediatamente, a prisão ou a detenção de qualquer pessoa ao juiz e a alguém de sua família.

c) Os crimes de abuso de autoridade são delitos de empreendimento.

d) A perda do cargo público é um efeito automático da condenação nos crimes previstos nessa Lei.

e) Caso o policial civil abusando de sua autoridade, determine, sem nenhuma justificativa, o encarceramento da vítima na delegacia, cometerá o delito previsto nessa Lei (art. 3°, "a").

Resposta: *A única alternativa correta é a da letra "A". A Pessoa Jurídica poderia ser vítima do crime de Abuso de Autoridade, como ocorria, por exemplo, no Atentado à Liberdade de Associação, previsto no art. 3º, alínea "f", da então vigente Lei Federal nº 4.898/65, que será revogada em 3 de janeiro de 2020, com o advento da Lei Federal nº 13.869/19.*

11. (CESPE – DELEGADO DE POLÍCIA FEDERAL – DPF/2018) *Julgue os itens que se seguem, relativos à execução penal, desarmamento, abuso de autoridade e evasão de dívidas.*

Eventual ato de delegado da PF de impedir advogado de assistir seu cliente em interrogatório configuraria crime de abuso de autoridade.

Resposta: *Certo. Tratava-se de Atentado aos direitos e garantias legais assegurados ao exercício profissional, hipótese prevista no art. 3º, alínea "j", da então vigente Lei de Abuso de Autoridade (Lei Federal nº 4.898/65), que será revogada em 3 de janeiro de 2020, com o advento da Lei Federal nº 13.869/19. Importante registrar, por oportuno, que os direitos do advogado estão garantidos e disciplinados no art. 7º, do Estatuto da OAB – Ordem dos Advogados do Brasil (Lei Federal nº 8.906/94). Inclusive, adequando-se à presente espécie fática, dispõe o art. 7º, XXI, alínea "a", do Estatuto da OAB, com a redação introduzida por meio da Lei Federal nº 13.245/16: "assistir a seus clientes investigados durante a apuração de infrações, sob pena de nulidade absoluta do respectivo interrogatório ou depoimento e, subsequentemente, de todos os elementos investigatórios e probatórios dele decorrentes ou derivados, direta ou indiretamente, podendo, inclusive, no curso da respectiva apuração: a) apresentar razões e quesitos".*

12. (CESPE – DELEGADO DE POLÍCIA – PC – SE/2018) *Acerca do tráfico ilícito de entorpecentes, de ações de prevenção e repressão a delitos praticados por organizações criminosas, de abuso de autoridade e de delitos previstos na Lei de Tortura, julgue os itens que se seguem.*

Situação hipotética: Uma autoridade policial prolongou, sem autorização judicial, a execução de prisão temporária de um indiciado, o que levou a defesa deste a representá-la criminalmente por abuso de autoridade, mediante petição dirigida à autoridade superior. Assertiva: Nessa situação, a representação é condição de procedibilidade para a aplicação das sanções penais correspondentes.

Resposta: *Errado. Embora constasse na redação dos arts. 1º e 2º, ambos da então vigente Lei Federal nº 4.898/65 (Lei de Abuso de Autoridade – LAA), que será revogada em 3 de janeiro de 2020, com o advento da Lei Federal nº 13.869/19, referência à "representação", o entendimento majoritário era o de que a referida expressão traduzia a ideia de notitia criminis (direito de petição contra abuso de poder – art. 5º, XXXIV, "a", CF). Não se tratava, pois, de condição de procedibilidade para o exercício da ação penal.*

IV) CRIMES DE PRECONCEITO (DISCRIMINAÇÃO RACIAL)-LEI FEDERAL Nº 7.716/1989

Art. 1º Serão punidos, na forma desta Lei, os crimes resultantes de discriminação ou preconceito de raça, cor, etnia, religião ou procedência nacional. (Redação dada pela Lei nº 9.459, de 13-5-1997)

Art. 2º (Vetado).

Art. 3º Impedir ou obstar o acesso de alguém, devidamente habilitado, a qualquer cargo da Administração Direta ou Indireta, bem como das concessionárias de serviços públicos.

Parágrafo único. Incorre na mesma pena quem, por motivo de discriminação de raça, cor, etnia, religião ou procedência nacional, obstar a promoção funcional. (Incluído pela Lei nº 12.288, de 20-7-2010)

Pena: reclusão de 2 (dois) a 5 (cinco) anos.

Art. 4º Negar ou obstar emprego em empresa privada.

§ 1º Incorre na mesma pena quem, por motivo de discriminação de raça ou de cor ou práticas resultantes do preconceito de descendência ou origem nacional ou étnica: (Incluído pela Lei nº 12.288, de 20-7-2010)

I - deixar de conceder os equipamentos necessários ao empregado em igualdade de condições com os demais trabalhadores; (Incluído pela Lei nº 12.288, de 20-7-2010)

II - impedir a ascensão funcional do empregado ou obstar outra forma de benefício profissional; (Incluído pela Lei nº 12.288, de 20-7-2010)

III - proporcionar ao empregado tratamento diferenciado no ambiente de trabalho, especialmente quanto ao salário. (Incluído pela Lei nº 12.288, de 20-7-2010)

§ 2º Ficará sujeito às penas de multa e de prestação de serviços à comunidade, incluindo atividades de promoção da igualdade racial, quem, em anúncios ou qualquer outra forma de recrutamento de trabalhadores, exigir aspectos de aparência próprios de raça ou etnia para emprego cujas atividades não justifiquem essas exigências. (Incluído pela Lei nº 12.288, de 20-7-2010)

Pena: reclusão de 2 (dois) a 5 (cinco) anos.

Art. 5º Recusar ou impedir acesso a estabelecimento comercial, negando-se a servir, atender ou receber cliente ou comprador.

Pena: reclusão de 1 (um) a 3 (três) anos.

Art. 6º Recusar, negar ou impedir a inscrição ou ingresso de aluno em estabelecimento de ensino público ou privado de qualquer grau.

Pena: reclusão de 3 (três) a 5 (cinco) anos.

Parágrafo único. Se o crime for praticado contra menor de dezoito anos a pena é agravada de 1/3 (um terço).

Art. 7º Impedir o acesso ou recusar hospedagem em hotel, pensão, estalagem, ou qualquer estabelecimento similar.

Pena: reclusão de 3 (três) a 5 (cinco) anos.

Art. 8º Impedir o acesso ou recusar atendimento em restaurantes, bares, confeitarias, ou locais semelhantes abertos ao público.

Pena: reclusão de 1 (um) a 3 (três) anos.

Art. 9º Impedir o acesso ou recusar atendimento em estabelecimentos esportivos, casas de diversões, ou clubes sociais abertos ao público.

Pena: reclusão de 1 (um) a 3 (três) anos.

Art. 10. Impedir o acesso ou recusar atendimento em salões de cabeleireiros, barbearias, termas ou casas de massagem ou estabelecimento com as mesmas finalidades.

Pena: reclusão de 1 (um) a 3 (três) anos.

Art. 11. Impedir o acesso às entradas sociais em edifícios públicos ou residenciais e elevadores ou escada de acesso aos mesmos:

Pena: reclusão de 1 (um) a 3 (três) anos.

Art. 12. Impedir o acesso ou uso de transportes públicos, como aviões, navios barcas, barcos, ônibus, trens, metrô ou qualquer outro meio de transporte concedido.

Pena: reclusão de 1 (um) a 3 (três) anos.

Art. 13. Impedir ou obstar o acesso de alguém ao serviço em qualquer ramo das Forças Armadas.

Pena: reclusão de 2 (dois) a 4 (quatro) anos.

Art. 14. Impedir ou obstar, por qualquer meio ou forma, o casamento ou convivência familiar e social.

Pena: reclusão de 2 (dois) a 4 (quatro) anos.

Art. 15. (Vetado).

Art. 16. Constitui efeito da condenação a perda do cargo ou função pública, para o servidor público, e a suspensão do funcionamento do estabelecimento particular por prazo não superior a três meses.

Art. 17. (Vetado).

Art. 18. Os efeitos de que tratam os arts. 16 e 17 desta Lei não são automáticos, devendo ser motivadamente declarados na sentença.

Art. 19. (Vetado).

Art. 20. Praticar, induzir ou incitar a discriminação ou preconceito de raça, cor, etnia, religião ou procedência nacional. (Redação dada pela Lei nº 9.459, de 13-5-1997)

Pena: reclusão de um a três anos e multa.(Redação dada pela Lei nº 9.459, de 13-5-1997)

§ 1º Fabricar, comercializar, distribuir ou veicular símbolos, emblemas, ornamentos, distintivos ou propaganda que utilizem a cruz suástica ou gamada, para fins de divulgação do nazismo. (Redação dada pela Lei nº 9.459, de 13-5-1997)

Pena: reclusão de dois a cinco anos e multa. (Incluído pela Lei nº 9.459, de 13-5-1997)

§ 2º Se qualquer dos crimes previstos no caput é cometido por intermédio dos meios de comunicação social ou publicação de qualquer natureza: (Redação dada pela Lei nº 9.459, de 13-5-1997)

Pena: reclusão de dois a cinco anos e multa. (Incluído pela Lei nº 9.459, de 13-5-1997)

§ 3º No caso do parágrafo anterior, o juiz poderá determinar, ouvido o Ministério Público ou a pedido deste, ainda antes do inquérito policial, sob pena de desobediência: (Redação dada pela Lei nº 9.459, de 13-5-1997)

I – o recolhimento imediato ou a busca e apreensão dos exemplares do material respectivo; (Incluído pela Lei nº 9.459, de 13-5-1997)

II – a cessação das respectivas transmissões radiofônicas, televisivas, eletrônicas ou da publicação por qualquer meio; (Redação dada pela Lei nº 12.735, de 30-11-2012)

III – a interdição das respectivas mensagens ou páginas de informação na rede mundial de computadores. (Incluído pela Lei nº 12.288, de 20-7-2010)

§ 4º Na hipótese do § 2º, constitui efeito da condenação, após o trânsito em julgado da decisão, a destruição do material apreendido. (Incluído pela Lei nº 9.459, de 13-5-1997)

Art. 21. Esta Lei entra em vigor na data de sua publicação. (Renumerado pela Lei nº 8.081, de 21-9-1990)

Art. 22. Revogam-se as disposições em contrário. (Renumerado pela Lei nº 8.081, de 21-9-1990)

☞ COMENTÁRIOS

I. Fundamento Constitucional:

Artigos 1º, III, 3º, IV, 4º, II e VIII, e 5º, *caput* e XLII, todos da Constituição Federal de 1988.

II. Fundamento Infraconstitucional:

a) Lei Federal n º 7716/89 (Discriminação Racial);

b) Código Penal (artigo 140, § 3º – Injúria Qualificada por Preconceito);

c) Lei Federal nº 12288, de 20 de julho de 2010 (Estatuto da Igualdade Racial – entrou em vigor em 20 de outubro de 2010);

d) Código de Processo Penal (art. 323, I – inafiançabilidade do racismo).

III. Apontamentos Preliminares:

a) vítimas de racismo: grupos vulneráveis;

b) <u>Discriminação racial</u> (raça, cor, etnia, religião, origem, ou procedência nacional);

c) não abrange a discriminação de gravidez, disciplinada na Lei 9.029, de 13 de abril de 1995 – condutas típicas no artigo 2º, I e II, "a", "b", da referida lei – pena de 1 (um) a 2 (dois) anos de detenção e multa, ou seja, infração penal de menor potencial ofensivo, da competência dos JECs, instruída por meio de Termo Circunstanciado e submetida ao rito do procedimento comum sumaríssimo (art. 394, § 1º, III, CPP);

d) não abrange, também, a discriminação dos portadores e doentes do vírus da AIDS, que igualmente é objeto de legislação específica – art. 1º, I ao VI, da Lei 12.984, de 2 de junho de 2014 – pena de 1 (um) a 4 (quatro) anos de reclusão, ou seja, infração penal de maior potencial ofensivo, instruída por meio de Inquérito Policial, cabendo, todavia, a suspensão condicional do processo, tendo em vista que a pena mínima cominada não é superior a 1 (um) ano.

   De outra banda, submete-se ao rito do procedimento comum ordinário (art. 394, § 1º, I, CPP;

e) Racismo – crime inafiançável e imprescritível, punido com reclusão (art. 5º, XLII, CF).

   O termo "racismo", conforme esclarece Andreucci[1249], "*expressa o conjunto de teorias e crenças que estabelecem uma hierarquia entre as raças, entre as etnias, ou ainda uma atitude de hostilidade em relação a determinadas categorias de pessoas*".

1 ANDREUCCI, Ricardo Antônio. **Legislação Penal Especial.** 10. ed. São Paulo: Saraiva, 2015.

IV. Crimes em Espécie:

Previsão nos arts. 3º ao 14, e 20, todos da Lei do Preconceito (LP).

Com exceção do tipo penal previsto no art. 20 da LP, os tipos penais dos arts. 3º ao 14 tratam do impedimento, negativa, recusa e imposição de obstáculos ao acesso a cargos, empregos, lojas e estabelecimentos comerciais, estabelecimentos de ensino, hotéis, pensões, motéis e estabelecimentos similares, restaurantes, bares, confeitarias e estabelecimentos similares, estabelecimentos esportivos, casas de diversões, clubes sociais, salões de cabeleireiros, barbearias e estabelecimentos similares, edifícios públicos ou residenciais e elevadores ou escada de acesso aos mesmos, transportes públicos, serviço nas Forças Armadas, bem como ao casamento ou convivência familiar e social, por motivo de discriminação de raça, cor, etnia, religião ou origem (procedência nacional).

Os tipos penais previstos nos artigos 5º, 8º, 9º, 10º, 11º, 12º e 20º, *caput,* todos da LP, são de médio potencial ofensivo, instruídos por meio de Inquérito Policial, com a possibilidade de suspensão condicional do processo, em virtude de a pena mínima cominada não ser superior a 1 (um) ano, submetendo-se, outrossim, ao rito do procedimento comum sumário (art. 394, § 1º, II, CPP).

Os tipos penais previstos nos artigos 3º, 4º, 6º, 7º, 13º, 14º e 20, § 1º, todos da LP, são de maior potencial ofensivo, instruídos por meio de IP e submetendo-se ao rito do procedimento comum ordinário (art. 394, § 1º, I, CPP).

Há conflito aparente de normas penais com a Injúria racial, Racista ou Injúria Qualificada por Preconceito, prevista no art. 140, § 3º, do Código Penal.

A Injúria Racial instrumentaliza-se por meio de ação penal pública condicionada à representação do ofendido (nova redação do art. 145, § único, CP, introduzida por meio da Lei Federal nº 12.033, de 29 de setembro de 2009.

O artigo 20, da Lei do Preconceito, trata do Racismo propriamente dito.

Relativamente ao presente dispositivo penal, há doutrinadores que entendem que há clara ofensa ao princípio penal da taxatividade, pois não são informados, no núcleo da conduta típica, quais seriam as condutas discriminatórias.

O tipo penal em exame é aberto demais.

Pode configurar qualquer uma das hipóteses previstas nos arts. 3º ao 14 da LP.

Autores, como Nucci[2], entendem ser inaplicável o dispositivo penal:

> *"Por isso, do modo como é colocada a descrição típica, no art. 20, ofende-se, sem dúvida, a taxatividade no Direito Penal. Ilustrando para contraste: quem induz alguém a impedir o acesso ao serviço militar (art. 13) seria partícipe deste delito. Logo, quando se poderia punir o sujeito pelo disposto no art. 20 e quando se poderia inserir o agente como partícipe em outro delito, previsto nesta Lei? Essa dúvida, em nosso entendimento, intransponível torna o tipo do art. 20, caput, inaplicável".*

Todavia, há entendimento doutrinário e jurisprudencial de que o art. 20 da Lei 7.716/89 diz respeito à ofensa a um grupo de pessoas e não somente a um indivíduo, enquanto o art. 140, § 3º, CP, ao contrário, refere-se a uma pessoa, embora valendo-se de instrumentos relacionados a um grupo de pessoas.

Segundo o STF:

> *"O disposto no artigo 20 da Lei nº 7.716/89 tipifica o crime de discriminação ou preconceito, considerada a raça, a cor, a etnia, a religião ou a procedência nacional, não alcançando a decorrente de opção sexual (Inq. 3.590/DF, 1ª T, rel. Marco Aurélio, j. 12.08,2014, v.u."*

☑ QUESTÕES DE CONCURSOS ACERCA DOS CRIMES DE PRECONCEITO, COM GABARITO E COMENTÁRIOS:

1. *(DELEGADO DA POLÍCIA FEDERAL - 2004 - CESPE/UNB)* *Pedro pediu em casamento Carolina, que tem 16 anos de idade, e ela aceitou. O pai de Carolina, porém, negou-se a autorizar o casamento da filha, pelo fato de o noivo ser negro. Todavia, para não ofender Pedro, solicitou a Carolina que lhe dissesse que o motivo da sua recusa era o fato de ele ser ateu. Nessa situação, o pai de Carolina cometeu infração penal.*

***Resposta**: <u>Certo.</u> Consoante art. 14, da Lei Federal nº 7.716/1989, o legislador tratou especificamente das relações de convivência familiar e social, destacando o casamento apenas a título exemplificativo na norma penal. A norma abrange a união estável, bem como relações de trabalho (convivência social). Todo tipo de interferência em razão de um dos elementos já assinalados configura crime de Racismo. Exemplo: Pai pede à filha para terminar um namoro, em razão da cor do namorado.*

2. *(ESCRIVÃO DA POLÍCIA FEDERAL - 2004 - CESPE/UNB)* *Um determinado hotel negou-se a hospedar uma família de índios, alegando que não havia nenhum quarto vago. Posteriormente, restou demonstrado que existiam vagas e que a recusa derivou do fato de que o gerente do hotel tinha proibido a hospedagem de índios no estabelecimento. Nessa situação, o referido gerente comete infração penal.*

***Resposta**: <u>Certo</u>. Configura crime de Preconceito, previsto na Lei Federal nº 7.716/1989. A partir do art. 5.º ao art. 11.º, o legislador estabeleceu uma série de*

---

2 NUCCI, Guilherme de Souza. **Leis Penais e Processuais Penais Comentadas**. v. 1. 10. ed. Rio de Janeiro: Forense, 2017, p. 324.

figuras penais que guardam muita semelhança entre si, consistindo negar atendimento, ou em recusar ou impedir o acesso a estabelecimento comercial, negando-se a servir, atender ou receber cliente ou comprador (art. 5.º); a inscrição ou ingresso de aluno em estabelecimento de ensino público ou privado de qualquer grau (art. 6.º); a hospedagem em hotel, pensão, estalagem, ou qualquer estabelecimento similar (art. 7.º); em restaurantes, bares, confeitarias, ou locais semelhantes abertos ao público (art. 8.º); em estabelecimentos esportivos, casas de diversões, ou clubes sociais abertos ao público (art. 9.º); em salões de cabeleireiros, barbearias, termas ou casas de massagem ou estabelecimento com as mesmas finalidades (art. 10.º); às entradas sociais em edifícios públicos ou residenciais e elevadores ou escada de acesso aos mesmos (art. 11.º).

3. ***(ESCRIVÃO DA POLÍCIA FEDERAL – 2002 – CESPE/UNB)*** *Considere a seguinte situação hipotética. Um indivíduo pouco esclarecido resolveu escrever pequeno livro, exaltando o que considerava serem virtudes do regime nazista alemão. A publicação chegou ao conhecimento do MP, que requisitou à polícia judiciária a instauração de inquérito policial e requereu judicialmente a apreensão do material. Posteriormente, encerradas as investigações, o MP ofereceu denúncia, e o indivíduo foi condenado por ofensa à lei que pune os crimes resultantes de preconceito de raça e de cor (Lei 7.716/1989). Nessa situação, estritamente de acordo com a citada lei, era cabível a apreensão do material, conforme requerera o MP, mesmo não se tendo ainda instaurado o inquérito; além disso, transitada em julgado a sentença condenatória, deveria o juiz determinar a destruição da publicação.*

***Resposta**: <u>Certo</u>. Se qualquer dos crimes previstos no caput do art. 20 é cometido por intermédio dos meios de comunicação social ou publicação de qualquer natureza, a pena será qualificada, de 2 (dois) a 5 (cinco) anos e multa (art. 20, § 2.º). Constitui efeito da condenação, após o trânsito em julgado da decisão, a destruição do material apreendido. Entretanto, se for necessário, o juiz poderá determinar, ouvido o Ministério Público ou a pedido deste, ainda antes do Inquérito Policial, sob pena de desobediência, o recolhimento imediato ou a busca e apreensão dos exemplares do material respectivo, consoante redação prevista no art. 20, § 3º, I, da Lei Federal nº 7.716/89. Ademais, recentemente, com o advento da Lei Federal nº 12.735/12, poderá ser determinado também: II – a cessação das respectivas transmissões radiofônicas, televisivas, eletrônicas ou da publicação por qualquer meio; e III – a interdição das respectivas mensagens ou páginas de informação na rede mundial de computadores.*

4. ***(DELEGADO DA POLÍCIA FEDERAL – 2004 – CESPE/UNB)*** *Carlos, parlamentar federal em campanha para reeleição para seu terceiro mandato federal, durante um passeio por bairros habitados por seus eleitores, encontrou um adversário político também em campanha eleitoral, em busca de seu primeiro mandato federal. Indignado com a presença do concorrente em seu reduto eleitoral, Carlos o agrediu verbalmente, em público, tecendo COMENTÁRIOS ofensivos em razão de sua afrodescendência. Não houve agressão física porque os correligionários de ambos os candidatos os afastaram rapidamente. Com referência a essa situação hipotética, julgue os itens que se seguem. Carlos poderia ser preso em flagrante delito porque a agressão verbal com COMENTÁRIOS racistas caracteriza, em tese, crime inafiançável. No entanto, se for processado por esse crime, não deverá ser condenado, já que os atos praticados estão cobertos por sua imunidade material.*

***Resposta**: <u>Errado.</u> A situação narrada na questão configura crime de Injúria Racial ou Injúria Qualificada por Preconceito, prevista no art. 140, § 3º, do CP, e não crime de Preconceito (Lei Federal nº 7.716/1989). Os crimes de Racismo (ou de Preconceito)* *são inafiançáveis. Entretanto, o crime de Injúria Qualificada pela utilização de elementos referentes à cor, raça, etnia, religião, origem, condição de pessoa idosa ou portadora de deficiência, são afiançáveis. Daí surge o detalhe da questão: Deputados Federais, Estaduais e Senadores somente poderão ser presos em flagrante pela prática de crimes inafiançáveis.*

5. **(AGENTE – POLÍCIA CIVIL – TO – 2008 – CESPE/UNB)** *Os crimes resultantes de discriminação ou preconceito de raça, cor, etnia, religião ou procedência nacional são punidos com penas de reclusão ou reclusão e multa, e todas as infrações descritas na legislação específica são inafiançáveis e imprescritíveis.*

Resposta: Certo. *São delitos que cominam pena de reclusão ou reclusão e multa. Todas as figuras penais constantes na Lei Federal nº 7.716/89 são inafiançáveis e imprescritíveis.*

6. **(DELEGADO – POLÍCIA CIVIL – SE – 2006 – CESPE/UNB)** *Em caso de condenação, constitui efeito dessa condenação a suspensão do funcionamento do clube por prazo não superior a três meses.*

Resposta: Certo. *Constitui efeito da condenação a perda do cargo ou função pública, para o servidor público, e a suspensão do funcionamento do estabelecimento particular por prazo não superior a 3 (três) meses, consoante previsto no art. 16, da Lei Federal nº 7.716/89.*

7. **(DELEGADO – POLÍCIA CIVIL – SE 2006 – CESPE/UNB)** *A referida faculdade de recusar propostas de admissão confere ao clube a natureza especial de fechado, de forma que a recusa de sócio não configurará crime de preconceito de raça ou de cor, ainda que a recusa de negros seja reiterada.*

Resposta: Errado. *Configura crime de Preconceito de raça ou de cor proibir o acesso de pessoas da cor negra em estabelecimentos esportivos, casas de diversões, ou clubes sociais abertos ao público, consoante regra prevista no art. 9º, da Lei Federal nº 7.716/89.*

8. **(AGENTE – POLÍCIA CIVIL – RR – 2003 – CESPE/UNB)** *A proteção dos direitos humanos e sua efetividade na vida social constituem atualmente preocupações do Estado e de suas instituições. O racismo constitui crime prescritível no período de dois anos.*

Resposta: Errado. *A Constituição Federal de 1988, em seu inc. XLII, do art. 5.º, prevê o crime de Racismo, considerando-o inafiançável e imprescritível, sujeito à pena de reclusão, nos termos da lei.*

9. **(ESCRIVÃO – POLÍCIA CIVIL – ES – 2006 – CESPE/UNB)** *Cristiano, gerente de uma boate, impediu a entrada de João e seus amigos, todos da raça negra, sob o pretexto de que o estabelecimento estava com a capacidade de atendimento esgotada. Inconformado com a justificativa do gerente, João adentrou desapercebidamente na boate e constatou que o local estava praticamente vazio, com inúmeras mesas disponíveis. Em razão disso, João novamente interpelou o gerente da boate, tendo este, ao final, informado que naquela casa de diversões não se aceitavam negros. Nessa situação, a conduta de Cristiano, gerente da boate, caracteriza crime resultante de preconceito de raça ou de cor, cuja ação penal é pública incondicionada.*

Resposta: Certo. *Caracteriza crime de Preconceito de raça ou de cor impedir o acesso de pessoas em razão da cor em restaurantes, bares, confeitarias, ou locais semelhantes abertos ao público, consoante regra prevista no art. 8º, da Lei Federal nº 7.716/89.*

10. **(JUIZ FEDERAL – 5ª REGIÃO – CESPE/UNB – 2011)** *Em razão do princípio da especialidade, a imputação de termos pejorativos referentes à raça do ofendido, com o nítido intuito de causar lesão à sua honra, não importa crime de injúria, mas delito resultante de preconceito de raça.*

Resposta: Errado. *No caso, trata-se de crime de Injúria Racial ou Injúria Qualificada (ou "injúria preconceituosa"), não se confundindo com o crime de Preconceito de raça, identificado na Lei Federal nº 7.716/1989. Nesta, segundo Sanches Cunha[3], "pressupõe-se sempre uma espécie de segregação (marginalizar, pôr à margem de uma sociedade) em função da raça ou da cor".*

11. ***(PRF – 2013 – CESPE)*** *Constitui crime o fato de determinado clube social recusar a admissão de um cidadão em razão de preconceito de raça, salvo se o respectivo estatuto atribuir à diretoria a faculdade de recusar propostas de admissão, sem declinação de motivos.*

Resposta: Errado. *Não existe referida ressalva de estatuto de clube. Em conformidade com os termos do art. 9º, da Lei Federal nº 7.716/1989, constitui crime de Preconceito (ou Racismo) a conduta de impedir o acesso ou recusar atendimento em estabelecimentos esportivos, casas de diversões ou clubes sociais abertos ao público em razão dos elementos raça, cor, etnia, religião ou procedência nacional.*

12. ***(UEG – DELEGADO DE POLÍCIA – PC – GO/2018)*** *Dispõe a Lei n. 7.716/1989, que define os crimes resultantes de preconceito de raça ou de cor, que ficará sujeito às penas de multa e de prestação de serviços à comunidade, incluindo atividades de promoção da igualdade racial, quem:*

(A) exigir aspectos de aparência próprios de raça ou etnia para emprego cujas atividades não justifiquem essas exigências, em anúncios ou qualquer outra forma de recrutamento de trabalhadores.

(B) recusar ou impedir acesso a estabelecimento comercial, negando-se a servir, atender ou receber cliente ou comprador.

(C) recusar, negar ou impedir a inscrição ou ingresso de aluno em estabelecimento de ensino público ou privado de qualquer grau.

(D) impedir o acesso ou recusar atendimento em restaurantes, bares, confeitarias, ou locais semelhantes abertos ao público.

(E) impedir a ascensão funcional do empregado ou obstar outra forma de benefício profissional, por motivo de discriminação de raça ou de cor ou práticas resultantes do preconceito de descendência ou origem nacional ou étnica.

Resposta: *A única alternativa correta é a da letra "A". A fundamentação legal para tal assertiva encontra-se insculpida no art. 4º, § 2º, da Lei do Preconceito (Lei Federal nº 7.716/89).*

13. ***(CESPE – DELEGADO DE POLÍCIA FEDERAL – DPF/2018)*** *Acerca de tráfico ilícito de entorpecentes, crimes contra o meio ambiente, crime de discriminação e preconceito e crime contra o consumidor, julgue os próximos itens.*

Constitui crime de preconceito racial a discriminação de alguém em decorrência de sua orientação sexual.

Resposta: Errado. *Não há na Lei do Preconceito (Lei Federal nº 7.716/89), nos seus arts. 3º ao 14, e 20, tipo penal que criminalize a discriminação de alguém em decorrência de sua orientação sexual. Consoante regramento previsto no art. 1º, da referida legislação especial, são punidos apenas os crimes resultantes de discriminação ou preconceito de raça, cor, etnia, religião, ou procedência nacional.*

3 CUNHA, Rogério Sanches. **Direito Penal:** parte especial. v. 3. 2. ed. São Paulo: RT, 2009, p. 89.

V) PORTADORES DE DEFICIÊNCIA (LEIS FEDERAIS Nº 7.853/1989 E 13.146/2015)

LEI Nº 7.853, DE 24 DE OUTUBRO DE 1989:

Dispõe sobre o apoio às pessoas portadoras de deficiência, sua integração social, sobre a Coordenadoria Nacional para Integração da Pessoa Portadora de Deficiência - Corde, institui a tutela jurisdicional de interesses coletivos ou difusos dessas pessoas, disciplina a atuação do Ministério Público, define crimes, e dá outras providências.

O PRESIDENTE DA REPÚBLICA, *faço saber que o Congresso Nacional decreta e eu sanciono a seguinte Lei:*

Art. 1º Ficam estabelecidas normas gerais que asseguram o pleno exercício dos direitos individuais e sociais das pessoas portadoras de deficiências, e sua efetiva integração social, nos termos desta Lei.

§ 1º Na aplicação e interpretação desta Lei, serão considerados os valores básicos da igualdade de tratamento e oportunidade, da justiça social, do respeito à dignidade da pessoa humana, do bem-estar, e outros, indicados na Constituição ou justificados pelos princípios gerais de direito.

§ 2º As normas desta Lei visam garantir às pessoas portadoras de deficiência as ações governamentais necessárias ao seu cumprimento e das demais disposições constitucionais e legais que lhes concernem, afastadas as discriminações e os preconceitos de qualquer espécie, e entendida a matéria como obrigação nacional a cargo do Poder Público e da sociedade.

Art. 2º Ao Poder Público e seus órgãos cabe assegurar às pessoas portadoras de deficiência o pleno exercício de seus direitos básicos, inclusive dos direitos à educação, à saúde, ao trabalho, ao lazer, à previdência social, ao amparo à infância e à maternidade, e de outros que, decorrentes da Constituição e das leis, propiciem seu bem-estar pessoal, social e econômico.

Parágrafo único. Para o fim estabelecido no caput deste artigo, os órgãos e entidades da administração direta e indireta devem dispensar, no âmbito de sua competência e finalidade, aos assuntos objetos esta Lei, tratamento prioritário e adequado, tendente a viabilizar, sem prejuízo de outras, as seguintes medidas:

I – na área da educação:

a) a inclusão, no sistema educacional, da Educação Especial como modalidade educativa que abranja a educação precoce, a pré-escolar, as de 1º e 2º graus, a supletiva, a habilitação e reabilitação profissionais, com currículos, etapas e exigências de diplomação próprios;

b) a inserção, no referido sistema educacional, das escolas especiais, privadas e públicas;

c) a oferta, obrigatória e gratuita, da Educação Especial em estabelecimento público de ensino;

d) o oferecimento obrigatório de programas de Educação Especial a nível pré-escolar, em unidades hospitalares e congêneres nas quais estejam internados, por prazo igual ou superior a 1 (um) ano, educandos portadores de deficiência;

e) o acesso de alunos portadores de deficiência aos benefícios conferidos aos demais educandos, inclusive material escolar, merenda escolar e bolsas de estudo;

f) a matrícula compulsória em cursos regulares de estabelecimentos públicos e particulares de pessoas portadoras de deficiência capazes de se integrarem no sistema regular de ensino;

II – na área da saúde:

a) a promoção de ações preventivas, como as referentes ao planejamento familiar, ao aconselhamento genético, ao acompanhamento da gravidez, do parto e do puerpério, à nutrição da mulher e da criança, à identificação e ao controle da gestante e do feto de alto risco, à imunização, às doenças do metabolismo e seu diagnóstico e ao encaminhamento precoce de outras doenças causadoras de deficiência;

b) o desenvolvimento de programas especiais de prevenção de acidente do trabalho e de trânsito, e de tratamento adequado a suas vítimas;

c) a criação de uma rede de serviços especializados em reabilitação e habilitação;

d) a garantia de acesso das pessoas portadoras de deficiência aos estabelecimentos de saúde públicos e privados, e de seu adequado tratamento neles, sob normas técnicas e padrões de conduta apropriados;

e) a garantia de atendimento domiciliar de saúde ao deficiente grave não internado;

f) o desenvolvimento de programas de saúde voltados para as pessoas portadoras de deficiência, desenvolvidos com a participação da sociedade e que lhes ensejem a integração social;

III – na área da formação profissional e do trabalho:

a) o apoio governamental à formação profissional, e a garantia de acesso aos serviços concernentes, inclusive aos cursos regulares voltados à formação profissional;

b) o empenho do Poder Público quanto ao surgimento e à manutenção de empregos, inclusive de tempo parcial, destinados às pessoas portadoras de deficiência que não tenham acesso aos empregos comuns;

c) a promoção de ações eficazes que propiciem a inserção, nos setores públicos e privado, de pessoas portadoras de deficiência;

d) a adoção de legislação específica que discipline a reserva de mercado de trabalho, em favor das pessoas portadoras de deficiência, nas entidades da Administração Pública e do setor privado, e que regulamente a organização de oficinas e congêneres integradas ao mercado de trabalho, e a situação, nelas, das pessoas portadoras de deficiência;

IV – na área de recursos humanos:

a) a formação de professores de nível médio para a Educação Especial, de técnicos de nível médio especializados na habilitação e reabilitação, e de instrutores para formação profissional;

b) a formação e qualificação de recursos humanos que, nas diversas áreas de conhecimento, inclusive de nível superior, atendam à demanda e às necessidades reais das pessoas portadoras de deficiências;

c) o incentivo à pesquisa e ao desenvolvimento tecnológico em todas as áreas do conhecimento relacionadas com a pessoa portadora de deficiência;

V – na área das edificações:

a) a adoção e a efetiva execução de normas que garantam a funcionalidade das edificações e vias públicas, que evitem ou removam os óbices às pessoas portadoras de deficiência, permitam o acesso destas a edifícios, a logradouros e a meios de transporte.

Art. 3º As medidas judiciais destinadas à proteção de interesses coletivos, difusos, individuais homogêneos e individuais indisponíveis da pessoa com deficiência poderão ser propostas pelo Ministério Público, pela Defensoria Pública, pela União, pelos Estados, pelos Municípios, pelo Distrito Federal, por associação constituída há mais de 1 (um) ano, nos termos da lei civil, por autarquia, por empresa pública e por fundação ou sociedade de economia mista que inclua, entre suas finalidades institucionais, a proteção dos interesses e a promoção de direitos da pessoa com deficiência. (Redação dada pela Lei nº 13.146, de 2015)

§ 1º Para instruir a inicial, o interessado poderá requerer às autoridades competentes as certidões e informações que julgar necessárias.

§ 2º As certidões e informações a que se refere o parágrafo anterior deverão ser fornecidas dentro de 15 (quinze) dias da entrega, sob recibo, dos respectivos requerimentos, e só poderão ser utilizadas para a instrução da ação civil.

§ 3º Somente nos casos em que o interesse público, devidamente justificado, impuser sigilo, poderá ser negada certidão ou informação.

§ 4º Ocorrendo a hipótese do parágrafo anterior, a ação poderá ser proposta desacompanhada das certidões ou informações negadas, cabendo ao juiz, após apreciar os motivos do indeferimento, e, salvo quando se tratar de razão de segurança nacional, requisitar umas e outras; feita a requisição, o processo correrá em segredo de justiça, que cessará com o trânsito em julgado da sentença.

§ 5º Fica facultado aos demais legitimados ativos habilitarem-se como litisconsortes nas ações propostas por qualquer deles.

§ 6º Em caso de desistência ou abandono da ação, qualquer dos co-legitimados pode assumir a titularidade ativa.

Art. 4º A sentença terá eficácia de coisa julgada oponível erga omnes, exceto no caso de haver sido a ação julgada improcedente por deficiência de prova, hipótese em que qualquer legitimado poderá intentar outra ação com idêntico fundamento, valendo-se de nova prova.

§ 1º A sentença que concluir pela carência ou pela improcedência da ação fica sujeita ao duplo grau de jurisdição, não produzindo efeito senão depois de confirmada pelo tribunal.

§ 2º Das sentenças e decisões proferidas contra o autor da ação e suscetíveis de recurso, poderá recorrer qualquer legitimado ativo, inclusive o Ministério Público.

Art. 5º O Ministério Público intervirá obrigatoriamente nas ações públicas, coletivas ou individuais, em que se discutam interesses relacionados à deficiência das pessoas.

Art. 6º O Ministério Público poderá instaurar, sob sua presidência, inquérito civil, ou requisitar, de qualquer pessoa física ou jurídica, pública ou particular, certidões, informações, exame ou perícias, no prazo que assinalar, não inferior a 10 (dez) dias úteis.

§ 1º Esgotadas as diligências, caso se convença o órgão do Ministério Público da inexistência de elementos para a propositura de ação civil, promoverá fundamentadamente o arquivamento do inquérito civil, ou das peças informativas. Neste caso, deverá remeter a reexame os autos ou as respectivas peças, em 3 (três) dias, ao Conselho Superior do Ministério Público, que os examinará, deliberando a respeito, conforme dispuser seu Regimento.

§ 2º Se a promoção do arquivamento for reformada, o Conselho Superior do Ministério Público designará desde logo outro órgão do Ministério Público para o ajuizamento da ação.

Art. 7º Aplicam-se à ação civil pública prevista nesta Lei, no que couber, os dispositivos da Lei nº 7.347, de 24 de julho de 1985.

Art. 8º Constitui crime punível com reclusão de 2 (dois) a 5 (cinco) anos e multa: (Redação dada pela Lei nº 13.146, de 2015)

I – recusar, cobrar valores adicionais, suspender, procrastinar, cancelar ou fazer cessar inscrição de aluno em estabelecimento de ensino de qualquer curso ou grau, público ou privado, em razão de sua deficiência; (Redação dada pela Lei nº 13.146, de 2015)

II – obstar inscrição em concurso público ou acesso de alguém a qualquer cargo ou emprego público, em razão de sua deficiência; (Redação dada pela Lei nº 13.146, de 2015)

III – negar ou obstar emprego, trabalho ou promoção à pessoa em razão de sua deficiência; (Redação dada pela Lei nº 13.146, de 2015)

IV – recusar, retardar ou dificultar internação ou deixar de prestar assistência médico-hospitalar e ambulatorial à pessoa com deficiência; (Redação dada pela Lei nº 13.146, de 2015)

V – deixar de cumprir, retardar ou frustrar execução de ordem judicial expedida na ação civil a que alude esta Lei; (Redação dada pela Lei nº 13.146, de 2015)

VI – recusar, retardar ou omitir dados técnicos indispensáveis à propositura da ação civil pública objeto desta Lei, quando requisitados. (Redação dada pela Lei nº 13.146, de 2015)

§ 1º Se o crime for praticado contra pessoa com deficiência menor de 18 (dezoito) anos, a pena é agravada em 1/3 (um terço). (Incluído pela Lei nº 13.146, de 2015)

§ 2º A pena pela adoção deliberada de critérios subjetivos para indeferimento de inscrição, de aprovação e de cumprimento de estágio probatório em concursos públicos não exclui a responsabilidade patrimonial pessoal do administrador público pelos danos causados. (Incluído pela Lei nº 13.146, de 2015)

§ 3º Incorre nas mesmas penas quem impede ou dificulta o ingresso de pessoa com deficiência em planos privados de assistência à saúde, inclusive com cobrança de valores diferenciados. (Incluído pela Lei nº 13.146, de 2015)

§ 4º Se o crime for praticado em atendimento de urgência e emergência, a pena é agravada em 1/3 (um terço). (Incluído pela Lei nº 13.146, de 2015)

Art. 9º A Administração Pública Federal conferirá aos assuntos relativos às pessoas portadoras de deficiência tratamento prioritário e apropriado, para que lhes seja efetivamente ensejado o pleno exercício de seus direitos individuais e sociais, bem como sua completa integração social.

§ 1º Os assuntos a que alude este artigo serão objeto de ação, coordenada e integrada, dos órgãos da Administração Pública Federal, e incluir-se-ão em Política Nacional para Integração da Pessoa Portadora de Deficiência, na qual estejam compreendidos planos, programas e projetos sujeitos a prazos e objetivos determinados.

§ 2º Ter-se-ão como integrantes da Administração Pública Federal, para os fins desta Lei, além dos órgãos públicos, das autarquias, das empresas públicas e sociedades de economia mista, as respectivas subsidiárias e as fundações públicas.

Art. 10. A coordenação superior dos assuntos, ações governamentais e medidas referentes a pessoas portadoras de deficiência caberá à Secretaria Especial dos Direitos Humanos da Presidência da República. (Redação dada pela Lei nº 11.958, de 2009)

Parágrafo único. Ao órgão a que se refere este artigo caberá formular a Política Nacional para a Integração da Pessoa Portadora de Deficiência, seus planos, programas e projetos e cumprir as instruções superiores que lhes digam respeito, com a cooperação dos demais órgãos públicos. (Redação dada pela Lei nº 8.028, de 1990)

Art. 11. (Revogado pela Lei Federal nº 8.028, de 1990)

Art. 12. Compete à Corde:

I – coordenar as ações governamentais e medidas que se refiram às pessoas portadoras de deficiência;

II – elaborar os planos, programas e projetos subsumidos na Política Nacional para a Integração de Pessoa Portadora de Deficiência, bem como propor as providências necessárias a sua completa implantação e seu adequado desenvolvimento, inclusive as pertinentes a recursos e as de caráter legislativo;

III – acompanhar e orientar a execução, pela Administração Pública Federal, dos planos, programas e projetos mencionados no inciso anterior;

IV – manifestar-se sobre a adequação à Política Nacional para a Integração da Pessoa Portadora de Deficiência dos projetos federais a ela conexos, antes da liberação dos recursos respectivos;

V – manter, com os Estados, Municípios, Territórios, o Distrito Federal, e o Ministério Público, estreito relacionamento, objetivando a concorrência de ações destinadas à integração social das pessoas portadoras de deficiência;

VI – provocar a iniciativa do Ministério Público, ministrando-lhe informações sobre fatos que constituam objeto da ação civil de que esta Lei, e indicando-lhe os elementos de convicção;

VII – emitir opinião sobre os acordos, contratos ou convênios firmados pelos demais órgãos da Administração Pública Federal, no âmbito da Política Nacional para a Integração da Pessoa Portadora de Deficiência;

VIII – promover e incentivar a divulgação e o debate das questões concernentes à pessoa portadora de deficiência, visando à conscientização da sociedade.

Parágrafo único. Na elaboração dos planos, programas e projetos a seu cargo, deverá a Corde recolher, sempre que possível, a opinião das pessoas e entidades interessadas, bem como considerar a necessidade de efetivo apoio aos entes particulares voltados para a integração social das pessoas portadoras de deficiência.

Art. 13. (Revogado pela Medida Provisória nº 2.216-37, de 2001)

Art. 14. (Vetado).

Art. 15. Para atendimento e fiel cumprimento do que dispõe esta Lei, será reestruturada a Secretaria de Educação Especial do Ministério da Educação, e serão instituídos, no Ministério do Trabalho, no Ministério da Saúde e no Ministério da Previdência e Assistência Social, órgão encarregados da coordenação setorial dos assuntos concernentes às pessoas portadoras de deficiência.

Art. 16. O Poder Executivo adotará, nos 60 (sessenta) dias posteriores à vigência desta Lei, as providências necessárias à reestruturação e ao regular funcionamento da Corde, como aquelas decorrentes do artigo anterior.

Art. 17. Serão incluídas no censo demográfico de 1990, e nos subsequentes, questões concernentes à problemática da pessoa portadora de deficiência, objetivando o conhecimento atualizado do número de pessoas portadoras de deficiência no País.

Parágrafo único. Os censos demográficos realizados a partir de 2019 incluirão as especificidades inerentes ao transtorno do espectro autista, em consonância com o § 2º do art. 1º da Lei nº 12.764, de 27 de dezembro de 2012. (Incluído pela Lei nº 13.861, de 2019)

Art. 18. Os órgãos federais desenvolverão, no prazo de 12 (doze) meses contado da publicação desta Lei, as ações necessárias à efetiva implantação das medidas indicadas no art. 2º desta Lei.

Art. 19. Esta Lei entra em vigor na data de sua publicação.

Art. 20. Revogam-se as disposições em contrário.

Brasília, 24 de outubro de 1989; 168º da Independência e 101º da República"

COMENTÁRIOS

I. Fundamento Constitucional:

Artigos 1º, III, 227, § 2º, e 244, todos da Constituição Federal de 1988.

II. Fundamento Infraconstitucional:

a) Lei Federal n º 7.853/89 (Apoio às Pessoas Portadoras de Deficiência);

b) Decreto Federal nº 3.298/99 (Regulamenta a Lei n º 7.853/89 – Definição e Tipos de Deficiência nos artigos 3º e 4º);

c) Lei Federal n º 8.899/94 (Passe Livre às Pessoas Portadoras de Deficiência no Sistema de Transporte Coletivo Interestadual);

d) Lei Federal n º 10.048/2000 (Atendimento Prioritário);

e) Código Penal (artigo 129, § 11);

f) Lei Federal nº 13.146/15 (Estatuto da Pessoa com Deficiência).

III. Crimes em Espécie:

a) art. 8º, I a VI e §§ da LD, com a redação determinada pelo Estatuto da Pessoa com Deficiência (Lei Federal nº 13.146, de 6 de julho de 2015, em vigor a partir de 6 de janeiro de 2016), identificam-se crimes de maior potencial ofensivo, instruídos por meio de Inquérito Policial.

Outrossim, submetem-se ao rito do procedimento comum ordinário (art. 394, § 1º, I, CPP).

b) arts. 88 a 91, da Lei Federal nº 13.146/15:

Art. 88. Praticar, induzir ou incitar discriminação de pessoa em razão de sua deficiência:

Pena – reclusão, de 1 (um) a 3 (três) anos, e multa.

§ 1º Aumenta-se a pena em 1/3 (um terço) se a vítima encontrar-se sob cuidado e responsabilidade do agente.

*§ 2º Se qualquer dos crimes previstos no **caput** deste artigo é cometido por intermédio de meios de comunicação social ou de publicação de qualquer natureza:*

Pena – reclusão, de 2 (dois) a 5 (cinco) anos, e multa.

§ 3º Na hipótese do § 2º deste artigo, o juiz poderá determinar, ouvido o Ministério Público ou a pedido deste, ainda antes do inquérito policial, sob pena de desobediência:

I – recolhimento ou busca e apreensão dos exemplares do material discriminatório;

II – interdição das respectivas mensagens ou páginas de informação na internet.

§ 4º Na hipótese do § 2º deste artigo, constitui efeito da condenação, após o trânsito em julgado da decisão, a destruição do material apreendido.

Art. 89. Apropriar-se de ou desviar bens, proventos, pensão, benefícios, remuneração ou qualquer outro rendimento de pessoa com deficiência:

Pena - reclusão, de 1 (um) a 4 (quatro) anos, e multa.

Parágrafo único. Aumenta-se a pena em 1/3 (um terço) se o crime é cometido:

I - por tutor, curador, síndico, liquidatário, inventariante, testamenteiro ou depositário judicial; ou

II - por aquele que se apropriou em razão de ofício ou de profissão.

Art. 90. Abandonar pessoa com deficiência em hospitais, casas de saúde, entidades de abrigamento ou congêneres:

Pena - reclusão, de 6 (seis) meses a 3 (três) anos, e multa.

Parágrafo único. Na mesma pena incorre quem não prover as necessidades básicas de pessoa com deficiência quando obrigado por lei ou mandado.

Art. 91. Reter ou utilizar cartão magnético, qualquer meio eletrônico ou documento de pessoa com deficiência destinados ao recebimento de benefícios, proventos, pensões ou remuneração ou à realização de operações financeiras, com o fim de obter vantagem indevida para si ou para outrem:

Pena - detenção, de 6 (seis) meses a 2 (dois) anos, e multa.

Parágrafo único. Aumenta-se a pena em 1/3 (um terço) se o crime é cometido por tutor ou curador.

Trata-se de crimes específicos previstos no Estatuto da Pessoa com Deficiência.

Os tipos penais dos artigos 88, *caput*, 90, *caput* e § único, são de médio potencial ofensivo, instruídos por meio de Inquérito Policial, com possibilidade de suspensão condicional do processo, submetendo-se, outrossim, ao rito do procedimento comum sumário (art. 394, § 1º, II, CPP).

Os tipos penais dos artigos 88, § 2º e 89, são de maior potencial ofensivo, instruídos por meio de IP, sendo que no artigo 89 existe a possibilidade de suspensão condicional do processo, em virtude de a pena mínima cominada não ser superior a 1 (um ano), submetendo-se, de outra banda, ao rito do procedimento comum ordinário (art. 394, § 1º, I, CPP).

Por derradeiro, o tipo penal do artigo 91 é de menor potencial ofensivo, da competência dos JECs, instruído por meio de Termo Circunstanciado, submetendo-se, outrossim, ao rito do procedimento comum sumaríssimo (art. 394, § 1º, III, CPP).

No que concerne à causa de aumento prevista no art. 91, § único, explicita Nucci[1]:

> *"A elevação da pena se justifica quando o delito é cometido pela pessoa que está obrigada a proteger o deficiente; logo, não tem cabimento prejudica-lo. Entretanto, é preciso tomar cuidado pelo fato de o tutor ou curador manter consigo o cartão ou outro documento para que o deficiente disponha de seus valores de maneira errônea e indiscriminada. Por isso, o elemento subjetivo específico (para si ou para outrem) precisa ser bem observado".*

IV. Definição:

Segundo o art. 3º, I, do Decreto Federal n º 3.298/99, deficiência é *"toda perda ou anormalidade de uma estrutura ou função psicológica, fisiológica ou anatômica que gere incapacidade para o desempenho de atividade, dentro do padrão considerado normal para o ser humano".*

Todavia, o artigo 2º, do Estatuto da Pessoa com Deficiência, traz a seguinte conceituação:

1 NUCCI, Guilherme de Souza. **Leis Penais e Processuais Penais Comentadas**. v. 1. 10. ed. Rio de Janeiro: Forense, 2017, p. 493.

"Considera-se pessoa com deficiência aquela que tem impedimento de longo prazo de natureza física, mental, intelectual ou sensorial, o qual, em interação com uma ou mais barreiras, pode obstruir sua participação plena e efetiva na sociedade em igualdade de condições com as demais pessoas.

§ 1º A avaliação da deficiência, quando necessária, será biopsicossocial, realizada por equipe multiprofissional e interdisciplinar e considerará:

I – os impedimentos nas funções e nas estruturas do corpo;

II – os fatores socioambientais, psicológicos e pessoais;

III – a limitação no desempenho de atividades; e

IV – a restrição de participação.

§ 2º O Poder Executivo criará instrumentos para avaliação da deficiência"

V. Tipos de Deficiência:

Física, auditiva, visual, mental (afeta as áreas de habilidades adaptativas, tais como comunicação, cuidado pessoal, habilidades sociais, utilização dos recursos da comunidade, saúde e segurança, habilidades acadêmicas, lazer, trabalho) e múltipla (associação de duas ou mais deficiências) – art. 4º, I, II, III, IV e V, do Decreto Federal nº 3.298/99.

Segundo o artigo 2º, do Estatuto da Pessoa com Deficiência, antes referido, os tipos de deficiência são: física, mental, intelectual ou sensorial.

☑ QUESTÕES DE CONCURSOS ACERCA DAS LEIS DOS PORTADORES DE DEFICIÊNCIA, COM GABARITO E COMENTÁRIOS:

1. ***(DELEGADO DE POLÍCIA – PC-SC – ACAPE – 2014)*** *Na forma da Lei 7.853/89, que dispõe sobre o apoio às pessoas portadoras de deficiência, constitui crime punível com reclusão de 2 (dois) a 6 (seis) anos, e multa, recusar, suspender, procrastinar, cancelar ou fazer cessar, sem justa causa, a inscrição de aluno em estabelecimento de ensino de qualquer curso ou grau, público ou privado, por motivos derivados da deficiência que porta,*

Resposta: Errado. *Efetivamente, a conduta descrita na questão corresponde ao tipo penal previsto no art. 8º, I, da Lei Federal nº 7.853/89, com as alterações promovidas recentemente pela Lei Federal nº 13.146/15. Todavia, a pena cominada é de 2 (dois) a 5 (cinco) anos de reclusão e multa, e não como constou.*

2. ***(POLÍCIA FEDERAL – ASSISTENTE SOCIAL – CESPE – 2014)*** *Diferentemente das entidades da administração pública, cometerá crime punível unicamente por meio de pagamento de multa a empresa privada que negar, sem justa causa, emprego ou trabalho a alguém em razão de sua deficiência.*

Resposta: Errado. *Efetivamente, a conduta descrita na questão corresponde ao tipo penal previsto no art. 8º, III, da Lei Federal nº 7.853/89, com as alterações promovidas recentemente pela Lei Federal nº 13.146/15. Todavia, a pena cominada é de 2 (dois) a 5 (cinco) anos de reclusão e multa, e não como constou.*

3. ***(DEFENSOR PÚBLICO – DPE-TO – CESPE – 2013)*** *Recusar, retardar ou dificultar internação, ou deixar de prestar assistência médico-hospitalar e ambulatorial, quando possível, à pessoa portadora de deficiência, constitui crime punível com pena de reclusão e multa.*

Resposta: Certo. *Efetivamente, a conduta descrita na questão corresponde ao tipo penal previsto no art. 8º, IV, da Lei Federal nº 7.853/89, com as alterações promovidas recentemente pela Lei Federal nº 13.146/15 e com pena cominada de 2 (dois) a 5 (cinco) anos de reclusão e multa.*

4. **(DEFENSOR PÚBLICO – DPE-RS – FCC – 2014)** *Na hipótese de cometimento de crime de lesão corporal contra pessoa portadora de deficiência, incidirá tipo penal específico previsto na Lei nº 7.853/89 (Lei de Proteção ao Portador de Deficiência).*

***Resposta**: Errado. A lesão corporal praticada contra pessoa portadora de deficiência justificará, em princípio, o crime de Lesão Corporal Leve ou Simples, previsto no art. 129, caput, CP, salvo se a vítima estiver no contexto da violência doméstica, em que há prevalência, por parte do agente, das relações domésticas, de coabitação ou de hospitalidade (art. 129, § 9º, CP), oportunidade em que incidirá, na espécie fática, o crime de Lesão Corporal Majorada, na forma do art. 129, § 11º, CP, com a redação trazida por meio da Lei Federal nº 11.340/06 (Lei Maria da Penha).*

5. **(PROMOTOR DE JUSTIÇA PÚBLICO – MPE-RO – CESPE – 2013)** *De acordo com o disposto na Lei nº 7.853/89, não pratica crime aquele que omite dados técnicos indispensáveis à propositura de ação civil pública, quando requisitado pelo MP.*

***Resposta**: Errado. A conduta descrita na questão preenche o tipo penal contemplado no art. 8º, VI, da Lei Federal nº 7.853/89, com as alterações promovidas recentemente pela Lei Federal nº 13.146/15 e com pena cominada de 2 (dois) a 5 (cinco) anos de reclusão e multa.*

VI) ESTATUTO DA CRIANÇA E DO ADOLESCENTE (ECA – LEI FEDERAL Nº 8.069/1990)

Dispõe sobre o Estatuto da Criança e do Adolescente e dá outras providências.

O PRESIDENTE DA REPÚBLICA: *Faço saber que o Congresso Nacional decreta e eu sanciono a seguinte Lei:*

Título I

Das Disposições Preliminares

Art. 1º Esta Lei dispõe sobre a proteção integral à criança e ao adolescente.

Art. 2º Considera-se criança, para os efeitos desta Lei, a pessoa até doze anos de idade incompletos, e adolescente aquela entre doze e dezoito anos de idade.

Parágrafo único. Nos casos expressos em lei, aplica-se excepcionalmente este Estatuto às pessoas entre dezoito e vinte e um anos de idade.

Art. 3º A criança e o adolescente gozam de todos os direitos fundamentais inerentes à pessoa humana, sem prejuízo da proteção integral de que trata esta Lei, assegurando-se-lhes, por lei ou por outros meios, todas as oportunidades e facilidades, a fim de lhes facultar o desenvolvimento físico, mental, moral, espiritual e social, em condições de liberdade e de dignidade.

Parágrafo único. Os direitos enunciados nesta Lei aplicam-se a todas as crianças e adolescentes, sem discriminação de nascimento, situação familiar, idade, sexo, raça, etnia ou cor, religião ou crença, deficiência, condição pessoal de desenvolvimento e aprendizagem, condição econômica, ambiente social, região e local de moradia ou outra condição que diferencie as pessoas, as famílias ou a comunidade em que vivem. (incluído pela Lei nº 13.257, de 2016)

Art. 4º É dever da família, da comunidade, da sociedade em geral e do poder público assegurar, com absoluta prioridade, a efetivação dos direitos referentes à vida, à saúde, à alimentação, à educação, ao esporte, ao lazer, à profissionalização, à cultura, à dignidade, ao respeito, à liberdade e à convivência familiar e comunitária.

Parágrafo único. A garantia de prioridade compreende:

a) primazia de receber proteção e socorro em quaisquer circunstâncias;

b) precedência de atendimento nos serviços públicos ou de relevância pública;

c) preferência na formulação e na execução das políticas sociais públicas;

d) destinação privilegiada de recursos públicos nas áreas relacionadas com a proteção à infância e à juventude.

Art. 5º Nenhuma criança ou adolescente será objeto de qualquer forma de negligência, discriminação, exploração, violência, crueldade e opressão, punido na forma da lei qualquer atentado, por ação ou omissão, aos seus direitos fundamentais.

Art. 6º Na interpretação desta Lei levar-se-ão em conta os fins sociais a que ela se dirige, as exigências do bem comum, os direitos e deveres individuais e coletivos, e a condição peculiar da criança e do adolescente como pessoas em desenvolvimento.

Título II

Dos Direitos Fundamentais

Capítulo I

Do Direito à Vida e à Saúde

Art. 7º A criança e o adolescente têm direito a proteção à vida e à saúde, mediante a efetivação de políticas sociais públicas que permitam o nascimento e o desenvolvimento sadio e harmonioso, em condições dignas de existência.

Art. 8º É assegurado a todas as mulheres o acesso aos programas e às políticas de saúde da mulher e de planejamento reprodutivo e, às gestantes, nutrição adequada, atenção humanizada à gravidez, ao parto e ao puerpério e atendimento pré-natal, perinatal e pós-natal integral no âmbito do Sistema Único de Saúde. (Redação dada pela Lei nº 13.257, de 2016)

§ 1º O atendimento pré-natal será realizado por profissionais da atenção primária. (Redação dada pela Lei nº 13.257, de 2016)

§ 2º Os profissionais de saúde de referência da gestante garantirão sua vinculação, no último trimestre da gestação, ao estabelecimento em que será realizado o parto, garantido o direito de opção da mulher. (Redação dada pela Lei nº 13.257, de 2016)

§ 3º Os serviços de saúde onde o parto for realizado assegurarão às mulheres e aos seus filhos recém-nascidos alta hospitalar responsável e contrarreferência na atenção primária, bem como o acesso a outros serviços e a grupos de apoio à amamentação. (Redação dada pela Lei nº 13.257, de 2016)

§ 4º Incumbe ao poder público proporcionar assistência psicológica à gestante e à mãe, no período pré e pós-natal, inclusive como forma de prevenir ou minorar as consequências do estado puerperal. (Incluído pela Lei nº 12.010, de 2009)

§ 5º A assistência referida no § 4º deste artigo deverá ser prestada também a gestantes e mães que manifestem interesse em entregar seus filhos para adoção, bem como a gestantes e mães que se encontrem em situação de privação de liberdade. (Redação dada pela Lei nº 13.257, de 2016)

§ 6º A gestante e a parturiente têm direito a 1 (um) acompanhante de sua preferência durante o período do pré-natal, do trabalho de parto e do pós-parto imediato. (Incluído pela Lei nº 13.257, de 2016)

§ 7º A gestante deverá receber orientação sobre aleitamento materno, alimentação complementar saudável e crescimento e desenvolvimento infantil, bem como sobre formas de favorecer a criação de vínculos afetivos e de estimular o desenvolvimento integral da criança. (Incluído pela Lei nº 13.257, de 2016)

§ 8º A gestante tem direito a acompanhamento saudável durante toda a gestação e a parto natural cuidadoso, estabelecendo-se a aplicação de cesariana e outras intervenções cirúrgicas por motivos médicos. (Incluído pela Lei nº 13.257, de 2016)

§ 9º A atenção primária à saúde fará a busca ativa da gestante que não iniciar ou que abandonar as consultas de pré-natal, bem como da puérpera que não comparecer às consultas pós-parto. (Incluído pela Lei nº 13.257, de 2016)

§ 10. Incumbe ao poder público garantir, à gestante e à mulher com filho na primeira infância que se encontrem sob custódia em unidade de privação de liberdade, ambiência que atenda às normas sanitárias e assistenciais do Sistema Único de Saúde para o acolhimento do filho, em articulação com o sistema de ensino competente, visando ao desenvolvimento integral da criança. (Incluído pela Lei nº 13.257, de 2016)

Art. 8º-A. Fica instituída a Semana Nacional de Prevenção da Gravidez na Adolescência, a ser realizada anualmente na semana que incluir o dia 1º de fevereiro, com o objetivo de disseminar informações sobre medidas preventivas e educativas que contribuam para a redução da incidência da gravidez na adolescência. (Incluído pela Lei nº 13.798, de 2019)

Parágrafo único. As ações destinadas a efetivar o disposto no ***caput*** *deste artigo ficarão a cargo do poder público, em conjunto com organizações da sociedade civil, e serão dirigidas prioritariamente ao público adolescente. (Incluído pela Lei nº 13.798, de 2019)*

Art. 9º O poder público, as instituições e os empregadores propiciarão condições adequadas ao aleitamento materno, inclusive aos filhos de mães submetidas a medida privativa de liberdade.

§ 1º Os profissionais das unidades primárias de saúde desenvolverão ações sistemáticas, individuais ou coletivas, visando ao planejamento, à implementação e à avaliação de ações de promoção, proteção e apoio ao aleitamento materno e à alimentação complementar saudável, de forma contínua. (Incluído pela Lei nº 13.257, de 2016)

§ 2º Os serviços de unidades de terapia intensiva neonatal deverão dispor de banco de leite humano ou unidade de coleta de leite humano. (Incluído pela Lei nº 13.257, de 2016)

Art. 10. Os hospitais e demais estabelecimentos de atenção à saúde de gestantes, públicos e particulares, são obrigados a:

I – manter registro das atividades desenvolvidas, através de prontuários individuais, pelo prazo de dezoito anos;

II – identificar o recém-nascido mediante o registro de sua impressão plantar e digital e da impressão digital da mãe, sem prejuízo de outras formas normatizadas pela autoridade administrativa competente;

III – proceder a exames visando ao diagnóstico e terapêutica de anormalidades no metabolismo do recém-nascido, bem como prestar orientação aos pais;

IV – fornecer declaração de nascimento onde constem necessariamente as intercorrências do parto e do desenvolvimento do neonato;

V – manter alojamento conjunto, possibilitando ao neonato a permanência junto à mãe.

VI – acompanhar a prática do processo de amamentação, prestando orientações quanto à técnica adequada, enquanto a mãe permanecer na unidade hospitalar, utilizando o corpo técnico já existente. (Incluído pela Lei nº 13.436, de 2017)

Art. 11. É assegurado acesso integral às linhas de cuidado voltadas à saúde da criança e do adolescente, por intermédio do Sistema Único de Saúde, observado o princípio da equidade no acesso a ações e serviços para promoção, proteção e recuperação da saúde. (Redação dada pela Lei nº 13.257, de 2016)

§ 1º A criança e o adolescente com deficiência serão atendidos, sem discriminação ou segregação, em suas necessidades gerais de saúde e específicas de habilitação e reabilitação. (Redação dada pela Lei nº 13.257, de 2016)

§ 2º Incumbe ao poder público fornecer gratuitamente, àqueles que necessitarem, medicamentos, órteses, próteses e outras tecnologias assistivas relativas ao tratamento, habilitação ou reabilitação para crianças e adolescentes, de acordo com as linhas de cuidado voltadas às suas necessidades específicas. (Redação dada pela Lei nº 13.257, de 2016)

§ 3º Os profissionais que atuam no cuidado diário ou frequente de crianças na primeira infância receberão formação específica e permanente para a detecção de sinais de risco para o desenvolvimento psíquico, bem como para o acompanhamento que se fizer necessário. (Incluído pela Lei nº 13.257, de 2016)

Art. 12. Os estabelecimentos de atendimento à saúde, inclusive as unidades neonatais, de terapia intensiva e de cuidados intermediários, deverão proporcionar condições para a permanência em tempo integral de um dos pais ou responsável, nos casos de internação de criança ou adolescente. (Redação dada pela Lei nº 13.257, de 2016)

Art. 13. Os casos de suspeita ou confirmação de castigo físico, de tratamento cruel ou degradante e de maus-tratos contra criança ou adolescente serão obrigatoriamente comunicados ao Conselho Tutelar da respectiva localidade, sem prejuízo de outras providências legais. (Redação dada pela Lei nº 13.010, de 2014)

§ 1º As gestantes ou mães que manifestem interesse em entregar seus filhos para adoção serão obrigatoriamente encaminhadas, sem constrangimento, à Justiça da Infância e da Juventude. (Incluído pela Lei nº 13.257, de 2016)

§ 2º Os serviços de saúde em suas diferentes portas de entrada, os serviços de assistência social em seu componente especializado, o Centro de Referência Especializado de Assistência Social (CREAS) e os demais órgãos do Sistema de Garantia de Direitos da Criança e do Adolescente deverão conferir máxima prioridade ao atendimento das crianças na faixa etária da primeira infância com suspeita ou confirmação de violência de qualquer natureza, formulando projeto terapêutico singular que inclua intervenção em rede e, se necessário, acompanhamento domiciliar. (Incluído pela Lei nº 13.257, de 2016)

Art. 14. O Sistema Único de Saúde promoverá programas de assistência médica e odontológica para a prevenção das enfermidades que ordinariamente afetam a população infantil, e campanhas de educação sanitária para pais, educadores e alunos.

§ 1º É obrigatória a vacinação das crianças nos casos recomendados pelas autoridades sanitárias. (Renumerado do parágrafo único pela Lei nº 13.257, de 2016)

§ 2º O Sistema Único de Saúde promoverá a atenção à saúde bucal das crianças e das

gestantes, de forma transversal, integral e intersetorial com as demais linhas de cuidado direcionadas à mulher e à criança. (Incluído pela Lei nº 13.257, de 2016)

§ 3º A atenção odontológica à criança terá função educativa protetiva e será prestada, inicialmente, antes de o bebê nascer, por meio de aconselhamento pré-natal, e, posteriormente, no sexto e no décimo segundo anos de vida, com orientações sobre saúde bucal. (Incluído pela Lei nº 13.257, de 2016)

§ 4º A criança com necessidade de cuidados odontológicos especiais será atendida pelo Sistema Único de Saúde. (Incluído pela Lei nº 13.257, de 2016)

§ 5º É obrigatória a aplicação a todas as crianças, nos seus primeiros dezoito meses de vida, de protocolo ou outro instrumento construído com a finalidade de facilitar a detecção, em consulta pediátrica de acompanhamento da criança, de risco para o seu desenvolvimento psíquico. (Incluído pela Lei nº 13.438, de 2017)

Capítulo II

Do Direito à Liberdade, ao Respeito e à Dignidade

Art. 15. A criança e o adolescente têm direito à liberdade, ao respeito e à dignidade como pessoas humanas em processo de desenvolvimento e como sujeitos de direitos civis, humanos e sociais garantidos na Constituição e nas leis.

Art. 16. O direito à liberdade compreende os seguintes aspectos:

I – ir, vir e estar nos logradouros públicos e espaços comunitários, ressalvadas as restrições legais;

II – opinião e expressão;

III – crença e culto religioso;

IV – brincar, praticar esportes e divertir-se;

V – participar da vida familiar e comunitária, sem discriminação;

VI – participar da vida política, na forma da lei;

VII – buscar refúgio, auxílio e orientação.

Art. 17. O direito ao respeito consiste na inviolabilidade da integridade física, psíquica e moral da criança e do adolescente, abrangendo a preservação da imagem, da identidade, da autonomia, dos valores, idéias e crenças, dos espaços e objetos pessoais.

Art. 18. É dever de todos velar pela dignidade da criança e do adolescente, pondo-os a salvo de qualquer tratamento desumano, violento, aterrorizante, vexatório ou constrangedor.

Art. 18-A. A criança e o adolescente têm o direito de ser educados e cuidados sem o uso de castigo físico ou de tratamento cruel ou degradante, como formas de correção, disciplina, educação ou qualquer outro pretexto, pelos pais, pelos integrantes da família ampliada, pelos responsáveis, pelos agentes públicos executores de medidas socioeducativas ou por qualquer pessoa encarregada de cuidar deles, tratá-los, educá-los ou protegê-los. (Incluído pela Lei nº 13.010, de 2014)

Parágrafo único. Para os fins desta Lei, considera-se: (Incluído pela Lei nº 13.010, de 2014)

I – castigo físico: ação de natureza disciplinar ou punitiva aplicada com o uso da força física sobre a criança ou o adolescente que resulte em: (Incluído pela Lei nº 13.010, de 2014)

a) sofrimento físico; ou (Incluído pela Lei nº 13.010, de 2014)

b) lesão; (Incluído pela Lei nº 13.010, de 2014)

II – tratamento cruel ou degradante: conduta ou forma cruel de tratamento em relação à criança ou ao adolescente que: (Incluído pela Lei nº 13.010, de 2014)

a) humilhe; ou (Incluído pela Lei nº 13.010, de 2014)

b) ameace gravemente; ou (Incluído pela Lei nº 13.010, de 2014)

c) ridicularize. (Incluído pela Lei nº 13.010, de 2014)

Art. 18-B. Os pais, os integrantes da família ampliada, os responsáveis, os agentes públicos executores de medidas socioeducativas ou qualquer pessoa encarregada de cuidar de crianças e de adolescentes, tratá-los, educá-los ou protegê-los que utilizarem castigo físico ou tratamento cruel ou degradante como formas de correção, disciplina, educação ou qualquer outro pretexto estarão sujeitos, sem prejuízo de outras sanções cabíveis, às seguintes medidas, que serão aplicadas de acordo com a gravidade do caso: (Incluído pela Lei nº 13.010, de 2014)

I – encaminhamento a programa oficial ou comunitário de proteção à família; (Incluído pela Lei nº 13.010, de 2014)

II – encaminhamento a tratamento psicológico ou psiquiátrico; (Incluído pela Lei nº 13.010, de 2014)

III – encaminhamento a cursos ou programas de orientação; (Incluído pela Lei nº 13.010, de 2014)

IV – obrigação de encaminhar a criança a tratamento especializado; (Incluído pela Lei nº 13.010, de 2014)

V – advertência. (Incluído pela Lei nº 13.010, de 2014)

Parágrafo único. As medidas previstas neste artigo serão aplicadas pelo Conselho Tutelar, sem prejuízo de outras providências legais. (Incluído pela Lei nº 13.010, de 2014)

Capítulo III

Do Direito à Convivência Familiar e Comunitária

Seção I

Disposições Gerais

Art. 19. É direito da criança e do adolescente ser criado e educado no seio de sua família e, excepcionalmente, em família substituta, assegurada a convivência familiar e comunitária, em ambiente que garanta seu desenvolvimento integral. (Redação dada pela Lei nº 13.257, de 2016)

§ 1º Toda criança ou adolescente que estiver inserido em programa de acolhimento familiar ou institucional terá sua situação reavaliada, no máximo, a cada 3 (três) meses, devendo a autoridade judiciária competente, com base em relatório elaborado por equipe interprofissional ou multidisciplinar, decidir de forma fundamentada pela possibilidade de reintegração familiar ou pela colocação em família substituta, em quaisquer das modalidades previstas no art. 28 desta Lei. (Redação dada pela Lei nº 13.509, de 2017)

§ 2º A permanência da criança e do adolescente em programa de acolhimento institucional não se prolongará por mais de 18 (dezoito meses), salvo comprovada necessidade que atenda ao seu superior interesse, devidamente fundamentada pela autoridade judiciária. (Redação dada pela Lei nº 13.509, de 2017)

*§ 3º A manutenção ou a reintegração de criança ou adolescente à sua família terá preferência em relação a qualquer outra providência, caso em que será esta incluída em serviços e programas de proteção, apoio e promoção, nos termos do § 1º do art. 23, dos incisos I e IV do **caput** do art. 101 e dos incisos I a IV do **caput** do art. 129 desta Lei. (Redação dada pela Lei nº 13.257, de 2016)*

§ 4º Será garantida a convivência da criança e do adolescente com a mãe ou o pai privado de liberdade, por meio de visitas periódicas promovidas pelo responsável ou, nas hipóteses de acolhimento institucional, pela entidade responsável, independentemente de autorização judicial. (Incluído pela Lei nº 12.962, de 2014)

§ 5º Será garantida a convivência integral da criança com a mãe adolescente que estiver em acolhimento institucional. (Incluído pela Lei nº 13.509, de 2017)

§ 6º A mãe adolescente será assistida por equipe especializada multidisciplinar. (Incluído pela Lei nº 13.509, de 2017)

Art. 19-A. A gestante ou mãe que manifeste interesse em entregar seu filho para adoção, antes ou logo após o nascimento, será encaminhada à Justiça da Infância e da Juventude. (Incluído pela Lei nº 13.509, de 2017)

§ 1º A gestante ou mãe será ouvida pela equipe interprofissional da Justiça da Infância e da Juventude, que apresentará relatório à autoridade judiciária, considerando inclusive os eventuais efeitos do estado gestacional e puerperal. (Incluído pela Lei nº 13.509, de 2017)

§ 2º De posse do relatório, a autoridade judiciária poderá determinar o encaminhamento da gestante ou mãe, mediante sua expressa concordância, à rede pública de saúde e assistência social para atendimento especializado. (Incluído pela Lei nº 13.509, de 2017)

§ 3º A busca à família extensa, conforme definida nos termos do parágrafo único do art. 25 desta Lei, respeitará o prazo máximo de 90 (noventa) dias, prorrogável por igual período. (Incluído pela Lei nº 13.509, de 2017)

§ 4º Na hipótese de não haver a indicação do genitor e de não existir outro representante da família extensa apto a receber a guarda, a autoridade judiciária competente deverá decretar a extinção do poder familiar e determinar a colocação da criança sob a guarda provisória de quem estiver habilitado a adotá-la ou de entidade que desenvolva programa de acolhimento familiar ou institucional. (Incluído pela Lei nº 13.509, de 2017)

§ 5º Após o nascimento da criança, a vontade da mãe ou de ambos os genitores, se houver pai registral ou pai indicado, deve ser manifestada na audiência a que se refere o § 1º do art. 166 desta Lei, garantido o sigilo sobre a entrega. (Incluído pela Lei nº 13.509, de 2017)

§ 6º Na hipótese de não comparecerem à audiência nem o genitor nem representante da família extensa para confirmar a intenção de exercer o poder familiar ou a guarda, a autoridade judiciária suspenderá o poder familiar da mãe, e a criança será colocada sob a guarda provisória de quem esteja habilitado a adotá-la. (Incluído pela Lei nº 13.509, de 2017)

§ 7º Os detentores da guarda possuem o prazo de 15 (quinze) dias para propor a ação de adoção, contado do dia seguinte à data do término do estágio de convivência. (Incluído pela Lei nº 13.509, de 2017)

§ 8º Na hipótese de desistência pelos genitores – manifestada em audiência ou perante a equipe interprofissional – da entrega da criança após o nascimento, a criança será mantida com os genitores, e será determinado pela Justiça da Infância e da Juventude o acompanhamento familiar pelo prazo de 180 (cento e oitenta) dias. (Incluído pela Lei nº 13.509, de 2017)

§ 9º É garantido à mãe o direito ao sigilo sobre o nascimento, respeitado o disposto no art. 48 desta Lei. (Incluído pela Lei nº 13.509, de 2017)

§ 10. Serão cadastrados para adoção recém-nascidos e crianças acolhidas não procuradas por suas famílias no prazo de 30 (trinta) dias, contado a partir do dia do acolhimento. (Incluído pela Lei nº 13.509, de 2017)

Art. 19-B. A criança e o adolescente em programa de acolhimento institucional ou familiar poderão participar de programa de apadrinhamento. (Incluído pela Lei nº 13.509, de 2017)

§ 1º O apadrinhamento consiste em estabelecer e proporcionar à criança e ao adolescente vínculos externos à instituição para fins de convivência familiar e comunitária e colaboração com o seu desenvolvimento nos aspectos social, moral, físico, cognitivo, educacional e financeiro. (Incluído pela Lei nº 13.509, de 2017)

§ 2º Podem ser padrinhos ou madrinhas pessoas maiores de 18 (dezoito) anos não inscritas nos cadastros de adoção, desde que cumpram os requisitos exigidos pelo programa de apadrinhamento de que fazem parte. (Incluído pela Lei nº 13.509, de 2017)

§ 3º Pessoas jurídicas podem apadrinhar criança ou adolescente a fim de colaborar para o seu desenvolvimento. (Incluído pela Lei nº 13.509, de 2017)

§ 4º O perfil da criança ou do adolescente a ser apadrinhado será definido no âmbito de cada programa de apadrinhamento, com prioridade para crianças ou adolescentes com remota possibilidade de reinserção familiar ou colocação em família adotiva. (Incluído pela Lei nº 13.509, de 2017)

§ 5º Os programas ou serviços de apadrinhamento apoiados pela Justiça da Infância e da Juventude poderão ser executados por órgãos públicos ou por organizações da sociedade civil. (Incluído pela Lei nº 13.509, de 2017)

§ 6º Se ocorrer violação das regras de apadrinhamento, os responsáveis pelo programa e pelos serviços de acolhimento deverão imediatamente notificar a autoridade judiciária competente. (Incluído pela Lei nº 13.509, de 2017)

Art. 20. Os filhos, havidos ou não da relação do casamento, ou por adoção, terão os mesmos direitos e qualificações, proibidas quaisquer designações discriminatórias relativas à filiação.

Art. 21. O pátrio poder poder familiar será exercido, em igualdade de condições, pelo pai e pela mãe, na forma do que dispuser a legislação civil, assegurado a qualquer deles o direito de, em caso de discordância, recorrer à autoridade judiciária competente para a solução da divergência. (Expressão substituída pela Lei nº 12.010, de 2009)

Art. 22. Aos pais incumbe o dever de sustento, guarda e educação dos filhos menores, cabendo-lhes ainda, no interesse destes, a obrigação de cumprir e fazer cumprir as determinações judiciais.

Parágrafo único. A mãe e o pai, ou os responsáveis, têm direitos iguais e deveres e responsabilidades compartilhados no cuidado e na educação da criança, devendo ser resguardado o direito de transmissão familiar de suas crenças e culturas, assegurados os direitos da criança estabelecidos nesta Lei. (Incluído pela Lei nº 13.257, de 2016)

Art. 23. A falta ou a carência de recursos materiais não constitui motivo suficiente para a perda ou a suspensão do pátrio poder poder familiar. (Expressão substituída pela Lei nº 12.010, de 2009)

§ 1º Não existindo outro motivo que por si só autorize a decretação da medida, a criança ou o adolescente será mantido em sua família de origem, a qual deverá obrigatoriamente ser incluída em serviços e programas oficiais de proteção, apoio e promoção. (Redação dada pela Lei nº 13.257, de 2016)

§ 2º A condenação criminal do pai ou da mãe não implicará a destituição do poder familiar, exceto na hipótese de condenação por crime doloso sujeito à pena de reclusão contra outrem igualmente titular do mesmo poder familiar ou contra filho, filha ou outro descendente. (Redação dada pela Lei nº 13.715, de 2018)

Art. 24. A perda e a suspensão do pátrio poder poder familiar serão decretadas judicialmente, em procedimento contraditório, nos casos previstos na legislação civil, bem como na hipótese de descumprimento injustificado dos deveres e obrigações a que alude o art. 22. (Expressão substituída pela Lei nº 12.010, de 2009)

Seção II

Da Família Natural

Art. 25. Entende-se por família natural a comunidade formada pelos pais ou qualquer deles e seus descendentes.

Parágrafo único. Entende-se por família extensa ou ampliada aquela que se estende para além da unidade pais e filhos ou da unidade do casal, formada por parentes próximos com os quais a criança ou adolescente convive e mantém vínculos de afinidade e afetividade. (Incluído pela Lei nº 12.010, de 2009)

Art. 26. Os filhos havidos fora do casamento poderão ser reconhecidos pelos pais, conjunta ou separadamente, no próprio termo de nascimento, por testamento, mediante escritura ou outro documento público, qualquer que seja a origem da filiação.

Parágrafo único. O reconhecimento pode preceder o nascimento do filho ou suceder-lhe ao falecimento, se deixar descendentes.

Art. 27. O reconhecimento do estado de filiação é direito personalíssimo, indisponível e imprescritível, podendo ser exercitado contra os pais ou seus herdeiros, sem qualquer restrição, observado o segredo de Justiça.

Seção III

Da Família Substituta

Subseção I

Disposições Gerais

Art. 28. A colocação em família substituta far-se-á mediante guarda, tutela ou adoção, independentemente da situação jurídica da criança ou adolescente, nos termos desta Lei.

§ 1º Sempre que possível, a criança ou o adolescente será previamente ouvido por equipe interprofissional, respeitado seu estágio de desenvolvimento e grau de compreensão sobre as implicações da medida, e terá sua opinião devidamente considerada. (Redação dada pela Lei nº 12.010, de 2009)

§ 2º Tratando-se de maior de 12 (doze) anos de idade, será necessário seu consentimento, colhido em audiência. (Redação dada pela Lei nº 12.010, de 2009)

§ 3º Na apreciação do pedido levar-se-á em conta o grau de parentesco e a relação de afinidade ou de afetividade, a fim de evitar ou minorar as consequências decorrentes da medida. (Incluído pela Lei nº 12.010, de 2009)

§ 4º Os grupos de irmãos serão colocados sob adoção, tutela ou guarda da mesma família substituta, ressalvada a comprovada existência de risco de abuso ou outra situação que justifique plenamente a excepcionalidade de solução diversa, procurando-se, em qualquer

caso, evitar o rompimento definitivo dos vínculos fraternais. (Incluído pela Lei nº 12.010, de 2009)

§ 5º A colocação da criança ou adolescente em família substituta será precedida de sua preparação gradativa e acompanhamento posterior, realizados pela equipe interprofissional a serviço da Justiça da Infância e da Juventude, preferencialmente com o apoio dos técnicos responsáveis pela execução da política municipal de garantia do direito à convivência familiar. (Incluído pela Lei nº 12.010, de 2009)

§ 6º Em se tratando de criança ou adolescente indígena ou proveniente de comunidade remanescente de quilombo, é ainda obrigatório: (Incluído pela Lei nº 12.010, de 2009)

I – que sejam consideradas e respeitadas sua identidade social e cultural, os seus costumes e tradições, bem como suas instituições, desde que não sejam incompatíveis com os direitos fundamentais reconhecidos por esta Lei e pela Constituição Federal; (Incluído pela Lei nº 12.010, de 2009)

II – que a colocação familiar ocorra prioritariamente no seio de sua comunidade ou junto a membros da mesma etnia; (Incluído pela Lei nº 12.010, de 2009)

III – a intervenção e oitiva de representantes do órgão federal responsável pela política indigenista, no caso de crianças e adolescentes indígenas, e de antropólogos, perante a equipe interprofissional ou multidisciplinar que irá acompanhar o caso. (Incluído pela Lei nº 12.010, de 2009)

Art. 29. Não se deferirá colocação em família substituta a pessoa que revele, por qualquer modo, incompatibilidade com a natureza da medida ou não ofereça ambiente familiar adequado.

Art. 30. A colocação em família substituta não admitirá transferência da criança ou adolescente a terceiros ou a entidades governamentais ou não-governamentais, sem autorização judicial.

Art. 31. A colocação em família substituta estrangeira constitui medida excepcional, somente admissível na modalidade de adoção.

Art. 32. Ao assumir a guarda ou a tutela, o responsável prestará compromisso de bem e fielmente desempenhar o encargo, mediante termo nos autos.

Subseção II

Da Guarda

Art. 33. A guarda obriga a prestação de assistência material, moral e educacional à criança ou adolescente, conferindo a seu detentor o direito de opor-se a terceiros, inclusive aos pais. (Vide Lei nº 12.010, de 2009)

§ 1º A guarda destina-se a regularizar a posse de fato, podendo ser deferida, liminar ou incidentalmente, nos procedimentos de tutela e adoção, exceto no de adoção por estrangeiros.

§ 2º Excepcionalmente, deferir-se-á a guarda, fora dos casos de tutela e adoção, para atender a situações peculiares ou suprir a falta eventual dos pais ou responsável, podendo ser deferido o direito de representação para a prática de atos determinados.

§ 3º A guarda confere à criança ou adolescente a condição de dependente, para todos os fins e efeitos de direito, inclusive previdenciários.

§ 4º Salvo expressa e fundamentada determinação em contrário, da autoridade judiciária competente, ou quando a medida for aplicada em preparação para adoção, o deferimento da guarda de criança ou adolescente a terceiros não impede o exercício do direito de visitas pelos pais, assim como o dever de prestar alimentos, que serão objeto de regulamentação específica, a pedido do interessado ou do Ministério Público. (Incluído pela Lei nº 12.010, de 2009)

Art. 34. O poder público estimulará, por meio de assistência jurídica, incentivos fiscais e subsídios, o acolhimento, sob a forma de guarda, de criança ou adolescente afastado do convívio familiar. (Redação dada pela Lei nº 12.010, de 2009)

§ 1º A inclusão da criança ou adolescente em programas de acolhimento familiar terá preferência a seu acolhimento institucional, observado, em qualquer caso, o caráter temporário e excepcional da medida, nos termos desta Lei. (Incluído pela Lei nº 12.010, de 2009)

§ 2º Na hipótese do § 1º deste artigo a pessoa ou casal cadastrado no programa de acolhimento familiar poderá receber a criança ou

adolescente mediante guarda, observado o disposto nos arts. 28 a 33 desta Lei. (Incluído pela Lei nº 12.010, de 2009)

§ 3º A União apoiará a implementação de serviços de acolhimento em família acolhedora como política pública, os quais deverão dispor de equipe que organize o acolhimento temporário de crianças e de adolescentes em residências de famílias selecionadas, capacitadas e acompanhadas que não estejam no cadastro de adoção. (Incluído pela Lei nº 13.257, de 2016)

§ 4º Poderão ser utilizados recursos federais, estaduais, distritais e municipais para a manutenção dos serviços de acolhimento em família acolhedora, facultando-se o repasse de recursos para a própria família acolhedora. (Incluído pela Lei nº 13.257, de 2016)

Art. 35. A guarda poderá ser revogada a qualquer tempo, mediante ato judicial fundamentado, ouvido o Ministério Público.

Subseção III

Da Tutela

Art. 36. A tutela será deferida, nos termos da lei civil, a pessoa de até 18 (dezoito) anos incompletos. (Redação dada pela Lei nº 12.010, de 2009)

Parágrafo único. O deferimento da tutela pressupõe a prévia decretação da perda ou suspensão do pátrio poder poder familiar e implica necessariamente o dever de guarda. (Expressão substituída pela Lei nº 12.010, de 2009)

Art. 37. O tutor nomeado por testamento ou qualquer documento autêntico, conforme previsto no parágrafo único do art. 1.729 da Lei nº 10.406, de 10 de janeiro de 2002 - Código Civil, deverá, no prazo de 30 (trinta) dias após a abertura da sucessão, ingressar com pedido destinado ao controle judicial do ato, observando o procedimento previsto nos arts. 165 a 170 desta Lei. (Redação dada pela Lei nº 12.010, de 2009)

Parágrafo único. Na apreciação do pedido, serão observados os requisitos previstos nos arts. 28 e 29 desta Lei, somente sendo deferida a tutela à pessoa indicada na disposição de última vontade, se restar comprovado que a medida é vantajosa ao tutelando e que não existe outra pessoa em melhores condições de assumi-la. (Redação dada pela Lei nº 12.010, de 2009)

Art. 38. Aplica-se à destituição da tutela o disposto no art. 24.

Subseção IV

Da Adoção

Art. 39. A adoção de criança e de adolescente reger-se-á segundo o disposto nesta Lei.

§ 1º A adoção é medida excepcional e irrevogável, à qual se deve recorrer apenas quando esgotados os recursos de manutenção da criança ou adolescente na família natural ou extensa, na forma do parágrafo único do art. 25 desta Lei. (Incluído pela Lei nº 12.010, de 2009)

§ 2º É vedada a adoção por procuração. (Incluído pela Lei nº 12.010, de 2009)

§ 3º Em caso de conflito entre direitos e interesses do adotando e de outras pessoas, inclusive seus pais biológicos, devem prevalecer os direitos e os interesses do adotando. (Incluído pela Lei nº 13.509, de 2017)

Art. 40. O adotando deve contar com, no máximo, dezoito anos à data do pedido, salvo se já estiver sob a guarda ou tutela dos adotantes.

Art. 41. A adoção atribui a condição de filho ao adotado, com os mesmos direitos e deveres, inclusive sucessórios, desligando-o de qualquer vínculo com pais e parentes, salvo os impedimentos matrimoniais.

§ 1º Se um dos cônjuges ou concubinos adota o filho do outro, mantêm-se os vínculos de filiação entre o adotado e o cônjuge ou concubino do adotante e os respectivos parentes.

§ 2º É recíproco o direito sucessório entre o adotado, seus descendentes, o adotante, seus ascendentes, descendentes e colaterais até o 4º grau, observada a ordem de vocação hereditária.

Art. 42. Podem adotar os maiores de 18 (dezoito) anos, independentemente do estado civil. (Redação dada pela Lei nº 12.010, de 2009)

§ 1º Não podem adotar os ascendentes e os irmãos do adotando.

§ 2º Para adoção conjunta, é indispensável que os adotantes sejam casados civilmente ou mantenham união estável, comprovada a

estabilidade da família. (Redação dada pela Lei nº 12.010, de 2009)

§ 3º O adotante há de ser, pelo menos, dezesseis anos mais velho do que o adotando.

§ 4º Os divorciados, os judicialmente separados e os ex-companheiros podem adotar conjuntamente, contanto que acordem sobre a guarda e o regime de visitas e desde que o estágio de convivência tenha sido iniciado na constância do período de convivência e que seja comprovada a existência de vínculos de afinidade e afetividade com aquele não detentor da guarda, que justifiquem a excepcionalidade da concessão. (Redação dada pela Lei nº 12.010, de 2009)

§ 5º Nos casos do § 4º deste artigo, desde que demonstrado efetivo benefício ao adotando, será assegurada a guarda compartilhada, conforme previsto no art. 1.584 da Lei nº 10.406, de 10 de janeiro de 2002 - Código Civil. (Redação dada pela Lei nº 12.010, de 2009)

§ 6º A adoção poderá ser deferida ao adotante que, após inequívoca manifestação de vontade, vier a falecer no curso do procedimento, antes de prolatada a sentença. (Incluído pela Lei nº 12.010, de 2009)

Art. 43. A adoção será deferida quando apresentar reais vantagens para o adotando e fundar-se em motivos legítimos.

Art. 44. Enquanto não der conta de sua administração e saldar o seu alcance, não pode o tutor ou o curador adotar o pupilo ou o curatelado.

Art. 45. A adoção depende do consentimento dos pais ou do representante legal do adotando.

§ 1º. O consentimento será dispensado em relação à criança ou adolescente cujos pais sejam desconhecidos ou tenham sido destituídos do pátrio poder poder familiar. (Expressão substituída pela Lei nº 12.010, de 2009)

§ 2º. Em se tratando de adotando maior de doze anos de idade, será também necessário o seu consentimento.

Art. 46. A adoção será precedida de estágio de convivência com a criança ou adolescente, pelo prazo máximo de 90 (noventa) dias, observadas a idade da criança ou adolescente e as peculiaridades do caso. (Redação dada pela Lei nº 13.509, de 2017)

§ 1º O estágio de convivência poderá ser dispensado se o adotando já estiver sob a tutela ou guarda legal do adotante durante tempo suficiente para que seja possível avaliar a conveniência da constituição do vínculo. (Redação dada pela Lei nº 12.010, de 2009)

§ 2º A simples guarda de fato não autoriza, por si só, a dispensa da realização do estágio de convivência. (Redação dada pela Lei nº 12.010, de 2009)

§ 2º-A. O prazo máximo estabelecido no ***caput*** *deste artigo pode ser prorrogado por até igual período, mediante decisão fundamentada da autoridade judiciária. (Incluído pela Lei nº 13.509, de 2017)*

§ 3º Em caso de adoção por pessoa ou casal residente ou domiciliado fora do País, o estágio de convivência será de, no mínimo, 30 (trinta) dias e, no máximo, 45 (quarenta e cinco) dias, prorrogável por até igual período, uma única vez, mediante decisão fundamentada da autoridade judiciária. (Redação dada pela Lei nº 13.509, de 2017)

§ 3º-A. Ao final do prazo previsto no § 3º deste artigo, deverá ser apresentado laudo fundamentado pela equipe mencionada no § 4º deste artigo, que recomendará ou não o deferimento da adoção à autoridade judiciária. (Incluído pela Lei nº 13.509, de 2017)

§ 4º O estágio de convivência será acompanhado pela equipe interprofissional a serviço da Justiça da Infância e da Juventude, preferencialmente com apoio dos técnicos responsáveis pela execução da política de garantia do direito à convivência familiar, que apresentarão relatório minucioso acerca da conveniência do deferimento da medida. (Incluído pela Lei nº 12.010, de 2009)

§ 5º O estágio de convivência será cumprido no território nacional, preferencialmente na comarca de residência da criança ou adolescente, ou, a critério do juiz, em cidade limítrofe, respeitada, em qualquer hipótese, a competência do juízo da comarca de residência da criança. (Incluído pela Lei nº 13.509, de 2017)

Art. 47. O vínculo da adoção constitui-se por sentença judicial, que será inscrita no registro civil mediante mandado do qual não se fornecerá certidão.

§ 1º A inscrição consignará o nome dos adotantes como pais, bem como o nome de seus ascendentes.

§ 2º O mandado judicial, que será arquivado, cancelará o registro original do adotado.

§ 3º A pedido do adotante, o novo registro poderá ser lavrado no Cartório do Registro Civil do Município de sua residência. (Redação dada pela Lei nº 12.010, de 2009)

§ 4º Nenhuma observação sobre a origem do ato poderá constar nas certidões do registro. (Redação dada pela Lei nº 12.010, de 2009)

§ 5º A sentença conferirá ao adotado o nome do adotante e, a pedido de qualquer deles, poderá determinar a modificação do prenome. (Redação dada pela Lei nº 12.010, de 2009)

§ 6º Caso a modificação de prenome seja requerida pelo adotante, é obrigatória a oitiva do adotando, observado o disposto nos §§ 1º e 2º do art. 28 desta Lei. (Redação dada pela Lei nº 12.010, de 2009)

§ 7º A adoção produz seus efeitos a partir do trânsito em julgado da sentença constitutiva, exceto na hipótese prevista no § 6º do art. 42 desta Lei, caso em que terá força retroativa à data do óbito. (Incluído pela Lei nº 12.010, de 2009)

§ 8º O processo relativo à adoção assim como outros a ele relacionados serão mantidos em arquivo, admitindo-se seu armazenamento em microfilme ou por outros meios, garantida a sua conservação para consulta a qualquer tempo. (Incluído pela Lei nº 12.010, de 2009)

§ 9º Terão prioridade de tramitação os processos de adoção em que o adotando for criança ou adolescente com deficiência ou com doença crônica. (Incluído pela Lei nº 12.955, de 2014)

§ 10. O prazo máximo para conclusão da ação de adoção será de 120 (cento e vinte) dias, prorrogável uma única vez por igual período, mediante decisão fundamentada da autoridade judiciária. (Incluído pela Lei nº 13.509, de 2017)

Art. 48. O adotado tem direito de conhecer sua origem biológica, bem como de obter acesso irrestrito ao processo no qual a medida foi aplicada e seus eventuais incidentes, após completar 18 (dezoito) anos. (Redação dada pela Lei nº 12.010, de 2009)

Parágrafo único. O acesso ao processo de adoção poderá ser também deferido ao adotado menor de 18 (dezoito) anos, a seu pedido, assegurada orientação e assistência jurídica e psicológica. (Incluído pela Lei nº 12.010, de 2009)

Art. 49. A morte dos adotantes não restabelece o pátrio poder poder familiar dos pais naturais. (Expressão substituída pela Lei nº 12.010, de 2009)

Art. 50. A autoridade judiciária manterá, em cada comarca ou foro regional, um registro de crianças e adolescentes em condições de serem adotados e outro de pessoas interessadas na adoção. (Vide Lei nº 12.010, de 2009)

§ 1º O deferimento da inscrição dar-se-á após prévia consulta aos órgãos técnicos do juizado, ouvido o Ministério Público.

§ 2º Não será deferida a inscrição se o interessado não satisfizer os requisitos legais, ou verificada qualquer das hipóteses previstas no art. 29.

§ 3º A inscrição de postulantes à adoção será precedida de um período de preparação psicossocial e jurídica, orientado pela equipe técnica da Justiça da Infância e da Juventude, preferencialmente com apoio dos técnicos responsáveis pela execução da política municipal de garantia do direito à convivência familiar. (Incluído pela Lei nº 12.010, de 2009)

§ 4º Sempre que possível e recomendável, a preparação referida no § 3º deste artigo incluirá o contato com crianças e adolescentes em acolhimento familiar ou institucional em condições de serem adotados, a ser realizado sob a orientação, supervisão e avaliação da equipe técnica da Justiça da Infância e da Juventude, com apoio dos técnicos responsáveis pelo programa de acolhimento e pela execução da política municipal de garantia do direito à convivência familiar. (Incluído pela Lei nº 12.010, de 2009)

§ 5º Serão criados e implementados cadastros estaduais e nacional de crianças e adolescentes em condições de serem adotados e de pessoas ou casais habilitados à adoção. (Incluído pela Lei nº 12.010, de 2009)

§ 6º Haverá cadastros distintos para pessoas ou casais residentes fora do País, que somente serão consultados na inexistência de postulantes nacionais habilitados nos cadastros mencionados no § 5º deste artigo. (Incluído pela Lei nº 12.010, de 2009)

§ 7º As autoridades estaduais e federais em matéria de adoção terão acesso integral aos cadastros, incumbindo-lhes a troca de informações e a cooperação mútua, para melhoria do sistema. (Incluído pela Lei nº 12.010, de 2009)

§ 8º A autoridade judiciária providenciará, no prazo de 48 (quarenta e oito) horas, a inscrição das crianças e adolescentes em condições de serem adotados que não tiveram colocação familiar na comarca de origem, e das pessoas ou casais que tiveram deferida sua habilitação à adoção nos cadastros estadual e nacional referidos no § 5º deste artigo, sob pena de responsabilidade. (Incluído pela Lei nº 12.010, de 2009)

§ 9º Compete à Autoridade Central Estadual zelar pela manutenção e correta alimentação dos cadastros, com posterior comunicação à Autoridade Central Federal Brasileira. (Incluído pela Lei nº 12.010, de 2009)

§ 10. Consultados os cadastros e verificada a ausência de pretendentes habilitados residentes no País com perfil compatível e interesse manifesto pela adoção de criança ou adolescente inscrito nos cadastros existentes, será realizado o encaminhamento da criança ou adolescente à adoção internacional. (Redação dada pela Lei nº 13.509, de 2017)

§ 11. Enquanto não localizada pessoa ou casal interessado em sua adoção, a criança ou o adolescente, sempre que possível e recomendável, será colocado sob guarda de família cadastrada em programa de acolhimento familiar. (Incluído pela Lei nº 12.010, de 2009)

§ 12. A alimentação do cadastro e a convocação criteriosa dos postulantes à adoção serão fiscalizadas pelo Ministério Público. (Incluído pela Lei nº 12.010, de 2009)

§ 13. Somente poderá ser deferida adoção em favor de candidato domiciliado no Brasil não cadastrado previamente nos termos desta Lei quando: (Incluído pela Lei nº 12.010, de 2009)

I – se tratar de pedido de adoção unilateral; (Incluído pela Lei nº 12.010, de 2009)

II – for formulada por parente com o qual a criança ou adolescente mantenha vínculos de afinidade e afetividade; (Incluído pela Lei nº 12.010, de 2009)

III – oriundo o pedido de quem detém a tutela ou guarda legal de criança maior de 3 (três) anos ou adolescente, desde que o lapso de tempo de convivência comprove a fixação de laços de afinidade e afetividade, e não seja constatada a ocorrência de má-fé ou qualquer das situações previstas nos arts. 237 ou 238 desta Lei. (Incluído pela Lei nº 12.010, de 2009)

§ 14. Nas hipóteses previstas no § 13 deste artigo, o candidato deverá comprovar, no curso do procedimento, que preenche os requisitos necessários à adoção, conforme previsto nesta Lei. (Incluído pela Lei nº 12.010, de 2009)

§ 15. Será assegurada prioridade no cadastro a pessoas interessadas em adotar criança ou adolescente com deficiência, com doença crônica ou com necessidades específicas de saúde, além de grupo de irmãos. (Incluído pela Lei nº 13.509, de 2017)

Art. 51. Considera-se adoção internacional aquela na qual o pretendente possui residência habitual em país-parte da Convenção de Haia, de 29 de maio de 1993, Relativa à Proteção das Crianças e à Cooperação em Matéria de Adoção Internacional, promulgada pelo Decreto nº 3.087, de 21 junho de 1999, e deseja adotar criança em outro país-parte da Convenção. (Redação dada pela Lei nº 13.509, de 2017)

§ 1º A adoção internacional de criança ou adolescente brasileiro ou domiciliado no Brasil somente terá lugar quando restar comprovado: (Redação dada pela Lei nº 12.010, de 2009)

I – que a colocação em família adotiva é a solução adequada ao caso concreto; (Redação dada pela Lei nº 13.509, de 2017)

II – que foram esgotadas todas as possibilidades de colocação da criança ou adolescente em família adotiva brasileira, com a comprovação, certificada nos autos, da inexistência de adotantes habilitados residentes no Brasil com perfil compatível com a criança ou adolescente, após consulta aos cadastros mencionados nesta Lei; (Redação dada pela Lei nº 13.509, de 2017)

III – que, em se tratando de adoção de adolescente, este foi consultado, por meios adequados ao seu estágio de desenvolvimento, e que se encontra preparado para a medida, mediante parecer elaborado por equipe interprofissional, observado o disposto nos §§ 1º e 2º do art. 28 desta Lei. (Incluída pela Lei nº 12.010, de 2009) Vigência

§ 2º Os brasileiros residentes no exterior terão preferência aos estrangeiros, nos casos de adoção internacional de criança ou adolescente brasileiro. (Redação dada pela Lei nº 12.010, de 2009)

§ 3º A adoção internacional pressupõe a intervenção das Autoridades Centrais Estaduais e Federal em matéria de adoção internacional. (Redação dada pela Lei nº 12.010, de 2009)

Art. 52. A adoção internacional observará o procedimento previsto nos arts. 165 a 170 desta Lei, com as seguintes adaptações: (Redação dada pela Lei nº 12.010, de 2009)

I – a pessoa ou casal estrangeiro, interessado em adotar criança ou adolescente brasileiro, deverá formular pedido de habilitação à adoção perante a Autoridade Central em matéria de adoção internacional no país de acolhida, assim entendido aquele onde está situada sua residência habitual; (Incluída pela Lei nº 12.010, de 2009)

II – se a Autoridade Central do país de acolhida considerar que os solicitantes estão habilitados e aptos para adotar, emitirá um relatório que contenha informações sobre a identidade, a capacidade jurídica e adequação dos solicitantes para adotar, sua situação pessoal, familiar e médica, seu meio social, os motivos que os animam e sua aptidão para assumir uma adoção internacional; (Incluída pela Lei nº 12.010, de 2009)

III – a Autoridade Central do país de acolhida enviará o relatório à Autoridade Central Estadual, com cópia para a Autoridade Central Federal Brasileira; (Incluída pela Lei nº 12.010, de 2009)

IV – o relatório será instruído com toda a documentação necessária, incluindo estudo psicossocial elaborado por equipe interprofissional habilitada e cópia autenticada da legislação pertinente, acompanhada da respectiva prova de vigência; (Incluída pela Lei nº 12.010, de 2009)

V – os documentos em língua estrangeira serão devidamente autenticados pela autoridade consular, observados os tratados e convenções internacionais, e acompanhados da respectiva tradução, por tradutor público juramentado; (Incluída pela Lei nº 12.010, de 2009)

VI – a Autoridade Central Estadual poderá fazer exigências e solicitar complementação sobre o estudo psicossocial do postulante estrangeiro à adoção, já realizado no país de acolhida; (Incluída pela Lei nº 12.010, de 2009)

VII – verificada, após estudo realizado pela Autoridade Central Estadual, a compatibilidade da legislação estrangeira com a nacional, além do preenchimento por parte dos postulantes à medida dos requisitos objetivos e subjetivos necessários ao seu deferimento, tanto à luz do que dispõe esta Lei como da legislação do país de acolhida, será expedido laudo de habilitação à adoção internacional, que terá validade por, no máximo, 1 (um) ano; (Incluída pela Lei nº 12.010, de 2009)

VIII – de posse do laudo de habilitação, o interessado será autorizado a formalizar pedido de adoção perante o Juízo da Infância e da Juventude do local em que se encontra a criança ou adolescente, conforme indicação efetuada pela Autoridade Central Estadual. (Incluída pela Lei nº 12.010, de 2009)

§ 1º Se a legislação do país de acolhida assim o autorizar, admite-se que os pedidos de habilitação à adoção internacional sejam intermediados por organismos credenciados. (Incluída pela Lei nº 12.010, de 2009)

§ 2º Incumbe à Autoridade Central Federal Brasileira o credenciamento de organismos nacionais e estrangeiros encarregados de intermediar pedidos de habilitação à adoção internacional, com posterior comunicação às Autoridades Centrais Estaduais e publicação nos órgãos oficiais de imprensa e em sítio próprio da internet. (Incluído pela Lei nº 12.010, de 2009)

§ 3º Somente será admissível o credenciamento de organismos que: (Incluída pela Lei nº 12.010, de 2009)

I – sejam oriundos de países que ratificaram a Convenção de Haia e estejam devidamente credenciados pela Autoridade Central do país onde estiverem sediados e no país de acolhida do adotando para atuar em adoção internacional no Brasil; (Incluída pela Lei nº 12.010, de 2009)

II – satisfizerem as condições de integridade moral, competência profissional, experiência e responsabilidade exigidas pelos países respectivos e pela Autoridade Central Federal Brasileira; (Incluída pela Lei nº 12.010, de 2009)

III – forem qualificados por seus padrões éticos e sua formação e experiência para atuar na área de adoção internacional; (Incluída pela Lei nº 12.010, de 2009)

IV – cumprirem os requisitos exigidos pelo ordenamento jurídico brasileiro e pelas normas estabelecidas pela Autoridade Central Federal Brasileira. (Incluída pela Lei nº 12.010, de 2009)

§ 4º Os organismos credenciados deverão ainda: (Incluído pela Lei nº 12.010, de 2009)

I – perseguir unicamente fins não lucrativos, nas condições e dentro dos limites fixados pelas autoridades competentes do país onde estiverem sediados, do país de acolhida e pela Autoridade Central Federal Brasileira; (Incluída pela Lei nº 12.010, de 2009)

II – ser dirigidos e administrados por pessoas qualificadas e de reconhecida idoneidade moral, com comprovada formação ou experiência para atuar na área de adoção internacional, cadastradas pelo Departamento de Polícia Federal e aprovadas pela Autoridade Central Federal Brasileira, mediante publicação de portaria do órgão federal competente; (Incluída pela Lei nº 12.010, de 2009)

III – estar submetidos à supervisão das autoridades competentes do país onde estiverem sediados e no país de acolhida, inclusive quanto à sua composição, funcionamento e situação financeira; (Incluída pela Lei nº 12.010, de 2009)

IV – apresentar à Autoridade Central Federal Brasileira, a cada ano, relatório geral das atividades desenvolvidas, bem como relatório de acompanhamento das adoções internacionais efetuadas no período, cuja cópia será encaminhada ao Departamento de Polícia Federal; (Incluída pela Lei nº 12.010, de 2009)

V – enviar relatório pós-adotivo semestral para a Autoridade Central Estadual, com cópia para a Autoridade Central Federal Brasileira, pelo período mínimo de 2 (dois) anos. O envio do relatório será mantido até a juntada de cópia autenticada do registro civil, estabelecendo a cidadania do país de acolhida para o adotado; (Incluída pela Lei nº 12.010, de 2009)

VI – tomar as medidas necessárias para garantir que os adotantes encaminhem à Autoridade Central Federal Brasileira cópia da certidão de registro de nascimento estrangeira e do certificado de nacionalidade tão logo lhes sejam concedidos. (Incluída pela Lei nº 12.010, de 2009)

§ 5º A não apresentação dos relatórios referidos no § 4º deste artigo pelo organismo credenciado poderá acarretar a suspensão de seu credenciamento. (Incluído pela Lei nº 12.010, de 2009)

§ 6º O credenciamento de organismo nacional ou estrangeiro encarregado de intermediar pedidos de adoção internacional terá validade de 2 (dois) anos. (Incluído pela Lei nº 12.010, de 2009)

§ 7º A renovação do credenciamento poderá ser concedida mediante requerimento protocolado na Autoridade Central Federal Brasileira nos 60 (sessenta) dias anteriores ao término do respectivo prazo de validade. (Incluído pela Lei nº 12.010, de 2009)

§ 8º Antes de transitada em julgado a decisão que concedeu a adoção internacional, não será permitida a saída do adotando do território nacional. (Incluído pela Lei nº 12.010, de 2009)

§ 9º Transitada em julgado a decisão, a autoridade judiciária determinará a expedição de alvará com autorização de viagem, bem como para obtenção de passaporte, constando, obrigatoriamente, as características da criança ou adolescente adotado, como idade, cor, sexo, eventuais sinais ou traços peculiares, assim como foto recente e a aposição da impressão digital do seu polegar direito, instruindo o documento com cópia autenticada

da decisão e certidão de trânsito em julgado. (Incluído pela Lei nº 12.010, de 2009)

§ 10. A Autoridade Central Federal Brasileira poderá, a qualquer momento, solicitar informações sobre a situação das crianças e adolescentes adotados (Incluído pela Lei nº 12.010, de 2009)

§ 11. A cobrança de valores por parte dos organismos credenciados, que sejam considerados abusivos pela Autoridade Central Federal Brasileira e que não estejam devidamente comprovados, é causa de seu descredenciamento. (Incluído pela Lei nº 12.010, de 2009)

§ 12. Uma mesma pessoa ou seu cônjuge não podem ser representados por mais de uma entidade credenciada para atuar na cooperação em adoção internacional. (Incluído pela Lei nº 12.010, de 2009)

§ 13. A habilitação de postulante estrangeiro ou domiciliado fora do Brasil terá validade máxima de 1 (um) ano, podendo ser renovada. (Incluído pela Lei nº 12.010, de 2009)

§ 14. É vedado o contato direto de representantes de organismos de adoção, nacionais ou estrangeiros, com dirigentes de programas de acolhimento institucional ou familiar, assim como com crianças e adolescentes em condições de serem adotados, sem a devida autorização judicial. (Incluído pela Lei nº 12.010, de 2009)

§ 15. A Autoridade Central Federal Brasileira poderá limitar ou suspender a concessão de novos credenciamentos sempre que julgar necessário, mediante ato administrativo fundamentado. (Incluído pela Lei nº 12.010, de 2009)

Art. 52-A. É vedado, sob pena de responsabilidade e descredenciamento, o repasse de recursos provenientes de organismos estrangeiros encarregados de intermediar pedidos de adoção internacional a organismos nacionais ou a pessoas físicas. (Incluído pela Lei nº 12.010, de 2009)

Parágrafo único. Eventuais repasses somente poderão ser efetuados via Fundo dos Direitos da Criança e do Adolescente e estarão sujeitos às deliberações do respectivo Conselho de Direitos da Criança e do Adolescente (Incluído pela Lei nº 12.010, de 2009)

Art. 52-B. A adoção por brasileiro residente no exterior em país ratificante da Convenção de Haia, cujo processo de adoção tenha sido processado em conformidade com a legislação vigente no país de residência e atendido o disposto na Alínea "c" do Artigo 17 da referida Convenção, será automaticamente recepcionada com o reingresso no Brasil. (Incluído pela Lei nº 12.010, de 2009)

§ 1º Caso não tenha sido atendido o disposto na Alínea "c" do Artigo 17 da Convenção de Haia, deverá a sentença ser homologada pelo Superior Tribunal de Justiça. (Incluído pela Lei nº 12.010, de 2009)

§ 2º O pretendente brasileiro residente no exterior em país não ratificante da Convenção de Haia, uma vez reingressado no Brasil, deverá requerer a homologação da sentença estrangeira pelo Superior Tribunal de Justiça. (Incluído pela Lei nº 12.010, de 2009)

Art. 52-C. Nas adoções internacionais, quando o Brasil for o país de acolhida, a decisão da autoridade competente do país de origem da criança ou do adolescente será conhecida pela Autoridade Central Estadual que tiver processado o pedido de habilitação dos pais adotivos, que comunicará o fato à Autoridade Central Federal e determinará as providências necessárias à expedição do Certificado de Naturalização Provisório. (Incluído pela Lei nº 12.010, de 2009)

§ 1º A Autoridade Central Estadual, ouvido o Ministério Público, somente deixará de reconhecer os efeitos daquela decisão se restar demonstrado que a adoção é manifestamente contrária à ordem pública ou não atende ao interesse superior da criança ou do adolescente. (Incluído pela Lei nº 12.010, de 2009)

§ 2º Na hipótese de não reconhecimento da adoção, prevista no § 1º deste artigo, o Ministério Público deverá imediatamente requerer o que for de direito para resguardar os interesses da criança ou do adolescente, comunicando-se as providências à Autoridade Central Estadual, que fará a comunicação à Autoridade Central Federal Brasileira e à Autoridade Central do país de origem. (Incluído pela Lei nº 12.010, de 2009)

Art. 52-D. Nas adoções internacionais, quando o Brasil for o país de acolhida e a adoção não tenha sido deferida no país de origem porque a sua legislação a delega ao país de acolhida, ou, ainda, na hipótese de, mesmo com decisão, a criança ou o adolescente ser oriundo de país que não tenha aderido à Convenção referida, o processo de adoção seguirá as regras da adoção nacional. (Incluído pela Lei nº 12.010, de 2009)

Capítulo IV

Do Direito à Educação, à Cultura, ao Esporte e ao Lazer

Art. 53. A criança e o adolescente têm direito à educação, visando ao pleno desenvolvimento de sua pessoa, preparo para o exercício da cidadania e qualificação para o trabalho, assegurando-se-lhes:

I – igualdade de condições para o acesso e permanência na escola;

II – direito de ser respeitado por seus educadores;

III – direito de contestar critérios avaliativos, podendo recorrer às instâncias escolares superiores;

IV – direito de organização e participação em entidades estudantis;

V – acesso à escola pública e gratuita, próxima de sua residência, garantindo-se vagas no mesmo estabelecimento a irmãos que frequentem a mesma etapa ou ciclo de ensino da educação básica. (Redação dada pela Lei nº 13.845, de 2019)

Parágrafo único. É direito dos pais ou responsáveis ter ciência do processo pedagógico, bem como participar da definição das propostas educacionais.

Art. 53-A. É dever da instituição de ensino, clubes e agremiações recreativas e de estabelecimentos congêneres assegurar medidas de conscientização, prevenção e enfrentamento ao uso ou dependência de drogas ilícitas. (Incluído pela Lei nº 13.840, de 2019)

Art. 54. É dever do Estado assegurar à criança e ao adolescente:

I – ensino fundamental, obrigatório e gratuito, inclusive para os que a ele não tiveram acesso na idade própria;

II – progressiva extensão da obrigatoriedade e gratuidade ao ensino médio;

III – atendimento educacional especializado aos portadores de deficiência, preferencialmente na rede regular de ensino;

IV – atendimento em creche e pré-escola às crianças de zero a cinco anos de idade; (Redação dada pela Lei nº 13.306, de 2016)

V – acesso aos níveis mais elevados do ensino, da pesquisa e da criação artística, segundo a capacidade de cada um;

VI – oferta de ensino noturno regular, adequado às condições do adolescente trabalhador;

VII – atendimento no ensino fundamental, através de programas suplementares de material didático-escolar, transporte, alimentação e assistência à saúde.

§ 1º O acesso ao ensino obrigatório e gratuito é direito público subjetivo.

§ 2º O não oferecimento do ensino obrigatório pelo poder público ou sua oferta irregular importa responsabilidade da autoridade competente.

§ 3º Compete ao poder público recensear os educandos no ensino fundamental, fazer-lhes a chamada e zelar, junto aos pais ou responsável, pela frequência à escola.

Art. 55. Os pais ou responsável têm a obrigação de matricular seus filhos ou pupilos na rede regular de ensino.

Art. 56. Os dirigentes de estabelecimentos de ensino fundamental comunicarão ao Conselho Tutelar os casos de:

I – maus-tratos envolvendo seus alunos;

II – reiteração de faltas injustificadas e de evasão escolar, esgotados os recursos escolares;

III – elevados níveis de repetência.

Art. 57. O poder público estimulará pesquisas, experiências e novas propostas relativas a calendário, seriação, currículo, metodologia, didática e avaliação, com vistas à inserção de crianças e adolescentes excluídos do ensino fundamental obrigatório.

Art. 58. No processo educacional respeitar-se-ão os valores culturais, artísticos e históricos próprios do contexto social da criança e do adolescente, garantindo-se a estes a liberdade da criação e o acesso às fontes de cultura.

Art. 59. Os municípios, com apoio dos estados e da União, estimularão e facilitarão a destinação de recursos e espaços para programações culturais, esportivas e de lazer voltadas para a infância e a juventude.

Capítulo V

Do Direito à Profissionalização e à Proteção no Trabalho

Art. 60. É proibido qualquer trabalho a menores de quatorze anos de idade, salvo na condição de aprendiz. (Vide Constituição Federal)

Art. 61. A proteção ao trabalho dos adolescentes é regulada por legislação especial, sem prejuízo do disposto nesta Lei.

Art. 62. Considera-se aprendizagem a formação técnico-profissional ministrada segundo as diretrizes e bases da legislação de educação em vigor.

Art. 63. A formação técnico-profissional obedecerá aos seguintes princípios:

I – garantia de acesso e frequência obrigatória ao ensino regular;

II – atividade compatível com o desenvolvimento do adolescente;

III – horário especial para o exercício das atividades.

Art. 64. Ao adolescente até quatorze anos de idade é assegurada bolsa de aprendizagem.

Art. 65. Ao adolescente aprendiz, maior de quatorze anos, são assegurados os direitos trabalhistas e previdenciários.

Art. 66. Ao adolescente portador de deficiência é assegurado trabalho protegido.

Art. 67. Ao adolescente empregado, aprendiz, em regime familiar de trabalho, aluno de escola técnica, assistido em entidade governamental ou não-governamental, é vedado trabalho:

I – noturno, realizado entre as vinte e duas horas de um dia e as cinco horas do dia seguinte;

II – perigoso, insalubre ou penoso;

III – realizado em locais prejudiciais à sua formação e ao seu desenvolvimento físico, psíquico, moral e social;

IV – realizado em horários e locais que não permitam a frequência à escola.

Art. 68. O programa social que tenha por base o trabalho educativo, sob responsabilidade de entidade governamental ou não-governamental sem fins lucrativos, deverá assegurar ao adolescente que dele participe condições de capacitação para o exercício de atividade regular remunerada.

§ 1º Entende-se por trabalho educativo a atividade laboral em que as exigências pedagógicas relativas ao desenvolvimento pessoal e social do educando prevalecem sobre o aspecto produtivo.

§ 2º A remuneração que o adolescente recebe pelo trabalho efetuado ou a participação na venda dos produtos de seu trabalho não desfigura o caráter educativo.

Art. 69. O adolescente tem direito à profissionalização e à proteção no trabalho, observados os seguintes aspectos, entre outros:

I – respeito à condição peculiar de pessoa em desenvolvimento;

II – capacitação profissional adequada ao mercado de trabalho.

Título III

Da Prevenção

Capítulo I

Disposições Gerais

Art. 70. É dever de todos prevenir a ocorrência de ameaça ou violação dos direitos da criança e do adolescente.

Art. 70-A. A União, os Estados, o Distrito Federal e os Municípios deverão atuar de forma articulada na elaboração de políticas públicas e na execução de ações destinadas a coibir o uso de castigo físico ou de tratamento cruel ou degradante e difundir formas não violentas de educação de crianças e de adolescentes, tendo como principais ações: (Incluído pela Lei nº 13.010, de 2014)

I – a promoção de campanhas educativas permanentes para a divulgação do direito da criança e do adolescente de serem educados e cuidados sem o uso de castigo físico ou de tratamento cruel ou degradante e dos instrumentos de proteção aos direitos humanos; (Incluído pela Lei nº 13.010, de 2014)

II – a integração com os órgãos do Poder Judiciário, do Ministério Público e da Defensoria Pública, com o Conselho Tutelar, com os

Conselhos de Direitos da Criança e do Adolescente e com as entidades não governamentais que atuam na promoção, proteção e defesa dos direitos da criança e do adolescente; (Incluído pela Lei nº 13.010, de 2014)

III – a formação continuada e a capacitação dos profissionais de saúde, educação e assistência social e dos demais agentes que atuam na promoção, proteção e defesa dos direitos da criança e do adolescente para o desenvolvimento das competências necessárias à prevenção, à identificação de evidências, ao diagnóstico e ao enfrentamento de todas as formas de violência contra a criança e o adolescente; (Incluído pela Lei nº 13.010, de 2014)

IV – o apoio e o incentivo às práticas de resolução pacífica de conflitos que envolvam violência contra a criança e o adolescente; (Incluído pela Lei nº 13.010, de 2014)

V – a inclusão, nas políticas públicas, de ações que visem a garantir os direitos da criança e do adolescente, desde a atenção pré-natal, e de atividades junto aos pais e responsáveis com o objetivo de promover a informação, a reflexão, o debate e a orientação sobre alternativas ao uso de castigo físico ou de tratamento cruel ou degradante no processo educativo; (Incluído pela Lei nº 13.010, de 2014)

VI – a promoção de espaços intersetoriais locais para a articulação de ações e a elaboração de planos de atuação conjunta focados nas famílias em situação de violência, com participação de profissionais de saúde, de assistência social e de educação e de órgãos de promoção, proteção e defesa dos direitos da criança e do adolescente. (Incluído pela Lei nº 13.010, de 2014)

Parágrafo único. As famílias com crianças e adolescentes com deficiência terão prioridade de atendimento nas ações e políticas públicas de prevenção e proteção. (Incluído pela Lei nº 13.010, de 2014)

Art. 70-B. As entidades, públicas e privadas, que atuem nas áreas a que se refere o art. 71, dentre outras, devem contar, em seus quadros, com pessoas capacitadas a reconhecer e comunicar ao Conselho Tutelar suspeitas ou casos de maus-tratos praticados contra crianças e adolescentes. (Incluído pela Lei nº 13.046, de 2014)

Parágrafo único. São igualmente responsáveis pela comunicação de que trata este artigo, as pessoas encarregadas, por razão de cargo, função, ofício, ministério, profissão ou ocupação, do cuidado, assistência ou guarda de crianças e adolescentes, punível, na forma deste Estatuto, o injustificado retardamento ou omissão, culposos ou dolosos. (Incluído pela Lei nº 13.046, de 2014)

Art. 71. A criança e o adolescente têm direito a informação, cultura, lazer, esportes, diversões, espetáculos e produtos e serviços que respeitem sua condição peculiar de pessoa em desenvolvimento.

Art. 72. As obrigações previstas nesta Lei não excluem da prevenção especial outras decorrentes dos princípios por ela adotados.

Art. 73. A inobservância das normas de prevenção importará em responsabilidade da pessoa física ou jurídica, nos termos desta Lei.

Capítulo II

Da Prevenção Especial

Seção I

Da informação, Cultura, Lazer, Esportes, Diversões e Espetáculos

Art. 74. O poder público, através do órgão competente, regulará as diversões e espetáculos públicos, informando sobre a natureza deles, as faixas etárias a que não se recomendem, locais e horários em que sua apresentação se mostre inadequada.

Parágrafo único. Os responsáveis pelas diversões e espetáculos públicos deverão afixar, em lugar visível e de fácil acesso, à entrada do local de exibição, informação destacada sobre a natureza do espetáculo e a faixa etária especificada no certificado de classificação.

Art. 75. Toda criança ou adolescente terá acesso às diversões e espetáculos públicos classificados como adequados à sua faixa etária.

Parágrafo único. As crianças menores de dez anos somente poderão ingressar e permanecer nos locais de apresentação ou exibição quando acompanhadas dos pais ou responsável.

Art. 76. As emissoras de rádio e televisão somente exibirão, no horário recomendado para o público infanto juvenil, programas com finalidades educativas, artísticas, culturais e informativas.

Parágrafo único. Nenhum espetáculo será apresentado ou anunciado sem aviso de sua classificação, antes de sua transmissão, apresentação ou exibição.

Art. 77. Os proprietários, diretores, gerentes e funcionários de empresas que explorem a venda ou aluguel de fitas de programação em vídeo cuidarão para que não haja venda ou locação em desacordo com a classificação atribuída pelo órgão competente.

Parágrafo único. As fitas a que alude este artigo deverão exibir, no invólucro, informação sobre a natureza da obra e a faixa etária a que se destinam.

Art. 78. As revistas e publicações contendo material impróprio ou inadequado a crianças e adolescentes deverão ser comercializadas em embalagem lacrada, com a advertência de seu conteúdo.

Parágrafo único. As editoras cuidarão para que as capas que contenham mensagens pornográficas ou obscenas sejam protegidas com embalagem opaca.

Art. 79. As revistas e publicações destinadas ao público infanto-juvenil não poderão conter ilustrações, fotografias, legendas, crônicas ou anúncios de bebidas alcoólicas, tabaco, armas e munições, e deverão respeitar os valores éticos e sociais da pessoa e da família.

Art. 80. Os responsáveis por estabelecimentos que explorem comercialmente bilhar, sinuca ou congênere ou por casas de jogos, assim entendidas as que realizem apostas, ainda que eventualmente, cuidarão para que não seja permitida a entrada e a permanência de crianças e adolescentes no local, afixando aviso para orientação do público.

Seção II

Dos Produtos e Serviços

Art. 81. É proibida a venda à criança ou ao adolescente de:

I - armas, munições e explosivos;

II - bebidas alcoólicas;

III - produtos cujos componentes possam causar dependência física ou psíquica ainda que por utilização indevida;

IV - fogos de estampido e de artifício, exceto aqueles que pelo seu reduzido potencial sejam incapazes de provocar qualquer dano físico em caso de utilização indevida;

V - revistas e publicações a que alude o art. 78;

VI - bilhetes lotéricos e equivalentes.

Art. 82. É proibida a hospedagem de criança ou adolescente em hotel, motel, pensão ou estabelecimento congênere, salvo se autorizado ou acompanhado pelos pais ou responsável.

Seção III

Da Autorização para Viajar

Art. 83. Nenhuma criança ou adolescente menor de 16 (dezesseis) anos poderá viajar para fora da comarca onde reside desacompanhado dos pais ou dos responsáveis sem expressa autorização judicial. (Redação dada pela Lei nº 13.812, de 2019)

§ 1º A autorização não será exigida quando:

a) tratar-se de comarca contígua à da residência da criança ou do adolescente menor de 16 (dezesseis) anos, se na mesma unidade da Federação, ou incluída na mesma região metropolitana; (Redação dada pela Lei nº 13.812, de 2019)

b) a criança ou o adolescente menor de 16 (dezesseis) anos estiver acompanhado: (Redação dada pela Lei nº 13.812, de 2019)

1) de ascendente ou colateral maior, até o terceiro grau, comprovado documentalmente o parentesco;

2) de pessoa maior, expressamente autorizada pelo pai, mãe ou responsável.

§ 2º A autoridade judiciária poderá, a pedido dos pais ou responsável, conceder autorização válida por dois anos.

Art. 84. Quando se tratar de viagem ao exterior, a autorização é dispensável, se a criança ou adolescente:

I - estiver acompanhado de ambos os pais ou responsável;

II - viajar na companhia de um dos pais, autorizado expressamente pelo outro através de documento com firma reconhecida.

Art. 85. Sem prévia e expressa autorização judicial, nenhuma criança ou adolescente nascido em território nacional poderá sair do País em companhia de estrangeiro residente ou domiciliado no exterior.

Parte Especial

Título I

Da Política de Atendimento

Capítulo I

Disposições Gerais

Art. 86. A política de atendimento dos direitos da criança e do adolescente far-se-á através de um conjunto articulado de ações governamentais e não-governamentais, da União, dos estados, do Distrito Federal e dos municípios.

Art. 87. São linhas de ação da política de atendimento:

I – políticas sociais básicas;

II – serviços, programas, projetos e benefícios de assistência social de garantia de proteção social e de prevenção e redução de violações de direitos, seus agravamentos ou reincidências; (Redação dada pela Lei nº 13.257, de 2016)

III – serviços especiais de prevenção e atendimento médico e psicossocial às vítimas de negligência, maus-tratos, exploração, abuso, crueldade e opressão;

IV – serviço de identificação e localização de pais, responsável, crianças e adolescentes desaparecidos;

V – proteção jurídico-social por entidades de defesa dos direitos da criança e do adolescente.

VI – políticas e programas destinados a prevenir ou abreviar o período de afastamento do convívio familiar e a garantir o efetivo exercício do direito à convivência familiar de crianças e adolescentes; (Incluído pela Lei nº 12.010, de 2009)

VII – campanhas de estímulo ao acolhimento sob forma de guarda de crianças e adolescentes afastados do convívio familiar e à adoção, especificamente inter-racial, de crianças maiores ou de adolescentes, com necessidades específicas de saúde ou com deficiências e de grupos de irmãos. (Incluído pela Lei nº 12.010, de 2009)

Art. 88. São diretrizes da política de atendimento:

I – municipalização do atendimento;

II – criação de conselhos municipais, estaduais e nacional dos direitos da criança e do adolescente, órgãos deliberativos e controladores das ações em todos os níveis, assegurada a participação popular paritária por meio de organizações representativas, segundo leis federal, estaduais e municipais;

III – criação e manutenção de programas específicos, observada a descentralização político-administrativa;

IV – manutenção de fundos nacional, estaduais e municipais vinculados aos respectivos conselhos dos direitos da criança e do adolescente;

V – integração operacional de órgãos do Judiciário, Ministério Público, Defensoria, Segurança Pública e Assistência Social, preferencialmente em um mesmo local, para efeito de agilização do atendimento inicial a adolescente a quem se atribua autoria de ato infracional;

VI – integração operacional de órgãos do Judiciário, Ministério Público, Defensoria, Conselho Tutelar e encarregados da execução das políticas sociais básicas e de assistência social, para efeito de agilização do atendimento de crianças e de adolescentes inseridos em programas de acolhimento familiar ou institucional, com vista na sua rápida reintegração à família de origem ou, se tal solução se mostrar comprovadamente inviável, sua colocação em família substituta, em quaisquer das modalidades previstas no art. 28 desta Lei; (Redação dada pela Lei nº 12.010, de 2009)

VII – mobilização da opinião pública para a indispensável participação dos diversos segmentos da sociedade. (Incluído pela Lei nº 12.010, de 2009)

VIII – especialização e formação continuada dos profissionais que trabalham nas diferentes áreas da atenção à primeira infância, incluindo os conhecimentos sobre direitos da criança e sobre desenvolvimento infantil; (Incluído pela Lei nº 13.257, de 2016)

IX – formação profissional com abrangência dos diversos direitos da criança e do adolescente que favoreça a intersetorialidade no atendimento da criança e do adolescente e seu desenvolvimento integral; (Incluído pela Lei nº 13.257, de 2016)

X – realização e divulgação de pesquisas sobre desenvolvimento infantil e sobre prevenção da violência. (Incluído pela Lei nº 13.257, de 2016)

Art. 89. A função de membro do conselho nacional e dos conselhos estaduais e municipais dos direitos da criança e do adolescente é considerada de interesse público relevante e não será remunerada.

Capítulo II

Das Entidades de Atendimento

Seção I

Disposições Gerais

Art. 90. As entidades de atendimento são responsáveis pela manutenção das próprias unidades, assim como pelo planejamento e execução de programas de proteção e sócio-educativos destinados a crianças e adolescentes, em regime de:

I – orientação e apoio sócio-familiar;

II – apoio sócio-educativo em meio aberto;

III – colocação familiar;

IV – acolhimento institucional; (Redação dada pela Lei nº 12.010, de 2009)

V – prestação de serviços à comunidade; (Redação dada pela Lei nº 12.594, de 2012)

VI – liberdade assistida; (Redação dada pela Lei nº 12.594, de 2012)

VII – semiliberdade; e (Redação dada pela Lei nº 12.594, de 2012)

VIII – internação. (Incluído pela Lei nº 12.594, de 2012)

§ 1º As entidades governamentais e não governamentais deverão proceder à inscrição de seus programas, especificando os regimes de atendimento, na forma definida neste artigo, no Conselho Municipal dos Direitos da Criança e do Adolescente, o qual manterá registro das inscrições e de suas alterações, do que fará comunicação ao Conselho Tutelar e à autoridade judiciária. (Incluído pela Lei nº 12.010, de 2009)

§ 2º Os recursos destinados à implementação e manutenção dos programas relacionados neste artigo serão previstos nas dotações orçamentárias dos órgãos públicos encarregados das áreas de Educação, Saúde e Assistência Social, dentre outros, observando-se o princípio da prioridade absoluta à criança e ao adolescente preconizado pelo caput do art. 227 da Constituição Federal e pelo caput e parágrafo único do art. 4º desta Lei. (Incluído pela Lei nº 12.010, de 2009)

§ 3º Os programas em execução serão reavaliados pelo Conselho Municipal dos Direitos da Criança e do Adolescente, no máximo, a cada 2 (dois) anos, constituindo-se critérios para renovação da autorização de funcionamento: (Incluído pela Lei nº 12.010, de 2009)

I – o efetivo respeito às regras e princípios desta Lei, bem como às resoluções relativas à modalidade de atendimento prestado expedidas pelos Conselhos de Direitos da Criança e do Adolescente, em todos os níveis; (Incluído pela Lei nº 12.010, de 2009)

II – a qualidade e eficiência do trabalho desenvolvido, atestadas pelo Conselho Tutelar, pelo Ministério Público e pela Justiça da Infância e da Juventude; (Incluído pela Lei nº 12.010, de 2009)

III – em se tratando de programas de acolhimento institucional ou familiar, serão considerados os índices de sucesso na reintegração familiar ou de adaptação à família substituta, conforme o caso. (Incluído pela Lei nº 12.010, de 2009)

Art. 91. As entidades não-governamentais somente poderão funcionar depois de registradas no Conselho Municipal dos Direitos da Criança e do Adolescente, o qual comunicará o registro ao Conselho Tutelar e à autoridade judiciária da respectiva localidade.

§ 1º Será negado o registro à entidade que: (Incluído pela Lei nº 12.010, de 2009)

a) não ofereça instalações físicas em condições adequadas de habitabilidade, higiene, salubridade e segurança;

b) não apresente plano de trabalho compatível com os princípios desta Lei;

c) esteja irregularmente constituída;

d) tenha em seus quadros pessoas inidôneas.

e) não se adequar ou deixar de cumprir as resoluções e deliberações relativas à modalidade de atendimento prestado expedidas pelos Conselhos de Direitos da Criança e do Adolescente, em todos os níveis. (Incluída pela Lei nº 12.010, de 2009)

§ 2º O registro terá validade máxima de 4 (quatro) anos, cabendo ao Conselho Municipal dos Direitos da Criança e do Adolescente, periodicamente, reavaliar o cabimento de sua renovação, observado o disposto no § 1º deste artigo. (Incluído pela Lei nº 12.010, de 2009)

Art. 92. As entidades que desenvolvam programas de acolhimento familiar ou institucional deverão adotar os seguintes princípios: (Redação dada pela Lei nº 12.010, de 2009)

I – preservação dos vínculos familiares e promoção da reintegração familiar; (Redação dada pela Lei nº 12.010, de 2009)

II – integração em família substituta, quando esgotados os recursos de manutenção na família natural ou extensa; (Redação dada pela Lei nº 12.010, de 2009)

III – atendimento personalizado e em pequenos grupos;

IV – desenvolvimento de atividades em regime de coeducação;

V – não desmembramento de grupos de irmãos;

VI – evitar, sempre que possível, a transferência para outras entidades de crianças e adolescentes abrigados;

VII – participação na vida da comunidade local;

VIII – preparação gradativa para o desligamento;

IX – participação de pessoas da comunidade no processo educativo.

§ 1º O dirigente de entidade que desenvolve programa de acolhimento institucional é equiparado ao guardião, para todos os efeitos de direito. (Incluído pela Lei nº 12.010, de 2009)

§ 2º Os dirigentes de entidades que desenvolvem programas de acolhimento familiar ou institucional remeterão à autoridade judiciária, no máximo a cada 6 (seis) meses, relatório circunstanciado acerca da situação de cada criança ou adolescente acolhido e sua família, para fins da reavaliação prevista no § 1º do art. 19 desta Lei. (Incluído pela Lei nº 12.010, de 2009)

§ 3º Os entes federados, por intermédio dos Poderes Executivo e Judiciário, promoverão conjuntamente a permanente qualificação dos profissionais que atuam direta ou indiretamente em programas de acolhimento institucional e destinados à colocação familiar de crianças e adolescentes, incluindo membros do Poder Judiciário, Ministério Público e Conselho Tutelar. (Incluído pela Lei nº 12.010, de 2009)

§ 4º Salvo determinação em contrário da autoridade judiciária competente, as entidades que desenvolvem programas de acolhimento familiar ou institucional, se necessário com o auxílio do Conselho Tutelar e dos órgãos de assistência social, estimularão o contato da criança ou adolescente com seus pais e parentes, em cumprimento ao disposto nos incisos I e VIII do caput deste artigo. (Incluído pela Lei nº 12.010, de 2009)

§ 5º As entidades que desenvolvem programas de acolhimento familiar ou institucional somente poderão receber recursos públicos se comprovado o atendimento dos princípios, exigências e finalidades desta Lei. (Incluído pela Lei nº 12.010, de 2009)

§ 6º O descumprimento das disposições desta Lei pelo dirigente de entidade que desenvolva programas de acolhimento familiar ou institucional é causa de sua destituição, sem prejuízo da apuração de sua responsabilidade administrativa, civil e criminal. (Incluído pela Lei nº 12.010, de 2009)

§ 7º Quando se tratar de criança de 0 (zero) a 3 (três) anos em acolhimento institucional, dar-se-á especial atenção à atuação de educadores de referência estáveis e qualitativamente significativos, às rotinas específicas e ao atendimento das necessidades básicas, incluindo as de afeto como prioritárias. (Incluído pela Lei nº 13.257, de 2016)

Art. 93. As entidades que mantenham programa de acolhimento institucional poderão, em caráter excepcional e de urgência, acolher crianças e adolescentes sem prévia determinação da autoridade competente, fazendo comunicação do fato em até 24 (vinte e quatro) horas ao Juiz da Infância e da Juventude, sob pena de responsabilidade. (Redação dada pela Lei nº 12.010, de 2009)

Parágrafo único. Recebida a comunicação, a autoridade judiciária, ouvido o Ministério Público e se necessário com o apoio do Conselho Tutelar local, tomará as medidas necessárias para promover a imediata reintegração familiar da criança ou do adolescente ou, se por qualquer razão não for isso possível ou recomendável, para seu encaminhamento a programa de acolhimento familiar, institucional ou a família substituta, observado o disposto no § 2º do art. 101 desta Lei. (Incluído pela Lei nº 12.010, de 2009)

Art. 94. As entidades que desenvolvem programas de internação têm as seguintes obrigações, entre outras:

I – observar os direitos e garantias de que são titulares os adolescentes;

II – não restringir nenhum direito que não tenha sido objeto de restrição na decisão de internação;

III – oferecer atendimento personalizado, em pequenas unidades e grupos reduzidos;

IV – preservar a identidade e oferecer ambiente de respeito e dignidade ao adolescente;

V – diligenciar no sentido do restabelecimento e da preservação dos vínculos familiares;

VI – comunicar à autoridade judiciária, periodicamente, os casos em que se mostre inviável ou impossível o reatamento dos vínculos familiares;

VII – oferecer instalações físicas em condições adequadas de habitabilidade, higiene, salubridade e segurança e os objetos necessários à higiene pessoal;

VIII – oferecer vestuário e alimentação suficientes e adequados à faixa etária dos adolescentes atendidos;

IX – oferecer cuidados médicos, psicológicos, odontológicos e farmacêuticos;

X – propiciar escolarização e profissionalização;

XI – propiciar atividades culturais, esportivas e de lazer;

XII – propiciar assistência religiosa àqueles que desejarem, de acordo com suas crenças;

XIII – proceder a estudo social e pessoal de cada caso;

XIV – reavaliar periodicamente cada caso, com intervalo máximo de seis meses, dando ciência dos resultados à autoridade competente;

XV – informar, periodicamente, o adolescente internado sobre sua situação processual;

XVI – comunicar às autoridades competentes todos os casos de adolescentes portadores de moléstias infecto-contagiosas;

XVII – fornecer comprovante de depósito dos pertences dos adolescentes;

XVIII – manter programas destinados ao apoio e acompanhamento de egressos;

XIX – providenciar os documentos necessários ao exercício da cidadania àqueles que não os tiverem;

XX – manter arquivo de anotações onde constem data e circunstâncias do atendimento, nome do adolescente, seus pais ou responsável, parentes, endereços, sexo, idade, acompanhamento da sua formação, relação de seus pertences e demais dados que possibilitem sua identificação e a individualização do atendimento.

§ 1º Aplicam-se, no que couber, as obrigações constantes deste artigo às entidades que mantêm programas de acolhimento institucional e familiar. (Redação dada pela Lei nº 12.010, de 2009)

§ 2º No cumprimento das obrigações a que alude este artigo as entidades utilizarão preferencialmente os recursos da comunidade.

Art. 94-A. As entidades, públicas ou privadas, que abriguem ou recepcionem crianças e adolescentes, ainda que em caráter temporário, devem ter, em seus quadros, profissionais capacitados a reconhecer e reportar ao Conselho Tutelar suspeitas ou ocorrências de maus-tratos. (Incluído pela Lei nº 13.046, de 2014)

Seção II

Da Fiscalização das Entidades

Art. 95. As entidades governamentais e não-governamentais referidas no art. 90 serão fiscalizadas pelo Judiciário, pelo Ministério Público e pelos Conselhos Tutelares.

Art. 96. Os planos de aplicação e as prestações de contas serão apresentados ao estado ou ao município, conforme a origem das dotações orçamentárias.

Art. 97. São medidas aplicáveis às entidades de atendimento que descumprirem obrigação constante do art. 94, sem prejuízo da responsabilidade civil e criminal de seus dirigentes ou prepostos:

I – às entidades governamentais:

a) advertência;

b) afastamento provisório de seus dirigentes;

c) afastamento definitivo de seus dirigentes;

d) fechamento de unidade ou interdição de programa.

II – às entidades não-governamentais:

a) advertência;

b) suspensão total ou parcial do repasse de verbas públicas;

c) interdição de unidades ou suspensão de programa;

d) cassação do registro.

§ 1º Em caso de reiteradas infrações cometidas por entidades de atendimento, que coloquem em risco os direitos assegurados nesta Lei, deverá ser o fato comunicado ao Ministério Público ou representado perante autoridade judiciária competente para as providências cabíveis, inclusive suspensão das atividades ou dissolução da entidade. (Redação dada pela Lei nº 12.010, de 2009)

§ 2º As pessoas jurídicas de direito público e as organizações não governamentais responderão pelos danos que seus agentes causarem às crianças e aos adolescentes, caracterizado o descumprimento dos princípios norteadores das atividades de proteção específica. (Redação dada pela Lei nº 12.010, de 2009)

Título II

Das Medidas de Proteção

Capítulo I

Disposições Gerais

Art. 98. As medidas de proteção à criança e ao adolescente são aplicáveis sempre que os direitos reconhecidos nesta Lei forem ameaçados ou violados:

I – por ação ou omissão da sociedade ou do Estado;

II – por falta, omissão ou abuso dos pais ou responsável;

III – em razão de sua conduta.

Capítulo II

Das Medidas Específicas de Proteção

Art. 99. As medidas previstas neste Capítulo poderão ser aplicadas isolada ou cumulativamente, bem como substituídas a qualquer tempo.

Art. 100. Na aplicação das medidas levar-se-ão em conta as necessidades pedagógicas, preferindo-se aquelas que visem ao fortalecimento dos vínculos familiares e comunitários.

Parágrafo único. São também princípios que regem a aplicação das medidas: (Incluído pela Lei nº 12.010, de 2009)

I – condição da criança e do adolescente como sujeitos de direitos: crianças e adolescentes são os titulares dos direitos previstos nesta e em outras Leis, bem como na Constituição Federal; (Incluído pela Lei nº 12.010, de 2009)

II – proteção integral e prioritária: a interpretação e aplicação de toda e qualquer norma contida nesta Lei deve ser voltada à proteção integral e prioritária dos direitos de que crianças e adolescentes são titulares; (Incluído pela Lei nº 12.010, de 2009)

III – responsabilidade primária e solidária do poder público: a plena efetivação dos direitos assegurados a crianças e a adolescentes por esta Lei e pela Constituição Federal, salvo nos casos por esta expressamente ressalvados, é de responsabilidade primária e solidária das 3 (três) esferas de governo, sem prejuízo da municipalização do atendimento e da possibilidade da execução de programas por entidades não governamentais; (Incluído pela Lei nº 12.010, de 2009)

IV – interesse superior da criança e do adolescente: a intervenção deve atender prioritariamente aos interesses e direitos da criança e do adolescente, sem prejuízo da consideração que for devida a outros interesses legítimos no âmbito da pluralidade dos interesses presentes no caso concreto; (Incluído pela Lei nº 12.010, de 2009)

V – privacidade: a promoção dos direitos e proteção da criança e do adolescente deve ser efetuada no respeito pela intimidade, direito à imagem e reserva da sua vida privada; (Incluído pela Lei nº 12.010, de 2009)

VI – intervenção precoce: a intervenção das autoridades competentes deve ser efetuada logo que a situação de perigo seja conhecida; (Incluído pela Lei nº 12.010, de 2009)

VII – intervenção mínima: a intervenção deve ser exercida exclusivamente pelas autoridades e instituições cuja ação seja indispensável à efetiva promoção dos direitos e à proteção da criança e do adolescente; (Incluído pela Lei nº 12.010, de 2009)

VIII – proporcionalidade e atualidade: a intervenção deve ser a necessária e adequada à situação de perigo em que a criança ou o adolescente se encontram no momento em que a decisão é tomada; (Incluído pela Lei nº 12.010, de 2009)

IX – responsabilidade parental: a intervenção deve ser efetuada de modo que os pais assumam os seus deveres para com a criança e o adolescente; (Incluído pela Lei nº 12.010, de 2009)

X – prevalência da família: na promoção de direitos e na proteção da criança e do adolescente deve ser dada prevalência às medidas que os mantenham ou reintegrem na sua família natural ou extensa ou, se isso não for possível, que promovam a sua integração em família adotiva; (Redação dada pela Lei nº 13.509, de 2017)

XI – obrigatoriedade da informação: a criança e o adolescente, respeitado seu estágio de desenvolvimento e capacidade de compreensão, seus pais ou responsável devem ser informados dos seus direitos, dos motivos que determinaram a intervenção e da forma como esta se processa; (Incluído pela Lei nº 12.010, de 2009)

XII – oitiva obrigatória e participação: a criança e o adolescente, em separado ou na companhia dos pais, de responsável ou de pessoa por si indicada, bem como os seus pais ou responsável, têm direito a ser ouvidos e a participar nos atos e na definição da medida de promoção dos direitos e de proteção, sendo sua opinião devidamente considerada pela autoridade judiciária competente, observado o disposto nos §§ 1º e 2º do art. 28 desta Lei. (Incluído pela Lei nº 12.010, de 2009)

Art. 101. Verificada qualquer das hipóteses previstas no art. 98, a autoridade competente poderá determinar, dentre outras, as seguintes medidas:

I – encaminhamento aos pais ou responsável, mediante termo de responsabilidade;

II – orientação, apoio e acompanhamento temporários;

III – matrícula e freqüência obrigatórias em estabelecimento oficial de ensino fundamental;

IV – inclusão em serviços e programas oficiais ou comunitários de proteção, apoio e promoção da família, da criança e do adolescente; (Redação dada pela Lei nº 13.257, de 2016)

V – requisição de tratamento médico, psicológico ou psiquiátrico, em regime hospitalar ou ambulatorial;

VI – inclusão em programa oficial ou comunitário de auxílio, orientação e tratamento a alcoólatras e toxicômanos;

VII – acolhimento institucional; (Redação dada pela Lei nº 12.010, de 2009) Vigência

VIII – inclusão em programa de acolhimento familiar; (Redação dada pela Lei nº 12.010, de 2009)

IX – colocação em família substituta. (Incluído pela Lei nº 12.010, de 2009)

§ 1º O acolhimento institucional e o acolhimento familiar são medidas provisórias e excepcionais, utilizáveis como forma de transição para reintegração familiar ou, não sendo esta possível, para colocação em família substituta, não implicando privação de liberdade. (Incluído pela Lei nº 12.010, de 2009)

§ 2º Sem prejuízo da tomada de medidas emergenciais para proteção de vítimas de violência ou abuso sexual e das providências a que alude o art. 130 desta Lei, o afastamento da criança ou adolescente do convívio familiar é de competência exclusiva da autoridade judiciária e importará na deflagração, a pedido do Ministério Público ou de quem tenha legítimo interesse, de procedimento judicial contencioso, no qual se garanta aos pais ou ao responsável legal o exercício do contraditório e da ampla defesa. (Incluído pela Lei nº 12.010, de 2009)

§ 3º Crianças e adolescentes somente poderão ser encaminhados às instituições que executam programas de acolhimento institucional, governamentais ou não, por meio de uma Guia de Acolhimento, expedida pela autoridade judiciária, na qual obrigatoriamente

constará, dentre outros: (Incluído pela Lei nº 12.010, de 2009)

I – sua identificação e a qualificação completa de seus pais ou de seu responsável, se conhecidos; (Incluído pela Lei nº 12.010, de 2009)

II – o endereço de residência dos pais ou do responsável, com pontos de referência; (Incluído pela Lei nº 12.010, de 2009)

III – os nomes de parentes ou de terceiros interessados em tê-los sob sua guarda; (Incluído pela Lei nº 12.010, de 2009)

IV – os motivos da retirada ou da não reintegração ao convívio familiar. (Incluído pela Lei nº 12.010, de 2009)

§ 4º Imediatamente após o acolhimento da criança ou do adolescente, a entidade responsável pelo programa de acolhimento institucional ou familiar elaborará um plano individual de atendimento, visando à reintegração familiar, ressalvada a existência de ordem escrita e fundamentada em contrário de autoridade judiciária competente, caso em que também deverá contemplar sua colocação em família substituta, observadas as regras e princípios desta Lei. (Incluído pela Lei nº 12.010, de 2009)

§ 5º O plano individual será elaborado sob a responsabilidade da equipe técnica do respectivo programa de atendimento e levará em consideração a opinião da criança ou do adolescente e a oitiva dos pais ou do responsável. (Incluído pela Lei nº 12.010, de 2009)

§ 6º Constarão do plano individual, dentre outros: (Incluído pela Lei nº 12.010, de 2009)

I – os resultados da avaliação interdisciplinar; (Incluído pela Lei nº 12.010, de 2009)

II – os compromissos assumidos pelos pais ou responsável; e (Incluído pela Lei nº 12.010, de 2009)

III – a previsão das atividades a serem desenvolvidas com a criança ou com o adolescente acolhido e seus pais ou responsável, com vista na reintegração familiar ou, caso seja esta vedada por expressa e fundamentada determinação judicial, as providências a serem tomadas para sua colocação em família substituta, sob direta supervisão da autoridade judiciária. (Incluído pela Lei nº 12.010, de 2009)

§ 7º O acolhimento familiar ou institucional ocorrerá no local mais próximo à residência dos pais ou do responsável e, como parte do processo de reintegração familiar, sempre que identificada a necessidade, a família de origem será incluída em programas oficiais de orientação, de apoio e de promoção social, sendo facilitado e estimulado o contato com a criança ou com o adolescente acolhido. (Incluído pela Lei nº 12.010, de 2009)

§ 8º Verificada a possibilidade de reintegração familiar, o responsável pelo programa de acolhimento familiar ou institucional fará imediata comunicação à autoridade judiciária, que dará vista ao Ministério Público, pelo prazo de 5 (cinco) dias, decidindo em igual prazo. (Incluído pela Lei nº 12.010, de 2009)

§ 9º Em sendo constatada a impossibilidade de reintegração da criança ou do adolescente à família de origem, após seu encaminhamento a programas oficiais ou comunitários de orientação, apoio e promoção social, será enviado relatório fundamentado ao Ministério Público, no qual conste a descrição pormenorizada das providências tomadas e a expressa recomendação, subscrita pelos técnicos da entidade ou responsáveis pela execução da política municipal de garantia do direito à convivência familiar, para a destituição do poder familiar, ou destituição de tutela ou guarda. (Incluído pela Lei nº 12.010, de 2009)

§ 10. Recebido o relatório, o Ministério Público terá o prazo de 15 (quinze) dias para o ingresso com a ação de destituição do poder familiar, salvo se entender necessária a realização de estudos complementares ou de outras providências indispensáveis ao ajuizamento da demanda. (Redação dada pela Lei nº 13.509, de 2017)

§ 11. A autoridade judiciária manterá, em cada comarca ou foro regional, um cadastro contendo informações atualizadas sobre as crianças e adolescentes em regime de acolhimento familiar e institucional sob sua responsabilidade, com informações pormenorizadas sobre a situação jurídica de cada um, bem como as providências tomadas para sua reintegração familiar ou colocação em família substituta, em qualquer das modalidades

previstas no art. 28 desta Lei. (Incluído pela Lei nº 12.010, de 2009)

§ 12. Terão acesso ao cadastro o Ministério Público, o Conselho Tutelar, o órgão gestor da Assistência Social e os Conselhos Municipais dos Direitos da Criança e do Adolescente e da Assistência Social, aos quais incumbe deliberar sobre a implementação de políticas públicas que permitam reduzir o número de crianças e adolescentes afastados do convívio familiar e abreviar o período de permanência em programa de acolhimento. (Incluído pela Lei nº 12.010, de 2009)

Art. 102. As medidas de proteção de que trata este Capítulo serão acompanhadas da regularização do registro civil. (Vide Lei nº 12.010, de 2009)

§ 1º Verificada a inexistência de registro anterior, o assento de nascimento da criança ou adolescente será feito à vista dos elementos disponíveis, mediante requisição da autoridade judiciária.

§ 2º Os registros e certidões necessários à regularização de que trata este artigo são isentos de multas, custas e emolumentos, gozando de absoluta prioridade.

§ 3º Caso ainda não definida a paternidade, será deflagrado procedimento específico destinado à sua averiguação, conforme previsto pela Lei nº 8.560, de 29 de dezembro de 1992. (Incluído pela Lei nº 12.010, de 2009)

§ 4º Nas hipóteses previstas no § 3º deste artigo, é dispensável o ajuizamento de ação de investigação de paternidade pelo Ministério Público se, após o não comparecimento ou a recusa do suposto pai em assumir a paternidade a ele atribuída, a criança for encaminhada para adoção. (Incluído pela Lei nº 12.010, de 2009)

§ 5º Os registros e certidões necessários à inclusão, a qualquer tempo, do nome do pai no assento de nascimento são isentos de multas, custas e emolumentos, gozando de absoluta prioridade. (Incluído dada pela Lei nº 13.257, de 2016)

§ 6º São gratuitas, a qualquer tempo, a averbação requerida do reconhecimento de paternidade no assento de nascimento e a certidão correspondente. (Incluído dada pela Lei nº 13.257, de 2016)

Título III

Da Prática de Ato Infracional

Capítulo I

Disposições Gerais

Art. 103. Considera-se ato infracional a conduta descrita como crime ou contravenção penal.

Art. 104. São penalmente inimputáveis os menores de dezoito anos, sujeitos às medidas previstas nesta Lei.

Parágrafo único. Para os efeitos desta Lei, deve ser considerada a idade do adolescente à data do fato.

Art. 105. Ao ato infracional praticado por criança corresponderão as medidas previstas no art. 101.

Capítulo II

Dos Direitos Individuais

Art. 106. Nenhum adolescente será privado de sua liberdade senão em flagrante de ato infracional ou por ordem escrita e fundamentada da autoridade judiciária competente.

Parágrafo único. O adolescente tem direito à identificação dos responsáveis pela sua apreensão, devendo ser informado acerca de seus direitos.

Art. 107. A apreensão de qualquer adolescente e o local onde se encontra recolhido serão incontinenti comunicados à autoridade judiciária competente e à família do apreendido ou à pessoa por ele indicada.

Parágrafo único. Examinar-se-á, desde logo e sob pena de responsabilidade, a possibilidade de liberação imediata.

Art. 108. A internação, antes da sentença, pode ser determinada pelo prazo máximo de quarenta e cinco dias.

Parágrafo único. A decisão deverá ser fundamentada e basear-se em indícios suficientes de autoria e materialidade, demonstrada a necessidade imperiosa da medida.

Art. 109. O adolescente civilmente identificado não será submetido a identificação compulsória pelos órgãos policiais, de proteção e judiciais, salvo para efeito de confrontação, havendo dúvida fundada.

Capítulo III

Das Garantias Processuais

Art. 110. Nenhum adolescente será privado de sua liberdade sem o devido processo legal.

Art. 111. São asseguradas ao adolescente, entre outras, as seguintes garantias:

I – pleno e formal conhecimento da atribuição de ato infracional, mediante citação ou meio equivalente;

II – igualdade na relação processual, podendo confrontar-se com vítimas e testemunhas e produzir todas as provas necessárias à sua defesa;

III – defesa técnica por advogado;

IV – assistência judiciária gratuita e integral aos necessitados, na forma da lei;

V – direito de ser ouvido pessoalmente pela autoridade competente;

VI – direito de solicitar a presença de seus pais ou responsável em qualquer fase do procedimento.

Capítulo IV

Das Medidas Socioeducativas

Seção I

Disposições Gerais

Art. 112. Verificada a prática de ato infracional, a autoridade competente poderá aplicar ao adolescente as seguintes medidas:

I – advertência;

II – obrigação de reparar o dano;

III – prestação de serviços à comunidade;

IV – liberdade assistida;

V – inserção em regime de semiliberdade;

VI – internação em estabelecimento educacional;

VII – qualquer uma das previstas no art. 101, I a VI.

§ 1º A medida aplicada ao adolescente levará em conta a sua capacidade de cumpri-la, as circunstâncias e a gravidade da infração.

§ 2º Em hipótese alguma e sob pretexto algum, será admitida a prestação de trabalho forçado.

§ 3º Os adolescentes portadores de doença ou deficiência mental receberão tratamento individual e especializado, em local adequado às suas condições.

Art. 113. Aplica-se a este Capítulo o disposto nos arts. 99 e 100.

Art. 114. A imposição das medidas previstas nos incisos II a VI do art. 112 pressupõe a existência de provas suficientes da autoria e da materialidade da infração, ressalvada a hipótese de remissão, nos termos do art. 127.

Parágrafo único. A advertência poderá ser aplicada sempre que houver prova da materialidade e indícios suficientes da autoria.

Seção II

Da Advertência

Art. 115. A advertência consistirá em admoestação verbal, que será reduzida a termo e assinada.

Seção III

Da Obrigação de Reparar o Dano

Art. 116. Em se tratando de ato infracional com reflexos patrimoniais, a autoridade poderá determinar, se for o caso, que o adolescente restitua a coisa, promova o ressarcimento do dano, ou, por outra forma, compense o prejuízo da vítima.

Parágrafo único. Havendo manifesta impossibilidade, a medida poderá ser substituída por outra adequada.

Seção IV

Da Prestação de Serviços à Comunidade

Art. 117. A prestação de serviços comunitários consiste na realização de tarefas gratuitas de interesse geral, por período não excedente a seis meses, junto a entidades assistenciais, hospitais, escolas e outros estabelecimentos congêneres, bem como em programas comunitários ou governamentais.

Parágrafo único. As tarefas serão atribuídas conforme as aptidões do adolescente, devendo ser cumpridas durante jornada máxima de oito horas semanais, aos sábados, domingos e feriados ou em dias úteis, de modo a não prejudicar a frequência à escola ou à jornada normal de trabalho.

Seção V

Da Liberdade Assistida

Art. 118. A liberdade assistida será adotada sempre que se afigurar a medida mais adequada para o fim de acompanhar, auxiliar e orientar o adolescente.

§ 1º A autoridade designará pessoa capacitada para acompanhar o caso, a qual poderá ser recomendada por entidade ou programa de atendimento.

§ 2º A liberdade assistida será fixada pelo prazo mínimo de seis meses, podendo a qualquer tempo ser prorrogada, revogada ou substituída por outra medida, ouvido o orientador, o Ministério Público e o defensor.

Art. 119. Incumbe ao orientador, com o apoio e a supervisão da autoridade competente, a realização dos seguintes encargos, entre outros:

I – promover socialmente o adolescente e sua família, fornecendo-lhes orientação e inserindo-os, se necessário, em programa oficial ou comunitário de auxílio e assistência social;

II – supervisionar a frequência e o aproveitamento escolar do adolescente, promovendo, inclusive, sua matrícula;

III – diligenciar no sentido da profissionalização do adolescente e de sua inserção no mercado de trabalho;

IV – apresentar relatório do caso.

Seção VI

Do Regime de Semiliberdade

Art. 120. O regime de semiliberdade pode ser determinado desde o início, ou como forma de transição para o meio aberto, possibilitada a realização de atividades externas, independentemente de autorização judicial.

§ 1º São obrigatórias a escolarização e a profissionalização, devendo, sempre que possível, ser utilizados os recursos existentes na comunidade.

§ 2º A medida não comporta prazo determinado aplicando-se, no que couber, as disposições relativas à internação.

Seção VII

Da Internação

Art. 121. A internação constitui medida privativa da liberdade, sujeita aos princípios de brevidade, excepcionalidade e respeito à condição peculiar de pessoa em desenvolvimento.

§ 1º Será permitida a realização de atividades externas, a critério da equipe técnica da entidade, salvo expressa determinação judicial em contrário.

§ 2º A medida não comporta prazo determinado, devendo sua manutenção ser reavaliada, mediante decisão fundamentada, no máximo a cada seis meses.

§ 3º Em nenhuma hipótese o período máximo de internação excederá a três anos.

§ 4º Atingido o limite estabelecido no parágrafo anterior, o adolescente deverá ser liberado, colocado em regime de semiliberdade ou de liberdade assistida.

§ 5º A liberação será compulsória aos vinte e um anos de idade.

§ 6º Em qualquer hipótese a desinternação será precedida de autorização judicial, ouvido o Ministério Público.

§ 7º A determinação judicial mencionada no § 1º poderá ser revista a qualquer tempo pela autoridade judiciária. (Incluído pela Lei nº 12.594, de 2012)

Art. 122. A medida de internação só poderá ser aplicada quando:

I – tratar-se de ato infracional cometido mediante grave ameaça ou violência a pessoa;

II – por reiteração no cometimento de outras infrações graves;

III – por descumprimento reiterado e injustificável da medida anteriormente imposta.

§ 1º O prazo de internação na hipótese do inciso III deste artigo não poderá ser superior a 3 (três) meses, devendo ser decretada judicialmente após o devido processo legal. (Redação dada pela Lei nº 12.594, de 2012)

§ 2º. Em nenhuma hipótese será aplicada a internação, havendo outra medida adequada.

Art. 123. A internação deverá ser cumprida em entidade exclusiva para adolescentes, em local distinto daquele destinado ao abrigo, obedecida rigorosa separação por critérios de idade, compleição física e gravidade da infração.

Parágrafo único. Durante o período de internação, inclusive provisória, serão obrigatórias atividades pedagógicas.

Art. 124. São direitos do adolescente privado de liberdade, entre outros, os seguintes:

I – entrevistar-se pessoalmente com o representante do Ministério Público;

II – peticionar diretamente a qualquer autoridade;

III – avistar-se reservadamente com seu defensor;

IV – ser informado de sua situação processual, sempre que solicitada;

V – ser tratado com respeito e dignidade;

VI – permanecer internado na mesma localidade ou naquela mais próxima ao domicílio de seus pais ou responsável;

VII – receber visitas, ao menos, semanalmente;

VIII – corresponder-se com seus familiares e amigos;

IX – ter acesso aos objetos necessários à higiene e asseio pessoal;

X – habitar alojamento em condições adequadas de higiene e salubridade;

XI – receber escolarização e profissionalização;

XII – realizar atividades culturais, esportivas e de lazer:

XIII – ter acesso aos meios de comunicação social;

XIV – receber assistência religiosa, segundo a sua crença, e desde que assim o deseje;

XV – manter a posse de seus objetos pessoais e dispor de local seguro para guardá-los, recebendo comprovante daqueles porventura depositados em poder da entidade;

XVI – receber, quando de sua desinternação, os documentos pessoais indispensáveis à vida em sociedade.

§ 1º Em nenhum caso haverá incomunicabilidade.

§ 2º A autoridade judiciária poderá suspender temporariamente a visita, inclusive de pais ou responsável, se existirem motivos sérios e fundados de sua prejudicialidade aos interesses do adolescente.

Art. 125. É dever do Estado zelar pela integridade física e mental dos internos, cabendo-lhe adotar as medidas adequadas de contenção e segurança.

Capítulo V

Da Remissão

Art. 126. Antes de iniciado o procedimento judicial para apuração de ato infracional, o representante do Ministério Público poderá conceder a remissão, como forma de exclusão do processo, atendendo às circunstâncias e consequências do fato, ao contexto social, bem como à personalidade do adolescente e sua maior ou menor participação no ato infracional.

Parágrafo único. Iniciado o procedimento, a concessão da remissão pela autoridade judiciária importará na suspensão ou extinção do processo.

Art. 127. A remissão não implica necessariamente o reconhecimento ou comprovação da responsabilidade, nem prevalece para efeito de antecedentes, podendo incluir eventualmente a aplicação de qualquer das medidas previstas em lei, exceto a colocação em regime de semiliberdade e a internação.

Art. 128. A medida aplicada por força da remissão poderá ser revista judicialmente, a qualquer tempo, mediante pedido expresso do adolescente ou de seu representante legal, ou do Ministério Público.

Título IV

Das Medidas Pertinentes aos Pais ou Responsável

Art. 129. São medidas aplicáveis aos pais ou responsável:

I – encaminhamento a serviços e programas oficiais ou comunitários de proteção, apoio e promoção da família; (Redação dada pela Lei nº 13.257, de 2016)

II – inclusão em programa oficial ou comunitário de auxílio, orientação e tratamento a alcoólatras e toxicômanos;

III – encaminhamento a tratamento psicológico ou psiquiátrico;

IV – encaminhamento a cursos ou programas de orientação;

V – obrigação de matricular o filho ou pupilo e acompanhar sua frequência e aproveitamento escolar;

VI – obrigação de encaminhar a criança ou adolescente a tratamento especializado;

VII – advertência;

VIII – perda da guarda;

IX – destituição da tutela;

X – suspensão ou destituição do pátrio poder poder familiar. (Expressão substituída pela Lei nº 12.010, de 2009)

Parágrafo único. Na aplicação das medidas previstas nos incisos IX e X deste artigo, observar-se-á o disposto nos arts. 23 e 24.

Art. 130. Verificada a hipótese de maus-tratos, opressão ou abuso sexual impostos pelos pais ou responsável, a autoridade judiciária poderá determinar, como medida cautelar, o afastamento do agressor da moradia comum.

Parágrafo único. Da medida cautelar constará, ainda, a fixação provisória dos alimentos de que necessitem a criança ou o adolescente dependentes do agressor. (Incluído pela Lei nº 12.415, de 2011)

Título V

Do Conselho Tutelar

Capítulo I

Disposições Gerais

Art. 131. O Conselho Tutelar é órgão permanente e autônomo, não jurisdicional, encarregado pela sociedade de zelar pelo cumprimento dos direitos da criança e do adolescente, definidos nesta Lei.

Art. 132. Em cada Município e em cada Região Administrativa do Distrito Federal haverá, no mínimo, 1 (um) Conselho Tutelar como órgão integrante da administração pública local, composto de 5 (cinco) membros, escolhidos pela população local para mandato de 4 (quatro) anos, permitida recondução por novos processos de escolha. (Redação dada pela Lei nº 13.824, de 2019)

Art. 133. Para a candidatura a membro do Conselho Tutelar, serão exigidos os seguintes requisitos:

I – reconhecida idoneidade moral;

II – idade superior a vinte e um anos;

III – residir no município.

Art. 134. Lei municipal ou distrital disporá sobre o local, dia e horário de funcionamento do Conselho Tutelar, inclusive quanto à remuneração dos respectivos membros, aos quais é assegurado o direito a: (Redação dada pela Lei nº 12.696, de 2012)

I – cobertura previdenciária; (Incluído pela Lei nº 12.696, de 2012)

II – gozo de férias anuais remuneradas, acrescidas de 1/3 (um terço) do valor da remuneração mensal; (Incluído pela Lei nº 12.696, de 2012)

III – licença-maternidade; (Incluído pela Lei nº 12.696, de 2012)

IV – licença-paternidade; (Incluído pela Lei nº 12.696, de 2012)

V – gratificação natalina. (Incluído pela Lei nº 12.696, de 2012)

Parágrafo único. Constará da lei orçamentária municipal e da do Distrito Federal previsão dos recursos necessários ao funcionamento do Conselho Tutelar e à remuneração e formação continuada dos conselheiros tutelares. (Redação dada pela Lei nº 12.696, de 2012)

Art. 135. O exercício efetivo da função de conselheiro constituirá serviço público relevante e estabelecerá presunção de idoneidade moral. (Redação dada pela Lei nº 12.696, de 2012)

Capítulo II

Das Atribuições do Conselho

Art. 136. São atribuições do Conselho Tutelar:

I – atender as crianças e adolescentes nas hipóteses previstas nos arts. 98 e 105, aplicando as medidas previstas no art. 101, I a VII;

II – atender e aconselhar os pais ou responsável, aplicando as medidas previstas no art. 129, I a VII;

III – promover a execução de suas decisões, podendo para tanto:

a) requisitar serviços públicos nas áreas de saúde, educação, serviço social, previdência, trabalho e segurança;

b) representar junto à autoridade judiciária nos casos de descumprimento injustificado de suas deliberações.

IV – encaminhar ao Ministério Público notícia de fato que constitua infração administrativa ou penal contra os direitos da criança ou adolescente;

V – encaminhar à autoridade judiciária os casos de sua competência;

VI – providenciar a medida estabelecida pela autoridade judiciária, dentre as previstas no art. 101, de I a VI, para o adolescente autor de ato infracional;

VII – expedir notificações;

VIII – requisitar certidões de nascimento e de óbito de criança ou adolescente quando necessário;

IX – assessorar o Poder Executivo local na elaboração da proposta orçamentária para planos e programas de atendimento dos direitos da criança e do adolescente;

X – representar, em nome da pessoa e da família, contra a violação dos direitos previstos no art. 220, § 3º, inciso II, da Constituição Federal;

XI – representar ao Ministério Público para efeito das ações de perda ou suspensão do poder familiar, após esgotadas as possibilidades de manutenção da criança ou do adolescente junto à família natural. (Redação dada pela Lei nº 12.010, de 2009)

XII – promover e incentivar, na comunidade e nos grupos profissionais, ações de divulgação e treinamento para o reconhecimento de sintomas de maus-tratos em crianças e adolescentes. (Incluído pela Lei nº 13.046, de 2014)

Parágrafo único. Se, no exercício de suas atribuições, o Conselho Tutelar entender necessário o afastamento do convívio familiar, comunicará incontinenti o fato ao Ministério Público, prestando-lhe informações sobre os motivos de tal entendimento e as providências tomadas para a orientação, o apoio e a promoção social da família. (Incluído pela Lei nº 12.010, de 2009)

Art. 137. As decisões do Conselho Tutelar somente poderão ser revistas pela autoridade judiciária a pedido de quem tenha legítimo interesse.

Capítulo III

Da Competência

Art. 138. Aplica-se ao Conselho Tutelar a regra de competência constante do art. 147.

Capítulo IV

Da Escolha dos Conselheiros

Art. 139. O processo para a escolha dos membros do Conselho Tutelar será estabelecido em lei municipal e realizado sob a responsabilidade do Conselho Municipal dos Direitos da Criança e do Adolescente, e a fiscalização do Ministério Público. (Redação dada pela Lei nº 8.242, de 12.10.1991)

§ 1º O processo de escolha dos membros do Conselho Tutelar ocorrerá em data unificada em todo o território nacional a cada 4 (quatro) anos, no primeiro domingo do mês de outubro do ano subsequente ao da eleição presidencial. (Incluído pela Lei nº 12.696, de 2012)

§ 2º A posse dos conselheiros tutelares ocorrerá no dia 10 de janeiro do ano subsequente ao processo de escolha. (Incluído pela Lei nº 12.696, de 2012)

§ 3º No processo de escolha dos membros do Conselho Tutelar, é vedado ao candidato doar, oferecer, prometer ou entregar ao eleitor bem ou vantagem pessoal de qualquer natureza, inclusive brindes de pequeno valor. (Incluído pela Lei nº 12.696, de 2012)

Capítulo V

Dos Impedimentos

Art. 140. São impedidos de servir no mesmo Conselho marido e mulher, ascendentes e descendentes, sogro e genro ou nora, irmãos, cunhados, durante o cunhadio, tio e sobrinho, padrasto ou madrasta e enteado.

Parágrafo único. Estende-se o impedimento do conselheiro, na forma deste artigo, em relação à autoridade judiciária e ao representante do Ministério Público com atuação na Justiça da Infância e da Juventude, em exercício na comarca, foro regional ou distrital.

Título VI

Do Acesso à Justiça

Capítulo I

Disposições Gerais

Art. 141. É garantido o acesso de toda criança ou adolescente à Defensoria Pública, ao Ministério Público e ao Poder Judiciário, por qualquer de seus órgãos.

§ 1º. A assistência judiciária gratuita será prestada aos que dela necessitarem, através de defensor público ou advogado nomeado.

§ 2º As ações judiciais da competência da Justiça da Infância e da Juventude são isentas de custas e emolumentos, ressalvada a hipótese de litigância de má-fé.

Art. 142. Os menores de dezesseis anos serão representados e os maiores de dezesseis e menores de vinte e um anos assistidos por seus pais, tutores ou curadores, na forma da legislação civil ou processual.

Parágrafo único. A autoridade judiciária dará curador especial à criança ou adolescente, sempre que os interesses destes colidirem com os de seus pais ou responsável, ou quando carecer de representação ou assistência legal ainda que eventual.

Art. 143. E vedada a divulgação de atos judiciais, policiais e administrativos que digam respeito a crianças e adolescentes a que se atribua autoria de ato infracional.

Parágrafo único. Qualquer notícia a respeito do fato não poderá identificar a criança ou adolescente, vedando-se fotografia, referência a nome, apelido, filiação, parentesco, residência e, inclusive, iniciais do nome e sobrenome. (Redação dada pela Lei nº 10.764, de 12.11.2003)

Art. 144. A expedição de cópia ou certidão de atos a que se refere o artigo anterior somente será deferida pela autoridade judiciária competente, se demonstrado o interesse e justificada a finalidade.

Capítulo II

Da Justiça da Infância e da Juventude

Seção I

Disposições Gerais

Art. 145. Os estados e o Distrito Federal poderão criar varas especializadas e exclusivas da infância e da juventude, cabendo ao Poder Judiciário estabelecer sua proporcionalidade por número de habitantes, dotá-las de infraestrutura e dispor sobre o atendimento, inclusive em plantões.

Seção II

Do Juiz

Art. 146. A autoridade a que se refere esta Lei é o Juiz da Infância e da Juventude, ou o juiz que exerce essa função, na forma da lei de organização judiciária local.

Art. 147. A competência será determinada:

I – pelo domicílio dos pais ou responsável;

II – pelo lugar onde se encontre a criança ou adolescente, à falta dos pais ou responsável.

§ 1º. Nos casos de ato infracional, será competente a autoridade do lugar da ação ou omissão, observadas as regras de conexão, continência e prevenção.

§ 2º A execução das medidas poderá ser delegada à autoridade competente da residência dos pais ou responsável, ou do local onde sediar-se a entidade que abrigar a criança ou adolescente.

§ 3º Em caso de infração cometida através de transmissão simultânea de rádio ou televisão, que atinja mais de uma comarca, será competente, para aplicação da penalidade, a autoridade judiciária do local da sede estadual da emissora ou rede, tendo a sentença eficácia para todas as transmissoras ou retransmissoras do respectivo estado.

Art. 148. A Justiça da Infância e da Juventude é competente para:

I – conhecer de representações promovidas pelo Ministério Público, para apuração de ato infracional atribuído a adolescente, aplicando as medidas cabíveis;

II – conceder a remissão, como forma de suspensão ou extinção do processo;

III – conhecer de pedidos de adoção e seus incidentes;

IV – conhecer de ações civis fundadas em interesses individuais, difusos ou coletivos afetos à criança e ao adolescente, observado o disposto no art. 209;

V – conhecer de ações decorrentes de irregularidades em entidades de atendimento, aplicando as medidas cabíveis;

VI – aplicar penalidades administrativas nos casos de infrações contra norma de proteção à criança ou adolescente;

VII – conhecer de casos encaminhados pelo Conselho Tutelar, aplicando as medidas cabíveis.

Parágrafo único. Quando se tratar de criança ou adolescente nas hipóteses do art. 98, é também competente a Justiça da Infância e da Juventude para o fim de:

a) conhecer de pedidos de guarda e tutela;

b) conhecer de ações de destituição do pátrio poder poder familiar, perda ou modificação da tutela ou guarda; (Expressão substituída pela Lei nº 12.010, de 2009)

c) suprir a capacidade ou o consentimento para o casamento;

d) conhecer de pedidos baseados em discordância paterna ou materna, em relação ao exercício do pátrio poder poder familiar; (Expressão substituída pela Lei nº 12.010, de 2009)

e) conceder a emancipação, nos termos da lei civil, quando faltarem os pais;

f) designar curador especial em casos de apresentação de queixa ou representação, ou de outros procedimentos judiciais ou extrajudiciais em que haja interesses de criança ou adolescente;

g) conhecer de ações de alimentos;

h) determinar o cancelamento, a retificação e o suprimento dos registros de nascimento e óbito.

Art. 149. Compete à autoridade judiciária disciplinar, através de portaria, ou autorizar, mediante alvará:

I – a entrada e permanência de criança ou adolescente, desacompanhado dos pais ou responsável, em:

a) estádio, ginásio e campo desportivo;

b) bailes ou promoções dançantes;

c) boate ou congêneres;

d) casa que explore comercialmente diversões eletrônicas;

e) estúdios cinematográficos, de teatro, rádio e televisão.

II – a participação de criança e adolescente em:

a) espetáculos públicos e seus ensaios;

b) certames de beleza.

§ 1º Para os fins do disposto neste artigo, a autoridade judiciária levará em conta, dentre outros fatores:

a) os princípios desta Lei;

b) as peculiaridades locais;

c) a existência de instalações adequadas;

d) o tipo de frequência habitual ao local;

e) a adequação do ambiente a eventual participação ou frequência de crianças e adolescentes;

f) a natureza do espetáculo.

§ 2º As medidas adotadas na conformidade deste artigo deverão ser fundamentadas, caso a caso, vedadas as determinações de caráter geral.

Seção III

Dos Serviços Auxiliares

Art. 150. Cabe ao Poder Judiciário, na elaboração de sua proposta orçamentária, prever recursos para manutenção de equipe interprofissional, destinada a assessorar a Justiça da Infância e da Juventude.

Art. 151. Compete à equipe interprofissional dentre outras atribuições que lhe forem reservadas pela legislação local, fornecer subsídios por escrito, mediante laudos, ou verbalmente, na audiência, e bem assim desenvolver trabalhos de aconselhamento, orientação, encaminhamento, prevenção e outros, tudo sob a imediata subordinação à autoridade judiciária, assegurada a livre manifestação do ponto de vista técnico.

Parágrafo único. Na ausência ou insuficiência de servidores públicos integrantes do Poder Judiciário responsáveis pela realização dos estudos psicossociais ou de quaisquer outras espécies de avaliações técnicas exigidas por esta Lei ou por determinação judicial, a autoridade judiciária poderá proceder à nomeação de perito, nos termos do art. 156 da Lei no 13.105, de 16 de março de 2015 (Código de Processo Civil). (Incluído pela Lei nº 13.509, de 2017)

Capítulo III

Dos Procedimentos

Seção I

Disposições Gerais

Art. 152. Aos procedimentos regulados nesta Lei aplicam-se subsidiariamente as normas gerais previstas na legislação processual pertinente.

§ 1º É assegurada, sob pena de responsabilidade, prioridade absoluta na tramitação dos processos e procedimentos previstos nesta Lei, assim como na execução dos atos e diligências judiciais a eles referentes. (Incluído pela Lei nº 12.010, de 2009)

§ 2º Os prazos estabelecidos nesta Lei e aplicáveis aos seus procedimentos são contados em dias corridos, excluído o dia do começo e incluído o dia do vencimento, vedado o prazo em dobro para a Fazenda Pública e o Ministério Público. (Incluído pela Lei nº 13.509, de 2017)

Art. 153. Se a medida judicial a ser adotada não corresponder a procedimento previsto nesta ou em outra lei, a autoridade judiciária poderá investigar os fatos e ordenar de ofício as providências necessárias, ouvido o Ministério Público.

Parágrafo único. O disposto neste artigo não se aplica para o fim de afastamento da criança ou do adolescente de sua família de origem e em outros procedimentos necessariamente contenciosos. (Incluído pela Lei nº 12.010, de 2009)

Art. 154. Aplica-se às multas o disposto no art. 214.

Seção II

***Da Perda e da Suspensão do Pátrio Poder Poder Familiar** (Expressão substituída pela Lei nº 12.010, de 2009)*

Art. 155. O procedimento para a perda ou a suspensão do pátrio poder poder familiar terá início por provocação do Ministério Público ou de quem tenha legítimo interesse. (Expressão substituída pela Lei nº 12.010, de 2009)

Art. 156. A petição inicial indicará:

I – a autoridade judiciária a que for dirigida;

II – o nome, o estado civil, a profissão e a residência do requerente e do requerido, dispensada a qualificação em se tratando de pedido formulado por representante do Ministério Público;

III – a exposição sumária do fato e o pedido;

IV – as provas que serão produzidas, oferecendo, desde logo, o rol de testemunhas e documentos.

Art. 157. Havendo motivo grave, poderá a autoridade judiciária, ouvido o Ministério Público, decretar a suspensão do pátrio poder poder familiar, liminar ou incidentalmente, até o julgamento definitivo da causa, ficando a criança ou adolescente confiado a pessoa idônea, mediante termo de responsabilidade. (Expressão substituída pela Lei nº 12.010, de 2009)

§ 1º Recebida a petição inicial, a autoridade judiciária determinará, concomitantemente ao despacho de citação e independentemente de requerimento do interessado, a realização de estudo social ou perícia por equipe interprofissional ou multidisciplinar para comprovar a presença de uma das causas de suspensão ou destituição do poder familiar, ressalvado o disposto no § 10 do art. 101 desta Lei, e observada a Lei nº 13.431, de 4 de abril de 2017. (Incluído pela Lei nº 13.509, de 2017)

§ 2º Em sendo os pais oriundos de comunidades indígenas, é ainda obrigatória a intervenção, junto à equipe interprofissional ou multidisciplinar referida no § 1º deste artigo, de representantes do órgão federal responsável pela política indigenista, observado o disposto no § 6º do art. 28 desta Lei. (Incluído pela Lei nº 13.509, de 2017)

Art. 158. O requerido será citado para, no prazo de dez dias, oferecer resposta escrita, indicando as provas a serem produzidas e oferecendo desde logo o rol de testemunhas e documentos.

§ 1º A citação será pessoal, salvo se esgotados todos os meios para sua realização. (Incluído pela Lei nº 12.962, de 2014)

§ 2º O requerido privado de liberdade deverá ser citado pessoalmente. (Incluído pela Lei nº 12.962, de 2014)

§ 3º Quando, por 2 (duas) vezes, o oficial de justiça houver procurado o citando em seu domicílio ou residência sem o encontrar, deverá, havendo suspeita de ocultação, informar qualquer pessoa da família ou, em sua falta, qualquer vizinho do dia útil em que voltará a fim de efetuar a citação, na hora que designar, nos termos do art. 252 e seguintes da Lei nº 13.105, de 16 de março de 2015 (Código de Processo Civil). (Incluído pela Lei nº 13.509, de 2017)

§ 4º Na hipótese de os genitores encontrarem-se em local incerto ou não sabido, serão citados por edital no prazo de 10 (dez) dias, em publicação única, dispensado o envio de ofícios para a localização. (Incluído pela Lei nº 13.509, de 2017)

Art. 159. Se o requerido não tiver possibilidade de constituir advogado, sem prejuízo do próprio sustento e de sua família, poderá requerer, em cartório, que lhe seja nomeado dativo, ao qual incumbirá a apresentação de resposta, contando-se o prazo a partir da intimação do despacho de nomeação.

Parágrafo único. Na hipótese de requerido privado de liberdade, o oficial de justiça deverá perguntar, no momento da citação pessoal, se deseja que lhe seja nomeado defensor. (Incluído pela Lei nº 12.962, de 2014)

Art. 160. Sendo necessário, a autoridade judiciária requisitará de qualquer repartição ou órgão público a apresentação de documento que interesse à causa, de ofício ou a requerimento das partes ou do Ministério Público.

Art. 161. Se não for contestado o pedido e tiver sido concluído o estudo social ou a perícia realizada por equipe interprofissional ou multidisciplinar, a autoridade judiciária dará vista dos autos ao Ministério Público, por 5 (cinco) dias, salvo quando este for o requerente, e decidirá em igual prazo. (Redação dada pela Lei nº 13.509, de 2017)

§ 1º A autoridade judiciária, de ofício ou a requerimento das partes ou do Ministério Público, determinará a oitiva de testemunhas que comprovem a presença de uma das causas de suspensão ou destituição do poder familiar previstas nos arts. 1.637 e 1.638 da Lei nº 10.406, de 10 de janeiro de 2002 (Código Civil), ou no art. 24 desta Lei. (Redação dada pela Lei nº 13.509, de 2017)

§ 2º (Revogado). (Redação dada pela Lei nº 13.509, de 2017)

§ 3º Se o pedido importar em modificação de guarda, será obrigatória, desde que possível e razoável, a oitiva da criança ou adolescente, respeitado seu estágio de desenvolvimento e grau de compreensão sobre as implicações da medida. (Incluído pela Lei nº 12.010, de 2009)

§ 4º É obrigatória a oitiva dos pais sempre que eles forem identificados e estiverem em local conhecido, ressalvados os casos de não comparecimento perante a Justiça quando devidamente citados. (Redação dada pela Lei nº 13.509, de 2017)

§ 5º Se o pai ou a mãe estiverem privados de liberdade, a autoridade judicial requisitará sua apresentação para a oitiva. (Incluído pela Lei nº 12.962, de 2014)

Art. 162. Apresentada a resposta, a autoridade judiciária dará vista dos autos ao Ministério Público, por cinco dias, salvo quando este for o requerente, designando, desde logo, audiência de instrução e julgamento.

§ 1º (Revogado). (Redação dada pela Lei nº 13.509, de 2017)

§ 2º Na audiência, presentes as partes e o Ministério Público, serão ouvidas as testemunhas, colhendo-se oralmente o parecer técnico, salvo quando apresentado por escrito, manifestando-se sucessivamente o requerente, o requerido e o Ministério Público, pelo tempo de 20 (vinte) minutos cada um, prorrogável por mais 10 (dez) minutos. (Redação dada pela Lei nº 13.509, de 2017)

§ 3º A decisão será proferida na audiência, podendo a autoridade judiciária, excepcionalmente, designar data para sua leitura no prazo máximo de 5 (cinco) dias. (Incluído pela Lei nº 13.509, de 2017)

§ 4º Quando o procedimento de destituição de poder familiar for iniciado pelo Ministério Público, não haverá necessidade de nomeação de curador especial em favor da criança ou adolescente. (Incluído pela Lei nº 13.509, de 2017)

Art. 163. O prazo máximo para conclusão do procedimento será de 120 (cento e vinte) dias, e caberá ao juiz, no caso de notória inviabilidade de manutenção do poder familiar, dirigir esforços para preparar a criança ou o adolescente com vistas à colocação em família substituta. (Redação dada pela Lei nº 13.509, de 2017)

Parágrafo único. A sentença que decretar a perda ou a suspensão do poder familiar será averbada à margem do registro de nascimento da criança ou do adolescente. (Incluído pela Lei nº 12.010, de 2009)

Seção III

Da Destituição da Tutela

Art. 164. Na destituição da tutela, observar-se-á o procedimento para a remoção de tutor previsto na lei processual civil e, no que couber, o disposto na seção anterior.

Seção IV

Da Colocação em Família Substituta

Art. 165. São requisitos para a concessão de pedidos de colocação em família substituta:

I – qualificação completa do requerente e de seu eventual cônjuge, ou companheiro, com expressa anuência deste;

II – indicação de eventual parentesco do requerente e de seu cônjuge, ou companheiro, com a criança ou adolescente, especificando se tem ou não parente vivo;

III – qualificação completa da criança ou adolescente e de seus pais, se conhecidos;

IV – indicação do cartório onde foi inscrito nascimento, anexando, se possível, uma cópia da respectiva certidão;

V – declaração sobre a existência de bens, direitos ou rendimentos relativos à criança ou ao adolescente.

Parágrafo único. Em se tratando de adoção, observar-se-ão também os requisitos específicos.

Art. 166. Se os pais forem falecidos, tiverem sido destituídos ou suspensos do poder familiar, ou houverem aderido expressamente ao pedido de colocação em família substituta, este poderá ser formulado diretamente em cartório, em petição assinada pelos próprios requerentes, dispensada a assistência de advogado. (Redação dada pela Lei nº 12.010, de 2009)

§ 1º Na hipótese de concordância dos pais, o juiz: (Redação dada pela Lei nº 13.509, de 2017)

I – na presença do Ministério Público, ouvirá as partes, devidamente assistidas por advogado ou por defensor público, para verificar sua concordância com a adoção, no prazo máximo de 10 (dez) dias, contado da data do protocolo da petição ou da entrega da criança em juízo, tomando por termo as declarações; e (Incluído pela Lei nº 13.509, de 2017)

II – declarará a extinção do poder familiar. (Incluído pela Lei nº 13.509, de 2017)

§ 2º O consentimento dos titulares do poder familiar será precedido de orientações e esclarecimentos prestados pela equipe interprofissional da Justiça da Infância e da Juventude, em especial, no caso de adoção, sobre a irrevogabilidade da medida. (Incluído pela Lei nº 12.010, de 2009)

§ 3º São garantidos a livre manifestação de vontade dos detentores do poder familiar e o direito ao sigilo das informações. (Redação dada pela Lei nº 13.509, de 2017)

§ 4º O consentimento prestado por escrito não terá validade se não for ratificado na audiência a que se refere o § 1º deste artigo. (Redação dada pela Lei nº 13.509, de 2017)

§ 5º O consentimento é retratável até a data da realização da audiência especificada no § 1º deste artigo, e os pais podem exercer o arrependimento no prazo de 10 (dez) dias, contado da data de prolação da sentença de extinção do poder familiar. (Redação dada pela Lei nº 13.509, de 2017)

§ 6º O consentimento somente terá valor se for dado após o nascimento da criança. (Incluído pela Lei nº 12.010, de 2009)

§ 7º A família natural e a família substituta receberão a devida orientação por intermédio de equipe técnica interprofissional a serviço da Justiça da Infância e da Juventude, preferencialmente com apoio dos técnicos responsáveis pela execução da política municipal de garantia do direito à convivência familiar. (Redação dada pela Lei nº 13.509, de 2017)

Art. 167. A autoridade judiciária, de ofício ou a requerimento das partes ou do Ministério Público, determinará a realização de estudo social ou, se possível, perícia por equipe interprofissional, decidindo sobre a concessão de guarda provisória, bem como, no caso de adoção, sobre o estágio de convivência.

Parágrafo único. Deferida a concessão da guarda provisória ou do estágio de convivência, a criança ou o adolescente será entregue ao interessado, mediante termo de responsabilidade. (Incluído pela Lei nº 12.010, de 2009)

Art. 168. Apresentado o relatório social ou o laudo pericial, e ouvida, sempre que possível, a criança ou o adolescente, dar-se-á vista dos autos ao Ministério Público, pelo prazo de cinco dias, decidindo a autoridade judiciária em igual prazo.

Art. 169. Nas hipóteses em que a destituição da tutela, a perda ou a suspensão do pátrio poder poder familiar constituir pressuposto lógico da medida principal de colocação em família substituta, será observado o procedimento contraditório previsto nas Seções II e III deste Capítulo. (Expressão substituída pela Lei nº 12.010, de 2009)

Parágrafo único. A perda ou a modificação da guarda poderá ser decretada nos mesmos autos do procedimento, observado o disposto no art. 35.

Art. 170. Concedida a guarda ou a tutela, observar-se-á o disposto no art. 32, e, quanto à adoção, o contido no art. 47.

Parágrafo único. A colocação de criança ou adolescente sob a guarda de pessoa inscrita em programa de acolhimento familiar será comunicada pela autoridade judiciária à entidade por este responsável no prazo máximo de 5 (cinco) dias. (Incluído pela Lei nº 12.010, de 2009)

Seção V

Da Apuração de Ato Infracional Atribuído a Adolescente

Art. 171. O adolescente apreendido por força de ordem judicial será, desde logo, encaminhado à autoridade judiciária.

Art. 172. O adolescente apreendido em flagrante de ato infracional será, desde logo, encaminhado à autoridade policial competente.

Parágrafo único. Havendo repartição policial especializada para atendimento de adolescente e em se tratando de ato infracional praticado em coautoria com maior, prevalecerá a atribuição da repartição especializada, que, após as providências necessárias e conforme o caso, encaminhará o adulto à repartição policial própria.

Art. 173. Em caso de flagrante de ato infracional cometido mediante violência ou grave ameaça a pessoa, a autoridade policial, sem prejuízo do disposto nos arts. 106, parágrafo único, e 107, deverá:

I – lavrar auto de apreensão, ouvidos as testemunhas e o adolescente;

II – apreender o produto e os instrumentos da infração;

III – requisitar os exames ou perícias necessários à comprovação da materialidade e autoria da infração.

Parágrafo único. Nas demais hipóteses de flagrante, a lavratura do auto poderá ser substituída por boletim de ocorrência circunstanciada.

Art. 174. Comparecendo qualquer dos pais ou responsável, o adolescente será prontamente liberado pela autoridade policial, sob termo de compromisso e responsabilidade de sua apresentação ao representante do Ministério Público, no mesmo dia ou, sendo impossível, no primeiro dia útil imediato, exceto quando, pela gravidade do ato infracional e sua repercussão social, deva o adolescente permanecer sob internação para garantia de sua segurança pessoal ou manutenção da ordem pública.

Art. 175. Em caso de não liberação, a autoridade policial encaminhará, desde logo, o adolescente ao representante do Ministério Público, juntamente com cópia do auto de apreensão ou boletim de ocorrência.

§ 1º Sendo impossível a apresentação imediata, a autoridade policial encaminhará o adolescente à entidade de atendimento, que fará a apresentação ao representante do Ministério Público no prazo de vinte e quatro horas.

§ 2º Nas localidades onde não houver entidade de atendimento, a apresentação far-se-á pela autoridade policial. À falta de repartição policial especializada, o adolescente aguardará a apresentação em dependência separada da destinada a maiores, não podendo, em qualquer hipótese, exceder o prazo referido no parágrafo anterior.

Art. 176. Sendo o adolescente liberado, a autoridade policial encaminhará imediatamente ao representante do Ministério Público cópia do auto de apreensão ou boletim de ocorrência.

Art. 177. Se, afastada a hipótese de flagrante, houver indícios de participação de adolescente na prática de ato infracional, a autoridade policial encaminhará ao representante do Ministério Público relatório das investigações e demais documentos.

Art. 178. O adolescente a quem se atribua autoria de ato infracional não poderá ser conduzido ou transportado em compartimento fechado de veículo policial, em condições atentatórias à sua dignidade, ou que impliquem risco à sua integridade física ou mental, sob pena de responsabilidade.

Art. 179. Apresentado o adolescente, o representante do Ministério Público, no mesmo dia e à vista do auto de apreensão, boletim de ocorrência ou relatório policial, devidamente autuados pelo cartório judicial e com informação sobre os antecedentes do adolescente, procederá imediata e informalmente à sua oitiva e, em sendo possível, de seus pais ou responsável, vítima e testemunhas.

Parágrafo único. Em caso de não apresentação, o representante do Ministério Público notificará os pais ou responsável para apresentação do adolescente, podendo requisitar o concurso das polícias civil e militar.

Art. 180. Adotadas as providências a que alude o artigo anterior, o representante do Ministério Público poderá:

I – promover o arquivamento dos autos;

II – conceder a remissão;

III – representar à autoridade judiciária para aplicação de medida socioeducativa.

Art. 181. Promovido o arquivamento dos autos ou concedida a remissão pelo representante do Ministério Público, mediante termo fundamentado, que conterá o resumo dos fatos, os autos serão conclusos à autoridade judiciária para homologação.

§ 1º Homologado o arquivamento ou a remissão, a autoridade judiciária determinará, conforme o caso, o cumprimento da medida.

§ 2º Discordando, a autoridade judiciária fará remessa dos autos ao Procurador-Geral de Justiça, mediante despacho fundamentado, e este oferecerá representação, designará outro membro do Ministério Público para apresentá-la, ou ratificará o arquivamento ou a remissão, que só então estará a autoridade judiciária obrigada a homologar.

Art. 182. Se, por qualquer razão, o representante do Ministério Público não promover o arquivamento ou conceder a remissão, oferecerá representação à autoridade judiciária, propondo a instauração de procedimento para aplicação da medida socioeducativa que se afigurar a mais adequada.

§ 1º A representação será oferecida por petição, que conterá o breve resumo dos fatos e a classificação do ato infracional e, quando necessário, o rol de testemunhas, podendo ser deduzida oralmente, em sessão diária instalada pela autoridade judiciária.

§ 2º A representação independe de prova pré-constituída da autoria e materialidade.

Art. 183. O prazo máximo e improrrogável para a conclusão do procedimento, estando o adolescente internado provisoriamente, será de quarenta e cinco dias.

Art. 184. Oferecida a representação, a autoridade judiciária designará audiência de apresentação do adolescente, decidindo, desde logo, sobre a decretação ou manutenção da internação, observado o disposto no art. 108 e parágrafo.

§ 1º O adolescente e seus pais ou responsável serão cientificados do teor da representação, e notificados a comparecer à audiência, acompanhados de advogado.

§ 2º Se os pais ou responsável não forem localizados, a autoridade judiciária dará curador especial ao adolescente.

§ 3º Não sendo localizado o adolescente, a autoridade judiciária expedirá mandado de busca e apreensão, determinando o sobrestamento do feito, até a efetiva apresentação.

§ 4º Estando o adolescente internado, será requisitada a sua apresentação, sem prejuízo da notificação dos pais ou responsável.

Art. 185. A internação, decretada ou mantida pela autoridade judiciária, não poderá ser cumprida em estabelecimento prisional.

§ 1º Inexistindo na comarca entidade com as características definidas no art. 123, o adolescente deverá ser imediatamente transferido para a localidade mais próxima.

§ 2º Sendo impossível a pronta transferência, o adolescente aguardará sua remoção em repartição policial, desde que em seção isolada dos adultos e com instalações apropriadas, não podendo ultrapassar o prazo máximo de cinco dias, sob pena de responsabilidade.

Art. 186. Comparecendo o adolescente, seus pais ou responsável, a autoridade judiciária procederá à oitiva dos mesmos, podendo solicitar opinião de profissional qualificado.

§ 1º Se a autoridade judiciária entender adequada a remissão, ouvirá o representante do Ministério Público, proferindo decisão.

§ 2º Sendo o fato grave, passível de aplicação de medida de internação ou colocação em regime de semi-liberdade, a autoridade judiciária, verificando que o adolescente não possui advogado constituído, nomeará defensor, designando, desde logo, audiência em

continuação, podendo determinar a realização de diligências e estudo do caso.

§ 3º O advogado constituído ou o defensor nomeado, no prazo de três dias contado da audiência de apresentação, oferecerá defesa prévia e rol de testemunhas.

§ 4º Na audiência em continuação, ouvidas as testemunhas arroladas na representação e na defesa prévia, cumpridas as diligências e juntado o relatório da equipe interprofissional, será dada a palavra ao representante do Ministério Público e ao defensor, sucessivamente, pelo tempo de vinte minutos para cada um, prorrogável por mais dez, a critério da autoridade judiciária, que em seguida proferirá decisão.

Art. 187. Se o adolescente, devidamente notificado, não comparecer, injustificadamente à audiência de apresentação, a autoridade judiciária designará nova data, determinando sua condução coercitiva.

Art. 188. A remissão, como forma de extinção ou suspensão do processo, poderá ser aplicada em qualquer fase do procedimento, antes da sentença.

Art. 189. A autoridade judiciária não aplicará qualquer medida, desde que reconheça na sentença:

I – estar provada a inexistência do fato;

II – não haver prova da existência do fato;

III – não constituir o fato ato infracional;

IV – não existir prova de ter o adolescente concorrido para o ato infracional.

Parágrafo único. Na hipótese deste artigo, estando o adolescente internado, será imediatamente colocado em liberdade.

Art. 190. A intimação da sentença que aplicar medida de internação ou regime de semiliberdade será feita:

I – ao adolescente e ao seu defensor;

II – quando não for encontrado o adolescente, a seus pais ou responsável, sem prejuízo do defensor.

§ 1º Sendo outra a medida aplicada, a intimação far-se-á unicamente na pessoa do defensor.

§ 2º Recaindo a intimação na pessoa do adolescente, deverá este manifestar se deseja ou não recorrer da sentença.

***Seção V-A** (Incluído pela Lei nº 13.441, de 2017)*

Da Infiltração de Agentes de Polícia para a Investigação de Crimes contra a Dignidade Sexual de Criança e de Adolescente”

Art. 190-A. A infiltração de agentes de polícia na internet com o fim de investigar os crimes previstos nos arts. 240, 241, 241-A, 241-B, 241-C e 241-D desta Lei e nos arts. 154-A, 217-A, 218, 218-A e 218-B do Decreto-Lei nº 2.848, de 7 de dezembro de 1940 (Código Penal), obedecerá às seguintes regras: (Incluído pela Lei nº 13.441, de 2017)

I – será precedida de autorização judicial devidamente circunstanciada e fundamentada, que estabelecerá os limites da infiltração para obtenção de prova, ouvido o Ministério Público; (Incluído pela Lei nº 13.441, de 2017)

II – dar-se-á mediante requerimento do Ministério Público ou representação de delegado de polícia e conterá a demonstração de sua necessidade, o alcance das tarefas dos policiais, os nomes ou apelidos das pessoas investigadas e, quando possível, os dados de conexão ou cadastrais que permitam a identificação dessas pessoas; (Incluído pela Lei nº 13.441, de 2017)

III – não poderá exceder o prazo de 90 (noventa) dias, sem prejuízo de eventuais renovações, desde que o total não exceda a 720 (setecentos e vinte) dias e seja demonstrada sua efetiva necessidade, a critério da autoridade judicial. (Incluído pela Lei nº 13.441, de 2017)

§ 1º A autoridade judicial e o Ministério Público poderão requisitar relatórios parciais da operação de infiltração antes do término do prazo de que trata o inciso II do § 1º deste artigo. (Incluído pela Lei nº 13.441, de 2017)

§ 2º Para efeitos do disposto no inciso I do § 1º deste artigo, consideram-se: (Incluído pela Lei nº 13.441, de 2017)

I – dados de conexão: informações referentes a hora, data, início, término, duração, endereço de Protocolo de Internet (IP) utilizado e terminal de origem da conexão; (Incluído pela Lei nº 13.441, de 2017)

II – dados cadastrais: informações referentes a nome e endereço de assinante ou de usuário registrado ou autenticado para a conexão a quem endereço de IP, identificação de usuário ou código de acesso tenha sido atribuído no momento da conexão.

§ 3º A infiltração de agentes de polícia na internet não será admitida se a prova puder ser obtida por outros meios. (Incluído pela Lei nº 13.441, de 2017)

Art. 190-B. As informações da operação de infiltração serão encaminhadas diretamente ao juiz responsável pela autorização da medida, que zelará por seu sigilo. (Incluído pela Lei nº 13.441, de 2017)

Parágrafo único. Antes da conclusão da operação, o acesso aos autos será reservado ao juiz, ao Ministério Público e ao delegado de polícia responsável pela operação, com o objetivo de garantir o sigilo das investigações. (Incluído pela Lei nº 13.441, de 2017)

Art. 190-C. Não comete crime o policial que oculta a sua identidade para, por meio da internet, colher indícios de autoria e materialidade dos crimes previstos nos arts. 240, 241, 241-A, 241-B, 241-C e 241-D desta Lei e nos arts. 154-A, 217-A, 218, 218-A e 218-B do Decreto-Lei nº 2.848, de 7 de dezembro de 1940 (Código Penal). (Incluído pela Lei nº 13.441, de 2017)

Parágrafo único. O agente policial infiltrado que deixar de observar a estrita finalidade da investigação responderá pelos excessos praticados. (Incluído pela Lei nº 13.441, de 2017)

Art. 190-D. Os órgãos de registro e cadastro público poderão incluir nos bancos de dados próprios, mediante procedimento sigiloso e requisição da autoridade judicial, as informações necessárias à efetividade da identidade fictícia criada. (Incluído pela Lei nº 13.441, de 2017)

Parágrafo único. O procedimento sigiloso de que trata esta Seção será numerado e tombado em livro específico. (Incluído pela Lei nº 13.441, de 2017)

Art. 190-E. Concluída a investigação, todos os atos eletrônicos praticados durante a operação deverão ser registrados, gravados, armazenados e encaminhados ao juiz e ao Ministério Público, juntamente com relatório circunstanciado. (Incluído pela Lei nº 13.441, de 2017)

*Parágrafo único. Os atos eletrônicos registrados citados no **caput** deste artigo serão reunidos em autos apartados e apensados ao processo criminal juntamente com o inquérito policial, assegurando-se a preservação da identidade do agente policial infiltrado e a intimidade das crianças e dos adolescentes envolvidos. (Incluído pela Lei nº 13.441, de 2017)*

Seção VI

Da Apuração de Irregularidades em Entidade de Atendimento

Art. 191. O procedimento de apuração de irregularidades em entidade governamental e não-governamental terá início mediante portaria da autoridade judiciária ou representação do Ministério Público ou do Conselho Tutelar, onde conste, necessariamente, resumo dos fatos.

Parágrafo único. Havendo motivo grave, poderá a autoridade judiciária, ouvido o Ministério Público, decretar liminarmente o afastamento provisório do dirigente da entidade, mediante decisão fundamentada.

Art. 192. O dirigente da entidade será citado para, no prazo de dez dias, oferecer resposta escrita, podendo juntar documentos e indicar as provas a produzir.

Art. 193. Apresentada ou não a resposta, e sendo necessário, a autoridade judiciária designará audiência de instrução e julgamento, intimando as partes.

§ 1º Salvo manifestação em audiência, as partes e o Ministério Público terão cinco dias para oferecer alegações finais, decidindo a autoridade judiciária em igual prazo.

§ 2º Em se tratando de afastamento provisório ou definitivo de dirigente de entidade governamental, a autoridade judiciária oficiará à autoridade administrativa imediatamente superior ao afastado, marcando prazo para a substituição.

§ 3º Antes de aplicar qualquer das medidas, a autoridade judiciária poderá fixar prazo para a remoção das irregularidades verificadas. Satisfeitas as exigências, o processo será extinto, sem julgamento de mérito.

§ 4º A multa e a advertência serão impostas ao dirigente da entidade ou programa de atendimento.

Seção VII

Da Apuração de Infração Administrativa às Normas de Proteção à Criança e ao Adolescente

Art. 194. O procedimento para imposição de penalidade administrativa por infração às normas de proteção à criança e ao adolescente terá início por representação do Ministério Público, ou do Conselho Tutelar, ou auto de infração elaborado por servidor efetivo ou voluntário credenciado, e assinado por duas testemunhas, se possível.

§ 1º No procedimento iniciado com o auto de infração, poderão ser usadas fórmulas impressas, especificando-se a natureza e as circunstâncias da infração.

§ 2º Sempre que possível, à verificação da infração seguir-se-á a lavratura do auto, certificando-se, em caso contrário, dos motivos do retardamento.

Art. 195. O requerido terá prazo de dez dias para apresentação de defesa, contado da data da intimação, que será feita:

I – pelo autuante, no próprio auto, quando este for lavrado na presença do requerido;

II – por oficial de justiça ou funcionário legalmente habilitado, que entregará cópia do auto ou da representação ao requerido, ou a seu representante legal, lavrando certidão;

III – por via postal, com aviso de recebimento, se não for encontrado o requerido ou seu representante legal;

IV – por edital, com prazo de trinta dias, se incerto ou não sabido o paradeiro do requerido ou de seu representante legal.

Art. 196. Não sendo apresentada a defesa no prazo legal, a autoridade judiciária dará vista dos autos do Ministério Público, por cinco dias, decidindo em igual prazo.

Art. 197. Apresentada a defesa, a autoridade judiciária procederá na conformidade do artigo anterior, ou, sendo necessário, designará audiência de instrução e julgamento. (Incluído pela Lei nº 12.010, de 2009)

Parágrafo único. Colhida a prova oral, manifestar-se-ão sucessivamente o Ministério Público e o procurador do requerido, pelo tempo de vinte minutos para cada um, prorrogável por mais dez, a critério da autoridade judiciária, que em seguida proferirá sentença.

***Seção VIII** (Incluída pela Lei nº 12.010, de 2009)*

Da Habilitação de Pretendentes à Adoção

Art. 197-A. Os postulantes à adoção, domiciliados no Brasil, apresentarão petição inicial na qual conste: (Incluído pela Lei nº 12.010, de 2009)

I – qualificação completa; (Incluído pela Lei nº 12.010, de 2009)

II – dados familiares; (Incluído pela Lei nº 12.010, de 2009)

III – cópias autenticadas de certidão de nascimento ou casamento, ou declaração relativa ao período de união estável; (Incluído pela Lei nº 12.010, de 2009)

IV – cópias da cédula de identidade e inscrição no Cadastro de Pessoas Físicas; (Incluído pela Lei nº 12.010, de 2009)

V – comprovante de renda e domicílio; (Incluído pela Lei nº 12.010, de 2009)

VI – atestados de sanidade física e mental (Incluído pela Lei nº 12.010, de 2009)

VII – certidão de antecedentes criminais; (Incluído pela Lei nº 12.010, de 2009)

VIII – certidão negativa de distribuição cível. (Incluído pela Lei nº 12.010, de 2009)

Art. 197-B. A autoridade judiciária, no prazo de 48 (quarenta e oito) horas, dará vista dos autos ao Ministério Público, que no prazo de 5 (cinco) dias poderá: (Incluído pela Lei nº 12.010, de 2009)

I – apresentar quesitos a serem respondidos pela equipe interprofissional encarregada de elaborar o estudo técnico a que se refere o art. 197-C desta Lei; (Incluído pela Lei nº 12.010, de 2009)

II – requerer a designação de audiência para oitiva dos postulantes em juízo e testemunhas; (Incluído pela Lei nº 12.010, de 2009)

III – requerer a juntada de documentos complementares e a realização de outras diligências que entender necessárias. (Incluído pela Lei nº 12.010, de 2009)

Art. 197-C. Intervirá no feito, obrigatoriamente, equipe interprofissional a serviço da Justiça da Infância e da Juventude, que deverá elaborar estudo psicossocial, que conterá subsídios que permitam aferir a capacidade e o preparo dos postulantes para o exercício de uma paternidade ou maternidade responsável, à luz dos requisitos e princípios desta Lei. (Incluído pela Lei nº 12.010, de 2009)

§ 1º É obrigatória a participação dos postulantes em programa oferecido pela Justiça da Infância e da Juventude, preferencialmente com apoio dos técnicos responsáveis pela execução da política municipal de garantia do direito à convivência familiar e dos grupos de apoio à adoção devidamente habilitados perante a Justiça da Infância e da Juventude, que inclua preparação psicológica, orientação e estímulo à adoção inter-racial, de crianças ou de adolescentes com deficiência, com doenças crônicas ou com necessidades específicas de saúde, e de grupos de irmãos. (Redação dada pela Lei nº 13.509, de 2017)

§ 2º Sempre que possível e recomendável, a etapa obrigatória da preparação referida no § 1º deste artigo incluirá o contato com crianças e adolescentes em regime de acolhimento familiar ou institucional, a ser realizado sob orientação, supervisão e avaliação da equipe técnica da Justiça da Infância e da Juventude e dos grupos de apoio à adoção, com apoio dos técnicos responsáveis pelo programa de acolhimento familiar e institucional e pela execução da política municipal de garantia do direito à convivência familiar. (Redação dada pela Lei nº 13.509, de 2017)

§ 3º É recomendável que as crianças e os adolescentes acolhidos institucionalmente ou por família acolhedora sejam preparados por equipe interprofissional antes da inclusão em família adotiva. (Incluído pela Lei nº 13.509, de 2017)

Art. 197-D. Certificada nos autos a conclusão da participação no programa referido no art. 197-C desta Lei, a autoridade judiciária, no prazo de 48 (quarenta e oito) horas, decidirá acerca das diligências requeridas pelo Ministério Público e determinará a juntada do estudo psicossocial, designando, conforme o caso, audiência de instrução e julgamento. (Incluído pela Lei nº 12.010, de 2009)

Parágrafo único. Caso não sejam requeridas diligências, ou sendo essas indeferidas, a autoridade judiciária determinará a juntada do estudo psicossocial, abrindo a seguir vista dos autos ao Ministério Público, por 5 (cinco) dias, decidindo em igual prazo. (Incluído pela Lei nº 12.010, de 2009)

Art. 197-E. Deferida a habilitação, o postulante será inscrito nos cadastros referidos no art. 50 desta Lei, sendo a sua convocação para a adoção feita de acordo com ordem cronológica de habilitação e conforme a disponibilidade de crianças ou adolescentes adotáveis. (Incluído pela Lei nº 12.010, de 2009)

§ 1º A ordem cronológica das habilitações somente poderá deixar de ser observada pela autoridade judiciária nas hipóteses previstas no § 13 do art. 50 desta Lei, quando comprovado ser essa a melhor solução no interesse do adotando. (Incluído pela Lei nº 12.010, de 2009)

§ 2º A habilitação à adoção deverá ser renovada no mínimo trienalmente mediante avaliação por equipe interprofissional. (Redação dada pela Lei nº 13.509, de 2017)

§ 3º Quando o adotante candidatar-se a uma nova adoção, será dispensável a renovação da habilitação, bastando a avaliação por equipe interprofissional. (Incluído pela Lei nº 13.509, de 2017)

§ 4º Após 3 (três) recusas injustificadas, pelo habilitado, à adoção de crianças ou adolescentes indicados dentro do perfil escolhido, haverá reavaliação da habilitação concedida. (Incluído pela Lei nº 13.509, de 2017)

§ 5º A desistência do pretendente em relação à guarda para fins de adoção ou a devolução da criança ou do adolescente depois do trânsito em julgado da sentença de adoção importará na sua exclusão dos cadastros de adoção e na vedação de renovação da habilitação, salvo decisão judicial fundamentada, sem prejuízo das demais sanções previstas na legislação vigente. (Incluído pela Lei nº 13.509, de 2017)

Art. 197-F. O prazo máximo para conclusão da habilitação à adoção será de 120 (cento e vinte) dias, prorrogável por igual período, mediante decisão fundamentada da autoridade judiciária. (Incluído pela Lei nº 13.509, de 2017)

Capítulo IV

Dos Recursos

Art. 198. Nos procedimentos afetos à Justiça da Infância e da Juventude, inclusive os relativos à execução das medidas socioeducativas, adotar-se-á o sistema recursal da Lei nº 5.869, de 11 de janeiro de 1973 (Código de Processo Civil), com as seguintes adaptações: (Redação dada pela Lei nº 12.594, de 2012)

I – os recursos serão interpostos independentemente de preparo;

II – em todos os recursos, salvo nos embargos de declaração, o prazo para o Ministério Público e para a defesa será sempre de 10 (dez) dias; (Redação dada pela Lei nº 12.594, de 2012)

III – os recursos terão preferência de julgamento e dispensarão revisor;

IV – (Revogado pela Lei nº 12.010, de 2009)

V – (Revogado pela Lei nº 12.010, de 2009)

VI – (Revogado pela Lei nº 12.010, de 2009)

VII – antes de determinar a remessa dos autos à superior instância, no caso de apelação, ou do instrumento, no caso de agravo, a autoridade judiciária proferirá despacho fundamentado, mantendo ou reformando a decisão, no prazo de cinco dias;

VIII – mantida a decisão apelada ou agravada, o escrivão remeterá os autos ou o instrumento à superior instância dentro de vinte e quatro horas, independentemente de novo pedido do recorrente; se a reformar, a remessa dos autos dependerá de pedido expresso da parte interessada ou do Ministério Público, no prazo de cinco dias, contados da intimação.

Art. 199. Contra as decisões proferidas com base no art. 149 caberá recurso de apelação.

Art. 199-A. A sentença que deferir a adoção produz efeito desde logo, embora sujeita a apelação, que será recebida exclusivamente no efeito devolutivo, salvo se se tratar de adoção internacional ou se houver perigo de dano irreparável ou de difícil reparação ao adotando. (Incluído pela Lei nº 12.010, de 2009)

Art. 199-B. A sentença que destituir ambos ou qualquer dos genitores do poder familiar fica sujeita a apelação, que deverá ser recebida apenas no efeito devolutivo. (Incluído pela Lei nº 12.010, de 2009)

Art. 199-C. Os recursos nos procedimentos de adoção e de destituição de poder familiar, em face da relevância das questões, serão processados com prioridade absoluta, devendo ser imediatamente distribuídos, ficando vedado que aguardem, em qualquer situação, oportuna distribuição, e serão colocados em mesa para julgamento sem revisão e com parecer urgente do Ministério Público. (Incluído pela Lei nº 12.010, de 2009)

Art. 199-D. O relator deverá colocar o processo em mesa para julgamento no prazo máximo de 60 (sessenta) dias, contado da sua conclusão. (Incluído pela Lei nº 12.010, de 2009)

Parágrafo único. O Ministério Público será intimado da data do julgamento e poderá na sessão, se entender necessário, apresentar oralmente seu parecer. (Incluído pela Lei nº 12.010, de 2009)

Art. 199-E. O Ministério Público poderá requerer a instauração de procedimento para apuração de responsabilidades se constatar o descumprimento das providências e do prazo previstos nos artigos anteriores. (Incluído pela Lei nº 12.010, de 2009)

Capítulo V

Do Ministério Público

Art. 200. As funções do Ministério Público previstas nesta Lei serão exercidas nos termos da respectiva lei orgânica.

Art. 201. Compete ao Ministério Público:

I – conceder a remissão como forma de exclusão do processo;

II – promover e acompanhar os procedimentos relativos às infrações atribuídas a adolescentes;

III – promover e acompanhar as ações de alimentos e os procedimentos de suspensão e destituição do pátrio poder poder familiar, nomeação e remoção de tutores, curadores e guardiães, bem como oficiar em todos os demais procedimentos da competência da Justiça da Infância e da Juventude; (Expressão substituída pela Lei nº 12.010, de 2009)

IV – promover, de ofício ou por solicitação dos interessados, a especialização e a inscrição de hipoteca legal e a prestação de contas dos tutores, curadores e quaisquer administradores de bens de crianças e adolescentes nas hipóteses do art. 98;

V – promover o inquérito civil e a ação civil pública para a proteção dos interesses individuais, difusos ou coletivos relativos à infância e à adolescência, inclusive os definidos no art. 220, § 3º inciso II, da Constituição Federal;

VI – instaurar procedimentos administrativos e, para instruí-los:

a) expedir notificações para colher depoimentos ou esclarecimentos e, em caso de não comparecimento injustificado, requisitar condução coercitiva, inclusive pela polícia civil ou militar;

b) requisitar informações, exames, perícias e documentos de autoridades municipais, estaduais e federais, da administração direta ou indireta, bem como promover inspeções e diligências investigatórias;

c) requisitar informações e documentos a particulares e instituições privadas;

VII – instaurar sindicâncias, requisitar diligências investigatórias e determinar a instauração de inquérito policial, para apuração de ilícitos ou infrações às normas de proteção à infância e à juventude;

VIII – zelar pelo efetivo respeito aos direitos e garantias legais assegurados às crianças e adolescentes, promovendo as medidas judiciais e extrajudiciais cabíveis;

IX – impetrar mandado de segurança, de injunção e habeas corpus, em qualquer juízo, instância ou tribunal, na defesa dos interesses sociais e individuais indisponíveis afetos à criança e ao adolescente;

X – representar ao juízo visando à aplicação de penalidade por infrações cometidas contra as normas de proteção à infância e à juventude, sem prejuízo da promoção da responsabilidade civil e penal do infrator, quando cabível;

XI – inspecionar as entidades públicas e particulares de atendimento e os programas de que trata esta Lei, adotando de pronto as medidas administrativas ou judiciais necessárias à remoção de irregularidades porventura verificadas;

XII – requisitar força policial, bem como a colaboração dos serviços médicos, hospitalares, educacionais e de assistência social, públicos ou privados, para o desempenho de suas atribuições.

§ 1º A legitimação do Ministério Público para as ações cíveis previstas neste artigo não impede a de terceiros, nas mesmas hipóteses, segundo dispuserem a Constituição e esta Lei.

§ 2º As atribuições constantes deste artigo não excluem outras, desde que compatíveis com a finalidade do Ministério Público.

§ 3º O representante do Ministério Público, no exercício de suas funções, terá livre acesso a todo local onde se encontre criança ou adolescente.

§ 4º O representante do Ministério Público será responsável pelo uso indevido das informações e documentos que requisitar, nas hipóteses legais de sigilo.

§ 5º Para o exercício da atribuição de que trata o inciso VIII deste artigo, poderá o representante do Ministério Público:

a) reduzir a termo as declarações do reclamante, instaurando o competente procedimento, sob sua presidência;

b) entender-se diretamente com a pessoa ou autoridade reclamada, em dia, local e horário previamente notificados ou acertados;

c) efetuar recomendações visando à melhoria dos serviços públicos e de relevância pública afetos à criança e ao adolescente, fixando prazo razoável para sua perfeita adequação.

Art. 202. Nos processos e procedimentos em que não for parte, atuará obrigatoriamente o Ministério Público na defesa dos direitos e interesses de que cuida esta Lei, hipótese em que terá vista dos autos depois das partes, podendo juntar documentos e requerer diligências, usando os recursos cabíveis.

Art. 203. A intimação do Ministério Público, em qualquer caso, será feita pessoalmente.

Art. 204. A falta de intervenção do Ministério Público acarreta a nulidade do feito, que será declarada de ofício pelo juiz ou a requerimento de qualquer interessado.

Art. 205. As manifestações processuais do representante do Ministério Público deverão ser fundamentadas.

Capítulo VI

Do Advogado

Art. 206. A criança ou o adolescente, seus pais ou responsável, e qualquer pessoa que tenha legítimo interesse na solução da lide poderão intervir nos procedimentos de que trata esta Lei, através de advogado, o qual será intimado para todos os atos, pessoalmente ou por publicação oficial, respeitado o segredo de justiça.

Parágrafo único. Será prestada assistência judiciária integral e gratuita àqueles que dela necessitarem.

Art. 207. Nenhum adolescente a quem se atribua a prática de ato infracional, ainda que ausente ou foragido, será processado sem defensor.

§ 1º Se o adolescente não tiver defensor, ser-lhe-á nomeado pelo juiz, ressalvado o direito de, a todo tempo, constituir outro de sua preferência.

§ 2º A ausência do defensor não determinará o adiamento de nenhum ato do processo, devendo o juiz nomear substituto, ainda que provisoriamente, ou para o só efeito do ato.

§ 3º Será dispensada a outorga de mandato, quando se tratar de defensor nomeado ou, sido constituído, tiver sido indicado por ocasião de ato formal com a presença da autoridade judiciária.

Capítulo VII

Da Proteção Judicial dos Interesses Individuais, Difusos e Coletivos

Art. 208. Regem-se pelas disposições desta Lei as ações de responsabilidade por ofensa aos direitos assegurados à criança e ao adolescente, referentes ao não oferecimento ou oferta irregular:

I – do ensino obrigatório;

II – de atendimento educacional especializado aos portadores de deficiência;

III – de atendimento em creche e pré-escola às crianças de zero a cinco anos de idade; (Redação dada pela Lei nº 13.306, de 2016)

IV – de ensino noturno regular, adequado às condições do educando;

V – de programas suplementares de oferta de material didático-escolar, transporte e assistência à saúde do educando do ensino fundamental;

VI – de serviço de assistência social visando à proteção à família, à maternidade, à infância e à adolescência, bem como ao amparo às crianças e adolescentes que dele necessitem;

VII – de acesso às ações e serviços de saúde;

VIII – de escolarização e profissionalização dos adolescentes privados de liberdade.

IX – de ações, serviços e programas de orientação, apoio e promoção social de famílias e destinados ao pleno exercício do direito à convivência familiar por crianças e adolescentes. (Incluído pela Lei nº 12.010, de 2009)

X – de programas de atendimento para a execução das medidas socioeducativas e aplicação de medidas de proteção. (Incluído pela Lei nº 12.594, de 2012)

XI – de políticas e programas integrados de atendimento à criança e ao adolescente vítima ou testemunha de violência. (Incluído pela Lei nº 13.431, de 2017)

§ 1º As hipóteses previstas neste artigo não excluem da proteção judicial outros interesses individuais, difusos ou coletivos, próprios da infância e da adolescência, protegidos pela Constituição e pela Lei. (Renumerado o Parágrafo único pela Lei nº 11.259, de 2005)

§ 2º A investigação do desaparecimento de crianças ou adolescentes será realizada imediatamente após notificação aos órgãos competentes, que deverão comunicar o fato aos portos, aeroportos, Polícia Rodoviária e companhias de transporte interestaduais e internacionais, fornecendo-lhes todos os dados necessários à identificação do desaparecido. (Incluído pela Lei nº 11.259, de 2005)

Art. 209. As ações previstas neste Capítulo serão propostas no foro do local onde ocorreu ou deva ocorrer a ação ou omissão, cujo juízo terá competência absoluta para processar a causa, ressalvadas a competência da Justiça Federal e a competência originária dos tribunais superiores.

Art. 210. Para as ações cíveis fundadas em interesses coletivos ou difusos, consideram-se legitimados concorrentemente:

I – o Ministério Público;

II – a União, os estados, os municípios, o Distrito Federal e os territórios;

III – as associações legalmente constituídas há pelo menos um ano e que incluam entre seus fins institucionais a defesa dos interesses e direitos protegidos por esta Lei, dispensada a autorização da assembleia, se houver prévia autorização estatutária.

§ 1º Admitir-se-á litisconsórcio facultativo entre os Ministérios Públicos da União e dos estados na defesa dos interesses e direitos de que cuida esta Lei.

§ 2º Em caso de desistência ou abandono da ação por associação legitimada, o Ministério Público ou outro legitimado poderá assumir a titularidade ativa.

Art. 211. Os órgãos públicos legitimados poderão tomar dos interessados compromisso de ajustamento de sua conduta às exigências legais, o qual terá eficácia de título executivo extrajudicial.

Art. 212. Para defesa dos direitos e interesses protegidos por esta Lei, são admissíveis todas as espécies de ações pertinentes.

§ 1º Aplicam-se às ações previstas neste Capítulo as normas do Código de Processo Civil.

§ 2º Contra atos ilegais ou abusivos de autoridade pública ou agente de pessoa jurídica no exercício de atribuições do poder público, que lesem direito líquido e certo previsto nesta Lei, caberá ação mandamental, que se regerá pelas normas da lei do mandado de segurança.

Art. 213. Na ação que tenha por objeto o cumprimento de obrigação de fazer ou não fazer, o juiz concederá a tutela específica da obrigação ou determinará providências que assegurem o resultado prático equivalente ao do adimplemento.

§ 1º Sendo relevante o fundamento da demanda e havendo justificado receio de ineficácia do provimento final, é lícito ao juiz conceder a tutela liminarmente ou após justificação prévia, citando o réu.

§ 2º O juiz poderá, na hipótese do parágrafo anterior ou na sentença, impor multa diária ao réu, independentemente de pedido do autor, se for suficiente ou compatível com a obrigação, fixando prazo razoável para o cumprimento do preceito.

§ 3º A multa só será exigível do réu após o trânsito em julgado da sentença favorável ao autor, mas será devida desde o dia em que se houver configurado o descumprimento.

Art. 214. Os valores das multas reverterão ao fundo gerido pelo Conselho dos Direitos da Criança e do Adolescente do respectivo município.

§ 1º As multas não recolhidas até trinta dias após o trânsito em julgado da decisão serão exigidas através de execução promovida pelo Ministério Público, nos mesmos autos, facultada igual iniciativa aos demais legitimados.

§ 2º Enquanto o fundo não for regulamentado, o dinheiro ficará depositado em estabelecimento oficial de crédito, em conta com correção monetária.

Art. 215. O juiz poderá conferir efeito suspensivo aos recursos, para evitar dano irreparável à parte.

Art. 216. Transitada em julgado a sentença que impuser condenação ao poder público, o juiz determinará a remessa de peças à autoridade competente, para apuração da responsabilidade civil e administrativa do agente a que se atribua a ação ou omissão.

Art. 217. Decorridos sessenta dias do trânsito em julgado da sentença condenatória sem que a associação autora lhe promova a execução, deverá fazê-lo o Ministério Público, facultada igual iniciativa aos demais legitimados.

Art. 218. O juiz condenará a associação autora a pagar ao réu os honorários advocatícios arbitrados na conformidade do § 4º do art. 20 da Lei n.º 5.869, de 11 de janeiro de 1973 (Código de Processo Civil), quando reconhecer que a pretensão é manifestamente infundada.

Parágrafo único. Em caso de litigância de má-fé, a associação autora e os diretores responsáveis pela propositura da ação serão solidariamente condenados ao décuplo das custas, sem prejuízo de responsabilidade por perdas e danos.

Art. 219. Nas ações de que trata este Capítulo, não haverá adiantamento de custas, emolumentos, honorários periciais e quaisquer outras despesas.

Art. 220. Qualquer pessoa poderá e o servidor público deverá provocar a iniciativa do

Ministério Público, prestando-lhe informações sobre fatos que constituam objeto de ação civil, e indicando-lhe os elementos de convicção.

Art. 221. Se, no exercício de suas funções, os juízos e tribunais tiverem conhecimento de fatos que possam ensejar a propositura de ação civil, remeterão peças ao Ministério Público para as providências cabíveis.

Art. 222. Para instruir a petição inicial, o interessado poderá requerer às autoridades competentes as certidões e informações que julgar necessárias, que serão fornecidas no prazo de quinze dias.

Art. 223. O Ministério Público poderá instaurar, sob sua presidência, inquérito civil, ou requisitar, de qualquer pessoa, organismo público ou particular, certidões, informações, exames ou perícias, no prazo que assinalar, o qual não poderá ser inferior a dez dias úteis.

§ 1º Se o órgão do Ministério Público, esgotadas todas as diligências, se convencer da inexistência de fundamento para a propositura da ação cível, promoverá o arquivamento dos autos do inquérito civil ou das peças informativas, fazendo-o fundamentadamente.

§ 2º Os autos do inquérito civil ou as peças de informação arquivados serão remetidos, sob pena de se incorrer em falta grave, no prazo de três dias, ao Conselho Superior do Ministério Público.

§ 3º Até que seja homologada ou rejeitada a promoção de arquivamento, em sessão do Conselho Superior do Ministério público, poderão as associações legitimadas apresentar razões escritas ou documentos, que serão juntados aos autos do inquérito ou anexados às peças de informação.

§ 4º A promoção de arquivamento será submetida a exame e deliberação do Conselho Superior do Ministério Público, conforme dispuser o seu regimento.

§ 5º Deixando o Conselho Superior de homologar a promoção de arquivamento, designará, desde logo, outro órgão do Ministério Público para o ajuizamento da ação.

Art. 224. Aplicam-se subsidiariamente, no que couber, as disposições da Lei n.º 7.347, de 24 de julho de 1985.

Título VII

Dos Crimes e Das Infrações Administrativas

Capítulo I

Dos Crimes

Seção I

Disposições Gerais

Art. 225. Este Capítulo dispõe sobre crimes praticados contra a criança e o adolescente, por ação ou omissão, sem prejuízo do disposto na legislação penal.

Art. 226. Aplicam-se aos crimes definidos nesta Lei as normas da Parte Geral do Código Penal e, quanto ao processo, as pertinentes ao Código de Processo Penal.

Art. 227. Os crimes definidos nesta Lei são de ação pública incondicionada

Seção II

Dos Crimes em Espécie

Art. 228. Deixar o encarregado de serviço ou o dirigente de estabelecimento de atenção à saúde de gestante de manter registro das atividades desenvolvidas, na forma e prazo referidos no art. 10 desta Lei, bem como de fornecer à parturiente ou a seu responsável, por ocasião da alta médica, declaração de nascimento, onde constem as intercorrências do parto e do desenvolvimento do neonato:

Pena – detenção de seis meses a dois anos.

Parágrafo único. Se o crime é culposo:

Pena – detenção de dois a seis meses, ou multa.

Art. 229. Deixar o médico, enfermeiro ou dirigente de estabelecimento de atenção à saúde de gestante de identificar corretamente o neonato e a parturiente, por ocasião do parto, bem como deixar de proceder aos exames referidos no art. 10 desta Lei:

Pena – detenção de seis meses a dois anos.

Parágrafo único. Se o crime é culposo:

Pena – detenção de dois a seis meses, ou multa.

Art. 230. Privar a criança ou o adolescente de sua liberdade, procedendo à sua apreensão sem estar em flagrante de ato infracional ou inexistindo ordem escrita da autoridade judiciária competente:

Pena – detenção de seis meses a dois anos.

Parágrafo único. Incide na mesma pena aquele que procede à apreensão sem observância das formalidades legais.

Art. 231. Deixar a autoridade policial responsável pela apreensão de criança ou adolescente de fazer imediata comunicação à autoridade judiciária competente e à família do apreendido ou à pessoa por ele indicada:

Pena – detenção de seis meses a dois anos.

Art. 232. Submeter criança ou adolescente sob sua autoridade, guarda ou vigilância a vexame ou a constrangimento:

Pena – detenção de seis meses a dois anos.

Art. 233. (Revogado pela Lei nº 9.455, de 7.4.1997)

:

Art. 234. Deixar a autoridade competente, sem justa causa, de ordenar a imediata liberação de criança ou adolescente, tão logo tenha conhecimento da ilegalidade da apreensão:

Pena – detenção de seis meses a dois anos.

Art. 235. Descumprir, injustificadamente, prazo fixado nesta Lei em benefício de adolescente privado de liberdade:

Pena – detenção de seis meses a dois anos.

Art. 236. Impedir ou embaraçar a ação de autoridade judiciária, membro do Conselho Tutelar ou representante do Ministério Público no exercício de função prevista nesta Lei:

Pena – detenção de seis meses a dois anos.

Art. 237. Subtrair criança ou adolescente ao poder de quem o tem sob sua guarda em virtude de lei ou ordem judicial, com o fim de colocação em lar substituto:

Pena – reclusão de dois a seis anos, e multa.

Art. 238. Prometer ou efetivar a entrega de filho ou pupilo a terceiro, mediante paga ou recompensa:

Pena – reclusão de um a quatro anos, e multa.

Parágrafo único. Incide nas mesmas penas quem oferece ou efetiva a paga ou recompensa.

Art. 239. Promover ou auxiliar a efetivação de ato destinado ao envio de criança ou adolescente para o exterior com inobservância das formalidades legais ou com o fito de obter lucro:

Pena – reclusão de quatro a seis anos, e multa.

Parágrafo único. Se há emprego de violência, grave ameaça ou fraude: (Incluído pela Lei nº 10.764, de 12.11.2003)

Pena – reclusão, de 6 (seis) a 8 (oito) anos, além da pena correspondente à violência.

Art. 240. Produzir, reproduzir, dirigir, fotografar, filmar ou registrar, por qualquer meio, cena de sexo explícito ou pornográfica, envolvendo criança ou adolescente: (Redação dada pela Lei nº 11.829, de 2008)

Pena – reclusão, de 4 (quatro) a 8 (oito) anos, e multa. (Redação dada pela Lei nº 11.829, de 2008)

§ 1º Incorre nas mesmas penas quem agencia, facilita, recruta, coage, ou de qualquer modo intermedeia a participação de criança ou adolescente nas cenas referidas no caput deste artigo, ou ainda quem com esses contracena. (Redação dada pela Lei nº 11.829, de 2008)

§ 2º Aumenta-se a pena de 1/3 (um terço) se o agente comete o crime: (Redação dada pela Lei nº 11.829, de 2008)

I – no exercício de cargo ou função pública ou a pretexto de exercê-la; (Redação dada pela Lei nº 11.829, de 2008)

II – prevalecendo-se de relações domésticas, de coabitação ou de hospitalidade; ou (Redação dada pela Lei nº 11.829, de 2008)

III – prevalecendo-se de relações de parentesco consanguíneo ou afim até o terceiro grau, ou por adoção, de tutor, curador, preceptor, empregador da vítima ou de quem, a qualquer outro título, tenha autoridade sobre ela, ou com seu consentimento. (Incluído pela Lei nº 11.829, de 2008)

Art. 241. Vender ou expor à venda fotografia, vídeo ou outro registro que contenha cena de sexo explícito ou pornográfica envolvendo criança ou adolescente: (Redação dada pela Lei nº 11.829, de 2008)

Pena – reclusão, de 4 (quatro) a 8 (oito) anos, e multa. (Redação dada pela Lei nº 11.829, de 2008)

Art. 241-A. Oferecer, trocar, disponibilizar, transmitir, distribuir, publicar ou divulgar por qualquer meio, inclusive por meio de sistema de informática ou telemático, fotografia, vídeo ou outro registro que contenha cena de sexo explícito ou pornográfica envolvendo criança ou adolescente: (Incluído pela Lei nº 11.829, de 2008)

Pena – reclusão, de 3 (três) a 6 (seis) anos, e multa. (Incluído pela Lei nº 11.829, de 2008)

§ 1º Nas mesmas penas incorre quem: (Incluído pela Lei nº 11.829, de 2008)

I – assegura os meios ou serviços para o armazenamento das fotografias, cenas ou imagens de que trata o caput deste artigo; (Incluído pela Lei nº 11.829, de 2008)

II – assegura, por qualquer meio, o acesso por rede de computadores às fotografias, cenas ou imagens de que trata o caput deste artigo. (Incluído pela Lei nº 11.829, de 2008)

§ 2º As condutas tipificadas nos incisos I e II do § 1º deste artigo são puníveis quando o responsável legal pela prestação do serviço, oficialmente notificado, deixa de desabilitar o acesso ao conteúdo ilícito de que trata o caput deste artigo. (Incluído pela Lei nº 11.829, de 2008)

Art. 241-B. Adquirir, possuir ou armazenar, por qualquer meio, fotografia, vídeo ou outra forma de registro que contenha cena de sexo explícito ou pornográfica envolvendo criança ou adolescente: (Incluído pela Lei nº 11.829, de 2008)

Pena – reclusão, de 1 (um) a 4 (quatro) anos, e multa. (Incluído pela Lei nº 11.829, de 2008)

§ 1º A pena é diminuída de 1 (um) a 2/3 (dois terços) se de pequena quantidade o material a que se refere o caput deste artigo. (Incluído pela Lei nº 11.829, de 2008)

§ 2º Não há crime se a posse ou o armazenamento tem a finalidade de comunicar às autoridades competentes a ocorrência das condutas descritas nos arts. 240, 241, 241-A e 241-C desta Lei, quando a comunicação for feita por: (Incluído pela Lei nº 11.829, de 2008)

I – agente público no exercício de suas funções; (Incluído pela Lei nº 11.829, de 2008)

II – membro de entidade, legalmente constituída, que inclua, entre suas finalidades institucionais, o recebimento, o processamento e o encaminhamento de notícia dos crimes referidos neste parágrafo; (Incluído pela Lei nº 11.829, de 2008)

III – representante legal e funcionários responsáveis de provedor de acesso ou serviço prestado por meio de rede de computadores, até o recebimento do material relativo à notícia feita à autoridade policial, ao Ministério Público ou ao Poder Judiciário. (Incluído pela Lei nº 11.829, de 2008)

§ 3º As pessoas referidas no § 2º deste artigo deverão manter sob sigilo o material ilícito referido. (Incluído pela Lei nº 11.829, de 2008)

Art. 241-C. Simular a participação de criança ou adolescente em cena de sexo explícito ou pornográfica por meio de adulteração, montagem ou modificação de fotografia, vídeo ou qualquer outra forma de representação visual: (Incluído pela Lei nº 11.829, de 2008)

Pena – reclusão, de 1 (um) a 3 (três) anos, e multa. (Incluído pela Lei nº 11.829, de 2008)

Parágrafo único. Incorre nas mesmas penas quem vende, expõe à venda, disponibiliza, distribui, publica ou divulga por qualquer meio, adquire, possui ou armazena o material produzido na forma do caput deste artigo. (Incluído pela Lei nº 11.829, de 2008)

Art. 241-D. Aliciar, assediar, instigar ou constranger, por qualquer meio de comunicação, criança, com o fim de com ela praticar ato libidinoso: (Incluído pela Lei nº 11.829, de 2008)

Pena – reclusão, de 1 (um) a 3 (três) anos, e multa. (Incluído pela Lei nº 11.829, de 2008)

Parágrafo único. Nas mesmas penas incorre quem: (Incluído pela Lei nº 11.829, de 2008)

I – facilita ou induz o acesso à criança de material contendo cena de sexo explícito ou pornográfica com o fim de com ela praticar ato libidinoso; (Incluído pela Lei nº 11.829, de 2008)

II – pratica as condutas descritas no caput deste artigo com o fim de induzir criança a se exibir de forma pornográfica ou sexualmente explícita. (Incluído pela Lei nº 11.829, de 2008)

Art. 241-E. Para efeito dos crimes previstos nesta Lei, a expressão "cena de sexo explícito ou pornográfica" compreende qualquer situação que envolva criança ou adolescente em atividades sexuais explícitas, reais ou simuladas, ou exibição dos órgãos genitais de uma criança ou adolescente para fins primordialmente sexuais. (Incluído pela Lei nº 11.829, de 2008)

Art. 242. Vender, fornecer ainda que gratuitamente ou entregar, de qualquer forma, a criança ou adolescente arma, munição ou explosivo:

Pena – reclusão, de 3 (três) a 6 (seis) anos. (Redação dada pela Lei nº 10.764, de 12.11.2003)

Art. 243. Vender, fornecer, servir, ministrar ou entregar, ainda que gratuitamente, de qualquer forma, a criança ou a adolescente, bebida alcoólica ou, sem justa causa, outros produtos cujos componentes possam causar dependência física ou psíquica: (Redação dada pela Lei nº 13.106, de 2015)

Pena – detenção de 2 (dois) a 4 (quatro) anos, e multa, se o fato não constitui crime mais grave. (Redação dada pela Lei nº 13.106, de 2015)

Art. 244. Vender, fornecer ainda que gratuitamente ou entregar, de qualquer forma, a criança ou adolescente fogos de estampido ou de artifício, exceto aqueles que, pelo seu reduzido potencial, sejam incapazes de provocar qualquer dano físico em caso de utilização indevida:

Pena – detenção de seis meses a dois anos, e multa.

Art. 244-A. Submeter criança ou adolescente, como tais definidos no caput do art. 2º desta Lei, à prostituição ou à exploração sexual: (Incluído pela Lei nº 9.975, de 23.6.2000)

Pena – reclusão de quatro a dez anos e multa, além da perda de bens e valores utilizados na prática criminosa em favor do Fundo dos Direitos da Criança e do Adolescente da unidade da Federação (Estado ou Distrito Federal) em que foi cometido o crime, ressalvado o direito de terceiro de boa-fé. (Redação dada pela Lei nº 13.440, de 2017)

§ 1º Incorrem nas mesmas penas o proprietário, o gerente ou o responsável pelo local em que se verifique a submissão de criança ou adolescente às práticas referidas no caput deste artigo. (Incluído pela Lei nº 9.975, de 23.6.2000)

§ 2º Constitui efeito obrigatório da condenação a cassação da licença de localização e de funcionamento do estabelecimento. (Incluído pela Lei nº 9.975, de 23.6.2000)

Art. 244-B. Corromper ou facilitar a corrupção de menor de 18 (dezoito) anos, com ele praticando infração penal ou induzindo-o a praticá-la: (Incluído pela Lei nº 12.015, de 2009)

Pena – reclusão, de 1 (um) a 4 (quatro) anos. (Incluído pela Lei nº 12.015, de 2009)

*§ 1º Incorre nas penas previstas no **caput** deste artigo quem pratica as condutas ali tipificadas utilizando-se de quaisquer meios eletrônicos, inclusive salas de bate-papo da internet. (Incluído pela Lei nº 12.015, de 2009)*

*§ 2º As penas previstas no **caput** deste artigo são aumentadas de um terço no caso de a infração cometida ou induzida estar incluída no rol do art. 1º da Lei nº 8.072, de 25 de julho de 1990. (Incluído pela Lei nº 12.015, de 2009)*

Capítulo II

Das Infrações Administrativas

Art. 245. Deixar o médico, professor ou responsável por estabelecimento de atenção à saúde e de ensino fundamental, pré-escola ou creche, de comunicar à autoridade competente os casos de que tenha conhecimento, envolvendo suspeita ou confirmação de maus-tratos contra criança ou adolescente:

Pena – multa de três a vinte salários de referência, aplicando-se o dobro em caso de reincidência.

Art. 246. Impedir o responsável ou funcionário de entidade de atendimento o exercício dos direitos constantes nos incisos II, III, VII, VIII e XI do art. 124 desta Lei:

Pena – multa de três a vinte salários de referência, aplicando-se o dobro em caso de reincidência.

Art. 247. Divulgar, total ou parcialmente, sem autorização devida, por qualquer meio de comunicação, nome, ato ou documento de procedimento policial, administrativo ou judicial relativo à criança ou adolescente a que se atribua ato infracional:

Pena – multa de três a vinte salários de referência, aplicando-se o dobro em caso de reincidência.

§ 1º Incorre na mesma pena quem exibe, total ou parcialmente, fotografia de criança ou adolescente envolvido em ato infracional, ou qualquer ilustração que lhe diga respeito ou se refira a atos que lhe sejam atribuídos, de forma a permitir sua identificação, direta ou indiretamente.

§ 2º Se o fato for praticado por órgão de imprensa ou emissora de rádio ou televisão, além da pena prevista neste artigo, a autoridade judiciária poderá determinar a apreensão da publicação ou a suspensão da programação da emissora até por dois dias, bem como da publicação do periódico até por dois números. (Expressão declarada inconstitucional pela ADIN 869).

Art. 248. (Revogado pela Lei nº 13.431, de 2017)

Art. 249. Descumprir, dolosa ou culposamente, os deveres inerentes ao pátrio poder poder familiar ou decorrente de tutela ou guarda, bem assim determinação da autoridade judiciária ou Conselho Tutelar: (Expressão substituída pela Lei nº 12.010, de 2009)

Pena – multa de três a vinte salários de referência, aplicando-se o dobro em caso de reincidência.

Art. 250. Hospedar criança ou adolescente desacompanhado dos pais ou responsável, ou sem autorização escrita desses ou da autoridade judiciária, em hotel, pensão, motel ou congênere: (Redação dada pela Lei nº 12.038, de 2009).

Pena – multa. (Redação dada pela Lei nº 12.038, de 2009).

§ 1º Em caso de reincidência, sem prejuízo da pena de multa, a autoridade judiciária poderá determinar o fechamento do estabelecimento por até 15 (quinze) dias. (Incluído pela Lei nº 12.038, de 2009).

§ 2º Se comprovada a reincidência em período inferior a 30 (trinta) dias, o estabelecimento será definitivamente fechado e terá sua licença cassada. (Incluído pela Lei nº 12.038, de 2009).

Art. 251. Transportar criança ou adolescente, por qualquer meio, com inobservância do disposto nos arts. 83, 84 e 85 desta Lei:

Pena – multa de três a vinte salários de referência, aplicando-se o dobro em caso de reincidência.

Art. 252. Deixar o responsável por diversão ou espetáculo público de afixar, em lugar visível e de fácil acesso, à entrada do local de exibição, informação destacada sobre a natureza da diversão ou espetáculo e a faixa etária especificada no certificado de classificação:

Pena – multa de três a vinte salários de referência, aplicando-se o dobro em caso de reincidência.

Art. 253. Anunciar peças teatrais, filmes ou quaisquer representações ou espetáculos, sem indicar os limites de idade a que não se recomendem:

Pena – multa de três a vinte salários de referência, duplicada em caso de reincidência, aplicável, separadamente, à casa de espetáculo e aos órgãos de divulgação ou publicidade.

Art. 254. Transmitir, através de rádio ou televisão, espetáculo em horário diverso do autorizado ou sem aviso de sua classificação: (Expressão declarada inconstitucional pela ADI 2.404).

Pena – multa de vinte a cem salários de referência; duplicada em caso de reincidência a autoridade judiciária poderá determinar a suspensão da programação da emissora por até dois dias.

Art. 255. Exibir filme, trailer, peça, amostra ou congênere classificado pelo órgão competente como inadequado às crianças ou adolescentes admitidos ao espetáculo:

Pena – multa de vinte a cem salários de referência; na reincidência, a autoridade poderá determinar a suspensão do espetáculo ou o fechamento do estabelecimento por até quinze dias.

Art. 256. Vender ou locar a criança ou adolescente fita de programação em vídeo, em desacordo com a classificação atribuída pelo órgão competente:

Pena – multa de três a vinte salários de referência; em caso de reincidência, a autoridade judiciária poderá determinar o fechamento do estabelecimento por até quinze dias.

Art. 257. Descumprir obrigação constante dos arts. 78 e 79 desta Lei:

Pena – multa de três a vinte salários de referência, duplicando-se a pena em caso de reincidência, sem prejuízo de apreensão da revista ou publicação.

Art. 258. Deixar o responsável pelo estabelecimento ou o empresário de observar o que dispõe esta Lei sobre o acesso de criança ou adolescente aos locais de diversão, ou sobre sua participação no espetáculo:

Pena – multa de três a vinte salários de referência; em caso de reincidência, a autoridade judiciária poderá determinar o fechamento do estabelecimento por até quinze dias.

Art. 258-A. Deixar a autoridade competente de providenciar a instalação e operacionalização dos cadastros previstos no art. 50 e no § 11 do art. 101 desta Lei: (Incluído pela Lei nº 12.010, de 2009)

Pena – multa de R$ 1.000,00 (mil reais) a R$ 3.000,00 (três mil reais). (Incluído pela Lei nº 12.010, de 2009)

Parágrafo único. Incorre nas mesmas penas a autoridade que deixa de efetuar o cadastramento de crianças e de adolescentes em condições de serem adotadas, de pessoas ou casais habilitados à adoção e de crianças e adolescentes em regime de acolhimento institucional ou familiar. (Incluído pela Lei nº 12.010, de 2009)

Art. 258-B. Deixar o médico, enfermeiro ou dirigente de estabelecimento de atenção à saúde de gestante de efetuar imediato encaminhamento à autoridade judiciária de caso de que tenha conhecimento de mãe ou gestante interessada em entregar seu filho para adoção: (Incluído pela Lei nº 12.010, de 2009)

Pena – multa de R$ 1.000,00 (mil reais) a R$ 3.000,00 (três mil reais). (Incluído pela Lei nº 12.010, de 2009)

Parágrafo único. Incorre na mesma pena o funcionário de programa oficial ou comunitário destinado à garantia do direito à convivência familiar que deixa de efetuar a comunicação referida no caput deste artigo. (Incluído pela Lei nº 12.010, de 2009)

Art. 258-C. Descumprir a proibição estabelecida no inciso II do art. 81: (Redação dada pela Lei nº 13.106, de 2015)

Pena – multa de R$ 3.000,00 (três mil reais) a R$ 10.000,00 (dez mil reais); (Redação dada pela Lei nº 13.106, de 2015)

Medida Administrativa – interdição do estabelecimento comercial até o recolhimento da multa aplicada. (Redação dada pela Lei nº 13.106, de 2015)

Disposições Finais e Transitórias

Art. 259. A União, no prazo de noventa dias contados da publicação deste Estatuto, elaborará projeto de lei dispondo sobre a criação ou adaptação de seus órgãos às diretrizes da política de atendimento fixadas no art. 88 e ao que estabelece o Título V do Livro II.

Parágrafo único. Compete aos estados e municípios promoverem a adaptação de seus órgãos e programas às diretrizes e princípios estabelecidos nesta Lei.

Art. 260. Os contribuintes poderão efetuar doações aos Fundos dos Direitos da Criança e do Adolescente nacional, distrital, estaduais ou municipais, devidamente comprovadas, sendo essas integralmente deduzidas do imposto de renda, obedecidos os seguintes limites: (Redação dada pela Lei nº 12.594, de 2012)

I – 1% (um por cento) do imposto sobre a renda devido apurado pelas pessoas jurídicas tributadas com base no lucro real; e (Redação dada pela Lei nº 12.594, de 2012)

II – 6% (seis por cento) do imposto sobre a renda apurado pelas pessoas físicas na Declaração de Ajuste Anual, observado o disposto no art. 22 da Lei nº 9.532, de 10 de dezembro de 1997. (Redação dada pela Lei nº 12.594, de 2012)

§ 1º-A. Na definição das prioridades a serem atendidas com os recursos captados pelos fundos nacional, estaduais e municipais dos direitos da criança e do adolescente, serão consideradas as disposições do Plano Nacional de Promoção, Proteção e Defesa do Direito de Crianças e Adolescentes à Convivência Familiar e Comunitária e as do Plano Nacional pela Primeira Infância. (Redação dada pela Lei nº 13.257, de 2016)

§ 2º Os conselhos nacional, estaduais e municipais dos direitos da criança e do adolescente fixarão critérios de utilização, por meio de planos de aplicação, das dotações subsidiadas e demais receitas, aplicando necessariamente percentual para incentivo ao acolhimento, sob a forma de guarda, de crianças e adolescentes e para programas de atenção integral à primeira infância em áreas de maior carência socioeconômica e em situações de calamidade. (Redação dada pela Lei nº 13.257, de 2016)

§ 3º O Departamento da Receita Federal, do Ministério da Economia, Fazenda e Planejamento, regulamentará a comprovação das doações feitas aos fundos, nos termos deste artigo. (Incluído pela Lei nº 8.242, de 12.10.1991)

§ 4º O Ministério Público determinará em cada comarca a forma de fiscalização da aplicação, pelo Fundo Municipal dos Direitos da Criança e do Adolescente, dos incentivos fiscais referidos neste artigo. (Incluído pela Lei nº 8.242, de 12.10.1991)

§ 5º Observado o disposto no § 4º do art. 3º da Lei nº 9.249, de 26 de dezembro de 1995, a dedução de que trata o inciso I do ***caput****: (Redação dada pela Lei nº 12.594, de 2012)*

I – será considerada isoladamente, não se submetendo a limite em conjunto com outras deduções do imposto; e (Incluído pela Lei nº 12.594, de 2012)

II – não poderá ser computada como despesa operacional na apuração do lucro real. (Incluído pela Lei nº 12.594, de 2012)

Art. 260-A. A partir do exercício de 2010, ano-calendário de 2009, a pessoa física poderá optar pela doação de que trata o inciso II do ***caput*** *do art. 260 diretamente em sua Declaração de Ajuste Anual. (Incluído pela Lei nº 12.594, de 2012)*

§ 1º A doação de que trata o ***caput*** *poderá ser deduzida até os seguintes percentuais aplicados sobre o imposto apurado na declaração: (Incluído pela Lei nº 12.594, de 2012)*

I – (VETADO); (Incluído pela Lei nº 12.594, de 2012)

II – (VETADO); (Incluído pela Lei nº 12.594, de 2012)

III – 3% (três por cento) a partir do exercício de 2012. (Incluído pela Lei nº 12.594, de 2012)

§ 2º A dedução de que trata o ***caput****: (Incluído pela Lei nº 12.594, de 2012)*

I – está sujeita ao limite de 6% (seis por cento) do imposto sobre a renda apurado na declaração de que trata o inciso II do ***caput*** *do art. 260; (Incluído pela Lei nº 12.594, de 2012)*

II – não se aplica à pessoa física que: (Incluído pela Lei nº 12.594, de 2012)

a) utilizar o desconto simplificado; (Incluído pela Lei nº 12.594, de 2012)

b) apresentar declaração em formulário; ou (Incluído pela Lei nº 12.594, de 2012)

c) entregar a declaração fora do prazo; (Incluído pela Lei nº 12.594, de 2012)

III – só se aplica às doações em espécie; e (Incluído pela Lei nº 12.594, de 2012)

IV – não exclui ou reduz outros benefícios ou deduções em vigor. (Incluído pela Lei nº 12.594, de 2012)

§ 3º O pagamento da doação deve ser efetuado até a data de vencimento da primeira quota ou quota única do imposto, observadas instruções específicas da Secretaria da Receita Federal do Brasil. (Incluído pela Lei nº 12.594, de 2012)

§ 4º O não pagamento da doação no prazo estabelecido no § 3º implica a glosa definitiva desta parcela de dedução, ficando a pessoa física obrigada ao recolhimento da diferença de imposto devido apurado na Declaração de Ajuste Anual com os acréscimos legais previstos na legislação. (Incluído pela Lei nº 12.594, de 2012)

§ 5º A pessoa física poderá deduzir do imposto apurado na Declaração de Ajuste Anual as doações feitas, no respectivo ano-calendário, aos fundos controlados pelos Conselhos dos Direitos da Criança e do Adolescente municipais, distrital, estaduais e nacional concomitantemente com a opção de que trata o ***caput****, respeitado o limite previsto no inciso II do art. 260. (Incluído pela Lei nº 12.594, de 2012)*

Art. 260-B. A doação de que trata o inciso I do art. 260 poderá ser deduzida: (Incluído pela Lei nº 12.594, de 2012)

I – do imposto devido no trimestre, para as pessoas jurídicas que apuram o imposto trimestralmente; e (Incluído pela Lei nº 12.594, de 2012)

II – do imposto devido mensalmente e no ajuste anual, para as pessoas jurídicas que apuram o imposto anualmente. (Incluído pela Lei nº 12.594, de 2012)

Parágrafo único. A doação deverá ser efetuada dentro do período a que se refere a apuração do imposto. (Incluído pela Lei nº 12.594, de 2012)

Art. 260-C. As doações de que trata o art. 260 desta Lei podem ser efetuadas em espécie ou em bens. (Incluído pela Lei nº 12.594, de 2012)

Parágrafo único. As doações efetuadas em espécie devem ser depositadas em conta específica, em instituição financeira pública, vinculadas aos respectivos fundos de que trata o art. 260. (Incluído pela Lei nº 12.594, de 2012)

Art. 260-D. Os órgãos responsáveis pela administração das contas dos Fundos dos Direitos da Criança e do Adolescente nacional, estaduais, distrital e municipais devem emitir recibo em favor do doador, assinado por pessoa competente e pelo presidente do Conselho correspondente, especificando: (Incluído pela Lei nº 12.594, de 2012)

I – número de ordem; (Incluído pela Lei nº 12.594, de 2012)

II – nome, Cadastro Nacional da Pessoa Jurídica (CNPJ) e endereço do emitente; (Incluído pela Lei nº 12.594, de 2012)

III – nome, CNPJ ou Cadastro de Pessoas Físicas (CPF) do doador; (Incluído pela Lei nº 12.594, de 2012)

IV – data da doação e valor efetivamente recebido; e (Incluído pela Lei nº 12.594, de 2012)

V – ano-calendário a que se refere a doação. (Incluído pela Lei nº 12.594, de 2012)

§ 1º O comprovante de que trata o ***caput*** *deste artigo pode ser emitido anualmente, desde que discrimine os valores doados mês a mês. (Incluído pela Lei nº 12.594, de 2012)*

§ 2º No caso de doação em bens, o comprovante deve conter a identificação dos bens, mediante descrição em campo próprio ou em relação anexa ao comprovante, informando também se houve avaliação, o nome, CPF ou CNPJ e endereço dos avaliadores. (Incluído pela Lei nº 12.594, de 2012)

Art. 260-E. Na hipótese da doação em bens, o doador deverá: (Incluído pela Lei nº 12.594, de 2012)

I – comprovar a propriedade dos bens, mediante documentação hábil; (Incluído pela Lei nº 12.594, de 2012)

II – baixar os bens doados na declaração de bens e direitos, quando se tratar de pessoa física, e na escrituração, no caso de pessoa jurídica; e (Incluído pela Lei nº 12.594, de 2012)

III – considerar como valor dos bens doados: (Incluído pela Lei nº 12.594, de 2012)

a) para as pessoas físicas, o valor constante da última declaração do imposto de renda, desde que não exceda o valor de mercado; (Incluído pela Lei nº 12.594, de 2012)

b) para as pessoas jurídicas, o valor contábil dos bens. (Incluído pela Lei nº 12.594, de 2012)

Parágrafo único. O preço obtido em caso de leilão não será considerado na determinação do valor dos bens doados, exceto se o leilão for determinado por autoridade judiciária. (Incluído pela Lei nº 12.594, de 2012)

Art. 260-F. Os documentos a que se referem os arts. 260-D e 260-E devem ser mantidos pelo contribuinte por um prazo de 5 (cinco) anos para fins de comprovação da dedução perante a Receita Federal do Brasil. (Incluído pela Lei nº 12.594, de 2012)

Art. 260-G. Os órgãos responsáveis pela administração das contas dos Fundos dos Direitos da Criança e do Adolescente nacional, estaduais, distrital e municipais devem: (Incluído pela Lei nº 12.594, de 2012)

I – manter conta bancária específica destinada exclusivamente a gerir os recursos do Fundo; (Incluído pela Lei nº 12.594, de 2012)

II – manter controle das doações recebidas; e (Incluído pela Lei nº 12.594, de 2012)

III – informar anualmente à Secretaria da Receita Federal do Brasil as doações recebidas mês a mês, identificando os seguintes dados por doador: (Incluído pela Lei nº 12.594, de 2012)

a) nome, CNPJ ou CPF; (Incluído pela Lei nº 12.594, de 2012)

b) valor doado, especificando se a doação foi em espécie ou em bens. (Incluído pela Lei nº 12.594, de 2012)

Art. 260-H. Em caso de descumprimento das obrigações previstas no art. 260-G, a Secretaria da Receita Federal do Brasil dará conhecimento do fato ao Ministério Público. (Incluído pela Lei nº 12.594, de 2012)

Art. 260-I. Os Conselhos dos Direitos da Criança e do Adolescente nacional, estaduais, distrital e municipais divulgarão amplamente à comunidade: (Incluído pela Lei nº 12.594, de 2012)

I – o calendário de suas reuniões; (Incluído pela Lei nº 12.594, de 2012)

II – as ações prioritárias para aplicação das políticas de atendimento à criança e ao adolescente; (Incluído pela Lei nº 12.594, de 2012)

III – os requisitos para a apresentação de projetos a serem beneficiados com recursos dos Fundos dos Direitos da Criança e do Adolescente nacional, estaduais, distrital ou municipais; (Incluído pela Lei nº 12.594, de 2012)

IV – a relação dos projetos aprovados em cada ano-calendário e o valor dos recursos previstos para implementação das ações, por projeto; (Incluído pela Lei nº 12.594, de 2012)

V – o total dos recursos recebidos e a respectiva destinação, por projeto atendido, inclusive com cadastramento na base de dados do Sistema de Informações sobre a Infância e a Adolescência; e (Incluído pela Lei nº 12.594, de 2012)

VI – a avaliação dos resultados dos projetos beneficiados com recursos dos Fundos dos Direitos da Criança e do Adolescente nacional, estaduais, distrital e municipais. (Incluído pela Lei nº 12.594, de 2012)

Art. 260-J. O Ministério Público determinará, em cada Comarca, a forma de fiscalização da aplicação dos incentivos fiscais referidos no art. 260 desta Lei. (Incluído pela Lei nº 12.594, de 2012)

Parágrafo único. O descumprimento do disposto nos arts. 260-G e 260-I sujeitará os infratores a responder por ação judicial proposta pelo Ministério Público, que poderá atuar de ofício, a requerimento ou representação de qualquer cidadão. (Incluído pela Lei nº 12.594, de 2012)

Art. 260-K. A Secretaria de Direitos Humanos da Presidência da República (SDH/PR) encaminhará à Secretaria da Receita Federal do Brasil, até 31 de outubro de cada ano, arquivo eletrônico contendo a relação atualizada dos Fundos dos Direitos da Criança e do Adolescente nacional, distrital, estaduais e municipais, com a indicação dos respectivos números de inscrição no CNPJ e das contas bancárias específicas mantidas em instituições financeiras públicas, destinadas exclusivamente a gerir os recursos dos Fundos. (Incluído pela Lei nº 12.594, de 2012)

Art. 260-L. A Secretaria da Receita Federal do Brasil expedirá as instruções necessárias à aplicação do disposto nos arts. 260 a 260-K. (Incluído pela Lei nº 12.594, de 2012)

Art. 261. A falta dos conselhos municipais dos direitos da criança e do adolescente, os registros, inscrições e alterações a que se referem os arts. 90, parágrafo único, e 91 desta Lei serão efetuados perante a autoridade judiciária da comarca a que pertencer a entidade.

Parágrafo único. A União fica autorizada a repassar aos estados e municípios, e os estados aos municípios, os recursos referentes aos programas e atividades previstos nesta Lei, tão logo estejam criados os conselhos dos direitos da criança e do adolescente nos seus respectivos níveis.

Art. 262. Enquanto não instalados os Conselhos Tutelares, as atribuições a eles conferidas serão exercidas pela autoridade judiciária.

Art. 263. O Decreto-Lei n.º 2.848, de 7 de dezembro de 1940 (Código Penal), passa a vigorar com as seguintes alterações:

1) Art. 121 ....

......

§ 4º No homicídio culposo, a pena é aumentada de um terço, se o crime resulta de inobservância de regra técnica de profissão, arte ou ofício, ou se o agente deixa de prestar imediato socorro à vítima, não procura diminuir as consequências do seu ato, ou foge para evitar prisão em flagrante. Sendo doloso o homicídio, a pena é aumentada de um terço,

se o crime é praticado contra pessoa menor de catorze anos.

2) Art. 129 ....

....

§ 7º Aumenta-se a pena de um terço, se ocorrer qualquer das hipóteses do art. 121, § 4º.

§ 8º Aplica-se à lesão culposa o disposto no § 5º do art. 121.

3) Art. 136..

....

§ 3º Aumenta-se a pena de um terço, se o crime é praticado contra pessoa menor de catorze anos.

4) Art. 213 ....

....

Parágrafo único. Se a ofendida é menor de catorze anos:

Pena – reclusão de quatro a dez anos.

5) Art. 214..

....

Parágrafo único. Se o ofendido é menor de catorze anos:

Pena – reclusão de três a nove anos.»

Art. 264. O art. 102 da Lei n.º 6.015, de 31 de dezembro de 1973, fica acrescido do seguinte item:

"Art. 102 ....

....

6º) a perda e a suspensão do pátrio poder. "

Art. 265. A Imprensa Nacional e demais gráficas da União, da administração direta ou indireta, inclusive fundações instituídas e mantidas pelo poder público federal promoverão edição popular do texto integral deste Estatuto, que será posto à disposição das escolas e das entidades de atendimento e de defesa dos direitos da criança e do adolescente.

Art. 265-A. O poder público fará periodicamente ampla divulgação dos direitos da criança e do adolescente nos meios de comunicação social. (Incluído pela Lei nº 13.257, de 2016)

Parágrafo único. A divulgação a que se refere o ***caput*** *será veiculada em linguagem clara, compreensível e adequada a crianças e adolescentes, especialmente às crianças com idade inferior a 6 (seis) anos. (Incluído pela Lei nº 13.257, de 2016)*

Art. 266. Esta Lei entra em vigor noventa dias após sua publicação.

Parágrafo único. Durante o período de vacância deverão ser promovidas atividades e campanhas de divulgação e esclarecimentos acerca do disposto nesta Lei.

Art. 267. Revogam-se as Leis n.º 4.513, de 1964, e 6.697, de 10 de outubro de 1979 (Código de Menores), e as demais disposições em contrário.

Brasília, 13 de julho de 1990; 169º da Independência e 102º da República".

COMENTÁRIOS

I. Fundamento constitucional do Direito da Criança e do Adolescente:

Arts. 1º, III, 3º, IV, 227, 228 e 229, todos da Constituição Federal de 1988.

II. Breve histórico:

Evolução da legislação "menorista", passando pelas Doutrinas do Direito Penal do Menor ou da Periculosidade ou da Sanção Penal (Caráter Penal Indiferenciado), Doutrina da Situação Irregular (Caráter Tutelar) e Doutrina da Proteção Integral (Caráter Garantista ou Penal Juvenil).

III. Marcos significativos:

Código de Menores de 1927 (Direito Penal do Menor); Código de Menores de 1979 (Situação Irregular); Estatuto da Criança e do Adolescente de 1990 (Proteção Integral).

IV. Prevenção:

a) prevenção geral: arts. 70 a 73 do ECA. O art. 70-A foi inserido no ECA por meio da Lei Federal nº 13.010, de 26 de junho de 2014, que estabelece o direito da criança e do adolescente de serem educados e cuidados sem o uso de castigos físicos ou de tratamento cruel ou degradante.

Outrossim, importante a compreensão da Lei Federal nº 13.046, de 01 de dezembro de 2014, que dispõe sobre a obrigatoriedade de as entidades públicas e privadas terem, em seus quadros, pessoal capacitado para reconhecer e reportar maus-tratos de crianças e adolescentes, com o que foram acrescidos os seguintes dispositivos legais no ECA: art. 70-B; art. 94-A; art. 136, XII;

b) prevenção especial: arts. 74 a 85 do ECA;

c) proibição do fornecimento de produtos e serviços: art. 81, ECA:

Inciso I – armas "brancas".

Armas de fogo, munições e explosivos – art. 16, § único, V, Lei 10.826/2003.

A infringência ao inciso I gera o crime do art. 242 do ECA.

Inciso II – bebidas alcoólicas.

Problema: crime do art. 243 do ECA ou contravenção penal do art. 63, I, do DL 3688/41?

No Estado do RS, a Lei nº 13.969, de 12 de abril de 2012, dispõe sobre a proibição da venda, oferta, fornecimento, entrega e permissão de consumo de bebida alcoólica, ainda que gratuitamente, aos menores de dezoito anos de idade.

A Lei Federal nº 13.106, de 17 de março de 2015, modificou o art. 243 do ECA.

Inciso III – produtos cujos componentes possam causar dependência física ou psíquica.

A infringência ao inciso III gera o crime do art. 243 do ECA.

Inciso IV – fogos de estampido e de artifício.

A infringência ao inciso IV gera o crime do art. 244 do ECA;

Inciso V – revistas e publicações referidas no art. 78.

A infringência ao inciso V gera a infração administrativa do art. 257, ECA.

Inciso VI – bilhetes lotéricos e equivalentes;

d) hospedagem em hotéis, motéis e congêneres: art. 82, ECA.

A infringência gera a infração administrativa prevista no art. 250 do ECA, com a redação trazida pela Lei nº 12.038/2009;

e) mensagens educativas sobre o uso indevido de drogas:

Conforme já referido, no Estado do RS, a Lei Estadual nº 13.907, de 10 de janeiro de 2012, que entrou em vigor em 10 de março de 2012, estabelece mensagens educativas sobre o uso indevido de drogas em shows culturais e esportivos voltados para o público infantojuvenil e nos respectivos ingressos.

V. O Conselho Tutelar:

a) atribuições: apuração de ato infracional praticado por criança e encaminhamento de crianças e adolescentes em situação de risco ou de vulnerabilidade pessoal ou social (análise dos artigos 98, 101, 105 e 136, I, todos do ECA).

As demais atribuições constam nos incisos II a XI e parágrafo único do art. 136 do ECA, que identificam funções de natureza técnica, voltadas ao atendimento de casos individuais, pontuais e concretos, não sendo o Conselho Tutelar (CT) órgão executor da política de atendimento do Município, nem agente de execução de programas de atendimento, o que compete aos Conselhos de Direitos;

b) municípios sem Conselho Tutelar: atribuições desempenhadas pela Autoridade Judiciária – artigo 262 do ECA (norma de transição);

c) aplicação de medidas protetivas e medidas aos pais ou responsável: tem o CT atribuição para aplicar as medidas protetivas constantes nos incisos I a VII do art. 101 do ECA, com exceção das medidas de inclusão em programa de acolhimento familiar (VIII) e colocação em família substituta (IX), que necessitam do crivo judicial (art. 101, §s 1º e 2º, e 136, I, ambos do ECA).

Atribuição, também, para aplicar medidas pertinentes aos pais ou responsável, constantes nos incisos I a VII do art. 129 do ECA, com exceção das medidas de perda da guarda (VIII), destituição da tutela (IX) e suspensão ou destituição do poder familiar (X), que igualmente necessitam do crivo judicial (arts. 24, 136, II, e 148, § único, "b", todos do ECA);

d) fiscalização: o CT tem atribuição para fiscalizar entidades governamentais e não-governamentais (art. 95, ECA).

Em havendo embaraços e obstáculos à sua atuação, caberá a aplicação do tipo penal especifico previsto no art. 236, ECA;

e) maus-tratos e dever de comunicação: conforme regra prevista no art. 13 do ECA, os casos de suspeita ou confirmação de maus-tratos contra crianças e adolescentes deverão ser obrigatoriamente comunicados ao CT da respectiva localidade, sem prejuízo de outras providências legais, sob pena de responsabilidade administrativa (art. 245, ECA).

Tal providência, também, inclui os dirigentes de estabelecimentos de ensino fundamental (art. 56, I, ECA).

Importante registrar que o art. 13 do ECA foi modificado com o advento da Lei Federal nº 13.010/2014, antes citada.

Outrossim, consoante redação do art. 18-B, cabe ao Conselho Tutelar a aplicação de medidas protetivas específicas, em ocorrendo maus-tratos (incisos I a V e § único, do referido dispositivo) – analisar em conjunto com as medidas de proteção do art. 101 do ECA e medidas aplicáveis aos pais ou responsáveis do art. 129 do ECA;

f) evasão escolar e repetência: nos termos do art. 56, II e III, ECA, os dirigentes de estabelecimentos de ensino fundamental deverão comunicar ao CT os casos de reiteração de faltas injustificadas e de evasão escolar, esgotados os recursos escolares, bem como elevados níveis de repetência;

g) descumprimento de determinação do CT: cabe infração administrativa (art. 249, ECA);

h) apuração de infrações administrativas: conforme art. 194 do ECA, o Conselho Tutelar tem legitimidade ativa para representar ao Judiciário pela aplicação das infrações administrativas previstas nos arts. 245 a 258-B, todos do ECA;

i) acolhimento de emergência: da inteligência do comando constante no art. 93, ECA, entende-se que o Conselho Tutelar pode, em situações de urgência e excepcionalidade, encaminhar crianças e adolescentes a acolhimento institucional, comunicando, no prazo de 24 (vinte e quatro) horas, o

Juízo da Infância e da Juventude, para a devida regularização e, se for o caso, para a expedição da competente Guia de Acolhimento (arts. 93, 101, VII e § 3º, ambos do ECA).

VI. Sistemas de Garantias:

Há 3 grandes sistemas de garantias no ECA:

a) sistema primário (políticas sociais básicas) - políticas públicas de atendimento a crianças e adolescentes (arts. 4º, 86, 87 e 88), de caráter universal e igualitário.

Aqui, os grandes agentes operadores são os Conselhos de Direitos;

b) sistema secundário (proteção especial) - medidas de proteção dirigidas a crianças e adolescentes em situação de risco ou de vulnerabilidade pessoal ou social, de natureza preventiva, envolvendo os menores de dezoito anos de idade, em princípio, como vitimizados, enquanto violados em seus direitos fundamentais (especialmente os arts. 98 e 101, ambos do ECA), com exceção da criança infratora e da possibilidade prevista no art. 112, VII, do ECA.

Aqui, o grande agente operador é o Conselho Tutelar;

c) sistema terciário (socioeducativo) - medidas socioeducativas aplicáveis a adolescentes em conflito com a lei, autores de atos infracionais, na condição de vitimizadores.

Aqui, existe a intervenção efetiva do Sistema de Justiça (Polícia/MP/Defensoria/Judiciário/Órgãos executores das medidas socioeducativas).

VII. Atores do sistema de garantia dos direitos:

a) Família: primeira esfera de controle social informal;

b) Sociedade Civil Organizada;

c) Conselhos de Direitos;

d) Conselhos Tutelares;

e) Ministério Público;

f) Defensoria Pública;

g) Juizado da Infância e da Juventude;

h) Delegacias de Polícia e Delegacias de Polícia Especializadas.

VIII. O ato infracional e o direito penal juvenil:

a) conceito de ato infracional: crimes e contravenções penais praticados por crianças e adolescentes - art. 103, ECA;

b) inimputabilidade: arts. 27, CP; 228, CF; 104, ECA;

c) aplicabilidade do ECA em relação à prática de atos infracionais: c1) crianças: 0 (zero) a 12 (doze) anos incompletos (art. 2º, ECA); c2) adolescentes: 12 (doze) anos completos a 18 (dezoito) anos incompletos (art. 2º, ECA); c3) aplicabilidade excepcional do ECA (art. 2º, § único): 18 (dezoito) anos completos a 21 (vinte e um) anos incompletos.

Importante registrar, consoante Súmula nº 605, do STJ, que: "*a superveniência da maioridade penal não interfere na apuração de ato infracional em curso, inclusive na liberdade assistida, enquanto não atingida a idade de 21 (vinte e um) anos*".

d) ato infracional # ato de indisciplina: com relação aos atos de indisciplina, há em algumas escolas públicas e particulares a previsão de círculos restaurativos e de mediação de conflitos, como prática educativa e pedagógica, com a possibilidade de aplicação de medidas administrativas e disciplinares por parte da Escola, assegurados o contraditório e a ampla defesa, com os meios e recursos a ela inerentes;

e) Direito Penal Juvenil (responsabilidade penal juvenil) x Direito Infracional (responsabilidade estatutária ou infracional):
   - e1) Direito Penal Juvenil: caráter penal e sancionatório das normas e medidas aplicáveis a adolescentes em conflito com a lei, ressaltando o caráter retributivo e aflitivo das medidas socioeducativas;
   - e2) Direito Infracional: caráter extrapenal, autônomo e diferenciado das normas e medidas aplicáveis a adolescentes em conflito com a lei;
   - e3) em busca de um direito penal juvenil mínimo;
   - e4) reconhecimento do instituto da prescrição: Súmula 338, STJ;
   - e5) observância dos preceitos contidos nos artigos 106 a 111, 152 e 226, todos do ECA;

f) crianças e adolescentes: grupos vulneráveis, respaldados por legislação específica;

g) princípios fundamentais envolvendo adolescentes em conflito com a lei:
   1) reserva legal ou legalidade;
   2) devido processo legal ou legalidade do procedimento;
   3) pleno e formal conhecimento da acusação;
   4) igualdade na relação processual;
   5) ampla defesa e contraditório;
   6) defesa técnica por advogado (inviolabilidade da defesa);
   7) privação de liberdade como excepcional e somente por ordem expressa da autoridade judiciária ou em flagrante;
   8) proteção contra a tortura e contra tratamento desumano e degradante (princípio da humanidade);
   9) condição peculiar de pessoa em desenvolvimento;
   10) melhor interesse do adolescente (*the best interest*);

h) competência em relação ao ato infracional: art. 147, § 1º, c/c arts. 290 e 308, ambos do CPP.

IX. As medidas previstas no ECA:

a) de proteção ou protetivas: artigos 98 e 101 do ECA.

   Medidas aplicadas pela Autoridade Judiciária e pelo Conselho Tutelar.

   Observar a redação introduzida por meio da Lei 12.010, de 03 de agosto de 2009, que modificou o artigo 100 do ECA, que trata dos princípios que regem a aplicação das medidas protetivas, bem como acrescentou no artigo 101 as medidas de acolhimento institucional (inciso VII) e inclusão em programa de acolhimento familiar (inciso VIII), suprimindo a medida de abrigo em entidade (anterior inciso VII);

b) socioeducativas: artigo 112 e seguintes do ECA.

   Medidas em meio aberto, em regime de semiliberdade e em meio fechado.

São aplicadas única e exclusivamente pela Autoridade Judiciária, em virtude da prática de ato infracional por adolescente (Súmula 108, STJ).

No que concerne à medida de internação, observar a Lei Federal nº 12.594, de 18 de janeiro de 2012, que entrou em vigor no dia 18 de abril de 2012 (alteração dos artigos 121 e 122 do ECA);

c) aplicáveis aos pais ou responsável: artigo 129 e seguintes do ECA.

Medidas aplicadas pela Autoridade Judiciária e pelo Conselho Tutelar.

Análise, outrossim, dos artigos 22 a 24 do ECA e 229 da CF.

Importante referir que a Lei 12.010/09, em seu artigo 3º, substituiu a expressão "pátrio poder", contemplada em vários dispositivos do ECA, pela expressão "poder familiar".

Outrossim, havendo descumprimento doloso ou culposo dos deveres inerentes ao poder familiar, existe a possibilidade de aplicação aos pais ou responsáveis legais da infração administrativa prevista no art. 249 do ECA.

A mesma situação ocorre, caso seja descumprida determinação da autoridade judiciária ou do Conselho Tutelar;

d) remissão: como forma de exclusão do processo (Ministério Público), ou como forma de suspensão ou extinção do processo (Autoridade Judiciária).

Importante a análise dos artigos 126 a 128 do ECA.

Espécies: 1) remissão perdão (art. 126, ECA); 2) remissão-transação (art. 127, ECA).

X. As medidas socioeducativas:

a) questões:

I) É possível a cumulação de medidas socioeducativas (MSE), conforme art. 113, ECA;

II) São fungíveis (113, c/c 99 e 100) e admitem progressão/regressão;

III) Advertência (112, I + 115) – prova da materialidade e indícios suficientes de autoria e participação;

IV) Demais MSE – provas suficientes da autoria e da materialidade (114);

V) Obrigação de reparar o dano (112, II + 116);

VI) Prestação de serviços à Comunidade (112, III + 117);

VII) Liberdade assistida (112, IV + 118 + 119);

VIII) Regime de semiliberdade (112, V + 120);

IX) Internação em estabelecimento educacional (112, VI + 121 a 123);

b) problema: adolescente que pratica tráfico de drogas pela primeira vez – não se enquadra em nenhuma das hipóteses do art. 122, ECA, inviabilizando, pois, a aplicação de MSE de Internação.

A este respeito, vide Súmula nº 492, do STJ, segundo a qual: "*o ato infracional análogo ao tráfico de drogas, por si só, não conduz obrigatoriamente à imposição de medida socioeducativa de internação do adolescente*".

Não se confunde, porém, a medida socioeducativa de internação com a medida cautelar de internação provisória, que será vista mais adiante;

c) princípios gerais: As MSE são espécies do gênero "sanções penais" e submetem-se, assim como as penas, aos Princípios da Culpabilidade (Direito Penal do Fato), da Legalidade ou da Reserva Legal, da Intervenção Mínima (Direito Penal como *ultima* ou *extrema ratio*), da Lesividade, da Humanidade, da Racionalidade e da Proporcionalidade das sanções.

XI. O acesso à justiça:

a) não-identificação de crianças e adolescentes infratores: art. 143 e § único, ECA.

A infringência gera a infração administrativa prevista no art. 247 e parágrafos do ECA.

É vedada a divulgação pelos meios de comunicação.

Evidentemente, em nível policial, ministerial e judicial, é lícita a difusão de atos, notícias, documentos e informações que identifiquem, direta ou indiretamente, crianças e adolescentes autores de conduta infracional (fotografia, inclusive álbuns de fotografia, manuais ou digitalizados, ilustrações, nome, apelido, filiação, parentesco, residência, iniciais do nome e sobrenome etc);

b) identificação criminal: art. 109, ECA.

Segundo a Doutrina e a Jurisprudência majoritárias, o art. 109 do ECA foi tacitamente revogado pelo art. 1º da Lei nº 12.037/2009, que trata atualmente da identificação criminal.

As hipóteses de identificação criminal estão contempladas no art. 3º da lei.

A Lei nº 12.037/2009 revogou expressamente a Lei nº 10.054/2000, que tratava do mesmo assunto (art. 9º).

Vide, também, a Súmula 74, do STJ;

c) *Habeas Corpus*, Mandado de Segurança e Revisão Criminal: São cabíveis em relação ao adolescente infrator.

XII. O Ministério Público:

a) atribuições: Curadoria da Infância e da Juventude e destinatário imediato do procedimento policial de apuração de ato infracional atribuído a adolescentes;

b) respaldo legal: artigos 127 a 130 da CF; artigos 200 a 205 do ECA;

c) Assistente de acusação: Segundo o STJ, não é admitida a figura do assistente de acusação no ECA, por ausência de previsão legal expressa neste sentido;

d) desencadeamento da fase pré-processual: oitiva informal do adolescente infrator.

XIII. O papel do advogado:

a) atuação na área da infância e da juventude: artigo 206 e seguintes do ECA;

b) direito de defesa: Ampla Defesa: artigo 5º, LV, da CF.

Análise, outrossim, dos artigos 133 e 134 da CF.

O direito de defesa (defesa técnica) é irrenunciável, conforme art. 207 do ECA;

c) sigilo do procedimento policial: análise do artigo 20 do Código de Processo Penal e do artigo 7º, XIV, da Lei 8.906/94 (Estatuto da Ordem dos Advogados do Brasil – OAB).

Importante atentar, outrossim, para a Súmula Vinculante nº 14, do STF;

d) defesa técnica e assistência judiciária gratuita: artigo 5º, LXXIV, da CF.

XIV. A investigação de atos infracionais praticados por adolescentes infratores:

a) Procedimento de apuração de ato infracional atribuído a adolescentes (PAI):

Tem três (03) espécies:

1) Auto de Apreensão em Flagrante de Adolescente (AAFA): artigo 173, I, II e III, ECA;

2) Boletim de Ocorrência Circunstanciado (BOC): artigo 173, incisos II e III e parágrafo único do ECA;

3) Relatório das Investigações (RI): artigo 177 do ECA (RG: adolescente apreendido - 10 dias; adolescente solto - 30 dias - aplicação dos artigos 10, CPP, e 152, ECA;

b) apreensão do adolescente: Cumprimento de Ordem Judicial (art. 171, ECA) + Flagrante Delito (art. 172, ECA) + Condução Coercitiva (art. 201, § único, 218 e 260, todos do CPP; art. 187, ECA).

A oitiva ou interrogatório do indiciado imputável é uma providência prevista no art. 6º, V, CPP.

Tal providência, em nome do Direito Penal Juvenil, também se aplica ao adolescente infrator ou em conflito com a lei.

Dessa forma, uma vez intimado, o indiciado/adolescente infrator deverá comparecer à presença do Delegado de Polícia, sob pena de condução coercitiva (inteligência dos arts. 260, do CPP, e 187, do ECA).

A condução coercitiva não exige a presença de advogado.

O indiciado/adolescente infrator tem o direito de não responder aos questionamentos.

Ademais, devem ser observadas, no que couber, as disposições constantes nos arts. 185 a 196, todos do CPP, respeitada a inquisitividade ou inquisitoriedade do Inquérito Policial (dispositivos relativos ao interrogatório judicial).

Todavia, conforme decisão recente do STF, em junho de 2018, por 6x5 os Ministros do Tribunal Superior declararam inconstitucional o instrumento da condução coercitiva, por ofensa aos direitos de locomoção, ampla defesa, dignidade da pessoa humana e garantia de não-autoincriminação *(nemo tenetur se detegere)*.

Votaram pela proibição das conduções coercitivas os Ministros Gilmar Mendes, Rosa Weber, Dias Toffoli, Ricardo Lewandowski, Marco Aurélio Mello e Celso de Mello.

Votaram a favor de permitir conduções coercitivas os Ministros Alexandre de Moraes, Edson Fachin, Luis Roberto Barroso, Luiz Fux e Carmen Lúcia.

Por derradeiro, na apreensão de adolescente deverão ser observados os comandos constantes nos artigos 106 e 230, ambos do ECA;

c) liberação ou não do adolescente: Análise do artigo 174 do ECA;

d) transporte do adolescente e da criança e uso de algemas: Análise dos artigos 178 e 232, ambos do

ECA, bem como da Súmula Vinculante nº 11 do STF.

Emprego de algemas: art. 199 da LEP; arts. 284, 292 e 474, § 3º, CPP (Tribunal do Júri);

e) remessa do procedimento ao MP: Artigo 180 do ECA – Arquivamento (art. 189, ECA), Remissão (art. 126, ECA) ou Representação (art. 182, ECA);

f) requisitos da representação ministerial: art. 182, §s 1º e 2º, ECA:

   1) breve resumo dos fatos;
   2) classificação do ato infracional;
   3) se necessário, rol de testemunhas (8 – aplicação por analogia do número de testemunhas do procedimento ordinário);
   4) necessidade de justa causa, de suporte probatório mínimo, dispensando prova pré-constituída de autoria e materialidade;

g) medida cautelar de internação provisória: Tem previsão no artigo 108 e § único, do ECA.

   É equivalente à prisão preventiva.

   É a única medida cautelar existente durante o procedimento de apuração de ato infracional atribuído a adolescente.

   É requisito/fundamento das medidas cautelares o *fumus commissi delicti* (aparência criminosa do fato – *indícios suficientes de autoria e materialidade*) e o *periculum libertatis* (periculosidade do agente – *necessidade imperiosa da medida*).

   Características:

   a) o prazo máximo de internação é de 45 (quarenta e cinco) dias, consoante regra prevista no art. 108, *caput*, ECA;
   b) não pode ser cumprida em estabelecimentos prisionais (art. 185, *caput*);
   c) excepcionalmente, pode ser cumprida em repartição policial, no máximo até 5 dias (art. 185, § 2º);
   d) pode ser representada pela Autoridade Policial (art. 108 e § único, 122, I, 152, 174 e 226, todos do Estatuto da Criança e do Adolescente (Lei Federal nº 8.069/90), combinados com os artigos 311 e 312, ambos do Código de Processo Penal).

   Todavia, há entendimento contrário, no sentido de que é exigido o oferecimento da representação por parte do Ministério Público, para que seja decretada a internação provisória pelo Judiciário;

h) representação pela instauração de incidente de insanidade mental do adolescente infrator: embora haja resistências doutrinárias e jurisprudenciais a respeito, em tese, com fundamento no art. 149, § 1º, do CPP, c/c arts. 152 e 226, ambos do ECA, é possível a instauração de incidente mental do adolescente infrator, quando este padecer de sofrimento psíquico.

XV. Instâncias de apuração:

a) ato infracional praticado por criança: Conselho Tutelar (artigos 105 e 136, I, ambos do ECA), ou Autoridade Judiciária (artigos 148, VII e 262, ambos do ECA) – MEDIDAS DE PROTEÇÃO previstas no artigo 101, I a IX, ECA;

b) ato infracional praticado por adolescente: Polícia Civil

– Ministério Público – Juizado da Infância e da Juventude (arts. 171 a 190, ECA) – MEDIDAS SOCIOEDUCATIVAS previstas no artigo 112, I a VII, ECA, ou MEDIDA DE REMISSÃO prevista nos artigos 126 e 127, ECA.

XVI. A investigação criminal nos casos envolvendo violência contra crianças e adolescentes:

a) Normas gerais sobre os crimes previstos no Estatuto da Criança e do Adolescente: arts. 225 a 227, ECA;

b) Ação penal: pública incondicionada (art. 227).

Crimes julgados pela Justiça Comum Estadual e pela Justiça Comum Federal.

Embora possuam como sujeito passivo a criança ou o adolescente, os delitos previstos nos artigos 228 a 244-B do ECA são da competência da Vara Criminal da Comarca relacionada e não da Justiça da Infância e da Juventude, tendo em vista ausência de previsão expressa neste sentido no art. 148 do ECA, que trata da competência da Justiça da Infância e da Juventude.

Com exceção dos crimes previstos nos arts. 237 a 243, 244-A e 244-B, todos do ECA, em princípio, a competência para instrução e julgamento será dos Juizados Especiais Criminais, por se tratarem de infrações penais de menor potencial ofensivo (pena máxima cominada não superior a dois anos);

c) Ato infracional: ação socioeducativa pública incondicionada? Nem sempre – Direito Penal Juvenil.

Assim, em princípio, as mesmas condições de procedibilidade exigidas no Direito Penal Comum (Ex: representação criminal da vítima ou de seu representante legal nas Lesões corporais leves e culposas e na Ameaça) também são aplicáveis na esfera menorista.

Ademais, a competência na apuração é da Justiça Comum Estadual (Juiz da Infância e da Juventude, ou o Juiz de Direito que exercer essa função), mesmo que o ato infracional praticado seja em detrimento de bens, serviços ou interesse da União (Ex: Moeda falsa, Tráfico internacional de drogas etc.).

Não se aplica, pois, a regra da competência da Justiça Comum Federal preconizada no art. 109 e incisos, da Constituição Federal de 1988.

A competência da Justiça Estadual encontra guarida nos artigos 146; 147, § 1º; e 148, I, todos do ECA.

O critério de fixação de competência segue a teoria da atividade (local da ação ou da omissão), consoante previsão do art. 147, § 1º, do ECA;

d) Ofensa ao Princípio da Legalidade: doutrinadores como Alberto Silva Franco e Sebastião Oscar Feltrin, reproduzidos por Valter Kenji Ishida[1], estabelecem crítica ferrenha aos tipos previstos no ECA: *"Os tipos montados no Estatuto da Criança e do Adolescente não primam pela clareza descritiva: são compostos, muitas vezes, com cláusulas gerais e, não raro, lesam o princípio da legalidade, de inequívoca conotação constitucional"*;

1 ISHIDA, Válter Kenji. **Estatuto da Criança e do Adolescente:** doutrina e jurisprudência. 19. ed. Salvador: Juspodivm, 2018.

e) Crimes em espécie: arts. 228 a 244-B, ECA.

Os crimes previstos nos artigos 228 a 244-B do ECA têm como vítimas ou sujeitos passivos (primários ou secundários) a criança e o adolescente. São eles:

Art. 228: *"Omissão do registro de atividades ou do fornecimento da declaração de nascimento"*

Infração penal de menor potencial ofensivo, da competência dos JECs, instruída por meio de Termo Circunstanciado.

Outrossim, comporta o rito do procedimento comum sumaríssimo (art. 394, § 1º, III, CPP).

É crime próprio. Somente pode ser praticado pelo "encarregado de serviço" (ex: enfermeiro), ou o "dirigente de estabelecimento de atenção à saúde da gestante".

Trata-se de crime omissivo próprio ou puro, que aceita a modalidade culposa no § único.

São sujeitos passivos o Estado, a Coletividade, a gestante (parturiente) e o neonato.

Não admite a tentativa.

Tipo penal de difícil incidência prática (direito penal simbólico).

Art. 229: *"Omissão de identificação do neonato e da parturiente ou de exames necessários"*

Infração penal de menor potencial ofensivo, da competência dos JECs, instruída por meio de Termo Circunstanciado.

Outrossim, comporta o rito do procedimento comum sumaríssimo (art. 394, § 1º, III, CPP).

É crime próprio. Somente pode ser praticado por médicos, enfermeiros e dirigentes de hospitais e centros de saúde.

Também, trata-se de crime omissivo próprio ou puro, que aceita a modalidade culposa no § único.

É crime relacionado a hospitais e centros de saúde, cuja objetividade jurídica é a integridade física e psíquica do neonato (recém-nascido) e de seus direitos.

São sujeitos passivos a Coletividade, a gestante (parturiente) e o neonato.

Não admite a tentativa.

Art. 230: *"Privação de liberdade ilegal ou sem as formalidades legais"*

Infração penal de menor potencial ofensivo, da competência dos JECs, instruída por meio de Termo Circunstanciado.

Outrossim, comporta o rito do procedimento comum sumaríssimo (art. 394, § 1º, III, CPP).

Conforme já referido anteriormente, quando da análise da apreensão do adolescente infrator ou em conflito com a lei, devemos observar o seguinte binômio: Cumprimento de Ordem Judicial (art. 171, ECA) + Flagrante Delito (art. 172, ECA).

No que concerne à condução coercitiva, prevista no art. 201, § único, CPP – ofendido; art. 218, CPP – testemunha; art. 260, CPP – acusado/autor do fato; art. 187, ECA – adolescente infrator em audiência de apresentação, conforme decisão relativamente recente do STF, em junho de 2018, por 6x5 os Ministros do Tribunal Superior declararam inconstitucional o instrumento da condução coercitiva, por ofensa aos direitos de locomoção, ampla defesa, dignidade da pessoa humana e garantia de não-autoincriminação (*nemo tenetur se detegere).*

De uma certa forma, em homenagem ao Direito Penal Juvenil, embora não conste na decisão do STF o alcance de tal entendimento, previsto expressamente em desfavor do autor do fato/suspeito/indiciado/denunciado/réu, vislumbro ser possível estendê-lo ao adolescente infrator ou em conflito com a lei.

Ademais, trata-se de crime comum.

São sujeitos passivos a criança ou o adolescente.

Havia aparente conflito com o crime de Cárcere privado qualificado (art. 148, § 1º, IV, CP) e com o então crime de Abuso de Autoridade (art. 4º, "a", da Lei Federal nº 4.898/65, revogada a partir de 3 de janeiro de 2020, com o advento da Lei Federal nº 13.869/19).

Com relação ao crime de Cárcere privado qualificado, se a privação de liberdade for duradoura, por tempo juridicamente relevante, aplica-se o CP.

Se a privação de liberdade for momentânea, precária, aplica-se o ECA.

Com relação ao crime de Abuso de autoridade, aplica-se o ECA, em homenagem ao princípio da especialidade (legislação protetiva em relação a crianças e adolescentes).

Crime relacionado a atos infracionais, cuja objetividade jurídica é a integridade física e psíquica das crianças e adolescentes e dos seus direitos fundamentais elencados no ECA.

No § único, em se tratando da privação de liberdade legal, sem a observância das formalidades legais, temos, em princípio, sujeito ativo próprio ou qualificado.

São exemplos: a não-comunicação do flagrante pelo Delegado de Polícia ao representante do Ministério Público, bem como a apreensão em flagrante do adolescente, sem a lavratura, pelo Delegado de Polícia, do competente Boletim de Ocorrência Circunstanciado (BOC), ou Auto de Apreensão em Flagrante de Adolescente (AAFA).

Art. 231: *"Não-comunicação de apreensão à Autoridade Judiciária ou familiar"*

Infração penal de menor potencial ofensivo, da competência dos JECs, instruída por meio de Termo Circunstanciado.

Outrossim, comporta o rito do procedimento comum sumaríssimo (art. 394, § 1º, III, CPP).

É crime próprio. Somente pode ser praticado pela Autoridade Policial responsável pela apreensão.

Há aparente conflito com o então crime de Abuso de Autoridade (art. 4º, "c", da Lei Federal nº 4.898/65, revogada a partir de 3 de janeiro de 2020, com o advento da Lei Federal nº 13.869/19).

Sujeito passivo é somente o adolescente apreendido, já que a criança apreendida não poderá ser autuada em flagrante na Delegacia, devendo ser apresentada ao Conselho Tutelar, para aplicação de medida de proteção.

É crime omissivo próprio ou puro, que não admite a tentativa.

Art. 232: *"Submissão de criança ou adolescente a vexame ou a constrangimento"*

Infração penal de menor potencial ofensivo, da competência dos JECs, instruída, em princípio, por meio de Termo Circunstanciado.

Todavia, pela complexidade da situação fática apresentada, nada obsta seja referida infração penal instrumentalizada por meio de Inquérito Policial.

Outrossim, comporta, em princípio, o rito do procedimento comum sumaríssimo (art. 394, § 1º, III, CPP).

Só pode ser praticado por aqueles que têm autoridade, guarda ou vigilância sobre a criança e o adolescente (Ex: pai, mãe, tutor, curador, guardião, empregada, professor, policial, monitor ou agente socioeducativo, etc.)

Há aparente conflito com os crimes de Maus-Tratos (art. 136, CP), Constrangimento ilegal (art. 146, CP) e Tortura Majorada (art. 1º, § 4º, II, da Lei Federal nº 9.455/97), bem como com o então crime de Abuso de Autoridade (art. 4º, "b", da Lei Federal nº 4.898/65, revogada a partir de 3 de janeiro de 2020, com o advento da Lei Federal nº 13.869/19).

Na análise do referido tipo penal, importante a compreensão da Lei nº 13.010, de 26 de junho de 2014, que estabelece o direito da criança e do adolescente de serem educados e cuidados sem o uso de castigos físicos ou de tratamento cruel ou degradante.

Art. 233: *"Tortura contra criança e adolescente"*

Aqui, o legislador infraconstitucional, de forma pioneira, estabeleceu a tortura como crime autônomo.

Todavia, tal dispositivo foi revogado pela Lei nº 9.455/97, que identifica a Tortura contra criança e adolescente no art. 1º, § 4º, II, como forma majorada de tortura, com possibilidade de aumento de 1/6 a 1/3 da pena, em relação à pena principal, que é de 2 (dois) a 8 (oito) anos de reclusão.

Art. 234: *"Omissão da imediata liberação de criança ou adolescente, em face da ilegalidade da apreensão"*

Infração penal de menor potencial ofensivo, da competência dos JECs, instruída, em princípio, por meio de Termo Circunstanciado.

Outrossim, comporta o rito do procedimento comum sumaríssimo (art. 394, § 1º, III, CPP).

É crime próprio. Aplica-se à Autoridade Policial e à Autoridade Judicial. Alguns autores admitem também como sujeito ativo o Promotor de Justiça.

Há aparente conflito com o então crime de Abuso de Autoridade (art. 4º, "d", da Lei Federal nº 4.898/65, revogada a partir de 3 de janeiro de 2020, com o advento da Lei Federal nº 13.869/19).

É crime omissivo próprio ou puro, que não admite a tentativa.

Art. 235: *"Descumprimento injustificado de prazo fixado em lei"*

Infração penal de menor potencial ofensivo, da competência dos JECs, instruída, em princípio, por meio de Termo Circunstanciado.

Outrossim, comporta o rito do procedimento comum sumaríssimo (art. 394, § 1º, III, CPP).

É crime próprio. Somente pode ser praticado pela Autoridade Policial, Ministerial e Judicial.

Há aparente conflito com o então crime de Abuso de Autoridade (art. 4º, "i", da Lei Federal nº 4.898/65, revogada a partir de 3 de janeiro de 2020, com o advento da Lei Federal nº 13.869/19).

Sujeito passivo é o adolescente submetido a determinado ato por prazo superior ao previsto em lei.

É crime omissivo próprio ou puro, que não admite a tentativa.

Segundo Munir Cury e outros[2], têm-se como exemplos do referido tipo penal o descumprimento injustificado dos seguintes prazos fixados em benefício de adolescente privado de liberdade:

> *"Internação Provisória (quarenta e cinco dias – arts. 108 e 183); reavaliação da internação (seis meses – art. 121, § 2º); liberação compulsória (vinte e um anos – art. 121, § 5º); internação por descumprimento injustificável de medida anteriormente imposta (três meses – art. 122, § 1º, com a nova redação introduzida pela Lei nº 12594/12); apresentação do adolescente apreendido pela autoridade policial ao Ministério Público (vinte e quatro horas – art. 175, §§ 1º e 2º); transferência de adolescente internado provisoriamente em repartição policial para entidade de atendimento (cinco dias – art. 185, § 2º)".*

2 CURY, Munir; AMARAL e SILVA, Antônio Fernando do; GARCIA MENDEZ, Emílio et al. (Coords.). **Estatuto da Criança e do Adolescente Comentado**: COMENTÁRIOS jurídicos e sociais. 12 ed. São Paulo: Malheiros, 2013.

Art. 236: *"Impedimento ou embaraço da ação de autoridade"*

Infração penal de menor potencial ofensivo, da competência dos JECs, instruída, em princípio, por meio de Termo Circunstanciado.

Outrossim, comporta o rito do procedimento comum sumaríssimo (art. 394, § 1º, III, CPP).

São sujeitos passivos a Autoridade Judiciária, o membro do Conselho Tutelar e o representante do Ministério Público, relativamente ao exercício de função prevista no ECA (seria a função fiscalizatória de entidades governamentais e não-governamentais prevista no art. 95 do ECA).

E o embaraço à atividade policial?

Deve ser analisada, outrossim, a Lei da Alienação Parental (Lei Federal nº 12.318/10).

Art. 237: *"Subtração de criança ou adolescente"*

Delito de maior potencial ofensivo, instruído por meio de Inquérito Policial.

Submete-se ao rito do procedimento comum ordinário (art. 394, § 1º, I, CPP).

Sujeito ativo pode ser qualquer pessoa, inclusive o pai ou a mãe, se destituídos do poder familiar.

Sujeito passivo é o responsável legal (por lei ou por determinação judicial).

Aqui há finalidade específica: colocação da criança ou adolescente em lar substituto, passando a viver em outra família.

Há aparente conflito com o crime de Subtração de incapazes (art. 249, CP).

Trata-se de crime formal, que se consuma com a simples subtração da criança ou adolescente, com aquela finalidade.

O perdão judicial, possível na Subtração de incapazes do CP (art. 249, § 2º), não é cabível no ECA, por ausência de previsão legal.

Art. 238: *"Promessa ou entrega de filho ou pupilo"*

Delito de maior potencial ofensivo, instruído por meio de IP, cabendo, todavia, a suspensão condicional do processo, tendo em vista que a pena mínima cominada não é superior a 1 (um) ano.

De outra banda, submete-se ao rito do procedimento comum ordinário (art. 394, § 1º, I, CPP).

Crime plurissubjetivo, de concurso necessário.

No *caput,* é crime próprio. Somente pode ser praticado pelos pais, tutores e guardiões judicialmente nomeados.

No § único, é crime comum, podendo ser praticado por qualquer pessoa, inclusive por aqueles que se encontram privados e destituídos do poder familiar.

Sujeitos passivos são os filhos ou pupilos, crianças ou adolescentes.

O crime é formal na modalidade "prometer", consumando-se com a simples promessa ou entrega de filho ou pupilo, sem que haja a necessidade do recebimento da recompensa, bem como material na modalidade "efetivar", dependendo da ocorrência de resultado naturalístico.

Art. 239: *"Tráfico internacional de criança ou adolescente"*

Delito de maior potencial ofensivo, instruído por meio de Inquérito Policial.

Submete-se ao rito do procedimento comum ordinário (art. 394, § 1º, I, CPP).

A competência é da Justiça Federal (art. 109, V, CF), tendo em vista que o Brasil é signatário da Convenção sobre os Direitos da Criança da ONU (Decreto Legislativo nº 28/90 e Decreto nº 99.710/90).

Com relação ao *caput,* há aparente conflito com o crime de Entrega de Filho Menor à Pessoa Inidônea (art. 245, §§ 1º e 2º, CP).

Trata-se de crime formal, que se consuma com a promoção ou auxílio de ato destinado ao envio de criança ou adolescente ao exterior.

Há modalidade qualificada no § único, caso houver emprego de violência, grave ameaça ou fraude.

A violência física pode ser exercida contra a própria criança ou adolescente, ou ainda contra terceiros (Ex: pais da criança).

Em havendo violência, aplica-se a regra do concurso material obrigatório (art. 239 + crime correspondente à violência).

Importante a compreensão da Lei Federal nº 13.431/17, em vigor a partir de 04 de abril de 2018, que estabelece o sistema de garantia de direitos da criança e do adolescente vítima ou testemunha de violência, a qual, em seu artigo 4º, III, "c", estabelece o tráfico de pessoas como modalidade de violência sexual.

Importante, outrossim, a compreensão da Lei da Migração (Lei Federal nº 13.344/16), que dispõe sobre a prevenção e repressão ao tráfico interno e internacional de pessoas.

Art. 240: *"Produção de cena de sexo explícito ou pornográfica envolvendo criança ou adolescente"*

Delito de maior potencial ofensivo, instruído por meio de Inquérito Policial.

Submete-se ao rito do procedimento comum ordinário (art. 394, § 1º, I, CPP).

Nova redação conferida pela Lei 10.764/2003, e, principalmente, pela Lei 11.829/2008.

Visa a proteger a dignidade da criança e do adolescente e sua liberdade sexual.

É crime de perigo abstrato e formal.

O crime não exige finalidade lucrativa.

Embora se trate de crime comum, sujeito ativo é, normalmente, o produtor, diretor, fotógrafo, "*cameraman*", ou qualquer outra pessoa que realize o registro.

Prevê majorantes ou causas de aumento de pena no § 2º e admite a possibilidade de aplicação de concurso formal com os crimes de satisfação de lascívia mediante presença de criança ou adolescente (art. 218-A, CP), ou de favorecimento da prostituição ou de outra forma de exploração sexual de criança ou adolescente ou de vulnerável (art. 218-B, CP).

Art. 241: impropriamente conhecido como *"Crime de Pedofilia"*

Nova redação conferida pela Lei 10.764/2003, e, principalmente, pela Lei 11.829/2008.

Referido dispositivo foi desmembrado em cinco tipos penais (241, 241-A, 241-B, 241-C e 241-D).

O artigo 241-E traz norma penal explicativa, que define a expressão "cena de sexo explícito ou pornográfica".

Em princípio, "cena de sexo explícito" seria aquela em que há contato físico com a criança ou adolescente e "cena pornográfica" seria aquela em que não há contato físico com a criança ou adolescente.

Segundo a doutrina:

I) o *caput* trata do chamado tipo penal de *"Venda de Foto Pornográfica envolvendo criança ou adolescente"*, ou *"Fotografia, vídeo ou registro de cena de sexo explícito ou pornográfica"*;

II) o art. 241-A trata do chamado tipo penal de *"Divulgação de foto pornográfica de criança ou adolescente pela Internet"*, ou *"Transação de fotografia, vídeo ou outro registro de cena de sexo explícito ou pornográfica"*;

III) o art. 241-B trata do chamado tipo penal de *"Guarda de material pornográfico envolvendo criança ou adolescente"*, ou *"Aquisição, posse ou armazenamento de fotografia, vídeo ou registro de cena de sexo explícito ou pornográfica"*;

IV) o art. 241-C trata do chamado tipo penal de *"Montagem de foto pornográfica de criança ou adolescente"*, ou *"Simulação de participação de criança ou adolescente em cena de sexo explícito ou pornográfica"*;

V) e o art. 241-D trata do chamado tipo penal de *"Assédio à criança"*, ou *"Aliciamento, assédio, instigação ou constrangimento para a prática de ato libidinoso"*.

O artigo 241, *caput*, e 241-A são infrações penais de maior potencial ofensivo, instruídas por meio de IP, submetendo-se ao rito do procedimento comum ordinário (art. 394, § 1º, I, CPP).

O artigo 241-B também é infração penal de maior potencial ofensivo, instruída por meio de IP, mas que admite a suspensão condicional do processo, embora se submeta ao rito do procedimento comum ordinário (art. 394, § 1º, I, CPP).

Os artigos 241-C e 241-D são infrações penais de médio potencial ofensivo, instruídas por meio de IP e que admitem, também, a suspensão condicional do processo, embora se submetam ao rito do procedimento comum sumário (art. 394, § 1º, II, CPP).

Importante referir que há condição objetiva de punibilidade no art. 241-A, § 2º, que não está atrelada ao dolo do agente e que consiste na necessidade de notificação do responsável pela prestação do serviço (pessoa que reúna condições técnicas e efetivas de alcançar a interrupção do serviço de acesso à rede mundial de computadores), antes de qualquer medida penal, alertando-o acerca do material pornográfico e, ao mesmo tempo, possibilitando-lhe que desative o acesso imediatamente.

De outra banda, somente a criança pode ser sujeito passivo do delito previsto no art. 241-D.

Por fim, no que concerne à competência, em sendo identificada a transnacionalidade do delito, a competência será da Justiça Federal, nos termos do art. 109, V, da CF (competência em razão da matéria - absoluta).

No que concerne à competência territorial (vara competente), o entendimento preponderante na doutrina e na jurisprudência é o de que a competência será a do local onde se localize o provedor, pois é daí que se inicia a publicação e onde são enviadas as mensagens discriminatórias.

Entretanto, dependendo do caso concreto, nada obsta que a escolha recaia sobre o local onde reside o acusado, nos termos previstos na regra subsidiária de aplicação de competência do art. 72, *caput*, do CPP.

A Lei Federal nº 13.441, de 8 de maio de 2017, previu a infiltração de agentes de polícia na Internet, com o fim de investigar crimes contra a dignidade sexual de criança e de adolescente, incluindo os tipos penais previstos nos artigos 240, 241, 241-A, 241-B, 241-C e 241-D, todos do ECA.

Art. 242: *"Venda, fornecimento ou entrega de arma, munição ou explosivo a criança ou adolescente"*

Delito de maior potencial ofensivo, instruído por meio de Inquérito Policial.

Submete-se ao rito do procedimento comum ordinário (art. 394, § 1º, I, CPP).

Violação à regra de proibição do fornecimento de produtos e serviços a crianças e adolescentes, conforme art. 81, inciso I, ECA.

Inciso I – seria apenas para armas "brancas".

A violação ao inciso I gera o crime do art. 242 do ECA.

Há entendimento, ao que parece majoritário, de que, com relação a armas de fogo, munição e explosivos, foi tacitamente revogado pelo art. 16, § único, V, da Lei 10.826/2003 (Estatuto do Desarmamento).

Todavia, há entendimento, ao que parece minoritário, de que, em virtude do princípio da especialidade, por se tratar de proteção a crianças e adolescentes, aplica-se o tipo penal previsto neste art. 242, em relação a armas de fogo, munição e explosivos;

Art. 243: *"Fornecimento de drogas lícitas a crianças ou adolescentes"*

Delito de maior potencial ofensivo, instruído por meio de Inquérito Policial.

Submete-se ao rito do procedimento comum ordinário (art. 394, § 1º, I, CPP).

Problema: álcool – crime ou a contravenção penal do art. 63, I, do DL 3.688/41?

Até o advento da Lei Federal nº 13.106, de 17/03/15, travava-se um amplo debate doutrinário e jurisprudencial acerca do tema, explicitado em obra anterior do autor[3], nos seguintes termos:

> *"Um entendimento: Não seriam produtos cujos componentes possam causar dependência física ou psíquica, tendo em vista a redação do artigo 81, II e III, do ECA, ao trazer em dispositivos tópicos diferenciados as bebidas alcoólicas e os produtos cujos componentes possam causar dependência física ou psíquica, com o que haveria a desclassificação para a contravenção penal prevista no artigo 63, I, do DL 3688/41 – Recentes decisões dos Tribunais de Justiça do Estado do Rio Grande do Sul, Santa Catarina, Minas Gerais, entre outros, e até mesmo do Superior Tribunal de Justiça, os quais têm acolhido o entendimento de que a conduta de fornecer bebidas alcoólicas a crianças ou adolescentes caracteriza apenas a contravenção penal prevista no art. 63, I, do DL nº 3.688/41; Outro entendimento: Tendo em vista os notórios malefícios que o álcool causa à saúde e na medida em que a intenção do legislador, ao elencar em dispositivos tópicos diferenciados as bebidas alcoólicas e os produtos cujos componentes possam causar dependência física ou psíquica, era reforçar ou destacar a proibição do fornecimento de bebidas alcoólicas a crianças e adolescentes e não simplesmente excluí-la do âmbito dos produtos cujos componentes causam dependência física ou psíquica, é de ser reconhecido o crime do artigo 243.*
>
> *A nosso ver, o segundo posicionamento é o mais coerente.*
>
> *Ademais, não obstante todas as explicitações antes elencadas, há outra questão que, a nosso ver, fulmina a pretensão de desclassificação do crime do artigo 243 do ECA para a contravenção penal prevista no artigo 63, I, da Lei das Contravenções Penais.*
>
> *Reza o dispositivo contravencional o seguinte:*
>
> *"**Servir** bebidas alcoólicas:*
>
> *I – a menor de 18 (dezoito) anos (...)" (o grifo é nosso).*
>
> *Ora, servir é muito menos do que fornecer ou vender.*
>
> *Logo, para aqueles que pretendem a desclassificação, essa só seria possível na modalidade "SERVIR", ou seja, para aquele que "FORNECER", "VENDER" ou "ENTREGAR" bebidas alcoólicas a crianças e adolescentes, a conduta seria atípica.*
>
> *Notem a incongruência: vender bebidas alcoólicas a crianças e adolescentes – FATO ATÍPICO; servir bebidas alcoólicas a crianças e adolescentes – CONTRAVENÇÃO PENAL; vender cigarro a crianças e adolescentes – CRIME.*
>
> *Acreditamos que não era essa a intenção do legislador..."*

Todavia, o fornecimento de álcool a crianças e adolescentes passou a ser

3 NEDEL, Christian. **O Direito da Criança e do Adolescente**: ECA para concursos públicos: com as alterações trazidas por meio das leis federais 12010 e 12015, de agosto de 2009, e 12038, de outubro de 2009. Porto Alegre: Sapiens, 2010.

criminalizado com o advento da Lei Federal nº 13.106, de 17/03/15, que alterou o art. 243 do ECA e revogou expressamente o art. 63, I, da Lei das Contravenções Penais.

Ademais, o novel artigo 258-C, introduzido no ECA pela referida lei federal, também identificou o fornecimento de bebidas alcoólicas a crianças e adolescentes como **Infração Administrativa**, com penalidade de multa de R$ 3.000,00 (três mil reais) a R$ 10.000,00 (dez mil reais), em virtude da infringência à regra de proibição insculpida no artigo 81, II, do ECA.

A partir de então, a bebida alcoólica, expressamente, passou a ser objeto material do tipo descrito no art. 243, ECA, atrelada aos verbos nucleares "vender", "fornecer", "servir" e "entregar".

Trata-se de violação à regra de proibição do fornecimento de produtos e serviços a crianças e adolescentes, conforme art. 81, incisos II e III, ECA.

Inciso II - bebidas alcoólicas.

Inciso III - produtos cujos componentes possam causar dependência física ou psíquica.

No Estado do RS, a Lei nº 13.969, de 12 de abril de 2012, dispõe sobre a proibição da venda, oferta, fornecimento, entrega e permissão de consumo de bebida alcoólica, ainda que gratuitamente, aos menores de dezoito anos de idade.

Art. 244: *"Venda, fornecimento ou entrega de fogos de estampido ou de artifício a crianças ou adolescentes"*

Infração penal de menor potencial ofensivo, da competência dos JECs, instruída, em princípio, por meio de Termo Circunstanciado.

Submete-se ao rito do procedimento comum sumaríssimo (art. 394, § 1º, III, CPP).

É crime comum, que explicita proibição constante no artigo 81, IV, do ECA.

Trata-se de crime de perigo abstrato, que se consuma com a efetiva venda, fornecimento, ou entrega à criança ou adolescente de fogos de estampido ou de artifício.

Há excludente de tipicidade manifesta, em se tratando de fogos que, pelo seu reduzido potencial, sejam incapazes de provocar qualquer dano físico em caso de utilização indevida (Ex: bombinha, busca-pé, biribinha, vela de aniversário etc.).

Art. 244-A: *"Exploração sexual comercial infanto-juvenil"*, ou *"Submissão de criança ou adolescente à prostituição e à exploração sexual"*

Delito de maior potencial ofensivo, instruído por meio de Inquérito Policial.

Submete-se ao rito do procedimento comum ordinário (art. 394, § 1º, I, CPP).

Inserido dentro do ECA pela Lei 9.975/2000.

Em princípio, aplica-se àquele que explora sexualmente, com fins de lucro, bem como àquele que realiza o programa.

Porém, existe entendimento atual de que tal conduta foi tacitamente revogada pela Lei 12.015/2009, que introduziu um tipo penal novo no Código Penal - art. 218-B e §s 1º, 2º e 3º (Favorecimento da Prostituição ou outra Forma de Exploração Sexual de Vulnerável), pois o novel dispositivo do CP é bem mais abrangente, incluindo como vítimas, além de crianças e adolescentes, pessoas doentes, sem discernimento.

Exploração sexual é o gênero.

Não exige, necessariamente, finalidade lucrativa.

Pode ocorrer por conta da prostituição alheia, da troca de favores sexuais, do turismo sexual, do proxenetismo, do rufianismo e do tráfico de pessoas para fins sexuais.

Há autores que identificam na exploração sexual a presença de atos sexuais isolados, com finalidade de lucro.

Prostituição é espécie de exploração sexual.

É o comércio do sexo por dinheiro ou outro valor, podendo ter por objetivo a obtenção de outros bens.

Há autores que identificam na prostituição a presença de atos sexuais habituais, com finalidade de lucro.

No tipo penal descrito no Código Penal foi prevista, de forma expressa, a conduta do cliente (artigo 218-B, § 2º, I, CP), circunstância que não era expressamente contemplada na redação do artigo 244-A-ECA.

Relativamente à conduta do cliente (aquele que realiza o programa), reconhecido como um facilitador à prostituição ou exploração sexual, é necessário que a vítima tenha entre 14 (catorze) e 18 (dezoito) anos de idade para a incidência do tipo penal.

Se a vítima for menor de 14 (catorze) anos de idade, estaremos diante do tipo de Estupro de Vulnerável.

Há entendimentos no sentido de que, neste caso, haveria concurso material de infrações: exploração sexual + estupro de vulnerável.

Nesta modalidade, é necessária a prática de ato sexual.

Desta forma, "acertar o programa" pode ficar, no máximo, no campo da tentativa.

Ademais, é preciso atenção no tocante ao erro de tipo, pois o engano quanto à idade (aparência física, falsificação de documentos etc.) pode ocorrer, eliminando o dolo e afastando o tipo.

É crime comum, que pode ser praticado, inclusive, pelos pais da vítima.

Trata-se de crime formal: a consumação se dá com a simples submissão da criança ou adolescente à prostituição ou exploração sexual, não se exigindo que haja prejuízo à formação moral da(o) inimputável.

Relativamente ao proprietário, gerente ou responsável pelo lugar onde se verifique a prostituição juvenil (motel, hotel, boate, danceteria, bar etc.), cria-se efeito obrigatório da condenação: a cassação da licença de localização e de funcionamento do estabelecimento.

Trata-se de efeito automático da condenação, mesmo havendo omissão na sentença.

Importante referir o advento da Lei Federal nº 12.978, de 21 de maio de 2014, que definiu o *nomen juris* do crime previsto no art. 218-B, do Código Penal, como "Favorecimento da Prostituição ou de outra Forma de Exploração Sexual de Criança ou Adolescente ou de Vulnerável", bem como classificou referido delito como hediondo, acrescentando o inciso VIII no art. 1º da Lei 8072/90, *in verbis: "Favorecimento da prostituição ou de outra forma de exploração sexual de criança ou adolescente ou de vulnerável (art. 218-B, caput, e §§ 1º e 2º)".*

De outra banda, apesar da aparente revogação tácita do referido tipo penal pelo art. 218-B e §s 1º, 2º e 3º, do CP, a Lei Federal nº 13.440, de 8 de maio de 2017, estipulou pena obrigatória de perda de bens e valores em razão da prática dos crimes tipificados no artigo 244-A, do ECA, reativando, de certa forma, referido dispositivo penal, o que parece, no mínimo, incongruente.

Art. 244-B: *"Corrupção de criança ou adolescente"*

Delito de maior potencial ofensivo, instruído por meio de Inquérito Policial, cabendo, todavia, a suspensão condicional do processo, em virtude de a pena mínima cominada não ser superior a 1 (um) ano.

Submete-se ao rito do procedimento comum ordinário (art. 394, § 1º, I, CPP).

Transposição da antiga figura da Corrupção de Menores, contemplada no artigo 1º da Lei 2.252/54.

Modificação introduzida pelo artigo 5º da Lei 12.015/09, restando revogado o tipo previsto na Lei 2.252/54, conforme artigo 7º da legislação suprarreferida.

Trata-se aqui não da corrupção sexual de crianças e adolescentes, mas sim da corrupção para a prática de outros crimes.

É tipo penal de forma vinculada, pois a corrupção se dá quando o agente pratica infração penal (crime ou contravenção penal) com a vítima, ou induz a praticá-la.

A jurisprudência dos Tribunais Superiores vem entendendo tratar-se de crime formal (STJ/STF), identificando que o simples convencimento do menor à prática do crime já consuma o delito, mesmo que o menor não fique efetivamente corrompido, pois trata-se de crime de perigo.

Neste sentido, recentemente o STJ editou a Súmula nº 500, nos seguintes termos: "*a configuração do crime previsto no artigo 244-B do Estatuto da Criança e do Adolescente independe da prova da efetiva corrupção do menor, por se tratar de delito formal*".

Todavia, alguns doutrinadores vêm entendendo tratar-se de crime material, só se consumando com a efetiva corrupção do menor.

Nucci[4], até então adepto da segunda corrente, recentemente mudou seu posicionamento, identificando tratar-se de crime de atividade, de natureza formal, onde basta a prática da conduta, possibilitando a depravação do menor, independentemente de resultado naturalístico.

Novamente, na obra Leis Penais e Processuais Penais Comentadas[5], o mesmo autor reforça a sua "alteração de entendimento".

Em uma posição alternativa, Rogério Greco[6] entende que o crime é material no verbo "corromper" e formal no verbo "facilitar a corrupção".

Trata-se de crime de perigo abstrato.

Se a infração cometida ou induzida for hedionda, há aplicação de majorante ou causa de aumento de pena (§ 2º).

Ademais, o crime pode ser cometido por meios eletrônicos ou de informática (§ 1º).

Violação de Sigilo Processual:

Importante referir, ainda, que a Lei Federal nº 13.431, de 4 de abril de 2017, em vigor a partir de 04 de abril de 2018, que estabelece o sistema de garantia de direitos da criança e do adolescente vítima ou testemunha de violência, identificou, em seu artigo 24, tipo penal consistente em:

> *"Violar sigilo processual, permitindo que depoimento de criança ou adolescente seja assistido por pessoa estranha ao processo, sem autorização judicial e sem o consentimento do depoente ou de seu representante legal. Pena – reclusão, de 1 (um) a 4 (quatro) anos, e multa".*

Notas preliminares sobre o novel tipo penal:

1) Inexiste violação, quando a divulgação da informação objetivar a persecução penal, ou a assistência à saúde de criança e adolescente, nos termos do art. 5º, XIV, da Lei 13.431/17;
2) Sujeito ativo é qualquer pessoa, desde que tenha acesso legal às informações;
3) Sujeito passivo primário é o Estado e, secundário, a criança ou adolescente vítimas;

4 NUCCI, Guilherme de Souza. **Estatuto da Criança e do Adolescente Comentado.** Rio de Janeiro: Forense, 2014, pp. 731, 732 e 733.

5 NUCCI, Guilherme de Souza. **Leis Penais e Processuais Penais Comentadas.** v. 2. 10 ed. Rio de Janeiro: Forense, 2017, tópico 165, p. 143.

6 GRECO, Rogério. **Código Penal Comentado.** 10. ed. Niterói: Impetus, 2016.

4) Tem como objetividade jurídica o sigilo processual;
5) Objeto material do delito é o depoimento de criança ou adolescente, seja depoimento tradicional, seja depoimento especial (arts. 4º, § 1º; 8º; 10; 11 e parágrafos, todos da Lei 13.431/17);
6) Causas de atipicidade: havendo autorização judicial, ou consentimento do depoente ou de seu representante legal;
7) Aplicação subsidiária do art. 325, CP (Violação de Sigilo Funcional):
   a) quando ocorrer a violação do sigilo em sede de Inquérito Policial (IP) ou Termo Circunstanciado (TC), já que a norma penal faz uso da expressão: "*sigilo processual*" (o grifo é nosso);
   b) quando ocorrer divulgação verbal, já que a norma penal faz uso da expressão: "*permitindo que depoimento de criança ou adolescente seja assistido* ..." (o grifo é nosso).

XVII. Infrações administrativas:

a) alcance: o ECA contempla 16 (dezesseis) infrações de natureza administrativa, derivadas da violação dos direitos da criança ou adolescente;
b) apuração: arts. 194 e 197, § único, ambos do ECA:
   b1) por meio de sentença da Autoridade Judiciária;
   b2) após representação do Ministério Público;
   b3) após representação do Conselho Tutelar;
   b4) por meio de Auto de Infração, elaborado por servidor efetivo ou voluntário credenciado, assinado por duas testemunhas, se possível;
c) Detalhamento de algumas infrações administrativas:

Art. 245:

Conforme preceitua a regra constante no art. 13 do ECA, os casos de suspeita ou confirmação de maus-tratos contra crianças e adolescentes deverão ser obrigatoriamente comunicados ao Conselho Tutelar da respectiva localidade, sem prejuízo de outras providências legais, sob pena de responsabilidade administrativa.

Art. 247, *caput* e §§ 1º e 2º:

Importante na atividade policial.

Deve ser analisada em conjunto com o disposto no artigo 143 e § único do ECA.

No que concerne ao § 2º, o STF, no julgamento da ADI nº 869-2, de 4 de agosto de 1999 (publicada no Diário Oficial da União em 3-9-2004), declarou inconstitucional a expressão: "*ou a suspensão da programação da emissora até por 2 (dois) dias, bem como da publicação do periódico até por 2 (dois) números*".

Art. 249:

A Lei nº 12.010, de 3-9-2009, em seu art. 3º, determinou a substituição da expressão "pátrio poder", então constante na redação original do referido dispositivo legal, por "poder familiar".

Havendo descumprimento doloso ou culposo dos deveres inerentes ao poder familiar, bem como descumprimento de determinação da autoridade judiciária ou do Conselho Tutelar, existe a possibilidade de aplicação aos pais ou responsáveis legais de infração administrativa.

A alienação parental, em princípio, estaria aqui inserida.

A este respeito, o magistério do Procurador de Justiça gaúcho Antônio Cezar Lima da Fonseca[7]:

"*(a) a alienação parental não é crime, embora o legislador tenha tentado torná-la; (b) a alienação parental continua sendo uma infração administrativa (art. 249, ECA), em face do descumprimento de dever inerente ao poder familiar; (c) a multa aplicada pelo juiz ao alienador, prevista no inciso III do art. 6º da Lei nº 12318/10, é uma sanção civil de cunho judicial, que pode ser cumulada à sanção administrativa (multa) do ECA, sendo esta aferida em outro processo; e (d) a multa pela alienação é de obrigação do alienador ao genitor prejudicado pela alienação parental, o qual pode executá-la, sendo que a multa pela infração administrativa reverterá ao Fundo Municipal de Crianças e Adolescentes*".

Art. 250:

Hospedagem em hotéis, pensões, motéis e congêneres.

Deve ser analisada em conjunto com o artigo 82 do ECA.

Atentar para a nova redação efetuada por meio da Lei Federal 12.038, de 01 de outubro de 2009, que acrescentou 2 (dois) parágrafos ao artigo 250, prevendo, inclusive, o fechamento definitivo do estabelecimento e a cassação da licença de funcionamento.

Art. 254:

O STF, no julgamento da ADI nº 2.404, de 31 de agosto de 2016 (publicada no Diário Oficial da União em 12-9-2016), declarou inconstitucional a expressão: "*em horário diverso do autorizado*".

7 FONSECA, Antônio Cezar Lima da. **Direitos da Criança e do Adolescente.** 2 ed. São Paulo: Atlas, 2013.

Art. 258:

Bilhar, sinuca, casas de jogos etc.

Deve ser analisada em conjunto com o artigo 80 do ECA.

Art. 258-C:

Introduzido pela Lei nº 13.106/15, prevê multa de R$ 3.000,00 (três mil reais) a R$ 10.000,00 (dez mil reais) e interdição do estabelecimento comercial até o recolhimento da multa aplicada, em havendo fornecimento de bebidas alcoólicas a crianças e adolescentes (proibição constante no art. 81, II, do ECA).

d) fixação da multa: de acordo com a jurisprudência dominante, com a extinção do salário de referência, a multa deve ser fixada tendo como parâmetro o salário mínimo.

☑ QUESTÕES DE CONCURSOS ACERCA DO ECA, COM GABARITO E COMENTÁRIOS:

1. ***(DELEGADO – POLÍCIA CIVIL – TO – 2008 – CESPE/UNB)*** *Considere que uma autoridade policial de determinado município, ao transitar em via pública, observou a presença de menores perambulando pela rua, tendo, de pronto, determinado aos seus agentes a apreensão de dois deles para fins de averiguação. Nessa situação, a atitude da autoridade policial está correta por se tratar de adolescentes em situação de risco.*

Resposta: *Errado. Não se admite prisão para averiguações. Dependendo da hipótese, haverá crime contra a criança e o adolescente, ou abuso de autoridade.*

2. ***(DELEGADO DA POLÍCIA FEDERAL – 2004 – CESPE/UNB)*** *Um agente de polícia federal verificou que o adolescente Juliano havia acabado de adquirir 30g de maconha para seu consumo pessoal e que ele trazia consigo a droga. Nessa situação, seria ilícito que o referido agente apreendesse Juliano em*

flagrante, porque adolescentes somente podem ser apreendidos em flagrante pela prática de atos infracionais que envolvam violência ou ameaça a terceiros.

Resposta: *Errado. De acordo com o art. 172, da Lei Federal nº 8.069/1990 (ECA), o adolescente será apreendido sempre que esteja em situação de flagrante de ato infracional. Portanto, a apreensão não depende da infração envolver obrigatoriamente violência ou ameaça a terceiros. Somente a medida de internação, conforme estabelece o inc. I, do art. 122, do ECA, impõe que o ato infracional seja cometido mediante violência ou grave ameaça à pessoa, ou por reiteração no cometimento de outras infrações graves (inc. II). Importante registrar que, em face da Lei de Drogas (Lei Federal nº 11.343/06), o crime de Aquisição de Drogas para Consumo Pessoal, preconizado no art. 28 da referida legislação, não gera mais a possibilidade de prisão. Em hipótese alguma poderá haver prisão em flagrante pela prática dessa conduta. Portanto, com mais razão ainda, no caso dos adolescentes, também não é possível flagrante de ato infracional, na hipótese de posse ilegal de drogas.*

3. (DELEGADO DA POLÍCIA CIVIL/RN 2009 – CESPE/UNB) *A prescrição penal é aplicável nas medidas socioeducativas.*

Resposta: *Certo. Trata-se da Súmula 338, do Superior Tribunal de Justiça (STJ), segundo a qual: "A prescrição penal é aplicável nas medidas socioeducativas".*

4. (OFICIAL DE JUSTIÇA – TJDF – CESPE – 2013) *O ato de corromper menor de 18 (dezoito) anos de idade ou de facilitar a sua corrupção para a prática de infração penal é considerado delito formal, cuja caracterização demanda a coautoria ou a participação de indivíduo maior de idade, majorando-se a pena, caso o delito perpetrado em decorrência da corrupção seja hediondo.*

Resposta: *Certo. O crime de Corrupção de Menores, previsto no art. 244-B, da Lei Federal nº 8.069/1990, incluído pela Lei 12.015/2009, consiste na conduta de corromper ou facilitar a corrupção de menor de 18 (dezoito) anos, com ele praticando infração penal ou induzindo-o a praticá-la, sendo classificado como crime formal ou de resultado cortado, consumando-se no momento em que o agente executa a ação de convencimento da criança ou do adolescente, ainda que este efetivamente não venha a praticar a ação delitiva. Nos termos do § 2º, do referido dispositivo legal, as penas são aumentadas de 1/3 (um terço) no caso de a infração cometida ou induzida estar incluída no rol dos crimes hediondos. Por derradeiro, consoante Súmula 500, do STJ: "a configuração do crime do art. 244-B do ECA independe da prova da efetiva corrupção do menor, por se tratar de delito formal".*

5. (MINISTÉRIO PÚBLICO/SE – CESPE/UNB – 2010) *Valter, ocupante de cargo cujas atribuições incluem fornecer declaração de nascimento, não forneceu esse documento a Gabriela, quando ela recebeu alta médica, após dar à luz seu filho. Nessa situação hipotética, a conduta de Valter*

(A) é atípica.

(B) constitui crime preceituado no ECA, que pode ser punido a título de dolo ou culpa.

(C) constitui crime preceituado no ECA, punido apenas na modalidade dolosa.

(D) constituirá crime se ele puder ser considerado funcionário público, para fins penais.

(E) constitui crime de prevaricação, previsto no CP.

Resposta: *a alternativa a ser assinalada é a da letra "B". Valter incorreu em crime contra a criança e o adolescente previsto no art. 228, da Lei Federal nº 8.069/1990 (ECA), consistente na conduta do encarregado de serviço ou o dirigente de estabelecimento de atenção à saúde de gestante de* *manter registro das atividades desenvolvidas, na forma e prazo referidos no art. 10 desta Lei, bem como de fornecer à parturiente ou a seu responsável, por ocasião da alta médica, declaração de nascimento, onde constem as intercorrências do parto e do desenvolvimento do neonato, cuja pena é de 6 (seis) meses a 2 (dois) anos. Referido delito comporta ainda a forma culposa no seu parágrafo único, cuja pena cominada é de 2 (dois) a 6 (seis) meses, ou multa.*

6. ***(ESCRIVÃO – PCAL – CESPE – 2012)*** *Se, após a regular apreensão de adolescente, a autoridade policial responsável deixar de comunicar, imediatamente, o fato à autoridade judiciária competente e à família do apreendido ou à pessoa por ele indicada, o delegado de polícia, por ter a incumbência legal de ordenar a lavratura do auto de apreensão e demais medidas dele decorrentes, será responsabilizado criminalmente por delito previsto no ECA.*

Resposta: *Certo. Incorre em crime previsto no art. 231, da Lei Federal nº 8.069/1990 (ECA), a Autoridade Policial responsável pela apreensão de criança ou adolescente, que deixa de fazer imediata comunicação à Autoridade Judiciária competente e à família do apreendido ou à pessoa por ele indicada.*

7. ***(ESCRIVÃO – PCAL – CESPE – 2012)*** *Pratica o delito de sequestro ou cárcere privado previsto no CP aquele que apreende criança ou adolescente, encarcerando-o, contra o qual inexista ordem judicial escrita, salvo se a apreensão for em flagrante de ato infracional.*

Resposta: *Certo. O encarceramento de criança ou adolescente configura o crime de Sequestro ou Cárcere privado qualificado (inc. IV do § 1° do art. 148 do CP), quando é cometido contra menor de 18 (dezoito) anos de idade. De outra banda, se a privação de liberdade ocorrer em razão de flagrante de ato infracional ilegal, haverá o crime do art. 230, da Lei Federal nº 8.069/1990 (Estatuto da Criança e do Adolescente).*

8. ***(ESCRIVÃO – PCAL – CESPE – 2012)*** *O crime consistente na submissão de criança ou adolescente sob sua autoridade, guarda ou vigilância a vexame ou a constrangimento, por ser crime próprio, somente pode ser praticado por agentes do Estado.*

Resposta: *Errado. O tipo penal do art. 232, da Lei Federal nº 8.069/1990 (ECA), não exige a condição de "agente do Estado" para ser sujeito ativo. Incorrem em referido tipo penal aquelas pessoas que tenham autoridade, guarda ou vigilância em relação à criança ou adolescente, mesmo não sendo "agentes do Estado", como, por exemplo, no caso dos pais em relação aos seus filhos.*

9. ***(OAB 2008.1 – CESPE/UNB)*** *O médico ou enfermeiro que deixa de identificar corretamente o neonato e a parturiente, por ocasião do parto, pratica crime, que só admite a modalidade dolosa e deve ser processado mediante ação penal pública condicionada à representação.*

Resposta: *Errado. Constitui crime contra a criança ou adolescente, previsto no art. 229, da Lei Federal nº 8.069/1990 (ECA), "deixar o médico, enfermeiro ou dirigente de estabelecimento de atenção à saúde de gestante de identificar corretamente o neonato e a parturiente, por ocasião do parto, bem como deixar de proceder aos exames referidos no art. 10 desta Lei". Referido delito se instrumentaliza por meio de ação penal pública incondicionada (art. 227, ECA) e admite a modalidade culposa (art. 229, § único, ECA).*

10. ***(OAB 2009.1 – CESPE/UNB)*** *O adolescente que atinge os 18 anos de idade deve ser compulsoriamente liberado da medida socioeducativa de internação em razão do alcance da maioridade penal.*

Resposta: *Errado. A liberação será compulsória aos 21 (vinte e um anos) de idade, nos termos do art. 121, § 5º, do ECA.*

11. (PROCURADOR – MPF – 2008) *Em matéria de pornografia infantil veiculada pela rede mundial de computadores:*

(A) o provedor está imune à responsabilidade penal.

(B) o crime é necessariamente transnacional.

(C) o acesso às fotografias, cenas ou imagens pornográficas e o seu armazenamento para uso pessoal configura crime.

(D) alguns dos momentos consumativos são a apresentação, a divulgação ou a publicação das fotografias, imagens ou cenas de sexo explícito, envolvendo menores de 18 anos, em qualquer meio de comunicação.

Resposta: *A alternativa a ser assinalada é a da letra "D", correspondendo ao comando legal constante no art. 241-A, ECA. Não é a "A", diante da redação do próprio art. 241-A, ECA, bem como de seu § 2º. Não é a "B", pois o crime não é, necessariamente, transnacional. Todavia, atualmente, segundo o STF, desde 28/10/15, conforme RE nº 628624 – negado provimento – 8x2, a competência é da Justiça Federal. Não é a "C", tendo em vista o disposto no art. 241-B, § 2º, ECA.*

12. (UEG – DELEGADO DE POLÍCIA – PC – GO/2018) *O Estatuto da Criança e do Adolescente (Lei n. 8.069/1990) dispõe expressamente que a internação, antes da sentença, pode ser determinada pelo prazo máximo de*

(A) dez dias

(B) trinta dias

(C) cinco dias

(D) sessenta dias

(E) quarenta e cinco dias

Resposta: *A única alternativa correta é a da letra "E". A fundamentação legal para tal assertiva encontra-se insculpida no art. 108, caput, do ECA – Estatuto da Criança e do Adolescente (Lei Federal nº 8.069/90).*

13. (VUNESP – DELEGADO DE POLÍCIA – PC – SP/2018) *Com relação à conduta de "Simular a participação de adolescente em cena de sexo explícito por meio de adulteração, montagem ou modificação de fotografia", nos termos da Lei nº 8.069/1990 (Estatuto da Criança e do Adolescente), é correto afirmar que*

(A) a mera montagem de fotografia que simule a participação de adolescente em cena de sexo explícito em si já é suficiente para configurar a infração penal por parte de quem a produziu.

(B) apesar de constar da legislação, a descrição do enunciado trata de uma ficção jurídica, também considerada uma hipótese de indiferente penal, em razão da atipicidade da conduta descrita.

(C) se trata de crime apenado com detenção e de ação penal pública incondicionada.

(D) se trata de crime de perigo abstrato, apenado com reclusão, que não admite a suspensão condicional do processo, mas tão somente a transação penal.

(E) não é considerado um crime, por ausência de previsão legal.

Resposta: *A única alternativa correta é a da letra "A". Consoante inteligência do art. 241-C e § único, do ECA – Estatuto da Criança e do Adolescente (Lei Federal nº 8.069/90), que trata do delito de Simulação da Participação de Criança ou Adolescente em Cena de Sexo Explícito ou Pornográfica, infração penal de médio potencial ofensivo, com pena máxima cominada de 3 (três) anos de reclusão, a mera montagem de fotografia já é suficiente para configurar o crime por parte de quem a produziu.*

14. (INST. ACESSO – DELEGADO DE POLÍCIA – PC – ES/2019) *O Estatuto da Criança e do Adolescente (ECA) traz em seu bojo normas para a proteção à criança e ao adolescente. Além disso, define crimes, visando à* *proteção de bens jurídicos considerados relevantes. O Estatuto do Desarmamento (ED), por sua vez, veio regulamentar o registro, posse e comercialização de armas de fogo, bem como criar restrições e consequentes sanções se descumpridas as determinações legais. Em observância aos crimes previstos no art. 242 do ECA (Lei n° 8.069/90), e no art. 16, caput e parágrafo único, inciso V do ED (Lei n° 10.826/2003), podemos considerar INCORRETO afirmar que:*

a) nos casos em que o agente praticar conduta de vender, entregar ou fornecer, ainda que gratuitamente, munição ou explosivo a criança ou adolescente, prevalece a aplicação do ECA.

b) a partir da conduta prevista no ED, aquele que vender, entregar ou fornecer, ainda que gratuitamente, arma de fogo de uso restrito ou permitido a criança ou adolescente estará sujeito a pena cominada para o crime de posse ou porte ilegal de arma de fogo de uso restrito.

c) nos casos em que o agente praticar conduta de vender, fornecer, ainda que gratuitamente, ou entregar, de qualquer forma, a criança ou adolescente arma branca, prevalece a aplicação do ECA

d) com o advento do ED, foi derrogada a proibição de vender, fornecer, ainda que gratuitamente, ou entregar, de qualquer forma, a criança ou adolescente arma de fogo.

e) nos casos em que o agente praticar conduta de vender, entregar ou fornecer, ainda que gratuitamente, acessório, munição ou explosivo a criança ou adolescente, prevalece a aplicação do ED.

***Resposta**: A única alternativa incorreta é a da letra "A". Em homenagem ao princípio da especialidade, na resolução de conflito aparente de normas penais, o entendimento preponderante na doutrina e na jurisprudência dos Tribunais Superiores é o de que o tipo penal previsto no ED – Estatuto do Desarmamento (Lei Federal nº 10.826/03), por ser mais recente e específico em relação à temática "armas de fogo", "munições" e "explosivos", prevalece sobre o tipo penal previsto no ECA – Estatuto da Criança e do Adolescente (Lei Federal nº 8.069/90).*

15. ***(CESPE – DELEGADO DE POLÍCIA FEDERAL – DPF/2018)*** *Em cada um dos itens seguintes, é apresentada uma situação hipotética seguida de uma assertiva a ser julgada, a respeito de crime de tráfico ilícito de entorpecentes, crime contra a criança e adolescente e crimes licitatórios.*

Valdo recebeu por email um vídeo gravado por seu amigo Lucas com pornografia envolvendo uma adolescente e uma outra pessoa, maior de idade. Após assistir ao vídeo, Valdo arquivou as imagens no HD do seu computador. Nessa situação, a conduta de Lucas configurou crime de divulgação de vídeos com pornografia envolvendo adolescente, e a de Valdo foi atípica.

***Resposta**: Errado. Tanto Lucas, quanto Valdo, respondem criminalmente perante o ECA – Estatuto da Criança e do Adolescente (Lei Federal nº 8.069/90). O primeiro praticou o crime de Divulgação de Cena de Sexo Explícito ou Pornográfica envolvendo Adolescente, na forma do art. 241-A, do ECA. O segundo praticou o crime de Armazenamento de Vídeo ou Registro de Cena de Sexo Explícito ou Pornográfica envolvendo Adolescente, na forma do art. 241-B, do ECA.*

16. ***(CESPE – DELEGADO DE POLÍCIA FEDERAL – DPF/2018)*** *Com referência à interceptação de comunicação telefônica, ao crime de tráfico ilícito de entorpecentes, ao crime de lavagem de capitais e a crimes cibernéticos, julgue os seguintes itens.*

Segundo entendimento do STJ, o adolescente apreendido em flagrante de ato infracional análogo ao tráfico de entorpecentes não ficará necessariamente sujeito à imposição de medida socioeducativa de internação.

Resposta: Certo. *A este respeito, o enunciado constante na Súmula nº 492, do STJ: "o ato infracional análogo ao tráfico de drogas, por si só, não conduz obrigatoriamente à imposição de medida socioeducativa de internação do adolescente".*

17. *(CESPE – DELEGADO DE POLÍCIA FEDERAL – DPF/2018)* *Em cada um dos itens a seguir, é apresentada uma situação hipotética seguida de uma assertiva a ser julgada acerca de procedimentos dos juizados especiais criminais e de apuração de ato infracional.*

Um adolescente apreendido em flagrante de ato infracional análogo ao crime de roubo foi imediatamente conduzido a uma delegacia especializada. Nessa situação, a autoridade policial deverá lavrar o boletim de ocorrência circunstanciado, e, na presença dos pais ou do responsável, o adolescente, após assinar termo de compromisso e de responsabilidade, deverá ser imediatamente posto em liberdade.

Resposta: Errado. *Por se tratar de ato infracional praticado com violência ou grave ameaça à pessoa, consoante comando constante nos arts. 173, caput, incisos I, II, III e § único, e 174, ambos do ECA – Estatuto da Criança e do Adolescente (Lei Federal nº 8.069/90), a Autoridade Policial deverá lavrar Auto de Apreensão em Flagrante de Adolescente (AAFA), com a imediata apresentação do adolescente infrator ao Ministério Público, sem a possibilidade de sua liberação aos responsáveis legais, justamente pela gravidade do ato infracional e sua repercussão social, que autorizam a internação provisória do infrator, para garantia de sua segurança pessoal ou manutenção da ordem pública.*

VII) CRIMES HEDIONDOS (LEI FEDERAL Nº 8.072/1990)

"Art. 1º São considerados hediondos os seguintes crimes, todos tipificados no Decreto-Lei nº 2.848, de 7 de dezembro de 1940 - Código Penal, consumados ou tentados: (Redação dada pela Lei nº 8.930, de 6-9-1994)

I - homicídio (art. 121), quando praticado em atividade típica de grupo de extermínio, ainda que cometido por um só agente, e homicídio qualificado (art. 121, § 2º, incisos I, II, III, IV, V, VI e VII); (Redação dada pela Lei nº 13.142, de 6-7-2015)

I-A - lesão corporal dolosa de natureza gravíssima (art. 129, § 2º) e lesão corporal seguida de morte (art. 129, § 3º), quando praticadas contra autoridade ou agente descrito nos arts. 142 e 144 da Constituição Federal, integrantes do sistema prisional e da Força Nacional de Segurança Pública, no exercício da função ou em decorrência dela, ou contra seu cônjuge, companheiro ou parente consanguíneo até terceiro grau, em razão dessa condição; (Incluído pela Lei nº 13.142, de 6-7-2015)

*II - latrocínio (art. 157, § 3º, **in fine**); (Inciso incluído pela Lei nº 8.930, de 6-9-1994)*

III - extorsão qualificada pela morte (art. 158, § 2º); (Inciso incluído pela Lei nº 8.930, de 6-9-1994)

*IV - extorsão mediante sequestro e na forma qualificada (art. 159, **caput**, e §§ 1º, 2º e 3º); (Inciso incluído pela Lei nº 8.930, de 6-9-1994)*

*V - estupro (art. 213, **caput** e §§ 1º e 2º); (Redação dada pela Lei nº 12.015, de 7-8-2009)*

*VI - estupro de vulnerável (art. 217-A, **caput** e §§ 1º, 2º, 3º e 4º); (Redação dada pela Lei nº 12.015, de 7-8-2009)*

VII - epidemia com resultado morte (art. 267, § 1º). (Inciso incluído pela Lei nº 8.930, de 6-9-1994)

VII-A - (VETADO) (Inciso incluído pela Lei nº 9.695, de 20-8-1998)

VII-B - falsificação, corrupção, adulteração ou alteração de produto destinado a fins terapêuticos ou medicinais (art. 273, caput e § 1º, § 1º-A e § 1º-B, com a redação dada pela Lei nº 9.677, de 2 de julho de 1998). (Inciso incluído pela Lei nº 9.695, de 20-8-1998)

VIII - favorecimento da prostituição ou de outra forma de exploração sexual de criança ou adolescente ou de vulnerável (art. 218-B, caput, e §§ 1º e 2º). (Incluído pela Lei nº 12.978, de 21-5-2014)

Parágrafo único. Consideram-se também hediondos o crime de genocídio previsto nos arts. 1º, 2º e 3º da Lei no 2.889, de 1º de outubro de 1956, e o de posse ou porte ilegal de arma de fogo de uso restrito, previsto no art. 16 da Lei no 10.826, de 22 de dezembro de 2003, todos tentados ou consumados. (Redação dada pela Lei nº 13.497, de 26-10-2017)

Art. 2º Os crimes hediondos, a prática da tortura, o tráfico ilícito de entorpecentes e drogas afins e o terrorismo são insuscetíveis de:

I - anistia, graça e indulto;

II - fiança. (Redação dada pela Lei nº 11.464, de 28-3-2007)

§ 1º A pena por crime previsto neste artigo será cumprida inicialmente em regime fechado. (Redação dada pela Lei nº 11.464, de 28-3-2007)

§ 2º A progressão de regime, no caso dos condenados pelos crimes previstos neste artigo, dar-se-á após o cumprimento de 2/5 (dois quintos) da pena, se o apenado for primário, e de 3/5 (três quintos), se reincidente, observado o disposto nos §§ 3º e 4º do art. 112 da Lei nº 7.210, de 11 de julho de 1984 (Lei de Execução Penal). (Redação dada pela Lei nº 13.769, de 19-12-2018)

§ 3º Em caso de sentença condenatória, o juiz decidirá fundamentadamente se o réu poderá apelar em liberdade. (Redação dada pela Lei nº 11.464, de 28-3-2007)

§ 4º A prisão temporária, sobre a qual dispõe a Lei nº 7.960, de 21 de dezembro de 1989, nos crimes previstos neste artigo, terá o prazo de 30 (trinta) dias, prorrogável por igual período em caso de extrema e comprovada necessidade.(Incluído pela Lei nº 11.464, de 28-3-2007)

Art. 3º A União manterá estabelecimentos penais, de segurança máxima, destinados ao cumprimento de penas impostas a condenados de alta periculosidade, cuja permanência em presídios estaduais ponha em risco a ordem ou incolumidade pública.

Art. 5º Ao art. 83 do Código Penal é acrescido o seguinte inciso:

"Art. 83. ....

....

V –_cumprido mais de dois terços da pena, nos casos de condenação por crime hediondo, prática da tortura, tráfico ilícito de entorpecentes e drogas afins, e terrorismo, se o apenado não for reincidente específico em crimes dessa natureza."

(...)

Art. 7º Ao art. 159 do Código Penal fica acrescido o seguinte parágrafo:

"Art. 159. ....

......

§ 4º Se o crime é cometido por quadrilha ou bando, o co-autor que denunciá-lo à autoridade, facilitando a libertação do sequestrado, terá sua pena reduzida de um a dois terços."

Art. 8º Será de 3 (três) a 6 (seis) anos de reclusão a pena prevista no art. 288 do Código Penal, quando se tratar de crimes hediondos, prática da tortura, tráfico ilícito de entorpecentes e drogas afins ou terrorismo.

Parágrafo único. O participante e o associado que denunciar à autoridade o bando ou quadrilha, possibilitando seu desmantelamento, terá a pena reduzida de um a dois terços.

Art. 9º As penas fixadas no art. 6º para os crimes capitulados nos_arts. 157, § 3º, 158, § 2º, 159, caput e seus §§ 1º, 2º e 3º, 213, caput e sua combinação com o_art. 223, caput e parágrafo único, 214 e sua combinação com o art. 223, caput e parágrafo único, todos do Código Penal, são acrescidas de metade, respeitado o limite superior de trinta anos de reclusão, estando a vítima em qualquer das hipóteses referidas no art. 224 também do Código Penal".

COMENTÁRIOS

I. Fundamento Constitucional: art. 5º, XLIII, CF de 1988.

II. Inafiançabilidade:

Por força do disposto nos arts. 5º, XLIII, CF; 323, II, CPP; 2º, II, da Lei dos Crimes Hediondos (LCH), os crimes hediondos são inafiançáveis. São também insuscetíveis de anistia, graça e indulto (art. 2º, I, LCH).

III. Critério de Classificação:

São crimes hediondos aqueles definidos em lei, consumados ou tentados, de forma que o critério de classificação é o legal.

No art. 1º e § único, LCH, temos os crimes considerados hediondos pelo legislador.

No próprio art. 5º, XLIII, CF, e no art. 2º, LCH, temos os crimes equiparados ou assemelhados a hediondos.

IV. Crimes Hediondos:

São eles:

I – Homicídio simples (art. 121, *caput*, CP), desde que cometido em atividade típica de grupo de extermínio e todas as formas de Homicídio qualificado – § 2º, I (motivo torpe...), II (motivo fútil), III (meio cruel...), IV (recurso que impossibilita ou dificulta a defesa da vítima...); V (para assegurar a execução, a ocultação, a impunidade ou a vantagem de outro crime); VI (contra a mulher, por razões da condição de sexo feminino – **Feminicídio**); e VII (contra autoridade ou agente descrito nos arts. 142 e 144 da Constituição Federal, integrantes do sistema prisional e da Força Nacional de Segurança Pública, no exercício da função ou em decorrência dela, ou contra seu cônjuge, companheiro ou parente consanguíneo até terceiro grau, em razão dessa condição);

IA – Lesão Corporal Dolosa Gravíssima e Lesão Corporal seguida de Morte (art. 129, §§ 2º e 3º, CP), quando praticadas contra as autoridades descritas nos arts. 142 e 144 da CF, integrantes do sistema prisional e da Força Nacional de Segurança Pública, no exercício da função ou em decorrência dela, ou contra seu cônjuge, companheiro ou parente consanguíneo até terceiro grau, em razão dessa condição;

II – Latrocínio (art. 157, § 3.º, *in fine*, CP – atual art. 157, § 3º, II, CP, com a nova redação trazida pela Lei Federal nº 13.654, de 23/04/18);

III – Extorsão qualificada pela morte (art. 158, § 2.º, CP);

IV – Extorsão mediante sequestro e na forma qualificada (art. 159, *caput* e §§ 1.º, 2.º e 3.º, CP);

V – Estupro (art. 213, *caput* e §§ 1º e 2º, do CP);

VI – Estupro de vulnerável (art. 217-A, *caput* e §§ 1º, 2º, 3º e 4º, CP);

VII – Epidemia com resultado morte (art. 267, § 1.º, CP);

VII-B – Falsificação, corrupção, adulteração ou alteração de produto destinado a fins terapêuticos ou medicinais (art. 273, *caput* e §§ 1º, 1º-A e § 1º-B, CP);

VIII – Favorecimento da Prostituição ou de outra forma de exploração sexual de criança ou adolescente ou de vulnerável (art. 218-B, *caput* e §§ 1º e 2º, CP);

Genocídio (§ único), considerado crime contra a humanidade.

Com relação ao Genocídio, a Lei Federal nº 2.889/56 define os comportamentos típicos e respectivas sanções, nos arts. 1º, 2º e 3º;

Posse ou Porte Ilegal de Arma de Fogo de Uso Restrito (também no § único, com as modificações introduzidas pela **Lei Federal nº 13497, de 26 de outubro de 2017**), conduta essa tipificada no art. 16 do Estatuto do Desarmamento – ED (Lei Federal nº 10826/03).

Não são mais considerados hediondos (redação original da LCH, até o advento da Lei 8930/94) o crime de Envenenamento de água potável ou de substância alimentícia ou medicinal com resultado morte (art. 270, c/c art. 285, ambos do CP), bem como o crime de Atentado violento ao pudor (art. 214, CP), que foi revogado pela Lei dos Crimes contra a Dignidade Sexual (Lei 12015/2009).

Também não são hediondos, por exemplo, embora graves: o Homicídio privilegiado-qualificado, porque prevalece o privilégio (posicionamento majoritário na doutrina e no STJ); o Roubo próprio e as hipóteses de Roubo Majorado e Roubo Qualificado, salvo com o evento morte (Latrocínio – art. 157, § 3º, II, CP); a Extorsão simples, a Extorsão qualificada pelo § 1º, ou com o resultado lesão grave; a Extorsão com sequestro relâmpago, tipificada no art. 158, § 3º, CP.

V. Crimes Assemelhados a Hediondos:

a) *terrorismo*: para alguns, o terrorismo estava tipificado no art. 20 da Lei nº 7.170/83 (Lei de Segurança Nacional) – *"praticar atentado pessoal ou atos de terrorismo"*.

Referida legislação federal define os crimes contra a segurança nacional, a ordem política e social, estabelece seu processo e julgamento e dá outras providências.

Para outros, esse dispositivo legal fazia somente menção ao terrorismo, mas não o descrevia.

Segundo entendimento majoritário na doutrina e na jurisprudência, o crime de terrorismo, até então, estava tipificado no artigo 20 da Lei Federal nº 7.170/83, que trata dos crimes contra a segurança nacional, a ordem política e social.

Criticava-se referido dispositivo legal, por ferir o princípio da legalidade, reserva legal ou determinação taxativa, previsto no artigo 5º, XXXIX, da Constituição Federal de 1988, na medida em que não identifica quais seriam os atos de terrorismo.

Segundo o STF, tratava-se de crime comum e não político.

Todavia, tendo em vista o advento **da Lei Federal nº 13.260, de 16 de março de 2016**, foi finalmente disciplinado pelo legislador o terrorismo, bem como o conceito de organização terrorista, contendo disposições investigatórias e processuais próprias, visando a dar eficácia ao comando constante no art. 5º, XLIII, da CF de 88.

Na novel legislação, o conceito de terrorismo encontra-se no art. 2º, os tipos penais de terrorismo estão contemplados nos arts. 2º, § 1º, I, IV e V; 3º, 5º, *caput* e §§; 6º, *caput* e § único; 7º, e o conceito de organização terrorista encontra guarida no art. 19, que deu nova redação ao art. 1º, § 2º, II, da Lei 12.850/13, identificando as organizações terroristas como aquelas voltadas para a prática dos atos de terrorismo legalmente definidos;

b) tortura: a Lei nº 9.455/97 disciplinou a tortura, previu punições e revogou expressamente o art. 233 do ECA;

c) *tráfico ilícito de drogas ou entorpecentes*: o tráfico ilícito de entorpecentes e drogas afins está tipificado na Lei Federal nº 11.343/2006. São considerados hediondos os crimes previstos nos artigos 33, *caput,* e § 1º (que descreve as figuras equiparadas), 34 e 36, todos da Lei Antitóxicos. Desta forma, há entendimentos doutrinários e jurisprudenciais que não vêm reconhecendo o delito de Associação para o Tráfico, previsto no artigo 35 da Lei 11.343/2006, como crime hediondo. Apesar de a Lei dos Crimes Hediondos fazer referência ao objeto material "drogas" ou "entorpecentes", o objeto material previsto na Lei nº 11.343/06 são apenas "drogas", conforme redação constante no art. 1º, § único, da referida legislação.

VI. Movimento Lei e Ordem: estados de emergência. Repressão ao máximo. Direito Penal como *prima ratio.*

VII. Tipologia:

Somente são considerados hediondos delitos tipificados no Código Penal, com exceção do delito de Genocídio.

Ficam de fora os delitos ou crimes militares, tipificados no Código Penal Militar (COM), o que é alvo de críticas por parte da doutrina, por ferir os princípios da legalidade e da tipicidade.

VIII. Consequências da Hediondez:

a) a primeira consequência da hediondez está prevista no art. 2, I, LCH: *a CF, em seu art. 5.º, XLIII, só vedou a concessão de graça e anistia. Poderia a Lei dos Crimes Hediondos ter vedado, também, o indulto?*

1.ª posição: a vedação ao indulto não fere a CF (Damásio de Jesus[1] e Fernando Capez[2]);

2.ª posição: é inconstitucional. Legislador ordinário não poderia tê-lo incluído, pois não foi mencionado na CF. A CF dispõe que a concessão do indulto é atribuição exclusiva do Presidente da República (art. 84, XII, da CF). Não poderia o legislador ordinário limitá-lo no exercício dessa atribuição (Alberto Silva Franco[3]);

b) a segunda consequência da hediondez está prevista no art. 2º, II, LCH: é

1 JESUS, Damásio E. de. **Código Penal Anotado**. 22. ed. São Paulo: Saraiva, 2014.

2 CAPEZ, Fernando. **Curso de Direito Penal:** legislação penal especial. v. 4. 15. ed. São Paulo: Saraiva, 2015.

3 FRANCO, Alberto Silva. **Crimes Hediondos**. 7. ed. São Paulo: RT, 2011.

proibida aos crimes hediondos e assemelhados a concessão de fiança.

Com a Lei 11.464/2007, passou-se a proibir tão somente a fiança (proibia-se a liberdade provisória).

Crimes hediondos: art. 323, II, CPP, com a nova redação trazida pela Lei nº 12.403, de 04 de maio de 2011.

Assemelhados aos hediondos: os crimes de Tortura, Terrorismo e Tráfico de drogas também são inafiançáveis – mesma redação do art. 323, II, CPP;

c) a terceira consequência da hediondez diz respeito ao regime de cumprimento de pena.

Previa-se regime integral fechado.

Todavia, o STF reconheceu, *in concreto*, a inconstitucionalidade do regime integral fechado.

A Lei n. 11.464/07 instituiu o regime **inicial fechado.**

Progressão de regime: § 2º do art. 2º: cumprimento de 2/5 da pena, se o apenado for primário; 3/5, se reincidente.

A Lei Federal nº 13.769, de 19 de dezembro de 2018, modificou o art. 2º, § 2º, da Lei dos Crimes Hediondos, exigindo a necessidade de observância ao novel art. 112, §§ 3º e 4º, da Lei das Execuções Penais (LEP), no que concerne à mulher gestante, mãe, ou responsável por crianças ou pessoas com deficiência.

§ 3º: possibilidade de o agente apelar em liberdade. Importante, neste contexto, o alcance da **Súmula Vinculante nº 26 do STF, segundo a qual:**

> *"Para efeito de progressão de regime no cumprimento de pena por crime hediondo, ou equiparado, o juízo da execução observará a inconstitucionalidade do art. 2º da Lei n. 8.072, de 25 de julho de 1990, sem prejuízo de avaliar se o condenado preenche, ou não, os requisitos objetivos e subjetivos do benefício, podendo determinar, para tal fim, de modo fundamentado, a realização de exame criminológico".*

Outrossim, **a Súmula nº 471 do STJ dispõe que:**

> *"Os condenados por crimes hediondos ou assemelhados cometidos antes da vigência da Lei n. 11.464/2007 sujeitam-se ao disposto no art. 112 da Lei n. 7.210/1984 (Lei de Execução Penal) para a progressão de regime prisional";*

d) a quarta consequência diz respeito à possibilidade de concessão do livramento condicional.

Aplicável aos crimes hediondos ou assemelhados (art. 5º, Lei 8.072/90).

– art. 83, V do CP: o condenado deve ter cumprido 2/3 da pena; não poderá ser reincidente específico (condenações por crimes hediondos ou assemelhados);

e) a quinta consequência diz respeito à suspensão condicional da pena (*sursis*).

A jurisprudência inclina-se a não admiti-lo (STJ).

Na doutrina, Damásio de Jesus[4] entende viável;

f) a sexta consequência diz respeito ao aumento do prazo da prisão temporária.

A prisão temporária é regulada pela Lei nº 7.960/1989, que discrimina os crimes e as hipóteses que a ensejam.

REGRA: prazo é de 5 (cinco) dias, podendo ser renovado por igual período.

CRIMES HEDIONDOS: prazo é de, no máximo, 30 (trinta) dias, podendo ser prorrogado por igual período, em caso de extrema e comprovada necessidade (art. 2º, § 4º).

IX. Delação Eficaz: art. 7º, LCH.

Hipótese de delação premiada.

4 JESUS, Damásio E. de. **Código Penal Anotado**. 22. ed. São Paulo: Saraiva, 2014.

Trata-se de causa de diminuição de pena, específica para o crime de extorsão mediante sequestro, praticado em concurso de pessoas.

O art. 7º, LCH, introduziu um novo parágrafo (§ 4º) no art. 159 do CP.

X. Traição Benéfica: art. 8º, § único.

Diminuição de 1/3 (um terço) a 2/3 (dois terços) na pena.

As informações prestadas devem propiciar o desmantelamento da quadrilha ou bando.

Pressupostos da traição benéfica: tratar-se de crime de quadrilha ou bando (art. 288 do CP), hoje Associação criminosa; que essa quadrilha ou bando tenha por finalidade a prática de crimes hediondos ou assemelhados (crimes visados).

Requisitos da traição benéfica: delação à autoridade (Delegado, Promotor ou Juiz) sobre a existência da quadrilha ou do bando; a delação precisa ser eficaz, ou seja, deve proporcionar o desmantelamento da quadrilha ou bando.

Efeito da traição benéfica: a pena do crime de quadrilha deve, obrigatoriamente, ser reduzida de 1/3 (um terço) a 2/3 (dois terços).

A escolha entre o mínimo e o máximo dependerá da maior ou menor contribuição do réu para o desmantelamento da quadrilha ou bando.

Caso o traidor tenha praticado ou concorrido para o cometimento dos crimes realizados pela quadrilha, a redução decorrente do benefício em estudo recairá exclusivamente sobre a pena referente à infração definida no art. 288 do CP.

Segundo Nucci[5], no que concerne a esta hipótese de delação premiada:

"Quando a associação criminosa tiver por finalidade a prática de delitos hediondos e equiparados (exceto no tocante aos casos que possuem previsão específica de delação), pode-se reduzir a pena de um a dois terços, caso o coautor denunciar à autoridade policial ou judicial o crime, permitindo o desmantelamento do grupo".

XI. Aumento de Pena: art. 9º, LCH.

Esse artigo dispõe que a pena será aumentada de metade nos crimes nele relacionados, quando a vítima se encontrar em uma das condições do art. 224 do CP: vítima não maior de 14 (catorze) anos, alienada ou débil mental, ou que não podia, por qualquer outra causa, oferecer resistência.

O Juiz, ao aplicar o aumento, não poderá exceder o limite de 30 (trinta) anos.

Todavia, o entendimento hoje é o de que não é mais possível a aplicação do art. 9º da Lei dos Crimes Hediondos (aumento de metade da pena), tendo em vista que a Lei 12.015/2009 revogou expressamente o art. 224 do Código Penal, que tratava das hipóteses de presunção de violência.

A esse respeito, recente decisão do STF acerca do tema, estampada em edição da Revista Jurídica Síntese[6]:

> ***"STF – Afastada aplicação de causa de aumento da pena revogada pela Lei de Crimes Sexuais***
>
> *O Plenário do Supremo Tribunal Federal (STF) afastou a causa de aumento, por emprego de violência, aplicada na fixação da pena de um homem condenado pela prática dos crimes de estupro e atentado violento ao pudor.*
>
> *A questão foi analisada na tarde desta quinta-feira (15) no julgamento do*

5 NUCCI, Guilherme de Souza. **Leis Penais e Processuais Penais Comentadas**. v. 1. 10. ed. Rio de Janeiro: Forense, 2017, p. 522.

6 REVISTA SÍNTESE nº 4722, de 16 de agosto de 2019 – Direito Penal e Processual Penal. Disponível em: <http://www.sintese.com/direitoPenal.asp>. Acesso em: 6 out. 2019.

Habeas Corpus (HC) 100181, impetrado pela Defensoria Pública da União (DPU).

A maioria dos ministros acompanhou o voto do Ministro Alexandre de Moraes no sentido de que, apesar da gravidade do crime, a Constituição Federal determina a retroatividade da lei penal mais benéfica ao réu.

No caso, o aumento da pena previsto no artigo 224 do Código Penal nos casos de violência presumida foi revogado pela Lei de Crimes Sexuais (Lei 12.015/2009).

De acordo com o processo, o condenado praticou sexo vaginal forçado e sexo anal forçado após golpear a vítima, de 18 anos, com um pedaço de madeira para que ela não oferecesse resistência.

De acordo com a legislação da época, a primeira conduta era tipificada como estupro, e a segunda como atentado violento ao pudor.

A Lei de Crimes Sexuais passou a tipificar as duas como estupro.

A condenação inicial a 31 anos e 6 meses de reclusão em regime fechado levou em conta a existência de concurso material entre os dois crimes.

Nesse caso, aplicam-se cumulativamente as penas privativas de liberdade previstas para cada delito. O Tribunal de Justiça do Rio Grande do Sul (TJ-RS), no entanto, ao julgar apelação, excluiu a causa de aumento relativa à violência e reduziu a pena para 22 anos e 8 meses de reclusão.

Decisão monocrática proferida no Superior Tribunal de Justiça (STJ) manteve, nos dois crimes, a majorante, introduzida no Código Penal pela Lei dos Crimes Hediondos (Lei 8.702/1990).

Lei mais benéfica

O Ministro Alexandre de Moraes não conheceu do HC da DPU por ter sido ajuizado ser contra decisão monocrática, nos termos da Súmula 691 do STF, mas votou pela concessão da ordem de ofício para afastar a causa de aumento de pena, em razão da retroatividade da lei penal benéfica (artigo 5º, inciso XLV, da Constituição Federal).

Votaram no mesmo sentido os ministros Luís Roberto Barroso, Rosa Weber, Gilmar Mendes e o presidente, ministro Dias Toffoli.

O Ministro Marco Aurélio (relator) também votou pelo deferimento de ofício, mas afastou, no caso, o concurso material porque, a seu ver, a nova lei fez a junção dos dois tipos (atentado e estupro), e foi acompanhado pelo ministro Ricardo Lewandowski.

Também ficou vencido o Ministro Edson Fachin, que votou pela denegação do habeas corpus.

Duas condutas

No voto condutor, o Ministro Alexandre de Moraes observou que a questão discutida se refere a duas condutas que, antes da Lei de Crimes Sexuais, eram consideradas concurso material entre estupro e atentado violento ao pudor.

No entanto, com o julgamento de hoje, a maioria dos ministros passou a considerar concurso material entre estupro (sexo vaginal) e estupro (sexo anal), ao entender que existem condutas diversas, apesar de ser o mesmo tipo penal.

"Não há retroatividade para se considerar crime continuado", avaliou.

Processo relacionado: HC 100181

Fonte: Supremo Tribunal Federal"

XII. Homicídio em Atividade Típica de Grupo de Extermínio:

O Homicídio Simples somente será considerado hediondo se for praticado em atividade típica de grupo de extermínio (art. 1º, I, Lei 8.072/90).

Conflito: a atividade típica de grupo de extermínio seria executada com motivo torpe, logo haveria, em tese, a incidência do homicídio qualificado.

Nesse sentido: Nucci[7]:

> "*A imprecisão legislativa na redação deste inciso, classificando o homicídio simples como hediondo, desde que praticado em atividade típica de grupo de extermínio demonstra completa falta de lógica e de desconhecimento dos casos concretos que ilustram essa situação. Não cremos que a expressão 'atividade típica de grupo de extermínio' seja complexa e impossível de ser corretamente decifrada. Ao contrário, basta consultar a jurisprudência pátria, muito antes dessa citação ter sido feita em lei, para obter farto material. Pretende-se que seja considerado hediondo o crime praticado por 'justiceiro' ou 'vigilante', isto é, o sujeito (ou o bando) que resolve 'fazer justiça pelas próprias mãos' e mata pessoas, consideradas, aos olhos do agente, criminosas. Por outro lado, também atua como 'justiceiro' o mercenário, que mata por dinheiro, exterminando pessoas, a pedido de outras. Não se trata de genocídio, pois não há um fim de eliminar todo um grupo social ou religioso, mas apenas determinada(s) pessoa(s). Esse tipo de homicídio sempre foi considerado qualificado pela torpeza (inciso I do § 2º do art. 121). Logo, é inútil pretender inserir uma atividade torpe na figura simples do homicídio, pois cuida-se de contradição evidente. Seria o mesmo que dizer ser um homicídio ao mesmo tempo simples, mas cometido por meio cruel. Ora, se este foi o meio, logo, é qualificado (inciso III do § 2º do art. 121). Em suma, se o matador agiu como 'exterminador', porque recebeu pagamento ou promessa de pagamento ou porque pretendia 'limpar' o bairro ou uma área da cidade de 'marginais', estamos diante de homicídio qualificado pela torpeza. Porém, se buscou eliminar uma associação criminosa que vendia drogas e viciava vários alunos de um determinado colégio, embora possa até figurar sua atitude como típica de extermínio, o fim visado é diverso, podendo consistir em motivo de relevante valor social ou moral. E, se assim for considerado, é homicídio privilegiado, portanto, não será hediondo. Inexiste, pois, homicídio simples em atividade típica de grupo de extermínio para efeito de aplicação desta Lei*".

Hoje, com o advento da Lei 12.720/12, que acrescentou ao art. 121, CP, o § 6º, trata-se de Homicídio doloso majorado, com aumento de 1/3 a ½ da pena, se o crime for praticado por milícia privada, sob o pretexto de prestação de serviço de segurança, ou por grupo de extermínio.

XIII. Qualificadora relacionada à Associação Criminosa:

Consoante regra prevista no art. 8º, *caput*, da LCH, será de 3 (três) a 6 (seis) anos a pena da Associação Criminosa pela prática de crimes hediondos ou assemelhados a hediondos.

Trata-se de infração penal de maior potencial ofensivo, instrumentalizada por meio de Inquérito Policial, submetida ao rito do procedimento comum ordinário (art. 394, §1º, I, CPP).

Todavia, segundo Nucci[8]:

> "*O disposto neste artigo não tem mais aplicação, pois, a partir da edição da Lei 12.850/2013, modificou-se o art. 288 do Código Penal, criando-se a figura da associação criminosa em lugar da anterior quadrilha ou bando. A lei mais recente*

7 NUCCI, Guilherme de Souza. **Leis Penais e Processuais Penais Comentadas.** v. 1. 10. ed. Rio de Janeiro: Forense, 2017, pp. 498 e 499.

8 Ibidem, p. 522.

(Lei 12.850/2013) afasta a aplicação da mais antiga (art. 8º da Lei dos Crimes Hediondos)".

XIV. Genocídio:

Consoante regra prevista no art. 1º, § único, da LCH, também é considerado hediondo o crime de Genocídio, insculpido na Lei Federal nº 2.889/56, a seguir descrita:

"Art. 1º Quem, com a intenção de destruir, no todo ou em parte, grupo nacional, étnico, racial ou religioso, como tal:

a) matar membros do grupo;

b) causar lesão grave à integridade física ou mental de membros do grupo;

c) submeter intencionalmente o grupo a condições de existência capazes de ocasionar-lhe a destruição física total ou parcial;

d) adotar medidas destinadas a impedir os nascimentos no seio do grupo;

e) efetuar a transferência forçada de crianças do grupo para outro grupo;

Será punido:

Com as penas do art. 121, § 2º, do Código Penal, no caso da letra a;

Com as penas do art. 129, § 2º, no caso da letra b;

Com as penas do art. 270, no caso da letra c;

Com as penas do art. 125, no caso da letra d;

Com as penas do art. 148, no caso da letra e;

Art. 2º Associarem-se mais de 3 (três) pessoas para prática dos crimes mencionados no artigo anterior:

Pena: Metade da cominada aos crimes ali previstos.

Art. 3º Incitar, direta e publicamente alguém a cometer qualquer dos crimes de que trata o art. 1º:

Pena: Metade das penas ali cominadas.

§ 1º A pena pelo crime de incitação será a mesma de crime incitado, se este se consumar.

§ 2º A pena será aumentada de 1/3 (um terço), quando a incitação for cometida pela imprensa.

Art. 4º A pena será agravada de 1/3 (um terço), no caso dos arts. 1º, 2º e 3º, quando cometido o crime por governante ou funcionário público.

Art. 5º Será punida com 2/3 (dois terços) das respectivas penas a tentativa dos crimes definidos nesta lei.

Art. 6º Os crimes de que trata esta lei não serão considerados crimes políticos para efeitos de extradição".

O Genocídio não é crime doloso contra a vida.

É crime contra a humanidade, julgado, preferencialmente, pela Justiça Comum Federal.

O termo "genocídio" tem, na sua etimologia, dois componentes do latim: *genus* e *excidium*. Dentro desse binômio, *genus* significa raça ou povo e *excidium* significa destruição. Dessa forma, do ponto de vista estrutural, o Genocídio vem a ser a destruição de uma raça ou de um povo.

☞ COMENTÁRIOS

- Art. 1º:

É o delito de Extermínio de grupo nacional, étnico, racial ou religioso.

Nas hipóteses elencadas nas alíneas "a", "b", "c" e "d", trata-se de infração penal de maior potencial ofensivo, instruída por meio de Inquérito Policial e submetida ao rito do procedimento comum ordinário (art. 394, § 1º, I, CPP).

Na hipótese elencada na alínea "e", trata-se de infração penal de médio potencial ofensivo, instruída por meio de Inquérito Policial e submetida ao rito do procedimento comum sumário (art. 394, § 1º, II, CPP).

- Art. 2º:

É o delito de Associação para cometimento de genocídio.

Dependendo do crime cometido em associação, pode identificar-se ora como infração penal de maior potencial ofensivo (alíneas "a", "b", "c" e "d"), instruída por meio de Inquérito Policial e submetida ao rito do procedimento comum ordinário (art. 394, § 1º, I, CPP), ora como infração penal de menor potencial ofensivo (alínea "e"), instruída por meio de Termo Circunstanciado e submetida ao rito do procedimento comum sumaríssimo (art. 394, § 1º, III, CPP).

É crime plurissubjetivo, identificando-se como forma de associação criminosa, que exige pelo menos a presença e participação de 4 (quatro) agentes, para o cometimento dos crimes descritos no art. 1º, alíneas "a" a "e".

– Art. 3º:

É o delito de Incitação para cometimento de genocídio.

Assim como na Associação para cometimento de genocídio, dependendo do crime cometido por incitação, pode identificar-se ora como infração penal de maior potencial ofensivo (alíneas "a", "b", "c" e "d"), instruída por meio de Inquérito Policial e submetida ao rito do procedimento comum ordinário (art. 394, § 1º, I, CPP), ora como infração penal de menor potencial ofensivo (alínea "e"), instruída por meio de Termo Circunstanciado e submetida ao rito do procedimento comum sumaríssimo (art. 394, § 1º, III, CPP).

Configura forma similar ao crime de Incitação ao crime, previsto no art. 286, CP.

Se não houver concurso com o Homicídio, a competência será da Justiça Comum e não do Tribunal do Júri, já que não se trata de crime doloso contra a vida.

Se houver concurso, será julgado pelo Júri, que exerce força atrativa sobre as demais formas de competência (competência para o julgamento de crimes dolosos contra a vida e crimes conexos).

Embora seja um crime contra a humanidade, somente haverá competência da Justiça Federal se presente a hipótese prevista no art. 109, V-A, CF, podendo ser provocado por meio de incidente de deslocamento de competência, previsto no art. 109, § 5º, CF.

XV. Exploração Sexual Comercial Infantojuvenil:

O crime previsto no art. 218-B, do Código Penal, em qualquer de suas modalidades, foi alçado à categoria de crime hediondo, com o advento da Lei Federal nº 12.978, de 21 de maio de 2014, que acrescentou o inciso VIII ao artigo 1º da Lei 8.072/90.

XVI. Feminicídio:

Em virtude do advento da Lei Federal nº 13.104, de 9 de março de 2015, o Feminicídio, consumado ou tentado, passou a ser considerado como nova modalidade de crime hediondo, modificando, pois, a redação do artigo 1º, I, da Lei 8.072/90 (art. 121, § 2º, VI, CP).

XVII. Homicídio contra Servidor da Segurança Pública:

Em virtude do advento da Lei Federal nº 13.142, de 6 de julho de 2015, o Homicídio contra Agente das Forças Armadas ou da Segurança Pública, consumado ou tentado, passou a ser considerado como nova modalidade de crime hediondo, modificando, também, a redação do artigo 1º, I, da Lei 8.072/90 (art. 121, § 2º, VII, CP).

XVIII. Lesão Corporal Gravíssima ou Seguida de Morte contra Servidor da Segurança Pública:

Em virtude do advento da Lei Federal nº 13.142, de 6 de julho de 2015, a Lesão Corporal Gravíssima (art. 129, § 2º, CP) ou Seguida de Morte (art. 129, § 3º, CP) contra Agente das Forças Armadas ou da Segurança Pública, consumada ou tentada, passou também a ser considerada como nova modalidade de crime hediondo, acrescentando o art. 1º-A na Lei 8.072/90 (art. 121, § 2º, VII, CP).

XIX. Preferência de Julgamento:

Tendo em vista previsão constante na Lei Federal nº 13.285, de 10 de maio de 2016, que acrescentou o artigo 394-A no Código de Processo Penal, *"os processos que apurem a prática de crime hediondo terão prioridade de tramitação em todas as instâncias"*.

☑ QUESTÕES DE CONCURSOS ACERCA DOS CRIMES HEDIONDOS, COM GABARITO E COMENTÁRIOS:

1. ***(DELEGADO – POLÍCIA CIVIL – TO – 2008 – CESPE/UNB)*** *Considere a seguinte situação hipotética. Em 28/7/2007, Maria foi presa e autuada em flagrante delito pela prática de um crime hediondo. Concluído o inquérito policial e remetidos os autos ao Poder Judiciário, foi deferido pelo juízo pedido de liberdade provisória requerido pela defesa da ré. Nessa situação, procedeu em erro a autoridade judiciária, pois os crimes hediondos são insuscetíveis de liberdade provisória.*

Resposta: *Errado. A partir da Lei Federal nº 11.464/07, alterando a redação original da Lei dos Crimes Hediondos (Lei Federal nº 8.072/90), passou a ser possível a concessão de liberdade provisória para crimes hediondos e assemelhados.*

2. ***(DELEGADO – POLÍCIA CIVIL – SE – 2006 – CESPE/UNB)*** *Segundo entendimento sumulado do STF, admite-se a progressão de regime de cumprimento da pena antes do trânsito em julgado da sentença condenatória.*

Resposta: *Certo. Admite-se a progressão de regime de cumprimento da pena ou a aplicação imediata de regime menos severo nela determinada, antes do trânsito em julgado da sentença penal condenatória. A esse respeito, a Súmula nº 716, do Supremo Tribunal Federal (STF): "Admite-se a progressão de regime de cumprimento da pena ou a aplicação imediata de regime menos severo nela determinada, antes do trânsito em julgado da sentença condenatória".*

3. ***(ESCRIVÃO – POLÍCIA CIVIL – ES – 2006 – CESPE/UNB)*** *Nos casos de crimes hediondos, tráfico ilícito de entorpecentes e drogas afins, prática de tortura e terrorismo, o prazo máximo da prisão temporária é de 30 dias, prorrogável por igual período; nos demais crimes em que esse tipo de prisão é cabível, o prazo é de 15 dias, prorrogável por igual período.*

Resposta: *Errado. O prazo de prisão temporária nos crimes não hediondos é de 5 (cinco) dias, prorrogável por igual período.*

4. ***(ESCRIVÃO – POLÍCIA CIVIL – ES – 2006 – CESPE/UNB)*** *O latrocínio é considerado crime hediondo somente em sua forma consumada; caso reste comprovada apenas a tentativa delituosa, a referida conduta poderá ser suscetível de fiança, graça ou indulto, não se aplicando, nessa hipótese, os dispositivos da lei dos crimes hediondos.*

Resposta: *Errado. Todos os delitos elencados no art. 1º, da Lei Federal nº 8.072/90, são considerados hediondos, tanto na forma consumada, quanto na forma tentada, por expressa disposição legal.*

5. ***(ESCRIVÃO – POLÍCIA CIVIL – PA – 2006 – CESPE/UNB)*** *Conforme a Carta Magna federal, é sonegado às pessoas condenadas por crimes hediondos o acesso, apenas, aos benefícios da fiança e da graça.*

Resposta: *Errado. De acordo com a Constituição Federal de 1988, no inc. XLIII do art. 5°, "a lei considerará crimes inafiançáveis e insuscetíveis de graça ou anistia a prática de tortura, o tráfico ilícito de entorpecentes e drogas afins, o terrorismo e os definidos como crimes hediondos, por ele respondendo os mandantes, os executores e os* *que, podendo evitá-los, se omitirem". Desta forma, são vedadas a fiança, a anistia e a graça na Constituição Federal de 1988.*

6. **(ESCRIVÃO DA POLÍCIA FEDERAL 2002 – CESPE/UNB)** *Considere a seguinte situação hipotética. Quatro indivíduos compunham grupo de extermínio procurado havia tempo pela polícia. Em certo momento, um dos integrantes do grupo dirigiu-se à polícia e, voluntariamente, forneceu informações e provas que possibilitaram a prisão do grupo. Nessa situação, de acordo com a Lei dos Crimes Hediondos, o integrante do grupo de extermínio que colaborou com a polícia judiciária deverá ser denunciado e processado pelo Ministério Público (MP), mas deverá ficar isento de pena, ao ser sentenciado.*

Resposta: Errado. *A Delação eficaz ou Delação premiada prevista na Lei dos Crimes Hediondos tem natureza de causa de diminuição da pena (de 1/3 a 2/3), e não de extinção da punibilidade. Na situação fática apresentada, o criminoso será beneficiado com o abatimento de pena e não com a isenção da pena.*

7. **(ESCRIVÃO DA POLÍCIA FEDERAL 2002 – CESPE/UNB)** *Se um indivíduo for condenado por homicídio cometido mediante emboscada, esta qualificadora, na forma da lei, se for reconhecida pelo órgão julgador, caracterizará o crime como hediondo.*

Resposta: Certo. *A emboscada qualifica o crime de homicídio, nos termos do art. 121, § 2º, IV, CP. Trata-se de qualificadora de natureza objetiva, ligada ao modo de execução do crime. A Lei 8.072/1990, em seu art. 1.º, I, caracteriza como hediondo o homicídio qualificado.*

8. **(AGENTE DA POLÍCIA FEDERAL 2004 – PROVA AZUL – CESPE/UNB)** *Adriano é chefe de uma quadrilha que sequestrou um famoso artista e libertou-o vivo e sem qualquer ferimento, após o pagamento do resgate. Na situação descrita, Adriano praticou crime hediondo, pois extorsão mediante sequestro é crime hediondo mesmo quando não qualificada por lesão corporal ou morte do sequestrado.*

Resposta: Certo. *O crime de Extorsão mediante sequestro é crime hediondo em todas as suas formas, simples ou qualificada, por expressa disposição da Lei dos Crimes Hediondos (Lei Federal nº 8.072/90).*

9. **(JUIZ DE DIREITO ACRE – 2007 – CESPE/UNB)** *O STF admite, em casos excepcionais, a fixação de regime integralmente fechado para o cumprimento da pena de condenados por crimes hediondos.*

Resposta: Errado. *Recentemente, a Lei dos Crimes Hediondos sofreu sua mais importante e substancial alteração, por meio da Lei Federal nº 11.464, de 28 de março de 2007, passando a admitir a progressão de regime. A nova redação do § 1º do art. 2.º da Lei estabelece que a pena seja cumprida inicialmente em regime fechado. E em seu § 2.º, fixa que a progressão de regime, no caso dos condenados aos crimes previstos neste artigo, dar-se-á após o cumprimento de 2/5 (dois quintos) da pena, se o apenado for primário; e de 3/5 (três quintos), se for reincidente. Dessa forma, conclui-se que não existe mais a possibilidade de aplicação do regime integralmente fechado.*

10. **(PRF 2013 CESPE)** *Considera-se crime hediondo o homicídio culposo na condução de veículo automotor, quando comprovada a embriaguez do condutor.*

Resposta: Errado. *Os crimes etiquetados como "hediondos" estão inseridos no rol do art. 1º e § único, da Lei Federal nº 8.072/90. Naquele rol, não consta o Homicídio culposo na condução de veículo automotor, quando comprovada a embriaguez do condutor.*

11. (NUCEPE – DELEGADO DE POLÍCIA – PC – PI/2018) *Acerca dos Crimes hediondos, marque a alternativa CORRETA.*

(A) São considerados hediondos o Infanticídio e o Estupro.

(B) A tentativa de homicídio simples ou de homicídio qualificado constituem-se crimes hediondos.

(C) É possível a liberdade provisória aos autores de crimes hediondos e equiparados.

(D) Dependendo da gravidade do crime, é cabível ao juiz classificar o crime como hediondo.

(E) Tratando-se de crime hediondo ou equiparado, o condenado por crime de tortura, em qualquer modalidade, deverá iniciar o cumprimento da pena em regime fechado.

***Resposta**: A única alternativa correta é a da letra "C". Efetivamente, a Lei dos Crimes Hediondos (Lei Federal nº 8.072/90) não veda a liberdade provisória aos autores de crimes hediondos e equiparados a hediondos, previstos nos arts. 1º (incisos I a VIII e § único) e 2º, da referida lei.*

12. (VUNESP – DELEGADO DE POLÍCIA – PC – BA/2018) *Considere o seguinte caso hipotético.*

A Força Nacional está atuando legalmente em Salvador. O civil "X", irmão de um Policial Militar do Estado de São Paulo que integra a Força Nacional, residente na referida cidade, se envolveu em acidente de trânsito sem vítimas, ao abalroar o veículo do condutor "Y". Após se identificar como irmão do Militar do Estado integrante da Força Nacional, foi violentamente agredido por "Y", que confessou ter assim agido apenas por saber dessa condição. As agressões provocaram lesões corporais gravíssimas no civil "X". Diante do exposto, é correto afirmar que o crime praticado por "Y"

(A) não é considerado hediondo, pois a legislação contempla apenas o crime de homicídio doloso perpetrado contra o Militar do Estado.

(B) é considerado hediondo, apenas por se tratar de uma lesão corporal dolosa de natureza gravíssima, independentemente da condição da eventual vítima.

(C) não é considerado hediondo, pois a legislação não contempla lesão corporal dolosa de natureza gravíssima como crime hediondo.

(D) é considerado hediondo, pois o civil "X" foi vítima de lesão corporal dolosa de natureza gravíssima apenas por ser irmão de Militar do Estado em razão de sua função.

(E) somente seria considerado hediondo se o crime de lesão corporal dolosa de natureza gravíssima fosse perpetrado contra o próprio Militar do Estado em razão de sua função.

***Resposta**: A única alternativa correta é a da letra "D". A fundamentação legal para tal assertiva encontra-se insculpida no art. 129, § 12º, do Código Penal, bem como no art. 1º, I-A, da Lei dos Crimes Hediondos (Lei Federal nº 8.072/90), ambos com redação determinada pela Lei Federal nº 13.142/15.*

13. (CESPE – DELEGADO DE POLÍCIA FEDERAL – DPF/2018) *Em cada um dos itens que se seguem, é apresentada uma situação hipotética seguida de uma assertiva a ser julgada com relação a crime de tortura, crime hediondo, crime previdenciário e crime contra o idoso.*

Paula, proprietária de uma casa de prostituição, induziu e passou a explorar sexualmente duas garotas de quinze anos de idade. Nessa situação, o crime praticado por Paula é hediondo e, por isso, insuscetível de anistia, graça e indulto.

***Resposta**: Certo. Trata-se da prática do delito de Favorecimento da Prostituição ou* *de outra forma de Exploração Sexual de Criança ou Adolescente ou de Vulnerável, previsto no art. 218-B, caput e §§, do Código Penal, com a redação determinada pela Lei Federal nº 12.978/14. Consoante comando constante no art. 1º, VIII, da Lei dos Crimes Hediondos (Lei Federal nº 8.072/90), referida conduta típica é hedionda, com todas as consequências daí decorrentes. Analisando a Lei dos Crimes Hediondos (art. 2º, I), em conjunto com a Constituição Federal de 1988 (art. 5º, XLIII) e com o Código de Processo Penal (art. 323, II), verifica-se que as consequências inevitáveis para Paula serão sim a impossibilidade de concessão de anistia, graça e indulto.*

14. *(CESPE – DELEGADO DE POLÍCIA FEDERAL – DPF/2018)* *Acerca de execução penal, de crimes de abuso de autoridade, de crimes contra a criança e o adolescente e de crimes contra o Sistema Financeiro Nacional, julgue os itens que se seguem.*

O crime de estupro praticado contra criança ou adolescente é insuscetível de fiança.

Resposta: *Certo. Tanto o Estupro Qualificado (art. 213, § 1º, in fine, CP), quanto o Estupro de Vulnerável (art. 217-A, CP) são crimes hediondos, consoante comando constante no art. 1º, V e VI, da Lei Federal nº 8.072/90. Nos termos do que dispõe expressamente o art. 2º, II, da referida legislação especial, impera a inafiançabilidade para tais delitos.*

VIII) CRIMES CONTRA O CONSUMIDOR (LEI FEDERAL Nº 8.078/1990) E CONTRA AS RELAÇÕES DE CONSUMO (LEI FEDERAL Nº 8.137/90)

LEI Nº 8.078, DE 11 DE SETEMBRO DE 1990:

Dispõe sobre a proteção do consumidor e dá outras providências.

O PRESIDENTE DA REPÚBLICA, *faço saber que o Congresso Nacional decreta e eu sanciono a seguinte lei:*

TÍTULO I

Dos Direitos do Consumidor

CAPÍTULO I

Disposições Gerais

Art. 1º O presente código estabelece normas de proteção e defesa do consumidor, de ordem pública e interesse social, nos termos dos arts. 5º, inciso XXXII, 170, inciso V, da Constituição Federal e art. 48 de suas Disposições Transitórias.

Art. 2º Consumidor é toda pessoa física ou jurídica que adquire ou utiliza produto ou serviço como destinatário final.

Parágrafo único. Equipara-se a consumidor a coletividade de pessoas, ainda que indetermináveis, que haja intervindo nas relações de consumo.

Art. 3º Fornecedor é toda pessoa física ou jurídica, pública ou privada, nacional ou estrangeira, bem como os entes despersonalizados, que desenvolvem atividade de produção, montagem, criação, construção, transformação, importação, exportação, distribuição ou comercialização de produtos ou prestação de serviços.

§ 1º Produto é qualquer bem, móvel ou imóvel, material ou imaterial.

§ 2º Serviço é qualquer atividade fornecida no mercado de consumo, mediante remuneração, inclusive as de natureza bancária, financeira, de crédito e securitária, salvo as decorrentes das relações de caráter trabalhista.

CAPÍTULO II

Da Política Nacional de Relações de Consumo

Art. 4º A Política Nacional das Relações de Consumo tem por objetivo o atendimento das necessidades dos consumidores, o respeito à sua dignidade, saúde e segurança, a proteção de seus interesses econômicos, a melhoria da sua qualidade de vida, bem como a transparência e harmonia das relações de consumo, atendidos os seguintes princípios: (Redução dada pela Lei nº 9.008, de 21.3.1995)

I – reconhecimento da vulnerabilidade do consumidor no mercado de consumo;

II – ação governamental no sentido de proteger efetivamente o consumidor:

a) por iniciativa direta;

b) por incentivos à criação e desenvolvimento de associações representativas;

c) pela presença do Estado no mercado de consumo;

d) pela garantia dos produtos e serviços com padrões adequados de qualidade, segurança, durabilidade e desempenho.

III – harmonização dos interesses dos participantes das relações de consumo e compatibilização da proteção do consumidor com a necessidade de desenvolvimento econômico e tecnológico, de modo a viabilizar os princípios nos quais se funda a ordem econômica (art. 170, da Constituição Federal), sempre com base na boa-fé e equilíbrio nas relações entre consumidores e fornecedores;

IV – educação e informação de fornecedores e consumidores, quanto aos seus direitos e deveres, com vistas à melhoria do mercado de consumo;

V – incentivo à criação pelos fornecedores de meios eficientes de controle de qualidade e segurança de produtos e serviços, assim como de mecanismos alternativos de solução de conflitos de consumo;

VI – coibição e repressão eficientes de todos os abusos praticados no mercado de consumo, inclusive a concorrência desleal e utilização indevida de inventos e criações industriais das marcas e nomes comerciais e signos distintivos, que possam causar prejuízos aos consumidores;

VII – racionalização e melhoria dos serviços públicos;

VIII – estudo constante das modificações do mercado de consumo.

Art. 5° Para a execução da Política Nacional das Relações de Consumo, contará o poder público com os seguintes instrumentos, entre outros:

I – manutenção de assistência jurídica, integral e gratuita para o consumidor carente;

II – instituição de Promotorias de Justiça de Defesa do Consumidor, no âmbito do Ministério Público;

III – criação de delegacias de polícia especializadas no atendimento de consumidores vítimas de infrações penais de consumo;

IV – criação de Juizados Especiais de Pequenas Causas e Varas Especializadas para a solução de litígios de consumo;

V – concessão de estímulos à criação e desenvolvimento das Associações de Defesa do Consumidor.

§ 1° (Vetado).

§ 2º (Vetado).

CAPÍTULO III

Dos Direitos Básicos do Consumidor

Art. 6º São direitos básicos do consumidor:

I – a proteção da vida, saúde e segurança contra os riscos provocados por práticas no fornecimento de produtos e serviços considerados perigosos ou nocivos;

II – a educação e divulgação sobre o consumo adequado dos produtos e serviços, asseguradas a liberdade de escolha e a igualdade nas contratações;

III – a informação adequada e clara sobre os diferentes produtos e serviços, com especificação correta de quantidade, características, composição, qualidade, tributos incidentes e preço, bem como sobre os riscos que apresentem; (Redação dada pela Lei nº 12.741, de 2012)

IV – a proteção contra a publicidade enganosa e abusiva, métodos comerciais coercitivos ou desleais, bem como contra práticas e cláusulas abusivas ou impostas no fornecimento de produtos e serviços;

V – a modificação das cláusulas contratuais que estabeleçam prestações desproporcionais ou sua revisão em razão de fatos supervenientes que as tornem excessivamente onerosas;

VI – a efetiva prevenção e reparação de danos patrimoniais e morais, individuais, coletivos e difusos;

VII – o acesso aos órgãos judiciários e administrativos com vistas à prevenção ou reparação de danos patrimoniais e morais, individuais, coletivos ou difusos, assegurada a proteção Jurídica, administrativa e técnica aos necessitados;

VIII – a facilitação da defesa de seus direitos, inclusive com a inversão do ônus da prova, a seu favor, no processo civil, quando, a critério do juiz, for verossímil a alegação ou quando for ele hipossuficiente, segundo as regras ordinárias de experiências;

IX – (Vetado);

X – a adequada e eficaz prestação dos serviços públicos em geral.

Parágrafo único. A informação de que trata o inciso III do ***caput*** *deste artigo deve ser acessível à pessoa com deficiência, observado o disposto em regulamento. (Incluído pela Lei nº 13.146, de 2015)*

Art. 7° Os direitos previstos neste código não excluem outros decorrentes de tratados ou convenções internacionais de que o Brasil seja signatário, da legislação interna ordinária, de regulamentos expedidos pelas autoridades administrativas competentes, bem como dos que derivem dos princípios gerais do direito, analogia, costumes e equidade.

Parágrafo único. Tendo mais de um autor a ofensa, todos responderão solidariamente pela reparação dos danos previstos nas normas de consumo.

CAPÍTULO IV

Da Qualidade de Produtos e Serviços, da Prevenção e da Reparação dos Danos

SEÇÃO I

Da Proteção à Saúde e Segurança

Art. 8° Os produtos e serviços colocados no mercado de consumo não acarretarão riscos à saúde ou segurança dos consumidores, exceto os considerados normais e previsíveis em decorrência de sua natureza e fruição, obrigando-se os fornecedores, em qualquer hipótese, a dar as informações necessárias e adequadas a seu respeito.

§ 1º Em se tratando de produto industrial, ao fabricante cabe prestar as informações a que se refere este artigo, através de impressos apropriados que devam acompanhar o produto. (Redação dada pela Lei nº 13.486, de 2017)

§ 2º O fornecedor deverá higienizar os equipamentos e utensílios utilizados no fornecimento de produtos ou serviços, ou colocados à disposição do consumidor, e informar, de maneira ostensiva e adequada, quando for o caso, sobre o risco de contaminação. (Incluído pela Lei nº 13.486, de 2017)

Art. 9° O fornecedor de produtos e serviços potencialmente nocivos ou perigosos à saúde ou segurança deverá informar, de maneira ostensiva e adequada, a respeito da sua nocividade ou periculosidade, sem prejuízo da adoção de outras medidas cabíveis em cada caso concreto.

Art. 10. O fornecedor não poderá colocar no mercado de consumo produto ou serviço que sabe ou deveria saber apresentar alto grau de nocividade ou periculosidade à saúde ou segurança.

§ 1° O fornecedor de produtos e serviços que, posteriormente à sua introdução no mercado de consumo, tiver conhecimento da periculosidade que apresentem, deverá comunicar o fato imediatamente às autoridades competentes e aos consumidores, mediante anúncios publicitários.

§ 2° Os anúncios publicitários a que se refere o parágrafo anterior serão veiculados na imprensa, rádio e televisão, às expensas do fornecedor do produto ou serviço.

§ 3° Sempre que tiverem conhecimento de periculosidade de produtos ou serviços à saúde ou segurança dos consumidores, a União, os Estados, o Distrito Federal e os Municípios deverão informá-los a respeito.

Art. 11. (Vetado).

SEÇÃO II

Da Responsabilidade pelo Fato do Produto e do Serviço

Art. 12. O fabricante, o produtor, o construtor, nacional ou estrangeiro, e o importador respondem, independentemente da existência de culpa, pela reparação dos danos causados aos consumidores por defeitos decorrentes de projeto, fabricação, construção, montagem, fórmulas, manipulação, apresentação ou acondicionamento de seus produtos, bem como por informações insuficientes ou inadequadas sobre sua utilização e riscos.

§ 1° O produto é defeituoso quando não oferece a segurança que dele legitimamente se espera, levando-se em consideração as circunstâncias relevantes, entre as quais:

I - sua apresentação;

II - o uso e os riscos que razoavelmente dele se esperam;

III - a época em que foi colocado em circulação.

§ 2º O produto não é considerado defeituoso pelo fato de outro de melhor qualidade ter sido colocado no mercado.

§ 3° O fabricante, o construtor, o produtor ou importador só não será responsabilizado quando provar:

I - que não colocou o produto no mercado;

II - que, embora haja colocado o produto no mercado, o defeito inexiste;

III - a culpa exclusiva do consumidor ou de terceiro.

Art. 13. O comerciante é igualmente responsável, nos termos do artigo anterior, quando:

I - o fabricante, o construtor, o produtor ou o importador não puderem ser identificados;

II – o produto for fornecido sem identificação clara do seu fabricante, produtor, construtor ou importador;

III – não conservar adequadamente os produtos perecíveis.

Parágrafo único. Aquele que efetivar o pagamento ao prejudicado poderá exercer o direito de regresso contra os demais responsáveis, segundo sua participação na causação do evento danoso.

Art. 14. O fornecedor de serviços responde, independentemente da existência de culpa, pela reparação dos danos causados aos consumidores por defeitos relativos à prestação dos serviços, bem como por informações insuficientes ou inadequadas sobre sua fruição e riscos.

§ 1° O serviço é defeituoso quando não fornece a segurança que o consumidor dele pode esperar, levando-se em consideração as circunstâncias relevantes, entre as quais:

I – o modo de seu fornecimento;

II – o resultado e os riscos que razoavelmente dele se esperam;

III – a época em que foi fornecido.

§ 2° O serviço não é considerado defeituoso pela adoção de novas técnicas.

§ 3° O fornecedor de serviços só não será responsabilizado quando provar:

I – que, tendo prestado o serviço, o defeito inexiste;

II – a culpa exclusiva do consumidor ou de terceiro.

§ 4° A responsabilidade pessoal dos profissionais liberais será apurada mediante a verificação de culpa.

Art. 15. (Vetado).

Art. 16. (Vetado).

Art. 17. Para os efeitos desta Seção, equiparam-se aos consumidores todas as vítimas do evento.

SEÇÃO III

Da Responsabilidade por Vício do Produto e do Serviço

Art. 18. Os fornecedores de produtos de consumo duráveis ou não duráveis respondem solidariamente pelos vícios de qualidade ou quantidade que os tornem impróprios ou inadequados ao consumo a que se destinam ou lhes diminuam o valor, assim como por aqueles decorrentes da disparidade, com a indicações constantes do recipiente, da embalagem, rotulagem ou mensagem publicitária, respeitadas as variações decorrentes de sua natureza, podendo o consumidor exigir a substituição das partes viciadas.

§ 1° Não sendo o vício sanado no prazo máximo de trinta dias, pode o consumidor exigir, alternativamente e à sua escolha:

I – a substituição do produto por outro da mesma espécie, em perfeitas condições de uso;

II – a restituição imediata da quantia paga, monetariamente atualizada, sem prejuízo de eventuais perdas e danos;

III – o abatimento proporcional do preço.

§ 2° Poderão as partes convencionar a redução ou ampliação do prazo previsto no parágrafo anterior, não podendo ser inferior a sete nem superior a cento e oitenta dias. Nos contratos de adesão, a cláusula de prazo deverá ser convencionada em separado, por meio de manifestação expressa do consumidor.

§ 3° O consumidor poderá fazer uso imediato das alternativas do § 1° deste artigo sempre que, em razão da extensão do vício, a substituição das partes viciadas puder comprometer a qualidade ou características do produto, diminuir-lhe o valor ou se tratar de produto essencial.

§ 4° Tendo o consumidor optado pela alternativa do inciso I do § 1° deste artigo, e não sendo possível a substituição do bem, poderá haver substituição por outro de espécie, marca ou modelo diversos, mediante complementação ou restituição de eventual diferença de preço, sem prejuízo do disposto nos incisos II e III do § 1° deste artigo.

§ 5° No caso de fornecimento de produtos in natura, será responsável perante o consumidor o fornecedor imediato, exceto quando identificado claramente seu produtor.

§ 6° São impróprios ao uso e consumo:

I – os produtos cujos prazos de validade estejam vencidos;

II – os produtos deteriorados, alterados, adulterados, avariados, falsificados, corrompidos, fraudados, nocivos à vida ou à saúde, perigosos ou, ainda, aqueles em desacordo com as normas regulamentares de fabricação, distribuição ou apresentação;

III – os produtos que, por qualquer motivo, se revelem inadequados ao fim a que se destinam.

Art. 19. Os fornecedores respondem solidariamente pelos vícios de quantidade do produto sempre que, respeitadas as variações decorrentes de sua natureza, seu conteúdo líquido for inferior às indicações constantes do recipiente, da embalagem, rotulagem ou de mensagem publicitária, podendo o consumidor exigir, alternativamente e à sua escolha:

I – o abatimento proporcional do preço;

II – complementação do peso ou medida;

III – a substituição do produto por outro da mesma espécie, marca ou modelo, sem os aludidos vícios;

IV – a restituição imediata da quantia paga, monetariamente atualizada, sem prejuízo de eventuais perdas e danos.

§ 1º Aplica-se a este artigo o disposto no § 4º do artigo anterior.

§ 2º O fornecedor imediato será responsável quando fizer a pesagem ou a medição e o instrumento utilizado não estiver aferido segundo os padrões oficiais.

Art. 20. O fornecedor de serviços responde pelos vícios de qualidade que os tornem impróprios ao consumo ou lhes diminuam o valor, assim como por aqueles decorrentes da disparidade com as indicações constantes da oferta ou mensagem publicitária, podendo o consumidor exigir, alternativamente e à sua escolha:

I – a reexecução dos serviços, sem custo adicional e quando cabível;

II – a restituição imediata da quantia paga, monetariamente atualizada, sem prejuízo de eventuais perdas e danos;

III – o abatimento proporcional do preço.

§ 1º A reexecução dos serviços poderá ser confiada a terceiros devidamente capacitados, por conta e risco do fornecedor.

§ 2º São impróprios os serviços que se mostrem inadequados para os fins que razoavelmente deles se esperam, bem como aqueles que não atendam as normas regulamentares de prestabilidade.

Art. 21. No fornecimento de serviços que tenham por objetivo a reparação de qualquer produto considerar-se-á implícita a obrigação do fornecedor de empregar componentes de reposição originais adequados e novos, ou que mantenham as especificações técnicas do fabricante, salvo, quanto a estes últimos, autorização em contrário do consumidor.

Art. 22. Os órgãos públicos, por si ou suas empresas, concessionárias, permissionárias ou sob qualquer outra forma de empreendimento, são obrigados a fornecer serviços adequados, eficientes, seguros e, quanto aos essenciais, contínuos.

Parágrafo único. Nos casos de descumprimento, total ou parcial, das obrigações referidas neste artigo, serão as pessoas jurídicas compelidas a cumpri-las e a reparar os danos causados, na forma prevista neste código.

Art. 23. A ignorância do fornecedor sobre os vícios de qualidade por inadequação dos produtos e serviços não o exime de responsabilidade.

Art. 24. A garantia legal de adequação do produto ou serviço independe de termo expresso, vedada a exoneração contratual do fornecedor.

Art. 25. É vedada a estipulação contratual de cláusula que impossibilite, exonere ou atenue a obrigação de indenizar prevista nesta e nas seções anteriores.

§ 1º Havendo mais de um responsável pela causação do dano, todos responderão solidariamente pela reparação prevista nesta e nas seções anteriores.

§ 2º Sendo o dano causado por componente ou peça incorporada ao produto ou serviço, são responsáveis solidários seu fabricante, construtor ou importador e o que realizou a incorporação.

SEÇÃO IV

Da Decadência e da Prescrição

Art. 26. O direito de reclamar pelos vícios aparentes ou de fácil constatação caduca em:

I – trinta dias, tratando-se de fornecimento de serviço e de produtos não duráveis;

II – noventa dias, tratando-se de fornecimento de serviço e de produtos duráveis.

§ 1° Inicia-se a contagem do prazo decadencial a partir da entrega efetiva do produto ou do término da execução dos serviços.

§ 2° Obstam a decadência:

I – a reclamação comprovadamente formulada pelo consumidor perante o fornecedor de produtos e serviços até a resposta negativa correspondente, que deve ser transmitida de forma inequívoca;

II – (Vetado).

III – a instauração de inquérito civil, até seu encerramento.

§ 3° Tratando-se de vício oculto, o prazo decadencial inicia-se no momento em que ficar evidenciado o defeito.

Art. 27. Prescreve em cinco anos a pretensão à reparação pelos danos causados por fato do produto ou do serviço prevista na Seção II deste Capítulo, iniciando-se a contagem do prazo a partir do conhecimento do dano e de sua autoria.

Parágrafo único. (Vetado).

SEÇÃO V

Da Desconsideração da Personalidade Jurídica

Art. 28. O juiz poderá desconsiderar a personalidade jurídica da sociedade quando, em detrimento do consumidor, houver abuso de direito, excesso de poder, infração da lei, fato ou ato ilícito ou violação dos estatutos ou contrato social. A desconsideração também será efetivada quando houver falência, estado de insolvência, encerramento ou inatividade da pessoa jurídica provocados por má administração.

§ 1° (Vetado).

§ 2° As sociedades integrantes dos grupos societários e as sociedades controladas, são subsidiariamente responsáveis pelas obrigações decorrentes deste código.

§ 3° As sociedades consorciadas são solidariamente responsáveis pelas obrigações decorrentes deste código.

§ 4° As sociedades coligadas só responderão por culpa.

§ 5° Também poderá ser desconsiderada a pessoa jurídica sempre que sua personalidade for, de alguma forma, obstáculo ao ressarcimento de prejuízos causados aos consumidores.

CAPÍTULO V

Das Práticas Comerciais

SEÇÃO I

Das Disposições Gerais

Art. 29. Para os fins deste Capítulo e do seguinte, equiparam-se aos consumidores todas as pessoas determináveis ou não, expostas às práticas nele previstas.

SEÇÃO II

Da Oferta

Art. 30. Toda informação ou publicidade, suficientemente precisa, veiculada por qualquer forma ou meio de comunicação com relação a produtos e serviços oferecidos ou apresentados, obriga o fornecedor que a fizer veicular ou dela se utilizar e integra o contrato que vier a ser celebrado.

Art. 31. A oferta e apresentação de produtos ou serviços devem assegurar informações corretas, claras, precisas, ostensivas e em língua portuguesa sobre suas características, qualidades, quantidade, composição, preço, garantia, prazos de validade e origem, entre outros dados, bem como sobre os riscos que apresentam à saúde e segurança dos consumidores.

Parágrafo único. As informações de que trata este artigo, nos produtos refrigerados oferecidos ao consumidor, serão gravadas de forma indelével. (Incluído pela Lei n° 11.989, de 2009)

Art. 32. Os fabricantes e importadores deverão assegurar a oferta de componentes e peças de reposição enquanto não cessar a fabricação ou importação do produto.

Parágrafo único. Cessadas a produção ou importação, a oferta deverá ser mantida por período razoável de tempo, na forma da lei.

Art. 33. Em caso de oferta ou venda por telefone ou reembolso postal, deve constar o nome do fabricante e endereço na embalagem, publicidade e em todos os impressos utilizados na transação comercial.

Parágrafo único. É proibida a publicidade de bens e serviços por telefone, quando a chamada for onerosa ao consumidor que a origina. (Incluído pela Lei nº 11.800, de 2008).

Art. 34. O fornecedor do produto ou serviço é solidariamente responsável pelos atos de seus prepostos ou representantes autônomos.

Art. 35. Se o fornecedor de produtos ou serviços recusar cumprimento à oferta, apresentação ou publicidade, o consumidor poderá, alternativamente e à sua livre escolha:

I – exigir o cumprimento forçado da obrigação, nos termos da oferta, apresentação ou publicidade;

II – aceitar outro produto ou prestação de serviço equivalente;

III – rescindir o contrato, com direito à restituição de quantia eventualmente antecipada, monetariamente atualizada, e a perdas e danos.

SEÇÃO III

Da Publicidade

Art. 36. A publicidade deve ser veiculada de tal forma que o consumidor, fácil e imediatamente, a identifique como tal.

Parágrafo único. O fornecedor, na publicidade de seus produtos ou serviços, manterá, em seu poder, para informação dos legítimos interessados, os dados fáticos, técnicos e científicos que dão sustentação à mensagem.

Art. 37. É proibida toda publicidade enganosa ou abusiva.

§ 1º É enganosa qualquer modalidade de informação ou comunicação de caráter publicitário, inteira ou parcialmente falsa, ou, por qualquer outro modo, mesmo por omissão, capaz de induzir em erro o consumidor a respeito da natureza, características, qualidade, quantidade, propriedades, origem, preço e quaisquer outros dados sobre produtos e serviços.

§ 2º É abusiva, dentre outras a publicidade discriminatória de qualquer natureza, a que incite à violência, explore o medo ou a superstição, se aproveite da deficiência de julgamento e experiência da criança, desrespeita valores ambientais, ou que seja capaz de induzir o consumidor a se comportar de forma prejudicial ou perigosa à sua saúde ou segurança.

§ 3º Para os efeitos deste código, a publicidade é enganosa por omissão quando deixar de informar sobre dado essencial do produto ou serviço.

§ 4º (Vetado).

Art. 38. O ônus da prova da veracidade e correção da informação ou comunicação publicitária cabe a quem as patrocina.

SEÇÃO IV

Das Práticas Abusivas

Art. 39. É vedado ao fornecedor de produtos ou serviços, dentre outras práticas abusivas: (Redação dada pela Lei nº 8.884, de 11.6.1994)

I – condicionar o fornecimento de produto ou de serviço ao fornecimento de outro produto ou serviço, bem como, sem justa causa, a limites quantitativos;

II – recusar atendimento às demandas dos consumidores, na exata medida de suas disponibilidades de estoque, e, ainda, de conformidade com os usos e costumes;

III – enviar ou entregar ao consumidor, sem solicitação prévia, qualquer produto, ou fornecer qualquer serviço;

IV – prevalecer-se da fraqueza ou ignorância do consumidor, tendo em vista sua idade, saúde, conhecimento ou condição social, para impingir-lhe seus produtos ou serviços;

V – exigir do consumidor vantagem manifestamente excessiva;

VI – executar serviços sem a prévia elaboração de orçamento e autorização expressa do consumidor, ressalvadas as decorrentes de práticas anteriores entre as partes;

VII – repassar informação depreciativa, referente a ato praticado pelo consumidor no exercício de seus direitos;

VIII – colocar, no mercado de consumo, qualquer produto ou serviço em desacordo com as normas expedidas pelos órgãos oficiais competentes ou, se normas específicas não existirem, pela Associação Brasileira de Normas Técnicas ou outra entidade credenciada pelo Conselho Nacional de Metrologia, Normalização e Qualidade Industrial (Conmetro);

IX – recusar a venda de bens ou a prestação de serviços, diretamente a quem se disponha a adquiri-los mediante pronto pagamento, ressalvados os casos de intermediação regulados em leis especiais; (Redação dada pela Lei nº 8.884, de 11.6.1994)

X – elevar sem justa causa o preço de produtos ou serviços. (Incluído pela Lei nº 8.884, de 11.6.1994)

XI – Dispositivo incluído pela MPV nº 1.890-67, de 22.10.1999, transformado em inciso XIII, quando da conversão na Lei nº 9.870, de 23.11.1999

XII – deixar de estipular prazo para o cumprimento de sua obrigação ou deixar a fixação de seu termo inicial a seu exclusivo critério. (Incluído pela Lei nº 9.008, de 21.3.1995)

XIII – aplicar fórmula ou índice de reajuste diverso do legal ou contratualmente estabelecido. (Incluído pela Lei nº 9.870, de 23.11.1999)

XIV – permitir o ingresso em estabelecimentos comerciais ou de serviços de um número maior de consumidores que o fixado pela autoridade administrativa como máximo. (Incluído pela Lei nº 13.425, de 2017)

Parágrafo único. Os serviços prestados e os produtos remetidos ou entregues ao consumidor, na hipótese prevista no inciso III, equiparam-se às amostras grátis, inexistindo obrigação de pagamento.

Art. 40. O fornecedor de serviço será obrigado a entregar ao consumidor orçamento prévio discriminando o valor da mão-de-obra, dos materiais e equipamentos a serem empregados, as condições de pagamento, bem como as datas de início e término dos serviços.

§ 1º Salvo estipulação em contrário, o valor orçado terá validade pelo prazo de dez dias, contado de seu recebimento pelo consumidor.

§ 2º Uma vez aprovado pelo consumidor, o orçamento obriga os contraentes e somente pode ser alterado mediante livre negociação das partes.

§ 3º O consumidor não responde por quaisquer ônus ou acréscimos decorrentes da contratação de serviços de terceiros não previstos no orçamento prévio.

Art. 41. No caso de fornecimento de produtos ou de serviços sujeitos ao regime de controle ou de tabelamento de preços, os fornecedores deverão respeitar os limites oficiais sob pena de não o fazendo, responderem pela restituição da quantia recebida em excesso, monetariamente atualizada, podendo o consumidor exigir à sua escolha, o desfazimento do negócio, sem prejuízo de outras sanções cabíveis.

SEÇÃO V

Da Cobrança de Dívidas

Art. 42. Na cobrança de débitos, o consumidor inadimplente não será exposto a ridículo, nem será submetido a qualquer tipo de constrangimento ou ameaça.

Parágrafo único. O consumidor cobrado em quantia indevida tem direito à repetição do indébito, por valor igual ao dobro do que pagou em excesso, acrescido de correção monetária e juros legais, salvo hipótese de engano justificável.

Art. 42-A. Em todos os documentos de cobrança de débitos apresentados ao consumidor, deverão constar o nome, o endereço e o número de inscrição no Cadastro de Pessoas Físicas – CPF ou no Cadastro Nacional de Pessoa Jurídica – CNPJ do fornecedor do produto ou serviço correspondente. (Incluído pela Lei nº 12.039, de 2009)

SEÇÃO VI

Dos Bancos de Dados e Cadastros de Consumidores

Art. 43. O consumidor, sem prejuízo do disposto no art. 86, terá acesso às informações existentes em cadastros, fichas, registros e dados pessoais e de consumo arquivados sobre ele, bem como sobre as suas respectivas fontes.

§ 1º Os cadastros e dados de consumidores devem ser objetivos, claros, verdadeiros e em linguagem de fácil compreensão, não podendo conter informações negativas referentes a período superior a cinco anos.

§ 2º A abertura de cadastro, ficha, registro e dados pessoais e de consumo deverá ser comunicada por escrito ao consumidor, quando não solicitada por ele.

§ 3º O consumidor, sempre que encontrar inexatidão nos seus dados e cadastros, poderá

exigir sua imediata correção, devendo o arquivista, no prazo de cinco dias úteis, comunicar a alteração aos eventuais destinatários das informações incorretas.

§ 4º Os bancos de dados e cadastros relativos a consumidores, os serviços de proteção ao crédito e congêneres são considerados entidades de caráter público.

§ 5º Consumada a prescrição relativa à cobrança de débitos do consumidor, não serão fornecidas, pelos respectivos Sistemas de Proteção ao Crédito, quaisquer informações que possam impedir ou dificultar novo acesso ao crédito junto aos fornecedores.

§ 6º Todas as informações de que trata o ***caput*** *deste artigo devem ser disponibilizadas em formatos acessíveis, inclusive para a pessoa com deficiência, mediante solicitação do consumidor. (Incluído pela Lei nº 13.146, de 2015) (Vigência)*

Art. 44. Os órgãos públicos de defesa do consumidor manterão cadastros atualizados de reclamações fundamentadas contra fornecedores de produtos e serviços, devendo divulgá-lo pública e anualmente. A divulgação indicará se a reclamação foi atendida ou não pelo fornecedor.

§ 1º É facultado o acesso às informações lá constantes para orientação e consulta por qualquer interessado.

§ 2º Aplicam-se a este artigo, no que couber, as mesmas regras enunciadas no artigo anterior e as do parágrafo único do art. 22 deste código.

Art. 45. (Vetado).

CAPÍTULO VI

Da Proteção Contratual

SEÇÃO I

Disposições Gerais

Art. 46. Os contratos que regulam as relações de consumo não obrigarão os consumidores, se não lhes for dada a oportunidade de tomar conhecimento prévio de seu conteúdo, ou se os respectivos instrumentos forem redigidos de modo a dificultar a compreensão de seu sentido e alcance.

Art. 47. As cláusulas contratuais serão interpretadas de maneira mais favorável ao consumidor.

Art. 48. As declarações de vontade constantes de escritos particulares, recibos e pré-contratos relativos às relações de consumo vinculam o fornecedor, ensejando inclusive execução específica, nos termos do art. 84 e parágrafos.

Art. 49. O consumidor pode desistir do contrato, no prazo de 7 dias a contar de sua assinatura ou do ato de recebimento do produto ou serviço, sempre que a contratação de fornecimento de produtos e serviços ocorrer fora do estabelecimento comercial, especialmente por telefone ou a domicílio.

Parágrafo único. Se o consumidor exercitar o direito de arrependimento previsto neste artigo, os valores eventualmente pagos, a qualquer título, durante o prazo de reflexão, serão devolvidos, de imediato, monetariamente atualizados.

Art. 50. A garantia contratual é complementar à legal e será conferida mediante termo escrito.

Parágrafo único. O termo de garantia ou equivalente deve ser padronizado e esclarecer, de maneira adequada em que consiste a mesma garantia, bem como a forma, o prazo e o lugar em que pode ser exercitada e os ônus a cargo do consumidor, devendo ser-lhe entregue, devidamente preenchido pelo fornecedor, no ato do fornecimento, acompanhado de manual de instrução, de instalação e uso do produto em linguagem didática, com ilustrações.

SEÇÃO II

Das Cláusulas Abusivas

Art. 51. São nulas de pleno direito, entre outras, as cláusulas contratuais relativas ao fornecimento de produtos e serviços que:

I – impossibilitem, exonerem ou atenuem a responsabilidade do fornecedor por vícios de qualquer natureza dos produtos e serviços ou impliquem renúncia ou disposição de direitos. Nas relações de consumo entre o fornecedor e o consumidor pessoa jurídica, a indenização poderá ser limitada, em situações justificáveis;

II – subtraiam ao consumidor a opção de reembolso da quantia já paga, nos casos previstos neste código;

III – transfiram responsabilidades a terceiros;

IV – estabeleçam obrigações consideradas iníquas, abusivas, que coloquem o consumidor em desvantagem exagerada, ou sejam incompatíveis com a boa-fé ou a eqüidade;

V – (Vetado);

VI – estabeleçam inversão do ônus da prova em prejuízo do consumidor;

VII – determinem a utilização compulsória de arbitragem;

VIII – imponham representante para concluir ou realizar outro negócio jurídico pelo consumidor;

IX – deixem ao fornecedor a opção de concluir ou não o contrato, embora obrigando o consumidor;

X – permitam ao fornecedor, direta ou indiretamente, variação do preço de maneira unilateral;

XI – autorizem o fornecedor a cancelar o contrato unilateralmente, sem que igual direito seja conferido ao consumidor;

XII – obriguem o consumidor a ressarcir os custos de cobrança de sua obrigação, sem que igual direito lhe seja conferido contra o fornecedor;

XIII – autorizem o fornecedor a modificar unilateralmente o conteúdo ou a qualidade do contrato, após sua celebração;

XIV – infrinjam ou possibilitem a violação de normas ambientais;

XV – estejam em desacordo com o sistema de proteção ao consumidor;

XVI – possibilitem a renúncia do direito de indenização por benfeitorias necessárias.

§ 1º Presume-se exagerada, entre outros casos, a vantagem que:

I – ofende os princípios fundamentais do sistema jurídico a que pertence;

II – restringe direitos ou obrigações fundamentais inerentes à natureza do contrato, de tal modo a ameaçar seu objeto ou equilíbrio contratual;

III – se mostra excessivamente onerosa para o consumidor, considerando-se a natureza e conteúdo do contrato, o interesse das partes e outras circunstâncias peculiares ao caso.

§ 2° A nulidade de uma cláusula contratual abusiva não invalida o contrato, exceto quando de sua ausência, apesar dos esforços de integração, decorrer ônus excessivo a qualquer das partes.

§ 3° (Vetado).

§ 4° É facultado a qualquer consumidor ou entidade que o represente requerer ao Ministério Público que ajuíze a competente ação para ser declarada a nulidade de cláusula contratual que contrarie o disposto neste código ou de qualquer forma não assegure o justo equilíbrio entre direitos e obrigações das partes.

Art. 52. No fornecimento de produtos ou serviços que envolva outorga de crédito ou concessão de financiamento ao consumidor, o fornecedor deverá, entre outros requisitos, informá-lo prévia e adequadamente sobre:

I – preço do produto ou serviço em moeda corrente nacional;

II – montante dos juros de mora e da taxa efetiva anual de juros;

III – acréscimos legalmente previstos;

IV – número e periodicidade das prestações;

V – soma total a pagar, com e sem financiamento.

§ 1° As multas de mora decorrentes do inadimplemento de obrigações no seu termo não poderão ser superiores a dois por cento do valor da prestação. (Redação dada pela Lei nº 9.298, de 1º.8.1996)

§ 2º É assegurado ao consumidor a liquidação antecipada do débito, total ou parcialmente, mediante redução proporcional dos juros e demais acréscimos.

§ 3º (Vetado).

Art. 53. Nos contratos de compra e venda de móveis ou imóveis mediante pagamento em prestações, bem como nas alienações fiduciárias em garantia, consideram-se nulas de pleno direito as cláusulas que estabeleçam a perda total das prestações pagas em benefício do credor que, em razão do inadimplemento, pleitear a resolução do contrato e a retomada do produto alienado.

§ 1° (Vetado).

§ 2º Nos contratos do sistema de consórcio de produtos duráveis, a compensação ou a restituição das parcelas quitadas, na forma deste artigo, terá descontada, além da vantagem

econômica auferida com a fruição, os prejuízos que o desistente ou inadimplente causar ao grupo.

§ 3° Os contratos de que trata o caput deste artigo serão expressos em moeda corrente nacional.

SEÇÃO III

Dos Contratos de Adesão

Art. 54. Contrato de adesão é aquele cujas cláusulas tenham sido aprovadas pela autoridade competente ou estabelecidas unilateralmente pelo fornecedor de produtos ou serviços, sem que o consumidor possa discutir ou modificar substancialmente seu conteúdo.

§ 1° A inserção de cláusula no formulário não desfigura a natureza de adesão do contrato.

§ 2° Nos contratos de adesão admite-se cláusula resolutória, desde que a alternativa, cabendo a escolha ao consumidor, ressalvando-se o disposto no § 2° do artigo anterior.

§ 3º Os contratos de adesão escritos serão redigidos em termos claros e com caracteres ostensivos e legíveis, cujo tamanho da fonte não será inferior ao corpo doze, de modo a facilitar sua compreensão pelo consumidor. (Redação dada pela nº 11.785, de 2008)

§ 4° As cláusulas que implicarem limitação de direito do consumidor deverão ser redigidas com destaque, permitindo sua imediata e fácil compreensão.

§ 5° (Vetado)

CAPÍTULO VII

Das Sanções Administrativas

Art. 55. A União, os Estados e o Distrito Federal, em caráter concorrente e nas suas respectivas áreas de atuação administrativa, baixarão normas relativas à produção, industrialização, distribuição e consumo de produtos e serviços.

§ 1° A União, os Estados, o Distrito Federal e os Municípios fiscalizarão e controlarão a produção, industrialização, distribuição, a publicidade de produtos e serviços e o mercado de consumo, no interesse da preservação da vida, da saúde, da segurança, da informação e do bem-estar do consumidor, baixando as normas que se fizerem necessárias.

§ 2° (Vetado).

§ 3° Os órgãos federais, estaduais, do Distrito Federal e municipais com atribuições para fiscalizar e controlar o mercado de consumo manterão comissões permanentes para elaboração, revisão e atualização das normas referidas no § 1°, sendo obrigatória a participação dos consumidores e fornecedores.

§ 4° Os órgãos oficiais poderão expedir notificações aos fornecedores para que, sob pena de desobediência, prestem informações sobre questões de interesse do consumidor, resguardado o segredo industrial.

Art. 56. As infrações das normas de defesa do consumidor ficam sujeitas, conforme o caso, às seguintes sanções administrativas, sem prejuízo das de natureza civil, penal e das definidas em normas específicas:

I - multa;

II - apreensão do produto;

III - inutilização do produto;

IV - cassação do registro do produto junto ao órgão competente;

V - proibição de fabricação do produto;

VI - suspensão de fornecimento de produtos ou serviço;

VII - suspensão temporária de atividade;

VIII - revogação de concessão ou permissão de uso;

IX - cassação de licença do estabelecimento ou de atividade;

X - interdição, total ou parcial, de estabelecimento, de obra ou de atividade;

XI - intervenção administrativa;

XII - imposição de contrapropaganda.

Parágrafo único. As sanções previstas neste artigo serão aplicadas pela autoridade administrativa, no âmbito de sua atribuição, podendo ser aplicadas cumulativamente, inclusive por medida cautelar, antecedente ou incidente de procedimento administrativo.

Art. 57. A pena de multa, graduada de acordo com a gravidade da infração, a vantagem auferida e a condição econômica do fornecedor, será aplicada mediante procedimento administrativo, revertendo para o Fundo de que trata a Lei nº 7.347, de 24 de julho de 1985, os valores cabíveis à União, ou para os Fundos estaduais ou municipais de proteção ao consumidor nos demais casos. (Redação dada pela Lei nº 8.656, de 21.5.1993)

Parágrafo único. A multa será em montante não inferior a duzentas e não superior a três milhões de vezes o valor da Unidade Fiscal de Referência (Ufir), ou índice equivalente que venha a substituí-lo. (Parágrafo acrescentado pela Lei nº 8.703, de 6.9.1993)

Art. 58. As penas de apreensão, de inutilização de produtos, de proibição de fabricação de produtos, de suspensão do fornecimento de produto ou serviço, de cassação do registro do produto e revogação da concessão ou permissão de uso serão aplicadas pela administração, mediante procedimento administrativo, assegurada ampla defesa, quando forem constatados vícios de quantidade ou de qualidade por inadequação ou insegurança do produto ou serviço.

Art. 59. As penas de cassação de alvará de licença, de interdição e de suspensão temporária da atividade, bem como a de intervenção administrativa, serão aplicadas mediante procedimento administrativo, assegurada ampla defesa, quando o fornecedor reincidir na prática das infrações de maior gravidade previstas neste código e na legislação de consumo.

§ 1° A pena de cassação da concessão será aplicada à concessionária de serviço público, quando violar obrigação legal ou contratual.

§ 2° A pena de intervenção administrativa será aplicada sempre que as circunstâncias de fato desaconselharem a cassação de licença, a interdição ou suspensão da atividade.

§ 3° Pendendo ação judicial na qual se discuta a imposição de penalidade administrativa, não haverá reincidência até o trânsito em julgado da sentença.

Art. 60. A imposição de contrapropaganda será cominada quando o fornecedor incorrer na prática de publicidade enganosa ou abusiva, nos termos do art. 36 e seus parágrafos, sempre às expensas do infrator.

§ 1º A contrapropaganda será divulgada pelo responsável da mesma forma, frequência e dimensão e, preferencialmente no mesmo veículo, local, espaço e horário, de forma capaz de desfazer o malefício da publicidade enganosa ou abusiva.

§ 2° (Vetado)

§ 3° (Vetado).

TÍTULO II

Das Infrações Penais

Art. 61. Constituem crimes contra as relações de consumo previstas neste código, sem prejuízo do disposto no Código Penal e leis especiais, as condutas tipificadas nos artigos seguintes.

Art. 62. (Vetado).

Art. 63. Omitir dizeres ou sinais ostensivos sobre a nocividade ou periculosidade de produtos, nas embalagens, nos invólucros, recipientes ou publicidade:

Pena – Detenção de seis meses a dois anos e multa.

§ 1° Incorrerá nas mesmas penas quem deixar de alertar, mediante recomendações escritas ostensivas, sobre a periculosidade do serviço a ser prestado.

§ 2° Se o crime é culposo:

Pena Detenção de um a seis meses ou multa.

Art. 64. Deixar de comunicar à autoridade competente e aos consumidores a nocividade ou periculosidade de produtos cujo conhecimento seja posterior à sua colocação no mercado:

Pena – Detenção de seis meses a dois anos e multa.

Parágrafo único. Incorrerá nas mesmas penas quem deixar de retirar do mercado, imediatamente quando determinado pela autoridade competente, os produtos nocivos ou perigosos, na forma deste artigo.

Art. 65. Executar serviço de alto grau de periculosidade, contrariando determinação de autoridade competente:

Pena – Detenção de seis meses a dois anos e multa.

§ 1º As penas deste artigo são aplicáveis sem prejuízo das correspondentes à lesão corporal e à morte. (Redação dada pela Lei nº 13.425, de 2017)

§ 2º A prática do disposto no inciso XIV do art. 39 desta Lei também caracteriza o crime previsto no caput deste artigo. (Incluído pela Lei nº 13.425, de 2017)

Art. 66. Fazer afirmação falsa ou enganosa, ou omitir informação relevante sobre a natureza, característica, qualidade, quantidade, segurança, desempenho, durabilidade, preço ou garantia de produtos ou serviços:

Pena – Detenção de três meses a um ano e multa.

§ 1º Incorrerá nas mesmas penas quem patrocinar a oferta.

§ 2º Se o crime é culposo;

Pena Detenção de um a seis meses ou multa.

Art. 67. Fazer ou promover publicidade que sabe ou deveria saber ser enganosa ou abusiva:

Pena Detenção de três meses a um ano e multa.

Parágrafo único. (Vetado).

Art. 68. Fazer ou promover publicidade que sabe ou deveria saber ser capaz de induzir o consumidor a se comportar de forma prejudicial ou perigosa a sua saúde ou segurança:

Pena – Detenção de seis meses a dois anos e multa:

Parágrafo único. (Vetado).

Art. 69. Deixar de organizar dados fáticos, técnicos e científicos que dão base à publicidade:

Pena Detenção de um a seis meses ou multa.

Art. 70. Empregar na reparação de produtos, peça ou componentes de reposição usados, sem autorização do consumidor:

Pena Detenção de três meses a um ano e multa.

Art. 71. Utilizar, na cobrança de dívidas, de ameaça, coação, constrangimento físico ou moral, afirmações falsas incorretas ou enganosas ou de qualquer outro procedimento que exponha o consumidor, injustificadamente, a ridículo ou interfira com seu trabalho, descanso ou lazer:

Pena Detenção de três meses a um ano e multa.

Art. 72. Impedir ou dificultar o acesso do consumidor às informações que sobre ele constem em cadastros, banco de dados, fichas e registros:

Pena Detenção de seis meses a um ano ou multa.

Art. 73. Deixar de corrigir imediatamente informação sobre consumidor constante de cadastro, banco de dados, fichas ou registros que sabe ou deveria saber ser inexata:

Pena Detenção de um a seis meses ou multa.

Art. 74. Deixar de entregar ao consumidor o termo de garantia adequadamente preenchido e com especificação clara de seu conteúdo;

Pena Detenção de um a seis meses ou multa.

Art. 75. Quem, de qualquer forma, concorrer para os crimes referidos neste código, incide as penas a esses cominadas na medida de sua culpabilidade, bem como o diretor, administrador ou gerente da pessoa jurídica que promover, permitir ou por qualquer modo aprovar o fornecimento, oferta, exposição à venda ou manutenção em depósito de produtos ou a oferta e prestação de serviços nas condições por ele proibidas.

Art. 76. São circunstâncias agravantes dos crimes tipificados neste código:

I – serem cometidos em época de grave crise econômica ou por ocasião de calamidade;

II – ocasionarem grave dano individual ou coletivo;

III – dissimular-se a natureza ilícita do procedimento;

IV – quando cometidos:

a) por servidor público, ou por pessoa cuja condição econômico-social seja manifestamente superior à da vítima;

b) em detrimento de operário ou rurícola; de menor de dezoito ou maior de sessenta anos ou de pessoas portadoras de deficiência mental interditadas ou não;

V – serem praticados em operações que envolvam alimentos, medicamentos ou quaisquer outros produtos ou serviços essenciais.

Art. 77. A pena pecuniária prevista nesta Seção será fixada em dias-multa, correspondente ao mínimo e ao máximo de dias de duração da pena privativa da liberdade cominada ao crime. Na individualização desta multa, o juiz observará o disposto no art. 60, §1º do Código Penal.

Art. 78. Além das penas privativas de liberdade e de multa, podem ser impostas, cumulativa ou alternadamente, observado o disposto nos arts. 44 a 47, do Código Penal:

I – a interdição temporária de direitos;

II – a publicação em órgãos de comunicação de grande circulação ou audiência, às expensas do condenado, de notícia sobre os fatos e a condenação;

III – a prestação de serviços à comunidade.

Art. 79. O valor da fiança, nas infrações de que trata este código, será fixado pelo juiz, ou pela autoridade que presidir o inquérito, entre cem e duzentas mil vezes o valor do Bônus do Tesouro Nacional (BTN), ou índice equivalente que venha a substituí-lo.

Parágrafo único. Se assim recomendar a situação econômica do indiciado ou réu, a fiança poderá ser:

a) reduzida até a metade do seu valor mínimo;

b) aumentada pelo juiz até vinte vezes.

Art. 80. No processo penal atinente aos crimes previstos neste código, bem como a outros crimes e contravenções que envolvam relações de consumo, poderão intervir, como assistentes do Ministério Público, os legitimados indicados no art. 82, inciso III e IV, aos quais também é facultado propor ação penal subsidiária, se a denúncia não for oferecida no prazo legal.

TÍTULO III

Da Defesa do Consumidor em Juízo

CAPÍTULO I

Disposições Gerais

Art. 81. A defesa dos interesses e direitos dos consumidores e das vítimas poderá ser exercida em juízo individualmente, ou a título coletivo.

Parágrafo único. A defesa coletiva será exercida quando se tratar de:

I – interesses ou direitos difusos, assim entendidos, para efeitos deste código, os transindividuais, de natureza indivisível, de que sejam titulares pessoas indeterminadas e ligadas por circunstâncias de fato;

II – interesses ou direitos coletivos, assim entendidos, para efeitos deste código, os transindividuais, de natureza indivisível de que seja titular grupo, categoria ou classe de pessoas ligadas entre si ou com a parte contrária por uma relação jurídica base;

III – interesses ou direitos individuais homogêneos, assim entendidos os decorrentes de origem comum.

Art. 82. Para os fins do art. 81, parágrafo único, são legitimados concorrentemente: (Redação dada pela Lei nº 9.008, de 21.3.1995)

I – o Ministério Público,

II – a União, os Estados, os Municípios e o Distrito Federal;

III – as entidades e órgãos da Administração Pública, direta ou indireta, ainda que sem personalidade jurídica, especificamente destinados à defesa dos interesses e direitos protegidos por este código;

IV – as associações legalmente constituídas há pelo menos um ano e que incluam entre seus fins institucionais a defesa dos interesses e direitos protegidos por este código, dispensada a autorização assemblear.

§ 1° O requisito da pré-constituição pode ser dispensado pelo juiz, nas ações previstas nos arts. 91 e seguintes, quando haja manifesto interesse social evidenciado pela dimensão ou característica do dano, ou pela relevância do bem jurídico a ser protegido.

§ 2° (Vetado).

§ 3° (Vetado).

Art. 83. Para a defesa dos direitos e interesses protegidos por este código são admissíveis todas as espécies de ações capazes de propiciar sua adequada e efetiva tutela.

Parágrafo único. (Vetado).

Art. 84. Na ação que tenha por objeto o cumprimento da obrigação de fazer ou não fazer, o juiz concederá a tutela específica da obrigação ou determinará providências que assegurem o resultado prático equivalente ao do adimplemento.

§ 1° A conversão da obrigação em perdas e danos somente será admissível se por elas optar o autor ou se impossível a tutela específica ou a obtenção do resultado prático correspondente.

§ 2° A indenização por perdas e danos se fará sem prejuízo da multa (art. 287, do Código de Processo Civil).

§ 3° Sendo relevante o fundamento da demanda e havendo justificado receio de ineficácia do provimento final, é lícito ao juiz

conceder a tutela liminarmente ou após justificação prévia, citado o réu.

§ 4° O juiz poderá, na hipótese do § 3° ou na sentença, impor multa diária ao réu, independentemente de pedido do autor, se for suficiente ou compatível com a obrigação, fixando prazo razoável para o cumprimento do preceito.

§ 5° Para a tutela específica ou para a obtenção do resultado prático equivalente, poderá o juiz determinar as medidas necessárias, tais como busca e apreensão, remoção de coisas e pessoas, desfazimento de obra, impedimento de atividade nociva, além de requisição de força policial.

Art. 85. (Vetado).

Art. 86. (Vetado).

Art. 87. Nas ações coletivas de que trata este código não haverá adiantamento de custas, emolumentos, honorários periciais e quaisquer outras despesas, nem condenação da associação autora, salvo comprovada má-fé, em honorários de advogados, custas e despesas processuais.

Parágrafo único. Em caso de litigância de má-fé, a associação autora e os diretores responsáveis pela propositura da ação serão solidariamente condenados em honorários advocatícios e ao décuplo das custas, sem prejuízo da responsabilidade por perdas e danos.

Art. 88. Na hipótese do art. 13, parágrafo único deste código, a ação de regresso poderá ser ajuizada em processo autônomo, facultada a possibilidade de prosseguir-se nos mesmos autos, vedada a denunciação da lide.

Art. 89. (Vetado)

Art. 90. Aplicam-se às ações previstas neste título as normas do Código de Processo Civil e da Lei n° 7.347, de 24 de julho de 1985, inclusive no que respeita ao inquérito civil, naquilo que não contrariar suas disposições.

CAPÍTULO II

Das Ações Coletivas Para a Defesa de Interesses Individuais Homogêneos

Art. 91. Os legitimados de que trata o art. 82 poderão propor, em nome próprio e no interesse das vítimas ou seus sucessores, ação civil coletiva de responsabilidade pelos danos individualmente sofridos, de acordo com o disposto nos artigos seguintes. (Redação dada pela Lei nº 9.008, de 21.3.1995)

Art. 92. O Ministério Público, se não ajuizar a ação, atuará sempre como fiscal da lei.

Parágrafo único. (Vetado).

Art. 93. Ressalvada a competência da Justiça Federal, é competente para a causa a justiça local:

I – no foro do lugar onde ocorreu ou deva ocorrer o dano, quando de âmbito local;

II – no foro da Capital do Estado ou no do Distrito Federal, para os danos de âmbito nacional ou regional, aplicando-se as regras do Código de Processo Civil aos casos de competência concorrente.

Art. 94. Proposta a ação, será publicado edital no órgão oficial, a fim de que os interessados possam intervir no processo como litisconsortes, sem prejuízo de ampla divulgação pelos meios de comunicação social por parte dos órgãos de defesa do consumidor.

Art. 95. Em caso de procedência do pedido, a condenação será genérica, fixando a responsabilidade do réu pelos danos causados.

Art. 96. (Vetado).

Art. 97. A liquidação e a execução de sentença poderão ser promovidas pela vítima e seus sucessores, assim como pelos legitimados de que trata o art. 82.

Parágrafo único. (Vetado).

Art. 98. A execução poderá ser coletiva, sendo promovida pelos legitimados de que trata o art. 82, abrangendo as vítimas cujas indenizações já tiveram sido fixadas em sentença de liquidação, sem prejuízo do ajuizamento de outras execuções. (Redação dada pela Lei nº 9.008, de 21.3.1995)

§ 1° A execução coletiva far-se-á com base em certidão das sentenças de liquidação, da qual deverá constar a ocorrência ou não do trânsito em julgado.

§ 2° É competente para a execução o juízo:

I – da liquidação da sentença ou da ação condenatória, no caso de execução individual;

II – da ação condenatória, quando coletiva a execução.

Art. 99. Em caso de concurso de créditos decorrentes de condenação prevista na Lei n.°

7.347, de 24 de julho de 1985 e de indenizações pelos prejuízos individuais resultantes do mesmo evento danoso, estas terão preferência no pagamento.

Parágrafo único. Para efeito do disposto neste artigo, a destinação da importância recolhida ao fundo criado pela Lei n°7.347 de 24 de julho de 1985, ficará sustada enquanto pendentes de decisão de segundo grau as ações de indenização pelos danos individuais, salvo na hipótese de o patrimônio do devedor ser manifestamente suficiente para responder pela integralidade das dívidas.

Art. 100. Decorrido o prazo de um ano sem habilitação de interessados em número compatível com a gravidade do dano, poderão os legitimados do art. 82 promover a liquidação e execução da indenização devida

Parágrafo único. O produto da indenização devida reverterá para o fundo criado pela Lei n.° 7.347, de 24 de julho de 1985.

CAPÍTULO III

Das Ações de Responsabilidade do Fornecedor de Produtos e Serviços

Art. 101. Na ação de responsabilidade civil do fornecedor de produtos e serviços, sem prejuízo do disposto nos Capítulos I e II deste título, serão observadas as seguintes normas:

I – a ação pode ser proposta no domicílio do autor;

II – o réu que houver contratado seguro de responsabilidade poderá chamar ao processo o segurador, vedada a integração do contraditório pelo Instituto de Resseguros do Brasil. Nesta hipótese, a sentença que julgar procedente o pedido condenará o réu nos termos do art. 80 do Código de Processo Civil. Se o réu houver sido declarado falido, o síndico será intimado a informar a existência de seguro de responsabilidade, facultando-se, em caso afirmativo, o ajuizamento de ação de indenização diretamente contra o segurador, vedada a denunciação da lide ao Instituto de Resseguros do Brasil e dispensado o litisconsórcio obrigatório com este.

Art. 102. Os legitimados a agir na forma deste código poderão propor ação visando compelir o Poder Público competente a proibir, em todo o território nacional, a produção, divulgação distribuição ou venda, ou a determinar a alteração na composição, estrutura, fórmula ou acondicionamento de produto, cujo uso ou consumo regular se revele nocivo ou perigoso à saúde pública e à incolumidade pessoal.

§ 1° (Vetado).

§ 2° (Vetado)

CAPÍTULO IV

Da Coisa Julgada

Art. 103. Nas ações coletivas de que trata este código, a sentença fará coisa julgada:

I – erga omnes, exceto se o pedido for julgado improcedente por insuficiência de provas, hipótese em que qualquer legitimado poderá intentar outra ação, com idêntico fundamento valendo-se de nova prova, na hipótese do inciso I do parágrafo único do art. 81;

II – ultra partes, mas limitadamente ao grupo, categoria ou classe, salvo improcedência por insuficiência de provas, nos termos do inciso anterior, quando se tratar da hipótese prevista no inciso II do parágrafo único do art. 81;

III – erga omnes, apenas no caso de procedência do pedido, para beneficiar todas as vítimas e seus sucessores, na hipótese do inciso III do parágrafo único do art. 81.

§ 1° Os efeitos da coisa julgada previstos nos incisos I e II não prejudicarão interesses e direitos individuais dos integrantes da coletividade, do grupo, categoria ou classe.

§ 2° Na hipótese prevista no inciso III, em caso de improcedência do pedido, os interessados que não tiverem intervindo no processo como litisconsortes poderão propor ação de indenização a título individual.

§ 3° Os efeitos da coisa julgada de que cuida o art. 16, combinado com o art. 13 da Lei n° 7.347, de 24 de julho de 1985, não prejudicarão as ações de indenização por danos pessoalmente sofridos, propostas individualmente ou na forma prevista neste código, mas, se procedente o pedido, beneficiarão as vítimas e seus sucessores, que poderão proceder à liquidação e à execução, nos termos dos arts. 96 a 99.

§ 4° Aplica-se o disposto no parágrafo anterior à sentença penal condenatória.

Art. 104. As ações coletivas, previstas nos incisos I e II e do parágrafo único do art. 81, não induzem litispendência para as ações individuais, mas os efeitos da coisa julgada erga omnes ou ultra partes a que aludem os incisos II e III do artigo anterior não beneficiarão os autores das ações individuais, se não for requerida sua suspensão no prazo de trinta dias, a contar da ciência nos autos do ajuizamento da ação coletiva.

TÍTULO IV

Do Sistema Nacional de Defesa do Consumidor

Art. 105. Integram o Sistema Nacional de Defesa do Consumidor (SNDC), os órgãos federais, estaduais, do Distrito Federal e municipais e as entidades privadas de defesa do consumidor.

Art. 106. O Departamento Nacional de Defesa do Consumidor, da Secretaria Nacional de Direito Econômico (MJ), ou órgão federal que venha substituí-lo, é organismo de coordenação da política do Sistema Nacional de Defesa do Consumidor, cabendo-lhe:

I - planejar, elaborar, propor, coordenar e executar a política nacional de proteção ao consumidor;

II - receber, analisar, avaliar e encaminhar consultas, denúncias ou sugestões apresentadas por entidades representativas ou pessoas jurídicas de direito público ou privado;

III - prestar aos consumidores orientação permanente sobre seus direitos e garantias;

IV - informar, conscientizar e motivar o consumidor através dos diferentes meios de comunicação;

V - solicitar à polícia judiciária a instauração de inquérito policial para a apreciação de delito contra os consumidores, nos termos da legislação vigente;

VI - representar ao Ministério Público competente para fins de adoção de medidas processuais no âmbito de suas atribuições;

VII - levar ao conhecimento dos órgãos competentes as infrações de ordem administrativa que violarem os interesses difusos, coletivos, ou individuais dos consumidores;

VIII - solicitar o concurso de órgãos e entidades da União, Estados, do Distrito Federal e Municípios, bem como auxiliar a fiscalização de preços, abastecimento, quantidade e segurança de bens e serviços;

IX - incentivar, inclusive com recursos financeiros e outros programas especiais, a formação de entidades de defesa do consumidor pela população e pelos órgãos públicos estaduais e municipais;

X - (Vetado).

XI - (Vetado).

XII - (Vetado)

XIII - desenvolver outras atividades compatíveis com suas finalidades.

Parágrafo único. Para a consecução de seus objetivos, o Departamento Nacional de Defesa do Consumidor poderá solicitar o concurso de órgãos e entidades de notória especialização técnico-científica.

TÍTULO V

Da Convenção Coletiva de Consumo

Art. 107. As entidades civis de consumidores e as associações de fornecedores ou sindicatos de categoria econômica podem regular, por convenção escrita, relações de consumo que tenham por objeto estabelecer condições relativas ao preço, à qualidade, à quantidade, à garantia e características de produtos e serviços, bem como à reclamação e composição do conflito de consumo.

§ 1° A convenção tornar-se-á obrigatória a partir do registro do instrumento no cartório de títulos e documentos.

§ 2° A convenção somente obrigará os filiados às entidades signatárias.

§ 3° Não se exime de cumprir a convenção o fornecedor que se desligar da entidade em data posterior ao registro do instrumento.

Art. 108. (Vetado).

TÍTULO VI

Disposições Finais

Art. 109. (Vetado).

Art. 110. Acrescente-se o seguinte inciso IV ao art. 1° da Lei n° 7.347, de 24 de julho de 1985:

"IV - a qualquer outro interesse difuso ou coletivo".

Art. 111. O inciso II do art. 5° da Lei n° 7.347, de 24 de julho de 1985, passa a ter a seguinte redação:

"II - inclua, entre suas finalidades institucionais, a proteção ao meio ambiente, ao

consumidor, ao patrimônio artístico, estético, histórico, turístico e paisagístico, ou a qualquer outro interesse difuso ou coletivo".

Art. 112. O § 3° do art. 5° da Lei n° 7.347, de 24 de julho de 1985, passa a ter a seguinte redação:

"§ 3° Em caso de desistência infundada ou abandono da ação por associação legitimada, o Ministério Público ou outro legitimado assumirá a titularidade ativa".

Art. 113. Acrescente-se os seguintes §§ 4°, 5° e 6° ao art. 5º. da Lei n.° 7.347, de 24 de julho de 1985:

"§ 4.° O requisito da pré-constituição poderá ser dispensado pelo juiz, quando haja manifesto interesse social evidenciado pela dimensão ou característica do dano, ou pela relevância do bem jurídico a ser protegido.

§ 5.° Admitir-se-á o litisconsórcio facultativo entre os Ministérios Públicos da União, do Distrito Federal e dos Estados na defesa dos interesses e direitos de que cuida esta lei.

§ 6° Os órgãos públicos legitimados poderão tomar dos interessados compromisso de ajustamento de sua conduta às exigências legais, mediante combinações, que terá eficácia de título executivo extrajudicial".

Art. 114. O art. 15 da Lei n° 7.347, de 24 de julho de 1985, passa a ter a seguinte redação:

"Art. 15. Decorridos sessenta dias do trânsito em julgado da sentença condenatória, sem que a associação autora lhe promova a execução, deverá fazê-lo o Ministério Público, facultada igual iniciativa aos demais legitimados".

Art. 115. Suprima-se o caput do art. 17 da Lei n° 7.347, de 24 de julho de 1985, passando o parágrafo único a constituir o caput, com a seguinte redação:

"Art. 17. "Art. 17. Em caso de litigância de má-fé, a associação autora e os diretores responsáveis pela propositura da ação serão solidariamente condenados em honorários advocatícios e ao décuplo das custas, sem prejuízo da responsabilidade por perdas e danos".

Art. 116. Dê-se a seguinte redação ao art. 18 da Lei n° 7.347, de 24 de julho de 1985:

"Art. 18. Nas ações de que trata esta lei, não haverá adiantamento de custas, emolumentos, honorários periciais e quaisquer outras despesas, nem condenação da associação autora, salvo comprovada má-fé, em honorários de advogado, custas e despesas processuais".

Art. 117. Acrescente-se à Lei n° 7.347, de 24 de julho de 1985, o seguinte dispositivo, renumerando-se os seguintes:

"Art. 21. Aplicam-se à defesa dos direitos e interesses difusos, coletivos e individuais, no que for cabível, os dispositivos do Título III da lei que instituiu o Código de Defesa do Consumidor".

Art. 118. Este código entrará em vigor dentro de cento e oitenta dias a contar de sua publicação.

Art. 119. Revogam-se as disposições em contrário.

Brasília, 11 de setembro de 1990; 169° da Independência e 102° da República".

LEI Nº 8.137, DE 27 DE DEZEMBRO DE 1990:

Define crimes contra a ordem tributária, econômica e contra as relações de consumo, e dá outras providências.

***O PRESIDENTE DA REPÚBLICA**, faço saber que o Congresso Nacional decreta e eu sanciono a seguinte lei:*

CAPÍTULO I

Dos Crimes Contra a Ordem Tributária

Seção I

Dos crimes praticados por particulares

Art. 1° Constitui crime contra a ordem tributária suprimir ou reduzir tributo, ou contribuição social e qualquer acessório, mediante as seguintes condutas: (Vide Lei nº 9.964, de 10.4.2000)

I – omitir informação, ou prestar declaração falsa às autoridades fazendárias;

II – fraudar a fiscalização tributária, inserindo elementos inexatos, ou omitindo operação de qualquer natureza, em documento ou livro exigido pela lei fiscal;

III – falsificar ou alterar nota fiscal, fatura, duplicata, nota de venda, ou qualquer outro documento relativo à operação tributável;

IV – elaborar, distribuir, fornecer, emitir ou utilizar documento que saiba ou deva saber falso ou inexato;

V - negar ou deixar de fornecer, quando obrigatório, nota fiscal ou documento equivalente, relativa a venda de mercadoria ou prestação de serviço, efetivamente realizada, ou fornecê-la em desacordo com a legislação.

Pena - reclusão de 2 (dois) a 5 (cinco) anos, e multa.

Parágrafo único. A falta de atendimento da exigência da autoridade, no prazo de 10 (dez) dias, que poderá ser convertido em horas em razão da maior ou menor complexidade da matéria ou da dificuldade quanto ao atendimento da exigência, caracteriza a infração prevista no inciso V.

Art. 2° Constitui crime da mesma natureza:

I - fazer declaração falsa ou omitir declaração sobre rendas, bens ou fatos, ou empregar outra fraude, para eximir-se, total ou parcialmente, de pagamento de tributo;

II - deixar de recolher, no prazo legal, valor de tributo ou de contribuição social, descontado ou cobrado, na qualidade de sujeito passivo de obrigação e que deveria recolher aos cofres públicos;

III - exigir, pagar ou receber, para si ou para o contribuinte beneficiário, qualquer percentagem sobre a parcela dedutível ou deduzida de imposto ou de contribuição como incentivo fiscal;

IV - deixar de aplicar, ou aplicar em desacordo com o estatuído, incentivo fiscal ou parcelas de imposto liberadas por órgão ou entidade de desenvolvimento;

V - utilizar ou divulgar programa de processamento de dados que permita ao sujeito passivo da obrigação tributária possuir informação contábil diversa daquela que é, por lei, fornecida à Fazenda Pública.

Pena - detenção, de 6 (seis) meses a 2 (dois) anos, e multa.

Seção II

Dos crimes praticados por funcionários públicos

Art. 3° Constitui crime funcional contra a ordem tributária, além dos previstos no Decreto-Lei n° 2.848, de 7 de dezembro de 1940 - Código Penal (Título XI, Capítulo I):

I - extraviar livro oficial, processo fiscal ou qualquer documento, de que tenha a guarda em razão da função; sonegá-lo, ou inutilizá-lo, total ou parcialmente, acarretando pagamento indevido ou inexato de tributo ou contribuição social;

II - exigir, solicitar ou receber, para si ou para outrem, direta ou indiretamente, ainda que fora da função ou antes de iniciar seu exercício, mas em razão dela, vantagem indevida; ou aceitar promessa de tal vantagem, para deixar de lançar ou cobrar tributo ou contribuição social, ou cobrá-los parcialmente. Pena - reclusão, de 3 (três) a 8 (oito) anos, e multa.

III - patrocinar, direta ou indiretamente, interesse privado perante a administração fazendária, valendo-se da qualidade de funcionário público. Pena - reclusão, de 1 (um) a 4 (quatro) anos, e multa.

CAPÍTULO II

Dos crimes Contra a Economia e as Relações de Consumo

Art. 4° Constitui crime contra a ordem econômica:

I - abusar do poder econômico, dominando o mercado ou eliminando, total ou parcialmente, a concorrência mediante qualquer forma de ajuste ou acordo de empresas; (Redação dada pela Lei nº 12.529, de 2011).

a) (revogada); (Redação dada pela Lei nº 12.529, de 2011).

b) (revogada); (Redação dada pela Lei nº 12.529, de 2011).

c) (revogada); (Redação dada pela Lei nº 12.529, de 2011).

d) (revogada); (Redação dada pela Lei nº 12.529, de 2011).

e) (revogada); (Redação dada pela Lei nº 12.529, de 2011).

f) (revogada); (Redação dada pela Lei nº 12.529, de 2011).

II - formar acordo, convênio, ajuste ou aliança entre ofertantes, visando: (Redação dada pela Lei nº 12.529, de 2011).

a) à fixação artificial de preços ou quantidades vendidas ou produzidas; (Redação dada pela Lei nº 12.529, de 2011).

b) ao controle regionalizado do mercado por empresa ou grupo de empresas; (Redação dada pela Lei nº 12.529, de 2011).

c) ao controle, em detrimento da concorrência, de rede de distribuição ou de fornecedores. (Redação dada pela Lei nº 12.529, de 2011).

Pena – reclusão, de 2 (dois) a 5 (cinco) anos e multa. (Redação dada pela Lei nº 12.529, de 2011).

III – (revogado); (Redação dada pela Lei nº 12.529, de 2011).

IV – (revogado); (Redação dada pela Lei nº 12.529, de 2011).

V – (revogado); (Redação dada pela Lei nº 12.529, de 2011).

VI – (revogado); (Redação dada pela Lei nº 12.529, de 2011).

VII – (revogado). (Redação dada pela Lei nº 12.529, de 2011).

Art. 5º (Revogado pela Lei nº 12.529, de 2011).

Art. 6º (Revogado pela Lei nº 12.529, de 2011).

Art. 7º Constitui crime contra as relações de consumo:

I – favorecer ou preferir, sem justa causa, comprador ou freguês, ressalvados os sistemas de entrega ao consumo por intermédio de distribuidores ou revendedores;

II – vender ou expor à venda mercadoria cuja embalagem, tipo, especificação, peso ou composição esteja em desacordo com as prescrições legais, ou que não corresponda à respectiva classificação oficial;

III – misturar gêneros e mercadorias de espécies diferentes, para vendê-los ou expô-los à venda como puros; misturar gêneros e mercadorias de qualidades desiguais para vendê-los ou expô-los à venda por preço estabelecido para os demais mais alto custo;

IV – fraudar preços por meio de:

a) alteração, sem modificação essencial ou de qualidade, de elementos tais como denominação, sinal externo, marca, embalagem, especificação técnica, descrição, volume, peso, pintura ou acabamento de bem ou serviço;

b) divisão em partes de bem ou serviço, habitualmente oferecido à venda em conjunto;

c) junção de bens ou serviços, comumente oferecidos à venda em separado;

d) aviso de inclusão de insumo não empregado na produção do bem ou na prestação dos serviços;

V – elevar o valor cobrado nas vendas a prazo de bens ou serviços, mediante a exigência de comissão ou de taxa de juros ilegais;

VI – sonegar insumos ou bens, recusando-se a vendê-los a quem pretenda comprá-los nas condições publicamente ofertadas, ou retê-los para o fim de especulação;

VII – induzir o consumidor ou usuário a erro, por via de indicação ou afirmação falsa ou enganosa sobre a natureza, qualidade do bem ou serviço, utilizando-se de qualquer meio, inclusive a veiculação ou divulgação publicitária;

VIII – destruir, inutilizar ou danificar matéria-prima ou mercadoria, com o fim de provocar alta de preço, em proveito próprio ou de terceiros;

IX – vender, ter em depósito para vender ou expor à venda ou, de qualquer forma, entregar matéria-prima ou mercadoria, em condições impróprias ao consumo;

Pena – detenção, de 2 (dois) a 5 (cinco) anos, ou multa.

Parágrafo único. Nas hipóteses dos incisos II, III e IX pune-se a modalidade culposa, reduzindo-se a pena e a detenção de 1/3 (um terço) ou a de multa à quinta parte.

CAPÍTULO III

Das Multas

Art. 8º Nos crimes definidos nos arts. 1º a 3º desta lei, a pena de multa será fixada entre 10 (dez) e 360 (trezentos e sessenta) dias-multa, conforme seja necessário e suficiente para reprovação e prevenção do crime.

Parágrafo único. O dia-multa será fixado pelo juiz em valor não inferior a 14 (quatorze) nem superior a 200 (duzentos) Bônus do Tesouro Nacional BTN.

Art. 9º A pena de detenção ou reclusão poderá ser convertida em multa de valor equivalente a:

I - 200.000 (duzentos mil) até 5.000.000 (cinco milhões) de BTN, nos crimes definidos no art. 4°;

II - 5.000 (cinco mil) até 200.000 (duzentos mil) BTN, nos crimes definidos nos arts. 5° e 6°;

III - 50.000 (cinqüenta mil) até 1.000.000 (um milhão de BTN), nos crimes definidos no art. 7°.

Art. 10. Caso o juiz, considerado o ganho ilícito e a situação econômica do réu, verifique a insuficiência ou excessiva onerosidade das penas pecuniárias previstas nesta lei, poderá diminuí-las até a décima parte ou elevá-las ao décuplo.

CAPÍTULO IV

Das Disposições Gerais

Art. 11. Quem, de qualquer modo, inclusive por meio de pessoa jurídica, concorre para os crimes definidos nesta lei, incide nas penas a estes cominadas, na medida de sua culpabilidade.

Parágrafo único. Quando a venda ao consumidor for efetuada por sistema de entrega ao consumo ou por intermédio de outro em que o preço ao consumidor é estabelecido ou sugerido pelo fabricante ou concedente, o ato por este praticado não alcança o distribuidor ou revendedor.

Art. 12. São circunstâncias que podem agravar de 1/3 (um terço) até a metade as penas previstas nos arts. 1°, 2° e 4° a 7°:

I - ocasionar grave dano à coletividade;

II - ser o crime cometido por servidor público no exercício de suas funções;

III - ser o crime praticado em relação à prestação de serviços ou ao comércio de bens essenciais à vida ou à saúde.

Art. 13. (Vetado).

Art. 14 (Revogado pela Lei nº 8.383, de 30.12.1991)

Art. 15. Os crimes previstos nesta lei são de ação penal pública, aplicando-se-lhes o disposto no art. 100 do Decreto-Lei n° 2.848, de 7 de dezembro de 1940 - Código Penal.

Art. 16. Qualquer pessoa poderá provocar a iniciativa do Ministério Público nos crimes descritos nesta lei, fornecendo-lhe por escrito informações sobre o fato e a autoria, bem como indicando o tempo, o lugar e os elementos de convicção.

Parágrafo único. Nos crimes previstos nesta Lei, cometidos em quadrilha ou co-autoria, o co-autor ou partícipe que através de confissão espontânea revelar à autoridade policial ou judicial toda a trama delituosa terá a sua pena reduzida de um a dois terços. (Parágrafo incluído pela Lei nº 9.080, de 19.7.1995)

Art. 17. Compete ao Departamento Nacional de Abastecimento e Preços, quando e se necessário, providenciar a desapropriação de estoques, a fim de evitar crise no mercado ou colapso no abastecimento.

Art. 18. (Revogado pela Lei nº 8.176, de 8.2.1991)

Art. 19. O caput do art. 172 do Decreto-Lei n° 2.848, de 7 de dezembro de 1940 - Código Penal, passa a ter a seguinte redação:

"Art. 172. Emitir fatura, duplicata ou nota de venda que não corresponda à mercadoria vendida, em quantidade ou qualidade, ou ao serviço prestado.

Pena - detenção, de 2 (dois) a 4 (quatro) anos, e multa".

Art. 20. O § 1° do art. 316 do Decreto-Lei n° 2 848, de 7 de dezembro de 1940 Código Penal, passa a ter a seguinte redação:

"Art. 316. ....

....

§ 1° Se o funcionário exige tributo ou contribuição social que sabe ou deveria saber indevido, ou, quando devido, emprega na cobrança meio vexatório ou gravoso, que a lei não autoriza;

Pena - reclusão, de 3 (três) a 8 (oito) anos, e multa".

Art. 21. O art. 318 do Decreto-Lei n° 2.848, de 7 de dezembro de 1940 Código Penal, quanto à fixação da pena, passa a ter a seguinte redação:

"Art. 318. ....

....

Pena - reclusão, de 3 (três) a 8 (oito) anos, e multa".

Art. 22. Esta lei entra em vigor na data de sua publicação.

Art. 23. Revogam-se as disposições em contrário e, em especial, o art. 279 do Decreto-Lei nº 2.848, de 7 de dezembro de 1940 – Código Penal.

Brasília, 27 de dezembro de 1990; 169º da Independência e 102º da República".

COMENTÁRIOS

I. Fundamento Constitucional: artigos 5º, XXXII, e 170, V, ambos da Constituição Federal de 1988; art. 48, ADCT.

II. Fundamento Infraconstitucional:

a) Código de Defesa do Consumidor (Lei Federal nº 8.078/90);

b) Lei Federal nº 8.137/90 (Crimes contra a Ordem Econômica e as Relações de Consumo);

c) Lei Federal n º 8.176/91 (Combustíveis);

d) Lei Federal nº 1.521/51 (Crimes contra a Economia Popular).

III. Apontamentos Preliminares do Código de Defesa do Consumidor (CDC):

a) Consumidor: grupo vulnerável. Parte hipossuficiente. Parte mais fraca na relação fornecedor-consumidor. Conceito no art. 2º, *caput* e § único, do Código de Defesa do Consumidor (CDC).

b) Fornecedor: conceito no art. 3º, *caput,* CDC.

c) Produtos: bens ou coisas comerciáveis (art. 3º, § 1º, CDC).

d) Serviços: atividades colocadas à disposição no mercado de consumo (art. 3º, § 2º, CDC).

e) Infrações penais do CDC (arts. 63 a 74) e crimes previstos na Lei 8.137/90:

Revogação tácita de diversos dispositivos do CDC pela Lei 8.137/90, que contempla condutas mais graves e perniciosas à sociedade.

f) Direito Penal do Consumidor:

Ramo do Direito Penal Econômico que visa a regrar, orientar e regular as relações entre fornecedores e consumidores.

IV. Crimes em Espécie do CDC:

Todos os delitos previstos nos artigos 63 a 74, CDC, são infrações penais de menor potencial ofensivo, da competência dos JECs (aplicação dos benefícios da Lei 9.099/95), instrumentalizadas por meio de Termo Circunstanciado e submetidas ao rito do procedimento comum sumaríssimo (art. 394, § 1º, III, CPP).

V. COMENTÁRIOS acerca de algumas Figuras Típicas:

a) **art. 63, CDC**:

Derrogado pelo art. 7º, II, da Lei Federal nº 8.137/90.

b) **art. 65, CDC**:

O § 1º do referido tipo penal especial, com a redação trazida pela Lei Federal nº 13.425/17, trata do concurso de crimes e adoção expressa do sistema do cúmulo material, identificando que as penas do delito serão aplicadas, sem prejuízo daquelas correspondentes à lesão corporal e à morte.

Não se trata, pois, de crime qualificado pelo resultado.

De outra banda, o § 2º do referido dispositivo legal, igualmente com a redação trazida pela Lei Federal nº 13.425/17, identifica que a prática abusiva contemplada no artigo 39, XIV, do CDC ("*permitir o ingresso em estabelecimentos comerciais ou de serviços de um número maior de consumidores que o fixado pela autoridade administrativa como máximo*"), também caracteriza o crime previsto no art. 65, *caput*, do CDC.

c) art. 66, CDC:

Derrogado pelo art. 7º, II, da Lei Federal 8.137/90.

Até o § 1º pode ser afastado, pois quem patrocina a oferta enganosa é partícipe do crime previsto no art. 7º, VII, da Lei 8.137/90.

O § 1º vinga quando a atuação do patrocinador surja após a consumação do delito por parte do fabricante ou fornecedor do bem ou serviço.

d) **art. 67, CDC**:

Dolo direto ou eventual (sabe ou deveria saber).

Derrogado pelo art. 7º, VII, da Lei 8.137/90.

e) **art. 68, CDC**:

Problema: propagandas de cigarro e, principalmente, de bebidas alcoólicas (forma prejudicial ou perigosa à saúde ou segurança).

Derrogado pelo art. 7º, VII, da Lei 8.137/90.

f) **art. 70, CDC**:

Fere o princípio da intervenção penal mínima.

Falta de ciência + falta de autorização do consumidor para a configuração da figura típica.

g) **art. 71, CDC**:

É possível o concurso de crimes com cárcere privado, ameaça, constrangimento ilegal etc.

A esse respeito, leciona Nucci[1]:

"Se o credor utilizar meio constrangedor para a cobrança da dívida, consistindo, por exemplo, na privação da liberdade de determinado consumidor, pode haver concurso entre o delito previsto no art. 71 e o cárcere privado (art. 148, CP). E assim também pode ocorrer com outros delitos, como ameaça (art. 147, CP), constrangimento ilegal (art. 146, CP) etc".

VI. Disposições Gerais sobre os Crimes em Espécie do CDC e Circunstâncias Agravantes:

a) Disposições gerais sobre os crimes:

Especificando a regra geral contemplada no artigo 29, *caput*, do Código Penal: *"quem, de qualquer forma, concorre para o crime, incide nas penas a este cominadas, na medida da sua culpabilidade"*, o disposto no art. 75, CDC, nada mais fez do que reproduzir o comando geral, acrescentando sujeitos que seriam considerados partícipes nos crimes contra as relações de consumo, caso apurado o dolo, como o diretor, administrador ou gerente da pessoa jurídica que promover, permitir ou por qualquer modo aprovar o fornecimento, oferta, exposição à venda ou manutenção em depósito de produtos ou a oferta e prestação de serviços nas condições por ele proibidas.

b) Agravantes do art. 76, CDC:

I – circunstância coletiva especial;

II – grave dano individual ou coletivo;

III – dissimulação;

IV-A – servidor público ou pessoa financeiramente aquinhoada;

IV-B – vítima específica;

V – produtos e serviços essenciais.

1 Op. Cit., p. 93.

c) Pena Restritiva de Direitos *Sui Generis*:

O art. 78, CDC, estabelece pena restritiva de direitos diferenciada no inciso II.

A esse respeito, leciona Nucci[2]:

> *"A publicação da sentença condenatória em órgãos de comunicação de grande circulação ou de boa audiência, patrocinada pelo condenado, sobre fatos relativos à condenação, é algo inédito. Cuida-se de pena restritiva de direito não existente em outro campo penal, mas que tem pertinência com o cenário das relações de consumo, por abrangerem um número indeterminado de pessoas".*

☑ QUESTÕES DE CONCURSOS ACERCA DOS CRIMES CONTRA O CONSUMIDOR E DOS CRIMES CONTRA AS RELAÇÕES DE CONSUMO, COM GABARITO E COMENTÁRIOS:

1. ***(OAB 2007.1 - CESPE/UNB)*** *Constitui, em tese, delito contra as relações de consumo colocar no mercado refrigerantes em condições impróprias para consumo.*

Resposta: *Certo. Trata-se de crime contra as relações de consumo, previsto no inc. IX do art. 7º da Lei 8.137/90: "vender, ter em depósito para vender ou expor à venda ou, de qualquer forma, entregar matéria-prima ou mercadoria, em condições impróprias ao consumo: Pena – detenção, de 2 (dois) a 5 (cinco) anos, ou multa."*

2. ***(OAB 2007.1 - CESPE/UNB)*** *Constitui crime contra as relações de consumo vender ou expor à venda mercadoria cuja embalagem, tipo, especificação, peso ou composição esteja em desacordo com as prescrições legais, ou que não corresponda à respectiva classificação oficial.*

Resposta: *Certo. O inc. II do art. 7º da Lei 8.137/1990 dispõe que constitui crime contra as relações de consumo a ação de vender ou expor à venda mercadoria cuja embalagem, tipo, especificação, peso ou composição esteja em desacordo com as prescrições legais, ou que não corresponda à respectiva classificação oficial.*

3. ***(AUDITOR FISCAL - SEFAZ-PI - FCC - 2015)*** *Constitui crime contra as relações de consumo favorecer ou preferir comprador ou freguês, ressalvados os sistemas de entrega ao consumo por intermédio de distribuidores ou revendedores.*

Resposta: *Errado. A situação fática descrita não corresponde efetivamente ao tipo penal contemplado no art. 7º, I, da Lei Federal nº 8.137/90, que exige a ausência de justa causa no favorecimento ou preferência.*

4. ***(AGENTE DE POLÍCIA - PC-DF - CESPE - 2013)*** *Constitui crime contra as relações de consumo ter em depósito, mesmo que não seja para vender ou expor à venda, mercadoria em condições impróprias para o consumo.*

Resposta: *Errado. O tipo penal contemplado no art. 7º, IX, da Lei Federal nº 8.137/90 identifica como um de seus verbos nucleares "ter em depósito para vender" matéria-prima ou mercadoria, em condições impróprias ao consumo.*

5. ***(ESCRIVÃO DE POLÍCIA - PC-TO - 2014)*** *O coautor ou partícipe que, por meio de confissão espontânea, revelar à autoridade policial ou judicial toda a trama delituosa, se os crimes forem cometidos em quadrilha ou coautoria, terá a sua pena reduzida de um a dois terços.*

Resposta: *Certo. Trata-se de verdadeira hipótese de colaboração premiada, contemplada no art. 16, § único, da Lei Federal nº 8.137/90.*

2 Op. Cit., p. 98.

Nesses termos, consoante Roque, Távora e Alencar[3]:

"(...) Muito embora o legislador tenha se utilizado da expressão 'confissão espontânea', trata-se de verdadeira colaboração premiada, na medida em que não basta a mera confissão, é necessário que o autor ou partícipe revele 'toda a trama delituosa'.

A Lei não é expressa no que concerne aos critérios a serem utilizados pelo julgador para fixar o quantum exato de diminuição. É razoável entender, porém, que quanto maior for a contribuição do autor ou partícipe para a revelação da trama delituosa, maior será a diminuição da pena.

Não custa recordar que, com o advento da Lei nº 9.807/99, passou ser possível, em casos de delação premiada (chamada de colaboração premiada a partir da Lei nº 12.850/13), o perdão judicial. Por outras palavras, a depender do caso, o julgador poderia não apenas diminuir a pena (consoante previsto no art. 16, parágrafo sob exame), mas sim deixar de aplicá-la".

6. (VUNESP – DELEGADO DE POLÍCIA – PC – BA/2018) *A respeito da Lei nº 8.078/90 (Código do Consumidor) e da Lei nº 8.137/90 (Crimes contra a ordem tributária e as relações de consumo), é correto afirmar que*

(A) os crimes contra as relações de consumo, previstos no art. 7º da Lei nº 8.137/90, são praticados somente mediante dolo.

(B) os crimes contra o consumidor, previstos no Código de Defesa do Consumidor, são de menor potencial ofensivo.

(C) o Código do Consumidor, no que concerne aos crimes nele previstos, estabelece a responsabilidade penal da pessoa jurídica.

(D) a Lei nº 8.137/90, no que concerne aos crimes contra as relações de consumo, estabelece a responsabilidade penal da pessoa jurídica.

(E) a Lei nº 8.137/90, no que concerne aos crimes contra as relações de consumo, prevê como circunstância agravante da pena a prática em detrimento de menor de 18 ou maior de 60 anos.

Resposta: *A única alternativa correta é a da letra "B". Todos os crimes previstos no Código de Defesa do Consumidor (Lei Federal nº 8.078/90), insculpidos nos arts. 63 a 74, da referida legislação federal, são infrações penais de menor potencial ofensivo, já que, à luz do art. 61, da Lei Federal nº 9.099/95, têm pena máxima cominada não superior a 2 (dois) anos, sendo, pois, da competência dos Juizados Especiais Criminais.*

7. (VUNESP – DELEGADO DE POLÍCIA – PC – SP/2018) *Assinale a alternativa em que todos os crimes descritos da Lei nº 8.078/1990 (Código de Defesa do Consumidor) possuem modalidade culposa.*

(A) Impedir ou dificultar o acesso do consumidor às informações que sobre ele constem em cadastros, banco de dados, fichas e registros / Fazer afirmação falsa ou enganosa, ou omitir informação relevante sobre a natureza, característica, qualidade, quantidade, segurança, desempenho, durabilidade, preço ou garantia de produtos ou serviços.

(B) Deixar de organizar dados fáticos, técnicos e científicos que dão base à publicidade / Empregar na reparação de produtos, peça ou componentes de reposição usados, sem autorização do consumidor.

(C) Deixar de entregar ao consumidor o termo de garantia adequadamente preenchido e com especificação clara de seu conteúdo / Fazer ou promover

3 ROQUE, Fábio; TÁVORA, Nestor; ALENCAR, Rosmar Rodrigues. **Legislação Criminal para Concursos:** doutrina, jurisprudência e questões de concursos. Salvador: Juspodivm, 2016, pp. 276 e 277.

publicidade que sabe ou deveria saber ser enganosa ou abusiva.

(D) *Empregar na reparação de produtos, peça ou componentes de reposição usados, sem autorização do consumidor / Impedir ou dificultar o acesso do consumidor às informações que sobre ele constem em cadastros, banco de dados, fichas e registros.*

(E) *Omitir dizeres ou sinais ostensivos sobre a nocividade ou periculosidade de produtos, nas embalagens, nos invólucros, recipientes ou publicidade / Fazer afirmação falsa ou enganosa, ou omitir informação relevante sobre a natureza, característica, qualidade, quantidade, segurança, desempenho, durabilidade, preço ou garantia de produtos ou serviços.*

Resposta: *A única alternativa correta é a da letra "E". Trata-se dos tipos penais culposos descritos expressamente nos arts. 63, § 2º, e 66, § 2º, ambos do Código de Defesa do Consumidor (Lei Federal nº 8.078/90).*

8. ***(CESPE – DELEGADO DE POLÍCIA FEDERAL – DPF/2018)*** *Acerca de tráfico ilícito de entorpecentes, crimes contra o meio ambiente, crime de discriminação e preconceito e crime contra o consumidor, julgue os próximos itens.*

Importador ou prestador de serviço que promover propaganda com o objetivo de obter vantagem indevida com o produto fornecido ou o serviço prestado cometerá crime contra o consumidor.

Resposta: *Certo. A situação fática descrita identifica o tipo penal previsto no art. 67, do CDC – Código de Defesa do Consumidor (Lei Federal nº 8.078/90), de menor potencial ofensivo, com pena cominada de 3 (três) meses a 1 (um) ano, e multa.*

IX) INTERCEPTAÇÃO TELEFÔNICA (LEI FEDERAL Nº 9.296/1996)

Regulamenta o inciso XII, parte final, do art. 5° da Constituição Federal

Art. 1º A interceptação de comunicações telefônicas, de qualquer natureza, para prova em investigação criminal e em instrução processual penal, observará o disposto nesta Lei e dependerá de ordem do juiz competente da ação principal, sob segredo de justiça.

Parágrafo único. O disposto nesta Lei aplica-se à interceptação do fluxo de comunicações em sistemas de informática e telemática.

Art. 2° Não será admitida a interceptação de comunicações telefônicas quando ocorrer qualquer das seguintes hipóteses:

I - não houver indícios razoáveis da autoria ou participação em infração penal;

II - a prova puder ser feita por outros meios disponíveis;

III - o fato investigado constituir infração penal punida, no máximo, com pena de detenção.

Parágrafo único. Em qualquer hipótese deve ser descrita com clareza a situação objeto da investigação, inclusive com a indicação e qualificação dos investigados, salvo impossibilidade manifesta, devidamente justificada.

Art. 3° A interceptação das comunicações telefônicas poderá ser determinada pelo juiz, de ofício ou a requerimento:

I - da autoridade policial, na investigação criminal;

II - do representante do Ministério Público, na investigação criminal e na instrução processual penal.

Art. 4° O pedido de interceptação de comunicação telefônica conterá a demonstração de que a sua realização é necessária à apuração de infração penal, com indicação dos meios a serem empregados.

§ 1° Excepcionalmente, o juiz poderá admitir que o pedido seja formulado verbalmente, desde que estejam presentes os pressupostos que autorizem a interceptação, caso em que a concessão será condicionada à sua redução a termo.

§ 2° O juiz, no prazo máximo de vinte e quatro horas, decidirá sobre o pedido.

Art. 5° A decisão será fundamentada, sob pena de nulidade, indicando também a forma de execução da diligência, que não poderá exceder o prazo de quinze dias, renovável por igual tempo uma vez comprovada a indispensabilidade do meio de prova.

Art. 6° Deferido o pedido, a autoridade policial conduzirá os procedimentos de interceptação, dando ciência ao Ministério Público, que poderá acompanhar a sua realização.

§ 1° No caso de a diligência possibilitar a gravação da comunicação interceptada, será determinada a sua transcrição.

§ 2° Cumprida a diligência, a autoridade policial encaminhará o resultado da interceptação ao juiz, acompanhado de auto circunstanciado, que deverá conter o resumo das operações realizadas.

§ 3° Recebidos esses elementos, o juiz determinará a providência do art. 8°, ciente o Ministério Público.

Art. 7° Para os procedimentos de interceptação de que trata esta Lei, a autoridade policial poderá requisitar serviços e técnicos especializados às concessionárias de serviço público.

Art. 8° A interceptação de comunicação telefônica, de qualquer natureza, ocorrerá em autos apartados, apensados aos autos do inquérito policial ou do processo criminal, preservando-se o sigilo das diligências, gravações e transcrições respectivas.

Parágrafo único. A apensação somente poderá ser realizada imediatamente antes do relatório da autoridade, quando se tratar de inquérito policial (Código de Processo Penal, art.10, § 1°) ou na conclusão do processo ao juiz para o despacho decorrente do disposto nos arts. 407, 502 ou 538 do Código de Processo Penal.

Art. 9° A gravação que não interessar à prova será inutilizada por decisão judicial, durante o inquérito, a instrução processual ou após esta, em virtude de requerimento do Ministério Público ou da parte interessada.

Parágrafo único. O incidente de inutilização será assistido pelo Ministério Público, sendo facultada a presença do acusado ou de seu representante legal.

Art. 10. Constitui crime realizar interceptação de comunicações telefônicas, de informática ou telemática, ou quebrar segredo da Justiça, sem autorização judicial ou com objetivos não autorizados em lei.

Pena: reclusão, de 2 (dois) a 4 (quatro) anos, e multa.

Art. 11. Esta Lei entra em vigor na data de sua publicação.

Art. 12. Revogam-se as disposições em contrário.

COMENTÁRIOS

I. Fundamento Constitucional:

Artigo 5º, XII, da Constituição Federal de 1988.

II. Delimitação:

A Interceptação Telefônica sem autorização judicial constitui crime especifico previsto no art. 10, da Lei Federal nº 9.296/96.

Conforme já referido, a Lei Federal nº 13.869/19, que entrará em vigor a partir de 3 de janeiro de 2020, modificou a redação do art. 10, da Lei das Interceptações Telefônicas.

Segundo a doutrina, trata-se do chamado crime de Violação de Correspondência Eletrônica.

Trata-se de crime comum.

Logo, o sujeito ativo do delito poderá ser qualquer pessoa.

Os sujeitos passivos, segundo Nucci[1], *"são as pessoas cuja conversação foi interceptada ilegalmente, ou cujo conteúdo foi, indevidamente, divulgado"*.

III. Procedimento policial cabível:

É o Inquérito Policial.

Trata-se de infração penal de maior potencial ofensivo.

Submete-se ao rito do procedimento comum ordinário (art. 394, § 1º, I, CPP).

Há entendimento doutrinário e jurisprudencial, identificando que o crime de Violação de comunicação telegráfica, radioelétrica ou telefônica, previsto no art. 151, § 1º, II, III e IV, do Código Penal, em homenagem ao princípio da especialidade, foi tacitamente revogado pelo art. 10, da Lei Federal nº 9.296/96 (Lei das Interceptações Telefônicas), com a nova redação introduzida por meio da Lei Federal nº 13.869/19.

Importante salientar que o art. 10, da Lei das Interceptações Telefônicas, trata do grampo telefônico ilegal.

Todavia, importante referir que o tipo penal previsto na Lei Especial e o tipo penal previsto no inciso IV do § 1º do artigo 151 do Código Penal instrumentalizam-se por meio de ação penal pública incondicionada (ausência de norma expressa na Lei Federal nº 9.296/96 e disposto no art. 151, § 4º, CP), enquanto que o tipo penal previsto no art. 151, § 1º, incisos II e III, do CP, instrumentaliza-se por meio de ação penal pública condicionada à representação, por força também do disposto no art. 151, § 4º, CP, submetendo-se, pois, ao prazo decadencial de 6 (seis) meses para o oferecimento da representação criminal pela vítima ou seu representante legal, a contar do conhecimento da autoria, nos termos do que dispõem o artigo 103, do Código Penal, e o artigo 38, do Código de Processo Penal.

1 Op. Cit., p. 591.

Outrossim, há entendimento de que o inciso IV do § 1º do art. 151 do CP foi substituído pelo art. 70 da Lei 4.117/62 (Código Brasileiro de Telecomunicações), *in verbis:*

> *"Constitui crime punível com a pena de detenção de 1 (um) a 2 (dois) anos, aumentada da metade se houver dano a terceiro, a instalação ou utilização de telecomunicações, sem observância do disposto nesta Lei e nos regulamentos".*

O dispositivo penal previsto no Código Brasileiro de Telecomunicações identifica-se, pois, como infração penal de menor potencial ofensivo, da competência dos Juizados Especiais Criminais, instrumentalizado por meio de Termo Circunstanciado e submetido, em princípio, ao rito do procedimento comum sumaríssimo (art. 394, § 1º, III, do CPP).

Ademais, há aparente conflito de normas penais entre o tipo penal previsto no artigo 10, da Lei nº 9.296/96 (com a nova redação introduzida por meio da Lei Federal nº 13.869/19), com o crime de Invasão de Dispositivo Informático, previsto no artigo 154-A, do Código Penal, o que se resolve por meio dos princípios da consunção/absorção e da especialidade.

Ainda, segundo Nucci[2]:

> *"Coexistem os tipos penais do art. 10 da Lei 9.296/96 e o referido art. 151, § 1º, II, do CP. Aquele cuida dos agentes da interceptação ou dos que violaram o segredo da justiça. Este trata dos terceiros que tomaram ciência da conversa de outros, mantida ao telefone, narrando-a a outras pessoas. Vale dizer, o art. 10 destina-se ao interceptador ou a quem viola, diretamente, o sigilo imposto pela Justiça. O art. 151, § 1º, II, do CP, envolve os demais agentes divulgadores do que deveria ser mantido em segredo".*

2 Op. Cit., p. 591.

IV. Pressupostos Legais:

São pressupostos legais necessários para a admissibilidade da interceptação telefônica, com base no art. 5º, XII, da CF/88; e art. 1º, da Lei 9.296/96:

a) ordem judicial devidamente fundamentada;

b) nas hipóteses e na forma que a lei estabelecer;

c) para fins de investigação criminal (medida cautelar preparatória) ou instrução processual penal (medida cautelar incidental).

Cuidando-se de medida de natureza cautelar, deverão estar presentes o *fumus comissi delicti* (prova da existência do crime e indícios suficientes de autoria) e o *periculum libertatis* (periculosidade do agente).

V. Requisitos Legais:

São requisitos legais necessários para a admissibilidade da interceptação telefônica:

a) indícios razoáveis de autoria (ou de participação);

b) quando a prova não puder ser feita por outros meios disponíveis (indispensabilidade/subsidiariedade);

c) infração penal punida com pena de reclusão (ou de detenção, mas conexo com reclusão).

Tais requisitos estão insculpidos no art. 2º, da Lei 9.296/96.

VI. Legitimação:

Estão legitimados a requerer ou propor a interceptação telefônica:

a) o Juiz, de ofício (art. 3º, *caput,* Lei 9.296/96);

b) a Autoridade Policial, na investigação criminal (art. 3º, I, Lei 9.296/96);

c) o MP, na investigação criminal e na instrução processual penal (art. 3º, II, Lei 9.296/96);

d) a Defesa (pela ampla defesa);

e) o Assistente da Acusação (art. 271, CPP - propor meios de prova);

f) o Querelante, na ação penal privada.

VII. Prazo de Duração:

A interceptação telefônica tem prazo de duração de 15 (quinze) dias, podendo ser prorrogada por igual prazo, nos termos do art. 5º, da Lei 9.296/96.

A jurisprudência e a doutrina majoritárias entendem que pode ser prorrogável por quantas vezes forem necessárias.

Todavia, na prorrogação ou renovação de prazo, tem que estar comprovada a indispensabilidade do meio de prova.

Essa é a posição de Renato Brasileiro de Lima[3], Guilherme de Souza Nucci[4], das 5ª e 6ª Turmas do STJ, e do STF.

Consoante jurisprudência do STF:

> *"Este Tribunal firmou o entendimento de que 'as decisões que autorizam a prorrogação de interceptação telefônica sem acrescentar novos motivos evidenciam que essa prorrogação foi autorizada com base na mesma fundamentação exposta na primeira decisão que deferiu o monitoramento' (HC 92.020/DF, rel. Min. Joaquim Barbosa)"*
>
> *"O Plenário desta Corte já decidiu que 'é possível a prorrogação do prazo de autorização para a interceptação telefônica, mesmo que sucessivas, especialmente quando o fato é complexo, a exigir investigação diferenciada e contínua. Não configuração de desrespeito ao art. 5º, caput, da Lei 9.296/1996' (HC 83.515/RS, rel. Min. Nelson Jobim)".*

VIII. Requerimento Verbal:

É possível que a interceptação telefônica seja requerida verbalmente.

A este respeito, o disposto no art. 4º, § 1º, da Lei 9.296/96.

Todavia, o pedido verbal deverá ser reduzido a termo.

IX. Prazo para Autorização Judicial:

Após a sua propositura, o Juiz dispõe do prazo de 24 (vinte e quatro) horas, para autorizar, ou não, a interceptação telefônica, o que demonstra a urgência e premência da prova.

A este respeito, o disposto no art. 4º, § 2º, da Lei 9.296/96, regra especial em relação à regra geral preconizada no art. 800, II, do CPP, que estipula ao Magistrado o prazo de 5 (cinco) dias para proferir decisão interlocutória simples, que seria, em princípio, o fundamento para a autorização da interceptação telefônica.

☑ QUESTÕES DE CONCURSOS ACERCA DA LEI DA INTERCEPTAÇÃO TELEFÔNICA, COM GABARITO E COMENTÁRIOS:

1. ***(DELEGADO – POLÍCIA CIVIL – SE 2006 – CESPE/UNB)*** *Admitir-se-á a interceptação de comunicações telefônicas quando houver indícios razoáveis de autoria ou participação em infração penal punida com reclusão, desde que a prova não possa ser feita por outros meios. O pedido de interceptação de comunicação telefônica deverá ser sempre formulado por escrito, não se admitindo a formulação verbal perante o juiz.*

Resposta: *Errado. Consoante regra prevista no art. 4º, § 1º, da Lei Federal nº 9.296/96, excepcionalmente a Autoridade Judiciária poderá admitir que o pedido seja formulado verbalmente, desde que estejam presentes os pressupostos que autorizem a interceptação, caso em que a concessão será*

---

3 LIMA, Renato Brasileiro de. **Legislação Criminal Especial Comentada**: volume único. 4. ed. Salvador: Juspodivm, 2016.

4 NUCCI, Guilherme de Souza. **Leis Penais e Processuais Penais Comentadas**. v. 1. 10. ed. Rio de Janeiro: Forense, 2017, p. 575.

condicionada à sua redução a termo. Vale lembrar, em regra o pedido é escrito. A exceção é o pedido realizado verbalmente, em situações excepcionais, devendo ser, nesse caso, reduzido a termo.

2. ***(DELEGADO DA POLÍCIA FEDERAL 2004 REGIONAL BRANCA – CESPE/UNB)*** *Hugo é um agente de polícia civil que realizou interceptação de comunicação telefônica sem autorização judicial. Nessa situação, o ato de Hugo, apesar de violar direitos fundamentais, não constitui crime hediondo.*

Resposta: Certo. *O crime de Interceptação Telefônica Ilegal, previsto no art. 10, da Lei Federal nº 9.296/96, não é hediondo, por não se encontrar no rol do art. 1º e § único, da Lei dos Crimes Hediondos (Lei Federal nº 8.072/1990).*

3. ***(DELEGADO – PCBA – CESPE – 2013)*** *O fato de Kátia – que era interlocutora dos diá logos gravados – ter consentido posteriormente com a divulgação do conteúdo das gravações não legitima o ato nem justifica sua utilização como prova.*

Resposta: Certo. *Na espécie fática descrita, ocorreu interceptação telefônica ilegal, sem autorização judicial, não servindo esta como meio de prova, independentemente do consentimento posterior de Kátia, uma das interlocutoras dos diálogos, pois se trata de prova ilícita.*

4. ***(DELEGADO – PCBA – CESPE – 2013)*** *A interceptação telefônica solicitada pelo delegado de polícia e autorizada judicialmente é nula, haja vista ter sido sucessivamente prorrogada pelo magistrado por prazo superior a 30 (trinta) dias, o que contraria a previsão legal de que o prazo da interceptação telefônica não pode exceder 15 (quinze) dias, renovável uma vez por igual período.*

Resposta: Errado. *Conforme orientação doutrinária e jurisprudencial majoritária, a interceptação telefônica poderá ser renovada mais de uma vez, sucessivamente, desde que comprovada a indispensabilidade do meio de prova.*

5. ***(DELEGADO – PCAL – CESPE – 2012)*** *Consoante o entendimento atual do STF, a prova consistente em gravação ambiental realizada por um dos interlocutores sem o conhecimento do outro é ilícita, mesmo quando destinada a fazer prova em favor de quem efetuou a gravação, pois viola o direito constitucional à intimidade.*

Resposta: Errado. *De acordo com a orientação do Supremo Tribunal Federal (STF), a gravação ambiental, realizada por um dos interlocutores, com o objetivo de preservar-se diante de investida ilícita, prescinde de autorização judicial. É lícita a gravação ambiental realizada por um dos interlocutores sem o conhecimento do outro, podendo ela ser utilizada como prova em processo judicial.*

6. ***(INST. ACESSO – DELEGADO DE POLÍCIA – PC – ES/2019)*** *A Constituição Federal de 1988 estabeleceu no art. 5°, inciso XII, a inviolabilidade das comunicações telefônicas, salvo nas hipóteses e na forma que a lei estabelecer para fins de investigação criminal ou instrução processual penal. Com relação à Lei 9.296/96, que trata da interceptação telefônica, é INCORRETO afirmar que:*

(A) *a interceptação não poderá exceder o prazo de quinze dias, todavia, poderá ser renovada uma única vez, por igual tempo, uma vez comprovada a indispensabilidade do meio de prova.*

(B) *não será admitida a interceptação de comunicações telefônicas quando ocorrer qualquer das seguintes hipóteses: inexistirem indícios razoáveis da autoria ou participação em infração penal; a prova puder ser feita por outros meios disponíveis; o fato investigado constituir infração penal punida, no máximo, com pena de detenção.*

(C) *a interceptação de comunicações telefônicas, de qualquer natureza, para prova em investigação criminal e em instrução processual penal, observará as disposições da Lei 9.296/96 e dependerá de ordem do juiz competente da ação principal, sob segredo de justiça.*

(D) *a interceptação das comunicações telefônicas poderá ser determinada pelo juiz, de ofício, ou, ainda, a requerimento da autoridade policial, na investigação criminal, e do representante do Ministério Público, na investigação criminal e na instrução processual penal.*

(E) *a gravação que não interessar à prova será inutilizada por decisão judicial, durante o inquérito, a instrução processual ou após esta, em virtude de requerimento do Ministério Público ou da parte interessada.*

Resposta: *A única alternativa incorreta é a da letra "A". A interceptação telefônica tem prazo de duração de 15 (quinze) dias, podendo ser prorrogada por igual prazo, nos termos do art. 5º, da Lei da Interceptação Telefônica (Lei Federal nº 9.296/96). A jurisprudência e a doutrina majoritárias entendem que pode ser prorrogável por quantas vezes forem necessárias. Todavia, na prorrogação ou renovação de prazo, tem que estar comprovada a indispensabilidade do meio de prova.*

7. ***(CESPE – DELEGADO DE POLÍCIA FEDERAL – DPF/2018)*** *Com referência à interceptação de comunicação telefônica, ao crime de tráfico ilícito de entorpecentes, ao crime de lavagem de capitais e a crimes cibernéticos, julgue os seguintes itens.*

A interceptação da comunicação telefônica poderá ser realizada de ofício pela autoridade policial desde que o IP tenha como objetivo investigar crime hediondo, organização criminosa ou tráfico ilícito de entorpecentes.

Resposta: *Errado. Em hipótese nenhuma a interceptação da comunicação telefônica poderá ser realizada de ofício pela Autoridade Policial. Nos termos do que dispõe o art. 3º, caput e incisos I e II, da Lei Federal nº 9.296/96, a interceptação das comunicações telefônicas poderá ser determinada pela Autoridade Judicial, de ofício, ou mediante requerimento da Autoridade Policial, na investigação policial, e do Promotor de Justiça, na investigação criminal e na instrução processual penal.*

X) TORTURA (LEI FEDERAL Nº 9.455/1997)

"Art. 1º Constitui crime de tortura:

I – constranger alguém com emprego de violência ou grave ameaça, causando-lhe sofrimento físico ou mental:

a) com o fim de obter informação, declaração ou confissão da vítima ou de terceira pessoa;

b) para provocar ação ou omissão de natureza criminosa;

c) em razão de discriminação racial ou religiosa;

II – submeter alguém, sob sua guarda, poder ou autoridade, com emprego de violência ou grave ameaça, a intenso sofrimento físico ou mental, como forma de aplicar castigo pessoal ou medida de caráter preventivo.

Pena – reclusão, de 2 (dois) a 8 (oito) anos.

§ 1º Na mesma pena incorre quem submete pessoa presa ou sujeita a medida de segurança a sofrimento físico ou mental, por intermédio da prática de ato não previsto em lei ou não resultante de medida legal.

§ 2º Aquele que se omite em face dessas condutas, quando tinha o dever de evitá-las ou apurá-las, incorre na pena de detenção de 1 (um) a 4 (quatro) anos.

§ 3º Se resulta lesão corporal de natureza grave ou gravíssima, a pena é de reclusão de 4 (quatro) a 10 (dez) anos; se resulta morte, a reclusão é de 8 (oito) a 16 (dezesseis) anos.

§ 4º Aumenta-se a pena de um sexto até um terço:

I – se o crime é cometido por agente público;

II – se o crime é cometido contra criança, gestante, portador de deficiência, adolescente ou maior de 60 (sessenta) anos; (Redação dada pela Lei nº 10.741, de 1-10-2003)

III – se o crime é cometido mediante sequestro.

§ 5º A condenação acarretará a perda do cargo, função ou emprego público e a interdição para seu exercício pelo dobro do prazo da pena aplicada.

§ 6º O crime de tortura é inafiançável e insuscetível de graça ou anistia.

§ 7º O condenado por crime previsto nesta Lei, salvo a hipótese do § 2º, iniciará o cumprimento da pena em regime fechado.

Art. 2º O disposto nesta Lei aplica-se ainda quando o crime não tenha sido cometido em território nacional, sendo a vítima brasileira ou encontrando-se o agente em local sob jurisdição brasileira.

Art. 3º Esta Lei entra em vigor na data de sua publicação.

Art. 4º Revoga-se o art. 233 da Lei nº 8.069, de 13 de julho de 1990 – Estatuto da Criança e do Adolescente.

COMENTÁRIOS

I. Fundamento constitucional: arts. 1º, III; 4º, II; 5º, III e XLIII, todos da Constituição Federal de 1988.

II. Procedimento policial cabível: Inquérito Policial.

Trata-se de infração penal de maior potencial ofensivo, admitindo, no § 2º, suspensão condicional do processo, e virtude de a pena mínima cominada não ser superior a 1 (um) ano.

Em qualquer de suas modalidades, o crime de Tortura se submete ao rito do procedimento comum ordinário (art. 394, § 1º, I, CPP).

III. Conceito:

A Convenção da ONU contra a Tortura e outros Tratamentos ou Penas Cruéis, Desumanas ou Degradantes, foi incorporada no ordenamento jurídico pátrio, por meio do Decreto Federal nº 40, de 15 de fevereiro de 1991.

A tortura vem assim definida:

> *"Para os fins da presente Convenção, o termo tortura designa qualquer ato pelo qual dores ou sofrimentos agudos, físicos ou mentais são infligidos intencionalmente a uma pessoa a fim de obter dela ou de uma terceira pessoa informações ou confissões; de castigá-la por ato que ela ou uma terceira pessoa tenha cometido ou seja suspeita de ter cometido; de intimidar ou coagir essa pessoa ou outras pessoas; ou por qualquer motivo, baseado em discriminação de qualquer natureza, quando tais dores ou sofrimentos são infligidos por um funcionário público ou outra pessoa no exercício das funções públicas ou por sua instigação ou com seu consentimento ou aquiescência. Não se considerará como tortura as dores ou sofrimentos que sejam consequências unicamente de sanções legítimas ou que sejam inerentes a tais sanções".*

No que concerne ao conceito de tortura[1]:

Tortura
*"A eficácia da Justiça é também um valor que deve ser perseguido, mas porque numa sociedade livre e democrática os fins nunca justificam os meios, só será louvável quando alcançada pelo engenho e arte, nunca pela força bruta, pelo artifício ou pela mentira, que degradam quem as sofre, mas não menos quem as usa". Apesar de o texto da Constituição da República de 1988 estabelecer que "ninguém será submetido a tortura e nem a tratamento desumano ou degradante" e o país haver ratificado diversos tratados e convenções internacionais cujo foco era a prevenção e a punição da tortura , criando, assim, um verdadeiro "mandado convencional" de criminalização, apenas em 1997 foi publicada a Lei de Tortura. Vivemos hoje, infelizmente, um cenário em que o descrédito do sistema de justiça criminal amplia o sentimento de insegurança, fazendo, consequentemente, com que a sociedade, não raro, tente fazer justiça pelos seus próprios meios, às margens da lei, o que vem sendo denominado de "justiçamento". Nesse contexto, o objetivo deste artigo é discutir o alcance dos termos "guarda", "poder" e "autoridade", previstos no artigo 1º, inciso II, da Lei 9.455/97 (Tortura Castigo ou Intimidatória). Assunto como esse, de autoria dos Drs. Francisco Sannini Neto e Eduardo Luiz Santos Cabette, você poderá encontrar na **Revista SÍNTESE Direito Penal e Processual Penal.***

IV. Inafiançabilidade:

Por força do disposto nos arts. 5º, XLIII, CF; 323, II, CPP; 1º, § 6º, da Lei de Tortura (LT), o crime de tortura é inafiançável.

É também insuscetível de graça ou anistia.

A tortura, assim como o Tráfico de Drogas e o Terrorismo, é um crime assemelhado a hediondo, nos termos do que dispõe o art. 2º, *caput*, da Lei dos Crimes Hediondos (Lei Federal nº 8.072/90).

V. Proibição do indulto: art. 2º, I, da Lei dos Crimes Hediondos (LCH).

Nucci[2] também entende que o indulto está proibido, apesar de o art. 1º, § 6º, LT, referir-se apenas à proibição da fiança, graça ou anistia.

Outros entendem de forma diversa: cabimento do indulto, por inexistir proibição expressa e em homenagem ao princípio da especialidade.

O mesmo se diga acerca da possibilidade de concessão do *sursis*.

Nesse sentido: Alberto Silva Franco[3].

1 REVISTA SÍNTESE nº 4.744, de 17 de setembro de 2019 – Direito Penal e Processual Penal. Disponível em: <http://www.sintese.com/direitoPenal.asp>. Acesso em: 6 out. 2019.

2 NUCCI, Guilherme de Souza. **Leis Penais e Processuais Penais Comentadas**. v. 2. 10. ed. Rio de Janeiro: Forense, 2017, p. 961.

3 FRANCO, Alberto Silva. **Crimes Hediondos**. 7. ed. São Paulo: RT, 2011.

VI. Objetividade jurídica:

Tutelam-se as garantias constitucionais básicas do cidadão, sua integridade física e moral.

VII. Sujeito ativo:

Pode ser qualquer pessoa, não sendo necessário, nos termos da Lei 9.455/97, que se trate de agente público.

VIII. Sujeito passivo:

Pode ser qualquer um, na modalidade "constranger".

Será aquele que estiver sob guarda, poder ou autoridade, na modalidade "submeter".

IX. Competência:

É crime comum da competência da Justiça Estadual ou Federal.

Jamais será crime militar.

X. Sofrimento:

Físico ou mental.

A lei não fala em sofrimento moral.

Ademais, a tortura por sadismo não está presente nas hipóteses previstas no art. 1º, LT.

XI. Tortura praticada por particular:

Segundo entendimento majoritário, é constitucional.

XII. Tortura como crime autônomo no ECA:

O legislador infraconstitucional, de forma pioneira, havia estabelecido a tortura como crime autônomo no art. 233 da Lei 8.069/90: *"Tortura contra criança e adolescente"*.

Todavia, tal dispositivo foi revogado pela Lei nº 9.455/97, que identifica a Tortura contra criança e adolescente no art. 1º, § 4º, II, como forma majorada de tortura, com possibilidade de aumento de 1/6 a 1/3 da pena.

XIII. O Crime de Tortura na Lei 9.455/97:

1 – Art. 1º, I, LT: **Constranger** é forçar, coagir, violentar.

Motivação:

a) obter informação, declaração ou confissão da vítima ou de terceiro (art. 1º, I, a): Tortura-prova ou Tortura-persecutória (denominação utilizada por Davi André Costa Silva[4]);
b) provocar ação ou omissão de natureza criminosa (art. 1º, I, b): Tortura como crime-meio ou Tortura para a prática de crime ou Tortura-crime (denominação utilizada por Davi André Costa Silva[5]);
c) ou ainda em razão de discriminação racial ou religiosa (art. 1º, I, c): Tortura racial ou discriminatória (denominação utilizada por Davi André Costa Silva[6]);

2 – Art. 1º, II, LT: **Submeter:** Tortura-castigo, Tortura-abuso, Tortura-maus-tratos, Tortura-*corrigendi*, Tortura-punitiva, Tortura-vindicativa, ou Tortura-intimidatória (denominação utilizada por Davi André Costa Silva[7]);

É dominar, vencer, subordinar.

Aplicação de castigo pessoal ou medida de caráter preventivo.

O sofrimento aqui há de ser intenso.

3 – § 1º: Submete-se a pessoa presa ou sujeita à medida de segurança a sofrimento físico ou mental, por intermédio da prática de ato não previsto em lei ou não resultante de medida legal.

4 SILVA, Davi André Costa; EBERHARDT, Marcos Eduardo Faes. **Leis Penais e Processuais Penais Comentadas.** v. 1. 2. ed. Porto Alegre: Verbo Jurídico, 2010.

5 Idem.

6 Ibidem.

7 Ibidem.

Note-se que não se exige intensidade do sofrimento.

Figura equiparada. É a chamada Tortura do encarcerado.

Tem como fundamento constitucional o art. 5º, III e XLIX, CF de 1988, e como fundamento infraconstitucional o art. 38, CP, e 40, LEP.

4 – § 2º – É o crime de Omissão perante a tortura.

O entendimento preponderante é o de que tal crime não é considerado equiparado a hediondo.

5 – § 3º – Para Nucci[8], são formas qualificadas pelo resultado.

Trata-se, na verdade, de qualificadoras específicas.

6 – Causas de aumento: art. 1º, § 4º.

No que concerne ao inciso I, há incompatibilidade lógica com o crime previsto no § 2º, sob pena de *bis in idem*.

7 – Efeitos da sentença condenatória: art. 1º, § 5º, LT.

Há discussão doutrinária e jurisprudencial acerca dos efeitos da sentença condenatória: automático ou condicionado à motivação pelo juiz?.

8 – Cabimento do indulto: art. 1º, § 6º, conforme referido anteriormente.

9 – Regime de cumprimento da pena: art. 1º, § 7º, LT – regime inicialmente fechado, com exceção do tipo previsto no art. 1º, § 2º, LT – Omissão perante a tortura – pena de detenção de 1(um) a 4 (quatro) anos, aceitando, desta forma, a suspensão condicional do processo.

Desta forma, está autorizada a progressão de regime.

10 – Extraterritorialidade da lei: art. 2º, LT.

Segundo Nucci[9], trata-se de extraterritorialidade incondicionada:

> *"O Brasil manifesta interesse punitivo ainda que o crime de tortura seja cometido fora do território nacional, constituindo exceção ao princípio-regra da territorialidade (art. 5º, CP). Porém, tal interesse se volta à tortura cometida contra vítima brasileira ou quando o torturador se ache em local sujeito à jurisdição brasileira (território nacional ou de sede diplomática brasileira). Não há condições fixadas para que a ação penal tenha início, o que consideramos ser inútil e até mesmo inconstitucional".*

☑ QUESTÕES DE CONCURSOS ACERCA DA LEI DE TORTURA, COM GABARITO E COMENTÁRIOS:

1. ***(DELEGADO DA POLÍCIA FEDERAL 2004 NACIONAL – CESPE/UNB)*** *Como forma de punir um ex-membro de sua quadrilha que o havia delatado à polícia, um traficante de drogas espancou um irmão do delator, em plena rua, quando ele voltava do trabalho para casa. Nessa situação, o referido traficante praticou crime de tortura.*

Resposta: *Errado. O art. 1º, da Lei Federal nº 9.455/97, estabelece como crime de tortura a conduta de constranger alguém com emprego de violência ou grave ameaça, causando-lhe sofrimento físico ou mental com o fim de obter informação, declaração ou confissão da vítima ou de terceira pessoa; ou para provocar ação ou omissão de natureza criminosa; ou em razão de discriminação racial ou religiosa. Portanto, é necessária a presença do elemento subjetivo do tipo (dolo específico), isto é, um fim especial para o qual se direciona a conduta do agente delitivo. Conforme se observa na situação*

8 NUCCI, Guilherme de Souza. **Leis Penais e Processuais Penais Comentadas**. v. 2. 10. ed. Rio de Janeiro: Forense, 2017, p. 957.

9 Ibidem, p. 962.

fática descrita, a ação criminosa foi um ato de vingança, não se enquadrando entre os fins do crime de tortura.

2. **(DELEGADO DA POLÍCIA FEDERAL 2004 REGIONAL BRANCA – CESPE/UNB)** *Um agente penitenciário submeteu a intenso sofrimento físico um preso que estava sob sua autoridade, com o objetivo de castigá-lo por ter incitado os outros detentos a se mobilizarem para reclamar da qualidade da comida servida na penitenciária. Nessa situação, o referido agente cometeu crime inafiançável.*

Resposta: *Certo. O agente incorrerá no crime de tortura previsto no art. 2º, § 1.º, da Lei Federal nº 9.455/97. Trata-se da conduta de submeter pessoa presa ou sujeita à medida de segurança a sofrimento físico ou mental, por intermédio da prática de ato não previsto em lei ou não resultante de medida legal. Todos os crimes de tortura são inafiançáveis.*

3. **(DELEGADO – POLÍCIA CIVIL – RR – 2003 – CESPE/UNB)** *Considere a seguinte situação hipotética. Um agente de polícia, com o intuito de obter informações acerca da autoria de um roubo de joias, algemou um receptador conhecido na região e passou a agredi-lo com socos e pontapés, bem como com choques elétricos, causando-lhe lesões corporais. Nessa situação, o agente deveria ser acusado pelos crimes de abuso de autoridade e lesão corporal.*

Resposta: *Errado. Não se trata de concurso de crimes de Abuso de Autoridade e Lesão Corporal, mas sim crime de Tortura, previsto no art. 1º, da Lei Federal nº 9.455/97. Se a lesão for grave, haverá crime de Tortura qualificada. Haverá ainda aumento de pena (de 1/6 a 1/3), pelo fato de o crime ser cometido por agente público.*

4. **(DELEGADO DE POLÍCIA DO ESPÍRITO SANTO CESPE/UNB 2011)** *Considere a seguinte situação hipotética. Rui, que é policial militar, mediante violência e grave ameaça, infligiu intenso sofrimento físico e mental a um civil, utilizando para isso as instalações do quartel de sua corporação. A intenção do policial era obter a confissão da vítima em relação a um suposto caso extraconjugal havido com sua esposa. Nessa situação hipotética, a conduta de Rui, independentemente de sua condição de militar e de o fato ter ocorrido em área militar, caracteriza o crime de tortura na forma tipificada em lei específica.*

Resposta: *Certo. É irrelevante a condição de militar do agente e o fato de o crime ter se dado em repartição militar. A Lei de Tortura (9.455/97) deve ser aplicada normalmente na espécie fática, não se podendo cogitar de crime militar, conforme possa sugerir erroneamente o enunciado. A competência para julgamento do delito, reforça-se, é da Justiça Comum Estadual, já que esse ilícito penal, por não guardar correspondência típica com qualquer dos comportamentos previstos pelo Código Penal Militar, refoge à esfera de atribuições da Justiça Militar Estadual (Justiça castrense), conforme entendimentos já reiterados, consolidados e há muito tempo sedimentados no STF. Registre-se ainda que o militar ficará sujeito ao disposto no § 5.º do art. 1º da Lei Federal nº 9.455/97, que prevê a perda do cargo como efeito automático da condenação. De igual modo, deve incidir o aumento de pena (1/6 a 1/3), haja vista a condição de agente público do autor (art. 1º, § 4º).*

5. **(DELEGADO – PCBA – CESPE – 2013)** *O delegado não pode ser considerado coautor ou partícipe da conduta do policial, pois o crime de tortura somente pode ser praticado de forma comissiva.*

Resposta: *Errado. O crime de Tortura pode ser cometido nas formas comissiva (ação) e omissiva.*

6. **(DELEGADO – PCBA – CESPE – 2013)** *Para a comprovação da materialidade da conduta do policial, é imprescindível a realização de exame de corpo de delito que confirme as agressões sofridas por Luciano.*

Resposta: *Errado. O crime de Tortura pode ou não deixar vestígios, a depender das circunstâncias do caso concreto. Inclusive, a tortura pode se exteriorizar por meio de intenso sofrimento mental.*

7. ***(ESCRIVÃO – PCAL – CESPE – 2012)*** *Há concurso de crimes de abuso de autoridade e de tortura se, em um mesmo contexto, mas com desígnios autônomos, dois agentes torturam preso para que ele confesse a autoria de delito e, em seguida, o exibem, sem autorização, para as redes de televisão como suposto autor confesso do crime.*

Resposta: *Certo. Desde que consistam em condutas distintas, é perfeitamente possível o concurso entre os crimes de Tortura e de Abuso de Autoridade.*

8. ***(DELEGADO – PCAL – CESPE – 2012)*** *Excepcionando a regra constitucional da prescritibilidade, duas hipóteses em que a pretensão punitiva ou executória do Estado não são atingidas são os crimes de racismo e de tortura.*

Resposta: *Errado. O crime de Tortura é prescritível.*

9. ***(AGENTE – POLÍCIA CIVIL – TO – 2008 – CESPE/UNB)*** *Considere a seguinte situação hipotética. Carlos, após a prática de atos eficientes para causar intenso sofrimento físico e mental em José, visando à obtenção de informações sigilosas, matou-o para que sua conduta não fosse descoberta. Nesse caso, Carlos responderá pelo crime de tortura simples em concurso material, com o delito de homicídio.*

Resposta: *Certo. Na espécie fática, haverá concurso material entre os crimes de Tortura e de Homicídio, porque a morte não foi provocada como consequência da tortura, incorrendo o autor em duas ações distintas. Importante notar que o agente encerra a ação de tortura, logo depois inverte seu ânimo, daí com a intenção deliberada de matar a vítima. Importante referir a exata diferença entre os crimes de Tortura qualificada pelo resultado morte e o crime de Homicídio qualificado pelo emprego de tortura, a depender do dolo (intenção) do agente. Dessa forma, havendo dolo em relação ao resultado morte, mesmo que eventual, haverá crime de Homicídio qualificado.*

10. ***(ESCRIVÃO DA POLÍCIA FEDERAL 2004 – REGIONAL – CESPE/UNB)*** *Um agente de polícia civil foi condenado a 6 anos de reclusão pela prática de tortura contra preso que estava sob sua autoridade. Nessa situação, o policial condenado deve perder seu cargo público e, durante 12 anos, ser-lhe-á vedado exercer cargos, funções ou empregos públicos.*

Resposta: *Certo. Determina a Lei de tortura (Lei Federal nº 9.455/97), em seu art. 1.º, § 5.º: "A condenação acarretará a perda do cargo, função ou emprego público e a interdição para seu exercício pelo dobro do prazo da pena aplicada". Assim, sendo condenado a 6 (seis) anos de reclusão, o Agente da Policia Civil ficará 12 (doze) anos sem poder exercer cargos, funções ou empregos públicos.*

11. ***NUCEPE – DELEGADO DE POLÍCIA – PC – PI/2018)*** *Após a Segunda Guerra Mundial, adotada e proclamada a Declaração Universal dos Direitos Humanos, os direitos inerentes à pessoa humana passam a ser protegidos mundialmente. No Brasil, os atos de tortura e as tentativas de praticar atos dessa natureza são coibidos. Marque abaixo a alternativa CORRETA quanto ao crime de tortura.*

(A) *O crime de tortura é inafiançável, embora suscetível de graça ou anistia.*

(B) *Se o crime de tortura é cometido contra maior de 60 (sessenta) anos aumenta-se a pena em de 1/3 (um terço) até à metade.*

(C) *Se o crime de tortura é cometido por agente público, a pena é aumentada de 1/3 (um terço) até à metade.*

(D) *Não se constitui crime de tortura o constrangimento de alguém com o emprego de violência ou grave ameaça, causando-lhe sofrimento físico, em razão de discriminação racial ou religiosa.*

(E) *Constitui crime de tortura: constranger alguém com emprego de violência ou grave ameaça, causando-lhe sofrimento físico ou mental com o objetivo de obter alguma informação, declaração ou confissão.*

Resposta: *A única alternativa correta é a da letra "E". A situação descrita identifica, efetivamente, o crime de Tortura previsto no art. 1º, I, alínea "a", da Lei Federal nº 9.455/97.*

12. (UEG – DELEGADO DE POLÍCIA – PC – GO/2018) *Na hipótese de um servidor público ser condenado pelo crime de tortura qualificada pelo resultado morte a uma pena de doze anos de reclusão, referida condenação acarretará a perda do cargo, função ou emprego público e a interdição para seu exercício por*

(A) *cinco anos*

(B) *dez anos*

(C) *doze anos*

(D) *vinte e quatro anos*

(E) *trinta e seis anos*

Resposta: *A única alternativa correta é a da letra "D". A fundamentação legal para tal assertiva encontra-se insculpida no art. 1º, §§ 3º e 5º, da Lei de Tortura (Lei Federal nº 9.455/97). Já que a condenação foi de 12 (doze) anos de reclusão, em um limite cominado de 8 (oito) a 16 (dezesseis) anos, tal condenação acarretará para o servidor público a perda do cargo, função ou emprego público e a interdição para seu exercício pelo dobro do prazo da pena aplicada, qual seja, de 24 (vinte e quatro) anos.*

13. (CESPE – DELEGADO DE POLÍCIA – PC – SE/2018) *Acerca do tráfico ilícito de entorpecentes, de ações de prevenção e repressão a delitos praticados por organizações criminosas, de abuso de autoridade e de delitos previstos na Lei de Tortura, julgue os itens que se seguem.*

Situação hipotética: Um cidadão penalmente imputável, com emprego de extrema violência, submeteu pessoa homossexual a intenso sofrimento físico e mental, motivado, unicamente, por discriminação à orientação sexual da vítima. Assertiva: Nessa situação, é incabível o enquadramento da conduta do autor no crime de tortura em razão da discriminação que motivou a violência.

Resposta: *Certo. Há impossibilidade de enquadramento da conduta do agente no crime de Tortura, preconizado no art. 1º, I, alínea "c", da Lei Federal nº 9.455/97, justamente porque o dispositivo legal trata especificamente da chamada Tortura Racial ou Discriminatória, que ocorre somente quando a motivação estiver relacionada à discriminação racial ou religiosa, e não em razão de discriminação relacionada à orientação sexual da vítima.*

XI) CÓDIGO DE TRÂNSITO BRASILEIRO (LEI FEDERAL Nº 9.503/1997)

Institui o Código de Trânsito Brasileiro

O PRESIDENTE DA REPÚBLICA *Faço saber que o Congresso Nacional decreta e eu sanciono a seguinte Lei:*

CAPÍTULO I

DISPOSIÇÕES PRELIMINARES

Art. 1º O trânsito de qualquer natureza nas vias terrestres do território nacional, abertas à circulação, rege-se por este Código.

§ 1º Considera-se trânsito a utilização das vias por pessoas, veículos e animais, isolados ou em grupos, conduzidos ou não, para fins de circulação, parada, estacionamento e operação de carga ou descarga.

§ 2º O trânsito, em condições seguras, é um direito de todos e dever dos órgãos e entidades componentes do Sistema Nacional de Trânsito, a estes cabendo, no âmbito das respectivas competências, adotar as medidas destinadas a assegurar esse direito.

§ 3º Os órgãos e entidades componentes do Sistema Nacional de Trânsito respondem, no âmbito das respectivas competências, objetivamente, por danos causados aos cidadãos em virtude de ação, omissão ou erro na execução e manutenção de programas, projetos e serviços que garantam o exercício do direito do trânsito seguro.

§ 4º (VETADO)

§ 5º Os órgãos e entidades de trânsito pertencentes ao Sistema Nacional de Trânsito darão prioridade em suas ações à defesa da vida, nela incluída a preservação da saúde e do meio-ambiente.

Art. 2º São vias terrestres urbanas e rurais as ruas, as avenidas, os logradouros, os caminhos, as passagens, as estradas e as rodovias, que terão seu uso regulamentado pelo órgão ou entidade com circunscrição sobre elas, de acordo com as peculiaridades locais e as circunstâncias especiais.

Parágrafo único. Para os efeitos deste Código, são consideradas vias terrestres as praias abertas à circulação pública, as vias internas pertencentes aos condomínios constituídos por unidades autônomas e as vias e áreas de estacionamento de estabelecimentos privados de uso coletivo. (Redação dada pela Lei nº 13.146, de 2015)

Art. 3º As disposições deste Código são aplicáveis a qualquer veículo, bem como aos proprietários, condutores dos veículos nacionais ou estrangeiros e às pessoas nele expressamente mencionadas.

Art. 4º Os conceitos e definições estabelecidos para os efeitos deste Código são os constantes do Anexo I.

CAPITULO II

DO SISTEMA NACIONAL DE TRÂNSITO

Seção I

Disposições Gerais

Art. 5º O Sistema Nacional de Trânsito é o conjunto de órgãos e entidades da União, dos Estados, do Distrito Federal e dos Municípios que tem por finalidade o exercício das atividades de planejamento, administração, normatização, pesquisa, registro e licenciamento de veículos, formação, habilitação e reciclagem de condutores, educação, engenharia, operação do sistema viário, policiamento, fiscalização, julgamento de infrações e de recursos e aplicação de penalidades.

Art. 6º São objetivos básicos do Sistema Nacional de Trânsito:

I – estabelecer diretrizes da Política Nacional de Trânsito, com vistas à segurança, à fluidez, ao conforto, à defesa ambiental e à educação para o trânsito, e fiscalizar seu cumprimento;

II – fixar, mediante normas e procedimentos, a padronização de critérios técnicos, financeiros e administrativos para a execução das atividades de trânsito;

III – estabelecer a sistemática de fluxos permanentes de informações entre os seus diversos órgãos e entidades, a fim de facilitar o processo decisório e a integração do Sistema.

Seção II

Da Composição e da Competência do Sistema Nacional de Trânsito

Art. 7º Compõem o Sistema Nacional de Trânsito os seguintes órgãos e entidades:

I – o Conselho Nacional de Trânsito – CONTRAN, coordenador do Sistema e órgão máximo normativo e consultivo;

II – os Conselhos Estaduais de Trânsito – CETRAN e o Conselho de Trânsito do Distrito Federal – CONTRANDIFE, órgãos normativos, consultivos e coordenadores;

III – os órgãos e entidades executivos de trânsito da União, dos Estados, do Distrito Federal e dos Municípios;

IV – os órgãos e entidades executivos rodoviários da União, dos Estados, do Distrito Federal e dos Municípios;

V – a Polícia Rodoviária Federal;

VI – as Polícias Militares dos Estados e do Distrito Federal; e

VII – as Juntas Administrativas de Recursos de Infrações – JARI.

Art. 7º-A. A autoridade portuária ou a entidade concessionária de porto organizado poderá celebrar convênios com os órgãos previstos no art. 7º, com a interveniência dos Municípios e Estados, juridicamente interessados, para o fim específico de facilitar a autuação por descumprimento da legislação de trânsito. (Incluído pela Lei nº 12.058, de 2009)

§ 1º O convênio valerá para toda a área física do porto organizado, inclusive, nas áreas dos terminais alfandegados, nas estações de transbordo, nas instalações portuárias públicas de pequeno porte e nos respectivos estacionamentos ou vias de trânsito internas. (Incluído pela Lei nº 12.058, de 2009)

§ 2º (VETADO) (Incluído pela Lei nº 12.058, de 2009)

§ 3º (VETADO) (Incluído pela Lei nº 12.058, de 2009)

Art. 8º Os Estados, o Distrito Federal e os Municípios organizarão os respectivos órgãos e entidades executivos de trânsito e executivos rodoviários, estabelecendo os limites circunscricionais de suas atuações.

Art. 9º O Presidente da República designará o ministério ou órgão da Presidência responsável pela coordenação máxima do Sistema Nacional de Trânsito, ao qual estará vinculado o CONTRAN e subordinado o órgão máximo executivo de trânsito da União.

Art. 10. O Conselho Nacional de Trânsito (Contran), com sede no Distrito Federal e presidido pelo dirigente do órgão máximo executivo de trânsito da União, tem a seguinte composição: (Redação dada pela Lei nº 12.865, de 2013)

I – (VETADO)

II – (VETADO)

III – um representante do Ministério da Ciência e Tecnologia;

IV – um representante do Ministério da Educação e do Desporto;

V – um representante do Ministério do Exército;

VI – um representante do Ministério do Meio Ambiente e da Amazônia Legal;

VII – um representante do Ministério dos Transportes;

VIII – (VETADO)

IX – (VETADO)

X – (VETADO)

XI – (VETADO)

XII – (VETADO)

XIII – (VETADO)

XIV – (VETADO)

XV – (VETADO)

XVI – (VETADO)

XVII – (VETADO)

XVIII – (VETADO)

XIX – (VETADO)

XX – um representante do ministério ou órgão coordenador máximo do Sistema Nacional de Trânsito;

XXI – (VETADO)

XXII – um representante do Ministério da Saúde. (Incluído pela Lei nº 9.602, de 1998)

XXIII - 1 (um) representante do Ministério da Justiça. (Incluído pela Lei nº 11.705, de 2008)

XXIV - 1 (um) representante do Ministério do Desenvolvimento, Indústria e Comércio Exterior; (Incluído pela Lei nº 12.865, de 2013)

XXV - 1 (um) representante da Agência Nacional de Transportes Terrestres (ANTT). (Incluído pela Lei nº 12.865, de 2013)

§ 1º (VETADO)

§ 2º (VETADO)

§ 3º (VETADO)

§ 4º (Vigência encerrada)

§ 5º (Vigência encerrada)

§ 6º (Vigência encerrada)

§ 7º (Vigência encerrada)

Art. 10-A. (Vigência encerrada)

Art. 11. (VETADO)

Art. 12. Compete ao CONTRAN:

I - estabelecer as normas regulamentares referidas neste Código e as diretrizes da Política Nacional de Trânsito;

II - coordenar os órgãos do Sistema Nacional de Trânsito, objetivando a integração de suas atividades;

III - (VETADO)

IV - criar Câmaras Temáticas;

V - estabelecer seu regimento interno e as diretrizes para o funcionamento dos CETRAN e CONTRANDIFE;

VI - estabelecer as diretrizes do regimento das JARI;

VII - zelar pela uniformidade e cumprimento das normas contidas neste Código e nas resoluções complementares;

VIII - estabelecer e normatizar os procedimentos para a aplicação das multas por infrações, a arrecadação e o repasse dos valores arrecadados; (Redação dada pela Lei nº 13.281, de 2016)

IX - responder às consultas que lhe forem formuladas, relativas à aplicação da legislação de trânsito;

X - normatizar os procedimentos sobre a aprendizagem, habilitação, expedição de documentos de condutores, e registro e licenciamento de veículos;

XI - aprovar, complementar ou alterar os dispositivos de sinalização e os dispositivos e equipamentos de trânsito;

XII - apreciar os recursos interpostos contra as decisões das instâncias inferiores, na forma deste Código;

XIII - avocar, para análise e soluções, processos sobre conflitos de competência ou circunscrição, ou, quando necessário, unificar as decisões administrativas; e

XIV - dirimir conflitos sobre circunscrição e competência de trânsito no âmbito da União, dos Estados e do Distrito Federal.

XV - normatizar o processo de formação do candidato à obtenção da Carteira Nacional de Habilitação, estabelecendo seu conteúdo didático-pedagógico, carga horária, avaliações, exames, execução e fiscalização. (Incluído pela Lei nº 13.281, de 2016)

Art. 13. As Câmaras Temáticas, órgãos técnicos vinculados ao CONTRAN, são integradas por especialistas e têm como objetivo estudar e oferecer sugestões e embasamento técnico sobre assuntos específicos para decisões daquele colegiado.

§ 1º Cada Câmara é constituída por especialistas representantes de órgãos e entidades executivos da União, dos Estados, ou do Distrito Federal e dos Municípios, em igual número, pertencentes ao Sistema Nacional de Trânsito, além de especialistas representantes dos diversos segmentos da sociedade relacionados com o trânsito, todos indicados segundo regimento específico definido pelo CONTRAN e designados pelo ministro ou dirigente coordenador máximo do Sistema Nacional de Trânsito.

§ 2º Os segmentos da sociedade, relacionados no parágrafo anterior, serão representados por pessoa jurídica e devem atender aos requisitos estabelecidos pelo CONTRAN.

§ 3º Os coordenadores das Câmaras Temáticas serão eleitos pelos respectivos membros.

§ 4º (VETADO)

I - (VETADO)

II - (VETADO)

III - (VETADO)

IV - (VETADO)

Art. 14. Compete aos Conselhos Estaduais de Trânsito - CETRAN e ao Conselho de Trânsito do Distrito Federal - CONTRANDIFE:

I - cumprir e fazer cumprir a legislação e as normas de trânsito, no âmbito das respectivas atribuições;

II - elaborar normas no âmbito das respectivas competências;

III - responder a consultas relativas à aplicação da legislação e dos procedimentos normativos de trânsito;

IV - estimular e orientar a execução de campanhas educativas de trânsito;

V - julgar os recursos interpostos contra decisões:

a) das JARI;

b) dos órgãos e entidades executivos estaduais, nos casos de inaptidão permanente constatados nos exames de aptidão física, mental ou psicológica;

VI - indicar um representante para compor a comissão examinadora de candidatos portadores de deficiência física à habilitação para conduzir veículos automotores;

VII - (VETADO)

VIII - acompanhar e coordenar as atividades de administração, educação, engenharia, fiscalização, policiamento ostensivo de trânsito, formação de condutores, registro e licenciamento de veículos, articulando os órgãos do Sistema no Estado, reportando-se ao CONTRAN;

IX - dirimir conflitos sobre circunscrição e competência de trânsito no âmbito dos Municípios; e

X - informar o CONTRAN sobre o cumprimento das exigências definidas nos §§ 1º e 2º do art. 333.

XI - designar, em caso de recursos deferidos e na hipótese de reavaliação dos exames, junta especial de saúde para examinar os candidatos à habilitação para conduzir veículos automotores. (Incluído pela Lei nº 9.602, de 1998)

Parágrafo único. Dos casos previstos no inciso V, julgados pelo órgão, não cabe recurso na esfera administrativa.

Art. 15. Os presidentes dos CETRAN e do CONTRANDIFE são nomeados pelos Governadores dos Estados e do Distrito Federal, respectivamente, e deverão ter reconhecida experiência em matéria de trânsito.

§ 1º Os membros dos CETRAN e do CONTRANDIFE são nomeados pelos Governadores dos Estados e do Distrito Federal, respectivamente.

§ 2º Os membros do CETRAN e do CONTRANDIFE deverão ser pessoas de reconhecida experiência em trânsito.

§ 3º O mandato dos membros do CETRAN e do CONTRANDIFE é de dois anos, admitida a recondução.

Art. 16. Junto a cada órgão ou entidade executivos de trânsito ou rodoviário funcionarão Juntas Administrativas de Recursos de Infrações - JARI, órgãos colegiados responsáveis pelo julgamento dos recursos interpostos contra penalidades por eles impostas.

Parágrafo único. As JARI têm regimento próprio, observado o disposto no inciso VI do art. 12, e apoio administrativo e financeiro do órgão ou entidade junto ao qual funcionem.

Art. 17. Compete às JARI:

I - julgar os recursos interpostos pelos infratores;

II - solicitar aos órgãos e entidades executivos de trânsito e executivos rodoviários informações complementares relativas aos recursos, objetivando uma melhor análise da situação recorrida;

III - encaminhar aos órgãos e entidades executivos de trânsito e executivos rodoviários informações sobre problemas observados nas autuações e apontados em recursos, e que se repitam sistematicamente.

Art. 18. (VETADO)

Art. 19. Compete ao órgão máximo executivo de trânsito da União:

I - cumprir e fazer cumprir a legislação de trânsito e a execução das normas e diretrizes estabelecidas pelo CONTRAN, no âmbito de suas atribuições;

II - proceder à supervisão, à coordenação, à correição dos órgãos delegados, ao controle e à fiscalização da execução da Política

Nacional de Trânsito e do Programa Nacional de Trânsito;

III – articular-se com os órgãos dos Sistemas Nacionais de Trânsito, de Transporte e de Segurança Pública, objetivando o combate à violência no trânsito, promovendo, coordenando e executando o controle de ações para a preservação do ordenamento e da segurança do trânsito;

IV – apurar, prevenir e reprimir a prática de atos de improbidade contra a fé pública, o patrimônio, ou a administração pública ou privada, referentes à segurança do trânsito;

V – supervisionar a implantação de projetos e programas relacionados com a engenharia, educação, administração, policiamento e fiscalização do trânsito e outros, visando à uniformidade de procedimento;

VI – estabelecer procedimentos sobre a aprendizagem e habilitação de condutores de veículos, a expedição de documentos de condutores, de registro e licenciamento de veículos;

VII – expedir a Permissão para Dirigir, a Carteira Nacional de Habilitação, os Certificados de Registro e o de Licenciamento Anual mediante delegação aos órgãos executivos dos Estados e do Distrito Federal;

VIII – organizar e manter o Registro Nacional de Carteiras de Habilitação – RENACH;

IX – organizar e manter o Registro Nacional de Veículos Automotores – RENAVAM;

X – organizar a estatística geral de trânsito no território nacional, definindo os dados a serem fornecidos pelos demais órgãos e promover sua divulgação;

XI – estabelecer modelo padrão de coleta de informações sobre as ocorrências de acidentes de trânsito e as estatísticas do trânsito;

XII – administrar fundo de âmbito nacional destinado à segurança e à educação de trânsito;

XIII – coordenar a administração do registro das infrações de trânsito, da pontuação e das penalidades aplicadas no prontuário do infrator, da arrecadação de multas e do repasse de que trata o § 1º do art. 320; (Redação dada pela Lei nº 13.281, de 2016)

XIV – fornecer aos órgãos e entidades do Sistema Nacional de Trânsito informações sobre registros de veículos e de condutores, mantendo o fluxo permanente de informações com os demais órgãos do Sistema;

XV – promover, em conjunto com os órgãos competentes do Ministério da Educação e do Desporto, de acordo com as diretrizes do CONTRAN, a elaboração e a implementação de programas de educação de trânsito nos estabelecimentos de ensino;

XVI – elaborar e distribuir conteúdos programáticos para a educação de trânsito;

XVII – promover a divulgação de trabalhos técnicos sobre o trânsito;

XVIII – elaborar, juntamente com os demais órgãos e entidades do Sistema Nacional de Trânsito, e submeter à aprovação do CONTRAN, a complementação ou alteração da sinalização e dos dispositivos e equipamentos de trânsito;

XIX – organizar, elaborar, complementar e alterar os manuais e normas de projetos de implementação da sinalização, dos dispositivos e equipamentos de trânsito aprovados pelo CONTRAN;

XX – expedir a permissão internacional para conduzir veículo e o certificado de passagem nas alfândegas mediante delegação aos órgãos executivos dos Estados e do Distrito Federal ou a entidade habilitada para esse fim pelo poder público federal; (Redação dada pela lei nº 13.258, de 2016)

XXI – promover a realização periódica de reuniões regionais e congressos nacionais de trânsito, bem como propor a representação do Brasil em congressos ou reuniões internacionais;

XXII – propor acordos de cooperação com organismos internacionais, com vistas ao aperfeiçoamento das ações inerentes à segurança e educação de trânsito;

XXIII – elaborar projetos e programas de formação, treinamento e especialização do pessoal encarregado da execução das atividades de engenharia, educação, policiamento ostensivo, fiscalização, operação e administração de trânsito, propondo medidas que estimulem a pesquisa científica e o ensino técnico-profissional de interesse do trânsito, e promovendo a sua realização;

XXIV – opinar sobre assuntos relacionados ao trânsito interestadual e internacional;

XXV – elaborar e submeter à aprovação do CONTRAN as normas e requisitos de segurança veicular para fabricação e montagem de veículos, consoante sua destinação;

XXVI – estabelecer procedimentos para a concessão do código marca-modelo dos veículos para efeito de registro, emplacamento e licenciamento;

XXVII – instruir os recursos interpostos das decisões do CONTRAN, ao ministro ou dirigente coordenador máximo do Sistema Nacional de Trânsito;

XXVIII – estudar os casos omissos na legislação de trânsito e submetê-los, com proposta de solução, ao Ministério ou órgão coordenador máximo do Sistema Nacional de Trânsito;

XXIX – prestar suporte técnico, jurídico, administrativo e financeiro ao CONTRAN.

XXX – organizar e manter o Registro Nacional de Infrações de Trânsito (RENAINF). (Incluído pela Lei nº 13.281, de 2016)

§ 1º Comprovada, por meio de sindicância, a deficiência técnica ou administrativa ou a prática constante de atos de improbidade contra a fé pública, contra o patrimônio ou contra a administração pública, o órgão executivo de trânsito da União, mediante aprovação do CONTRAN, assumirá diretamente ou por delegação, a execução total ou parcial das atividades do órgão executivo de trânsito estadual que tenha motivado a investigação, até que as irregularidades sejam sanadas.

§ 2º O regimento interno do órgão executivo de trânsito da União disporá sobre sua estrutura organizacional e seu funcionamento.

§ 3º Os órgãos e entidades executivos de trânsito e executivos rodoviários da União, dos Estados, do Distrito Federal e dos Municípios fornecerão, obrigatoriamente, mês a mês, os dados estatísticos para os fins previstos no inciso X.

§ 4º (VETADO). (Incluído pela Lei nº 13.281, de 2016)

Art. 20. Compete à Polícia Rodoviária Federal, no âmbito das rodovias e estradas federais:

I – cumprir e fazer cumprir a legislação e as normas de trânsito, no âmbito de suas atribuições;

II – realizar o patrulhamento ostensivo, executando operações relacionadas com a segurança pública, com o objetivo de preservar a ordem, incolumidade das pessoas, o patrimônio da União e o de terceiros;

III – aplicar e arrecadar as multas impostas por infrações de trânsito, as medidas administrativas decorrentes e os valores provenientes de estada e remoção de veículos, objetos, animais e escolta de veículos de cargas superdimensionadas ou perigosas;

IV – efetuar levantamento dos locais de acidentes de trânsito e dos serviços de atendimento, socorro e salvamento de vítimas;

V – credenciar os serviços de escolta, fiscalizar e adotar medidas de segurança relativas aos serviços de remoção de veículos, escolta e transporte de carga indivisível;

VI – assegurar a livre circulação nas rodovias federais, podendo solicitar ao órgão rodoviário a adoção de medidas emergenciais, e zelar pelo cumprimento das normas legais relativas ao direito de vizinhança, promovendo a interdição de construções e instalações não autorizadas;

VII – coletar dados estatísticos e elaborar estudos sobre acidentes de trânsito e suas causas, adotando ou indicando medidas operacionais preventivas e encaminhando-os ao órgão rodoviário federal;

VIII – implementar as medidas da Política Nacional de Segurança e Educação de Trânsito;

IX – promover e participar de projetos e programas de educação e segurança, de acordo com as diretrizes estabelecidas pelo CONTRAN;

X – integrar-se a outros órgãos e entidades do Sistema Nacional de Trânsito para fins de arrecadação e compensação de multas impostas na área de sua competência, com vistas à unificação do licenciamento, à simplificação e à celeridade das transferências de veículos e de prontuários de condutores de uma para outra unidade da Federação;

XI – fiscalizar o nível de emissão de poluentes e ruído produzidos pelos veículos automotores ou pela sua carga, de acordo com o estabelecido no art. 66, além de dar apoio, quando solicitado, às ações específicas dos órgãos ambientais.

Art. 21. Compete aos órgãos e entidades executivos rodoviários da União, dos Estados, do Distrito Federal e dos Municípios, no âmbito de sua circunscrição:

I - cumprir e fazer cumprir a legislação e as normas de trânsito, no âmbito de suas atribuições;

II - planejar, projetar, regulamentar e operar o trânsito de veículos, de pedestres e de animais, e promover o desenvolvimento da circulação e da segurança de ciclistas;

III - implantar, manter e operar o sistema de sinalização, os dispositivos e os equipamentos de controle viário;

IV - coletar dados e elaborar estudos sobre os acidentes de trânsito e suas causas;

V - estabelecer, em conjunto com os órgãos de policiamento ostensivo de trânsito, as respectivas diretrizes para o policiamento ostensivo de trânsito;

VI - executar a fiscalização de trânsito, autuar, aplicar as penalidades de advertência, por escrito, e ainda as multas e medidas administrativas cabíveis, notificando os infratores e arrecadando as multas que aplicar;

VII - arrecadar valores provenientes de estada e remoção de veículos e objetos, e escolta de veículos de cargas superdimensionadas ou perigosas;

VIII - fiscalizar, autuar, aplicar as penalidades e medidas administrativas cabíveis, relativas a infrações por excesso de peso, dimensões e lotação dos veículos, bem como notificar e arrecadar as multas que aplicar;

IX - fiscalizar o cumprimento da norma contida no art. 95, aplicando as penalidades e arrecadando as multas nele previstas;

X - implementar as medidas da Política Nacional de Trânsito e do Programa Nacional de Trânsito;

XI - promover e participar de projetos e programas de educação e segurança, de acordo com as diretrizes estabelecidas pelo CONTRAN;

XII - integrar-se a outros órgãos e entidades do Sistema Nacional de Trânsito para fins de arrecadação e compensação de multas impostas na área de sua competência, com vistas à unificação do licenciamento, à simplificação e à celeridade das transferências de veículos e de prontuários de condutores de uma para outra unidade da Federação;

XIII - fiscalizar o nível de emissão de poluentes e ruído produzidos pelos veículos automotores ou pela sua carga, de acordo com o estabelecido no art. 66, além de dar apoio às ações específicas dos órgãos ambientais locais, quando solicitado;

XIV - vistoriar veículos que necessitem de autorização especial para transitar e estabelecer os requisitos técnicos a serem observados para a circulação desses veículos.

Parágrafo único. (VETADO)

Art. 22. Compete aos órgãos ou entidades executivos de trânsito dos Estados e do Distrito Federal, no âmbito de sua circunscrição:

I - cumprir e fazer cumprir a legislação e as normas de trânsito, no âmbito das respectivas atribuições;

II - realizar, fiscalizar e controlar o processo de formação, aperfeiçoamento, reciclagem e suspensão de condutores, expedir e cassar Licença de Aprendizagem, Permissão para Dirigir e Carteira Nacional de Habilitação, mediante delegação do órgão federal competente;

III - vistoriar, inspecionar quanto às condições de segurança veicular, registrar, emplacar, selar a placa, e licenciar veículos, expedindo o Certificado de Registro e o Licenciamento Anual, mediante delegação do órgão federal competente;

IV - estabelecer, em conjunto com as Polícias Militares, as diretrizes para o policiamento ostensivo de trânsito;

V - executar a fiscalização de trânsito, autuar e aplicar as medidas administrativas cabíveis pelas infrações previstas neste Código, excetuadas aquelas relacionadas nos incisos VI e VIII do art. 24, no exercício regular do Poder de Polícia de Trânsito;

VI - aplicar as penalidades por infrações previstas neste Código, com exceção daquelas relacionadas nos incisos VII e VIII do art.

24, notificando os infratores e arrecadando as multas que aplicar;

VII – arrecadar valores provenientes de estada e remoção de veículos e objetos;

VIII – comunicar ao órgão executivo de trânsito da União a suspensão e a cassação do direito de dirigir e o recolhimento da Carteira Nacional de Habilitação;

IX – coletar dados estatísticos e elaborar estudos sobre acidentes de trânsito e suas causas;

X – credenciar órgãos ou entidades para a execução de atividades previstas na legislação de trânsito, na forma estabelecida em norma do CONTRAN;

XI – implementar as medidas da Política Nacional de Trânsito e do Programa Nacional de Trânsito;

XII – promover e participar de projetos e programas de educação e segurança de trânsito de acordo com as diretrizes estabelecidas pelo CONTRAN;

XIII – integrar-se a outros órgãos e entidades do Sistema Nacional de Trânsito para fins de arrecadação e compensação de multas impostas na área de sua competência, com vistas à unificação do licenciamento, à simplificação e à celeridade das transferências de veículos e de prontuários de condutores de uma para outra unidade da Federação;

XIV – fornecer, aos órgãos e entidades executivos de trânsito e executivos rodoviários municipais, os dados cadastrais dos veículos registrados e dos condutores habilitados, para fins de imposição e notificação de penalidades e de arrecadação de multas nas áreas de suas competências;

XV – fiscalizar o nível de emissão de poluentes e ruído produzidos pelos veículos automotores ou pela sua carga, de acordo com o estabelecido no art. 66, além de dar apoio, quando solicitado, às ações específicas dos órgãos ambientais locais;

XVI – articular-se com os demais órgãos do Sistema Nacional de Trânsito no Estado, sob coordenação do respectivo CETRAN.

Art. 23. Compete às Polícias Militares dos Estados e do Distrito Federal:

I – (VETADO)

II – (VETADO)

III – executar a fiscalização de trânsito, quando e conforme convênio firmado, como agente do órgão ou entidade executivos de trânsito ou executivos rodoviários, concomitantemente com os demais agentes credenciados;

IV – (VETADO)

V – (VETADO)

VI – (VETADO)

VII – (VETADO)

Parágrafo único. (VETADO)

Art. 24. Compete aos órgãos e entidades executivos de trânsito dos Municípios, no âmbito de sua circunscrição: (Redação dada pela Lei nº 13.154, de 2015)

I – cumprir e fazer cumprir a legislação e as normas de trânsito, no âmbito de suas atribuições;

II – planejar, projetar, regulamentar e operar o trânsito de veículos, de pedestres e de animais, e promover o desenvolvimento da circulação e da segurança de ciclistas;

III – implantar, manter e operar o sistema de sinalização, os dispositivos e os equipamentos de controle viário;

IV – coletar dados estatísticos e elaborar estudos sobre os acidentes de trânsito e suas causas;

V – estabelecer, em conjunto com os órgãos de polícia ostensiva de trânsito, as diretrizes para o policiamento ostensivo de trânsito;

VI – executar a fiscalização de trânsito em vias terrestres, edificações de uso público e edificações privadas de uso coletivo, autuar e aplicar as medidas administrativas cabíveis e as penalidades de advertência por escrito e multa, por infrações de circulação, estacionamento e parada previstas neste Código, no exercício regular do poder de polícia de trânsito, notificando os infratores e arrecadando as multas que aplicar, exercendo iguais atribuições no âmbito de edificações privadas de uso coletivo, somente para infrações de uso de vagas reservadas em estacionamentos; (Redação dada pela Lei nº 13.281, de 2016)

VII – aplicar as penalidades de advertência por escrito e multa, por infrações de circulação, estacionamento e parada previstas neste Código, notificando os infratores e arrecadando as multas que aplicar;

VIII - fiscalizar, autuar e aplicar as penalidades e medidas administrativas cabíveis relativas a infrações por excesso de peso, dimensões e lotação dos veículos, bem como notificar e arrecadar as multas que aplicar;

IX - fiscalizar o cumprimento da norma contida no art. 95, aplicando as penalidades e arrecadando as multas nele previstas;

X - implantar, manter e operar sistema de estacionamento rotativo pago nas vias;

XI - arrecadar valores provenientes de estada e remoção de veículos e objetos, e escolta de veículos de cargas superdimensionadas ou perigosas;

XII - credenciar os serviços de escolta, fiscalizar e adotar medidas de segurança relativas aos serviços de remoção de veículos, escolta e transporte de carga indivisível;

XIII - integrar-se a outros órgãos e entidades do Sistema Nacional de Trânsito para fins de arrecadação e compensação de multas impostas na área de sua competência, com vistas à unificação do licenciamento, à simplificação e à celeridade das transferências de veículos e de prontuários dos condutores de uma para outra unidade da Federação;

XIV - implantar as medidas da Política Nacional de Trânsito e do Programa Nacional de Trânsito;

XV - promover e participar de projetos e programas de educação e segurança de trânsito de acordo com as diretrizes estabelecidas pelo CONTRAN;

XVI - planejar e implantar medidas para redução da circulação de veículos e reorientação do tráfego, com o objetivo de diminuir a emissão global de poluentes;

XVII - registrar e licenciar, na forma da legislação, veículos de tração e propulsão humana e de tração animal, fiscalizando, autuando, aplicando penalidades e arrecadando multas decorrentes de infrações; (Redação dada pela Lei nº 13.154, de 2015)

XVIII - conceder autorização para conduzir veículos de propulsão humana e de tração animal;

XIX - articular-se com os demais órgãos do Sistema Nacional de Trânsito no Estado, sob coordenação do respectivo CETRAN;

XX - fiscalizar o nível de emissão de poluentes e ruído produzidos pelos veículos automotores ou pela sua carga, de acordo com o estabelecido no art. 66, além de dar apoio às ações específicas de órgão ambiental local, quando solicitado;

XXI - vistoriar veículos que necessitem de autorização especial para transitar e estabelecer os requisitos técnicos a serem observados para a circulação desses veículos.

§ 1º As competências relativas a órgão ou entidade municipal serão exercidas no Distrito Federal por seu órgão ou entidade executivos de trânsito.

§ 2º Para exercer as competências estabelecidas neste artigo, os Municípios deverão integrar-se ao Sistema Nacional de Trânsito, conforme previsto no art. 333 deste Código.

Art. 25. Os órgãos e entidades executivos do Sistema Nacional de Trânsito poderão celebrar convênio delegando as atividades previstas neste Código, com vistas à maior eficiência e à segurança para os usuários da via.

Parágrafo único. Os órgãos e entidades de trânsito poderão prestar serviços de capacitação técnica, assessoria e monitoramento das atividades relativas ao trânsito durante prazo a ser estabelecido entre as partes, com ressarcimento dos custos apropriados.

CAPÍTULO III

DAS NORMAS GERAIS DE CIRCULAÇÃO E CONDUTA

Art. 26. Os usuários das vias terrestres devem:

I - abster-se de todo ato que possa constituir perigo ou obstáculo para o trânsito de veículos, de pessoas ou de animais, ou ainda causar danos a propriedades públicas ou privadas;

II - abster-se de obstruir o trânsito ou torná-lo perigoso, atirando, depositando ou abandonando na via objetos ou substâncias, ou nela criando qualquer outro obstáculo.

Art. 27. Antes de colocar o veículo em circulação nas vias públicas, o condutor deverá verificar a existência e as boas condições de funcionamento dos equipamentos de uso obrigatório, bem como assegurar-se da existência de combustível suficiente para chegar ao local de destino.

Art. 28. O condutor deverá, a todo momento, ter domínio de seu veículo, dirigindo-o com atenção e cuidados indispensáveis à segurança do trânsito.

Art. 29. O trânsito de veículos nas vias terrestres abertas à circulação obedecerá às seguintes normas:

I – a circulação far-se-á pelo lado direito da via, admitindo-se as exceções devidamente sinalizadas;

II – o condutor deverá guardar distância de segurança lateral e frontal entre o seu e os demais veículos, bem como em relação ao bordo da pista, considerando-se, no momento, a velocidade e as condições do local, da circulação, do veículo e as condições climáticas;

III – quando veículos, transitando por fluxos que se cruzem, se aproximarem de local não sinalizado, terá preferência de passagem:

a) no caso de apenas um fluxo ser proveniente de rodovia, aquele que estiver circulando por ela;

b) no caso de rotatória, aquele que estiver circulando por ela;

c) nos demais casos, o que vier pela direita do condutor;

IV – quando uma pista de rolamento comportar várias faixas de circulação no mesmo sentido, são as da direita destinadas ao deslocamento dos veículos mais lentos e de maior porte, quando não houver faixa especial a eles destinada, e as da esquerda, destinadas à ultrapassagem e ao deslocamento dos veículos de maior velocidade;

V – o trânsito de veículos sobre passeios, calçadas e nos acostamentos, só poderá ocorrer para que se adentre ou se saia dos imóveis ou áreas especiais de estacionamento;

VI – os veículos precedidos de batedores terão prioridade de passagem, respeitadas as demais normas de circulação;

VII – os veículos destinados a socorro de incêndio e salvamento, os de polícia, os de fiscalização e operação de trânsito e as ambulâncias, além de prioridade de trânsito, gozam de livre circulação, estacionamento e parada, quando em serviço de urgência e devidamente identificados por dispositivos regulamentares de alarme sonoro e iluminação vermelha intermitente, observadas as seguintes disposições:

a) quando os dispositivos estiverem acionados, indicando a proximidade dos veículos, todos os condutores deverão deixar livre a passagem pela faixa da esquerda, indo para a direita da via e parando, se necessário;

b) os pedestres, ao ouvir o alarme sonoro, deverão aguardar no passeio, só atravessando a via quando o veículo já tiver passado pelo local;

c) o uso de dispositivos de alarme sonoro e de iluminação vermelha intermitente só poderá ocorrer quando da efetiva prestação de serviço de urgência;

d) a prioridade de passagem na via e no cruzamento deverá se dar com velocidade reduzida e com os devidos cuidados de segurança, obedecidas as demais normas deste Código;

VIII – os veículos prestadores de serviços de utilidade pública, quando em atendimento na via, gozam de livre parada e estacionamento no local da prestação de serviço, desde que devidamente sinalizados, devendo estar identificados na forma estabelecida pelo CONTRAN;

IX – a ultrapassagem de outro veículo em movimento deverá ser feita pela esquerda, obedecida a sinalização regulamentar e as demais normas estabelecidas neste Código, exceto quando o veículo a ser ultrapassado estiver sinalizando o propósito de entrar à esquerda;

X – todo condutor deverá, antes de efetuar uma ultrapassagem, certificar-se de que:

a) nenhum condutor que venha atrás haja começado uma manobra para ultrapassá-lo;

b) quem o precede na mesma faixa de trânsito não haja indicado o propósito de ultrapassar um terceiro;

c) a faixa de trânsito que vai tomar esteja livre numa extensão suficiente para que sua manobra não ponha em perigo ou obstrua o trânsito que venha em sentido contrário;

XI – todo condutor ao efetuar a ultrapassagem deverá:

a) indicar com antecedência a manobra pretendida, acionando a luz indicadora de direção do veículo ou por meio de gesto convencional de braço;

b) afastar-se do usuário ou usuários aos quais ultrapassa, de tal forma que deixe livre uma distância lateral de segurança;

c) retomar, após a efetivação da manobra, a faixa de trânsito de origem, acionando a luz indicadora de direção do veículo ou fazendo gesto convencional de braço, adotando os cuidados necessários para não pôr em perigo ou obstruir o trânsito dos veículos que ultrapassou;

XII – os veículos que se deslocam sobre trilhos terão preferência de passagem sobre os demais, respeitadas as normas de circulação.

XIII – (VETADO). (Incluído pela Lei nº 13.281, de 2016)

§ 1º As normas de ultrapassagem previstas nas alíneas a e b do inciso X e a e b do inciso XI aplicam-se à transposição de faixas, que pode ser realizada tanto pela faixa da esquerda como pela da direita.

§ 2º Respeitadas as normas de circulação e conduta estabelecidas neste artigo, em ordem decrescente, os veículos de maior porte serão sempre responsáveis pela segurança dos menores, os motorizados pelos não motorizados e, juntos, pela incolumidade dos pedestres.

Art. 30. Todo condutor, ao perceber que outro que o segue tem o propósito de ultrapassá-lo, deverá:

I – se estiver circulando pela faixa da esquerda, deslocar-se para a faixa da direita, sem acelerar a marcha;

II – se estiver circulando pelas demais faixas, manter-se naquela na qual está circulando, sem acelerar a marcha.

Parágrafo único. Os veículos mais lentos, quando em fila, deverão manter distância suficiente entre si para permitir que veículos que os ultrapassem possam se intercalar na fila com segurança.

Art. 31. O condutor que tenha o propósito de ultrapassar um veículo de transporte coletivo que esteja parado, efetuando embarque ou desembarque de passageiros, deverá reduzir a velocidade, dirigindo com atenção redobrada ou parar o veículo com vistas à segurança dos pedestres.

Art. 32. O condutor não poderá ultrapassar veículos em vias com duplo sentido de direção e pista única, nos trechos em curvas e em aclives sem visibilidade suficiente, nas passagens de nível, nas pontes e viadutos e nas travessias de pedestres, exceto quando houver sinalização permitindo a ultrapassagem.

Art. 33. Nas interseções e suas proximidades, o condutor não poderá efetuar ultrapassagem.

Art. 34. O condutor que queira executar uma manobra deverá certificar-se de que pode executá-la sem perigo para os demais usuários da via que o seguem, precedem ou vão cruzar com ele, considerando sua posição, sua direção e sua velocidade.

Art. 35. Antes de iniciar qualquer manobra que implique um deslocamento lateral, o condutor deverá indicar seu propósito de forma clara e com a devida antecedência, por meio da luz indicadora de direção de seu veículo, ou fazendo gesto convencional de braço.

Parágrafo único. Entende-se por deslocamento lateral a transposição de faixas, movimentos de conversão à direita, à esquerda e retornos.

Art. 36. O condutor que for ingressar numa via, procedente de um lote lindeiro a essa via, deverá dar preferência aos veículos e pedestres que por ela estejam transitando.

Art. 37. Nas vias providas de acostamento, a conversão à esquerda e a operação de retorno deverão ser feitas nos locais apropriados e, onde estes não existirem, o condutor deverá aguardar no acostamento, à direita, para cruzar a pista com segurança.

Art. 38. Antes de entrar à direita ou à esquerda, em outra via ou em lotes lindeiros, o condutor deverá:

I – ao sair da via pelo lado direito, aproximar-se o máximo possível do bordo direito da pista e executar sua manobra no menor espaço possível;

II – ao sair da via pelo lado esquerdo, aproximar-se o máximo possível de seu eixo ou da linha divisória da pista, quando houver, caso se trate de uma pista com circulação nos dois sentidos, ou do bordo esquerdo, tratando-se de uma pista de um só sentido.

Parágrafo único. Durante a manobra de mudança de direção, o condutor deverá ceder passagem aos pedestres e ciclistas, aos veículos que transitem em sentido contrário pela pista da via da qual vai sair, respeitadas as normas de preferência de passagem.

Art. 39. Nas vias urbanas, a operação de retorno deverá ser feita nos locais para isto determinados, quer por meio de sinalização, quer pela existência de locais apropriados, ou, ainda, em outros locais que ofereçam condições de segurança e fluidez, observadas as características da via, do veículo, das condições meteorológicas e da movimentação de pedestres e ciclistas.

Art. 40. O uso de luzes em veículo obedecerá às seguintes determinações:

I – o condutor manterá acesos os faróis do veículo, utilizando luz baixa, durante a noite e durante o dia nos túneis providos de iluminação pública e nas rodovias; (Redação dada pela Lei nº 13.290, de 2016)

II – nas vias não iluminadas o condutor deve usar luz alta, exceto ao cruzar com outro veículo ou ao segui-lo;

III – a troca de luz baixa e alta, de forma intermitente e por curto período de tempo, com o objetivo de advertir outros motoristas, só poderá ser utilizada para indicar a intenção de ultrapassar o veículo que segue à frente ou para indicar a existência de risco à segurança para os veículos que circulam no sentido contrário;

IV – o condutor manterá acesas pelo menos as luzes de posição do veículo quando sob chuva forte, neblina ou cerração;

V – O condutor utilizará o pisca-alerta nas seguintes situações:

a) em imobilizações ou situações de emergência;

b) quando a regulamentação da via assim o determinar;

VI – durante a noite, em circulação, o condutor manterá acesa a luz de placa;

VII – o condutor manterá acesas, à noite, as luzes de posição quando o veículo estiver parado para fins de embarque ou desembarque de passageiros e carga ou descarga de mercadorias.

Parágrafo único. Os veículos de transporte coletivo regular de passageiros, quando circularem em faixas próprias a eles destinadas, e os ciclos motorizados deverão utilizar-se de farol de luz baixa durante o dia e a noite.

Art. 41. O condutor de veículo só poderá fazer uso de buzina, desde que em toque breve, nas seguintes situações:

I – para fazer as advertências necessárias a fim de evitar acidentes;

II – fora das áreas urbanas, quando for conveniente advertir a um condutor que se tem o propósito de ultrapassá-lo.

Art. 42. Nenhum condutor deverá frear bruscamente seu veículo, salvo por razões de segurança.

Art. 43. Ao regular a velocidade, o condutor deverá observar constantemente as condições físicas da via, do veículo e da carga, as condições meteorológicas e a intensidade do trânsito, obedecendo aos limites máximos de velocidade estabelecidos para a via, além de:

I – não obstruir a marcha normal dos demais veículos em circulação sem causa justificada, transitando a uma velocidade anormalmente reduzida;

II – sempre que quiser diminuir a velocidade de seu veículo deverá antes certificar-se de que pode fazê-lo sem risco nem inconvenientes para os outros condutores, a não ser que haja perigo iminente;

III – indicar, de forma clara, com a antecedência necessária e a sinalização devida, a manobra de redução de velocidade.

Art. 44. Ao aproximar-se de qualquer tipo de cruzamento, o condutor do veículo deve demonstrar prudência especial, transitando em velocidade moderada, de forma que possa deter seu veículo com segurança para dar passagem a pedestre e a veículos que tenham o direito de preferência.

Art. 45. Mesmo que a indicação luminosa do semáforo lhe seja favorável, nenhum condutor pode entrar em uma interseção se houver possibilidade de ser obrigado a imobilizar o veículo na área do cruzamento, obstruindo ou impedindo a passagem do trânsito transversal.

Art. 46. Sempre que for necessária a imobilização temporária de um veículo no leito viário, em situação de emergência, deverá ser providenciada a imediata sinalização de advertência, na forma estabelecida pelo CONTRAN.

Art. 47. Quando proibido o estacionamento na via, a parada deverá restringir-se ao tempo indispensável para embarque ou desembarque de passageiros, desde que não interrompa ou perturbe o fluxo de veículos ou a locomoção de pedestres.

Parágrafo único. A operação de carga ou descarga será regulamentada pelo órgão ou entidade com circunscrição sobre a via e é considerada estacionamento.

Art. 48. Nas paradas, operações de carga ou descarga e nos estacionamentos, o veículo deverá ser posicionado no sentido do fluxo, paralelo ao bordo da pista de rolamento e junto à guia da calçada (meio-fio), admitidas as exceções devidamente sinalizadas.

§ 1º Nas vias providas de acostamento, os veículos parados, estacionados ou em operação de carga ou descarga deverão estar situados fora da pista de rolamento.

§ 2º O estacionamento dos veículos motorizados de duas rodas será feito em posição perpendicular à guia da calçada (meio-fio) e junto a ela, salvo quando houver sinalização que determine outra condição.

§ 3º O estacionamento dos veículos sem abandono do condutor poderá ser feito somente nos locais previstos neste Código ou naqueles regulamentados por sinalização específica.

Art. 49. O condutor e os passageiros não deverão abrir a porta do veículo, deixá-la aberta ou descer do veículo sem antes se certificarem de que isso não constitui perigo para eles e para outros usuários da via.

Parágrafo único. O embarque e o desembarque devem ocorrer sempre do lado da calçada, exceto para o condutor.

Art. 50. O uso de faixas laterais de domínio e das áreas adjacentes às estradas e rodovias obedecerá às condições de segurança do trânsito estabelecidas pelo órgão ou entidade com circunscrição sobre a via.

Art. 51. Nas vias internas pertencentes a condomínios constituídos por unidades autônomas, a sinalização de regulamentação da via será implantada e mantida às expensas do condomínio, após aprovação dos projetos pelo órgão ou entidade com circunscrição sobre a via.

Art. 52. Os veículos de tração animal serão conduzidos pela direita da pista, junto à guia da calçada (meio-fio) ou acostamento, sempre que não houver faixa especial a eles destinada, devendo seus condutores obedecer, no que couber, às normas de circulação previstas neste Código e às que vierem a ser fixadas pelo órgão ou entidade com circunscrição sobre a via.

Art. 53. Os animais isolados ou em grupos só podem circular nas vias quando conduzidos por um guia, observado o seguinte:

I – para facilitar os deslocamentos, os rebanhos deverão ser divididos em grupos de tamanho moderado e separados uns dos outros por espaços suficientes para não obstruir o trânsito;

II – os animais que circularem pela pista de rolamento deverão ser mantidos junto ao bordo da pista.

Art. 54. Os condutores de motocicletas, motonetas e ciclomotores só poderão circular nas vias:

I – utilizando capacete de segurança, com viseira ou óculos protetores;

II – segurando o guidom com as duas mãos;

III – usando vestuário de proteção, de acordo com as especificações do CONTRAN.

Art. 55. Os passageiros de motocicletas, motonetas e ciclomotores só poderão ser transportados:

I – utilizando capacete de segurança;

II – em carro lateral acoplado aos veículos ou em assento suplementar atrás do condutor;

III – usando vestuário de proteção, de acordo com as especificações do CONTRAN.

Art. 56. (VETADO)

Art. 57. Os ciclomotores devem ser conduzidos pela direita da pista de rolamento, preferencialmente no centro da faixa mais à direita ou no bordo direito da pista sempre que não houver acostamento ou faixa própria a eles destinada, proibida a sua circulação nas vias de trânsito rápido e sobre as calçadas das vias urbanas.

Parágrafo único. Quando uma via comportar duas ou mais faixas de trânsito e a da direita for destinada ao uso exclusivo de outro tipo de veículo, os ciclomotores deverão circular pela faixa adjacente à da direita.

Art. 58. Nas vias urbanas e nas rurais de pista dupla, a circulação de bicicletas deverá ocorrer, quando não houver ciclovia, ciclofaixa, ou acostamento, ou quando não for possível a utilização destes, nos bordos da pista de rolamento, no mesmo sentido de circulação regulamentado para a via, com preferência sobre os veículos automotores.

Parágrafo único. A autoridade de trânsito com circunscrição sobre a via poderá autorizar a circulação de bicicletas no sentido contrário ao fluxo dos veículos automotores, desde que dotado o trecho com ciclofaixa.

Art. 59. Desde que autorizado e devidamente sinalizado pelo órgão ou entidade com circunscrição sobre a via, será permitida a circulação de bicicletas nos passeios.

Art. 60. As vias abertas à circulação, de acordo com sua utilização, classificam-se em:

I – vias urbanas:

a) via de trânsito rápido;

b) via arterial;

c) via coletora;

d) via local;

II – vias rurais:

a) rodovias;

b) estradas.

Art. 61. A velocidade máxima permitida para a via será indicada por meio de sinalização, obedecidas suas características técnicas e as condições de trânsito.

§ 1º Onde não existir sinalização regulamentadora, a velocidade máxima será de:

I – nas vias urbanas:

a) oitenta quilômetros por hora, nas vias de trânsito rápido:

b) sessenta quilômetros por hora, nas vias arteriais;

c) quarenta quilômetros por hora, nas vias coletoras;

d) trinta quilômetros por hora, nas vias locais;

II – nas vias rurais:

a) nas rodovias de pista dupla: (Redação dada pela Lei nº 13.281, de 2016)

1. 110 km/h (cento e dez quilômetros por hora) para automóveis, camionetas e motocicletas; (Redação dada pela Lei nº 13.281, de 2016)

2. 90 km/h (noventa quilômetros por hora) para os demais veículos; (Redação dada pela Lei nº 13.281, de 2016)

3. (revogado); (Redação dada pela Lei nº 13.281, de 2016)

b) nas rodovias de pista simples: (Redação dada pela Lei nº 13.281, de 2016)

1. 100 km/h (cem quilômetros por hora) para automóveis, camionetas e motocicletas; (Incluído pela Lei nº 13.281, de 2016)

2. 90 km/h (noventa quilômetros por hora) para os demais veículos; (Incluído pela Lei nº 13.281, de 2016)

c) nas estradas: 60 km/h (sessenta quilômetros por hora). (Incluído pela Lei nº 13.281, de 2016)

§ 2º O órgão ou entidade de trânsito ou rodoviário com circunscrição sobre a via poderá regulamentar, por meio de sinalização, velocidades superiores ou inferiores àquelas estabelecidas no parágrafo anterior.

Art. 62. A velocidade mínima não poderá ser inferior à metade da velocidade máxima estabelecida, respeitadas as condições operacionais de trânsito e da via.

Art. 63. (VETADO)

Art. 64. As crianças com idade inferior a dez anos devem ser transportadas nos bancos traseiros, salvo exceções regulamentadas pelo CONTRAN.

Art. 65. É obrigatório o uso do cinto de segurança para condutor e passageiros em todas as vias do território nacional, salvo em situações regulamentadas pelo CONTRAN.

Art. 66. (VETADO)

Art. 67. As provas ou competições desportivas, inclusive seus ensaios, em via aberta à circulação, só poderão ser realizadas mediante prévia permissão da autoridade de trânsito com circunscrição sobre a via e dependerão de:

I – autorização expressa da respectiva confederação desportiva ou de entidades estaduais a ela filiadas;

II – caução ou fiança para cobrir possíveis danos materiais à via;

III – contrato de seguro contra riscos e acidentes em favor de terceiros;

IV – prévio recolhimento do valor correspondente aos custos operacionais em que o órgão ou entidade permissionária incorrerá.

Parágrafo único. A autoridade com circunscrição sobre a via arbitrará os valores mínimos da caução ou fiança e do contrato de seguro.

CAPÍTULO III-A

(Incluído Lei nº 12.619, de 2012)

DA CONDUÇÃO DE VEÍCULOS POR MOTORISTAS PROFISSIONAIS

Art. 67-A. O disposto neste Capítulo aplica-se aos motoristas profissionais: (Redação dada pela Lei nº 13.103, de 2015)

I – de transporte rodoviário coletivo de passageiros; (Incluído pela Lei nº 13.103, de 2015)

II – de transporte rodoviário de cargas. (Incluído pela Lei nº 13.103, de 2015)

§ 1º (Revogado). (Redação dada pela Lei nº 13.103, de 2015)

§ 2º (Revogado). (Redação dada pela Lei nº 13.103, de 2015)

§ 3º (Revogado). (Redação dada pela Lei nº 13.103, de 2015)

§ 4º (Revogado). (Redação dada pela Lei nº 13.103, de 2015)

§ 5º (Revogado). (Redação dada pela Lei nº 13.103, de 2015)

§ 6º (Revogado). (Redação dada pela Lei nº 13.103, de 2015)

§ 7º (Revogado). (Redação dada pela Lei nº 13.103, de 2015)

§ 8º (VETADO). (Incluído Lei nº 12.619, de 2012)

Art 67-B. VETADO). (Incluído Lei nº 12.619, de 2012)

Art. 67-C. É vedado ao motorista profissional dirigir por mais de 5 (cinco) horas e meia ininterruptas veículos de transporte rodoviário coletivo de passageiros ou de transporte rodoviário de cargas. (Redação dada pela Lei nº 13.103, de 2015)

§ 1º Serão observados 30 (trinta) minutos para descanso dentro de cada 6 (seis) horas na condução de veículo de transporte de carga, sendo facultado o seu fracionamento e o do tempo de direção desde que não ultrapassadas 5 (cinco) horas e meia contínuas no exercício da condução. (Incluído pela Lei nº 13.103, de 2015)

§ 1º-A. Serão observados 30 (trinta) minutos para descanso a cada 4 (quatro) horas na condução de veículo rodoviário de passageiros, sendo facultado o seu fracionamento e o do tempo de direção. (Incluído pela Lei nº 13.103, de 2015)

§ 2º Em situações excepcionais de inobservância justificada do tempo de direção, devidamente registradas, o tempo de direção poderá ser elevado pelo período necessário para que o condutor, o veículo e a carga cheguem a um lugar que ofereça a segurança e o atendimento demandados, desde que não haja comprometimento da segurança rodoviária. (Incluído pela Lei nº 13.103, de 2015)

§ 3º O condutor é obrigado, dentro do período de 24 (vinte e quatro) horas, a observar o mínimo de 11 (onze) horas de descanso, que podem ser fracionadas, usufruídas no veículo e coincidir com os intervalos mencionados no § 1º, observadas no primeiro período 8 (oito) horas ininterruptas de descanso. (Incluído pela Lei nº 13.103, de 2015)

§ 4º Entende-se como tempo de direção ou de condução apenas o período em que o condutor estiver efetivamente ao volante, em curso entre a origem e o destino. (Incluído pela Lei nº 13.103, de 2015)

§ 5º Entende-se como início de viagem a partida do veículo na ida ou no retorno, com ou sem carga, considerando-se como sua continuação as partidas nos dias subsequentes até o destino. (Incluído pela Lei nº 13.103, de 2015)

§ 6º O condutor somente iniciará uma viagem após o cumprimento integral do intervalo de descanso previsto no § 3º deste artigo. (Incluído pela Lei nº 13.103, de 2015)

§ 7º Nenhum transportador de cargas ou coletivo de passageiros, embarcador, consignatário de cargas, operador de terminais de carga, operador de transporte multimodal de cargas ou agente de cargas ordenará a qualquer motorista a seu serviço, ainda que subcontratado, que conduza veículo referido no caput sem a observância do disposto no § 6º. (Incluído pela Lei nº 13.103, de 2015)

Art. 67-D. (VETADO). (Incluído Lei nº 12.619, de 2012)

Art. 67-E. O motorista profissional é responsável por controlar e registrar o tempo de condução estipulado no art. 67-C, com vistas à sua estrita observância. (Incluído pela Lei nº 13.103, de 2015)

§ 1º A não observância dos períodos de descanso estabelecidos no art. 67-C sujeitará o motorista profissional às penalidades daí decorrentes, previstas neste Código. (Incluído pela Lei nº 13.103, de 2015)

§ 2º O tempo de direção será controlado mediante registrador instantâneo inalterável de velocidade e tempo e, ou por meio de anotação em diário de bordo, ou papeleta ou ficha de trabalho externo, ou por meios eletrônicos instalados no veículo, conforme norma do Contran. (Incluído pela Lei nº 13.103, de 2015)

§ 3º O equipamento eletrônico ou registrador deverá funcionar de forma independente de qualquer interferência do condutor, quanto aos dados registrados. (Incluído pela Lei nº 13.103, de 2015)

§ 4º A guarda, a preservação e a exatidão das informações contidas no equipamento registrador instantâneo inalterável de velocidade e de tempo são de responsabilidade do condutor. (Incluído pela Lei nº 13.103, de 2015)

CAPÍTULO IV

DOS PEDESTRES E CONDUTORES DE VEÍCULOS NÃO MOTORIZADOS

Art. 68. É assegurada ao pedestre a utilização dos passeios ou passagens apropriadas das vias urbanas e dos acostamentos das vias rurais para circulação, podendo a autoridade competente permitir a utilização de parte da calçada para outros fins, desde que não seja prejudicial ao fluxo de pedestres.

§ 1º O ciclista desmontado empurrando a bicicleta equipara-se ao pedestre em direitos e deveres.

§ 2º Nas áreas urbanas, quando não houver passeios ou quando não for possível a utilização destes, a circulação de pedestres na pista de rolamento será feita com prioridade sobre os veículos, pelos bordos da pista, em fila única, exceto em locais proibidos pela sinalização e nas situações em que a segurança ficar comprometida.

§ 3º Nas vias rurais, quando não houver acostamento ou quando não for possível a utilização dele, a circulação de pedestres, na pista de rolamento, será feita com prioridade sobre os veículos, pelos bordos da pista, em fila única, em sentido contrário ao deslocamento de veículos, exceto em locais proibidos pela sinalização e nas situações em que a segurança ficar comprometida.

§ 4º (VETADO)

§ 5º Nos trechos urbanos de vias rurais e nas obras de arte a serem construídas, deverá ser previsto passeio destinado à circulação dos pedestres, que não deverão, nessas condições, usar o acostamento.

§ 6º Onde houver obstrução da calçada ou da passagem para pedestres, o órgão ou entidade com circunscrição sobre a via deverá assegurar a devida sinalização e proteção para circulação de pedestres.

Art. 69. Para cruzar a pista de rolamento o pedestre tomará precauções de segurança, levando em conta, principalmente, a visibilidade, a distância e a velocidade dos veículos, utilizando sempre as faixas ou passagens a ele destinadas sempre que estas existirem numa distância de até cinquenta metros dele, observadas as seguintes disposições:

I – onde não houver faixa ou passagem, o cruzamento da via deverá ser feito em sentido perpendicular ao de seu eixo;

II – para atravessar uma passagem sinalizada para pedestres ou delimitada por marcas sobre a pista:

a) onde houver foco de pedestres, obedecer às indicações das luzes;

b) onde não houver foco de pedestres, aguardar que o semáforo ou o agente de trânsito interrompa o fluxo de veículos;

III – nas interseções e em suas proximidades, onde não existam faixas de travessia, os pedestres devem atravessar a via na continuação da calçada, observadas as seguintes normas:

a) não deverão adentrar na pista sem antes se certificar de que podem fazê-lo sem obstruir o trânsito de veículos;

b) uma vez iniciada a travessia de uma pista, os pedestres não deverão aumentar o seu percurso, demorar-se ou parar sobre ela sem necessidade.

Art. 70. Os pedestres que estiverem atravessando a via sobre as faixas delimitadas para esse fim terão prioridade de passagem, exceto nos locais com sinalização semafórica, onde deverão ser respeitadas as disposições deste Código.

Parágrafo único. Nos locais em que houver sinalização semafórica de controle de passagem será dada preferência aos pedestres que não tenham concluído a travessia, mesmo em caso de mudança do semáforo liberando a passagem dos veículos.

Art. 71. O órgão ou entidade com circunscrição sobre a via manterá, obrigatoriamente, as faixas e passagens de pedestres em boas condições de visibilidade, higiene, segurança e sinalização.

CAPÍTULO V

DO CIDADÃO

Art. 72. Todo cidadão ou entidade civil tem o direito de solicitar, por escrito, aos órgãos ou entidades do Sistema Nacional de Trânsito, sinalização, fiscalização e implantação de equipamentos de segurança, bem como sugerir alterações em normas, legislação e outros assuntos pertinentes a este Código.

Art. 73. Os órgãos ou entidades pertencentes ao Sistema Nacional de Trânsito têm o dever de analisar as solicitações e responder, por escrito, dentro de prazos mínimos, sobre a possibilidade ou não de atendimento, esclarecendo ou justificando a análise efetuada, e, se pertinente, informando ao solicitante quando tal evento ocorrerá.

Parágrafo único. As campanhas de trânsito devem esclarecer quais as atribuições dos órgãos e entidades pertencentes ao Sistema Nacional de Trânsito e como proceder a tais solicitações.

CAPÍTULO VI

DA EDUCAÇÃO PARA O TRÂNSITO

Art. 74. A educação para o trânsito é direito de todos e constitui dever prioritário para os componentes do Sistema Nacional de Trânsito.

§ 1º É obrigatória a existência de coordenação educacional em cada órgão ou entidade componente do Sistema Nacional de Trânsito.

§ 2º Os órgãos ou entidades executivos de trânsito deverão promover, dentro de sua estrutura organizacional ou mediante convênio, o funcionamento de Escolas Públicas de Trânsito, nos moldes e padrões estabelecidos pelo CONTRAN.

Art. 75. O CONTRAN estabelecerá, anualmente, os temas e os cronogramas das campanhas de âmbito nacional que deverão ser promovidas por todos os órgãos ou entidades do Sistema Nacional de Trânsito, em especial nos períodos referentes às férias escolares, feriados prolongados e à Semana Nacional de Trânsito.

§ 1º Os órgãos ou entidades do Sistema Nacional de Trânsito deverão promover outras campanhas no âmbito de sua circunscrição e de acordo com as peculiaridades locais.

§ 2º As campanhas de que trata este artigo são de caráter permanente, e os serviços de rádio e difusão sonora de sons e imagens explorados pelo poder público são obrigados a difundi-las gratuitamente, com a frequência recomendada pelos órgãos competentes do Sistema Nacional de Trânsito.

Art. 76. A educação para o trânsito será promovida na pré-escola e nas escolas de 1º, 2º e 3º graus, por meio de planejamento e ações coordenadas entre os órgãos e entidades do Sistema Nacional de Trânsito e de Educação, da União, dos Estados, do Distrito Federal e dos Municípios, nas respectivas áreas de atuação.

Parágrafo único. Para a finalidade prevista neste artigo, o Ministério da Educação e do Desporto, mediante proposta do CONTRAN e do Conselho de Reitores das Universidades Brasileiras, diretamente ou mediante convênio, promoverá:

I – a adoção, em todos os níveis de ensino, de um currículo interdisciplinar com conteúdo programático sobre segurança de trânsito;

II – a adoção de conteúdos relativos à educação para o trânsito nas escolas de formação para o magistério e o treinamento de professores e multiplicadores;

III – a criação de corpos técnicos interprofissionais para levantamento e análise de dados estatísticos relativos ao trânsito;

IV – a elaboração de planos de redução de acidentes de trânsito junto aos núcleos interdisciplinares universitários de trânsito, com vistas à integração universidades-sociedade na área de trânsito.

Art. 77. No âmbito da educação para o trânsito caberá ao Ministério da Saúde, mediante proposta do CONTRAN, estabelecer campanha nacional esclarecendo condutas a serem seguidas nos primeiros socorros em caso de acidente de trânsito.

Parágrafo único. As campanhas terão caráter permanente por intermédio do Sistema Único de Saúde – SUS, sendo intensificadas nos períodos e na forma estabelecidos no art. 76.

Art. 77-A. São assegurados aos órgãos ou entidades componentes do Sistema Nacional de Trânsito os mecanismos instituídos nos arts. 77-B a 77-E para a veiculação de mensagens educativas de trânsito em todo o território nacional, em caráter suplementar às campanhas previstas nos arts. 75 e 77. (Incluído pela Lei nº 12.006, de 2009).

Art. 77-B. Toda peça publicitária destinada à divulgação ou promoção, nos meios de comunicação social, de produto oriundo da indústria automobilística ou afim, incluirá, obrigatoriamente, mensagem educativa de trânsito a ser conjuntamente veiculada. (Incluído pela Lei nº 12.006, de 2009).

§ 1º Para os efeitos dos arts. 77-A a 77-E, consideram-se produtos oriundos da indústria automobilística ou afins: (Incluído pela Lei nº 12.006, de 2009).

I – os veículos rodoviários automotores de qualquer espécie, incluídos os de passageiros e os de carga; (Incluído pela Lei nº 12.006, de 2009).

II – os componentes, as peças e os acessórios utilizados nos veículos mencionados no inciso I. (Incluído pela Lei nº 12.006, de 2009).

§ 2º O disposto no ***caput*** *deste artigo aplica-se à propaganda de natureza comercial, veiculada por iniciativa do fabricante do produto, em qualquer das seguintes modalidades: (Incluído pela Lei nº 12.006, de 2009).*

I – rádio; (Incluído pela Lei nº 12.006, de 2009).

II – televisão; (Incluído pela Lei nº 12.006, de 2009).

III – jornal; (Incluído pela Lei nº 12.006, de 2009).

IV – revista; (Incluído pela Lei nº 12.006, de 2009).

V – ***outdoor****. (Incluído pela Lei nº 12.006, de 2009).*

§ 3º Para efeito do disposto no § 2º, equiparam-se ao fabricante o montador, o encarroçador, o importador e o revendedor autorizado dos veículos e demais produtos discriminados no § 1º deste artigo. (Incluído pela Lei nº 12.006, de 2009).

Art. 77-C. Quando se tratar de publicidade veiculada em ***outdoor*** *instalado à margem de rodovia, dentro ou fora da respectiva faixa de domínio, a obrigação prevista no art. 77-B estende-se à propaganda de qualquer tipo de produto e anunciante, inclusive àquela de caráter institucional ou eleitoral. (Incluído pela Lei nº 12.006, de 2009).*

Art. 77-D. O Conselho Nacional de Trânsito (Contran) especificará o conteúdo e o padrão de apresentação das mensagens, bem como os procedimentos envolvidos na respectiva veiculação, em conformidade com as diretrizes fixadas para as campanhas educativas de trânsito a que se refere o art. 75. (Incluído pela Lei nº 12.006, de 2009).

Art. 77-E. A veiculação de publicidade feita em desacordo com as condições fixadas nos arts. 77-A a 77-D constitui infração punível com as seguintes sanções: (Incluído pela Lei nº 12.006, de 2009).

I – advertência por escrito; (Incluído pela Lei nº 12.006, de 2009).

II – suspensão, nos veículos de divulgação da publicidade, de qualquer outra propaganda do produto, pelo prazo de até 60 (sessenta) dias; (Incluído pela Lei nº 12.006, de 2009).

III - multa de R$ 1.627,00 (mil, seiscentos e vinte e sete reais) a R$ 8.135,00 (oito mil, cento e trinta e cinco reais), cobrada do dobro até o quíntuplo em caso de reincidência. (Redação dada pela Lei nº 13.281, de 2016)

§ 1º As sanções serão aplicadas isolada ou cumulativamente, conforme dispuser o regulamento. (Incluído pela Lei nº 12.006, de 2009).

§ 2º Sem prejuízo do disposto no ***caput*** *deste artigo, qualquer infração acarretará a imediata suspensão da veiculação da peça publicitária até que sejam cumpridas as exigências fixadas nos arts. 77-A a 77-D. (Incluído pela Lei nº 12.006, de 2009).*

Art. 78. Os Ministérios da Saúde, da Educação e do Desporto, do Trabalho, dos Transportes e da Justiça, por intermédio do CONTRAN, desenvolverão e implementarão programas destinados à prevenção de acidentes.

Parágrafo único. O percentual de dez por cento do total dos valores arrecadados destinados à Previdência Social, do Prêmio do Seguro Obrigatório de Danos Pessoais causados por Veículos Automotores de Via Terrestre - DPVAT, de que trata a Lei nº 6.194, de 19 de dezembro de 1974, serão repassados mensalmente ao Coordenador do Sistema Nacional de Trânsito para aplicação exclusiva em programas de que trata este artigo.

Art. 79. Os órgãos e entidades executivos de trânsito poderão firmar convênio com os órgãos de educação da União, dos Estados, do Distrito Federal e dos Municípios, objetivando o cumprimento das obrigações estabelecidas neste capítulo.

CAPÍTULO VII

DA SINALIZAÇÃO DE TRÂNSITO

Art. 80. Sempre que necessário, será colocada ao longo da via, sinalização prevista neste Código e em legislação complementar, destinada a condutores e pedestres, vedada a utilização de qualquer outra.

§ 1º A sinalização será colocada em posição e condições que a tornem perfeitamente visível e legível durante o dia e a noite, em distância compatível com a segurança do trânsito, conforme normas e especificações do CONTRAN.

§ 2º O CONTRAN poderá autorizar, em caráter experimental e por período prefixado, a utilização de sinalização não prevista neste Código.

§ 3º A responsabilidade pela instalação da sinalização nas vias internas pertencentes aos condomínios constituídos por unidades autônomas e nas vias e áreas de estacionamento de estabelecimentos privados de uso coletivo é de seu proprietário. (Incluído pela Lei nº 13.281, de 2016)

Art. 81. Nas vias públicas e nos imóveis é proibido colocar luzes, publicidade, inscrições, vegetação e mobiliário que possam gerar confusão, interferir na visibilidade da sinalização e comprometer a segurança do trânsito.

Art. 82. É proibido afixar sobre a sinalização de trânsito e respectivos suportes, ou junto a ambos, qualquer tipo de publicidade, inscrições, legendas e símbolos que não se relacionem com a mensagem da sinalização.

Art. 83. A afixação de publicidade ou de quaisquer legendas ou símbolos ao longo das vias condiciona-se à prévia aprovação do órgão ou entidade com circunscrição sobre a via.

Art. 84. O órgão ou entidade de trânsito com circunscrição sobre a via poderá retirar ou determinar a imediata retirada de qualquer elemento que prejudique a visibilidade da sinalização viária e a segurança do trânsito, com ônus para quem o tenha colocado.

Art. 85. Os locais destinados pelo órgão ou entidade de trânsito com circunscrição sobre a via à travessia de pedestres deverão ser sinalizados com faixas pintadas ou demarcadas no leito da via.

Art. 86. Os locais destinados a postos de gasolina, oficinas, estacionamentos ou garagens de uso coletivo deverão ter suas entradas e saídas devidamente identificadas, na forma regulamentada pelo CONTRAN.

Art. 86-A. As vagas de estacionamento regulamentado de que trata o inciso XVII do art. 181 desta Lei deverão ser sinalizadas com as respectivas placas indicativas de destinação e com placas informando os dados sobre a infração por estacionamento indevido. (Incluído pela Lei nº 13.146, de 2015)

Art. 87. Os sinais de trânsito classificam-se em:

I – verticais;

II – horizontais;

III – dispositivos de sinalização auxiliar;

IV – luminosos;

V – sonoros;

VI – gestos do agente de trânsito e do condutor.

Art. 88. Nenhuma via pavimentada poderá ser entregue após sua construção, ou reaberta ao trânsito após a realização de obras ou de manutenção, enquanto não estiver devidamente sinalizada, vertical e horizontalmente, de forma a garantir as condições adequadas de segurança na circulação.

Parágrafo único. Nas vias ou trechos de vias em obras deverá ser afixada sinalização específica e adequada.

Art. 89. A sinalização terá a seguinte ordem de prevalência:

I – as ordens do agente de trânsito sobre as normas de circulação e outros sinais;

II – as indicações do semáforo sobre os demais sinais;

III – as indicações dos sinais sobre as demais normas de trânsito.

Art. 90. Não serão aplicadas as sanções previstas neste Código por inobservância à sinalização quando esta for insuficiente ou incorreta.

§ 1º O órgão ou entidade de trânsito com circunscrição sobre a via é responsável pela implantação da sinalização, respondendo pela sua falta, insuficiência ou incorreta colocação.

§ 2º O CONTRAN editará normas complementares no que se refere à interpretação, colocação e uso da sinalização.

CAPÍTULO VIII

DA ENGENHARIA DE TRÁFEGO, DA OPERAÇÃO, DA FISCALIZAÇÃO E DO POLICIAMENTO OSTENSIVO DE TRÂNSITO

Art. 91. O CONTRAN estabelecerá as normas e regulamentos a serem adotados em todo o território nacional quando da implementação das soluções adotadas pela Engenharia de Tráfego, assim como padrões a serem praticados por todos os órgãos e entidades do Sistema Nacional de Trânsito.

Art. 92. (VETADO)

Art. 93. Nenhum projeto de edificação que possa transformar-se em pólo atrativo de trânsito poderá ser aprovado sem prévia anuência do órgão ou entidade com circunscrição sobre a via e sem que do projeto conste área para estacionamento e indicação das vias de acesso adequadas.

Art. 94. Qualquer obstáculo à livre circulação e à segurança de veículos e pedestres, tanto na via quanto na calçada, caso não possa ser retirado, deve ser devida e imediatamente sinalizado.

Parágrafo único. É proibida a utilização das ondulações transversais e de sonorizadores como redutores de velocidade, salvo em casos especiais definidos pelo órgão ou entidade competente, nos padrões e critérios estabelecidos pelo CONTRAN.

Art. 95. Nenhuma obra ou evento que possa perturbar ou interromper a livre circulação de veículos e pedestres, ou colocar em risco sua segurança, será iniciada sem permissão prévia do órgão ou entidade de trânsito com circunscrição sobre a via.

§ 1º A obrigação de sinalizar é do responsável pela execução ou manutenção da obra ou do evento.

§ 2º Salvo em casos de emergência, a autoridade de trânsito com circunscrição sobre a via avisará a comunidade, por intermédio dos meios de comunicação social, com quarenta e oito horas de antecedência, de qualquer interdição da via, indicando-se os caminhos alternativos a serem utilizados.

§ 3º O descumprimento do disposto neste artigo será punido com multa de R$ 81,35 (oitenta e um reais e trinta e cinco centavos) a R$ 488,10 (quatrocentos e oitenta e oito reais e dez centavos), independentemente das cominações cíveis e penais cabíveis, além de multa diária no mesmo valor até a regularização da situação, a partir do prazo final concedido pela autoridade de trânsito, levando-se em consideração a dimensão da obra

ou do evento e o prejuízo causado ao trânsito. (Redação pela Lei nº 13.281, de 2016)

§ 4º Ao servidor público responsável pela inobservância de qualquer das normas previstas neste e nos arts. 93 e 94, a autoridade de trânsito aplicará multa diária na base de cinqüenta por cento do dia de vencimento ou remuneração devida enquanto permanecer a irregularidade.

CAPÍTULO IX

DOS VEÍCULOS

Seção I

Disposições Gerais

Art. 96. Os veículos classificam-se em:

I – quanto à tração:

a) automotor;

b) elétrico;

c) de propulsão humana;

d) de tração animal;

e) reboque ou semi-reboque;

II – quanto à espécie:

a) de passageiros:

1 – bicicleta;

2 – ciclomotor;

3 – motoneta;

4 – motocicleta;

5 – triciclo;

6 – quadriciclo;

7 – automóvel;

8 – microônibus;

9 – ônibus;

10 – bonde;

11 – reboque ou semi-reboque;

12 – charrete;

b) de carga:

1 – motoneta;

2 – motocicleta;

3 – triciclo;

4 – quadriciclo;

5 – caminhonete;

6 – caminhão;

7 – reboque ou semi-reboque;

8 – carroça;

9 – carro-de-mão;

c) misto:

1 – camioneta;

2 – utilitário;

3 – outros;

d) de competição;

e) de tração:

1 – caminhão-trator;

2 – trator de rodas;

3 – trator de esteiras;

4 – trator misto;

f) especial;

g) de coleção;

III – quanto à categoria:

a) oficial;

b) de representação diplomática, de repartições consulares de carreira ou organismos internacionais acreditados junto ao Governo brasileiro;

c) particular;

d) de aluguel;

e) de aprendizagem.

Art. 97. As características dos veículos, suas especificações básicas, configuração e condições essenciais para registro, licenciamento e circulação serão estabelecidas pelo CONTRAN, em função de suas aplicações.

Art. 98. Nenhum proprietário ou responsável poderá, sem prévia autorização da autoridade competente, fazer ou ordenar que sejam feitas no veículo modificações de suas características de fábrica.

Parágrafo único. Os veículos e motores novos ou usados que sofrerem alterações ou conversões são obrigados a atender aos mesmos limites e exigências de emissão de poluentes e ruído previstos pelos órgãos ambientais competentes e pelo CONTRAN, cabendo à entidade executora das modificações e ao proprietário do veículo a responsabilidade pelo cumprimento das exigências.

Art. 99. Somente poderá transitar pelas vias terrestres o veículo cujo peso e dimensões atenderem aos limites estabelecidos pelo CONTRAN.

§ 1º O excesso de peso será aferido por equipamento de pesagem ou pela verificação de documento fiscal, na forma estabelecida pelo CONTRAN.

§ 2º Será tolerado um percentual sobre os limites de peso bruto total e peso bruto transmitido por eixo de veículos à superfície das vias, quando aferido por equipamento, na forma estabelecida pelo CONTRAN.

§ 3º Os equipamentos fixos ou móveis utilizados na pesagem de veículos serão aferidos de acordo com a metodologia e na periodicidade estabelecidas pelo CONTRAN, ouvido o órgão ou entidade de metrologia legal.

Art. 100. Nenhum veículo ou combinação de veículos poderá transitar com lotação de passageiros, com peso bruto total, ou com peso bruto total combinado com peso por eixo, superior ao fixado pelo fabricante, nem ultrapassar a capacidade máxima de tração da unidade tratora.

§ 1º Os veículos de transporte coletivo de passageiros poderão ser dotados de pneus extralargos. (Incluído pela Lei nº 13.281, de 2016)

§ 2º O Contran regulamentará o uso de pneus extralargos para os demais veículos. (Incluído pela Lei nº 13.281, de 2016)

§ 3º É permitida a fabricação de veículos de transporte de passageiros de até 15 m (quinze metros) de comprimento na configuração de chassi 8x2. (Incluído pela Lei nº 13.281, de 2016)

Art. 101. Ao veículo ou combinação de veículos utilizado no transporte de carga indivisível, que não se enquadre nos limites de peso e dimensões estabelecidos pelo CONTRAN, poderá ser concedida, pela autoridade com circunscrição sobre a via, autorização especial de trânsito, com prazo certo, válida para cada viagem, atendidas as medidas de segurança consideradas necessárias.

§ 1º A autorização será concedida mediante requerimento que especificará as características do veículo ou combinação de veículos e de carga, o percurso, a data e o horário do deslocamento inicial.

§ 2º A autorização não exime o beneficiário da responsabilidade por eventuais danos que o veículo ou a combinação de veículos causar à via ou a terceiros.

§ 3º Aos guindastes autopropelidos ou sobre caminhões poderá ser concedida, pela autoridade com circunscrição sobre a via, autorização especial de trânsito, com prazo de seis meses, atendidas as medidas de segurança consideradas necessárias.

Art. 102. O veículo de carga deverá estar devidamente equipado quando transitar, de modo a evitar o derramamento da carga sobre a via.

Parágrafo único. O CONTRAN fixará os requisitos mínimos e a forma de proteção das cargas de que trata este artigo, de acordo com a sua natureza.

Seção II

Da Segurança dos Veículos

Art. 103. O veículo só poderá transitar pela via quando atendidos os requisitos e condições de segurança estabelecidos neste Código e em normas do CONTRAN.

§ 1º Os fabricantes, os importadores, os montadores e os encarroçadores de veículos deverão emitir certificado de segurança, indispensável ao cadastramento no RENAVAM, nas condições estabelecidas pelo CONTRAN.

§ 2º O CONTRAN deverá especificar os procedimentos e a periodicidade para que os fabricantes, os importadores, os montadores e os encarroçadores comprovem o atendimento aos requisitos de segurança veicular, devendo, para isso, manter disponíveis a qualquer tempo os resultados dos testes e ensaios dos sistemas e componentes abrangidos pela legislação de segurança veicular.

Art. 104. Os veículos em circulação terão suas condições de segurança, de controle de emissão de gases poluentes e de ruído avaliadas mediante inspeção, que será obrigatória, na forma e periodicidade estabelecidas pelo CONTRAN para os itens de segurança e pelo CONAMA para emissão de gases poluentes e ruído.

§ 1º (VETADO)

§ 2º (VETADO)

§ 3º (VETADO)

§ 4º (VETADO)

§ 5º Será aplicada a medida administrativa de retenção aos veículos reprovados na

inspeção de segurança e na de emissão de gases poluentes e ruído.

§ 6º Estarão isentos da inspeção de que trata o ***caput****, durante 3 (três) anos a partir do primeiro licenciamento, os veículos novos classificados na categoria particular, com capacidade para até 7 (sete) passageiros, desde que mantenham suas características originais de fábrica e não se envolvam em acidente de trânsito com danos de média ou grande monta. (Incluído pela Lei nº 13.281, de 2016)*

§ 7º Para os demais veículos novos, o período de que trata o § 6º será de 2 (dois) anos, desde que mantenham suas características originais de fábrica e não se envolvam em acidente de trânsito com danos de média ou grande monta. (Incluído pela Lei nº 13.281, de 2016)

Art. 105. São equipamentos obrigatórios dos veículos, entre outros a serem estabelecidos pelo CONTRAN:

I - cinto de segurança, conforme regulamentação específica do CONTRAN, com exceção dos veículos destinados ao transporte de passageiros em percursos em que seja permitido viajar em pé;

II - para os veículos de transporte e de condução escolar, os de transporte de passageiros com mais de dez lugares e os de carga com peso bruto total superior a quatro mil, quinhentos e trinta e seis quilogramas, equipamento registrador instantâneo inalterável de velocidade e tempo;

III - encosto de cabeça, para todos os tipos de veículos automotores, segundo normas estabelecidas pelo CONTRAN;

IV - (VETADO)

V - dispositivo destinado ao controle de emissão de gases poluentes e de ruído, segundo normas estabelecidas pelo CONTRAN.

VI - para as bicicletas, a campainha, sinalização noturna dianteira, traseira, lateral e nos pedais, e espelho retrovisor do lado esquerdo.

VII - equipamento suplementar de retenção - air bag frontal para o condutor e o passageiro do banco dianteiro. (Incluído pela Lei nº 11.910, de 2009)

§ 1º O CONTRAN disciplinará o uso dos equipamentos obrigatórios dos veículos e determinará suas especificações técnicas.

§ 2º Nenhum veículo poderá transitar com equipamento ou acessório proibido, sendo o infrator sujeito às penalidades e medidas administrativas previstas neste Código.

§ 3º Os fabricantes, os importadores, os montadores, os encarroçadores de veículos e os revendedores devem comercializar os seus veículos com os equipamentos obrigatórios definidos neste artigo, e com os demais estabelecidos pelo CONTRAN.

§ 4º O CONTRAN estabelecerá o prazo para o atendimento do disposto neste artigo.

§ 5º A exigência estabelecida no inciso VII do caput deste artigo será progressivamente incorporada aos novos projetos de automóveis e dos veículos deles derivados, fabricados, importados, montados ou encarroçados, a partir do 1º (primeiro) ano após a definição pelo Contran das especificações técnicas pertinentes e do respectivo cronograma de implantação e a partir do 5º (quinto) ano, após esta definição, para os demais automóveis zero quilômetro de modelos ou projetos já existentes e veículos deles derivados. (Incluído pela Lei nº 11.910, de 2009)

§ 6º A exigência estabelecida no inciso VII do caput deste artigo não se aplica aos veículos destinados à exportação. (Incluído pela Lei nº 11.910, de 2009)

Art. 106. No caso de fabricação artesanal ou de modificação de veículo ou, ainda, quando ocorrer substituição de equipamento de segurança especificado pelo fabricante, será exigido, para licenciamento e registro, certificado de segurança expedido por instituição técnica credenciada por órgão ou entidade de metrologia legal, conforme norma elaborada pelo CONTRAN.

Art. 107. Os veículos de aluguel, destinados ao transporte individual ou coletivo de passageiros, deverão satisfazer, além das exigências previstas neste Código, às condições técnicas e aos requisitos de segurança, higiene e conforto estabelecidos pelo poder competente para autorizar, permitir ou conceder a exploração dessa atividade.

Art. 108. Onde não houver linha regular de ônibus, a autoridade com circunscrição sobre a via poderá autorizar, a título precário, o transporte de passageiros em veículo de carga ou misto, desde que obedecidas as condições de segurança estabelecidas neste Código e pelo CONTRAN.

Parágrafo único. A autorização citada no caput não poderá exceder a doze meses, prazo a partir do qual a autoridade pública responsável deverá implantar o serviço regular de transporte coletivo de passageiros, em conformidade com a legislação pertinente e com os dispositivos deste Código. (Incluído pela Lei nº 9.602, de 1998)

Art. 109. O transporte de carga em veículos destinados ao transporte de passageiros só pode ser realizado de acordo com as normas estabelecidas pelo CONTRAN.

Art. 110. O veículo que tiver alterada qualquer de suas características para competição ou finalidade análoga só poderá circular nas vias públicas com licença especial da autoridade de trânsito, em itinerário e horário fixados.

Art. 111. É vedado, nas áreas envidraçadas do veículo:

I - (VETADO)

II – o uso de cortinas, persianas fechadas ou similares nos veículos em movimento, salvo nos que possuam espelhos retrovisores em ambos os lados.

III – aposição de inscrições, películas refletivas ou não, painéis decorativos ou pinturas, quando comprometer a segurança do veículo, na forma de regulamentação do CONTRAN. (Incluído pela Lei nº 9.602, de 1998)

Parágrafo único. É proibido o uso de inscrição de caráter publicitário ou qualquer outra que possa desviar a atenção dos condutores em toda a extensão do pára-brisa e da traseira dos veículos, salvo se não colocar em risco a segurança do trânsito.

Art. 112. (Revogado pela Lei nº 9.792, de 1999)

Art. 113. Os importadores, as montadoras, as encarroçadoras e fabricantes de veículos e autopeças são responsáveis civil e criminalmente por danos causados aos usuários, a terceiros, e ao meio ambiente, decorrentes de falhas oriundas de projetos e da qualidade dos materiais e equipamentos utilizados na sua fabricação.

Seção III

Da Identificação do Veículo

Art. 114. O veículo será identificado obrigatoriamente por caracteres gravados no chassi ou no monobloco, reproduzidos em outras partes, conforme dispuser o CONTRAN.

§ 1º A gravação será realizada pelo fabricante ou montador, de modo a identificar o veículo, seu fabricante e as suas características, além do ano de fabricação, que não poderá ser alterado.

§ 2º As regravações, quando necessárias, dependerão de prévia autorização da autoridade executiva de trânsito e somente serão processadas por estabelecimento por ela credenciado, mediante a comprovação de propriedade do veículo, mantida a mesma identificação anterior, inclusive o ano de fabricação.

§ 3º Nenhum proprietário poderá, sem prévia permissão da autoridade executiva de trânsito, fazer, ou ordenar que se faça, modificações da identificação de seu veículo.

Art. 115. O veículo será identificado externamente por meio de placas dianteira e traseira, sendo esta lacrada em sua estrutura, obedecidas as especificações e modelos estabelecidos pelo CONTRAN.

§ 1º Os caracteres das placas serão individualizados para cada veículo e o acompanharão até a baixa do registro, sendo vedado seu reaproveitamento.

§ 2º As placas com as cores verde e amarela da Bandeira Nacional serão usadas somente pelos veículos de representação pessoal do Presidente e do Vice-Presidente da República, dos Presidentes do Senado Federal e da Câmara dos Deputados, do Presidente e dos Ministros do Supremo Tribunal Federal, dos Ministros de Estado, do Advogado-Geral da União e do Procurador-Geral da República.

§ 3º Os veículos de representação dos Presidentes dos Tribunais Federais, dos Governadores, Prefeitos, Secretários Estaduais e Municipais, dos Presidentes das Assembléias Legislativas, das Câmaras Municipais, dos Presidentes dos Tribunais Estaduais e do

Distrito Federal, e do respectivo chefe do Ministério Público e ainda dos Oficiais Generais das Forças Armadas terão placas especiais, de acordo com os modelos estabelecidos pelo CONTRAN.

§ 4º Os aparelhos automotores destinados a puxar ou a arrastar maquinaria de qualquer natureza ou a executar trabalhos de construção ou de pavimentação são sujeitos ao registro na repartição competente, se transitarem em via pública, dispensados o licenciamento e o emplacamento. (Redação dada pela Lei nº 13.154, de 2015)

§ 4º-A. Os tratores e demais aparelhos automotores destinados a puxar ou a arrastar maquinaria agrícola ou a executar trabalhos agrícolas, desde que facultados a transitar em via pública, são sujeitos ao registro único, sem ônus, em cadastro específico do Ministério da Agricultura, Pecuária e Abastecimento, acessível aos componentes do Sistema Nacional de Trânsito. (Redação dada pela Lei nº 13.154, de 2015)

§ 5º O disposto neste artigo não se aplica aos veículos de uso bélico.

§ 6º Os veículos de duas ou três rodas são dispensados da placa dianteira.

§ 7º Excepcionalmente, mediante autorização específica e fundamentada das respectivas corregedorias e com a devida comunicação aos órgãos de trânsito competentes, os veículos utilizados por membros do Poder Judiciário e do Ministério Público que exerçam competência ou atribuição criminal poderão temporariamente ter placas especiais, de forma a impedir a identificação de seus usuários específicos, na forma de regulamento a ser emitido, conjuntamente, pelo Conselho Nacional de Justiça - CNJ, pelo Conselho Nacional do Ministério Público - CNMP e pelo Conselho Nacional de Trânsito - CONTRAN. (Incluído pela Lei nº 12.694, de 2012)

§ 8º Os veículos artesanais utilizados para trabalho agrícola (jericos), para efeito do registro de que trata o § 4º-A, ficam dispensados da exigência prevista no art. 106. (Incluído pela Lei nº 13.154, de 2015)

*§ 9º As placas que possuírem tecnologia que permita a identificação do veículo ao qual estão atreladas são dispensadas da utilização do lacre previsto no **caput**, na forma a ser regulamentada pelo Contran. (Incluído pela Lei nº 13.281, de 2016)*

Art. 116. Os veículos de propriedade da União, dos Estados e do Distrito Federal, devidamente registrados e licenciados, somente quando estritamente usados em serviço reservado de caráter policial, poderão usar placas particulares, obedecidos os critérios e limites estabelecidos pela legislação que regulamenta o uso de veículo oficial.

Art. 117. Os veículos de transporte de carga e os coletivos de passageiros deverão conter, em local facilmente visível, a inscrição indicativa de sua tara, do peso bruto total (PBT), do peso bruto total combinado (PBTC) ou capacidade máxima de tração (CMT) e de sua lotação, vedado o uso em desacordo com sua classificação.

CAPÍTULO X

DOS VEÍCULOS EM CIRCULAÇÃO INTERNACIONAL

Art. 118. A circulação de veículo no território nacional, independentemente de sua origem, em trânsito entre o Brasil e os países com os quais exista acordo ou tratado internacional, reger-se-á pelas disposições deste Código, pelas convenções e acordos internacionais ratificados.

Art. 119. As repartições aduaneiras e os órgãos de controle de fronteira comunicarão diretamente ao RENAVAM a entrada e saída temporária ou definitiva de veículos.

§ 1º Os veículos licenciados no exterior não poderão sair do território nacional sem o prévio pagamento ou o depósito, judicial ou administrativo, dos valores correspondentes às infrações de trânsito cometidas e ao ressarcimento de danos que tiverem causado ao patrimônio público ou de particulares, independentemente da fase do processo administrativo ou judicial envolvendo a questão. (Incluído pela Lei nº 13.281, de 2016)

§ 2º Os veículos que saírem do território nacional sem o cumprimento do disposto no § 1º e que posteriormente forem flagrados tentando ingressar ou já em circulação no território nacional serão retidos até a regularização da situação. (Incluído pela Lei nº 13.281, de 2016)

CAPÍTULO XI

DO REGISTRO DE VEÍCULOS

Art. 120. Todo veículo automotor, elétrico, articulado, reboque ou semi-reboque, deve ser registrado perante o órgão executivo de trânsito do Estado ou do Distrito Federal, no Município de domicílio ou residência de seu proprietário, na forma da lei.

§ 1º Os órgãos executivos de trânsito dos Estados e do Distrito Federal somente registrarão veículos oficiais de propriedade da administração direta, da União, dos Estados, do Distrito Federal e dos Municípios, de qualquer um dos poderes, com indicação expressa, por pintura nas portas, do nome, sigla ou logotipo do órgão ou entidade em cujo nome o veículo será registrado, excetuando-se os veículos de representação e os previstos no art. 116.

§ 2º O disposto neste artigo não se aplica ao veículo de uso bélico.

Art. 121. Registrado o veículo, expedir-se-á o Certificado de Registro de Veículo – CRV de acordo com os modelos e especificações estabelecidos pelo CONTRAN, contendo as características e condições de invulnerabilidade à falsificação e à adulteração.

Art. 122. Para a expedição do Certificado de Registro de Veículo o órgão executivo de trânsito consultará o cadastro do RENAVAM e exigirá do proprietário os seguintes documentos:

I – nota fiscal fornecida pelo fabricante ou revendedor, ou documento equivalente expedido por autoridade competente;

II – documento fornecido pelo Ministério das Relações Exteriores, quando se tratar de veículo importado por membro de missões diplomáticas, de repartições consulares de carreira, de representações de organismos internacionais e de seus integrantes.

Art. 123. Será obrigatória a expedição de novo Certificado de Registro de Veículo quando:

I – for transferida a propriedade;

II – o proprietário mudar o Município de domicílio ou residência;

III – for alterada qualquer característica do veículo;

IV – houver mudança de categoria.

§ 1º No caso de transferência de propriedade, o prazo para o proprietário adotar as providências necessárias à efetivação da expedição do novo Certificado de Registro de Veículo é de trinta dias, sendo que nos demais casos as providências deverão ser imediatas.

§ 2º No caso de transferência de domicílio ou residência no mesmo Município, o proprietário comunicará o novo endereço num prazo de trinta dias e aguardará o novo licenciamento para alterar o Certificado de Licenciamento Anual.

§ 3º A expedição do novo certificado será comunicada ao órgão executivo de trânsito que expediu o anterior e ao RENAVAM.

Art. 124. Para a expedição do novo Certificado de Registro de Veículo serão exigidos os seguintes documentos:

I – Certificado de Registro de Veículo anterior;

II – Certificado de Licenciamento Anual;

III – comprovante de transferência de propriedade, quando for o caso, conforme modelo e normas estabelecidas pelo CONTRAN;

IV – Certificado de Segurança Veicular e de emissão de poluentes e ruído, quando houver adaptação ou alteração de características do veículo;

V – comprovante de procedência e justificativa da propriedade dos componentes e agregados adaptados ou montados no veículo, quando houver alteração das características originais de fábrica;

VI – autorização do Ministério das Relações Exteriores, no caso de veículo da categoria de missões diplomáticas, de repartições consulares de carreira, de representações de organismos internacionais e de seus integrantes;

VII – certidão negativa de roubo ou furto de veículo, expedida no Município do registro anterior, que poderá ser substituída por informação do RENAVAM;

VIII – comprovante de quitação de débitos relativos a tributos, encargos e multas de trânsito vinculados ao veículo, independentemente da responsabilidade pelas infrações cometidas; (Vide ADIN 2998)

IX – (Revogado pela Lei nº 9.602, de 1998)

X – comprovante relativo ao cumprimento do disposto no art. 98, quando houver alteração nas características originais do veículo que afetem a emissão de poluentes e ruído;

XI – comprovante de aprovação de inspeção veicular e de poluentes e ruído, quando for o caso, conforme regulamentações do CONTRAN e do CONAMA.

Parágrafo único. O disposto no inciso VIII do caput deste artigo não se aplica à regularização de bens apreendidos ou confiscados na forma da Lei nº 11.343, de 23 de agosto de 2006." (Redação dada pela Lei nº 13.886, de 17-10-2019)

Art. 125. As informações sobre o chassi, o monobloco, os agregados e as características originais do veículo deverão ser prestadas ao RENAVAM:

I – pelo fabricante ou montadora, antes da comercialização, no caso de veículo nacional;

II – pelo órgão alfandegário, no caso de veículo importado por pessoa física;

III – pelo importador, no caso de veículo importado por pessoa jurídica.

Parágrafo único. As informações recebidas pelo RENAVAM serão repassadas ao órgão executivo de trânsito responsável pelo registro, devendo este comunicar ao RENAVAM, tão logo seja o veículo registrado.

Art. 126. O proprietário de veículo irrecuperável, ou destinado à desmontagem, deverá requerer a baixa do registro, no prazo e forma estabelecidos pelo Contran, vedada a remontagem do veículo sobre o mesmo chassi de forma a manter o registro anterior. (Redação dada pela Lei nº 12.977, de 2014)

Parágrafo único. A obrigação de que trata este artigo é da companhia seguradora ou do adquirente do veículo destinado à desmontagem, quando estes sucederem ao proprietário.

Art. 127. O órgão executivo de trânsito competente só efetuará a baixa do registro após prévia consulta ao cadastro do RENAVAM.

Parágrafo único. Efetuada a baixa do registro, deverá ser esta comunicada, de imediato, ao RENAVAM.

Art. 128. Não será expedido novo Certificado de Registro de Veículo enquanto houver débitos fiscais e de multas de trânsito e ambientais, vinculadas ao veículo, independentemente da responsabilidade pelas infrações cometidas.

Art. 129. O registro e o licenciamento dos veículos de propulsão humana e dos veículos de tração animal obedecerão à regulamentação estabelecida em legislação municipal do domicílio ou residência de seus proprietários. (Redação dada pela Lei nº 13.154, de 2015)

Art. 129-A. O registro dos tratores e demais aparelhos automotores destinados a puxar ou a arrastar maquinaria agrícola ou a executar trabalhos agrícolas será efetuado, sem ônus, pelo Ministério da Agricultura, Pecuária e Abastecimento, diretamente ou mediante convênio. (Incluído pela Lei nº 13.154, de 2015)

CAPÍTULO XII

DO LICENCIAMENTO

Art. 130. Todo veículo automotor, elétrico, articulado, reboque ou semi-reboque, para transitar na via, deverá ser licenciado anualmente pelo órgão executivo de trânsito do Estado, ou do Distrito Federal, onde estiver registrado o veículo.

§ 1º O disposto neste artigo não se aplica a veículo de uso bélico.

§ 2º No caso de transferência de residência ou domicílio, é válido, durante o exercício, o licenciamento de origem.

Art. 131. O Certificado de Licenciamento Anual será expedido ao veículo licenciado, vinculado ao Certificado de Registro, no modelo e especificações estabelecidos pelo CONTRAN.

§ 1º O primeiro licenciamento será feito simultaneamente ao registro.

§ 2º O veículo somente será considerado licenciado estando quitados os débitos relativos a tributos, encargos e multas de trânsito e ambientais, vinculados ao veículo, independentemente da responsabilidade pelas infrações cometidas.

§ 3º Ao licenciar o veículo, o proprietário deverá comprovar sua aprovação nas inspeções de segurança veicular e de controle de emissões de gases poluentes e de ruído, conforme disposto no art. 104.

Art. 132. Os veículos novos não estão sujeitos ao licenciamento e terão sua circulação regulada pelo CONTRAN durante o trajeto entre a fábrica e o Município de destino.

§ 1º O disposto neste artigo aplica-se, igualmente, aos veículos importados, durante o trajeto entre a alfândega ou entreposto alfandegário e o Município de destino. (Renumerado do parágrafo único pela Lei nº 13.103, de 2015)

§ 2º. (Revogado pela Lei nº 13.154, de 2015)

Art. 133. É obrigatório o porte do Certificado de Licenciamento Anual.

Parágrafo único. O porte será dispensado quando, no momento da fiscalização, for possível ter acesso ao devido sistema informatizado para verificar se o veículo está licenciado. (Incluído pela Lei nº 13.281, de 2016)

Art. 134. No caso de transferência de propriedade, o proprietário antigo deverá encaminhar ao órgão executivo de trânsito do Estado dentro de um prazo de trinta dias, cópia autenticada do comprovante de transferência de propriedade, devidamente assinado e datado, sob pena de ter que se responsabilizar solidariamente pelas penalidades impostas e suas reincidências até a data da comunicação.

Parágrafo único. O comprovante de transferência de propriedade de que trata o caput poderá ser substituído por documento eletrônico, na forma regulamentada pelo Contran. (Incluído pela Lei nº 13.154, de 2015)

Art. 135. Os veículos de aluguel, destinados ao transporte individual ou coletivo de passageiros de linhas regulares ou empregados em qualquer serviço remunerado, para registro, licenciamento e respectivo emplacamento de característica comercial, deverão estar devidamente autorizados pelo poder público concedente.

CAPÍTULO XIII

DA CONDUÇÃO DE ESCOLARES

Art. 136. Os veículos especialmente destinados à condução coletiva de escolares somente poderão circular nas vias com autorização emitida pelo órgão ou entidade executivos de trânsito dos Estados e do Distrito Federal, exigindo-se, para tanto:

I – registro como veículo de passageiros;

II – inspeção semestral para verificação dos equipamentos obrigatórios e de segurança;

III – pintura de faixa horizontal na cor amarela, com quarenta centímetros de largura, à meia altura, em toda a extensão das partes laterais e traseira da carroçaria, com o dístico ESCOLAR, em preto, sendo que, em caso de veículo de carroçaria pintada na cor amarela, as cores aqui indicadas devem ser invertidas;

IV – equipamento registrador instantâneo inalterável de velocidade e tempo;

V – lanternas de luz branca, fosca ou amarela dispostas nas extremidades da parte superior dianteira e lanternas de luz vermelha dispostas na extremidade superior da parte traseira;

VI – cintos de segurança em número igual à lotação;

VII – outros requisitos e equipamentos obrigatórios estabelecidos pelo CONTRAN.

Art. 137. A autorização a que se refere o artigo anterior deverá ser afixada na parte interna do veículo, em local visível, com inscrição da lotação permitida, sendo vedada a condução de escolares em número superior à capacidade estabelecida pelo fabricante.

Art. 138. O condutor de veículo destinado à condução de escolares deve satisfazer os seguintes requisitos:

I – ter idade superior a vinte e um anos;

II – ser habilitado na categoria D;

III – (VETADO)

IV – não ter cometido nenhuma infração grave ou gravíssima, ou ser reincidente em infrações médias durante os doze últimos meses;

V – ser aprovado em curso especializado, nos termos da regulamentação do CONTRAN.

Art. 139. O disposto neste Capítulo não exclui a competência municipal de aplicar as exigências previstas em seus regulamentos, para o transporte de escolares.

CAPÍTULO XIII-A

DA CONDUÇÃO DE MOTO-FRETE

(Incluído pela Lei nº 12.009, de 2009)

Art. 139-A. As motocicletas e motonetas destinadas ao transporte remunerado de mercadorias – moto-frete – somente poderão circular nas vias com autorização emitida pelo órgão ou entidade executivo de trânsito dos Estados e do Distrito Federal, exigindo-se, para tanto: (Incluído pela Lei nº 12.009, de 2009)

I – registro como veículo da categoria de aluguel; (Incluído pela Lei nº 12.009, de 2009)

II – instalação de protetor de motor mata-cachorro, fixado no chassi do veículo, destinado a proteger o motor e a perna do condutor em caso de tombamento, nos termos de regulamentação do Conselho Nacional de Trânsito – Contran; (Incluído pela Lei nº 12.009, de 2009)

III – instalação de aparador de linha antena corta-pipas, nos termos de regulamentação do Contran; (Incluído pela Lei nº 12.009, de 2009)

IV – inspeção semestral para verificação dos equipamentos obrigatórios e de segurança. (Incluído pela Lei nº 12.009, de 2009)

§ 1º A instalação ou incorporação de dispositivos para transporte de cargas deve estar de acordo com a regulamentação do Contran. (Incluído pela Lei nº 12.009, de 2009)

§ 2º É proibido o transporte de combustíveis, produtos inflamáveis ou tóxicos e de galões nos veículos de que trata este artigo, com exceção do gás de cozinha e de galões contendo água mineral, desde que com o auxílio de ***side-car****, nos termos de regulamentação do Contran. (Incluído pela Lei nº 12.009, de 2009)*

Art. 139-B. O disposto neste Capítulo não exclui a competência municipal ou estadual de aplicar as exigências previstas em seus regulamentos para as atividades de moto-frete no âmbito de suas circunscrições. (Incluído pela Lei nº 12.009, de 2009)

CAPÍTULO XIV

DA HABILITAÇÃO

Art. 140. A habilitação para conduzir veículo automotor e elétrico será apurada por meio de exames que deverão ser realizados junto ao órgão ou entidade executivos do Estado ou do Distrito Federal, do domicílio ou residência do candidato, ou na sede estadual ou distrital do próprio órgão, devendo o condutor preencher os seguintes requisitos:

I – ser penalmente imputável;

II – saber ler e escrever;

III – possuir Carteira de Identidade ou equivalente.

Parágrafo único. As informações do candidato à habilitação serão cadastradas no RENACH.

Art. 141. O processo de habilitação, as normas relativas à aprendizagem para conduzir veículos automotores e elétricos e à autorização para conduzir ciclomotores serão regulamentados pelo CONTRAN.

§ 1º A autorização para conduzir veículos de propulsão humana e de tração animal ficará a cargo dos Municípios.

§ 2º (VETADO)

Art. 142. O reconhecimento de habilitação obtida em outro país está subordinado às condições estabelecidas em convenções e acordos internacionais e às normas do CONTRAN.

Art. 143. Os candidatos poderão habilitar-se nas categorias de A a E, obedecida a seguinte gradação:

I – Categoria A – condutor de veículo motorizado de duas ou três rodas, com ou sem carro lateral;

II – Categoria B – condutor de veículo motorizado, não abrangido pela categoria A, cujo peso bruto total não exceda a três mil e quinhentos quilogramas e cuja lotação não exceda a oito lugares, excluído o do motorista;

III – Categoria C – condutor de veículo motorizado utilizado em transporte de carga, cujo peso bruto total exceda a três mil e quinhentos quilogramas;

IV – Categoria D – condutor de veículo motorizado utilizado no transporte de passageiros, cuja lotação exceda a oito lugares, excluído o do motorista;

V – Categoria E – condutor de combinação de veículos em que a unidade tratora se enquadre nas categorias B, C ou D e cuja unidade acoplada, reboque, semirreboque, ***trailer*** *ou articulada tenha 6.000 kg (seis mil quilogramas) ou mais de peso bruto total, ou cuja lotação exceda a 8 (oito) lugares. (Redação dada pela Lei nº 12.452, de 2011)*

§ 1º Para habilitar-se na categoria C, o condutor deverá estar habilitado no mínimo há um ano na categoria B e não ter cometido nenhuma infração grave ou gravíssima, ou ser

reincidente em infrações médias, durante os últimos doze meses.

§ 2º São os condutores da categoria B autorizados a conduzir veículo automotor da espécie motor-casa, definida nos termos do Anexo I deste Código, cujo peso não exceda a 6.000 kg (seis mil quilogramas), ou cuja lotação não exceda a 8 (oito) lugares, excluído o do motorista. (Incluído pela Lei nº 12.452, de 2011)

§ 3º Aplica-se o disposto no inciso V ao condutor da combinação de veículos com mais de uma unidade tracionada, independentemente da capacidade de tração ou do peso bruto total. (Renumerado pela Lei nº 12.452, de 2011)

Art. 144. O trator de roda, o trator de esteira, o trator misto ou o equipamento automotor destinado à movimentação de cargas ou execução de trabalho agrícola, de terraplenagem, de construção ou de pavimentação só podem ser conduzidos na via pública por condutor habilitado nas categorias C, D ou E.

Parágrafo único. O trator de roda e os equipamentos automotores destinados a executar trabalhos agrícolas poderão ser conduzidos em via pública também por condutor habilitado na categoria B. (Redação dada pela Lei nº 13.097, de 2015)

Art. 145. Para habilitar-se nas categorias D e E ou para conduzir veículo de transporte coletivo de passageiros, de escolares, de emergência ou de produto perigoso, o candidato deverá preencher os seguintes requisitos:

I – ser maior de vinte e um anos;

II – estar habilitado:

a) no mínimo há dois anos na categoria B, ou no mínimo há um ano na categoria C, quando pretender habilitar-se na categoria D; e

b) no mínimo há um ano na categoria C, quando pretender habilitar-se na categoria E;

III – não ter cometido nenhuma infração grave ou gravíssima ou ser reincidente em infrações médias durante os últimos doze meses;

IV – ser aprovado em curso especializado e em curso de treinamento de prática veicular em situação de risco, nos termos da normatização do CONTRAN.

Parágrafo único. A participação em curso especializado previsto no inciso IV independe da observância do disposto no inciso III. (Incluído pela Lei nº 12.619, de 2012)

§ 2º (VETADO). (Incluído pela Lei nº 13.154, de 2015)

Art. 145-A. Além do disposto no art. 145, para conduzir ambulâncias, o candidato deverá comprovar treinamento especializado e reciclagem em cursos específicos a cada 5 (cinco) anos, nos termos da normatização do Contran. (Incluído pela Lei nº 12.998, de 2014)

Art. 146. Para conduzir veículos de outra categoria o condutor deverá realizar exames complementares exigidos para habilitação na categoria pretendida.

Art. 147. O candidato à habilitação deverá submeter-se a exames realizados pelo órgão executivo de trânsito, na seguinte ordem:

I – de aptidão física e mental;

II – (VETADO)

III – escrito, sobre legislação de trânsito;

IV – de noções de primeiros socorros, conforme regulamentação do CONTRAN;

V – de direção veicular, realizado na via pública, em veículo da categoria para a qual estiver habilitando-se.

§ 1º Os resultados dos exames e a identificação dos respectivos examinadores serão registrados no RENACH. (Renumerado o parágrafo único pela Lei nº 9.602, de 1998)

§ 2º O exame de aptidão física e mental será preliminar e renovável a cada cinco anos, ou a cada três anos para condutores com mais de sessenta e cinco anos de idade, no local de residência ou domicílio do examinado. (Incluído pela Lei nº 9.602, de 1998)

§ 3º O exame previsto no § 2º incluirá avaliação psicológica preliminar e complementar sempre que a ele se submeter o condutor que exerce atividade remunerada ao veículo, incluindo-se esta avaliação para os demais candidatos apenas no exame referente à primeira habilitação. (Redação dada pela Lei nº 10.350, de 2001)

§ 4º Quando houver indícios de deficiência física, mental, ou de progressividade de doença que possa diminuir a capacidade para

conduzir o veículo, o prazo previsto no § 2º poderá ser diminuído por proposta do perito examinador. (Incluído pela Lei nº 9.602, de 1998)

§ 5º O condutor que exerce atividade remunerada ao veículo terá essa informação incluída na sua Carteira Nacional de Habilitação, conforme especificações do Conselho Nacional de Trânsito - Contran. (Incluído pela Lei nº 10.350, de 2001)

Art. 147-A. Ao candidato com deficiência auditiva é assegurada acessibilidade de comunicação, mediante emprego de tecnologias assistivas ou de ajudas técnicas em todas as etapas do processo de habilitação. (Incluído pela Lei nº 13.146, de 2015)

§ 1º O material didático audiovisual utilizado em aulas teóricas dos cursos que precedem os exames previstos no art. 147 desta Lei deve ser acessível, por meio de subtitulação com legenda oculta associada à tradução simultânea em Libras. (Incluído pela Lei nº 13.146, de 2015)

§ 2º É assegurado também ao candidato com deficiência auditiva requerer, no ato de sua inscrição, os serviços de intérprete da Libras, para acompanhamento em aulas práticas e teóricas. (Incluído pela Lei nº 13.146, de 2015)

Art. 148. Os exames de habilitação, exceto os de direção veicular, poderão ser aplicados por entidades públicas ou privadas credenciadas pelo órgão executivo de trânsito dos Estados e do Distrito Federal, de acordo com as normas estabelecidas pelo CONTRAN.

§ 1º A formação de condutores deverá incluir, obrigatoriamente, curso de direção defensiva e de conceitos básicos de proteção ao meio ambiente relacionados com o trânsito.

§ 2º Ao candidato aprovado será conferida Permissão para Dirigir, com validade de um ano.

§ 3º A Carteira Nacional de Habilitação será conferida ao condutor no término de um ano, desde que o mesmo não tenha cometido nenhuma infração de natureza grave ou gravíssima ou seja reincidente em infração média.

§ 4º A não obtenção da Carteira Nacional de Habilitação, tendo em vista a incapacidade de atendimento do disposto no parágrafo anterior, obriga o candidato a reiniciar todo o processo de habilitação.

§ 5º O Conselho Nacional de Trânsito - CONTRAN poderá dispensar os tripulantes de aeronaves que apresentarem o cartão de saúde expedido pelas Forças Armadas ou pelo Departamento de Aeronáutica Civil, respectivamente, da prestação do exame de aptidão física e mental. (Incluído pela Lei nº 9.602, de 1998)

Art. 148-A. Os condutores das categorias C, D e E deverão submeter-se a exames toxicológicos para a habilitação e renovação da Carteira Nacional de Habilitação. (Incluído pela Lei nº 13.103, de 2015)

§ 1º O exame de que trata este artigo buscará aferir o consumo de substâncias psicoativas que, comprovadamente, comprometam a capacidade de direção e deverá ter janela de detecção mínima de 90 (noventa) dias, nos termos das normas do Contran. (Incluído pela Lei nº 13.103, de 2015)

§ 2º Os condutores das categorias C, D e E com Carteira Nacional de Habilitação com validade de 5 (cinco) anos deverão fazer o exame previsto no § 1º no prazo de 2 (dois) anos e 6 (seis) meses a contar da realização do disposto no caput. (Incluído pela Lei nº 13.103, de 2015)

§ 3º Os condutores das categorias C, D e E com Carteira Nacional de Habilitação com validade de 3 (três) anos deverão fazer o exame previsto no § 1º no prazo de 1 (um) ano e 6 (seis) meses a contar da realização do disposto no caput. (Incluído pela Lei nº 13.103, de 2015)

§ 4º É garantido o direito de contraprova e de recurso administrativo no caso de resultado positivo para o exame de que trata o caput, nos termos das normas do Contran. (Incluído pela Lei nº 13.103, de 2015)

§ 5º A reprovação no exame previsto neste artigo terá como consequência a suspensão do direito de dirigir pelo período de 3 (três) meses, condicionado o levantamento da suspensão ao resultado negativo em novo exame, e vedada a aplicação de outras penalidades, ainda que acessórias. (Incluído pela Lei nº 13.103, de 2015)

§ 6º O resultado do exame somente será divulgado para o interessado e não poderá ser utilizado para fins estranhos ao disposto neste artigo ou no § 6º do art. 168 da Consolidação das Leis do Trabalho - CLT, aprovada pelo Decreto-Lei nº 5.452, de 1º de maio de 1943. (Incluído pela Lei nº 13.103, de 2015)

§ 7º O exame será realizado, em regime de livre concorrência, pelos laboratórios credenciados pelo Departamento Nacional de Trânsito - DENATRAN, nos termos das normas do Contran, vedado aos entes públicos: (Incluído pela Lei nº 13.103, de 2015)

I – fixar preços para os exames; (Incluído pela Lei nº 13.103, de 2015)

II – limitar o número de empresas ou o número de locais em que a atividade pode ser exercida; e (Incluído pela Lei nº 13.103, de 2015)

III – estabelecer regras de exclusividade territorial. (Incluído pela Lei nº 13.103, de 2015)

Art. 149. (VETADO)

Art. 150. Ao renovar os exames previstos no artigo anterior, o condutor que não tenha curso de direção defensiva e primeiros socorros deverá a eles ser submetido, conforme normatização do CONTRAN.

Parágrafo único. A empresa que utiliza condutores contratados para operar a sua frota de veículos é obrigada a fornecer curso de direção defensiva, primeiros socorros e outros conforme normatização do CONTRAN.

Art. 151. No caso de reprovação no exame escrito sobre legislação de trânsito ou de direção veicular, o candidato só poderá repetir o exame depois de decorridos quinze dias da divulgação do resultado.

Art. 152. O exame de direção veicular será realizado perante comissão integrada por 3 (três) membros designados pelo dirigente do órgão executivo local de trânsito. (Redação dada pela Lei nº 13.281, de 2016)

§ 1º Na comissão de exame de direção veicular, pelo menos um membro deverá ser habilitado na categoria igual ou superior à pretendida pelo candidato.

§ 2º Os militares das Forças Armadas e os policiais e bombeiros dos órgãos de segurança pública da União, dos Estados e do Distrito Federal que possuírem curso de formação de condutor ministrado em suas corporações serão dispensados, para a concessão do documento de habilitação, dos exames aos quais se houverem submetido com aprovação naquele curso, desde que neles sejam observadas as normas estabelecidas pelo Contran. (Redação dada pela Lei nº 13.281, de 2016)

§ 3º O militar, o policial ou o bombeiro militar interessado na dispensa de que trata o § 2º instruirá seu requerimento com ofício do comandante, chefe ou diretor da unidade administrativa onde prestar serviço, do qual constarão o número do registro de identificação, naturalidade, nome, filiação, idade e categoria em que se habilitou a conduzir, acompanhado de cópia das atas dos exames prestados. (Redação dada pela Lei nº 13.281, de 2016)

§ 4º (VETADO)

Art. 153. O candidato habilitado terá em seu prontuário a identificação de seus instrutores e examinadores, que serão passíveis de punição conforme regulamentação a ser estabelecida pelo CONTRAN.

Parágrafo único. As penalidades aplicadas aos instrutores e examinadores serão de advertência, suspensão e cancelamento da autorização para o exercício da atividade, conforme a falta cometida.

Art. 154. Os veículos destinados à formação de condutores serão identificados por uma faixa amarela, de vinte centímetros de largura, pintada ao longo da carroçaria, à meia altura, com a inscrição AUTO-ESCOLA na cor preta.

Parágrafo único. No veículo eventualmente utilizado para aprendizagem, quando autorizado para servir a esse fim, deverá ser afixada ao longo de sua carroçaria, à meia altura, faixa branca removível, de vinte centímetros de largura, com a inscrição AUTO-ESCOLA na cor preta.

Art. 155. A formação de condutor de veículo automotor e elétrico será realizada por instrutor autorizado pelo órgão executivo de trânsito dos Estados ou do Distrito Federal, pertencente ou não à entidade credenciada.

Parágrafo único. Ao aprendiz será expedida autorização para aprendizagem, de acordo com a regulamentação do CONTRAN, após aprovação nos exames de aptidão física, mental, de primeiros socorros e sobre legislação de trânsito. (Incluído pela Lei nº 9.602, de 1998)

Art. 156. O CONTRAN regulamentará o credenciamento para prestação de serviço pelas autoescolas e outras entidades destinadas à formação de condutores e às exigências necessárias para o exercício das atividades de instrutor e examinador.

Art. 157. (VETADO)

Art. 158. A aprendizagem só poderá realizar-se: (Vide Lei nº 12.217, de 2010) Vigência

I – nos termos, horários e locais estabelecidos pelo órgão executivo de trânsito;

II – acompanhado o aprendiz por instrutor autorizado.

§ 1º Além do aprendiz e do instrutor, o veículo utilizado na aprendizagem poderá conduzir apenas mais um acompanhante. (Renumerado do parágrafo único pela Lei nº 12.217, de 2010).

§ 2º Parte da aprendizagem será obrigatoriamente realizada durante a noite, cabendo ao CONTRAN fixar-lhe a carga horária mínima correspondente. (Incluído pela Lei nº 12.217, de 2010).

Art. 159. A Carteira Nacional de Habilitação, expedida em modelo único e de acordo com as especificações do CONTRAN, atendidos os pré-requisitos estabelecidos neste Código, conterá fotografia, identificação e CPF do condutor, terá fé pública e equivalerá a documento de identidade em todo o território nacional.

§ 1º É obrigatório o porte da Permissão para Dirigir ou da Carteira Nacional de Habilitação quando o condutor estiver à direção do veículo.

§ 2º (VETADO)

§ 3º A emissão de nova via da Carteira Nacional de Habilitação será regulamentada pelo CONTRAN.

§ 4º (VETADO)

§ 5º A Carteira Nacional de Habilitação e a Permissão para Dirigir somente terão validade para a condução de veículo quando apresentada em original.

§ 6º A identificação da Carteira Nacional de Habilitação expedida e a da autoridade expedidora serão registradas no RENACH.

§ 7º A cada condutor corresponderá um único registro no RENACH, agregando-se neste todas as informações.

§ 8º A renovação da validade da Carteira Nacional de Habilitação ou a emissão de uma nova via somente será realizada após quitação de débitos constantes do prontuário do condutor.

§ 9º (VETADO)

§ 10. A validade da Carteira Nacional de Habilitação está condicionada ao prazo de vigência do exame de aptidão física e mental. (Incluído pela Lei nº 9.602, de 1998)

§ 11. A Carteira Nacional de Habilitação, expedida na vigência do Código anterior, será substituída por ocasião do vencimento do prazo para revalidação do exame de aptidão física e mental, ressalvados os casos especiais previstos nesta Lei. (Incluído pela Lei nº 9.602, de 1998)

Art. 160. O condutor condenado por delito de trânsito deverá ser submetido a novos exames para que possa voltar a dirigir, de acordo com as normas estabelecidas pelo CONTRAN, independentemente do reconhecimento da prescrição, em face da pena concretizada na sentença.

§ 1º Em caso de acidente grave, o condutor nele envolvido poderá ser submetido aos exames exigidos neste artigo, a juízo da autoridade executiva estadual de trânsito, assegurada ampla defesa ao condutor.

§ 2º No caso do parágrafo anterior, a autoridade executiva estadual de trânsito poderá apreender o documento de habilitação do condutor até a sua aprovação nos exames realizados.

CAPÍTULO XV

DAS INFRAÇÕES

Art. 161. Constitui infração de trânsito a inobservância de qualquer preceito deste Código, da legislação complementar ou das resoluções do CONTRAN, sendo o infrator sujeito às penalidades e medidas administrativas indicadas em cada artigo, além das punições previstas no Capítulo XIX.

Parágrafo único. As infrações cometidas em relação às resoluções do CONTRAN terão suas penalidades e medidas administrativas definidas nas próprias resoluções.

Art. 162. Dirigir veículo:

I – sem possuir Carteira Nacional de Habilitação, Permissão para Dirigir ou Autorização para Conduzir Ciclomotor: (Redação dada pela Lei nº 13.281, de 2016)

Infração – gravíssima; (Redação dada pela Lei nº 13.281, de 2016)

Penalidade – multa (três vezes); (Redação dada pela Lei nº 13.281, de 2016)

Medida administrativa – retenção do veículo até a apresentação de condutor habilitado; (Incluído pela Lei nº 13.281, de 2016)

II – com Carteira Nacional de Habilitação, Permissão para Dirigir ou Autorização para Conduzir Ciclomotor cassada ou com suspensão do direito de dirigir: (Redação dada pela Lei nº 13.281, de 2016)

Infração – gravíssima; (Redação dada pela Lei nº 13.281, de 2016)

Penalidade – multa (três vezes); (Redação dada pela Lei nº 13.281, de 2016)

Medida administrativa – recolhimento do documento de habilitação e retenção do veículo até a apresentação de condutor habilitado; (Incluído pela Lei nº 13.281, de 2016)

III – com Carteira Nacional de Habilitação ou Permissão para Dirigir de categoria diferente da do veículo que esteja conduzindo: (Redação dada pela Lei nº 13.281, de 2016)

Infração- gravíssima; (Redação dada pela Lei nº 13.281, de 2016)

Penalidade – multa (duas vezes); (Redação dada pela Lei nº 13.281, de 2016)

Medida administrativa – retenção do veículo até a apresentação de condutor habilitado; (Redação dada pela Lei nº 13.281, de 2016)

IV – (VETADO)

V – com validade da Carteira Nacional de Habilitação vencida há mais de trinta dias:

Infração – gravíssima;

Penalidade – multa;

Medida administrativa – recolhimento da Carteira Nacional de Habilitação e retenção do veículo até a apresentação de condutor habilitado;

VI – sem usar lentes corretoras de visão, aparelho auxiliar de audição, de prótese física ou as adaptações do veículo impostas por ocasião da concessão ou da renovação da licença para conduzir:

Infração – gravíssima;

Penalidade – multa;

Medida administrativa – retenção do veículo até o saneamento da irregularidade ou apresentação de condutor habilitado.

Art. 163. Entregar a direção do veículo a pessoa nas condições previstas no artigo anterior:

Infração – as mesmas previstas no artigo anterior;

Penalidade – as mesmas previstas no artigo anterior;

Medida administrativa – a mesma prevista no inciso III do artigo anterior.

Art. 164. Permitir que pessoa nas condições referidas nos incisos do art. 162 tome posse do veículo automotor e passe a conduzi-lo na via:

Infração – as mesmas previstas nos incisos do art. 162;

Penalidade – as mesmas previstas no art. 162;

Medida administrativa – a mesma prevista no inciso III do art. 162.

Art. 165. Dirigir sob a influência de álcool ou de qualquer outra substância psicoativa que determine dependência: (Redação dada pela Lei nº 11.705, de 2008)

Infração – gravíssima; (Redação dada pela Lei nº 11.705, de 2008)

Penalidade – multa (dez vezes) e suspensão do direito de dirigir por 12 (doze) meses. (Redação dada pela Lei nº 12.760, de 2012)

Medida administrativa – recolhimento do documento de habilitação e retenção do veículo, observado o disposto no § 4º do art. 270 da Lei nº 9.503, de 23 de setembro de 1997 – do Código de Trânsito Brasileiro. (Redação dada pela Lei nº 12.760, de 2012)

Parágrafo único. Aplica-se em dobro a multa prevista no caput em caso de reincidência no período de até 12 (doze) meses. (Redação dada pela Lei nº 12.760, de 2012)

Art. 165-A. Recusar-se a ser submetido a teste, exame clínico, perícia ou outro procedimento que permita certificar influência de álcool ou outra substância psicoativa, na forma estabelecida pelo art. 277: (Incluído pela Lei nº 13.281, de 2016)

Infração – gravíssima; (Incluído pela Lei nº 13.281, de 2016)

Penalidade – multa (dez vezes) e suspensão do direito de dirigir por 12 (doze) meses; (Incluído pela Lei nº 13.281, de 2016)

Medida administrativa – recolhimento do documento de habilitação e retenção do veículo, observado o disposto no § 4º do art. 270. (Incluído pela Lei nº 13.281, de 2016)

Parágrafo único. Aplica-se em dobro a multa prevista no ***caput*** *em caso de reincidência no período de até 12 (doze) meses (Incluído pela Lei nº 13.281, de 2016)*

Art. 166. Confiar ou entregar a direção de veículo a pessoa que, mesmo habilitada, por seu estado físico ou psíquico, não estiver em condições de dirigi-lo com segurança:

Infração – gravíssima;

Penalidade – multa.

Art. 167. Deixar o condutor ou passageiro de usar o cinto de segurança, conforme previsto no art. 65:

Infração – grave;

Penalidade – multa;

Medida administrativa – retenção do veículo até colocação do cinto pelo infrator.

Art. 168. Transportar crianças em veículo automotor sem observância das normas de segurança especiais estabelecidas neste Código:

Infração – gravíssima;

Penalidade – multa;

Medida administrativa – retenção do veículo até que a irregularidade seja sanada.

Art. 169. Dirigir sem atenção ou sem os cuidados indispensáveis à segurança:

Infração – leve;

Penalidade – multa.

Art. 170. Dirigir ameaçando os pedestres que estejam atravessando a via pública, ou os demais veículos:

Infração – gravíssima;

Penalidade – multa e suspensão do direito de dirigir;

Medida administrativa – retenção do veículo e recolhimento do documento de habilitação.

Art. 171. Usar o veículo para arremessar, sobre os pedestres ou veículos, água ou detritos:

Infração – média;

Penalidade – multa.

Art. 172. Atirar do veículo ou abandonar na via objetos ou substâncias:

Infração – média;

Penalidade – multa.

Art. 173. Disputar corrida: (Redação dada pela Lei nº 12.971, de 2014)

Infração – gravíssima;

Penalidade – multa (dez vezes), suspensão do direito de dirigir e apreensão do veículo; (Redação dada pela Lei nº 12.971, de 2014)

Medida administrativa – recolhimento do documento de habilitação e remoção do veículo.

Parágrafo único. Aplica-se em dobro a multa prevista no caput em caso de reincidência no período de 12 (doze) meses da infração anterior. (Incluído pela Lei nº 12.971, de 2014)

Art. 174. Promover, na via, competição, eventos organizados, exibição e demonstração de perícia em manobra de veículo, ou deles participar, como condutor, sem permissão da autoridade de trânsito com circunscrição sobre a via: (Redação dada pela Lei nº 12.971, de 2014)

Infração – gravíssima;

Penalidade – multa (dez vezes), suspensão do direito de dirigir e apreensão do veículo; (Redação dada pela Lei nº 12.971, de 2014)

Medida administrativa – recolhimento do documento de habilitação e remoção do veículo.

§ 1º As penalidades são aplicáveis aos promotores e aos condutores participantes. (Incluído pela Lei nº 12.971, de 2014)

§ 2º Aplica-se em dobro a multa prevista no caput em caso de reincidência no período de 12 (doze) meses da infração anterior. (Incluído pela Lei nº 12.971, de 2014)

Art. 175. Utilizar-se de veículo para demonstrar ou exibir manobra perigosa, mediante arrancada brusca, derrapagem ou frenagem com deslizamento ou arrastamento de pneus: (Redação dada pela Lei nº 12.971, de 2014)

Infração – gravíssima;

Penalidade – multa (dez vezes), suspensão do direito de dirigir e apreensão do veículo; (Redação dada pela Lei nº 12.971, de 2014)

Medida administrativa – recolhimento do documento de habilitação e remoção do veículo.

Parágrafo único. Aplica-se em dobro a multa prevista no caput em caso de reincidência no período de 12 (doze) meses da infração anterior. (Incluído pela Lei nº 12.971, de 2014)

Art. 176. Deixar o condutor envolvido em acidente com vítima:

I – de prestar ou providenciar socorro à vítima, podendo fazê-lo;

II – de adotar providências, podendo fazê-lo, no sentido de evitar perigo para o trânsito no local;

III – de preservar o local, de forma a facilitar os trabalhos da polícia e da perícia;

IV – de adotar providências para remover o veículo do local, quando determinadas por policial ou agente da autoridade de trânsito;

V – de identificar-se ao policial e de lhe prestar informações necessárias à confecção do boletim de ocorrência:

Infração – gravíssima;

Penalidade – multa (cinco vezes) e suspensão do direito de dirigir;

Medida administrativa – recolhimento do documento de habilitação.

Art. 177. Deixar o condutor de prestar socorro à vítima de acidente de trânsito quando solicitado pela autoridade e seus agentes:

Infração – grave;

Penalidade – multa.

Art. 178. Deixar o condutor, envolvido em acidente sem vítima, de adotar providências para remover o veículo do local, quando necessária tal medida para assegurar a segurança e a fluidez do trânsito:

Infração – média;

Penalidade – multa.

Art. 179. Fazer ou deixar que se faça reparo em veículo na via pública, salvo nos casos de impedimento absoluto de sua remoção e em que o veículo esteja devidamente sinalizado:

I – em pista de rolamento de rodovias e vias de trânsito rápido:

Infração – grave;

Penalidade – multa;

Medida administrativa – remoção do veículo;

II – nas demais vias:

Infração – leve;

Penalidade – multa.

Art. 180. Ter seu veículo imobilizado na via por falta de combustível:

Infração – média;

Penalidade – multa;

Medida administrativa – remoção do veículo.

Art. 181. Estacionar o veículo:

I – nas esquinas e a menos de cinco metros do bordo do alinhamento da via transversal:

Infração – média;

Penalidade – multa;

Medida administrativa – remoção do veículo;

II – afastado da guia da calçada (meio-fio) de cinquenta centímetros a um metro:

Infração – leve;

Penalidade – multa;

Medida administrativa – remoção do veículo;

III – afastado da guia da calçada (meio-fio) a mais de um metro:

Infração – grave;

Penalidade – multa;

Medida administrativa – remoção do veículo;

IV – em desacordo com as posições estabelecidas neste Código:

Infração – média;

Penalidade – multa;

Medida administrativa – remoção do veículo;

V – na pista de rolamento das estradas, das rodovias, das vias de trânsito rápido e das vias dotadas de acostamento:

Infração – gravíssima;

Penalidade – multa;

Medida administrativa – remoção do veículo;

VI – junto ou sobre hidrantes de incêndio, registro de água ou tampas de poços de visita de galerias subterrâneas, desde que devidamente identificados, conforme especificação do CONTRAN:

Infração – média;

Penalidade – multa;

Medida administrativa – remoção do veículo;

VII – nos acostamentos, salvo motivo de força maior:

Infração – leve;

Penalidade – multa;

Medida administrativa – remoção do veículo;

VIII – no passeio ou sobre faixa destinada a pedestre, sobre ciclovia ou ciclofaixa, bem como nas ilhas, refúgios, ao lado ou sobre canteiros centrais, divisores de pista de rolamento, marcas de canalização, gramados ou jardim público:

Infração – grave;

Penalidade – multa;

Medida administrativa – remoção do veículo;

IX – onde houver guia de calçada (meio-fio) rebaixada destinada à entrada ou saída de veículos:

Infração – média;

Penalidade – multa;

Medida administrativa – remoção do veículo;

X – impedindo a movimentação de outro veículo:

Infração – média;

Penalidade – multa;

Medida administrativa – remoção do veículo;

XI – ao lado de outro veículo em fila dupla:

Infração – grave;

Penalidade – multa;

Medida administrativa – remoção do veículo;

XII – na área de cruzamento de vias, prejudicando a circulação de veículos e pedestres:

Infração – grave;

Penalidade – multa;

Medida administrativa – remoção do veículo;

XIII – onde houver sinalização horizontal delimitadora de ponto de embarque ou desembarque de passageiros de transporte coletivo ou, na inexistência desta sinalização, no intervalo compreendido entre dez metros antes e depois do marco do ponto:

Infração – média;

Penalidade – multa;

Medida administrativa – remoção do veículo;

XIV – nos viadutos, pontes e túneis:

Infração – grave;

Penalidade – multa;

Medida administrativa – remoção do veículo;

XV – na contramão de direção:

Infração – média;

Penalidade – multa;

XVI – em aclive ou declive, não estando devidamente freado e sem calço de segurança, quando se tratar de veículo com peso bruto total superior a três mil e quinhentos quilogramas:

Infração – grave;

Penalidade – multa;

Medida administrativa – remoção do veículo;

XVII – em desacordo com as condições regulamentadas especificamente pela sinalização (placa – Estacionamento Regulamentado):

Infração – grave; (Redação dada pela Lei nº 13.146, de 2015)

Penalidade – multa;

Medida administrativa – remoção do veículo;

XVIII – em locais e horários proibidos especificamente pela sinalização (placa – Proibido Estacionar):

Infração – média;

Penalidade – multa;

Medida administrativa – remoção do veículo;

XIX – em locais e horários de estacionamento e parada proibidos pela sinalização (placa – Proibido Parar e Estacionar):

Infração – grave;

Penalidade – multa;

Medida administrativa – remoção do veículo.

XX – nas vagas reservadas às pessoas com deficiência ou idosos, sem credencial que comprove tal condição: (Incluído pela Lei nº 13.281, de 2016)

Infração – gravíssima; (Incluído pela Lei nº 13.281, de 2016)

Penalidade – multa; (Incluído pela Lei nº 13.281, de 2016)

Medida administrativa – remoção do veículo. (Incluído pela Lei nº 13.281, de 2016)

§ 1º Nos casos previstos neste artigo, a autoridade de trânsito aplicará a penalidade preferencialmente após a remoção do veículo.

§ 2º No caso previsto no inciso XVI é proibido abandonar o calço de segurança na via.

Art. 182. Parar o veículo:

I – nas esquinas e a menos de cinco metros do bordo do alinhamento da via transversal:

Infração – média;

Penalidade – multa;

II – afastado da guia da calçada (meio-fio) de cinquenta centímetros a um metro:

Infração – leve;

Penalidade – multa;

III – afastado da guia da calçada (meio-fio) a mais de um metro:

Infração – média;

Penalidade – multa;

IV – em desacordo com as posições estabelecidas neste Código:

Infração – leve;

Penalidade – multa;

V – na pista de rolamento das estradas, das rodovias, das vias de trânsito rápido e das demais vias dotadas de acostamento:

Infração – grave;

Penalidade – multa;

VI – no passeio ou sobre faixa destinada a pedestres, nas ilhas, refúgios, canteiros centrais e divisores de pista de rolamento e marcas de canalização:

Infração – leve;

Penalidade – multa;

VII – na área de cruzamento de vias, prejudicando a circulação de veículos e pedestres:

Infração – média;

Penalidade – multa;

VIII – nos viadutos, pontes e túneis:

Infração – média;

Penalidade – multa;

IX – na contramão de direção:

Infração – média;

Penalidade – multa;

X – em local e horário proibidos especificamente pela sinalização (placa – Proibido Parar):

Infração – média;

Penalidade – multa.

Art. 183. Parar o veículo sobre a faixa de pedestres na mudança de sinal luminoso:

Infração – média;

Penalidade – multa.

Art. 184. Transitar com o veículo:

I – na faixa ou pista da direita, regulamentada como de circulação exclusiva para determinado tipo de veículo, exceto para acesso a imóveis lindeiros ou conversões à direita:

Infração – leve;

Penalidade – multa;

II – na faixa ou pista da esquerda regulamentada como de circulação exclusiva para determinado tipo de veículo:

Infração – grave;

Penalidade – multa.

III – na faixa ou via de trânsito exclusivo, regulamentada com circulação destinada aos veículos de transporte público coletivo de passageiros, salvo casos de força maior e com autorização do poder público competente: (Incluído pela Lei nº 13.154, de 2015)

Infração – gravíssima; (Incluído pela Lei nº 13.154, de 2015)

Penalidade – multa e apreensão do veículo; (Incluído pela Lei nº 13.154, de 2015)

Medida Administrativa – remoção do veículo. (Incluído pela Lei nº 13.154, de 2015)

Art. 185. Quando o veículo estiver em movimento, deixar de conservá-lo:

I – na faixa a ele destinada pela sinalização de regulamentação, exceto em situações de emergência;

II – nas faixas da direita, os veículos lentos e de maior porte:

Infração – média;

Penalidade – multa.

Art. 186. Transitar pela contramão de direção em:

I – vias com duplo sentido de circulação, exceto para ultrapassar outro veículo e apenas pelo tempo necessário, respeitada a preferência do veículo que transitar em sentido contrário:

Infração – grave;

Penalidade – multa;

II – vias com sinalização de regulamentação de sentido único de circulação:

Infração – gravíssima;

Penalidade – multa.

Art. 187. Transitar em locais e horários não permitidos pela regulamentação estabelecida pela autoridade competente:

I – para todos os tipos de veículos:

Infração – média;

Penalidade – multa;

II – (Revogado pela Lei nº 9.602, de 1998)

Art. 188. Transitar ao lado de outro veículo, interrompendo ou perturbando o trânsito:

Infração – média;

Penalidade – multa.

Art. 189. Deixar de dar passagem aos veículos precedidos de batedores, de socorro de incêndio e salvamento, de polícia, de operação e fiscalização de trânsito e às ambulâncias, quando em serviço de urgência e devidamente identificados por dispositivos regulamentados de alarme sonoro e iluminação vermelha intermitentes:

Infração – gravíssima;

Penalidade – multa.

Art. 190. Seguir veículo em serviço de urgência, estando este com prioridade de passagem devidamente identificada por dispositivos regulamentares de alarme sonoro e iluminação vermelha intermitentes:

Infração – grave;

Penalidade – multa.

Art. 191. Forçar passagem entre veículos que, transitando em sentidos opostos, estejam na iminência de passar um pelo outro ao realizar operação de ultrapassagem:

Infração – gravíssima;

Penalidade – multa (dez vezes) e suspensão do direito de dirigir. (Redação dada pela Lei nº 12.971, de 2014)

Parágrafo único. Aplica-se em dobro a multa prevista no caput em caso de reincidência no período de até 12 (doze) meses da infração anterior. (Incluído pela Lei nº 12.971, de 2014)

Art. 192. Deixar de guardar distância de segurança lateral e frontal entre o seu veículo e os demais, bem como em relação ao bordo da pista, considerando-se, no momento, a velocidade, as condições climáticas do local da circulação e do veículo:

Infração – grave;

Penalidade – multa.

Art. 193. Transitar com o veículo em calçadas, passeios, passarelas, ciclovias, ciclofaixas, ilhas, refúgios, ajardinamentos, canteiros centrais e divisores de pista de rolamento, acostamentos, marcas de canalização, gramados e jardins públicos:

Infração – gravíssima;

Penalidade – multa (três vezes).

Art. 194. Transitar em marcha à ré, salvo na distância necessária a pequenas manobras e de forma a não causar riscos à segurança:

Infração – grave;

Penalidade – multa.

Art. 195. Desobedecer às ordens emanadas da autoridade competente de trânsito ou de seus agentes:

Infração – grave;

Penalidade – multa.

Art. 196. Deixar de indicar com antecedência, mediante gesto regulamentar de braço ou luz indicadora de direção do veículo, o início da marcha, a realização da manobra de parar o veículo, a mudança de direção ou de faixa de circulação:

Infração – grave;

Penalidade – multa.

Art. 197. Deixar de deslocar, com antecedência, o veículo para a faixa mais à esquerda ou mais à direita, dentro da respectiva mão de direção, quando for manobrar para um desses lados:

Infração – média;

Penalidade – multa.

Art. 198. Deixar de dar passagem pela esquerda, quando solicitado:

Infração – média;

Penalidade – multa.

Art. 199. Ultrapassar pela direita, salvo quando o veículo da frente estiver colocado na faixa apropriada e der sinal de que vai entrar à esquerda:

Infração – média;

Penalidade – multa.

Art. 200. Ultrapassar pela direita veículo de transporte coletivo ou de escolares, parado para embarque ou desembarque de passageiros, salvo quando houver refúgio de segurança para o pedestre:

Infração – gravíssima;

Penalidade – multa.

Art. 201. Deixar de guardar a distância lateral de um metro e cinquenta centímetros ao passar ou ultrapassar bicicleta:

Infração – média;

Penalidade – multa.

Art. 202. Ultrapassar outro veículo:

I – pelo acostamento;

II – em interseções e passagens de nível;

Infração – gravíssima; (Redação dada pela Lei nº 12.971, de 2014)

Penalidade – multa (cinco vezes). (Redação dada pela Lei nº 12.971, de 2014)

Art. 203. Ultrapassar pela contramão outro veículo:

I – nas curvas, aclives e declives, sem visibilidade suficiente;

II – nas faixas de pedestre;

III – nas pontes, viadutos ou túneis;

IV – parado em fila junto a sinais luminosos, porteiras, cancelas, cruzamentos ou qualquer outro impedimento à livre circulação;

V – onde houver marcação viária longitudinal de divisão de fluxos opostos do tipo linha dupla contínua ou simples contínua amarela:

Infração – gravíssima; (Redação dada pela Lei nº 12.971, de 2014)

Penalidade – multa (cinco vezes). (Redação dada pela Lei nº 12.971, de 2014)

Parágrafo único. Aplica-se em dobro a multa prevista no caput em caso de reincidência no período de até 12 (doze) meses da infração anterior. (Incluído pela Lei nº 12.971, de 2014)

Art. 204. Deixar de parar o veículo no acostamento à direita, para aguardar a oportunidade de cruzar a pista ou entrar à esquerda, onde não houver local apropriado para operação de retorno:

Infração – grave;

Penalidade – multa.

Art. 205. Ultrapassar veículo em movimento que integre cortejo, préstito, desfile e formações militares, salvo com autorização da autoridade de trânsito ou de seus agentes:

Infração – leve;

Penalidade – multa.

Art. 206. Executar operação de retorno:

I – em locais proibidos pela sinalização;

II – nas curvas, aclives, declives, pontes, viadutos e túneis;

III – passando por cima de calçada, passeio, ilhas, ajardinamento ou canteiros de divisões de pista de rolamento, refúgios e faixas de pedestres e nas de veículos não motorizados;

IV – nas interseções, entrando na contramão de direção da via transversal;

V – com prejuízo da livre circulação ou da segurança, ainda que em locais permitidos:

Infração – gravíssima;

Penalidade – multa.

Art. 207. Executar operação de conversão à direita ou à esquerda em locais proibidos pela sinalização:

Infração – grave;

Penalidade – multa.

Art. 208. Avançar o sinal vermelho do semáforo ou o de parada obrigatória:

Infração – gravíssima;

Penalidade – multa.

Art. 209. Transpor, sem autorização, bloqueio viário com ou sem sinalização ou dispositivos auxiliares, deixar de adentrar às áreas destinadas à pesagem de veículos ou evadir-se para não efetuar o pagamento do pedágio:

Infração – grave;

Penalidade - multa.

Art. 210. Transpor, sem autorização, bloqueio viário policial:

Infração - gravíssima;

Penalidade - multa, apreensão do veículo e suspensão do direito de dirigir;

Medida administrativa - remoção do veículo e recolhimento do documento de habilitação.

Art. 211. Ultrapassar veículos em fila, parados em razão de sinal luminoso, cancela, bloqueio viário parcial ou qualquer outro obstáculo, com exceção dos veículos não motorizados:

Infração - grave;

Penalidade - multa.

Art. 212. Deixar de parar o veículo antes de transpor linha férrea:

Infração - gravíssima;

Penalidade - multa.

Art. 213. Deixar de parar o veículo sempre que a respectiva marcha for interceptada:

I por agrupamento de pessoas, como préstitos, passeatas, desfiles e outros:

Infração - gravíssima;

Penalidade - multa.

II - por agrupamento de veículos, como cortejos, formações militares e outros:

Infração - grave;

Penalidade - multa.

Art. 214. Deixar de dar preferência de passagem a pedestre e a veículo não motorizado:

I - que se encontre na faixa a ele destinada;

II - que não haja concluído a travessia mesmo que ocorra sinal verde para o veículo;

III - portadores de deficiência física, crianças, idosos e gestantes:

Infração - gravíssima;

Penalidade - multa.

IV - quando houver iniciado a travessia mesmo que não haja sinalização a ele destinada;

V - que esteja atravessando a via transversal para onde se dirige o veículo:

Infração - grave;

Penalidade - multa.

Art. 215. Deixar de dar preferência de passagem:

I - em interseção não sinalizada:

a) a veículo que estiver circulando por rodovia ou rotatória;

b) a veículo que vier da direita;

II - nas interseções com sinalização de regulamentação de Dê a Preferência:

Infração - grave;

Penalidade - multa.

Art. 216. Entrar ou sair de áreas lindeiras sem estar adequadamente posicionado para ingresso na via e sem as precauções com a segurança de pedestres e de outros veículos:

Infração - média;

Penalidade - multa.

Art. 217. Entrar ou sair de fila de veículos estacionados sem dar preferência de passagem a pedestres e a outros veículos:

Infração - média;

Penalidade - multa.

Art. 218. Transitar em velocidade superior à máxima permitida para o local, medida por instrumento ou equipamento hábil, em rodovias, vias de trânsito rápido, vias arteriais e demais vias: (Redação dada pela Lei nº 11.334, de 2006)

I - quando a velocidade for superior à máxima em até 20% (vinte por cento): (Redação dada pela Lei nº 11.334, de 2006)

Infração - média; (Redação dada pela Lei nº 11.334, de 2006)

Penalidade - multa; (Redação dada pela Lei nº 11.334, de 2006)

II - quando a velocidade for superior à máxima em mais de 20% (vinte por cento) até 50% (cinquenta por cento): (Redação dada pela Lei nº 11.334, de 2006)

Infração - grave; (Redação dada pela Lei nº 11.334, de 2006)

Penalidade - multa; (Redação dada pela Lei nº 11.334, de 2006)

III - quando a velocidade for superior à máxima em mais de 50% (cinquenta por cento): (Incluído pela Lei nº 11.334, de 2006)

Infração - gravíssima; (Incluído pela Lei nº 11.334, de 2006)

Penalidade - multa [3 (três) vezes], suspensão imediata do direito de dirigir e apreensão do documento de habilitação. (Incluído pela Lei nº 11.334, de 2006)

Art. 219. Transitar com o veículo em velocidade inferior à metade da velocidade máxima estabelecida para a via, retardando ou obstruindo o trânsito, a menos que as condições de tráfego e meteorológicas não o permitam, salvo se estiver na faixa da direita:

Infração – média;

Penalidade – multa.

Art. 220. Deixar de reduzir a velocidade do veículo de forma compatível com a segurança do trânsito:

I – quando se aproximar de passeatas, aglomerações, cortejos, préstitos e desfiles:

Infração – gravíssima;

Penalidade – multa;

II – nos locais onde o trânsito esteja sendo controlado pelo agente da autoridade de trânsito, mediante sinais sonoros ou gestos;

III – ao aproximar-se da guia da calçada (meio-fio) ou acostamento;

IV – ao aproximar-se de ou passar por interseção não sinalizada;

V – nas vias rurais cuja faixa de domínio não esteja cercada;

VI – nos trechos em curva de pequeno raio;

VII – ao aproximar-se de locais sinalizados com advertência de obras ou trabalhadores na pista;

VIII – sob chuva, neblina, cerração ou ventos fortes;

IX – quando houver má visibilidade;

X – quando o pavimento se apresentar escorregadio, defeituoso ou avariado;

XI – à aproximação de animais na pista;

XII – em declive;

XIII – ao ultrapassar ciclista:

Infração – grave;

Penalidade – multa;

XIV – nas proximidades de escolas, hospitais, estações de embarque e desembarque de passageiros ou onde haja intensa movimentação de pedestres:

Infração – gravíssima;

Penalidade – multa.

Art. 221. Portar no veículo placas de identificação em desacordo com as especificações e modelos estabelecidos pelo CONTRAN:

Infração – média;

Penalidade – multa;

Medida administrativa – retenção do veículo para regularização e apreensão das placas irregulares.

Parágrafo único. Incide na mesma penalidade aquele que confecciona, distribui ou coloca, em veículo próprio ou de terceiros, placas de identificação não autorizadas pela regulamentação.

Art. 222. Deixar de manter ligado, nas situações de atendimento de emergência, o sistema de iluminação vermelha intermitente dos veículos de polícia, de socorro de incêndio e salvamento, de fiscalização de trânsito e das ambulâncias, ainda que parados:

Infração – média;

Penalidade – multa.

Art. 223. Transitar com o farol desregulado ou com o facho de luz alta de forma a perturbar a visão de outro condutor:

Infração – grave;

Penalidade – multa;

Medida administrativa – retenção do veículo para regularização.

Art. 224. Fazer uso do facho de luz alta dos faróis em vias providas de iluminação pública:

Infração – leve;

Penalidade – multa.

Art. 225. Deixar de sinalizar a via, de forma a prevenir os demais condutores e, à noite, não manter acesas as luzes externas ou omitir-se quanto a providências necessárias para tornar visível o local, quando:

I – tiver de remover o veículo da pista de rolamento ou permanecer no acostamento;

II – a carga for derramada sobre a via e não puder ser retirada imediatamente:

Infração – grave;

Penalidade – multa.

Art. 226. Deixar de retirar todo e qualquer objeto que tenha sido utilizado para sinalização temporária da via:

Infração – média;

Penalidade - multa.

Art. 227. Usar buzina:

I - em situação que não a de simples toque breve como advertência ao pedestre ou a condutores de outros veículos;

II - prolongada e sucessivamente a qualquer pretexto;

III - entre as vinte e duas e as seis horas;

IV - em locais e horários proibidos pela sinalização;

V - em desacordo com os padrões e frequências estabelecidas pelo CONTRAN:

Infração - leve;

Penalidade - multa.

Art. 228. Usar no veículo equipamento com som em volume ou frequência que não sejam autorizados pelo CONTRAN:

Infração - grave;

Penalidade - multa;

Medida administrativa - retenção do veículo para regularização.

Art. 229. Usar indevidamente no veículo aparelho de alarme ou que produza sons e ruído que perturbem o sossego público, em desacordo com normas fixadas pelo CONTRAN:

Infração - média;

Penalidade - multa e apreensão do veículo;

Medida administrativa - remoção do veículo.

Art. 230. Conduzir o veículo:

I - com o lacre, a inscrição do chassi, o selo, a placa ou qualquer outro elemento de identificação do veículo violado ou falsificado;

II - transportando passageiros em compartimento de carga, salvo por motivo de força maior, com permissão da autoridade competente e na forma estabelecida pelo CONTRAN;

III - com dispositivo anti-radar;

IV - sem qualquer uma das placas de identificação;

V - que não esteja registrado e devidamente licenciado;

VI - com qualquer uma das placas de identificação sem condições de legibilidade e visibilidade:

Infração - gravíssima;

Penalidade - multa e apreensão do veículo;

Medida administrativa - remoção do veículo;

VII - com a cor ou característica alterada;

VIII - sem ter sido submetido à inspeção de segurança veicular, quando obrigatória;

IX - sem equipamento obrigatório ou estando este ineficiente ou inoperante;

X - com equipamento obrigatório em desacordo com o estabelecido pelo CONTRAN;

XI - com descarga livre ou silenciador de motor de explosão defeituoso, deficiente ou inoperante;

XII - com equipamento ou acessório proibido;

XIII - com o equipamento do sistema de iluminação e de sinalização alterados;

XIV - com registrador instantâneo inalterável de velocidade e tempo viciado ou defeituoso, quando houver exigência desse aparelho;

XV - com inscrições, adesivos, legendas e símbolos de caráter publicitário afixados ou pintados no pára brisa e em toda a extensão da parte traseira do veículo, excetuadas as hipóteses previstas neste Código;

XVI - com vidros total ou parcialmente cobertos por películas refletivas ou não, painéis decorativos ou pinturas;

XVII - com cortinas ou persianas fechadas, não autorizadas pela legislação;

XVIII - em mau estado de conservação, comprometendo a segurança, ou reprovado na avaliação de inspeção de segurança e de emissão de poluentes e ruído, prevista no art. 104;

XIX - sem acionar o limpador de pára-brisa sob chuva:

Infração - grave;

Penalidade - multa;

Medida administrativa - retenção do veículo para regularização;

XX - sem portar a autorização para condução de escolares, na forma estabelecida no art. 136:

Infração - grave;

Penalidade - multa e apreensão do veículo;

XXI - de carga, com falta de inscrição da tara e demais inscrições previstas neste Código;

XXII – com defeito no sistema de iluminação, de sinalização ou com lâmpadas queimadas:

Infração – média;

Penalidade – multa.

XXIII – em desacordo com as condições estabelecidas no art. 67-C, relativamente ao tempo de permanência do condutor ao volante e aos intervalos para descanso, quando se tratar de veículo de transporte de carga ou coletivo de passageiros: (Redação dada pela Lei nº 13.103, de 2015)

Infração – média; (Redação dada pela Lei nº 13.103, de 2015)

Penalidade – multa; (Redação dada pela Lei nº 13.103, de 2015)

Medida administrativa – retenção do veículo para cumprimento do tempo de descanso aplicável. (Redação dada pela Lei nº 13.103, de 2015)

XXIV- (VETADO). (Incluído pela Lei nº 12.619, de 2012)

§ 1º Se o condutor cometeu infração igual nos últimos 12 (doze) meses, será convertida, automaticamente, a penalidade disposta no inciso XXIII em infração grave. (Incluído pela Lei nº 13.103, de 2015)

§ 2º Em se tratando de condutor estrangeiro, a liberação do veículo fica condicionada ao pagamento ou ao depósito, judicial ou administrativo, da multa. (Incluído pela Lei nº 13.103, de 2015)

Art. 231. Transitar com o veículo:

I – danificando a via, suas instalações e equipamentos;

II – derramando, lançando ou arrastando sobre a via:

a) carga que esteja transportando;

b) combustível ou lubrificante que esteja utilizando;

c) qualquer objeto que possa acarretar risco de acidente:

Infração – gravíssima;

Penalidade – multa;

Medida administrativa – retenção do veículo para regularização;

III – produzindo fumaça, gases ou partículas em níveis superiores aos fixados pelo CONTRAN;

IV – com suas dimensões ou de sua carga superiores aos limites estabelecidos legalmente ou pela sinalização, sem autorização:

Infração – grave;

Penalidade – multa;

Medida administrativa – retenção do veículo para regularização;

V – com excesso de peso, admitido percentual de tolerância quando aferido por equipamento, na forma a ser estabelecida pelo CONTRAN:

Infração – média;

Penalidade – multa acrescida a cada duzentos quilogramas ou fração de excesso de peso apurado, constante na seguinte tabela:

a) até 600 kg (seiscentos quilogramas) – R$ 5,32 (cinco reais e trinta e dois centavos); (Redação dada pela Lei nº 13.281, de 2016)

b) de 601 (seiscentos e um) a 800 kg (oitocentos quilogramas) – R$ 10,64 (dez reais e sessenta e quatro centavos); (Redação dada pela Lei nº 13.281, de 2016)

c) de 801 (oitocentos e um) a 1.000 kg (mil quilogramas) – R$ 21,28 (vinte e um reais e vinte e oito centavos); (Redação dada pela Lei nº 13.281, de 2016)

d) de 1.001 (mil e um) a 3.000 kg (três mil quilogramas) – R$ 31,92 (trinta e um reais e noventa e dois centavos); (Redação dada pela Lei nº 13. 281, de 2016)

e) de 3.001 (três mil e um) a 5.000 kg (cinco mil quilogramas) – R$ 42,56 (quarenta e dois reais e cinquenta e seis centavos); (Redação dada pela Lei nº 13.281, de 2016)

f) acima de 5.001 kg (cinco mil e um quilogramas) – R$ 53,20 (cinquenta e três reais e vinte centavos); (Redação dada pela Lei nº 13.281, de 2016)

Medida administrativa – retenção do veículo e transbordo da carga excedente;

VI – em desacordo com a autorização especial, expedida pela autoridade competente para transitar com dimensões excedentes, ou quando a mesma estiver vencida:

Infração – grave;

Penalidade – multa e apreensão do veículo;

Medida administrativa – remoção do veículo;

VII – com lotação excedente;

VIII – efetuando transporte remunerado de pessoas ou bens, quando não for licenciado para esse fim, salvo casos de força maior ou com permissão da autoridade competente:

Infração – média;

Penalidade – multa;

Medida administrativa – retenção do veículo;

IX – desligado ou desengrenado, em declive:

Infração – média;

Penalidade – multa;

Medida administrativa – retenção do veículo;

X – excedendo a capacidade máxima de tração:

Infração – de média a gravíssima, a depender da relação entre o excesso de peso apurado e a capacidade máxima de tração, a ser regulamentada pelo CONTRAN;

Penalidade – multa;

Medida Administrativa – retenção do veículo e transbordo de carga excedente.

Parágrafo único. Sem prejuízo das multas previstas nos incisos V e X, o veículo que transitar com excesso de peso ou excedendo à capacidade máxima de tração, não computado o percentual tolerado na forma do disposto na legislação, somente poderá continuar viagem após descarregar o que exceder, segundo critérios estabelecidos na referida legislação complementar.

Art. 232. Conduzir veículo sem os documentos de porte obrigatório referidos neste Código:

Infração – leve;

Penalidade – multa;

Medida administrativa – retenção do veículo até a apresentação do documento.

Art. 233. Deixar de efetuar o registro de veículo no prazo de trinta dias, junto ao órgão executivo de trânsito, ocorridas as hipóteses previstas no art. 123:

Infração – grave;

Penalidade – multa;

Medida administrativa – retenção do veículo para regularização.

Art. 234. Falsificar ou adulterar documento de habilitação e de identificação do veículo:

Infração – gravíssima;

Penalidade – multa e apreensão do veículo;

Medida administrativa – remoção do veículo.

Art. 235. Conduzir pessoas, animais ou carga nas partes externas do veículo, salvo nos casos devidamente autorizados:

Infração – grave;

Penalidade – multa;

Medida administrativa – retenção do veículo para transbordo.

Art. 236. Rebocar outro veículo com cabo flexível ou corda, salvo em casos de emergência:

Infração – média;

Penalidade – multa.

Art. 237. Transitar com o veículo em desacordo com as especificações, e com falta de inscrição e simbologia necessárias à sua identificação, quando exigidas pela legislação:

Infração – grave;

Penalidade – multa;

Medida administrativa – retenção do veículo para regularização.

Art. 238. Recusar-se a entregar à autoridade de trânsito ou a seus agentes, mediante recibo, os documentos de habilitação, de registro, de licenciamento de veículo e outros exigidos por lei, para averiguação de sua autenticidade:

Infração – gravíssima;

Penalidade – multa e apreensão do veículo;

Medida administrativa – remoção do veículo.

Art. 239. Retirar do local veículo legalmente retido para regularização, sem permissão da autoridade competente ou de seus agentes:

Infração – gravíssima;

Penalidade – multa e apreensão do veículo;

Medida administrativa – remoção do veículo.

Art. 240. Deixar o responsável de promover a baixa do registro de veículo irrecuperável ou definitivamente desmontado:

Infração – grave;

Penalidade – multa;

Medida administrativa – Recolhimento do Certificado de Registro e do Certificado de Licenciamento Anual.

Art. 241. Deixar de atualizar o cadastro de registro do veículo ou de habilitação do condutor:

Infração – leve;

Penalidade – multa.

Art. 242. Fazer falsa declaração de domicílio para fins de registro, licenciamento ou habilitação:

Infração – gravíssima;

Penalidade – multa.

Art. 243. Deixar a empresa seguradora de comunicar ao órgão executivo de trânsito competente a ocorrência de perda total do veículo e de lhe devolver as respectivas placas e documentos:

Infração – grave;

Penalidade – multa;

Medida administrativa – Recolhimento das placas e dos documentos.

Art. 244. Conduzir motocicleta, motoneta e ciclomotor:

I – sem usar capacete de segurança com viseira ou óculos de proteção e vestuário de acordo com as normas e especificações aprovadas pelo CONTRAN;

II – transportando passageiro sem o capacete de segurança, na forma estabelecida no inciso anterior, ou fora do assento suplementar colocado atrás do condutor ou em carro lateral;

III – fazendo malabarismo ou equilibrando-se apenas em uma roda;

IV – com os faróis apagados;

V – transportando criança menor de sete anos ou que não tenha, nas circunstâncias, condições de cuidar de sua própria segurança:

Infração – gravíssima;

Penalidade – multa e suspensão do direito de dirigir;

Medida administrativa – Recolhimento do documento de habilitação;

VI – rebocando outro veículo;

VII – sem segurar o guidom com ambas as mãos, salvo eventualmente para indicação de manobras;

VIII – transportando carga incompatível com suas especificações ou em desacordo com o previsto no § 2º do art. 139-A desta Lei; (Incluído pela Lei nº 12.009, de 2009)

IX – efetuando transporte remunerado de mercadorias em desacordo com o previsto no art. 139-A desta Lei ou com as normas que regem a atividade profissional dos mototaxistas: (Incluído pela Lei nº 12.009, de 2009)

Infração – grave; (Incluído pela Lei nº 12.009, de 2009)

Penalidade – multa; (Incluído pela Lei nº 12.009, de 2009)

Medida administrativa – apreensão do veículo para regularização. (Incluído pela Lei nº 12.009, de 2009)

§ 1º Para ciclos aplica-se o disposto nos incisos III, VII e VIII, além de:

a) conduzir passageiro fora da garupa ou do assento especial a ele destinado;

b) transitar em vias de trânsito rápido ou rodovias, salvo onde houver acostamento ou faixas de rolamento próprias;

c) transportar crianças que não tenham, nas circunstâncias, condições de cuidar de sua própria segurança.

§ 2º Aplica-se aos ciclomotores o disposto na alínea b do parágrafo anterior:

Infração – média;

Penalidade – multa.

§ 3º A restrição imposta pelo inciso VI do ***caput*** *deste artigo não se aplica às motocicletas e motonetas que tracionem semi-reboques especialmente projetados para esse fim e devidamente homologados pelo órgão competente. (Incluído pela Lei nº 10.517, de 2002)*

Art. 245. Utilizar a via para depósito de mercadorias, materiais ou equipamentos, sem autorização do órgão ou entidade de trânsito com circunscrição sobre a via:

Infração – grave;

Penalidade – multa;

Medida administrativa – remoção da mercadoria ou do material.

Parágrafo único. A penalidade e a medida administrativa incidirão sobre a pessoa física ou jurídica responsável.

Art. 246. Deixar de sinalizar qualquer obstáculo à livre circulação, à segurança de veículo e pedestres, tanto no leito da via terrestre como na calçada, ou obstaculizar a via indevidamente:

Infração – gravíssima;

Penalidade – multa, agravada em até cinco vezes, a critério da autoridade de trânsito, conforme o risco à segurança.

Parágrafo único. A penalidade será aplicada à pessoa física ou jurídica responsável pela obstrução, devendo a autoridade com circunscrição sobre a via providenciar a sinalização de emergência, às expensas do responsável, ou, se possível, promover a desobstrução.

Art. 247. Deixar de conduzir pelo bordo da pista de rolamento, em fila única, os veículos de tração ou propulsão humana e os de tração animal, sempre que não houver acostamento ou faixa a eles destinados:

Infração – média;

Penalidade – multa.

Art. 248. Transportar em veículo destinado ao transporte de passageiros carga excedente em desacordo com o estabelecido no art. 109:

Infração – grave;

Penalidade – multa;

Medida administrativa – retenção para o transbordo.

Art. 249. Deixar de manter acesas, à noite, as luzes de posição, quando o veículo estiver parado, para fins de embarque ou desembarque de passageiros e carga ou descarga de mercadorias:

Infração – média;

Penalidade – multa.

Art. 250. Quando o veículo estiver em movimento:

I – deixar de manter acesa a luz baixa:

a) durante a noite;

b) de dia, nos túneis providos de iluminação pública e nas rodovias; (Redação dada pela Lei nº 13.290, de 2016)

c) de dia e de noite, tratando-se de veículo de transporte coletivo de passageiros, circulando em faixas ou pistas a eles destinadas;

d) de dia e de noite, tratando-se de ciclomotores;

II – deixar de manter acesas pelo menos as luzes de posição sob chuva forte, neblina ou cerração;

III – deixar de manter a placa traseira iluminada, à noite;

Infração – média;

Penalidade – multa.

Art. 251. Utilizar as luzes do veículo:

I – o pisca-alerta, exceto em imobilizações ou situações de emergência;

II – baixa e alta de forma intermitente, exceto nas seguintes situações:

a) a curtos intervalos, quando for conveniente advertir a outro condutor que se tem o propósito de ultrapassá-lo;

b) em imobilizações ou situação de emergência, como advertência, utilizando pisca-alerta;

c) quando a sinalização de regulamentação da via determinar o uso do pisca-alerta:

Infração – média;

Penalidade – multa.

Art. 252. Dirigir o veículo:

I – com o braço do lado de fora;

II – transportando pessoas, animais ou volume à sua esquerda ou entre os braços e pernas;

III – com incapacidade física ou mental temporária que comprometa a segurança do trânsito;

IV – usando calçado que não se firme nos pés ou que comprometa a utilização dos pedais;

V – com apenas uma das mãos, exceto quando deva fazer sinais regulamentares de braço, mudar a marcha do veículo, ou acionar equipamentos e acessórios do veículo;

VI – utilizando-se de fones nos ouvidos conectados a aparelhagem sonora ou de telefone celular;

Infração – média;

Penalidade – multa.

VII – realizando a cobrança de tarifa com o veículo em movimento: (Incluído pela Lei nº 13.154, de 2015)

Infração – média; (Incluído pela Lei nº 13.154, de 2015)

Penalidade – multa. (Incluído pela Lei nº 13.154, de 2015)

Parágrafo único. A hipótese prevista no inciso V caracterizar-se-á como infração gravíssima no caso de o condutor estar segurando ou manuseando telefone celular. (Incluído pela Lei nº 13.281, de 2016)

Art. 253. Bloquear a via com veículo:

Infração – gravíssima;

Penalidade – multa e apreensão do veículo;

Medida administrativa – remoção do veículo.

Art. 253-A. Usar qualquer veículo para, deliberadamente, interromper, restringir ou perturbar a circulação na via sem autorização do órgão ou entidade de trânsito com circunscrição sobre ela: (Incluído pela Lei nº 13. 281, de 2016)

Infração – gravíssima; (Incluído pela Lei nº 13.281, de 2016)

Penalidade – multa (vinte vezes) e suspensão do direito de dirigir por 12 (doze) meses; (Incluído pela Lei nº 13.281, de 2016)

Medida administrativa – remoção do veículo. (Incluído pela Lei nº 13.281, de 2016)

§ 1º Aplica-se a multa agravada em 60 (sessenta) vezes aos organizadores da conduta prevista no ***caput****. (Incluído pela Lei nº 13. 281, de 2016)*

§ 2º Aplica-se em dobro a multa em caso de reincidência no período de 12 (doze) meses. (Incluído pela Lei nº 13.281, de 2016)

§ 3º As penalidades são aplicáveis a pessoas físicas ou jurídicas que incorram na infração, devendo a autoridade com circunscrição sobre a via restabelecer de imediato, se possível, as condições de normalidade para a circulação na via. (Incluído pela Lei nº 13.281, de 2016)

Art. 254. É proibido ao pedestre:

I – permanecer ou andar nas pistas de rolamento, exceto para cruzá-las onde for permitido;

II – cruzar pistas de rolamento nos viadutos, pontes, ou túneis, salvo onde exista permissão;

III – atravessar a via dentro das áreas de cruzamento, salvo quando houver sinalização para esse fim;

IV – utilizar-se da via em agrupamentos capazes de perturbar o trânsito, ou para a prática de qualquer folguedo, esporte, desfiles e similares, salvo em casos especiais e com a devida licença da autoridade competente;

V – andar fora da faixa própria, passarela, passagem aérea ou subterrânea;

VI – desobedecer à sinalização de trânsito específica;

Infração – leve;

Penalidade – multa, em 50% (cinquenta por cento) do valor da infração de natureza leve.

VII – (VETADO). (Incluído pela Lei nº 13.281, de 2016)

§ 1º (VETADO). (Incluído pela Lei nº 13.281, de 2016)

§ 2º (VETADO). (Incluído pela Lei nº 13.281, de 2016)

§ 3º (VETADO). (Incluído pela Lei nº 13.281, de 2016)

Art. 255. Conduzir bicicleta em passeios onde não seja permitida a circulação desta, ou de forma agressiva, em desacordo com o disposto no parágrafo único do art. 59:

Infração – média;

Penalidade – multa;

Medida administrativa – remoção da bicicleta, mediante recibo para o pagamento da multa.

CAPÍTULO XVI

DAS PENALIDADES

Art. 256. A autoridade de trânsito, na esfera das competências estabelecidas neste Código e dentro de sua circunscrição, deverá aplicar, às infrações nele previstas, as seguintes penalidades:

I – advertência por escrito;

II – multa;

III – suspensão do direito de dirigir;

IV – (Revogado pela Lei nº 13.281, de 2016)

V – cassação da Carteira Nacional de Habilitação;

VI – cassação da Permissão para Dirigir;

VII – frequência obrigatória em curso de reciclagem.

§ 1º A aplicação das penalidades previstas neste Código não elide as punições originárias de ilícitos penais decorrentes de crimes de trânsito, conforme disposições de lei.

§ 2º (VETADO)

§ 3º A imposição da penalidade será comunicada aos órgãos ou entidades executivos de

trânsito responsáveis pelo licenciamento do veículo e habilitação do condutor.

Art. 257. As penalidades serão impostas ao condutor, ao proprietário do veículo, ao embarcador e ao transportador, salvo os casos de descumprimento de obrigações e deveres impostos a pessoas físicas ou jurídicas expressamente mencionados neste Código.

§ 1º Aos proprietários e condutores de veículos serão impostas concomitantemente as penalidades de que trata este Código toda vez que houver responsabilidade solidária em infração dos preceitos que lhes couber observar, respondendo cada um de per si pela falta em comum que lhes for atribuída.

§ 2º Ao proprietário caberá sempre a responsabilidade pela infração referente à prévia regularização e preenchimento das formalidades e condições exigidas para o trânsito do veículo na via terrestre, conservação e inalterabilidade de suas características, componentes, agregados, habilitação legal e compatível de seus condutores, quando esta for exigida, e outras disposições que deva observar.

§ 3º Ao condutor caberá a responsabilidade pelas infrações decorrentes de atos praticados na direção do veículo.

§ 4º O embarcador é responsável pela infração relativa ao transporte de carga com excesso de peso nos eixos ou no peso bruto total, quando simultaneamente for o único remetente da carga e o peso declarado na nota fiscal, fatura ou manifesto for inferior àquele aferido.

§ 5º O transportador é o responsável pela infração relativa ao transporte de carga com excesso de peso nos eixos ou quando a carga proveniente de mais de um embarcador ultrapassar o peso bruto total.

§ 6º O transportador e o embarcador são solidariamente responsáveis pela infração relativa ao excesso de peso bruto total, se o peso declarado na nota fiscal, fatura ou manifesto for superior ao limite legal.

§ 7º Não sendo imediata a identificação do infrator, o principal condutor ou o proprietário do veículo terá quinze dias de prazo, após a notificação da autuação, para apresentá-lo, na forma em que dispuser o Conselho Nacional de Trânsito (Contran), ao fim do qual, não o fazendo, será considerado responsável pela infração o principal condutor ou, em sua ausência, o proprietário do veículo. (Redação dada pela Lei nº 13.495, 2017)

§ 8º Após o prazo previsto no parágrafo anterior, não havendo identificação do infrator e sendo o veículo de propriedade de pessoa jurídica, será lavrada nova multa ao proprietário do veículo, mantida a originada pela infração, cujo valor é o da multa multiplicada pelo número de infrações iguais cometidas no período de doze meses.

§ 9º O fato de o infrator ser pessoa jurídica não o exime do disposto no § 3º do art. 258 e no art. 259.

§ 10. O proprietário poderá indicar ao órgão executivo de trânsito o principal condutor do veículo, o qual, após aceitar a indicação, terá seu nome inscrito em campo próprio do cadastro do veículo no RENAVAM. (Incluído pela Lei nº 13.495, 2017)

§ 11. O principal condutor será excluído do RENAVAM: (Incluído pela Lei nº 13.495, 2017)

I – quando houver transferência de propriedade do veículo; (Incluído pela Lei nº 13.495, 2017)

II – mediante requerimento próprio ou do proprietário do veículo; (Incluído pela Lei nº 13.495, 2017)

III – a partir da indicação de outro principal condutor. (Incluído pela Lei nº 13.495, 2017)

Art. 258. As infrações punidas com multa classificam-se, de acordo com sua gravidade, em quatro categorias:

I – infração de natureza gravíssima, punida com multa no valor de R$ 293,47 (duzentos e noventa e três reais e quarenta e sete centavos); (Redação dada pela Lei nº 13.281, de 2016)

II – infração de natureza grave, punida com multa no valor de R$ 195,23 (cento e noventa e cinco reais e vinte e três centavos); (Redação dada pela Lei nº 13.281, de 2016)

III – infração de natureza média, punida com multa no valor de R$ 130,16 (cento e trinta reais e dezesseis centavos); (Redação dada pela Lei nº 13.281, de 2016)

IV – infração de natureza leve, punida com multa no valor de R$ 88,38 (oitenta e oito reais e trinta e oito centavos). (Redação dada pela Lei nº 13.281, de 2016)

§ 1º (Revogado). (Redação dada pela Lei nº 13.281, de 2016)

§ 2º Quando se tratar de multa agravada, o fator multiplicador ou índice adicional específico é o previsto neste Código.

§ 3º (VETADO)

§ 4º (VETADO)

Art. 259. A cada infração cometida são computados os seguintes números de pontos:

I – gravíssima – sete pontos;

II – grave – cinco pontos;

III – média – quatro pontos;

IV – leve – três pontos.

§ 1º (VETADO)

§ 2º (VETADO)

§ 3º (VETADO). (Incluído pela Lei nº 12.619, de 2012)

§ 4º Ao condutor identificado no ato da infração será atribuída pontuação pelas infrações de sua responsabilidade, nos termos previstos no § 3º do art. 257, excetuando-se aquelas praticadas por passageiros usuários do serviço de transporte rodoviário de passageiros em viagens de longa distância transitando em rodovias com a utilização de ônibus, em linhas regulares intermunicipal, interestadual, internacional e aquelas em viagem de longa distância por fretamento e turismo ou de qualquer modalidade, excetuadas as situações regulamentadas pelo Contran a teor do art. 65 da Lei nº 9.503, de 23 de setembro de 1997 – Código de Trânsito Brasileiro. (Incluído pela Lei nº 13.103, de 2015)

Art. 260. As multas serão impostas e arrecadadas pelo órgão ou entidade de trânsito com circunscrição sobre a via onde haja ocorrido a infração, de acordo com a competência estabelecida neste Código.

§ 1º As multas decorrentes de infração cometida em unidade da Federação diversa da do licenciamento do veículo serão arrecadadas e compensadas na forma estabelecida pelo CONTRAN.

§ 2º As multas decorrentes de infração cometida em unidade da Federação diversa daquela do licenciamento do veículo poderão ser comunicadas ao órgão ou entidade responsável pelo seu licenciamento, que providenciará a notificação.

§ 3º. (Revogado pela Lei nº 9.602, de 1998)

§ 4º Quando a infração for cometida com veículo licenciado no exterior, em trânsito no território nacional, a multa respectiva deverá ser paga antes de sua saída do País, respeitado o princípio de reciprocidade.

Art. 261. A penalidade de suspensão do direito de dirigir será imposta nos seguintes casos: (Redação dada pela Lei nº 13.281, de 2016)

I – sempre que o infrator atingir a contagem de 20 (vinte) pontos, no período de 12 (doze) meses, conforme a pontuação prevista no art. 259; (Incluído pela Lei nº 13.281, de 2016)

II – por transgressão às normas estabelecidas neste Código, cujas infrações preveem, de forma específica, a penalidade de suspensão do direito de dirigir. (Incluído pela Lei nº 13.281, de 2016)

§ 1º Os prazos para aplicação da penalidade de suspensão do direito de dirigir são os seguintes: (Redação dada pela Lei nº 13.281, de 2016)

I – no caso do inciso I do ***caput****: de 6 (seis) meses a 1 (um) ano e, no caso de reincidência no período de 12 (doze) meses, de 8 (oito) meses a 2 (dois) anos; (Incluído pela Lei nº 13.281, de 2016)*

II – no caso do inciso II do ***caput****: de 2 (dois) a 8 (oito) meses, exceto para as infrações com prazo descrito no dispositivo infracional, e, no caso de reincidência no período de 12 (doze) meses, de 8 (oito) a 18 (dezoito) meses, respeitado o disposto no inciso II do art. 263. (Incluído pela Lei nº 13.281, de 2016)*

§ 2º Quando ocorrer a suspensão do direito de dirigir, a Carteira Nacional de Habilitação será devolvida a seu titular imediatamente após cumprida a penalidade e o curso de reciclagem.

§ 3º A imposição da penalidade de suspensão do direito de dirigir elimina os 20 (vinte) pontos computados para fins de contagem subsequente. (Incluído pela Lei nº 12.547, de 2011)

§ 4º (VETADO). (Incluído pela Lei nº 12.619, de 2012)

§ 5º O condutor que exerce atividade remunerada em veículo, habilitado na categoria C, D ou E, poderá optar por participar de curso preventivo de reciclagem sempre que, no período de 1 (um) ano, atingir 14 (quatorze) pontos, conforme regulamentação do Contran. (Redação dada pela Lei nº 13.281, de 2016)

§ 6º Concluído o curso de reciclagem previsto no § 5º, o condutor terá eliminados os pontos que lhe tiverem sido atribuídos, para fins de contagem subsequente. (Incluído pela Lei nº 13.154, de 2015)

§ 7º O motorista que optar pelo curso previsto no § 5º não poderá fazer nova opção no período de 12 (doze) meses. (Redação dada pela Lei nº 13.281, de 2016)

§ 8º A pessoa jurídica concessionária ou permissionária de serviço público tem o direito de ser informada dos pontos atribuídos, na forma do art. 259, aos motoristas que integrem seu quadro funcional, exercendo atividade remunerada ao volante, na forma que dispuser o Contran. (Incluído pela Lei nº 13.154, de 2015)

§ 9º Incorrerá na infração prevista no inciso II do art. 162 o condutor que, notificado da penalidade de que trata este artigo, dirigir veículo automotor em via pública. (Incluído pela Lei nº 13.281, de 2016)

§ 10. O processo de suspensão do direito de dirigir referente ao inciso II do ***caput*** *deste artigo deverá ser instaurado concomitantemente com o processo de aplicação da penalidade de multa. (Incluído pela Lei nº 13.281, de 2016)*

§ 11. O Contran regulamentará as disposições deste artigo. (Incluído pela Lei nº 13.281, de 2016)

Art. 262. (Revogado pela Lei nº 13.281, de 2016)

Art. 263. A cassação do documento de habilitação dar-se-á:

I – quando, suspenso o direito de dirigir, o infrator conduzir qualquer veículo;

II – no caso de reincidência, no prazo de doze meses, das infrações previstas no inciso III do art. 162 e nos arts. 163, 164, 165, 173, 174 e 175;

III – quando condenado judicialmente por delito de trânsito, observado o disposto no art. 160.

§ 1º Constatada, em processo administrativo, a irregularidade na expedição do documento de habilitação, a autoridade expedidora promoverá o seu cancelamento.

§ 2º Decorridos dois anos da cassação da Carteira Nacional de Habilitação, o infrator poderá requerer sua reabilitação, submetendo-se a todos os exames necessários à habilitação, na forma estabelecida pelo CONTRAN.

Art. 264. (VETADO)

Art. 265. As penalidades de suspensão do direito de dirigir e de cassação do documento de habilitação serão aplicadas por decisão fundamentada da autoridade de trânsito competente, em processo administrativo, assegurado ao infrator amplo direito de defesa.

Art. 266. Quando o infrator cometer, simultaneamente, duas ou mais infrações, ser-lhe-ão aplicadas, cumulativamente, as respectivas penalidades.

Art. 267. Poderá ser imposta a penalidade de advertência por escrito à infração de natureza leve ou média, passível de ser punida com multa, não sendo reincidente o infrator, na mesma infração, nos últimos doze meses, quando a autoridade, considerando o prontuário do infrator, entender esta providência como mais educativa.

§ 1º A aplicação da advertência por escrito não elide o acréscimo do valor da multa prevista no § 3º do art. 258, imposta por infração posteriormente cometida.

§ 2º O disposto neste artigo aplica-se igualmente aos pedestres, podendo a multa ser transformada na participação do infrator em cursos de segurança viária, a critério da autoridade de trânsito.

Art. 268. O infrator será submetido a curso de reciclagem, na forma estabelecida pelo CONTRAN:

I – quando, sendo contumaz, for necessário à sua reeducação;

II – quando suspenso do direito de dirigir;

III – quando se envolver em acidente grave para o qual haja contribuído, independentemente de processo judicial;

IV – quando condenado judicialmente por delito de trânsito;

V – a qualquer tempo, se for constatado que o condutor está colocando em risco a segurança do trânsito;

VI – em outras situações a serem definidas pelo CONTRAN.

CAPÍTULO XVII

DAS MEDIDAS ADMINISTRATIVAS

Art. 269. A autoridade de trânsito ou seus agentes, na esfera das competências estabelecidas neste Código e dentro de sua circunscrição, deverá adotar as seguintes medidas administrativas:

I – retenção do veículo;

II – remoção do veículo;

III – recolhimento da Carteira Nacional de Habilitação;

IV – recolhimento da Permissão para Dirigir;

V – recolhimento do Certificado de Registro;

VI – recolhimento do Certificado de Licenciamento Anual;

VII – (VETADO)

VIII – transbordo do excesso de carga;

IX – realização de teste de dosagem de alcoolemia ou perícia de substância entorpecente ou que determine dependência física ou psíquica;

X – recolhimento de animais que se encontrem soltos nas vias e na faixa de domínio das vias de circulação, restituindo-os aos seus proprietários, após o pagamento de multas e encargos devidos.

XI – realização de exames de aptidão física, mental, de legislação, de prática de primeiros socorros e de direção veicular. (Incluído pela Lei nº 9.602, de 1998)

§ 1º A ordem, o consentimento, a fiscalização, as medidas administrativas e coercitivas adotadas pelas autoridades de trânsito e seus agentes terão por objetivo prioritário a proteção à vida e à incolumidade física da pessoa.

§ 2º As medidas administrativas previstas neste artigo não elidem a aplicação das penalidades impostas por infrações estabelecidas neste Código, possuindo caráter complementar a estas.

§ 3º São documentos de habilitação a Carteira Nacional de Habilitação e a Permissão para Dirigir.

§ 4º Aplica-se aos animais recolhidos na forma do inciso X o disposto nos arts. 271 e 328, no que couber.

Art. 270. O veículo poderá ser retido nos casos expressos neste Código.

§ 1º Quando a irregularidade puder ser sanada no local da infração, o veículo será liberado tão logo seja regularizada a situação.

§ 2º Não sendo possível sanar a falha no local da infração, o veículo, desde que ofereça condições de segurança para circulação, poderá ser liberado e entregue a condutor regularmente habilitado, mediante recolhimento do Certificado de Licenciamento Anual, contra apresentação de recibo, assinalando-se prazo razoável ao condutor para regularizar a situação, para o que se considerará, desde logo, notificado. (Redação dada pela Lei nº 13.160, de 2015)

§ 3º O Certificado de Licenciamento Anual será devolvido ao condutor no órgão ou entidade aplicadores das medidas administrativas, tão logo o veículo seja apresentado à autoridade devidamente regularizado.

§ 4º Não se apresentando condutor habilitado no local da infração, o veículo será removido a depósito, aplicando-se neste caso o disposto no art. 271. (Redação dada pela Lei nº 13.281, de 2016)

§ 5º A critério do agente, não se dará a retenção imediata, quando se tratar de veículo de transporte coletivo transportando passageiros ou veículo transportando produto perigoso ou perecível, desde que ofereça condições de segurança para circulação em via pública.

§ 6º Não efetuada a regularização no prazo a que se refere o § 2º, será feito registro de restrição administrativa no RENAVAM por órgão ou entidade executivo de trânsito dos Estados e do Distrito Federal, que será retirada após comprovada a regularização. (Incluído pela Lei nº 13.160, de 2015)

§ 7º O descumprimento das obrigações estabelecidas no § 2º resultará em recolhimento

do veículo ao depósito, aplicando-se, nesse caso, o disposto no art. 271. (Incluído pela Lei nº 13.160, de 2015)

Art. 271. O veículo será removido, nos casos previstos neste Código, para o depósito fixado pelo órgão ou entidade competente, com circunscrição sobre a via.

§ 1º A restituição do veículo removido só ocorrerá mediante prévio pagamento de multas, taxas e despesas com remoção e estada, além de outros encargos previstos na legislação específica. (Incluído pela Lei nº 13.160, de 2015)

§ 2º A liberação do veículo removido é condicionada ao reparo de qualquer componente ou equipamento obrigatório que não esteja em perfeito estado de funcionamento. (Incluído pela Lei nº 13.160, de 2015)

§ 3º Se o reparo referido no § 2º demandar providência que não possa ser tomada no depósito, a autoridade responsável pela remoção liberará o veículo para reparo, na forma transportada, mediante autorização, assinalando prazo para reapresentação. (Redação dada pela Lei nº 13. 281, de 2016)

§ 4º Os serviços de remoção, depósito e guarda de veículo poderão ser realizados por órgão público, diretamente, ou por particular contratado por licitação pública, sendo o proprietário do veículo o responsável pelo pagamento dos custos desses serviços. (Redação dada pela Lei nº 13. 281, de 2016)

§ 5º O proprietário ou o condutor deverá ser notificado, no ato de remoção do veículo, sobre as providências necessárias à sua restituição e sobre o disposto no art. 328, conforme regulamentação do CONTRAN. (Incluído pela Lei nº 13.160, de 2015)

§ 6º Caso o proprietário ou o condutor não esteja presente no momento da remoção do veículo, a autoridade de trânsito, no prazo de 10 (dez) dias contado da data da remoção, deverá expedir ao proprietário a notificação prevista no § 5º, por remessa postal ou por outro meio tecnológico hábil que assegure a sua ciência, e, caso reste frustrada, a notificação poderá ser feita por edital. (Redação dada pela Lei nº 13.281, de 2016)

§ 7º A notificação devolvida por desatualização do endereço do proprietário do veículo ou por recusa desse de recebê-la será considerada recebida para todos os efeitos (Incluído pela Lei nº 13.160, de 2015)

§ 8º Em caso de veículo licenciado no exterior, a notificação será feita por edital. (Incluído pela Lei nº 13.160, de 2015)

§ 9º Não caberá remoção nos casos em que a irregularidade puder ser sanada no local da infração. (Incluído pela Lei nº 13.160, de 2015)

§ 10. O pagamento das despesas de remoção e estada será correspondente ao período integral, contado em dias, em que efetivamente o veículo permanecer em depósito, limitado ao prazo de 6 (seis) meses. (Incluído pela Lei nº 13.281, de 2016)

§ 11. Os custos dos serviços de remoção e estada prestados por particulares poderão ser pagos pelo proprietário diretamente ao contratado. (Incluído pela Lei nº 13.281, de 2016)

§ 12. O disposto no § 11 não afasta a possibilidade de o respectivo ente da Federação estabelecer a cobrança por meio de taxa instituída em lei. (Incluído pela Lei nº 13.281, de 2016)

§ 13. No caso de o proprietário do veículo objeto do recolhimento comprovar, administrativa ou judicialmente, que o recolhimento foi indevido ou que houve abuso no período de retenção em depósito, é da responsabilidade do ente público a devolução das quantias pagas por força deste artigo, segundo os mesmos critérios da devolução de multas indevidas. (Incluído pela Lei nº 13.281, de 2016)

Art. 272. O recolhimento da Carteira Nacional de Habilitação e da Permissão para Dirigir dar-se-á mediante recibo, além dos casos previstos neste Código, quando houver suspeita de sua inautenticidade ou adulteração.

Art. 273. O recolhimento do Certificado de Registro dar-se-á mediante recibo, além dos casos previstos neste Código, quando:

I – houver suspeita de inautenticidade ou adulteração;

II – se, alienado o veículo, não for transferida sua propriedade no prazo de trinta dias.

Art. 274. O recolhimento do Certificado de Licenciamento Anual dar-se-á mediante recibo, além dos casos previstos neste Código, quando:

I – houver suspeita de inautenticidade ou adulteração;

II – se o prazo de licenciamento estiver vencido;

III – no caso de retenção do veículo, se a irregularidade não puder ser sanada no local.

Art. 275. O transbordo da carga com peso excedente é condição para que o veículo possa prosseguir viagem e será efetuado às expensas do proprietário do veículo, sem prejuízo da multa aplicável.

Parágrafo único. Não sendo possível desde logo atender ao disposto neste artigo, o veículo será recolhido ao depósito, sendo liberado após sanada a irregularidade e pagas as despesas de remoção e estada.

Art. 276. Qualquer concentração de álcool por litro de sangue ou por litro de ar alveolar sujeita o condutor às penalidades previstas no art. 165. (Redação dada pela Lei nº 12.760, de 2012)

Parágrafo único. O Contran disciplinará as margens de tolerância quando a infração for apurada por meio de aparelho de medição, observada a legislação metrológica. (Redação dada pela Lei nº 12.760, de 2012)

Art. 277. O condutor de veículo automotor envolvido em acidente de trânsito ou que for alvo de fiscalização de trânsito poderá ser submetido a teste, exame clínico, perícia ou outro procedimento que, por meios técnicos ou científicos, na forma disciplinada pelo Contran, permita certificar influência de álcool ou outra substância psicoativa que determine dependência. (Redação dada pela Lei nº 12.760, de 2012)

§ 1º (Revogado). (Redação dada pela Lei nº 12.760, de 2012)

§ 2º A infração prevista no art. 165 também poderá ser caracterizada mediante imagem, vídeo, constatação de sinais que indiquem, na forma disciplinada pelo Contran, alteração da capacidade psicomotora ou produção de quaisquer outras provas em direito admitidas. (Redação dada pela Lei nº 12.760, de 2012)

§ 3º Serão aplicadas as penalidades e medidas administrativas estabelecidas no art. 165-A deste Código ao condutor que se recusar a se submeter a qualquer dos procedimentos previstos no **caput** *deste artigo. (Redação dada pela Lei nº 13.281, de 2016)*

Art. 278. Ao condutor que se evadir da fiscalização, não submetendo veículo à pesagem obrigatória nos pontos de pesagem, fixos ou móveis, será aplicada a penalidade prevista no art. 209, além da obrigação de retornar ao ponto de evasão para fim de pesagem obrigatória.

Parágrafo único. No caso de fuga do condutor à ação policial, a apreensão do veículo dar-se-á tão logo seja localizado, aplicando-se, além das penalidades em que incorre, as estabelecidas no art. 210.

Art. 278-A. O condutor que se utilize de veículo para a prática do crime de receptação, descaminho, contrabando, previstos nos arts. 180, 334 e 334-A do Decreto-Lei nº 2.848, de 7 de dezembro de 1940 (Código Penal), condenado por um desses crimes em decisão judicial transitada em julgado, terá cassado seu documento de habilitação ou será proibido de obter a habilitação para dirigir veículo automotor pelo prazo de 5 (cinco) anos. (Incluído pela Lei nº 13.804, de 2019)

§ 1º O condutor condenado poderá requerer sua reabilitação, submetendo-se a todos os exames necessários à habilitação, na forma deste Código. (Incluído pela Lei nº 13.804, de 2019)

§ 2º No caso do condutor preso em flagrante na prática dos crimes de que trata o **caput** *deste artigo, poderá o juiz, em qualquer fase da investigação ou da ação penal, se houver necessidade para a garantia da ordem pública, como medida cautelar, de ofício, ou a requerimento do Ministério Público ou ainda mediante representação da autoridade policial, decretar, em decisão motivada, a suspensão da permissão ou da habilitação para dirigir veículo automotor, ou a proibição de sua obtenção. (Incluído pela Lei nº 13.804, de 2019)*

Art. 279. Em caso de acidente com vítima, envolvendo veículo equipado com registrador instantâneo de velocidade e tempo, somente o perito oficial encarregado do levantamento pericial poderá retirar o disco ou unidade armazenadora do registro.

CAPÍTULO XVIII

DO PROCESSO ADMINISTRATIVO

Seção I

Da Autuação

Art. 280. Ocorrendo infração prevista na legislação de trânsito, lavrar-se-á auto de infração, do qual constará:

I - tipificação da infração;

II - local, data e hora do cometimento da infração;

III - caracteres da placa de identificação do veículo, sua marca e espécie, e outros elementos julgados necessários à sua identificação;

IV - o prontuário do condutor, sempre que possível;

V - identificação do órgão ou entidade e da autoridade ou agente autuador ou equipamento que comprovar a infração;

VI - assinatura do infrator, sempre que possível, valendo esta como notificação do cometimento da infração.

§ 1º (VETADO)

§ 2º A infração deverá ser comprovada por declaração da autoridade ou do agente da autoridade de trânsito, por aparelho eletrônico ou por equipamento audiovisual, reações químicas ou qualquer outro meio tecnologicamente disponível, previamente regulamentado pelo CONTRAN.

§ 3º Não sendo possível a autuação em flagrante, o agente de trânsito relatará o fato à autoridade no próprio auto de infração, informando os dados a respeito do veículo, além dos constantes nos incisos I, II e III, para o procedimento previsto no artigo seguinte.

§ 4º O agente da autoridade de trânsito competente para lavrar o auto de infração poderá ser servidor civil, estatutário ou celetista ou, ainda, policial militar designado pela autoridade de trânsito com jurisdição sobre a via no âmbito de sua competência.

Seção II

Do Julgamento das Autuações e Penalidades

Art. 281. A autoridade de trânsito, na esfera da competência estabelecida neste Código e dentro de sua circunscrição, julgará a consistência do auto de infração e aplicará a penalidade cabível.

Parágrafo único. O auto de infração será arquivado e seu registro julgado insubsistente:

I - se considerado inconsistente ou irregular;

II - se, no prazo máximo de trinta dias, não for expedida a notificação da autuação. (Redação dada pela Lei nº 9.602, de 1998)

Art. 282. Aplicada a penalidade, será expedida notificação ao proprietário do veículo ou ao infrator, por remessa postal ou por qualquer outro meio tecnológico hábil, que assegure a ciência da imposição da penalidade.

§ 1º A notificação devolvida por desatualização do endereço do proprietário do veículo será considerada válida para todos os efeitos.

§ 2º A notificação a pessoal de missões diplomáticas, de repartições consulares de carreira e de representações de organismos internacionais e de seus integrantes será remetida ao Ministério das Relações Exteriores para as providências cabíveis e cobrança dos valores, no caso de multa.

§ 3º Sempre que a penalidade de multa for imposta a condutor, à exceção daquela de que trata o § 1º do art. 259, a notificação será encaminhada ao proprietário do veículo, responsável pelo seu pagamento.

§ 4º Da notificação deverá constar a data do término do prazo para apresentação de recurso pelo responsável pela infração, que não será inferior a trinta dias contados da data da notificação da penalidade. (Incluído pela Lei nº 9.602, de 1998)

§ 5º No caso de penalidade de multa, a data estabelecida no parágrafo anterior será a data para o recolhimento de seu valor. (Incluído pela Lei nº 9.602, de 1998)

Art. 282-A. O proprietário do veículo ou o condutor autuado poderá optar por ser notificado por meio eletrônico se o órgão do Sistema Nacional de Trânsito responsável pela autuação oferecer essa opção. (Incluído pela Lei nº 13.281, de 2016)

§ 1º O proprietário ou o condutor autuado que optar pela notificação por meio eletrônico deverá manter seu cadastro atualizado no órgão executivo de trânsito do Estado ou do

Distrito Federal. (Incluído pela Lei nº 13.281, de 2016)

§ 2º Na hipótese de notificação por meio eletrônico, o proprietário ou o condutor autuado será considerado notificado 30 (trinta) dias após a inclusão da informação no sistema eletrônico. (Incluído pela Lei nº 13.281, de 2016)

§ 3º O sistema previsto no ***caput*** *será certificado digitalmente, atendidos os requisitos de autenticidade, integridade, validade jurídica e interoperabilidade da Infraestrutura de Chaves Públicas Brasileira (ICP-Brasil). (Incluído pela Lei nº 13.281, de 2016)*

Art. 283. (VETADO)

Art. 284. O pagamento da multa poderá ser efetuado até a data do vencimento expressa na notificação, por oitenta por cento do seu valor.

§ 1º Caso o infrator opte pelo sistema de notificação eletrônica, se disponível, conforme regulamentação do Contran, e opte por não apresentar defesa prévia nem recurso, reconhecendo o cometimento da infração, poderá efetuar o pagamento da multa por 60% (sessenta por cento) do seu valor, em qualquer fase do processo, até o vencimento da multa. (Incluído pela Lei nº 13.281, de 2016)

§ 2º O recolhimento do valor da multa não implica renúncia ao questionamento administrativo, que pode ser realizado a qualquer momento, respeitado o disposto no § 1º. (Incluído pela Lei nº 13.281, de 2016)

§ 3º Não incidirá cobrança moratória e não poderá ser aplicada qualquer restrição, inclusive para fins de licenciamento e transferência, enquanto não for encerrada a instância administrativa de julgamento de infrações e penalidades. (Incluído pela Lei nº 13.281, de 2016)

§ 4º Encerrada a instância administrativa de julgamento de infrações e penalidades, a multa não paga até o vencimento será acrescida de juros de mora equivalentes à taxa referencial do Sistema Especial de Liquidação e de Custódia (Selic) para títulos federais acumulada mensalmente, calculados a partir do mês subsequente ao da consolidação até o mês anterior ao do pagamento, e de 1% (um por cento) relativamente ao mês em que o pagamento estiver sendo efetuado. (Incluído pela Lei nº 13.281, de 2016)

Art. 285. O recurso previsto no art. 283 será interposto perante a autoridade que impôs a penalidade, a qual remetê-lo-á à JARI, que deverá julgá-lo em até trinta dias.

§ 1º O recurso não terá efeito suspensivo.

§ 2º A autoridade que impôs a penalidade remeterá o recurso ao órgão julgador, dentro dos dez dias úteis subsequentes à sua apresentação, e, se o entender intempestivo, assinalará o fato no despacho de encaminhamento.

§ 3º Se, por motivo de força maior, o recurso não for julgado dentro do prazo previsto neste artigo, a autoridade que impôs a penalidade, de ofício, ou por solicitação do recorrente, poderá conceder-lhe efeito suspensivo.

Art. 286. O recurso contra a imposição de multa poderá ser interposto no prazo legal, sem o recolhimento do seu valor.

§ 1º No caso de não provimento do recurso, aplicar-se-á o estabelecido no parágrafo único do art. 284.

§ 2º Se o infrator recolher o valor da multa e apresentar recurso, se julgada improcedente a penalidade, ser-lhe-á devolvida a importância paga, atualizada em UFIR ou por índice legal de correção dos débitos fiscais.

Art. 287. Se a infração for cometida em localidade diversa daquela do licenciamento do veículo, o recurso poderá ser apresentado junto ao órgão ou entidade de trânsito da residência ou domicílio do infrator.

Parágrafo único. A autoridade de trânsito que receber o recurso deverá remetê-lo, de pronto, à autoridade que impôs a penalidade acompanhado das cópias dos prontuários necessários ao julgamento.

Art. 288. Das decisões da JARI cabe recurso a ser interposto, na forma do artigo seguinte, no prazo de trinta dias contado da publicação ou da notificação da decisão.

§ 1º O recurso será interposto, da decisão do não provimento, pelo responsável pela infração, e da decisão de provimento, pela autoridade que impôs a penalidade.

§ 2º. (Revogado pela Lei nº 12.249, de 2010)

Art. 289. O recurso de que trata o artigo anterior será apreciado no prazo de trinta dias:

I – tratando-se de penalidade imposta pelo órgão ou entidade de trânsito da União:

a) em caso de suspensão do direito de dirigir por mais de seis meses, cassação do documento de habilitação ou penalidade por infrações gravíssimas, pelo CONTRAN;

b) nos demais casos, por colegiado especial integrado pelo Coordenador-Geral da JARI, pelo Presidente da Junta que apreciou o recurso e por mais um Presidente de Junta;

II – tratando-se de penalidade imposta por órgão ou entidade de trânsito estadual, municipal ou do Distrito Federal, pelos CETRAN E CONTRANDIFE, respectivamente.

Parágrafo único. No caso da alínea b do inciso I, quando houver apenas uma JARI, o recurso será julgado por seus próprios membros.

Art. 290. Implicam encerramento da instância administrativa de julgamento de infrações e penalidades: (Redação dada pela Lei nº 13.281, de 2016)

I – o julgamento do recurso de que tratam os arts. 288 e 289; (Incluído pela Lei nº 13.281, de 2016)

II – a não interposição do recurso no prazo legal; e (Incluído pela Lei nº 13.281, de 2016)

III – o pagamento da multa, com reconhecimento da infração e requerimento de encerramento do processo na fase em que se encontra, sem apresentação de defesa ou recurso. (Incluído pela Lei nº 13.281, de 2016)

Parágrafo único. Esgotados os recursos, as penalidades aplicadas nos termos deste Código serão cadastradas no RENACH.

CAPÍTULO XIX

DOS CRIMES DE TRÂNSITO

Seção I

Disposições Gerais

Art. 291. Aos crimes cometidos na direção de veículos automotores, previstos neste Código, aplicam-se as normas gerais do Código Penal e do Código de Processo Penal, se este Capítulo não dispuser de modo diverso, bem como a Lei nº 9.099, de 26 de setembro de 1995, no que couber.

§ 1º Aplica-se aos crimes de trânsito de lesão corporal culposa o disposto nos arts. 74, 76 e 88 da Lei nº 9.099, de 26 de setembro de 1995, exceto se o agente estiver: (Renumerado o parágrafo único pela Lei nº 11.705, de 2008)

I – sob a influência de álcool ou qualquer outra substância psicoativa que determine dependência; (Incluído pela Lei nº 11.705, de 2008)

II – participando, em via pública, de corrida, disputa ou competição automobilística, de exibição ou demonstração de perícia em manobra de veículo automotor, não autorizada pela autoridade competente; (Incluído pela Lei nº 11.705, de 2008)

III – transitando em velocidade superior à máxima permitida para a via em 50 km/h (cinquenta quilômetros por hora). (Incluído pela Lei nº 11.705, de 2008)

§ 2º Nas hipóteses previstas no § 1º deste artigo, deverá ser instaurado inquérito policial para a investigação da infração penal. (Incluído pela Lei nº 11.705, de 2008)

§ 3º (VETADO). (Incluído pela Lei nº 13.546, de 2017)

§ 4º O juiz fixará a pena-base segundo as diretrizes previstas no art. 59 do Decreto-Lei nº 2.848, de 7 de dezembro de 1940 (Código Penal), dando especial atenção à culpabilidade do agente e às circunstâncias e consequências do crime. (Incluído pela Lei nº 13.546, de 2017)

Art. 292. A suspensão ou a proibição de se obter a permissão ou a habilitação para dirigir veículo automotor pode ser imposta isolada ou cumulativamente com outras penalidades. (Redação dada pela Lei nº 12.971, de 2014)

Art. 293. A penalidade de suspensão ou de proibição de se obter a permissão ou a habilitação, para dirigir veículo automotor, tem a duração de dois meses a cinco anos.

§ 1º Transitada em julgado a sentença condenatória, o réu será intimado a entregar à autoridade judiciária, em quarenta e oito horas, a Permissão para Dirigir ou a Carteira de Habilitação.

§ 2º A penalidade de suspensão ou de proibição de se obter a permissão ou a habilitação para dirigir veículo automotor não se inicia enquanto o sentenciado, por efeito de condenação penal, estiver recolhido a estabelecimento prisional.

Art. 294. Em qualquer fase da investigação ou da ação penal, havendo necessidade para a garantia da ordem pública, poderá o juiz, como medida cautelar, de ofício, ou a requerimento do Ministério Público ou ainda mediante representação da autoridade policial, decretar, em decisão motivada, a suspensão da permissão ou da habilitação para dirigir veículo automotor, ou a proibição de sua obtenção.

Parágrafo único. Da decisão que decretar a suspensão ou a medida cautelar, ou da que indeferir o requerimento do Ministério Público, caberá recurso em sentido estrito, sem efeito suspensivo.

Art. 295. A suspensão para dirigir veículo automotor ou a proibição de se obter a permissão ou a habilitação será sempre comunicada pela autoridade judiciária ao Conselho Nacional de Trânsito – CONTRAN, e ao órgão de trânsito do Estado em que o indiciado ou réu for domiciliado ou residente.

Art. 296. Se o réu for reincidente na prática de crime previsto neste Código, o juiz aplicará a penalidade de suspensão da permissão ou habilitação para dirigir veículo automotor, sem prejuízo das demais sanções penais cabíveis. (Redação dada pela Lei nº 11.705, de 2008)

Art. 297. A penalidade de multa reparatória consiste no pagamento, mediante depósito judicial em favor da vítima, ou seus sucessores, de quantia calculada com base no disposto no § 1º do art. 49 do Código Penal, sempre que houver prejuízo material resultante do crime.

§ 1º A multa reparatória não poderá ser superior ao valor do prejuízo demonstrado no processo.

§ 2º Aplica-se à multa reparatória o disposto nos arts. 50 a 52 do Código Penal.

§ 3º Na indenização civil do dano, o valor da multa reparatória será descontado.

Art. 298. São circunstâncias que sempre agravam as penalidades dos crimes de trânsito ter o condutor do veículo cometido a infração:

I – com dano potencial para duas ou mais pessoas ou com grande risco de grave dano patrimonial a terceiros;

II – utilizando o veículo sem placas, com placas falsas ou adulteradas;

III – sem possuir Permissão para Dirigir ou Carteira de Habilitação;

IV – com Permissão para Dirigir ou Carteira de Habilitação de categoria diferente da do veículo;

V – quando a sua profissão ou atividade exigir cuidados especiais com o transporte de passageiros ou de carga;

VI – utilizando veículo em que tenham sido adulterados equipamentos ou características que afetem a sua segurança ou o seu funcionamento de acordo com os limites de velocidade prescritos nas especificações do fabricante;

VII – sobre faixa de trânsito temporária ou permanentemente destinada a pedestres.

Art. 299. (VETADO)

Art. 300. (VETADO)

Art. 301. Ao condutor de veículo, nos casos de acidentes de trânsito de que resulte vítima, não se imporá a prisão em flagrante, nem se exigirá fiança, se prestar pronto e integral socorro àquela.

Seção II

Dos Crimes em Espécie

Art. 302. Praticar homicídio culposo na direção de veículo automotor:

Penas – detenção, de dois a quatro anos, e suspensão ou proibição de se obter a permissão ou a habilitação para dirigir veículo automotor.

§ 1º No homicídio culposo cometido na direção de veículo automotor, a pena é aumentada de 1/3 (um terço) à metade, se o agente: (Incluído pela Lei nº 12.971, de 2014)

I – não possuir Permissão para Dirigir ou Carteira de Habilitação; (Incluído pela Lei nº 12.971, de 2014)

II – praticá-lo em faixa de pedestres ou na calçada; (Incluído pela Lei nº 12.971, de 2014)

III – deixar de prestar socorro, quando possível fazê-lo sem risco pessoal, à vítima do acidente; (Incluído pela Lei nº 12.971, de 2014)

IV – no exercício de sua profissão ou atividade, estiver conduzindo veículo de transporte de passageiros. (Incluído pela Lei nº 12.971, de 2014)

V – (Revogado pela Lei nº 11.705, de 2008)

§ 2º. (Revogado pela Lei nº 13. 281, de 2016)

§ 3º Se o agente conduz veículo automotor sob a influência de álcool ou de qualquer outra substância psicoativa que determine dependência: (Incluído pela Lei nº 13.546, de 2017)

Penas – reclusão, de cinco a oito anos, e suspensão ou proibição do direito de se obter a permissão ou a habilitação para dirigir veículo automotor. (Incluído pela Lei nº 13.546, de 2017)

Art. 303. Praticar lesão corporal culposa na direção de veículo automotor:

Penas – detenção, de seis meses a dois anos e suspensão ou proibição de se obter a permissão ou a habilitação para dirigir veículo automotor.

§ 1º Aumenta-se a pena de 1/3 (um terço) à metade, se ocorrer qualquer das hipóteses do § 1º do art. 302. (Renumerado o parágrafo único pela Lei nº 13.546, de 2017)

§ 2º A pena privativa de liberdade é de reclusão de dois a cinco anos, sem prejuízo das outras penas previstas neste artigo, se o agente conduz o veículo com capacidade psicomotora alterada em razão da influência de álcool ou de outra substância psicoativa que determine dependência, e se do crime resultar lesão corporal de natureza grave ou gravíssima. (Incluído pela Lei nº 13.546, de 2017)

Art. 304. Deixar o condutor do veículo, na ocasião do acidente, de prestar imediato socorro à vítima, ou, não podendo fazê-lo diretamente, por justa causa, deixar de solicitar auxílio da autoridade pública:

Penas – detenção, de seis meses a um ano, ou multa, se o fato não constituir elemento de crime mais grave.

Parágrafo único. Incide nas penas previstas neste artigo o condutor do veículo, ainda que a sua omissão seja suprida por terceiros ou que se trate de vítima com morte instantânea ou com ferimentos leves.

Art. 305. Afastar-se o condutor do veículo do local do acidente, para fugir à responsabilidade penal ou civil que lhe possa ser atribuída:

Penas – detenção, de seis meses a um ano, ou multa.

Art. 306. Conduzir veículo automotor com capacidade psicomotora alterada em razão da influência de álcool ou de outra substância psicoativa que determine dependência: (Redação dada pela Lei nº 12.760, de 2012)

Penas – detenção, de seis meses a três anos, multa e suspensão ou proibição de se obter a permissão ou a habilitação para dirigir veículo automotor.

§ 1º As condutas previstas no caput serão constatadas por: (Incluído pela Lei nº 12.760, de 2012)

I – concentração igual ou superior a 6 decigramas de álcool por litro de sangue ou igual ou superior a 0,3 miligrama de álcool por litro de ar alveolar; ou (Incluído pela Lei nº 12.760, de 2012)

II – sinais que indiquem, na forma disciplinada pelo Contran, alteração da capacidade psicomotora. (Incluído pela Lei nº 12.760, de 2012)

§ 2º A verificação do disposto neste artigo poderá ser obtida mediante teste de alcoolemia ou toxicológico, exame clínico, perícia, vídeo, prova testemunhal ou outros meios de prova em direito admitidos, observado o direito à contraprova. (Redação dada pela Lei nº 12.971, de 2014)

§ 3º O CONTRAN disporá sobre a equivalência entre os distintos testes de alcoolemia ou toxicológicos para efeito de caracterização do crime tipificado neste artigo. (Redação dada pela Lei nº 12.971, de 2014)

§ 4º Poderá ser empregado qualquer aparelho homologado pelo Instituto Nacional de Metrologia, Qualidade e Tecnologia – INMETRO – para se determinar o previsto no ***caput****. (Incluído pela Lei nº 13.840, de 2019)*

Art. 307. Violar a suspensão ou a proibição de se obter a permissão ou a habilitação para dirigir veículo automotor imposta com fundamento neste Código:

Penas – detenção, de seis meses a um ano e multa, com nova imposição adicional de idêntico prazo de suspensão ou de proibição.

Parágrafo único. Nas mesmas penas incorre o condenado que deixa de entregar, no prazo estabelecido no § 1º do art. 293, a Permissão para Dirigir ou a Carteira de Habilitação.

Art. 308. Participar, na direção de veículo automotor, em via pública, de corrida, disputa ou competição automobilística ou ainda de exibição ou demonstração de perícia em manobra de veículo automotor, não autorizada pela autoridade competente, gerando situação de risco à incolumidade pública ou privada: (Redação dada pela Lei nº 13.546, de 2017)

Penas – detenção, de 6 (seis) meses a 3 (três) anos, multa e suspensão ou proibição de se obter a permissão ou a habilitação para dirigir veículo automotor. (Redação dada pela Lei nº 12.971, de 2014)

§ 1º Se da prática do crime previsto no caput resultar lesão corporal de natureza grave, e as circunstâncias demonstrarem que o agente não quis o resultado nem assumiu o risco de produzi-lo, a pena privativa de liberdade é de reclusão, de 3 (três) a 6 (seis) anos, sem prejuízo das outras penas previstas neste artigo. (Incluído pela Lei nº 12.971, de 2014)

§ 2º Se da prática do crime previsto no caput resultar morte, e as circunstâncias demonstrarem que o agente não quis o resultado nem assumiu o risco de produzi-lo, a pena privativa de liberdade é de reclusão de 5 (cinco) a 10 (dez) anos, sem prejuízo das outras penas previstas neste artigo. (Incluído pela Lei nº 12.971, de 2014)

Art. 309. Dirigir veículo automotor, em via pública, sem a devida Permissão para Dirigir ou Habilitação ou, ainda, se cassado o direito de dirigir, gerando perigo de dano:

Penas – detenção, de seis meses a um ano, ou multa.

Art. 310. Permitir, confiar ou entregar a direção de veículo automotor a pessoa não habilitada, com habilitação cassada ou com o direito de dirigir suspenso, ou, ainda, a quem, por seu estado de saúde, física ou mental, ou por embriaguez, não esteja em condições de conduzi-lo com segurança:

Penas – detenção, de seis meses a um ano, ou multa.

Art. 310-A. (VETADO) (Incluído pela Lei nº 12.619, de 2012)

Art. 311. Trafegar em velocidade incompatível com a segurança nas proximidades de escolas, hospitais, estações de embarque e desembarque de passageiros, logradouros estreitos, ou onde haja grande movimentação ou concentração de pessoas, gerando perigo de dano:

Penas – detenção, de seis meses a um ano, ou multa.

Art. 312. Inovar artificiosamente, em caso de acidente automobilístico com vítima, na pendência do respectivo procedimento policial preparatório, inquérito policial ou processo penal, o estado de lugar, de coisa ou de pessoa, a fim de induzir a erro o agente policial, o perito, ou juiz:

Penas – detenção, de seis meses a um ano, ou multa.

Parágrafo único. Aplica-se o disposto neste artigo, ainda que não iniciados, quando da inovação, o procedimento preparatório, o inquérito ou o processo aos quais se refere.

Art. 312-A. Para os crimes relacionados nos arts. 302 a 312 deste Código, nas situações em que o juiz aplicar a substituição de pena privativa de liberdade por pena restritiva de direitos, esta deverá ser de prestação de serviço à comunidade ou a entidades públicas, em uma das seguintes atividades: (Incluído pela Lei nº 13.281, de 2016)

I – trabalho, aos fins de semana, em equipes de resgate dos corpos de bombeiros e em outras unidades móveis especializadas no atendimento a vítimas de trânsito; (Incluído pela Lei nº 13.281, de 2016)

II – trabalho em unidades de pronto-socorro de hospitais da rede pública que recebem vítimas de acidente de trânsito e politraumatizados; (Incluído pela Lei nº 13.281, de 2016)

III – trabalho em clínicas ou instituições especializadas na recuperação de acidentados de trânsito; (Incluído pela Lei nº 13.281, de 2016)

IV – outras atividades relacionadas ao resgate, atendimento e recuperação de vítimas de acidentes de trânsito. (Incluído pela Lei nº 13.281, de 2016)

CAPÍTULO XX

DISPOSIÇÕES FINAIS E TRANSITÓRIAS

Art. 313. O Poder Executivo promoverá a nomeação dos membros do CONTRAN no prazo de sessenta dias da publicação deste Código.

Art. 314. O CONTRAN tem o prazo de duzentos e quarenta dias a partir da publicação deste Código para expedir as resoluções necessárias à sua melhor execução, bem como revisar todas as resoluções anteriores à sua publicação, dando prioridade àquelas que visam a diminuir o número de acidentes e a assegurar a proteção de pedestres.

Parágrafo único. As resoluções do CONTRAN, existentes até a data de publicação deste Código, continuam em vigor naquilo em que não conflitem com ele.

Art. 315. O Ministério da Educação e do Desporto, mediante proposta do CONTRAN, deverá, no prazo de duzentos e quarenta dias contado da publicação, estabelecer o currículo com conteúdo programático relativo à segurança e à educação de trânsito, a fim de atender o disposto neste Código.

Art. 316. O prazo de notificação previsto no inciso II do parágrafo único do art. 281 só entrará em vigor após duzentos e quarenta dias contados da publicação desta Lei.

Art. 317. Os órgãos e entidades de trânsito concederão prazo de até um ano para a adaptação dos veículos de condução de escolares e de aprendizagem às normas do inciso III do art. 136 e art. 154, respectivamente.

Art. 318. (VETADO)

Art. 319. Enquanto não forem baixadas novas normas pelo CONTRAN, continua em vigor o disposto no art. 92 do Regulamento do Código Nacional de Trânsito – Decreto nº 62.127, de 16 de janeiro de 1968.

Art. 319-A. Os valores de multas constantes deste Código poderão ser corrigidos monetariamente pelo Contran, respeitado o limite da variação do Índice Nacional de Preços ao Consumidor Amplo (IPCA) no exercício anterior. (Incluído pela Lei nº 13.281, de 2016)

Parágrafo único. Os novos valores decorrentes do disposto no ***caput*** *serão divulgados pelo Contran com, no mínimo, 90 (noventa) dias de antecedência de sua aplicação. (Incluído pela Lei nº 13.281, de 2016)*

Art. 320. A receita arrecadada com a cobrança das multas de trânsito será aplicada, exclusivamente, em sinalização, engenharia de tráfego, de campo, policiamento, fiscalização e educação de trânsito.

§ 1º O percentual de cinco por cento do valor das multas de trânsito arrecadadas será depositado, mensalmente, na conta de fundo de âmbito nacional destinado à segurança e educação de trânsito. (Redação dada pela Lei nº 13.281, de 2016)

§ 2º O órgão responsável deverá publicar, anualmente, na rede mundial de computadores (internet), dados sobre a receita arrecadada com a cobrança de multas de trânsito e sua destinação. (Incluído pela Lei nº 13.281, de 2016)

Art. 320-A. Os órgãos e as entidades do Sistema Nacional de Trânsito poderão integrar-se para a ampliação e o aprimoramento da fiscalização de trânsito, inclusive por meio do compartilhamento da receita arrecadada com a cobrança das multas de trânsito. (Incluído pela Lei nº 13.281, de 2016)

Art. 321. (VETADO)

Art. 322. (VETADO)

Art. 323. O CONTRAN, em cento e oitenta dias, fixará a metodologia de aferição de peso de veículos, estabelecendo percentuais de tolerância, sendo durante este período suspensa a vigência das penalidades previstas no inciso V do art. 231, aplicando-se a penalidade de vinte UFIR por duzentos quilogramas ou fração de excesso.

Parágrafo único. Os limites de tolerância a que se refere este artigo, até a sua fixação pelo CONTRAN, são aqueles estabelecidos pela Lei nº 7.408, de 25 de novembro de 1985.

Art. 324. (VETADO)

Art. 325. As repartições de trânsito conservarão por, no mínimo, 5 (cinco) anos os documentos relativos à habilitação de condutores, ao registro e ao licenciamento de veículos e aos autos de infração de trânsito. (Redação dada pela Lei nº 13.281, de 2016)

§ 1º Os documentos previstos no ***caput*** *poderão ser gerados e tramitados eletronicamente, bem como arquivados e armazenados em meio digital, desde que assegurada a autenticidade, a fidedignidade, a confiabilidade e a segurança das informações, e serão válidos para todos os efeitos legais, sendo dispensada, nesse caso, a sua guarda física. (Incluído pela Lei nº 13.281, de 2016)*

§ 2º O Contran regulamentará a geração, a tramitação, o arquivamento, o armazenamento e a eliminação de documentos eletrônicos e físicos gerados em decorrência da aplicação das disposições deste Código. (Incluído pela Lei nº 13.281, de 2016)

§ 3º Na hipótese prevista nos §§ 1º e 2º, o sistema deverá ser certificado digitalmente, atendidos os requisitos de autenticidade, integridade, validade jurídica e interoperabilidade da Infraestrutura de Chaves Públicas Brasileira (ICP-Brasil). (Incluído pela Lei nº 13.281, de 2016)

Art. 326. A Semana Nacional de Trânsito será comemorada anualmente no período compreendido entre 18 e 25 de setembro.

Art. 326-A. A atuação dos integrantes do Sistema Nacional de Trânsito, no que se refere à política de segurança no trânsito, deverá voltar-se prioritariamente para o cumprimento de metas anuais de redução de índice de mortos por grupo de veículos e de índice de mortos por grupo de habitantes, ambos apurados por Estado e por ano, detalhando-se os dados levantados e as ações realizadas por vias federais, estaduais e municipais. (Incluído pela Lei nº 13.614, de 2018)

§ 1º O objetivo geral do estabelecimento de metas é, ao final do prazo de dez anos, reduzir à metade, no mínimo, o índice nacional de mortos por grupo de veículos e o índice nacional de mortos por grupo de habitantes, relativamente aos índices apurados no ano da entrada em vigor da lei que cria o Plano Nacional de Redução de Mortes e Lesões no Trânsito (PNATRANS). (Incluído pela Lei nº 13.614, de 2018)

§ 2º As metas expressam a diferença a menor, em base percentual, entre os índices mais recentes, oficialmente apurados, e os índices que se pretende alcançar. (Incluído pela Lei nº 13.614, de 2018)

§ 3º A decisão que fixar as metas anuais estabelecerá as respectivas margens de tolerância. (Incluído pela Lei nº 13.614, de 2018)

§ 4º As metas serão fixadas pelo Contran para cada um dos Estados da Federação e para o Distrito Federal, mediante propostas fundamentadas dos CETRAN, do CONTRANDIFE e do Departamento de Polícia Rodoviária Federal, no âmbito das respectivas circunscrições. (Incluído pela Lei nº 13.614, de 2018)

§ 5º Antes de submeterem as propostas ao CONTRAN, os CETRAN, o CONTRANDIFE e o Departamento de Polícia Rodoviária Federal realizarão consulta ou audiência pública para manifestação da sociedade sobre as metas a serem propostas. (Incluído pela Lei nº 13.614, de 2018) (Vigência)

§ 6º As propostas dos CETRAN, do CONTRANDIFE e do Departamento de Polícia Rodoviária Federal serão encaminhadas ao Contran até o dia 1º de agosto de cada ano, acompanhadas de relatório analítico a respeito do cumprimento das metas fixadas para o ano anterior e de exposição de ações, projetos ou programas, com os respectivos orçamentos, por meio dos quais se pretende cumprir as metas propostas para o ano seguinte. (Incluído pela Lei nº 13.614, de 2018)

§ 7º As metas fixadas serão divulgadas em setembro, durante a Semana Nacional de Trânsito, assim como o desempenho, absoluto e relativo, de cada Estado e do Distrito Federal no cumprimento das metas vigentes no ano anterior, detalhados os dados levantados e as ações realizadas por vias federais, estaduais e municipais, devendo tais informações permanecer à disposição do público na rede mundial de computadores, em sítio eletrônico do órgão máximo executivo de trânsito da União. (Incluído pela Lei nº 13.614, de 2018)

§ 8º O Contran, ouvidos o Departamento de Polícia Rodoviária Federal e demais órgãos do Sistema Nacional de Trânsito, definirá as fórmulas para apuração dos índices de que trata este artigo, assim como a metodologia para a coleta e o tratamento dos dados estatísticos necessários para a composição dos termos das fórmulas. (Incluído pela Lei nº 13.614, de 2018)

§ 9º Os dados estatísticos coletados em cada Estado e no Distrito Federal serão tratados e consolidados pelo respectivo órgão ou entidade executivos de trânsito, que os repassará ao órgão máximo executivo de trânsito da União até o dia 1º de março, por meio do sistema de registro nacional de acidentes e estatísticas de trânsito. (Incluído pela Lei nº 13.614, de 2018)

§ 10. Os dados estatísticos sujeitos à consolidação pelo órgão ou entidade executivos de trânsito do Estado ou do Distrito Federal compreendem os coletados naquela circunscrição: (Incluído pela Lei nº 13.614, de 2018)

I – pela Polícia Rodoviária Federal e pelo órgão executivo rodoviário da União; (Incluído pela Lei nº 13.614, de 2018)

II – pela Polícia Militar e pelo órgão ou entidade executivos rodoviários do Estado ou do Distrito Federal; (Incluído pela Lei nº 13.614, de 2018)

III – pelos órgãos ou entidades executivos rodoviários e pelos órgãos ou entidades executivos de trânsito dos Municípios. (Incluído pela Lei nº 13.614, de 2018)

§ 11. O cálculo dos índices, para cada Estado e para o Distrito Federal, será feito pelo órgão máximo executivo de trânsito da União, ouvidos o Departamento de Polícia Rodoviária Federal e demais órgãos do Sistema Nacional de Trânsito. (Incluído pela Lei nº 13.614, de 2018)

§ 12. Os índices serão divulgados oficialmente até o dia 31 de março de cada ano. (Incluído pela Lei nº 13.614, de 2018)

§ 13. Com base em índices parciais, apurados no decorrer do ano, o Contran, os CETRAN e o CONTRANDIFE poderão recomendar aos integrantes do Sistema Nacional de Trânsito alterações nas ações, projetos e programas em desenvolvimento ou previstos, com o fim de atingir as metas fixadas para cada um dos Estados e para o Distrito Federal. (Incluído pela Lei nº 13.614, de 2018)

§ 14. A partir da análise de desempenho a que se refere o § 7º deste artigo, o Contran elaborará e divulgará, também durante a Semana Nacional de Trânsito: (Incluído pela Lei nº 13.614, de 2018)

I – duas classificações ordenadas dos Estados e do Distrito Federal, uma referente ao ano analisado e outra que considere a evolução do desempenho dos Estados e do Distrito Federal desde o início das análises; (Incluído pela Lei nº 13.614, de 2018)

II – relatório a respeito do cumprimento do objetivo geral do estabelecimento de metas previsto no § 1º deste artigo. (Incluído pela Lei nº 13.614, de 2018)

Art. 327. A partir da publicação deste Código, somente poderão ser fabricados e licenciados os veículos que obedeçam aos limites de peso e dimensões fixados na forma desta Lei, ressalvados os que vierem a ser regulamentados pelo CONTRAN.

Parágrafo único. (VETADO)

Art. 328. O veículo apreendido ou removido a qualquer título e não reclamado por seu proprietário dentro do prazo de sessenta dias, contado da data de recolhimento, será avaliado e levado a leilão, a ser realizado preferencialmente por meio eletrônico. (Redação dada pela Lei nº 13.160, de 2015)

§ 1º Publicado o edital do leilão, a preparação poderá ser iniciada após trinta dias, contados da data de recolhimento do veículo, o qual será classificado em duas categorias: (Incluído pela Lei nº 13.160, de 2015)

I – conservado, quando apresenta condições de segurança para trafegar; e (Incluído pela Lei nº 13.160, de 2015)

II – sucata, quando não está apto a trafegar. (Incluído pela Lei nº 13.160, de 2015)

§ 2º Se não houver oferta igual ou superior ao valor da avaliação, o lote será incluído no leilão seguinte, quando será arrematado pelo maior lance, desde que por valor não inferior a cinquenta por cento do avaliado. (Incluído pela Lei nº 13.160, de 2015)

§ 3º Mesmo classificado como conservado, o veículo que for levado a leilão por duas vezes e não for arrematado será leiloado como sucata. (Incluído pela Lei nº 13.160, de 2015)

§ 4º É vedado o retorno do veículo leiloado como sucata à circulação. (Incluído pela Lei nº 13.160, de 2015)

§ 5º A cobrança das despesas com estada no depósito será limitada ao prazo de seis meses. (Incluído pela Lei nº 13.160, de 2015)

§ 6º Os valores arrecadados em leilão deverão ser utilizados para custeio da realização do leilão, dividindo-se os custos entre os veículos arrematados, proporcionalmente ao valor da arrematação, e destinando-se os valores remanescentes, na seguinte ordem, para: (Incluído pela Lei nº 13.160, de 2015)

I – as despesas com remoção e estada; (Incluído pela Lei nº 13.160, de 2015)

II – os tributos vinculados ao veículo, na forma do § 10; (Incluído pela Lei nº 13.160, de 2015)

III – os credores trabalhistas, tributários e titulares de crédito com garantia real, segundo a ordem de preferência estabelecida no art. 186 da Lei nº 5.172, de 25 de outubro de 1966 (Código Tributário Nacional); (Incluído pela Lei nº 13.160, de 2015)

IV – as multas devidas ao órgão ou à entidade responsável pelo leilão; (Incluído pela Lei nº 13.160, de 2015)

V – as demais multas devidas aos órgãos integrantes do Sistema Nacional de Trânsito, segundo a ordem cronológica; e (Incluído pela Lei nº 13.160, de 2015)

VI – os demais créditos, segundo a ordem de preferência legal. (Incluído pela Lei nº 13.160, de 2015)

§ 7º Sendo insuficiente o valor arrecadado para quitar os débitos incidentes sobre o veículo, a situação será comunicada aos credores. (Incluído pela Lei nº 13.160, de 2015)

§ 8º Os órgãos públicos responsáveis serão comunicados do leilão previamente para que formalizem a desvinculação dos ônus incidentes sobre o veículo no prazo máximo de dez dias. (Incluído pela Lei nº 13.160, de 2015)

§ 9º Os débitos incidentes sobre o veículo antes da alienação administrativa ficam dele automaticamente desvinculados, sem prejuízo da cobrança contra o proprietário anterior. (Incluído pela Lei nº 13.160, de 2015)

§ 10. Aplica-se o disposto no § 9º inclusive ao débito relativo a tributo cujo fato gerador seja a propriedade, o domínio útil, a posse, a circulação ou o licenciamento de veículo. (Incluído pela Lei nº 13.160, de 2015)

§ 11. Na hipótese de o antigo proprietário reaver o veículo, por qualquer meio, os débitos serão novamente vinculados ao bem, aplicando-se, nesse caso, o disposto nos §§ 1º, 2º e 3º do art. 271. (Incluído pela Lei nº 13.160, de 2015)

§ 12. Quitados os débitos, o saldo remanescente será depositado em conta específica do órgão responsável pela realização do leilão e ficará à disposição do antigo proprietário, devendo ser expedida notificação a ele, no máximo em trinta dias após a realização do leilão, para o levantamento do valor no prazo de cinco anos, após os quais o valor será transferido, definitivamente, para o fundo a que se refere o parágrafo único do art. 320. (Incluído pela Lei nº 13.160, de 2015)

§ 13. Aplica-se o disposto neste artigo, no que couber, ao animal recolhido, a qualquer título, e não reclamado por seu proprietário no prazo de sessenta dias, a contar da data de recolhimento, conforme regulamentação do CONTRAN. (Incluído pela Lei nº 13.160, de 2015)

§ 14. Se identificada a existência de restrição policial ou judicial sobre o prontuário do veículo, a autoridade responsável pela restrição será notificada para a retirada do bem do depósito, mediante a quitação das despesas com remoção e estada, ou para a autorização do leilão nos termos deste artigo. (Redação dada pela Lei nº 13.281, de 2016)

§ 15. Se no prazo de 60 (sessenta) dias, a contar da notificação de que trata o § 14, não houver manifestação da autoridade responsável pela restrição judicial ou policial, estará o órgão de trânsito autorizado a promover o leilão do veículo nos termos deste artigo. (Incluído pela Lei nº 13.281, de 2016)

§ 16. Os veículos, sucatas e materiais inservíveis de bens automotores que se encontrarem nos depósitos há mais de 1 (um) ano poderão ser destinados à reciclagem, independentemente da existência de restrições sobre o veículo. (Incluído pela Lei nº 13.281, de 2016)

§ 17. O procedimento de hasta pública na hipótese do § 16 será realizado por lote de tonelagem de material ferroso, observando-se, no que couber, o disposto neste artigo, condicionando-se a entrega do material arrematado aos procedimentos necessários à descaracterização total do bem e à destinação exclusiva, ambientalmente adequada, à reciclagem siderúrgica, vedado qualquer aproveitamento de peças e partes. (Incluído pela Lei nº 13.281, de 2016)

§ 18. Os veículos sinistrados irrecuperáveis queimados, adulterados ou estrangeiros, bem como aqueles sem possibilidade de regularização perante o órgão de trânsito, serão destinados à reciclagem, independentemente do período em que estejam em depósito,

respeitado o prazo previsto no ***caput*** *deste artigo, sempre que a autoridade responsável pelo leilão julgar ser essa a medida apropriada. (Incluído pela Lei nº 13.281, de 2016)*

Art. 329. Os condutores dos veículos de que tratam os arts. 135 e 136, para exercerem suas atividades, deverão apresentar, previamente, certidão negativa do registro de distribuição criminal relativamente aos crimes de homicídio, roubo, estupro e corrupção de menores, renovável a cada cinco anos, junto ao órgão responsável pela respectiva concessão ou autorização.

Art. 330. Os estabelecimentos onde se executem reformas ou recuperação de veículos e os que comprem, vendam ou desmontem veículos, usados ou não, são obrigados a possuir livros de registro de seu movimento de entrada e saída e de uso de placas de experiência, conforme modelos aprovados e rubricados pelos órgãos de trânsito.

§ 1º Os livros indicarão:

I – data de entrada do veículo no estabelecimento;

II – nome, endereço e identidade do proprietário ou vendedor;

III – data da saída ou baixa, nos casos de desmontagem;

IV – nome, endereço e identidade do comprador;

V – características do veículo constantes do seu certificado de registro;

VI – número da placa de experiência.

§ 2º Os livros terão suas páginas numeradas tipograficamente e serão encadernados ou em folhas soltas, sendo que, no primeiro caso, conterão termo de abertura e encerramento lavrados pelo proprietário e rubricados pela repartição de trânsito, enquanto, no segundo, todas as folhas serão autenticadas pela repartição de trânsito.

§ 3º A entrada e a saída de veículos nos estabelecimentos referidos neste artigo registrar-se-ão no mesmo dia em que se verificarem assinaladas, inclusive, as horas a elas correspondentes, podendo os veículos irregulares lá encontrados ou suas sucatas ser apreendidos ou retidos para sua completa regularização.

§ 4º As autoridades de trânsito e as autoridades policiais terão acesso aos livros sempre que o solicitarem, não podendo, entretanto, retirá-los do estabelecimento.

§ 5º A falta de escrituração dos livros, o atraso, a fraude ao realizá-lo e a recusa de sua exibição serão punidas com a multa prevista para as infrações gravíssimas, independente das demais cominações legais cabíveis.

§ 6º Os livros previstos neste artigo poderão ser substituídos por sistema eletrônico, na forma regulamentada pelo Contran. (Incluído pela Lei nº 13.154, de 2015)

Art. 331. Até a nomeação e posse dos membros que passarão a integrar os colegiados destinados ao julgamento dos recursos administrativos previstos na Seção II do Capítulo XVIII deste Código, o julgamento dos recursos ficará a cargo dos órgãos ora existentes.

Art. 332. Os órgãos e entidades integrantes do Sistema Nacional de Trânsito proporcionarão aos membros do CONTRAN, CETRAN e CONTRANDIFE, em serviço, todas as facilidades para o cumprimento de sua missão, fornecendo-lhes as informações que solicitarem, permitindo-lhes inspecionar a execução de quaisquer serviços e deverão atender prontamente suas requisições.

Art. 333. O CONTRAN estabelecerá, em até cento e vinte dias após a nomeação de seus membros, as disposições previstas nos arts. 91 e 92, que terão de ser atendidas pelos órgãos e entidades executivos de trânsito e executivos rodoviários para exercerem suas competências.

§ 1º Os órgãos e entidades de trânsito já existentes terão prazo de um ano, após a edição das normas, para se adequarem às novas disposições estabelecidas pelo CONTRAN, conforme disposto neste artigo.

§ 2º Os órgãos e entidades de trânsito a serem criados exercerão as competências previstas neste Código em cumprimento às exigências estabelecidas pelo CONTRAN, conforme disposto neste artigo, acompanhados pelo respectivo CETRAN, se órgão ou entidade municipal, ou CONTRAN, se órgão ou entidade estadual, do Distrito Federal ou da União, passando a integrar o Sistema Nacional de Trânsito.

Art. 334. As ondulações transversais existentes deverão ser homologadas pelo órgão ou entidade competente no prazo de um ano, a partir da publicação deste Código, devendo ser retiradas em caso contrário.

Art. 335. (VETADO)

Art. 336. Aplicam-se os sinais de trânsito previstos no Anexo II até a aprovação pelo CONTRAN, no prazo de trezentos e sessenta dias da publicação desta Lei, após a manifestação da Câmara Temática de Engenharia, de Vias e Veículos e obedecidos os padrões internacionais.

Art. 337. Os CETRAN terão suporte técnico e financeiro dos Estados e Municípios que os compõem e, o CONTRANDIFE, do Distrito Federal.

Art. 338. As montadoras, encarroçadoras, os importadores e fabricantes, ao comerciarem veículos automotores de qualquer categoria e ciclos, são obrigados a fornecer, no ato da comercialização do respectivo veículo, manual contendo normas de circulação, infrações, penalidades, direção defensiva, primeiros socorros e Anexos do Código de Trânsito Brasileiro.

Art. 339. Fica o Poder Executivo autorizado a abrir crédito especial no valor de R$ 264.954,00 (duzentos e sessenta e quatro mil, novecentos e cinquenta e quatro reais), em favor do ministério ou órgão a que couber a coordenação máxima do Sistema Nacional de Trânsito, para atender as despesas decorrentes da implantação deste Código.

Art. 340. Este Código entra em vigor cento e vinte dias após a data de sua publicação.

Art. 341. Ficam revogadas as Leis nºs 5.108, de 21 de setembro de 1966, 5.693, de 16 de agosto de 1971, 5.820, de 10 de novembro de 1972, 6.124, de 25 de outubro de 1974, 6.308, de 15 de dezembro de 1975, 6.369, de 27 de outubro de 1976, 6.731, de 4 de dezembro de 1979, 7.031, de 20 de setembro de 1982, 7.052, de 02 de dezembro de 1982, 8.102, de 10 de dezembro de 1990, os arts. 1º a 6º e 11 do Decreto-lei nº 237, de 28 de fevereiro de 1967, e os Decretos-leis nºs 584, de 16 de maio de 1969, 912, de 2 de outubro de 1969, e 2.448, de 21 de julho de 1988.

Brasília, 23 de setembro de 1997; 176º da Independência e 109º da República.

FERNANDO HENRIQUE CARDOSO

Iris Rezende

Eliseu Padilha

Este texto não substitui o publicado no DOU de 24.9.1997 e retificado em 25.9.1997

ANEXO I

DOS CONCEITOS E DEFINIÇÕES

Para efeito deste Código adotam-se as seguintes definições:

ACOSTAMENTO – parte da via diferenciada da pista de rolamento destinada à parada ou estacionamento de veículos, em caso de emergência, e à circulação de pedestres e bicicletas, quando não houver local apropriado para esse fim.

AGENTE DA AUTORIDADE DE TRÂNSITO – pessoa, civil ou policial militar, credenciada pela autoridade de trânsito para o exercício das atividades de fiscalização, operação, policiamento ostensivo de trânsito ou patrulhamento.

AR ALVEOLAR – ar expirado pela boca de um indivíduo, originário dos alvéolos pulmonares. (Incluído pela Lei nº 12.760, de 2012)

AUTOMÓVEL – veículo automotor destinado ao transporte de passageiros, com capacidade para até oito pessoas, exclusive o condutor.

AUTORIDADE DE TRÂNSITO – dirigente máximo de órgão ou entidade executivo integrante do Sistema Nacional de Trânsito ou pessoa por ele expressamente credenciada.

BALANÇO TRASEIRO – distância entre o plano vertical passando pelos centros das rodas traseiras extremas e o ponto mais recuado do veículo, considerando-se todos os elementos rigidamente fixados ao mesmo.

BICICLETA – veículo de propulsão humana, dotado de duas rodas, não sendo, para efeito deste Código, similar à motocicleta, motoneta e ciclomotor.

BICICLETÁRIO – local, na via ou fora dela, destinado ao estacionamento de bicicletas.

BONDE – veículo de propulsão elétrica que se move sobre trilhos.

BORDO DA PISTA - margem da pista, podendo ser demarcada por linhas longitudinais de bordo que delineiam a parte da via destinada à circulação de veículos.

CALÇADA - parte da via, normalmente segregada e em nível diferente, não destinada à circulação de veículos, reservada ao trânsito de pedestres e, quando possível, à implantação de mobiliário urbano, sinalização, vegetação e outros fins.

CAMINHÃO-TRATOR - veículo automotor destinado a tracionar ou arrastar outro.

CAMINHONETE - veículo destinado ao transporte de carga com peso bruto total de até três mil e quinhentos quilogramas.

CAMIONETA - veículo misto destinado ao transporte de passageiros e carga no mesmo compartimento.

CANTEIRO CENTRAL - obstáculo físico construído como separador de duas pistas de rolamento, eventualmente substituído por marcas viárias (canteiro fictício).

CAPACIDADE MÁXIMA DE TRAÇÃO - máximo peso que a unidade de tração é capaz de tracionar, indicado pelo fabricante, baseado em condições sobre suas limitações de geração e multiplicação de momento de força e resistência dos elementos que compõem a transmissão.

CARREATA - deslocamento em fila na via de veículos automotores em sinal de regozijo, de reivindicação, de protesto cívico ou de uma classe.

CARRO DE MÃO - veículo de propulsão humana utilizado no transporte de pequenas cargas.

CARROÇA - veículo de tração animal destinado ao transporte de carga.

CATADIÓPTRICO - dispositivo de reflexão e refração da luz utilizado na sinalização de vias e veículos (olho-de-gato).

CHARRETE - veículo de tração animal destinado ao transporte de pessoas.

CICLO - veículo de pelo menos duas rodas a propulsão humana.

CICLOFAIXA - parte da pista de rolamento destinada à circulação exclusiva de ciclos, delimitada por sinalização específica.

CICLOMOTOR - veículo de duas ou três rodas, provido de um motor de combustão interna, cuja cilindrada não exceda a cinquenta centímetros cúbicos (3,05 polegadas cúbicas) e cuja velocidade máxima de fabricação não exceda a cinquenta quilômetros por hora.

CICLOVIA - pista própria destinada à circulação de ciclos, separada fisicamente do tráfego comum.

CONVERSÃO - movimento em ângulo, à esquerda ou à direita, de mudança da direção original do veículo.

CRUZAMENTO - interseção de duas vias em nível.

DISPOSITIVO DE SEGURANÇA - qualquer elemento que tenha a função específica de proporcionar maior segurança ao usuário da via, alertando-o sobre situações de perigo que possam colocar em risco sua integridade física e dos demais usuários da via, ou danificar seriamente o veículo.

ESTACIONAMENTO - imobilização de veículos por tempo superior ao necessário para embarque ou desembarque de passageiros.

ESTRADA - via rural não pavimentada.

ETILÔMETRO - aparelho destinado à medição do teor alcoólico no ar alveolar. (Incluído pela Lei nº 12.760, de 2012)

FAIXAS DE DOMÍNIO - superfície lindeira às vias rurais, delimitada por lei específica e sob responsabilidade do órgão ou entidade de trânsito competente com circunscrição sobre a via.

FAIXAS DE TRÂNSITO - qualquer uma das áreas longitudinais em que a pista pode ser subdividida, sinalizada ou não por marcas viárias longitudinais, que tenham uma largura suficiente para permitir a circulação de veículos automotores.

FISCALIZAÇÃO - ato de controlar o cumprimento das normas estabelecidas na legislação de trânsito, por meio do poder de polícia administrativa de trânsito, no âmbito de circunscrição dos órgãos e entidades executivos de trânsito e de acordo com as competências definidas neste Código.

FOCO DE PEDESTRES - indicação luminosa de permissão ou impedimento de locomoção na faixa apropriada.

FREIO DE ESTACIONAMENTO – dispositivo destinado a manter o veículo imóvel na ausência do condutor ou, no caso de um reboque, se este se encontra desengatado.

FREIO DE SEGURANÇA OU MOTOR – dispositivo destinado a diminuir a marcha do veículo no caso de falha do freio de serviço.

FREIO DE SERVIÇO – dispositivo destinado a provocar a diminuição da marcha do veículo ou pará-lo.

GESTOS DE AGENTES – movimentos convencionais de braço, adotados exclusivamente pelos agentes de autoridades de trânsito nas vias, para orientar, indicar o direito de passagem dos veículos ou pedestres ou emitir ordens, sobrepondo-se ou completando outra sinalização ou norma constante deste Código.

GESTOS DE CONDUTORES – movimentos convencionais de braço, adotados exclusivamente pelos condutores, para orientar ou indicar que vão efetuar uma manobra de mudança de direção, redução brusca de velocidade ou parada.

ILHA – obstáculo físico, colocado na pista de rolamento, destinado à ordenação dos fluxos de trânsito em uma interseção.

INFRAÇÃO – inobservância a qualquer preceito da legislação de trânsito, às normas emanadas do Código de Trânsito, do Conselho Nacional de Trânsito e a regulamentação estabelecida pelo órgão ou entidade executiva do trânsito.

INTERSEÇÃO – todo cruzamento em nível, entroncamento ou bifurcação, incluindo as áreas formadas por tais cruzamentos, entroncamentos ou bifurcações.

INTERRUPÇÃO DE MARCHA – imobilização do veículo para atender circunstância momentânea do trânsito.

LICENCIAMENTO – procedimento anual, relativo a obrigações do proprietário de veículo, comprovado por meio de documento específico (Certificado de Licenciamento Anual).

LOGRADOURO PÚBLICO – espaço livre destinado pela municipalidade à circulação, parada ou estacionamento de veículos, ou à circulação de pedestres, tais como calçada, parques, áreas de lazer, calçadões.

LOTAÇÃO – carga útil máxima, incluindo condutor e passageiros, que o veículo transporta, expressa em quilogramas para os veículos de carga, ou número de pessoas, para os veículos de passageiros.

LOTE LINDEIRO – aquele situado ao longo das vias urbanas ou rurais e que com elas se limita.

LUZ ALTA – facho de luz do veículo destinado a iluminar a via até uma grande distância do veículo.

LUZ BAIXA – facho de luz do veículo destinada a iluminar a via diante do veículo, sem ocasionar ofuscamento ou incômodo injustificáveis aos condutores e outros usuários da via que venham em sentido contrário.

LUZ DE FREIO – luz do veículo destinada a indicar aos demais usuários da via, que se encontram atrás do veículo, que o condutor está aplicando o freio de serviço.

LUZ INDICADORA DE DIREÇÃO (pisca-pisca) – luz do veículo destinada a indicar aos demais usuários da via que o condutor tem o propósito de mudar de direção para a direita ou para a esquerda.

LUZ DE MARCHA À RÉ – luz do veículo destinada a iluminar atrás do veículo e advertir aos demais usuários da via que o veículo está efetuando ou a ponto de efetuar uma manobra de marcha à ré.

LUZ DE NEBLINA – luz do veículo destinada a aumentar a iluminação da via em caso de neblina, chuva forte ou nuvens de pó.

LUZ DE POSIÇÃO (lanterna) – luz do veículo destinada a indicar a presença e a largura do veículo.

MANOBRA – movimento executado pelo condutor para alterar a posição em que o veículo está no momento em relação à via.

MARCAS VIÁRIAS – conjunto de sinais constituídos de linhas, marcações, símbolos ou legendas, em tipos e cores diversas, apostos ao pavimento da via.

MICROÔNIBUS – veículo automotor de transporte coletivo com capacidade para até vinte passageiros.

MOTOCICLETA – veículo automotor de duas rodas, com ou sem side-car, dirigido por condutor em posição montada.

MOTONETA - veículo automotor de duas rodas, dirigido por condutor em posição sentada.

MOTOR-CASA (MOTOR-HOME) - veículo automotor cuja carroçaria seja fechada e destinada a alojamento, escritório, comércio ou finalidades análogas.

NOITE - período do dia compreendido entre o pôr-do-sol e o nascer do sol.

ÔNIBUS - veículo automotor de transporte coletivo com capacidade para mais de vinte passageiros, ainda que, em virtude de adaptações com vista à maior comodidade destes, transporte número menor.

OPERAÇÃO DE CARGA E DESCARGA - imobilização do veículo, pelo tempo estritamente necessário ao carregamento ou descarregamento de animais ou carga, na forma disciplinada pelo órgão ou entidade executivo de trânsito competente com circunscrição sobre a via.

OPERAÇÃO DE TRÂNSITO - monitoramento técnico baseado nos conceitos de Engenharia de Tráfego, das condições de fluidez, de estacionamento e parada na via, de forma a reduzir as interferências tais como veículos quebrados, acidentados, estacionados irregularmente atrapalhando o trânsito, prestando socorros imediatos e informações aos pedestres e condutores.

PARADA - imobilização do veículo com a finalidade e pelo tempo estritamente necessário para efetuar embarque ou desembarque de passageiros.

PASSAGEM DE NÍVEL - todo cruzamento de nível entre uma via e uma linha férrea ou trilho de bonde com pista própria.

PASSAGEM POR OUTRO VEÍCULO - movimento de passagem à frente de outro veículo que se desloca no mesmo sentido, em menor velocidade, mas em faixas distintas da via.

PASSAGEM SUBTERRÂNEA - obra de arte destinada à transposição de vias, em desnível subterrâneo, e ao uso de pedestres ou veículos.

PASSARELA - obra de arte destinada à transposição de vias, em desnível aéreo, e ao uso de pedestres.

PASSEIO - parte da calçada ou da pista de rolamento, neste último caso, separada por pintura ou elemento físico separador, livre de interferências, destinada à circulação exclusiva de pedestres e, excepcionalmente, de ciclistas.

PATRULHAMENTO - função exercida pela Polícia Rodoviária Federal com o objetivo de garantir obediência às normas de trânsito, assegurando a livre circulação e evitando acidentes.

PERÍMETRO URBANO - limite entre área urbana e área rural.

PESO BRUTO TOTAL - peso máximo que o veículo transmite ao pavimento, constituído da soma da tara mais a lotação.

PESO BRUTO TOTAL COMBINADO - peso máximo transmitido ao pavimento pela combinação de um caminhão-trator mais seu semi-reboque ou do caminhão mais o seu reboque ou reboques.

PISCA-ALERTA - luz intermitente do veículo, utilizada em caráter de advertência, destinada a indicar aos demais usuários da via que o veículo está imobilizado ou em situação de emergência.

PISTA - parte da via normalmente utilizada para a circulação de veículos, identificada por elementos separadores ou por diferença de nível em relação às calçadas, ilhas ou aos canteiros centrais.

PLACAS - elementos colocados na posição vertical, fixados ao lado ou suspensos sobre a pista, transmitindo mensagens de caráter permanente e, eventualmente, variáveis, mediante símbolo ou legendas pré-reconhecidas e legalmente instituídas como sinais de trânsito.

POLICIAMENTO OSTENSIVO DE TRÂNSITO - função exercida pelas Polícias Militares com o objetivo de prevenir e reprimir atos relacionados com a segurança pública e de garantir obediência às normas relativas à segurança de trânsito, assegurando a livre circulação e evitando acidentes.

PONTE - obra de construção civil destinada a ligar margens opostas de uma superfície líquida qualquer.

REBOQUE - veículo destinado a ser engatado atrás de um veículo automotor.

REGULAMENTAÇÃO DA VIA - implantação de sinalização de regulamentação pelo órgão ou entidade competente com circunscrição sobre a via, definindo, entre outros, sentido de direção, tipo de estacionamento, horários e dias.

REFÚGIO – parte da via, devidamente sinalizada e protegida, destinada ao uso de pedestres durante a travessia da mesma.

RENACH – Registro Nacional de Condutores Habilitados.

RENAVAM – Registro Nacional de Veículos Automotores.

RETORNO – movimento de inversão total de sentido da direção original de veículos.

RODOVIA – via rural pavimentada.

SEMI-REBOQUE – veículo de um ou mais eixos que se apoia na sua unidade tratora ou é a ela ligado por meio de articulação.

SINAIS DE TRÂNSITO – elementos de sinalização viária que se utilizam de placas, marcas viárias, equipamentos de controle luminosos, dispositivos auxiliares, apitos e gestos, destinados exclusivamente a ordenar ou dirigir o trânsito dos veículos e pedestres.

SINALIZAÇÃO – conjunto de sinais de trânsito e dispositivos de segurança colocados na via pública com o objetivo de garantir sua utilização adequada, possibilitando melhor fluidez no trânsito e maior segurança dos veículos e pedestres que nela circulam.

SONS POR APITO – sinais sonoros, emitidos exclusivamente pelos agentes da autoridade de trânsito nas vias, para orientar ou indicar o direito de passagem dos veículos ou pedestres, sobrepondo-se ou completando sinalização existente no local ou norma estabelecida neste Código.

TARA – peso próprio do veículo, acrescido dos pesos da carroçaria e equipamento, do combustível, das ferramentas e acessórios, da roda sobressalente, do extintor de incêndio e do fluido de arrefecimento, expresso em quilogramas.

TRAILER – reboque ou semi-reboque tipo casa, com duas, quatro, ou seis rodas, acoplado ou adaptado à traseira de automóvel ou camionete, utilizado em geral em atividades turísticas como alojamento, ou para atividades comerciais.

TRÂNSITO – movimentação e imobilização de veículos, pessoas e animais nas vias terrestres.

TRANSPOSIÇÃO DE FAIXAS – passagem de um veículo de uma faixa demarcada para outra.

TRATOR – veículo automotor construído para realizar trabalho agrícola, de construção e pavimentação e tracionar outros veículos e equipamentos.

ULTRAPASSAGEM – movimento de passar à frente de outro veículo que se desloca no mesmo sentido, em menor velocidade e na mesma faixa de tráfego, necessitando sair e retornar à faixa de origem.

UTILITÁRIO – veículo misto caracterizado pela versatilidade do seu uso, inclusive fora de estrada.

VEÍCULO ARTICULADO – combinação de veículos acoplados, sendo um deles automotor.

VEÍCULO AUTOMOTOR – todo veículo a motor de propulsão que circule por seus próprios meios, e que serve normalmente para o transporte viário de pessoas e coisas, ou para a tração viária de veículos utilizados para o transporte de pessoas e coisas. O termo compreende os veículos conectados a uma linha elétrica e que não circulam sobre trilhos (ônibus elétrico).

VEÍCULO DE CARGA – veículo destinado ao transporte de carga, podendo transportar dois passageiros, exclusive o condutor.

VEÍCULO DE COLEÇÃO – aquele que, mesmo tendo sido fabricado há mais de trinta anos, conserva suas características originais de fabricação e possui valor histórico próprio.

VEÍCULO CONJUGADO – combinação de veículos, sendo o primeiro um veículo automotor e os demais reboques ou equipamentos de trabalho agrícola, construção, terraplenagem ou pavimentação.

VEÍCULO DE GRANDE PORTE – veículo automotor destinado ao transporte de carga com peso bruto total máximo superior a dez mil quilogramas e de passageiros, superior a vinte passageiros.

VEÍCULO DE PASSAGEIROS – veículo destinado ao transporte de pessoas e suas bagagens.

VEÍCULO MISTO - veículo automotor destinado ao transporte simultâneo de carga e passageiro.

VIA - superfície por onde transitam veículos, pessoas e animais, compreendendo a pista, a calçada, o acostamento, ilha e canteiro central.

VIA DE TRÂNSITO RÁPIDO - aquela caracterizada por acessos especiais com trânsito livre, sem interseções em nível, sem acessibilidade direta aos lotes lindeiros e sem travessia de pedestres em nível.

VIA ARTERIAL - aquela caracterizada por interseções em nível, geralmente controlada por semáforo, com acessibilidade aos lotes lindeiros e às vias secundárias e locais, possibilitando o trânsito entre as regiões da cidade.

VIA COLETORA - aquela destinada a coletar e distribuir o trânsito que tenha necessidade de entrar ou sair das vias de trânsito rápido ou arteriais, possibilitando o trânsito dentro das regiões da cidade.

VIA LOCAL - aquela caracterizada por interseções em nível não semaforizadas, destinada apenas ao acesso local ou a áreas restritas.

VIA RURAL - estradas e rodovias.

VIA URBANA - ruas, avenidas, vielas, ou caminhos e similares abertos à circulação pública, situados na área urbana, caracterizados principalmente por possuírem imóveis edificados ao longo de sua extensão.

VIAS E ÁREAS DE PEDESTRES - vias ou conjunto de vias destinadas à circulação prioritária de pedestres.

VIADUTO - obra de construção civil destinada a transpor uma depressão de terreno ou servir de passagem superior".

COMENTÁRIOS

I. Conceitos Iniciais:

a) trânsito: "*considera-se trânsito a utilização das vias por pessoas, veículos e animais, isolados ou em grupos, conduzidos ou não, para fins de circulação, parada, estacionamento e operação de carga ou descarga*" (art. 1º, § 1º, CTB); "*movimentação e imobilização de veículos, pessoas e animais nas vias terrestres*" (Anexo I - Dos conceitos e definições);

b) veículo automotor: "*todo veículo a motor de propulsão que circule por seus próprios meios, e que serve normalmente para o transporte viário de pessoas e coisas, ou para a tração viária de veículos utilizados para o transporte de pessoas e coisas. O termo compreende os veículos conectados a uma linha elétrica e que não circulam sobre trilhos (ônibus elétrico)*" (Anexo I - Dos conceitos e definições).

Cabe registrar, por oportuno, que os veículos com até 50 (cinquenta) cilindradas (cc) não são considerados automotores (Ex: ciclomotores).

Segundo o Código de Trânsito, os ciclomotores vêm a ser aqueles veículos de 2 (duas) ou 3 (três) rodas, providos de um motor de combustão interna, cuja cilindrada não exceda a 50 (cinquenta) centímetros cúbicos (3,05 polegadas cúbicas) e cuja velocidade máxima de fabricação não exceda a 50 (cinquenta) quilômetros por hora;

c) vias terrestres: urbanas e rurais, incluindo as praias abertas à circulação públicas e as vias internas pertencentes aos condomínios constituídos por unidades autônomas, nos termos do art. 2º e § único, CTB.

II. Infração Administrativa relacionada à condução de veículo automotor sob a influência de álcool e/ou drogas:

O art. 165, CTB, exige a influência de álcool ou drogas no estado de dirigir.

Qualquer concentração de álcool por litro de sangue ou por litro de ar alveolar (art. 276, CTB; art. 6º, Resolução 432/13/CONTRAN).

Margem de tolerância: art. 276, § único, CTB, e art. 6º, II, Res. 432/13 – até 0,05 mg de álcool por litro de ar alveolar expirado.

Consoante as alterações introduzidas pela nova nova "Lei Seca" (Lei Federal nº 12.760, de 20 de dezembro de 2012), a infração administrativa também poderá ser caracterizada por meio de imagem, vídeo, constatação de sinais que indiquem, na forma disciplina pelo CONTRAN, alteração da capacidade psicomotora, ou produção de quaisquer outras provas em direito admitidas (novel art. 277, § 2º, CTB), o que também é ratificado pelo art. 6º, III e § único, Dec. 432/13.

Importante a compreensão da Lei Seca I (Lei Federal nº 11.705/2008) e Lei Seca II (Lei Federal nº 12760/2012).

Outrossim, com o advento da Lei Federal nº 13.281, de 04 de maio de 2016, em vigor desde 04 de novembro de 2016, passou também a ser considerada infração gravíssima a recusa ao teste do bafômetro e similares (novel art. 165-A).

III. Crime de Embriaguez ao Volante:

Infração penal de médio potencial ofensivo, instruída por meio de IP, cabendo, todavia, a suspensão condicional do processo, tendo em vista que a pena mínima cominada é inferior a 1 (um) ano.

Submete-se ao rito do procedimento comum sumário (art. 394, § 1º, II, CPP).

Em se tratando de prisão em flagrante, cabe arbitramento de fiança por parte da Autoridade Policial (art. 322, CPP), com os parâmetros fixados na forma do artigo 325, I, CPP.

O art. 306, CTB, regulamentado por meio do art. 7º, Resolução nº 432/13/CONTRAN, com a nova "Lei Seca", passou a exigir, além da influência de substâncias psicoativas no estado de dirigir, também a influência do álcool no estado de dirigir.

Consoante o § 1º do novel art. 306, a constatação do delito se dá por meio de:

I) alcoolemia: 6 (seis) dg/l de sangue, ou 0,34 mg de álcool por litro de ar alveolar expirado;

II) sinais que indiquem alteração da capacidade psicomotora.

Conforme § 2º, a verificação da embriaguez poderá ser obtida mediante teste de alcoolemia, toxicológico, exame clínico, perícia, vídeo, prova testemunhal, ou outros meios de prova em direito admitidos, assegurado o direito à contraprova.

Segundo art. 3º da Resolução nº 432/13/CONTRAN, a confirmação da alteração da capacidade psicomotora dar-se-á por meio de, pelo menos, um dos seguintes procedimentos:

a) exame de sangue;
b) exames realizados por laboratórios especializados, indicados pela Autoridade de Trânsito ou Polícia Judiciária, em caso de consumo de outras substâncias psicoativas que determinem dependência;
c) etilômetro ("bafômetro");
d) verificação dos sinais que indiquem a alteração da capacidade psicomotora do condutor:
    1) exame clínico, com laudo conclusivo, firmado por médico perito;
    2) constatação, pelo Agente da Autoridade de Trânsito, dos seguintes sinais: sinais quanto à aparência do condutor: sonolência, olhos vermelhos, vômito, soluços, desordem nas vestes, odor de álcool no hálito; sinais quanto à atitude do condutor: agressividade, arrogância, exaltação, ironia, falante, dispersão; sinais quanto à orientação do condutor: sabe onde está?, sabe a data e a hora?; sinais

quanto à memória do condutor: sabe seu endereço?, lembra dos atos cometidos?; sinais quanto à capacidade motora e verbal do condutor: dificuldade no equilíbrio, fala alterada;

e) prova testemunhal, imagem, vídeo, ou qualquer outro meio de prova em direito admitido. Importante a compreensão da Lei Seca I (Lei Federal nº 11.705/2008) e Lei Seca II (Lei Federal nº 12.760/2012).

Recentemente, a Lei Federal nº 13.840, de 05 de junho de 2019, que trata do Sistema Nacional de Políticas Públicas sobre Drogas e as condições de atenção aos usuários ou dependentes de drogas, no seu art. 18, acrescentou o § 4º ao art. 306 do Código de Trânsito Brasileiro.

IV. Reflexos da Antiga "Lei Seca" sobre a Lesão Corporal Culposa de Trânsito:

O art. 291, § 1º, I, II e III, CTB, com a nova redação introduzida pela Lei Federal nº 11.705, de 19 de junho de 2008, excluiu a aplicação da Lei dos JECs aos crimes de lesão corporal culposa no trânsito, quando houver influência do álcool no estado de dirigir, participação em "racha" e velocidade excessiva, não autorizando a aplicação da composição dos danos civis, transação penal e exigência de representação, devendo o feito ser processado por meio de Inquérito Policial (art. 291, § 2º, CTB).

Todavia, para alguns doutrinadores, referida restrição é inconstitucional, ao vedar a transação penal, que é instituto de base constitucional (art. 98, I, CF).

V. Art. 301, CTB:

Trata-se do socorro premiado.

Não haverá prisão em flagrante, nem será exigida fiança do condutor de veículo que prestar pronto e integral socorro à vítima de acidente de trânsito (socorro imediato à vítima e assistência integral).

VI. Homicídio Culposo e Lesão Corporal Culposa:

Trata-se de crimes remetidos, em que as normas penais incriminadoras fazem menção a outras normas.

O Homicídio Culposo, em qualquer de suas modalidades (art. 302, *caput* e § 3º, CTB), é infração de maior potencial ofensivo, instruída por meio de Inquérito Policial e submetida ao rito do procedimento comum ordinário (art. 394, § 1º, I, CPP).

A Lesão Corporal Culposa, na sua forma clássica (art. 303, *caput,* CTB), é infração de menor potencial ofensivo, em princípio da competência dos Juizados Especiais Criminais, com exceção das restrições constantes no art. 291, § 1º, I, II e III, CTB, e instruída, via de regra, por meio de Termo Circunstanciado, salvo se houver complexidade da situação fática apresentada, oportunidade em que será instruída por meio de Inquérito Policial.

Ademais, em princípio, submete-se ao rito do procedimento comum sumaríssimo (art. 394, § 1º, III, CPP).

Em sua forma qualificada (art. 303, § 2º, CTB), a Lesão Corporal Culposa é infração de maior potencial ofensivo, instruída por meio de IP e submetida ao rito do procedimento comum ordinário (art. 394, § 1º, I, CPP).

Homicídio Culposo e Lesão Corporal Culposa: "Praticar..." - fere o princípio da legalidade, ou da determinação taxativa do tipo penal.

Os 2 (dois) tipos penais possuem as mesmas causas de aumento de pena ou majorantes:

a) motorista sem habilitação (art. 302, § 1º, I, c/c art. 303, § 1º, CTB);

b) cometidos em locais seguros (art. 302, § 1º, II, c/c art. 303, § 1º, CTB);

c) com omissão de socorro (art. 302, § 1º, III, c/c art. 303, § 1º, CTB);

d) motorista profissional (art. 302, § 1º, IV, c/c art. 303, § 1º, CTB).

Via de regra, nos crimes de lesão corporal culposa a ação penal será pública condicionada à representação criminal da vítima ou de seu representante legal, nos termos do que dispõe o art. 88 da Lei 9.099/95.

Recentemente, a Lei Federal nº 13.546/17, em vigor desde o dia 19 de abril de 2018, modificou substancialmente a pena dos crimes de lesão corporal culposa de trânsito e de homicídio culposo de trânsito, quando o agente estiver sob o efeito de álcool ou drogas.

Tendo em vista a nova redação dos 2 (dois) tipos penais, fica clara a existência de qualificadoras específicas.

De outra banda, naquelas situações, ficará impossibilitada a concessão de fiança pela Autoridade Policial, por força da eventual prisão em flagrante, na medida em que a pena máxima cominada nos 2 (dois) crimes é superior a 4 (quatro) anos (art. 322, CPP).

Ademais, no que concerne à lesão corporal culposa de trânsito, foi renumerado o então § único para § 1º.

VII. Omissão de Socorro:

Infração penal de menor potencial ofensivo, da competência dos JECs, instruída, em princípio, por meio de TC.

Submete-se ao rito do procedimento comum sumaríssimo (art. 394, § 1º, III, CPP).

Hipóteses:

a) condutor do veículo causador do acidente (homicídio culposo agravado ou majorado, ou lesão corporal culposa agravada – art. 302, § 1º, III, ou art. 303, § 1º, ambos do CTB);

b) condutores de veículos envolvidos no acidente, sem culpa (art. 304, CTB);

c) outros condutores de veículos não envolvidos, ou qualquer pessoa que se depare com o acidente (art. 135, CP);

d) garantidores: respondem nos termos do artigo 13, § 2º, CP (dever legal de agir – crimes omissivos impróprios ou comissivos por omissão).

Conforme § único do art. 304 do CTB, responde o condutor do veículo ainda que a sua omissão seja suprida por terceiros ou que se trate de vítima com morte instantânea ou com ferimentos leves.

VIII. Art. 305, CTB:

Infração penal de menor potencial ofensivo, da competência dos JECs, instruída, em princípio, por meio de TC.

Submete-se ao rito do procedimento comum sumaríssimo (art. 394, § 1º, III, CPP).

Fugir à responsabilidade civil e penal.

Seria inconstitucional, por prever outra modalidade de prisão civil (art. 5º, LXVII, CF; Súmula Vinculante nº 25, STF; artigo 7º, item VII, do Pacto de San José da Costa Rica – Dec. 678/92)?

Particularmente, entendemos que não, até porque trata-se de infração penal de menor potencial ofensivo, que não comporta, em princípio, possibilidade de prisão em flagrante, em havendo o compromisso de o autor do fato comparecer ao Juizado Especial Criminal, nos termos do que dispõe o artigo 69, § único, da Lei nº 9.099/95.

Importante lembrar a incidência, também, da Súmula nº 419, do STJ, *in verbis: "Descabe a prisão civil do depositário judicial infiel"*.

Dessa forma, atualmente, no nosso ordenamento jurídico, a única possibilidade de prisão civil é a do devedor inescusável de obrigação alimentícia.

Seria inconstitucional por ferir o princípio universal da não-auto-incriminação (*nemo tenetur se detegere)*?

Particularmente, entendemos que não, já que a autodefesa negativa não pode se sobrepor ao interesse público consubstanciado na *persecutio criminis.*

Recentemente, em 14 de novembro de 2018, o STF, por maioria (7x4), declarou constitucional o art. 305, CTB, entendendo que o dispositivo penal não fere o direito à não-autoincriminação.

Assim, o Plenário deu provimento a Recurso Extraordinário do MP do RS (RE 971.959), que reformou acórdão do TJRS, que havia absolvido um réu por um acidente de trânsito, por entender que "*ninguém está obrigado a produzir prova contra si mesmo*".

Como a decisão tem repercussão geral reconhecida, ficou aprovada a seguinte tese, que deverá ser aplicada pelas instâncias inferiores: "*A regra que prevê o crime do art. 305 do CTB é constitucional, posto não infirmar o princípio da não incriminação, garantido o direito ao silêncio e as hipóteses de exclusão de tipicidade e de antijuridicidade*".

IX. Competição Não Autorizada – "Racha":

Trata-se de infração penal de médio potencial ofensivo (*caput*) e maior potencial ofensivo (§§ 1º e 2º), instruída por meio de IP. No *caput,* aceita a suspensão condicional do processo, tendo em vista que a pena mínima cominada é inferior a 1 (um) ano.

No *caput,* submete-se ao rito do procedimento comum sumário (art. 394, § 1º, II, CPP).

Nos §§ 1º e 2º, submete-se ao rito do procedimento comum ordinário (art. 394, § 1º, I, CPP).

É crime de concurso necessário, comum e formal.

Segundo entendimento preponderante na doutrina (Nucci[1] e outros) e do STJ, o crime de racha é de perigo concreto (necessidade de dano potencial à incolumidade pública ou privada).

Tal entendimento é consolidado com a nova redação do artigo 308, *caput,* CTB, primeiramente com o advento da Lei Federal nº 12.971/14, posteriormente com o advento da Lei Federal nº 13.546/17.

Hoje, a ação é pública incondicionada, por força do que dispõe o art. 291, § 1º, II, da Lei 9.503/97.

X. Condução de Veículo Automotor sem Habilitação:

No que concerne à conduta delituosa prevista no art. 309, CTB, trata-se de infração penal de menor potencial ofensivo, da competência dos JECs, instruída por meio de Termo Circunstanciado.

Submete-se ao rito do procedimento comum sumaríssimo (art. 394, § 1º, III, CPP).

É crime de perigo concreto, sob pena de ser considerada simples infração administrativa (art. 162, CTB, substancialmente modificado com o advento da Lei Federal nº 13.281/16).

Revogado está, em relação a veículos automotores, o art. 32 da Lei das Contravenções Penais (DL 3688/41), tendo em vista os termos da Súmula 720, do STF, *in verbis: "O art. 309 do Código de Trânsito Brasileiro, que reclama decorra do fato perigo de dano, derrogou o art. 32 da Lei das Contravenções Penais no tocante à direção sem habilitação em vias terrestres".*

---

1 Op. Cit, p. 1025.

XI. Art. 310, CTB:

Infração penal de menor potencial ofensivo, da competência dos JECs, instruída por meio de TC.

Submete-se ao rito do procedimento comum sumaríssimo (art. 394, § 1º, III, CPP).

Trata-se de responsabilidade penal objetiva?

É crime de perigo concreto?

E a infração administrativa do art. 163, CTB?

A este respeito, segue informativo do STJ, publicado em 10 de fevereiro de 2016:

> *"STJ – É crime entregar veículo a não habilitados, mesmo quando não há acidente*
>
> *Ao julgar nova reclamação (Rcl 28772) do Ministério Público do Rio Grande do Sul (MP/RS), o ministro Nefi Cordeiro, da Terceira Seção do Superior Tribunal de Justiça (STJ), manteve entendimento do tribunal que considera crime entregar veículo a motorista não habilitado, mesmo quando não há ocorrência de acidente, conforme prevê o Código de Trânsito Brasileiro (CTB).*
>
> *Pelo menos sete reclamações do MP/RS contra decisão do Juizado Especial Criminal gaúcho, que absolveu acusados desse tipo de infração, foram analisadas por ministros do STJ nos últimos meses. Em todas elas, o STJ concedeu liminar ao pedido do MP/RS e manteve a condenação dos réus.*
>
> *Na causa, o Ministério Público recorreu ao STJ depois que o Juizado Especial Criminal gaúcho absolveu um acusado que permitiu a condução de seu veículo por motorista sem habilitação. Na reclamação, o Ministério Público salientou que a decisão descumpria um entendimento já firmado pelo STJ ao julgar, em março de 2015, uma causa semelhante de Minas Gerais e que passou a valer para todo o Brasil, constante no Recurso Especial repetitivo n. 1.485.830/MG.*
>
> ***Na época, o STJ entendeu que, para a prática do crime previsto no artigo 310 do CTB, não é exigível "a ocorrência de lesão ou de perigo de dano concreto na conduta de quem permite, confia ou entrega a direção de veículo automotor a pessoa não habilitada, com habilitação cassada ou com direito de dirigir suspenso, ou ainda a quem, por seu estado de saúde física ou mental, ou por embriaguez, não esteja em condições de conduzi-lo com segurança".***
>
> *A decisão do ministro Nefi Cordeiro será submetida ao colegiado para apreciação dos ministros da Terceira Seção do STJ".*

Por derradeiro, em 27/06/16, o STJ editou a **Súmula 575**, segundo a qual: *"constitui crime a conduta de permitir, confiar ou entregar a direção de veículo automotor a pessoa que não seja habilitada, ou que se encontre em qualquer das situações previstas no art. 310 do CTB, independentemente da ocorrência de lesão ou de perigo de dano concreto na condução do veículo".*

XII. Velocidade incompatível com a segurança:

Trata-se de infração penal de menor potencial ofensivo, da competência dos JECs, instruída por meio de TC.

Submete-se ao rito do procedimento comum sumaríssimo (art. 394, § 1º, III, CPP).

É o crime de direção perigosa, necessitando de perigo concreto de dano e que ocorra em determinados locais indicados pela lei.

Caso ocorrer em outros locais, será aplicado, subsidiariamente, o art. 34 do DL 3.688/41.

XIII. Perdão Judicial:

Embora o veto ao art. 300, CTB, é possível nos casos de homicídio culposo de trânsito e lesão corporal culposa de trânsito.

XIV. Infrações Penais de Médio e Maior Potencial Ofensivo:

Apenas os crimes de Homicídio culposo; Embriaguez ao volante; Racha, este último com a nova redação trazida pelas Leis nº 12.971/14, em vigor desde o dia 01/11/14, e 13.546/17, em vigor desde o dia 19/04/18; e Lesão Corporal Culposa de Trânsito, na forma qualificada (art. 303, § 2º, Lei nº 9.503/97, com a redação trazida pela Lei Federal nº 13.546/17), em que a pena será de 2 a 5 anos de reclusão, quando o agente estiver conduzindo o veículo sob a influência de álcool e/ou drogas, ou quando resultar lesão corporal de natureza grave ou gravíssima, não são consideradas infrações penais de menor potencial ofensivo.

XV. Novidades Legislativas I:

A Lei Federal nº 12.971, de 09 de maio de 2014, em vigor desde o dia 01 de novembro de 2014, trouxe alterações significativas em relação ao Código de Trânsito.

São elas:

a) Modificação da infração administrativa prevista no art. 173 do CTB;
b) Modificação da infração administrativa prevista no art. 174 do CTB;
c) Modificação da infração administrativa prevista no art. 175 do CTB;
d) Modificação da infração administrativa prevista no art. 191 do CTB;
e) Modificação da infração administrativa prevista no art. 202 do CTB;
f) Modificação da infração administrativa prevista no art. 203 do CTB;
g) Modificação da norma geral sobre crimes de trânsito prevista no art. 292 do CTB;
h) Modificação do crime de Homicídio Culposo de trânsito, previsto no art. 302 do CTB, antes referido;
i) Modificação do crime de Lesão Corporal Culposa de trânsito, previsto no art. 303 do CTB, antes referido;
j) Modificação do crime de Embriaguez ao Volante, previsto no art. 306 do CTB, antes referido;
k) Modificação do crime de "Racha", previsto no art. 308 do CTB, com o acréscimo dos §§ 1º (com resultado lesão corporal de natureza grave - crime preterdoloso - qualificadora específica) e 2º (com resultado morte - crime preterdoloso - qualificadora específica), antes referido.

XVI. Novidades Legislativas II:

A Lei Federal nº 13.281, de 4 de maio de 2016, em vigor desde o dia 4 de novembro de 2016, trouxe também modificações significativas em relação ao Código de Trânsito.

São elas:

a) Modificação dos artigos 12, 19, 24, 29, 61, 77-E, 80, 95, 100, 104, 115, 119, 133 e 152, todos do CTB;
b) Modificação da infração administrativa prevista no art. 162 do CTB;
c) Modificação da infração administrativa prevista no art. 181 do CTB;
d) Modificação da infração administrativa prevista no art. 231 do CTB;
e) Modificação da infração administrativa prevista no art. 252 do CTB;

f) Modificação do art. 258 do CTB, que trata das penalidades relativas às infrações administrativas;

g) Modificação da penalidade de suspensão do direito de dirigir, prevista no art. 261 do CTB;

h) Modificação dos artigos 270, 277, 284, 290, 320 e 328, todos do CTB;

i) Criação de nova infração administrativa no art. 165-A, CTB, conforme já referido;

j) Inclusão dos art. 282-A e 319-A, ambos do CTB;

k) Relativamente aos crimes de trânsito, inclusão do art. 312-A, CTB, que trata do regramento das penas restritivas de direito em delitos de trânsito;

l) Criação de nova infração administrativa no art. 253-A, CTB (em vigor desde 4 de maio de 2016, conforme art. 7º, I, da novel legislação);

m) Inclusão do art. 271-A do CTB (em vigor desde 4 de maio de 2016, conforme art. 7º, I, da novel legislação);

n) Inclusão do art. 320-A, CTB (em vigor desde 4 de maio de 2016, conforme art. 7º, I, da novel legislação);

o) Previsão de anistia às multas e sanções previstas no art. 253-A, CTB, aplicadas até a data de entrada em vigor da Lei 13.281/16 (a partir de 04/11/16), aos caminhoneiros participantes das manifestações iniciadas no dia 09 de novembro de 2015 (em vigor desde 4 de maio de 2016, conforme art. 7º, I, da novel legislação);

p) Revogação expressa do inciso IV do art. 256; do § 1º do art. 258; do art. 262; do § 2º do art. 302, todos do CTB, conforme art. 6º, da novel legislação. No último caso, tratava-se de qualificadora específica do delito de Homicídio Culposo de Trânsito;

XVII. Novidades Legislativas III:

A Lei Federal nº 13.546, de 19 de dezembro de 2017, em vigor desde 19 de abril de 2018, conforme já referido, também trouxe modificações significativas em relação ao Código de Trânsito, no que concerne aos delitos de lesão corporal culposa de trânsito, homicídio culposo de trânsito e racha;

XVIII. Novidades Legislativas IV:

A Lei Federal nº 13.804, de 10 de janeiro de 2019, acrescentou ao Código de Trânsito Brasileiro o art. 278-A (e §§ 1º e 2º), identificando que o condutor que se utilize do veículo para a prática dos crimes de receptação, descaminho e contrabando, condenado por um desses crimes com trânsito em julgado, terá cassada a sua CNH, ou será proibido de obter a habilitação para dirigir veículo automotor, pelo prazo de 5 (cinco) anos.

A suspensão da permissão ou da habilitação para dirigir veículo automotor, ou a proibição de sua obtenção, em se tratando de condutor preso em flagrante na prática dos crimes definidos no *caput* do art. 278-A, em conformidade com o § 2º do referido dispositivo legal, poderão ser provocadas, como medida cautelar, visando à garantia da ordem pública, por meio de representação da Autoridade Policial (Delegado de Polícia).

XIX. Novidades Legislativas V:

A Lei Federal nº 13.840, de 05 de junho de 2019, conforme já referido, acrescentou ao tipo penal do art. 306, CTB (Embriaguez ao Volante), o § 4º, possibilitando a utilização de qualquer aparelho homologado pelo INMETRO para determinar o grau de alcoolemia do agente.

☑ QUESTÕES DE CONCURSOS ACERCA DOS CRIMES DO CÓDIGO DE TRÂNSITO BRASILEIRO (CTB), COM GABARITO E COMENTÁRIOS:

1. ***(V EXAME UNIFICADO OAB – 30.10.11 – QUESTÃO 61)*** *Joaquim, conduzindo seu veículo automotor (que se encontrava sem as placas de identificação) em velocidade superior à máxima permitida para a via – 50km/h –, pratica o crime de lesões corporais culposas em virtude da sua não observância ao dever objetivo de cuidado no trânsito.*

Com base na situação acima e à luz do Código de Trânsito Brasileiro, assinale a alternativa correta.

(A) Por se tratar a lesão corporal culposa praticada na direção de veículo automotor de uma infração de menor potencial ofensivo, Joaquim responderá pelo seu crime no Juizado Especial Criminal.

(B) Sem prejuízo da pena de detenção correspondente, Joaquim estará sujeito à suspensão ou proibição de se obter a permissão ou a habilitação para dirigir veículo automotor.

(C) Pelo fato de Joaquim praticar o fato na condução de veículo automotor sem placas de identificação, o Juiz poderá, caso entenda necessário, agravar a penalidade do crime.

(D) A pena a que Joaquim estará sujeito não se alterará se a lesão corporal culposa for praticada em faixa de pedestres ou mesmo na calçada.

Resposta: *A alternativa a ser assinalada é a da letra "B", com fundamento legal no art. 303, da Lei 9503/97 – CTB. Não é a "A", tendo em vista o disposto no art. 291, § 1º, III e § 2º, CTB. Não é a "C", tendo em vista o disposto no art. 298, II, CTB. Por fm, não é a "D", tendo em vista o disposto no art. 302, § 1º, II, c/c art. 303, § 1º, ambos do CTB – aumento da pena de 1/3 a 1/2, com a nova redação trazida pela Lei Federal nº 13546/17, em vigor a partir de 19 de abril de 2018.*

2. ***(DELEGADO – POLÍCIA CIVIL – TO 2008 – CESPE/UNB)*** *Os crimes de lesão corporal culposa, embriaguez ao volante e participação em competição não autorizada, elencados no Código de Trânsito Brasileiro, são apurados por meio de termo circunstanciado de ocorrência, sendo vedada, em qualquer hipótese, a prisão em flagrante em tais condutas, nos termos dispostos na Lei dos Juizados Especiais Criminais.*

Resposta: *Errado. O crime de Embriaguez ao volante, previsto no art. 306, da Lei 9.503/97, com a redação conferida pela Lei 12.760/12, consiste na conduta de "conduzir veículo automotor com capacidade psicomotora alterada em razão da influência de álcool ou de outra substância psicoativa que determine dependência". Tal delito não é de menor potencial ofensivo, porque sua pena máxima cominada é de 3 (três) anos. Nas hipóteses de crimes de menor potencial ofensivo, após a lavratura do Termo Circunstanciado, se o autor do fato assumir o compromisso de comparecer à audiência preliminar, não se imporá prisão em flagrante, nem se exigirá fiança (art. 69, § único, da Lei 9.099/95). Caso não assuma o compromisso, será preso em flagrante.*

3. ***(ESCRIVÃO – POLÍCIA CIVIL – ES – 2006 – CESPE/UNB)*** *Considere a seguinte situação hipotética. Augusto, policial militar, em serviço na direção de uma viatura policial, envolveu-se, imprudentemente, em um acidente de trânsito que produziu danos em dois outros veículos e lesão corporal em três passageiros dos veículos envolvidos. Nessa situação e diante da prática de lesão corporal culposa, Augusto pode responder por crime de trânsito perante a justiça comum, e não, perante a justiça militar, conforme o entendimento jurisprudencial dominante.*

Resposta: *Certo. A situação fática descrita se afeiçoa ao exato teor da Súmula nº 7, do Superior Tribunal de Justiça (STJ): "Compete à Justiça Comum Estadual processar e julgar delito decorrente de acidente de trânsito envolvendo viatura de Polícia Militar, salvo se autor e vítima forem Policiais Militares em situação de atividade".*

4. **(POLÍCIA RODOVIÁRIA FEDERAL – CURSO DE FORMAÇÃO – CESPE/UNB 2004)** *Um indivíduo que comete delito de trânsito, causando dano a outra pessoa, não pode ser preso em flagrante se prestar socorro à vítima.*

Resposta: *Certo. Aplica-se, na espécie fática, o disposto no art. 301, do Código de Trânsito Brasileiro. Prestando o causador do acidente pronto e integral socorro à vitima, não poderá ser preso em flagrante.*

5. **(POLÍCIA RODOVIÁRIA FEDERAL – 2004 – CURSO DE FORMAÇÃO 3.ª TURMA – 1.ª PROVA – CESPE/UNB)** *Se, de forma semelhante ao descrito na situação hipotética, alguém em uma bicicleta atingisse outra pessoa em uma faixa de pedestre deixando-a com ferimentos, responderia, da mesma forma, por lesão corporal, conforme o Código de Trânsito Brasileiro.*

Resposta: *Errado. A bicicleta não é veículo automotor. Portanto, não haveria crime de lesão corporal, tipificado no Código de Trânsito Brasileiro. Na situação fática descrita, restaria configurado o crime de Lesão Corporal Simples ou Leve, previsto no art. 129, caput, do Código Penal.*

6. **(POLÍCIA RODOVIÁRIA FEDERAL – CURSO DE FORMAÇÃO – CESPE/UNB 2004)** *Rodrigo dirigia seu carro sem a atenção necessária, o que fez com que ele não percebesse a tempo uma criança que estava atravessando a rua naquele momento. Quando finalmente viu a criança, Rodrigo tentou desviar o automóvel, mas acabou perdendo o controle do carro, saindo da pista e atropelando Maria, que se encontrava na calçada e veio a falecer em virtude dos ferimentos causados pelo acidente. Vendo que Maria não se levantava, Rodrigo assustou-se e tentou fugir do local do acidente, para evitar ser responsabilizado pela morte da pedestre. Dois PRFs assistiram a toda essa cena. O fato de Maria estar na calçada é relevante para a fixação da pena de Rodrigo.*

Resposta: *Certo. A situação fática descrita está a identificar 2 (duas) causas de aumento de pena para o crime de Homicídio culposo de trânsito, previsto no art. 302, do CTB. A primeira delas, em virtude de o crime ter sido cometido quando a vítima estava na calçada (art. 302, § 1º, II, CTB, com a redação trazida pela Lei Federal nº 12.971/14). A segunda delas, em virtude de o agente ter tentado fugir do local, sem prestar socorro à vítima (art. 302, § 1º, III, CTB, com a redação trazida pela Lei Federal nº 12.971/14).*

7. **(ESCRIVÃO DA POLÍCIA FEDERAL – 2002 – CESPE/UNB)** *Considere a seguinte situação hipotética. Márcia resolveu disputar corrida de automóveis no centro de uma cidade, em ruas com grande fluxo de veículos e pedestres. Ela anteviu que a corrida poderia causar acidente com consequências graves, mas, mesmo assim, assumiu o risco. De fato, Márcia, ao perder o controle do automóvel, acabou matando uma pessoa, em decorrência de atropelamento. Nessa situação, houve o elemento subjetivo que se conhece como dolo eventual, de modo que, se esses fatos fossem provados, Márcia deveria ser julgada pelo tribunal do júri.*

Resposta: *Certo. O dolo eventual ocorre quando o agente, mesmo sabendo que poderá causar determinado resultado, assume o risco de produzi-lo, e, além disso, fica indiferente em relação à eventual ocorrência do resultado, conforme inteligência do art. 18, I, in fine, CP. Na situação fática descrita, Márcia antevê o resultado e age. A vontade não se dirige ao resultado, mas sim à* *conduta, prevendo que esta poderá produzir aquele. Por fim, os crimes dolosos contra a vida são da competência do Tribunal do Júri, por força da previsão constante no art. 5º, XXXVIII, alíneas "a", "b", "c" e "d", da Constituição Federal de 1988, exercendo força atrativa em relação às outras formas de competência.*

8. ***(ANALISTA JUDICIÁRIO – TJDF – CESPE – 2013)*** *Se o teste em etilômetro (teste do bafômetro) for realizado voluntariamente, sem qualquer irregularidade, não haverá violação do princípio do nemo tenetur se detegere (direito de não produzir prova contra si mesmo), ainda que o policial não tenha feito advertência ao examinado sobre o direito de se recusar a realizar ao exame.*

Resposta: Certo. *Não existe imposição legal, para que o policial faça referida advertência ao condutor do veículo, sobre o direito deste em se recusar a realizar o exame (não autoincriminação).*

9. ***(ESCRIVÃO – PCAL – CESPE – 2012)*** *Constitui infração penal o simples fato de trafegar em velocidade incompatível com a segurança nas proximidades de escola, hospitais e estações de embarque e desembarque de passageiros, em qualquer dia ou horário.*

Resposta: Errado. *Por expressa disposição do art. 311, da Lei Federal nº 9.503/97, que trata do delito de Direção Perigosa, haverá necessidade da ocorrência de perigo concreto de dano: "Trafegar em velocidade incompatível com a segurança nas proximidades de escolas, hospitais, estações de embarque e desembarque de passageiros, logradouros estreitos, ou onde haja grande movimentação ou concentração de pessoas, gerando perigo de dano." O objeto jurídico protegido é a incolumidade pública, especificamente no que refere à segurança do trânsito. O crime se consuma no exato instante do emprego da velocidade incompatível em um dos locais indicados, gerando perigo de dano.*

10. ***(ESCRIVÃO – PCAL – CESPE – 2012)*** *A simples fuga do condutor do veículo do local do acidente, com vistas a se esquivar da responsabilidade penal ou civil que lhe possa ser atribuída, é considerada infração penal.*

Resposta: Certo. *Referida conduta típica está contemplada no art. 305, da Lei nº 9.503/97. O crime consiste em afastar-se o condutor do veículo do local do acidente para fugir à responsabilidade penal ou civil que lhe possa ser atribuída. Referido delito se consuma com o efetivo afastamento do condutor do local do acidente.*

11. ***(POLÍCIA RODOVIÁRIA FEDERAL – 2004 – CESPE/UNB)*** *Não constitui crime alterar o local do acidente para que haja socorro de vítimas.*

Resposta: Certo. *O socorro da vítima é providência obrigatória e primordial em matéria de acidente de trânsito. Nesse caso, não incide o crime previsto no art. 312, CTB.*

12. ***(UEG – DELEGADO DE POLÍCIA – PC – GO/2018)*** *Nos termos da Lei n. 9.503/1997, a conduta de conduzir veículo automotor com capacidade psicomotora alterada em razão da influência de álcool ou de outra substância psicoativa que determine dependência, será constatada por sinais que indiquem, na forma disciplinada pelo Contran, alteração da capacidade psicomotora, ou por concentração igual ou superior a:*

(A) 2 decigramas de álcool por litro de sangue ou igual ou superior a 0,1 miligrama de álcool por litro de ar alveolar.

(B) 6 decigramas de álcool por litro de sangue ou igual ou superior a 0,3 miligrama de álcool por litro de ar alveolar.

(C) 4 decigramas de álcool por litro de sangue ou igual ou superior a 0,4 miligrama de álcool por litro de ar alveolar.

(D) 5 decigramas de álcool por litro de sangue ou igual ou superior a 0,9 miligrama de álcool por litro de ar alveolar.

(E) *7 decigramas de álcool por litro de sangue ou igual ou superior a 0,8 miligrama de álcool por litro de ar alveolar.*

Resposta: *A única alternativa correta é a da letra "B". A fundamentação legal para tal assertiva, relativamente à constatação da materialidade do delito de Embriaguez ao Volante, encontra-se insculpida no art. 306, § 1º, I, do CTB – Código de Trânsito Brasileiro (Lei Federal nº 9.503/97).*

13. (VUNESP – DELEGADO DE POLÍCIA – PC – BA/2018) *Considere o seguinte caso hipotético.*

A velocidade máxima permitida na Rua A é de 50 Km/h. "Y", conduzindo seu veículo a 120 Km/h pela Rua A, atropela "Z", provocando-lhe lesões corporais. Diante do exposto e considerando que "Y" cometeu um crime culposo de trânsito nos termos da Lei nº 9.503/1997, é correto afirmar que a conduta de "Y" tipifica o crime de

(A) *lesão corporal culposa na direção de veículo automotor, de ação penal pública condicionada e com possibilidade de aplicação da composição dos danos civis prevista na Lei nº 9.099/95.*

(B) *lesão corporal culposa na direção de veículo automotor, de ação penal pública condicionada e com possibilidade de aplicação da transação penal prevista na Lei nº 9.099/95.*

(C) *lesão corporal culposa na direção de veículo automotor, de ação penal pública incondicionada, não sendo possível a aplicação da transação penal prevista na Lei nº 9.099/95.*

(D) *lesão corporal culposa na direção de veículo automotor, de ação penal pública incondicionada e com possibilidade de aplicação da composição dos danos civis prevista na Lei nº 9.099/95.*

(E) *tentativa de homicídio na direção de veículo automotor, de ação penal pública incondicionada, não sendo possível a aplicação da transação penal prevista na Lei nº 9.099/95.*

Resposta: *A única alternativa correta é a da letra "C". A fundamentação legal para tal assertiva encontra-se insculpida no art. 303, caput, c/c art. 291, § 1º, III e § 2º, ambos do CTB – Código de Trânsito Brasileiro (Lei Federal nº 9.503/97).*

14. (INST. ACESSO – DELEGADO DE POLÍCIA – PC – ES/2019) *João, muito feliz com seu noivado com Isabel, marcou um churrasco comemorativo com os familiares de ambos. A comemoração foi marcada para o dia 21/07/2017 e ocorreu na casa de Isabel. O festejo teve início às 12 horas, perdurando até às 22 horas. Por volta das 23 horas, João se despediu da noiva e partiu para casa em seu carro. No caminho de regresso, João – que estava com sua capacidade psicomotora visivelmente alterada, em decorrência de bebida alcoólica que ingeriu durante a comemoração – subiu com seu carro em uma calçada e atropelou Marcos, causando-lhe lesões leves, em diversas partes do corpo. João pediu socorro, ligando para o corpo de bombeiros e a polícia. Com a chegada dos policiais João foi submetido ao teste de dosagem alcoólica no ar expirado (exame de bafômetro), que fez voluntariamente. Constatou-se que a concentração de álcool por litro de seu sangue era superior à quantidade permitida na lei. Marcos, por sua vez, foi atendido e encaminhado para um hospital.*

Tendo em vista a situação narrada e as regras sobre os crimes de trânsito constantes no Código de Trânsito Brasileiro (CTB – Lei n° 9.503/97), é INCORRETO afirmar que, no presente caso, incide

(A) *uma causa especial de aumento de pena conforme determina o § 1° do art. 303 combinado com o art. 302, § 1°, II todos do CTB.*

(B) *o § 2° do art. 291 do CTB e deverá ser lavrado um termo circunstanciado sobre a ocorrência.*

(C) *o § 2° do art. 291 do CTB e deverá ser aberto inquérito policial para investigar a infração.*

(D) *o rol de crimes previstos nos art. 303, caput, (lesão corporal culposa na direção de veículo automotor) bem como o previsto no art. 306, caput, (condução de veículo automotor com capacidade psicomotora alterada em razão da influência de álcool) ambos do CTB, todos fundamentados pelo art. 69 do Código Penal (CP).*

(E) *a circunstância prevista no art. 291, § 1°, I do CTB, em razão da lesão corporal culposa decorrente da condução de veículo automotor sob a influência de álcool e se afasta, portanto, a possibilidade da aplicação de benefícios presente na Lei 9.099/95.*

Resposta: *A única alternativa incorreta é a da letra "B". Na medida em que está presente, na espécie fática, a situação descrita no art. 291, 1º, I, do CTB – Código de Trânsito Brasileiro (Lei Federal nº 9.503/97), que impossibilita a aplicação dos benefícios e mecanismos despenalizadores da Lei dos Juizados Especiais Criminais (Lei Federal nº 9.099/95), consoante regra expressa do art. 291, § 2º, do CTB, deverá ser instaurado Inquérito Policial para a investigação da infração penal, e não Termo Circunstanciado.*

15. (INST. ACESSO – DELEGADO DE POLÍCIA – PC – ES/2019) *Em relação às infrações penais relacionadas ao trânsito, assinale a opção correta.*

(A) *O fato de dirigir perigosamente automóvel sem ser habilitado, vindo a causar lesão corporal em transeunte, implica o delito de lesão corporal culposa (art. 303 do CTB – Lei 9.503/97), o qual, em regra, é de ação penal pública condicionada a representação do ofendido. Contudo, caso a vítima não ofereça a representação para a deflagração da ação penal por tal delito, poderá o ministério público deflagrar a ação penal em desfavor do agente pelo delito previsto no artigo 309 do CTB – Lei 9.503/97, consoante entendimento do STJ.*

(B) *O crime de conduzir automóvel sem possuir permissão para dirigir ou habilitação é classificado como sendo de perigo concreto, cuja tipificação exige a prova de geração do perigo de dano, sendo desnecessário que a condução do veículo ocorra em via pública.*

(C) *A contravenção de falta de habilitação para dirigir veículo ainda se encontra em vigor em relação às embarcações a motor, sendo que sua caracterização também exige a prova da geração de perigo de dano.*

(D) *A embriaguez ao volante é crime de perigo concreto, sendo necessário ainda para a sua configuração, que tal delito seja perpetrado em via pública.*

(E) *O fato de o agente descumprir, deliberadamente, a decisão proferida por autoridade administrativa de trânsito, determinando a suspensão para dirigir veículo automotor, não caracteriza, segundo o STJ, o delito previsto no art. 307 do CTB.*

Resposta: *A única alternativa correta é a da letra "E". Consoante Enunciado nº 641, do STJ, é atípica a conduta contida no art. 307, do CTB – Código de Trânsito Brasileiro (Lei Federal nº 9.503/97), quando a suspensão ou a proibição de se obter a permissão ou a habilitação para dirigir veículo automotor advém de restrição administrativa. O referido enunciado é originário de decisão proferida no HC 427.472/SP (j. 23/08/18).*

16. (CESPE – DELEGADO DE POLÍCIA – PC – SE/2018) *Julgue os itens seguintes, referentes a crimes de trânsito e a posse e porte de armas de fogo, de acordo com a jurisprudência e legislação pertinentes.*

Situação hipotética: Após grave colisão de veículos, pessoas que transitavam pelo local — condutores de outros veículos e pedestres alheios ao evento — deixaram, sem justificativa, de prestar imediato socorro às vítimas. Assertiva: Nessa situação, os terceiros não envolvidos no acidente não responderão pelo crime de omissão de socorro previsto no Código de Trânsito Brasileiro.

Resposta: Certo. *Como não tiveram envolvimento no acidente, não poderão ser responsabilizados os terceiros pelo crime autônomo de Omissão de Socorro, previsto no art. 304, caput e § único, do CTB – Código de Trânsito Brasileiro (Lei Federal nº 9.503/97), mas eventualmente pelo crime de Omissão de Socorro genérico do Código Penal, disciplinado no seu art. 135, caput e § único.*

XII) CRIMES AMBIENTAIS – LEI FEDERAL Nº 9.605/1998)

Dispõe sobre as sanções penais e administrativas derivadas de condutas e atividades lesivas ao meio ambiente, e dá outras providências.

O PRESIDENTE DA REPÚBLICA *Faço saber que o Congresso Nacional decreta e eu sanciono a seguinte Lei:*

CAPÍTULO I

DISPOSIÇÕES GERAIS

Art. 1º (VETADO)

Art. 2º Quem, de qualquer forma, concorre para a prática dos crimes previstos nesta Lei, incide nas penas a estes cominadas, na medida da sua culpabilidade, bem como o diretor, o administrador, o membro de conselho e de órgão técnico, o auditor, o gerente, o preposto ou mandatário de pessoa jurídica, que, sabendo da conduta criminosa de outrem, deixar de impedir a sua prática, quando podia agir para evitá-la.

Art. 3º As pessoas jurídicas serão responsabilizadas administrativa, civil e penalmente conforme o disposto nesta Lei, nos casos em que a infração seja cometida por decisão de seu representante legal ou contratual, ou de seu órgão colegiado, no interesse ou benefício da sua entidade.

Parágrafo único. A responsabilidade das pessoas jurídicas não exclui a das pessoas físicas, autoras, coautoras ou partícipes do mesmo fato.

Art. 4º Poderá ser desconsiderada a pessoa jurídica sempre que sua personalidade for obstáculo ao ressarcimento de prejuízos causados à qualidade do meio ambiente.

Art. 5º (VETADO)

CAPÍTULO II

DA APLICAÇÃO DA PENA

Art. 6º Para imposição e gradação da penalidade, a autoridade competente observará:

I – a gravidade do fato, tendo em vista os motivos da infração e suas consequências para a saúde pública e para o meio ambiente;

II – os antecedentes do infrator quanto ao cumprimento da legislação de interesse ambiental;

III – a situação econômica do infrator, no caso de multa.

Art. 7º As penas restritivas de direitos são autônomas e substituem as privativas de liberdade quando:

I – tratar-se de crime culposo ou for aplicada a pena privativa de liberdade inferior a quatro anos;

II – a culpabilidade, os antecedentes, a conduta social e a personalidade do condenado, bem como os motivos e as circunstâncias do crime indicarem que a substituição seja suficiente para efeitos de reprovação e prevenção do crime.

Parágrafo único. As penas restritivas de direitos a que se refere este artigo terão a mesma duração da pena privativa de liberdade substituída.

Art. 8º As penas restritivas de direito são:

I – prestação de serviços à comunidade;

II – interdição temporária de direitos;

III – suspensão parcial ou total de atividades;

IV – prestação pecuniária;

V – recolhimento domiciliar.

Art. 9º A prestação de serviços à comunidade consiste na atribuição ao condenado de tarefas gratuitas junto a parques e jardins públicos e unidades de conservação, e, no caso de dano da coisa particular, pública ou tombada, na restauração desta, se possível.

Art. 10. As penas de interdição temporária de direito são a proibição de o condenado contratar com o Poder Público, de receber incentivos fiscais ou quaisquer outros benefícios, bem como de participar de licitações, pelo prazo de cinco anos, no caso de crimes dolosos, e de três anos, no de crimes culposos.

Art. 11. A suspensão de atividades será aplicada quando estas não estiverem obedecendo às prescrições legais.

Art. 12. A prestação pecuniária consiste no pagamento em dinheiro à vítima ou à entidade pública ou privada com fim social, de importância, fixada pelo juiz, não inferior a um salário mínimo nem superior a trezentos e sessenta salários mínimos. O valor pago será deduzido do montante de eventual reparação civil a que for condenado o infrator.

Art. 13. O recolhimento domiciliar baseia-se na autodisciplina e senso de responsabilidade do condenado, que deverá, sem vigilância, trabalhar, frequentar curso ou exercer atividade autorizada, permanecendo recolhido nos dias e horários de folga em residência ou em qualquer local destinado a sua moradia habitual, conforme estabelecido na sentença condenatória.

Art. 14. São circunstâncias que atenuam a pena:

I – baixo grau de instrução ou escolaridade do agente;

II – arrependimento do infrator, manifestado pela espontânea reparação do dano, ou limitação significativa da degradação ambiental causada;

III – comunicação prévia pelo agente do perigo iminente de degradação ambiental;

IV – colaboração com os agentes encarregados da vigilância e do controle ambiental.

Art. 15. São circunstâncias que agravam a pena, quando não constituem ou qualificam o crime:

I – reincidência nos crimes de natureza ambiental;

II – ter o agente cometido a infração:

a) para obter vantagem pecuniária;

b) coagindo outrem para a execução material da infração;

c) afetando ou expondo a perigo, de maneira grave, a saúde pública ou o meio ambiente;

d) concorrendo para danos à propriedade alheia;

e) atingindo áreas de unidades de conservação ou áreas sujeitas, por ato do Poder Público, a regime especial de uso;

f) atingindo áreas urbanas ou quaisquer assentamentos humanos;

g) em período de defeso à fauna;

h) em domingos ou feriados;

i) à noite;

j) em épocas de seca ou inundações;

l) no interior do espaço territorial especialmente protegido;

m) com o emprego de métodos cruéis para abate ou captura de animais;

n) mediante fraude ou abuso de confiança;

o) mediante abuso do direito de licença, permissão ou autorização ambiental;

p) no interesse de pessoa jurídica mantida, total ou parcialmente, por verbas públicas ou beneficiada por incentivos fiscais;

q) atingindo espécies ameaçadas, listadas em relatórios oficiais das autoridades competentes;

r) facilitada por funcionário público no exercício de suas funções.

Art. 16. Nos crimes previstos nesta Lei, a suspensão condicional da pena pode ser aplicada nos casos de condenação a pena privativa de liberdade não superior a três anos.

Art. 17. A verificação da reparação a que se refere o § 2º do art. 78 do Código Penal será feita mediante laudo de reparação do dano ambiental, e as condições a serem impostas pelo juiz deverão relacionar-se com a proteção ao meio ambiente.

Art. 18. A multa será calculada segundo os critérios do Código Penal; se revelar-se ineficaz, ainda que aplicada no valor máximo, poderá ser aumentada até três vezes, tendo em vista o valor da vantagem econômica auferida.

Art. 19. A perícia de constatação do dano ambiental, sempre que possível, fixará o montante do prejuízo causado para efeitos de prestação de fiança e cálculo de multa.

Parágrafo único. A perícia produzida no inquérito civil ou no juízo cível poderá ser aproveitada no processo penal, instaurando-se o contraditório.

Art. 20. A sentença penal condenatória, sempre que possível, fixará o valor mínimo para reparação dos danos causados pela infração, considerando os prejuízos sofridos pelo ofendido ou pelo meio ambiente.

Parágrafo único. Transitada em julgado a sentença condenatória, a execução poderá efetuar-se pelo valor fixado nos termos do caput, sem prejuízo da liquidação para apuração do dano efetivamente sofrido.

Art. 21. As penas aplicáveis isolada, cumulativa ou alternativamente às pessoas jurídicas, de acordo com o disposto no art. 3º, são:

I – multa;

II – restritivas de direitos;

III – prestação de serviços à comunidade.

Art. 22. As penas restritivas de direitos da pessoa jurídica são:

I – suspensão parcial ou total de atividades;

II – interdição temporária de estabelecimento, obra ou atividade;

III – proibição de contratar com o Poder Público, bem como dele obter subsídios, subvenções ou doações.

§ 1º A suspensão de atividades será aplicada quando estas não estiverem obedecendo às disposições legais ou regulamentares, relativas à proteção do meio ambiente.

§ 2º A interdição será aplicada quando o estabelecimento, obra ou atividade estiver funcionando sem a devida autorização, ou em desacordo com a concedida, ou com violação de disposição legal ou regulamentar.

§ 3º A proibição de contratar com o Poder Público e dele obter subsídios, subvenções ou doações não poderá exceder o prazo de dez anos.

Art. 23. A prestação de serviços à comunidade pela pessoa jurídica consistirá em:

I – custeio de programas e de projetos ambientais;

II – execução de obras de recuperação de áreas degradadas;

III – manutenção de espaços públicos;

IV – contribuições a entidades ambientais ou culturais públicas.

Art. 24. A pessoa jurídica constituída ou utilizada, preponderantemente, com o fim de permitir, facilitar ou ocultar a prática de crime definido nesta Lei terá decretada sua liquidação forçada, seu patrimônio será considerado instrumento do crime e como tal perdido em favor do Fundo Penitenciário Nacional.

CAPÍTULO III

DA APREENSÃO DO PRODUTO E DO INSTRUMENTO DE INFRAÇÃO ADMINISTRATIVA OU DE CRIME

Art. 25. Verificada a infração, serão apreendidos seus produtos e instrumentos, lavrando-se os respectivos autos.

§ 1º Os animais serão prioritariamente libertados em seu habitat ou, sendo tal medida inviável ou não recomendável por questões sanitárias, entregues a jardins zoológicos, fundações ou entidades assemelhadas, para guarda e cuidados sob a responsabilidade de técnicos habilitados. (Redação dada pela Lei nº 13.052, de 2014)

§ 2º Até que os animais sejam entregues às instituições mencionadas no § 1º deste artigo, o órgão autuante zelará para que eles sejam mantidos em condições adequadas de acondicionamento e transporte que garantam o seu bem estar físico. (Redação dada pela Lei nº 13.052, de 2014)

§ 3º Tratando-se de produtos perecíveis ou madeiras, serão estes avaliados e doados a instituições científicas, hospitalares, penais e outras com fins beneficentes. (Renumerando o § 2º para § 3º, pela Lei nº 13.052, de 2014)

§ 4º Os produtos e subprodutos da fauna não perecíveis serão destruídos ou doados a instituições científicas, culturais ou educacionais. (Renumerando o § 3º para § 4º, pela Lei nº 13.052, de 2014)

§ 5º Os instrumentos utilizados na prática da infração serão vendidos, garantida a sua descaracterização por meio da reciclagem. (Renumerando o § 4º para § 5º, pela Lei nº 13.052, de 2014)

CAPÍTULO IV

DA AÇÃO E DO PROCESSO PENAL

Art. 26. Nas infrações penais previstas nesta Lei, a ação penal é pública incondicionada.

Parágrafo único. (VETADO)

Art. 27. Nos crimes ambientais de menor potencial ofensivo, a proposta de aplicação imediata de pena restritiva de direitos ou multa, prevista no art. 76 da Lei nº 9.099, de 26 de setembro de 1995, somente poderá ser formulada desde que tenha havido a prévia composição do dano ambiental, de que trata o art. 74 da mesma lei, salvo em caso de comprovada impossibilidade.

Art. 28. As disposições do art. 89 da Lei nº 9.099, de 26 de setembro de 1995, aplicam-se aos crimes de menor potencial ofensivo definidos nesta Lei, com as seguintes modificações:

I – a declaração de extinção de punibilidade, de que trata o § 5° do artigo referido no caput, dependerá de laudo de constatação de reparação do dano ambiental, ressalvada a impossibilidade prevista no inciso I do § 1° do mesmo artigo;

II – na hipótese de o laudo de constatação comprovar não ter sido completa a reparação, o prazo de suspensão do processo será prorrogado, até o período máximo previsto no artigo referido no caput, acrescido de mais um ano, com suspensão do prazo da prescrição;

III – no período de prorrogação, não se aplicarão as condições dos incisos II, III e IV do § 1° do artigo mencionado no caput;

IV – findo o prazo de prorrogação, proceder-se-á à lavratura de novo laudo de constatação de reparação do dano ambiental, podendo, conforme seu resultado, ser novamente prorrogado o período de suspensão, até o máximo previsto no inciso II deste artigo, observado o disposto no inciso III;

V – esgotado o prazo máximo de prorrogação, a declaração de extinção de punibilidade dependerá de laudo de constatação que comprove ter o acusado tomado as providências necessárias à reparação integral do dano.

CAPÍTULO V

DOS CRIMES CONTRA O MEIO AMBIENTE

Seção I

Dos Crimes contra a Fauna

Art. 29. Matar, perseguir, caçar, apanhar, utilizar espécimes da fauna silvestre, nativos ou em rota migratória, sem a devida permissão, licença ou autorização da autoridade competente, ou em desacordo com a obtida:

Pena – detenção de seis meses a um ano, e multa.

§ 1º Incorre nas mesmas penas:

I – quem impede a procriação da fauna, sem licença, autorização ou em desacordo com a obtida;

II – quem modifica, danifica ou destrói ninho, abrigo ou criadouro natural;

III – quem vende, expõe à venda, exporta ou adquire, guarda, tem em cativeiro ou depósito, utiliza ou transporta ovos, larvas ou espécimes da fauna silvestre, nativa ou em rota migratória, bem como produtos e objetos dela oriundos, provenientes de criadouros não autorizados ou sem a devida permissão, licença ou autorização da autoridade competente.

§ 2º No caso de guarda doméstica de espécie silvestre não considerada ameaçada de extinção, pode o juiz, considerando as circunstâncias, deixar de aplicar a pena.

§ 3° São espécimes da fauna silvestre todos aqueles pertencentes às espécies nativas, migratórias e quaisquer outras, aquáticas ou terrestres, que tenham todo ou parte de seu ciclo de vida ocorrendo dentro dos limites do território brasileiro, ou águas jurisdicionais brasileiras.

§ 4º A pena é aumentada de metade, se o crime é praticado:

I – contra espécie rara ou considerada ameaçada de extinção, ainda que somente no local da infração;

II – em período proibido à caça;

III – durante a noite;

IV – com abuso de licença;

V – em unidade de conservação;

VI – com emprego de métodos ou instrumentos capazes de provocar destruição em massa.

§ 5º A pena é aumentada até o triplo, se o crime decorre do exercício de caça profissional.

§ 6º As disposições deste artigo não se aplicam aos atos de pesca.

Art. 30. Exportar para o exterior peles e couros de anfíbios e répteis em bruto, sem a autorização da autoridade ambiental competente:

Pena – reclusão, de um a três anos, e multa.

Art. 31. Introduzir espécime animal no País, sem parecer técnico oficial favorável e licença expedida por autoridade competente:

Pena – detenção, de três meses a um ano, e multa.

Art. 32. Praticar ato de abuso, maus-tratos, ferir ou mutilar animais silvestres, domésticos ou domesticados, nativos ou exóticos:

Pena – detenção, de três meses a um ano, e multa.

§ 1º Incorre nas mesmas penas quem realiza experiência dolorosa ou cruel em animal vivo, ainda que para fins didáticos ou científicos, quando existirem recursos alternativos.

§ 2º A pena é aumentada de um sexto a um terço, se ocorre morte do animal.

Art. 33. Provocar, pela emissão de efluentes ou carreamento de materiais, o perecimento de espécimes da fauna aquática existentes em rios, lagos, açudes, lagoas, baías ou águas jurisdicionais brasileiras:

Pena – detenção, de um a três anos, ou multa, ou ambas cumulativamente.

Parágrafo único. Incorre nas mesmas penas:

I – quem causa degradação em viveiros, açudes ou estações de aquicultura de domínio público;

II – quem explora campos naturais de invertebrados aquáticos e algas, sem licença, permissão ou autorização da autoridade competente;

III – quem fundeia embarcações ou lança detritos de qualquer natureza sobre bancos de moluscos ou corais, devidamente demarcados em carta náutica.

Art. 34. Pescar em período no qual a pesca seja proibida ou em lugares interditados por órgão competente:

Pena – detenção de um ano a três anos ou multa, ou ambas as penas cumulativamente.

Parágrafo único. Incorre nas mesmas penas quem:

I – pesca espécies que devam ser preservadas ou espécimes com tamanhos inferiores aos permitidos;

II – pesca quantidades superiores às permitidas, ou mediante a utilização de aparelhos, petrechos, técnicas e métodos não permitidos;

III – transporta, comercializa, beneficia ou industrializa espécimes provenientes da coleta, apanha e pesca proibidas.

Art. 35. Pescar mediante a utilização de:

I – explosivos ou substâncias que, em contato com a água, produzam efeito semelhante;

II – substâncias tóxicas, ou outro meio proibido pela autoridade competente:

Pena – reclusão de um ano a cinco anos.

Art. 36. Para os efeitos desta Lei, considera-se pesca todo ato tendente a retirar, extrair, coletar, apanhar, apreender ou capturar espécimes dos grupos dos peixes, crustáceos, moluscos e vegetais hidróbios, suscetíveis ou não de aproveitamento econômico, ressalvadas as espécies ameaçadas de extinção, constantes nas listas oficiais da fauna e da flora.

Art. 37. Não é crime o abate de animal, quando realizado:

I – em estado de necessidade, para saciar a fome do agente ou de sua família;

II – para proteger lavouras, pomares e rebanhos da ação predatória ou destruidora de animais, desde que legal e expressamente autorizado pela autoridade competente;

III – (VETADO)

IV – por ser nocivo o animal, desde que assim caracterizado pelo órgão competente.

Seção II

Dos Crimes contra a Flora

Art. 38. Destruir ou danificar floresta considerada de preservação permanente, mesmo que em formação, ou utilizá-la com infringência das normas de proteção:

Pena – detenção, de um a três anos, ou multa, ou ambas as penas cumulativamente.

Parágrafo único. Se o crime for culposo, a pena será reduzida à metade.

Art. 38-A. Destruir ou danificar vegetação primária ou secundária, em estágio avançado ou médio de regeneração, do Bioma Mata Atlântica, ou utilizá-la com infringência das normas de proteção: (Incluído pela Lei nº 11.428, de 2006).

Pena – detenção, de 1 (um) a 3 (três) anos, ou multa, ou ambas as penas cumulativamente. (Incluído pela Lei nº 11.428, de 2006).

Parágrafo único. Se o crime for culposo, a pena será reduzida à metade. (Incluído pela Lei nº 11.428, de 2006).

Art. 39. Cortar árvores em floresta considerada de preservação permanente, sem permissão da autoridade competente:

Pena – detenção, de um a três anos, ou multa, ou ambas as penas cumulativamente.

Art. 40. Causar dano direto ou indireto às Unidades de Conservação e às áreas de que trata o art. 27 do Decreto nº 99.274, de 6 de junho de 1990, independentemente de sua localização:

Pena – reclusão, de um a cinco anos.

§ 1º Entende-se por Unidades de Conservação de Proteção Integral as Estações Ecológicas, as Reservas Biológicas, os Parques Nacionais, os Monumentos Naturais e os Refúgios de Vida Silvestre. (Redação dada pela Lei nº 9.985, de 2000)

§ 2º A ocorrência de dano afetando espécies ameaçadas de extinção no interior das Unidades de Conservação de Proteção Integral será considerada circunstância agravante para a fixação da pena. (Redação dada pela Lei nº 9.985, de 2000)

§ 3º Se o crime for culposo, a pena será reduzida à metade.

Art. 40-A. (VETADO) (Incluído pela Lei nº 9.985, de 2000)

§ 1º Entende-se por Unidades de Conservação de Uso Sustentável as Áreas de Proteção Ambiental, as Áreas de Relevante Interesse Ecológico, as Florestas Nacionais, as Reservas Extrativistas, as Reservas de Fauna, as Reservas de Desenvolvimento Sustentável e as Reservas Particulares do Patrimônio Natural. (Incluído pela Lei nº 9.985, de 2000)

§ 2º A ocorrência de dano afetando espécies ameaçadas de extinção no interior das Unidades de Conservação de Uso Sustentável será considerada circunstância agravante para a fixação da pena. (Incluído pela Lei nº 9.985, de 2000)

§ 3º Se o crime for culposo, a pena será reduzida à metade. (Incluído pela Lei nº 9.985, de 2000)

Art. 41. Provocar incêndio em mata ou floresta:

Pena – reclusão, de dois a quatro anos, e multa.

Parágrafo único. Se o crime é culposo, a pena é de detenção de seis meses a um ano, e multa.

Art. 42. Fabricar, vender, transportar ou soltar balões que possam provocar incêndios nas florestas e demais formas de vegetação, em áreas urbanas ou qualquer tipo de assentamento humano:

Pena – detenção de um a três anos ou multa, ou ambas as penas cumulativamente.

Art. 43. (VETADO)

Art. 44. Extrair de florestas de domínio público ou consideradas de preservação permanente, sem prévia autorização, pedra, areia, cal ou qualquer espécie de minerais:

Pena – detenção, de seis meses a um ano, e multa.

Art. 45. Cortar ou transformar em carvão madeira de lei, assim classificada por ato do Poder Público, para fins industriais, energéticos ou para qualquer outra exploração, econômica ou não, em desacordo com as determinações legais:

Pena – reclusão, de um a dois anos, e multa.

Art. 46. Receber ou adquirir, para fins comerciais ou industriais, madeira, lenha, carvão e outros produtos de origem vegetal, sem exigir a exibição de licença do vendedor, outorgada pela autoridade competente, e sem munir-se da via que deverá acompanhar o produto até final beneficiamento:

Pena – detenção, de seis meses a um ano, e multa.

Parágrafo único. Incorre nas mesmas penas quem vende, expõe à venda, tem em depósito, transporta ou guarda madeira, lenha, carvão e outros produtos de origem vegetal, sem licença válida para todo o tempo da viagem ou do armazenamento, outorgada pela autoridade competente.

Art. 47. (VETADO)

Art. 48. Impedir ou dificultar a regeneração natural de florestas e demais formas de vegetação:

Pena – detenção, de seis meses a um ano, e multa.

Art. 49. Destruir, danificar, lesar ou maltratar, por qualquer modo ou meio, plantas de ornamentação de logradouros públicos ou em propriedade privada alheia:

Pena – detenção, de três meses a um ano, ou multa, ou ambas as penas cumulativamente.

Parágrafo único. No crime culposo, a pena é de um a seis meses, ou multa.

Art. 50. Destruir ou danificar florestas nativas ou plantadas ou vegetação fixadora de dunas, protetora de mangues, objeto de especial preservação:

Pena – detenção, de três meses a um ano, e multa.

Art. 50-A. Desmatar, explorar economicamente ou degradar floresta, plantada ou nativa, em terras de domínio público ou devolutas, sem autorização do órgão competente: (Incluído pela Lei nº 11.284, de 2006)

Pena – reclusão de 2 (dois) a 4 (quatro) anos e multa. (Incluído pela Lei nº 11.284, de 2006)

§ 1º Não é crime a conduta praticada quando necessária à subsistência imediata pessoal do agente ou de sua família. (Incluído pela Lei nº 11.284, de 2006)

§ 2º Se a área explorada for superior a 1.000 ha (mil hectares), a pena será aumentada de 1 (um) ano por milhar de hectare. (Incluído pela Lei nº 11.284, de 2006)

Art. 51. Comercializar motosserra ou utilizá-la em florestas e nas demais formas de vegetação, sem licença ou registro da autoridade competente:

Pena – detenção, de três meses a um ano, e multa.

Art. 52. Penetrar em Unidades de Conservação conduzindo substâncias ou instrumentos próprios para caça ou para exploração de produtos ou subprodutos florestais, sem licença da autoridade competente:

Pena – detenção, de seis meses a um ano, e multa.

Art. 53. Nos crimes previstos nesta Seção, a pena é aumentada de um sexto a um terço se:

I – do fato resulta a diminuição de águas naturais, a erosão do solo ou a modificação do regime climático;

II – o crime é cometido:

a) no período de queda das sementes;

b) no período de formação de vegetações;

c) contra espécies raras ou ameaçadas de extinção, ainda que a ameaça ocorra somente no local da infração;

d) em época de seca ou inundação;

e) durante a noite, em domingo ou feriado.

Seção III

Da Poluição e outros Crimes Ambientais

Art. 54. Causar poluição de qualquer natureza em níveis tais que resultem ou possam resultar em danos à saúde humana, ou que provoquem a mortandade de animais ou a destruição significativa da flora:

Pena – reclusão, de um a quatro anos, e multa.

§ 1º Se o crime é culposo:

Pena – detenção, de seis meses a um ano, e multa.

§ 2º Se o crime:

I – tornar uma área, urbana ou rural, imprópria para a ocupação humana;

II – causar poluição atmosférica que provoque a retirada, ainda que momentânea, dos habitantes das áreas afetadas, ou que cause danos diretos à saúde da população;

III – causar poluição hídrica que torne necessária a interrupção do abastecimento público de água de uma comunidade;

IV – dificultar ou impedir o uso público das praias;

V – ocorrer por lançamento de resíduos sólidos, líquidos ou gasosos, ou detritos, óleos ou substâncias oleosas, em desacordo com as exigências estabelecidas em leis ou regulamentos:

Pena – reclusão, de um a cinco anos.

§ 3º Incorre nas mesmas penas previstas no parágrafo anterior quem deixar de adotar, quando assim o exigir a autoridade competente, medidas de precaução em caso de risco de dano ambiental grave ou irreversível.

Art. 55. Executar pesquisa, lavra ou extração de recursos minerais sem a competente autorização, permissão, concessão ou licença, ou em desacordo com a obtida:

Pena – detenção, de seis meses a um ano, e multa.

Parágrafo único. Nas mesmas penas incorre quem deixa de recuperar a área pesquisada ou explorada, nos termos da autorização, permissão, licença, concessão ou determinação do órgão competente.

Art. 56. Produzir, processar, embalar, importar, exportar, comercializar, fornecer, transportar, armazenar, guardar, ter em depósito ou usar produto ou substância tóxica, perigosa ou nociva à saúde humana ou ao meio ambiente, em desacordo com as exigências estabelecidas em leis ou nos seus regulamentos:

Pena – reclusão, de um a quatro anos, e multa.

§ 1º Nas mesmas penas incorre quem: (Redação dada pela Lei nº 12.305, de 2010)

*I – abandona os produtos ou substâncias referidos no **caput** ou os utiliza em desacordo com as normas ambientais ou de segurança; (Incluído pela Lei nº 12.305, de 2010)*

II – manipula, acondiciona, armazena, coleta, transporta, reutiliza, recicla ou dá destinação final a resíduos perigosos de forma diversa da estabelecida em lei ou regulamento. (Incluído pela Lei nº 12.305, de 2010)

§ 2º Se o produto ou a substância for nuclear ou radioativa, a pena é aumentada de um sexto a um terço.

§ 3º Se o crime é culposo:

Pena – detenção, de seis meses a um ano, e multa.

Art. 57. (VETADO)

Art. 58. Nos crimes dolosos previstos nesta Seção, as penas serão aumentadas:

I – de um sexto a um terço, se resulta dano irreversível à flora ou ao meio ambiente em geral;

II – de um terço até a metade, se resulta lesão corporal de natureza grave em outrem;

III – até o dobro, se resultar a morte de outrem.

Parágrafo único. As penalidades previstas neste artigo somente serão aplicadas se do fato não resultar crime mais grave.

Art. 59. (VETADO)

Art. 60. Construir, reformar, ampliar, instalar ou fazer funcionar, em qualquer parte do território nacional, estabelecimentos, obras ou serviços potencialmente poluidores, sem licença ou autorização dos órgãos ambientais competentes, ou contrariando as normas legais e regulamentares pertinentes:

Pena – detenção, de um a seis meses, ou multa, ou ambas as penas cumulativamente.

Art. 61. Disseminar doença ou praga ou espécies que possam causar dano à agricultura, à pecuária, à fauna, à flora ou aos ecossistemas:

Pena – reclusão, de um a quatro anos, e multa.

Seção IV

Dos Crimes contra o Ordenamento Urbano e o Patrimônio Cultural

Art. 62. Destruir, inutilizar ou deteriorar:

I – bem especialmente protegido por lei, ato administrativo ou decisão judicial;

II – arquivo, registro, museu, biblioteca, pinacoteca, instalação científica ou similar protegido por lei, ato administrativo ou decisão judicial:

Pena – reclusão, de um a três anos, e multa.

Parágrafo único. Se o crime for culposo, a pena é de seis meses a um ano de detenção, sem prejuízo da multa.

Art. 63. Alterar o aspecto ou estrutura de edificação ou local especialmente protegido por lei, ato administrativo ou decisão judicial, em razão de seu valor paisagístico, ecológico, turístico, artístico, histórico, cultural, religioso, arqueológico, etnográfico ou monumental, sem autorização da autoridade competente ou em desacordo com a concedida:

Pena – reclusão, de um a três anos, e multa.

Art. 64. Promover construção em solo não edificável, ou no seu entorno, assim considerado em razão de seu valor paisagístico, ecológico, artístico, turístico, histórico, cultural, religioso, arqueológico, etnográfico ou monumental, sem autorização da autoridade competente ou em desacordo com a concedida:

Pena – detenção, de seis meses a um ano, e multa.

Art. 65. Pichar ou por outro meio conspurcar edificação ou monumento urbano: (Redação dada pela Lei nº 12.408, de 2011)

Pena – detenção, de 3 (três) meses a 1 (um) ano, e multa. (Redação dada pela Lei nº 12.408, de 2011)

§ 1º Se o ato for realizado em monumento ou coisa tombada em virtude do seu valor artístico, arqueológico ou histórico, a pena é de 6 (seis) meses a 1 (um) ano de detenção e multa. (Renumerado do parágrafo único pela Lei nº 12.408, de 2011)

§ 2º Não constitui crime a prática de grafite realizada com o objetivo de valorizar o patrimônio público ou privado mediante

manifestação artística, desde que consentida pelo proprietário e, quando couber, pelo locatário ou arrendatário do bem privado e, no caso de bem público, com a autorização do órgão competente e a observância das posturas municipais e das normas editadas pelos órgãos governamentais responsáveis pela preservação e conservação do patrimônio histórico e artístico nacional. (Incluído pela Lei nº 12.408, de 2011)

Seção V

Dos Crimes contra a Administração Ambiental

Art. 66. Fazer o funcionário público afirmação falsa ou enganosa, omitir a verdade, sonegar informações ou dados técnico-científicos em procedimentos de autorização ou de licenciamento ambiental:

Pena - reclusão, de um a três anos, e multa.

Art. 67. Conceder o funcionário público licença, autorização ou permissão em desacordo com as normas ambientais, para as atividades, obras ou serviços cuja realização depende de ato autorizativo do Poder Público:

Pena - detenção, de um a três anos, e multa.

Parágrafo único. Se o crime é culposo, a pena é de três meses a um ano de detenção, sem prejuízo da multa.

Art. 68. Deixar, aquele que tiver o dever legal ou contratual de fazê-lo, de cumprir obrigação de relevante interesse ambiental:

Pena - detenção, de um a três anos, e multa.

Parágrafo único. Se o crime é culposo, a pena é de três meses a um ano, sem prejuízo da multa.

Art. 69. Obstar ou dificultar a ação fiscalizadora do Poder Público no trato de questões ambientais:

Pena - detenção, de um a três anos, e multa.

Art. 69-A. Elaborar ou apresentar, no licenciamento, concessão florestal ou qualquer outro procedimento administrativo, estudo, laudo ou relatório ambiental total ou parcialmente falso ou enganoso, inclusive por omissão: (Incluído pela Lei nº 11.284, de 2006)

Pena - reclusão, de 3 (três) a 6 (seis) anos, e multa. (Incluído pela Lei nº 11.284, de 2006)

§ 1º Se o crime é culposo: (Incluído pela Lei nº 11.284, de 2006)

Pena - detenção, de 1 (um) a 3 (três) anos. (Incluído pela Lei nº 11.284, de 2006)

§ 2º A pena é aumentada de 1/3 (um terço) a 2/3 (dois terços), se há dano significativo ao meio ambiente, em decorrência do uso da informação falsa, incompleta ou enganosa. (Incluído pela Lei nº 11.284, de 2006)

CAPÍTULO VI

DA INFRAÇÃO ADMINISTRATIVA

Art. 70. Considera-se infração administrativa ambiental toda ação ou omissão que viole as regras jurídicas de uso, gozo, promoção, proteção e recuperação do meio ambiente.

§ 1º São autoridades competentes para lavrar auto de infração ambiental e instaurar processo administrativo os funcionários de órgãos ambientais integrantes do Sistema Nacional de Meio Ambiente - SISNAMA, designados para as atividades de fiscalização, bem como os agentes das Capitanias dos Portos, do Ministério da Marinha.

§ 2º Qualquer pessoa, constatando infração ambiental, poderá dirigir representaçao às autoridades relacionadas no parágrafo anterior, para efeito do exercício do seu poder de polícia.

§ 3º A autoridade ambiental que tiver conhecimento de infração ambiental é obrigada a promover a sua apuração imediata, mediante processo administrativo próprio, sob pena de co-responsabilidade.

§ 4º As infrações ambientais são apuradas em processo administrativo próprio, assegurado o direito de ampla defesa e o contraditório, observadas as disposições desta Lei.

Art. 71. O processo administrativo para apuração de infração ambiental deve observar os seguintes prazos máximos:

I - vinte dias para o infrator oferecer defesa ou impugnação contra o auto de infração, contados da data da ciência da autuação;

II - trinta dias para a autoridade competente julgar o auto de infração, contados da data da sua lavratura, apresentada ou não a defesa ou impugnação;

III - vinte dias para o infrator recorrer da decisão condenatória à instância superior do Sistema Nacional do Meio Ambiente - SISNAMA, ou à Diretoria de Portos e Costas, do

Ministério da Marinha, de acordo com o tipo de autuação;

IV – cinco dias para o pagamento de multa, contados da data do recebimento da notificação.

Art. 72. As infrações administrativas são punidas com as seguintes sanções, observado o disposto no art. 6º:

I – advertência;

II – multa simples;

III – multa diária;

IV – apreensão dos animais, produtos e subprodutos da fauna e flora, instrumentos, petrechos, equipamentos ou veículos de qualquer natureza utilizados na infração;

V – destruição ou inutilização do produto;

VI – suspensão de venda e fabricação do produto;

VII – embargo de obra ou atividade;

VIII – demolição de obra;

IX – suspensão parcial ou total de atividades;

X – (VETADO)

XI – restritiva de direitos.

§ 1º Se o infrator cometer, simultaneamente, duas ou mais infrações, ser-lhe-ão aplicadas, cumulativamente, as sanções a elas cominadas.

§ 2º A advertência será aplicada pela inobservância das disposições desta Lei e da legislação em vigor, ou de preceitos regulamentares, sem prejuízo das demais sanções previstas neste artigo.

§ 3º A multa simples será aplicada sempre que o agente, por negligência ou dolo:

I – advertido por irregularidades que tenham sido praticadas, deixar de saná-las, no prazo assinalado por órgão competente do SISNAMA ou pela Capitania dos Portos, do Ministério da Marinha;

II – opuser embaraço à fiscalização dos órgãos do SISNAMA ou da Capitania dos Portos, do Ministério da Marinha.

§ 4º A multa simples pode ser convertida em serviços de preservação, melhoria e recuperação da qualidade do meio ambiente.

§ 5º A multa diária será aplicada sempre que o cometimento da infração se prolongar no tempo.

§ 6º A apreensão e destruição referidas nos incisos IV e V do caput obedecerão ao disposto no art. 25 desta Lei.

§ 7º As sanções indicadas nos incisos VI a IX do caput serão aplicadas quando o produto, a obra, a atividade ou o estabelecimento não estiverem obedecendo às prescrições legais ou regulamentares.

§ 8º As sanções restritivas de direito são:

I – suspensão de registro, licença ou autorização;

II – cancelamento de registro, licença ou autorização;

III – perda ou restrição de incentivos e benefícios fiscais;

IV – perda ou suspensão da participação em linhas de financiamento em estabelecimentos oficiais de crédito;

V – proibição de contratar com a Administração Pública, pelo período de até três anos.

Art. 73. Os valores arrecadados em pagamento de multas por infração ambiental serão revertidos ao Fundo Nacional do Meio Ambiente, criado pela Lei nº 7.797, de 10 de julho de 1989, Fundo Naval, criado pelo Decreto nº 20.923, de 8 de janeiro de 1932, fundos estaduais ou municipais de meio ambiente, ou correlatos, conforme dispuser o órgão arrecadador.

Art. 74. A multa terá por base a unidade, hectare, metro cúbico, quilograma ou outra medida pertinente, de acordo com o objeto jurídico lesado.

Art. 75. O valor da multa de que trata este Capítulo será fixado no regulamento desta Lei e corrigido periodicamente, com base nos índices estabelecidos na legislação pertinente, sendo o mínimo de R$ 50,00 (cinqüenta reais) e o máximo de R$ 50.000.000,00 (cinqüenta milhões de reais).

Art. 76. O pagamento de multa imposta pelos Estados, Municípios, Distrito Federal ou Territórios substitui a multa federal na mesma hipótese de incidência.

CAPÍTULO VII

DA COOPERAÇÃO INTERNACIONAL PARA A PRESERVAÇÃO DO MEIO AMBIENTE

Art. 77. Resguardados a soberania nacional, a ordem pública e os bons costumes, o Governo brasileiro prestará, no que concerne ao meio ambiente, a necessária cooperação a outro país, sem qualquer ônus, quando solicitado para:

I – produção de prova;

II – exame de objetos e lugares;

III – informações sobre pessoas e coisas;

IV – presença temporária da pessoa presa, cujas declarações tenham relevância para a decisão de uma causa;

V – outras formas de assistência permitidas pela legislação em vigor ou pelos tratados de que o Brasil seja parte.

§ 1° A solicitação de que trata este artigo será dirigida ao Ministério da Justiça, que a remeterá, quando necessário, ao órgão judiciário competente para decidir a seu respeito, ou a encaminhará à autoridade capaz de atendê-la.

§ 2º A solicitação deverá conter:

I – o nome e a qualificação da autoridade solicitante;

II – o objeto e o motivo de sua formulação;

III – a descrição sumária do procedimento em curso no país solicitante;

IV – a especificação da assistência solicitada;

V – a documentação indispensável ao seu esclarecimento, quando for o caso.

Art. 78. Para a consecução dos fins visados nesta Lei e especialmente para a reciprocidade da cooperação internacional, deve ser mantido sistema de comunicações apto a facilitar o intercâmbio rápido e seguro de informações com órgãos de outros países.

CAPÍTULO VIII

DISPOSIÇÕES FINAIS

Art. 79. Aplicam-se subsidiariamente a esta Lei as disposições do Código Penal e do Código de Processo Penal.

Art. 79-A. Para o cumprimento do disposto nesta Lei, os órgãos ambientais integrantes do SISNAMA, responsáveis pela execução de programas e projetos e pelo controle e fiscalização dos estabelecimentos e das atividades suscetíveis de degradarem a qualidade ambiental, ficam autorizados a celebrar, com força de título executivo extrajudicial, termo de compromisso com pessoas físicas ou jurídicas responsáveis pela construção, instalação, ampliação e funcionamento de estabelecimentos e atividades utilizadores de recursos ambientais, considerados efetiva ou potencialmente poluidores. (Redação dada pela Medida Provisória nº 2.163-41, de 2001)

§ 1º O termo de compromisso a que se refere este artigo destinar-se-á, exclusivamente, a permitir que as pessoas físicas e jurídicas mencionadas no ***caput*** *possam promover as necessárias correções de suas atividades, para o atendimento das exigências impostas pelas autoridades ambientais competentes, sendo obrigatório que o respectivo instrumento disponha sobre: (Redação dada pela Medida Provisória nº 2.163-41, de 2001)*

I – o nome, a qualificação e o endereço das partes compromissadas e dos respectivos representantes legais; (Redação dada pela Medida Provisória nº 2.163-41, de 2001)

II – o prazo de vigência do compromisso, que, em função da complexidade das obrigações nele fixadas, poderá variar entre o mínimo de noventa dias e o máximo de três anos, com possibilidade de prorrogação por igual período; (Redação dada pela Medida Provisória nº 2.163-41, de 2001)

III – a descrição detalhada de seu objeto, o valor do investimento previsto e o cronograma físico de execução e de implantação das obras e serviços exigidos, com metas trimestrais a serem atingidas; (Redação dada pela Medida Provisória nº 2.163-41, de 2001)

IV – as multas que podem ser aplicadas à pessoa física ou jurídica compromissada e os casos de rescisão, em decorrência do não-cumprimento das obrigações nele pactuadas; (Redação dada pela Medida Provisória nº 2.163-41, de 2001)

V – o valor da multa de que trata o inciso IV não poderá ser superior ao valor do investimento previsto; (Redação dada pela Medida Provisória nº 2.163-41, de 2001)

VI – o foro competente para dirimir litígios entre as partes. (Incluído pela Medida Provisória nº 2.163-41, de 2001)

§ 2º No tocante aos empreendimentos em curso até o dia 30 de março de 1998, envolvendo construção, instalação, ampliação e funcionamento de estabelecimentos e atividades utilizadores de recursos ambientais, considerados

efetiva ou potencialmente poluidores, a assinatura do termo de compromisso deverá ser requerida pelas pessoas físicas e jurídicas interessadas, até o dia 31 de dezembro de 1998, mediante requerimento escrito protocolizado junto aos órgãos competentes do SISNAMA, devendo ser firmado pelo dirigente máximo do estabelecimento. (Redação dada pela Medida Provisória nº 2.163-41, de 2001)

§ 3º Da data da protocolização do requerimento previsto no § 2º e enquanto perdurar a vigência do correspondente termo de compromisso, ficarão suspensas, em relação aos fatos que deram causa à celebração do instrumento, a aplicação de sanções administrativas contra a pessoa física ou jurídica que o houver firmado. (Redação dada pela Medida Provisória nº 2.163-41, de 2001)

§ 4º A celebração do termo de compromisso de que trata este artigo não impede a execução de eventuais multas aplicadas antes da protocolização do requerimento. (Redação dada pela Medida Provisória nº 2.163-41, de 2001)

§ 5º Considera-se rescindido de pleno direito o termo de compromisso, quando descumprida qualquer de suas cláusulas, ressalvado o caso fortuito ou de força maior. (Incluído pela Medida Provisória nº 2.163-41, de 2001)

§ 6º O termo de compromisso deverá ser firmado em até noventa dias, contados da protocolização do requerimento. (Incluído pela Medida Provisória nº 2.163-41, de 2001)

§ 7º O requerimento de celebração do termo de compromisso deverá conter as informações necessárias à verificação da sua viabilidade técnica e jurídica, sob pena de indeferimento do plano. (Incluído pela Medida Provisória nº 2.163-41, de 2001)

§ 8º Sob pena de ineficácia, os termos de compromisso deverão ser publicados no órgão oficial competente, mediante extrato. (Incluído pela Medida Provisória nº 2.163-41, de 2001)

Art. 80. O Poder Executivo regulamentará esta Lei no prazo de noventa dias a contar de sua publicação.

Art. 81. (VETADO)

Art. 82. Revogam-se as disposições em contrário.

Brasília, 12 de fevereiro de 1998; 177º da Independência e 110º da República"

COMENTÁRIOS

I. Fundamento constitucional da proteção ao meio ambiente:

Arts. 170, VI, e 225, *caput*, ambos da CF.

II. Conceito de meio ambiente:

Art. 3º, I, da Lei Federal nº 6.938/81 (Lei que trata da Política Nacional do Meio Ambiente): *"o conjunto de condições, leis, influências e interações de ordem física, química e biológica, que permite, abriga e rege a vida em todas as suas formas"*.

III. Responsabilização penal da pessoa jurídica:

Art. 225, § 3º, CF; art. 3º, da Lei dos Crimes Ambientais (LCA).

Requisitos cumulativos = decisão de representante legal (ou contratual), ou do órgão colegiado da pessoa jurídica + infração praticada no interesse ou benefício da pessoa jurídica.

Tem sua gênese na Teoria da Realidade ou da Personalidade Real, de Otto Gierke, que atesta a possibilidade de as Pessoas Jurídicas (PJ) cometerem crimes (*societas delinquere potest*), pois são entes reais, com capacidade e vontade próprias, distintas das Pessoas Físicas (PF) que as compõem.

As PJ não seriam meras ficções jurídicas ou abstrações legais, logo podem cometer crimes e sofrer penas.

No que concerne à culpabilidade, as PJ sofrem a chamada culpabilidade social (culpa coletiva, na visão de Sérgio Salomão Shecaira[1]).

Em tese, é possível a responsabilidade penal da PJ em crimes culposos (doutrina e jurisprudência majoritárias).

---

1 SHECAIRA, Sérgio Salomão. **Responsabilidade Penal da Pessoa Jurídica.** 3. ed. Rio de Janeiro: Elsevier, 2011.

Conforme Ana Cecília Froehlich Soares e Renata Jardim da Cunha Rieger[2]:

> *"Com o advento da Constituição Federal de 1988, o ordenamento jurídico brasileiro passou a prever, expressamente, a possibilidade de criminalização de atos atribuídos a pessoas jurídicas, indo de encontro à tradicional orientação* ***societas delinquere non potest****. O tema recebeu destaque na doutrina e na jurisprudência, e foram muitos os apontamentos no sentido de que a responsabilização do ente seria incompatível com princípios norteadores do Direito Penal e com institutos fundamentais da teoria geral do delito. Em 1998, a Lei nº 9.605 (Lei dos Crimes Ambientais) regulamentou a previsão constitucional (art. 225, § 3º), trazendo a efetiva possibilidade de criminalização da pessoa jurídica, mas pouco esclareceu acerca das dificuldades dogmáticas e práticas na seara penal e processual penal. Em um contexto de críticas, de dúvidas e de propostas, surgiu a teoria da dupla imputação, que, em apertada síntese, significa que, para a responsabilização criminal da pessoa jurídica, é necessária a imputação simultânea de uma pessoa física".*

IV. Participação por omissão do dirigente da pessoa jurídica:

Art. 2º, LCA (responsabilidade dos diretores = ciência da existência do crime + possam agir para evitar o resultado, sob pena de responsabilidade penal objetiva).

V. Art. 4º, LCA:

Desconsideração da pessoa jurídica.

Não se aplica para efeitos de responsabilidade penal, só civil, tendo em vista o princípio da intranscendência (art. 5º, XLV, CF).

VI. Teoria da pena nos crimes ambientais:

a) pena-base (circunstâncias judiciais do art. 6º, LCA + circunstâncias judiciais do art. 59, CP);

b) atenuantes e agravantes específicas (arts. 14 e 15, LCA).

No que concerne à agravante da reincidência (art. 15, I), ao contrário do que ocorre no CP, é necessário que haja reincidência específica em crime ambiental, previsto ou não na LCA (qualquer crime de natureza ambiental);

c) penas restritivas de direitos (art. 7º, I e II, LCA – PF; art. 21, II, LCA – PJ).

Na LCA, há valorização das penas alternativas à prisão.

VII. Espécies de penas restritivas de direito das PF:

a) prestação de serviços à comunidade;

b) interdição temporária de direitos;

c) suspensão total ou parcial de atividades;

d) prestação pecuniária;

e) recolhimento domiciliar.

Previsão nos arts. 9º, 10, 11, 12 e 13, da LCA.

São autônomas e substitutivas da pena privativa de liberdade.

Em princípio, têm a mesma duração da pena de prisão substituída (art. 7º, § único), exceto a pena de interdição temporária de direitos (art. 10).

VIII. Espécies de penas restritivas de direito das PJ:

a) suspensão parcial ou total de atividades;

b) interdição temporária de estabelecimento, obra ou atividade;

2 In: Revista Síntese nº 4337, de 23 de janeiro de 2018 – Direito Penal e Processual Penal. Disponível em: <http://www.sintese.com/direitoPenal.asp>. Acesso em: 6 out. 2019.

c) proibição de contratar com o Poder Público, bem como dele obter subsídios, subvenções ou doações.

Previsão no art. 22, I, II, III e parágrafos, LCA.

Novidade é a previsão de pena específica ou autônoma de prestação de serviços à comunidade (art. 21, III, e 23, LCA), não sendo considerada espécie de pena restritiva de direito, ao contrário do que ocorre no Código Penal e até mesmo na LCA, relativamente às pessoas físicas, conforme disposto nos arts. 8º, I, e 9º.

IX. Art. 24, LCA:

Liquidação forçada da PJ.

Gera a extinção da PJ ("pena de morte" da PJ), quando for constituída ou utilizada, preponderantemente, com o fim de permitir, facilitar ou ocultar a prática de crime previsto na LCA.

Além de sua liquidação forçada, o patrimônio da Pessoa Jurídica (PJ) será considerado instrumento do crime e, como tal, perdido em favor do Fundo Penitenciário Nacional.

X. Competência:

A Súmula 91, do STJ, previa a competência exclusiva da Justiça Federal nos crimes contra a fauna.

Todavia, como a referida súmula foi cancelada em 23/11/2000, prevalece hoje a competência da Justiça Estadual nos crimes contra a fauna, bem como nos demais crimes ambientais.

A Justiça Federal só julga crimes ambientais quando houver interesse direto e específico da União.

XI. Preocupação com a reparação do dano ambiental:

Arts. 17, 19 e 20, LCA (princípios da reparação do dano ao ambiente, prevenção geral, caráter educativo e prevenção especial).

XII. Os crimes ambientais e o JECrim:

A proposta de transação penal fica condicionada ao prévio acordo sobre a composição do dano ambiental (art. 27, LCA) e a suspensão condicional do processo apresenta algumas peculiaridades (art. 28, LCA).

XIII. Ação penal pública incondicionada:

Art. 26, LCA.

XIV. Aplicação do princípio da insignificância em crimes ambientais:

- STJ: sim;
- TRFs: não
- TJRS: não.

Particularmente, penso que a posição do STJ é a mais coerente.

Vejam, por exemplo, o disposto no artigo 49, § único, LCA – Maltratar plantas de ornamentação, culposamente, com pena de 1 (um) a 6 (seis) meses de detenção.

Como não aplicar o princípio da insignificância, para quem, culposamente, por imprudência ou negligência, tropeça e "maltrata" uma orquídea...?

XV. Crimes em espécie:

a) crimes contra a fauna: arts. 29 a 37, LCA;

b) crimes contra a flora: arts. 38 a 53, LCA;

c) poluição e outros crimes ambientais: arts. 54 a 61, LCA;

d) crimes contra o ordenamento urbano e o patrimônio cultural: arts. 62 a 65, LCA;

e) crimes contra a administração ambiental: arts. 66 a 69-A, LCA.

A lei ambiental tutela o meio ambiente natural, artificial (edificações construídas pelo homem), cultural e histórico.

XVI. Crimes contra a fauna:

Fauna é o conjunto de animais, terrestres e aquáticos, que vivem em uma determinada região. Todos os crimes contra a fauna estão previstos na LCA, exceto o crime previsto na Lei Federal nº 7.643/87 (molestar cetáceo – baleia, golfinho etc.).

– art. 29: **caça, morte e perseguição de animais:**

Infração penal de menor potencial ofensivo no *caput* e no § 1º, de competência dos JECs, instruída por meio de TC, comportando o rito do procedimento comum sumaríssimo (art. 394, § 1º, III, CPP).

Infração penal de médio potencial ofensivo no § 5º, instruída por meio de IP, se o crime decorrer do exercício de caça profissional. Em tese, cabe suspensão condicional do processo. Submete-se, outrossim, ao rito do procedimento comum sumário (art. 394, § 1º, II, CPP).

Aplica-se à fauna silvestre.

Não se aplica aos atos de pesca, conforme art. 29, § 6º, LCA.

A Lei Federal nº 5.197/67 define o "Código de Caça".

– art. 30: **tráfico de peles e couros em bruto:**

Infração penal de médio potencial ofensivo, instruída por meio de IP, sendo cabível a suspensão condicional do processo. Submete-se, outrossim, ao rito do procedimento comum sumário (art. 394, § 1º, II, CPP).

– art. 32: **abuso e maus-tratos de animais:**

Infração penal de menor potencial ofensivo, de competência dos JECs, instruída por meio de TC, comportando o rito do procedimento comum sumaríssimo (art. 394, § 1º, III, CPP).

O entendimento preponderante é o de que o artigo 32 da LCA revogou a figura contravencional prevista no artigo 64 da LCP, que trata da Crueldade contra animais.

Questão interessante no art. 32 são as rinhas de galo, farra do boi, vaquejada etc.

O STF entende pela aplicação da conduta típica, por violação ao art. 225, § 1º, VII, CF.

E o rodeio? Em tese, caracteriza abuso de animal, porém há a Lei Federal nº 10.519/2002, que autoriza expressamente a realização de rodeios no Brasil.

Assim, não havendo abusos, trata-se de exercício regular de direito, causa de exclusão da ilicitude (art. 23, III, CP).

Recentemente, a Lei Federal nº 13.364, de 29/11/16, elevou o rodeio, a vaquejada, bem como as respectivas expressões artístico-culturais (montarias, provas de laço etc.) à condição de manifestações da cultura nacional e de patrimônio cultural imaterial, nos termos do artigo 215 da CF/88.

E a mutilação de animais para fins estéticos? A doutrina vem entendendo não haver crime.

E a vivissecção? É crime a experiência dolorosa ou cruel com animal vivo, salvo quando não houver recursos alternativos, conforme previsto no art. 32, § 1º, LCA.

A Lei 11.794/2008 regula o uso de animais em experiências, exigindo o uso obrigatório de anestésico.

A título de curiosidade, recentemente, em março de 2019, o STF declarou a constitucionalidade da Lei Estadual do RS nº 12.131/14, que permite sacrifício de animais em rituais religiosos, afastando a alegação de maus-tratos em cultos de religiões de matriz africana, em nome da liberdade religiosa.

A norma introduziu dispositivo no Código Estadual de Proteção aos Animais (Lei Estadual nº 11.915/2003), que veda diversos tratamentos considerados cruéis aos animais.

– arts. 34 e 35: **pesca predatória, proibida e na forma dolosa:**

Trata-se de infração penal de médio potencial ofensivo no art. 34 e de maior potencial ofensivo no art. 35.

Em ambas, o procedimento policial cabível é o IP e é possível a suspensão condicional do processo.

No artigo 34, comporta o rito do procedimento comum sumário (art. 394, § 1º, II, CPP).

No artigo 35, comporta o rito do procedimento comum ordinário (art. 394, § 1º, I, CPP).

– art. 36, LCA: pesca – norma penal explicativa.

– art. 37, LCA: causas excludentes de ilicitude nos crimes contra a fauna.

XVII. Crimes contra a flora:

Flora é a totalidade das espécies vegetais de uma determinada região.

Reflexos na tipologia das infrações contra a flora:

a) tipificação como crimes;
b) admissibilidade da tentativa;
c) reflexos na dosimetria da pena;
d) novos crimes contra a flora;
e) previsão de várias figuras culposas;
f) crimes de perigo abstrato (doutrina tradicional) e crimes de dano ou de lesão (doutrina moderna), já que a relação ambiental contra a flora é atingida.

Os tipos penais previstos nos arts. 38, 39 e 40 da LCA pressupõe a efetiva ocorrência do dano.

Basicamente, as infrações penais contra a flora são de menor potencial ofensivo, da competência dos JECs e instruídas por meio de TC (tipos penais dos arts. 41, § único, 44, 45, 46, 48, 49, 50, 51 e 52, todos da LCA), submetendo-se, pois, ao rito do procedimento comum sumaríssimo (art. 394, § 1º, III, CPP).

Algumas são de médio potencial ofensivo, instruídas por meio de IP, com possibilidade de suspensão condicional do processo (tipos penais dos arts. 38, 38-A, 39 e 42, todos da LCA), submetendo-se, pois, ao rito do procedimento comum sumário (art. 394, § 1º, II, CPP).

Outras são de maior potencial ofensivo, instruídas por meio de IP (tipos penais dos arts. 40, 41 e 50-A, o primeiro deles com possibilidade de suspensão condicional do processo). Submetem-se, pois, ao rito do procedimento comum ordinário (art. 394, § 1º, I, CPP).

XVIII. Poluição e outros crimes ambientais:

Segundo Ricardo Antônio Andreucci[3]:

"Poluição é a degradação da qualidade ambiental, resultante de atividades que, direta ou indiretamente: a) prejudiquem a saúde, a segurança e o bem-estar; b) criem condições adversas às atividades sociais e econômicas; c) afetem desfavoravelmente a biota (conjunto de seres animais e vegetais de uma região); d) afetem as condições estéticas e sanitárias do meio ambiente; e) lancem matérias ou energia em desacordo com padrões ambientais. O bem jurídico tutelado, nesses crimes, é o meio ambiente relacionado à pureza e limpeza da água, do ar e do solo, ou seja, do patrimônio natural e à qualidade de vida".

– art. 54: **crime de poluição propriamente dita:**

Tal conduta poderá ser culposa, na forma do art. 54, § 1º, LCA.

Neste caso, trata-se de infração penal de menor potencial ofensivo, da competência

3 ANDREUCCI, Ricardo Antônio. **Legislação Penal Especial.** 10. ed. São Paulo: Saraiva, 2015.

dos JECs, instruída por meio de TC e comportando o rito do procedimento comum sumaríssimo (art. 394, § 1º, III, CPP).

Nas hipóteses dolosas (*caput* e § 2º), trata-se de infração penal de maior potencial ofensivo, instruída por meio de IP, com possibilidade de suspensão condicional do processo, comportando o rito do procedimento comum ordinário (art. 394, § 1º, I, CPP).

Existe aparente conflito do *caput* com os arts. 270 (Envenenamento de água potável ou de substância alimentícia ou medicinal) e 271 (Corrupção ou poluição de água potável), ambos do CP.

Com relação à poluição sonora, existe aparente conflito com o art. 42, III, do DL 3.688/41, que trata da Contravenção Penal de Perturbação do Trabalho ou do Sossego Alheios.

- art. 58: trata da aplicação de majorantes específicas aos crimes dolosos de poluição e outros crimes ambientais, previstos na Seção III do Capítulo V da LCA.

XIX. Teoria do Fato Consumado:

Em matéria de degradação ambiental, importante a compreensão da Teoria do Fato Consumado, característica do Direito Administrativo.

A teoria do fato consumado identifica-se como uma ratificação de uma dada situação fática pelo decurso do tempo.

Ou seja, uma decisão judicial possui amparo jurídico, mesmo que, após muitos anos, seja constatado que não estava correta, não podendo, pois, ser desconstituída.

Porém, o entendimento vigente é o de que, em situações em que se viole o direito ambiental, o infrator não poderá invocar a teoria do fato consumado.

Isso porque, se a teoria pudesse ser aplicada nesses casos, seria admitido o direito de poluir e degradar o meio ambiente.

A este respeito, a recente Súmula nº 613, do STJ, segundo a qual: "*não se admite a aplicação da teoria do fato consumado em tema de Direito Ambiental*".

XX. Crimes contra o ordenamento urbano e o patrimônio cultural:

Tutela e protege o meio ambiente artificial, cultural e histórico, no aspecto do ordenamento urbano e do patrimônio cultural, protegendo, entre outros bens, os arquivos, museus, registros, bibliotecas, pinacotecas etc, além de lugares especialmente protegidos em razão de valor paisagístico, ecológico, turístico, cultural, religioso, arqueológico, etnográfico ou monumental.

Importante aqui, pela incidência, o crime de pichação.

Seria Dano Simples (art. 163, *caput*, CP), Dano Qualificado (art. 163, § único, III, CP) ou o tipo descrito no art. 65 da Lei 9.605/98?

Parte da doutrina entende que se trata de dano.

Todavia, o entendimento ao que parece preponderante sustenta tratar-se de crime ambiental, previsto no artigo 65 da LCA.

Aqui, importante a Lei nº 12.408/2011, que modificou a redação do art. 65 da Lei 9.605/98, descriminalizando a grafitagem (novo § 2º).

Segundo Nucci[4]:

> *"O emprego de grafite, visando à valorização do espaço onde for realizado, fundado em concepção artística, torna-se exercício regular de direito. Porém, demanda-se o consentimento do proprietário, locatário, ou arrendatário do bem privado, ou de órgão competente, no caso de bem público. Por certo, o emprego de grafite, sem tais autorizações, será considerado meio de conspurcar edificação ou monumento urbano, logo, crime".*

4 NUCCI, Guilherme de Souza. **Leis Penais e Processuais Penais Comentadas**. v. 2. 10. ed. Rio de Janeiro: Forense, 2017, p. 755.

Os verbos nucleares do tipo penal do artigo 65 são "pichar" e "conspurcar" (sujar, manchar, macular, denegrir, desonrar...).

Importante registrar que o crime de Pichação é de menor potencial ofensivo, da competência dos JECs, instruído por meio de TC e comportando o rito do procedimento comum sumaríssimo (art. 394, § 1º, III, CPP).

XXI. Crimes contra a administração ambiental:

Tipos penais que têm, como sujeitos passivos, a Administração Pública e a Coletividade, podendo ter como sujeitos ativos, conforme o caso, o funcionário público ou o particular.

XXII. Novo Código Florestal:

A Lei Federal nº 4.771, de 15 de setembro de 1965, conhecida como Código Florestal, foi expressamente revogada pelo artigo 83, da Lei Federal nº 12.651, de 25 de maio de 2012, que trata do Novo Código Florestal, dispondo sobre a proteção da vegetação nativa.

☑ QUESTÕES DE CONCURSOS ACERCA DOS CRIMES AMBIENTAIS, COM GABARITO E COMENTÁRIOS:

1. ***(V EXAME UNIFICADO OAB – 30.10.11 – QUESTÃO 58)*** *A Lei 9.605/98, que dispõe sobre sanções penais e administrativas derivadas de condutas e atividades lesivas ao meio ambiente, trouxe novidades nas normas ambientais.*

   Entre elas está a:

   (A) desconsideração da pessoa jurídica, que foi estabelecida para responsabilizar a pessoa física sempre que sua personalidade for obstáculo ao ressarcimento de prejuízos causados à qualidade do meio ambiente.

   (B) possibilidade de assinatura de termos de ajustamento de conduta, que somente é possível pelo cometimento de ilícito ambiental.

   (C) responsabilidade penal objetiva pelo cometimento de crimes ambientais.

   (D) substituição da pena privativa de liberdade pela restritiva de direito quando tratar-se de crime doloso.

Resposta: *A alternativa a ser assinalada é a da letra "A", com fundamento no art. 4º, da Lei Federal nº 9605/98. Não é a "B", pois não está restrito apenas a ilícitos ambientais. Não é a "C", por conta do disposto no art. 225, § 3º, CF (ou seja, não se trata mais de novidade...). Não é a "D", já que as hipóteses de substituição da pena privativa de liberdade pela restritiva de direito estão contempladas no art. 44, incisos e §§, CP.*

2. ***(ADVOGADO – CEHAP – 2009 – CESPE)*** *Quanto à Lei dos Crimes Ambientais, julgue os itens subsequentes:*

   I. As pessoas jurídicas serão responsabilizadas administrativa, civil e penalmente nos casos em que a infração seja cometida por decisão de seu representante legal ou contratual, ou de seu órgão colegiado, no interesse ou benefício da sua entidade.

   II. A responsabilidade das pessoas jurídicas exclui a das pessoas físicas, autoras, coautoras ou partícipes do mesmo fato.

   III. Poderá ser desconsiderada a pessoa jurídica sempre que sua personalidade for obstáculo ao ressarcimento de prejuízos causados à qualidade do meio ambiente.

   Assinale a opção correta:

   (A) Apenas os itens I e II estão certos.

   (B) Apenas os itens I e III estão certos.

   (C) Apenas os itens II e III estão certos.

   (D) Todos os itens estão certos.

Resposta: *A alternativa a ser assinalada é a da letra "B", já que, na forma dos arts.*

3º, caput e § único, e 4º, ambos da Lei dos Crimes Ambientais (LCA), estão corretos apenas os enunciados ou itens I e III.

3. ***(ESCRIVÃO DA POLÍCIA FEDERAL 2009 – CESPE/UNB)*** *Com relação à responsabilidade penal da pessoa jurídica, tem-se adotado a teoria da dupla imputação, segundo a qual se responsabiliza não somente a pessoa jurídica, mas também a pessoa física que agiu em nome do ente coletivo, ou seja, há a possibilidade de se responsabilizar simultaneamente a pessoa física e jurídica.*

Resposta: *Certo. A Teoria da Dupla Imputação Objetiva identifica que a responsabilidade das pessoas jurídicas não exclui a das pessoas físicas autoras, coautoras ou partícipes do mesmo fato. Encontra-se ela prevista no parágrafo único do art. 3º da Lei 9.605/98.*

4. ***(DELEGADO DA POLÍCIA CIVIL/RN 2009 – CESPE/UNB)*** *Caso uma empresa do ramo de madeireiras, após cometer toda ordem de crimes ambientais, tenha IP aberto contra si, a perquirição estatal deverá voltar-se contra crimes ambientais em tese praticados por pessoa jurídica, não podendo alcançar qualquer sócio ou diretor, pois não há, na legislação pátria, suporte jurídico para a chamada teoria da dupla imputação.*

Resposta: *Errado. Em matéria de crimes ambientais, adota-se a Teoria da Dupla Imputação Objetiva, a qual consiste na responsabilidade penal da pessoa jurídica e da pessoa física, nos termos do parágrafo único do art. 3º da Lei Federal nº 9.605/98.*

5. ***(ESCRIVÃO DA POLÍCIA FEDERAL 2009 – CESPE/UNB)*** *A prática de maus-tratos contra animais domésticos é considerada crime contra o meio ambiente, sendo a morte do animal causa especial de aumento de pena.*

Resposta: *Certo. Caracteriza crime contra a fauna praticar ato de abuso ou maus-tratos contra animais silvestres, domésticos ou domesticados, nativos ou exóticos, salvo no caso de experiência dolorosa para fins didáticos ou científicos, quando não existirem recursos alternativos, de acordo com o art. 32, da Lei Federal nº 9.605/98. A pena será aumentada de um sexto a um terço, caso ocorrer morte do animal (§ 2º do referido dispositivo legal).*

6. ***(AGENTE DA POLÍCIA FEDERAL – 2012 – CESPE/UNB)*** *Se o rebanho bovino de determinada propriedade rural estiver sendo constantemente atacado por uma onça, o dono dessa propriedade, para proteger o rebanho, poderá, independentemente de autorização do poder público, abater o referido animal silvestre.*

Resposta: *Errado. Consoante regra prevista no art. 37, II, da Lei Federal nº 9.605/98, a autorização é obrigatória para proteger lavouras, pomares e rebanhos da ação predatória ou destruidora de animais. Todavia, o dono da propriedade somente poderá abater a onça se estiver com a devida autorização.*

7. ***(JUIZ FEDERAL 5.ª REGIÃO CESPE/UNB 2011)*** *O delito ambiental consistente em instalar, sem licença dos órgãos ambientais competentes, em qualquer parte do território nacional, estabelecimento potencialmente poluidor só se configura se a poluição gerada tiver potencial de, ao menos, causar danos à saúde humana.*

Resposta: *Certo. Para a caracterização do delito previsto no art. 60, da Lei Federal nº 9.605/98, decidiu o Superior Tribunal de Justiça que a poluição gerada deve ter a capacidade de, ao menos, poder causar danos à saúde humana. No mesmo julgado[5], decidiu o STJ que, somente se admite a responsabilização penal da pessoa jurídica em crimes ambientais, nas hipóteses de imputação simultânea da pessoa física que atua em seu nome, responsável por sua gerência.*

5 STJ, HC 147.541/RS, 14.02.2011.

8. ***(PROMOTOR DE JUSTIÇA/TO – CESPE/UNB 2004)*** *Pena restritiva de direito não pode ser aplicada cumulativamente a pena restritiva de liberdade.*

Resposta: *Certo. Não existe a previsão de cumulação de penas privativas de liberdade com restritivas de direito na Lei Federal nº 9.605/98. Segundo o art. 7º, da Lei dos Crimes Ambientais (LAC), havendo condenação de pessoa física por crime ambiental, as penas restritivas de direito, desde que satisfeitos os requisitos legais, substituem as penas privativas de liberdade.*

9. ***(JUIZ DE DIREITO DO ESTADO DO PIAUÍ – 2007 – CESPE/UNB)*** *A Lei dos Crimes Ambientais só admite o crime qualificado quando ausentes as medidas de precaução, em caso de risco de dano ambiental grave ou irreversível, por parte daqueles que as deveriam adotar e quando assim o exigir a autoridade competente.*

Resposta: *Errado. A Lei dos Crimes Ambientais não condiciona as causas de aumento de pena (circunstâncias majorantes) à ausência de medidas de precaução em caso de risco de dano ambiental grave ou irreversível. Exemplo disso é o crime de Poluição, previsto no art. 54, da referida lei, consistente na ação de causar poluição de qualquer natureza em níveis tais que resultem ou possam resultar em danos à saúde humana, ou que provoquem a mortandade de animais ou a destruição significativa da flora, cuja pena cominada é de reclusão, de 1 (um) a 4 (quatro) anos, e multa. Nos termos do § 2º da LCA, o crime será qualificado, passando a pena a ser de reclusão de 1 (um) a 5 (cinco) anos, quando tornar uma área, urbana ou rural, imprópria para a ocupação humana (inc. I); causar poluição atmosférica que provoque a retirada, ainda que momentânea, dos habitantes das áreas afetadas, ou que cause danos diretos à saúde da população (inc. II); causar poluição hídrica que torne necessária a interrupção do abastecimento público de água de uma comunidade (inc. III); dificultar ou impedir o uso público das praias (inc. IV); ou ocorrer por lançamento de resíduos sólidos, líquidos ou gasosos, ou detritos, óleos ou substâncias oleosas, em desacordo com as exigências estabelecidas em leis ou regulamentos (inc. V).*

10. ***(JUIZ DE DIREITO DO ESTADO DO PIAUÍ – 2007 – CESPE/UNB)*** *Não há hipótese de crime de poluição atmosférica qualificada que não seja a prática de terrorismo, estando, nesse caso, a legislação dos crimes ambientais sujeita à Lei de Segurança Nacional e às convenções internacionais que regulam os crimes contra a humanidade.*

Resposta: *Errado. Afirmação deveras despicienda de qualquer embasamento jurídico. O crime de Poluição ambiental não se encontra relacionado com as práticas de terrorismo, atualmente descritas na Lei Federal nº 13.260, de 16 de março de 2016 (Lei Antiterrorismo). Ademais, a legislação ambiental não possui relação com a Lei de Segurança Nacional (Lei Federal nº 7.170/83).*

11. ***(VUNESP – DELEGADO DE POLÍCIA – PC – BA/2018)*** *No que concerne à aplicação da Lei nº 9.099/95 quanto às infrações penais ambientais previstas na Lei nº 9.605/98, é correto afirmar que*

(A) a legislação contempla crimes ambientais de ação penal pública condicionada e incondicionada, aplicando-se, a todos os tipos penais, a suspensão condicional do processo e a transação penal.

(B) nos crimes ambientais de menor potencial ofensivo e de ação penal pública condicionada, a transação penal poderá ser formulada independentemente de prévia composição do dano ambiental.

(C) a legislação contempla apenas crimes ambientais de ação penal pública incondicionada, aplicando-se

integralmente as disposições da Lei nº 9.099/95 no tocante à suspensão condicional do processo e à transação penal.

(D) *nos crimes ambientais de menor potencial ofensivo e de ação penal pública incondicionada, a suspensão condicional do processo poderá ser aplicada sem qualquer modificação.*

(E) *nos crimes ambientais de menor potencial ofensivo, a transação penal somente poderá ser formulada desde que tenha havido a prévia composição do dano ambiental, salvo em caso de comprovada impossibilidade.*

Resposta: *A única alternativa correta é a da letra "E". A fundamentação legal para tal assertiva encontra-se insculpida no art. 27, da Lei dos Crimes Ambientais (Lei Federal nº 9.605/98).*

12. (CESPE – DELEGADO DE POLÍCIA FEDERAL – DPF/2018) *Acerca de tráfico ilícito de entorpecentes, crimes contra o meio ambiente, crime de discriminação e preconceito e crime contra o consumidor, julgue os próximos itens.*

Pessoa jurídica que praticar crime contra o meio ambiente por decisão do seu órgão colegiado e no interesse da entidade poderá ser responsabilizada penalmente, embora não fique necessariamente sujeita às mesmas sanções aplicadas às pessoas físicas.

Resposta: *Certo. A este respeito, a regra constante no art. 3º e § único, da Lei dos Crimes Ambientais (Lei Federal nº 9.605/98). Vale registrar, por oportuno, que a responsabilização penal da pessoa jurídica por ilícitos ambientais foi prevista originalmente na Constituição Federal de 1988, em seu art. 225, § 3º.*

XIII) "LAVAGEM" DE DINHEIRO (LEI FEDERAL Nº 9.613/1998)

Dispõe sobre os crimes de "lavagem" ou ocultação de bens, direitos e valores; a prevenção da utilização do sistema financeiro para os ilícitos previstos nesta Lei; cria o Conselho de Controle de Atividades Financeiras - COAF, e dá outras providências

CAPÍTULO I

Dos Crimes de "Lavagem" ou Ocultação de Bens, Direitos e Valores

Art. 1º Ocultar ou dissimular a natureza, origem, localização, disposição, movimentação ou propriedade de bens, direitos ou valores provenientes, direta ou indiretamente, de infração penal. (Redação dada pela Lei nº 12.683, de 9-7-2012)

I - (revogado); (Redação dada pela Lei nº 12.683, de 9-7-2012)

II - (revogado); (Redação dada pela Lei nº 12.683, de 9-7-2012)

III - (revogado); (Redação dada pela Lei nº 12.683, de 9-7-2012)

IV - (revogado); (Redação dada pela Lei nº 12.683, de 9-7-2012)

V - (revogado); (Redação dada pela Lei nº 12.683, de 9-7-2012)

VI - (revogado); (Redação dada pela Lei nº 12.683, de 9-7-2012)

VII - (revogado); (Redação dada pela Lei nº 12.683, de 9-7-2012)

VIII - (revogado). (Redação dada pela Lei nº 12.683, de 9-7-2012)

Pena: reclusão, de 3 (três) a 10 (dez) anos, e multa. (Redação dada pela Lei nº 12.683, de 9-7-2012)

§ 1º Incorre na mesma pena quem, para ocultar ou dissimular a utilização de bens, direitos ou valores provenientes de infração penal: (Redação dada pela Lei nº 12.683, de 9-7-2012)

I - os converte em ativos lícitos;

II - os adquire, recebe, troca, negocia, dá ou recebe em garantia, guarda, tem em depósito, movimenta ou transfere;

III - importa ou exporta bens com valores não correspondentes aos verdadeiros.

§ 2º Incorre, ainda, na mesma pena quem: (Redação dada pela Lei nº 12.683, de 9-7-2012)

I - utiliza, na atividade econômica ou financeira, bens, direitos ou valores provenientes de infração penal; (Redação dada pela Lei nº 12.683, de 9-7-2012)

II - participa de grupo, associação ou escritório tendo conhecimento de que sua atividade principal ou secundária é dirigida à prática de crimes previstos nesta Lei.

§ 3º A tentativa é punida nos termos do parágrafo único do art. 14 do Código Penal.

§ 4º A pena será aumentada de um a dois terços, se os crimes definidos nesta Lei forem cometidos de forma reiterada ou por intermédio de organização criminosa. (Redação dada pela Lei nº 12.683, de 9-7-2012)

§ 5º A pena poderá ser reduzida de um a dois terços e ser cumprida em regime aberto ou semiaberto, facultando-se ao juiz deixar de aplicá-la ou substituí-la, a qualquer tempo, por pena restritiva de direitos, se o autor, coautor ou partícipe colaborar espontaneamente com as autoridades, prestando esclarecimentos que conduzam à apuração das infrações penais, à identificação dos autores, coautores e partícipes, ou à localização dos bens, direitos ou valores objeto do crime. (Redação dada pela Lei nº 12.683, de 9-7-2012)

CAPÍTULO II

Disposições Processuais Especiais

Art. 2º O processo e julgamento dos crimes previstos nesta Lei:

I - obedecem às disposições relativas ao procedimento comum dos crimes punidos com reclusão, da competência do juiz singular;

II – independem do processo e julgamento das infrações penais antecedentes, ainda que praticados em outro país, cabendo ao juiz competente para os crimes previstos nesta Lei a decisão sobre a unidade de processo e julgamento; (Redação dada pela Lei nº 12.683, de 9-7-2012)

III – são da competência da Justiça Federal:

a) quando praticados contra o sistema financeiro e a ordem econômico-financeira, ou em detrimento de bens, serviços ou interesses da União, ou de suas entidades autárquicas ou empresas públicas;

b) quando a infração penal antecedente for de competência da Justiça Federal. (Redação dada pela Lei nº 12.683, de 9-7-2012)

§ 1º A denúncia será instruída com indícios suficientes da existência da infração penal antecedente, sendo puníveis os fatos previstos nesta Lei, ainda que desconhecido ou isento de pena o autor, ou extinta a punibilidade da infração penal antecedente. (Redação dada pela Lei nº 12.683, de 9-7-2012)

§ 2º No processo por crime previsto nesta Lei, não se aplica o disposto no art. 366 do Decreto-Lei nº 3.689, de 3 de outubro de 1941 (Código de Processo Penal), devendo o acusado que não comparecer nem constituir advogado ser citado por edital, prosseguindo o feito até o julgamento, com a nomeação de defensor dativo. (Redação dada pela Lei nº 12.683, de 9-7-2012)

Art. 3º (Revogado pela Lei nº 12.683, de 9-7-2012)

Art. 4º O juiz, de ofício, a requerimento do Ministério Público ou mediante representação do delegado de polícia, ouvido o Ministério Público em 24 (vinte e quatro) horas, havendo indícios suficientes de infração penal, poderá decretar medidas assecuratórias de bens, direitos ou valores do investigado ou acusado, ou existentes em nome de interpostas pessoas, que sejam instrumento, produto ou proveito dos crimes previstos nesta Lei ou das infrações penais antecedentes. (Redação dada pela Lei nº 12.683, de 9-7-2012)

§ 1º Proceder-se-á à alienação antecipada para preservação do valor dos bens sempre que estiverem sujeitos a qualquer grau de deterioração ou depreciação, ou quando houver dificuldade para sua manutenção. (Redação dada pela Lei nº 12.683, de 9-7-2012)

§ 2º O juiz determinará a liberação total ou parcial dos bens, direitos e valores quando comprovada a licitude de sua origem, mantendo-se a constrição dos bens, direitos e valores necessários e suficientes à reparação dos danos e ao pagamento de prestações pecuniárias, multas e custas decorrentes da infração penal. (Redação dada pela Lei nº 12.683, de 9-7-2012)

§ 3º Nenhum pedido de liberação será conhecido sem o comparecimento pessoal do acusado ou de interposta pessoa a que se refere o ***caput*** *deste artigo, podendo o juiz determinar a prática de atos necessários à conservação de bens, direitos ou valores, sem prejuízo do disposto no § 1º. (Redação dada pela Lei nº 12.683, de 9-7-2012)*

§ 4º Poderão ser decretadas medidas assecuratórias sobre bens, direitos ou valores para reparação do dano decorrente da infração penal antecedente ou da prevista nesta Lei ou para pagamento de prestação pecuniária, multa e custas. (Redação dada pela Lei nº 12.683, de 9-7-2012)

Art. 4º-A. A alienação antecipada para preservação de valor de bens sob constrição será decretada pelo juiz, de ofício, a requerimento do Ministério Público ou por solicitação da parte interessada, mediante petição autônoma, que será autuada em apartado e cujos autos terão tramitação em separado em relação ao processo principal. (Incluído pela Lei nº 12.683, de 9-7-2012)

§ 1º O requerimento de alienação deverá conter a relação de todos os demais bens, com a descrição e a especificação de cada um deles, e informações sobre quem os detém e local onde se encontram. (Incluído pela Lei nº 12.683, de 9-7-2012)

§ 2º O juiz determinará a avaliação dos bens, nos autos apartados, e intimará o Ministério Público. (Incluído pela Lei nº 12.683, de 9-7-2012)

§ 3º Feita a avaliação e dirimidas eventuais divergências sobre o respectivo laudo, o juiz, por sentença, homologará o valor atribuído aos bens e determinará sejam alienados em leilão ou pregão, preferencialmente eletrônico,

por valor não inferior a 75% (setenta e cinco por cento) da avaliação. (Incluído pela Lei nº 12.683, de 9-7-2012)

§ 4º Realizado o leilão, a quantia apurada será depositada em conta judicial remunerada, adotando-se a seguinte disciplina: (Incluído pela Lei nº 12.683, de 9-7-2012)

I – nos processos de competência da Justiça Federal e da Justiça do Distrito Federal: (Incluído pela Lei nº 12.683, de 9-7-2012)

a) os depósitos serão efetuados na Caixa Econômica Federal ou em instituição financeira pública, mediante documento adequado para essa finalidade; (Incluída pela Lei nº 12.683, de 9-7-2012)

b) os depósitos serão repassados pela Caixa Econômica Federal ou por outra instituição financeira pública para a Conta Única do Tesouro Nacional, independentemente de qualquer formalidade, no prazo de 24 (vinte e quatro) horas; e (Incluída pela Lei nº 12.683, de 9-7-2012)

c) os valores devolvidos pela Caixa Econômica Federal ou por instituição financeira pública serão debitados à Conta Única do Tesouro Nacional, em subconta de restituição; (Incluída pela Lei nº 12.683, de 9-7-2012)

II – nos processos de competência da Justiça dos Estados: (Incluído pela Lei nº 12.683, de 9-7-2012)

a) os depósitos serão efetuados em instituição financeira designada em lei, preferencialmente pública, de cada Estado ou, na sua ausência, em instituição financeira pública da União; (Incluída pela Lei nº 12.683, de 9-7-2012)

b) os depósitos serão repassados para a conta única de cada Estado, na forma da respectiva legislação. (Incluída pela Lei nº 12.683, de 9-7-2012)

§ 5º Mediante ordem da autoridade judicial, o valor do depósito, após o trânsito em julgado da sentença proferida na ação penal, será: (Incluído pela Lei nº 12.683, de 9-7-2012)

I – em caso de sentença condenatória, nos processos de competência da Justiça Federal e da Justiça do Distrito Federal, incorporado definitivamente ao patrimônio da União, e, nos processos de competência da Justiça Estadual, incorporado ao patrimônio do Estado respectivo; (Incluído pela Lei nº 12.683, de 9-7-2012)

II – em caso de sentença absolutória extintiva de punibilidade, colocado à disposição do réu pela instituição financeira, acrescido da remuneração da conta judicial. (Incluído pela Lei nº 12.683, de 2012)

§ 6º A instituição financeira depositária manterá controle dos valores depositados ou devolvidos. (Incluído pela Lei nº 12.683, de 9-7-2012)

§ 7º Serão deduzidos da quantia apurada no leilão todos os tributos e multas incidentes sobre o bem alienado, sem prejuízo de iniciativas que, no âmbito da competência de cada ente da Federação, venham a desonerar bens sob constrição judicial daqueles ônus. (Incluído pela Lei nº 12.683, de 2012)

§ 8º Feito o depósito a que se refere o § 4º deste artigo, os autos da alienação serão apensados aos do processo principal. (Incluído pela Lei nº 12.683, de 9-7-2012)

§ 9º Terão apenas efeito devolutivo os recursos interpostos contra as decisões proferidas no curso do procedimento previsto neste artigo. (Incluído pela Lei nº 12.683, de 9-7-2012)

§ 10. Sobrevindo o trânsito em julgado de sentença penal condenatória, o juiz decretará, em favor, conforme o caso, da União ou do Estado: (Incluído pela Lei nº 12.683, de 9-7-2012)

I – a perda dos valores depositados na conta remunerada e da fiança; (Incluído pela Lei nº 12.683, de 9-7-2012)

II – a perda dos bens não alienados antecipadamente e daqueles aos quais não foi dada destinação prévia; e (Incluído pela Lei nº 12.683, de 9-7-2012)

III – a perda dos bens não reclamados no prazo de 90 (noventa) dias após o trânsito em julgado da sentença condenatória, ressalvado o direito de lesado ou terceiro de boa-fé. (Incluído pela Lei nº 12.683, de 9-7-2012)

§ 11. Os bens a que se referem os incisos II e III do § 10 deste artigo serão adjudicados ou levados a leilão, depositando-se o saldo na conta única do respectivo ente. (Incluído pela Lei nº 12.683, de 9-7-2012)

§ 12. O juiz determinará ao registro público competente que emita documento de habilitação à circulação e utilização dos bens colocados sob o uso e custódia das entidades a que se refere o ***caput*** *deste artigo. (Incluído pela Lei nº 12.683, de 9-7-2012)*

§ 13. Os recursos decorrentes da alienação antecipada de bens, direitos e valores oriundos do crime de tráfico ilícito de drogas e que tenham sido objeto de dissimulação e ocultação nos termos desta Lei permanecem submetidos à disciplina definida em lei específica. (Incluído pela Lei nº 12.683, de 9-7-2012)

Art. 4º-B. A ordem de prisão de pessoas ou as medidas assecuratórias de bens, direitos ou valores poderão ser suspensas pelo juiz, ouvido o Ministério Público, quando a sua execução imediata puder comprometer as investigações. (Incluído pela Lei nº 12.683, de 9-7-2012)

Art. 5º Quando as circunstâncias o aconselharem, o juiz, ouvido o Ministério Público, nomeará pessoa física ou jurídica qualificada para a administração dos bens, direitos ou valores sujeitos a medidas assecuratórias, mediante termo de compromisso. (Redação dada pela Lei nº 12.683, de 9-7-2012)

Art. 6º A pessoa responsável pela administração dos bens: (Redação dada pela Lei nº 12.683, de 9-7-2012)

I – fará jus a uma remuneração, fixada pelo juiz, que será satisfeita com o produto dos bens objeto da administração;

II – prestará, por determinação judicial, informações periódicas da situação dos bens sob sua administração, bem como explicações e detalhamentos sobre investimentos e reinvestimentos realizados.

Parágrafo único. Os atos relativos à administração dos bens sujeitos a medidas assecuratórias serão levados ao conhecimento do Ministério Público, que requererá o que entender cabível. (Redação dada pela Lei nº 12.683, de 9-7-2012)

CAPÍTULO III

Dos Efeitos da Condenação

Art. 7º São efeitos da condenação, além dos previstos no Código Penal:

I – a perda, em favor da União – e dos Estados, nos casos de competência da Justiça Estadual -, de todos os bens, direitos e valores relacionados, direta ou indiretamente, à prática dos crimes previstos nesta Lei, inclusive aqueles utilizados para prestar a fiança, ressalvado o direito do lesado ou de terceiro de boa-fé; (Redação dada pela Lei nº 12.683, de 9-7-2012)

II – a interdição do exercício de cargo ou função pública de qualquer natureza e de diretor, de membro de conselho de administração ou de gerência das pessoas jurídicas referidas no art. 9º, pelo dobro do tempo da pena privativa de liberdade aplicada.

§ 1º A União e os Estados, no âmbito de suas competências, regulamentarão a forma de destinação dos bens, direitos e valores cuja perda houver sido declarada, assegurada, quanto aos processos de competência da Justiça Federal, a sua utilização pelos órgãos federais encarregados da prevenção, do combate, da ação penal e do julgamento dos crimes previstos nesta Lei, e, quanto aos processos de competência da Justiça Estadual, a preferência dos órgãos locais com idêntica função. (Incluído pela Lei nº 12.683, de 9-7-2012)

§ 2º Os instrumentos do crime sem valor econômico cuja perda em favor da União ou do Estado for decretada serão inutilizados ou doados a museu criminal ou a entidade pública, se houver interesse na sua conservação. (Incluído pela Lei nº 12.683, de 9-7-2012)

(...)

CAPÍTULO X (Incluído pela Lei nº 12.683, de 9-7-2012)

DISPOSIÇÕES GERAIS (Incluído pela Lei nº 12.683, de 9-7-2012)

Art. 17-A. Aplicam-se, subsidiariamente, as disposições do Decreto-Lei nº 3.689, de 3 de outubro de 1941 (Código de Processo Penal), no que não forem incompatíveis com esta Lei. (Incluído pela Lei nº 12.683, de 9-7-2012)

Art. 17-B. A autoridade policial e o Ministério Público terão acesso, exclusivamente, aos dados cadastrais do investigado que informam qualificação pessoal, filiação e endereço, independentemente de autorização judicial, mantidos pela Justiça Eleitoral, pelas empresas telefônicas, pelas instituições financeiras, pelos provedores de internet e pelas administradoras de cartão de crédito. (Incluído pela Lei nº 12.683, de 9-7-2012)

Art. 17-C. Os encaminhamentos das instituições financeiras e tributárias em resposta às ordens judiciais de quebra ou transferência de sigilo deverão ser, sempre que determinado, em meio informático, e apresentados em arquivos que possibilitem a migração de informações para os autos do processo sem redigitação. (Incluído pela Lei nº 12.683, de 9-7-2012)

Art. 17-D. Em caso de indiciamento de servidor público, este será afastado, sem prejuízo de remuneração e demais direitos previstos em lei, até que o juiz competente autorize, em decisão fundamentada, o seu retorno. (Incluído pela Lei nº 12.683, de 9-7-2012)

Art. 17-E. A Secretaria da Receita Federal do Brasil conservará os dados fiscais dos contribuintes pelo prazo mínimo de 5 (cinco) anos, contado a partir do início do exercício seguinte ao da declaração de renda respectiva ou do pagamento do tributo. (Incluído pela Lei nº 12.683, de 9-7-2012)

Art. 18. Esta Lei entra em vigor na data de sua publicação".

COMENTÁRIOS

I. Delimitação:

Os crimes de "lavagem" ou ocultação de bens, direitos e valores estão disciplinados no art. 1º, *caput* e §§ 1º e 2º, da Lei Federal nº 9.613/98, com as alterações introduzidas por meio da Lei Federal nº 12.683/12.

Segundo Nucci[1]:

> *"O termo lavagem, em nosso entendimento, é inapropriado. Decorrente da cultura norte-americana, origina-se da década de 20, nos EUA, quando a Máfia criou várias lavanderias para dar aparência lícita a negócios ilícitos, ou seja, buscava-se justificar, por intermédio de um comércio legalizado, a origem criminosa do dinheiro arrecadado. Em outros países, o delito é chamado de branqueamento de dinheiro (Portugal, França e Espanha). Nos EUA, porém, consolidou-se a denominação lavagem de dinheiro (money laudering).*
>
> *(...)*
>
> *Fosse uma palavra tão incorporada em nosso vocabulário jurídico e não precisaria a inserção das aspas na abertura da Lei 9.613/98. Tanto é estranha que ficou ali instalada com duplo sentido. Logo, cremos que deveríamos ter fixado uma posição própria, ao redigir o tipo penal e titular esta Lei, mencionando a ocultação de bens, valores ou a sua transformação em ativos aparentemente lícitos. Nem a 'lavagem', nem o 'branqueamento'".*

1 Ibidem, p. 586.

II. Procedimento policial cabível: Inquérito Policial.

Trata-se de infração penal de maior potencial ofensivo.

Em qualquer de suas modalidades, o crime de "Lavagem" de Capitais se submete ao rito do procedimento comum ordinário (art. 394, § 1º, I, CPP).

III. Competência:

A competência, via de regra, será da Justiça Comum Estadual.

Todavia, nas hipóteses do art. 2º, III, da Lei nº 9.613/98, a competência será da Justiça Comum Federal:

a) quando praticados contra o sistema financeiro e a ordem econômico-financeira, ou em detrimento de bens, serviços ou interesses da União, ou de suas entidades autárquicas ou empresas públicas (a segunda parte, em consonância com o que dispõe o art. 109, IV, CF/88);

b) quando a infração penal antecedente for de competência da Justiça Federal (em conformidade com o que dispõe o art. 109, CF/88);

c) quando a lavagem de capitais for praticada além do território nacional e houver tratado ou convenção internacional firmado pelo Brasil no qual o Estado brasileiro se compromete a reprimir a infração penal antecedente (não corresponde a uma das hipóteses legais do inciso III do art. 2º da Lei 9.613/98, porém é decorrente da inteligência do art. 109, V, da CF/88).

IV. Legitimação:

Segundo a Lei de "Lavagem" de Capitais, estão legitimados a pleitear medidas assecuratórias de bens, direitos ou valores do investigado ou acusado, ou existentes em nome de interpostas pessoas, que sejam instrumento, produto ou proveito dos crimes previstos na Lei Federal nº 9.613/98 ou das infrações penais antecedentes:

a) o Juiz, de ofício (art. 4º, *caput,* Lei 9.613/98);

b) o Ministério Público (art. 4º, *caput,* Lei 9.613/98);

c) o Delegado de Polícia (art. 4º, *caput,* Lei 9.613/98);

d) o Ofendido de uma das infrações penais antecedentes (inteligência dos arts. 17-A, Lei 9.613/98, e 127, do CPP);

e) o Assistente da Acusação (inteligência dos arts. 17-A, Lei 9.613/98; 127, do CPP; e 271, do CPP – propor meios de prova).

V. Ação Controlada:

A ação controlada consiste no retardamento da intervenção do aparato estatal, que deve ocorrer no momento mais oportuno do ponto de vista da investigação policial.

Cuida-se de importante técnica especial de investigação, prevista expressamente no art. 4º-B, da Lei nº 9.613/98.

Depende de autorização judicial (reserva de jurisdição).

Segundo Nucci[2]:

> *"A prisão cautelar decretada ou a apreensão de coisas em geral pode ser suspensa pelo magistrado, ouvido o Ministério Público, caso possa comprometer as investigações que, obviamente, prosseguem. Cuida-se uma protelação legal de medida de cautela (como já faz no tocante do flagrante retardado da Lei 9.034/95) para não prejudicar a descoberta de outros autores ou de bens, direitos e valores ilicitamente ocultos".*

VI. Acesso de Dados Cadastrais:

O acesso pelo Delegado de Polícia e pelo Promotor de Justiça, de dados cadastrais dos investigados por crimes de "Lavagem" de Capitais, não depende de autorização judicial, conforme dispõe o art. 17-B, da Lei nº 9.613/98.

Redação similar encontramos no art. 15, da Lei nº 12.850/13, que trata das Organizações Criminosas.

VII. Afastamento de Servidor Público:

Existe previsão na Lei nº 9.613/98 de afastamento de servidor público de suas funções, em caso de indiciamento em Inquérito Policial por crimes de "Lavagem" de Capitais.

Tal previsão encontra-se insculpida no art. 17-D, da Lei nº 9.613/98.

No que concerne ao afastamento compulsório, pontifica Nucci[3]:

2 Op. Cit, p. 616.
3 Op. Cit, p. 624.

> *"Quando houver indiciamento - apontar determinado suspeito, formalmente, como autor ou partícipe do crime - de servidor público, ele deve ser imediatamente afastado de suas funções, certamente ligadas a alguma atividade que deu ensejo à prática do crime de lavagem de capitais. Busca-se preservar, ao máximo, a idoneidade da administração, inviabilizando qualquer influência do funcionário durante a investigação ou processo. Por outro lado, permite-se a continuidade da percepção da sua remuneração, não significando prejuízo imediato, antes do trânsito em julgado de eventual sentença condenatória. Além disso, pode o servidor retornar à ativa, desde que o juiz competente autorize, em decisão fundamentada. Em suma, não vemos riscos à presunção de inocência, mas somente uma medida cautelar legalmente imposta".*

VIII. Substituição do COAF pela UIF:

Nos termos do artigo 62, da Constituição Federal, consoante Medida Provisória nº 893, de 19 de agosto de 2019, foi transformado o Conselho de Controle de Atividades Financeiras (COAF) na Unidade de Inteligência Financeira (UIF), nos seguintes termos:

> *"Art. 1º Esta Medida Provisória transforma o Conselho de Controle de Atividades Financeiras na Unidade de Inteligência Financeira.*
>
> *Art. 2º O Conselho de Controle de Atividades Financeiras fica transformado, sem aumento de despesa, na Unidade de Inteligência Financeira.*
>
> *§ 1º A Unidade de Inteligência Financeira é responsável por produzir e gerir informações de inteligência financeira para a prevenção e o combate à lavagem de dinheiro, ao financiamento do terrorismo e ao financiamento da proliferação de armas de destruição em massa e promover a interlocução institucional com órgãos e entidades nacionais, estrangeiros e internacionais que tenham conexão com a matéria.*
>
> *§ 2º Ficam transferidas para a Unidade de Inteligência Financeira as competências atribuídas ao Conselho de Controle de Atividades Financeiras pela legislação em vigor.*
>
> *Art. 3º A Unidade de Inteligência Financeira, vinculada administrativamente ao Banco Central do Brasil, tem autonomia técnica e operacional e atuação em todo o território nacional.*
>
> *Art. 4º A estrutura organizacional da Unidade de Inteligência Financeira compreende:*
>
> *I - o Conselho Deliberativo; e*
>
> *II - o Quadro Técnico-Administrativo.*
>
> *Art. 5º O Conselho Deliberativo é composto pelo Presidente da Unidade de Inteligência Financeira e por, no mínimo, oito e, no máximo, quatorze Conselheiros, escolhidos dentre cidadãos brasileiros com reputação ilibada e reconhecidos conhecimentos em matéria de prevenção e combate à lavagem de dinheiro, ao financiamento do terrorismo ou ao financiamento da proliferação de armas de destruição em massa.*
>
> *§ 1º Compete ao Presidente do Banco Central do Brasil:*
>
> *I - escolher e designar os Conselheiros; e*
>
> *II - escolher e nomear o Presidente da Unidade de Inteligência Financeira.*
>
> *§ 2º A atuação dos Conselheiros será considerada prestação de serviço público relevante, não remunerada.*
>
> *§ 3º Compete à Diretoria Colegiada do Banco Central do Brasil fixar o número de Conselheiros, atendidos os parâmetros do caput.*
>
> *Art. 6º Compete ao Conselho Deliberativo, além de outras atribuições previstas no regimento interno da Unidade de Inteligência Financeira:*

I – a definição e a aprovação das orientações e das diretrizes estratégicas de atuação da Unidade de Inteligência Financeira; e

II – o julgamento dos processos administrativos sancionadores na esfera de competência da Unidade de Inteligência Financeira.

Art. 7º O Quadro Técnico-Administrativo é composto pela Secretaria-Executiva e pelas Diretorias Especializadas previstas no regimento interno da Unidade de Inteligência Financeira e é integrado por:

I – ocupantes de cargos em comissão e funções de confiança;

II – servidores, militares e empregados cedidos ou requisitados; e

III – servidores efetivos.

Parágrafo único. A gestão do Quatro Técnico-Administrativo compete ao Presidente da Unidade de Inteligência Financeira.

Art. 8º A organização e o funcionamento da Unidade de Inteligência Financeira, incluídas a sua estrutura e as competências e atribuições no âmbito do Conselho Deliberativo e do Quadro Técnico-Administrativo, serão definidos no regimento interno da Unidade de Inteligência Financeira.

Art. 9º A Diretoria Colegiada do Banco Central do Brasil regulará o processo administrativo sancionador no âmbito da Unidade de Inteligência Financeira e disporá, inclusive, sobre o rito, os prazos e os critérios para gradação das penalidades previstas na Lei nº 9.613, de 3 de março de 1998, assegurados o contraditório e a ampla defesa.

§ 1º Caberá recurso das decisões da Unidade de Inteligência Financeira relativas à aplicação de penalidades administrativas ao Conselho de Recursos do Sistema Financeiro Nacional.

§ 2º O disposto na Lei nº 9.784, de 29 de janeiro de 1999, se aplica subsidiariamente aos processos administrativos sancionadores instruídos no âmbito da Unidade de Inteligência Financeira, exceto quanto às disposições que contrariem a regulação de que trata este artigo.

Art. 10. Compete à Diretoria Colegiada do Banco Central do Brasil aprovar o regimento interno da Unidade de Inteligência Financeira.

Parágrafo único. O regimento interno da Unidade de Inteligência Financeira disporá sobre as regras gerais de reunião, organização e deliberação do Conselho Deliberativo.

Art. 11. É aplicável o disposto no art. 2º da Lei nº 9.007, de 17 de março de 1995, aos servidores, aos militares e aos empregados requisitados para a Unidade de Inteligência Financeira.

Art. 12. Ficam remanejados para a Unidade de Inteligência Financeira os cargos em comissão e as funções de confiança alocadas ao Conselho de Controle de Atividades Financeiras na data de entrada em vigor desta Medida Provisória.

Art. 13. Ficam transferidos para a Unidade de Inteligência Financeira os servidores e os empregados em exercício no Conselho de Controle de Atividades Financeiras na data de entrada em vigor desta Medida Provisória.

§ 1º A transferência de pessoal a que se refere o caput não implicará alteração remuneratória e não poderá ser obstada a pretexto de limitação de exercício em outro órgão ou entidade por força do disposto em lei especial.

§ 2º Não haverá novo ato de cessão, requisição ou movimentação de pessoal em razão das alterações realizadas por esta Medida Provisória.

§ 3º Sem prejuízo do disposto nesta Medida Provisória, a estrutura do Conselho

de Controle de Atividades Financeiras será aplicável à Unidade de Inteligência Financeira até a aprovação do seu regimento interno.

Art. 14. O Ministério da Economia e o Ministério da Justiça e Segurança Pública prestarão o apoio técnico e administrativo necessário para o funcionamento e a operação da Unidade de Inteligência Financeira até que haja disposição em contrário em ato do Poder Executivo federal ou em ato conjunto dos Ministros de Estado envolvidos.

Art. 15. Ficam revogados os seguintes dispositivos da Lei nº 9.613, de 1998:

I - o art. 13;

II - o art. 16; e

III - o art. 17.

Art. 16. Esta Medida Provisória entra em vigor na data de sua publicação"

Importante reforçar, por derradeiro, que a referida Medida Provisória revoga os artigos 13, 16 e 17, todos da Lei Federal nº 9.613/98.

☑ QUESTÕES DE CONCURSOS ACERCA DA LEI DE "LAVAGEM" DE DINHEIRO:

1. ***(OAB 2008.1 - CESPE/UNB)*** *O crime de lavagem de capitais admite ação controlada, pela qual a ordem de prisão de pessoas ou da apreensão ou sequestro de bens, direitos ou valores poderá ser suspensa pelo juiz, ouvido o Ministério Público, quando a sua execução imediata possa comprometer as investigações.*

Resposta: Certo. *Nos termos do art. 4º-B, da Lei Federal nº 9.613/98, incluído pela Lei Federal nº 12.683/12, a ordem de prisão de pessoas ou as medidas assecuratórias de bens, direitos ou valores poderão ser suspensas pelo Juiz, ouvido o Ministério Público, quando a sua execução imediata puder comprometer as investigações.*

2. ***(OAB 2006.2 - CESPE/UNB)*** *A conduta do agente que oculta ou dissimula natureza, origem, localização, disposição, movimentação ou propriedade de bens provenientes, direta ou indiretamente, do crime de terrorismo corresponde a crime*

(A) de lavagem de dinheiro.

(B) contra o sistema financeiro.

(C) contra a administração pública.

(D) de responsabilidade fiscal.

Resposta: *A alternativa a ser assinalada é a da letra "A". Nos exatos termos do art. 1º, da Lei Federal nº 9.613/98, com redação determinada pela Lei Federal nº 12.683/12, constitui crime de lavagem de capitais a conduta de ocultar ou dissimular a natureza, origem, localização, disposição, movimentação ou propriedade de bens, direitos ou valores provenientes, direta ou indiretamente, de infração penal. São condutas que consistem em deixar com aparência de lícitos ativos ilícitos, provenientes do cometimento de infrações penais. A origem criminosa de dinheiro, de bens e de recurso de toda natureza é camuflada, deixando-os numa situação de aparente legalidade.*

3. ***(DELEGADO DA POLÍCIA FEDERAL 2004 NACIONAL - CESPE/UNB)*** *Os altos preços verificados nas exportações de determinada empresa importadora atraíram a atenção da Polícia Federal, que descobriu que os artigos eram exportados com valores bastante acima dos praticados pelo mercado, como forma de fazer ingressar no país, de maneira aparentemente lícita, rendimentos obtidos a partir de tráfico internacional de drogas. Nessa situação, os responsáveis pelas referidas exportações cometeram crime de lavagem de dinheiro.*

Resposta: Certo. *É perfeitamente admissível o concurso entre os crimes de Lavagem de capitais e de Tráfico ilícito de drogas. Isso ocorre quando o traficante oculta ou dissimula a natureza, origem, localização, disposição, movimentação ou propriedade de bens, direitos ou valores provenientes, direta* *ou indiretamente, do crime de tráfico ilícito de drogas, conforme dispõe o art. 1,º da Lei Federal nº 9.613/98 (Lei de Lavagem de Capitais).*

4. **(DELEGADO DA POLÍCIA FEDERAL 2002 – CESPE/UNB)** *O depósito de cheques de terceiros recebidos pelo agente, como produto de concussão, em contas-correntes de pessoas jurídicas às quais contava ele ter acesso, basta para caracterizar a figura de lavagem de capitais mediante ocultação da origem, da localização e da propriedade dos valores respectivos.*

Resposta: *Certo. Trata-se de crime de Lavagem de capitais, previsto no art. 1º, da Lei Federal nº 9.613/98, consistente na conduta de ocultar ou dissimular a natureza, origem, localização, disposição, movimentação ou propriedade de bens, direitos ou valores provenientes, direta ou indiretamente, de infração penal.*

5. **(DELEGADO – POLÍCIA CIVIL – RR – 2003 – CESPE/UNB)** *O agente que dissimula a natureza e a origem da propriedade de valores provenientes diretamente do crime de furto, convertendo-os em ativos lícitos, comete o crime de lavagem de dinheiro.*

Resposta: *Certo. Segundo regra constante no art. 1º, § 1º, I, da Lei Federal nº 9.613/98, incorre no delito de Lavagem de capitais o agente que, para ocultar ou dissimular a utilização de bens, direitos ou valores provenientes de infração penal, converte eles em ativos lícitos.*

6. **(DELEGADO – POLÍCIA CIVIL – SE – 2006 – CESPE/UNB)** *João comprou uma casa usando dinheiro obtido pela prática de extorsão mediante sequestro, com emprego de violência, praticada contra Maria, sua mãe. Nessa situação, João somente poderia ser condenado por crime de lavagem de dinheiro se houvesse a condenação criminal pelo sequestro, o que não ocorrerá, já que, sendo Maria sua mãe, o mesmo é isento de pena.*

Resposta: *Errado. Consoante regra prevista no art. 183, I, CP, as imunidades absolutas ou escusas absolutórias não são aplicáveis aos crimes de roubo e de extorsão, bem como a todos os delitos contra o patrimônio em que haja emprego de grave ameaça ou violência à pessoa. Dessa forma, presente a prova da materialidade da infração penal antecedente, o delito de Lavagem de dinheiro é punível, ainda que desconhecido ou isento de pena o autor da infração penal antecedente, até porque, se não verificados os elementos indicadores da autoria, de fato não se poderá instaurar a persecução penal quanto ao delito anterior.*

7. **(PROMOTOR DE JUSTIÇA DO ESTADO DO ESPÍRITO SANTO – CESPE/UNB – 2010)** *Conforme a jurisprudência do STJ, o crime de lavagem de dinheiro pressupõe a ocorrência de crime antecedente, que deve estar listado no rol meramente exemplificativo do art. 1.º da Lei n.º 9.613/1998.*

Resposta: *Errado. Efetivamente, os delitos de Lavagem de dinheiro pressupõem a ocorrência de crime antecedente, mas o rol constante no art. 1°, da Lei Federal nº 9.613/98 é taxativo, e não exemplificativo.*

8. **(AGENTE POLÍCIA CIVIL DA PARAÍBA CESPE/UNB 2009)** *Os crimes de lavagem de dinheiro são insuscetíveis de anistia, graça e fiança, não podendo o réu apelar em liberdade.*

Resposta: *Errado. Antes das alterações promovidas pela Lei Federal nº 12.683/12, o art. 3º, da Lei Federal n 9.613/98 estabelecia: "Os crimes disciplinados nesta lei são insuscetíveis de fiança e liberdade provisória e, em caso de sentença condenatória, o juiz decidirá fundamentadamente se o réu poderá apelar em liberdade". Referido dispositivo, porém, foi revogado, não havendo mais de se falar de vedação de liberdade provisória. Cumpre observar que os Tribunais Superiores (STF/STJ) já não aceitavam vedação irrestrita à concessão de liberdade provisória.*

9. ***(JUIZ FEDERAL DA 5.ª REGIÃO CESPE/UNB 2011)*** *Para a configuração da conduta consistente em ocultar a natureza ou a origem de bens, direitos ou valores provenientes, direta ou indiretamente, de crime, exige-se prova da participação do acusado no delito antecedente.*

Resposta: *Errado. O delito de Lavagem de dinheiro é autônomo em relação aos crimes que o precederam, sendo prescindível a comprovação da participação do acusado nos delitos antecedentes. A esse respeito, a reiterada jurisprudência do STJ[4]: "participação no crime antecedente não é indispensável à adequação da conduta de quem oculta ou dissimula a natureza, origem, localização, disposição, movimentação ou propriedade de bens, direitos ou valores provenientes, direta ou indiretamente, de crime, ao tipo do art. 1.º, da Lei n.º 9.613/98."*

10. ***(OAB 2008.1 – CESPE/UNB)*** *No processo por crime de lavagem de dinheiro, não se aplica o disposto no art. 366 do Código de Processo Penal, que estabelece que o processo e o curso do prazo prescricional fiquem suspensos caso o acusado, citado por edital, não compareça nem constitua advogado, situação em que o processo deve seguir à sua revelia.*

Resposta: *Certo. De acordo com o art. 2º, § 2º, da Lei Federal nº 9.613/1998, com nova redação determinada pela Lei Federal nº 12.683/12, no processo por crime previsto nessa lei, não se aplica o disposto no art. 366, CPP, devendo o acusado que, não comparecer nem constituir advogado, ser citado por edital, prosseguindo o feito até o julgamento, com a nomeação de defensor dativo. Vale registrar que a denúncia por crime de Lavagem de dinheiro deverá ser obrigatoriamente instruída com indícios suficientes da existência do crime antecedente, podendo o agente criminoso ser responsabilizado penalmente, ainda que desconhecido ou isento de pena o autor do crime antecedente.*

11. ***(FUNDATEC – DELEGADO DE POLÍCIA – PC – RS/2018)*** *A respeito das condutas incriminadas pela Lei n° 9.613/1998, denominada Lei de Lavagem de Dinheiro, analise as assertivas que seguem:*

I. De acordo com o entendimento atual do Supremo Tribunal Federal sobre a matéria, o crime de lavagem de bens, direitos ou valores, praticado na modalidade de ocultação, tem natureza de crime permanente, logo, a prescrição somente começa a contar do dia em que cessar a permanência.

II. O crime de lavagem de bens, direitos ou valores é composto por três fases: a colocação (placement), a ocultação (layering) e a integração (integration), devendo todas estarem configuradas para o enquadramento da conduta na figura criminosa.

III. A pena será aumentada de um a dois terços, quando forem constatadas várias transações financeiras, soma de grandes valores e, além disso, houver prova de que o sujeito integre organização criminosa.

Quais estão corretas?

(A) Apenas I.

(B) Apenas II.

(C) Apenas III.

(D) Apenas I e III.

(E) I, II e III.

Resposta: *Está correto apenas o enunciado I. Efetivamente, na modalidade de ocultação, o crime de Lavagem de Capitais, segundo a jurisprudência recente do STF, tem natureza de crime permanente. Dessa forma, consoante regra constante no art. 111, III, do CP, a prescrição começará a correr a partir do dia em que cessar a permanência. Assim sendo, a única alternativa a ser assinalada é a da letra "A".*

4 STJ, HC 119.130/RJ, 28.02.2011.

12. ***(CESPE – DELEGADO DE POLÍCIA FEDERAL – DPF/2018)*** *Com referência à interceptação de comunicação telefônica, ao crime de tráfico ilícito de entorpecentes, ao crime de lavagem de capitais e a crimes cibernéticos, julgue os seguintes itens.*

Situação hipotética: Álvaro, servidor público federal, foi, por cinco anos, presidente da comissão de licitações de determinado órgão público federal. Em diversas ocasiões, Álvaro recebeu valores e bens para favorecer empresas nos certames licitatórios, e os transferiu para o patrimônio de Flávio, seu irmão, que os utilizava nos negócios da empresa da família, com vistas a ocultar o ingresso desses recursos e a sua origem ilícita. Assertiva: Nessa situação, Álvaro e Flávio responderão pelo crime de lavagem de capitais, e será da justiça federal a competência para processar e julgar a ação penal.

Resposta: *Certo. Trata-se da prática do delito de Lavagem de Capitais, insculpido no art. 1º, caput e §§ 1º e 2º, da Lei Federal nº 9.613/98. Em conformidade com a espécie fática descrita, nos termos do art. 2º, III, da referida legislação especial, a competência para processar e julgar a ação penal será da Justiça Federal, reforçando aqui também a competência preconizada no art. 109, da Constituição Federal de 1988.*

XIV) ESTATUTO DO IDOSO (LEI FEDERAL Nº 10.741/2003)

Dispõe sobre o Estatuto do Idoso e dá outras providências.

O PRESIDENTE DA REPÚBLICA *Faço saber que o Congresso Nacional decreta e eu sanciono a seguinte Lei:*

TÍTULO I

Disposições Preliminares

Art. 1º É instituído o Estatuto do Idoso, destinado a regular os direitos assegurados às pessoas com idade igual ou superior a 60 (sessenta) anos.

Art. 2º O idoso goza de todos os direitos fundamentais inerentes à pessoa humana, sem prejuízo da proteção integral de que trata esta Lei, assegurando-se-lhe, por lei ou por outros meios, todas as oportunidades e facilidades, para preservação de sua saúde física e mental e seu aperfeiçoamento moral, intelectual, espiritual e social, em condições de liberdade e dignidade.

Art. 3º É obrigação da família, da comunidade, da sociedade e do Poder Público assegurar ao idoso, com absoluta prioridade, a efetivação do direito à vida, à saúde, à alimentação, à educação, à cultura, ao esporte, ao lazer, ao trabalho, à cidadania, à liberdade, à dignidade, ao respeito e à convivência familiar e comunitária.

§ 1º A garantia de prioridade compreende: (Redação dada pela Lei nº 13.466, de 2017)

I – atendimento preferencial imediato e individualizado junto aos órgãos públicos e privados prestadores de serviços à população;

II – preferência na formulação e na execução de políticas sociais públicas específicas;

III – destinação privilegiada de recursos públicos nas áreas relacionadas com a proteção ao idoso;

IV – viabilização de formas alternativas de participação, ocupação e convívio do idoso com as demais gerações;

V – priorização do atendimento do idoso por sua própria família, em detrimento do atendimento asilar, exceto dos que não a possuam ou careçam de condições de manutenção da própria sobrevivência;

VI – capacitação e reciclagem dos recursos humanos nas áreas de geriatria e gerontologia e na prestação de serviços aos idosos;

VII – estabelecimento de mecanismos que favoreçam a divulgação de informações de caráter educativo sobre os aspectos biopsicossociais de envelhecimento;

VIII – garantia de acesso à rede de serviços de saúde e de assistência social locais.

IX – prioridade no recebimento da restituição do Imposto de Renda. (Incluído pela Lei nº 11.765, de 2008).

§ 2º Dentre os idosos, é assegurada prioridade especial aos maiores de oitenta anos, atendendo-se suas necessidades sempre preferencialmente em relação aos demais idosos. (Incluído pela Lei nº 13.466, de 2017)

Art. 4º Nenhum idoso será objeto de qualquer tipo de negligência, discriminação, violência, crueldade ou opressão, e todo atentado aos seus direitos, por ação ou omissão, será punido na forma da lei.

§ 1º É dever de todos prevenir a ameaça ou violação aos direitos do idoso.

§ 2º As obrigações previstas nesta Lei não excluem da prevenção outras decorrentes dos princípios por ela adotados.

Art. 5º A inobservância das normas de prevenção importará em responsabilidade à pessoa física ou jurídica nos termos da lei.

Art. 6º Todo cidadão tem o dever de comunicar à autoridade competente qualquer forma de violação a esta Lei que tenha testemunhado ou de que tenha conhecimento.

Art. 7º Os Conselhos Nacional, Estaduais, do Distrito Federal e Municipais do Idoso, previstos na Lei nº 8.842, de 4 de janeiro de

1994, zelarão pelo cumprimento dos direitos do idoso, definidos nesta Lei.

TÍTULO II

Dos Direitos Fundamentais

CAPÍTULO I

Do Direito à Vida

Art. 8º O envelhecimento é um direito personalíssimo e a sua proteção um direito social, nos termos desta Lei e da legislação vigente.

Art. 9º É obrigação do Estado, garantir à pessoa idosa a proteção à vida e à saúde, mediante efetivação de políticas sociais públicas que permitam um envelhecimento saudável e em condições de dignidade.

CAPÍTULO II

Do Direito à Liberdade, ao Respeito e à Dignidade

Art. 10. É obrigação do Estado e da sociedade, assegurar à pessoa idosa a liberdade, o respeito e a dignidade, como pessoa humana e sujeito de direitos civis, políticos, individuais e sociais, garantidos na Constituição e nas leis.

§ 1º O direito à liberdade compreende, entre outros, os seguintes aspectos:

I – faculdade de ir, vir e estar nos logradouros públicos e espaços comunitários, ressalvadas as restrições legais;

II – opinião e expressão;

III – crença e culto religioso;

IV – prática de esportes e de diversões;

V – participação na vida familiar e comunitária;

VI – participação na vida política, na forma da lei;

VII – faculdade de buscar refúgio, auxílio e orientação.

§ 2º O direito ao respeito consiste na inviolabilidade da integridade física, psíquica e moral, abrangendo a preservação da imagem, da identidade, da autonomia, de valores, ideias e crenças, dos espaços e dos objetos pessoais.

§ 3º É dever de todos zelar pela dignidade do idoso, colocando-o a salvo de qualquer tratamento desumano, violento, aterrorizante, vexatório ou constrangedor.

CAPÍTULO III

Dos Alimentos

Art. 11. Os alimentos serão prestados ao idoso na forma da lei civil.

Art. 12. A obrigação alimentar é solidária, podendo o idoso optar entre os prestadores.

Art. 13. As transações relativas a alimentos poderão ser celebradas perante o Promotor de Justiça ou Defensor Público, que as referendará, e passarão a ter efeito de título executivo extrajudicial nos termos da lei processual civil. (Redação dada pela Lei nº 11.737, de 2008)

Art. 14. Se o idoso ou seus familiares não possuírem condições econômicas de prover o seu sustento, impõe-se ao Poder Público esse provimento, no âmbito da assistência social.

CAPÍTULO IV

Do Direito à Saúde

Art. 15. É assegurada a atenção integral à saúde do idoso, por intermédio do Sistema Único de Saúde – SUS, garantindo-lhe o acesso universal e igualitário, em conjunto articulado e contínuo das ações e serviços, para a prevenção, promoção, proteção e recuperação da saúde, incluindo a atenção especial às doenças que afetam preferencialmente os idosos.

§ 1º A prevenção e a manutenção da saúde do idoso serão efetivadas por meio de:

I – cadastramento da população idosa em base territorial;

II – atendimento geriátrico e gerontológico em ambulatórios;

III – unidades geriátricas de referência, com pessoal especializado nas áreas de geriatria e gerontologia social;

IV – atendimento domiciliar, incluindo a internação, para a população que dele necessitar e esteja impossibilitada de se locomover, inclusive para idosos abrigados e acolhidos por instituições públicas, filantrópicas ou sem fins lucrativos e eventualmente conveniadas com o Poder Público, nos meios urbano e rural;

V – reabilitação orientada pela geriatria e gerontologia, para redução das sequelas decorrentes do agravo da saúde.

§ 2º Incumbe ao Poder Público fornecer aos idosos, gratuitamente, medicamentos, especialmente os de uso continuado, assim como

próteses, órteses e outros recursos relativos ao tratamento, habilitação ou reabilitação.

§ 3º É vedada a discriminação do idoso nos planos de saúde pela cobrança de valores diferenciados em razão da idade.

§ 4º Os idosos portadores de deficiência ou com limitação incapacitante terão atendimento especializado, nos termos da lei.

§ 5º É vedado exigir o comparecimento do idoso enfermo perante os órgãos públicos, hipótese na qual será admitido o seguinte procedimento: (Incluído pela Lei nº 12.896, de 2013)

I – quando de interesse do poder público, o agente promoverá o contato necessário com o idoso em sua residência; ou (Incluído pela Lei nº 12.896, de 2013)

II – quando de interesse do próprio idoso, este se fará representar por procurador legalmente constituído. (Incluído pela Lei nº 12.896, de 2013)

§ 6º É assegurado ao idoso enfermo o atendimento domiciliar pela perícia médica do Instituto Nacional do Seguro Social – INSS, pelo serviço público de saúde ou pelo serviço privado de saúde, contratado ou conveniado, que integre o Sistema Único de Saúde – SUS, para expedição do laudo de saúde necessário ao exercício de seus direitos sociais e de isenção tributária. (Incluído pela Lei nº 12.896, de 2013)

§ 7º Em todo atendimento de saúde, os maiores de oitenta anos terão preferência especial sobre os demais idosos, exceto em caso de emergência. (Incluído pela Lei nº 13.466, de 2017).

Art. 16. Ao idoso internado ou em observação é assegurado o direito a acompanhante, devendo o órgão de saúde proporcionar as condições adequadas para a sua permanência em tempo integral, segundo o critério médico.

Parágrafo único. Caberá ao profissional de saúde responsável pelo tratamento conceder autorização para o acompanhamento do idoso ou, no caso de impossibilidade, justificá-la por escrito.

Art. 17. Ao idoso que esteja no domínio de suas faculdades mentais é assegurado o direito de optar pelo tratamento de saúde que lhe for reputado mais favorável.

Parágrafo único. Não estando o idoso em condições de proceder à opção, esta será feita:

I – pelo curador, quando o idoso for interditado;

II – pelos familiares, quando o idoso não tiver curador ou este não puder ser contactado em tempo hábil;

III – pelo médico, quando ocorrer iminente risco de vida e não houver tempo hábil para consulta a curador ou familiar;

IV – pelo próprio médico, quando não houver curador ou familiar conhecido, caso em que deverá comunicar o fato ao Ministério Público.

Art. 18. As instituições de saúde devem atender aos critérios mínimos para o atendimento às necessidades do idoso, promovendo o treinamento e a capacitação dos profissionais, assim como orientação a cuidadores familiares e grupos de autoajuda.

Art. 19. Os casos de suspeita ou confirmação de violência praticada contra idosos serão objeto de notificação compulsória pelos serviços de saúde públicos e privados à autoridade sanitária, bem como serão obrigatoriamente comunicados por eles a quaisquer dos seguintes órgãos: (Redação dada pela Lei nº 12.461, de 2011)

I – Autoridade Policial;

II – Ministério Público;

III – Conselho Municipal do Idoso;

IV – Conselho Estadual do Idoso;

V – Conselho Nacional do Idoso.

§ 1º Para os efeitos desta Lei, considera-se violência contra o idoso qualquer ação ou omissão praticada em local público ou privado que lhe cause morte, dano ou sofrimento físico ou psicológico. (Incluído pela Lei nº 12.461, de 2011)

*§ 2º Aplica-se, no que couber, à notificação compulsória prevista no **caput** deste artigo, o disposto na Lei nº 6.259, de 30 de outubro de 1975. (Incluído pela Lei nº 12.461, de 2011)*

CAPÍTULO V

Da Educação, Cultura, Esporte e Lazer

Art. 20. O idoso tem direito a educação, cultura, esporte, lazer, diversões, espetáculos, produtos e serviços que respeitem sua peculiar condição de idade.

Art. 21. O Poder Público criará oportunidades de acesso do idoso à educação, adequando currículos, metodologias e material didático aos programas educacionais a ele destinados.

§ 1º Os cursos especiais para idosos incluirão conteúdo relativo às técnicas de comunicação, computação e demais avanços tecnológicos, para sua integração à vida moderna.

§ 2º Os idosos participarão das comemorações de caráter cívico ou cultural, para transmissão de conhecimentos e vivências às demais gerações, no sentido da preservação da memória e da identidade culturais.

Art. 22. Nos currículos mínimos dos diversos níveis de ensino formal serão inseridos conteúdos voltados ao processo de envelhecimento, ao respeito e à valorização do idoso, de forma a eliminar o preconceito e a produzir conhecimentos sobre a matéria.

Art. 23. A participação dos idosos em atividades culturais e de lazer será proporcionada mediante descontos de pelo menos 50% (cinquenta por cento) nos ingressos para eventos artísticos, culturais, esportivos e de lazer, bem como o acesso preferencial aos respectivos locais.

Art. 24. Os meios de comunicação manterão espaços ou horários especiais voltados aos idosos, com finalidade informativa, educativa, artística e cultural, e ao público sobre o processo de envelhecimento.

Art. 25. As instituições de educação superior ofertarão às pessoas idosas, na perspectiva da educação ao longo da vida, cursos e programas de extensão, presenciais ou a distância, constituídos por atividades formais e não formais. (Redação dada pela lei nº 13.535, de 2017)

Parágrafo único. O poder público apoiará a criação de universidade aberta para as pessoas idosas e incentivará a publicação de livros e periódicos, de conteúdo e padrão editorial adequados ao idoso, que facilitem a leitura, considerada a natural redução da capacidade visual. (Incluído pela lei nº 13.535, de 2017)

CAPÍTULO VI

Da Profissionalização e do Trabalho

Art. 26. O idoso tem direito ao exercício de atividade profissional, respeitadas suas condições físicas, intelectuais e psíquicas.

Art. 27. Na admissão do idoso em qualquer trabalho ou emprego, é vedada a discriminação e a fixação de limite máximo de idade, inclusive para concursos, ressalvados os casos em que a natureza do cargo o exigir.

Parágrafo único. O primeiro critério de desempate em concurso público será a idade, dando-se preferência ao de idade mais elevada.

Art. 28. O Poder Público criará e estimulará programas de:

I – profissionalização especializada para os idosos, aproveitando seus potenciais e habilidades para atividades regulares e remuneradas;

II – preparação dos trabalhadores para a aposentadoria, com antecedência mínima de 1 (um) ano, por meio de estímulo a novos projetos sociais, conforme seus interesses, e de esclarecimento sobre os direitos sociais e de cidadania;

III – estímulo às empresas privadas para admissão de idosos ao trabalho.

CAPÍTULO VII

Da Previdência Social

Art. 29. Os benefícios de aposentadoria e pensão do Regime Geral da Previdência Social observarão, na sua concessão, critérios de cálculo que preservem o valor real dos salários sobre os quais incidiram contribuição, nos termos da legislação vigente.

Parágrafo único. Os valores dos benefícios em manutenção serão reajustados na mesma data de reajuste do salário-mínimo, ***pro rata****, de acordo com suas respectivas datas de início ou do seu último reajustamento, com base em percentual definido em regulamento, observados os critérios estabelecidos pela Lei nº 8.213, de 24 de julho de 1991.*

Art. 30. A perda da condição de segurado não será considerada para a concessão da aposentadoria por idade, desde que a pessoa conte com, no mínimo, o tempo de contribuição correspondente ao exigido para efeito de carência na data de requerimento do benefício.

*Parágrafo único. O cálculo do valor do benefício previsto no **caput** observará o disposto no **caput** e § 2º do art. 3º da Lei nº 9.876, de 26 de novembro de 1999, ou, não havendo salários-de-contribuição recolhidos a partir da competência de julho de 1994, o disposto no art. 35 da Lei nº 8.213, de 1991.*

Art. 31. O pagamento de parcelas relativas a benefícios, efetuado com atraso por responsabilidade da Previdência Social, será atualizado pelo mesmo índice utilizado para os reajustamentos dos benefícios do Regime Geral de Previdência Social, verificado no período compreendido entre o mês que deveria ter sido pago e o mês do efetivo pagamento.

Art. 32. O Dia Mundial do Trabalho, 1º de Maio, é a data-base dos aposentados e pensionistas.

CAPÍTULO VIII

Da Assistência Social

Art. 33. A assistência social aos idosos será prestada, de forma articulada, conforme os princípios e diretrizes previstos na Lei Orgânica da Assistência Social, na Política Nacional do Idoso, no Sistema Único de Saúde e demais normas pertinentes.

Art. 34. Aos idosos, a partir de 65 (sessenta e cinco) anos, que não possuam meios para prover sua subsistência, nem de tê-la provida por sua família, é assegurado o benefício mensal de 1 (um) salário-mínimo, nos termos da Lei Orgânica da Assistência Social - Loas. (Vide Decreto nº 6.214, de 2007)

*Parágrafo único. O benefício já concedido a qualquer membro da família nos termos do **caput** não será computado para os fins do cálculo da renda familiar **per capita** a que se refere a Loas.*

Art. 35. Todas as entidades de longa permanência, ou casa-lar, são obrigadas a firmar contrato de prestação de serviços com a pessoa idosa abrigada.

§ 1º No caso de entidades filantrópicas, ou casa-lar, é facultada a cobrança de participação do idoso no custeio da entidade.

§ 2º O Conselho Municipal do Idoso ou o Conselho Municipal da Assistência Social estabelecerá a forma de participação prevista no § 1º, que não poderá exceder a 70% (setenta por cento) de qualquer benefício previdenciário ou de assistência social percebido pelo idoso.

*§ 3º Se a pessoa idosa for incapaz, caberá a seu representante legal firmar o contrato a que se refere o **caput** deste artigo.*

Art. 36. O acolhimento de idosos em situação de risco social, por adulto ou núcleo familiar, caracteriza a dependência econômica, para os efeitos legais.

CAPÍTULO IX

Da Habitação

Art. 37. O idoso tem direito à moradia digna, no seio da família natural ou substituta, ou desacompanhado de seus familiares, quando assim o desejar, ou, ainda, em instituição pública ou privada.

§ 1º A assistência integral na modalidade de entidade de longa permanência será prestada quando verificada inexistência de grupo familiar, casa-lar, abandono ou carência de recursos financeiros próprios ou da família.

§ 2º Toda instituição dedicada ao atendimento ao idoso fica obrigada a manter identificação externa visível, sob pena de interdição, além de atender toda a legislação pertinente.

§ 3º As instituições que abrigarem idosos são obrigadas a manter padrões de habitação compatíveis com as necessidades deles, bem como provê-los com alimentação regular e higiene indispensáveis às normas sanitárias e com estas condizentes, sob as penas da lei.

Art. 38. Nos programas habitacionais, públicos ou subsidiados com recursos públicos, o idoso goza de prioridade na aquisição de imóvel para moradia própria, observado o seguinte:

I - reserva de pelo menos 3% (três por cento) das unidades habitacionais residenciais para atendimento aos idosos; (Redação dada pela Lei nº 12.418, de 2011)

II - implantação de equipamentos urbanos comunitários voltados ao idoso;

III - eliminação de barreiras arquitetônicas e urbanísticas, para garantia de acessibilidade ao idoso;

IV - critérios de financiamento compatíveis com os rendimentos de aposentadoria e pensão.

Parágrafo único. As unidades residenciais reservadas para atendimento a idosos devem situar-se, preferencialmente, no pavimento térreo. (Incluído pela Lei nº 12.419, de 2011)

CAPÍTULO X

Do Transporte

Art. 39. Aos maiores de 65 (sessenta e cinco) anos fica assegurada a gratuidade dos transportes coletivos públicos urbanos e semiurbanos, exceto nos serviços seletivos e especiais, quando prestados paralelamente aos serviços regulares.

§ 1º Para ter acesso à gratuidade, basta que o idoso apresente qualquer documento pessoal que faça prova de sua idade.

§ 2º Nos veículos de transporte coletivo de que trata este artigo, serão reservados 10% (dez por cento) dos assentos para os idosos, devidamente identificados com a placa de reservado preferencialmente para idosos.

§ 3º No caso das pessoas compreendidas na faixa etária entre 60 (sessenta) e 65 (sessenta e cinco) anos, ficará a critério da legislação local dispor sobre as condições para exercício da gratuidade nos meios de transporte previstos no ***caput*** *deste artigo.*

Art. 40. No sistema de transporte coletivo interestadual observar-se-á, nos termos da legislação específica:

I – a reserva de 2 (duas) vagas gratuitas por veículo para idosos com renda igual ou inferior a 2 (dois) salários-mínimos;

II – desconto de 50% (cinquenta por cento), no mínimo, no valor das passagens, para os idosos que excederem as vagas gratuitas, com renda igual ou inferior a 2 (dois) salários-mínimos.

Parágrafo único. Caberá aos órgãos competentes definir os mecanismos e os critérios para o exercício dos direitos previstos nos incisos I e II.

Art. 41. É assegurada a reserva, para os idosos, nos termos da lei local, de 5% (cinco por cento) das vagas nos estacionamentos públicos e privados, as quais deverão ser posicionadas de forma a garantir a melhor comodidade ao idoso.

Art. 42. São asseguradas a prioridade e a segurança do idoso nos procedimentos de embarque e desembarque nos veículos do sistema de transporte coletivo. (Redação dada pela Lei nº 12.899, de 2013)

TÍTULO III

Das Medidas de Proteção

CAPÍTULO I

Das Disposições Gerais

Art. 43. As medidas de proteção ao idoso são aplicáveis sempre que os direitos reconhecidos nesta Lei forem ameaçados ou violados:

I – por ação ou omissão da sociedade ou do Estado;

II – por falta, omissão ou abuso da família, curador ou entidade de atendimento;

III – em razão de sua condição pessoal.

CAPÍTULO II

Das Medidas Específicas de Proteção

Art. 44. As medidas de proteção ao idoso previstas nesta Lei poderão ser aplicadas, isolada ou cumulativamente, e levarão em conta os fins sociais a que se destinam e o fortalecimento dos vínculos familiares e comunitários.

Art. 45. Verificada qualquer das hipóteses previstas no art. 43, o Ministério Público ou o Poder Judiciário, a requerimento daquele, poderá determinar, dentre outras, as seguintes medidas:

I – encaminhamento à família ou curador, mediante termo de responsabilidade;

II – orientação, apoio e acompanhamento temporários;

III – requisição para tratamento de sua saúde, em regime ambulatorial, hospitalar ou domiciliar;

IV – inclusão em programa oficial ou comunitário de auxílio, orientação e tratamento a usuários dependentes de drogas lícitas ou ilícitas, ao próprio idoso ou à pessoa de sua convivência que lhe cause perturbação;

V – abrigo em entidade;

VI – abrigo temporário.

TÍTULO IV

Da Política de Atendimento ao Idoso

CAPÍTULO I

Disposições Gerais

Art. 46. A política de atendimento ao idoso far-se-á por meio do conjunto articulado de ações governamentais e não-governamentais da União, dos Estados, do Distrito Federal e dos Municípios.

Art. 47. São linhas de ação da política de atendimento:

I - políticas sociais básicas, previstas na Lei nº 8.842, de 4 de janeiro de 1994;

II - políticas e programas de assistência social, em caráter supletivo, para aqueles que necessitarem;

III - serviços especiais de prevenção e atendimento às vítimas de negligência, maus-tratos, exploração, abuso, crueldade e opressão;

IV - serviço de identificação e localização de parentes ou responsáveis por idosos abandonados em hospitais e instituições de longa permanência;

V - proteção jurídico-social por entidades de defesa dos direitos dos idosos;

VI - mobilização da opinião pública no sentido da participação dos diversos segmentos da sociedade no atendimento do idoso.

CAPÍTULO II

Das Entidades de Atendimento ao Idoso

Art. 48. As entidades de atendimento são responsáveis pela manutenção das próprias unidades, observadas as normas de planejamento e execução emanadas do órgão competente da Política Nacional do Idoso, conforme a Lei nº 8.842, de 1994.

Parágrafo único. As entidades governamentais e não-governamentais de assistência ao idoso ficam sujeitas à inscrição de seus programas, junto ao órgão competente da Vigilância Sanitária e Conselho Municipal da Pessoa Idosa, e em sua falta, junto ao Conselho Estadual ou Nacional da Pessoa Idosa, especificando os regimes de atendimento, observados os seguintes requisitos:

I - oferecer instalações físicas em condições adequadas de habitabilidade, higiene, salubridade e segurança;

II - apresentar objetivos estatutários e plano de trabalho compatíveis com os princípios desta Lei;

III - estar regularmente constituída;

IV - demonstrar a idoneidade de seus dirigentes.

Art. 49. As entidades que desenvolvam programas de institucionalização de longa permanência adotarão os seguintes princípios:

I - preservação dos vínculos familiares;

II - atendimento personalizado e em pequenos grupos;

III - manutenção do idoso na mesma instituição, salvo em caso de força maior;

IV - participação do idoso nas atividades comunitárias, de caráter interno e externo;

V - observância dos direitos e garantias dos idosos;

VI - preservação da identidade do idoso e oferecimento de ambiente de respeito e dignidade.

Parágrafo único. O dirigente de instituição prestadora de atendimento ao idoso responderá civil e criminalmente pelos atos que praticar em detrimento do idoso, sem prejuízo das sanções administrativas.

Art. 50. Constituem obrigações das entidades de atendimento:

I - celebrar contrato escrito de prestação de serviço com o idoso, especificando o tipo de atendimento, as obrigações da entidade e prestações decorrentes do contrato, com os respectivos preços, se for o caso;

II - observar os direitos e as garantias de que são titulares os idosos;

III - fornecer vestuário adequado, se for pública, e alimentação suficiente;

IV - oferecer instalações físicas em condições adequadas de habitabilidade;

V - oferecer atendimento personalizado;

VI - diligenciar no sentido da preservação dos vínculos familiares;

VII - oferecer acomodações apropriadas para recebimento de visitas;

VIII - proporcionar cuidados à saúde, conforme a necessidade do idoso;

IX - promover atividades educacionais, esportivas, culturais e de lazer;

X - propiciar assistência religiosa àqueles que desejarem, de acordo com suas crenças;

XI - proceder a estudo social e pessoal de cada caso;

XII – comunicar à autoridade competente de saúde toda ocorrência de idoso portador de doenças infecto-contagiosas;

XIII – providenciar ou solicitar que o Ministério Público requisite os documentos necessários ao exercício da cidadania àqueles que não os tiverem, na forma da lei;

XIV – fornecer comprovante de depósito dos bens móveis que receberem dos idosos;

XV – manter arquivo de anotações onde constem data e circunstâncias do atendimento, nome do idoso, responsável, parentes, endereços, cidade, relação de seus pertences, bem como o valor de contribuições, e suas alterações, se houver, e demais dados que possibilitem sua identificação e a individualização do atendimento;

XVI – comunicar ao Ministério Público, para as providências cabíveis, a situação de abandono moral ou material por parte dos familiares;

XVII – manter no quadro de pessoal profissionais com formação específica.

Art. 51. As instituições filantrópicas ou sem fins lucrativos prestadoras de serviço ao idoso terão direito à assistência judiciária gratuita.

CAPÍTULO III

Da Fiscalização das Entidades de Atendimento

Art. 52. As entidades governamentais e não-governamentais de atendimento ao idoso serão fiscalizadas pelos Conselhos do Idoso, Ministério Público, Vigilância Sanitária e outros previstos em lei.

Art. 53. O art. 7º da Lei nº 8.842, de 1994, passa a vigorar com a seguinte redação:

"Art. 7º Compete aos Conselhos de que trata o art. 6º desta Lei a supervisão, o acompanhamento, a fiscalização e a avaliação da política nacional do idoso, no âmbito das respectivas instâncias político-administrativas." (NR)

Art. 54. Será dada publicidade das prestações de contas dos recursos públicos e privados recebidos pelas entidades de atendimento.

Art. 55. As entidades de atendimento que descumprirem as determinações desta Lei ficarão sujeitas, sem prejuízo da responsabilidade civil e criminal de seus dirigentes ou prepostos, às seguintes penalidades, observado o devido processo legal:

I – as entidades governamentais:

a) advertência;

b) afastamento provisório de seus dirigentes;

c) afastamento definitivo de seus dirigentes;

d) fechamento de unidade ou interdição de programa;

II – as entidades não-governamentais:

a) advertência;

b) multa;

c) suspensão parcial ou total do repasse de verbas públicas;

d) interdição de unidade ou suspensão de programa;

e) proibição de atendimento a idosos a bem do interesse público.

§ 1º Havendo danos aos idosos abrigados ou qualquer tipo de fraude em relação ao programa, caberá o afastamento provisório dos dirigentes ou a interdição da unidade e a suspensão do programa.

§ 2º A suspensão parcial ou total do repasse de verbas públicas ocorrerá quando verificada a má aplicação ou desvio de finalidade dos recursos.

§ 3º Na ocorrência de infração por entidade de atendimento, que coloque em risco os direitos assegurados nesta Lei, será o fato comunicado ao Ministério Público, para as providências cabíveis, inclusive para promover a suspensão das atividades ou dissolução da entidade, com a proibição de atendimento a idosos a bem do interesse público, sem prejuízo das providências a serem tomadas pela Vigilância Sanitária.

§ 4º Na aplicação das penalidades, serão consideradas a natureza e a gravidade da infração cometida, os danos que dela provierem para o idoso, as circunstâncias agravantes ou atenuantes e os antecedentes da entidade.

CAPÍTULO IV

Das Infrações Administrativas

Art. 56. Deixar a entidade de atendimento de cumprir as determinações do art. 50 desta Lei:

Pena – multa de R$ 500,00 (quinhentos reais) a R$ 3.000,00 (três mil reais), se o fato não for caracterizado como crime, podendo haver a interdição do estabelecimento até que sejam cumpridas as exigências legais.

Parágrafo único. No caso de interdição do estabelecimento de longa permanência, os idosos abrigados serão transferidos para outra instituição, a expensas do estabelecimento interditado, enquanto durar a interdição.

Art. 57. Deixar o profissional de saúde ou o responsável por estabelecimento de saúde ou instituição de longa permanência de comunicar à autoridade competente os casos de crimes contra idoso de que tiver conhecimento:

Pena – multa de R$ 500,00 (quinhentos reais) a R$ 3.000,00 (três mil reais), aplicada em dobro no caso de reincidência.

Art. 58. Deixar de cumprir as determinações desta Lei sobre a prioridade no atendimento ao idoso:

Pena – multa de R$ 500,00 (quinhentos reais) a R$ 1.000,00 (um mil reais) e multa civil a ser estipulada pelo juiz, conforme o dano sofrido pelo idoso.

CAPÍTULO V

Da Apuração Administrativa de Infração às Normas de Proteção ao Idoso

Art. 59. Os valores monetários expressos no Capítulo IV serão atualizados anualmente, na forma da lei.

Art. 60. O procedimento para a imposição de penalidade administrativa por infração às normas de proteção ao idoso terá início com requisição do Ministério Público ou auto de infração elaborado por servidor efetivo e assinado, se possível, por duas testemunhas.

§ 1º No procedimento iniciado com o auto de infração poderão ser usadas fórmulas impressas, especificando-se a natureza e as circunstâncias da infração.

§ 2º Sempre que possível, à verificação da infração seguir-se-á a lavratura do auto, ou este será lavrado dentro de 24 (vinte e quatro) horas, por motivo justificado.

Art. 61. O autuado terá prazo de 10 (dez) dias para a apresentação da defesa, contado da data da intimação, que será feita:

I – pelo autuante, no instrumento de autuação, quando for lavrado na presença do infrator;

II – por via postal, com aviso de recebimento.

Art. 62. Havendo risco para a vida ou à saúde do idoso, a autoridade competente aplicará à entidade de atendimento as sanções regulamentares, sem prejuízo da iniciativa e das providências que vierem a ser adotadas pelo Ministério Público ou pelas demais instituições legitimadas para a fiscalização.

Art. 63. Nos casos em que não houver risco para a vida ou a saúde da pessoa idosa abrigada, a autoridade competente aplicará à entidade de atendimento as sanções regulamentares, sem prejuízo da iniciativa e das providências que vierem a ser adotadas pelo Ministério Público ou pelas demais instituições legitimadas para a fiscalização.

CAPÍTULO VI

Da Apuração Judicial de Irregularidades em Entidade de Atendimento

Art. 64. Aplicam-se, subsidiariamente, ao procedimento administrativo de que trata este Capítulo as disposições das Leis nºs 6.437, de 20 de agosto de 1977, e 9.784, de 29 de janeiro de 1999.

Art. 65. O procedimento de apuração de irregularidade em entidade governamental e não-governamental de atendimento ao idoso terá início mediante petição fundamentada de pessoa interessada ou iniciativa do Ministério Público.

Art. 66. Havendo motivo grave, poderá a autoridade judiciária, ouvido o Ministério Público, decretar liminarmente o afastamento provisório do dirigente da entidade ou outras medidas que julgar adequadas, para evitar lesão aos direitos do idoso, mediante decisão fundamentada.

Art. 67. O dirigente da entidade será citado para, no prazo de 10 (dez) dias, oferecer resposta escrita, podendo juntar documentos e indicar as provas a produzir.

Art. 68. Apresentada a defesa, o juiz procederá na conformidade do art. 69 ou, se necessário, designará audiência de instrução e julgamento, deliberando sobre a necessidade de produção de outras provas.

§ 1º Salvo manifestação em audiência, as partes e o Ministério Público terão 5 (cinco) dias para oferecer alegações finais, decidindo a autoridade judiciária em igual prazo.

§ 2º Em se tratando de afastamento provisório ou definitivo de dirigente de entidade governamental, a autoridade judiciária oficiará a autoridade administrativa imediatamente superior ao afastado, fixando-lhe prazo de 24 (vinte e quatro) horas para proceder à substituição.

§ 3º Antes de aplicar qualquer das medidas, a autoridade judiciária poderá fixar prazo para a remoção das irregularidades verificadas. Satisfeitas as exigências, o processo será extinto, sem julgamento do mérito.

§ 4º A multa e a advertência serão impostas ao dirigente da entidade ou ao responsável pelo programa de atendimento.

TÍTULO V

Do Acesso à Justiça

CAPÍTULO I

Disposições Gerais

Art. 69. Aplica-se, subsidiariamente, às disposições deste Capítulo, o procedimento sumário previsto no Código de Processo Civil, naquilo que não contrarie os prazos previstos nesta Lei.

Art. 70. O Poder Público poderá criar varas especializadas e exclusivas do idoso.

Art. 71. É assegurada prioridade na tramitação dos processos e procedimentos e na execução dos atos e diligências judiciais em que figure como parte ou interveniente pessoa com idade igual ou superior a 60 (sessenta) anos, em qualquer instância.

§ 1º O interessado na obtenção da prioridade a que alude este artigo, fazendo prova de sua idade, requererá o benefício à autoridade judiciária competente para decidir o feito, que determinará as providências a serem cumpridas, anotando-se essa circunstância em local visível nos autos do processo.

§ 2º A prioridade não cessará com a morte do beneficiado, estendendo-se em favor do cônjuge supérstite, companheiro ou companheira, com união estável, maior de 60 (sessenta) anos.

§ 3º A prioridade se estende aos processos e procedimentos na Administração Pública, empresas prestadoras de serviços públicos e instituições financeiras, ao atendimento preferencial junto à Defensoria Pública da União, dos Estados e do Distrito Federal em relação aos Serviços de Assistência Judiciária.

§ 4º Para o atendimento prioritário será garantido ao idoso o fácil acesso aos assentos e caixas, identificados com a destinação a idosos em local visível e caracteres legíveis.

§ 5º Dentre os processos de idosos, dar-se-á prioridade especial aos maiores de oitenta anos. (Incluído pela Lei nº 13.466, de 2017).

CAPÍTULO II

Do Ministério Público

Art. 72. (VETADO)

Art. 73. As funções do Ministério Público, previstas nesta Lei, serão exercidas nos termos da respectiva Lei Orgânica.

Art. 74. Compete ao Ministério Público:

I – instaurar o inquérito civil e a ação civil pública para a proteção dos direitos e interesses difusos ou coletivos, individuais indisponíveis e individuais homogêneos do idoso;

II – promover e acompanhar as ações de alimentos, de interdição total ou parcial, de designação de curador especial, em circunstâncias que justifiquem a medida e oficiar em todos os feitos em que se discutam os direitos de idosos em condições de risco;

III – atuar como substituto processual do idoso em situação de risco, conforme o disposto no art. 43 desta Lei;

IV – promover a revogação de instrumento procuratório do idoso, nas hipóteses previstas no art. 43 desta Lei, quando necessário ou o interesse público justificar;

V – instaurar procedimento administrativo e, para instruí-lo:

a) expedir notificações, colher depoimentos ou esclarecimentos e, em caso de não comparecimento injustificado da pessoa notificada, requisitar condução coercitiva, inclusive pela Polícia Civil ou Militar;

b) requisitar informações, exames, perícias e documentos de autoridades municipais, estaduais e federais, da administração direta e indireta, bem como promover inspeções e diligências investigatórias;

c) requisitar informações e documentos particulares de instituições privadas;

VI – instaurar sindicâncias, requisitar diligências investigatórias e a instauração de inquérito policial, para a apuração de ilícitos ou infrações às normas de proteção ao idoso;

VII – zelar pelo efetivo respeito aos direitos e garantias legais assegurados ao idoso, promovendo as medidas judiciais e extrajudiciais cabíveis;

VIII – inspecionar as entidades públicas e particulares de atendimento e os programas de que trata esta Lei, adotando de pronto as medidas administrativas ou judiciais necessárias à remoção de irregularidades porventura verificadas;

IX – requisitar força policial, bem como a colaboração dos serviços de saúde, educacionais e de assistência social, públicos, para o desempenho de suas atribuições;

X – referendar transações envolvendo interesses e direitos dos idosos previstos nesta Lei.

§ 1º A legitimação do Ministério Público para as ações cíveis previstas neste artigo não impede a de terceiros, nas mesmas hipóteses, segundo dispuser a lei.

§ 2º As atribuições constantes deste artigo não excluem outras, desde que compatíveis com a finalidade e atribuições do Ministério Público.

§ 3º O representante do Ministério Público, no exercício de suas funções, terá livre acesso a toda entidade de atendimento ao idoso.

Art. 75. Nos processos e procedimentos em que não for parte, atuará obrigatoriamente o Ministério Público na defesa dos direitos e interesses de que cuida esta Lei, hipóteses em que terá vista dos autos depois das partes, podendo juntar documentos, requerer diligências e produção de outras provas, usando os recursos cabíveis.

Art. 76. A intimação do Ministério Público, em qualquer caso, será feita pessoalmente.

Art. 77. A falta de intervenção do Ministério Público acarreta a nulidade do feito, que será declarada de ofício pelo juiz ou a requerimento de qualquer interessado.

CAPÍTULO III

Da Proteção Judicial dos Interesses Difusos, Coletivos e Individuais Indisponíveis ou Homogêneos

Art. 78. As manifestações processuais do representante do Ministério Público deverão ser fundamentadas.

Art. 79. Regem-se pelas disposições desta Lei as ações de responsabilidade por ofensa aos direitos assegurados ao idoso, referentes à omissão ou ao oferecimento insatisfatório de:

I – acesso às ações e serviços de saúde;

II – atendimento especializado ao idoso portador de deficiência ou com limitação incapacitante;

III – atendimento especializado ao idoso portador de doença infecto-contagiosa;

IV – serviço de assistência social visando ao amparo do idoso.

Parágrafo único. As hipóteses previstas neste artigo não excluem da proteção judicial outros interesses difusos, coletivos, individuais indisponíveis ou homogêneos, próprios do idoso, protegidos em lei.

Art. 80. As ações previstas neste Capítulo serão propostas no foro do domicílio do idoso, cujo juízo terá competência absoluta para processar a causa, ressalvadas as competências da Justiça Federal e a competência originária dos Tribunais Superiores.

Art. 81. Para as ações cíveis fundadas em interesses difusos, coletivos, individuais indisponíveis ou homogêneos, consideram-se legitimados, concorrentemente:

I – o Ministério Público;

II – a União, os Estados, o Distrito Federal e os Municípios;

III – a Ordem dos Advogados do Brasil;

IV – as associações legalmente constituídas há pelo menos 1 (um) ano e que incluam entre os fins institucionais a defesa dos interesses e direitos da pessoa idosa, dispensada a autorização da assembleia, se houver prévia autorização estatutária.

§ 1º Admitir-se-á litisconsórcio facultativo entre os Ministérios Públicos da União e dos Estados na defesa dos interesses e direitos de que cuida esta Lei.

§ 2º Em caso de desistência ou abandono da ação por associação legitimada, o Ministério Público ou outro legitimado deverá assumir a titularidade ativa.

Art. 82. Para defesa dos interesses e direitos protegidos por esta Lei, são admissíveis todas as espécies de ação pertinentes.

Parágrafo único. Contra atos ilegais ou abusivos de autoridade pública ou agente de pessoa jurídica no exercício de atribuições de Poder Público, que lesem direito líquido e certo previsto nesta Lei, caberá ação mandamental, que se regerá pelas normas da lei do mandado de segurança.

Art. 83. Na ação que tenha por objeto o cumprimento de obrigação de fazer ou não-fazer, o juiz concederá a tutela específica da obrigação ou determinará providências que assegurem o resultado prático equivalente ao adimplemento.

§ 1º Sendo relevante o fundamento da demanda e havendo justificado receio de ineficácia do provimento final, é lícito ao juiz conceder a tutela liminarmente ou após justificação prévia, na forma do art. 273 do Código de Processo Civil.

§ 2º O juiz poderá, na hipótese do § 1º ou na sentença, impor multa diária ao réu, independentemente do pedido do autor, se for suficiente ou compatível com a obrigação, fixando prazo razoável para o cumprimento do preceito.

§ 3º A multa só será exigível do réu após o trânsito em julgado da sentença favorável ao autor, mas será devida desde o dia em que se houver configurado.

Art. 84. Os valores das multas previstas nesta Lei reverterão ao Fundo do Idoso, onde houver, ou na falta deste, ao Fundo Municipal de Assistência Social, ficando vinculados ao atendimento ao idoso.

Parágrafo único. As multas não recolhidas até 30 (trinta) dias após o trânsito em julgado da decisão serão exigidas por meio de execução promovida pelo Ministério Público, nos mesmos autos, facultada igual iniciativa aos demais legitimados em caso de inércia daquele.

Art. 85. O juiz poderá conferir efeito suspensivo aos recursos, para evitar dano irreparável à parte.

Art. 86. Transitada em julgado a sentença que impuser condenação ao Poder Público, o juiz determinará a remessa de peças à autoridade competente, para apuração da responsabilidade civil e administrativa do agente a que se atribua a ação ou omissão.

Art. 87. Decorridos 60 (sessenta) dias do trânsito em julgado da sentença condenatória favorável ao idoso sem que o autor lhe promova a execução, deverá fazê-lo o Ministério Público, facultada, igual iniciativa aos demais legitimados, como assistentes ou assumindo o polo ativo, em caso de inércia desse órgão.

Art. 88. Nas ações de que trata este Capítulo, não haverá adiantamento de custas, emolumentos, honorários periciais e quaisquer outras despesas.

Parágrafo único. Não se imporá sucumbência ao Ministério Público.

Art. 89. Qualquer pessoa poderá, e o servidor deverá provocar a iniciativa do Ministério Público, prestando-lhe informações sobre os fatos que constituam objeto de ação civil e indicando-lhe os elementos de convicção.

Art. 90. Os agentes públicos em geral, os juízes e tribunais, no exercício de suas funções, quando tiverem conhecimento de fatos que possam configurar crime de ação pública contra idoso ou ensejar a propositura de ação para sua defesa, devem encaminhar as peças pertinentes ao Ministério Público, para as providências cabíveis.

Art. 91. Para instruir a petição inicial, o interessado poderá requerer às autoridades competentes as certidões e informações que julgar necessárias, que serão fornecidas no prazo de 10 (dez) dias.

Art. 92. O Ministério Público poderá instaurar sob sua presidência, inquérito civil, ou requisitar, de qualquer pessoa, organismo público ou particular, certidões, informações, exames ou perícias, no prazo que assinalar, o qual não poderá ser inferior a 10 (dez) dias.

§ 1º Se o órgão do Ministério Público, esgotadas todas as diligências, se convencer da inexistência de fundamento para a propositura da ação civil ou de peças informativas, determinará o seu arquivamento, fazendo-o fundamentadamente.

§ 2º Os autos do inquérito civil ou as peças de informação arquivados serão remetidos, sob pena de se incorrer em falta grave, no prazo de 3 (três) dias, ao Conselho Superior do Ministério Público ou à Câmara de Coordenação e Revisão do Ministério Público.

§ 3º Até que seja homologado ou rejeitado o arquivamento, pelo Conselho Superior do Ministério Público ou por Câmara de Coordenação e Revisão do Ministério Público, as associações legitimadas poderão apresentar razões escritas ou documentos, que serão juntados ou anexados às peças de informação.

§ 4º Deixando o Conselho Superior ou a Câmara de Coordenação e Revisão do Ministério Público de homologar a promoção de arquivamento, será designado outro membro do Ministério Público para o ajuizamento da ação.

TÍTULO VI

Dos Crimes

CAPÍTULO I

Disposições Gerais

Art. 93. Aplicam-se subsidiariamente, no que couber, as disposições da Lei nº 7.347, de 24 de julho de 1985.

Art. 94. Aos crimes previstos nesta Lei, cuja pena máxima privativa de liberdade não ultrapasse 4 (quatro) anos, aplica-se o procedimento previsto na Lei nº 9.099, de 26 de setembro de 1995, e, subsidiariamente, no que couber, as disposições do Código Penal e do Código de Processo Penal. (Vide ADI 3.096-5 - STF)

CAPÍTULO II

Dos Crimes em Espécie

Art. 95. Os crimes definidos nesta Lei são de ação penal pública incondicionada, não se lhes aplicando os arts. 181 e 182 do Código Penal.

Art. 96. Discriminar pessoa idosa, impedindo ou dificultando seu acesso a operações bancárias, aos meios de transporte, ao direito de contratar ou por qualquer outro meio ou instrumento necessário ao exercício da cidadania, por motivo de idade:

Pena - reclusão de 6 (seis) meses a 1 (um) ano e multa.

§ 1º Na mesma pena incorre quem desdenhar, humilhar, menosprezar ou discriminar pessoa idosa, por qualquer motivo.

§ 2º A pena será aumentada de 1/3 (um terço) se a vítima se encontrar sob os cuidados ou responsabilidade do agente.

Art. 97. Deixar de prestar assistência ao idoso, quando possível fazê-lo sem risco pessoal, em situação de iminente perigo, ou recusar, retardar ou dificultar sua assistência à saúde, sem justa causa, ou não pedir, nesses casos, o socorro de autoridade pública:

Pena - detenção de 6 (seis) meses a 1 (um) ano e multa.

Parágrafo único. A pena é aumentada de metade, se da omissão resulta lesão corporal de natureza grave, e triplicada, se resulta a morte.

Art. 98. Abandonar o idoso em hospitais, casas de saúde, entidades de longa permanência, ou congêneres, ou não prover suas necessidades básicas, quando obrigado por lei ou mandado:

Pena - detenção de 6 (seis) meses a 3 (três) anos e multa.

Art. 99. Expor a perigo a integridade e a saúde, física ou psíquica, do idoso, submetendo-o a condições desumanas ou degradantes ou privando-o de alimentos e cuidados indispensáveis, quando obrigado a fazê-lo, ou sujeitando-o a trabalho excessivo ou inadequado:

Pena - detenção de 2 (dois) meses a 1 (um) ano e multa.

§ 1º Se do fato resulta lesão corporal de natureza grave:

Pena - reclusão de 1 (um) a 4 (quatro) anos.

§ 2º Se resulta a morte:

Pena - reclusão de 4 (quatro) a 12 (doze) anos.

Art. 100. Constitui crime punível com reclusão de 6 (seis) meses a 1 (um) ano e multa:

I - obstar o acesso de alguém a qualquer cargo público por motivo de idade;

II - negar a alguém, por motivo de idade, emprego ou trabalho;

III - recusar, retardar ou dificultar atendimento ou deixar de prestar assistência à saúde, sem justa causa, a pessoa idosa;

IV – deixar de cumprir, retardar ou frustrar, sem justo motivo, a execução de ordem judicial expedida na ação civil a que alude esta Lei;

V – recusar, retardar ou omitir dados técnicos indispensáveis à propositura da ação civil objeto desta Lei, quando requisitados pelo Ministério Público.

Art. 101. Deixar de cumprir, retardar ou frustrar, sem justo motivo, a execução de ordem judicial expedida nas ações em que for parte ou interveniente o idoso:

Pena – detenção de 6 (seis) meses a 1 (um) ano e multa.

Art. 102. Apropriar-se de ou desviar bens, proventos, pensão ou qualquer outro rendimento do idoso, dando-lhes aplicação diversa da de sua finalidade:

Pena – reclusão de 1 (um) a 4 (quatro) anos e multa.

Art. 103. Negar o acolhimento ou a permanência do idoso, como abrigado, por recusa deste em outorgar procuração à entidade de atendimento:

Pena – detenção de 6 (seis) meses a 1 (um) ano e multa.

Art. 104. Reter o cartão magnético de conta bancária relativa a benefícios, proventos ou pensão do idoso, bem como qualquer outro documento com objetivo de assegurar recebimento ou ressarcimento de dívida:

Pena – detenção de 6 (seis) meses a 2 (dois) anos e multa.

Art. 105. Exibir ou veicular, por qualquer meio de comunicação, informações ou imagens depreciativas ou injuriosas à pessoa do idoso:

Pena – detenção de 1 (um) a 3 (três) anos e multa.

Art. 106. Induzir pessoa idosa sem discernimento de seus atos a outorgar procuração para fins de administração de bens ou deles dispor livremente:

Pena – reclusão de 2 (dois) a 4 (quatro) anos.

Art. 107. Coagir, de qualquer modo, o idoso a doar, contratar, testar ou outorgar procuração:

Pena – reclusão de 2 (dois) a 5 (cinco) anos.

Art. 108. Lavrar ato notarial que envolva pessoa idosa sem discernimento de seus atos, sem a devida representação legal:

Pena – reclusão de 2 (dois) a 4 (quatro) anos.

TÍTULO VII

Disposições Finais e Transitórias

Art. 109. Impedir ou embaraçar ato do representante do Ministério Público ou de qualquer outro agente fiscalizador:

Pena – reclusão de 6 (seis) meses a 1 (um) ano e multa.

Art. 110. O Decreto-Lei nº 2.848, de 7 de dezembro de 1940, Código Penal, passa a vigorar com as seguintes alterações:

"Art. 61. ....

...

II – ....

...

h) contra criança, maior de 60 (sessenta) anos, enfermo ou mulher grávida;

...

..." (NR)

"Art. 121. ....

...

§ 4º No homicídio culposo, a pena é aumentada de 1/3 (um terço), se o crime resulta de inobservância de regra técnica de profissão, arte ou ofício, ou se o agente deixa de prestar imediato socorro à vítima, não procura diminuir as conseqüências do seu ato, ou foge para evitar prisão em flagrante. Sendo doloso o homicídio, a pena é aumentada de 1/3 (um terço) se o crime é praticado contra pessoa menor de 14 (quatorze) ou maior de 60 (sessenta) anos.

...

..." (NR)

"Art. 133. ....

...

§ 3º ....

...

III – se a vítima é maior de 60 (sessenta) anos." (NR)

"Art. 140. ....

....

....

§ 3º Se a injúria consiste na utilização de elementos referentes a raça, cor, etnia, religião, origem ou a condição de pessoa idosa ou portadora de deficiência:

....

.. (NR)

"Art. 141. ....

IV – contra pessoa maior de 60 (sessenta) anos ou portadora de deficiência, exceto no caso de injúria.

....

..." (NR)

"Art. 148. ....

....

§ 1º.. ....

I – se a vítima é ascendente, descendente, cônjuge do agente ou maior de 60 (sessenta) anos.

....

.." (NR)

"Art. 159.. ....

....

§ 1º Se o sequestro dura mais de 24 (vinte e quatro) horas, se o sequestrado é menor de 18 (dezoito) ou maior de 60 (sessenta) anos, ou se o crime é cometido por bando ou quadrilha.

....

.." (NR)

"Art. 183.. ....

III – se o crime é praticado contra pessoa com idade igual ou superior a 60 (sessenta) anos." (NR)

"Art. 244. Deixar, sem justa causa, de prover a subsistência do cônjuge, ou de filho menor de 18 (dezoito) anos ou inapto para o trabalho, ou de ascendente inválido ou maior de 60 (sessenta) anos, não lhes proporcionando os recursos necessários ou faltando ao pagamento de pensão alimentícia judicialmente acordada, fixada ou majorada; deixar, sem justa causa, de socorrer descendente ou ascendente, gravemente enfermo:

....

.." (NR)

Art. 111. O O art. 21 do Decreto-Lei nº 3.688, de 3 de outubro de 1941, Lei das Contravenções Penais, passa a vigorar acrescido do seguinte parágrafo único:

"Art. 21.. ....

....

Parágrafo único. Aumenta-se a pena de 1/3 (um terço) até a metade se a vítima é maior de 60 (sessenta) anos." (NR)

Art. 112. O inciso II do § 4º do art. 1º da Lei nº 9.455, de 7 de abril de 1997, passa a vigorar com a seguinte redação:

"Art. 1º ....

....

§ 4º ....

II – se o crime é cometido contra criança, gestante, portador de deficiência, adolescente ou maior de 60 (sessenta) anos;

....

.." (NR)

Art. 113. O inciso III do art. 18 da Lei nº 6.368, de 21 de outubro de 1976, passa a vigorar com a seguinte redação:

"Art. 18..

....

III – se qualquer deles decorrer de associação ou visar a menores de 21 (vinte e um) anos ou a pessoa com idade igual ou superior a 60 (sessenta) anos ou a quem tenha, por qualquer causa, diminuída ou suprimida a capacidade de discernimento ou de autodeterminação:

....

.." (NR)

Art. 114. O art 1º da Lei nº 10.048, de 8 de novembro de 2000, passa a vigorar com a seguinte redação:

"Art. 1º As pessoas portadoras de deficiência, os idosos com idade igual ou superior a 60 (sessenta) anos, as gestantes, as lactantes e as pessoas acompanhadas por crianças de colo terão atendimento prioritário, nos termos desta Lei." (NR)

Art. 115. O Orçamento da Seguridade Social destinará ao Fundo Nacional de Assistência Social, até que o Fundo Nacional do Idoso seja criado, os recursos necessários, em cada exercício financeiro, para aplicação em programas e ações relativos ao idoso.

Art. 116. Serão incluídos nos censos demográficos dados relativos à população idosa do País.

Art. 117. O Poder Executivo encaminhará ao Congresso Nacional projeto de lei revendo os critérios de concessão do Benefício de Prestação Continuada previsto na Lei Orgânica da Assistência Social, de forma a garantir que o acesso ao direito seja condizente com o estágio de desenvolvimento socioeconômico alcançado pelo País.

Art. 118. Esta Lei entra em vigor decorridos 90 (noventa) dias da sua publicação, ressalvado o disposto no ***caput*** *do art. 36, que vigorará a partir de 1º de janeiro de 2004.*

Brasília, 1º de outubro de 2003; 182º da Independência e 115º da República".

COMENTÁRIOS

I. Fundamento Constitucional:

Artigos 1º, III; 3º, IV; 226; 229; 230 e parágrafos, todos da Constituição Federal de 1988;

II. Fundamento Infraconstitucional:

a) Estatuto do Idoso (Lei Federal nº 10741/2003);

b) Código Penal (artigos 61, II, "h", 121, § 4º, 133, § 3º, III, 140, § 3º, 148, § 1º, I, 159, § 1º, 181, 182, 183, III, e 244);

c) Lei das Contravenções Penais (DL 3688/41 - art. 21, § único);

d) Lei da Tortura (Lei 9455/97 - artigo 1º, § 4º, II).

III. Definição de Idoso:

A definição de idoso leva em conta as dificuldades de acesso próprias das pessoas que se preparam para o envelhecimento, tais como senilidade, desgaste físico e psíquico.

- Estatuto do Idoso: 60 (sessenta) anos ou mais.

- Constituição Federal/1988: 65 (sessenta e cinco) anos (gratuidade nos transportes coletivos urbanos - artigo 230, § 2º).

- Organização Mundial da Saúde (OMS): 60 (sessenta) anos.

- Código Penal: arts. 61, II, "h" (agravante - 60 anos), e 65, I (atenuante - maior de 70 anos na data da sentença).

Vale lembrar que, por força do disposto no artigo 115, CP, são reduzidos de metade os prazos de prescrição quando o criminoso era, na data da sentença, maior de 70 (setenta) anos;

IV. Implementação do Estatuto do Idoso:

É dever de todos.

O Estatuto do Idoso (EI) veio para fortalecer a atenção que deve ser dispensada por todos os segmentos à pessoa com idade igual ou superior a 60 (sessenta) anos.

Nesse sentido está o art. 3º, da Lei 10.741/03, que determina ser "*obrigação da família, da comunidade, da sociedade e do poder público, com absoluta prioridade, a efetivação do direito à vida, à saúde, à alimentação, à educação, à cultura, ao esporte, ao lazer, ao trabalho, à cidadania, à liberdade, à dignidade, ao respeito e à convivência familiar e comunitária*".

V. Objetivo do Estatuto do Idoso:

Constata-se uma preocupação em garantir ao idoso a igualdade de acesso.

Trata-se de igualdade material, não apenas formal.

Logo, os direitos trazidos pelo EI levam em conta as dificuldades próprias daqueles que se preparam para a velhice.

Busca-se conferir as mesmas condições de acesso a esse grupo vulnerável que se encontra em situação desigual em relação às demais pessoas. Ex: atendimento preferencial em órgãos públicos, bancos, gratuidade do transporte coletivo.

VI) Formas de Violência contra o Idoso:

Violência física, psicológica e patrimonial.

Também podemos vislumbrar outras formas de violência, como a violência sexual e a violência moral, nos mesmos moldes do que preceitua a Lei Maria da Penha (Lei 11340/06 - art. 7º, incisos I a V, com a redação conferida pela Lei Federal nº 13.772, de 19-12-18).

VII) Princípio da Dignidade da Pessoa Humana na Velhice, Doutrina da Proteção Integral, Prioridade Absoluta, Garantia de Prioridade e Envelhecimento como Direito Fundamental:

A Lei Federal nº 10.741/2003 disciplina, em nível infraconstitucional, os direitos e deveres dos idosos, já que a proteção às pessoas maiores de 60 (sessenta) anos de idade contribui para os objetivos fundamentais da República Federativa do Brasil, insculpidos no artigo 3º, I, III e IV, da Constituição Federal de 1988, na medida em que é base para a construção de uma sociedade mais solidária, fraterna, reduzindo as desigualdades e promovendo o bem-estar em detrimento de condutas discriminatórias e preconceituosas que ainda persistem na sociedade brasileira.

O artigo 2º, EI, informa que toda a pessoa com idade igual ou superior a 60 (sessenta) anos é considerada, para todos os efeitos legais, como idosa, gozando de todos os direitos fundamentais inerentes à pessoa humana, já consagrados no artigo 1º, III, da CF de 1988, ao tratar dos fundamentos da República Federativa do Brasil, como Estado Democrático de Direito.

Em consonância com os Princípios que norteiam a Infância e a Juventude, o Estatuto do Idoso, da mesma forma, consagra a Doutrina da Proteção Integral e o Princípio da Garantia de Prioridade na Velhice, consoante redação prevista no artigo 3º e §§ 1º (incisos I a IX) e 2º, da Lei 10.741/2003.

Importante, neste contexto, as alterações trazidas por meio da Lei Federal nº 13.466, de 12-7-2017, que renumerou o então § único para § 1º, pontificando, em seu § 2º, prioridade especial aos maiores de 80 (oitenta) anos de idade, nos seguintes termos:

> *"Dentre os idosos, é assegurada prioridade especial aos maiores de oitenta anos, atendendo-se suas necessidades sempre preferencialmente em relação aos demais idosos".*

Referida legislação federal, outrossim, no que concerne aos maiores de 80 (oitenta) anos de idade, estabeleceu também as seguintes garantias:

> *"Art. 15. ....*
>
> *...........*
>
> *§ 7º Em todo atendimento de saúde, os maiores de oitenta anos terão preferência especial sobre os demais idosos, exceto em caso de emergência."*
>
> *"Art. 71. ....*
>
> *............*
>
> *§ 5º Dentre os processos de idosos, dar-se-á prioridade especial aos maiores de oitenta anos."*

VIII. Crimes previstos no Estatuto do Idoso:

1) Observações Preliminares:

a) segundo o artigo 95, EI, para os crimes previstos nesta Lei, a ação penal será pública incondicionada, repetindo, de certa forma, a redação constante no artigo 227, do Estatuto da Criança e do Adolescente (Lei Federal 8069/90), no que concerne aos delitos definidos na legislação "menorista";

b) de outra banda, refere também o Estatuto do Idoso a não-aplicação das escusas absolutórias ou causas de imunidade penal absoluta e relativa previstas nos artigos 181 e 182, ambos do Código Penal, quando a vítima tiver idade igual ou superior a 60 (sessenta) anos, conforme redação atual do artigo 183, III, do Estatuto Repressivo;

c) Identifica o artigo 94, EI, que aos crimes em espécie contemplados nos arts. 96 a 109, todos do EI, cuja pena máxima privativa de liberdade cominada não ultrapasse 4 (quatro) anos, será aplicado o procedimento sumaríssimo previsto no art. 394, § 1º, III, CPP, e na Lei nº 9.099/95.

Todavia, o STF, em 16-6-2010, julgou parcialmente procedente a ADI nº 3.096, publicada no DOU de 27-9-2010, para dar interpretação conforme a CF, com redução de texto, para suprimir a expressão "do Código Penal e", no sentido de aplicar-se apenas o procedimento sumaríssimo previsto na Lei nº 9.099/95, e não outros benefícios ali previstos.

Dentro desse contexto, importante registrar que o art. 94, EI, não modificou o conceito de infração penal de menor potencial ofensivo, insculpido no art. 61, da Lei nº 9.099/95, *in verbis: "Consideram-se infrações penais de menor potencial ofensivo, para os efeitos desta Lei, as contravenções penais e os crimes a que a lei comine pena máxima não superior a 2 (dois) anos, cumulada ou não com multa". (Redação conferida pela Lei nº 11.313, de 28-6-2006)*

2) <u>art. 96: Discriminação por motivo de idade</u>:

Trata-se de infração penal de menor potencial ofensivo, da competência dos JECs, instruída por meio de Termo Circunstanciado.

Submete-se, outrossim, ao rito do procedimento comum sumaríssimo (art. 394, § 1º, III, CPP), com observância à regra especial do artigo 94, EI.

Não confundir o tipo do art. 96, § 1º, EI, com a Injúria qualificada por preconceito ou Injúria etária, prevista no art. 140, § 3º, CP.

No que concerne à causa de aumento de pena prevista no § 2º, segundo Nucci[1]:

> *"Eleva-se a pena, obrigatoriamente, em um terço, quando o idoso se encontrar na esfera de proteção do agente. Mostra-se este mais ousado, disposto a abusar de quem está sob sua responsabilidade para efeito de ser protegido e não agredido".*

3) <u>art. 97: Omissão de socorro</u>:

Trata-se de infração penal de menor potencial ofensivo, da competência dos JECs, instruída por meio de Termo Circunstanciado.

Submete-se, outrossim, ao rito do procedimento comum sumaríssimo (art. 394, § 1º, III, CPP), com observância à regra especial do artigo 94, EI.

Se for pessoa idosa, não se aplica a Omissão de socorro do CP (art. 135).

4) <u>art. 98: Abandono de idoso</u>:

É infração penal de médio potencial ofensivo, instruída por meio de Inquérito Policial, cabendo, todavia, suspensão condicional do processo.

Submete-se, outrossim, ao rito do procedimento comum sumário (art. 394, § 1º,

1 NUCCI, Guilherme de Souza. **Leis Penais e Processuais Penais Comentadas**. v. 1. 10. ed. Rio de Janeiro: Forense, 2017, p. 533.

II, CPP), com observância à regra especial do artigo 94, EI.

Aplica-se o art. 133, § 3º, III, CP, quando o abandono se der em outros locais, que não em hospitais, casas de saúde, entidades de longa permanência ou congêneres.

No que concerne à obrigação legal de zelar pelo idoso, segundo Nucci[2], trata-se de norma penal em branco:

> *"É preciso checar a legislação extrapenal para conhecer quem está obrigado a zelar pelo idoso. Como fonte para isso, pode se verificar, no Código Civil (art. 1694 e seguintes), aqueles que têm o dever de prestar alimentos".*

5) art. 99: Maus-Tratos a idoso:

Na modalidade do *caput,* trata-se de infração penal de menor potencial ofensivo, da competência dos JECs, instruída por meio de Termo Circunstanciado, submetendo-se, outrossim, ao rito do procedimento comum sumaríssimo (art. 394, § 1º, III, CPP), com observância à regra especial do artigo 94, EI.

Nas modalidades dos §§ 1º e 2º, são infrações penais de maior potencial ofensivo, instruídas por meio de Inquérito Policial, sendo possível, no § 1º, a suspensão condicional do processo, submetendo-se, outrossim, ao rito do procedimento comum ordinário (art. 394, § 1º, I, CPP).

No § 1º, deverá ser observada a regra especial do artigo 94, EI, circunstância que não ocorre nos Maus-Tratos a Idoso Qualificado pela Morte (art. 99, § 2º, EI), já que a pena máxima cominada é de 12 (doze) anos de reclusão.

Em relação a tal dispositivo penal, não se aplica o crime de Maus-Tratos do CP (art. 136).

O mesmo vale em relação à exposição da vida ou saúde de pessoa idosa a perigo direto e iminente, quando estará afastado o tipo previsto no art. 132, CP.

6) art. 100: Outros crimes:

Trata-se de infração penal de menor potencial ofensivo, da competência dos JECs, instruída por meio de Termo Circunstanciado.

Submete-se, outrossim, ao rito do procedimento comum sumaríssimo (art. 394, § 1º, III, CPP), com observância à regra especial do artigo 94, EI.

Segundo Nucci[3], *"a construção do tipo penal é imprópria, iniciando-se com a expressão 'constitui crime' para, depois, no mesmo preceito indicar a pena aplicada, e, por fim, nos incisos, estabelecer as condutas puníveis".*

Hipóteses:

I) obstáculo de acesso a cargo público por motivo de idade.

Segundo Nucci[4], é possível ampliar o sentido e o alcance do conceito de "cargo público", para envolver, igualmente, a "função pública" e o "emprego público".

Trata-se de hipótese de interpretação extensiva ou ampliativa, perfeitamente possível em Direito Penal.

II) negativa ou recusa de emprego ou trabalho por motivo de idade;

III) recusa ou óbices na prestação de assistência à saúde de pessoa idosa;

IV) óbices na execução de ordem judicial em ações intentadas para a proteção dos direitos dos idosos;

V) óbices no fornecimento de dados ao MP, para fins de propositura de ação civil pública em benefício da pessoa idosa.

7) art. 101: Desobediência;

Trata-se de infração penal de menor potencial ofensivo, da competência dos

2 Ibidem, p. 536.

3 Op. Cit., p. 540.

4 Op. Cit., p. 541.

JECs, instruída por meio de Termo Circunstanciado.

Submete-se, outrossim, ao rito do procedimento comum sumaríssimo (art. 394, § 1º, III, CPP), com observância à regra especial do artigo 94, EI.

8) art. 102: Apropriação indébita:

É infração penal de maior potencial ofensivo, instruída por meio de Inquérito Policial, sendo possível a suspensão condicional do processo.

Submete-se, outrossim, ao rito do procedimento comum ordinário (art. 394, § 1º, I, CPP), com observância à regra especial do artigo 94, EI.

Em se tratando de pessoa idosa, o entendimento corrente, em homenagem ao princípio da especialidade, é o de que não se aplica a Apropriação Indébita do CP (art. 168).

No que concerne ao conflito aparente de normas penais entre os artigos 168, CP, e 102, EI, assim pontifica Nucci[5]:

> *"Havendo apropriação de coisa alheia móvel de pessoa maior de 60 anos segue-se o disposto no art. 102 desta lei especial e não mais o preceituado no art. 168 do Código Penal, embora a pena seja a mesma. Uma crítica merece ser feita, no entanto. As figuras de aumento de um terço, previstas no § 1º do art. 168, não mais podem ser utilizadas para o crime contra o idoso. Assim, ilustrando, caso um advogado se aproprie do dinheiro do cliente com mais de 60 anos, a pena será fixada entre 1 e 4 anos de reclusão e multa, mas sem o aumento de crime praticado em razão de ofício, emprego ou profissão, pois é forma não prevista no Estatuto do Idoso. No mais, há uma vantagem. A alteração deu-se no tocante à maior extensão da figura típica da apropriação criada pelo Estatuto do Idoso, que não menciona somente coisa móvel, mas fala genericamente de bens, proventos, pensão ou qualquer outro rendimento e não exige que estejam eles na posse ou detenção do autor do crime. É natural que, no tocante ao vergo apropriar-se (tomar posse de algo que pertence a outra pessoa), como regra, o objeto do delito esteja na posse ou detenção de quem o retira da esfera de disponibilidade do idoso. Excepcionalmente, pode o agente apossar-se daquilo que não detinha antes, quase equiparando a figura da apropriação ao furto. Por outro lado, na modalidade desviar (alterar o destino, afastar ou desencaminhar), a figura da lei especial possibilita a configuração do crime ainda que o agente não retenha para si o valor retirado da esfera de disponibilidade do idoso, podendo, por exemplo, encaminhar a terceiro".*

9) art. 103: Recusa de acolhimento ou permanência de idoso:

Trata-se de infração penal de menor potencial ofensivo, da competência dos JECs, instruída por meio de Termo Circunstanciado.

Submete-se, outrossim, ao rito do procedimento comum sumaríssimo (art. 394, § 1º, III, CPP), com observância à regra especial do artigo 94, EI.

10) art. 104: Retenção indevida de cartão magnético ou outro documento:

Trata-se de infração penal de menor potencial ofensivo, da competência dos JECs, instruída por meio de Termo Circunstanciado.

Submete-se, outrossim, ao rito do procedimento comum sumaríssimo (art. 394, § 1º, III, CPP), com observância à regra especial do artigo 94, EI.

11) art. 105: Veiculação de dados depreciativos do idoso:

5 Op. Cit., p. 549.

É infração penal de médio potencial ofensivo, instruída por meio de Inquérito Policial, sendo possível a suspensão condicional do processo.

Submete-se, outrossim, ao rito do procedimento comum sumário (art. 394, § 1º, II, CPP), com observância à regra especial do artigo 94, EI.

Consuma-se com a veiculação ou exibição de imagens depreciativas do idoso, independentemente do resultado alcançado.

12) art. 106: Induzimento de pessoa idosa a outorgar procuração:

É infração penal de maior potencial ofensivo, instruída por meio de Inquérito Policial.

Submete-se, outrossim, ao rito do procedimento comum ordinário (art. 394, § 1º, I, CPP), com observância à regra especial do artigo 94, EI.

13) art. 107: Coação do idoso a doar, contratar, testar ou outorgar procuração:

É infração penal de maior potencial ofensivo, instruída por meio de Inquérito Policial.

Submete-se, outrossim, ao rito do procedimento comum ordinário (art. 394, § 1º, I, CPP), sem observância à regra especial do artigo 94, EI, já que a pena máxima cominada é de 5 (cinco) anos de reclusão.

14) art. 108: Lavratura de ato notarial sem representação legal do idoso:

Trata-se de infração penal de menor potencial ofensivo, da competência dos JECs, instruída por meio de Termo Circunstanciado.

Submete-se, outrossim, ao rito do procedimento comum sumaríssimo (art. 394, § 1º, III, CPP), com observância à regra especial do artigo 94, EI.

15) art. 109: Impedimento ou embaraço a ato do representante do MP:

Trata-se de infração penal de menor potencial ofensivo, da competência dos JECs, instruída por meio de Termo Circunstanciado.

Submete-se, outrossim, ao rito do procedimento comum sumaríssimo (art. 394, § 1º, III, CPP), com observância à regra especial do artigo 94, EI.

16) O Estatuto do Idoso e o Código Penal:

Além do artigo 183, III, temos outras alterações importantes no CP com o advento do EI:

a) reconhecimento de agravante nos crimes cometidos contra pessoa idosa - artigo 61, II, "h" do Código Penal;
b) previsão de majorante no delito de homicídio doloso - artigo 121, § 4º, CP;
c) previsão de majorante no delito de abandono de incapaz - artigo 133, § 3º, III, CP;
d) tipificação do delito de injúria qualificada por preconceito - artigo 140, § 3º, CP;
e) previsão de qualificadora no delito de sequestro e cárcere privado - artigo 148, § 1º, I, CP;
f) previsão de qualificadora no delito de extorsão mediante sequestro - artigo 159, § 1º, CP;
g) tipicação do delito de abandono material - artigo 244 do CP.

17) O Estatuto do Idoso e as Leis Penais Extravagantes:

Temos modificações significativas, também, em outros diplomas legais:

a) Lei das Contravenções Penais (DL 3.688/41): previsão de majorante na contravenção penal de vias de fato (artigo 21, § único);

b) Lei da Tortura (Lei 9.455/97): previsão de majorante no delito de tortura (artigo 1º, § 4º, II).

☑ QUESTÕES DE CONCURSOS ACERCA DO ESTATUTO DO IDOSO, COM GABARITO E COMENTÁRIOS:

1. ***(MINISTÉRIO PÚBLICO/SE – CESPE/UNB – 2010)*** *Tratando-se de crimes praticados contra os idosos, não se admite a aplicação do procedimento da Lei dos Juizados Especiais Criminais, por expressa vedação contida no Estatuto do Idoso.*

Resposta: *Errado. Somente se admite a aplicação do procedimento sumaríssimo, sem possibilidade de adoção das medidas despenalizadoras, conforme já decidiu o Supremo Tribunal Federal (STF). O Estatuto do Idoso (Lei Federal nº 10.741/03) dispõe em seu art. 94 que, aos crimes previstos nesta Lei, cuja pena máxima privativa de liberdade não ultrapasse 4 (quatro) anos, aplica-se o procedimento previsto na Lei 9.099, de 26 de setembro de 1995, e, subsidiariamente, no que couber, as disposições do Código Penal e do Código de Processo Penal. Entretanto, convém observar que referido dispositivo, passando pelo filtro constitucional, sofreu interpretação conforme a Constituição Federal, com redução de texto, para suprimir a expressão "do Código Penal e". Esta é atual posição do Supremo Tribunal Federal[6] acerca do tema: "Art. 94 da Lei n. 10.741/2003: interpretação conforme à Constituição do Brasil, com redução de texto, para suprimir a expressão 'do Código Penal e'. Aplicação apenas do procedimento sumaríssimo previsto na Lei n. 9.099/95: benefício do idoso com a celeridade processual. Impossibilidade de aplicação de quaisquer medidas despenalizadoras e de interpretação benéfica ao autor do crime. 3. Ação direta de inconstitucionalidade julgada parcialmente procedente para dar interpretação conforme à Constituição do Brasil, com redução de texto, ao art. 94 da Lei n. 10.741/2003". Assim sendo, o Estatuto do Idoso não derrogou o art. 61, da Lei Federal nº 9.099/1995 (Juizados Especiais Criminais), não se estendendo o critério de 4 (quatro) anos para o âmbito penal, aplicando-se apenas o procedimento sumaríssimo, sem ser possível a aplicação de medidas despenalizadoras (ex.: transação penal).*

2. ***(PRF – 2013 – CESPE)*** *Se alguém deixar de prestar assistência a idoso, quando for possível fazê-lo sem risco pessoal, em situação de iminente perigo, cometerá, em tese, crime de menor potencial ofensivo.*

Resposta: *Certo. Em conformidade com o disposto no art. 97, da Lei Federal nº 10.741/03, constitui crime a conduta de deixar de prestar assistência ao idoso, quando possível fazê-lo sem risco pessoal, em situação de iminente perigo, ou recusar, retardar ou dificultar sua assistência à saúde, sem justa causa, ou não pedir, nesses casos, o socorro de autoridade pública. Na sua forma simples, a pena é de detenção de 6 (seis) meses a 1 (um) ano e multa, constituindo, nesse caso, infração penal de menor potencial ofensivo (pena máxima não superior a dois anos). Por fim, cumpre registrar que existem as formas majorada e qualificada, previstas no parágrafo único do referido dispositivo legal, estabelecendo que a pena deverá ser aumentada de metade (majorante), caso resulte em lesão corporal de natureza grave, ou triplicada (qualificadora), em caso de morte do idoso. Dessa forma, na forma qualificada pela morte, a infração seria de médio potencial ofensivo, já que a pena máxima cominada é superior a 2 (dois) anos e inferior a 4 (quatro) anos.*

3. ***(DEFENSOR PÚBLICO – DPE-BA – 2010 – CESPE)*** *Ao crimes previstos no Estatuto do Idoso são vedadas a aplicação das medidas despenalizadoras da composição civil dos*

6 STF, ADI 3.096/DF, 16.06.2010.

danos e da transação, bem como a incidência das imunidades penais absolutas ou escusas absolutórias.

Resposta: *Certo, com fundamento no art. 94, do Estatuto do Idoso (Lei Federal nº 10.741/03.*

4. **(DEFENSOR PÚBLICO - DPE-PA - 2009 - FCC)** *Para os efeitos do Código Penal em relação ao Estatuto do Idoso:*

(A) *prevalecerá sempre a idade de 60 anos – seja para o réu, seja para a vítima – a sujeição aos efeitos determinados pelo Código sempre que se referir à circunstância modificável em função da idade.*

(B) *variam os efeitos conforme a idade estabelecida em dispositivos do Código Penal, pois uns foram alterados pelo Estatuto do Idoso e outros não.*

(C) *prevalecerá sempre a idade de 70 anos – seja para o réu, seja para a vítima – a sujeição aos efeitos determinados pelo Código sempre que se referir à circunstância modificável em função da idade.*

(D) *prevalecerá sempre a idade de 65 anos – seja para o réu, seja para a vítima – a sujeição aos efeitos determinados pelo Código sempre que se referir à circunstância modificável em função da idade.*

(E) *consideram-se revogados no Código Penal todas as disposições anteriores que não contemplarem o novo conceito de idoso estabelecido pelo Estatuto.*

Resposta: *A alternativa a ser assinalada é a da letra "B". Efetivamente, o conceito de idoso é variável, uma vez que cada dispositivo do Código Penal traz uma visão diferenciada, como pode se observar, por exemplo, no art. 61, II, "h", CP, que considera o crime praticado contra pessoa maior de 60 (sessenta) anos como uma circunstância agravante genérica, bem como no art. 65, I, CP, que identifica que a pena será atenuada se, na data da sentença, o réu tiver mais de 70 (setenta) anos. Dessa forma, é evidente que possuímos diversos vetores de definição para as pessoas idosas.*

5. **(DELEGADO DE POLÍCIA - PC-AP - 2010 - FGV)** *Relativamente ao Estatuto do Idoso (Lei n. 10.741/2003), analise as afirmativas a seguir:*

I. *O Estatuto do Idoso é destinado a regular os direitos assegurados às pessoas com idade igual ou superior a 65 (sessenta e cinco) anos.*

II. *Os crimes definidos no Estatuto do Idoso são de ação penal pública incondicionada, não se lhes aplicando os arts. 181 e 182 do Código Penal.*

III. *Aos crimes previstos no Estatuto do Idoso, cuja pena máxima privativa de liberdade não ultrapasse 2 (dois) anos, aplica-se o procedimento previsto na Lei n. 9099, de 26 de setembro de 1995, e, subsidiariamente, no que couber, as disposições do Código Penal e do Código de Processo Penal.*

Assinale:

(A) *se somente a afirmativa I estiver correta.*

(B) *se somente a afirmativa II estiver correta.*

(C) *se somente a afirmativa III estiver correta.*

(D) *se somente as afirmativas II e III estiverem corretas.*

(E) *se todas as afirmativas estiverem corretas.*

Resposta: *A alternativa a ser assinalada é a da letra "B". Efetivamente, somente o enunciado II está correto, fundamentando-se no art. 95, do Estatuto do Idoso. O enunciado I está incorreto, tendo em vista o comando constante no art. 1º, do Estatuto do Idoso, que define o marco etário em 60 (sessenta) anos de idade ou mais. Por fim, o enunciado III também está incorreto, diante da regra constante no art. 94, do Estatuto do Idoso, que estabelece o patamar de 4 (quatro) anos de pena máxima privativa de liberdade, para fins de aplicação do procedimento sumaríssimo.*

6. ***(CESPE – DELEGADO DE POLÍCIA FEDERAL – DPF/2018)*** *Em cada um dos itens que se seguem, é apresentada uma situação hipotética seguida de uma assertiva a ser julgada com relação a crime de tortura, crime hediondo, crime previdenciário e crime contra o idoso.*

Atuando como procurador de sua tia Bernardete — senhora aposentada de sessenta e três anos de idade, que se encontrava em pleno gozo de suas faculdades mentais —, Arquimedes, para satisfazer suas necessidades pessoais, passou a se apropriar dos valores da aposentadoria da tia. Nessa situação, o ato praticado por Arquimedes não caracteriza crime de apropriação indébita previdenciária, tipificado pelo Código Penal, mas sim crime contra o idoso, tipificado pelo Estatuto do Idoso.

Resposta: *Certo. O tipo penal que se enquadra na espécie fática é o de Apropriação Indébita contra Idoso, previsto no art. 102, do Estatuto do Idoso (Lei Federal nº 10.741/03). Trata-se de infração penal de maior potencial ofensivo, instruída por meio de Inquérito Policial, sendo possível a suspensão condicional do processo, já que a pena mínima cominada não é superior a 1 (um) ano.*

XV) ESTATUTO DO DESARMAMENTO (LEI FEDERAL Nº 10.826/2003)

Dispõe sobre registro, posse e comercialização de armas de fogo e munição, sobre o Sistema Nacional de Armas - SINARM, define crimes e dá outras providências.

O PRESIDENTE DA REPÚBLICA *Faço saber que o Congresso Nacional decreta e eu sanciono a seguinte Lei:*

CAPÍTULO I

DO SISTEMA NACIONAL DE ARMAS

Art. 1º O Sistema Nacional de Armas - SINARM, instituído no Ministério da Justiça, no âmbito da Polícia Federal, tem circunscrição em todo o território nacional.

Art. 2º Ao SINARM compete:

I - identificar as características e a propriedade de armas de fogo, mediante cadastro;

II - cadastrar as armas de fogo produzidas, importadas e vendidas no País;

III - cadastrar as autorizações de porte de arma de fogo e as renovações expedidas pela Polícia Federal;

IV - cadastrar as transferências de propriedade, extravio, furto, roubo e outras ocorrências suscetíveis de alterar os dados cadastrais, inclusive as decorrentes de fechamento de empresas de segurança privada e de transporte de valores;

V - identificar as modificações que alterem as características ou o funcionamento de arma de fogo;

VI - integrar no cadastro os acervos policiais já existentes;

VII - cadastrar as apreensões de armas de fogo, inclusive as vinculadas a procedimentos policiais e judiciais;

VIII - cadastrar os armeiros em atividade no País, bem como conceder licença para exercer a atividade;

IX - cadastrar mediante registro os produtores, atacadistas, varejistas, exportadores e importadores autorizados de armas de fogo, acessórios e munições;

X - cadastrar a identificação do cano da arma, as características das impressões de raiamento e de microestriamento de projétil disparado, conforme marcação e testes obrigatoriamente realizados pelo fabricante;

XI - informar às Secretarias de Segurança Pública dos Estados e do Distrito Federal os registros e autorizações de porte de armas de fogo nos respectivos territórios, bem como manter o cadastro atualizado para consulta.

Parágrafo único. As disposições deste artigo não alcançam as armas de fogo das Forças Armadas e Auxiliares, bem como as demais que constem dos seus registros próprios.

CAPÍTULO II

DO REGISTRO

Art. 3º É obrigatório o registro de arma de fogo no órgão competente.

Parágrafo único. As armas de fogo de uso restrito serão registradas no Comando do Exército, na forma do regulamento desta Lei.

Art. 4º Para adquirir arma de fogo de uso permitido o interessado deverá, além de declarar a efetiva necessidade, atender aos seguintes requisitos:

I - comprovação de idoneidade, com a apresentação de certidões negativas de antecedentes criminais fornecidas pela Justiça Federal, Estadual, Militar e Eleitoral e de não estar respondendo a inquérito policial ou a processo criminal, que poderão ser fornecidas por meios eletrônicos; (Redação dada pela Lei nº 11.706, de 2008)

II - apresentação de documento comprobatório de ocupação lícita e de residência certa;

III - comprovação de capacidade técnica e de aptidão psicológica para o manuseio de arma de fogo, atestadas na forma disposta no regulamento desta Lei.

§ 1º O SINARM expedirá autorização de compra de arma de fogo após atendidos os requisitos anteriormente estabelecidos, em

nome do requerente e para a arma indicada, sendo intransferível esta autorização.

§ 2º A aquisição de munição somente poderá ser feita no calibre correspondente à arma registrada e na quantidade estabelecida no regulamento desta Lei. (Redação dada pela Lei nº 11.706, de 2008)

§ 3º A empresa que comercializar arma de fogo em território nacional é obrigada a comunicar a venda à autoridade competente, como também a manter banco de dados com todas as características da arma e cópia dos documentos previstos neste artigo.

§ 4º A empresa que comercializa armas de fogo, acessórios e munições responde legalmente por essas mercadorias, ficando registradas como de sua propriedade enquanto não forem vendidas.

§ 5º A comercialização de armas de fogo, acessórios e munições entre pessoas físicas somente será efetivada mediante autorização do SINARM.

§ 6º A expedição da autorização a que se refere o § 1º será concedida, ou recusada com a devida fundamentação, no prazo de 30 (trinta) dias úteis, a contar da data do requerimento do interessado.

§ 7º O registro precário a que se refere o § 4º prescinde do cumprimento dos requisitos dos incisos I, II e III deste artigo.

§ 8º Estará dispensado das exigências constantes do inciso III do caput deste artigo, na forma do regulamento, o interessado em adquirir arma de fogo de uso permitido que comprove estar autorizado a portar arma com as mesmas características daquela a ser adquirida. (Incluído pela Lei nº 11.706, de 2008)

Art. 5º O certificado de Registro de Arma de Fogo, com validade em todo o território nacional, autoriza o seu proprietário a manter a arma de fogo exclusivamente no interior de sua residência ou domicílio, ou dependência desses, ou, ainda, no seu local de trabalho, desde que seja ele o titular ou o responsável legal pelo estabelecimento ou empresa. (Redação dada pela Lei nº 10.884, de 2004)

§ 1º O certificado de registro de arma de fogo será expedido pela Polícia Federal e será precedido de autorização do SINARM.

§ 2º Os requisitos de que tratam os incisos I, II e III do art. 4º deverão ser comprovados periodicamente, em período não inferior a 3 (três) anos, na conformidade do estabelecido no regulamento desta Lei, para a renovação do Certificado de Registro de Arma de Fogo.

§ 3º O proprietário de arma de fogo com certificados de registro de propriedade expedido por órgão estadual ou do Distrito Federal até a data da publicação desta Lei que não optar pela entrega espontânea prevista no art. 32 desta Lei deverá renová-lo mediante o pertinente registro federal, até o dia 31 de dezembro de 2008, ante a apresentação de documento de identificação pessoal e comprovante de residência fixa, ficando dispensado do pagamento de taxas e do cumprimento das demais exigências constantes dos incisos I a III do caput do art. 4º desta Lei. (Redação dada pela Lei nº 11.706, de 2008) (Prorrogação de prazo)

§ 4º Para fins do cumprimento do disposto no § 3º deste artigo, o proprietário de arma de fogo poderá obter, no Departamento de Polícia Federal, certificado de registro provisório, expedido na rede mundial de computadores – internet, na forma do regulamento e obedecidos os procedimentos a seguir: (Redação dada pela Lei nº 11.706, de 2008)

I – emissão de certificado de registro provisório pela internet, com validade inicial de 90 (noventa) dias; e (Incluído pela Lei nº 11.706, de 2008)

II – revalidação pela unidade do Departamento de Polícia Federal do certificado de registro provisório pelo prazo que estimar como necessário para a emissão definitiva do certificado de registro de propriedade. (Incluído pela Lei nº 11.706, de 2008)

§ 5º Aos residentes em área rural, para os fins do disposto no ***caput*** *deste artigo, considera-se residência ou domicílio toda a extensão do respectivo imóvel rural. (Incluído pela Lei nº 13.870, de 2019)*

CAPÍTULO III

DO PORTE

Art. 6º É proibido o porte de arma de fogo em todo o território nacional, salvo para os casos previstos em legislação própria e para:

I – os integrantes das Forças Armadas;

*II – os integrantes de órgãos referidos nos incisos I, II, III, IV e V do **caput** do art. 144 da Constituição Federal e os da Força Nacional de Segurança Pública (FNSP); (Redação dada pela Lei nº 13.500, de 2017)*

III – os integrantes das guardas municipais das capitais dos Estados e dos Municípios com mais de 500.000 (quinhentos mil) habitantes, nas condições estabelecidas no regulamento desta Lei; (Vide ADIN 5538) (Vide ADIN 5948)

IV – os integrantes das guardas municipais dos Municípios com mais de 50.000 (cinquenta mil) e menos de 500.000 (quinhentos mil) habitantes, quando em serviço; (Redação dada pela Lei nº 10.867, de 2004) (Vide ADIN 5538) (Vide ADIN 5948)

V – os agentes operacionais da Agência Brasileira de Inteligência e os agentes do Departamento de Segurança do Gabinete de Segurança Institucional da Presidência da República;

VI – os integrantes dos órgãos policiais referidos no art. 51, IV, e no art. 52, XIII, da Constituição Federal;

VII – os integrantes do quadro efetivo dos agentes e guardas prisionais, os integrantes das escoltas de presos e as guardas portuárias;

VIII – as empresas de segurança privada e de transporte de valores constituídas, nos termos desta Lei;

IX – para os integrantes das entidades de desporto legalmente constituídas, cujas atividades esportivas demandem o uso de armas de fogo, na forma do regulamento desta Lei, observando-se, no que couber, a legislação ambiental.

X – integrantes das Carreiras de Auditoria da Receita Federal do Brasil e de Auditoria-Fiscal do Trabalho, cargos de Auditor-Fiscal e Analista Tributário. (Redação dada pela Lei nº 11.501, de 2007)

XI – os tribunais do Poder Judiciário descritos no art. 92 da Constituição Federal e os Ministérios Públicos da União e dos Estados, para uso exclusivo de servidores de seus quadros pessoais que efetivamente estejam no exercício de funções de segurança, na forma de regulamento a ser emitido pelo Conselho Nacional de Justiça – CNJ e pelo Conselho Nacional do Ministério Público – CNMP. (Incluído pela Lei nº 12.694, de 2012)

§ 1º As pessoas previstas nos incisos I, II, III, V e VI do caput deste artigo terão direito de portar arma de fogo de propriedade particular ou fornecida pela respectiva corporação ou instituição, mesmo fora de serviço, nos termos do regulamento desta Lei, com validade em âmbito nacional para aquelas constantes dos incisos I, II, V e VI. (Redação dada pela Lei nº 11.706, de 2008)

§ 1º-A (Revogado pela Lei nº 11.706, de 2008)

§ 1º-B. Os integrantes do quadro efetivo de agentes e guardas prisionais poderão portar arma de fogo de propriedade particular ou fornecida pela respectiva corporação ou instituição, mesmo fora de serviço, desde que estejam: (Incluído pela Lei nº 12.993, de 2014)

I – submetidos a regime de dedicação exclusiva; (Incluído pela Lei nº 12.993, de 2014)

II – sujeitos à formação funcional, nos termos do regulamento; e (Incluído pela Lei nº 12.993, de 2014)

III – subordinados a mecanismos de fiscalização e de controle interno. (Incluído pela Lei nº 12.993, de 2014)

§ 1º-C. (VETADO). (Incluído pela Lei nº 12.993, de 2014)

§ 2º A autorização para o porte de arma de fogo aos integrantes das instituições descritas nos incisos V, VI, VII e X do caput deste artigo está condicionada à comprovação do requisito a que se refere o inciso III do caput do art. 4º desta Lei nas condições estabelecidas no regulamento desta Lei. (Redação dada pela Lei nº 11.706, de 2008)

§ 3º A autorização para o porte de arma de fogo das guardas municipais está condicionada à formação funcional de seus integrantes em estabelecimentos de ensino de atividade policial, à existência de mecanismos de fiscalização e de controle interno, nas condições estabelecidas no regulamento desta Lei, observada a supervisão do Ministério da Justiça. (Redação dada pela Lei nº 10.884, de 2004)

§ 4º Os integrantes das Forças Armadas, das polícias federais e estaduais e do Distrito Federal, bem como os militares dos Estados e do Distrito Federal, ao exercerem o

direito descrito no art. 4º, ficam dispensados do cumprimento do disposto nos incisos I, II e III do mesmo artigo, na forma do regulamento desta Lei.

§ 5º Aos residentes em áreas rurais, maiores de 25 (vinte e cinco) anos que comprovem depender do emprego de arma de fogo para prover sua subsistência alimentar familiar será concedido pela Polícia Federal o porte de arma de fogo, na categoria caçador para subsistência, de uma arma de uso permitido, de tiro simples, com 1 (um) ou 2 (dois) canos, de alma lisa e de calibre igual ou inferior a 16 (dezesseis), desde que o interessado comprove a efetiva necessidade em requerimento ao qual deverão ser anexados os seguintes documentos: (Redação dada pela Lei nº 11.706, de 2008)

I – documento de identificação pessoal; (Incluído pela Lei nº 11.706, de 2008)

II – comprovante de residência em área rural; e (Incluído pela Lei nº 11.706, de 2008)

III – atestado de bons antecedentes. (Incluído pela Lei nº 11.706, de 2008)

§ 6º O caçador para subsistência que der outro uso à sua arma de fogo, independentemente de outras tipificações penais, responderá, conforme o caso, por porte ilegal ou por disparo de arma de fogo de uso permitido. (Redação dada pela Lei nº 11.706, de 2008)

§ 7º Aos integrantes das guardas municipais dos Municípios que integram regiões metropolitanas será autorizado porte de arma de fogo, quando em serviço. (Incluído pela Lei nº 11.706, de 2008)

Art. 7º As armas de fogo utilizadas pelos empregados das empresas de segurança privada e de transporte de valores, constituídas na forma da lei, serão de propriedade, responsabilidade e guarda das respectivas empresas, somente podendo ser utilizadas quando em serviço, devendo essas observar as condições de uso e de armazenagem estabelecidas pelo órgão competente, sendo o certificado de registro e a autorização de porte expedidos pela Polícia Federal em nome da empresa.

§ 1º O proprietário ou diretor responsável de empresa de segurança privada e de transporte de valores responderá pelo crime previsto no parágrafo único do art. 13 desta Lei, sem prejuízo das demais sanções administrativas e civis, se deixar de registrar ocorrência policial e de comunicar à Polícia Federal perda, furto, roubo ou outras formas de extravio de armas de fogo, acessórios e munições que estejam sob sua guarda, nas primeiras 24 (vinte e quatro) horas depois de ocorrido o fato.

§ 2º A empresa de segurança e de transporte de valores deverá apresentar documentação comprobatória do preenchimento dos requisitos constantes do art. 4º desta Lei quanto aos empregados que portarão arma de fogo.

§ 3º A listagem dos empregados das empresas referidas neste artigo deverá ser atualizada semestralmente junto ao SINARM.

Art. 7º-A. As armas de fogo utilizadas pelos servidores das instituições descritas no inciso XI do art. 6º serão de propriedade, responsabilidade e guarda das respectivas instituições, somente podendo ser utilizadas quando em serviço, devendo estas observar as condições de uso e de armazenagem estabelecidas pelo órgão competente, sendo o certificado de registro e a autorização de porte expedidos pela Polícia Federal em nome da instituição. (Incluído pela Lei nº 12.694, de 2012)

§ 1º A autorização para o porte de arma de fogo de que trata este artigo independe do pagamento de taxa. (Incluído pela Lei nº 12.694, de 2012)

§ 2º O presidente do tribunal ou o chefe do Ministério Público designará os servidores de seus quadros pessoais no exercício de funções de segurança que poderão portar arma de fogo, respeitado o limite máximo de 50% (cinquenta por cento) do número de servidores que exerçam funções de segurança. (Incluído pela Lei nº 12.694, de 2012)

§ 3º O porte de arma pelos servidores das instituições de que trata este artigo fica condicionado à apresentação de documentação comprobatória do preenchimento dos requisitos constantes do art. 4º desta Lei, bem como à formação funcional em estabelecimentos de ensino de atividade policial e à existência de mecanismos de fiscalização e de controle interno, nas condições estabelecidas no regulamento desta Lei. (Incluído pela Lei nº 12.694, de 2012)

§ 4º A listagem dos servidores das instituições de que trata este artigo deverá ser atualizada semestralmente no SINARM. (Incluído pela Lei nº 12.694, de 2012)

§ 5º As instituições de que trata este artigo são obrigadas a registrar ocorrência policial e a comunicar à Polícia Federal eventual perda, furto, roubo ou outras formas de extravio de armas de fogo, acessórios e munições que estejam sob sua guarda, nas primeiras 24 (vinte e quatro) horas depois de ocorrido o fato. (Incluído pela Lei nº 12.694, de 2012)

Art. 8º As armas de fogo utilizadas em entidades desportivas legalmente constituídas devem obedecer às condições de uso e de armazenagem estabelecidas pelo órgão competente, respondendo o possuidor ou o autorizado a portar a arma pela sua guarda na forma do regulamento desta Lei.

Art. 9º Compete ao Ministério da Justiça a autorização do porte de arma para os responsáveis pela segurança de cidadãos estrangeiros em visita ou sediados no Brasil e, ao Comando do Exército, nos termos do regulamento desta Lei, o registro e a concessão de porte de trânsito de arma de fogo para colecionadores, atiradores e caçadores e de representantes estrangeiros em competição internacional oficial de tiro realizada no território nacional.

Art. 10. A autorização para o porte de arma de fogo de uso permitido, em todo o território nacional, é de competência da Polícia Federal e somente será concedida após autorização do SINARM.

§ 1º A autorização prevista neste artigo poderá ser concedida com eficácia temporária e territorial limitada, nos termos de atos regulamentares, e dependerá de o requerente:

I - demonstrar a sua efetiva necessidade por exercício de atividade profissional de risco ou de ameaça à sua integridade física;

II - atender às exigências previstas no art. 4º desta Lei;

III - apresentar documentação de propriedade de arma de fogo, bem como o seu devido registro no órgão competente.

§ 2º A autorização de porte de arma de fogo, prevista neste artigo, perderá automaticamente sua eficácia caso o portador dela seja detido ou abordado em estado de embriaguez ou sob efeito de substâncias químicas ou alucinógenas.

Art. 11. Fica instituída a cobrança de taxas, nos valores constantes do Anexo desta Lei, pela prestação de serviços relativos:

I - ao registro de arma de fogo;

II - à renovação de registro de arma de fogo;

III - à expedição de segunda via de registro de arma de fogo;

IV - à expedição de porte federal de arma de fogo;

V - à renovação de porte de arma de fogo;

VI - à expedição de segunda via de porte federal de arma de fogo.

§ 1º Os valores arrecadados destinam-se ao custeio e à manutenção das atividades do SINARM, da Polícia Federal e do Comando do Exército, no âmbito de suas respectivas responsabilidades.

§ 2º São isentas do pagamento das taxas previstas neste artigo as pessoas e as instituições a que se referem os incisos I a VII e X e o § 5º do art. 6º desta Lei. (Redação dada pela Lei nº 11.706, de 2008)

Art. 11-A. O Ministério da Justiça disciplinará a forma e as condições do credenciamento de profissionais pela Polícia Federal para comprovação da aptidão psicológica e da capacidade técnica para o manuseio de arma de fogo. (Incluído pela Lei nº 11.706, de 2008)

§ 1º Na comprovação da aptidão psicológica, o valor cobrado pelo psicólogo não poderá exceder ao valor médio dos honorários profissionais para realização de avaliação psicológica constante do item 1.16 da tabela do Conselho Federal de Psicologia. (Incluído pela Lei nº 11.706, de 2008)

§ 2º Na comprovação da capacidade técnica, o valor cobrado pelo instrutor de armamento e tiro não poderá exceder R$ 80,00 (oitenta reais), acrescido do custo da munição. (Incluído pela Lei nº 11.706, de 2008)

§ 3º A cobrança de valores superiores aos previstos nos §§ 1º e 2º deste artigo implicará o descredenciamento do profissional pela Polícia Federal. (Incluído pela Lei nº 11.706, de 2008)

CAPÍTULO IV

DOS CRIMES E DAS PENAS

Posse irregular de arma de fogo de uso permitido

Art. 12. Possuir ou manter sob sua guarda arma de fogo, acessório ou munição, de uso permitido, em desacordo com determinação legal ou regulamentar, no interior de sua residência ou dependência desta, ou, ainda no seu local de trabalho, desde que seja o titular ou o responsável legal do estabelecimento ou empresa:

Pena – detenção, de 1 (um) a 3 (três) anos, e multa.

Omissão de cautela

Art. 13. Deixar de observar as cautelas necessárias para impedir que menor de 18 (dezoito) anos ou pessoa portadora de deficiência mental se apodere de arma de fogo que esteja sob sua posse ou que seja de sua propriedade:

Pena – detenção, de 1 (um) a 2 (dois) anos, e multa.

Parágrafo único. Nas mesmas penas incorrem o proprietário ou diretor responsável de empresa de segurança e transporte de valores que deixarem de registrar ocorrência policial e de comunicar à Polícia Federal perda, furto, roubo ou outras formas de extravio de arma de fogo, acessório ou munição que estejam sob sua guarda, nas primeiras 24 (vinte quatro) horas depois de ocorrido o fato.

Porte ilegal de arma de fogo de uso permitido

Art. 14. Portar, deter, adquirir, fornecer, receber, ter em depósito, transportar, ceder, ainda que gratuitamente, emprestar, remeter, empregar, manter sob guarda ou ocultar arma de fogo, acessório ou munição, de uso permitido, sem autorização e em desacordo com determinação legal ou regulamentar:

Pena – reclusão, de 2 (dois) a 4 (quatro) anos, e multa.

Parágrafo único. O crime previsto neste artigo é inafiançável, salvo quando a arma de fogo estiver registrada em nome do agente.

Disparo de arma de fogo

Art. 15. Disparar arma de fogo ou acionar munição em lugar habitado ou em suas adjacências, em via pública ou em direção a ela, desde que essa conduta não tenha como finalidade a prática de outro crime:

Pena – reclusão, de 2 (dois) a 4 (quatro) anos, e multa.

Parágrafo único. O crime previsto neste artigo é inafiançável.

Posse ou porte ilegal de arma de fogo de uso restrito

Art. 16. Possuir, deter, portar, adquirir, fornecer, receber, ter em depósito, transportar, ceder, ainda que gratuitamente, emprestar, remeter, empregar, manter sob sua guarda ou ocultar arma de fogo, acessório ou munição de uso proibido ou restrito, sem autorização e em desacordo com determinação legal ou regulamentar:

Pena – reclusão, de 3 (três) a 6 (seis) anos, e multa.

Parágrafo único. Nas mesmas penas incorre quem:

I – suprimir ou alterar marca, numeração ou qualquer sinal de identificação de arma de fogo ou artefato;

II – modificar as características de arma de fogo, de forma a torná-la equivalente a arma de fogo de uso proibido ou restrito ou para fins de dificultar ou de qualquer modo induzir a erro autoridade policial, perito ou juiz;

III – possuir, detiver, fabricar ou empregar artefato explosivo ou incendiário, sem autorização ou em desacordo com determinação legal ou regulamentar;

IV – portar, possuir, adquirir, transportar ou fornecer arma de fogo com numeração, marca ou qualquer outro sinal de identificação raspado, suprimido ou adulterado;

V – vender, entregar ou fornecer, ainda que gratuitamente, arma de fogo, acessório, munição ou explosivo a criança ou adolescente; e

VI – produzir, recarregar ou reciclar, sem autorização legal, ou adulterar, de qualquer forma, munição ou explosivo.

Comércio ilegal de arma de fogo

Art. 17. Adquirir, alugar, receber, transportar, conduzir, ocultar, ter em depósito, desmontar, montar, remontar, adulterar, vender, expor à venda, ou de qualquer forma utilizar, em proveito próprio ou alheio, no exercício de atividade comercial ou industrial, arma de fogo, acessório ou munição, sem autorização ou em desacordo com determinação legal ou regulamentar:

Pena – reclusão, de 4 (quatro) a 8 (oito) anos, e multa.

Parágrafo único. Equipara-se à atividade comercial ou industrial, para efeito deste artigo, qualquer forma de prestação de serviços, fabricação ou comércio irregular ou clandestino, inclusive o exercido em residência.

Tráfico internacional de arma de fogo

Art. 18. Importar, exportar, favorecer a entrada ou saída do território nacional, a qualquer título, de arma de fogo, acessório ou munição, sem autorização da autoridade competente:

Pena – reclusão de 4 (quatro) a 8 (oito) anos, e multa.

Art. 19. Nos crimes previstos nos arts. 17 e 18, a pena é aumentada da metade se a arma de fogo, acessório ou munição forem de uso proibido ou restrito.

Art. 20. Nos crimes previstos nos arts. 14, 15, 16, 17 e 18, a pena é aumentada da metade se forem praticados por integrante dos órgãos e empresas referidas nos arts. 6º, 7º e 8º desta Lei.

Art. 21. Os crimes previstos nos arts. 16, 17 e 18 são insuscetíveis de liberdade provisória.

CAPÍTULO V

DISPOSIÇÕES GERAIS

Art. 22. O Ministério da Justiça poderá celebrar convênios com os Estados e o Distrito Federal para o cumprimento do disposto nesta Lei.

Art. 23. A classificação legal, técnica e geral bem como a definição das armas de fogo e demais produtos controlados, de usos proibidos, restritos, permitidos ou obsoletos e de valor histórico serão disciplinadas em ato do chefe do Poder Executivo Federal, mediante proposta do Comando do Exército. (Redação dada pela Lei nº 11.706, de 2008)

§ 1º Todas as munições comercializadas no País deverão estar acondicionadas em embalagens com sistema de código de barras, gravado na caixa, visando possibilitar a identificação do fabricante e do adquirente, entre outras informações definidas pelo regulamento desta Lei.

§ 2º Para os órgãos referidos no art. 6º, somente serão expedidas autorizações de compra de munição com identificação do lote e do adquirente no culote dos projéteis, na forma do regulamento desta Lei.

§ 3º As armas de fogo fabricadas a partir de 1 (um) ano da data de publicação desta Lei conterão dispositivo intrínseco de segurança e de identificação, gravado no corpo da arma, definido pelo regulamento desta Lei, exclusive para os órgãos previstos no art. 6º.

§ 4º As instituições de ensino policial e as guardas municipais referidas nos incisos III e IV do caput do art. 6º desta Lei e no seu § 7º poderão adquirir insumos e máquinas de recarga de munição para o fim exclusivo de suprimento de suas atividades, mediante autorização concedida nos termos definidos em regulamento. (Incluído pela Lei nº 11.706, de 2008)

Art. 24. Excetuadas as atribuições a que se refere o art. 2º desta Lei, compete ao Comando do Exército autorizar e fiscalizar a produção, exportação, importação, desembaraço alfandegário e o comércio de armas de fogo e demais produtos controlados, inclusive o registro e o porte de trânsito de arma de fogo de colecionadores, atiradores e caçadores.

"Art. 25. As armas de fogo apreendidas, após a elaboração do laudo pericial e sua juntada aos autos, quando não mais interessarem à persecução penal serão encaminhadas pelo juiz competente ao Comando do Exército, no prazo de até 48 (quarenta e oito) horas, para destruição ou doação aos órgãos de segurança pública ou às Forças Armadas, na forma do regulamento desta Lei. (Redação dada pela Lei nº 13.886, de 17-10-2019)

§ 1º As armas de fogo encaminhadas ao Comando do Exército que receberem parecer favorável à doação, obedecidos o padrão e a dotação de cada Força Armada ou órgão de segurança pública, atendidos os critérios de prioridade estabelecidos pelo Ministério da Justiça e ouvido o Comando do Exército, serão arroladas em relatório reservado trimestral a ser encaminhado àquelas instituições, abrindo-se-lhes prazo para manifestação de interesse. (Incluído pela Lei nº 11.706, de 2008)

§ 1º-A. As armas de fogo e munições apreendidas em decorrência do tráfico de drogas de abuso, ou de qualquer forma utilizadas em atividades ilícitas de produção ou comercialização de drogas abusivas, ou, ainda, que tenham sido adquiridas com recursos provenientes do tráfico de drogas de abuso, perdidas em favor da União e encaminhadas para o Comando do Exército, devem ser, após perícia ou vistoria que atestem seu bom estado, destinadas com prioridade para os órgãos de segurança pública e do sistema penitenciário da unidade da federação responsável pela apreensão. (Redação dada pela Lei nº 13.886, de 17-10-2019)

§ 2º O Comando do Exército encaminhará a relação das armas a serem doadas ao juiz competente, que determinará o seu perdimento em favor da instituição beneficiada. (Incluído pela Lei nº 11.706, de 2008)

§ 3º O transporte das armas de fogo doadas será de responsabilidade da instituição beneficiada, que procederá ao seu cadastramento no SINARM ou no SIGMA. (Incluído pela Lei nº 11.706, de 2008)

§ 4º (VETADO) (Incluído pela Lei nº 11.706, de 2008)

§ 5º O Poder Judiciário instituirá instrumentos para o encaminhamento ao SINARM ou ao SIGMA, conforme se trate de arma de uso permitido ou de uso restrito, semestralmente, da relação de armas acauteladas em juízo, mencionando suas características e o local onde se encontram. (Incluído pela Lei nº 11.706, de 2008)

Art. 26. São vedadas a fabricação, a venda, a comercialização e a importação de brinquedos, réplicas e simulacros de armas de fogo, que com estas se possam confundir.

Parágrafo único. Excetuam-se da proibição as réplicas e os simulacros destinados à instrução, ao adestramento, ou à coleção de usuário autorizado, nas condições fixadas pelo Comando do Exército.

Art. 27. Caberá ao Comando do Exército autorizar, excepcionalmente, a aquisição de armas de fogo de uso restrito.

Parágrafo único. O disposto neste artigo não se aplica às aquisições dos Comandos Militares.

Art. 28. É vedado ao menor de 25 (vinte e cinco) anos adquirir arma de fogo, ressalvados os integrantes das entidades constantes dos incisos I, II, III, V, VI, VII e X do caput do art. 6º desta Lei. (Redação dada pela Lei nº 11.706, de 2008)

Art. 29. As autorizações de porte de armas de fogo já concedidas expirar-se-ão 90 (noventa) dias após a publicação desta Lei. (Vide Lei nº 10.884, de 2004)

Parágrafo único. O detentor de autorização com prazo de validade superior a 90 (noventa) dias poderá renová-la, perante a Polícia Federal, nas condições dos arts. 4º, 6º e 10 desta Lei, no prazo de 90 (noventa) dias após sua publicação, sem ônus para o requerente.

Art. 30. Os possuidores e proprietários de arma de fogo de uso permitido ainda não registrada deverão solicitar seu registro até o dia 31 de dezembro de 2008, mediante apresentação de documento de identificação pessoal e comprovante de residência fixa, acompanhados de nota fiscal de compra ou comprovação da origem lícita da posse, pelos meios de prova admitidos em direito, ou declaração firmada na qual constem as características da arma e a sua condição de proprietário, ficando este dispensado do pagamento de taxas e do cumprimento das demais exigências constantes dos incisos I a III do caput do art. 4º desta Lei. (Redação dada pela Lei nº 11.706, de 2008) (Prorrogação de prazo)

Parágrafo único. Para fins do cumprimento do disposto no caput deste artigo, o proprietário de arma de fogo poderá obter, no Departamento de Polícia Federal, certificado de registro provisório, expedido na forma do § 4º do art. 5º desta Lei. (Incluído pela Lei nº 11.706, de 2008)

Art. 31. Os possuidores e proprietários de armas de fogo adquiridas regularmente poderão, a qualquer tempo, entregá-las à Polícia Federal, mediante recibo e indenização, nos termos do regulamento desta Lei.

Art. 32. Os possuidores e proprietários de arma de fogo poderão entregá-la, espontaneamente, mediante recibo, e, presumindo-se de boa-fé, serão indenizados, na forma do regulamento, ficando extinta a punibilidade de eventual posse irregular da referida arma. (Redação dada pela Lei nº 11.706, de 2008)

Parágrafo único. (Revogado pela Lei nº 11.706, de 2008)

Art. 33. Será aplicada multa de R$ 100.000,00 (cem mil reais) a R$ 300.000,00 (trezentos mil reais), conforme especificar o regulamento desta Lei:

I – à empresa de transporte aéreo, rodoviário, ferroviário, marítimo, fluvial ou lacustre que deliberadamente, por qualquer meio, faça, promova, facilite ou permita o transporte de arma ou munição sem a devida autorização ou com inobservância das normas de segurança;

II – à empresa de produção ou comércio de armamentos que realize publicidade para venda, estimulando o uso indiscriminado de armas de fogo, exceto nas publicações especializadas.

Art. 34. Os promotores de eventos em locais fechados, com aglomeração superior a 1000 (um mil) pessoas, adotarão, sob pena de responsabilidade, as providências necessárias para evitar o ingresso de pessoas armadas, ressalvados os eventos garantidos pelo inciso VI do art. 5º da Constituição Federal.

Parágrafo único. As empresas responsáveis pela prestação dos serviços de transporte internacional e interestadual de passageiros adotarão as providências necessárias para evitar o embarque de passageiros armados.

CAPÍTULO VI

DISPOSIÇÕES FINAIS

Art. 35. É proibida a comercialização de arma de fogo e munição em todo o território nacional, salvo para as entidades previstas no art. 6º desta Lei.

§ 1º Este dispositivo, para entrar em vigor, dependerá de aprovação mediante referendo popular, a ser realizado em outubro de 2005.

§ 2º Em caso de aprovação do referendo popular, o disposto neste artigo entrará em vigor na data de publicação de seu resultado pelo Tribunal Superior Eleitoral.

Art. 36. É revogada a Lei nº 9.437, de 20 de fevereiro de 1997.

Art. 37. Esta Lei entra em vigor na data de sua publicação.

Brasília, 22 de dezembro de 2003; 182º da Independência e 115º da República".

COMENTÁRIOS

I. Revogação da Lei 9.437/97:

A revogação operou-se em virtude do comando descrito no art. 36, do Estatuto do Desarmamento (ED).

No que concerne a armas de fogo, munições e explosivos, houve revogação também dos arts. 18, 19 e 28, todos da Lei das Contravenções Penais (DL 3.688/41) – respectivamente, "Fabrico, Comércio, ou Detenção de Armas ou Munição", "Porte de Arma" e "Disparo de Arma de Fogo".

II. Crimes previstos no ED:

a) regra geral, crimes de perigo abstrato e coletivo;

b) arma desmuniciada: STF – atipicidade, se não houver possibilidade do pronto municiamento; STJ e doutrina – tipicidade;

c) arma defeituosa (ou danificada): para uns, seria crime impossível (tentativa inútil, inidônea ou inadequada), havendo necessidade de exame pericial; STJ – tipicidade;

d) arma desmontada: se puder ser montada, caracteriza crime.

Nesse sentido, leciona Nucci[1]:

"Depende do caso concreto. Se estiver ao alcance do agente, como, por exemplo, dentro de uma bolsa, deve-se considerar crime, pois há quem monte uma arma em segundos, inclusive com a inserção de munição, representando perigo à sociedade. Porém, se a arma está desmontada, no porta-malas de um veículo, devidamente acondicionada em caixa lacrada, não nos parece crime, uma vez que o proprietário pode estar levando-a para a casa de campo, por exemplo. Na

1 NUCCI, Guilherme de Souza. **Leis Penais e Processuais Penais Comentadas**, v. 2. 10. ed. Rio de Janeiro: Forense, 2017, p. 26.

jurisprudência: TJSC: 'O fato de a arma estar desmontada não permite o reconhecimento da atipicidade material da conduta pela ausência de ofensividade, pois se trata de crime de mera conduta e perigo abstrato, que se consuma com o simples porte ilegal do artefato bélico' (Ap. 0002451-24.2010.8.24.0189 - SC, 1ª Câmara Criminal, rel. Carlos Alberto Civinski, 31.05.2016, v.u.)".

e) arma de brinquedo (simulacro): hoje, fato atípico.

Houve *abolitio criminis* em relação ao art. 10, § 1º, II, da Lei 9.437/97 (antiga Lei de Armas de Fogo).

III. Posse irregular de arma de fogo, acessório ou munição de uso permitido:

Infração penal de médio potencial ofensivo, instruída por meio de IP, cabendo, todavia, suspensão condicional do processo, tendo em vista que a pena mínima cominada não é superior a um (1) ano.

Submete-se ao rito do procedimento comum sumário (art. 394, § 1º, II, CPP).

É a infringência à regra prevista no art. 5º, ED.

O Certificado de Registro de Arma de Fogo autoriza o seu proprietário a manter a arma de fogo exclusivamente no interior de sua residência ou domicílio, ou dependência desses, ou, ainda, no seu local de trabalho, desde que seja ele o titular ou o responsável legal pelo estabelecimento ou empresa.

Isso indica que o proprietário não poderá portar arma de fogo fora dos locais indicados, sob pena de responsabilidade criminal.

Para uns, é crime comum.

Para outros, é crime próprio (morador da residência, ou o responsável legal pelo estabelecimento comercial onde se encontra a arma irregular).

A tentativa, em princípio, não é possível, por se tratar de crime de mera conduta.

Consoante doutrina e jurisprudência majoritárias, o registro de arma de fogo vencido constitui simples ilícito administrativo e não infração penal.

Nesse sentido, Nucci[2]:

"Renovação de registro: é irrelevante para a configuração do delito de posse irregular de arma de fogo. Desde que a arma tenha sido registrada pela primeira vez, a não renovação, com pagamento de custos e outros requisitos, representa apenas uma irregularidade administrativa. Afinal, o Estado conhece a referida arma e sabe quem é o responsável por ela. Conferir: TJES: "A falta de renovação do registro da arma de fogo cadastrada no Sistema Nacional de Armas - SINARM não caracteriza conduta típica prevista no artigo 12 da Lei nº 10.826/2003, mas mera irregularidade administrativa. Precedentes jurisprudenciais" (Ap. 0000885-29.2013.8.08.0044 - ES, 1.ª Câmara Criminal, rel. Ney Batista Coutinho, 04.11.2015, v.u.). TJGO: "1. O acórdão não foi contraditório, e sim omisso em relação ao artigo 3.º da Lei 10.826/2003. 2. Se o agente já procedeu ao registro da arma, a expiração do prazo é mera irregularidade administrativa que autoriza a apreensão do artefato e aplicação de multa. A conduta, no entanto, não caracteriza ilícito penal (stj, apn 686/ap). 3. Recurso parcialmente provido para efeito de prequestionamento de dispositivo legal" (Rev. 241126-98.2015.8.09.0000 - GO, Seção Criminal, rel. Edison Miguel da Silva Jr., 06.04.2016, v.u.). TJRS: "A posse de arma de fogo cujo registro está vencido não tem o condão de tipificar a conduta prevista no art. 12, da Lei nº 10.826/2003, mas mera infração administrativa. Precedentes do

2 Ibidem, p. 17.

STJ e desta Câmara. Recurso não provido" (RSE 70069396646 – RS, 4.ª Câmara Criminal, rel. Julio Cesar Finger, 09.06.2016, v.u.)";

IV. Omissão de cautela:

Infração penal de menor potencial ofensivo, da competência dos JECs, instruída, em princípio, por meio de Termo Circunstanciado.

Submete-se ao rito do procedimento comum sumaríssimo (art. 394, § 1º, CPP).

Todavia, tendo em vista a complexidade da situação fática descrita, nada obsta a adoção do procedimento policial mais abrangente, qual seja, o Inquérito Policial.

Referido dispositivo penal revogou o tipo contravencional previsto no art. 19, § 2º, "c", da LCP.

Trata-se de crime omissivo puro ou próprio, culposo, na modalidade negligência, do proprietário da arma, que permite seu acesso a menor de 18 (dezoito) anos ou à pessoa portadora de deficiência mental, ou permite que essas pessoas a manuseiem.

O objeto material do crime é somente a arma de fogo (de uso permitido ou proibido).

Corrente majoritária sustenta que se trata de crime material, que exige o apoderamento da arma pela vítima.

É possível o concurso material entre os crimes do art. 12 e 13, ED.

Se a arma estiver carregada e disparar, ferindo ou matando o menor, ou pessoa portadora de deficiência mental, o proprietário da arma que negligenciou a sua guarda responderá pelo crime (homicídio ou lesões), pois está na condição de garantidor e tinha o dever jurídico de agir, a fim de evitar o resultado lesivo (art. 13, § 2º, CP).

O § único trata de omissão na comunicação de crime ou de fato relevante que deva ser apurado de imediato, bem como para a tomada das providências cabíveis pelo órgão competente, que é a Polícia Federal.

Em que pese a lei falar em comunicação à Polícia Federal sobre furto, roubo, extravio de armas, acessórios e munições, poderá ser feita também às Autoridades Policiais estaduais, que tomarão as providências cabíveis, enviando a ocorrência à Polícia Federal.

No § único, trata-se de crime próprio, de mera conduta, doloso, a prazo (24 horas depois da ciência do fato).

No que concerne ao eventual conflito aparente de normas penais entre o art. 13, ED, e o art. 242, ECA, assim pontifica Nucci[3]:

> *"Dispõe o art. 242 do Estatuto da Criança e do Adolescente o seguinte: 'Vender, fornecer ainda que gratuitamente ou entregar, de qualquer forma, a criança ou adolescente arma, munição ou explosivo. Pena – reclusão, de 3 (três) a 6 (seis) anos'. Ora, enquanto o tipo penal do art. 13 desta Lei é omissivo e o elemento subjetivo é a culpa, no caso do art. 242 da Lei 8.069/90, cuida-se de conduta comissiva e o elemento subjetivo é o dolo. Portanto, ambos coexistem para aplicação conforme a hipótese do caso concreto".*

V. Porte ilegal de arma de fogo, acessório ou munição de uso permitido:

Infração penal de maior potencial ofensivo, instruída por meio de IP.

Submete-se ao rito do procedimento comum ordinário (art. 394, § 1º, I, CPP).

Crime de ação múltipla, crime plurinuclear, tipo misto alternativo ou de conteúdo variado, tratando de 13 (treze) condutas distintas.

Se a pessoa não tem autorização para portar arma fora de seu domicílio, estará infringindo o disposto no art. 14, mesmo que tenha o registro da arma em seu nome.

3 Op. Cit, p. 20.

O porte ilegal de arma é crime doloso e de ação penal pública incondicionada.

Com relação à ocultação de arma de fogo, existe aparente conflito com o crime de Favorecimento real (art. 349, CP).

Em princípio, para a configuração do tipo penal do art. 14, ED, o laudo pericial é dispensável.

Segundo o § único, trata-se de crime inafiançável, o que foi declarado inconstitucional pelo STF, na ADI 3.112-1/2007.

Na análise do presente tipo penal, deve ser observado o comando constante no art. 6º, ED, que trata, restritivamente, de uma pequena categoria de pessoas que podem portar armas de fogo (incisos I a XI), bem como o novel art. 20, § 3º, do Decreto Federal nº 9.785, de 7 de maio de 2019, modificado pelo Decreto Federal nº 9.797, de 21 de maio de 2019, que identificava as atividades profissionais de risco, para fins de concessão de porte de arma de fogo, ampliando o rol de pessoas habilitadas (ex: conselheiros tutelares, advogados, caminhoneiros etc).

Todavia, tanto o Decreto Federal nº 9.785, quanto o Decreto Federal nº 9.797, foram expressamente revogados pelo Decreto Federal nº 9.847, de 25 de junho de 2019, que regulamenta o Estatuto do Desarmamento, para dispor sobre a aquisição, o cadastro, o registro, o porte e a comercialização de armas de fogo e de munição e sobre o Sistema Nacional de Armas e o Sistema de Gerenciamento Militar de Armas.

A revogação foi decretada no artigo 60, III e IV, do novel instrumento legislativo, o qual não ampliou o rol de pessoas habilitadas ao porte de arma de fogo, como tinham feito os Decretos Federais nº 9.785 e 9.797/19, além daquelas contempladas no artigo 6º, do Estatuto do Desarmamento.

Vale lembrar que, nessa miscelânea legislativa acerca da ampliação do porte de arma de fogo à determinada categoria de pessoas, já tinha sido operada a revogação do Decreto Federal nº 9.685, de 15 de janeiro de 2019, pelo Decreto Federal nº 9.785/19.

No que concerne ao porte de munição de uso permitido, em decisão recente, o Superior Tribunal de Justiça aplicou o princípio da insignificância, como excludente da tipicidade material, conforme abaixo descrito[4]:

> *"Publicado em 18 de Setembro de 2019 às 11h15*
>
> ***STJ – Tribunal aplica insignificância em caso de munição apreendida sem arma de fogo***
>
> *A Quinta Turma do Superior Tribunal de Justiça (STJ) aplicou o princípio da insignificância para absolver réu condenado por estar com quatro cartuchos de munição calibre 38, sem arma de fogo, em uma residência na companhia de dois adolescentes.*
>
> *O colegiado aplicou entendimento firmado pelo Supremo Tribunal Federal (STF), que, ao julgar o RHC 143.449, passou a admitir a incidência do princípio da insignificância quando se tratar de posse de pequena quantidade de munição, desacompanhada de armamento, uma vez que ambas as circunstâncias conjugadas denotam a inexpressividade da lesão jurídica provocada.*
>
> *Os ministros, por unanimidade, também absolveram dois corréus condenados pelo mesmo crime – previsto no artigo 12 da Lei 10.826/2003 -, por atipicidade material da conduta. A turma afastou ainda o crime de corrupção de menores por entender que o delito do artigo 244-B do Estatuto da Criança e do Adolescente (ECA) só se caracterizava em vista da prévia configuração da posse ilegal de munição.*

4 REVISTA SÍNTESE nº 4.745, de 18 de setembro de 2019 – Direito Penal e Processual Penal. Disponível em: <http://www.sintese.com/direitoPenal.asp>. Acesso em: 6 out. 2019.

O Tribunal de Justiça do Rio Grande do Sul (TJRS) havia considerado comprovadas a materialidade e a autoria dos delitos, condenando os réus. Para o tribunal gaúcho, nos crimes previstos no Estatuto do Desarmamento (Lei 10.826/2003), é irrelevante a realização de exame pericial para a comprovação da potencialidade lesiva do artefato, bastando a simples posse de arma de fogo ou munição em desacordo com determinação legal, para a incidência do tipo penal correspondente.

Inexistência de perigo.

No recurso apresentado ao STJ, a defesa alegou ausência de mínima potencialidade lesiva na conduta do acusado, tendo em vista que ele possuía apenas os quatro projéteis.

O relator do recurso, ministro Ribeiro Dantas, afirmou que, diante do novo entendimento firmado pelo STF, o STJ reconheceu ser possível aplicar a insignificância nas hipóteses de apreensão de apenas uma munição de uso permitido desacompanhada de arma de fogo, concluindo pela inexistência de perigo à incolumidade pública.

Além disso, o relator lembrou que ambas as turmas de direito penal do STJ reconhecem a atipicidade da conduta perpetrada por agente, pela incidência do princípio da insignificância, diante da ausência de afetação do bem jurídico tutelado pela norma penal incriminadora.

Para o ministro Ribeiro Dantas, o caso em análise está próximo das hipóteses em que se reconheceu a possibilidade de incidência da insignificância, possuindo, assim, o caráter excepcional que autoriza a aplicação do princípio.

Corrupção de menor

O ministro frisou que, ao ser reconhecida a atipicidade da conduta prevista no Estatuto do Desarmamento, é necessário absorver o réu também em relação ao crime de corrupção de menor, isso porque o delito do artigo 244-B do ECA só se perfectibilizou em vista da prévia configuração da posse ilegal de munição, de modo que ao destino desta se subordina.

O número deste processo não é divulgado em razão de segredo judicial.

Fonte: Superior Tribunal de Justiça".

VI. Disparo de arma de fogo e acionamento de munição:

Infração penal de maior potencial ofensivo, instruída por meio de IP.

Submete-se ao rito do procedimento comum ordinário (art. 394, § 1º, I, CPP).

Igualmente, segundo o § único, trata-se de crime inafiançável, o que também foi declarado inconstitucional pelo STF, na ADI 3.112-1/2007.

Se o disparo for acidental, trata-se em princípio de fato atípico, já que a infração em questão exige o dolo.

Mesmo havendo vários disparos, configura um só delito.

Se o disparo de arma resultar lesão corporal em terceiro, o infrator responderá pelo crime de Lesão corporal culposa, na modalidade de imprudência, art. 129, § 6º do CP, punido com detenção de 2 (dois) meses a 1 (um) ano.

Se o disparo resultar na morte da vítima, o infrator responderá pelo crime de Homicídio culposo, art. 121, § 3º do CP, punido com detenção de 1 (um) a 3 (três) anos, também na modalidade de imprudência.

Se o agente disparar arma em local de grande afluência de pessoas e matar alguém, sem a intenção de praticar aquela ação, responderá por infração do art. 121, *caput*, CP (Homicídio doloso), na modalidade dolo eventual, porque, neste caso, assumiu o risco de produzir o resultado.

Se disparar a arma em recinto fechado, sem o intuito de cometer outro crime, responderá pelo art. 132 do Código Penal (Perigo para a vida ou saúde de outrem).

O STJ vem aceitando o concurso material entre os crimes do art. 14 e 15, ED, desde que as condutas sejam temporalmente diferenciadas.

Alexandre de Moraes[5] e Davi André Costa Silva[6] entendem que, pelo princípio da especialidade, o art. 15 absorve o art. 14.

Segundo Nucci[7], "*caso o agente possua (ou porte) arma ilegal e efetue disparo na via pública, deve responder somente pelo disparo de arma de fogo, pois termina sendo este o crime-fim. A posse (ou o porte) configuram um fato anterior não punível*".

VII. Posse ou porte ilegal de arma de fogo, acessório ou munição de uso proibido ou restrito e figuras equiparadas:

Infração penal de maior potencial ofensivo, instruída por meio de IP.

Submete-se ao rito do procedimento comum ordinário (art. 394, § 1º, I, CPP).

O § único trata de condutas equiparadas ao porte de arma de fogo de uso restrito.

São crimes autônomos, que têm como objeto material tanto armas de fogo de uso permitido, quanto proibido.

São elas:

I – suprimir ou alterar marca, numeração ou qualquer sinal de identificação de arma de fogo ou artefato: o simples fato de o agente raspar o número, emblema ou qualquer sinal de identificação da arma, para torná-la irreconhecível, caracteriza o crime.

II – modificar as características de arma de fogo, de forma a torná-la equivalente a arma de fogo de uso proibido ou restrito ou para fins de dificultar ou de qualquer modo induzir a erro autoridade policial, perito ou juiz: realmente, a arma descaracterizada não oferece condições para exame pericial, porque torna-se difícil para o perito identificá-la.

Por isso é que a Autoridade Policial, o Perito e o Juiz serão induzidos a erro.

O crime é instantâneo, punido a título de dolo, não admitindo a modalidade de culpa.

III – possuir, detiver, fabricar ou empregar artefato explosivo ou incendiário, sem autorização ou em desacordo com determinação legal ou regulamentar: possuir e detiver são modalidades de crime permanente, porque a ação se protrai no tempo.

Fabricar e empregar caracterizam delito instantâneo, porque se consuma de imediato.

Se, após fabricar, o agente mantém o artefato em depósito para uso futuro ou comercialização, desde que para isso não tenha licença e autorização, torna-se-á crime permanente, enquanto o objeto estiver na posse do agente.

Com relação ao emprego de artefato explosivo ou incendiário, existe aparente conflito com o § único do art. 28 do DL 3.688/41, no que concerne à queima de fogos de artifício.

IV – portar, possuir, adquirir, transportar ou fornecer arma de fogo com numeração, marca ou qualquer outro sinal de identificação raspado, suprimido ou adulterado: adquirir, transportar e fornecer são crimes instantâneos.

Portar e possuir caracterizam crime permanente.

São crimes dolosos, não admitindo a modalidade culposa.

O dolo é direto.

---

5 MORAES, Alexandre de. **Direito Constitucional.** 32. ed. São Paulo: Atlas, 2016.

6 SILVA, Davi André Costa; EBERHARDT, Marcos. **Leis Penais e Processuais Penais Comentadas.** 2. ed. Porto Alegre: Verbo Jurídico, 2010.

7 NUCCI, Guilherme de Souza. **Leis Penais e Processuais Penais Comentadas**, v. 2. 10. ed. Rio de Janeiro: Forense, 2017, p. 36.

Havendo concurso entre o inciso I e o inciso IV, a maioria entende que aplica-se apenas o inciso I.

De qualquer sorte, não podem ser aplicados os dois em conjunto, nem o concurso com a eventual receptação, que estará absorvida, em virtude do princípio da especialidade.

V - vender, entregar ou fornecer, ainda que gratuitamente, arma de fogo, acessório, munição ou explosivo a criança ou adolescente: venda de produtos proibidos a crianças ou adolescentes (art. 81, I, ECA).

Há conflito manifesto com o art. 242 do ECA.

O entendimento, ao que parece majoritário, é o de que, com relação a armas de fogo, acessórios, munições e explosivos, foi tacitamente revogado o art. 242 do ECA pelo art. 16, § único, V, da Lei 10.826/2003.

Todavia, há entendimento, ao que parece minoritário, de que, em virtude do princípio da especialidade, por se tratar de proteção a crianças e adolescentes, aplica-se o tipo penal previsto no art. 242, ECA.

No primeiro caso, restaria como único objeto material do art. 242 do ECA as armas brancas e as armas próprias e impróprias, que não sejam armas de fogo;

VI - produzir, recarregar ou reciclar, sem autorização legal, ou adulterar, de qualquer forma, munição ou explosivo: trata-se de modalidades de crime instantâneo, punível a título de dolo.

No que concerne à posse de munição de uso restrito, segue, abaixo, decisão relativamente recente do STJ acerca do tema:

> ***"STJ - Posse de munição de uso restrito sem arma de fogo, por si só, não caracteriza crime***
>
> *A Quinta Turma do Superior Tribunal de Justiça (STJ) negou recurso do Ministério Público do Rio de Janeiro que buscava caracterizar a posse de munição de uso restrito desacompanhada de arma de fogo como delito previsto no artigo 16 do Estatuto do Desarmamento.*
>
> *Para o colegiado, a posse da munição (uma bala calibre 9mm e outra calibre 7.65mm) desacompanhada de uma arma de fogo, por si só, não é capaz de caracterizar o delito previsto no estatuto.*
>
> *O ministro relator do recurso, Jorge Mussi, lembrou que o STJ entende que a posse de munição configura o tipo penal descrito no artigo 16 do Estatuto do Desarmamento, mas o tribunal tem precedentes segundo os quais a posse da munição de forma isolada não é suficiente para caracterizar o delito, já que não há plausibilidade de sua utilização sem uma arma de fogo. Não há, na visão dos ministros, qualquer risco do bem jurídico tutelado pela norma - a segurança pública.*
>
> Exceções
>
> *A situação analisada pelos ministros, segundo o relator, é peculiar, justificando a absolvição do réu quanto ao delito de posse de munição não autorizada.*
>
> *O caso em concreto espelha situação peculiar que permite a manutenção da absolvição do réu nos termos delineados pela instância a quo, diante da mínima quantidade de munição apreendida (apenas duas unidades), destituída de potencialidade lesiva nos termos do resultado de laudo pericial, fundamentou Jorge Mussi.*
>
> *Para o ministro, a absolvição relativa ao crime previsto no artigo 16 do Estatuto deve ser mantida, já que não havia no local armamento capaz de deflagrar as duas munições apreendidas, consoante se extrai do resultado da busca e apreensão realizada, de modo que cabe, nesse caso particular e excepcional, se reconhecer a atipicidade material da conduta.*
>
> *Inicialmente o réu foi condenado a 11 anos de prisão por tráfico de drogas e*

outros crimes. Após apelação, a condenação foi reduzida para dois anos, excluindo, entre outros delitos, a posse da munição, já que o tribunal de origem concluiu pela atipicidade da conduta.

Esta notícia refere-se ao(s) processo(s): REsp 1710320

Fonte: Superior Tribunal de Justiça"

VIII. Compartilhamento de Arma de Fogo:

Embora o crime de Posse ou Porte Ilegal de Arma de Fogo seja de mão própria, que só pode ser cometido por um único agente, há precedentes jurisprudenciais reconhecendo o PORTE ou POSSE COMPARTILHADA de ARMA de FOGO, também conhecido como Composse, quando a arma está fisicamente disponível a outros indivíduos.

IX. Comércio ilegal de arma de fogo:

Infração penal de maior potencial ofensivo, instruída por meio de IP.

Submete-se ao rito do procedimento comum ordinário (art. 394, § 1º, I, CPP).

É crime próprio, que só pode ser praticado pelo comerciante (formal ou informal – § único), ou por quem exerce atividade industrial (formal ou informal – § único).

É necessária a habitualidade (reiteração de condutas), sob pena de atipicidade, embora haja entendimentos em sentido contrário (uma única conduta consumaria o delito).

X. Tráfico internacional de arma de fogo:

Infração penal de maior potencial ofensivo, instruída por meio de IP.

Submete-se ao rito do procedimento comum ordinário (art. 394, § 1º, I, CPP).

Absorve o Contrabando ou descaminho (arts. 334 e 334-A, CP, com o advento da Lei Federal nº 13.008, de 26-6-2014) e a Facilitação de contrabando ou descaminho (art. 318, CP), por força do princípio da especialidade.

A competência é da Justiça Federal (art. 109, IV e V, CF de 1988), levando-se em conta, conforme Nucci[8], *"que a saída ou entrada irregular de mercadoria proibida no país ofende o interesse da União de exercer controle sobre a zona alfandegária, sobre a arrecadação de tributos, bem como sobre a economia em geral"*.

XI. Causas de aumento de pena:

Majorantes específicas nos arts. 19 e 20, ED, aumentando-se a pena de metade, nos crimes de Comércio Ilegal de Arma de Fogo e Tráfico Internacional de Arma de Fogo, se a arma de fogo, acessório ou munição forem de uso proibido ou restrito, ou também de metade nos crimes de Porte Ilegal de Arma de Fogo de Uso Permitido, Disparo de Arma de Fogo, Posse ou Porte Ilegal de Arma de Fogo de Uso Proibido ou Restrito, Comércio Ilegal de Arma de Fogo e Tráfico Internacional de Arma de Fogo, se as referidas condutas típicas, descritas nos arts. 14 a 18, ED, forem praticadas por integrante dos órgãos e empresas referidos nos arts. 6º, 7º e 8º, todos do ED.

XII. Vedação de liberdade provisória:

O STF declarou inconstitucional a vedação de liberdade provisória para os crimes dos arts. 16, 17 e 18, ED, conforme ADI nº 3.112-1/2007.

XIII. *Abolitio Criminis*:

Consoante Súmula nº 513, do STJ: *"a abolitio criminis temporária, prevista na Lei nº 10826/2003, aplica-se ao crime de Posse de Arma de Fogo de Uso Permitido com numeração, marca, ou qualquer outro sinal de identificação raspado, suprimido, ou adulterado, praticado somente até 23/10/2005"*.

8 Ibidem, p. 50.

A redação original do artigo 30, ED, previa a regularização do registro de armas de fogo em um prazo de 180 dias da publicação do ED, ou seja, até 23 de junho de 2004, conforme Lei nº 10.884/04, regulamentada por meio do Decreto nº 5.123/04.

Todavia, com o advento da Lei nº 11.118/05, o prazo foi estendido até 23 de junho de 2005.

Por meio da Lei nº 11.191/05, o prazo foi estendido até 23 de outubro de 2005 e, por derradeiro, por meio da Lei nº 11706/08, o prazo foi estendido até 31 de dezembro de 2008.

A Lei nº 11.706/08, de outra banda, deu nova redação ao artigo 32, ED: *"Os possuidores e proprietários de arma de fogo poderão entregá-la, espontaneamente, mediante recibo, e, presumindo-se de boa-fé, serão indenizados, na forma do regulamento, ficando extinta a punibilidade de eventual posse irregular da referida arma.*

XIV. Referendo Popular - Comercialização de Armas de Fogo no Brasil:

Em outubro de 2005, dando eficácia ao comando constante no artigo 35 e §§ do ED, foi estabelecido no Brasil referendo popular com o seguinte questionamento: "O comércio de armas de fogo deve ser proibido no Brasil?".

Ganhou o **NÃO**.

O resultado foi proclamado pelo Tribunal Superior Eleitoral.

O referendo popular em questão foi disciplinado pelo Decreto Legislativo nº 780, de 7 de julho de 2005.

XV. Nova modalidade de crime hediondo:

A Lei Federal nº 13.497, de 26 de outubro de 2017, incluiu o crime de Posse ou Porte Ilegal de Arma de Fogo de Uso Restrito, previsto no artigo 16 do Estatuto do Desarmamento, no rol dos crimes hediondos (novel art. 1º, § único, da Lei Federal nº 8.072/90).

XVI. "Novo Estatuto do Desarmamento":

A partir de janeiro de 2019, até o presente momento, já tivemos 9 (nove) modificações legislativas em relação ao Estatuto do Desarmamento, a saber:

I) Decreto Federal nº 9.685, de 15/01/19: altera o Decreto Federal nº 5.123/04, que regulamentava o Estatuto do Desarmamento (Lei Federal nº 10.826/2003) – consoante redação insculpida no art. 66, II e VII, do Decreto Federal nº 9.785/19, foram expressamente revogados os Decretos Federais nº 5.123/04 e 9.685/19;

II) Decreto Federal nº 9.785, de 07/05/19: regulamenta o Estatuto do Desarmamento, promovendo modificações em relação aos requisitos para o porte de arma de fogo;

III) Decreto Federal nº 9.785, republicado em 22/05/19: regulamenta novamente o Estatuto do Desarmamento, promovendo modificações em relação aos tipos de arma de fogo, ao registro e cadastro de arma de fogo etc;

IV) Decreto Federal nº 9.797, de 21/05/19: altera o Decreto Federal nº 9.785/19, promovendo modificações em relação aos tipos de arma de fogo, munições, requisitos para o porte de arma de fogo etc;

V) Decreto Federal nº 9.844, de 25/06/19: regulamenta o Estatuto do Desarmamento, para dispor sobre a aquisição, o cadastro, o registro, o porte e a comercialização de armas de fogo e de munição e sobre o Sistema Nacional de Armas e o Sistema de Gerenciamento Militar de Armas;

VI) Decreto Federal nº 9.847, de 25/06/19: revoga os Decretos Federais nº 9.785, 9.797 e 9.844/19, regulamentando novamente o Estatuto do Desarmamento, para dispor sobre a aquisição, o cadastro, o registro, o porte e a comercialização de armas de fogo e de munição e sobre o Sistema Nacional de Armas e o Sistema de Gerenciamento Militar de Armas;

VII) Decreto Federal nº 9.981, de 20/08/19: altera o Decreto Federal nº 9.847, de 25 de junho de 2019, que regulamenta a Lei nº 10.828, de 22 de dezembro de 2003, para dispor sobre a aquisição, o cadastro, o registro, o porte e a comercialização de armas de fogo e de munição e sobre o Sistema Nacional de Armas e o Sistema de Gerenciamento Militar de Armas;

VIII) Lei Federal nº 13.870, de 17/09/19: altera o Estatuto do Desarmamento, para determinar que, em área rural, para fins de posse de arma de fogo, considera-se residência ou domicílio toda a extensão do respectivo imóvel (acréscimo do § 5º no art. 5º da Lei Federal nº 10.826/03);

IX) Decreto Federal nº 10.030, de 30/09/19: aprova o Regulamento de Produtos Controlados, modificando disposições dos Decretos Federais nº 9.607/18, 9.845/19, 9.846/19 e 9.847/19, e revogando expressamente o Decreto Federal nº 3.665/00, o Decreto Federal nº 9.493/18, e os arts. 2º, § único, e 3º, § 9º, ambos do Decreto Federal nº 9.845/19.

Outrossim, importante referir, ainda, a Portaria MD EB nº 1.222, de 12 de agosto de 2019, do Exército Brasileiro, que dispõe sobre parâmetros de aferição e listagem de calibres nominais de armas de fogo e das munições de uso permitido e restrito, e dá outras providências.

Na análise das novas disposições legislativas, observou-se, preliminarmente, o seguinte:

I) as armas de fogo de calibres .40, .45, 9mm, .357 magnum etc, tradicionalmente identificadas como de uso proibido ou restrito, passaram a ser consideradas como de uso permitido, o que ocasionaria um grande problema: retirada do caráter hediondo da conduta (art. 1º, § único, da Lei Federal nº 8.072/90) e aplicabilidade do princípio constitucional da retroatividade da lei penal mais benéfica (*lex mitior* – art. 5º, XL, CF/88; art. 2º, § único, CP;), com reflexos na execução da pena (vide Súmula Vinculante nº 26, do STF);

II) os fuzis T4 em um primeiro momento foram permitidos, logo a seguir voltariam a ser identificados como de uso restrito;

III) inclusão do calibre nominal nos conceitos de arma de fogo de uso permitido e de uso restrito;

IV) autorização por parte do Comando do Exército, no prazo de 60 (sessenta) dias contados da publicação do Decreto Federal nº 9.797/19, ou seja, até 22 de julho de 2019, o que não ocorreu, para definir quais as armas que poderiam ser adquiridas (armas de uso permitido), em conformidade com os termos do art. 64 e §§, do Decreto Federal nº 9.797/19;

V) todavia, conforme já referido, o Decreto Federal nº 9.847/19, em seu art. 60, III e IV, revogou expressamente os Decretos

Federais nº 9.785 e 9.797/19. Revogou, também, em seu art. 60, V, no mesmo dia (25/06/19), o Decreto Federal nº 9.844/19, que regulamentava o Estatuto do Desarmamento, para dispor sobre a aquisição, o cadastro, o registro, o porte e a comercialização de armas de fogo e de munição e sobre o Sistema Nacional de Armas e o Sistema de Gerenciamento Militar de Armas;

VI) além de vedar a importação de armas de fogo, seus acessórios e peças, de munições e seus componentes, por meio do serviço postal e similares, o Decreto Federal nº 9.981/19 revogou a possibilidade de Policiais Civis portarem armas de fogo fora do Estado em que atuem.

☑ QUESTÕES DE CONCURSOS ACERCA DO ESTATUTO DO DESARMAMENTO, COM GABARITO E COMENTÁRIOS:

1. ***(IX EXAME UNIFICADO OAB – 16.12.12 – QUESTÃO 64):*** *Jaime, brasileiro, passou a morar em um país estrangeiro no ano de 1999. Assim como seu falecido pai, Jaime tinha por hábito sempre levar consigo acessórios de arma de fogo, o que não era proibido, levando-se em conta a legislação vigente à época, a saber, a Lei n. 9.437/97. Tal hábito foi mantido no país estrangeiro que, em sua legislação, não vedava a conduta. Todavia, em 2012, Jaime resolve vir de férias ao Brasil. Além de matar as saudades dos familiares, Jaime também queria apresentar o país aos seus dois filhos, ambos nascidos no estrangeiro. Ocorre que, dois dias após sua chegada, Jaime foi preso em flagrante por portar ilegalmente acessório de arma de fogo, conduta descrita no art. 14 da Lei nº 10.826/2003, in verbis: "Portar, deter, adquirir, fornecer, receber, ter em depósito, transportar, ceder, ainda que gratuitamente, emprestar, remeter, empregar, manter sob guarda ou ocultar arma de fogo, acessório ou munição, de uso permitido, sem autorização e em desacordo com determinação legal ou regulamentar". Nesse sentido, podemos afirmar que Jaime agiu em hipótese de:*

(A) erro de proibição direto.

(B) erro de tipo essencial.

(C) erro de tipo acidental.

(D) erro sobre as descriminantes putativas.

Resposta: *A alternativa a ser assinalada é a da letra "A". Trata-se de erro de proibição direto (art. 21, caput, CP – excludente de culpabilidade – "isenta de pena", se inevitável; se evitável – reduz a pena de 1/6 a 1/3). A excludente de culpabilidade opera pela falta da potencial consciência da ilicitude. O erro de proibição também é conhecido como "erro sobre a ilicitude do fato". Nele, o agente desconhece o conteúdo de uma lei penal proibitiva, ou, se o conhece, interpreta-o de forma equivocada. O conceito de Acessório de Arma de Fogo estava insculpido no artigo 3º, II, do Decreto Federal nº 3665/2000, anterior ao Estatuto do Desarmamento, que dava nova redação ao Regulamento para a Fiscalização de Produtos Controlados (R-105): "artefato que, acoplado a uma arma, possibilita a melhoria no desempenho do atirador, a modificação de um efeito secundário do tiro ou a modificação do aspecto visual da arma". Ex: mira laser. O Decreto Federal nº 3665/2000 foi expressamente revogado pelo Decreto Federal nº 9.493, de 05 de setembro de 2018 (art. 2º), o qual, em seu Anexo III, trouxe a mesma conceituação para o "acessório de arma de fogo".*

2. ***(DEFENSOR PÚBLICO – DPU – 2007 – CESPE)*** *É pacífico o entendimento, na jurisprudência, de que o porte de arma desmuniciada, ainda que sem munição ao alcance do agente, gera resultado típico, pois se trata de crime de perigo abstrato. Certa ou Errada?*

Resposta: *Errado. As 5ª e 6ª Turmas do STJ, por maioria, entendem que é típica a conduta. A doutrina vem no mesmo sentido. O STF, por meio da 1ª Turma, entende da mesma forma. Todavia, há posições no próprio STF de que haverá atipicidade, se não houver possibilidade de pronto municiamento. Dessa forma, em virtude de o entendimento acerca do tema não ser pacífico, está incorreto o enunciado descrito.*

3. ***(DELEGADO – POLÍCIA CIVIL – TO 2008 – CESPE/UNB)*** *Considere a seguinte situação hipotética. Alfredo, imputável, transportava em seu veículo um revólver de calibre 38, quando foi abordado em uma operação policial de trânsito. A diligência policial resultou na localização da arma, desmuniciada, embaixo do banco do motorista. Em um dos bolsos da mochila de Alfredo foram localizados 5 projéteis do mesmo calibre. Indagado a respeito, Alfredo declarou não possuir autorização legal para o porte da arma nem o respectivo certificado de registro. O fato foi apresentado à autoridade policial competente. Nessa situação, caberá à autoridade somente a apreensão da arma e das munições e a imediata liberação de Alfredo, visto que, estando o armamento desmuniciado, não se caracteriza o crime de porte ilegal de arma de fogo.*

Resposta: *Errado. As decisões mais recentes do STF e do STJ*[9] *orientam-se no sentido de que a conduta de portar arma de fogo desmuniciada equivale a ter, isoladamente, acessório ou munição, sendo considerada criminosa da mesma forma, porque se classifica doutrinariamente como crime de perigo abstrato, cujo objeto jurídico protegido é a incolumidade pública. Em outras palavras, em sintonia com a espécie fática retratada na questão, haverá crime de Porte Ilegal de Arma de Fogo ou Munição de Uso Permitido, descrito no art. 14, do Estatuto do Desarmamento (Lei Federal nº 10.826/03), ainda que a arma esteja desmuniciada, porque é irrelevante a demonstração de efetivo caráter lesivo da conduta.*

4. ***(DELEGADO – POLÍCIA CIVIL – RR – CESPE/UNB)*** *De acordo com o posicionamento do STJ, comete crime de porte ilegal de arma de fogo o agente que porta revólver, ainda que desmuniciado, sem a devida autorização da autoridade competente.*

Resposta: *Certo. Atualmente, o STJ*[10] *considera que haverá crime de porte ilegal ainda que a arma esteja desmuniciada, porque é irrelevante a demonstração de efetivo caráter lesivo da conduta.*

5. ***(DELEGADO DE POLÍCIA DO ESTADO DO RIO GRANDE DO NORTE – CESPE/UNB – 2009)*** *Em 17/2/2005, Vitor foi surpreendido, em atitude suspeita, dentro de um veículo estacionado na via pública, por policiais militares, que lograram êxito em encontrar em poder do mesmo duas armas de fogo, sem autorização e em desacordo com determinação legal, as quais eram de sua propriedade, sendo um revólver Taurus, calibre 38, com numeração de série raspada, e uma garrucha, marca Rossi, calibre 22.*

De acordo com a situação hipotética acima, com o Estatuto do Desarmamento e com a jurisprudência do STF, assinale a opção correta.

(A) Vitor praticou a conduta de portar arma de fogo com numeração suprimida.

(B) A conduta de ser proprietário de arma de fogo não foi abolida, temporariamente, pelo Estatuto do Desarmamento.

(C) A posse pressupõe que a arma de fogo esteja fora da residência ou local de trabalho.

9 STJ, AgRg no AREsp 456.466/SP, 29.05.2014.

10 Idem.

(D) *Vitor praticou a conduta de possuir arma de fogo.*

(E) *A conduta de portar arma de fogo foi abolida, temporariamente, pelo Estatuto do Desarmamento.*

Resposta: *A alternativa a ser assinalada é a da letra "A". Na espécie fática, Vitor incorreu no crime de Porte de arma de fogo com numeração raspada, descrito no inciso IV do parágrafo único do art. 16 da Lei 10.826/2003: "portar, possuir, adquirir, transportar ou fornecer arma de fogo com numeração, marca ou qualquer outro sinal de identificação raspado, suprimido ou adulterado".*

6. **(DELEGADO – PCBA – CESPE – 2013)** *Servidor público alfandegário que, em serviço de fiscalização fronteiriça, permitir a determinado indivíduo penalmente imputável adentrar o território nacional trazendo consigo, sem autorização do órgão competente e sem o devido desembaraço, pistola de calibre 380 de fabricação estrangeira deverá responder pela prática do crime de facilitação de contrabando, com infração do dever funcional excluída a hipótese de aplicação do Estatuto do Desarmamento.*

Resposta: *Errado. No situação fática descrita, haverá crime de Tráfico internacional de arma de fogo, previsto no art. 18, do Estatuto do Desarmamento (Lei Federal nº 10.826/03), porque o agente favoreceu a entrada de arma de fogo no território nacional, devendo ainda incidir a causa de aumento de pena prevista no art. 20, do mesmo diploma legal, por se tratar de servidor público alfandegário.*

7. **(POLÍCIA RODOVIÁRIA FEDERAL CURSO DE FORMAÇÃO – CESPE/UNB 2004)** *Um PRF identificou que um motorista portava irregularmente uma arma de fogo de uso permitido. Nesse caso, o motorista não comete crime, pois, enquanto a posse irregular de arma de fogo de uso restrito é uma infração penal, a posse irregular de arma de fogo de uso permitido é mera infração administrativa.*

Resposta: *Errado. Afirmação totalmente despicienda de fundamentação jurídica. O crime de Posse ilegal de arma de fogo de uso permitido encontra-se previsto no art. 12, da Lei Federal nº 10.826/03 (Estatuto do Desarmamento), enquanto o crime de Posse ilegal de arma de fogo de uso restrito, infração penal mais grave, encontra-se prevista no art. 16, do mesmo diploma legal.*

8. **(ESCRIVÃO DA POLÍCIA FEDERAL 2004 – REGIONAL – CESPE/UNB)** *Assustado com o aumento do número de roubos em sua região, Haroldo, que vive em uma fazenda situada no interior do estado do Amazonas, decidiu adquirir de seu vizinho Moacyr uma arma de fogo de uso permitido. A arma de Moacyr é devidamente registrada e Haroldo pretende mantê-la no interior de sua casa, com finalidade de proteger-se contra eventuais agressores. Nessa situação, a compra da referida arma efetuada por Haroldo precisa ser previamente autorizada pelo Sistema Nacional de Armas (SINARM).*

Resposta: *Certo. De acordo com o art. 4º, § 1º, da Lei Federal nº 10.826/03, o SINARM expedirá autorização de compra de arma de fogo após atendidos os requisitos anteriormente estabelecidos, em nome do requerente e para a arma indicada, sendo intransferível esta autorização.*

9. **(PROMOTOR DE JUSTIÇA DO ESTADO DO ESPÍRITO SANTO – CESPE/UNB – 2010)** *Os delitos de porte ilegal de arma de fogo de uso permitido e disparo de arma de fogo são inafiançáveis, salvo quando a arma estiver registrada em nome do agente.*

Resposta: *Errado. O Supremo Tribunal Federal, no julgamento da ADI 3.112/DF (02.05.2007), declarou a inconstitucionalidade da proibição de estabelecimento de fiança para os delitos de Porte ilegal de* *arma de fogo de uso permitido e de Disparo de arma de fogo, porque se mostrava desarrazoada a proibição, considerando o fato de serem ambos delitos de perigo abstrato e de mera conduta. Dessa forma, não poderiam se equiparar aos crimes que acarretam lesão ou ameaça de lesão à vida ou à propriedade.*

10. (AGENTE – POLÍCIA CIVIL – TO – 2008 – CESPE/UNB) *Considere que um policial civil tenha em sua casa uma arma de fogo de uso permitido sem registro do órgão competente, a qual foi encontrada, por acaso, pela autoridade policial hierarquicamente superior ao servidor, no interior de um guarda-roupa, em condições de ser disparada. Nessa situação, a autoridade policial deverá apreender o armamento e responsabilizar o policial pela posse irregular de arma de fogo de uso permitido.*

Resposta: *Certo. Na situação fática descrita, o Policial Civil possuía arma de fogo, de uso permitido, em desacordo com determinação legal ou regulamentar, no interior de sua residência, devendo responder pelo crime de Posse ilegal de arma de fogo, descrito no art. 12, da Lei Federal nº 10.826/03 (Estatuto do Desarmamento).*

11. (CESPE – DELEGADO DE POLÍCIA FEDERAL – DPF/2018) *Julgue os itens que se seguem, relativos à execução penal, desarmamento, abuso de autoridade e evasão de dívidas.*

O registro de arma de fogo na PF, mesmo após prévia autorização do SINARM, não assegura ao seu proprietário o direito de portá-la.

Resposta: *Certo. A este respeito, o comando constante no art. 5º, caput e § 1º, do ED – Estatuto do Desarmamento (Lei Federal nº 10.826/03). Vale lembrar que, nos termos do ED, via de regra, "arma de fogo não circula", o que demonstra a excepcionalidade do porte, ainda restrito a determinada categoria de pessoas.*

12. (CESPE – DELEGADO DE POLÍCIA – PC – SE/2018) *Julgue os itens seguintes, referentes a crimes de trânsito e a posse e porte de armas de fogo, de acordo com a jurisprudência e legislação pertinentes.*

O porte de arma de fogo de uso permitido sem autorização, mas desmuniciada, não configura o delito de porte ilegal previsto no Estatuto do Desarmamento, tendo em vista ser um crime de perigo concreto cujo objeto jurídico tutelado é a incolumidade física.

Resposta: *Errado. Consoante entendimento doutrinário majoritário e da jurisprudência do STJ, por se tratar de crime de perigo abstrato e coletivo, é típica a conduta de quem porta arma de fogo de uso permitido desmuniciada. Vale lembrar que o delito de Porte ilegal de arma de fogo de uso permitido vem previsto no art. 14, do ED – Estatuto do Desarmamento (Lei Federal nº 10.826/03).*

13. (CESPE – DELEGADO DE POLÍCIA – PC – SE/2018) *Julgue os itens seguintes, referentes a crimes de trânsito e a posse e porte de armas de fogo, de acordo com a jurisprudência e legislação pertinentes.*

Situação hipotética: Um policial militar reformado foi preso em flagrante delito por portar arma de fogo de uso permitido, sem autorização legal e sem o devido registro do armamento. Assertiva: Nessa situação, a autoridade policial não poderá conceder fiança, porquanto o Estatuto do Desarmamento prevê que o fato de a arma não estar registrada no nome do agente torna inafiançável o delito.

Resposta: *Errado. O delito de Porte ilegal de arma de fogo de uso permitido vem previsto no art. 14 e § único, do ED – Estatuto do Desarmamento (Lei Federal nº 10.826/03), in verbis:*

"Art. 14. Portar, deter, adquirir, fornecer, receber, ter em depósito, transportar, ceder, ainda que gratuitamente, emprestar, remeter, empregar, manter sob guarda

ou ocultar arma de fogo, acessório ou munição, de uso permitido, sem autorização e em desacordo com determinação legal ou regulamentar:

Pena – reclusão, de 2 (dois) a 4 (quatro) anos, e multa.

Parágrafo único. O crime previsto neste artigo é inafiançável, salvo quando a arma de fogo estiver registrada em nome do agente".

Segundo o § único, do referido tipo especial, trata-se de crime inafiançável, o que, todavia, foi declarado inconstitucional pelo STF, na ADI 3.112-1/200, justificando, pois, a incorreção da assertiva constante no presente enunciado.

XVI) LEI MARIA DA PENHA (LEI FEDERAL Nº 11.340/2006)

Cria mecanismos para coibir a violência doméstica e familiar contra a mulher, nos termos do § 8º do art. 226 da Constituição Federal, da Convenção sobre a Eliminação de Todas as Formas de Discriminação contra as Mulheres e da Convenção Interamericana para Prevenir, Punir e Erradicar a Violência contra a Mulher; dispõe sobre a criação dos Juizados de Violência Doméstica e Familiar contra a Mulher; altera o Código de Processo Penal, o Código Penal e a Lei de Execução Penal; e dá outras providências.

O PRESIDENTE DA REPÚBLICA *Faço saber que o Congresso Nacional decreta e eu sanciono a seguinte Lei:*

TÍTULO I

DISPOSIÇÕES PRELIMINARES

Art. 1º Esta Lei cria mecanismos para coibir e prevenir a violência doméstica e familiar contra a mulher, nos termos do § 8º do art. 226 da Constituição Federal, da Convenção sobre a Eliminação de Todas as Formas de Violência contra a Mulher, da Convenção Interamericana para Prevenir, Punir e Erradicar a Violência contra a Mulher e de outros tratados internacionais ratificados pela República Federativa do Brasil; dispõe sobre a criação dos Juizados de Violência Doméstica e Familiar contra a Mulher; e estabelece medidas de assistência e proteção às mulheres em situação de violência doméstica e familiar.

Art. 2º Toda mulher, independentemente de classe, raça, etnia, orientação sexual, renda, cultura, nível educacional, idade e religião, goza dos direitos fundamentais inerentes à pessoa humana, sendo-lhe asseguradas as oportunidades e facilidades para viver sem violência, preservar sua saúde física e mental e seu aperfeiçoamento moral, intelectual e social.

Art. 3º Serão asseguradas às mulheres as condições para o exercício efetivo dos direitos à vida, à segurança, à saúde, à alimentação, à educação, à cultura, à moradia, ao acesso à justiça, ao esporte, ao lazer, ao trabalho, à cidadania, à liberdade, à dignidade, ao respeito e à convivência familiar e comunitária.

§ 1º O poder público desenvolverá políticas que visem garantir os direitos humanos das mulheres no âmbito das relações domésticas e familiares no sentido de resguardá-las de toda forma de negligência, discriminação, exploração, violência, crueldade e opressão.

§ 2º Cabe à família, à sociedade e ao poder público criar as condições necessárias para o efetivo exercício dos direitos enunciados no caput.

Art. 4º Na interpretação desta Lei, serão considerados os fins sociais a que ela se destina e, especialmente, as condições peculiares das mulheres em situação de violência doméstica e familiar.

TÍTULO II

DA VIOLÊNCIA DOMÉSTICA E FAMILIAR CONTRA A MULHER

CAPÍTULO I

DISPOSIÇÕES GERAIS

Art. 5º Para os efeitos desta Lei, configura violência doméstica e familiar contra a mulher qualquer ação ou omissão baseada no gênero que lhe cause morte, lesão, sofrimento físico, sexual ou psicológico e dano moral ou patrimonial:

I – no âmbito da unidade doméstica, compreendida como o espaço de convívio permanente de pessoas, com ou sem vínculo familiar, inclusive as esporadicamente agregadas;

II – no âmbito da família, compreendida como a comunidade formada por indivíduos que são ou se consideram aparentados, unidos por laços naturais, por afinidade ou por vontade expressa;

III – em qualquer relação íntima de afeto, na qual o agressor conviva ou tenha convivido com a ofendida, independentemente de coabitação.

Parágrafo único. As relações pessoais enunciadas neste artigo independem de orientação sexual.

Art. 6º A violência doméstica e familiar contra a mulher constitui uma das formas de violação dos direitos humanos.

CAPÍTULO II

DAS FORMAS DE VIOLÊNCIA DOMÉSTICA E FAMILIAR CONTRA A MULHER

Art. 7º São formas de violência doméstica e familiar contra a mulher, entre outras:

I – a violência física, entendida como qualquer conduta que ofenda sua integridade ou saúde corporal;

II – a violência psicológica, entendida como qualquer conduta que lhe cause dano emocional e diminuição da autoestima ou que lhe prejudique e perturbe o pleno desenvolvimento ou que vise degradar ou controlar suas ações, comportamentos, crenças e decisões, mediante ameaça, constrangimento, humilhação, manipulação, isolamento, vigilância constante, perseguição contumaz, insulto, chantagem, violação de sua intimidade, ridicularização, exploração e limitação do direito de ir e vir ou qualquer outro meio que lhe cause prejuízo à saúde psicológica e à autodeterminação; (Redação dada pela Lei nº 13.772, de 2018)

III – a violência sexual, entendida como qualquer conduta que a constranja a presenciar, a manter ou a participar de relação sexual não desejada, mediante intimidação, ameaça, coação ou uso da força; que a induza a comercializar ou a utilizar, de qualquer modo, a sua sexualidade, que a impeça de usar qualquer método contraceptivo ou que a force ao matrimônio, à gravidez, ao aborto ou à prostituição, mediante coação, chantagem, suborno ou manipulação; ou que limite ou anule o exercício de seus direitos sexuais e reprodutivos;

IV – a violência patrimonial, entendida como qualquer conduta que configure retenção, subtração, destruição parcial ou total de seus objetos, instrumentos de trabalho, documentos pessoais, bens, valores e direitos ou recursos econômicos, incluindo os destinados a satisfazer suas necessidades;

V – a violência moral, entendida como qualquer conduta que configure calúnia, difamação ou injúria.

TÍTULO III

DA ASSISTÊNCIA À MULHER EM SITUAÇÃO DE VIOLÊNCIA DOMÉSTICA E FAMILIAR

CAPÍTULO I

DAS MEDIDAS INTEGRADAS DE PREVENÇÃO

Art. 8º A política pública que visa coibir a violência doméstica e familiar contra a mulher far-se-á por meio de um conjunto articulado de ações da União, dos Estados, do Distrito Federal e dos Municípios e de ações não-governamentais, tendo por diretrizes:

I – a integração operacional do Poder Judiciário, do Ministério Público e da Defensoria Pública com as áreas de segurança pública, assistência social, saúde, educação, trabalho e habitação;

II – a promoção de estudos e pesquisas, estatísticas e outras informações relevantes, com a perspectiva de gênero e de raça ou etnia, concernentes às causas, às consequências e à frequência da violência doméstica e familiar contra a mulher, para a sistematização de dados, a serem unificados nacionalmente, e a avaliação periódica dos resultados das medidas adotadas;

III – o respeito, nos meios de comunicação social, dos valores éticos e sociais da pessoa e da família, de forma a coibir os papéis estereotipados que legitimem ou exacerbem a violência doméstica e familiar, de acordo com o estabelecido no inciso III do art. 1º , no inciso IV do art. 3º e no inciso IV do art. 221 da Constituição Federal ;

IV – a implementação de atendimento policial especializado para as mulheres, em particular nas Delegacias de Atendimento à Mulher;

V – a promoção e a realização de campanhas educativas de prevenção da violência doméstica e familiar contra a mulher, voltadas ao público escolar e à sociedade em geral, e a difusão desta Lei e dos instrumentos de proteção aos direitos humanos das mulheres;

VI – a celebração de convênios, protocolos, ajustes, termos ou outros instrumentos de promoção de parceria entre órgãos governamentais ou entre estes e entidades não-governamentais, tendo por objetivo a implementação de programas de erradicação da violência doméstica e familiar contra a mulher;

VII – a capacitação permanente das Polícias Civil e Militar, da Guarda Municipal, do Corpo de Bombeiros e dos profissionais pertencentes aos órgãos e às áreas enunciados no inciso I quanto às questões de gênero e de raça ou etnia;

VIII – a promoção de programas educacionais que disseminem valores éticos de irrestrito respeito à dignidade da pessoa humana com a perspectiva de gênero e de raça ou etnia;

IX – o destaque, nos currículos escolares de todos os níveis de ensino, para os conteúdos relativos aos direitos humanos, à equidade de gênero e de raça ou etnia e ao problema da violência doméstica e familiar contra a mulher.

CAPÍTULO II

DA ASSISTÊNCIA À MULHER EM SITUAÇÃO DE VIOLÊNCIA DOMÉSTICA E FAMILIAR

Art. 9º A assistência à mulher em situação de violência doméstica e familiar será prestada de forma articulada e conforme os princípios e as diretrizes previstos na Lei Orgânica da Assistência Social, no Sistema Único de Saúde, no Sistema Único de Segurança Pública, entre outras normas e políticas públicas de proteção, e emergencialmente quando for o caso.

§ 1º O juiz determinará, por prazo certo, a inclusão da mulher em situação de violência doméstica e familiar no cadastro de programas assistenciais do governo federal, estadual e municipal.

§ 2º O juiz assegurará à mulher em situação de violência doméstica e familiar, para preservar sua integridade física e psicológica:

I – acesso prioritário à remoção quando servidora pública, integrante da administração direta ou indireta;

II – manutenção do vínculo trabalhista, quando necessário o afastamento do local de trabalho, por até seis meses.

III – encaminhamento à assistência judiciária, quando for o caso, inclusive para eventual ajuizamento da ação de separação judicial, de divórcio, de anulação de casamento ou de dissolução de união estável perante o juízo competente. (Redação dada pela Lei nº 13.894, de 29-10-2019)

§ 3º A assistência à mulher em situação de violência doméstica e familiar compreenderá o acesso aos benefícios decorrentes do desenvolvimento científico e tecnológico, incluindo os serviços de contracepção de emergência, a profilaxia das Doenças Sexualmente Transmissíveis (DST) e da Síndrome da Imunodeficiência Adquirida (AIDS) e outros procedimentos médicos necessários e cabíveis nos casos de violência sexual.

§ 4º Aquele que, por ação ou omissão, causar lesão, violência física, sexual ou psicológica e dano moral ou patrimonial a mulher fica obrigado a ressarcir todos os danos causados, inclusive ressarcir ao Sistema Único de Saúde (SUS), de acordo com a tabela SUS, os custos relativos aos serviços de saúde prestados para o total tratamento das vítimas em situação de violência doméstica e familiar, recolhidos os recursos assim arrecadados ao Fundo de Saúde do ente federado responsável pelas unidades de saúde que prestarem os serviços. (Incluído pela Lei nº 13.871, de 2019)

§ 5º Os dispositivos de segurança destinados ao uso em caso de perigo iminente e disponibilizados para o monitoramento das vítimas de violência doméstica ou familiar amparadas por medidas protetivas terão seus custos ressarcidos pelo agressor. (Incluído pela Lei nº 13.871, de 2019)

§ 6º O ressarcimento de que tratam os §§ 4º e 5º deste artigo não poderá importar ônus de qualquer natureza ao patrimônio da mulher e dos seus dependentes, nem configurar atenuante ou ensejar possibilidade de substituição da pena aplicada. (Incluído pela Lei nº 13.871, de 2019)

§ 7º A mulher em situação de violência doméstica e familiar tem prioridade para matricular seus dependentes em instituição de educação básica mais próxima de seu domicílio,

ou transferi-los para essa instituição, mediante a apresentação dos documentos comprobatórios do registro da ocorrência policial ou do processo de violência doméstica e familiar em curso. (Incluído pela Lei nº 13.882, de 2019)

§ 8º Serão sigilosos os dados da ofendida e de seus dependentes matriculados ou transferidos conforme o disposto no § 7º deste artigo, e o acesso às informações será reservado ao juiz, ao Ministério Público e aos órgãos competentes do poder público. (Incluído pela Lei nº 13.882, de 2019)

CAPÍTULO III

DO ATENDIMENTO PELA AUTORIDADE POLICIAL

Art. 10. Na hipótese da iminência ou da prática de violência doméstica e familiar contra a mulher, a autoridade policial que tomar conhecimento da ocorrência adotará, de imediato, as providências legais cabíveis.

Parágrafo único. Aplica-se o disposto no caput deste artigo ao descumprimento de medida protetiva de urgência deferida.

Art. 10-A. É direito da mulher em situação de violência doméstica e familiar o atendimento policial e pericial especializado, ininterrupto e prestado por servidores – preferencialmente do sexo feminino – previamente capacitados. (Incluído pela Lei nº 13.505, de 2017)

§ 1º A inquirição de mulher em situação de violência doméstica e familiar ou de testemunha de violência doméstica, quando se tratar de crime contra a mulher, obedecerá às seguintes diretrizes: (Incluído pela Lei nº 13.505, de 2017)

I – salvaguarda da integridade física, psíquica e emocional da depoente, considerada a sua condição peculiar de pessoa em situação de violência doméstica e familiar; (Incluído pela Lei nº 13.505, de 2017)

II – garantia de que, em nenhuma hipótese, a mulher em situação de violência doméstica e familiar, familiares e testemunhas terão contato direto com investigados ou suspeitos e pessoas a eles relacionadas; (Incluído pela Lei nº 13.505, de 2017)

III – não revitimização da depoente, evitando sucessivas inquirições sobre o mesmo fato nos âmbitos criminal, cível e administrativo, bem como questionamentos sobre a vida privada. (Incluído pela Lei nº 13.505, de 2017)

§ 2º Na inquirição de mulher em situação de violência doméstica e familiar ou de testemunha de delitos de que trata esta Lei, adotar-se-á, preferencialmente, o seguinte procedimento: (Incluído pela Lei nº 13.505, de 2017)

I – a inquirição será feita em recinto especialmente projetado para esse fim, o qual conterá os equipamentos próprios e adequados à idade da mulher em situação de violência doméstica e familiar ou testemunha e ao tipo e à gravidade da violência sofrida; (Incluído pela Lei nº 13.505, de 2017)

II – quando for o caso, a inquirição será intermediada por profissional especializado em violência doméstica e familiar designado pela autoridade judiciária ou policial; (Incluído pela Lei nº 13.505, de 2017)

III – o depoimento será registrado em meio eletrônico ou magnético, devendo a degravação e a mídia integrar o inquérito. (Incluído pela Lei nº 13.505, de 2017)

Art. 11. No atendimento à mulher em situação de violência doméstica e familiar, a autoridade policial deverá, entre outras providências:

I – garantir proteção policial, quando necessário, comunicando de imediato ao Ministério Público e ao Poder Judiciário;

II – encaminhar a ofendida ao hospital ou posto de saúde e ao Instituto Médico Legal;

III – fornecer transporte para a ofendida e seus dependentes para abrigo ou local seguro, quando houver risco de vida;

IV – se necessário, acompanhar a ofendida para assegurar a retirada de seus pertences do local da ocorrência ou do domicílio familiar;

V – informar à ofendida os direitos a ela conferidos nesta Lei e os serviços disponíveis, inclusive os de assistência judiciária para o eventual ajuizamento perante o juízo competente da ação de separação judicial, de divórcio, de anulação de casamento ou de dissolução de união estável. (Inciso com redação dada pela Lei nº 13.894, de 29-10-2019)

Art. 12. Em todos os casos de violência doméstica e familiar contra a mulher, feito o registro da ocorrência, deverá a autoridade policial adotar, de imediato, os seguintes procedimentos, sem prejuízo daqueles previstos no Código de Processo Penal:

I – ouvir a ofendida, lavrar o boletim de ocorrência e tomar a representação a termo, se apresentada;

II – colher todas as provas que servirem para o esclarecimento do fato e de suas circunstâncias;

III – remeter, no prazo de 48 (quarenta e oito) horas, expediente apartado ao juiz com o pedido da ofendida, para a concessão de medidas protetivas de urgência;

IV – determinar que se proceda ao exame de corpo de delito da ofendida e requisitar outros exames periciais necessários;

V – ouvir o agressor e as testemunhas;

VI – ordenar a identificação do agressor e fazer juntar aos autos sua folha de antecedentes criminais, indicando a existência de mandado de prisão ou registro de outras ocorrências policiais contra ele;

VII – remeter, no prazo legal, os autos do inquérito policial ao juiz e ao Ministério Público.

VII-A – verificar se o agressor possui registro de porte ou posse de arma de fogo e, na hipótese de existência, juntar aos autos essa informação, bem como notificar a ocorrência à instituição responsável pela concessão do registro ou da emissão do porte, nos termos da Lei nº 10.826, de 22 de dezembro de 2003 (Estatuto do Desarmamento) (Incluído pela Lei nº 13.880, de 2019)

§ 1º O pedido da ofendida será tomado a termo pela autoridade policial e deverá conter:

I – qualificação da ofendida e do agressor;

II – nome e idade dos dependentes;

III – descrição sucinta do fato e das medidas protetivas solicitadas pela ofendida.

IV – informação sobre a condição de a ofendida ser pessoa com deficiência e se da violência sofrida resultou deficiência ou agravamento de deficiência preexistente. (Incluído pela Lei nº 13.836, de 2019)

§ 2º A autoridade policial deverá anexar ao documento referido no § 1º o boletim de ocorrência e cópia de todos os documentos disponíveis em posse da ofendida.

§ 3º Serão admitidos como meios de prova os laudos ou prontuários médicos fornecidos por hospitais e postos de saúde.

Art. 12-A. Os Estados e o Distrito Federal, na formulação de suas políticas e planos de atendimento à mulher em situação de violência doméstica e familiar, darão prioridade, no âmbito da Polícia Civil, à criação de Delegacias Especializadas de Atendimento à Mulher (DEAMs), de Núcleos Investigativos de Feminicídio e de equipes especializadas para o atendimento e a investigação das violências graves contra a mulher.

Art. 12-B. (VETADO). (Incluído pela Lei nº 13.505, de 2017)

§ 1º (VETADO). (Incluído pela Lei nº 13.505, de 2017)

§ 2º (VETADO. (Incluído pela Lei nº 13.505, de 2017)

§ 3º A autoridade policial poderá requisitar os serviços públicos necessários à defesa da mulher em situação de violência doméstica e familiar e de seus dependentes. (Incluído pela Lei nº 13.505, de 2017)

Art. 12-C. Verificada a existência de risco atual ou iminente à vida ou à integridade física da mulher em situação de violência doméstica e familiar, ou de seus dependentes, o agressor será imediatamente afastado do lar, domicílio ou local de convivência com a ofendida: (Incluído pela Lei nº 13.827, de 2019)

I – pela autoridade judicial; (Incluído pela Lei nº 13.827, de 2019)

II – pelo delegado de polícia, quando o Município não for sede de comarca; ou (Incluído pela Lei nº 13.827, de 2019)

III – pelo policial, quando o Município não for sede de comarca e não houver delegado disponível no momento da denúncia. (Incluído pela Lei nº 13.827, de 2019)

§ 1º Nas hipóteses dos incisos II e III do ***caput*** *deste artigo, o juiz será comunicado no prazo máximo de 24 (vinte e quatro) horas e decidirá, em igual prazo, sobre a manutenção ou a revogação da medida aplicada, devendo dar ciência ao Ministério Público concomitantemente. (Incluído pela Lei nº 13.827, de 2019)*

§ 2º Nos casos de risco à integridade física da ofendida ou à efetividade da medida protetiva de urgência, não será concedida liberdade provisória ao preso. (Incluído pela Lei nº 13.827, de 2019)

TÍTULO IV

DOS PROCEDIMENTOS

CAPÍTULO I

DISPOSIÇÕES GERAIS

Art. 13. Ao processo, ao julgamento e à execução das causas cíveis e criminais decorrentes da prática de violência doméstica e familiar contra a mulher aplicar-se-ão as normas dos Códigos de Processo Penal e Processo Civil e da legislação específica relativa à criança, ao adolescente e ao idoso que não conflitarem com o estabelecido nesta Lei.

Art. 14. Os Juizados de Violência Doméstica e Familiar contra a Mulher, órgãos da Justiça Ordinária com competência cível e criminal, poderão ser criados pela União, no Distrito Federal e nos Territórios, e pelos Estados, para o processo, o julgamento e a execução das causas decorrentes da prática de violência doméstica e familiar contra a mulher.

Parágrafo único. Os atos processuais poderão realizar-se em horário noturno, conforme dispuserem as normas de organização judiciária.

Art. 14-A. (VETADO na Lei nº 13.894, de 29-10-2019)

Art. 15. É competente, por opção da ofendida, para os processos cíveis regidos por esta Lei, o Juizado:

I – do seu domicílio ou de sua residência;

II – do lugar do fato em que se baseou a demanda;

III – do domicílio do agressor.

Art. 16. Nas ações penais públicas condicionadas à representação da ofendida de que trata esta Lei, só será admitida a renúncia à representação perante o juiz, em audiência especialmente designada com tal finalidade, antes do recebimento da denúncia e ouvido o Ministério Público.

Art. 17. É vedada a aplicação, nos casos de violência doméstica e familiar contra a mulher, de penas de cesta básica ou outras de prestação pecuniária, bem como a substituição de pena que implique o pagamento isolado de multa.

CAPÍTULO II

DAS MEDIDAS PROTETIVAS DE URGÊNCIA

Seção I

Disposições Gerais

Art. 18. Recebido o expediente com o pedido da ofendida, caberá ao juiz, no prazo de 48 (quarenta e oito) horas:

I – conhecer do expediente e do pedido e decidir sobre as medidas protetivas de urgência;

II – determinar o encaminhamento da ofendida ao órgão de assistência judiciária, quando for o caso, inclusive para o ajuizamento da ação de separação judicial, de divórcio, de anulação de casamento ou de dissolução de união estável perante o juízo competente; (Inciso com redação dada pela Lei nº 13.894, de 29-10-2019)

III – comunicar ao Ministério Público para que adote as providências cabíveis.

IV – determinar a apreensão imediata de arma de fogo sob a posse do agressor. (Incluído pela Lei nº 13.880, de 2019)

Art. 19. As medidas protetivas de urgência poderão ser concedidas pelo juiz, a requerimento do Ministério Público ou a pedido da ofendida.

§ 1º As medidas protetivas de urgência poderão ser concedidas de imediato, independentemente de audiência das partes e de manifestação do Ministério Público, devendo este ser prontamente comunicado.

§ 2º As medidas protetivas de urgência serão aplicadas isolada ou cumulativamente, e poderão ser substituídas a qualquer tempo por outras de maior eficácia, sempre que os direitos reconhecidos nesta Lei forem ameaçados ou violados.

§ 3º Poderá o juiz, a requerimento do Ministério Público ou a pedido da ofendida, conceder novas medidas protetivas de urgência ou rever aquelas já concedidas, se entender necessário à proteção da ofendida, de seus familiares e de seu patrimônio, ouvido o Ministério Público.

Art. 20. Em qualquer fase do inquérito policial ou da instrução criminal, caberá a prisão preventiva do agressor, decretada pelo juiz, de ofício, a requerimento do Ministério Público ou mediante representação da autoridade policial.

Parágrafo único. O juiz poderá revogar a prisão preventiva se, no curso do processo, verificar a falta de motivo para que subsista, bem como de novo decretá-la, se sobrevierem razões que a justifiquem.

Art. 21. A ofendida deverá ser notificada dos atos processuais relativos ao agressor, especialmente dos pertinentes ao ingresso e à saída da prisão, sem prejuízo da intimação do advogado constituído ou do defensor público.

Parágrafo único. A ofendida não poderá entregar intimação ou notificação ao agressor .

Seção II

Das Medidas Protetivas de Urgência que Obrigam o Agressor

Art. 22. Constatada a prática de violência doméstica e familiar contra a mulher, nos termos desta Lei, o juiz poderá aplicar, de imediato, ao agressor, em conjunto ou separadamente, as seguintes medidas protetivas de urgência, entre outras:

I – suspensão da posse ou restrição do porte de armas, com comunicação ao órgão competente, nos termos da Lei nº 10.826, de 22 de dezembro de 2003 ;

II – afastamento do lar, domicílio ou local de convivência com a ofendida;

III – proibição de determinadas condutas, entre as quais:

a) aproximação da ofendida, de seus familiares e das testemunhas, fixando o limite mínimo de distância entre estes e o agressor;

b) contato com a ofendida, seus familiares e testemunhas por qualquer meio de comunicação;

c) frequentação de determinados lugares a fim de preservar a integridade física e psicológica da ofendida;

IV – restrição ou suspensão de visitas aos dependentes menores, ouvida a equipe de atendimento multidisciplinar ou serviço similar;

V – prestação de alimentos provisionais ou provisórios.

§ 1º As medidas referidas neste artigo não impedem a aplicação de outras previstas na legislação em vigor, sempre que a segurança da ofendida ou as circunstâncias o exigirem, devendo a providência ser comunicada ao Ministério Público.

§ 2º Na hipótese de aplicação do inciso I, encontrando-se o agressor nas condições mencionadas no caput e incisos do art. 6º da Lei nº 10.826, de 22 de dezembro de 2003, o juiz comunicará ao respectivo órgão, corporação ou instituição as medidas protetivas de urgência concedidas e determinará a restrição do porte de armas, ficando o superior imediato do agressor responsável pelo cumprimento da determinação judicial, sob pena de incorrer nos crimes de prevaricação ou de desobediência, conforme o caso.

§ 3º Para garantir a efetividade das medidas protetivas de urgência, poderá o juiz requisitar, a qualquer momento, auxílio da força policial.

§ 4º Aplica-se às hipóteses previstas neste artigo, no que couber, o disposto no caput e nos §§ 5º e 6º do art. 461 da Lei no 5.869, de 11 de janeiro de 1973 (Código de Processo Civil).

Seção III

Das Medidas Protetivas de Urgência à Ofendida

Art. 23. Poderá o juiz, quando necessário, sem prejuízo de outras medidas:

I – encaminhar a ofendida e seus dependentes a programa oficial ou comunitário de proteção ou de atendimento;

II – determinar a recondução da ofendida e a de seus dependentes ao respectivo domicílio, após afastamento do agressor;

III – determinar o afastamento da ofendida do lar, sem prejuízo dos direitos relativos a bens, guarda dos filhos e alimentos;

IV – determinar a separação de corpos.

V – determinar a matrícula dos dependentes da ofendida em instituição de educação básica mais próxima do seu domicílio, ou a transferência deles para essa instituição, independentemente da existência de vaga. (Incluído pela Lei nº 13.882, de 2019)

Art. 24. Para a proteção patrimonial dos bens da sociedade conjugal ou daqueles de propriedade particular da mulher, o juiz poderá determinar, liminarmente, as seguintes medidas, entre outras:

I – restituição de bens indevidamente subtraídos pelo agressor à ofendida;

II – proibição temporária para a celebração de atos e contratos de compra, venda e locação de propriedade em comum, salvo expressa autorização judicial;

III – suspensão das procurações conferidas pela ofendida ao agressor;

IV – prestação de caução provisória, mediante depósito judicial, por perdas e danos materiais decorrentes da prática de violência doméstica e familiar contra a ofendida.

Parágrafo único. Deverá o juiz oficiar ao cartório competente para os fins previstos nos incisos II e III deste artigo.

Seção IV

(Incluído pela Lei nº 13.641, de 2018)

Do Crime de Descumprimento de Medidas Protetivas de Urgência

Descumprimento de Medidas Protetivas de Urgência

Art. 24-A. Descumprir decisão judicial que defere medidas protetivas de urgência previstas nesta Lei: (Incluído pela Lei nº 13.641, de 2018)

Pena – detenção, de 3 (três) meses a 2 (dois) anos. (Incluído pela Lei nº 13.641, de 2018)

§ 1º A configuração do crime independe da competência civil ou criminal do juiz que deferiu as medidas. (Incluído pela Lei nº 13.641, de 2018)

§ 2º Na hipótese de prisão em flagrante, apenas a autoridade judicial poderá conceder fiança. (Incluído pela Lei nº 13.641, de 2018)

§ 3º O disposto neste artigo não exclui a aplicação de outras sanções cabíveis. (Incluído pela Lei nº 13.641, de 2018)

CAPÍTULO III

DA ATUAÇÃO DO MINISTÉRIO PÚBLICO

Art. 25. O Ministério Público intervirá, quando não for parte, nas causas cíveis e criminais decorrentes da violência doméstica e familiar contra a mulher.

Art. 26. Caberá ao Ministério Público, sem prejuízo de outras atribuições, nos casos de violência doméstica e familiar contra a mulher, quando necessário:

I – requisitar força policial e serviços públicos de saúde, de educação, de assistência social e de segurança, entre outros;

II – fiscalizar os estabelecimentos públicos e particulares de atendimento à mulher em situação de violência doméstica e familiar, e adotar, de imediato, as medidas administrativas ou judiciais cabíveis no tocante a quaisquer irregularidades constatadas;

III – cadastrar os casos de violência doméstica e familiar contra a mulher.

CAPÍTULO IV

DA ASSISTÊNCIA JUDICIÁRIA

Art. 27. Em todos os atos processuais, cíveis e criminais, a mulher em situação de violência doméstica e familiar deverá estar acompanhada de advogado, ressalvado o previsto no art. 19 desta Lei.

Art. 28. É garantido a toda mulher em situação de violência doméstica e familiar o acesso aos serviços de Defensoria Pública ou de Assistência Judiciária Gratuita, nos termos da lei, em sede policial e judicial, mediante atendimento específico e humanizado.

TÍTULO V

DA EQUIPE DE ATENDIMENTO MULTIDISCIPLINAR

Art. 29. Os Juizados de Violência Doméstica e Familiar contra a Mulher que vierem a ser criados poderão contar com uma equipe de atendimento multidisciplinar, a ser integrada por profissionais especializados nas áreas psicossocial, jurídica e de saúde.

Art. 30. Compete à equipe de atendimento multidisciplinar, entre outras atribuições que lhe forem reservadas pela legislação local, fornecer subsídios por escrito ao juiz, ao Ministério Público e à Defensoria Pública, mediante laudos ou verbalmente em audiência, e desenvolver trabalhos de orientação, encaminhamento, prevenção e outras medidas, voltados para a ofendida, o agressor e os familiares, com especial atenção às crianças e aos adolescentes.

Art. 31. Quando a complexidade do caso exigir avaliação mais aprofundada, o juiz poderá determinar a manifestação de profissional especializado, mediante a indicação da equipe de atendimento multidisciplinar.

Art. 32. O Poder Judiciário, na elaboração de sua proposta orçamentária, poderá prever recursos para a criação e manutenção da equipe de atendimento multidisciplinar, nos termos da Lei de Diretrizes Orçamentárias.

TÍTULO VI

DISPOSIÇÕES TRANSITÓRIAS

Art. 33. Enquanto não estruturados os Juizados de Violência Doméstica e Familiar contra a Mulher, as varas criminais acumularão as competências cível e criminal para conhecer e julgar as causas decorrentes da prática de violência doméstica e familiar contra a mulher, observadas as previsões do Título IV desta Lei, subsidiada pela legislação processual pertinente.

Parágrafo único. Será garantido o direito de preferência, nas varas criminais, para o processo e o julgamento das causas referidas no caput.

TÍTULO VII

DISPOSIÇÕES FINAIS

Art. 34. A instituição dos Juizados de Violência Doméstica e Familiar contra a Mulher poderá ser acompanhada pela implantação das curadorias necessárias e do serviço de assistência judiciária.

Art. 35. A União, o Distrito Federal, os Estados e os Municípios poderão criar e promover, no limite das respectivas competências:

I - centros de atendimento integral e multidisciplinar para mulheres e respectivos dependentes em situação de violência doméstica e familiar;

II - casas-abrigos para mulheres e respectivos dependentes menores em situação de violência doméstica e familiar;

III - delegacias, núcleos de defensoria pública, serviços de saúde e centros de perícia médico-legal especializados no atendimento à mulher em situação de violência doméstica e familiar;

IV - programas e campanhas de enfrentamento da violência doméstica e familiar;

V - centros de educação e de reabilitação para os agressores.

Art. 36. A União, os Estados, o Distrito Federal e os Municípios promoverão a adaptação de seus órgãos e de seus programas às diretrizes e aos princípios desta Lei.

Art. 37. A defesa dos interesses e direitos transindividuais previstos nesta Lei poderá ser exercida, concorrentemente, pelo Ministério Público e por associação de atuação na área, regularmente constituída há pelo menos um ano, nos termos da legislação civil.

Parágrafo único. O requisito da pré-constituição poderá ser dispensado pelo juiz quando entender que não há outra entidade com representatividade adequada para o ajuizamento da demanda coletiva.

Art. 38. As estatísticas sobre a violência doméstica e familiar contra a mulher serão incluídas nas bases de dados dos órgãos oficiais do Sistema de Justiça e Segurança a fim de subsidiar o sistema nacional de dados e informações relativo às mulheres.

Parágrafo único. As Secretarias de Segurança Pública dos Estados e do Distrito Federal poderão remeter suas informações criminais para a base de dados do Ministério da Justiça.

Art. 38-A. O juiz competente providenciará o registro da medida protetiva de urgência. (Incluído pela Lei nº 13.827, de 2019)

Parágrafo único. As medidas protetivas de urgência serão registradas em banco de dados mantido e regulamentado pelo Conselho Nacional de Justiça, garantido o acesso do Ministério Público, da Defensoria Pública e dos órgãos de segurança pública e de assistência social, com vistas à fiscalização e à efetividade das medidas protetivas. (Incluído pela Lei nº 13.827, de 2019)

Art. 39. A União, os Estados, o Distrito Federal e os Municípios, no limite de suas competências e nos termos das respectivas leis de diretrizes orçamentárias, poderão estabelecer dotações orçamentárias específicas, em cada exercício financeiro, para a implementação das medidas estabelecidas nesta Lei.

Art. 40. As obrigações previstas nesta Lei não excluem outras decorrentes dos princípios por ela adotados.

Art. 41. Aos crimes praticados com violência doméstica e familiar contra a mulher, independentemente da pena prevista, não se aplica a Lei nº 9.099, de 26 de setembro de 1995.

Art. 42. O art. 313 do Decreto-Lei nº 3.689, de 3 de outubro de 1941 (Código de Processo Penal), passa a vigorar acrescido do seguinte inciso IV:

"Art. 313. ....

..

IV – se o crime envolver violência doméstica e familiar contra a mulher, nos termos da lei específica, para garantir a execução das medidas protetivas de urgência." (NR)

Art. 43. A alínea f do inciso II do art. 61 do Decreto-Lei nº 2.848, de 7 de dezembro de 1940 (Código Penal), passa a vigorar com a seguinte redação:

"Art. 61. ....

..

II – ....

..

f) com abuso de autoridade ou prevalecendo-se de relações domésticas, de coabitação ou de hospitalidade, ou com violência contra a mulher na forma da lei específica;

.. " (NR)

Art. 44. O art. 129 do Decreto-Lei nº 2.848, de 7 de dezembro de 1940 (Código Penal), passa a vigorar com as seguintes alterações:

"Art. 129. ....

..

§ 9º Se a lesão for praticada contra ascendente, descendente, irmão, cônjuge ou companheiro, ou com quem conviva ou tenha convivido, ou, ainda, prevalecendo-se o agente das relações domésticas, de coabitação ou de hospitalidade:

Pena – detenção, de 3 (três) meses a 3 (três) anos.

..

§ 11. Na hipótese do § 9º deste artigo, a pena será aumentada de um terço se o crime for cometido contra pessoa portadora de deficiência." (NR)

Art. 45. O art. 152 da Lei nº 7.210, de 11 de julho de 1984 (Lei de Execução Penal), passa a vigorar com a seguinte redação:

"Art. 152. ....

Parágrafo único. Nos casos de violência doméstica contra a mulher, o juiz poderá determinar o comparecimento obrigatório do agressor a programas de recuperação e reeducação." (NR)

Art. 46. Esta Lei entra em vigor 45 (quarenta e cinco) dias após sua publicação.

Brasília, 7 de agosto de 2006; 185º da Independência e 118º da República"

COMENTÁRIOS

I. Fundamento Constitucional do Direito da Mulher: arts. 1º, III, 3º, IV, 5º, *caput* e I, e 226, §s 5º e 8º, todos da CF de 1988.

II. Fundamento Infraconstitucional do Direito da Mulher: Código Penal (arts. 61, II, "f", e 129, §§ 9º, 10 e 11).

III. Violência Doméstica e Familiar contra a Mulher:

Fenômeno pluricausal.

A raiz do problema se encontra nas relações assimétricas entre homens e mulheres, marcadas pela desigualdade, pela hierarquização e pela dominação.

IV. Vulnerabilidade e Hipossuficiência:

Sujeição constante da mulher ao preconceito e à discriminação.

A mulher faz parte dos chamados grupos vulneráveis, os quais representam um conjunto de pessoas que, por questões ligadas a gênero, idade, condição social, deficiência e orientação sexual, tornam-se mais suscetíveis à violação de seus direitos.

V. Critérios de Aplicação da Lei 11.340/06:

a) 1º Critério: ação ou omissão baseada no **GÊNERO (violência /**

preconceito / discriminação), quando a mulher estiver em situação de hipossuficiência (STJ – ciúme não), **fragilidade, desvantagem,** frente ao(à) agressor(a).

Hipossuficiência/vulnerabilidade da vítima ("disparidade de forças");

b) 2º Critério:

- **Pessoas envolvidas e local das agressões;**
- **Pergunta-se:** caracteriza hipótese de incidência da Lei Maria da Penha (LMP) a violência praticada **fora do local de residência?**

Os envolvidos precisam ser **parentes?**

Qual tipo de **vínculo entre agressor e vítima** deve haver?

> **Art. 5º, LMP: [âmbito de abrangência e espaços de ocorrência da violência domiciliar e familiar]:**
>
> 1 – no **âmbito da unidade doméstica**, compreendida como o espaço de convívio permanente de pessoas, **com ou sem vínculo familiar**, inclusive as esporadicamente agregadas; **exs. empregada doméstica, hóspede etc.**
>
> 2 – no **âmbito da família**, compreendida como a comunidade formada por indivíduos que **são ou se consideram aparentados**, unidos por laços naturais, por afinidade ou por vontade expressa; **exs. companheira, cunhada, sogra, nora etc.**
>
> 3 – em **qualquer relação íntima de afeto**, na qual o agressor conviva ou tenha convivido com a ofendida, independentemente de coabitação. **exs. namorada, ex-namorada, esposa, ex-esposa, amante etc.**

– Em síntese, a agressão pode ocorrer em **QUALQUER LUGAR**, desde que **motivada por uma relação de afeto ou de convivência familiar** entre agressor e mulher-ofendida. **EXEMPLO:** mulher agredida em **via pública** pelo ex-marido;

c) 3º Critério:

- **MULHER** como sujeito passivo das agressões.
- Eventualmente, dependendo das circunstâncias, o **TRANSEXUAL** também pode ser objeto da tutela especial destinada à mulher.

Excepcionalmente, há decisões judiciais, proferidas em todo o Brasil, aplicando os institutos protetivos da LMP a casos em que **homens** são vítimas de violência doméstica e familiar.

Vale lembrar que, no segundo semestre de 2012, a 5ª Turma do STJ aplicou a Lei Maria da Penha a um filho acusado de ter agredido o pai, sob a alegação de que a legislação protetiva foi introduzida no ordenamento jurídico para tutelar as desigualdades encontradas nas relações domésticas, de coabitação ou de hospitalidade, e, embora tenha dado enfoque à mulher, na maioria das vezes em desvantagem física frente ao homem, não se esqueceu dos demais agentes dessas relações que também se encontram em situação de vulnerabilidade;

d) 4º Critério:

- **HOMEM ou MULHER como sujeitos ativos das agressões.**
- Abrangem-se, aqui, as **relações homoafetivas.**

A este respeito, o art. 5º, parágrafo único, da LMP, informa que: "*as relações pessoais enunciadas neste artigo independem de orientação sexual*".

VI. Inconstitucionalidade – Argumentos:

a) fere o princípio da isonomia entre os sexos (art. 5º, I, CF – todavia, deve ser observado o ***princípio da igualdade substancial***

/ ***material:*** *"tratar igualmente os iguais e desigualmente os desiguais, na medida de suas desigualdades"*) e a isonomia familiar (art. 226, §s 5º e 8º, CF);

b) criação de juízo ou tribunal de exceção (art. 5º, XXXVII, CF), no caso o Juizado de Violência Doméstica e Familiar contra a Mulher (art. 14, LMP).

Do ponto de vista majoritário, a Lei é considerada constitucional pela Doutrina e pela Jurisprudência.

VII. Formas de Violência: art. 7º – rol exemplificativo (violência física, psicológica, sexual, patrimonial e moral).

- ***FÍSICA* (inciso I): *exs.*** *homicídio, lesão corporal, aborto etc.*
- ***PSICOLÓGICA* (inciso II):** *gera* ***dano emocional*** *e* ***diminuição da autoestima;*** ***exs.*** *constrangimento, humilhação, perseguição, chantagem, ridicularização etc.*
- ***SEXUAL* (inciso III): *exs.*** *crimes contra a dignidade sexual (arts. 213 e ss., CP), impedimento de uso de contraceptivos, matrimônio forçado etc.*
- ***PATRIMONIAL* (inciso IV): *exs.*** *retenção, subtração, transferência e destruição de bens / patrimônio / documentos etc.*
- ***MORAL* (inciso V): *exs.*** *crimes contra a honra (calúnia, difamação e injúria).*

A Lei Federal nº 13772, de 19 de dezembro de 2018, deu nova redação ao art. 7º, II, relativamente ao conceito de Violência Psicológica.

VIII. Juizados de Violência Doméstica e Familiar contra a Mulher:

Têm natureza híbrida – competência cível e criminal (art. 14).

Exemplos de matérias de natureza cível: divisão (partilha) de bens, guarda dos filhos menores, prestação de alimentos (pensão) etc – arts. 22, V, e 23, III, LMP.

Outrossim, conforme artigo 17, LMP: *"É vedada a aplicação, nos casos de violência doméstica e familiar contra a mulher, de* ***penas de cesta básica ou outras de prestação pecuniária****, bem como a substituição de pena que implique o* ***pagamento isolado de multa****"*.

Trata-se de norma que se insere na contramão da tendência legislativa e judicial de facilitar e estimular a aplicação das **penas restritivas de direitos**, aí incluídas as de natureza patrimonial, aos casos de **infração de menor e de médio potencial ofensivo.**

IX. Art. 41, LMP:

Impossibilidade de aplicação dos mecanismos despenalizadores da Lei dos Juizados Especiais Criminais (JECs) aos crimes praticados com violência doméstica e familiar contra a mulher.

Em virtude de o art. 41, LMP, fazer referência "aos crimes praticados ...", em tese, em contravenções penais, caberia a aplicação da Lei dos JECs.

Todavia, o STJ é contrário a tal entendimento, assim como Nucci[1], o qual, endossando a possibilidade de interpretação extensiva ou ampliativa, assim pontifica:

> *"Onde se lê crimes, leia-se, em verdade, infração penal, o que permite abranger a contravenção penal. Ilustrando, se vias de fato (art. 21, Lei de Contravenções Penais) forem cometidas contra a mulher, no âmbito doméstico, cuida-se de contravenção penal não sujeita à Lei 9.099/95, pois esse é o escopo da Lei 11.340/2006".*

1 NUCCI, Guilherme de Souza. **Leis Penais e Processuais Penais Comentadas**, v. 1. 10. ed. Rio de Janeiro: Forense, 2017, p. 981.

X. Prisão Preventiva: art. 20 da Lei Maria da Penha (ampliativo) + art. 313, III, do CPP (restritivo – *"para garantir a execução das medidas protetivas de urgência*).

XI. Medidas Protetivas de Urgência:

O art. 22 e § 1º, LMP, aponta um rol exemplificativo de medidas protetivas de urgência. Exs. *Restrição do porte de armas, afastamento do lar, proibição de aproximação, de contato e de frequentar determinados locais, restrição das visitas aos filhos, prestação de alimentos (pensão) etc.*

Consoante lição trazida em edição recente da Revista Jurídica Síntese:[2]

Medidas Protetivas de Urgência
"A Lei Maria da Penha, como é popularmente conhecida a Lei Federal nº 11.340/2006, além de ser considerada uma das melhores leis sobre violência doméstica na América Latina, trouxe vários instrumentos inovadores na proteção de mulheres vítimas de violência que incluem não apenas a violência doméstica, mas também a proteção a qualquer tipo de conduta danosa impetrada simplesmente por reações misóginas. A referida lei nasceu para coibir e prevenir a violência doméstica e familiar contra a mulher, conforme preceituado no art. 226, § 8º, da Constituição Federal (Brasil, 1988), bem como em acordos e tratados internacionais ratificados pelo Brasil sobre o tema, como, por exemplo, a Convenção sobre a Eliminação de Todas as Formas de Violência contra a Mulher – CEDAW (ONU, 1979). A Carta das Nações Unidas, reafirmando a fé nos direitos humanos fundamentais, na dignidade e no valor da pessoa humana e na igualdade de direitos do homem e da mulher, baseou a edição da Lei Maria da Penha como o principal instrumento de combate à violência doméstica no Brasil. Com proteção peculiar ao sexo feminino, a referida lei desconsiderou outras questões de gênero no âmbito familiar, como no caso de transgênicos".

2 REVISTA SÍNTESE nº 4724, de 20 de agosto de 2019 – Direito Penal e Processual Penal. Disponível em: <http://www.sintese.com/direitoPenal.asp>. Acesso em: 6 out. 2019.

Medidas Protetivas de Urgência
Assunto como esse, caro leitor, de autoria da Dra. Cândida Alzira Bentes de Magalhães Senhoras, você poderá encontrar na Revista SÍNTESE Direito Penal e Processual Penal.

XII. Lesão Corporal Qualificada pela Violência Doméstica:

Conforme já verificado anteriormente, quando do estudo da Lesão Corporal, a Lesão Corporal Qualificada pela Violência Doméstica é um tipo penal criado pela Lei 10.886/2004 e modificado pela Lei 11.340/2006 (Lei Maria da Penha).

No que concerne à natureza da ação penal, a corrente hoje predominante no STF é no sentido de considerá-la pública incondicionada, informando que a atuação do Estado visa à proteção da mulher e não sua tutela, proteção esta que está insculpida no art. 226, § 8º, da Constituição Federal de 1988.

Outrossim, consoante entendimento preconizado na Súmula nº 542, do STJ, aprovada pela 3ª Seção em 26 de agosto de 2015: *"a ação penal relativa ao crime de lesão corporal resultante de violência doméstica contra a mulher é pública incondicionada"*.

XIII. Prova da Vulnerabilidade ou da Hipossuficiência:

Segundo entendimento recente da 5ª Turma do STJ, para enquadrar uma agressão contra a mulher no conceito de violência doméstica, estabelecido pela Lei Maria da Penha, basta que o fato tenha ocorrido em decorrência da relação amorosa, não sendo necessária a comprovação de coabitação com o agressor, ou de hipossuficiência e vulnerabilidade da vítima.

Desta forma, entende-se que a vulnerabilidade e a hipossuficiência, em princípio, são presumidas pela própria lei, presunção esta relativa, que admite prova em contrário (*juris tantum*).

XIV. Descumprimento de Medidas Protetivas de Urgência:

O descumprimento das medidas protetivas de urgência previstas na Lei Maria da Penha (Lei Federal nº 11.340/06), que trata da violência doméstica e familiar contra a mulher, geravam, em princípio, o crime de Desobediência, previsto no art. 330, do Código Penal, até o advento da Lei Federal nº 13.641, de 3 de abril de 2018, que tipificou o delito de Descumprimento de Medidas Protetivas de Urgência no novel art. 24-A e §§, da Lei Maria da Penha, introduzindo a Seção IV no Título IV, Capítulo II, da referida legislação protetiva, que trata dos procedimentos.

Acerca de tal delito, trata-se, em tese, de infração penal de menor potencial ofensivo, instrumentalizada por meio de Termo Circunstanciado (TC) e da competência dos Juizados Especiais Criminais, submetida, de outra banda, ao rito do procedimento comum sumaríssimo (art. 394, § 1º, III, CP).

Todavia, pela natureza do delito e pela proibição constante no art. 41 da Lei Maria da Penha, que impossibilita a aplicação da Lei dos JECs no âmbito da LMP, há parcela considerável da Doutrina e da Jurisprudência, reconhecendo que tal delito deverá ser instrumentalizado por meio de Inquérito Policial, submetendo-se ao rito especial dos Juizados de Violência Doméstica e Familiar contra a Mulher, preconizados no artigo 14 da Lei nº 11.340/06.

No § 2º, do novel dispositivo legal, o legislador criou hipótese de especial inafiançabilidade relativa, alijando a possibilidade de o Delegado de Polícia arbitrar fiança, em desacordo com o comando constante no art. 322, *caput,* do CPP, segundo o qual: *"A autoridade policial somente poderá conceder fiança nos casos de infração cuja pena privativa de liberdade máxima não seja superior a 4 (quatro) anos".*

Parece uma incongruência a legislação autorizar ao Delegado de Polícia o arbitramento de fiança na Lesão Corporal Qualificada pela Violência Doméstica (art. 129, § 9º, CP), com pena máxima cominada de 3 (três) anos, que tem como vítima a própria mulher, e impossibilitar à referida Autoridade Policial a concessão de fiança no novel tipo penal de Descumprimento de Medidas Protetivas de Urgência, com pena máxima de 2 (dois) anos, que tem como vítima o Estado.

XV. Atendimento Policial e Pericial Especializado:

A Lei Federal nº 13.505, de 8 de novembro de 2017, acrescentou dispositivos à Lei Maria da Penha, dispondo sobre o direito da mulher em situação de violência doméstica e familiar de ter atendimento policial e pericial especializado, ininterrupto e prestado, preferencialmente, por servidores do sexo feminino.

A título de curiosidade, pela relevância do tema, no âmbito da Polícia Civil do Estado do Rio Grande do Sul, a Portaria nº 75/19/GAB/CH/PC, de 22 de maio de 2019, regulamenta, para fins de execução das atividades da Polícia Civil, as alterações na Lei nº 11.340/06, a Lei Maria da Penha, promovidas pela Lei nº 13.827/19, e dá outras providências.

Segue, abaixo, a íntegra da referida portaria:

> ***"PORTARIA GAB/CH/PC Nº 75/2019.***
>
> ***Regulamenta, para fins de execução das atividades da Polícia Civil, as alterações na Lei n.º 11.340/06, a Lei Maria da Penha, promovidas pela Lei nº 13.827/19 e dá outras providências.***
>
> *A Delegada de Polícia Nadine Tagliari Farias Anflor, Chefe de Polícia do Estado do Rio Grande do Sul, no uso de suas atribuições previstas no art. 10, II e X da Lei Estadual nº 10.994/97 e no art. 5º, II, XII e XIV do Regimento Interno da Polícia Civil,*

CONSIDERANDO as disposições constitucionais relativas à inviolabilidade do direito à vida, à liberdade, à propriedade, à segurança que deve ser exercida para a preservação da incolumidade das pessoas, ao princípio da eficiência que rege a administração pública e à garantia da assistência à família na pessoa de cada um dos que a integram, criando mecanismos para coibir a violência no âmbito de suas relações;

CONSIDERANDO ainda as disposições do art. 144, §4º da Constituição Federal, de que "às polícias civis, dirigidas por delegados de polícia de carreira, incumbem, ressalvada a competência da União, as funções de polícia judiciária e a apuração de infrações penais, exceto as militares";

CONSIDERANDO as alterações promovidas na Lei nº 11.340/06, a Lei Maria da Penha, pela Lei nº 13.827/19;

CONSIDERANDO a nova lei permitir que, de violência doméstica e familiar, ou de seus dependentes, o agressor será imediatamente afastado do lar, domicílio ou local de convivência com a ofendida pelo delegado de polícia, quando o Município não for sede de comarca, ou pelo policial, quando o Município não for sede de comarca e não houver delegado disponível no momento da denúncia;

CONSIDERANDO as disposições da Lei nº 12.830/13, que dispõe sobre a investigação criminal conduzida pelo delegado de polícia e, em especial, assegura que "as funções de polícia judiciária e a apuração de infrações penais exercidas pelo delegado de polícia são de natureza jurídica, essenciais e exclusivas de Estado";

CONSIDERANDO que o delegado de polícia, com base em lei, decide exclusivamente sobre a prisão em flagrante, recepcionada pela Constituição Federal e, por consequência, acerca da liberdade de locomoção do preso que lhe é apresentado;

CONSIDERANDO que o afastamento do lar, domicílio ou local de convivência com a ofendida encontra similaridade com o cerceamento da liberdade de locomoção do agressor;

CONSIDERANDO que, nos termos do artigo 13 do CPP, compete à autoridade policial, entendida como o delegado de polícia, a capacidade postulatória perante o Poder Judiciário;

CONSIDERANDO que o agente policial civil exerce suas atividades, constantes nas leis e no Regimento Interno da Polícia Civil, conforme as ordens, coordenação e supervisão dos delegados de polícia;

CONSIDERANDO que em todas as circunscrições da Polícia Civil do Estado do Rio Grande do Sul há delegados de polícia, titulares ou substitutos, ou com atribuição para pronto atendimento em determinadas regiões, não ocorrendo a indisponibilidade de autoridades policiais no momento da denúncia, prevista no art. 12-C, III, da Lei nº 11.340/06, com redação dada pela Lei nº 13.827/2019;

RESOLVE:

Art. 1º – Em casos de existência de risco atual ou eminente à vida ou à integridade física da mulher em situação de violência doméstica e familiar, ou de seus dependentes, nos termos do art. 12-C da Lei 11.340/06, com redação dada pela lei nº 13.827/19, o agressor será afastado do lar, domicílio ou local de convivência com a ofendida exclusivamente pelo(a) delegado(a) de polícia com atribuição para investigar ou adotar as providências de pronto atendimento, se no Município em que ocorrer o fato não for sede de comarca.

Parágrafo único. Nos casos previstos no caput, se o(a) delegado(a) de polícia responsável, titular ou substituto(a), estiver ausente ou não puder comparecer no órgão policial, será acionada, pelo(a) agente que atender a ocorrência, a autoridade policial plantonista mais próxima, nos termos do Código de Processo Penal ou em regime de sobreaviso para adoção das medidas legais, conforme escalas elaboradas pelas delegacias de polícia regionais ou direções de departamento.

Art. 2º – Após a decretação da medida, em decisão fundamentada, que pode ser remotamente tomada por qualquer meio digital disponível, o órgão policial em que ocorrer o fato deverá cumprir de imediato a medida e dar ciência à autoridade judiciária competente no prazo de 24 (vinte e quatro) horas do afastamento.

Art. 3º – Os delegados de polícia do Estado, titulares ou substitutos, que tiverem atribuição para apurar os casos e adotar as medidas previstas na Lei em comento e nesta Portaria, devem contatar as autoridades judiciárias das respectivas comarcas, bem com os membros do Ministério Público, para definições de competências de atuação e integração institucional.

Art. 4º – O Departamento de Tecnologia da Informação – DTIP/PC deverá adotar as medidas técnicas para atualização dos sistemas da Polícia Civil, a fim de viabilizar o atendimento das medidas previstas na Lei.

Art. 5º – Esta Portaria entra em vigor na data de sua publicação.

Publique-se e Cumpra-se.

Porto Alegre, 22 de maio de 2019.

Nadine Tagliari Farias Anflor,

Delegada de Polícia,

Chefe de Polícia.

Proa. 19/1204-0010038-4.

Boletim Regimental nº 91/2019".

XVI. Súmulas do STJ acerca do tema:

Súmula 536 – A suspensão condicional do processo e a transação penal não se aplicam na hipótese de delitos sujeitos ao rito da Lei Maria da Penha. (Súmula 536, TERCEIRA SEÇÃO, julgado em 10/06/2015, DJe 15/06/2015).

Súmula 542 – A ação penal relativa ao crime de lesão corporal resultante de violência doméstica contra a mulher é pública incondicionada. (Súmula 542, TERCEIRA SEÇÃO, julgado em 26/08/2015, DJe 31/08/2015).

Súmula 588 – A prática de crime ou contravenção penal contra a mulher com violência ou grave ameaça no ambiente doméstico impossibilita a substituição da pena privativa de liberdade por restritiva de direitos (julgado em 13/09/17, DJe 18/09/17).

Súmula 589 – É inaplicável o princípio da insignificância nos crimes ou contravenções penais praticados contra a mulher no âmbito das relações domésticas (julgado em 13/09/17, DJe 18/09/17).

Súmula 600 – Para a configuração da violência doméstica e familiar prevista no art. 5º da Lei n. 11.340/2006 (Lei Maria da Penha) não se exige a coabitação entre autor e vítima (julgado em 22/11/17, DJe 27/11/17).

XVII. Recentes novidades legislativas acerca do tema:

a) Lei Federal nº 13.880, de 8 de outubro de 2019: Altera a Lei Federal nº 11.340, de 7 de agosto de 2006 (Lei Maria da Penha), para prever a apreensão de arma de fogo sob posse de agressor em casos de violência doméstica;

b) Lei Federal nº 13.882, de 8 de outubro de 2019: Altera a Lei Federal nº 11.340, de 7 de agosto de 2006 (Lei Maria da Penha), para garantir a matrícula dos dependentes da mulher vítima de violência doméstica e familiar em instituição de educação básica mais próxima de seu domicílio;

c) Lei Federal nº 13.894, de 29 de outubro de 2019: Altera a Lei Federal nº 11.340, de 7 de agosto de 2006 (Lei Maria da Penha), para prever a competência dos Juizados de Violência Doméstica e Familiar contra a Mulher para a ação de divórcio, separação, anulação de casamento ou dissolução de união estável nos casos de violência e para tornar obrigatória a informação às vítimas acerca da possibilidade de os serviços de assistência judiciária ajuizarem as ações mencionadas; e altera a Lei nº 13.105, de 16 de março de 2015 (Código de Processo Civil), para prever a competência do foro do domicílio da vítima de violência doméstica e familiar para a ação de divórcio, separação judicial, anulação de casamento e reconhecimento da união estável a ser dissolvida, para determinar a intervenção obrigatória do Ministério Público nas ações de família em que figure como parte vítima de violência doméstica e familiar, e para estabelecer a prioridade de tramitação dos procedimentos judiciais em que figure como parte vítima de violência doméstica e familiar.

☑ QUESTÕES DE CONCURSOS ACERCA DA LEI MARIA DA PENHA, COM GABARITO E COMENTÁRIOS:

1. ***(OAB 2008.2 – CESPE/UNB)*** *De acordo com a Lei 11.340/2006, conhecida como Lei Maria da Penha, constatada a prática de violência doméstica e familiar contra a mulher, o juiz poderá aplicar ao agressor, de imediato, a seguinte medida protetiva de urgência:*

(A) proibição de contato direto com a ofendida, seus familiares e testemunhas, salvo indiretamente, por telefone ou carta.

(B) arbitramento do valor a ser prestado a título de alimentos definitivos à ofendida e aos filhos menores.

(C) proibição de aproximar-se da ofendida, de seus familiares e das testemunhas, fixando limite mínimo de distância entre estes e o agressor.

(D) decretação da prisão temporária do agressor.

Resposta: *A alternativa a ser assinalada é a da letra "C", já que corresponde à medida protetiva de urgência insculpida no art. 22, III, "a", da Lei Federal nº 11.340/06 (Lei Maria da Penha – LMP). Não é a "A", porque a proibição de contato com a ofendida, seus familiares e testemunhas é por qualquer meio de comunicação, não havendo possibilidade de contato indireto por telefone ou por carta. Não é a "B", porque não se trata de fixação de alimentos definitivos, mas sim a prestação de alimentos provisionais ou provisórios. Por fim, não é a "D", porque a medida protetiva de urgência é a decretação pelo juiz de prisão preventiva (e não temporária), em qualquer fase do inquérito policial ou da instrução criminal, de ofício, a requerimento do Ministério Público ou mediante representação da autoridade policial (art. 20, da Lei Federal nº 11.340/06). Vale registrar que são também medidas protetivas de urgência que obrigam o agressor: suspensão da posse ou restrição do porte de armas, comunicação ao órgão competente; afastamento do lar, domicílio ou local de convivência com a ofendida; e proibição de determinadas condutas, entre as quais: frequentação de determinados lugares a fim de preservar a integridade física e psicológica da ofendida; restrição ou suspensão de visitas aos dependentes menores, ouvida a equipe de atendimento multidisciplinar ou serviço similar (art. 22, da Lei Federal nº 11.340/06). Outrossim, importante consignar que o rol das medidas protetivas não é taxativo. Portanto, nada impede a* *aplicação de outras previstas na legislação em vigor. Podem ser aplicadas em conjunto ou separadamente.*

2. **(OAB SP 2008.1 – CESPE/UNB)** *É possível a prisão preventiva no crime de ameaça, punido com detenção, se resulta de violência contra a mulher no âmbito familiar.*

Resposta: Certo. *A possibilidade de prisão preventiva do agressor, ainda que seja crime punido com pena de detenção, é uma das principais inovações processuais trazidas pela Lei Federal nº 11.340/06 (Lei Maria da Penha), conforme redação prevista no art. 20, caput, da referida legislação.*

3. **(OAB SP 2008.1 – CESPE/UNB)** *Para a concessão de medidas protetivas de urgência, é necessária a audiência das partes.*

Resposta: Errado. *A legislação protetiva não exige bilateralidade ou necessidade de audiência prévia com as partes. Nem poderia ser diferente, pois, do contrário não seriam "medidas protetivas de urgência".*

4. **(OAB SP 2008.1 – CESPE/UNB)** *Permite-se a aplicação, nos casos de violência doméstica e familiar contra a mulher, de penas de cesta básica.*

Resposta: Errado. *Consoante previsão insculpida no art. 41, da Lei Maria da Penha, não se aplicam as disposições constantes na Lei dos Juizados Especiais Criminais (Lei Federal nº 9.099/95).*

5. **(OAB SP 2008.1 – CESPE/UNB)** *Nas ações penais públicas condicionadas à representação da ofendida, não será admitida renúncia à representação.*

Resposta: Errado. *Os delitos que possuem natureza de ação penal pública condicionada à representação continuam a admitir a retratação. Tal previsão encontra-se insculpida no art. 16, da Lei Maria da Penha. Todavia, no que concerne aos crimes de lesão corporal leve, não obstante a regra prevista no art. 88, da Lei Federal nº 9.099/95, que exigia a representação criminal como condição de procedibilidade para o exercício da ação penal, como a Lei Maria da Penha excluiu a aplicação das disposições da Lei 9.099/95, o crime de lesão corporal leve passou a ser de ação penal pública incondicionada, nos casos de violência contra a mulher previstos na Lei. Recentemente, no julgamento da ADI 4.424, o STF considerou que a ação penal é pública incondicionada na lesão corporal cometida mediante violência doméstica ou familiar contra a mulher, nas hipóteses da Lei Maria da Penha. Da mesma forma, o STJ consolidou tal entendimento, com a edição da Súmula nº 542: "A ação penal relativa ao crime de lesão corporal resultante de violência doméstica contra a mulher é pública incondicionada".*

6. **(PROMOTOR DE JUSTIÇA DO ESTADO DO RIO GRANDE DO NORTE – CESPE/UNB – 2010)** *Resolução de tribunal de justiça que atribui aos juizados especiais criminais a competência para as causas decorrentes de violência doméstica contra a mulher é ilegal.*

Resposta: Errado. *Em caso similar, já decidiu o STJ[3]: "A Resolução n.º 7 do Tribunal de Justiça do Distrito Federal e Territórios ampliou a competência dos Juizados Especiais Criminais e dos Juizados Especiais de Competência Geral, com exceção da Circunscrição Especial Judiciária de Brasília e das regiões administrativas do Núcleo Bandeirante e Guará, para abranger o processo, o julgamento e a execução das causas decorrentes da prática de violência doméstica e familiar contra a mulher, ressalvando, entretanto, a independência dos procedimentos estabelecidos pelas Leis 9.099/1995 e 11.340/2006, em obediência ao disposto no art. 41 da Lei n.º 11.340/2006. Não se trata, no caso, de aplicar a Lei n.º 9.099/1995 aos casos de violência à mulher, no âmbito doméstico ou familiar, o que é vedado pela Lei n.º 9.099/1995 e rejeitado pela jurisprudência".*

3 STJ, CC 97.456/DF, *DJe* 20.02.2009.

7. ***(ESCRIVÃO – PCAL – CESPE – 2012)*** *Conforme a referida lei, consideram-se violência sexual as ações ou omissões que impeçam a mulher de usar qualquer método contraceptivo ou que a forcem à gravidez, ao aborto ou à prostituição, mediante coação, chantagem, suborno ou manipulação.*

Resposta: *Certo. A situação descrita na questão está contemplada no art. 7º, III, da Lei Maria da Penha. O rol de formas de violência doméstica e familiar contra a mulher é exemplificativo. Expressamente, além da violência sexual, o art. 7º da LMP ainda contempla a violência física (inciso I), violência psicológica (inciso II, modificado recentemente com o advento da Lei Federal nº 13.772/18), violência patrimonial (inciso IV) e violência moral (inciso V).*

8. ***(ESCRIVÃO – PCAL – CESPE – 2012)*** *É expressamente previsto na lei o dever de a autoridade policial acompanhar a ofendida, de forma a assegurar-lhe, se houver necessidade, o direito de retirar seus pertences do local da ocorrência ou do domicílio familiar.*

Resposta: *Certo. As providências necessárias a serem observadas pela Autoridade Policial estão contempladas no art. 11, incisos I a V, da Lei Federal nº 11.340/06, dentre as quais a de "acompanhar a ofendida para a retirada de seus pertences do local da ocorrência ou do domicílio familiar" (inciso IV).*

9. ***(ESCRIVÃO – PCAL – CESPE – 2012)*** *A Lei Maria da Penha incide apenas nos casos em que a violência doméstica e familiar contra a mulher, que consiste em ação ou omissão, baseada no gênero, que resulte em morte, lesão, sofrimento físico, sexual ou psicológico e dano moral ou patrimonial, é praticada no âmbito da unidade doméstica.*

Resposta: *Errado. A Lei Federal nº 11.340/06 (Lei Maria da Penha) aplica-se em todo e qualquer espaço, não se restringindo a atos de violência contra a mulher cometidos na unidade doméstica.*

10. ***(PRF – 2013 – CESPE)*** *Considerando que, inconformado com o término do namoro de mais de vinte anos, José tenha agredido sua ex-namorada Maria, com quem não coabitava, ele estará sujeito à aplicação da lei de combate à violência doméstica e familiar contra a mulher, conhecida como Lei Maria da Penha.*

Resposta: *Certo. Para efeitos de aplicação da Lei Maria da Penha, não importa a existência de coabitação, nem mesmo se o autor do crime é ex-marido, ex-companheiro, ou ex-namorado da vítima.*

11. ***(FUNDATEC – DELEGADO DE POLÍCIA – PC – RS/2018)*** *Assinale a alternativa correta a partir do texto da Lei nº 11.340/2006, além dos entendimentos que prevalecem na doutrina e na jurisprudência dos Tribunais Superiores.*

(A) Mari Orrana, 35 anos, chegou em casa e ficou chocada ao perceber que o seu cônjuge, Crakeison, 32 anos, havia subtraído os eletrodomésticos pertencentes a ela, provavelmente, para entregar a algum traficante. No caso, é possível aplicar-se a regra de imunidade absoluta, prevista no artigo 181, inciso I, do Código Penal.

(B) Maríndia foi vítima da contravenção penal de vias de fato, praticada pelo namorado Lacaio. Nessa hipótese, é possível aplicar penas restritivas de direito ao caso, porque o artigo 44, inciso I, do Código Penal, ao tratar das penas restritivas de direito, disse não serem cabíveis tais penas aos crimes praticados com violência ou grave ameaça à pessoa. Portanto, a proibição não deve ser estendida às contravenções penais, sob pena de analogia in malam partem.

(C) O Supremo Tribunal Federal afastou a aplicação do princípio da insignificância às infrações penais praticadas contra a mulher, no âmbito das relações domésticas, limitando-se a

fazê-lo sob o aspecto da insignificância própria, mantendo a possibilidade de aplicação da insignificância imprópria a tais casos.

(D) *A Lei Maria da Penha elevou à condição de infração penal toda e qualquer forma de violência contra a mulher, no âmbito doméstico ou da família, independentemente de coabitação.*

(E) *A regra de imunidade absoluta, prevista no artigo 181, inciso I, do Código Penal, não é passível de ser estendida ao companheiro ou a relações homoafetivas.*

***Resposta**: A única alternativa correta é a da letra "A". A fundamentação legal para tal assertiva é a regra constante no art. 181, I, CP, que justifica causa de imunidade penal absoluta ou escusa absolutória na subtração praticada por cônjuge, sem que tenha havido violência ou grave ameaça ao outro cônjuge. Haverá, pois, isenção de pena para Crakeison.*

12. *(VUNESP – DELEGADO DE POLÍCIA – PC – SP/2018)* *Nos termos da Lei nº 11.340/2006 (Lei Maria da Penha):*

(A) *a mulher vítima será inquirida sempre com intermediação de profissional do sexo feminino especializado em violência doméstica e familiar designado pela autoridade judiciária ou policial.*

(B) *é direito da mulher em situação de violência doméstica e familiar o atendimento pericial especializado, ininterrupto e prestado por servidores exclusivamente do sexo feminino.*

(C) *é direito da mulher em situação de violência doméstica e familiar o atendimento policial e pericial especializado, ininterrupto e prestado por servidores, preferencialmente do sexo feminino e previamente capacitados.*

(D) *é direito da mulher em situação de violência doméstica e familiar o atendimento policial especializado, ininterrupto e prestado por servidores exclusivamente do sexo feminino.*

(E) *a mulher vítima será inquirida sempre com intermediação de profissional especializado em violência doméstica e familiar designado pela autoridade judiciária ou policial.*

***Resposta**: A única alternativa correta é a da letra "C". Efetivamente, na forma do art. 10-A, da Lei Maria da Penha (Lei Federal nº 11.340/06), com a redação determinada pela Lei Federal nº 13.505/17, é direito da mulher, em situação de violência doméstica e familiar, o atendimento policial e pericial especializado, ininterrupto e prestado por servidores previamente capacitados, preferencialmente do sexo feminino.*

XVII) LEI DE DROGAS – LEI FEDERAL Nº 11.343/2006)

Atualizada pela Lei Federal nº 13.840, de 05 de junho de 2019, que trata do Sistema Nacional de Políticas Públicas sobre Drogas (SISNAD) e as condições de atenção aos usuários ou dependentes de drogas (porém, não houve modificação, relativamente aos tipos penais previstos na Lei de Drogas).

Institui o Sistema Nacional de Políticas Públicas sobre Drogas - SISNAD; prescreve medidas para prevenção do uso indevido, atenção e reinserção social de usuários e dependentes de drogas; estabelece normas para repressão *à produção não autorizada e ao tráfico ilícito de drogas; define crimes e dá outras providências.*

O PRESIDENTE DA REPÚBLICA *Faço saber que o Congresso Nacional decreta e eu sanciono a seguinte Lei:*

TÍTULO I

DISPOSIÇÕES PRELIMINARES

Art. 1º Esta Lei institui o Sistema Nacional de Políticas Públicas sobre Drogas - SISNAD; prescreve medidas para prevenção do uso indevido, atenção e reinserção social de usuários e dependentes de drogas; estabelece normas para repressão à produção não autorizada e ao tráfico ilícito de drogas e define crimes.

Parágrafo único. Para fins desta Lei, consideram-se como drogas as substâncias ou os produtos capazes de causar dependência, assim especificados em lei ou relacionados em listas atualizadas periodicamente pelo Poder Executivo da União.

Art. 2º Ficam proibidas, em todo o território nacional, as drogas, bem como o plantio, a cultura, a colheita e a exploração de vegetais e substratos dos quais possam ser extraídas ou produzidas drogas, ressalvada a hipótese de autorização legal ou regulamentar, bem como o que estabelece a Convenção de Viena, das Nações Unidas, sobre Substâncias Psicotrópicas, de 1971, a respeito de plantas de uso estritamente ritualístico-religioso.

Parágrafo único. Pode a União autorizar o plantio, a cultura e a colheita dos vegetais referidos no caput deste artigo, exclusivamente para fins medicinais ou científicos, em local e prazo predeterminados, mediante fiscalização, respeitadas as ressalvas supramencionadas.

TÍTULO II

DO SISTEMA NACIONAL DE POLÍTICAS PÚBLICAS SOBRE DROGAS

Art. 3º O SISNAD tem a finalidade de articular, integrar, organizar e coordenar as atividades relacionadas com:

I – a prevenção do uso indevido, a atenção e a reinserção social de usuários e dependentes de drogas;

II – a repressão da produção não autorizada e do tráfico ilícito de drogas.

§ 1º Entende-se por SISNAD o conjunto ordenado de princípios, regras, critérios e recursos materiais e humanos que envolvem as políticas, planos, programas, ações e projetos sobre drogas, incluindo-se nele, por adesão, os Sistemas de Políticas Públicas sobre Drogas dos Estados, Distrito Federal e Municípios. (Incluído pela Lei nº 13.840, de 2019)

§ 2º O SISNAD atuará em articulação com o Sistema Único de Saúde - SUS, e com o Sistema Único de Assistência Social - SUAS. (Incluído pela Lei nº 13.840, de 2019)

CAPÍTULO I

DOS PRINCÍPIOS E DOS OBJETIVOS DO SISTEMA NACIONAL DE POLÍTICAS PÚBLICAS SOBRE DROGAS

Art. 4º São princípios do SISNAD:

I - o respeito aos direitos fundamentais da pessoa humana, especialmente quanto à sua autonomia e à sua liberdade;

II – o respeito à diversidade e às especificidades populacionais existentes;

III – a promoção dos valores éticos, culturais e de cidadania do povo brasileiro, reconhecendo-os como fatores de proteção para o uso indevido de drogas e outros comportamentos correlacionados;

IV – a promoção de consensos nacionais, de ampla participação social, para o estabelecimento dos fundamentos e estratégias do SISNAD;

V – a promoção da responsabilidade compartilhada entre Estado e Sociedade, reconhecendo a importância da participação social nas atividades do SISNAD;

VI – o reconhecimento da intersetorialidade dos fatores correlacionados com o uso indevido de drogas, com a sua produção não autorizada e o seu tráfico ilícito;

VII – a integração das estratégias nacionais e internacionais de prevenção do uso indevido, atenção e reinserção social de usuários e dependentes de drogas e de repressão à sua produção não autorizada e ao seu tráfico ilícito;

VIII – a articulação com os órgãos do Ministério Público e dos Poderes Legislativo e Judiciário visando à cooperação mútua nas atividades do SISNAD;

IX – a adoção de abordagem multidisciplinar que reconheça a interdependência e a natureza complementar das atividades de prevenção do uso indevido, atenção e reinserção social de usuários e dependentes de drogas, repressão da produção não autorizada e do tráfico ilícito de drogas;

X – a observância do equilíbrio entre as atividades de prevenção do uso indevido, atenção e reinserção social de usuários e dependentes de drogas e de repressão à sua produção não autorizada e ao seu tráfico ilícito, visando a garantir a estabilidade e o bem-estar social;

XI – a observância às orientações e normas emanadas do Conselho Nacional Antidrogas – CONAD.

Art. 5º O SISNAD tem os seguintes objetivos:

I – contribuir para a inclusão social do cidadão, visando a torná-lo menos vulnerável a assumir comportamentos de risco para o uso indevido de drogas, seu tráfico ilícito e outros comportamentos correlacionados;

II – promover a construção e a socialização do conhecimento sobre drogas no país;

III – promover a integração entre as políticas de prevenção do uso indevido, atenção e reinserção social de usuários e dependentes de drogas e de repressão à sua produção não autorizada e ao tráfico ilícito e as políticas públicas setoriais dos órgãos do Poder Executivo da União, Distrito Federal, Estados e Municípios;

IV – assegurar as condições para a coordenação, a integração e a articulação das atividades de que trata o art. 3º desta Lei.

CAPÍTULO II

(Redação dada pela Lei nº 13.840, de 2019)

DO SISTEMA NACIONAL DE POLÍTICAS PÚBLICAS SOBRE DROGAS

Seção I

(Incluído pela Lei nº 13.840, de 2019)

Da Composição do Sistema Nacional de Políticas Públicas sobre Drogas

Art. 6º (VETADO)

Art. 7º A organização do SISNAD assegura a orientação central e a execução descentralizada das atividades realizadas em seu âmbito, nas esferas federal, distrital, estadual e municipal e se constitui matéria definida no regulamento desta Lei.

Art. 7º-A. (VETADO). (Incluído pela Lei nº 13.840, de 2019)

Art. 8º (VETADO)

Seção II

(Incluído pela Lei nº 13.840, de 2019)

Das Competências

Art. 8º-A. Compete à União: (Incluído pela Lei nº 13.840, de 2019)

I – formular e coordenar a execução da Política Nacional sobre Drogas; (Incluído pela Lei nº 13.840, de 2019)

II – elaborar o Plano Nacional de Políticas sobre Drogas, em parceria com Estados, Distrito Federal, Municípios e a sociedade; (Incluído pela Lei nº 13.840, de 2019)

III – coordenar o SISNAD; (Incluído pela Lei nº 13.840, de 2019)

IV – estabelecer diretrizes sobre a organização e funcionamento do SISNAD e suas normas de referência; (Incluído pela Lei nº 13.840, de 2019)

V – elaborar objetivos, ações estratégicas, metas, prioridades, indicadores e definir formas de financiamento e gestão das políticas sobre drogas; (Incluído pela Lei nº 13.840, de 2019)

VI – (VETADO); (Incluído pela Lei nº 13.840, de 2019)

VII – (VETADO); (Incluído pela Lei nº 13.840, de 2019)

VIII – promover a integração das políticas sobre drogas com os Estados, o Distrito Federal e os Municípios; (Incluído pela Lei nº 13.840, de 2019)

IX – financiar, com Estados, Distrito Federal e Municípios, a execução das políticas sobre drogas, observadas as obrigações dos integrantes do SISNAD; (Incluído pela Lei nº 13.840, de 2019)

X – estabelecer formas de colaboração com Estados, Distrito Federal e Municípios para a execução das políticas sobre drogas; (Incluído pela Lei nº 13.840, de 2019)

XI – garantir publicidade de dados e informações sobre repasses de recursos para financiamento das políticas sobre drogas; (Incluído pela Lei nº 13.840, de 2019)

XII – sistematizar e divulgar os dados estatísticos nacionais de prevenção, tratamento, acolhimento, reinserção social e econômica e repressão ao tráfico ilícito de drogas; (Incluído pela Lei nº 13.840, de 2019)

XIII – adotar medidas de enfretamento aos crimes transfronteiriços; e (Incluído pela Lei nº 13.840, de 2019)

XIV – estabelecer uma política nacional de controle de fronteiras, visando a coibir o ingresso de drogas no País. (Incluído pela Lei nº 13.840, de 2019)

Art. 8º-B. (VETADO). (Incluído pela Lei nº 13.840, de 2019)

Art. 8º-C. (VETADO). (Incluído pela Lei nº 13.840, de 2019)

CAPÍTULO II-A

(Incluído pela Lei nº 13.840, de 2019)

DA FORMULAÇÃO DAS POLÍTICAS SOBRE DROGAS

Seção I

(Incluído pela Lei nº 13.840, de 2019)

Do Plano Nacional de Políticas sobre Drogas

Art. 8º-D. São objetivos do Plano Nacional de Políticas sobre Drogas, dentre outros: (Incluído pela Lei nº 13.840, de 2019)

I – promover a interdisciplinaridade e integração dos programas, ações, atividades e projetos dos órgãos e entidades públicas e privadas nas áreas de saúde, educação, trabalho, assistência social, previdência social, habitação, cultura, desporto e lazer, visando à prevenção do uso de drogas, atenção e reinserção social dos usuários ou dependentes de drogas; (Incluído pela Lei nº 13.840, de 2019)

II – viabilizar a ampla participação social na formulação, implementação e avaliação das políticas sobre drogas; (Incluído pela Lei nº 13.840, de 2019)

III – priorizar programas, ações, atividades e projetos articulados com os estabelecimentos de ensino, com a sociedade e com a família para a prevenção do uso de drogas; (Incluído pela Lei nº 13.840, de 2019)

IV – ampliar as alternativas de inserção social e econômica do usuário ou dependente de drogas, promovendo programas que priorizem a melhoria de sua escolarização e a qualificação profissional; (Incluído pela Lei nº 13.840, de 2019)

V – promover o acesso do usuário ou dependente de drogas a todos os serviços públicos; (Incluído pela Lei nº 13.840, de 2019)

VI – estabelecer diretrizes para garantir a efetividade dos programas, ações e projetos das políticas sobre drogas; (Incluído pela Lei nº 13.840, de 2019)

VII – fomentar a criação de serviço de atendimento telefônico com orientações e informações para apoio aos usuários ou dependentes de drogas; (Incluído pela Lei nº 13.840, de 2019)

VIII – articular programas, ações e projetos de incentivo ao emprego, renda e capacitação para o trabalho, com objetivo de promover a inserção profissional da pessoa que haja cumprido o plano individual de atendimento nas fases de tratamento ou acolhimento; (Incluído pela Lei nº 13.840, de 2019)

IX – promover formas coletivas de organização para o trabalho, redes de economia solidária e o cooperativismo, como forma de promover autonomia ao usuário ou dependente de drogas egresso de tratamento ou acolhimento, observando-se as especificidades regionais; (Incluído pela Lei nº 13.840, de 2019)

X – propor a formulação de políticas públicas que conduzam à efetivação das diretrizes e princípios previstos no art. 22; (Incluído pela Lei nº 13.840, de 2019)

XI – articular as instâncias de saúde, assistência social e de justiça no enfrentamento ao abuso de drogas; e (Incluído pela Lei nº 13.840, de 2019)

XII – promover estudos e avaliação dos resultados das políticas sobre drogas. (Incluído pela Lei nº 13.840, de 2019)

§ 1º O plano de que trata o ***caput*** *terá duração de 5 (cinco) anos a contar de sua aprovação.*

§ 2º O poder público deverá dar a mais ampla divulgação ao conteúdo do Plano Nacional de Políticas sobre Drogas.

Seção II

(Incluído pela Lei nº 13.840, de 2019)

Dos Conselhos de Políticas sobre Drogas

Art. 8º-E. Os conselhos de políticas sobre drogas, constituídos por Estados, Distrito Federal e Municípios, terão os seguintes objetivos: (Incluído pela Lei nº 13.840, de 2019)

I – auxiliar na elaboração de políticas sobre drogas; (Incluído pela Lei nº 13.840, de 2019)

II – colaborar com os órgãos governamentais no planejamento e na execução das políticas sobre drogas, visando à efetividade das políticas sobre drogas; (Incluído pela Lei nº 13.840, de 2019)

III – propor a celebração de instrumentos de cooperação, visando à elaboração de programas, ações, atividades e projetos voltados à prevenção, tratamento, acolhimento, reinserção social e econômica e repressão ao tráfico ilícito de drogas; (Incluído pela Lei nº 13.840, de 2019)

IV – promover a realização de estudos, com o objetivo de subsidiar o planejamento das políticas sobre drogas; (Incluído pela Lei nº 13.840, de 2019)

V – propor políticas públicas que permitam a integração e a participação do usuário ou dependente de drogas no processo social, econômico, político e cultural no respectivo ente federado; e (Incluído pela Lei nº 13.840, de 2019)

VI – desenvolver outras atividades relacionadas às políticas sobre drogas em consonância com o SISNAD e com os respectivos planos. (Incluído pela Lei nº 13.840, de 2019)

Seção III

(Incluído pela Lei nº 13.840, de 2019)

Dos Membros dos Conselhos de Políticas sobre Drogas

Art. 8º-F. (VETADO). (Incluído pela Lei nº 13.840, de 2019)

CAPÍTULO III

(VETADO)

Art. 9º (VETADO)

Art. 10. (VETADO)

Art. 11. (VETADO)

Art. 12. (VETADO)

Art. 13. (VETADO)

Art. 14. (VETADO)

CAPÍTULO IV

(Redação dada pela Lei nº 13.840, de 2019)

DO ACOMPANHAMENTO E DA AVALIAÇÃO DAS POLÍTICAS SOBRE DROGAS

Art. 15. (VETADO)

Art. 16. As instituições com atuação nas áreas da atenção à saúde e da assistência social que atendam usuários ou dependentes de drogas devem comunicar ao órgão competente do respectivo sistema municipal de saúde os casos atendidos e os óbitos ocorridos, preservando a identidade das pessoas, conforme orientações emanadas da União.

Art. 17. Os dados estatísticos nacionais de repressão ao tráfico ilícito de drogas integrarão sistema de informações do Poder Executivo.

TÍTULO III

DAS ATIVIDADES DE PREVENÇÃO DO USO INDEVIDO, ATENÇÃO E REINSERÇÃO SOCIAL DE USUÁRIOS E DEPENDENTES DE DROGAS

CAPÍTULO I

DA PREVENÇÃO

Seção I

(Incluído pela Lei nº 13.840, de 2019)

Das Diretrizes

Art. 18. Constituem atividades de prevenção do uso indevido de drogas, para efeito desta Lei, aquelas direcionadas para a redução dos fatores de vulnerabilidade e risco e para a promoção e o fortalecimento dos fatores de proteção.

Art. 19. As atividades de prevenção do uso indevido de drogas devem observar os seguintes princípios e diretrizes:

I – o reconhecimento do uso indevido de drogas como fator de interferência na qualidade de vida do indivíduo e na sua relação com a comunidade à qual pertence;

II – a adoção de conceitos objetivos e de fundamentação científica como forma de orientar as ações dos serviços públicos comunitários e privados e de evitar preconceitos e estigmatização das pessoas e dos serviços que as atendam;

III – o fortalecimento da autonomia e da responsabilidade individual em relação ao uso indevido de drogas;

IV – o compartilhamento de responsabilidades e a colaboração mútua com as instituições do setor privado e com os diversos segmentos sociais, incluindo usuários e dependentes de drogas e respectivos familiares, por meio do estabelecimento de parcerias;

V – a adoção de estratégias preventivas diferenciadas e adequadas às especificidades socioculturais das diversas populações, bem como das diferentes drogas utilizadas;

VI – o reconhecimento do "não-uso", do "retardamento do uso" e da redução de riscos como resultados desejáveis das atividades de natureza preventiva, quando da definição dos objetivos a serem alcançados;

VII – o tratamento especial dirigido às parcelas mais vulneráveis da população, levando em consideração as suas necessidades específicas;

VIII – a articulação entre os serviços e organizações que atuam em atividades de prevenção do uso indevido de drogas e a rede de atenção a usuários e dependentes de drogas e respectivos familiares;

IX – o investimento em alternativas esportivas, culturais, artísticas, profissionais, entre outras, como forma de inclusão social e de melhoria da qualidade de vida;

X – o estabelecimento de políticas de formação continuada na área da prevenção do uso indevido de drogas para profissionais de educação nos 3 (três) níveis de ensino;

XI – a implantação de projetos pedagógicos de prevenção do uso indevido de drogas, nas instituições de ensino público e privado, alinhados às Diretrizes Curriculares Nacionais e aos conhecimentos relacionados a drogas;

XII – a observância das orientações e normas emanadas do CONAD;

XIII – o alinhamento às diretrizes dos órgãos de controle social de políticas setoriais específicas.

Parágrafo único. As atividades de prevenção do uso indevido de drogas dirigidas à criança e ao adolescente deverão estar em consonância com as diretrizes emanadas pelo Conselho Nacional dos Direitos da Criança e do Adolescente – Conanda.

Seção II

(Incluído pela Lei nº 13.840, de 2019)

Da Semana Nacional de Políticas Sobre Drogas

Art. 19-A. Fica instituída a Semana Nacional de Políticas sobre Drogas, comemorada anualmente, na quarta semana de junho. (Incluído pela Lei nº 13.840, de 2019)

*§ 1º No período de que trata o **caput**, serão intensificadas as ações de: (Incluído pela Lei nº 13.840, de 2019)*

I – difusão de informações sobre os problemas decorrentes do uso de drogas; (Incluído pela Lei nº 13.840, de 2019)

II – promoção de eventos para o debate público sobre as políticas sobre drogas; (Incluído pela Lei nº 13.840, de 2019)

III – difusão de boas práticas de prevenção, tratamento, acolhimento e reinserção social e econômica de usuários de drogas; (Incluído pela Lei nº 13.840, de 2019)

IV – divulgação de iniciativas, ações e campanhas de prevenção do uso indevido de drogas; (Incluído pela Lei nº 13.840, de 2019)

V – mobilização da comunidade para a participação nas ações de prevenção e enfrentamento às drogas; (Incluído pela Lei nº 13.840, de 2019)

VI – mobilização dos sistemas de ensino previstos na Lei nº 9.394, de 20 de dezembro de 1996 – Lei de Diretrizes e Bases da Educação Nacional, na realização de atividades de prevenção ao uso de drogas. (Incluído pela Lei nº 13.840, de 2019)

CAPÍTULO II

DAS ATIVIDADES DE ATENÇÃO E DE REINSERÇÃO SOCIAL DE USUÁRIOS O U DEPENDENTES DE DROGAS

CAPÍTULO II

(Redação dada pela Lei nº 13.840, de 2019)

DAS ATIVIDADES DE PREVENÇÃO, TRATAMENTO, ACOLHIMENTO E DE REINSERÇÃO SOCIAL E ECONÔMICA DE USUÁRIOS OU DEPENDENTES DE DROGAS

Seção I

(Incluído pela Lei nº 13.840, de 2019)

Disposições Gerais

Art. 20. Constituem atividades de atenção ao usuário e dependente de drogas e respectivos familiares, para efeito desta Lei, aquelas que visem à melhoria da qualidade de vida e à redução dos riscos e dos danos associados ao uso de drogas.

Art. 21. Constituem atividades de reinserção social do usuário ou do dependente de drogas e respectivos familiares, para efeito desta Lei, aquelas direcionadas para sua integração ou reintegração em redes sociais.

Art. 22. As atividades de atenção e as de reinserção social do usuário e do dependente de drogas e respectivos familiares devem observar os seguintes princípios e diretrizes:

I – respeito ao usuário e ao dependente de drogas, independentemente de quaisquer condições, observados os direitos fundamentais da pessoa humana, os princípios e diretrizes do Sistema Único de Saúde e da Política Nacional de Assistência Social;

II – a adoção de estratégias diferenciadas de atenção e reinserção social do usuário e do dependente de drogas e respectivos familiares que considerem as suas peculiaridades socioculturais;

III – definição de projeto terapêutico individualizado, orientado para a inclusão social e para a redução de riscos e de danos sociais e à saúde;

IV – atenção ao usuário ou dependente de drogas e aos respectivos familiares, sempre que possível, de forma multidisciplinar e por equipes multiprofissionais;

V – observância das orientações e normas emanadas do CONAD;

VI – o alinhamento às diretrizes dos órgãos de controle social de políticas setoriais específicas.

VII – estímulo à capacitação técnica e profissional; (Incluído pela Lei nº 13.840, de 2019)

VIII – efetivação de políticas de reinserção social voltadas à educação continuada e ao trabalho; (Incluído pela Lei nº 13.840, de 2019)

IX – observância do plano individual de atendimento na forma do art. 23-B desta Lei; (Incluído pela Lei nº 13.840, de 2019)

X – orientação adequada ao usuário ou dependente de drogas quanto às consequências lesivas do uso de drogas, ainda que ocasional. (Incluído pela Lei nº 13.840, de 2019)

Seção II

(Incluído pela Lei nº 13.840, de 2019)

Da Educação na Reinserção Social e Econômica

Art. 22-A. As pessoas atendidas por órgãos integrantes do SISNAD terão atendimento nos programas de educação profissional e tecnológica, educação de jovens e adultos e alfabetização. (Incluído pela Lei nº 13.840, de 2019)

Seção III

(Incluído pela Lei nº 13.840, de 2019)

Do Trabalho na Reinserção Social e Econômica

Art. 22-B. (VETADO).

Seção IV

(Incluído pela Lei nº 13.840, de 2019)

Do Tratamento do Usuário ou Dependente de Drogas

Art. 23. As redes dos serviços de saúde da União, dos Estados, do Distrito Federal, dos Municípios desenvolverão programas de atenção ao usuário e ao dependente de drogas, respeitadas as diretrizes do Ministério da Saúde e os princípios explicitados no art. 22 desta Lei, obrigatória a previsão orçamentária adequada.

Art. 23-A. O tratamento do usuário ou dependente de drogas deverá ser ordenado em uma rede de atenção à saúde, com prioridade para as modalidades de tratamento ambulatorial, incluindo excepcionalmente formas de internação em unidades de saúde e hospitais gerais nos termos de normas dispostas pela União e articuladas com os serviços de assistência social e em etapas que permitam: (Incluído pela Lei nº 13.840, de 2019)

I – articular a atenção com ações preventivas que atinjam toda a população; (Incluído pela Lei nº 13.840, de 2019)

II – orientar-se por protocolos técnicos predefinidos, baseados em evidências científicas, oferecendo atendimento individualizado ao usuário ou dependente de drogas com abordagem preventiva e, sempre que indicado, ambulatorial; (Incluído pela Lei nº 13.840, de 2019)

III – preparar para a reinserção social e econômica, respeitando as habilidades e projetos individuais por meio de programas que articulem educação, capacitação para o trabalho, esporte, cultura e acompanhamento individualizado; e (Incluído pela Lei nº 13.840, de 2019)

IV – acompanhar os resultados pelo SUS, SUAS e SISNAD, de forma articulada. (Incluído pela Lei nº 13.840, de 2019)

§ 1º Caberá à União dispor sobre os protocolos técnicos de tratamento, em âmbito nacional. (Incluído pela Lei nº 13.840, de 2019)

§ 2º A internação de dependentes de drogas somente será realizada em unidades de saúde ou hospitais gerais, dotados de equipes multidisciplinares e deverá ser obrigatoriamente autorizada por médico devidamente registrado no Conselho Regional de Medicina – CRM do Estado onde se localize o estabelecimento no qual se dará a internação. (Incluído pela Lei nº 13.840, de 2019)

§ 3º São considerados 2 (dois) tipos de internação: (Incluído pela Lei nº 13.840, de 2019)

I – internação voluntária: aquela que se dá com o consentimento do dependente de drogas; (Incluído pela Lei nº 13.840, de 2019)

II – internação involuntária: aquela que se dá, sem o consentimento do dependente, a pedido de familiar ou do responsável legal ou, na absoluta falta deste, de servidor público da área de saúde, da assistência social ou dos órgãos públicos integrantes do SISNAD, com exceção de servidores da área de segurança pública, que constate a existência de motivos que justifiquem a medida. (Incluído pela Lei nº 13.840, de 2019)

§ 4º A internação voluntária: (Incluído pela Lei nº 13.840, de 2019)

I – deverá ser precedida de declaração escrita da pessoa solicitante de que optou por este regime de tratamento; (Incluído pela Lei nº 13.840, de 2019)

II – seu término dar-se-á por determinação do médico responsável ou por solicitação escrita da pessoa que deseja interromper o tratamento. (Incluído pela Lei nº 13.840, de 2019)

§ 5º A internação involuntária: (Incluído pela Lei nº 13.840, de 2019)

I – deve ser realizada após a formalização da decisão por médico responsável; (Incluído pela Lei nº 13.840, de 2019)

II – será indicada depois da avaliação sobre o tipo de droga utilizada, o padrão de uso e na hipótese comprovada da impossibilidade de utilização de outras alternativas terapêuticas previstas na rede de atenção à saúde; (Incluído pela Lei nº 13.840, de 2019)

III – perdurará apenas pelo tempo necessário à desintoxicação, no prazo máximo de 90 (noventa) dias, tendo seu término determinado pelo médico responsável; (Incluído pela Lei nº 13.840, de 2019)

IV – a família ou o representante legal poderá, a qualquer tempo, requerer ao médico a interrupção do tratamento. (Incluído pela Lei nº 13.840, de 2019)

§ 6º A internação, em qualquer de suas modalidades, só será indicada quando os recursos extra-hospitalares se mostrarem insuficientes. (Incluído pela Lei nº 13.840, de 2019)

§ 7º Todas as internações e altas de que trata esta Lei deverão ser informadas, em, no máximo, de 72 (setenta e duas) horas, ao Ministério Público, à Defensoria Pública e a outros órgãos de fiscalização, por meio de sistema informatizado único, na forma do regulamento desta Lei. (Incluído pela Lei nº 13.840, de 2019)

§ 8º É garantido o sigilo das informações disponíveis no sistema referido no § 7º e o acesso será permitido apenas às pessoas autorizadas a conhecê-las, sob pena de responsabilidade. (Incluído pela Lei nº 13.840, de 2019)

§ 9º É vedada a realização de qualquer modalidade de internação nas comunidades terapêuticas acolhedoras. (Incluído pela Lei nº 13.840, de 2019)

§ 10. O planejamento e a execução do projeto terapêutico individual deverão observar, no que couber, o previsto na Lei nº 10.216, de 6 de abril de 2001, que dispõe sobre a proteção e os direitos das pessoas portadoras de transtornos mentais e redireciona o modelo assistencial em saúde mental. (Incluído pela Lei nº 13.840, de 2019)

Seção V

(Incluído pela Lei nº 13.840, de 2019)

Do Plano Individual de Atendimento

Art. 23-B. O atendimento ao usuário ou dependente de drogas na rede de atenção à saúde dependerá de: (Incluído pela Lei nº 13.840, de 2019)

I – avaliação prévia por equipe técnica multidisciplinar e multissetorial; e (Incluído pela Lei nº 13.840, de 2019)

II – elaboração de um Plano Individual de Atendimento – PIA. (Incluído pela Lei nº 13.840, de 2019)

§ 1º A avaliação prévia da equipe técnica subsidiará a elaboração e execução do projeto terapêutico individual a ser adotado, levantando no mínimo: (Incluído pela Lei nº 13.840, de 2019)

I – o tipo de droga e o padrão de seu uso; e (Incluído pela Lei nº 13.840, de 2019)

II – o risco à saúde física e mental do usuário ou dependente de drogas ou das pessoas com as quais convive. (Incluído pela Lei nº 13.840, de 2019)

§ 2º (VETADO). (Incluído pela Lei nº 13.840, de 2019)

§ 3º O PIA deverá contemplar a participação dos familiares ou responsáveis, os quais têm o dever de contribuir com o processo, sendo esses, no caso de crianças e adolescentes, passíveis de responsabilização civil, administrativa e criminal, nos termos da Lei nº 8.069, de 13 de julho de 1990 – Estatuto da Criança e do Adolescente. (Incluído pela Lei nº 13.840, de 2019)

§ 4º O PIA será inicialmente elaborado sob a responsabilidade da equipe técnica do primeiro projeto terapêutico que atender o usuário ou dependente de drogas e será atualizado ao longo das diversas fases do atendimento. (Incluído pela Lei nº 13.840, de 2019)

§ 5º Constarão do plano individual, no mínimo: (Incluído pela Lei nº 13.840, de 2019)

I – os resultados da avaliação multidisciplinar; (Incluído pela Lei nº 13.840, de 2019)

II – os objetivos declarados pelo atendido; (Incluído pela Lei nº 13.840, de 2019)

III – a previsão de suas atividades de integração social ou capacitação profissional; (Incluído pela Lei nº 13.840, de 2019)

IV – atividades de integração e apoio à família; (Incluído pela Lei nº 13.840, de 2019)

V – formas de participação da família para efetivo cumprimento do plano individual; (Incluído pela Lei nº 13.840, de 2019)

VI – designação do projeto terapêutico mais adequado para o cumprimento do previsto no plano; e (Incluído pela Lei nº 13.840, de 2019)

VII – as medidas específicas de atenção à saúde do atendido. (Incluído pela Lei nº 13.840, de 2019)

§ 6º O PIA será elaborado no prazo de até 30 (trinta) dias da data do ingresso no atendimento. (Incluído pela Lei nº 13.840, de 2019)

§ 7º As informações produzidas na avaliação e as registradas no plano individual de atendimento são consideradas sigilosas. (Incluído pela Lei nº 13.840, de 2019)

Art. 24. A União, os Estados, o Distrito Federal e os Municípios poderão conceder benefícios às instituições privadas que desenvolverem programas de reinserção no mercado de trabalho, do usuário e do dependente de drogas encaminhados por órgão oficial.

Art. 25. As instituições da sociedade civil, sem fins lucrativos, com atuação nas áreas da atenção à saúde e da assistência social, que atendam usuários ou dependentes de drogas poderão receber recursos do FUNAD, condicionados à sua disponibilidade orçamentária e financeira.

Art. 26. O usuário e o dependente de drogas que, em razão da prática de infração penal, estiverem cumprindo pena privativa de liberdade ou submetidos a medida de segurança, têm garantidos os serviços de atenção à sua saúde, definidos pelo respectivo sistema penitenciário.

Seção VI

(Incluído pela Lei nº 13.840, de 2019)

Do Acolhimento em Comunidade Terapêutica Acolhedora

Art. 26-A. O acolhimento do usuário ou dependente de drogas na comunidade terapêutica acolhedora caracteriza-se por: (Incluído pela Lei nº 13.840, de 2019)

I – oferta de projetos terapêuticos ao usuário ou dependente de drogas que visam à abstinência; (Incluído pela Lei nº 13.840, de 2019)

II – adesão e permanência voluntária, formalizadas por escrito, entendida como uma etapa transitória para a reinserção social e econômica do usuário ou dependente de drogas; (Incluído pela Lei nº 13.840, de 2019)

III – ambiente residencial, propício à formação de vínculos, com a convivência entre os pares, atividades práticas de valor educativo e a promoção do desenvolvimento pessoal, vocacionada para acolhimento ao usuário ou dependente de drogas em vulnerabilidade social; (Incluído pela Lei nº 13.840, de 2019)

IV – avaliação médica prévia; (Incluído pela Lei nº 13.840, de 2019)

V – elaboração de plano individual de atendimento na forma do art. 23-B desta Lei; e (Incluído pela Lei nº 13.840, de 2019)

VI – vedação de isolamento físico do usuário ou dependente de drogas. (Incluído pela Lei nº 13.840, de 2019)

§ 1º Não são elegíveis para o acolhimento as pessoas com comprometimentos biológicos e psicológicos de natureza grave que mereçam atenção médico-hospitalar contínua ou de emergência, caso em que deverão ser encaminhadas à rede de saúde. (Incluído pela Lei nº 13.840, de 2019)

§ 2º (VETADO). (Incluído pela Lei nº 13.840, de 2019)

§ 3º (VETADO). (Incluído pela Lei nº 13.840, de 2019)

§ 4º (VETADO). (Incluído pela Lei nº 13.840, de 2019)

§ 5º (VETADO). (Incluído pela Lei nº 13.840, de 2019)

CAPÍTULO III

DOS CRIMES E DAS PENAS

Art. 27. As penas previstas neste Capítulo poderão ser aplicadas isolada ou cumulativamente, bem como substituídas a qualquer tempo, ouvidos o Ministério Público e o defensor.

Art. 28. Quem adquirir, guardar, tiver em depósito, transportar ou trouxer consigo, para consumo pessoal, drogas sem autorização ou em desacordo com determinação legal ou regulamentar será submetido às seguintes penas:

I – advertência sobre os efeitos das drogas;

II – prestação de serviços à comunidade;

III – medida educativa de comparecimento a programa ou curso educativo.

§ 1º Às mesmas medidas submete-se quem, para seu consumo pessoal, semeia, cultiva ou colhe plantas destinadas à preparação de pequena quantidade de substância ou produto capaz de causar dependência física ou psíquica.

§ 2º Para determinar se a droga destinava-se a consumo pessoal, o juiz atenderá à natureza e à quantidade da substância apreendida, ao local e às condições em que se desenvolveu a ação, às circunstâncias sociais e pessoais, bem como à conduta e aos antecedentes do agente.

§ 3º As penas previstas nos incisos II e III do caput deste artigo serão aplicadas pelo prazo máximo de 5 (cinco) meses.

§ 4º Em caso de reincidência, as penas previstas nos incisos II e III do caput deste artigo serão aplicadas pelo prazo máximo de 10 (dez) meses.

§ 5º A prestação de serviços à comunidade será cumprida em programas comunitários, entidades educacionais ou assistenciais, hospitais, estabelecimentos congêneres, públicos ou privados sem fins lucrativos, que se ocupem, preferencialmente, da prevenção do consumo ou da recuperação de usuários e dependentes de drogas.

§ 6º Para garantia do cumprimento das medidas educativas a que se refere o caput, nos incisos I, II e III, a que injustificadamente se recuse o agente, poderá o juiz submetê-lo, sucessivamente a:

I – admoestação verbal;

II – multa.

§ 7º O juiz determinará ao Poder Público que coloque à disposição do infrator, gratuitamente, estabelecimento de saúde, preferencialmente ambulatorial, para tratamento especializado.

Art. 29. Na imposição da medida educativa a que se refere o inciso II do § 6º do art. 28, o juiz, atendendo à reprovabilidade da conduta, fixará o número de dias-multa, em quantidade nunca inferior a 40 (quarenta) nem superior a 100 (cem), atribuindo depois a cada um, segundo a capacidade econômica do agente, o valor de um trinta avos até 3 (três) vezes o valor do maior salário mínimo.

Parágrafo único. Os valores decorrentes da imposição da multa a que se refere o § 6º do art. 28 serão creditados à conta do Fundo Nacional Antidrogas.

Art. 30. Prescrevem em 2 (dois) anos a imposição e a execução das penas, observado, no tocante à interrupção do prazo, o disposto nos arts. 107 e seguintes do Código Penal.

TÍTULO IV

DA REPRESSÃO À PRODUÇÃO NÃO AUTORIZADA E AO TRÁFICO ILÍCITO DE DROGAS

CAPÍTULO I

DISPOSIÇÕES GERAIS

Art. 31. É indispensável a licença prévia da autoridade competente para produzir, extrair, fabricar, transformar, preparar, possuir, manter em depósito, importar, exportar, reexportar, remeter, transportar, expor, oferecer, vender, comprar, trocar, ceder ou adquirir, para qualquer fim, drogas ou matéria-prima destinada à sua preparação, observadas as demais exigências legais.

Art. 32. As plantações ilícitas serão imediatamente destruídas pelo delegado de polícia na forma do art. 50-A, que recolherá quantidade suficiente para exame pericial, de tudo lavrando auto de levantamento das condições encontradas, com a delimitação do local, asseguradas as medidas necessárias para a preservação da prova. (Redação dada pela Lei nº 12.961, de 2014)

§ 1º (Revogado). (Redação dada pela Lei nº 12.961, de 2014)

§ 2º (Revogado). (Redação dada pela Lei nº 12.961, de 2014)

§ 3º Em caso de ser utilizada a queimada para destruir a plantação, observar-se-á, além das cautelas necessárias à proteção ao meio ambiente, o disposto no Decreto nº 2.661, de 8 de julho de 1998, no que couber, dispensada a autorização prévia do órgão próprio do Sistema Nacional do Meio Ambiente – SISNAMA.

§ 4º As glebas cultivadas com plantações ilícitas serão expropriadas, conforme o disposto no art. 243 da Constituição Federal, de acordo com a legislação em vigor.

CAPÍTULO II

DOS CRIMES

Art. 33. Importar, exportar, remeter, preparar, produzir, fabricar, adquirir, vender, expor à venda, oferecer, ter em depósito, transportar, trazer consigo, guardar, prescrever, ministrar, entregar a consumo ou fornecer drogas, ainda que gratuitamente, sem autorização ou em desacordo com determinação legal ou regulamentar:

Pena – reclusão de 5 (cinco) a 15 (quinze) anos e pagamento de 500 (quinhentos) a 1.500 (mil e quinhentos) dias-multa.

§ 1º Nas mesmas penas incorre quem:

I – importa, exporta, remete, produz, fabrica, adquire, vende, expõe à venda, oferece, fornece, tem em depósito, transporta, traz consigo ou guarda, ainda que gratuitamente, sem autorização ou em desacordo com determinação legal ou regulamentar, matéria-prima, insumo ou produto químico destinado à preparação de drogas;

II – semeia, cultiva ou faz a colheita, sem autorização ou em desacordo com determinação legal ou regulamentar, de plantas que se constituam em matéria-prima para a preparação de drogas;

III – utiliza local ou bem de qualquer natureza de que tem a propriedade, posse, administração, guarda ou vigilância, ou consente que outrem dele se utilize, ainda que gratuitamente, sem autorização ou em desacordo com determinação legal ou regulamentar, para o tráfico ilícito de drogas.

§ 2º Induzir, instigar ou auxiliar alguém ao uso indevido de droga:

Pena – detenção, de 1 (um) a 3 (três) anos, e multa de 100 (cem) a 300 (trezentos) dias-multa.

§ 3º Oferecer droga, eventualmente e sem objetivo de lucro, a pessoa de seu relacionamento, para juntos a consumirem:

Pena – detenção, de 6 (seis) meses a 1 (um) ano, e pagamento de 700 (setecentos) a 1.500 (mil e quinhentos) dias-multa, sem prejuízo das penas previstas no art. 28.

§ 4º Nos delitos definidos no caput e no § 1º deste artigo, as penas poderão ser reduzidas de um sexto a dois terços, vedada a conversão em penas restritivas de direitos, desde que o agente seja primário, de bons antecedentes, não se dedique às atividades criminosas nem integre organização criminosa.

Art. 34. Fabricar, adquirir, utilizar, transportar, oferecer, vender, distribuir, entregar a qualquer título, possuir, guardar ou fornecer, ainda que gratuitamente, maquinário, aparelho, instrumento ou qualquer objeto destinado à fabricação, preparação, produção ou transformação de drogas, sem autorização ou em desacordo com determinação legal ou regulamentar:

Pena – reclusão, de 3 (três) a 10 (dez) anos, e pagamento de 1.200 (mil e duzentos) a 2.000 (dois mil) dias-multa.

Art. 35. Associarem-se duas ou mais pessoas para o fim de praticar, reiteradamente ou não, qualquer dos crimes previstos nos arts. 33, caput e § 1º, e 34 desta Lei:

Pena – reclusão, de 3 (três) a 10 (dez) anos, e pagamento de 700 (setecentos) a 1.200 (mil e duzentos) dias-multa.

Parágrafo único. Nas mesmas penas do caput deste artigo incorre quem se associa para a prática reiterada do crime definido no art. 36 desta Lei.

Art. 36. Financiar ou custear a prática de qualquer dos crimes previstos nos arts. 33, caput e § 1º, e 34 desta Lei:

Pena – reclusão, de 8 (oito) a 20 (vinte) anos, e pagamento de 1.500 (mil e quinhentos) a 4.000 (quatro mil) dias-multa.

Art. 37. Colaborar, como informante, com grupo, organização ou associação destinados à prática de qualquer dos crimes previstos nos arts. 33, caput e § 1º, e 34 desta Lei:

Pena – reclusão, de 2 (dois) a 6 (seis) anos, e pagamento de 300 (trezentos) a 700 (setecentos) dias-multa.

Art. 38. Prescrever ou ministrar, culposamente, drogas, sem que delas necessite o paciente, ou fazê-lo em doses excessivas ou em desacordo com determinação legal ou regulamentar:

Pena – detenção, de 6 (seis) meses a 2 (dois) anos, e pagamento de 50 (cinquenta) a 200 (duzentos) dias-multa.

Parágrafo único. O juiz comunicará a condenação ao Conselho Federal da categoria profissional a que pertença o agente.

Art. 39. Conduzir embarcação ou aeronave após o consumo de drogas, expondo a dano potencial a incolumidade de outrem:

Pena – detenção, de 6 (seis) meses a 3 (três) anos, além da apreensão do veículo, cassação da habilitação respectiva ou proibição de obtê-la, pelo mesmo prazo da pena privativa de liberdade aplicada, e pagamento de 200 (duzentos) a 400 (quatrocentos) dias-multa.

Parágrafo único. As penas de prisão e multa, aplicadas cumulativamente com as demais, serão de 4 (quatro) a 6 (seis) anos e de 400 (quatrocentos) a 600 (seiscentos) dias-multa, se o veículo referido no caput deste artigo for de transporte coletivo de passageiros.

Art. 40. As penas previstas nos arts. 33 a 37 desta Lei são aumentadas de um sexto a dois terços, se:

I – a natureza, a procedência da substância ou do produto apreendido e as circunstâncias do fato evidenciarem a transnacionalidade do delito;

II – o agente praticar o crime prevalecendo-se de função pública ou no desempenho de missão de educação, poder familiar, guarda ou vigilância;

III – a infração tiver sido cometida nas dependências ou imediações de estabelecimentos prisionais, de ensino ou hospitalares, de sedes de entidades estudantis, sociais, culturais, recreativas, esportivas, ou beneficentes, de locais de trabalho coletivo, de recintos onde se realizem espetáculos ou diversões de qualquer natureza, de serviços de tratamento de dependentes de drogas ou de reinserção social, de unidades militares ou policiais ou em transportes públicos;

IV – o crime tiver sido praticado com violência, grave ameaça, emprego de arma de fogo, ou qualquer processo de intimidação difusa ou coletiva;

V – caracterizado o tráfico entre Estados da Federação ou entre estes e o Distrito Federal;

VI – sua prática envolver ou visar a atingir criança ou adolescente ou a quem tenha, por qualquer motivo, diminuída ou suprimida a capacidade de entendimento e determinação;

VII – o agente financiar ou custear a prática do crime.

Art. 41. O indiciado ou acusado que colaborar voluntariamente com a investigação policial e o processo criminal na identificação dos demais coautores ou partícipes do crime e na recuperação total ou parcial do produto do crime, no caso de condenação, terá pena reduzida de um terço a dois terços.

Art. 42. O juiz, na fixação das penas, considerará, com preponderância sobre o previsto no art. 59 do Código Penal, a natureza e a quantidade da substância ou do produto, a personalidade e a conduta social do agente.

Art. 43. Na fixação da multa a que se referem os arts. 33 a 39 desta Lei, o juiz, atendendo ao que dispõe o art. 42 desta Lei, determinará o número de dias-multa, atribuindo a cada um, segundo as condições econômicas dos acusados, valor não inferior a um trinta avos nem superior a 5 (cinco) vezes o maior salário-mínimo.

Parágrafo único. As multas, que em caso de concurso de crimes serão impostas sempre cumulativamente, podem ser aumentadas até o décuplo se, em virtude da situação econômica do acusado, considerá-las o juiz ineficazes, ainda que aplicadas no máximo.

Art. 44. Os crimes previstos nos arts. 33, caput e § 1º, e 34 a 37 desta Lei são inafiançáveis e insuscetíveis de sursis, graça, indulto, anistia e liberdade provisória, vedada a conversão de suas penas em restritivas de direitos.

Parágrafo único. Nos crimes previstos no caput deste artigo, dar-se-á o livramento condicional após o cumprimento de dois terços da pena, vedada sua concessão ao reincidente específico.

Art. 45. É isento de pena o agente que, em razão da dependência, ou sob o efeito, proveniente de caso fortuito ou força maior, de droga, era, ao tempo da ação ou da omissão, qualquer que tenha sido a infração penal praticada, inteiramente incapaz de entender o caráter ilícito do fato ou de determinar-se de acordo com esse entendimento.

Parágrafo único. Quando absolver o agente, reconhecendo, por força pericial, que este apresentava, à época do fato previsto neste artigo, as condições referidas no caput deste artigo, poderá determinar o juiz, na sentença, o seu encaminhamento para tratamento médico adequado.

Art. 46. As penas podem ser reduzidas de um terço a dois terços se, por força das circunstâncias previstas no art. 45 desta Lei, o agente não possuía, ao tempo da ação ou da omissão, a plena capacidade de entender o caráter ilícito do fato ou de determinar-se de acordo com esse entendimento.

Art. 47. Na sentença condenatória, o juiz, com base em avaliação que ateste a necessidade de encaminhamento do agente para tratamento, realizada por profissional de saúde com competência específica na forma da lei, determinará que a tal se proceda, observado o disposto no art. 26 desta Lei.

CAPÍTULO III

DO PROCEDIMENTO PENAL

Art. 48. O procedimento relativo aos processos por crimes definidos neste Título rege-se pelo disposto neste Capítulo, aplicando-se, subsidiariamente, as disposições do Código de Processo Penal e da Lei de Execução Penal.

§ 1º O agente de qualquer das condutas previstas no art. 28 desta Lei, salvo se houver concurso com os crimes previstos nos arts. 33 a 37 desta Lei, será processado e julgado na forma dos arts. 60 e seguintes da Lei nº 9.099, de 26 de setembro de 1995, que dispõe sobre os Juizados Especiais Criminais.

§ 2º Tratando-se da conduta prevista no art. 28 desta Lei, não se imporá prisão em flagrante, devendo o autor do fato ser imediatamente encaminhado ao juízo competente ou, na falta deste, assumir o compromisso de a ele comparecer, lavrando-se termo circunstanciado e providenciando-se as requisições dos exames e perícias necessários.

§ 3º Se ausente a autoridade judicial, as providências previstas no § 2º deste artigo serão tomadas de imediato pela autoridade policial, no local em que se encontrar, vedada a detenção do agente.

§ 4º Concluídos os procedimentos de que trata o § 2º deste artigo, o agente será submetido a exame de corpo de delito, se o requerer ou se a autoridade de polícia judiciária entender conveniente, e em seguida liberado.

§ 5º Para os fins do disposto no art. 76 da Lei nº 9.099, de 1995, que dispõe sobre os Juizados Especiais Criminais, o Ministério Público poderá propor a aplicação imediata de pena prevista no art. 28 desta Lei, a ser especificada na proposta.

Art. 49. Tratando-se de condutas tipificadas nos arts. 33, caput e § 1º, e 34 a 37 desta Lei, o juiz, sempre que as circunstâncias o recomendem, empregará os instrumentos protetivos de colaboradores e testemunhas previstos na Lei nº 9.807, de 13 de julho de 1999.

Seção I

Da Investigação

Art. 50. Ocorrendo prisão em flagrante, a autoridade de polícia judiciária fará, imediatamente, comunicação ao juiz competente, remetendo-lhe cópia do auto lavrado, do qual será dada vista ao órgão do Ministério Público, em 24 (vinte e quatro) horas.

§ 1º Para efeito da lavratura do auto de prisão em flagrante e estabelecimento da materialidade do delito, é suficiente o laudo de constatação da natureza e quantidade da droga, firmado por perito oficial ou, na falta deste, por pessoa idônea.

§ 2º O perito que subscrever o laudo a que se refere o § 1º deste artigo não ficará impedido de participar da elaboração do laudo definitivo.

§ 3º Recebida cópia do auto de prisão em flagrante, o juiz, no prazo de 10 (dez) dias, certificará a regularidade formal do laudo de constatação e determinará a destruição das drogas apreendidas, guardando-se amostra necessária à realização do laudo definitivo. (Incluído pela Lei nº 12.961, de 2014)

§ 4º A destruição das drogas será executada pelo delegado de polícia competente no prazo de 15 (quinze) dias na presença do Ministério Público e da autoridade sanitária. (Incluído pela Lei nº 12.961, de 2014)

§ 5º O local será vistoriado antes e depois de efetivada a destruição das drogas referida no § 3º, sendo lavrado auto circunstanciado pelo delegado de polícia, certificando-se neste a destruição total delas. (Incluído pela Lei nº 12.961, de 2014)

Art. 50-A. A destruição das drogas apreendidas sem a ocorrência de prisão em flagrante será feita por incineração, no prazo máximo de 30 (trinta) dias contados da data da apreensão, guardando-se amostra necessária à realização do laudo definitivo. (Redação dada pela Lei nº 13.840, de 2019)

Art. 51. O inquérito policial será concluído no prazo de 30 (trinta) dias, se o indiciado estiver preso, e de 90 (noventa) dias, quando solto.

Parágrafo único. Os prazos a que se refere este artigo podem ser duplicados pelo juiz, ouvido o Ministério Público, mediante pedido justificado da autoridade de polícia judiciária.

Art. 52. Findos os prazos a que se refere o art. 51 desta Lei, a autoridade de polícia judiciária, remetendo os autos do inquérito ao juízo:

I – relatará sumariamente as circunstâncias do fato, justificando as razões que a levaram à classificação do delito, indicando a quantidade e natureza da substância ou do produto apreendido, o local e as condições em que se desenvolveu a ação criminosa, as circunstâncias da prisão, a conduta, a qualificação e os antecedentes do agente; ou

II – requererá sua devolução para a realização de diligências necessárias.

Parágrafo único. A remessa dos autos far-se-á sem prejuízo de diligências complementares:

I – necessárias ou úteis à plena elucidação do fato, cujo resultado deverá ser encaminhado ao juízo competente até 3 (três) dias antes da audiência de instrução e julgamento;

II – necessárias ou úteis à indicação dos bens, direitos e valores de que seja titular o agente, ou que figurem em seu nome, cujo resultado deverá ser encaminhado ao juízo competente até 3 (três) dias antes da audiência de instrução e julgamento.

Art. 53. Em qualquer fase da persecução criminal relativa aos crimes previstos nesta Lei, são permitidos, além dos previstos em lei, mediante autorização judicial e ouvido o Ministério Público, os seguintes procedimentos investigatórios:

I – a infiltração por agentes de polícia, em tarefas de investigação, constituída pelos órgãos especializados pertinentes;

II – a não-atuação policial sobre os portadores de drogas, seus precursores químicos ou outros produtos utilizados em sua produção, que se encontrem no território brasileiro, com a finalidade de identificar e responsabilizar maior número de integrantes de operações de tráfico e distribuição, sem prejuízo da ação penal cabível.

Parágrafo único. Na hipótese do inciso II deste artigo, a autorização será concedida desde que sejam conhecidos o itinerário provável e a identificação dos agentes do delito ou de colaboradores.

Seção II

Da Instrução Criminal

Art. 54. Recebidos em juízo os autos do inquérito policial, de Comissão Parlamentar de Inquérito ou peças de informação, dar-se-á vista ao Ministério Público para, no prazo de 10 (dez) dias, adotar uma das seguintes providências:

I – requerer o arquivamento;

II – requisitar as diligências que entender necessárias;

III – oferecer denúncia, arrolar até 5 (cinco) testemunhas e requerer as demais provas que entender pertinentes.

Art. 55. Oferecida a denúncia, o juiz ordenará a notificação do acusado para oferecer defesa prévia, por escrito, no prazo de 10 (dez) dias.

§ 1º Na resposta, consistente em defesa preliminar e exceções, o acusado poderá arguir preliminares e invocar todas as razões de defesa, oferecer documentos e justificações, especificar as provas que pretende produzir e, até o número de 5 (cinco), arrolar testemunhas.

§ 2º As exceções serão processadas em apartado, nos termos dos arts. 95 a 113 do Decreto-Lei nº 3.689, de 3 de outubro de 1941 – Código de Processo Penal.

§ 3º Se a resposta não for apresentada no prazo, o juiz nomeará defensor para oferecê-la em 10 (dez) dias, concedendo-lhe vista dos autos no ato de nomeação.

§ 4º Apresentada a defesa, o juiz decidirá em 5 (cinco) dias.

§ 5º Se entender imprescindível, o juiz, no prazo máximo de 10 (dez) dias, determinará a apresentação do preso, realização de diligências, exames e perícias.

Art. 56. Recebida a denúncia, o juiz designará dia e hora para a audiência de instrução e julgamento, ordenará a citação pessoal do acusado, a intimação do Ministério Público, do assistente, se for o caso, e requisitará os laudos periciais.

§ 1º Tratando-se de condutas tipificadas como infração do disposto nos arts. 33, caput e § 1º, e 34 a 37 desta Lei, o juiz, ao receber a denúncia, poderá decretar o afastamento cautelar do denunciado de suas atividades, se for funcionário público, comunicando ao órgão respectivo.

§ 2º A audiência a que se refere o caput deste artigo será realizada dentro dos 30 (trinta) dias seguintes ao recebimento da denúncia,

salvo se determinada a realização de avaliação para atestar dependência de drogas, quando se realizará em 90 (noventa) dias.

Art. 57. Na audiência de instrução e julgamento, após o interrogatório do acusado e a inquirição das testemunhas, será dada a palavra, sucessivamente, ao representante do Ministério Público e ao defensor do acusado, para sustentação oral, pelo prazo de 20 (vinte) minutos para cada um, prorrogável por mais 10 (dez), a critério do juiz.

Parágrafo único. Após proceder ao interrogatório, o juiz indagará das partes se restou algum fato para ser esclarecido, formulando as perguntas correspondentes se o entender pertinente e relevante.

Art. 58. Encerrados os debates, proferirá o juiz sentença de imediato, ou o fará em 10 (dez) dias, ordenando que os autos para isso lhe sejam conclusos.

§ 1º. (Revogado pela Lei nº 12.961, de 2014)

§ 2º. (Revogado pela Lei nº 12.961, de 2014)

Art. 59. Nos crimes previstos nos arts. 33, caput e § 1º, e 34 a 37 desta Lei, o réu não poderá apelar sem recolher-se à prisão, salvo se for primário e de bons antecedentes, assim reconhecido na sentença condenatória.

CAPÍTULO IV

DA APREENSÃO, ARRECADAÇÃO E DESTINAÇÃO DE BENS DO ACUSADO

Art. 60. O juiz, a requerimento do Ministério Público ou do assistente de acusação, ou mediante representação da autoridade de polícia judiciária, poderá decretar, no curso do inquérito ou da ação penal, a apreensão e outras medidas assecuratórias nos casos em que haja suspeita de que os bens, direitos ou valores sejam produto do crime ou constituam proveito dos crimes previstos nesta Lei, procedendo-se na forma dos arts. 125 e seguintes do Decreto-Lei nº 3.689, de 3 de outubro de 1941 – Código de Processo Penal. (Redação dada pela Lei nº 13.840, de 2019)

§ 1º (Revogado). (Redação dada pela Lei nº 13.840, de 2019)

§ 2º (Revogado). (Redação dada pela Lei nº 13.840, de 2019)

§ 3º Na hipótese do art. 366 do Decreto-Lei nº 3.689, de 3 de outubro de 1941 – Código de Processo Penal, o juiz poderá determinar a prática de atos necessários à conservação dos bens, direitos ou valores. (Redação dada pela Lei nº 13.840, de 2019)

§ 4º A ordem de apreensão ou sequestro de bens, direitos ou valores poderá ser suspensa pelo juiz, ouvido o Ministério Público, quando a sua execução imediata puder comprometer as investigações. (Redação dada pela Lei nº 13.840, de 2019)

"Art. 60-A. Se as medidas assecuratórias de que trata o art. 60 desta Lei recaírem sobre moeda estrangeira, títulos, valores mobiliários ou cheques emitidos como ordem de pagamento, será determinada, imediatamente, a sua conversão em moeda nacional. (Redação dada pela Lei nº 13.886, de 17-10-2019)

§ 1º A moeda estrangeira apreendida em espécie deve ser encaminhada a instituição financeira, ou equiparada, para alienação na forma prevista pelo Conselho Monetário Nacional. (Redação dada pela Lei nº 13.886, de 17-10-2019)

§ 2º Na hipótese de impossibilidade da alienação a que se refere o § 1º deste artigo, a moeda estrangeira será custodiada pela instituição financeira até decisão sobre o seu destino. (Redação dada pela Lei nº 13.886, de 17-10-2019)

§ 3º Após a decisão sobre o destino da moeda estrangeira a que se refere o § 2º deste artigo, caso seja verificada a inexistência de valor de mercado, seus espécimes poderão ser destruídos ou doados à representação diplomática do país de origem. (Redação dada pela Lei nº 13.886, de 17-10-2019)

§ 4º Os valores relativos às apreensões feitas antes da data de entrada em vigor da Medida Provisória nº 885, de 17 de junho de 2019, e que estejam custodiados nas dependências do Banco Central do Brasil devem ser transferidos à Caixa Econômica Federal, no prazo de 360 (trezentos e sessenta) dias, para que se proceda à alienação ou custódia, de acordo com o previsto nesta Lei. (Redação dada pela Lei nº 13.886, de 17-10-2019)

Art. 61. A apreensão de veículos, embarcações, aeronaves e quaisquer outros meios de transporte e dos maquinários, utensílios, instrumentos e objetos de qualquer natureza utilizados para a prática dos crimes definidos nesta Lei será imediatamente comunicada pela autoridade de polícia judiciária responsável pela investigação ao juízo competente. (Redação dada pela Lei nº 13.840, de 2019)

§ 1º O juiz, no prazo de 30 (trinta) dias contado da comunicação de que trata o ***caput****, determinará a alienação dos bens apreendidos, excetuadas as armas, que serão recolhidas na forma da legislação específica. (Incluído pela Lei nº 13.840, de 2019)*

§ 2º A alienação será realizada em autos apartados, dos quais constará a exposição sucinta do nexo de instrumentalidade entre o delito e os bens apreendidos, a descrição e especificação dos objetos, as informações sobre quem os tiver sob custódia e o local em que se encontrem. (Incluído pela Lei nº 13.840, de 2019)

§ 3º O juiz determinará a avaliação dos bens apreendidos, que será realizada por oficial de justiça, no prazo de 5 (cinco) dias a contar da autuação, ou, caso sejam necessários conhecimentos especializados, por avaliador nomeado pelo juiz, em prazo não superior a 10 (dez) dias. (Incluído pela Lei nº 13.840, de 2019)

§ 4º Feita a avaliação, o juiz intimará o órgão gestor do FUNAD, o Ministério Público e o interessado para se manifestarem no prazo de 5 (cinco) dias e, dirimidas eventuais divergências, homologará o valor atribuído aos bens. (Incluído pela Lei nº 13.840, de 2019)

§ 5º (VETADO). (Incluído pela Lei nº 13.840, de 2019)

§ 6º (Revogado). (Redação dada pela Lei nº 13.886, de 17-10-2019)

§ 7º (Revogado). (Redação dada pela Lei nº 13.886, de 17-10-2019)

§ 8º (Revogado). (Redação dada pela Lei nº 13.886, de 17-10-2019)

§ 9º O Ministério Público deve fiscalizar o cumprimento da regra estipulada no § 1º deste artigo. (Redação dada pela Lei nº 13.886, de 17-10-2019)

§ 10. Aplica-se a todos os tipos de bens confiscados a regra estabelecida no § 1º deste artigo. (Redação dada pela Lei nº 13.886, de 17-10-2019)

§ 11. Os bens móveis e imóveis devem ser vendidos por meio de hasta pública, preferencialmente por meio eletrônico, assegurada a venda pelo maior lance, por preço não inferior a 50% (cinquenta por cento) do valor da avaliação judicial. (Redação dada pela Lei nº 13.886, de 17-10-2019)

§ 12. O juiz ordenará às secretarias de fazenda e aos órgãos de registro e controle que efetuem as averbações necessárias, tão logo tenha conhecimento da apreensão. (Redação dada pela Lei nº 13.886, de 17-10-2019)

§ 13. Na alienação de veículos, embarcações ou aeronaves, a autoridade de trânsito ou o órgão congênere competente para o registro, bem como as secretarias de fazenda, devem proceder à regularização dos bens no prazo de 30 (trinta) dias, ficando o arrematante isento do pagamento de multas, encargos e tributos anteriores, sem prejuízo de execução fiscal em relação ao antigo proprietário. (Redação dada pela Lei nº 13.886, de 17-10-2019)

§ 14. Eventuais multas, encargos ou tributos pendentes de pagamento não podem ser cobrados do arrematante ou do órgão público alienante como condição para regularização dos bens. (Redação dada pela Lei nº 13.886, de 17-10-2019)

§ 15. Na hipótese de que trata o § 13 deste artigo, a autoridade de trânsito ou o órgão congênere competente para o registro poderá emitir novos identificadores dos bens. (Redação dada pela Lei nº 13.886, de 17-10-2019)

Art. 62. Comprovado o interesse público na utilização de quaisquer dos bens de que trata o art. 61, os órgãos de polícia judiciária, militar e rodoviária poderão deles fazer uso, sob sua responsabilidade e com o objetivo de sua conservação, mediante autorização judicial, ouvido o Ministério Público e garantida a prévia avaliação dos respectivos bens. (Redação dada pela Lei nº 13.840, de 2019)

§ 1º (Revogado). (Redação dada pela Lei nº 13.886, de 17-10-2019)

§ 1º-A. O juízo deve cientificar o órgão gestor do Funad para que, em 10 (dez) dias, avalie a existência do interesse público mencionado no caput deste artigo e indique o órgão que deve receber o bem. (Redação dada pela Lei nº 13.886, de 17-10-2019)

§ 1º-B. Têm prioridade, para os fins do § 1º-A deste artigo, os órgãos de segurança pública que participaram das ações de investigação ou repressão ao crime que deu causa à medida. (Redação dada pela Lei nº 13.886, de 17-10-2019)

§ 2º. A autorização judicial de uso de bens deverá conter a descrição do bem e a respectiva avaliação e indicar o órgão responsável por sua utilização. (Redação dada pela Lei nº 13.840, de 2019)

§ 3º. O órgão responsável pela utilização do bem deverá enviar ao juiz periodicamente, ou a qualquer momento quando por este solicitado, informações sobre seu estado de conservação. (Redação dada pela Lei nº 13.840, de 2019)

§ 4º Quando a autorização judicial recair sobre veículos, embarcações ou aeronaves, o juiz ordenará à autoridade ou ao órgão de registro e controle a expedição de certificado provisório de registro e licenciamento em favor do órgão ao qual tenha deferido o uso ou custódia, ficando este livre do pagamento de multas, encargos e tributos anteriores à decisão de utilização do bem até o trânsito em julgado da decisão que decretar o seu perdimento em favor da União. (Redação dada pela Lei nº 13.840, de 2019)

§ 5º Na hipótese de levantamento, se houver indicação de que os bens utilizados na forma deste artigo sofreram depreciação superior àquela esperada em razão do transcurso do tempo e do uso, poderá o interessado requerer nova avaliação judicial. (Redação dada pela Lei nº 13.840, de 2019)

§ 6º Constatada a depreciação de que trata o § 5º, o ente federado ou a entidade que utilizou o bem indenizará o detentor ou proprietário dos bens. (Redação dada pela Lei nº 13.840, de 2019)

§ 7º (Revogado). (Redação dada pela Lei nº 13.840, de 2019)

§ 8º (Revogado). (Redação dada pela Lei nº 13.840, de 2019)

§ 9º (Revogado). (Redação dada pela Lei nº 13.840, de 2019)

§ 10. (Revogado). (Redação dada pela Lei nº 13.840, de 2019)

§ 11. (Revogado). (Redação dada pela Lei nº 13.840, de 2019)

§ 12. Na alienação de veículos, embarcações ou aeronaves, a autoridade de trânsito ou o órgão de registro equivalente procederá à regularização dos bens no prazo de trinta dias, de modo que o arrematante ficará livre do pagamento de multas, encargos e tributos anteriores, sem prejuízo de execução fiscal em relação ao antigo proprietário. (Incluído pela Medida Provisória nº 885, de 2019)

§ 13. Na hipótese de que trata o § 12, a autoridade de trânsito ou o órgão de registro equivalente poderá emitir novos identificadores dos bens. (Incluído pela Medida Provisória nº 885, de 2019)

"Art. 62-A. O depósito, em dinheiro, de valores referentes ao produto da alienação ou a numerários apreendidos ou que tenham sido convertidos deve ser efetuado na Caixa Econômica Federal, por meio de documento de arrecadação destinado a essa finalidade. (Redação dada pela Lei nº 13.886, de 17-10-2019)

§ 1º Os depósitos a que se refere o caput deste artigo devem ser transferidos, pela Caixa Econômica Federal, para a conta única do Tesouro Nacional, independentemente de qualquer formalidade, no prazo de 24 (vinte e quatro) horas, contado do momento da realização do depósito, onde ficarão à disposição do Funad. (Redação dada pela Lei nº 13.886, de 17-10-2019)

§ 2º Na hipótese de absolvição do acusado em decisão judicial, o valor do depósito será devolvido a ele pela Caixa Econômica Federal no prazo de até 3 (três) dias úteis, acrescido de juros, na forma estabelecida pelo § 4º do art. 39 da Lei nº 9.250, de 26 de dezembro de 1995. (Redação dada pela Lei nº 13.886, de 17-10-2019)

§ 3º Na hipótese de decretação do seu perdimento em favor da União, o valor do depósito será transformado em pagamento definitivo, respeitados os direitos de eventuais lesados e de terceiros de boa-fé. (Redação dada pela Lei nº 13.886, de 17-10-2019)

§ 4º Os valores devolvidos pela Caixa Econômica Federal, por decisão judicial, devem ser efetuados como anulação de receita do

Funad no exercício em que ocorrer a devolução. (Redação dada pela Lei nº 13.886, de 17-10-2019)

§ 5º A Caixa Econômica Federal deve manter o controle dos valores depositados ou devolvidos. (Redação dada pela Lei nº 13.886, de 17-10-2019)

Art. 63. Ao proferir a sentença, o juiz decidirá sobre: (Redação dada pela Lei nº 13.840, de 2019)

I – o perdimento do produto, bem, direito ou valor apreendido ou objeto de medidas assecuratórias; e (Incluído pela Lei nº 13.840, de 2019)

II – o levantamento dos valores depositados em conta remunerada e a liberação dos bens utilizados nos termos do art. 62. (Incluído pela Lei nº 13.840, de 2019)

§ 1º Os bens, direitos ou valores apreendidos em decorrência dos crimes tipificados nesta Lei ou objeto de medidas assecuratórias, após decretado seu perdimento em favor da União, serão revertidos diretamente ao FUNAD. (Redação dada pela Lei nº 13.840, de 2019)

§ 2º O juiz remeterá ao órgão gestor do FUNAD relação dos bens, direitos e valores declarados perdidos, indicando o local em que se encontram e a entidade ou o órgão em cujo poder estejam, para os fins de sua destinação nos termos da legislação vigente. (Redação dada pela Lei nº 13.840, de 2019)

§ 3º (Revogado). (Redação dada pela Lei nº 13.886, de 17-10-2019)

§ 4º Transitada em julgado a sentença condenatória, o juiz do processo, de ofício ou a requerimento do Ministério Público, remeterá à SENAD relação dos bens, direitos e valores declarados perdidos em favor da União, indicando, quanto aos bens, o local em que se encontram e a entidade ou o órgão em cujo poder estejam, para os fins de sua destinação nos termos da legislação vigente.

§ 4º-A. Antes de encaminhar os bens ao órgão gestor do Funad, o juiz deve: (Redação dada pela Lei nº 13.886, de 17-10-2019)

I – ordenar às secretarias de fazenda e aos órgãos de registro e controle que efetuem as averbações necessárias, caso não tenham sido realizadas quando da apreensão; (Redação dada pela Lei nº 13.886, de 17-10-2019)

e II – determinar, no caso de imóveis, o registro de propriedade em favor da União no cartório de registro de imóveis competente, nos termos do caput e do parágrafo único do art. 243 da Constituição Federal, afastada a responsabilidade de terceiros prevista no inciso VI do caput do art. 134 da Lei nº 5.172, de 25 de outubro de 1966 (Código Tributário Nacional), bem como determinar à Secretaria de Coordenação e Governança do Patrimônio da União a incorporação e entrega do imóvel, tornando-o livre e desembaraçado de quaisquer ônus para sua destinação. (Redação dada pela Lei nº 13.886, de 17-10-2019)

§ 5º (VETADO). (Incluído pela Lei nº 13.840, de 2019)

§ 6º Na hipótese do inciso II do ***caput****, decorridos 360 (trezentos e sessenta) dias do trânsito em julgado e do conhecimento da sentença pelo interessado, os bens apreendidos, os que tenham sido objeto de medidas assecuratórias ou os valores depositados que não forem reclamados serão revertidos ao FUNAD. (Incluído pela Lei nº 13.840, de 2019)*

Art. 63-A. Nenhum pedido de restituição será conhecido sem o comparecimento pessoal do acusado, podendo o juiz determinar a prática de atos necessários à conservação de bens, direitos ou valores. (Incluído pela Lei nº 13.840, de 2019)

Art. 63-B. O juiz determinará a liberação total ou parcial dos bens, direitos e objeto de medidas assecuratórias quando comprovada a licitude de sua origem, mantendo-se a constrição dos bens, direitos e valores necessários e suficientes à reparação dos danos e ao pagamento de prestações pecuniárias, multas e custas decorrentes da infração penal. (Incluído pela Lei nº 13.840, de 2019)

Art. 63-C. Compete à Senad, do Ministério da Justiça e Segurança Pública, proceder à destinação dos bens apreendidos e não leiloados em caráter cautelar, cujo perdimento seja decretado em favor da União, por meio das seguintes modalidades: (Redação dada pela Lei nº 13.886, de 17-10-2019)

I – alienação, mediante: (Redação dada pela Lei nº 13.886, de 17-10-2019)

a) licitação; (Redação dada pela Lei nº 13.886, de 17-10-2019)

b) doação com encargo a entidades ou órgãos públicos, bem como a comunidades terapêuticas acolhedoras que contribuam para o alcance das finalidades do Funad; (Redação dada pela Lei nº 13.886, de 17-10-2019)

ou c) venda direta, observado o disposto no inciso II do caput do art. 24 da Lei nº 8.666, de 21 de junho de 1993; (Redação dada pela Lei nº 13.886, de 17-10-2019)

II – incorporação ao patrimônio de órgão da administração pública, observadas as finalidades do Funad; (Redação dada pela Lei nº 13.886, de 17-10-2019)

III – destruição; (Redação dada pela Lei nº 13.886, de 17-10-2019)

ou IV – inutilização. (Redação dada pela Lei nº 13.886, de 17-10-2019)

§ 1º A alienação por meio de licitação deve ser realizada na modalidade leilão, para bens móveis e imóveis, independentemente do valor de avaliação, isolado ou global, de bem ou de lotes, assegurada a venda pelo maior lance, por preço não inferior a 50% (cinquenta por cento) do valor da avaliação. (Redação dada pela Lei nº 13.886, de 17-10-2019)

§ 2º O edital do leilão a que se refere o § 1º deste artigo será amplamente divulgado em jornais de grande circulação e em sítios eletrônicos oficiais, principalmente no Município em que será realizado, dispensada a publicação em diário oficial. (Redação dada pela Lei nº 13.886, de 17-10-2019)

§ 3º Nas alienações realizadas por meio de sistema eletrônico da administração pública, a publicidade dada pelo sistema substituirá a publicação em diário oficial e em jornais de grande circulação. (Redação dada pela Lei nº 13.886, de 17-10-2019)

§ 4º Na alienação de imóveis, o arrematante fica livre do pagamento de encargos e tributos anteriores, sem prejuízo de execução fiscal em relação ao antigo proprietário. (Redação dada pela Lei nº 13.886, de 17-10-2019)

§ 5º Na alienação de veículos, embarcações ou aeronaves deverão ser observadas as disposições dos §§ 13 e 15 do art. 61 desta Lei. (Redação dada pela Lei nº 13.886, de 17-10-2019)

§ 6º Aplica-se às alienações de que trata este artigo a proibição relativa à cobrança de multas, encargos ou tributos prevista no § 14 do art. 61 desta Lei. (Redação dada pela Lei nº 13.886, de 17-10-2019)

§ 7º A Senad, do Ministério da Justiça e Segurança Pública, pode celebrar convênios ou instrumentos congêneres com órgãos e entidades da União, dos Estados, do Distrito Federal ou dos Municípios, bem como com comunidades terapêuticas acolhedoras, a fim de dar imediato cumprimento ao estabelecido neste artigo. (Redação dada pela Lei nº 13.886, de 17-10-2019)

§ 8º Observados os procedimentos licitatórios previstos em lei, fica autorizada a contratação da iniciativa privada para a execução das ações de avaliação, de administração e de alienação dos bens a que se refere esta Lei. (Redação dada pela Lei nº 13.886, de 17-10-2019)

Art. 63-D. Compete ao Ministério da Justiça e Segurança Pública regulamentar os procedimentos relativos à administração, à preservação e à destinação dos recursos provenientes de delitos e atos ilícitos e estabelecer os valores abaixo dos quais se deve proceder à sua destruição ou inutilização. (Redação dada pela Lei nº 13.886, de 17-10-2019)

"Art. 63-E. O produto da alienação dos bens apreendidos ou confiscados será revertido integralmente ao Funad, nos termos do parágrafo único do art. 243 da Constituição Federal, vedada a sub-rogação sobre o valor da arrematação para saldar eventuais multas, encargos ou tributos pendentes de pagamento. Parágrafo único. O disposto no caput deste artigo não prejudica o ajuizamento de execução fiscal em relação aos antigos devedores. (Redação dada pela Lei nº 13.886, de 17-10-2019)

Art. 63-F. Na hipótese de condenação por infrações às quais esta Lei comine pena máxima superior a 6 (seis) anos de reclusão, poderá ser decretada a perda, como produto ou proveito do crime, dos bens correspondentes à diferença entre o valor do patrimônio do condenado e aquele compatível com o seu rendimento lícito. (Redação dada pela Lei nº 13.886, de 17-10-2019)

§ 1º A decretação da perda prevista no caput deste artigo fica condicionada à existência de elementos probatórios que indiquem conduta

criminosa habitual, reiterada ou profissional do condenado ou sua vinculação a organização criminosa. (Redação dada pela Lei nº 13.886, de 17-10-2019)

§ 2º Para efeito da perda prevista no caput deste artigo, entende-se por patrimônio do condenado todos os bens: (Redação dada pela Lei nº 13.886, de 17-10-2019)

I – de sua titularidade, ou sobre os quais tenha domínio e benefício direto ou indireto, na data da infração penal, ou recebidos posteriormente; (Redação dada pela Lei nº 13.886, de 17-10-2019)

e II – transferidos a terceiros a título gratuito ou mediante contraprestação irrisória, a partir do início da atividade criminal. (Redação dada pela Lei nº 13.886, de 17-10-2019)

§ 3º O condenado poderá demonstrar a inexistência da incompatibilidade ou a procedência lícita do patrimônio. (Redação dada pela Lei nº 13.886, de 17-10-2019)

Art. 64. A União, por intermédio da SENAD, poderá firmar convênio com os Estados, com o Distrito Federal e com organismos orientados para a prevenção do uso indevido de drogas, a atenção e a reinserção social de usuários ou dependentes e a atuação na repressão à produção não autorizada e ao tráfico ilícito de drogas, com vistas na liberação de equipamentos e de recursos por ela arrecadados, para a implantação e execução de programas relacionados à questão das drogas.

TÍTULO V

DA COOPERAÇÃO INTERNACIONAL

Art. 65. De conformidade com os princípios da não-intervenção em assuntos internos, da igualdade jurídica e do respeito à integridade territorial dos Estados e às leis e aos regulamentos nacionais em vigor, e observado o espírito das Convenções das Nações Unidas e outros instrumentos jurídicos internacionais relacionados à questão das drogas, de que o Brasil é parte, o governo brasileiro prestará, quando solicitado, cooperação a outros países e organismos internacionais e, quando necessário, deles solicitará a colaboração, nas áreas de:

I – intercâmbio de informações sobre legislações, experiências, projetos e programas voltados para atividades de prevenção do uso indevido, de atenção e de reinserção social de usuários e dependentes de drogas;

II – intercâmbio de inteligência policial sobre produção e tráfico de drogas e delitos conexos, em especial o tráfico de armas, a lavagem de dinheiro e o desvio de precursores químicos;

III – intercâmbio de informações policiais e judiciais sobre produtores e traficantes de drogas e seus precursores químicos.

TÍTULO V-A

(Incluído pela Lei nº 13.840, de 2019)

DO FINANCIAMENTO DAS POLÍTICAS SOBRE DROGAS

Art. 65-A. (VETADO). ***(Incluído pela Lei nº 13.840, de 2019)***

TÍTULO VI

DISPOSIÇÕES FINAIS E TRANSITÓRIAS

Art. 66. Para fins do disposto no parágrafo único do art. 1º desta Lei, até que seja atualizada a terminologia da lista mencionada no preceito, denominam-se drogas substâncias entorpecentes, psicotrópicas, precursoras e outras sob controle especial, da Portaria SVS/MS nº 344, de 12 de maio de 1998.

Art. 67. A liberação dos recursos previstos na Lei nº 7.560, de 19 de dezembro de 1986, em favor de Estados e do Distrito Federal, dependerá de sua adesão e respeito às diretrizes básicas contidas nos convênios firmados e do fornecimento de dados necessários à atualização do sistema previsto no art. 17 desta Lei, pelas respectivas polícias judiciárias.

Art. 67-A. Os gestores e entidades que recebam recursos públicos para execução das políticas sobre drogas deverão garantir o acesso às suas instalações, à documentação e a todos os elementos necessários à efetiva fiscalização pelos órgãos competentes. (Incluído pela Lei nº 13.840, de 2019)

Art. 68. A União, os Estados, o Distrito Federal e os Municípios poderão criar estímulos fiscais e outros, destinados às pessoas físicas e jurídicas que colaborem na prevenção do uso indevido de drogas, atenção e reinserção social de usuários e dependentes e na repressão da produção não autorizada e do tráfico ilícito de drogas.

Art. 69. No caso de falência ou liquidação extrajudicial de empresas ou estabelecimentos hospitalares, de pesquisa, de ensino, ou congêneres, assim como nos serviços de saúde que produzirem, venderem, adquirirem, consumirem, prescreverem ou fornecerem drogas ou de qualquer outro em que existam essas substâncias ou produtos, incumbe ao juízo perante o qual tramite o feito:

I – determinar, imediatamente à ciência da falência ou liquidação, sejam lacradas suas instalações;

II – ordenar à autoridade sanitária competente a urgente adoção das medidas necessárias ao recebimento e guarda, em depósito, das drogas arrecadadas;

III – dar ciência ao órgão do Ministério Público, para acompanhar o feito.

§ 1º Da licitação para alienação de substâncias ou produtos não proscritos referidos no inciso II do caput deste artigo, só podem participar pessoas jurídicas regularmente habilitadas na área de saúde ou de pesquisa científica que comprovem a destinação lícita a ser dada ao produto a ser arrematado.

§ 2º Ressalvada a hipótese de que trata o § 3º deste artigo, o produto não arrematado será, ato contínuo à hasta pública, destruído pela autoridade sanitária, na presença dos Conselhos Estaduais sobre Drogas e do Ministério Público.

§ 3º Figurando entre o praceado e não arrematadas especialidades farmacêuticas em condições de emprego terapêutico, ficarão elas depositadas sob a guarda do Ministério da Saúde, que as destinará à rede pública de saúde.

Art. 70. O processo e o julgamento dos crimes previstos nos arts. 33 a 37 desta Lei, se caracterizado ilícito transnacional, são da competência da Justiça Federal.

Parágrafo único. Os crimes praticados nos Municípios que não sejam sede de vara federal serão processados e julgados na vara federal da circunscrição respectiva.

Art. 71. (VETADO)

Art. 72. Encerrado o processo criminal ou arquivado o inquérito policial, o juiz, de ofício, mediante representação da autoridade de polícia judiciária, ou a requerimento do Ministério Público, determinará a destruição das amostras guardadas para contraprova, certificando nos autos. (Redação dada pela Lei nº 13.840, de 2019)

Art. 73. A União poderá estabelecer convênios com os Estados e o com o Distrito Federal, visando à prevenção e repressão do tráfico ilícito e do uso indevido de drogas, e com os Municípios, com o objetivo de prevenir o uso indevido delas e de possibilitar a atenção e reinserção social de usuários e dependentes de drogas. (Redação dada pela Lei nº 12.219, de 2010)

Art. 74. Esta Lei entra em vigor 45 (quarenta e cinco) dias após a sua publicação.

Art. 75. Revogam-se a Lei nº 6.368, de 21 de outubro de 1976, e a Lei nº 10.409, de 11 de janeiro de 2002.

Brasília, 23 de agosto de 2006; 185º da Independência e 118º da República"

COMENTÁRIOS

I. Definição de "Drogas":

De acordo com a Secretaria Nacional Anti-Drogas – S.E.N.A.D.: *"drogas são substâncias que produzem mudanças nas sensações, no grau de consciência e no estado emocional das pessoas"*.

Tal definição inclui as drogas "legais" (bebidas alcoólicas, cigarros, remédios, entre outras) e as drogas ilegais (cocaína, maconha, ecstasy, LSD, crack, oxi, entre outras).

Todavia, a Lei 11.343/2006 só faz referência às drogas ilícitas ou ilegais.

O objeto material a ser estudado são as drogas e não as substâncias entorpecentes.

II. Aquisição de Drogas para Consumo Pessoal:

Houve despenalização e descarceirização e não descriminalização do uso de drogas para consumo pessoal.

Para o STF, o art. 28, da Lei de Drogas (Lei Federal nº 11.343/06), faz parte do direito penal e é crime. Houve mera despenalização ou descarceirização, não se podendo falar em *abolitio criminis*.

Ademais, não cabe prisão em flagrante, conforme regra prevista no art. 48, § 2º, da Lei de Drogas (LD).

Será julgado nos JECs, conforme art. 48, § 1º, LD.

III. Usuário ou dependente? Prisão ou medidas alternativas?:

Usuário é aquele que usa a droga reiteradamente, costumeiramente.

Dependente é aquele que necessita da droga, e que, devido aos efeitos do uso contínuo e prolongado da droga, já não consegue se autodeterminar.

Vende objetos pessoais, objetos de dentro de casa, para trocar por drogas.

Ele já não tem mais capacidade de discernimento, face à afetação provocada pelas drogas.

Com o advento da nova Lei de Drogas, parte-se da impossibilidade da pena de prisão para o usuário.

Na prática, o indivíduo é levado até a DP, registra-se um boletim de ocorrência que dá origem a um Termo Circunstanciado, ele assume o compromisso de comparecer em juízo quando chamado e, logo após assinar o termo, é liberado.

A droga fica apreendida, bem como artefatos de uso, como papel de seda, cachimbo, etc.

No que concerne ao dependente, conforme o grau de dependência, poderá ser considerado inimputável e isento de pena (art. 45, LD), ou justificar minorante ou causa de diminuição de pena específica (art. 46, LD), caso considerado semi-imputável - redução de 1/3 a 2/3 da pena.

Guarda proporção, de certa forma, com o disposto no art. 26 e § único, CP.

Será possível aplicar ao usuário apenas as seguintes medidas educativas:

I) advertência sobre os efeitos das drogas;

II) prestação de serviços à comunidade;

III) medida educativa de comparecimento à programa ou curso educativo.

Para identificar se há consumo pessoal ou não, deverá o magistrado observar o comando constante no art. 28, § 2º, LD.

O não-cumprimento injustificado das medidas educativas previstas nos incisos I a III do art. 28, LD, gera a aplicação de admoestação verbal ou multa (art. 28, § 6º, I e II, LD).

Os critérios da pena pecuniária encontram-se insculpidos no art. 29 e § único, LD.

IV. Crime de Tráfico e novas condutas:

A Nova Lei de Drogas estabelece sanções mais severas para o traficante e ainda cria novos crimes de forma autônoma, como é o caso do financiador do tráfico e do informante da associação criminosa.

Porém, a lei também trouxe inúmeros benefícios, inclusive ao próprio traficante de drogas, estabelecendo causa especial de diminuição de pena (art. 33, § 4º).

O Tráfico de drogas é considerado crime assemelhado ou equiparado a hediondo, sendo insuscetível de anistia, graça, indulto e fiança (art. 5º, XLIII, CF; art. 2º, I e II, LCH).

Também insuscetível de *sursis* e liberdade provisória (art. 44 da Lei 11.343/2006 e art. 323, II, CPP), vedada a conversão de suas penas em restritivas de direito (art. 33, *caput* e § 1º, 34 a 37, todos da LD).

O crime de **tráfico e equiparados** está definido no artigo 33, *caput* e § 1º.

Trata-se de infrações penais de maior potencial ofensivo, instruídas por meio de Inquérito Policial e que se submetem ao rito do procedimento comum ordinário (art. 394, § 1º, I, CPP).

No *caput*, foram mantidas as 18 (dezoito) condutas previstas no revogado artigo 12, da Lei Federal nº 6.368/76, perfazendo tipo misto alternativo.

A inovação legislativa ficou por conta do preceito secundário da norma penal, já que **o mínimo da pena privativa de liberdade e a própria pena de multa tiveram um aumento considerável** (reclusão de 5 a 15 anos e pagamento de 500 a 1.500 dias-multa).

Com relação às figuras equiparadas ao crime de tráfico, constantes nos incisos do § 1º:

Inciso I – foram tipificadas as condutas delituosas cujo objeto material do delito é matéria-prima destinada à preparação de drogas, sendo acrescentada na redação do dispositivo os termos "insumo" e "produto químico";

Inciso II – equipara à conduta do tráfico quem "semeia, cultiva ou faz colheita, sem autorização ou em desacordo com determinação legal ou regulamentar, de plantas que se constituam em matéria-prima para a preparação de drogas";

Inciso III – A revogada Lei 6.368/76 equiparava ao tráfico a conduta daquele que utilizava local ou consentia que alguém dele se utilizasse para a prática do tráfico ou para o uso de substância entorpecente.

A nova lei só equipara a traficância à conduta daquele que utiliza local ou permite que outrem dele se utilize para atos de tráfico, não mais fazendo menção ao consumo, ao passo que houve *abolitio criminis* com relação a esta última figura.

Ademais, no mesmo inciso, acrescentou-se a expressão "bem de qualquer natureza", cessando a discussão se apenas os imóveis é que configurariam o delito, ao passo que, pela atual sistemática, os bens móveis também estão inseridos no tipo penal.

Segundo entendimento recente dos Tribunais Superiores, não é indispensável a apreensão da droga para a materialização do delito de Tráfico de Drogas, previsto no art. 33, da Lei Federal nº 11343/2006.

A este respeito, o seguinte julgado do STJ:

> ***"TRÁFICO. NÃO APREENSÃO DA DROGA.*** *A ausência de apreensão da droga não torna a conduta atípica se existirem outros elementos de prova aptos a comprovarem o crime de tráfico. No caso, a denúncia fundamentou-se em provas obtidas pelas investigações policiais, dentre elas a quebra de sigilo telefônico, que são meios hábeis para comprovar a materialidade do delito perante a falta da droga, não caracterizando, assim, a ausência de justa causa para a ação penal. (STJ -* ***HC 131.455-MT, Rel. Min. Maria Thereza de Assis Moura, julgado em 2/8/2012".***

Recentemente, a **Súmula 501 do STJ proibiu a combinação de leis em crimes de tráfico de drogas.**

Assim sendo, fica vedada a combinação de leis em crimes de tráfico de drogas.

A medida já foi aplicada em várias decisões, inclusive do STJ, e faz retroagir apenas os dispositivos mais benéficos da nova lei de tóxicos.

A Lei 6.368/76, antiga lei de drogas, estabelecia para o crime de tráfico uma pena de 3 (três) a 15 (quinze) anos de prisão, sem previsão de diminuição da pena.

O novo texto, que veio com a Lei 11.343/06, fixou uma pena maior para o traficante, 5 (cinco) a 15 (quinze) anos de prisão, mas criou uma causa de diminuição de um sexto a dois terços se o réu for primário, tiver bons antecedentes, não se dedicar a atividades criminosas e não integrar organização criminosa.

Ocorre que, no mesmo delito de tráfico, (artigo 33 da lei 11.343/06, em vigor, e artigo 12 da lei antiga) a lei nova em relação à antiga se tornou mais gravosa em um aspecto e, ao mesmo tempo, mais benéfica em outro.

Surgiu, então, a dúvida: se um indivíduo foi condenado, com trânsito em julgado, na pena mínima da lei antiga, que é de 3 (três) anos – na lei nova é de 5 (cinco) anos, pode esse indivíduo ser beneficiado apenas com a minorante do dispositivo da lei nova?.

Os magistrados dividiram-se, uma vez que retroagir uma lei mais benéfica é entendimento pacífico, mas permitir a mescla de dispositivos de leis diferentes não é conclusão unânime.

No STJ, a Sexta Turma entendia ser possível a combinação de leis, a fim de beneficiar o réu, como ocorreu no julgamento do HC 102.544.

Ao unificar o entendimento das 2 (duas) Turmas penais, entretanto, prevaleceu na Terceira Seção o juízo de que não podem ser mesclados dispositivos mais favoráveis da lei nova com os da lei antiga, pois ao fazer isso o julgador estaria formando uma terceira norma.

A tese consolidada é de que a lei pode retroagir, mas apenas se puder ser aplicada na íntegra.

Dessa forma, explicou o Ministro Napoleão Nunes Maia Filho no HC 86.797, *"caberá ao magistrado singular, ao juiz da vara de execuções criminais ou ao tribunal estadual decidir, diante do caso concreto, aquilo que for melhor ao acusado ou sentenciado, sem a possibilidade, todavia, de combinação de normas"*.

O projeto de súmula foi encaminhado pela ministra Laurita Vaz e a redação oficial do dispositivo ficou com o seguinte teor: *"É cabível a aplicação retroativa da Lei 11.343/2006, desde que o resultado da incidência das suas disposições, na íntegra, seja mais favorável ao réu do que o advindo da aplicação da Lei n. 6.368/1976, sendo vedada a combinação de leis"*.

Ademais, consoante enunciado constante na Súmula nº 630, do STJ, publicada em abril de 2019: *"A incidência da atenuante da confissão espontânea no crime de tráfico ilícito de entorpecentes exige o reconhecimento da traficância pelo acusado, não bastando a mera admissão da posse ou propriedade para uso próprio"*.

V. Condutas não equiparadas ao Tráfico:

- Art. 33, § 2º:

Induzimento, instigação ou auxílio ao consumo de drogas.

Trata-se de infração penal de médio potencial ofensivo, instruída por meio de IP, com possibilidade de suspensão condicional do processo.

Outrossim, submete-se ao rito do procedimento comum sumário (art. 394, § 1º, II, CPP).

- Art. 33, § 3º:

Outra inovação é sobre o consumo eventual e compartilhado de droga entre pessoas que possuem um vínculo jurídico ou de fato, tratando referida conduta como uma espécie de crime privilegiado.

É o chamado **Tráfico mitigado ou privilegiado.**

Trata-se de infração penal de menor potencial ofensivo, da competência dos JECs, instruída por meio de TC.

Submete-se, pois, ao rito do procedimento comum sumaríssimo (art. 394, § 1º, III, CPP).

Com esse novo dispositivo, eliminou-se a possibilidade de tipificação como tráfico da conduta de pessoas de um mesmo grupo que, eventualmente, faziam uso comum e compartilhado de substâncias entorpecentes (anteriormente enquadrada no artigo 12 da Lei 6.368/76, face aos verbos "fornecer ainda que gratuitamente ou entregar de qualquer forma").

Buscou o legislador atingir o agente que não tenha relação direta com a traficância, não visando a tirar proveito ou vantagem financeira com o oferecimento de drogas a pessoas de seu relacionamento.

Saliente-se que este "tráfico mitigado" somente estará caracterizado se, além do oferecimento, estiverem presentes outras 4 (quatro) exigências legais:

a) oferecimento eventual;
b) oferecimento sem objetivo de lucro, de natureza pecuniária ou não;
c) oferecimento a pessoa de seu relacionamento pessoal, afetivo, seja em relação a laços de parentesco sanguíneo ou por afinidade, bem como por amizade;
d) oferecimento para juntos consumirem.

Faltando 1 (um) ou mais dos requisitos acima arrolados, não estaremos diante do crime do art. 33, § 3º, mas, possivelmente, diante do crime de Tráfico do art. 33, *caput*, da Lei 11.343/06.

Causa especial de diminuição de pena:

- Art. 33, § 4º :

Prevê uma causa especial de diminuição de pena, viabilizando a redução de 1/6 a 2/3 para o crime do *caput* e do § 1º (tráfico e equiparados), quando o acusado seja primário, de bons antecedentes e não se dedique às atividades criminosas, nem integre organização criminosa.

A posição predominante informa que se tratam de exigências cumulativas, necessitando a presença de todas para que a causa especial de redução de pena possa ser aplicada.

Segundo enunciado descrito na **Súmula 512 do STJ**, *"a aplicação da causa de diminuição de pena prevista no art. 33, § 4º, da Lei n. 11.343/2006 não afasta a hediondez do crime de tráfico de drogas"*.

Todavia, recentemente, em novembro de 2016, a Terceira Seção do STJ cancelou a Súmula nº 512, acompanhando entendimento do STF acerca do tema, no sentido de rechaçar a natureza hedionda do chamado "Tráfico Privilegiado".

Importante registrar, por derradeiro, que o Senado Federal, por meio da Resolução nº 5, de 15-2-2012, suspendeu a expressão: "vedada a conversão em penas restritivas de direitos", constantes na § 4º do artigo 33 da Lei de Drogas.

VI. Outros crimes previstos na Lei de Drogas:

- Art. 34 - **Aparelhagem para a produção de drogas.**

Trata-se de infração penal de maior potencial ofensivo, instruída por meio de Inquérito Policial.

Submete-se ao rito do procedimento comum ordinário (art. 394, § 1º, I, CPP).

- Art. 35 - **Associação para o tráfico.**

Trata-se de infração penal de maior potencial ofensivo, instruída por meio de Inquérito Policial.

Submete-se ao rito do procedimento comum ordinário (art. 394, § 1º, I, CPP).

- Art. 36 - **Financiamento ou custeio do tráfico de drogas.**

Trata-se de infração penal de maior potencial ofensivo, instruída por meio de Inquérito Policial.

Submete-se ao rito do procedimento comum ordinário (art. 394, § 1º, I, CPP).

- Art. 37 - **Colaboração ao tráfico.**

Trata-se de infração penal de maior potencial ofensivo, instruída por meio de Inquérito Policial.

Submete-se ao rito do procedimento comum ordinário (art. 394, § 1º, I, CPP).

- Art. 38 - **Prescrição culposa.**

Trata-se de infração penal de menor potencial ofensivo, da competência dos JECs, instruída por meio de TC.

Submete-se ao rito do procedimento comum sumaríssimo (art. 394, § 1º, III, CPP).

– Art. 39 – **Condução de embarcação ou aeronave após o consumo de drogas.**

Na forma clássica, preconizada no *caput*, trata-se de infração penal de médio potencial ofensivo, instruída por meio de Inquérito Policial, cabendo, todavia, a suspensão condicional do processo, submetendo-se, outrossim, ao rito do procedimento comum sumário (art. 394, § 1º, II, CPP).

Na forma qualificada, preconizada no § único do art. 39, LD, trata-se de infração penal de maior potencial ofensivo, instruída por meio de Inquérito Policial, submetendo-se ao rito do procedimento comum ordinário (art. 394, § 1º, I, CPP).

No que concerne à qualificadora, segundo Nucci[1], há verdadeiro "exagero punitivo":

> *"A pena mínima passa a ser de quatro anos de reclusão e a máxima, de seis, caso o veículo seja destinado ao transporte coletivo de passageiros. Lembremos, no entanto, que o crime continua sendo de perigo – e não de dano – motivo pelo qual a elevação da punição é demasiada. Nessa hipótese, não cabe suspensão condicional do processo e, somente se a pena for fixada no mínimo legal, preenchidos os demais requisitos do art. 44 do Código Penal, poder-se-ia falar em substituição por pena restritiva de direitos. Excepcionalmente, caberia sursis (art. 77, § 2º, CP)".*

VII. Causas de aumento de pena:

Temos majorantes específicas no artigo 40 e incisos, LD, aplicáveis aos crimes previstos nos arts. 33 a 37, LD.

Segundo entendimento recente do Superior Tribunal de Justiça (STJ), para a configuração da majorante prevista no art. 40, V, da Lei Federal nº 11.343/2006, no que concerne ao Tráfico de Drogas caracterizado entre Estados da Federação ou entre estes e o Distrito Federal, não é necessária a efetiva transposição de fronteiras entre Estados da Federação.

A este respeito, a Súmula nº 587, STJ, publicada em set/17: *"para a incidência da majorante prevista no art. 40, V, da Lei 11.343/2006, é desnecessária a efetiva transposição de fronteiras entre Estados da Federação, sendo suficiente a demonstração inequívoca da intenção de realizar o tráfico interestadual"*.

Ademais, segundo a Súmula nº 607, do STJ: *"a majorante do tráfico transnacional de drogas (art. 40, I, da Lei n. 11.343/2006) configura-se com a prova da destinação internacional das drogas, ainda que não consumada a transposição de fronteiras"*.

Chancelando esse entendimento, recente decisão do Tribunal Regional Federal da 1ª Região acerca do tema[2]:

> ***"TRF1 – Desnecessária comprovação da transposição de fronteiras para caracterizar o crime de tráfico de drogas***
> *A Terceira Turma do Tribunal Regional Federal da 1ª Região (TRF1), à unanimidade, deu parcial provimento à apelação do réu contra a sentença do Juízo Federal da Vara Única da Subseção Judiciária de Guajará-Mirim/RO que condenou um homem pela prática do delito de tráfico transnacional de drogas.*

1 NUCCI, Guilherme de Souza. **Leis Penais e Processuais Penais Comentadas**, v. 1. 10. ed. Rio de Janeiro: Forense, 2017, p. 426.

2 REVISTA SÍNTESE nº 4718, de 12 de agosto de 2019 – Direito Penal e Processual Penal. Disponível em: <http://www.sintese.com/direitoPenal.asp>. Acesso em: 6 out. 2019.

Segundo consta dos autos, o réu foi detido na cidade de Guajará-Mirim/RO com oito quilos cento e noventa gramas de cocaína proveniente da Bolívia, sem autorização legal ou em desacordo com determinação legal.

O juiz sentenciante afastou as preliminares de incompetência da Justiça Federal, inépcia da denúncia e/ou sua rejeição por atipicidade da conduta, entendeu como provadas a materialidade e a autoria do tráfico imputado ao acusado, absolveu da acusação de associação para o tráfico, por insuficiência de provas, e o condenou pelo crime de tráfico transnacional de drogas.

O desembargador federal Hilton Queiroz, relator convocado, analisou o caso e afirmou ser desnecessária a comprovação da transposição de fronteiras com a droga, bastando, para caracterização da transnacionalidade do tráfico de entorpecentes, que as circunstâncias do crime indiquem que a droga veio de local fora dos limites territoriais brasileiros.

Segundo o magistrado, o país vizinho, consabido, é notório produtor e exportador de cocaína, enquanto o Brasil não processa o alcaloide nem planta a folha de coca. A quantidade da droga apreendida é substancial, ou seja, a aquisição em solo estrangeiro, na origem, seria muito mais vantajosa, pois a relação preço de compra/lucro com a venda tornar-se-ia mais atrativa.

Por conseguinte, em virtude das circunstâncias da apreensão da cocaína e do modo como foi adquirida, não remanesce dúvida acerca da proveniência alienígena, caracterizando a competência da Justiça Federal nos termos do art. 70 da Lei 11.343/06, concluiu o relator.

Processo nº: 0000694-89.2015.4.01.4102

Fonte: Tribunal Regional Federal da 1ª Região"

No que concerne à transnacionalidade do delito, a justificar a competência da Justiça Comum Federal, importante a regra constante no art. 70, *caput* e § 1º, da Lei de Drogas, segundo a qual:

> *"O processo e o julgamento dos crimes previstos nos arts. 33 a 37 desta Lei, se caracterizado ilícito transnacional, são da competência da Justiça Federal.*
>
> ***Parágrafo único**. Os crimes praticados nos Municípios que não sejam sede de vara federal serão processados e julgados na vara federal da circunscrição respectiva".*

VIII. Ação Controlada:

A ação controlada consiste no retardamento da intervenção do aparato estatal, que deve ocorrer no momento mais oportuno do ponto de vista da investigação policial.

Cuida-se de importante técnica especial de investigação, prevista expressamente no art. 53, II, da Lei 11.343/06.

Consoante *caput* e § 2º, do referido dispositivo legal, a ação controlada dependerá de autorização judicial (reserva de jurisdição).

Temos exemplos de ação controlada em outras leis especiais, a saber:

I) Lei de Lavagem de Dinheiro (Lei Federal nº 9.613/98) – art. 4º-B;

II) Lei das Organizações Criminosas (Lei Federal nº 12.850/13) – art. 3º, III.

Conforme leciona Nucci[3]:

> *"É o retardamento da intervenção policial, dando voz de prisão e lavrando-se o auto de prisão em flagrante, como já fora previsto no art. 2º, II, da Lei 9.034/95, com a meta de atingir o peixe graúdo,*

3 NUCCI, Guilherme de Souza. **Leis Penais e Processuais Penais Comentadas**, v. 1. 10. ed. Rio de Janeiro: Forense, 2017, p. 463.

sem que se dissemine a prisão dos meros carregadores de drogas ilícitas, atuando por ordem dos verdadeiros comandantes da operação, traficantes realmente perigosos. Aliás, justamente por isso, a lei menciona a ação retardada em relação aos portadores de produtos, substâncias ou drogas ilícitas (vulgarmente chamadas de mulas). O sucesso da operação pode ser aferido pela efetiva prisão de traficantes de atuação nacional ou internacional. Do contrário, não havendo comunicação eficiente entre as polícias (federal, estadual e internacional), a não atuação dos agentes estatais pode levar à impunidade de muitos carregadores de drogas ilícitas, sem qualquer utilidade à segurança pública. Nesse sentido, o parágrafo único deste artigo exige autorização judicial para tanto, com os requisitos nele fixados".

IX. Possíveis novidades legislativas, ainda em discussão no Congresso Nacional:

a) Descriminalização de drogas até limite de consumo pessoal:

Pelo anteprojeto do novo Código Penal, salvo prova em contrário, será presumido que se destina a uso pessoal uma quantidade de droga encontrada com o usuário que represente consumo médio individual de 5 (cinco) dias;

b) Uso ostensivo de drogas: todavia, há sugestão de prisão de 6 (seis) meses a 1 (um) ano, além de multa, para punir o uso ostensivo de drogas (consumo público de drogas).

A punição será dirigida a quem usar ostensivamente drogas em locais públicos, nas imediações de escolas ou em outros locais de concentração de crianças e adolescentes.

Há também previsão da medida para atingir a pessoa que consumir drogas na presença de crianças, mesmo em ambiente privado;

c) Tráfico: redução da pena máxima de 15 (quinze) para 10 (dez) anos de prisão.

X. A *cannabis* (THC) no mundo:

a) Países que legalizaram a produção, a distribuição e o consumo da maconha, para fins recreativos: Uruguai e Canadá;

b) Países que mantêm a proibição da produção e distribuição da maconha, mas que descriminalizaram o seu uso pessoal: Argentina (parcial), Bolívia, Equador, Colômbia (parcial), México (parcial), Estados Unidos (parcial), Austrália (parcial), Espanha, Portugal, França, Holanda (parcial);

c) Países que liberam a maconha apenas para fins terapêuticos e medicinais: Argentina (parcial), Chile, Paraguai, Colômbia (parcial), Grã Bretanha, Itália, Brasil, entre outros (22 países no total).

No Brasil, o uso da maconha para fins terapêuticos é legalizado desde 2014.

Para tanto, cada paciente precisa solicitar liberação à ANVISA, para adquirir medicamentos derivados da maconha, geralmente utilizados para doenças como esclerose múltipla e Alzheimer.

Segundo estatísticas recentes, mais de 4.000 (quatro mil) brasileiros têm autorização para importar, para uso próprio, medicamentos derivados da *cannabis*.

Em 2017, foi aprovado pela ANVISA o registro do primeiro medicamento à base de maconha no Brasil, o MEVATYL, conhecido no Exterior pelo nome comercial SATIVEX.

Em fevereiro de 2018, a prescrição de RSHO (*Real Scientific Hemp Oil*) foi autorizadas pela primeira vez no Brasil, especificamente para o tratamento de um paciente de Alzheimer.

☑ QUESTÕES DE CONCURSOS ACERCA DA LEI DE DROGAS, COM GABARITO E COMENTÁRIOS:

1. ***(EXAME UNIFICADO OAB 2009.3 – 17.01.10 – QUESTÃO 88)*** *Considere que Júlio, usuário de droga, tenha oferecido pela primeira vez, durante uma festa, a seu amigo Roberto, sem intuito de lucro, pequena quantidade de maconha para consumirem juntos. Nessa situação hipotética, Júlio:*

(A) deverá ser submetido à pena privativa de liberdade, diversa e mais branda que a prevista abstratamente para o traficante de drogas.

(B) praticou conduta atípica, dada a descriminalização do uso de substância entorpecente.

(C) praticou conduta típica, entretanto, como a lei em vigor despenalizou a conduta, ele deve ser apenas submetido à admoestação verbal.

(D) praticou tráfico ilícito de entorpecentes e, de acordo com a legislação em vigor, a pena abstratamente cominada será a mesma do traficante regular de drogas.

Resposta: *A alternativa a ser assinalada é a da letra "A", encontrando fundamento legal no art. 33, § 3º, da Lei Federal nº 11.343/06 – É o chamado Tráfico mitigado ou privilegiado.*

2. ***(JUIZ DE DIREITO – TJ-AC – 2012 – CESPE)*** *Considerando a importância do tema consumo e tráfico de drogas no cenário brasileiro, assinale a opção correta à luz da Lei nº 11343/2006:*

(A) O agente que prepara e mantém em depósito substância entorpecente com o objetivo de vendê-la responderá por tentativa de tráfico, crime de ação múltipla, se for preso em flagrante, ainda que antes da venda da mercadoria.

(B) O concurso de pessoas e o emprego de arma de fogo não constituem causas de aumento de pena imposta pela prática de crime de tráfico de drogas.

(C) É equiparado a usuário de drogas, dada a baixa potencialidade lesiva da conduta, o indivíduo que, eventualmente e sem objetivo de obter lucro, oferece droga a pessoa com a qual mantém relacionamento.

(D) Quem, após consumir drogas, conduz embarcação coletiva de passageiros, expondo a dano potencial a incolumidade alheia, comete, de acordo com a lei, crime qualificado.

(E) Configura abolitio criminis o fato de a conduta de portar substância entorpecente para uso próprio ter deixado de ser punida com privação de liberdade e multa.

Resposta: *A alternativa a ser assinalada é a da letra "D", consoante regra prevista no art. 39 e § único, da Lei de Drogas. Não é a "A", tendo em vista o disposto no art. 33, Lei 11.343/06 – crime de ação múltipla, ensejando qualquer núcleo do tipo. Não é a "B", tendo em vista o disposto no art. 40, IV, LD. O concurso de pessoas pode ensejar tipo penal autônomo, previsto no art. 35, LD (Associação para o Tráfico). Não é a "C", tendo em vista o disposto no art. 33, § 3º, LD – tráfico "privilegiado" ou mitigado. Por fim, não é a "E", já que ocorreu a despenalização ou descarceirização do instituto, não a descriminalização – art. 28, LD.*

3. ***(DELEGADO DA POLÍCIA FEDERAL 2002 – CESPE/UNB)*** *Diniz era proprietário de um barco, no qual foram encontrados e apreendidos cerca de oitenta quilos de cocaína, apanhada em Belém – PA para ser levada para o Suriname, onde parte seria vendida; a outra parte do entorpecente seguiria para os Estados Unidos da América e a Europa. A substância entorpecente pertencia a Diniz.*

Nessa situação, Diniz responderá pelo crime de tráfico internacional de entorpecente, com circunstância especial de aumento de pena, sendo a justiça federal competente para processar e julgar a ação penal.

Resposta: *Certo. A situação fática apresentada identifica o crime de Tráfico internacional de drogas, previsto no art. 33, da Lei de Drogas, especificamente no núcleo "exportar". Neste caso, a competência será da Justiça Federal, com a possibilidade de aplicação da causa de aumento de pena ou majorante prevista no artigo 40, I, LD, que justificará aumento da pena à razão de 1/6 a 2/3. É de se salientar a competência da Justiça Comum Federal, porque a natureza e a procedência da substância ou do produto apreendido evidenciam a transnacionalidade do delito.*

4. ***(DELEGADO DA POLÍCIA FEDERAL 2002 – CESPE/UNB)*** *Cláudio adquiriu, no comércio da cidade argentina de Paso de Los Libres, quinhentos frascos do produto conhecido como lança-perfume, cuja composição contém a substância cloreto de etila, introduzindo-os no território nacional com a finalidade de revenda. No momento em que adentrava no município de Luziânia – GO transportando o entorpecente, Cláudio foi preso em flagrante. Nessa situação, e de acordo com o entendimento majoritário do STJ, Cláudio responderá perante a justiça federal pelo crime de tráfico internacional de entorpecente.*

Resposta: *Errado. Na situação fática apresentada, a competência será da Justiça Comum Estadual. Segundo orientação firmada pelo Superior Tribunal de Justiça (STJ)[4], sendo o "lança-perfume" de fabricação Argentina – onde não há proibição de uso – e não constando o "cloreto de etila" das listas anexas da Convenção firmada entre o Brasil e a Argentina – não se configura a internacionalidade do delito, mas, tão somente, a violação à ordem jurídica interna brasileira. Caracterizado apenas o tráfico interno de drogas, sem qualquer cumulação de crimes, já que não foi apreendido nenhum outro tipo de mercadoria com o indiciado, sobressai a competência da Justiça Comum Estadual para o processo e julgamento do feito.*

5. ***(DELEGADO DA POLÍCIA FEDERAL 2002 – CESPE/UNB)*** *Sinval, agente de polícia, tomou conhecimento, por meio de um informante, que João, traficante, detinha no interior de sua residência, em depósito, grande quantidade de cocaína para ser comercializada no município. Sem mandado de busca e permissão dos moradores, Sinval adentrou na residência e apreendeu dez quilos de cocaína, acondicionada em pequenos sacos, efetuando a prisão em flagrante de João. Nessa situação, a apreensão da droga e a prisão de João foram lícitas, uma vez que a diligência prescindia de mandado judicial.*

Resposta: *Certo. Ocorreu, na situação fática apresentada, flagrante delito, a justificar a prisão do agente criminoso a qualquer hora do dia ou da noite, estando autorizada constitucionalmente a violação do domicílio. Não há necessidade de mandado judicial.*

6. ***(DELEGADO DE POLÍCIA CIVIL SERGIPE – CESPE/UNB 2006)*** *Aldo foi flagrado portando um cigarro de maconha e uma arma de fogo de uso permitido, sem autorização e em desacordo com a determinação legal ou regulamentar. Considerando a situação hipotética acima, julgue os itens a seguir, acerca da legislação especial que rege o tráfico ilícito de entorpecentes, os crimes hediondos, o porte ilegal de armas de fogo e o juizado especial. Aldo deverá ser submetido a exame toxicológico, não podendo a prova testemunhal supri-lo.*

Resposta: *Errado. Nenhuma prova, nominada ou inominada, pode ser considerada absoluta. Se não existe mais condição de ser realizado o exame toxicológico, a prova testemunhal poderá supri-lo.*

4 STJ, Conflito de Competência 2002/0014395-7.

7. ***(DELEGADO DA POLÍCIA CIVIL PB – CESPE/UNB 2008)*** *No caso de porte de substância entorpecente para uso próprio, não se impõe prisão em flagrante, devendo o autor de fato ser imediatamente encaminhado ao juízo competente ou, na falta deste, assumir o compromisso de a ele comparecer.*

Resposta: *Certo. Consoante previsão insculpida no art. 48, § 1º, da Lei Federal nº 11.343/06, o autor do crime de Aquisição de Drogas para Consumo Pessoal (art. 28, LD) será processado e julgado na forma dos Juizados Especiais Criminais. E, tratando-se da conduta prevista no art. 28 desta Lei, não se imporá prisão em flagrante, devendo o autor do fato ser imediatamente encaminhado ao juízo competente ou, na falta deste, assumir o compromisso de a ele comparecer, lavrando-se termo circunstanciado e providenciando-se as requisições dos exames e perícias necessários (art. 48, § 2º, LD).*

8. ***(DELEGADO DA POLÍCIA CIVIL PB – CESPE/UNB 2008)*** *Para a lavratura do auto de prisão em flagrante, é suficiente o laudo de constatação da natureza e quantidade da droga, o qual será necessariamente firmado por perito oficial.*

Resposta: *Errado. Consoante redação prevista no art. 50, § 1º, da Lei Federal nº 11.343/06, para efeito da lavratura do auto de prisão em flagrante e estabelecimento da materialidade do delito, na falta de perito oficial, o laudo pode ser realizado por pessoa idônea.*

9. ***(DELEGADO – PCAL – CESPE – 2012)*** *Para a fixação da pena de multa nos casos de crime de tráfico de entorpecentes, o juiz deverá obedecer aos critérios fixados na parte especial do Código Penal, que determina que o número de dias-multa será, no mínimo, de 10 e, no máximo, de 360.*

Resposta: *Errado. Na fixação da pena de multa, o juiz deverá considerar, com preponderância sobre o previsto no art. 59 do Código Penal, a natureza e a quantidade da substância ou do produto, a personalidade e a conduta social do agente, em consonância com os termos do art. 42, da Lei Federal nº 11.343/06. Consoante previsão insculpida no art. 43, LD, o número de dias-multa, levando em consideração as condições econômicas do acusado, deve ser fixado em valor não inferior a 1/30 (um trinta avos) nem superior a 5 (cinco) vezes o maior salário mínimo.*

10. ***(DELEGADO – PCAL – CESPE – 2012)*** *Para a materialidade do crime de tráfico ilícito de entorpecentes, pressupõe-se a apreensão da droga, todavia, o mesmo não ocorre para o crime de associação para o tráfico, cuja materialidade pode advir de outros meios de prova.*

Resposta: *Certo. Embora a regra seja a necessidade de apreensão da droga em poder do agente, para a configuração da materialidade do delito, no caso da Associação para o Tráfico o STJ não vem exigindo a sua efetiva apreensão, como também na hipótese de concurso de agentes (ou de pessoas), em que a substância for apreendida com apenas um dos indivíduos. Não prosperam as alegações de ausência de materialidade, nem de impossibilidade de concurso de agentes no crime material de Tráfico de drogas, em razão da ausência de apreensão de drogas. De todo modo, a questão da obrigatoriedade da apreensão da droga para caracterizar o crime de tráfico está longe de ser pacificada porque, recentemente, o STJ[5] decidiu que a apreensão da droga não seria obrigatória: "A ausência de apreensão da droga não torna a conduta atípica se existirem outros elementos de prova aptos a comprovarem o crime de tráfico."*

11. **(DELEGADO – PCAL – CESPE – 2012) Quando se tratar de crimes relativos ao tráfico de drogas, o prazo para a conclusão do inquérito policial é de 30 dias,**

5 Informativo 501 do STJ.

se o indiciado estiver preso é de 90 dias, se estiver solto, podendo ser duplicados, mediante pedido justificado da autoridade de polícia judiciária.

Resposta: *Certo. Efetivamente, nos termos do que dispõe o art. 51, caput, LD, o Inquérito Policial será concluído no prazo de 30 (trinta) dias, se o indiciado estiver preso, e de 90 (noventa) dias, quando estiver solto. Referidos prazos, na forma do § único do referido dispositivo legal, poderão ser duplicados pelo Juiz, ou seja, 60 (sessenta) dias para indiciado preso e 180 (cento e oitenta dias) para indiciado solto, ouvidos neste caso o Ministério Público, mediante pedido justificado do Delegado de Polícia.*

12. *(FUNDATEC – DELEGADO DE POLÍCIA – PC – RS/2018)* *Analise as assertivas a seguir, de acordo com o disposto na Lei n° 11.343/2006, Lei de Drogas, e em cotejo com o entendimento dos Tribunais Superiores:*

I. Para a incidência da majorante de pena, prevista no artigo 40, inciso V da referida Lei, ao crime de tráfico de drogas interestadual, de acordo com entendimento do Superior Tribunal de Justiça, basta que esteja demonstrado, de forma inequívoca, que o traficante tinha intenção de extrapolar as fronteiras de um Estado, mesmo que assim não consiga.

II. A partir de entendimento recente do Supremo Tribunal Federal, pode-se dizer que nem todo o crime de tráfico de drogas pode ser considerado crime equiparado a hediondo.

III. Aquele que oferece droga, eventualmente e sem objetivo de lucro, à pessoa de seu relacionamento, para juntos a consumirem, pratica crime de menor potencial ofensivo.

IV. Aquele que pratica conduta de tráfico de drogas, descrita no caput do artigo 33 da referida Lei, pode ter sua pena reduzida nos mesmos patamares propostos no Código Penal para a minorante da tentativa, desde que seja primário, de bons antecedentes, não se dedique às atividades criminosas nem integre organização criminosa.

Quais estão corretas?

(A) Apenas I.

(B) Apenas II.

(C) Apenas III e IV.

(D) Apenas I, II e III.

(E) I, II, III e IV.

Resposta: *Estão corretos apenas os enunciados I, II e III. O primeiro enunciado encontra eco na recente Súmula nº 607, do STJ. O quarto enunciado está incorreto, já que o chamado Tráfico Privilegiado, previsto no art. 33, § 4º, da Lei Federal nº 11.343/06, justificará redução de pena à razão de um sexto (1/6) a dois terços (2/3), enquanto que a minorante da tentativa, preconizada no art. 14 e § único, do CP, justificará redução de pena à razão de um terço (1/3) a dois terços (2/3). Dessa forma, a única alternativa a ser assinalada é a da letra "D".*

13. *(UEG – DELEGADO DE POLÍCIA – PC – GO/2018)* *Dispõe a Lei n. 11.343/2006, em seu art. 28, que quem adquirir, guardar, tiver em depósito, transportar ou trouxer consigo, para consumo pessoal, drogas sem autorização ou em desacordo com determinação legal ou regulamentar, será submetido às seguintes penas: I – advertência sobre os efeitos das drogas; II – prestação de serviços à comunidade; III – medida educativa de comparecimento a programa ou curso educativo. Referida lei dispõe ainda que as penas previstas nos incisos II e III do caput do referido artigo serão aplicadas pelo prazo máximo de*

(A) quatro meses e, em caso de reincidência, serão aplicadas pelo prazo máximo de oito meses.

(B) cinco meses e, em caso de reincidência, serão aplicadas pelo prazo máximo de dez meses.

(C) *três meses e, em caso de reincidência, serão aplicadas pelo prazo máximo de seis meses.*

(D) *dois meses e, em caso de reincidência, serão aplicadas pelo prazo máximo de quatro meses.*

(E) *um mês e, em caso de reincidência, serão aplicadas pelo prazo máximo de dois meses.*

Resposta: *A única alternativa correta é a da letra "B". A fundamentação legal para tal assertiva encontra-se insculpida no art. 28, §§ 3º e 4º, da Lei de Drogas (Lei Federal nº 11.343/06).*

14. (UEG – DELEGADO DE POLÍCIA – PC – GO/2018) *O juiz, na fixação das penas previstas na Lei n. 11.343/2006, considerará, com preponderância sobre o previsto no art. 59 do Código Penal, a natureza e a quantidade da substância ou do produto, a personalidade e*

(A) *os motivos do agente.*

(B) *a culpabilidade do agente.*

(C) *os antecedentes do agente.*

(D) *a conduta social do agente.*

(E) *a condição financeira do agente.*

Resposta: *A única alternativa correta é a da letra "D". A fundamentação legal para tal assertiva encontra-se insculpida no art. 42, parte final da Lei de Drogas (Lei Federal nº 11.343/06).*

15. (VUNESP – DELEGADO DE POLÍCIA – PC – SP/2018) *É correto afirmar que, nos termos da Lei nº 11.343/2006 (Lei Antidrogas), o crime de tráfico ilícito de drogas é crime*

(A) *hediondo, insuscetível de sursis, graça, indulto, sendo apenas possível a anistia e a liberdade provisória.*

(B) *de ação múltipla, norma penal em branco que não admite a possibilidade de liberdade provisória, sendo apenas possível a conversão de suas penas em restritivas de direitos.*

(C) *inafiançável e insuscetível de sursis, que admite a conversão de suas penas em restritivas de direitos.*

(D) *inafiançável e insuscetível de sursis, graça, indulto, anistia e liberdade provisória.*

(E) *de ação múltipla, norma penal em branco e que admite a possibilidade de livramento condicional, ao réu reincidente específico, após o cumprimento de dois terços da pena.*

Resposta: *A única alternativa correta é a da letra "D". O delito de Tráfico de Drogas, previsto no art. 33, caput e § 1º, da Lei de Drogas (Lei Federal nº 11.343/06), é equiparado a hediondo, nos termos do art. 2º, da Lei dos Crimes Hediondos (Lei Federal nº 8.072/90). Dessa forma, tem-se como consequências da hediondez de tal delito a inafiançabilidade, bem como que é insuscetível de sursis, graça, indulto, anistia e liberdade provisória.*

16. (CESPE – DELEGADO DE POLÍCIA FEDERAL – DPF/2018) *Em cada um dos itens seguintes, é apresentada uma situação hipotética seguida de uma assertiva a ser julgada, a respeito de crime de tráfico ilícito de entorpecentes, crime contra a criança e adolescente e crimes licitatórios.*

Em viagem pela Europa, Ronaldo, primário, de bons antecedentes e não integrante de organização criminosa, adquiriu quinze cápsulas do entorpecente LSD com o objetivo de obter lucro capaz de custear as despesas com a viagem. De volta ao Brasil, Ronaldo foi preso em flagrante quando tentava vender a droga. Nessa situação, caso seja condenado pelo crime tráfico de entorpecentes, Ronaldo poderá obter a redução da pena de um sexto a dois terços.

Resposta: *Certo. Trata-se, na espécie fática, do chamado Tráfico Privilegiado, contemplado no art. 33, § 4º, da Lei de Drogas (Lei Federal nº 11.343/06). Configura-se como causa especial de diminuição de pena, viabilizando a redução de 1/6 a 2/3 para* *o crime do caput e do § 1º (tráfico e equiparados), quando o acusado seja primário, de bons antecedentes e não se dedique às atividades criminosas, nem integre organização criminosa, o que é o caso da hipótese descrita na presente questão. A posição predominante na doutrina e na jurisprudência dos Tribunais Superiores identifica que se tratam de exigências cumulativas, necessitando a presença de todas para que a causa especial de redução de pena possa ser aplicada. Segundo enunciado descrito na Súmula 512, do STJ, "a aplicação da causa de diminuição de pena prevista no art. 33, § 4º, da Lei n. 11.343/2006 não afasta a hediondez do crime de tráfico de drogas". Todavia, recentemente, em novembro de 2016, a Terceira Seção do STJ cancelou a Súmula nº 512, acompanhando entendimento do STF acerca do tema, no sentido de rechaçar a natureza hedionda do chamado "Tráfico Privilegiado". Importante registrar, por derradeiro, que o Senado Federal, por meio da Resolução nº 5, de 15-2-2012, suspendeu a expressão: "vedada a conversão em penas restritivas de direitos", constantes na § 4º do artigo 33 da Lei de Drogas.*

17. ***(CESPE – DELEGADO DE POLÍCIA – PC – SE/2018)*** *Acerca do tráfico ilícito de entorpecentes, de ações de prevenção e repressão a delitos praticados por organizações criminosas, de abuso de autoridade e de delitos previstos na Lei de Tortura, julgue os itens que se seguem.*

Situação hipotética: Em um mesmo contexto fático, um cidadão foi preso em flagrante por manter em depósito grande variedade de drogas, entre elas, cocaína, maconha, haxixe e crack, todas para fins de mercancia. Foram apreendidos também maquinários para o preparo de drogas, entre eles, uma balança digital e uma serra portátil. Assertiva: Nessa situação, afastada a existência de contextos autônomos entre as condutas delitivas, o crime será único.

***Resposta**: <u>Certo</u>. O art. 33, da Lei de Drogas (Lei Federal nº 11.343/06), é identificado como tipo misto alternativo. Dessa forma, mesmo havendo a transgressão de mais de um verbo nuclear, dentro do mesmo contexto fático, como descrito no presente enunciado, o agente será responsabilizado por crime único de Tráfico de Drogas. Todavia, nada obsta que tal circunstância seja sopesada pelo Magistrado, quando da fixação da pena-base, na forma do art. 59, do Código Penal, e do art. 42, da Lei de Drogas, justificando, dessa forma, apenas por conta dessa circunstância, um afastamento da pena-base do mínimo legal, que é de 5 (cinco) anos.*

XVIII) INVESTIGAÇÃO CRIMINAL CONDUZIDA PELO DELEGADO DE POLÍCIA (LEI FEDERAL Nº 12.830/2013)

Dispõe sobre a investigação criminal conduzida pelo delegado de polícia

Art. 1º Esta Lei dispõe sobre a investigação criminal conduzida pelo delegado de polícia.

Art. 2º As funções de polícia judiciária e a apuração de infrações penais exercidas pelo delegado de polícia são de natureza jurídica, essenciais e exclusivas de Estado.

§ 1º Ao delegado de polícia, na qualidade de autoridade policial, cabe a condução da investigação criminal por meio de inquérito policial ou outro procedimento previsto em lei, que tem como objetivo a apuração das circunstâncias, da materialidade e da autoria das infrações penais.

§ 2º Durante a investigação criminal, cabe ao delegado de polícia a requisição de perícia, informações, documentos e dados que interessem à apuração dos fatos.

§ 3º (VETADO).

§ 4º O inquérito policial ou outro procedimento previsto em lei em curso somente poderá ser avocado ou redistribuído por superior hierárquico, mediante despacho fundamentado, por motivo de interesse público ou nas hipóteses de inobservância dos procedimentos previstos em regulamento da corporação que prejudique a eficácia da investigação.

§ 5º A remoção do delegado de polícia dar-se-á somente por ato fundamentado.

§ 6º O indiciamento, privativo do delegado de polícia, dar-se-á por ato fundamentado, mediante análise técnico-jurídica do fato, que deverá indicar a autoria, materialidade e suas circunstâncias.

Art. 3º O cargo de delegado de polícia é privativo de bacharel em Direito, devendo-lhe ser dispensado o mesmo tratamento protocolar que recebem os magistrados, os membros da Defensoria Pública e do Ministério Público e os advogados.

Art. 4º Esta Lei entra em vigor na data de sua publicação".

COMENTÁRIOS

I. Aspectos Gerais:

a) dispõe sobre a investigação criminal conduzida pelo Delegado de Polícia;

b) remoção do Delegado de Polícia somente por ato fundamentado (art. 2º, § 5º).

Trata-se de inamovibilidade relativa, condicionada a um despacho fundamentado.

Segundo Nucci[1], *"é imperiosa a publicação desse despacho, para que haja o controle de legalidade, avaliando-se se houve fundamentação idônea"*.

c) relativamente à Autoridade Policial, a Lei Federal nº 13.567, de 21 de dezembro de 2017, instituiu o dia 03 de dezembro como o "Dia do Delegado de Polícia".

II. Indiciamento:

O indiciamento é ato privativo do Delegado de Polícia, mediante análise técnico-jurídica do fato, que deverá indicar a autoria, materialidade e suas circunstâncias.

A este respeito, a regra insculpida no art. 2º, § 6º, da Lei nº 12.830/13.

Dispõe a novel legislação que o indiciamento é ato fundamentado.

1 Ibidem, p. 596.

III. Discricionariedade do Delegado de Polícia e Poder Requisitório:

No que concerne à discricionariedade do Delegado de Polícia na condução do Inquérito Policial, a Lei Federal nº 12.830/13 prevê, em seu art. 2º, § 2º, *"a requisição de perícia, informações, documentos e dados que interessem à apuração dos fatos"*.

Trata-se de poder requisitório conferido à Autoridade Policial.

Todavia, o poder requisitório previsto na lei é relativo, diante do poder requisitório do MP (art. 129, VIII, CF/88; art. 13, II, CPP) e do próprio Poder Judiciário (art. 13, II, CPP).

A recusa, negativa ou omissão no fornecimento de informações requisitadas pela Autoridade Policial poderá dar ensejo ao crime de Desobediência, previsto no artigo 330, CP, salvo em relação à determinada categoria de pessoas que exerçam função, ministério, ofício ou profissão específica ou própria, como é o caso dos médicos, advogados, psicólogos, padres etc., os quais, caso quebrarem o segredo sem justa causa, poderão ser responsabilizados pelo crime de Violação do Segredo Profissional, previsto no artigo 154, do Código Penal.

Complementando a questão da violação do segredo profissional, importante o regramento previsto no Código de Processo Civil de 2015 (Lei Federal nº 13.105/18), o qual, em seu artigo 448, II, dispõe sobre a não-obrigatoriedade de depoimento da testemunha sobre fatos a cujo respeito deva guardar sigilo, em razão do estado ou profissão.

IV. Avocação e Redistribuição de Investigações Policiais:

A Lei Federal nº 12.830/13 contempla restrições à avocação ou redistribuição de investigações policiais.

A este respeito, a regra prevista no art. 2º, § 4º, da referida legislação.

A avocação do procedimento policial somente será possível se feita por superior hierárquico, mediante despacho fundamentado.

Tendo em vista a restrição ao instrumento avocatório do art. 2º, § 4º, ganha "corpo" entendimento doutrinário preconizando, efetivamente, a existência no nosso ordenamento jurídico atual do Princípio do Delegado Natural.

V. Tratamento Protocolar:

Após o advento da Lei Federal nº 12.830/13, o tratamento protocolar a ser dispensado aos Delegados de Polícia é o de Vossa Excelência e Digníssimo (DD), idêntico aos Magistrados, Promotores de Justiça e Defensores Públicos, nos termos do que dispõe o art. 3º, da Lei Federal nº 12.830/13.

VI. Natureza Jurídica:

Em conformidade com a Lei Federal nº 12.830/13, as funções de polícia judiciária e de apuração de infrações penais exercidas pelo Delegado de Polícia são de natureza jurídica, essenciais e exclusivas de Estado.

A este respeito, a regra prevista no art. 2º, *caput*, e § 1º, da Lei nº 12.830/13.

Recentemente, contrariando o entendimento legislativo e doutrinário acerca do tema, o Supremo Tribunal Federal (STF), por unanimidade, no julgamento da ADIN 5.520, pontificou que a carreira de Delegado de Polícia não pode ser equiparada às demais carreiras jurídicas.

O entendimento foi firmado pelos ministros do Supremo Tribunal Federal em plenário virtual. A sessão começou em 30 de agosto de 2019 e terminou no dia 05 de setembro de 2019.

Prevaleceu entendimento do Relator, Ministro Alexandre de Moraes. O Ministro foi seguido pelos Ministros Dias Toffoli, Edson Fachin, Ricardo Lewandowski,

Marco Aurélio, Luiz Fux, Gilmar Mendes, Rosa Weber, Luís Roberto Barroso e Celso de Mello.

A ação foi apresentada pela Procuradoria-Geral da República em 2016.

Em referida ação, a PGR questionou dispositivos introduzidos por meio de Emenda à Constituição do Estado de Santa Catarina, para considerar o cargo de Delegado de Polícia Civil como atribuição "essencial à função jurisdicional e à defesa da ordem jurídica".

Segundo a ação, a alteração categoriza a carreira de Delegados de polícia como jurídica e assegura aos integrantes "independência funcional" e "livre convicção".

A respeito de tal decisão, todavia, importantes os esclarecimentos de Hoffmann e Habib, no artigo intitulado: "Carreira de delegado de polícia continua sendo jurídica", de 10 de setembro de 2019[2], pela contundência e clareza de ideias e conceitos:

> *"A Constituição Federal assegurou no Brasil um sistema próprio de persecução penal, que em vez de repartir aleatoriamente as competências, distribuiu as atribuições para órgãos públicos distintos como forma de limitação do poder:*
>
> *Diferentemente de sistemas alienígenas em que a acusação concentra a função de investigar (ex: Itália) ou a Polícia Investigativa concentra a tarefa de acusar (ex: Austrália), no Brasil as partes devem se preocupar exclusivamente com a acusação e defesa, enquanto o Judiciário e a Polícia Judiciária têm obrigação de julgar e investigar, respectivamente.*
>
> *Com efeito, o legislador reservou à Polícia Judiciária o papel central na investigação penal, justamente por se tratar de órgão desvinculado da acusação e da defesa.*
>
> *Fruto da longa evolução histórica da justiça criminal, a outorga constitucional (art. 144 da CF) e legal (art. 2º da Lei 12.830/13 e art. 4º do CPP) de protagonismo na investigação penal à Polícia Judiciária ganha sentido ao se perceber que se qualifica como órgão desvinculado da acusação e da defesa, possuindo compromisso voltado à apuração da verdade. Seu primeiro benefício não é perseguir o criminoso, mas proteger o inculpado. A autoridade de Polícia Judiciária age como um assegurador de direitos, servindo como barreira contra acusações temerárias.*
>
> *Nesse passo, a apuração criminal deve ser dissociada de qualquer compromisso com as partes: mais do que fornecer subsídios à eventual ação penal (função preparatória), tem a importante missão de garantir direitos fundamentais e evitar acusações levianas (função preservadora).*
>
> *A Polícia Civil e a Polícia Federal, portanto, devem deliberar por intermédio do delegado de polícia não apenas sobre técnicas policiais, mas principalmente acerca de questões jurídicas. Daí ser a apuração criminal função não apenas essencial e exclusiva de Estado, mas também de natureza jurídica, constatação feita pelo legislador, pela Suprema Corte e pela doutrina:*
>
> *Deve-se recordar que o delegado de polícia possui, obrigatoriamente, formação jurídica e assume as funções que lhe são inerentes mediante a aprovação em concurso público, tal qual juízes, promotores e demais membros das chamadas carreiras jurídicas. Inexiste, outrossim, qualquer subordinação hierárquica entre o delegado de polícia, o promotor de justiça e o juiz de direito. Essas impressões são reforçadas pela lei 12.830/2013, que, em seu art. 2º, identifica as funções de polícia judiciária como de natureza*

2 HOFFMANN, Henrique; HABIB, Gabriel. **Carreira de Delegado de Polícia Continua sendo Jurídica.** Revista Consultor Jurídico, set. 2019. Disponível em: <https://www.conjur.com.br/2019-set-10/hoffmann-habibcarreira-delegado-policia-continua-sendo-juridica>. Acesso em: 6 out. 2019.

jurídica e determina que ao delegado de polícia seja dispensado "o mesmo tratamento protocolar que recebem os magistrados, os membros da Defensoria Pública e do Ministério Público e os advogados" (art. 3º).

Não se trata de mera atividade mecânica e automática. Ao detectar a presença de materialidade e autoria, o delegado de polícia tem a obrigação de realizar análises como tipificação formal e material da infração penal, concurso de crimes, qualificadoras e causas e aumento de pena, nexo de causalidade, tentativa, desistência voluntária, arrependimento eficaz e arrependimento posterior, crime impossível, justificantes e dirimentes, conflito aparente de leis penais, incidência ou não de imunidade, erro de tipo, dentre outras.

Mencione-se, aliás, que não há diferença entre o status das convicções jurídicas dos operadores do direito, que possuem igual formação jurídica, sendo elas manifestadas no mesmo patamar, e apenas em momentos distintos.

O fato de a carreira do delegado ser também policial em nada afeta sua juridicidade. Trata-se de órgão policial específico no campo da segurança pública, com cargo responsável por tomar deliberações jurídicas urgentes em sede pré-judicial. A autoridade policial dá a última palavra na seara policial, por meio de decisão de teor jurídico. A existência dessa carreira evita que todo suspeito capturado por milicianos seja automaticamente encarcerado, que todo patrimônio arrecadado por policiais ostensivos seja instantaneamente apreendido, que elementos ilicitamente angariados pelos policiais de rua sejam aproveitados, e que suspeitas açodadas se convolem em acusações infundadas.

Por isso mesmo afirmou o legislador:

O delegado de polícia não é um mero aplicador da lei, mas um operador do direito, que faz análise dos fatos apresentados e das normas vigentes, para então extrair as circunstâncias que lhe permitam agir dentro da lei. (...) A atividade do delegado de polícia, por lidar diretamente com a proteção de direitos individuais especialmente tutelados pelo Estado, demanda profissionais qualificados.

Em sentido semelhante a doutrina:

Interessante notar que o inquérito policial atinge os direitos fundamentais mais importantes do cidadão, quais sejam, liberdade, patrimônio e intimidade. Quando o delegado decide, por autoridade própria, prender alguém em flagrante, apreender seus bens ou acessar certos dados sigilosos, atinge o que uma pessoa possui de mais relevante. Retirando-se as circunstâncias, atinge-se o eu. (...)

Resguardada, nessa análise técnico-jurídica, sua independência funcional, o que significa que a deliberação emana do seu livre convencimento motivado. Não faria sentido algum conferir ao delegado de polícia tamanho poder decisório se tivesse receio de decidir conforme sua consciência, embasado no ordenamento jurídico.

A autoridade policial, munida do poder discricionário na condução da investigação, só deve satisfações à lei. (...) A condição de autoridade que reveste o cargo de delegado, faz com que aja com completa independência na condução da investigação policial, desautorizando qualquer determinação que seja contrária à sua convicção.

O livre convencimento técnico-jurídico do delegado de polícia deriva do fato de o inquérito policial ser um procedimento discricionário (CPP, art. 14). A isenção e imparcialidade, por sua vez, são consectários lógicos dos princípios da impessoalidade e moralidade, previstos expressamente no art. 37, caput da Constituição Federal.

O modelo de investigação "inquérito policial" implica não apenas o domínio fático da investigação pela polícia, como, também, a autonomia plena dos atos investigativos, sem que, necessariamente, o Ministério Público a priori se manifeste sobre esses atos. Da mesma maneira, para os atos que não impliquem necessária invasão em direitos fundamentais, também não se cogita de qualquer interferência judicial.

Nessa esteira, o delegado de polícia deve adotar postura isonômica, realizando sua análise técnico-jurídica (art. 2º, §6º da Lei 12.830/13) com independência funcional e sem qualquer direcionamento a priori.

Em linha equivalente vaticinou a Corte Suprema:

O indiciamento, que não se reduz à condição de ato estatal meramente discricionário, supõe, para legitimar-se em face do ordenamento positivo, a formulação, pela autoridade policial (e por esta apenas), de um juízo de valor fundado na existência de elementos indiciários idôneos que deem suporte à suspeita de autoria ou de participação do agente na prática delituosa.

O indiciamento, a denúncia e a sentença representam, respectivamente, atos de competência privativa do Delegado de Polícia, do Ministério Público e do Poder Judiciário, sendo vedada a interferência recíproca nas atribuições alheias, sob pena de subversão do modelo acusatório, baseado na separação entre as funções de investigar, acusar e julgar.

A Corte Interamericana de Direitos Humanos ensinou:

O dever de investigar é (...) obrigação deve ser assumida pelo Estado (...) o que não se contrapõe ao direito de que gozam as vítimas de violações dos direitos humanos ou seus familiares de serem ouvidos durante o processo de investigação e tramitação judicial, bem como de participar amplamente dessas etapas.

À luz desse dever, uma vez que as autoridades estatais tenham conhecimento do fato, devem iniciar ex officio e sem demora uma investigação séria, imparcial e efetiva.

Fácil notar que o delegado de polícia sobressai-se como a primeira autoridade estatal a preservar os direitos fundamentais, não só das vítimas, mas também dos próprios investigados. Amputar a liberdade funcional da autoridade policial equivale a retirar do cidadão a certeza de que será investigado por autoridade independente, invertendo a lógica democrática e tratando a Polícia Judiciária como órgão de governo, e não de Estado.

Ademais, o fato de a Polícia Judiciária estar posicionada topograficamente no capítulo da Constituição que trata da segurança pública não impede o seu reconhecimento como função essencial à justiça. Afinal, a verdadeira categorização do órgão se revela mais pela natureza de sua função do que pelo seu circunstancial etiquetamento formal. Por isso a constatação da doutrina:

A função de polícia judiciária, muito embora não figure expressamente no capítulo das funções essenciais à justiça (arts. 127 a 135, CF/1988), implicitamente trata-se de função essencial à justiça em razão de fortalecer o sistema acusatório na medida em que o juiz está despido da função de investigar o que está entregue ao órgão próprio para tanto.

A Polícia Judiciária, ao exercer função essencial à justiça, não tem compromisso com acusação ou defesa, mas apenas com a busca de verdade. Seu primeiro benefício não é perseguir o criminoso, mas proteger o inculpado.

Ora, se em regra o processo penal (e com isso a justiça criminal) tem amparo no inquérito policial, sendo a investigação policial indispensável na esmagadora maioria dos casos, evidentemente o trabalho da Polícia Judiciária se mostra como essencial à justiça. Num sistema em que a investigação criminal é exclusiva de Estado, exigindo a coleta de elementos com confiabilidade, natural que o inquérito presidido pelo delegado seja a fonte principal de provas para a justiça.

Contudo, enquanto a natureza jurídica da carreira de delegado já encontra previsão expressa em norma federal, o mesmo não ocorre ainda quanto à independência funcional da autoridade policial e à catalogação da Polícia Judiciária como função essencial à justiça. Postura legislativa inconveniente, por deixar o assunto sob regência exclusiva de norma estadual.

Por fim, nunca é demais grifar que debates sobre a juridicidade da carreira do delegado e sua independência funcional, e a caracterização da Polícia Judiciária como função essencial à justiça não se resumem à mera discussão corporativista ou disputa por poder. Cuida-se da proteção à devida investigação criminal e à tutela de direitos fundamentais, não só da vítima e das testemunhas, mas do próprio investigado. Somente assim é possível materializar a via pavimentada a ser percorrida pelo Estado para que a atuação restritiva na esfera de liberdades públicas do cidadão não se convole em arbítrio. Se o investigado quer ser protegido contra abusos, deve exigir que o Estado não permita a submissão do delegado de polícia a toda sorte de pressões políticas, sociais e econômicas. Servem a carreira jurídica, a independência funcional e o reconhecimento de função essencial à justiça exatamente como antídotos contra tais males".

☑ QUESTÕES DE CONCURSOS ACERCA DA LEI QUE TRATA DA INVESTIGAÇÃO CRIMINAL CONDUZIDA PELO DELEGADO DE POLÍCIA, COM GABARITO E COMENTÁRIOS:

1. ***(IBFC – PC-RJ – PAPILOSCOPISTA POLICIAL – 2014)*** *Sobre a Lei nº 12.830/2013, que dispõe sobre a investigação criminal conduzida pelo delegado de polícia, assinale a alternativa correta:*

   (A) *As funções de polícia judiciária e a apuração de infrações penais exercidas pelo delegado de polícia são de natureza jurídica e essenciais, porém, não exclusivas de Estado.*

   (B) *Ao delegado de polícia, na qualidade de autoridade policial, cabe a condução da investigação criminal somente por meio de inquérito policial, que tem como objetivo a apuração das circunstâncias, da materialidade e da autoria das infrações penais.*

   (C) *Durante a investigação criminal, cabe ao delegado de polícia representar ao juiz para a realização de perícias, obtenção de informações, documentos e dados que interessem à apuração dos fatos.*

   (D) *A remoção do delegado de polícia dar-se-á somente por ato fundamentado.*

   (E) *Em nenhuma hipótese, o inquérito policial ou outro procedimento previsto em lei em curso poderá ser avocado ou redistribuído por superior hierárquico.*

Resposta*: A única alternativa correta é a constante na letra "D", encontrando respaldo no art. 2º, § 5º, da Lei Federal nº 12.830/13.*

2. ***(DELEGADO DE POLÍCIA – PC-SC – ACAFE – 2014)*** *O indiciamento, privativo do Ministério Público, dar-se-á por ato fundamentado, mediante análise técnico-jurídica do*

fato, que deverá indicar a autoria, materialidade e suas circunstâncias.

Resposta: Errado. *O indiciamento é ato privativo do Delegado de Polícia, consoante comando insculpido no art. 2º, § 6º, da Lei Federal nº 12.830/13.*

3. **(DELEGADO DE POLÍCIA – PC-SC – ACAFE – 2014)** *A remoção do delegado de polícia dar-se-á somente a requerimento deste, pois possui a garantia constitucional da inamovibilidade.*

Resposta: Errado. *Delegado de Polícia não tem inamovibilidade. A remoção deverá observar o regramento constante no art. 2º, § 5º, da Lei Federal nº 12.830/13.*

4. **(DELEGADO DE POLÍCIA – PC-SC – ACAFE – 2014)** *O cargo de delegado de polícia é privativo de bacharel em Direito, devendo-lhe ser dispensado o mesmo tratamento protocolar que recebem os magistrados, os membros da Defensoria Pública e do Ministério Público e os advogados.*

Resposta: Certo. *A justificativa legal está no art. 3º, da Lei Federal nº 12.830/13.*

5. **(DELEGADO DE POLÍCIA – PC-SC – ACAFE – 2014)** *Ao delegado de polícia, na qualidade de autoridade policial, cabe a condução da investigação criminal por meio de inquérito policial ou outro procedimento policial previsto em lei, que tem como objetivo a apuração das circunstâncias, da materialidade e da autoria das infrações penais.*

Resposta: Certo. *A justificativa legal está no art. 2º, § 1º, da Lei Federal nº 12.830/13.*

6. **(PROMOTOR DE JUSTIÇA – MPE-SC – 2014)** *Ao dispor sobre a investigação criminal conduzida pelo delegado de polícia, a Lei nº 12.830/2013 determinou que o inquérito policial ou outro procedimento previsto em lei em curso somente poderá ser avocado ou redistribuído por superior hierárquico, mediante despacho fundamentado, por motivo de interesse público ou nas hipóteses de inobservância dos procedimentos previstos em regulamento da corporação que prejudique a eficácia da investigação.*

Resposta: Certo. *A justificativa legal está no art. 2º, § 4º, da Lei Federal nº 12.830/13.*

7. **(DELEGADO DE POLÍCIA – PC-SC – ACAFE – 2014)** *Durante a investigação criminal, cabe ao delegado de polícia a requisição de perícia, informações, documentos e dados que interessem à apuração dos fatos.*

Resposta: Certo. *A justificativa legal está no art. 2º, § 2º, da Lei Federal nº 12.830/13.*

8. **(IBFC – PC-RJ – OFICIAL DE CARTÓRIO – 2013)** *No atual Estado Democrático de Direito o investigado não é mais visto como objeto de investigação, mas sim como sujeito de direitos, devendo assim ser tratado em todas as fases da persecução penal. Sob a luz desta moderna perspectiva processual e visando efetivar direitos e garantias fundamentais consagrados constitucionalmente, foi editada a Lei nº 12.830/2013, que trata da investigação criminal conduzida pelo delegado de polícia. Considerando a sistemática constitucional de garantias processuais e o que dispõe a referida Lei Federal sobre o ato de indiciamento, podemos afirmar corretamente que:*

(A) *Quando o inquérito policial for concluído sem o formal indiciamento do suspeito, devido à convicção do delegado de polícia de que sobre este não recaem indícios suficientes de autoria delitiva, poderá o juiz determinar que se realize o referido ato, caso tenha recebido a denúncia oferecida pelo Ministério Público contra o investigado.*

(B) *O ato de indiciamento poderá ser requisitado ao delegado de polícia pelo membro do Ministério Público que realizou diretamente a apuração da infração penal e denunciou o seu autor, a fim de que conste nos registros policiais a investigação realizada pelo órgão acusador.*

(C) *O indiciamento é ato privativo do delegado de polícia, aperfeiçoado em despacho técnico-jurídico fundamentado, que indicará as provas de materialidade e de autoria delitiva e as circunstâncias do fato delituoso.*

(D) *Tratando-se o indiciamento de ato voltado à formalização da suspeita em procedimento instaurado para apurar infração penal e sua autoria, poderá ser realizado por qualquer autoridade pública que presida essa espécie de procedimento, mesmo sem amparo constitucional e legal expressos.*

(E) *O delegado de polícia pode indiciar ou deixar de indiciar alguém por simples subjetivismo, pois a formalização da suspeita é ato discricionário da autoridade policial que preside a investigação criminal, não encontrando limites constitucionais e legais que o vinculam.*

***Resposta**: A única alternativa correta é a constante na letra "C", encontrando respaldo no art. 2º, § 6º, da Lei Federal nº 12.830/13.*

XIX) ORGANIZAÇÃO CRIMINOSA (LEI FEDERAL Nº 12.850/2013)

Define organização criminosa e dispõe sobre a investigação criminal, os meios de obtenção da prova, infrações penais correlatas e o procedimento criminal; altera o Decreto-Lei nº 2.848, de 7 de dezembro de 1940 (Código Penal); revoga a Lei nº 9.034, de 3 de maio de 1995; e dá outras providências.

CAPÍTULO I

DA ORGANIZAÇÃO CRIMINOSA

Art. 1º Esta Lei define organização criminosa e dispõe sobre a investigação criminal, os meios de obtenção da prova, infrações penais correlatas e o procedimento criminal a ser aplicado.

§ 1º Considera-se organização criminosa a associação de 4 (quatro) ou mais pessoas estruturalmente ordenada e caracterizada pela divisão de tarefas, ainda que informalmente, com objetivo de obter, direta ou indiretamente, vantagem de qualquer natureza, mediante a prática de infrações penais cujas penas máximas sejam superiores a 4 (quatro) anos, ou que sejam de caráter transnacional.

§ 2º Esta Lei se aplica também:

I – às infrações penais previstas em tratado ou convenção internacional quando, iniciada a execução no País, o resultado tenha ou devesse ter ocorrido no estrangeiro, ou reciprocamente;

II – às organizações terroristas, entendidas como aquelas voltadas para a prática dos atos de terrorismo legalmente definidos. (Redação dada pela lei nº 13.260, de 16-3-2016)

Art. 2º Promover, constituir, financiar ou integrar, pessoalmente ou por interposta pessoa, organização criminosa:

Pena – reclusão, de 3 (três) a 8 (oito) anos, e multa, sem prejuízo das penas correspondentes às demais infrações penais praticadas.

§ 1º Nas mesmas penas incorre quem impede ou, de qualquer forma, embaraça a investigação de infração penal que envolva organização criminosa.

§ 2º As penas aumentam-se até a metade se na atuação da organização criminosa houver emprego de arma de fogo.

§ 3º A pena é agravada para quem exerce o comando, individual ou coletivo, da organização criminosa, ainda que não pratique pessoalmente atos de execução.

§ 4º A pena é aumentada de 1/6 (um sexto) a 2/3 (dois terços):

I – se há participação de criança ou adolescente;

II – se há concurso de funcionário público, valendo-se a organização criminosa dessa condição para a prática de infração penal;

III – se o produto ou proveito da infração penal destinar-se, no todo ou em parte, ao exterior;

IV – se a organização criminosa mantém conexão com outras organizações criminosas independentes;

V – se as circunstâncias do fato evidenciarem a transnacionalidade da organização.

§ 5º Se houver indícios suficientes de que o funcionário público integra organização criminosa, poderá o juiz determinar seu afastamento cautelar do cargo, emprego ou função, sem prejuízo da remuneração, quando a medida se fizer necessária à investigação ou instrução processual.

§ 6º A condenação com trânsito em julgado acarretará ao funcionário público a perda do cargo, função, emprego ou mandato eletivo e a interdição para o exercício de função ou cargo público pelo prazo de 8 (oito) anos subsequentes ao cumprimento da pena.

§ 7º Se houver indícios de participação de policial nos crimes de que trata esta Lei, a Corregedoria de Polícia instaurará inquérito policial e comunicará ao Ministério Público, que designará membro para acompanhar o feito até a sua conclusão.

CAPÍTULO II

DA INVESTIGAÇÃO E DOS MEIOS DE OBTENÇÃO DA PROVA

Art. 3º Em qualquer fase da persecução penal, serão permitidos, sem prejuízo de outros já previstos em lei, os seguintes meios de obtenção da prova:

I – colaboração premiada;

II – captação ambiental de sinais eletromagnéticos, ópticos ou acústicos;

III – ação controlada;

IV – acesso a registros de ligações telefônicas e telemáticas, a dados cadastrais constantes de bancos de dados públicos ou privados e a informações eleitorais ou comerciais;

V – interceptação de comunicações telefônicas e telemáticas, nos termos da legislação específica;

VI – afastamento dos sigilos financeiro, bancário e fiscal, nos termos da legislação específica;

VII – infiltração, por policiais, em atividade de investigação, na forma do art. 11;

VIII – cooperação entre instituições e órgãos federais, distritais, estaduais e municipais na busca de provas e informações de interesse da investigação ou da instrução criminal.

§ 1º Havendo necessidade justificada de manter sigilo sobre a capacidade investigatória, poderá ser dispensada licitação para contratação de serviços técnicos especializados, aquisição ou locação de equipamentos destinados à polícia judiciária para o rastreamento e obtenção de provas previstas nos incisos II e V. (Incluído pela Lei nº 13.097, de 19-1-2015)

§ 2º No caso do § 1º, fica dispensada a publicação de que trata o parágrafo único do art. 61 da Lei nº 8.666, de 21 de junho de 1993, devendo ser comunicado o órgão de controle interno da realização da contratação. (Incluído pela Lei nº 13.097, de 19-1-2015)

Seção I

Da Colaboração Premiada

Art. 4º O juiz poderá, a requerimento das partes, conceder o perdão judicial, reduzir em até 2/3 (dois terços) a pena privativa de liberdade ou substituí-la por restritiva de direitos daquele que tenha colaborado efetiva e voluntariamente com a investigação e com o processo criminal, desde que dessa colaboração advenha um ou mais dos seguintes resultados:

I – a identificação dos demais coautores e partícipes da organização criminosa e das infrações penais por eles praticadas;

II – a revelação da estrutura hierárquica e da divisão de tarefas da organização criminosa;

III – a prevenção de infrações penais decorrentes das atividades da organização criminosa;

IV – a recuperação total ou parcial do produto ou do proveito das infrações penais praticadas pela organização criminosa;

V – a localização de eventual vítima com a sua integridade física preservada.

§ 1º Em qualquer caso, a concessão do benefício levará em conta a personalidade do colaborador, a natureza, as circunstâncias, a gravidade e a repercussão social do fato criminoso e a eficácia da colaboração.

§ 2º Considerando a relevância da colaboração prestada, o Ministério Público, a qualquer tempo, e o delegado de polícia, nos autos do inquérito policial, com a manifestação do Ministério Público, poderão requerer ou representar ao juiz pela concessão de perdão judicial ao colaborador, ainda que esse benefício não tenha sido previsto na proposta inicial, aplicando-se, no que couber, o art. 28 do Decreto-Lei nº 3.689, de 3 de outubro de 1941 (Código de Processo Penal).

§ 3º O prazo para oferecimento de denúncia ou o processo, relativos ao colaborador, poderá ser suspenso por até 6 (seis) meses, prorrogáveis por igual período, até que sejam cumpridas as medidas de colaboração, suspendendo-se o respectivo prazo prescricional.

§ 4º Nas mesmas hipóteses do caput, o Ministério Público poderá deixar de oferecer denúncia se o colaborador:

I – não for o líder da organização criminosa;

II – for o primeiro a prestar efetiva colaboração nos termos deste artigo.

§ 5º Se a colaboração for posterior à sentença, a pena poderá ser reduzida até a metade ou

será admitida a progressão de regime ainda que ausentes os requisitos objetivos.

§ 6º O juiz não participará das negociações realizadas entre as partes para a formalização do acordo de colaboração, que ocorrerá entre o delegado de polícia, o investigado e o defensor, com a manifestação do Ministério Público, ou, conforme o caso, entre o Ministério Público e o investigado ou acusado e seu defensor.

§ 7º Realizado o acordo na forma do § 6º, o respectivo termo, acompanhado das declarações do colaborador e de cópia da investigação, será remetido ao juiz para homologação, o qual deverá verificar sua regularidade, legalidade e voluntariedade, podendo para este fim, sigilosamente, ouvir o colaborador, na presença de seu defensor.

§ 8º O juiz poderá recusar homologação à proposta que não atender aos requisitos legais, ou adequá-la ao caso concreto.

§ 9º Depois de homologado o acordo, o colaborador poderá, sempre acompanhado pelo seu defensor, ser ouvido pelo membro do Ministério Público ou pelo delegado de polícia responsável pelas investigações.

§ 10. As partes podem retratar-se da proposta, caso em que as provas autoincriminatórias produzidas pelo colaborador não poderão ser utilizadas exclusivamente em seu desfavor.

§ 11. A sentença apreciará os termos do acordo homologado e sua eficácia.

§ 12. Ainda que beneficiado por perdão judicial ou não denunciado, o colaborador poderá ser ouvido em juízo a requerimento das partes ou por iniciativa da autoridade judicial.

§ 13. Sempre que possível, o registro dos atos de colaboração será feito pelos meios ou recursos de gravação magnética, estenotipia, digital ou técnica similar, inclusive audiovisual, destinados a obter maior fidelidade das informações.

§ 14. Nos depoimentos que prestar, o colaborador renunciará, na presença de seu defensor, ao direito ao silêncio e estará sujeito ao compromisso legal de dizer a verdade.

§ 15. Em todos os atos de negociação, confirmação e execução da colaboração, o colaborador deverá estar assistido por defensor.

§ 16. Nenhuma sentença condenatória será proferida com fundamento apenas nas declarações de agente colaborador.

Art. 5º São direitos do colaborador:

I – usufruir das medidas de proteção previstas na legislação específica;

II – ter nome, qualificação, imagem e demais informações pessoais preservados;

III – ser conduzido, em juízo, separadamente dos demais coautores e partícipes;

IV – participar das audiências sem contato visual com os outros acusados;

V – não ter sua identidade revelada pelos meios de comunicação, nem ser fotografado ou filmado, sem sua prévia autorização por escrito;

VI – cumprir pena em estabelecimento penal diverso dos demais corréus ou condenados.

Art. 6º O termo de acordo da colaboração premiada deverá ser feito por escrito e conter:

I – o relato da colaboração e seus possíveis resultados;

II – as condições da proposta do Ministério Público ou do delegado de polícia;

III – a declaração de aceitação do colaborador e de seu defensor;

IV – as assinaturas do representante do Ministério Público ou do delegado de polícia, do colaborador e de seu defensor;

V – a especificação das medidas de proteção ao colaborador e à sua família, quando necessário.

Art. 7º O pedido de homologação do acordo será sigilosamente distribuído, contendo apenas informações que não possam identificar o colaborador e o seu objeto.

§ 1º As informações pormenorizadas da colaboração serão dirigidas diretamente ao juiz a que recair a distribuição, que decidirá no prazo de 48 (quarenta e oito) horas.

§ 2º O acesso aos autos será restrito ao juiz, ao Ministério Público e ao delegado de polícia, como forma de garantir o êxito das investigações, assegurando-se ao defensor, no interesse do representado, amplo acesso aos elementos de prova que digam respeito ao exercício do direito de defesa, devidamente

precedido de autorização judicial, ressalvados os referentes às diligências em andamento.

§ 3º O acordo de colaboração premiada deixa de ser sigiloso assim que recebida a denúncia, observado o disposto no art. 5º.

Seção II

Da Ação Controlada

Art. 8º Consiste a ação controlada em retardar a intervenção policial ou administrativa relativa à ação praticada por organização criminosa ou a ela vinculada, desde que mantida sob observação e acompanhamento para que a medida legal se concretize no momento mais eficaz à formação de provas e obtenção de informações.

§ 1º O retardamento da intervenção policial ou administrativa será previamente comunicado ao juiz competente que, se for o caso, estabelecerá os seus limites e comunicará ao Ministério Público.

§ 2º A comunicação será sigilosamente distribuída de forma a não conter informações que possam indicar a operação a ser efetuada.

§ 3º Até o encerramento da diligência, o acesso aos autos será restrito ao juiz, ao Ministério Público e ao delegado de polícia, como forma de garantir o êxito das investigações.

§ 4º Ao término da diligência, elaborar-se-á auto circunstanciado acerca da ação controlada.

Art. 9º Se a ação controlada envolver transposição de fronteiras, o retardamento da intervenção policial ou administrativa somente poderá ocorrer com a cooperação das autoridades dos países que figurem como provável itinerário ou destino do investigado, de modo a reduzir os riscos de fuga e extravio do produto, objeto, instrumento ou proveito do crime.

Seção III

Da Infiltração de Agentes

Art. 10. A infiltração de agentes de polícia em tarefas de investigação, representada pelo delegado de polícia ou requerida pelo Ministério Público, após manifestação técnica do delegado de polícia quando solicitada no curso de inquérito policial, será precedida de circunstanciada, motivada e sigilosa autorização judicial, que estabelecerá seus limites.

§ 1º Na hipótese de representação do delegado de polícia, o juiz competente, antes de decidir, ouvirá o Ministério Público.

§ 2º Será admitida a infiltração se houver indícios de infração penal de que trata o art. 1º e se a prova não puder ser produzida por outros meios disponíveis.

§ 3º A infiltração será autorizada pelo prazo de até 6 (seis) meses, sem prejuízo de eventuais renovações, desde que comprovada sua necessidade.

§ 4º Findo o prazo previsto no § 3º, o relatório circunstanciado será apresentado ao juiz competente, que imediatamente cientificará o Ministério Público.

§ 5º No curso do inquérito policial, o delegado de polícia poderá determinar aos seus agentes, e o Ministério Público poderá requisitar, a qualquer tempo, relatório da atividade de infiltração.

Art. 11. O requerimento do Ministério Público ou a representação do delegado de polícia para a infiltração de agentes conterão a demonstração da necessidade da medida, o alcance das tarefas dos agentes e, quando possível, os nomes ou apelidos das pessoas investigadas e o local da infiltração.

Art. 12. O pedido de infiltração será sigilosamente distribuído, de forma a não conter informações que possam indicar a operação a ser efetivada ou identificar o agente que será infiltrado.

§ 1º As informações quanto à necessidade da operação de infiltração serão dirigidas diretamente ao juiz competente, que decidirá no prazo de 24 (vinte e quatro) horas, após manifestação do Ministério Público na hipótese de representação do delegado de polícia, devendo-se adotar as medidas necessárias para o êxito das investigações e a segurança do agente infiltrado.

§ 2º Os autos contendo as informações da operação de infiltração acompanharão a denúncia do Ministério Público, quando serão disponibilizados à defesa, assegurando-se a preservação da identidade do agente.

§ 3º Havendo indícios seguros de que o agente infiltrado sofre risco iminente, a operação será sustada mediante requisição do Ministério Público ou pelo delegado de polícia,

dando-se imediata ciência ao Ministério Público e à autoridade judicial.

Art. 13. O agente que não guardar, em sua atuação, a devida proporcionalidade com a finalidade da investigação, responderá pelos excessos praticados.

Parágrafo único. Não é punível, no âmbito da infiltração, a prática de crime pelo agente infiltrado no curso da investigação, quando inexigível conduta diversa.

Art. 14. São direitos do agente:

I - recusar ou fazer cessar a atuação infiltrada;

II - ter sua identidade alterada, aplicando-se, no que couber, o disposto no art. 9º da Lei nº 9.807, de 13 de julho de 1999, bem como usufruir das medidas de proteção a testemunhas;

III - ter seu nome, sua qualificação, sua imagem, sua voz e demais informações pessoais preservadas durante a investigação e o processo criminal, salvo se houver decisão judicial em contrário;

IV - não ter sua identidade revelada, nem ser fotografado ou filmado pelos meios de comunicação, sem sua prévia autorização por escrito.

Seção IV

Do Acesso a Registros, Dados Cadastrais, Documentos e Informações

Art. 15. O delegado de polícia e o Ministério Público terão acesso, independentemente de autorização judicial, apenas aos dados cadastrais do investigado que informem exclusivamente a qualificação pessoal, a filiação e o endereço mantidos pela Justiça Eleitoral, empresas telefônicas, instituições financeiras, provedores de internet e administradoras de cartão de crédito.

Art. 16. As empresas de transporte possibilitarão, pelo prazo de 5 (cinco) anos, acesso direto e permanente do juiz, do Ministério Público ou do delegado de polícia aos bancos de dados de reservas e registro de viagens.

Art. 17. As concessionárias de telefonia fixa ou móvel manterão, pelo prazo de 5 (cinco) anos, à disposição das autoridades mencionadas no art. 15, registros de identificação dos números dos terminais de origem e de destino das ligações telefônicas internacionais, interurbanas e locais.

Seção V

Dos Crimes Ocorridos na Investigação e na Obtenção da Prova

Art. 18. Revelar a identidade, fotografar ou filmar o colaborador, sem sua prévia autorização por escrito:

Pena - reclusão, de 1 (um) a 3 (três) anos, e multa.

Art. 19. Imputar falsamente, sob pretexto de colaboração com a Justiça, a prática de infração penal a pessoa que sabe ser inocente, ou revelar informações sobre a estrutura de organização criminosa que sabe inverídicas:

Pena - reclusão, de 1 (um) a 4 (quatro) anos, e multa.

Art. 20. Descumprir determinação de sigilo das investigações que envolvam a ação controlada e a infiltração de agentes:

Pena - reclusão, de 1 (um) a 4 (quatro) anos, e multa.

Art. 21. Recusar ou omitir dados cadastrais, registros, documentos e informações requisitadas pelo juiz, Ministério Público ou delegado de polícia, no curso de investigação ou do processo:

Pena - reclusão, de 6 (seis) meses a 2 (dois) anos, e multa.

Parágrafo único. Na mesma pena incorre quem, de forma indevida, se apossa, propala, divulga ou faz uso dos dados cadastrais de que trata esta Lei.

CAPÍTULO III

DISPOSIÇÕES FINAIS

Art. 22. Os crimes previstos nesta Lei e as infrações penais conexas serão apurados mediante procedimento ordinário previsto no Decreto-Lei nº 3.689, de 3 de outubro de 1941 (Código de Processo Penal), observado o disposto no parágrafo único deste artigo.

Parágrafo único. A instrução criminal deverá ser encerrada em prazo razoável, o qual não poderá exceder a 120 (cento e vinte) dias quando o réu estiver preso, prorrogáveis em até igual período, por decisão fundamentada, devidamente motivada pela complexidade da causa ou por fato procrastinatório atribuível ao réu.

Art. 23. O sigilo da investigação poderá ser decretado pela autoridade judicial competente, para garantia da celeridade e da eficácia das diligências investigatórias, assegurando-se ao defensor, no interesse do representado, amplo acesso aos elementos de prova que digam respeito ao exercício do direito de defesa, devidamente precedido de autorização judicial, ressalvados os referentes às diligências em andamento.

Parágrafo único. Determinado o depoimento do investigado, seu defensor terá assegurada a prévia vista dos autos, ainda que classificados como sigilosos, no prazo mínimo de 3 (três) dias que antecedem ao ato, podendo ser ampliado, a critério da autoridade responsável pela investigação.

Art. 24. O art. 288 do Decreto-Lei nº 2.848, de 7 de dezembro de 1940 (Código Penal), passa a vigorar com a seguinte redação:

" Associação Criminosa

Art. 288. Associarem-se 3 (três) ou mais pessoas, para o fim específico de cometer crimes:

Pena – reclusão, de 1 (um) a 3 (três) anos.

Parágrafo único. A pena aumenta-se até a metade se a associação é armada ou se houver a participação de criança ou adolescente." (NR)

Art. 25. O art. 342 do Decreto-Lei nº 2.848, de 7 de dezembro de 1940 (Código Penal), passa a vigorar com a seguinte redação:

"Art. 342. ....

....

Pena – reclusão, de 2 (dois) a 4 (quatro) anos, e multa.

..

......................" (NR)

Art. 26. Revoga-se a Lei nº 9.034, de 3 de maio de 1995.

Art. 27. Esta Lei entra em vigor após decorridos 45 (quarenta e cinco) dias de sua publicação oficial".

COMENTÁRIOS

I. Conceito e Delimitação:

A Lei nº 12.850/13 definiu a organização criminosa no seu artigo 1º, § 1º: *"considera-se organização criminosa a associação de 4 (quatro) ou mais pessoas estruturalmente ordenada e caracterizada pela divisão de tarefas, ainda que informalmente, com objetivo de obter, direta ou indiretamente, vantagem de qualquer natureza, mediante a prática de infrações penais cujas penas máximas sejam superiores a 4 (quatro) anos, ou que sejam de caráter transnacional"*.

Referida legislação, ainda, no seu art. 1º, § 2º, previu os âmbitos de abrangência e de aplicação da organização criminosa, bem como previu, no seu art. 2º, 18, 19, 20 e 21, crimes específicos relacionados à organização criminosa.

Outrossim, no seu art. 26, acabou por revogar expressamente a Lei nº 9.034/95, bem como por modificar, no seu art. 24, o delito de Quadrilha ou bando, definindo, no art. 288, do Código Penal, o tipo penal de Associação criminosa.

No que concerne ao crime organizado propriamente dito, interessante a reflexão de Antônio Baptista Gonçalves e de Edson Nalon Silva, na Revista Síntese[1]:

> *"O Governo Federal relutou para reconhecer a existência das facções criminosas, talvez por medo de admitir a própria ineficiência; afinal, se um grupo de presos se reúne dentro do ambiente prisional e consegue se organizar, mobilizar e estruturar sem ser coibido, no mínimo, há ineficiência estatal. Não saber lidar com os criminosos é o primeiro ponto e foi o grande entrave do Governo Federal durante décadas; assim, em uma das várias tentativas de minorar a criminalidade, o Estado aglutinou os detentos por grau de periculosidade. O resultado foi aproximar lideranças que sequer se conheciam, portanto, puderam trocar experiências, planos, ambições e, em última análise, formar alianças. Foi*

1 REVISTA SÍNTESE nº 4.759, de 8 de outubro de 2019 – Direito Penal e Processual Penal. Disponível em: <http://www.sintese.com/direitoPenal.asp>. Acesso em: 9 out. 2019.

assim que nasceu o Comando Vermelho no Rio de Janeiro e o Primeiro Comando da Capital em São Paulo".

II. Tipos Penais e Procedimentos Policiais Cabíveis:

Os delitos previstos nos artigos 2º, *caput* e § 1º; 19; e 20, todos da Lei 12.850/13, são de maior potencial ofensivo, instrumentalizando-se por meio de Inquérito Policial e se submetendo ao rito do procedimento comum ordinário (art. 394, § 1º, I, CPP), embora os tipos penais dos arts. 19 e 20 aceitem a suspensão condicional do processo, em virtude de as penas mínimas cominadas não serem superiores a 1 (um) ano.

O delito previsto no artigo 18, da Lei 12.850/13, é de médio potencial ofensivo, instrumentalizando-se por meio de Inquérito Policial e se submetendo ao rito do procedimento comum sumário (art. 394, § 1º, II, CPP).

Por derradeiro, o delito previsto no artigo 21, da Lei 12.850/13, é considerado infração penal de menor potencial ofensivo, instrumentalizando-se por meio de Termo Circunstanciado e se submetendo ao rito do procedimento comum sumaríssimo (art. 394, § 1º, III, CPP).

III. Meios Específicos de Prova:

São meios específicos de obtenção de prova previstos no art. 3º, incisos I a VIII, da Lei da Organização Criminosa (LOC):

a) colaboração premiada;
b) captação ambiental de sinais eletromagnéticos, ópticos ou acústicos;
c) ação controlada;
d) acesso a registros de ligações telefônicas e telemáticas, a dados cadastrais constantes de bancos de dados públicos ou privados e a informações eleitorais ou comerciais;
e) interceptação de comunicações telefônicas e telemáticas, nos termos da legislação específica;
f) afastamento dos sigilos financeiro, bancário e fiscal, nos termos da legislação específica;
g) infiltração, por policiais, em atividade de investigação, na forma do art. 11, da Lei 12.850/13;
h) cooperação entre instituições e órgãos federais, distritais, estaduais e municipais na busca de provas e informações de interesse da investigação ou da instrução criminal.

IV. Delação Premiada/Colaboração Premiada:

Delação premiada [2]
*"A delação premiada é o ato consciente e voluntário do acusado ou indiciado, no qual admite a sua participação na obra delituosa, fornece informações de atividades ilícitas praticadas pela organização, imputa fatos criminosos aos comparsas à autoridade judiciária ou policial e, por conseguinte, facilita a desarticulação de associações criminosas. A razão do rótulo premiada não é inócua, pois se atendido todos os requisitos exigidos em lei para a concessão das benesses, acarretará a redução de pena, e até em certos casos, até mesmo a isenção absoluta da sanção penal. Convém ressaltar que a delação premiada é fruto de contrato, ou seja, de um acordo de vontades entre o suspeito e o seu causídico com os órgãos repressivos, quais sejam, o Ministério Público e a Polícia Judiciária". Assunto como esse, caro leitor, de autoria da Dra. Gisele Leite, você poderá encontrar na **Revista SÍNTESE Direito Penal e Processual Penal**.*

Segundo entendimento dos Tribunais Superiores, está autorizado o Delegado

2 REVISTA SÍNTESE nº 4704, de 23 de julho de 2019 – Direito Penal e Processual Penal. Disponível em: <http://www.sintese.com/direitoPenal.asp>. Acesso em: 6 out. 2019.

de Polícia a firmar e conduzir acordos de delação/colaboração premiada, em crimes praticados por organizações criminosas.

A este respeito, recentemente, em junho de 2018, por maioria, na ADI 5.508/16, proposta em abril de 2016 pela Procuradoria-Geral da República, o Plenário do Supremo Tribunal Federal (STF) declarou constitucionais trechos da Lei da Organização Criminosa (Lei nº 12.850/13), que autoriza Delegados de Polícia a firmar e conduzir acordos de delação/colaboração premiada.

Os dispositivos questionados são os arts. 4º, *caput*, § 2º, § 6º e § 9º; 6º, II e IV; e 7º, § 2º, todos da Lei 12.850, de agosto de 2013, que define organização criminosa e dispõe sobre a investigação criminal, os meios de obtenção da prova, infrações penais correlatas e o procedimento criminal, acabando por revogar expressamente a antiga Lei da Organização Criminosa (Lei nº 9.034, de 03 de maio de 1995), consoante art. 26 da novel legislação.

A título de curiosidade, pela relevância do tema, no âmbito da Polícia Civil do Estado do Rio Grande do Sul, a Portaria nº 130/18/GAB/CH/PC estabelece procedimentos e diretrizes a serem observados nas investigações criminais conduzidas pelo Delegado de Polícia, da Polícia Civil do Estado do RS, relacionados à decretação de sigilo e à realização de acordos de colaboração premiada.

Segue, abaixo, a íntegra da referida portaria:

> ***"PORTARIA GAB/CH/PC Nº 130/2018.***
>
> ***Estabelece procedimentos e diretrizes, a serem observados nas investigações criminais conduzidas pela Polícia Civil, relacionados à decretação de sigilo e à realização de acordos de colaboração premiada.***
>
> *O Delegado de Polícia Emerson Wendt, Chefe de Polícia do Estado do Rio Grande do Sul, no uso de suas atribuições legais,*
>
> *CONSIDERANDO a necessidade de padronização dos procedimentos relacionados à decretação de sigilo e à realização de acordos de colaboração premiada, no âmbito da investigação criminal dirigida pelo Delegado de Polícia, como instrumentos que assegurem a eficácia e efetividade dos atos investigatórios, que têm por finalidade a busca da verdade real;*
>
> *CONSIDERANDO a necessidade de compatibilizar a eficácia da investigação com os direitos de informação e de defesa assegurados ao investigado e de seu defensor, nos termos da súmula vinculante nº 14 do Supremo Tribunal Federal e legislação em vigor;*
>
> *CONSIDERANDO que o Supremo Tribunal Federal referendou, nos autos da ADI nº 5508, a constitucionalidade da realização de acordos de colaboração premiada pelo Delegado de Polícia, como instrumento fundamental à efetivação da justiça criminal;*
>
> *CONSIDERANDO ser prerrogativa da Administração Pública a expedição de atos administrativos normativos, no exercício do poder regulamentar, visando à aplicação dos comandos estabelecidos em lei;*
>
> *CONSIDERANDO, finalmente, a competência do Chefe de Polícia prevista no inciso X do art. 10 da Lei nº 10.994/97, bem como nos arts. 365 e 366, inciso XI, do Regimento Interno da Polícia Civil,*
>
> *RESOLVE:*
>
> *Art. 1º Estabelecer procedimentos e diretrizes, a serem observados nas investigações criminais conduzidas pela Polícia Civil, relacionados à decretação de sigilo e à realização de acordos de colaboração premiada.*
>
> *Art. 2º Recomendar que o sigilo decretado pelo Delegado de Polícia no âmbito dos procedimentos investigatórios de sua*

competência, mediante despacho decisório fundamentado, observe o disposto na Súmula 14 do Supremo Tribunal Federal, abrangendo as diligências em andamento, bem como os elementos de informação já documentados nos autos, cujo conhecimento antecipado por parte do investigado ou de seu defensor possa comprometer a eficácia de diligências ulteriores.

Art. 3º O acesso aos documentos não cobertos pelo sigilo de que trata o artigo anterior ou por segredo de justiça deverá ser assegurado pelo Delegado de Polícia ao investigado ou seu defensor, mediante o fornecimento de cópias ou de vista dos autos.

Art. 4º Recomendar que o procedimento de realização de acordos de colaboração premiada, instituído pela Lei nº 12.850/2013 (Lei das Organizações Criminosas), e referendado pelo Supremo Tribunal Federal, nos autos da ADI nº 5508, no âmbito da investigação criminal presidida pelo Delegado de Polícia, observe o cumprimento das seguintes etapas:

I – negociação para a formalização do acordo de colaboração;

II – lavratura do termo de acordo da colaboração premiada;

III – tomada de depoimento do colaborador, o qual renunciará, na presença de seu defensor, ao direito ao silêncio e estará sujeito ao compromisso legal de dizer a verdade;

IV – despacho fundamentado;

V – autuação;

VI – remessa ao juízo, para decisão quanto à homologação;

VII – verificação da efetividade; e

VIII – representação ao juízo pela concessão ou não do benefício.

§ 1º – A negociação para a formalização do acordo de colaboração premiada será realizada entre o Delegado de Polícia, o colaborador e seu defensor.

§ 2º – O termo de acordo da colaboração premiada será lavrado pelo Escrivão de Polícia, contendo:

I – relato da colaboração e seus possíveis resultados;

II – condições da proposta do Delegado de Polícia;

III – declaração de aceitação do colaborador e de seu defensor;

IV – assinaturas do Delegado de Polícia, do colaborador, de seu defensor e do Escrivão de Polícia que o lavrou; e

V – especificação das medidas de proteção ao colaborador e a sua família, quando necessário.

§ 3º – O despacho fundamentado nos autos da colaboração premiada deverá conter:

I – elementos que demonstrem a voluntariedade do colaborador;

II – manifestação quanto à personalidade do colaborador, à natureza, às circunstâncias, à gravidade e à repercussão social do fato criminoso; e

III – análise acerca da possibilidade de eficácia da colaboração.

§ 4º – Todos os atos da colaboração premiada serão autuados em apartado e cadastrados como Registro Especial, com acesso restrito ao Juiz, Ministério Público e Delegado de Polícia.

§ 5º – O defensor, no interesse do representado, poderá ter amplo acesso aos elementos de prova que digam respeito ao exercício do direito de defesa, desde que precedido de autorização judicial e ressalvada a hipótese do artigo 2º desta Portaria.

§ 6º – Realizado o acordo na forma dos parágrafos 1º ao 5º, os autos da colaboração premiada, acompanhados de cópia do inquérito policial, serão remetidos à autoridade judiciária competente, mediante tramitação sigilosa.

§ 7º – Depois de homologado o acordo, o colaborador poderá, sempre

acompanhado de seu defensor, ser ouvido pelo Delegado de Polícia responsável pelas investigações.

§ 8º – O Delegado de Polícia conduzirá as investigações, buscando reunir elementos acerca da prática da infração penal, da veracidade e efetividade do depoimento prestado pelo colaborador.

§ 9º – O Delegado de Polícia e o colaborador poderão retratar-se da proposta, hipótese em que os autos da colaboração premiada serão remetidos ao juízo.

§ 10 – Sendo efetiva a colaboração, com fundamento nos resultados alcançados, o Delegado de Polícia representará ao juízo pela concessão do benefício previsto em lei, ainda que esse benefício não tenha constado da proposta inicial.

§ 11 – Em todos os atos de negociação, confirmação e execução da colaboração, o colaborador deverá estar assistido por defensor.

§ 12 – Sempre que possível, o registro dos atos de colaboração será feito pelos meios ou recursos de gravação magnética, estenotipia, digital ou técnica similar, inclusive audiovisual, destinados a obter maior fidelidade das informações.

Art. 5º Orientar os Delegados de Polícia, quando na condução do procedimento previsto no artigo anterior, e sem prejuízo de sua independência funcional, a manterem estreita relação com os membros do Ministério Público, visando à plena efetividade de eventual ação penal.

Art. 6º Esta Portaria entra em vigor na data de sua publicação.

Publique-se e cumpra-se.

Porto Alegre, 11 de julho de 2018.

Emerson Wendt

Delegado de Polícia,

Chefe de Polícia.

Proa. 18/1204-0012034-7.

Boletim Regimental nº 79/2018".

V. Ação Controlada:

A ação controlada consiste no retardamento da intervenção do aparato estatal, que deve ocorrer no momento mais oportuno do ponto de vista da investigação policial.

Cuida-se de importante técnica especial de investigação, prevista expressamente nos arts. 3º, III; 8º; e 9º, todos da Lei nº 12.850/13.

Depende de "comunicação judicial" e não de "autorização judicial".

VI. Infiltração Policial:

São requisitos necessários para a infiltração policial, meio específico de obtenção de prova previsto nos arts. 3º, VII, 10, 11, 12, 13 e 14, todos da Lei Federal nº 12.850/13, os seguintes:

a) prévia autorização judicial (art. 10, LOC);

b) *fumus comissi delicti* (prova da existência dos crimes e indícios suficientes de autoria) e *periculum in mora* (periculosidade dos agentes);

c) indispensabilidade da infiltração (art. 10, § 2º, LOC);

d) anuência do agente policial (art. 14, I, LOC).

Para Nucci[3], a infiltração policial ou infiltração de agentes tem natureza jurídica de "*meio de prova misto, envolvendo a busca e a testemunha, visto que o agente infiltrado busca provas enquanto conhece a estrutura e as atividades da organização e será ouvido, futuramente, como testemunha*".

No que concerne especificamente ao conceito de infiltração de agentes, por ser elucidativo, segue o magistério de Nucci[4]:

3 NUCCI, Guilherme de Souza. **Leis Penais e Processuais Penais Comentadas**, v. 2. 10. ed. Rio de Janeiro: Forense, 2017, p. 812.

4 Ibidem, p. 811.

"Representa uma penetração, em algum lugar ou coisa, de maneira lenta, pouco a pouco, correndo pelos seus meandros. Tal como a infiltração de água, que segue seu caminho pelas pequenas rachaduras de uma laje ou parede, sem ser percebida, o objetivo deste meio de captação de prova tem idêntico perfil. O instituto da infiltração de agentes destina-se justamente a garantir que agentes de polícia, em tarefas de investigação, possam ingressar legalmente no âmbito da organização criminosa, como integrantes, mantendo identidades falsas, acompanhando as suas atividades e conhecendo a sua estrutura, divisão de tarefas e hierarquia interna. Nessa atividade, o agente infiltrado pode valer-se da ação controlada para mais adequadamente desenvolver seus objetivos".

VII. Acesso de Dados Cadastrais:

O acesso pelo Delegado de Polícia e pelo Promotor de Justiça, de dados cadastrais dos investigados por crimes relacionados a Organizações Criminosas, não depende de autorização judicial.

A este respeito, o comando constante no art. 15, da Lei nº 12.850/13 (redação similar encontramos no art. 17-B, da Lei Federal nº 9.613/98, que trata da "Lavagem" de Capitais).

Relativamente à legitimidade ao acesso a registros, dados cadastrais, documentos e informações, assim pontifica Nucci[5]:

"Como regra, a intimidade e a vida privada são bens jurídicos tutelados pela Constituição Federal; invadi-los, para efeito de investigação criminal, deve contar com ordem judicial. No caso deste artigo, autorizam-se o Ministério Público e o Delegado de Polícia a captar, diretamente, sem determinação judicial, dados cadastrais do investigado, relativos à sua qualificação pessoal, filiação e endereço em órgãos públicos (Justiça Eleitoral) e privados (empresas de telefonia, instituições financeiras, provedores da internet e administradoras de cartões de crédito). Não há lesão constitucional, pois esses dados têm natureza pública – e não íntima – podendo ser conhecidos por qualquer pessoa. O nome, a filiação, o endereço, número do RG e do CPF, entre outros, são aspectos concernentes ao indivíduo, mas não de natureza privada. Tanto é verdade que, no momento do interrogatório, o acusado não tem direito ao silêncio na parte relativa aos seus dados pessoais, para preencher a sua qualificação. Qualquer pessoa tem o dever de se identificar perante órgãos estatais, de forma que essa captação pelo MP e pela Polícia independe de autorização judicial".

5 Op. Cit., p. 819.

☑ QUESTÕES DE CONCURSOS ACERCA DA LEI DA ORGANIZAÇÃO CRIMINOSA, COM GABARITO E COMENTÁRIOS:

1. ***(DELEGADO DE POLÍCIA CIVIL DO ESPÍRITO SANTO – CESPE/UNB – 2006)*** *A lei que dispõe sobre o procedimento para a prevenção e a repressão de ações praticadas por organizações criminosas instituiu a ação controlada como supedânea de investigação e de formação de provas, afastando, por consequência, a obrigatoriedade da prisão em flagrante, pela autoridade policial e seus agentes, até o momento mais eficaz para a investigação.*

Resposta: *Certo. Na nova Lei de Combate às Organizações Criminosas (Lei Federal nº 12.850/13), a ação controlada encontra-se prevista no seu art. 8º, assim definida: "Consiste a ação controlada em retardar a intervenção policial ou administrativa relativa à ação praticada por organização criminosa ou a ela vinculada, desde* *que mantida sob observação e acompanhamento para que a medida legal se concretize no momento mais eficaz à formação de provas e obtenção de informações." A Lei 12.850/2013 trouxe inovação importante ao estabelecer, no § 1° do referido dispositivo legal, a necessidade de o retardamento da intervenção ser previamente comunicado ao juiz competente, podendo este, se for o caso, estabelecer seus limites, e devendo, ainda, comunicar ao Ministério Público. Para não desnaturar a diligência probatória, durante a realização do procedimento, o acesso aos autos será restrito ao Juiz, ao Ministério Público e ao Delegado de Polícia, como forma de garantir o êxito das investigações. Ao término da diligência, nos termos do § 4° do precitado dispositivo legal, elaborar-se-á auto circunstanciado acerca da ação controlada.*

2. ***(DEFENSOR PÚBLICO – DPE-GO – CS-UF – 2014)*** *Os crimes previstos na Lei nº 12.850/2013, que define organização criminosa, e as infrações penais conexas, serão apurados mediante procedimento:*

   (A) sumaríssimo, previsto na Lei nº 9.099/1995.

   (B) sumário, previsto no Código de Processo Penal.

   (C) ordinário, previsto no Código de Processo Penal.

   (D) especial, previsto na Constituição Federal.

   (E) extraordinário, previsto na Constituição Federal.

Resposta: *A única alternativa correta é a da letra "C", já que, consoante previsão insculpida no art. 1º, § 1º, in fine, da Lei Federal nº 12.850/13, visa à apuração de infrações penais de maior potencial ofensivo, com pena máxima cominada superior a 4 (quatro) anos, as quais, conforme comando constante no art. 394, § 1º, I, do Código de Processo Penal, submetem-se ao procedimento comum ordinário.*

3. ***(DELEGADO – POLÍCIA CIVIL – TO – 2008 – CESPE/UNB)*** *A lei que dispõe acerca da prevenção e repressão de ações praticadas por organizações criminosas estabeleceu a figura da ação controlada, o que significa que, em determinados casos, a autoridade policial poderá retardar a prisão em flagrante dos investigados, desde que os mantenha sob estrita e ininterrupta vigilância.*

Resposta: Certo. *A figura da ação controlada, prevista no art. 8.º, da Lei Federal nº 12.850/13, é fundamental para respaldar legalmente a conduta da autoridade pública, que deixará de realizar uma prisão em flagrante para aguardar um momento mais oportuno.*

4. ***(PROMOTOR DE JUSTIÇA DO ESTADO DO ESPÍRITO SANTO – CESPE/UNB – 2010)*** *O instituto da delação premiada, previsto na lei que dispõe sobre a utilização de meios operacionais para a prevenção e repressão de ações praticadas por organizações criminosas, possibilita ao juiz a faculdade de reduzir a pena de um a dois terços, quando a colaboração espontânea do agente levar ao esclarecimento de infrações penais e a respectiva autoria.*

Resposta: Errado. *Preenchidos os requisitos legais, conforme dispõe o art. 4°, da Lei Federal nº 12.850/13, o Juiz tem a obrigação (e não a faculdade) de aplicar a diminuição de pena referente à colaboração premiada. Trata-se de uma circunstância minorante (causa de diminuição da pena), não podendo deixar de ser aplicada, quando satisfeitos os requisitos legais.*

5. ***(AGU – PROCURADOR FEDERAL – CESPE/UNB – 2010)*** *Prevê a lei causa de redução da pena em caso de colaboração espontânea do agente envolvido em crime praticado em organização criminosa, desde que essa colaboração leve ao esclarecimento da infração penal e de sua autoria.*

Resposta: Certo. *A colaboração somente será premiada se for eficaz no esclareci-*

mento da infração penal e de sua autoria, conforme dispõe o art. 4º, da Lei Federal nº 12.850/13.

6. ***(PRF – 2013 – CESPE)*** *Durante o inquérito policial, é necessária a autorização judicial para que um agente policial se infiltre em organização criminosa com fins investigativos.*

Resposta: *Certo. A autorização judicial é necessária, nos termos do art. 10, caput, da Lei Federal nº 12.850/13: "a infiltração de agentes de polícia em tarefas de investigação, representada pelo delegado de polícia ou requerida pelo Ministério Público, após manifestação técnica do delegado de polícia quando solicitada no curso de inquérito policial, será precedida de circunstanciada, motivada e sigilosa autorização judicial, que estabelecerá seus limites."*

7. ***(ESCRIVÃO – POLÍCIA CIVIL– ES – 2006 – CESPE/UNB)*** *Nos crimes praticados em organização criminosa, a pena será reduzida de um a dois terços, quando a colaboração espontânea do agente levar ao esclarecimento de infrações penais e à sua autoria.*

Resposta: *Certo. Nos termos do art. 4, da Lei Federal nº 12.850/13, "o juiz poderá, a requerimento das partes, conceder o perdão judicial, reduzir em até 2/3 (dois terços) a pena privativa de liberdade ou substituí-la por restritiva de direitos daquele que tenha colaborado efetiva e voluntariamente com a investigação e com o processo criminal, desde que dessa colaboração advenha um ou mais dos seguintes resultados: I – a identificação dos demais coautores e partícipes da organização criminosa e das infrações penais por eles praticadas; II – a revelação da estrutura hierárquica e da divisão de tarefas da organização criminosa; III – a prevenção de infrações penais decorrentes das atividades da organização criminosa; IV – a recuperação total ou parcial do produto ou do proveito das infrações penais praticadas pela organização criminosa; V – a localização de eventual vítima com a sua integridade física preservada."*

8. ***(DELEGADO DE POLÍCIA – PC-DF – FUNIVERSA – 2015)*** *Considera-se organização criminosa a associação de três ou mais pessoas estruturalmente ordenada e caracterizada pela divisão de tarefas.*

Resposta: *Errado. O conceito de organização criminosa encontra-se insculpido no art. 1º, § 1º, da Lei Federal nº 12.850/13, exigindo um mínimo de 4 (quatro) agentes na empreitada criminosa.*

9. ***(DELEGADO DE POLÍCIA – PC-CE – VUNESP – 2015)*** *Sobre a Lei de Organizações Criminosas, Lei nº 12.850/13, é correto afirmar que pode ter por objeto a investigação de qualquer crime, desde que apenado com reclusão.*

Resposta: *Errado. Nos termos do disposto no art. 1º, § 1º, in fine, da Lei nº 12.850/13, é necessário que a infração penal investigada seja de maior potencial ofensivo, ou seja, com pena máxima cominada superior a 4 (quatro) anos, ou que seja de caráter transnacional.*

10. ***(IBFC – PC-RJ – PAPILOSCOPISTA POLICIAL – 2014)*** *Conforme prevê a Lei nº 12.850/2013 (Lei de Combate às Organizações Criminosas), são direitos do agente infiltrado:*

(A) Praticar crimes no curso da investigação, mesmo quando exigível conduta diversa.

(B) Ter seu nome, sua qualificação, sua imagem, sua voz e demais informações pessoais preservadas durante a investigação e o processo criminal, salvo se houver decisão judicial em contrário.

(C) Fazer cessar a atuação infiltrada por meio de decisão judicial autorizadora, sendo vedado ao agente recusar a atuação.

(D) Guardar a devida proporcionalidade na sua atuação com a finalidade da

investigação, não respondendo pelos excessos praticados.

(E) *Não ter sua identidade revelada, podendo, todavia, ser fotografado ou filmado pelos meios de comunicação independentemente da sua autorização, para que possa ser garantida a liberdade de imprensa.*

Resposta: *A única alternativa correta é a da letra "B", encontrando respaldo legal no art. 14, III, da Lei Federal nº 12.850/13.*

11. (PROMOTOR DE JUSTIÇA – MPE-BA – 2015) *O acordo de colaboração premiada deixa de ser sigiloso assim que recebida a denúncia.*

Resposta: *Certo. A justificativa legal está no art. 7º, § 3º, c/c art. 5º, ambos da Lei Federal nº 12.850/13.*

12. (FUNDATEC – DELEGADO DE POLÍCIA – PC – RS/2018) *A denominada colaboração premiada, amplamente utilizada na atualidade como forma de oposição à criminalidade crescente e cada dia mais organizada, possui previsão em diversas hipóteses no ordenamento jurídico penal brasileiro, sendo correto afirmar-se que:*

(A) *No crime de extorsão mediante sequestro, se houver delação de um dos coautores do crime, e isso contribuir para o esclarecimento do caso e para a prisão dos criminosos, mesmo que não haja a libertação do sequestrado, por circunstâncias alheias à vontade do delator, este poderá obter uma redução de pena de um a dois terços.*

(B) *O juiz poderá, a requerimento das partes, conceder o perdão judicial, reduzir em até dois terços a pena privativa de liberdade, ou substituí-la por restritiva de direitos, daquele que tenha colaborado efetiva e voluntariamente com a investigação e com o processo criminal envolvendo organização criminosa, desde que dessa colaboração advenha um ou mais resultados exigidos pela Lei nº 12.850/2013.*

(C) *A delação premiada prevista para os crimes contra a ordem tributária, Lei nº 8.137/1990, consiste em uma atenuante de pena e terá cabimento somente quando o crime for praticado por associação criminosa.*

(D) *De acordo com a Lei nº 8.072/1990, Lei dos Crimes Hediondos, o integrante de associação criminosa para a prática de crimes hediondos, tortura, tráfico de entorpecentes e drogas afins ou terrorismo, que denunciá-la à autoridade, possibilitando seu desmantelamento, terá a pena reduzida de um terço.*

(E) *De acordo com a Lei de Drogas, Lei nº 11.343/2006, o indiciado ou acusado que colaborar, voluntariamente, com a investigação policial e o processo criminal, mesmo sem auxiliar na identificação de coautores ou partícipes, em caso de condenação, terá a pena reduzida de um terço a dois terços, desde que colabore com a recuperação total ou parcial do produto do crime.*

Resposta: *A única alternativa correta é a constante da letra "B", encontrando respaldo no art. 4º, caput, e incisos I a V, da Lei Federal nº 12.850, de 2 de agosto de 2013 (Lei da Organização Criminosa).*

13. (FUNDATEC – DELEGADO DE POLÍCIA – PC – RS/2018) *A propósito da Lei de Organização Criminosa, Lei nº 12.850/2013, e do crime de Associação Criminosa, Art. 288 do Código Penal, analise as assertivas a seguir:*

I. *O critério distintivo entre associação criminosa e organização criminosa não é o número de indivíduos, mas, sim, o fato de ser a organização criminosa estruturada e organizada, com tarefas divididas. É possível que um grupo tenha mais do que três integrantes, finalidade de praticar crimes com penas superiores a 04 anos e ser enquadrado como associação criminosa.*

II. Para ser reconhecida uma organização criminosa, exige-se a prática de infrações penais cujas penas máximas sejam superiores a quatro anos ou, que sejam de caráter transnacional, o que, como se percebe, é um requisito objetivo e alternativo.

III. As penas previstas para infrações penais praticadas por organização criminosa e por associação criminosa são majoradas no mesmo percentual, se na atuação de uma ou outra houver emprego de arma ou participação de criança ou adolescente.

Quais estão INCORRETAS?

(A) Apenas I.

(B) Apenas II.

(C) Apenas III.

(D) Apenas I e II.

(E) I, II e III.

***Resposta**: Está incorreto apenas o enunciado III, já que, consoante comando constante no art. 288, caput e § único, CP, para o crime de Associação Criminosa o aumento de pena é majorado até a metade, em virtude do emprego de arma ou de participação de criança ou adolescente, enquanto que, no delito de Organização Criminosa, ou Crime Organizado propriamente dito, consoante comando constante no art. 2º, §§ 2º e 4º, I, da Lei Federal nº 12.850/13, a pena é aumentada até a metade, em virtude do emprego de arma de fogo, e aumentada de um sexto (1/6) a dois terços (2/3), se houver participação de criança ou adolescente. Dessa forma, a única alternativa a ser assinalada é a da letra "C".*

14. *(UEG – DELEGADO DE POLÍCIA – PC – GO/2018)* *Nos termos da Lei n. 12.850/2013, a ação controlada consiste em retardar a intervenção policial ou administrativa relativa à ação praticada por organização criminosa ou a ela vinculada, desde que mantida sob observação e acompanhamento para que a medida legal se concretize no momento mais eficaz à formação de provas e obtenção de informações. Acerca desse instituto, verifica-se que*

(A) no início da diligência, elaborar-se-á auto circunstanciado acerca da ação controlada.

(B) a comunicação será sigilosamente distribuída de forma a não conter informações que possam indicar a operação a ser efetuada.

(C) até o encerramento da diligência, o acesso aos autos será restrito ao juiz, ao Ministério Público e à defesa técnica, como forma de garantir o êxito das investigações.

(D) o retardamento da intervenção policial ou administrativa será previamente comunicado ao Ministério Público que, se for o caso, estabelecerá os seus limites e comunicará ao juiz competente.

(E) se envolver transposição de fronteiras, o retardamento da intervenção policial ou administrativa poderá ocorrer sem a cooperação das autoridades dos países que figurem como provável itinerário ou destino do investigado, de modo a reduzir os riscos de fuga e extravio do produto, objeto, instrumento ou proveito do crime.

***Resposta**: A única alternativa correta é a da letra "B". A fundamentação legal para tal assertiva encontra-se insculpida no art. 8º, § 2º, da Lei das Organizações Criminosas (Lei Federal nº 12.850/13).*

15. *(VUNESP – DELEGADO DE POLÍCIA – PC – BA/2018)* *Considere o seguinte caso hipotético.*

O criminoso "X", integrante de uma determinada organização criminosa, após a sentença que o condenou pela prática do crime, decide voluntariamente e na presença de seu defensor, colaborar com as investigações. Nas suas declarações, "X" revela toda a estrutura hierárquica e a divisão de tarefas da organização. Alguns dias após, arrepende-se e decide retratar-se das declarações prestadas. Diante do exposto e nos termos da Lei nº 12.850/2013, é correto afirmar que

(A) *na hipótese de retratação, as provas produzidas pelo colaborador não poderão ser utilizadas em seu desfavor, mas apenas em detrimento dos interesses dos coautores e partícipes.*

(B) *a colaboração premiada é retratável a qualquer tempo, sendo necessário colher a retratação por escrito e desconsiderar integralmente as provas produzidas.*

(C) *após a prolação da sentença, é vedada a retratação, portanto, no presente caso, não há possibilidade de se reconhecer o pedido do criminoso.*

(D) *a colaboração premiada implica em renúncia ao direito ao silêncio, ficando o criminoso sujeito ao compromisso de dizer a verdade; assim sendo, a retratação implicará o cometimento de outro crime.*

(E) *a colaboração premiada, antes ou após a sentença, é irretratável, portanto as provas autoincriminatórias produzidas pelo colaborador poderão ser utilizadas em seu desfavor.*

***Resposta**: A única alternativa correta é a da letra "A". A fundamentação legal para tal assertiva encontra-se insculpida no art. 4º, § 10º, da Lei das Organizações Criminosas (Lei Federal nº 12.850/13).*

16. (VUNESP – DELEGADO DE POLÍCIA – PC – SP/2018) *No que concerne às disposições da Lei nº 12.850/2013 (Lei de Combate às Organizações Criminosas), é correto afirmar que*

(A) *na hipótese de colaboração premiada, o prazo para oferecimento de denúncia, relativo ao colaborador, poderá ser suspenso por até 6 (seis) meses, improrrogáveis, até que sejam cumpridas as medidas de colaboração, suspendendo-se o respectivo prazo prescricional.*

(B) *na hipótese de colaboração premiada, o prazo para oferecimento de denúncia ou o processo, relativos ao colaborador, poderá ser suspenso por até 6 (seis) meses, prorrogáveis por igual período, até que sejam cumpridas as medidas de colaboração, não sendo suspenso o respectivo prazo prescricional.*

(C) *o Delegado de Polícia terá acesso, independentemente de autorização judicial, apenas aos dados cadastrais do investigado que informem exclusivamente a qualificação pessoal, a filiação e o endereço mantidos pela Justiça Eleitoral, empresas telefônicas, instituições financeiras, provedores de internet e administradoras de cartão de crédito.*

(D) *nos crimes previstos na referida lei, observadas as disposições do Código de Processo Penal, a instrução criminal deverá ser encerrada no prazo de 120 (cento e vinte) dias quando o réu estiver preso, prorrogáveis em até igual período, por decisão fundamentada, somente na hipótese de fato procrastinatório atribuível ao réu.*

(E) *a infiltração de agentes de polícia em tarefas de investigação dependerá de representação do Delegado de Polícia, descrevendo indícios seguros na necessidade de obter as informações por meio desta operação, ao juiz competente que poderá autorizar, de forma circunstanciada, motivada e sigilosa, cientificando, posteriormente, o Ministério Público para o devido acompanhamento.*

***Resposta**: A única alternativa correta é a da letra "C". A fundamentação legal para tal assertiva encontra-se insculpida no art. 15, da Lei das Organizações Criminosas (Lei Federal nº 12.850/13).*

17. (CESPE – DELEGADO DE POLÍCIA – PC – SE/2018) *Acerca do tráfico ilícito de* *entorpecentes, de ações de prevenção e repressão a delitos praticados por organizações criminosas, de abuso de autoridade e de delitos previstos na Lei de Tortura, julgue os itens que se seguem.*

Na investigação policial a respeito de delitos praticados por organização criminosa, é possível, em determinados casos, a captação ambiental de sinais eletromagnéticos, óticos ou acústicos pela autoridade policial, independentemente de autorização judicial.

Resposta: *Certo. A justificativa legal para tal possibilidade está insculpida no art. 3º, II, c/c arts. 15 e 16, todos da Lei das Organizações Criminosas (Lei Federal nº 12.850/13).*

REFERÊNCIAS BIBLIOGRÁFICAS

ABRAHAM, Marcus. **Curso de Direito Financeiro Brasileiro.** 3. ed. Rio de Janeiro: Forense, 2015.

AGRA, Walber de Moura. **Curso de Direito Constitucional.** 8. ed. Rio de Janeiro: Forense, 2014.

ALBERGARIA, Jason. **Criminologia:** teoria e prática. 2. ed. Rio de Janeiro: AIDE, 1988.

ALENCAR, Rosmar Rodrigues; TÁVORA, Nestor. **Curso de Direito Processual Penal.** 2. ed. Salvador: Juspodivm, 2009.

ALEXANDRE, Ricardo; DEUS, João de. **Direito Administrativo:** esquematizado. 1. ed. Rio de Janeiro: Forense; São Paulo: MÉTODO, 2015.

ALMEIDA, Fernando Barcellos de. **Teoria Geral dos Direitos Humanos.** Porto Alegre: Sérgio Antônio Fabris, 1996.

ALMEIDA SOBRINHO, José. **COMENTÁRIOS ao Código de Trânsito Brasileiro.** Rio de Janeiro: Forense, 2013.

AMADO, Frederico Augusto Di Trindade. **Crimes Ambientais para Concursos:** análise da lei 9.605/1998 e demais normas penais ambientais: de acordo com a jurisprudência do STF, STJ e TRFs. Rio de Janeiro: Forense; São Paulo: MÉTODO, 2011.

______. **Direito Ambiental:** esquematizado. 6. ed. São Paulo: MÉTODO, 2015.

ANDRADE, Adriano; MASSON, Cléber; ANDRADE, Landolfo. **Interesses Difusos e Coletivos:** esquematizado. 5. ed. Rio de Janeiro: Forense; São Paulo: MÉTODO, 2015.

ANDREUCCI, Ricardo Antônio. **Legislação Penal Especial.** 10. ed. São Paulo: Saraiva, 2015.

______. **Manual de Direito Penal**. 12. ed. São Paulo: Saraiva, 2018.

______. **O Novo Crime de Divulgação de Cena de Estupro ou de Cena de Estupro de Vulnerável, de Cena de Sexo ou de Pornografia.** In: EMPÓRIO DO DIREITO, 11 out. 2018. Disponível em: <https://emporiododireito.com.br/leitura/o-novo-crime-de-divulgacao-de-cena-de-estupro-ou-de-cena-de-estupro-de-vulneravel-de-cena-de-sexo-ou-de-pornografia>. Acesso em: 6 out. 2019.

ARAGÃO, Ranvier Feitosa. **Acidentes de Trânsito.** 1. ed. Porto Alegre: Sagra Luzzatto, 1999.

AVENA, Norberto. **Execução Penal:** esquematizado. 2. ed. Rio de Janeiro: Forense; São Paulo: MÉTODO, 2015.

______. **Manual de Processo Penal.** 3. ed. Rio de Janeiro: Forense; São Paulo: MÉTODO, 2015.

______. **Processo Penal.** 9. ed. Rio de Janeiro: Forense; São Paulo: MÉTODO, 2017.

______. **Processo Penal**: esquematizado. 8. ed. Rio de Janeiro: Forense; São Paulo: MÉTODO, 2016.

______. **Processo Penal para Concursos Públicos.** 4. ed. Rio de Janeiro: Forense; São Paulo: MÉTODO, 2008.

______. **Processo Penal – Teoria e Prática:** versão universitária. 2. ed. São Paulo: MÉTODO, 2013.

BACILA, Carlos Roberto. **Estigmas**: um estudo sobre os preconceitos. Rio de Janeiro: Lúmen Júris, 2005.

BADARÓ, Gustavo Henrique. **Processo Penal.** 5. ed. São Paulo: RT, 2017.

BARROS, Guilherme Freire de Melo; GARCIA, Leonardo (Org.). **Estatuto da Criança e do Adolescente:** lei 8.069/1990 – coleção leis especiais para concursos. 12. ed. Salvador: Juspodivm, 2018.

BASTOS, Celso Ribeiro. **Curso de Direito Financeiro e de Direito Tributário.** 3. ed. São Paulo: Saraiva, 1994.

BASTOS, Tatiana Barreira. **Violência Doméstica e Familiar Contra a Mulher**: análise da Lei Maria da Penha: lei n. 11.340/2006: um diálogo entre a teoria e a prática. 2. ed. Porto Alegre: Verbo Jurídico, 2013.

BAUMAN, Zygmunt. **Modernidade Líquida.** Rio de Janeiro: Zahar, 2001.

BELLI, Luca. **STJ Consagra Direito ao Esquecimento na Internet:** o que isso significa? In: JOTA, 20 mai. 2018. Disponível em: <https://www.jota.info/paywall?redirect_to=//www.jota.info/coberturas-especiais/liberdade-de-expressao/stj-consagra-direito-ao-esquecimento-na-internet-o-que-isso-significa-20052018>. Acesso em: 6 out. 2019.

BELTRÃO, Antônio F. G. **Curso de Direito Ambiental.** 2. ed. São Paulo: MÉTODO, 2014.

BIRMAN, Joel. **Mal-Estar na atualidade**: a psicanálise e as novas formas de subjetivação. 5. ed. Rio de Janeiro: Civilização Brasileira, 2005.

______. **Freud e a Filosofia**. Rio de Janeiro: Zahar, 2003.

BITENCOURT, Cezar Roberto. **Código Penal Comentado**. 9. ed. São Paulo: Saraiva, 2015.

______. **Tratado de Direito Penal**: parte especial. v. 2. 15. ed. São Paulo: Saraiva, 2015.

______. **Tratado de Direito Penal**: parte especial. v. 3. 8. ed. São Paulo: Saraiva, 2012.

______. **Tratado de Direito Penal:** parte especial. v. 4. 6. ed. São Paulo: Saraiva, 2012.

______. **Tratado de Direito Penal**: parte especial. v. 5. 6. ed., São Paulo: Saraiva, 2012.

BITTAR, Eduardo C. B. **Metodologia da Pesquisa Jurídica:** teoria e prática da monografia para os cursos de direito. 4. ed. São Paulo: Saraiva, 2005.

BITTAR, Neusa. **Medicina Legal e Noções de Criminalística.** 8. ed. Salvador: Juspodivm, 2019.

BITTENCOURT, Sidney. **COMENTÁRIOS à Lei de Crimes contra o Meio Ambiente e suas Sanções Administrativas.** 4. ed. São Paulo: JH.Mizuno, 2016.

BORBA, Cláudio. **Direito Tributário.** 27. ed. Rio de Janeiro: Forense; São Paulo: MÉTODO, 2015.

BORGES, Gustavo. **Erro Médico nas Cirurgias Plásticas.** São Paulo: Atlas, 2014.

BOSCHI, José Antônio Paganella. **Ação Penal:** as fases administrativa e judicial da persecução penal. Porto Alegre: Livraria do Advogado, 2010.

BRAID, Antônio César Morant. **Fonética Forense.** 1. ed. Porto Alegre: Sagra Luzzatto, 1999.

BRANDÃO, Cláudio. **Curso de Direito Penal:** parte geral. 2. ed. Rio de Janeiro: Forense, 2010.

BRASIL. **Constituição da República Federativa do Brasil**. Promulgada no dia 05 de outubro de 1988.

______. **Decreto-Lei n. 2.848, de 07 de dezembro de 1940**. Disciplina o Código Penal brasileiro.

______. **Decreto-Lei n. 3.688, de 03 de outubro de 1941**. Lei das Contravenções Penais.

______. **Decreto-Lei n. 3.689, de 03 de outubro de 1941**. Disciplina o Código de Processo Penal brasileiro.

______. **Lei n. 4.898, de 9 de dezembro de 1965.** Regula o direito de representação e o processo de responsabilidade administrativa civil e penal, nos casos de abuso de autoridade.

______. **Lei n. 7.716, de 5 de janeiro de 1989.** Define os crimes resultantes de preconceitos de raça ou de cor.

______. **Lei n. 7.853, de 24 de outubro de 1989.** Dispõe sobre o apoio às pessoas portadoras de deficiência, sua integração social, sobre a Coordenadoria Nacional para Integração da Pessoa Portadora de Deficiência - CORDE, institui a tutela jurisdicional de interesses coletivos ou difusos dessas pessoas, disciplina a atuação do Ministério Público, define crimes, e dá outras providências.

______. **Lei n. 8.069, de 13 de julho de 1990.** Dispõe sobre o Estatuto da Criança e do Adolescente e dá outras providências.

______. **Lei n. 8.072, de 25 de julho de 1990.** Dispõe sobre os crimes hediondos, nos termos do art. 5º, inciso XLIII, da Constituição Federal, e determina outras providências.

______. **Lei n. 8.078, de 11 de setembro de 1990.** Dispõe sobre a proteção do consumidor e dá outras providências.

______. **Lei n. 8.137, de 27 de dezembro de 1990.** Define crimes contra a ordem tributária, econômica e contra as relações de consumo, e dá outras providências.

______. **Lei n. 9.099, de 26 de setembro de 1995.** Dispõe sobre os Juizados Cíveis e Criminais e dá outras providências.

______. **Lei n. 9.296, de 24 de julho de 1996.** Regulamenta o inciso XII, parte final, do art. 5º da Constituição Federal.

______. **Lei n. 9.455, de 7 de abril de 1997.** Define os crimes de tortura e dá outras providências.

______. **Lei n. 9.503, de 23 de setembro de 1997.** Institui o Código de Trânsito Brasileiro.

______. **Lei n. 9.605, de 12 de fevereiro de 1998.** Dispõe sobre as sanções penais e administrativas derivadas de condutas e atividades lesivas ao meio ambiente, e dá outras providências.

______. **Lei n. 9.613, de 3 de março de 1998.** Dispõe sobre os crimes de "lavagem" ou ocultação de bens, direitos e valores; a prevenção da utilização do sistema financeiro para os ilícitos previstos nesta Lei; cria o Conselho de Controle de Atividades Financeiras - COAF, e dá outras providências.

______. **Lei n. 10.406, de 10 de janeiro de 2002.** Institui o Código Civil.

______. **Lei n. 10.741, de 1 de outubro de 2003.** Dispõe sobre o Estatuto do Idoso e dá outras providências.

______. **Lei n. 10.826, de 22 de dezembro de 2003.** Dispõe sobre registro, posse e comercialização de armas de fogo e munição, sobre o Sistema Nacional de Armas - SINARM, define crimes e dá outras providências.

______. **Lei n. 11.340, de 7 de agosto de 2006.** Cria mecanismos para coibir a violência doméstica e familiar contra a mulher, nos termos do § 8º do art. 226 da Constituição Federal, da Convenção sobre a Eliminação de Todas as Formas de Discriminação contra as Mulheres e da Convenção Interamericana para Prevenir, Punir e Erradicar a Violência contra a Mulher; dispõe sobre a criação dos Juizados de Violência Doméstica e Familiar contra a Mulher; altera o Código de Processo Penal, o Código Penal e a Lei de Execução Penal; e dá outras providências.

______. **Lei n. 11.343, de 23 de agosto de 2006.** Institui o Sistema Nacional de Políticas Públicas sobre Drogas - SISNAD; prescreve medidas para prevenção do uso indevido, atenção e reinserção social de usuários e dependentes de drogas; estabelece normas para repressão à produção não autorizada e ao tráfico ilícito de drogas; define crimes e dá outras providências.

______. **Lei n. 12.830, de 20 de junho de 2013.** Dispõe sobre a investigação criminal conduzida pelo delegado de polícia.

______. **Lei n. 12.850, de 2 de agosto de 2013.** Define organização criminosa e dispõe sobre a investigação criminal, os meios de obtenção da prova, infrações penais correlatas e o procedimento criminal; altera o Decreto-Lei nº 2.848, de 7 de dezembro de 1940 (Código Penal); revoga a Lei nº 9.034, de 3 de maio de 1995; e dá outras providências.

______. **Lei n. 13.105, de 16 de março de 2015.** Código de Processo Civil.

______. **Lei n. 13.146, de 6 de julho de 2015.** Institui a Lei Brasileira de Inclusão da Pessoa com Deficiência (Estatuto da Pessoa com Deficiência).

BRITO, Alexis Couto de; FABRETTI, Humberto Barrionuevo; LIMA, Marco Antônio Ferreira. **Processo Penal Brasileiro.** 4. ed. São Paulo: Atlas, 2019.

CAMPOS, Pedro Franco de; THEODORO, Luís Marcelo Mileo; BECHARA, Fábio Ramazzini et al. **Direito Penal Aplicado**: parte especial do código penal (arts. 121 a 361). 5. ed. São Paulo: Saraiva, 2013.

CANTILINO, Amaury et al. **Transtornos Psiquiátricos no Pós-Parto.** Revista Psiquiatria Clínica, v. 37, São Paulo, 2010. Disponível em: <http://www.scielo.br/scielo.php?script=sci_arttext&pid=S0101-60832010000600006>. Acesso em: 6 out. 2019.

CAPEZ, Fernando. **Curso de Direito Penal:** parte especial. v. 2. 15. ed. São Paulo: Saraiva, 2015.

______. **Curso de Direito Penal:** parte especial. v. 3. 15. ed. São Paulo: Saraiva, 2015.

______. **Curso de Direito Penal:** legislação penal especial. v. 4. 15. ed. São Paulo: Saraiva, 2015.

______. **Curso de Processo Penal**. 26. ed. São Paulo: Saraiva, 2019.

______. **Direito Penal Simplificado**: parte especial. 17. ed. São Paulo: Saraiva, 2013.

CARAMIGO, Denis. **Entenda o Crime de Divulgação de Cena de Sexo, Nudez ou Pornografia.** In: JUSTIFICANDO, 6 jun. 2019. Disponível em: <http://www.justificando.com/2019/06/06/entenda-o-crime-de-divulgacao-de-cena-de-sexo-nudez-ou-pornografia/>. Acesso em: 6 out. 2019.

CARNELUTTI, Francesco. **As Misérias do Processo Penal:** tradução da versão espanhola do original italiano por Carlos Eduardo Trevelin Millan. 2. tiragem. São Paulo: Pillares, 2009.

CARVALHO NETO, Inácio de. **Aplicação da Pena.** 4. ed. Rio de Janeiro: Forense; São Paulo: MÉTODO, 2013.

CASTELO BRANCO, Emerson. **Direito Penal:** questões comentadas, CESPE - parte geral, parte especial, legislação especial. 4. ed. Rio de Janeiro: Forense; São Paulo: MÉTODO, 2014.

______. **Legislação Penal Especial:** para concurso da polícia federal. 4. ed. Rio de Janeiro: Forense; São Paulo: MÉTODO, 2014.

______. **Processo Penal:** questões comentadas, CESPE. 3. ed. Rio de Janeiro: Forense; São Paulo: MÉTODO, 2014.

CHOUKR, Fauzi Hassan. **Garantias Constitucionais na Investigação Criminal**. Rio de Janeiro: Lumen Juris, 2006.

COÊLHO, Sacha Calmon Navarro. **Curso de Direito Tributário Brasileiro.** 14. ed. Rio de Janeiro: Forense, 2015.

CORRALO, Giovani da Silva. **Curso de Direito Municipal.** São Paulo: Atlas, 2011.

COSER, José Reinaldo. **Agiotagem:** doutrina, prática, legislação e jurisprudência. Leme: LED, 1999.

COSTA, Alvaro Mayrink da. **Direito Penal:** parte especial. v. 4. 6. ed. Rio de Janeiro: Forense, 2010.

______. **Direito Penal:** parte especial. v. 5. 6. ed. Rio de Janeiro: Forense, 2010.

______. **Direito Penal:** parte especial. v. 6. 6. ed. Rio de Janeiro: Forense, 2010.

COSTA, Ana Paula Motta. **As Garantias Processuais e o Direito Penal Juvenil**: como limite na aplicação da medida socioeducativa de internação. Porto Alegre: Livraria do Advogado, 2005.

COSTA, Nelson Nery. **Constituição Federal Anotada e Explicada.** 5. ed. Rio de Janeiro: Forense, 2012.

______. **Direito Municipal Brasileiro.** 7. ed. Rio de Janeiro: Forense, 2015.

COSTA Jr., Paulo José da; QUEIJO, Maria Elizabeth. **COMENTÁRIOS aos Crimes do Código de Trânsito**. 2. ed. São Paulo: Saraiva, 1999.

CUNHA, Rogério Sanches. **Curso de Direito Penal:** parte especial - volume único (arts. 121 ao 361). 4. ed. Salvador: Juspodivm, 2012.

______. **Direito Penal:** parte especial. v. 3. 2. ed. São Paulo: RT, 2009.

______. **Manual de Direito Penal**: parte especial. 7. ed. Salvador: Juspodivm, 2015.

______. **Questões Comentadas de Direito Penal.** Salvador: Juspodivm, 2010.

CUNHA, Rogério Sanches; GRECO, Rogério. **Abuso de Autoridade:** lei 13.869/2019: comentada artigo por artigo. Salvador: Juspodivm, 2020.

CUNHA, Rogério Sanches; PINTO, Ronaldo Batista; SOUZA, Renee do Ó (Coord). **Leis Penais Especiais:** comentadas artigo por artigo. 2. ed. Salvador: Juspodivm, 2019.

CURY, Augusto Jorge. **Pais Brilhantes, Professores Fascinantes**. Rio de Janeiro: Sextante, 2003.

CURY, Munir; AMARAL e SILVA, Antônio Fernando do; GARCIA MENDEZ, Emílio et al. (Coords.). **Estatuto da Criança e do Adolescente Comentado**: COMENTÁRIOS jurídicos e sociais. 12. ed. São Paulo: Malheiros, 2013.

CUSTÓDIO, Antônio Joaquim Ferreira. **Constituição Federal Interpretada pelo STF.** 9. ed. São Paulo: Juarez de Oliveira, 2008.

DE CARVALHO, Salo. **A Política Criminal de Drogas no Brasil:** estudo criminológico e dogmático da lei 11343/06. 7. ed. São Paulo: Saraiva, 2014.

______. **Pena e Garantias.** 2. ed. Rio de Janeiro: Lumen Juris, 2003.

DE CARVALHO, Salo; AZEVEDO, Rodrigo Ghiringhelli de (Orgs.). **A Crise do Processo Penal e as Novas Formas de Administração da Justiça Criminal**. Sapucaia do Sul: Notadez, 2006.

DEL-CAMPO, Eduardo Roberto Alcântara; OLIVEIRA, Thales Cezar de. **Estatuto da Criança e do Adolescente.** 7. ed. São Paulo: Atlas, 2012.

DELMANTO, Celso; DELMANTO, Roberto; DELMANTO Jr., Roberto. **Código Penal Comentado.** 9. ed. São Paulo: Saraiva, 2016.

DEMERCIAN, Pedro Henrique; MALULY, Jorge Assaf. **Curso de Processo Penal.** 9. ed. Rio de Janeiro: Forense, 2014.

DI PIETRO, Maria Sylvia Zanella. **Direito Administrativo.** 30. ed. Rio de Janeiro: Forense, 2017.

ELIAS, Roberto João. **COMENTÁRIOS ao Estatuto da Criança e do Adolescente:** lei n. 8069, de 13 de julho de 1990. 4. ed. São Paulo: Saraiva, 2010.

ENRICONE, Délcia; GRILLO, Marlene (Orgs). **Avaliação:** uma discussão em aberto. 2. ed. Porto Alegre: EDIPUCRS, 2003.

ESTEFAN, André; GONÇALVES, Victor Eduardo Rios. **Direito Penal Esquematizado:** parte geral. São Paulo: Saraiva, 2012.

ESPÍNOLA FILHO, Eduardo. **Código de Processo Penal Anotado**. v. 3. Rio de Janeiro: Editor Borsoi, 1965.

FACHIN, Zulmar. **Curso de Direito Constitucional.** 7. ed. Rio de Janeiro: Forense, 2015.

FAGA, Tânia Regina Trombini (Org.). **Vade Mecum de Jurisprudência - STF e STJ:** julgados relevantes comentados. Rio de Janeiro: Forense; São Paulo: MÉTODO, 2014.

FERRARESI, Eurico. **Improbidade Administrativa:** lei 8.429/1992 comentada. Rio de Janeiro: Forense; São Paulo: MÉTODO, 2011.

FERREIRA, Wilson Luiz Palermo; PORTOCARRERO, Cláudia Barros. **Leis Penais Extravagantes**: teoria, jurisprudência e questões comentadas: análise artigo por artigo. 4. ed. Salvador: Juspodivm, 2019.

FERREIRA, Wilson Luiz Palermo. **Medicina Legal**: coleção sinopses para concursos. v. 41. 4. ed. Salvador: Juspodivm, 2019.

FONSECA, Antônio Cezar Lima da. **Direitos da Criança e do Adolescente.** 2. ed. São Paulo: Atlas, 2013.

FOUCAULT, Michel. **Vigiar e Punir:** história da violência nas prisões. 19. ed. Petrópolis: Vozes, 1987.

FRAGOSO, Heleno Cláudio. **Lições de Direito Penal:** parte especial. 17. ed. Rio de Janeiro: Forense, 2006.

FRANCO, Alberto Silva; LIRA, Rafael; FELIX, Yuri. **Crimes Hediondos.** 7. ed. São Paulo: RT, 2011.

FRANCO, Paulo Ricardo Pinto; CRUZ, Valdir Silva da; LEAL, Josué Lopes et al. **Técnicas Policiais:** uma questão de segurança. 4. ed. Porto Alegre: Santa Rita, 2002.

FRANÇA, Genival Veloso de. **Medicina Legal.** 10. ed. Rio de Janeiro: Guanabara Koogan, 2015.

FREIRE. Paulo. **Pedagogia da Autonomia**: saberes necessários à prática pedagógica. 34. ed. São Paulo: Paz e Terra, 2006.

FREUD, Sigmund. **O Mal-Estar na Civilização**. São Paulo: Abril Cultural, 1978.

FULLER, Lon L. **O Caso dos Exploradores de Cavernas.** São Paulo: Jardim dos Livros, 2018.

GARCIA, Ismar Estulano; PIMENTA, Breno Estulano. **Procedimento Policial:** inquérito e termo circunstanciado. 13. ed. Goiânia: AB, 2015.

GARCIA MÉNDEZ, Emílio; BELOFF, Mary (Orgs.). **Infância, Lei e Democracia na América Latina**: análise crítica do panorama legislativo no marco da Convenção Internacional sobre os Direitos da Criança (1990-1998). Tradução para o português de Eliete Ávila Wolff. v. 1. Blumenau: EDIFURB, 2001.

GARLAND, David. **La Cultura del Control**: crimen y orden social en la sociedad contemporanea. Tradução para o espanhol de Máximo Sozzo. Barcelona: Editorial Gedisa, 2005.

GAUER, Gabriel J. Chittó; GAUER, Ruth Maria Chittó (Orgs.). **A Fenomenologia da Violência.** Curitiba: Juruá, 2004.

GAUER, Gabriel; MACHADO, Débora Silva (Orgs.). **Filhos e Vítimas do Tempo da Violência:** a família, a criança e o adolescente. Curitiba: Juruá, 2003.

GAUER, Ruth Maria Chittó (Org.). **A Qualidade do Tempo**: para além das aparências históricas. Rio de Janeiro: Lúmen Júris, 2004.

______. (Org.). **Sistema Penal e Violência.** Rio de Janeiro: Lumen Juris, 2006.

GIACOIA Jr., Oswaldo. **Nietzsche.** São Paulo: Publifolha, 2000.

GIERKE, Otto Von. **Teorias Políticas de La Edad Media**. Madrid: Centro de Estudios Constitucionales, 1995.

GOLDEMBERG, Mirian. **De Perto Ninguém é Normal**. 2. ed. Rio de Janeiro: Record, 2005.

GOMES, Amintas Vidal. **Manual do Delegado.** 9. ed. São Paulo: MÉTODO, 2015.

GOMES, Luiz Flávio; CERVINI, Raúl. **Interceptação Telefônica:** lei 9.296, de 24.07.96. São Paulo: RT, 1997.

GOMES, Luiz Flávio; SCLIAR, Fábio. **Investigação Preliminar, Polícia Judiciária e Autonomia.** Jusbrasil, out. 2008. Disponível em: <http://lfg.jusbrasil.com.br/noticias/147325/investigacao-preliminar-policia-judiciaria-e-autonomia-luiz-flavio-gomes-e-fabio-scliar>. Acesso em: 6 out. 2019.

GOMES, Luiz Flávio; MARQUES, Ivan Luís; BIANCHINI, Alice et al. **Prisão e Medidas Cautelares:** COMENTÁRIOS à lei 12.403, de 4 de maio de 2011. São Paulo: RT, 2011.

GONÇALVES, Victor Eduardo Rios. **Direito Penal Esquematizado**: parte especial. 5. ed. São Paulo: Saraiva, 2015.

GONÇALVES, Victor Eduardo Rios; LENZA, Pedro (Coord.). **Direito Processual Penal Esquematizado.** 7.ed. São Paulo: Saraiva, 2018.

GRECO, Rogério. **Código Penal Comentado.** 10. ed. Niterói: Impetus, 2016.

GRECO FILHO, Vicente. **Uma Interpretação de Duvidosa Dignidade.** Revista Jus Navigandi, Teresina, ano 14, n. 2270, 18 set. 2009. Disponível em: <https://jus.com.br/artigos/13530>. Acesso em: 6 out. 2019.

GRECO FILHO, Vicente; JALIL, Maurício Schaun. **Código Penal Comentado**: doutrina e jurisprudência. 1. ed. São Paulo: Manole, 2016.

GRINOVER, Ada Pelegrini et al. **Código Brasileiro de Defesa do Consumidor**: direito material. v. 1. 10. ed. Rio de Janeiro: Forense, 2011.

GRINOVER, Ada Pelegrini et al. **Juizados Especiais Criminais:** COMENTÁRIOS à lei 9.099, de 26.09.1995. 3. ed. São Paulo: RT, 1999.

GUSTIN, Miracy Barbosa de Sousa; DIAS, Maria Tereza Fonseca. **(Re)Pensando a Pesquisa Jurídica**: teoria e prática. Belo Horizonte: Del Rey, 2002.

HABIB, Gabriel; HOFFMANN, Henrique. **Delegado Pode e Deve Emitir Juízo de Valor no Inquérito Policial**. Revista Consultor Jurídico, dez. 2018. Disponível em: <https://www.conjur.com.br/2018-dez-17/opiniao-delegado-emitir-juizo-valor-inquerito>. Acesso em: 6 out. 2019.

HOFFMANN, Henrique; HABIB, Gabriel. **Carreira de Delegado de Polícia Continua sendo Jurídica.** Revista Consultor Jurídico, set. 2019. Disponível em: <https://www.conjur.com.br/2019-set-10/hoffmann-habibcarreira-delegado-policia-continua-sendo-juridica>. Acesso em: 6 out. 2019.

HOFFMANN, Henrique. **Moderno Conceito do Inquérito Policial**. In: FONTES, Eduardo; HOFFMANN, Henrique (Org.). **Temas Avançados de Polícia Judiciária**. 3. ed. Salvador: Juspodivm, 2019.

HUNGRIA, Nelson; FRAGOSO, Heleno Cláudio. **COMENTÁRIOS ao Código Penal**. v. 5. 6. ed. Rio de Janeiro: Forense, 1981.

HUNTER, James C. **Como se Tornar um Líder Servidor.** os princípios de liderança de o monge e o executivo. Rio de Janeiro: Sextante, 2006.

ISHIDA, Válter Kenji. **Curso de Direito Penal.** 4. ed. São Paulo: Atlas, 2015.

______. **Estatuto da Criança e do Adolescente:** doutrina e jurisprudência. 19. ed. Salvador: Juspodivm, 2018.

JAKOBS, Günther; CANCIO MELIÁ, Manuel. **Derecho Penal del Enemigo**. 1. ed. Buenos Aires: Hammurabi, 2005.

JESUS, Damásio E. de. **Código Penal Anotado**. 22. ed. São Paulo: Saraiva, 2014.

______. **Código Penal Comentado.** 18. ed. São Paulo: Saraiva, 2007.

______. **Direito Penal**: parte especial. v. 2. 17. ed. São Paulo: Saraiva, 2013.

______. **Direito Penal**: parte especial. v. 3. 17. ed. São Paulo: Saraiva, 2013.

______. **Direito Penal**: parte especial. v. 4. 17. ed. São Paulo: Saraiva, 2013.

______. **Lei das Contravenções Penais Anotada.** 13. ed. São Paulo: Saraiva, 2015.

JUNQUEIRA, Gustavo Otaviano Diniz; FULLER, Paulo Henrique Aranda. **Legislação Penal Especial.** v. 1. 6. ed. São Paulo: Saraiva, 2010.

KONZEN, Affonso Armando. **Pertinência Socioeducativa**: reflexões sobre a natureza jurídica das medidas. Porto Alegre: Livraria do Advogado, 2005.

LARRAURI, Elena. **La Herencia de La Criminologia Crítica**. Madrid: Siglo Ventiuno, 1991.

LAVORENTI, Wilson; SILVA, José Geraldo. **Crime Organizado na Atualidade.** Campinas: Bookseller, 2000.

LEHFELD, Lucas de Souza; CARVALHO, Nathan Castelo Branco de; BALBIM, Leonardo Isper Nassif. **Código Florestal Comentado e Anotado**: artigo por artigo. 3. ed. Rio de Janeiro: Forense; São Paulo: MÉTODO, 2015.

LENZA, Pedro. **Direito Constitucional:** esquematizado. 18. ed. São Paulo: Saraiva, 2014.

LIBERATI, Wilson Donizeti. **COMENTÁRIOS ao Estatuto da Criança e do Adolescente**. 12. ed. São Paulo: Malheiros, 2015.

LIMA, Alberto Jorge Correia de Barros. **Direito Penal Constitucional:** a imposição dos princípios constitucionais penais. 1. ed. São Paulo: Saraiva, 2012.

LIMA, Renato Brasileiro de. **Código de Processo Penal Comentado.** 3. ed. Salvador: Juspodivm, 2018.

______. **Curso de Processo Penal:** volume único. 1. ed. Niterói: Impetus, 2013.

______. **Legislação Criminal Especial Comentada**: volume único. 4. ed. Salvador: Juspodivm, 2016.

______. **Manual de Processo Penal**: volume único. 4. ed. Salvador: Juspodivm, 2016.

______. **Súmulas Criminais do STF e STJ Comentadas.** Salvador: Juspodivm, 2016.

LIMA, Rogério Montai de. **Guia Prático da Sentença Penal Condenatória e Roteiro para o Procedimento no Tribunal do Júri.** Rio de Janeiro: Forense; São Paulo: MÉTODO, 2012.

LUZ, Valdemar P. da. **Trânsito e Veículos.** 4. ed. Porto Alegre: Sagra Luzzatto, 1999.

LOPES, Rogério Antônio; OLIVEIRA, Joel Bino de. **Teoria e Prática da Polícia Judiciária:** à luz do princípio da legalidade. 2. ed. Curitiba: Juruá, 2002.

LOPES Jr, Aury. **Direito Processual Penal.** 13. ed. São Paulo: Saraiva, 2016.

______. **Fundamentos do Processo Penal:** introdução crítica. 5. ed. São Paulo: Saraiva, 2019.

______. **Introdução Crítica ao Processo Penal:** fundamentos da instrumentalidade garantista. 2. ed. Rio de Janeiro: Lumen Juris, 2005.

MACHADO, Antônio Alberto. **Curso de Processo Penal.** 6. ed. São Paulo: Atlas, 2014.

MADALENO, Ana Carolina Carpes. **Síndrome da Alienação Parental:** a importância de sua detecção com seus aspectos legais e processuais. 3. ed. Rio de Janeiro: Forense, 2015.

MAÍLLO, Alfonso Serrano; PRADO, Luiz Régis. **Criminologia.** 4. ed. Rio de Janeiro: Forense, 2019.

MARANHÃO, Odon Ramos. **Curso Básico de Medicina Legal.** 8. ed. São Paulo: Malheiros, 2002.

MARCÃO, Renato. **Crimes de Trânsito:** anotações e interpretação jurisprudencial da parte criminal da lei n. 9.503, de 23-9-1997. 4. ed. São Paulo: Saraiva, 2013.

MARCÃO, Renato; GENTIL, Plínio. **Crimes contra a Dignidade Sexual:** COMENTÁRIOS ao título VI do código penal. 2. ed. São Paulo: Saraiva, 2015.

MARQUES, José Frederico. **Tratado de Direito Penal**. v. 4. Campinas: Millenium, 2000.

MARTON, Scarlett. **Nietzsche:** uma filosofia a marteladas. São Paulo: Brasiliense, 1999.

MASSON, Cléber. **Código Penal Comentado.** 3. ed. São Paulo: MÉTODO, 2015.

______. **Direito Penal Esquematizado**: parte geral. v. 1. São Paulo: MÉTODO, 2014.

______. **Direito Penal Esquematizado**: parte especial. v. 2. 8. ed. Rio de Janeiro: Forense; São Paulo: MÉTODO, 2015.

______. **Direito Penal Esquematizado**: parte especial. v. 3. 5. ed. Rio de Janeiro: Forense; São Paulo: MÉTODO, 2015.

MASSON, Cléber; CAVALCANTE, Márcio. **Breves Considerações sobre o Furto e a Receptação de Semovente Domesticável de Produção.** Dizer o Direito, ago. 2016. Disponível em: <http://www.dizerodireito.com.br>. Acesso em: 6 out. 2019.

MATTOS, Mauro Roberto Gomes de. **O Limite da Improbidade Administrativa:** COMENTÁRIOS à lei nº 8.429/92. 5. ed. Rio de Janeiro: Forense, 2010.

MAY, Tim. **Pesquisa Social:** questões, métodos e processos. 3. ed. Porto Alegre: Artmed, 2004.

MEDINA, Paulo Roberto de Gouvêa. **Direito Processual Constitucional.** 5. ed. Rio de Janeiro: Forense, 2012.

MEIRELLES, Hely Lopes. **Direito Administrativo Brasileiro.** 42. ed. São Paulo: Malheiros, 2016.

MENDES, Lamartine Bizarro. **Documentoscopia.** 1. ed. Porto Alegre: Sagra Luzzatto, 1999.

MENDONÇA, Andrey Borges de; CARVALHO, Paulo Roberto Galvão de Carvalho. **Lei de Drogas:** comentada artigo por artigo. 3. ed. Rio de Janeiro: Forense; São Paulo: MÉTODO, 2012.

MINAHIM, Maria Auxiliadora. **Direito Penal da Emoção**: a inimputabilidade penal do menor. São Paulo: RT, 1992.

MIRABETE, Júlio Fabbrini. **Manual de Direito Penal**: parte geral. v. 1. 28. ed. São Paulo: Atlas, 2012.

______. **Manual de Direito Penal**: parte especial. v. 2. 34. ed. São Paulo: Atlas, 2018.

______. **Manual de Direito Penal**: parte especial. v. 3. 31. ed. São Paulo: Atlas, 2014.

______. **Processo Penal.** 18. ed. São Paulo: Atlas, 2006.

MORAES, Alexandre de. **Direito Constitucional.** 32. ed. São Paulo: Atlas, 2016.

MORAES, Alexandre de; SMANIO, Gianpaolo Poggio. **Legislação Penal Especial**. 10. ed. São Paulo: Atlas, 2008.

MORIN, Edgar; PRIGOGINE, Ilya; BESNIER, Jean-Michel et al. **A Sociedade em Busca de Valores:** para fugir à alternativa entre o cepticismo e o dogmatismo. Lisboa: Instituto Piaget, 1996.

MOTTA FILHO, Sylvio Clemente da. **Direito Constitucional:** teoria, jurisprudência e questões. 25. ed. São Paulo: MÉTODO, 2015.

MUKAI, Toshio. **Direito Ambiental Sistematizado.** 9. ed. Rio de Janeiro: Forense, 2014.

NEDEL, Christian. São Judas Tadeu: coletânea acadêmica / Graciela Fernandes Thisen; Patricia Coelho Motta (orgs.). **A Lei das Contravenções Penais e os Delitos de Menor Potencial Ofensivo.** 4 ed. Porto Alegre – RS: Faculdades Integradas São Judas Tadeu, 2017, pp. 49-61.

______. **Estupro de Vulnerável:** vulnerabilidade absoluta ou relativa?. Jornal Estado de Direito, ano VI, nº 34. Porto Alegre: março de 2012. Disponível em: < https://issuu.com/estadodedireito/docs/34_ed>. Acesso em: 6 out. 2019.

______. Investigação Criminal: provas / Emerson Wendt; Fábio Motta Lopes (Orgs).

Formação de Provas em Delitos de Menor Potencial Ofensivo. Porto Alegre: Livraria do Advogado, 2015, pp. 11-24.

______. São Judas Tadeu: coletânea acadêmica / Graciela Fernandes Thisen (org.). **O Ato Infracional, o Direito Penal Juvenil e a Investigação Criminal nos Casos Envolvendo Crianças e Adolescentes**. 1 ed. Porto Alegre - RS: Faculdades Integradas São Judas Tadeu, 2014, pp. 131-140.

______. **O Direito da Criança e do Adolescente**: ECA para concursos públicos: com as alterações trazidas por meio das leis federais 12.010 e 12.015, de agosto de 2009, e 12.038, de outubro de 2009. Porto Alegre: Sapiens, 2010.

NICOLITT, André Luiz. **Manual de Processo Penal**. São Paulo: RT, 2016.

______. **Processo Penal Cautelar:** prisão e demais medidas cautelares. 2. ed. São Paulo: RT, 2015.

NICOLITT, André; HOFFMANN, Henrique. **Negar Imparcialidade da Polícia Judiciária é Erro Grave**. Revista Consultor Jurídico, fev. 2019. Disponível em: <https://www.conjur.com.br/2019-fev-02/opiniao-negar-imparcialidade-policia-judiciaria-erro-grave>. Acesso em: 6 out. 2019.

NOGUEIRA, Fernando Célio de Brito. **Violação de E-mail é Crime?**. Revista Jus Navigandi, ISSN 1518-4862, Teresina, ano 5, n. 47, 1 nov. 2000. Disponível em: <https://jus.com.br/artigos/1789>. Acesso em: 6 out. 2019.

NOGUEIRA, Paulo Lúcio. **Contravenções Penais Controvertidas**. 5. ed. São Paulo: Leud, 1996.

NORONHA, E. Magalhães. **Direito Penal**. v. 2. 32. ed. São Paulo: Saraiva, 1995.

NUCCI, Guilherme de Souza. **Breves Anotações acerca da Lei 13.654/2018 - Furto e Roubo.** Jusbrasil, abr. 2019. Disponível em: <https://guilhermedesouzanucci.jusbrasil.com.br/artigos/570694588/breves-anotacoes-acerca-da-lei-13654-2018-furto-e-roubo>. Acesso em: 6 out. 2019.

______. **Código Penal Comentado.** 13. ed. São Paulo: RT, 2013.

______. **Código de Processo Penal Comentado.** 16. ed. Rio de Janeiro: Forense, 2017.

______. **Crimes contra a Dignidade Sexual**: COMENTÁRIOS à lei 12.015, de 7 de agosto de 2009. São Paulo: RT, 2009.

______. **Curso de Direito Penal:** parte geral (arts. 1º ao 120 do Código Penal). v. 1. 2. ed. Rio de Janeiro: Forense, 2018.

______. **Curso de Direito Penal:** parte especial (arts. 121 a 212 do Código Penal). v. 2. 1. ed. Rio de Janeiro: Forense, 2017.

______. **Curso de Direito Penal:** parte especial (arts. 213 a 361 do Código Penal). v. 3. 3. ed. Rio de Janeiro: Forense, 2019.

______. **Curso de Direito Processual Penal.** 15. ed. Rio de Janeiro: Forense, 2018.

______. **Direito Penal Especial:** esquemas e sistemas. v. 2. 3. ed. Rio de Janeiro: Forense, 2015.

______. **Direito Processual Penal:** esquemas e sistemas. v. 3. 3. ed. Rio de Janeiro: Forense, 2015.

______. **Estatuto da Criança e do Adolescente Comentado:** em busca da constituição federal das crianças e dos adolescentes. Rio de Janeiro: Forense, 2014.

______. **Leis Penais e Processuais Penais Comentadas**. v. 1. 10. ed. Rio de Janeiro: Forense, 2017.

______. **Leis Penais e Processuais Penais Comentadas**. v. 2. 10. ed. Rio de Janeiro: Forense, 2017.

______. **Manual de Direito Penal**: parte geral; parte especial. 11. ed. Rio de Janeiro: Forense, 2015.

______. **Manual de Processo Penal e Execução Penal.** 13. ed. Rio de Janeiro: Forense, 2016.

______. **Prática Forense Penal.** 8. ed. Rio de Janeiro: Forense, 2014.

NUNES, Adeildo. **Da Execução Penal.** 3. ed. Rio de Janeiro: Forense, 2013.

OLIVEIRA, Fabiano Melo Gonçalves de. **Manual de Direito Ambiental.** São Paulo: MÉTODO, 2014.

OLIVEIRA, James Eduardo. **Constituição Federal Anotada e Comentada.** Rio de Janeiro: Forense, 2013.

OUTEIRAL, José. **Drogas**: uma conversa difícil, necessária e urgente. São Leopoldo: Sinodal, 1999.

OUTEIRAL, José; CEREZER, Cleon. **O Mal-Estar na Escola**. Rio de Janeiro: Revinter, 2003.

PACELLI, Eugênio. **Curso de Processo Penal.** 22. ed. São Paulo: Atlas, 2018.

PACELLI, Eugênio; CALLEGARI, André. **Manual de Direito Penal:** parte geral. 2. ed. São Paulo: Atlas, 2016.

PACELLI, Eugênio; FISCHER, Douglas. **COMENTÁRIOS ao Código de Processo Penal e sua Jurisprudência.** 11. ed. São Paulo: Atlas, 2019.

PADILHA, Rodrigo. **Direito Constitucional.** 4. ed. São Paulo: Método, 2014.

PIERANGELI, José Henrique. **Manual de Direito Penal Brasileiro**. v. 2. 2. ed. São Paulo: RT, 2007.

PIERANGELI, José Henrique; SILVEIRA, Solange (Coords.). **Direito Penal e Processo Penal:** estudos em homenagem ao Prof. Paulo Tovo. Porto Alegre: Sapiens, 2010.

PINTO, Ronaldo Batista. **Da Possibilidade do Delegado de Polícia decretar medidas protetivas em favor da vítima de crimes perpetrados no âmbito doméstico**. Migalhas, jun. 2016. Disponível em: <http://www.migalhas.com.br/dePeso/16,-MI241074,101048-Da+possibilidade+-do+delegado+de+policia+decretar+medidas+protetivas>. Acesso em: 6 out. 2019.

PIVA, Otávio. **Direito Constitucional:** série concursos públicos. Porto Alegre: Sapiens, 2009.

PORTOCARRERO, Cláudia Barros. **Leis Penais Especiais:** comentadas para concursos. 2. ed. Niterói: Impetus, 2012.

PRADO, Luiz Régis. **Bem Jurídico-Penal e Constituição.** 8. ed. Rio de Janeiro: Forense, 2019.

______. **Curso de Direito Penal Brasileiro:** parte geral e parte especial. 17. ed. Rio de Janeiro: Forense, 2019.

______. **Tratado de Direito Penal Brasileiro:** parte especial. v. 2. 2. ed. São Paulo: RT, 2017.

______. **Tratado de Direito Penal Brasileiro:** parte especial. v. 3. 2. ed. São Paulo: RT, 2017.

______. **Tratado de Direito Penal Brasileiro:** parte especial. v. 4. 2. ed. São Paulo: RT, 2017.

PRADO, Luiz Régis (Coord.). **Leis Penais Especiais.** v. 5. São Paulo: RT, 2009.

______. **Leis Penais Especiais.** v. 6. São Paulo: RT, 2009.

PRADO, Luiz Regis; CARVALHO, Gisele Mendes de. **Curso de Direito Penal Brasileiro**: parte especial. v. 2. 15. ed. São Paulo: RT, 2017.

RABELLO, Eraldo. **Curso de Criminalística:** sugestão de programa para as faculdades de direito. Porto Alegre: Sagra Luzzatto, 1996.

RAMAYANA, Marcos. **Estatuto do Idoso Comentado.** Rio de Janeiro: Roma Victor, 2004.

RANGEL, Paulo. **Direito Processual Penal.** 26. ed. São Paulo: Atlas, 2018.

RANGEL, Paulo; BACILA, Carlos Roberto. **Lei de Drogas:** COMENTÁRIOS penais e processuais. 2. ed. São Paulo: Atlas, 2014.

REALE Jr, Miguel. **Instituições de Direito Penal**: parte geral. 4. ed. Rio de Janeiro: Forense, 2012.

REIS, Alexandre Cebrian Araújo; GONÇALVES, Victor Eduardo Rios. **Direito Processual Penal:** esquematizado. 2. ed. São Paulo: Saraiva, 2013.

______. **Processo Penal:** parte geral. 11. ed. São Paulo: Saraiva, 2007.

REVISTA SÍNTESE nº 4.332, de 16 de janeiro de 2018 – Direito Penal e Processual Penal. Disponível em: <http://www.sintese.com/direitoPenal.asp>. Acesso em: 6 out. 2019.

REVISTA SÍNTESE nº 4.374, de 20 de março de 2018 – Direito Penal e Processual Penal. Disponível em: <http://www.sintese.com/direitoPenal.asp>. Acesso em: 6 out. 2019.

REVISTA SÍNTESE nº 4.388, de 10 de abril de 2018 – Direito Penal e Processual Penal. Disponível em: <http://www.sintese.com/direitoPenal.asp>. Acesso em: 6 out. 2019.

REVISTA SÍNTESE nº 4.685, de 25 de junho de 2019 – Direito Penal e Processual Penal. Disponível em: <http://www.sintese.com/direitoPenal.asp>. Acesso em: 6 out. 2019.

REVISTA SÍNTESE nº 4.704, de 23 de julho de 2019 – Direito Penal e Processual Penal. Disponível em: <http://www.sintese.com/direitoPenal.asp>. Acesso em: 6 out. 2019.

REVISTA SÍNTESE nº 4.718, de 12 de agosto de 2019 – Direito Penal e Processual Penal. Disponível em: <http://www.sintese.com/direitoPenal.asp>. Acesso em: 6 out. 2019.

REVISTA SÍNTESE nº 4.722, de 16 de agosto de 2019 – Direito Penal e Processual Penal. Disponível em: <http://www.sintese.com/direitoPenal.asp>. Acesso em: 6 out. 2019.

REVISTA SÍNTESE nº 4.724, de 20 de agosto de 2019 – Direito Penal e Processual Penal. Disponível em: <http://www.sintese.com/direitoPenal.asp>. Acesso em: 6 out. 2019.

REVISTA SÍNTESE nº 4.735, de 04 de setembro de 2019 – Direito Penal e Processual Penal. Disponível em: <http://www.sintese.com/direitoPenal.asp>. Acesso em: 6 out. 2019.

REVISTA SÍNTESE nº 4.739, de 10 de setembro de 2019 – Direito Penal e Processual Penal. Disponível em: <http://www.sintese.com/direitoPenal.asp>. Acesso em: 6 out. 2019.

REVISTA SÍNTESE nº 4.744, de 17 de setembro de 2019 – Direito Penal e Processual Penal. Disponível em: <http://www.sintese.com/direitoPenal.asp>. Acesso em: 6 out. 2019.

REVISTA SÍNTESE nº 4.745, de 18 de setembro de 2019 – Direito Penal e Processual Penal. Disponível em: <http://www.sintese.com/direitoPenal.asp>. Acesso em: 6 out. 2019.

REVISTA SÍNTESE nº 4.759, de 8 de outubro de 2019 – Direito Penal e Processual Penal. Disponível em: <http://www.sintese.com/direitoPenal.asp>. Acesso em: 9 out. 2019.

ROCHA, Fernando A. N. Galvão da. **Direito Penal**: crimes contra a pessoa. São Paulo: Saraiva, 2013.

ROCHA, Marcelo Hugo da (Coord.). **11.000 Questões Comentadas.** São Paulo: Saraiva, 2013.

RODRIGUES, Cristiano. **Direito Penal:** parte geral e especial. 1. ed. São Paulo: Forense, 2017.

ROQUE, Fábio; TÁVORA, Nestor; ALENCAR, Rosmar Rodrigues. **Legislação Criminal para Concursos:** doutrina, jurisprudência e questões de concursos. Salvador: Juspodivm, 2016.

ROSA, Alexandre Morais da. **Direito Infracional**: garantismo, psicanálise e movimento antiterror. Florianópolis: Habitus, 2005.

ROSAS, Roberto. **Direito Sumular:** COMENTÁRIOS às súmulas do supremo tribunal federal e do superior tribunal de justiça. 7. ed. São Paulo: Malheiros, 1995.

SAAD, Eduardo Gabriel. **COMENTÁRIOS ao Código de Defesa do Consumidor**: lei n. 8.078, de 11.9.90. 3. ed. São Paulo: LTr, 1998.

SABADELL, Ana Lúcia. **Manual de Sociologia Jurídica**: introdução a uma leitura externa do direito. 3. ed. São Paulo: RT, 2005.

SANCTIS, Fausto Martin de. **Delinquência Econômica e Financeira:** colarinho branco, lavagem de dinheiro, mercado de capitais. Rio de Janeiro: Forense, 2015.

SARAIVA, João Batista Costa. **Adolescentes em Conflito com a Lei**: da indiferença à proteção integral: uma abordagem sobre a responsabilidade penal juvenil. 2. ed. Porto Alegre: Livraria do Advogado, 2005.

______. **Compêndio de Direito Penal Juvenil**: adolescente e ato infracional. 3. ed. Porto Alegre: Livraria do Advogado, 2006.

______; KOERNER JÚNIOR, Rolf; VOLPI, Mário et al. (Orgs.). **Adolescentes Privados de Liberdade**: a normativa nacional e internacional e reflexões acerca da responsabilidade penal. 3. ed. São Paulo: Cortez, 2006.

SARAK, Mayra Matuck. **Aspectos Gerais da Lei 12.732/12 – Lei dos Crimes Informáticos, também conhecida como "Lei Carolina Dieckmann".** In: EMPÓRIO DO DIREITO. 26 jul. 2018. Disponível em: <https://emporiododireito.com.br/leitura/aspectos-gerais-da-lei-12-737-12-lei-dos--crimes-informaticos-tambem-conhecida-

-como-lei-carolina-dieckmann>. Acesso em 6 out. 2019.

SARLET, Ingo Wolfgang. **Dignidade (da Pessoa) Humana e Direitos Fundamentais na Constituição Federal de 1988.** 10 ed. Porto Alegre: Livraria do Advogado, 2015.

SCHROEDER, Simone; SINATORA DAS NEVES, Letícia. **Prática Penal:** estratégia de estudo para o exame de ordem: comentário das questões das provas discursivas do CESPE/UNB. 2. ed. Porto Alegre: Sapiens, 2009.

SHECAIRA, Sérgio Salomão. **Responsabilidade Penal da Pessoa Jurídica.** 3. ed. Rio de Janeiro: Elsevier, 2011.

SILVA, Ana Beatriz Barbosa. **Bullying:** mentes perigosas nas escolas. Rio de Janeiro: Objetiva, 2010.

SILVA, César Dario Mariano da. **Lei de Drogas Comentada.** São Paulo: Atlas, 2011.

SILVA, Davi André Costa. **Direito Penal:** parte geral. Porto Alegre: Verbo Jurídico, 2011.

______. . **Direito Processual Penal:** análise objetiva para o exame unificado da OAB (de acordo com as leis nºs 11.689, 11.690, 11.719/08 e 11.900/09). 2. ed. Porto Alegre: Sapiens, 2009.

SILVA, Davi André Costa; EBERHARDT, Marcos Eduardo Faes. **Leis Penais e Processuais Penais Comentadas.** v. 1. 2. ed. Porto Alegre: Verbo Jurídico, 2010.

SILVA, Davi André Costa; EBERHARDT, Marcos Eduardo Faes; GIULIANI, Ricardo Henrique Alves. **Manual de Prática Penal:** teoria e prática. 3. ed. Porto Alegre: Verbo Jurídico, 2010.

SILVA, De Plácido E. **Vocabulário Jurídico.** 31 ed. Rio de Janeiro: Forense, 2014.

SILVA, José Afonso da. **Curso de Direito Constitucional Positivo.** 39. ed. São Paulo: Saraiva, 2016.

SILVA, José Geraldo da. **O Inquérito Policial e a Polícia Judiciária.** Campinas: Bookseller, 2000.

SILVA, Suamy Santana da. **Teoria e Prática da Educação em Direitos Humanos nas Instituições Policiais Brasileiras.** Porto Alegre: CAPEC, 2003.

SIMIONATO, Mônica Chiarella; LICHTENTHAL, Patrícia Dias. **Legislação Penal Especial.** v. 32. 2. ed. São Paulo: Atlas, 2011.

SOUZA, Artur de Brito Gueiros; JAPIASSU, Carlos Eduardo Adriano. **Curso de Direito Penal:** parte geral. 2. ed. Rio de Janeiro: Forense, 2015.

______. **Direito Penal:** volume único. São Paulo: Atlas, 2018.

SOUZA, Ricardo Timm de. **O Tempo e a Máquina do Tempo:** estudos de filosofia e de pós-modernidade. Porto Alegre: EDIPUCRS, 1998.

______. **Sobre a Construção do Sentido**: o pensar e o agir entre a vida e a filosofia. São Paulo: Perspectiva, 2004.

SOUZA, Ricardo Timm de; OLIVEIRA, Nythamar Fernandes de (Orgs.). **Fenomenologia Hoje:** existência, ser e sentido no limiar do século XXI. Porto Alegre: EDIPUCRS, 2001.

SOUZA, Sérgio Ricardo de. **COMENTÁRIOS à Lei de Combate à Violência Contra a Mulher**: lei Maria da Penha (11.340/06): COMENTÁRIOS artigo por artigo, anotações, jurisprudência e tratados internacionais. 3. ed. Curitiba: Juruá, 2009.

SPOSATO, Karyna Batista. **O Direito Penal Juvenil**. São Paulo: RT, 2006.

SQUIZZATO, Ana Carolina. **Direito Financeiro e Econômico.** Rio de Janeiro: Forense; São Paulo: MÉTODO, 2013.

STUMVOLL, Victor Paulo; QUINTELA, Victor; DOREA, Luiz Eduardo. **Criminalística.** 1. ed. Porto Alegre: Sagra Luzzatto, 1999.

TARTUCE, Flávio; NEVES, Daniel Amorim Assumpção. **Manual de Direito do Consumidor:** direito material e processual. 4. ed. São Paulo: MÉTODO, 2015.

TAVARES, José de Farias. **COMENTÁRIOS ao Estatuto da Criança e do Adolescente.** 8. ed. Rio de Janeiro: Forense, 2013.

THUMS, Gilberto. **Código Penal Anotado**: abordagem objetiva. Porto Alegre: Sapiens, 2010.

______. **Crimes contra o Patrimônio:** jurisprudência do STJ e STF, doutrina e análise crítica. Porto Alegre: Verbo Jurídico, 2010.

TOCHETTO, Domingos. **Balística Forense:** aspectos técnicos e jurídicos. 1. ed. Porto Alegre: Sagra Luzzatto, 1999.

TOCHETTO, Domingos (Coord.). **Identificação Humana.** 1. ed. Porto Alegre: Sagra Luzzatto, 1999.

TOLEDO, Francisco de Assis. **Princípios Básicos de Direito Penal:** de acordo com a lei n. 7.209, de 11-7-1984 e com a Constituição Federal de 1988. 5. ed. São Paulo: Saraiva, 1994.

TOURINHO FILHO, Fernando da Costa. **Manual de Processo Penal**. 16. ed. São Paulo: Saraiva, 2013.

______. **Prática de Processo Penal.** 15. ed. São Paulo: Saraiva, 1993.

______. **Processo Penal.** v. 1. 34. ed. São Paulo: Saraiva, 2012.

______. **Processo Penal.** v. 2. 34. ed. São Paulo: Saraiva, 2012.

______. **Processo Penal.** v. 3. 34. ed. São Paulo: Saraiva, 2012.

______. **Processo Penal.** v. 4. 34. ed. São Paulo: Saraiva, 2012.

TREVES, Renato. **Sociologia do Direito**: origens, pesquisas e problemas. 3. ed. São Paulo: Manole, 2004.

TRINDADE, Jorge. **Delinquência Juvenil:** compêndio transdisciplinar. 3. ed. Porto Alegre: Livraria do Advogado, 2002.

______. **Manual de Psicologia Jurídica para Operadores do Direito.** 7. ed. Porto Alegre: Livraria do Advogado, 2014.

______ (Org.). **Direito da Criança e do Adolescente:** uma abordagem multidisciplinar. Porto Alegre: Livraria do Advogado, 2005.

VECCHIATTI, Paulo Roberto Iotti. **Manual da Homoafetividade:** da possibilidade jurídica do casamento civil, da união estável e da adoção por casais homoafetivos. 2. ed. São Paulo: MÉTODO, 2012.

VENTURA, Deisy. **Monografia Jurídica:** uma visão prática. 2. ed. Porto Alegre: Livraria do Advogado, 2002.

VILAS BOAS, Marco Antônio. **Estatuto do Idoso Comentado:** artigo por artigo. 5. ed. Rio de Janeiro: Forense, 2015.

WEINBERG, Cybelle (Org.). **Geração Delivery**: adolescer no mundo atual. São Paulo: Sá Editora, 2001.

WENDT, Emerson; JORGE, Higor Vinicius Nogueira. **Crimes Cibernéticos:** ameaças e procedimentos de investigação. 2. ed. Rio de Janeiro: Brasport, 2013.

ZAFFARONI, Eugenio Raúl. **Em Busca das Penas Perdidas**: a perda de legitimidade do sistema penal. Tradução para o português de Vânia Romano Pedrosa e Amir Lopes da Conceição. 5. ed. Rio de Janeiro: Revan, 2001.

ZALUAR, Alba (Org.). **Drogas e Cidadania:** repressão ou redução de riscos. São Paulo: Brasiliense, 1999.

ZAMORA, Maria Helena (Org.). **Para Além das Grades**: elementos para a transformação do sistema sócio-educativo. Rio de Janeiro: PUC-RIO; São Paulo: Loyola, 2005.

ZARZUELA, José Lopes; ARAGÃO, Ranvier Feitosa. **Química Legal e Incêndios.** 1. ed. Porto Alegre: Sagra Luzzatto, 1999.

EDITORA JusPODIVM
www.editorajuspodivm.com.br

Pré-impressão, impressão e acabamento
GRÁFICA SANTUÁRIO
grafica@editorasantuario.com.br
www.graficasantuario.com.br
Aparecida-SP